DER SCHOKOLADENTESTER

GEORG BERNARDINI

Die besten Schokoladen und Pralinen der Welt
Was dahinter steckt und worauf wir gerne verzichten

INHALT

Fazit

Interessantes rund um Kakao und Schokolade

Listen und Statistiken

Sonstiges

IMPRESSUM

E-Mail: info@derschokoladentester.de

Konzeption: Georg Bernardini, Bonn

Autor: Georg Bernardini, Bonn

Gestaltung/Layout: Camedien GmbH, Troisdorf

klimaneutral
natureOffice.com | DE-101-643145
Unternehmen

Druck/Herstellung: Bonndruck GmbH, Bonn

ISBN 978-3-00-039820-9

2. Auflage 2013

Verweis: Detaillierte bibliografische Informationen erhalten Sie über die Deutsche Bibliothek im Internet: www.dnb.de

- ABC der Schokoladenszene Seite 116 bis 613: Die Hersteller sind in alphabetischer Reihenfolge mit vollem Firmennamen, bzw. Markennamen sortiert. Z. B. Confiserie Imping ist unter „C" gelistet, Laurent Gerbaud unter „L".
  In Ausnahmefällen kann es vorkommen dass es zu Abweichungen kommt, wie z. B. bei Chocolate Santander oder Pastiglie Leone, die in der Liste unter „S" bzw. „L" erscheinen.

WIDMUNG

Mit Liebe meinen Kindern Melina und Clarisse,
die beide inmitten von Kakao und Schokolade aufgewachsen sind.

Dieses Buch ist außerdem allen Chocolatiers und Confiseuren gewidmet
– sie haben dieses Werk überhaupt ermöglicht –
sowie allen Schokoladen-Liebhabern.

DER AUTOR

Georg Bernardini kommt aus einer italienischen Gastronomenfamilie. Geboren am 9. September 1967 begann seine Karriere im Jahr 1984 als Auszubildender der Konditorei Müller-Langhardt in Bonn.

Nach einem kurzen Zwischenstopp in München bei der Konditorei Kreutzkamm im Herbst 1987, vornehmlich in der Baumkuchen-Abteilung, zog es ihn im Oktober 1987 nach Frankreich.

In Paris arbeitete er als Konditorgeselle und als Backstubenleiter. Um weitere Erfahrung zu sammeln, ging er zwischenzeitlich für sechs Monate als Chef Pâtissier ins Restaurant Les Jardins de l'Opéra in Toulouse, das zur damaligen Zeit mit zwei Michelin-Sternen ausgezeichnet war.

Im November 1992 gründete er zusammen mit Oliver Coppeneur die CCC Confiserie Coppeneur et Compagnon GmbH mit heutigem Sitz in Bad Honnef. Die ersten Produkte wurden im Folgejahr, am 18. September 1993, der Öffentlichkeit präsentiert. In den ersten Jahren nach der Gründung war Georg Bernardini hauptsächlich für die Produktion, den Einkauf, den Export und für die Finanzen verantwortlich. In den letzten Jahren seiner Tätigkeit bei der CCC war er verantwortlich für den Einkauf, den Vertrieb im In- und Ausland, das Marketing, das Design, die Finanzen und die Verwaltung. Projektbezogen übernahm er zusätzlich die Verantwortung für die Produktentwicklung. Hier war sein größtes und wichtigstes Projekt der Aufbau der bean-to-bar-Produktion. Angefangen vom Konzept, über die Anschaffung der Maschinen, dem Kauf der Bohnen, der Kreation aller Rezepte und des Designs der Verpackung bis hin zur Vermarktung geschah alles unter seiner Regie. Zum 30. Juni 2010 schied Georg Bernardini als Gesellschafter der CCC aus.

Durch seine 27-jährige Erfahrung in allen wesentlichen Bereichen verfügt Georg Bernardini über eine umfassende Kenntnis der Schokoladenbranche.

In diesem Buch werden ausschließlich Produktkategorien besprochen und bewertet, die er während seiner aktiven Zeit selbst produziert hat.

Bei der Rezension der Produkte der Confiserie Coppeneur et Compagnon GmbH wurden die Einführungstexte zur Geschichte des Unternehmens vom Autor selbst verfasst. Die Verkostung wurde hier jedoch – ebenso wie die Bewertung und die Kommentare – zur Wahrung der Objektivität nicht von ihm durchgeführt, sondern von fachlich versierten Gastautoren: das Konfekt von Martin Christy, dem Mitbegründer des englischenInternetforums www.seventypercent.com, alle anderen Produkte von Mark Christian, dem Gründer des US-amerikanischen Internetforums www.c-spot.com.

EINLEITUNG

Einen nicht unwesentlichen Einfluss auf meinen beruflichen Werdegang hatte die gastronomische Revolution in den 1970er Jahren. Mein Vater war gelernter Malermeister und entschied – gemeinsam mit meiner Mutter – im Jahre 1976 von einem Tag auf den anderen, bei Bonn ein Restaurant im beschaulichen Rolandseck am Rhein zu eröffnen. Mein Vater kochte anfangs mediterrane Küche, hauptsächlich mit sardischen und südfranzösischen Einflüssen. Knoblauch war damals in Deutschland kaum bekannt und oftmals verpönt. Immer wieder mussten meine Eltern die Hausfassade von Graffiti in leuchtenden Farben und dreiviertel der Fläche deckenden Sprüchen wie „Vorsicht Knoblauchküche!" befreien und neu streichen. Im zweiten Restaurant Anfang der 1980er Jahre in Bonn gab es dann schon wesentliche Einflüsse der Nouvelle Cuisine. In dieser Zeit lernte ich permanent außergewöhnliche, neuartige und qualitativ hochwertige Rohstoffe kennen und entdeckte eine faszinierende Welt des Geschmacks und der Aromen. Auch wenn Süßspeisen bei meinen Eltern eine untergeordnete Rolle spielten, hat die damalige Zeit mich und meinen Geschmack nachhaltig geprägt und die Leidenschaft für kulinarische Köstlichkeiten in mir geweckt.

Die Zeit der Nouvelle Cuisine war dann irgendwann vorbei, hatte aber einen nachhaltigen Einfluss. Ähnlich verhielt es sich auch mit hochwertigem Wein, Käse, Balsamico oder Olivenöl. Auf einmal waren sie für einige Zeit sprichwörtlich in aller Munde, bis man sich wieder neu orientierte und einem neuen kulinarischen Trend folgte.

Eines haben all diese temporär auftretenden Strömungen aber gemeinsam: Sie haben einen bleibenden Eindruck hinterlassen, die Esskultur nachhaltig geprägt und in der Regel das Qualitätsniveau und die Akzeptanz des Konsumenten für hochwertige und teure Lebensmittel gefördert.

So ähnlich ist es auch hochwertigen Schokoladenprodukten in den letzten Jahren ergangen. Mitte der 1990er Jahre war es keine Seltenheit, eine Tafel Schokolade für 29 Pfennig angeboten zu bekommen. Nur sehr wenige Chocolatiers haben schon damals die Kakaobohne als ein edles Naturprodukt wahrgenommen und entsprechend verarbeitet. Im Markt etablierte Edel-Chocolatiers waren in der Minderheit.

Das Konfekt, besonders die Trüffel, besaß einen weitaus höheren Stellenwert als eine Tafel Schokolade. Besonders belgische Pralinen genossen durch kluge Markenstrategien auch in Deutschland einen hervorragenden Ruf. Exotische, kreative und visionäre Kreationen, wie sie heute alltäglich sind, existierten schlichtweg nicht – weder für Schokolade, noch für Konfekt. Die wenigen Versuche visionärer Chocolatiers und Confiseure in Deutschland blieben Mitte der 1990er Jahre Ladenhüter. In Frankreich konnten sich zu dieser Zeit die Chocolatiers und auch die Confiseure mit der Neuinterpretation von Schokolade, aber besonders von Konfekt, bereits langsam etablieren.

Mit Beginn des neuen Jahrtausends wurde die Welt der Schokolade in Deutschland merklich spannender. Viele Confiseure begannen zu experimentieren. Nach und nach eroberten diese neuen Konfektkreationen auch die Schokoladenfachgeschäfte.

Der französische Film Chocolat mit Juliette Binoche gab dem Ganzen im Jahre 2000/2001 einen Schub. Dennoch sollte es noch bis etwa 2003/2004 dauern, bis sich die moderne Confiserie etablieren konnte und ein wahrer Schokoladenboom begann. Ursprungs-, handgeschöpfte,

veredelte und auch Trinkschokolade waren fortan die „Stars der Medien und des Volkes". Je mehr Kakaogehalt, desto besser, je gewagter eine Füllung, umso mehr Beachtung erfuhr sie. Das Konfekt wurde vom Endverbraucher jetzt jedoch nahezu ignoriert und partizipierte nicht am Boom.
Zu diesem Zeitpunkt spezialisierte sich kein deutsches Unternehmen auf die Herstellung von Schokolade von der Bohne weg (bean-to-bar). Den Trend zur Ursprungsschokolade hat zu diesem Zeitpunkt nur ein einziges deutsches Unternehmen erkannt und durchaus nachhaltig geprägt. Dieser Hersteller hat sich aber schon früh vom Fachhandel abgewandt und vornehmlich Supermärkte und Discounter beliefert. Der Markt für Edelschokoladen wurde deutschland- und weltweit bedingungs- und kampflos den ausländischen Chocolatiers überlassen. Und die machten Ihre Arbeit richtig gut.
2005 war das Jahr des großen Durchbruchs. Die Jahre 2006, 2007 und 2008 waren „fette" Jahre. Was auch immer auf den Markt kam, es wurde begierig aufgesaugt und immer schneller wurde nach Neuem verlangt. Die Preise für besondere Schokoladen explodierten und die Vielfalt wurde immer größer. Es schien, als gebe es keine Grenzen nach oben. Seither drängten permanent neue Unternehmen auf den Markt, die eine Vielzahl neuer Produkte kreierten. Viele neue Firmen bildeten eine kreative Bereicherung des Marktes – einige waren und sind nur Trittbrettfahrer, ohne eigene Kreativität, Vision oder Raffinesse und mit mittlerer oder gar schlechter Produktqualität zu überhöhten Preisen.
Anfang 2009 spürte man, dass sich der Markt erneut veränderte. Der erste Knick im Schokoladentrend kam sehr abrupt und viele Hersteller wurden von dem Nachfragerückgang überrascht. Im Laufe des Jahres stabilisierte sich der Rückgang auf einem vertretbaren Niveau. Dann jedoch kam die weltweite Finanzkrise und ein weiterer Rückgang musste verzeichnet werden. Ein frühes Indiz war auch der Rohstoffmarkt. Der Konsumkakao brach monatlich immer wieder neue Rekorde, war so teuer wie nie zuvor. Gleichzeitig war aber der Markt des Edelkakaos regelrecht zusammengebrochen, die Preise für beste Kakaosorten waren um bis zu 30 % zurückgegangen.
Im Jahr 2010 hat sich der Markt wieder erholt. Die Folgen der Eurokrise seit dem Jahre 2011 bleiben jedoch noch abzuwarten.
Der Schokoladenmarkt war noch nie so interessant wie heute, mit seiner beeindruckenden Vielfalt und der oft sehr hohen Qualität. Der Schokoladenboom hat sich zwar gelegt, jedoch hat er – ähnlich wie vor ihm andere Trends – etwas hinterlassen, das bleiben wird: Eine Schokoladenkultur auf höchstem Niveau.

DAS KONZEPT DES BUCHES

In den letzten Jahren hat sich der Schokoladenmarkt revolutionär verändert. Nicht nur dutzende neue Unternehmen wurden gegründet, auch die Vielfalt der Produkte ist unüberschaubar geworden, die Kreativität ist enorm gestiegen.
Da es bisher keinerlei Leitfaden mit umfangreichen Produkttests und -empfehlungen für den Schokoladenmarkt und die Produzenten gibt, habe ich mich dazu entschlossen, die Lücke mit diesem Buch zu schließen.
Jedes der in mein Buch aufgenommenen Unternehmen wird porträtiert – je nachdem, wie sehr es den Markt beeinflusst, geschieht dies mehr oder weniger ausführlich. Hersteller besonders guter oder schlechter Produkte erhalten unabhängig von ihrer Größe und Bedeutung für den Schokoladenmarkt mehr Aufmerksamkeit. Ausnahmen wird es geben, einer starren Regel möchte ich mich nicht unterwerfen. Bei der Vorstellung der einzelnen Firmen gehe ich nur dann intensiv auf ihre Geschichte ein, wenn sie von besonderem Interesse ist. Häufig erzähle ich aber auch von meinen persönlichen Erfahrungen mit den Unternehmen oder ihren Inhabern, Gründern oder Angestellten.
Berücksichtigt sind in diesem Buch nur die Fir-

men, die mit einer eigenen Marke im Einzelhandel präsent sind.
Dieses Buch konzentriert sich nicht auf die besten Produkte, sondern umfasst alle Qualitätsniveaus, die im Fachhandel erhältlich sind. Ich habe kein einziges Unternehmen aufgrund der Qualität seiner Produkte ausgeschlossen. Es wäre für mich natürlich einfacher und auch angenehmer gewesen, nur die besten Hersteller mit einer transparenten Kommunikationspolitik zu berücksichtigen. Mein Ziel ist aber nicht, ein Loblied auf die Schokoladenszene zu singen, sondern dem Leser eine umfassende Marktübersicht zu bieten – mit all ihren positiven, aber auch negativen Seiten. Leider ist nicht alles gut, was der Fachhandel anbietet, und einige Qualitäten gehören meiner Ansicht nach nicht dorthin.

Ebenso ist es mein Bestreben, den Leser nicht durch das Fehlen eines Herstellers zu verunsichern. Dies würde zum Beispiel die Vermutung zulassen, dass ich den einen oder anderen Hersteller nicht kenne oder seine Qualität nicht schätze. Mit Sicherheit wird man den einen oder anderen Hersteller im Buch vermissen. Das liegt in den meisten Fällen daran, dass ich einfach keine Produkte für eine Verkostung erhalten konnte. Nicht jeder Hersteller war kooperativ und hat meine Anfrage beantwortet und Testmuster zur Verfügung gestellt, die meisten Produktproben habe ich persönlich im Fachhandel gekauft. Bei einigen Herstellern war es aber schlichtweg nicht möglich, die Produkte zu beziehen.
Die Zeit ließ es leider nicht zu, alle Hersteller persönlich zu besuchen, obwohl ich speziell zur Beschaffung der Produkte nach New York, London, Paris, Brüssel, Wien und in einige deutsche Städte gereist bin. Freunde in den jeweiligen Ländern haben mir Produkte aus Japan, Süd-Korea, Kanada, den USA, Venezuela und Brasilien zugeschickt. Alle anderen Produkte habe ich über das Internet bestellt, auf Messen bekommen oder direkt von den Herstellern erhalten.

Die Produktkategorien

Getestet habe ich Produkte der folgenden Kategorien:

1. Dunkle Schokolade pur
2. Milchschokolade pur
3. Weiße Schokolade pur und veredelt
4. Veredelte Schokoladen
5. Gefüllte Schokoladen und Riegel
6. Nougat
7. Konfekt

Zusätzlich habe ich auch immer wieder spezielle Artikel, wie zum Beispiel Brownies oder Marshmallows erhalten. Ich habe mir erlaubt, auch diese Artikel zu testen und zu bewerten, auch wenn sie in keine der Kategorien passen.

DIE GESCHICHTE DES KAKAOS

1500 v. Chr. – Die Olmeken
Die Olmeken nutzten eine Urform der Mixe-Zoque-Sprache. Das Wort „cacao" (ausgesprochen „kakawa") stammt aus dieser Sprache und wurde schon von den Olmeken verwendet. Daher geht man davon aus, dass bereits die Olmeken den Samen der Kakaofrucht nutzten und Schokolade tranken.
Das Siedlungsgebiet der Olmeken lag im Tiefland der mexikanischen Golfküste, in Tabasco und im südlichen Teil von Veracruz. Es wird angenommen, dass die Olmeken ihr Wissen über Kakao an die Maya übergaben.

1150 v. Chr. – Erste Kakaospuren
Auf Scherben eines alten Tongefäßes aus dieser Epoche wurden Spuren von Theobromin gefunden. Dieser Fund gilt als ältester Nachweis für Kakao. Die aus dem Dorf Puerto Escondido im unteren Ulúa-Tal stammenden Scherben lassen aber eher vermuten, dass die damaligen, den Olmeken verwandten Einwohner, die Pulpe der Kakaofrüchte zu einer Art Wein verarbeiteten.

900–400 v. Chr. – Die Maya
Die Maya haben zu dieser Zeit ein sehr großflächiges Gebiet, von Süd-Mexiko bis hin nach Honduras, El Salvador, Belize und Guatemala besiedelt. Um 600 v. Chr. wird auch die erste Anpflanzung des Theobroma cacao durch die Maya vermutet. Ab ca. 400 v. Chr. nahm indes die Bedeutung der Olmeken kontinuierlich ab. Für die Maya war die Kakaopflanze göttlichen Ursprungs. Dem Kakaogott Ek Chuak zu Ehren wurde jedes Jahr im April ein Fest veranstaltet. Schon die Maya tranken Kakao, ungesüßt aber gewürzt. Kakaobohnen galten bei den Maya als Zahlungsmittel.

300–600 v. Chr. – Die Azteken
Die Azteken betrachteten Kakao als ein Geschenk des Gottes Quetzalcoatl, des mächtigen Gottes des Windes und des Mondes. Während der Hochkultur der Azteken stieg der Stellenwert des Kakaos deutlich. Auch die Azteken nutzten Kakao als Zahlungsmittel und gaben ihm den Namen, der heute in aller Munde ist, Xocólatl. Das Wort setzt sich aus den beiden Begriffen „Xòcoc" für bitter, sauer, würzig und aus „atl" für Wasser zusammen. Er wurde mit Wasser gekocht und mit Pfeffer, Chili oder Cayennepfeffer, Vanille und Mais gewürzt und schaumig gerührt.

1502 – Christoph Kolumbus
Christoph Kolumbus landete auf seiner vierten Reise, die eigentlich nach West-Indien führen

sollte, auf der Insel Guanaja im Golf von Honduras. Die Ureinwohner boten ihm Kakao zum Tausch an, jedoch interessierten sich sowohl seine Begleiter als auch Kolumbus selbst nur wenig für das heute so begehrte Naturprodukt. Es war unansehnlich und reichlich bitter. Man erkannte den wahren Wert der Kakaobohne schlicht und ergreifend nicht.

1519 – Hernán Cortés und die spanischen Conquistadores

Die spanischen Conquistadores besetzten im Jahre 1517 das durch Mayas bevölkerte Yucatán und Hernán Cortés begann im Jahre 1519 mit der Eroberung des Aztekenreiches. Im Jahre 1521 war das gesamte Reich erobert und die Spanier erkannten die große Bedeutung des Kakaos bei den Azteken und auch das Potenzial, das in ihm steckt. Auch

während der Herrschaft der Spanier wurde Kakao als Zahlungsmittel genutzt. Für eine Kakaobohne bekam man eine Tomate, für 100 Kakaobohnen einen Hasen und für 200 Kakaobohnen einen Truthahn.
In den Schatzkammern des letzten Aztekenkönigs, Montezuma II., fanden die Spanier 25.000 Zentner Kakao, gesammelt mittels Steuern.
Montezuma schätzte das bittere und schäumende Getränk sehr und trank bis zu 50 Becher täglich. Von den europäischen Kolonialisten wurde es zunächst verschmäht, es war ihnen einfach zu bitter. Zur damaligen Zeit waren jedoch auch andere typisch mittelamerikanische Produkte wie zum Beispiel Mais unbeliebt.
Durch die Annäherung beider Kulturen und die Veränderung der Zutaten und der Zubereitung des Schokoladengetränks wurde es immer beliebter. Die Spanier tranken es heiß und setzten ihm heimische Gewürze zu. Der entscheidende Durchbruch jedoch gelang dem Schokoladengetränk erst, als man auf die Idee kam, es mit Zucker zu süßen.

1544 – Kakao erreicht Europa
Es zeugt von Ironie, dass Hernán Cortés nicht an der Einführung des Kakaos in Europa beteiligt war. Aufgrund detaillierter Aufzeichnungen ist man sicher, dass er keine Kakaobohnen von seinen Expeditionen nach Spanien gebracht hat. Es dauerte noch mehr als zwei Jahrzehnte, bis die Kakaobohne nach Europa kam. Eine Gruppe von Dominikanermönchen reiste in Begleitung adliger Kekchi-Maya an den spanischen Königshof Prinz Philipps. Auf der langen Liste der Geschenke befand sich auch ein Gefäß mit geschlagener Schokolade und Kakaobohnen.

1585 – Der Handel mit Kakaobohnen beginnt
Die älteste Aufzeichnung über eine Schiffsladung Kakaobohnen datiert auf das Jahr 1585. Von Veracruz brach ein voll beladenes Schiff in Richtung Sevilla auf.
In der ersten Hälfte des 17. Jahrhunderts setzte sich das Getränk bei der adeligen Gesellschaft Spaniens durch. Im Laufe der Jahrhunderte wurde es zu einem typisch spanischen Getränk und dem Stolz der Nation.

1644 – Der Siegeszug des Kakaos durch Europa
Nachdem sich das Schokoladengetränk in Spanien etabliert hatte, begann sein Siegeszug quer durch Europa. Aufgrund der Nähe vermutet man den ersten Genuss von Schokolade außerhalb Spaniens in Portugal. Im Jahre 1644 fand die Schokolade in Italien zunehmend Verbreitung. Die Italiener begannen mit der Kakaobohne zu experimentieren und kreierten eine Reihe neuartiger Rezepte. Sehr beliebt war das Hinzufügen von Aromen wie Jasmin, Amber oder Vanille.
Um den Genuss von Schokolade auch während des Fastens zu ermöglichen, entschieden alle Päpste, dass Schokolade ein Getränk sei. Damit wurde der Streit zwischen den Befürwortern (den Jesuiten) und den Widerständlern (den puritanischen Dominikanern) immer wieder beigelegt.
Nach Frankreich kam die Schokolade in etwa zur gleichen Zeit. Oft wird Anne von Österreich als diejenige erwähnt, die Schokolade in Frankreich einführte. Der Kardinal von Lyon, Alphonse de Richelieu, soll bereits vor 1642 Schokolade

als Medizin genutzt haben. Im Jahre 1654 brachte der italienische Kardinal Mazarin, im Namen der regierenden Königin Anne von

Österreich amtierender Minister am französischen Hofe, italienische Köche nach Frankreich, die auf die Zubereitung von Schokolade spezialisiert waren. Maria Theresia, die Frau Ludwigs XIV., war eine Schokoladenliebhaberin, sie machte Schokolade bis zu ihrem Tod im Jahre 1682 in Frankreich salonfähig.

Im Jahre 1650 erreichte die Schokolade auch England. Die im Jahre 1655 eroberte Insel Jamaika wurde für England zum Hauptkakaolieferanten. Die Spanier hatten auf der Insel bereits erfolgreich Kakao angebaut. War der Handel mit Kakao und Schokolade in Frankreich stark monopolisiert, konnten in England viele kleine Händler mit den Gütern handeln. Dadurch wurde Schokolade schnell auch abseits des Adels populär und in allen Kaffeehäusern angeboten. Um das Getränk bezahlbar zu machen, wurde die Zubereitung vereinfacht.

Nach Deutschland kam die Schokolade relativ spät. Im Jahre 1673 gründete der Holländer Jan Jantz von Huesden in Bremen eine Kaffeestube mit der Möglichkeit, auch Schokolade zu genießen. Auch in Deutschland war der Konsum von Schokolade lange Zeit dem Adel vorbehalten.

1636 – Die Erfindung des Konfekts, Version 1

Laut historischen Aufzeichnungen aus Frankreich erfindet der Offizierskoch des Duc de Praslin, Clément Jaluzot, durch Zufall das erste Konfekt. Praslines de Montargis sind geröstete und karamellisierte Mandeln, deren Erfindung wohl dem Zufall entstammt – böse Zungen behaupten, dass ihm Mandeln in karamellisierten Zucker gefallen sind.

1663 – Die Erfindung des Konfekts, Version 2

Die deutsche Version lautet wie folgt: Die Geburtsstunde des Konfekts/der Praline schlug 1663 – nicht etwa in Frankreich, wie man vermuten möchte, sondern in Regensburg, damals (bis 1806) Sitz des „Immerwährenden Reichstags". Als Beobachter dieses Kongresses hatte Ludwig XIV. den Herzog Choiseul aus dem Geschlecht der Grafen du Plessin-Praslin entsandt. Um den Diplomaten mit der feinen Zunge in der Fremde vor Entbehrungen kulinarischer Art zu bewahren, hatte der reiche Augsburger Handelsherr Fugger ihm seinen deutschen Koch zur Verfügung gestellt, einen einfallsreichen Mann. Er kam nämlich auf die Idee, das übliche „Reichstagsconfect", das Lakaien während der Sitzungen herumreichten, zu verfeinern. Dazu versah er die Kreationen aus Mandeln, Datteln und Marzipan mit einem Überzug aus Schokolade und nannte sie Praline. Im deutschen Sprachraum machte er damit den Familiennamen des Herzogs unsterblich. In Frankreich wurde ihm allerdings der Nachruhm versagt: Man nennt den Gipfel schokoladenen Raffinements dort einfach nur „chocolat".

1727 – Erste Versuche: Kakao mit Milch

Der Engländer Nicholas Sanders produzierte und verkaufte ein Schokoladenmilchgetränk, hergestellt nach einem Rezept von Sir Hans Sloane.

1728 – Gründung der Schokoladenfabrik Fry & Sons in Bristol (England)

1735 – Carl von Linné (1707–1778) gibt der Kakaopflanze ihren Namen

Carl von Linné gab dem Kakao den Namen Theobroma (Gattungsname) cacao (Artname). Theobroma kommt aus dem Griechischen, „theos" – Gott und „broma" – Speise. Oft wurde dies mit „Speise der Götter" oder „göttliche Speise" übersetzt.

Zuvor wurde der Kakaobaum „Arbora cacvifera americana" genannt.

Um 1750 – Ein Surrogat für Schokolade

Der erfolgreiche Versuch des Chemikers Andreas

Sigismund Markgraf (1709–1782), ein Surrogat aus Lindenblüten zu entwickeln, fand keine Liebhaber. Niemand mochte die Ersatzschokolade, die, kaum erfunden, sang- und klanglos wieder verschwand. Dennoch ging Markgraf in die Geschichte ein: als Entdecker des Rübenzuckers, der einige Jahrzehnte später an die Stelle des Rohrzuckers trat.

1765 – Die erste deutsche Schokoladenfabrik
Die erste deutsche Schokoladenfabrik wurde von Prinz Wilhelm von der Lippe in Steinhude gebaut. Die Schokolade wurde hier in Handarbeit vornehmlich von Arbeitern aus Portugal hergestellt. Viele deutsche Persönlichkeiten waren Schokoladenliebhaber, darunter Goethe, Schiller und Friedrich der Große.

1765 – Die erste amerikanische Schokoladenfabrik
Gründung der ersten Schokoladenfabrik in den USA durch John Hannon und Dr. James Baker.

1776 – Erfindung der dampfbetriebenen Schokoladenmaschine
Konstruktion der ersten mit Dampf betriebenen Schokoladenmaschine in Frankreich.

1789 – „Dampfschokoladen"
Ab dem Jahre 1789 setzt die Firma Fry Dampfkraft bei der Schokoladenherstellung ein. Das 1795 patentierte Verfahren diente zum Antreiben der Mühlen zur Kakaoverarbeitung. So hergestellte Schokoladen wurden auch „Dampfschokoladen" genannt.

1804 – Gründung des Schokoladenherstellers Halloren in Halle (Sachsen-Anhalt)

1815 – Gründung des holländischen Unternehmens Van Houten
Casparus van Houten erfindet die hydraulische Presse zur Gewinnung von Kakaopulver und Kakaobutter, die aber wohl erst im Jahre 1828 zum industriellen Einsatz kommt.

1816 – Die erste französische Schokoladenfabrik
Das Familienunternehmen Chocolat Menier wurde von Antoine Brutus Menier gegründet. Ursprünglich stellte das Unternehmen Pharmazeutika her.

1819 – Die erste Schweizer Schokoladenfabrik
Mit dem Unternehmen Cailler hat nun auch die Schweiz einen eigenen Schokoladenhersteller, im Jahre 1826 folgt Suchard.

1826 – Der Mélangeur kommt zum Einsatz
Es ist der Schweizer Philippe Suchard, der als Erster einen Mélangeur bei der Produktion von Schokolade einsetzt. Durch den Einsatz eines Mélangeurs, eines erwärmten Granitbeckens, in dem sich Granitwalzen hin und her bewegen, gelingt es ihm, die Zutaten seiner Schokoladen optimal zu vermischen.

1828 – Deutsche Dampfschokolade
Aus Gründen der Verkaufsförderung nannte 1828 J. F. Miethe in Potsdam seine Schokolade „Dampf-Chocolade". Die Folge: wütende Proteste der Konkurrenz. Die noch handwerklich arbeitenden Mitbewerber meinten, die Bezeichnung sei mehr als irreführend, Dampfschokolade sei keineswegs besser als andere Schokolade, da der Dampf ja nur als treibende Kraft beim Herstellungsprozess fungiere.

1828 – van Houten Kakaopulver

Der Holländer van Houten setzt hydraulische Pressen zur Herstellung von Kakaopulver ein. Die selbst entwickelte Technik ermöglichte das Pressen von Kakaopulver mit geringem Fettanteil. Auch die Behandlung von Kakaopulver mit Alkalisalzen geht auf die Erfindung van Houtens zurück. Durch diese Art der Behandlung konnte man das Kakaopulver besser mit Wasser mischen, es wurde dunkler in der Farbe und milder im Geschmack.

1847 – Die erste Ess-Schokolade
Als erster Schokoladenhersteller setzt das Unternehmen Fry & Sons aus England der Schokolade zusätzlich Kakaobutter zu. Dadurch wird die Schokolade weniger brüchig und trocken. Diese Schokolade wurde ein großer Erfolg und von vielen kopiert.

1853 – Industrielles Konfekt
Als eines der ersten Unternehmen stellt Fry & Sons Pralinen und Konfekt industriell her und nannte sie „Cream Sticks".

1867 – Erfindung des Milchpulvers
Henri Nestlé entwickelt in der Schweiz ein Verfahren zum Pulverisieren von Milch, es diente ursprünglich zur Zubereitung von Säuglingsnahrung.

1875 – Die Milchschokolade wird geboren
M. Daniel Peter gelingt mithilfe von Trockenmilch 1875 die erste Milchschokolade. Die deutsche Firma Jordan und Timaeus, 1823 in Dresden gegründet, soll bereits im Jahre 1839 eine Milchschokolade auf den Markt gebracht haben, jedoch gibt es hierfür keine endgültigen Beweise.

1879 – Die Conche revolutioniert die Herstellung von Schokolade
So manch einer sagt, die Erfindung der Conche sei ein Zufall gewesen. Ursprünglich wollte Lindt die Schokolade „nur" entfeuchten. Bei einem seiner Versuche entdeckte er den Nebennutzen, Schokolade feiner und zarter im Schmelz zu machen.

Um 1900 – São Tomé und Príncipe bilden zusammen das größte Kakaoanbaugebiet der Welt
Zu dieser Zeit war die von Portugal beherrschte Inselgruppe größter Kakaoproduzent der Welt. Berichte über das Fortbestehen der Sklaverei, die in allen Anbauländern mittlerweile verboten war, führten zu einem Boykott des Kakaos durch viele große Schokoladenhersteller. Vielleicht auch ein Grund, warum der Kakaoanbau in die Krise geraten ist und heute nur noch eine marginale Rolle spielt.

1910 – Gründung des Konfektherstellers Leonidas in Belgien

1911 – Gründung des Schokoladenherstellers Callebaut in Belgien

1912 – Die Erfindung des Konfekts/der Praline, Version 3
Das belgische Unternehmen Neuhaus beansprucht für sich, der Erfinder der Praline zu sein. Laut Unternehmensangaben erfand sie Jean Neuhaus, der Enkel des Unternehmensgründers, im Jahre 1912.

1918 – Die Folgen des Ersten Weltkrieges
Unmittelbar nach dem Ersten Weltkrieg wird die Einfuhr von Rohkakao in Deutschland verboten, um den Abfluss von Devisen zu verhindern. Auch Zucker ist rar und wird rationiert. Produzenten aus den USA, Frankreich und Großbritannien versuchen ihr Glück mit dem Export ihrer Produkte nach Deutschland.

1920 – Die Goldenen Zwanziger
Im Jahre 1925 gibt es in Deutschland mehr als 350 Schokoladenhersteller. Der Handel mit Kakao erreicht seinen Höhepunkt.

1929 – Der „Schwarze Freitag"
Mit Beginn der Wirtschaftskrise durch den Börsencrash im Oktober 1929 und den immensen Verdrängungswettbewerb müssen viele Unternehmen ihre Tore schließen.

1929 – Gründung des Unternehmens El Rey in Venezuela

1929 – Die Geburt des Konzerns Nestlé
Die Schweizer Unternehmen Peter, Cailler, Kohler und Nestlé fusionieren unter dem Namen Nestlé zu einem der größten Lebensmittelkonzerne.

1933–1945 – Der Zweite Weltkrieg
Die „Wirtschaftliche Vereinigung der Deutschen Süßwarenindustrie" erteilt ab 1935 Richtlinien zur Herstellung von Pflichtmengen für das Reich und kontrolliert die Rohstoff-Kontingente. Ab 1939/40 geht die gesamte Produktion an das Militär, für den zivilen Gebrauch gibt es Schokolade nur noch als Getränk. Scho-Ka-Kola wird als „Fliegerschokolade" berühmt und produziert Rekordmengen, muss aber gegen Ende des Krieges die Produktion einstellen, als die Rohstoffversorgung mit Kakao und Zucker zusammenbricht. Bei den Alliierten wird die Schokolade teilweise ebenfalls zur Mangelware und rationiert. In England wird der Markt für Schokolade erst wieder im Jahr 1954 komplett frei.

1946 – Kurz nach dem Krieg
In Deutschland gibt es Schokolade nur durch die Alliierten und ab Mitte 1946 durch CARE-Pakete.

1949 – Kakao ist wieder verfügbar
Erst im Jahre 1949 ist in Deutschland Rohkakao wieder erhältlich und wird sorgfältig unter den Herstellern nach einer Quote aufgeteilt.

1964 – Das Ende der Preisbindung
Das Ende der Preisbindung bei Schokolade hat verheerende Auswirkungen. Der Wettbewerb verschärft sich und viele Unternehmen müssen aufgeben.

1964 bis Ende der 1990er Jahre
Der Markt konzentriert sich auf wenige große Hersteller. Schokolade wird zum Massenprodukt. Die Wertschätzung von Schokolade wird besonders in den 1970er und 1980er Jahren immer geringer. Im Osten gab es einen permanenten Mangel an Rohstoffen, insbesondere an Rohkakao. Teilweise wurden alternative Produkte mit Erbsenmehl produziert.
Ostdeutsche Fabriken werden von westdeutschen Unternehmen übernommen und größtenteils geschlossen. Nur wenige Fabriken werden modernisiert und weiter betrieben. Ostdeutsche Marken verschwinden und werden erst Jahre später wiederbelebt. Ihr Erfolg begrenzt sich auf die ostdeutschen Länder.

2000–2009
Seit dem Anfang des 21. Jahrhunderts erlebt gute Schokolade eine Renaissance. Zu Beginn des neuen Jahrtausends begann ein regelrechter Boom, ausgelöst durch viele kleine, unabhängige und junge Unternehmen. Die Globalplayer haben, obwohl sie nur mitgeschwommen sind, wahrscheinlich den größten Nutzen aus dem Boom gezogen. Sie haben die Pionierarbeit und die Investitionen sowie die Marktvorbereitung den jungen Kreativen überlassen und sich dann wie die Maden im Speck den größten Teil des Kuchens einverleibt.

2009–2011 – Der Boom ist vorbei, der Markt stagniert
Mit der weltweiten Wirtschaftskrise und der Sättigung des Marktes ist auch der Konsum von hochpreisigen Schokoladen stark zurück gegangen. Geblieben ist dennoch eine wundervoll vielfältige und spannende Schokoladenszene. Es wird wohl keine Goldgräberstimmung mehr geben wie noch in den Jahren 2004 bis 2009, aber das Niveau, das wir im Jahre 2011 haben, ist das höchste, abwechslungsreichste und kreativste Niveau in der Geschichte der Schokolade. Das ist beachtenswert und Lob und Anerkennung gebührt allen Protagonisten der Schokoladen- und Kakaobranche.

2012 – Der Schokoladenmarkt braucht neue Trends
In und aus Kakao und Schokolade gibt es kaum noch etwas, was es nicht gibt. Innovationen werden immer rarer und eine richtige Revolution ist nahezu ausgeschlossen. Ein kleiner Lichtblick ist der Trend zu Raw Chocolate. Zwar sind mir persönlich noch zu viele Produkte nicht schmackhaft genug, aber das eine oder andere gute Produkt gibt es durchaus.

Grundsätzlich...
... bin ich kein Freund davon, Gesundheit und Schokoladengenuss miteinander zu verbinden. Wenn es jedoch gelingt, gesunde Produkte zu kreieren, die auch genussvoll sind, werde ich mich nicht dagegen wehren. Es bleibt abzuwarten, was geschieht. Auf jeden Fall wünsche ich mir Offenheit, Transparenz und Glaubwürdigkeit der Hersteller von Rohkostschokolade.

DIE ANBAULÄNDER

Der qualitativ beste Kakao kommt auch heute noch aus Mittel- und Südamerika, der Heimat des Kakaos, und der Karibik. Mengenmäßig jedoch hat Afrika schon seit langem die Nase vorne, gefolgt von Asien. Kakao findet man ausschließlich in den tropischen Gebieten bis etwa 20 Grad nördlich und südlich des Äquators.

Unter Einsatz von Sklavenarbeit verbreitete sich der Kakao in den europäischen Kolonien. Nach Afrika gelangte der Kakao durch die Portugiesen. Um 1900 war die portugiesische Kolonie São Tomé und Príncipe größter Kakaoproduzent der Welt. Von dort aus gelangte der Kakao auch auf das Festland, vornehmlich nach Ghana und die Elfenbeinküste. Aber auch Deutschland hatte Anteil an der Verbreitung des Kakaos in Afrika und brachte ihn nach Neu Guinea und Kamerun. Die Franzosen wiederum sorgten dafür, dass auch Madagaskar sich als Kakaoanbauland etablierte.
In Südamerika wurde der Kakao größtenteils von den Spaniern verbreitet. In die Karibik gelangte er vornehmlich durch die Briten. Nach Asien kam der Kakao durch mehrere Kolonialmächte: Die Holländer brachten ihn nach Indonesien, die Spanier auf die Philippinen und die Briten nach Sri Lanka und wohl auch Indien. Einzig Italien trug nicht zur Verbreitung des Kakaos bei.

Botanisch gehört der Kakaobaum zur Familie der Malvengewächse (Malvaceae, früher Sterkuliengewächse). Im 18. Jahrhundert wurde er vom schwedischen Botaniker Carl von Linné (1707–1778) Theobroma Cacao („Speise der Götter") genannt. Insgesamt gibt es rund 20 verschiedene Theobroma-Arten. Von 15 dieser Arten werden die Pulpe oder die Samen verwendet. Theobroma grandiflorum (Großblütiger Kakao), auf Portugiesisch „Cupuaçu" genannt, wird auch zur Herstellung von Schokoladenprodukten verwendet, hat aber eine eher geringe kommerzielle Bedeutung. Der eigentliche Star und Objekt unserer Begierde ist jedoch der Theobroma Cacao L. (Das L steht für Linné).

Grundsätzlich unterscheidet man zwischen Edelkakao und Konsumkakao, und darüber hinaus nicht nur nach Ursprungsländern, sondern auch nach verschiedenen Sorten:

Die Kakaosorten

Meist wird von drei Hauptsorten mit vielen Untersorten gesprochen. Ich persönlich bin der Meinung, dass man in vier Hauptsorten unterteilen sollte. In der Regel unterscheidet man die Hauptsorten **Criollo, Trinitario** und **Forastero.** Bei der vierten Hauptsorte handelt es sich um den **Nacional,** eine Kakaosorte, die nahezu ausschließlich in Ecuador und in kleinen Mengen in Kolumbien wächst. Üblicherweise wird der Nacional als Untersorte des Forasteros betrachtet. Jüngste DNA-Analysen der Nacional-Bohnen haben aber gezeigt, dass die DNA eher einem Criollo als einem Forastero ähnelt. Auch geschmacklich ist es aufgrund des intensiven Aromas, den Nacional-Kakao entwickeln kann, schwer vorstellbar, dass dieser Kakao ein Verwandter des doch eher dezent aromatischen Forasteros sein soll. Eine wirkliche Besonderheit des Nacional-Kakaos ist die Widerspenstigkeit bei Anbauversuchen außerhalb Ecuadors – sie sind bis heute stets gescheitert. Der wenige in Kolumbien vorkommende Nacional-Kakao ist wild gewachsen und wurde nicht angepflanzt.

Criollo

(Aussprache: [ˈkrjoʎo], span. „der Einheimische")
Ursprünglich in Mittel- und Südamerika beheimatet ist er die älteste bekannte Kakaosorte. Die Bohnen sind dick, ihre Farbe ist weiß bis hellrosa.
Die Untersorte Porcelana trägt ihren Namen aufgrund der überwiegend weiß gefärbten Bohnen. Der Kakao weist eine geringe Adstringens auf

und ist dezent bitter. Nach der Verarbeitung zeichnet sich der Kakao durch sein intensives Aroma mit weitem Spektrum aus.
Bekannte Untersorten: Porcelana, Ocumare und Canoabo.

Forastero (span. „der Fremde, Fremdling")

Forastero hat seinen Ursprung im Amazonasgebiet. Unterschieden werden Sorten mit Ursprung im oberen (Amazzonico superiore) und im unteren Amazonasgebiet (Amazzonico inferiore oder Amelonado).
Die Untersorte Amelonado ist weltweit am meisten verbreitet, sie wird vor allem in Brasilien und Westafrika angebaut.
Die Bohnen sind platt, violett und weisen eine hohe Adstringens auf. Forastero zeichnet sich besonders durch seine Robustheit und Ergiebigkeit aus, man muss dafür aber in puncto Aroma einige Abstriche hinnehmen.
In der Literatur wird der Nacional (oder auch Arriba) als eine Untersorte aufgeführt.
Bekannte Untersorten: Amelonado, IMC 67 (Iquitos Mixed Calabacillo), Bahia und CCN 51.

Trinitario (Ableitung von Trinidad)

Trinitario ist eine Kreuzung von Criollo- und Forastero-Kakao, die im 18. Jahrhundert auf Trinidad entwickelt wurde. Zu der damaligen Zeit wurden große Teile der Kakaopflanzen zerstört. Man entschloss sich, eine robustere Variante als den Criollo zu züchten. Der Kakao hat einige aromatische und geschmackliche Charakteristika des Criollo. Vom Forastero hat er die Robustheit und Ergiebigkeit geerbt.
Bekannte Untersorten: Rio Caribe, Carenero Superior, Sambirano und Carupano.

Nacional

Einzigartige Kakaosorte, die nahezu ausschließlich in Ecuador zu finden ist. Kleine Mengen werden auch in Kolumbien angebaut. Häufig als eine Untersorte des Forastero eingestuft. Neuere wissenschaftliche Forschungen belegen jedoch, dass die Genetik eher der des Criollo ähnelt.
Nacional ist als eine der Top-Sorten (Fine Grade) eingestuft. Er ist robust und durchaus ertragreich, wenn es auch weitaus ertragreichere Kakaosorten, wie zum Beispiel den CCN 51, gibt. Oft werden mit der Zeit Nacional-Plantagen durch CCN-51-Plantagen ersetzt. Ebenso vermischt sich immer häufiger der CCN 51 mit Nacional, sodass man befürchten muss, in absehbarer Zukunft kaum noch puren Nacional-Kakao zu erhalten. Das wäre eine Katastrophe und daher meide ich persönlich CCN 51 wie der Teufel das Weihwasser.
CCN 51 (**C**ollection **C**astro **N**aranjal, Row **51**) wurde von Don Homero Castro auf der Farm Rancho San Jaquinto in Ecuador, in der Nähe der Stadt Naranjal, gezüchtet.
Bekannte Untersorten des Nacional: Arriba di Ecuador, Esmeraldas und Los Rios.

Morphologie der Kakaofrucht

Man kann die verschiedenen Sorten, auch wenn durch viele Kreuzungen die Grenzen verschwommen sind, nach ihrem Aussehen unterscheiden. Bereits seit der Kolonialzeit im 18. und 19. Jahrhundert hat man den Kakao in vier seiner Erscheinungsbilder unterteilt:

1. **Amelonado**
   Dies ist die typische Form des Forastero. Die Früchte gleichen länglichen Melonen, meist mit einem leichten Flaschenhals. Sie haben dicke, meist glatte Schalen, selten mit einigen Warzen. Die Frucht hat flache Rillen und eine abgerundete Spitze.
2. **Angoleta**
   Die Frucht ist lang und gerillt, zeigt im Gegensatz zum Amelonado fast keine Verjüngung nach oben und hat eine ausgeprägte gerade Spitze. Die Oberfläche ist nicht so warzig und gefurcht wie die der Cundeamor.
3. **Cundeamor**
   Diese längliche Frucht ist stark gefurcht und warzig. Sie hat einen ausgeprägten Flaschenhals und eine starke, oft gekrümmte Spitze.
4. **Calabacillo**
   Im Vergleich zu den anderen Sorten ist der Calabacillo eher klein. Er hat eine fast glatte, nur ganz leicht gerillte Schale, keine ausgeprägte Spitze und keinen Flaschenhals.

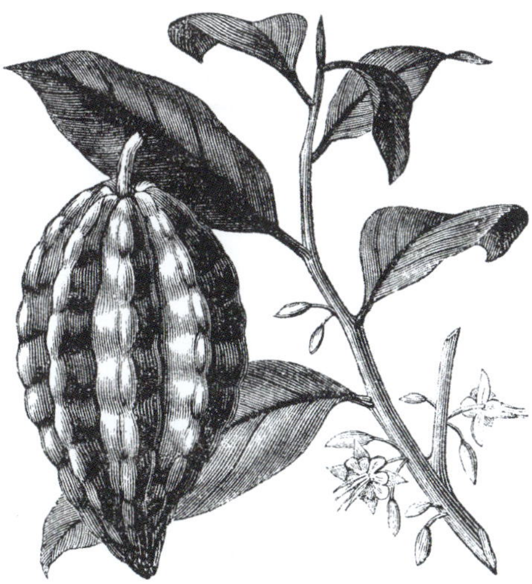

Nun haben wir eine Einteilung der Kakaobohnen in Ursprungsländer und in Sorten. Die Spezifizierung des Kakaos bleibt dennoch sehr schwer, da man die Sorten nicht zwangsläufig Ursprungsländern (mit Ausnahme des Nacional nach Ecuador) zuordnen kann.
Klar ist, dass in Afrika nahezu kein Criollo und nur sehr wenig Trinitario zu finden ist. Anderseits gibt es in manchen Ländern alle drei Hauptsorten. Die meisten Plantagen verfügen außerdem über gemischte Anpflanzungen, sodass es sehr schwer ist, pure Sorten zu erhalten. Eine mir bekannte Plantage in Madagaskar besitzt Kakaobäume von allen drei Sorten. Für den einen oder anderen Kunden werden dort fein säuberlich die Criollo-Bohnen sortiert. Eine sehr aufwendige und zeitraubende Arbeit. Aber grundsätzlich kann man davon ausgehen, dass eine Trennung nicht erfolgt. Ausnahmen bestätigen hier die Regel.

Edelkakao-Klassifizierung (Fine Flavour Cocoa)

Die International Cocoa Organization (ICCO) klassifiziert den Kakao und regelt verbindlich den prozentualen Anteil an Kakao, den ein Land als Edelkakao exportieren darf. Alle paar Jahre werden die Edelkakao produzierenden Länder und die Mengen an exportiertem Edelkakao neu festgelegt. Die letzte Sitzung fand Ende November 2010 statt, die Empfehlungen der Länder und Mengen wurden im März 2011 bestätigt. Ab dem 4. Quartal 2012 tritt diese Regelung in Kraft.
Es gab einige Änderungen gegenüber der letzten Einstufung von 2008: So wurden u. a. mit Bolivien und Mexiko gleich zwei neue Länder in die Liste aufgenommen. Somit wird nun Kakao aus 17 Ländern als Edelkakao (Fine Flavour Cocoa) eingestuft.

Die Produktion folgender Exportländer wird zu 100 % als Edelkakao eingestuft:
Bolivien, Costa Rica, Dominicana (nicht mit der Dominikanischen Republik zu verwechseln, wurde 2008 aufgrund mangelnder Information ohne Menge in der Liste geführt), Grenada, Jamaika, Madagaskar, Mexiko, Saint Lucia und Trinidad und Tobago.

Die Produktion folgender Exportländer wird zu 95 % als Edelkakao eingestuft:
Kolumbien (bisher 100 %) und Venezuela (bisher 75 %)

Die Produktion folgender Exportländer wird zu 90 % als Edelkakao eingestuft:
Papua-Neuguinea (bisher 75 %) und Peru (bisher 100 %).

Weitere Einstufungen:
Ecuador: 75 %
Dominikanische Republik: 40 %
São Tomé und Príncipe: 35 %
Indonesien: 1 %

Produktionsmengen können nur geschätzt werden. Diese Schätzungen werden recht spät bekannt gegeben und in regelmäßigen Abständen aktualisiert. Zum Redaktionsschluss im Sommer 2012 wurden folgende Schätzungen bekannt gegeben.

Produktionsmengen nach Ländern (geschätzt für 2009/2010, in 1.000 Tonnen)
Quelle: International Cocoa Organization (ICCO)

Die geschätzten Produktionsmengen ändern sich von Quartal zu Quartal. Die hier aufgelisteten Mengen können daher um ein paar Tonnen abweichen. Tendenziell sind diese Zahlen jedoch repräsentativ.

Afrika:

Elfenbeinküste	1.242,0	Guinea	5,0
Ghana	632,0	Liberia	5,0
Nigeria	240,0	São Tomé und Príncipe	2,5
Kamerun	205,0	Äquatorial Guinea	1,5
Togo	100,0	D.R. Kongo	1,5
Uganda	13,0	Republik Kongo	1,2
Sierra Leone	11,0	Gabun	0,2
Madagaskar	8,0	Restafrika	1,1
Tansania	6,0		

Gesamtproduktion Afrika: 2.475

Amerika:

Brasilien	161,0	Kuba	1,7
Ecuador	160,0	Panama	1,6
Domenikanische Republik	58,0	Guatemala	1,1
Kolumbien	41,0	Trinidad*	0,795
Peru	35,0	Costa Rica	0,7
Mexiko	33,0	Grenada	0,6
Venezuela	20,0	Honduras	0,6
Nicaragua	3,5	Jamaika	0,6
Haiti	3,0	Tobago*	0,005*
Bolivien	2,4	Restamerika	0,4

Gesamtproduktion Amerika: 525

Asien und Ozeanien:

Indonesien	550,0	Vietnam	2,0
Papua Neu Guinea	50,0	Sri Lanka	1,0
Malaysia	18,0	Vanuatu	1,0
Indien	13,0	Thailand	0,4
Philippinen	5,5	Restasien & -ozeanien	1,1
Solomon Islands	5,0		

Gesamtproduktion Asien und Ozeanien: 647

Weitere, mengenmäßig nicht aufgeführte Anbauländer, sind:
Australien, Belize, Chile, Dominicana, Fiji, und USA (Hawaii).

* Die ICCO beziffert Trinidad & Tobago stets im Gesamten. Aufgrund meiner persönlichen Kontakte ist mir aber die nahezu exakte Anbaumenge Tobagos bekannt. Von der Anbaumenge Trinidads, die der ICCO anführt, habe ich daher die mir bekannte Menge Tobagos abgezogen.

Geschätzte Gesamtproduktion weltweit 2009/2010: 3.647 (mal 1.000 Tonnen)
Geschätzte Gesamtproduktion weltweit 2010/2011: 3.938 (mal 1.000 Tonnen)

Das entspricht einer Steigerung von 8 %, wovon der größte Teil auf die Produktionssteigerung von 12,6 % in Afrika fällt.
Hier konnten vor allem Ghana (um 30,5 %), Kamerun (um 7,3%) und die Elfenbeinküste (um 6,7 %) ihre Produktion steigern.

Südamerika gelang es, die Produktionsmenge

um 4,3 % zu erhöhen, wobei Brasilien hier mit einem Plus von 17,9 % führend ist, Ecuador aber einen Rückgang um ca. 6,3 % verzeichnen musste.

Einzig Asien und Ozeanien mussten einen generellen Produktionsrückgang von 6,9 % verkraften, was aufgrund des extremen Produktionsrückgangs von 9,1 % in Indonesien zu erklären ist.

Kakaoaromen verschiedener Ursprungsländer

Grundsätzlich ist es schwer, Aussagen über die Kakaoaromen eines Ursprungslandes zu treffen. In manchen Ländern sind die Unterschiede so gravierend, dass man jede Region und Sorte für sich betrachten muss. Ebenso spielt die Weiterverarbeitung eine große Rolle, besonders die Fermentation der Bohnen. Eine allgemeine Tendenz ist aber dennoch für viele Ursprungsländer möglich.
Einige Schokoladenhersteller zeugen von großer Phantasie bei der Umschreibung des Aromaprofils ihrer Schokolade. Ich finde es teilweise geradezu abenteuerlich, was manch einer so herausschmeckt. Bei der Verkostung in der Gruppe (vier bis sechs Personen) ist eine Einigkeit über die Aromen stets eine große Seltenheit. Meist bleibt es bei einer Tendenz zu würzig, fruchtig oder schokoladig.

Afrika

Elfenbeinküste
Ausschließlich Forastero-Kakao
Das Aromaprofil ist eher simpel, schokoladig, ohne spezifische Nebenaromen. Am Versuch, mehr Aroma aus diesem Kakao herauszuholen, sind schon viele gescheitert. Vereinzelt kann man Aromen wie Tabak und Leder herausschmecken.

São Tomé und Príncipe
Nahezu ausschließlich Forastero-Kakao
Schokoladig-fruchtig, mit etwas würzigen Aromen, in der Regel wird die Schokolade eher herb als mild wahrgenommen. Leichte Tendenz zu geräucherten Aromen, die aber erst durch unachtsame Trocknung entstehen und keine charakteristischen Eigenschaften des Kakaos sind. Der Kakao von Claudio Corallo entspricht – schon allein aufgrund der unglaublichen Fermentation über circa 16 Tage hinweg – bei weitem nicht dem üblichen Standard.

D.R. Kongo
Nahezu ausschließlich Forastero-Kakao
Ein noch relativ unbekannter Kakao, da kaum als Single Origin verarbeitet.
Schokoladig-fruchtig mit leichter Würze, cremig-milchige Milde, leicht erdige Noten.

Ghana
Nahezu ausschließlich Forastero-Kakao
Meiner Meinung nach der beste afrikanische Festland-Kakao mit Potenzial. Einige Projekte, wie z. B. von A Xoco, aber auch eigene Tests mit Bio-Kakao einer Kooperative, haben gezeigt, dass Ghana-Kakao sehr aromatisch sein kann. Der Kakao hat ein typisches „Ghana-Aroma". Blumig-fruchtig, vollmundig, schokoladig, aber kaum adstringierend und dezent herb. Leider kaum als gute Single-Origin-Schokolade erhältlich. Wird meist als Konsumkakao mit anderen Sorten gemischt.

Madagaskar
Überwiegend Trinitario, aber auch Criollo und Forastero
Der beste afrikanische Kakao. Hauptanbaugebiet ist das Sambirano-Tal, dort liegen auch die drei größten Plantagen Madagaskars. Bei diesem Kakao gibt es stets sehr geringe Abweichungen vom allgemeinen Ursprungsprofil: Mild, sehr fruchtig (Zitrusfrüchte und Rote Beeren) und mit der Tendenz zu viel Säure. Der Kakao verzeiht bei der Herstellung von Schokolade wenig Fehler und hat sein optimales Potenzial zur Aromaentfaltung bei einem Kakaoanteil von 63–67 %. Alles über 70 % ist schwer zu beherrschen, da die Säure recht dominant wird.

Südamerika

Bolivien
Forastero, teilweise etwas Trinitario
Fruchtig-mild, erinnert an Trockenfrüchte, leicht würzig.

Kolumbien
Trinitario, Nacional, Forastero
Kaum Bitterkeit oder Adstringens, blumig, leicht fruchtig-würzig. Sehr dunkler Kakao, vollmundig. Das große Problem von Kolumbien-Kakao ist der teilweise extrem hohe Cadmium-Anteil.

Brasilien
Nahezu ausschließlich Forastero
Das durch die Witches' Broom Desease (Hexenbesenkrankheit) in den 1980er Jahren stark in Mitleidenschaft gezogene Anbauland hat den Kampf aufgegeben und akzeptiert, dass es mit dieser Krankheit für immer leben muss. Bestes Gegenmittel ist der biologische Anbau und damit sind die Bauern auch erfolgreich.
Der Kakao hat ein einfach strukturiertes Aromaprofil, schokoladig-bitter mit Neigung zu Adstringens, aber kaum Säure. Nur sehr selten findet man gute Single-Origin-Schokoladen.

Ecuador
Überwiegend Nacional, aber auch Forastero
Einige Experten sind der Meinung, dass mittlerweile weitaus weniger als 75 % der Gesamternte in Ecuador aus Nacional-Kakao besteht. Ich hoffe, sie haben Unrecht ...
Ecuadorianischer Kakao besitzt unterschiedliche Aromaprofile. Grundsätzlich kann man ihn als einen sehr dunklen, milden, aber dominanten Kakao mit würzig-blumigen Aromen (Jasmin, Vanille, Nüsse, Kaffee) einstufen, nahezu ohne Fruchtigkeit und Säure.
Kakao aus der Region Los Rios ist ein typischer Nacional-Kakao. Einige Abweichungen sind regional bezogen vorhanden. Manabi: etwas fruchtig, leicht sauer-würzig. El Oro: fruchtig-würzig. Esmeraldas: fruchtig-vollmundig.
Single-Origin-Schokoladen mit Ecuador-Kakao sind inflationär erhältlich.
Ähnlich wie Kolumbien kämpft auch Ecuador mit zu hohen Cadmium-Werten im Kakao.
Seit einigen Jahren treiben Klone von Konsumkakao, wie zum Beispiel CCN 51 ihr Unwesen in Ecuador. Es wird immer schwieriger, Vermischungen von CCN 51 und Nacional-Kakao zu vermeiden.

Peru
Trinitario und etwas Criollo
Peru verfügt mit der Sorte Piura eine Art Porcelana. Fruchtig, mit angenehmer Säure und leicht nussig. Nussig-würzig ist wohl das treffendste auch für anderen Peru-Kakao.

Mexiko
Criollo, etwas Trinitario, wenig Forastero
Mexiko produziert interessante Kakaosorten, wie zum Beispiel den Porcelana-Kakao von der Plantage „La Joya" oder den Xoconusco. Der Porcelana ist extrem sauer, aber wundervoll aromatisch, fruchtig-würzig und mild schokoladig. Xoconusco ist eher torfig-holzig und würzig.

Venezuela
Hauptsächlich Trinitario, viel Criollo und etwas Forastero
Venezuela ist das Anbauland mit den besten und vielfältigsten Kakaosorten. Sur del Lago und die Andenregion sind die beiden Hauptanbaugebiete. Einige Sorten tragen die Namen von Städten oder Häfen, so ist der Carenero Superior beispielsweise nach dem Hafen Carenero benannt, der früher ein Hauptumschlagplatz war. Aber auch in anderen Gebieten wird überragender Kakao angebaut, sodass man sagen kann, dass venezuelanischer Kakao das Maß aller Dinge ist.
Aufgrund der Unterschiedlichkeit der einzelnen Sorten ist es unmöglich, von dem Geschmack oder dem Aroma venezuelanischen Kakaos zu sprechen:
Porcelana: Sehr helle Bohne mit unglaublich softem Geschmack, absolut nicht bitter, sauer oder adstringierend. Lang anhaltendes, mildes, vollmundiges Aroma von Butter, Marmelade und Sahne, leicht würzig.
Chuao: Kommt aus einem kleinen Dorf und wurde fast ein Jahrzehnt lang ausschließlich von der italienischen Firma Amedei verarbeitet. Fruchtige Aromen, bei Amedei waren früher Pflaumen schmeckbar. Kaum sauer oder adstringierend.
Ocumare: Ähnlich dem Chuao-Kakao, jedoch torfiger und weniger fruchtig-sauer.
Rio Caribe: Fruchtig, aber nur dezent sauer, Tabaknote.
Canoabo: Softe Aromen wie Sahne, Mandeln und Datteln.

Karibik

Dominikanische Republik
Hauptsächlich Trinitario
Das Land hat sich in den letzten Jahren zu einem der wichtigsten Lieferanten für Edelkakao in Bio-Qualität entwickelt. Auch der Fair-Trade-Anteil ist recht hoch. Die zwei am häufigsten angebauten Sorten sind Sanchez und die prestigeträchtige Kakaobohne Hispaniola.
Das Aroma der Hispaniola-Bohne ist eher fruchtig und nur dezent würzig.

Jamaika
Trinitario
Angenehmer Kakao, kaum bitter, sauer oder adstringierend. Aromanuancen in Richtung Rum, Sahne, Früchte wie Pfirsich und manchmal etwas torfig-holzig.

Grenada
Trinitario
Dezente Säure, kaum bitter und nahezu keine Adstringens, leicht fruchtig und würzig.
Grenada wird immer wieder von Hurrikans heimgesucht, alle paar Jahre entstehen auf den Plantagen so immense Schäden.

Trinidad
Trinitario
Nachdem der Bestand an Criollo-Kakao im 18. Jahrhundert nahezu ausgestorben ist, wurde Forastero angepflanzt. Dadurch entstand der Hybrid Trinitario.
In Trinidad wird in 21 Regionen Kakao angebaut. Die bekannteste ist Gran Couva. Von der gleichnamigen Plantage bezieht das französische Unternehmen Valrhona seinen Kakao und produziert daraus eine Single-Plantation-Schokolade.
Der Trinidad-Kakao kann sehr unterschiedlich ausfallen. Von eher würzig-holzig, über Gras- und Butter-Noten bis hin zu Aromen von tropischen und Zitrusfrüchten – oder alles zusammen.

Saint Lucia
Trinitario
Es ist noch nicht lange her, da war der Kakao der Insel Saint Lucia von einer bemitleidenswerten Qualität. Nachdem diverse Investoren die Einheimischen immer wieder enttäuscht haben, wurden diese Fremden gegenüber extrem skeptisch. Mittlerweile haben die Eigentümer des Unternehmens Hotel Chocolat dort eine Vertrauensbasis geschaffen, die die Bauern dazu animiert, gute Qualitäten zu produzieren. Hotel Chocolat kauft mehr oder weniger die komplette Ernte aller Bauern und kontrolliert so die Qualität.
Der Kakao weist teilweise eine extreme Säure auf, hat aber auch komplexe Aromen zu bieten. Es gehört einiges dazu, diesen widerspenstigen Kakao zu bändigen. Wem das gelingt, der darf sich über eine wundervolle Schokolade freuen.

Kuba
Vornehmlich Trinitario
Kuba produziert einen großartigen Kakao. Aufgrund des Ausfuhrverbots gibt es aber leider nur sehr wenig Schokolade mit Kuba-Kakao. Der fruchtig-würzige Kakao ist zugleich angenehm schokoladig und leicht würzig.

Tobago
Trinitario
Es gibt kaum Tobago-Kakao, maximal fünf Tonnen jährlich, und wohl auch nur eine einzige Single-Origin-Schokolade von Tobago Estate. Der Kakao ist würzig mit Noten von Melasse und Fermentation.

Asien

Indonesien
Vornehmlich Forastero, etwas Trinitario und nur noch ganz wenig Criollo.
Hier muss man ganz klar zwischen den Regionen unterscheiden:
Java: In der einstigen Hochburg des Edelkakaos gibt es mittlerweile kaum noch Kakao. Viele Plantagen wurden in den Zeiten, in denen für Kakao nur wenig bezahlt wurde, gerodet und zum Beispiel mit Palmen für die Palmölproduktion bepflanzt.
Die besondere Java-Bohne ist die hellbrechende Bohne. Lange Zeit war sie sehr beliebt für die Herstellung von Milchschokoladen, da durch den hellen Kakao eine helle Milchschokolade mit intensivem Kakaogeschmack produziert werden konnte. Java-Kakao hat einen extrem hohen Säureanteil und eignet sich nur bedingt für dunkle Schokoladen. Hier sind eine gute Bohnenqualität und ein guter Chocolatier notwendig, um eine ordentliche Qualität zu gewährleisten.
Sumatra: Auf Sumatra wird nahezu ausschließlich Konsumkakao angebaut, der kaum über Nebenaromen verfügt. Er ist dem Kakao von der Elfenbeinküste sehr ähnlich.
Bali: Die Insel ist kaum für Ihren Kakao bekannt, kann aber mit recht guten Qualitäten aufwarten.
Auch Indonesien hat immer wieder das Problem, dass durch falsche Trocknung der Bohnen Räucheraromen entstehen.

Philippinen
Trinitario und Forastero
Im 17. Jahrhundert kam der erste Kakao auf die Philippinen. Nach einem Exportstopp fand man erst im Jahre 2010 wieder ein paar Säcke auf den Markt. Single-Origin-Schokolade ist sehr selten, meist wird der Kakao mit anderem Konsumkakao gemischt.
Erdig-holzige Aromen, leicht fruchtig-sauer.

Ozeanien

Papua-Neuguinea
Trinitario und Forastero
Wenn es sich um Trinitario-Bohnen handelt, erinnern die Aromen an Kakao aus São Tomé und Príncipe, allerdings etwas aromatischer, fruchtig, mit dezenter Säure, leicht torfig, Tabaknoten und schokoladig. Eignet sich sehr gut für Milchschokolade mit hohem Kakaoanteil. Recht häufig mangelt es bei der Trocknung an Qualität, sodass die Kakaobohnen oft leichte Räucheraromen annehmen. Das Räucheraroma ist oft so extrem, dass sich der Kakao nicht zur Herstellung von Schokolade eignet.

Vanuatu
Vornehmlich Forastero, etwas Trinitario
Das Aromaprofil des Kakaos ist schwer zu bestimmen, da die Kakaobohnen und Schokoladen, die ich bisher probiert habe, stets extreme Räucheraromen aufwiesen. Ich kann mir aber vorstellen, dass das Aromaprofil dem Kakao aus Papua-Neuguinea ähnelt.

Erntezeiten

Die Erntezeiten variieren in den Anbauländern sehr stark. In der Regel wächst Kakao ganzjährig, jedoch wird zwischen Haupt- und Nebenernte unterschieden. Anbei ein paar Beispiele für Erntezeiten:

Land	Haupternte	Nebenernte
Brasilien	Oktober–März	Juni–September
Dominikanische Republik	April–Juni	Oktober–Januar
Ecuador	März–Juni	November–Januar
Elfenbeinküste	Oktober–März	Mai–August
Ghana	September–März	Mai–August
Indonesien	September–Dezember	März–Juli
Madagaskar	Oktober–Februar	Mär–September
Papua-Neuguinea	April–Juli	Oktober–Dezember
Venezuela	Oktober–Februar	März–September

DER ANBAU UND DIE VERARBEITUNG IM URSPRUNGSLAND

Das Anpflanzen neuer Bäume

Die meisten Menschen haben sicherlich eine falsche Vorstellung von Kakaoplantagen. Plantage hört sich sehr nach einer übersichtlichen und systematischen Anpflanzung an. Das mag es auch geben, vor allem in Afrika, wo das primäre Ziel darin besteht, so viele Kakaopflanzen wie möglich anzubauen und so schnell wie möglich eine maximale Erntemenge zu erzielen. Wir widmen uns in diesem Buch aber dem Edelkakao und der Natur.
Wenn man zum ersten Mal eine Plantage besichtigt, wird man sicherlich zunächst erstaunt sein. In vielen Fällen werden die Setzlinge in den unvorbereiteten Boden gepflanzt. Oftmals sind die Plantagen extrem hügelig und die Besichtigung kann sehr anstrengend werden. Ob in Ecuador, Brasilien, der Dominikanischen Republik oder auf Bali, bei all diesen Kakaoplantagen gewinnt man den Eindruck, sich in einem Regenwald zu befinden, in dem zufällig jeder zweite Baum ein Kakaobaum ist. Nur in wenigen Fällen werden die Bäume beschnitten, um die Ernte der Kakaofrüchte zu erleichtern.

Als ehemaliger Mitinhaber der Confiserie Coppeneur hatte ich die Möglichkeit und das Privileg, mich mit der Thematik intensiv auseinanderzusetzen und selbst eine Kakaoplantage zu bewirtschaften.
Im November 2006 bat mich François Pralus um Hilfe bei der Rettung seiner Plantage auf der kleinen Insel Nosy Be in Madagaskar. Die Insel liegt genau gegenüber des Kakao-Hauptanbaugebiets von Madagaskar, dem Sambirano-Tal, und der Hafen von Hell-Ville auf Nosy Be dient als Verschiffungshafen. Früher war die Insel bekannt für den Anbau von Rohrzucker, jedoch liegt dieser Wirtschaftszweig seit einigen Jahren brach. Eine Kakao-Tradition gibt es auf Nosy Be nicht, und die Rahmenbedingungen sind nicht gerade optimal, sodass man schon von einem kühnen Unternehmen sprechen kann. Im Eifer seines Enthusiasmus' beging François einige Fehler, die ihn dazu bewegten, sich einen Partner zu suchen. Natürlich habe ich sofort zugesagt. Per Handschlag wurden wir Partner und ich, bzw. das Unternehmen Confiserie Coppeneur, Eigentümer einer eigenen Kakaoplantage.
Was aber hatte François falsch gemacht? Trotz seiner reichen Erfahrung und seinem Wissen hat ihn seine Begeisterung zu einigen gravierenden Fehlern verleitet:
Kakao braucht ideale, feuchtwarme Bedingungen, um wachsen zu können. Diese findet man in den tropischen Gebieten bis etwa 20 Grad nördlich und südlich des Äquators. Er braucht viel Regen (120–180 cm/Jahr), hohe und gleichbleibende Temperaturen (18–32 °C), hohe Luftfeuchtigkeit (65–100 %) und viel Schatten.
All das ist auf Nosy Be gegeben.
Der Boden spielt eine nicht unwesentliche Rolle, denn er sollte feucht, reich an organischen Stoffen und tiefgründig sein. Um genügend Wasser aufnehmen zu können, sollte er aus dicken Ton- oder Lehmschichten bestehen. Außerdem benötigt der Kakaobaum eine schöne Humusschicht mit genügend Nährstoffen. Kakao mag keinen sauren Boden, zu viel Wind und zu viel Sonne.

Kakao ist außerdem sehr krankheitsanfällig

Die wohl häufigste Krankheit ist die Black Pod Desease (Phytophthora Pot Rot). Ich habe kaum

Sehr junge Kakaofrucht

Baumschule zur Zucht von Jungpflanzen

Jungpflanzen können nach 5-6 Monaten gepflanzt werden

Jungpflanze, ca. 1 Jahr alt

eine Plantage gesehen, die nicht zumindest ein wenig davon betroffen war. Der Pilz befällt sowohl die Früchte als auch den Stamm und die Äste. Bei Befall der Früchte bilden sich braunschwarze Flecken, bis sich schließlich die ganze Frucht verfärbt. Besonders schlimm breitet sich diese Krankheit in Regionen mit niedrigen Temperaturen und bei sehr feuchtem Klima aus.
Die tückischste Krankheit ist die Witches' Broom Desease (Crinipellis Perniciosa), im Deutschen „Hexenbesenkrankheit". Ein hartnäckiges Gerücht besagt, dass diese Krankheit in den 1980er Jahren aus politischen Gründen bewusst in Brasiliens Kakaoanbaugebieten verbreitet worden sei, um die Machtstellung der Großbauern zu schwächen. Hunderttausende Arbeitsplätze wurden vernichtet und eine bis heute andauernde Krise im Kakaoanbau entfacht. Der bislang nur in Südamerika verbreitete Pilz verursacht besenartige Wucherungen. Befällt der Pilz die Blüten, wachsen keine gesunden Früchte mehr. Der Ertrag von befallenen Bäumen reduziert sich drastisch, daher auch der Zerfall des Kakaoanbaus in Brasilien. Heute weiß man, dass man eine Koexistenz akzeptieren muss. Die Witches' Broom Desease wird nie wieder verschwinden. Der beste Weg, mit ihr zu leben, ist eine natürliche Bewirtschaftung der Plantagen nach den Grundsätzen des biologischen Anbaus.
Die dritte der gefährlichen und weit verbreiteten Pilzkrankheiten ist die Frosty Pod Desease (Moniliophthora Roreri). Dieser Pilz befällt nur junge Früchte, verbreitet sich jedoch besser als die Witches' Broom Desease. Auch dieser Pilz ist bisher nur in Südamerika verbreitet.
Darüber hinaus gibt es auch eine Viruskrankheit, ausgelöst durch das Swollen Shoot Virus, die kein Erbarmen kennt: Im ersten Jahr reduziert sich die Ernte um 25 %, im zweiten Jahr kommt es zu einem kompletten Ernteausfall und schließlich stirbt der Baum.
In Südostasien – besonders in Malaysia – gibt es zudem noch die schädliche javanische Kakaomotte, die ihre Eier auf den Kakaofrüchten ablegt. Die geschlüpften Larven dringen durch die Schale der Kakaofrucht und fressen das saftige Fruchtfleisch, wodurch die Frucht und die Samen austrocknen.
Auf Nosy Be war zumindest die Gefahr von

Krankheiten nahezu ausgeschlossen. Die Beschaffenheit des Bodens war nicht grandios, aber durchaus akzeptabel. Problematisch war schon eher die Lage, da Kakao außerhalb der Regenzeit und besonders bei einer Neupflanzung sehr viel Wasser benötigt. Es gab jedoch weit und breit keinen Fluss und somit musste ein Brunnen die Wasserversorgung sichern. Zumindest waren einige Bäume auf dem Grundstück, die als Schattenspender dienen konnten. Das Gelände war sehr hügelig und nicht komplett zum Anbau von Kakao geeignet.

Als wir Partner von François Pralus wurden, existierte die Plantage seit drei Jahren und François hatte bereits über 10.000 Bäume gepflanzt. Erstaunt musste ich feststellen, dass im März 2007 nahezu alle Bäume eingegangen waren. Es waren vielleicht noch 500–600 eher mickrige Bäumchen übrig. Kaum einer war größer als einen halben Meter, von Blüten oder gar Früchten war nichts zu sehen. Aber warum?

Nach einigen Diskussionen kam die Frage auf, wann wir denn neue Setzlinge pflanzen sollten. Während eines dieser Gespräche fragte ich, wann er denn die gerade abgestorbenen Bäume gepflanzt hatte. Die Antwort war zugleich die Lösung des Rätsels, warum die erste Pflanzung gescheitert war. Der Zeitpunkt der Pflanzung ist immens wichtig und François hatte schlicht und einfach den falschen Augenblick gewählt.

Kranke Kakaofrüchte

Die Jungpflanzen müssen in geeigneter Umgebung gepflanzt werden

In der Baumschule werden die Kakaobohnen zur Pflanzung vorbereitet

Es gibt zwei Möglichkeiten, Jungpflanzen zu züchten. Entweder als Setzling aus einer frischen und gesunden Kakaobohne oder als Steckling mit einem abgeschnittenen Sprossteil. In beiden Fällen wird nährreiche Erde in einen Kunststoffbeutel mit ca.15 cm Durchmesser gefüllt, in den dann die Bohne flach eingedrückt, bzw. der Steckling gesetzt wird.
Der Vorteil der Pflanzung von Setzlingen ist die längere Lebensdauer der Bäume, dafür dauert das Wachstum bis zur erste Blüte länger als bei der Pflanzung von Stecklingen. Bäume, die aus Stecklingen gezogen wurden, sind dafür nicht so langlebig.
Es ist immens wichtig, dass die Bohne gesund ist und flach eingelegt wird, da man ja vorher nicht weiß, an welchem Ende die Bohne austreibt. Die Jungpflanzen werden in diesen Beuteln, unter einem schützenden Bau aus Hölzern und großen Blättern oder Planen, ca. sechs Monate hochgezüchtet. Wann mit der Pflanzung im Gelände begonnen wird, hängt von der Regenzeit des jeweiligen Anbaugebiets ab. In Madagaskar muss eine Jungpflanze spätestens im Oktober oder November, kurz vor Beginn der Regenzeit, gepflanzt werden, damit sie während der Regenzeit gut wachsen kann. Extrem wichtig hierbei ist, dass die Jungpflanze beim Einsetzen in der Natur bereits kräftig genug ist, um zu überleben.

Genau hierbei ist François ein grober Fehler unterlaufen. Die von ihm eingepflanzten Jungpflanzen waren kaum älter als zwei bis maximal drei Monate, da er die Setzlinge erst im August gezüchtet hatte. Als diese dann kurz vor Beginn der Regenzeit ausgesetzt wurden, waren sie nicht kräftig genug, um sich gut zu entwickeln. Das sollte uns nicht nochmal passieren. Daher plante ich meine zweite Reise für den Monat Mai

Aus den Blüten...

...entwickeln sich unterschiedlich schnell die Kakaofrüchte

2007, um noch einmal von vorne zu beginnen. Von den Plantagen im Sambirano-Tal, vornehmlich von der Plantage Millot, kauften wir frische Kakaofrüchte. Auf Nosy Be wurden diese Früchte mit einer Machete geöffnet, die Bohnen in Wasser etwas gereinigt, sortiert (flache Bohnen sind nicht fruchtbar) und gepflanzt. Zusätzlich kauften wir Erde mit reichlich Nährstoffen, um ein gutes Wachstum sicherzustellen.
Täglich, bei Bedarf auch mehrmals, wurden diese Jungpflanzen gewässert und von Raupen, die gerne die Blätter fressen, befreit. Zu meinem Bedauern musste ich im September 2007 feststellen, dass nicht die geplanten 15.000 Jungbäume gepflanzt werden konnten, sondern lediglich ca. 1000 Stück. Daher haben wir im Jahr 2008 eine zweite Runde gestartet und mit einem neuen Farmleiter die geplanten 15.000 Pflanzen gezüchtet.

Wenn die Jungpflanzen stark genug sind, können sie zwischen Schattenbäumen in einem ausreichenden Abstand voneinander gepflanzt werden. Wenn nicht genügend Schattenbäume vorhanden sind, müssen auch diese gepflanzt werden. Kakaobäume brauchen andere Bäume auch zum Schutz vor Wind und zu viel Sonne. Aufgrund des schnellen Wachstums eignen sich Bananenstauden besonders gut. Auch hier beging François einen Fehler. Viele der ausgesetzten Jungpflanzen hatten nicht genügend Schatten und verkümmerten. Dies sollte uns nicht nochmal passieren und daher planten wir auch die Pflanzung von Bananenstauden.
Kakao ist sehr widerspenstig. Zu viel Sonne schädigt ihn nicht immer und Schatten garantiert nicht zwangsläufig ein gutes Wachstum. Auf Nosy Be konnten wir einige sehr gut gewachsene Bäume entdecken, die gar keinen Schatten hatten und stets der prallen Sonne ausgesetzt waren. Andere, die vermeintlich den perfekten (schattigen) Standort hatten, verkümmerten. Kakao macht immer das, was man nicht erwartet ...
Verläuft ein Fluss in der Nähe der Plantage, bietet dieser einen ausreichend hohen Wasserpegel unter der Plantage. Auf Nosy Be war dem nicht so, daher mussten die Pflanzen, verteilt auf einem 14 Hektar großen Gelände, nahezu täglich mit Wasser aus dem Brunnen gegossen werden. Wenn die Bäume einmal stark genug sind, dürfte der Aufwand aber weitaus geringer sein.
Das Wachstum der Kakaobäume und vor allem die erste Blüte hängen sehr stark von der angebauten Sorte ab. Ein Forastero wächst schneller und wirft auch schneller eine Ernte ab. Bei Criollo sterben einfach zu viele Jungpflanzen. Die goldene Mitte ist der Anbau des Trinitario. Auf Nosy Be haben wir nahezu ausschließlich Trinitario angepflanzt. Bei meiner letzten Reise nach Madagaskar im Mai 2008 konnten wir die ersten zwei Kakaofrüchte (ca. 4 cm klein) bestaunen. Sie stammen noch von der Pflanzung aus dem Jahre 2003. Viereinhalb Jahre hat es also gedauert, was dem normalen Wachstum entspricht. Jedoch sind zwei tragende Kakaobäume von über 10.000 eine äußerst mickrige Ausbeute.
In der Regel taugt die erste Frucht nichts, sodass wohl die erste verwertbare Kakaofrucht erst im Folgejahr gewachsen ist. Die Ergiebigkeit eines Kakaobaumes steigt sehr langsam: die erste Frucht nach ca. fünf Jahren, volles Erntevolumen frühestens nach 10–15 Jahren.
Kakaobäume können sehr groß werden, bis zu 12–15 Metern. Oftmals werden die Bäume aber zugeschnitten, um das Ernten der Früchte zu

Die Früchte werden oft schon vor Ort aufgebrochen

In der Pulpe verstecken sich 30-40 Bohnen

©Bonnat
Frische und getrocknete Bohnen im direkten Vergleich

erleichtern. Geerntet wird mit einem Stab mit einem scharfen Haken an der Spitze, um auch in den höheren Bereichen an die Früchte zu kommen.
Von der Blüte bis zur Kakaofrucht können bis zu sechs Monate vergehen. Das Gewicht der Kakaofrüchte ist sehr unterschiedlich, es kann zwischen 200 g bis über 1000 g liegen. Man findet gleichzeitig sämtliche Wachstumsstadien an einem Baum, vom winzigen Keimling, über die volle Blüte und die ersten zarten Früchte, bis hin zur reifen Frucht. Daher ist es auch notwendig, die Plantage täglich auf reife Früchte zu kontrollieren. Man möchte diese ja nicht den tierischen Mitbewohnern abtreten oder am Baum verfaulen lassen. Kakaofrüchte wachsen sowohl direkt am Stamm, als auch an den Ästen (Kauliflorie). Manche Bäume tragen sehr viele Kakaofrüchte gleichzeitig, andere, nur einen Meter weiter, nur vereinzelte.
In einer Kakaofrucht befinden sich ca. 30–40 Bohnen in einer weißen glitschig-schleimigen Pulpe. Der Geschmack der Pulpe ist fantastisch: fruchtig-sauer mit einer angenehmen Süße, ähnlich dem Geschmack einer Litschi. Einfach der Frucht eine Bohne entnehmen und so lange lutschen, bis nur noch die Bohne übrig bleibt oder kein Geschmack mehr vorhanden ist. Auf einer Plantage in Brasilien bekam ich einen sensationellen Caipirinha serviert, hergestellt mit der frischen Pulpe. Oh, wie ich das vermisse ...

Die Weiterverarbeitung

Es gibt unterschiedliche Methoden der Weiterverarbeitung der frischen Kakaobohne. Der neue Trend zu Raw Chocolate spielt dabei eine immer größere Rolle. Da die Temperatur hierbei maximal 42 °C (manche sagen 49 °C) betragen darf, wird bei Raw Chocolate auf die traditionelle Fermentation verzichtet.
Wir möchten uns aber der traditionellen Herstellung widmen. Die grundsätzliche Vorgehensweise ist überall identisch, kleine Unterschiede gibt es aber natürlich.
Nach der Ernte der Früchte werden sie geöffnet und die Kakaobohnen mitsamt der Pulpe he-

rausgenommen. Immer häufiger werden aber auch die ganzen Früchte und nicht die schon aus den Früchten gelösten Kakaobohnen zu Sammelplätzen gebracht. Auch entstehen immer mehr zentrale Verarbeitungsplätze, die sich auf die Weiterverarbeitung spezialisiert haben.

Fermentation

Ein sehr wichtiger Schritt, um der Kakaobohne die Entwicklung der Aromen zu ermöglichen. Die Bohnen werden in Holz- oder Kunststoffkisten aufgestapelt (manchmal auch noch auf Bananenblättern) und einer Gärung (Fermentation) ausgesetzt. Wichtig ist hierbei die regelmäßige Umschichtung der Bohnen, um eine gleichmäßige Gärung zu gewährleisten. Bei dem biochemischen Gärprozess verflüssigt sich das an den Bohnen anhaftende Fruchtfleisch und fließt ab. Die Temperatur steigt hierbei auf bis zu 50 °C an. Die nun durchlässigen Zellwände werden vom Saft durchdrungen. Der bittere Geschmack

Bei der Fermentation müssen die Bohnen regelmäßig umgeschichtet werden.

Nur so ist eine gleichmäßige Fermentation gewährleistet.

schwächt sich bei diesem Prozess schon deutlich ab und auch die Farbe der Bohnen verändert sich von weißlich-gelb in ein dunkles Braun. Die Dauer der Fermentation variiert sehr stark. In der Regel beträgt sie fünf bis sieben Tage, aber Claudio Corallo zum Beispiel fermentiert gerne 16 Tage. Eine relativ junge Art der Fermentation ist die „Tray 10"-Fermentation in Ghana, bei der die Bohnen einlagig in zehn Zentimeter hohen, übereinander gestapelten Kisten fermentieren.
Manchmal werden die Bohnen nach der Fermentation gewaschen, zum Beispiel in Jamaika und auf der Plantage Millot in Madagaskar.

Das Trocknen

Durch die Fermentation haben die Bohnen viel Flüssigkeit aufgenommen. Um ein Verderben der Bohnen zu verhindern, muss der Gehalt an Feuchtigkeit wieder auf ca. sechs bis sieben Prozent reduziert werden. In den meisten Anbauländern werden die Bohnen dazu in der Sonne getrocknet. Da plötzlicher Regen die Bohnen beschädigen könnte, findet die Trocknung häufig auf rollbaren Holzplatten statt. Bei Regen werden die auf Schienen gelagerten Platten innerhalb von Sekunden unter Dächer gefahren. Oftmals findet die Trocknung auch auf dem blanken Betonboden statt, sodass bei Regen mehr Aufwand entsteht. Ich konnte auch schon das Trocknen kleiner Mengen auf dem Asphalt am Straßenrand beobachten.
In Anbauländern mit hoher Luftfeuchtigkeit, wie zum Beispiel Indonesien, Papua-Neuguinea oder Vanuatu, wird häufig mit Kesseln oder einer Steinplatte über offenem Feuer getrock-

Die Bohnen werden direkt auf dem Betonboden...

...in überdachten Trockungsanlagen...

...oder auf Holzplatten getrocknet.

Mit Schubkarren werden die fermentierten Bohnen zum Trocknen gebracht

Per Hand werden die Bohnen verlesen.

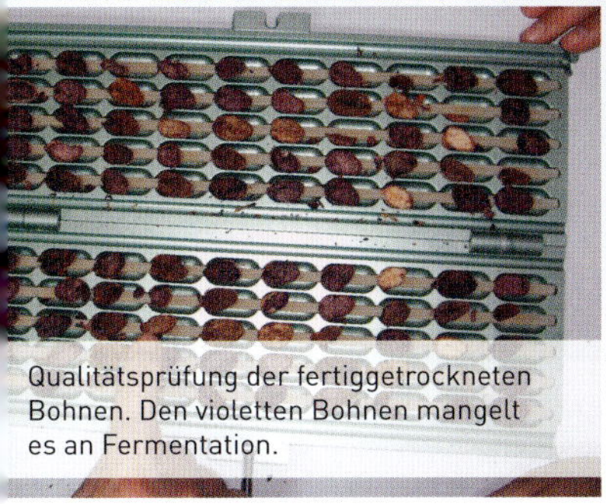
Qualitätsprüfung der fertiggetrockneten Bohnen. Den violetten Bohnen mangelt es an Fermentation.

Verpackt in Jutesäcke...

...und fertig für den Versand nach Übersee.

net. Hier besteht die Gefahr, den Kakao aromatisch zu beschädigen. Entweder geben die Flammen dem Kakao einen rauchigen Geschmack, was extrem unangenehm sein kann, oder aber Holz oder Benzin beeinflussen die Aromen, was sich während der Trocknung prägnant ausbildet.

Der Transport

Edelkakao wird auch heute noch in Säcke von 60–70 kg abgefüllt transportiert. Nicht selten werden die Säcke liebevoll mit allerlei Informationen beschriftet.

Der Transport aus den Ursprungsländern zumeist nach Europa oder in die USA stellt ebenfalls noch einmal eine Herausforderung dar. Zuerst muss man zusehen, dass auch wirklich die Bohnen verschickt werden, die man gekauft hat. Der Container muss für den Transport von Kakao geeignet sein, damit die Bohnen während des Transports nicht zu Schaden kommen. Das kann zum Beispiel passieren, wenn der Container nicht ausreichend belüftet wird und die Bohnen durch Kondenswasser zu schimmeln beginnen. Leider ist uns das bei Coppeneur einmal passiert: 25 Tonnen edelsten Ecuador-Kakaos wurden unbrauchbar. Der Fehler bestand damals darin, den Container an der Innenwand mit dickem Papier so zu verschließen, dass die Luft nicht mehr zirkulieren konnte.

Es kommt auch vor, dass die Bohnen bewusst gewässert werden, um ihr Gewicht zu erhöhen. Das ist natürlich ein besonders schlimmer Fall, der auf der bis zu sechswöchigen Reise nicht gut ausgehen kann. Von dem Betrug ganz zu schweigen, denn man hat statt für Kakaobohnen für das enthaltene Wasser bezahlt.

Meist kommt der Kakao in Amsterdam oder in Rotterdam an. In Deutschland ist Hamburg der größte Umschlagplatz für Kakaobohnen. Edelkakao wird, verpackt in den Säcken, behutsam eingelagert. Konsumkakao wird meist als Bulk-Ware in große Container verpackt. Bei meinem ersten Besuch eines großen Lagerhauses in Amsterdam war ich schon leicht schockiert, als ein Schaufelbagger in einer riesigen Halle den Kakao mit seiner gewaltigen Schaufel von A nach B transportierte. Es hätten auch Steine sein können ...

Die Lagerhallen für Kakao sind ideal für eine lange Lagerung. Ich habe in einem Lagerhaus in Amsterdam Bohnen gesehen, die über 15 Jahre alt waren. Ob das Aroma in einer Schokolade noch gut sein wird, weiß ich nicht. Aber äußerliche Schäden hatten sie keine.

Vom Lagerhaus wird der Kakao dann von den Chocolatiers nach Bedarf abgerufen.

COCOA BEANS
Fair Trade
COCOA POWDER
Fair Trade
Best Quality

ETHIK, FAIRER HANDEL, BIO UND NACHHALTIGKEIT

Sklaverei und Kinderarbeit

Sklaven- und Kinderarbeit ist seit Jahrhunderten ein Problem, auch in der Landwirtschaft. Wenn Sklaverei auch so gut wie ausgerottet sein mag, so sieht es bei Kinderarbeit leider noch immer ganz anders aus: Die Organisation ILO (International Labour Organization) schätzt, dass weltweit über 246 Millionen Jungen und Mädchen im Alter von fünf bis 14 Jahren arbeiten, davon schätzungsweise 132 Millionen in der Landwirtschaft. Nur sehr wenige Länder und Wirtschaftsbereiche sind hiervon ausgenommen.

Im September 2001 unterzeichneten die Schokoladen- und Kakaoindustrie in Zusammenarbeit mit den US-Politikern Senator Tom Harkin und Eliot Engel eine Vereinbarung, in der das Ziel verfolgt wird, die schlimmsten Formen der Kinderarbeit beim Anbau und der Weiterverarbeitung des Kakaos zu beseitigen. Die Übereinkunft, bekannt als „Harkin Engel Protocol", beschreibt ein Sechs-Punkte-Programm mit einem genauen Zeitplan, um das Problem der Kinderarbeit im Kakaoanbau auszumerzen. Der erste Schritt bestand im Zusammenschluss aller industriellen Unternehmen, vornehmlich aus den USA und Europa, und der gemeinsamen Übernahme der Verantwortung.

Das „Harkin Engel Protocol" mag der richtige Schritt gewesen sein und es liest sich gut, wenn Organisationen über Erfolge informieren: Zum Beispiel berichtet die Organisation ICI (International Cocoa Initiative), in der Zeit von 2004 bis Dezember 2009 in 243 Kommunen Programme gestartet und damit über 600.000 Menschen erreicht zu haben, von denen über 268.000 im Kakaoanbau arbeiten. Befremdlich ist jedoch, dass Industrie und Regierungen der Anbauländer nicht in der Lage waren, in einem Zeitraum von zehn Jahren die Kinderarbeit abzuschaffen. Im „Harkin Engel Protocol" ist vereinbart worden, sie auf Kakaoplantagen bis zum Jahre 2008 zu verbieten, sie ist jedoch noch immer alltägliche Realität.

Die weltweite Süßwarenindustrie rühmt sich damit, jährlich 10 Mio. US Dollar zu investieren, um die Kindersklaverei abzuschaffen. Jedes Jahr werden in der Schokoladenbranche Umsätze von vielen Milliarden und Reingewinne von immerhin noch einigen Milliarden Euro erzielt. Da sollten zum Schutz der Kinder doch andere Summen zur Verfügung stehen. Der schnellste und vielleicht einfachste Weg wäre – natürlich begleitet von Kontrollen etc. –, den Bauern einen fairen Preis für ihren Kakao zu bezahlen, sodass diese auf Kinderarbeit verzichten können.

Auch der Verbraucher und die Handelsunternehmen tragen einen nicht unerheblichen Anteil an der Verantwortung. Die „Geiz ist geil"-Mentalität wird hier leider oft auf dem Rücken der Schwächsten ausgetragen. Billige Produkte sind nicht die Lösung globaler Probleme!

Fairer Handel

Fair Trade

Zuerst kam der Trend zur Edelkakao-Schokolade, dann zur Bio-Schokolade und in letzter Zeit immer häufiger zur Fair-Trade-Schokolade. Immer häufiger Bio in Kombination mit Fair-Trade und Edelkakao.

Die Geschichte des Fair Trade beginnt in den späten 1980er Jahren. Fair Trade informierte die Verbraucher über die Missstände in den Ursprungsländern, war jedoch in der Lage, gleichzeitig Produkte anzubieten, die der Verbraucher ohne Bedenken konsumieren konnte.

Die Grundsätze des Fair Trade sind – auch bei Kakao – recht simpel. Fair Trade garantiert den Bauern den aktuellen Welthandelspreis zuzüglich einer Prämie, die immer wieder angepasst wird. Zum 1. Januar 2011 wurde die Prämie auf 200 USD erhöht. Der Mindestpreis für eine Tonne Rohkakao wurde auf 2000 USD, für Bio-Rohkakao auf 2300 USD angehoben.

Das erste Fair-Trade-Siegel (Max Havellaar) entstand in den 1980er Jahren in den Niederlanden. Die GEPA (Gesellschaft zur Förderung der Partnerschaft mit der Dritten Welt mbH) ist zwar bereits seit Mitte der 1970er Jahre im fairen Handel mit der Dritten Welt aktiv, nutzt das Fair-Trade-Siegel jedoch nicht. Die erste zertifizierte Fair-Trade-Schokolade, Green & Black's Maya Gold, kam im Jahre 1994 auf den Markt. Der Kakao dieser Schokolade kommt auch heute noch aus Belize. Das Siegel der Organisation „Fairtrade Labelling Organizations International (FLO)" – seit 2008 nutzt auch Max Havellaar das Siegel des internationalen Dachverbandes FLO – hat sich international etabliert. In Deutschland findet man rund 1000 Produkte mit dem Fair-Trade-Siegel. Die Meinungen zu dem Siegel sind sehr unterschiedlich. Die einen schwören darauf, andere meiden die Zusammenarbeit, weil die Bürokratie für die Bauern und die Industrie relativ groß sei. Auch von Missständen innerhalb der Organisation wird immer mal wieder berichtet.

Rainforest Alliance
Ein weiteres Siegel stellt die „Rainforest Alliance". Es garantiert dem Bauern keinen Mindestpreis, er erhält jedoch Unterstützung für eine qualitativ und quantitativ bessere Ernte, durch die er am Markt bessere Preise erzielen kann. Dieses Siegel ist für die Industrie nicht mit Kosten verbunden und wird mittlerweile von vielen großen Unternehmen in Anspruch genommen.
Allerdings muss sich die „Rainforest Alliance" viel Kritik an ihren Regeln gefallen lassen. Ein System, in dem die Bauern Zeit und Geld in ihre Aufnahme investieren müssen, das der Industrie aber kostenlos zur Verfügung steht, erscheint etwas fragwürdig.

Als Unternehmer musste ich oft hören, dass der Endverbraucher Fair-Trade-Produkte wolle. Coppeneur versieht keines seiner Produkte mit dem offiziellen Fair-Trade-Siegel. Mein Hauptargument für diese Entscheidung bestand immer darin, zu erläutern, dass wir als Unternehmen weit aktiver auftreten, als das eine Organisation je leisten kann: Einkauf des Kakaos direkt von den Inhabern der Plantagen, Zahlung von Preisen weit über dem Üblichen, auf Jahre garantierte Abnahmemengen, Unterstützung beim Anbau etc. Ich kenne unzählige Beispiele, sowohl großer Industrieunternehmen, als auch kleiner Chocolatiers, die ähnlich argumentieren. Heute weiß ich, dass diese Begründung zwar faktisch richtig ist, den fairen Handel in der Welt jedoch kaum fördert. Durch den Verzicht auf ein

Siegel fehlt dem Kunden sowohl ein eindeutiges Signal, auf das er sich verlassen kann, als auch die nötige Transparenz, die hinter einer lückenlosen Pflichtdokumentation steht.
Noch undurchsichtiger wird es für Verbraucher, wenn ein Unternehmen nur einen Teil seiner Produkte mit fair gehandeltem Kakao produziert. Hier stellt sich dann die Frage, woher der restliche Kakao stammt und warum dieser nicht zertifiziert ist.

Sicher werden wir in Zukunft nicht nur Produkte kaufen, die das Fair-Trade-Siegel tragen – vielleicht wird dies sogar eher selten sein. Es sollte jedoch ein Bewusstsein dafür geben, dass wir alle Verantwortung tragen.

Bio – Ökologischer Landbau und Nachhaltigkeit

„Bio" und „Nachhaltigkeit" bedingen sich gegenseitig und stehen damit in einem unmittelbaren Zusammenhang. Zwar gilt auch hier, dass ein Bio-Produkt nicht zwangsläufig von guter Qualität ist, dennoch gibt es die richtige Richtung vor.
Ich persönlich habe die Zertifizierer und Prüfer von Bio-Unternehmen als extrem streng und unnachsichtig kennen gelernt. Selbst kleine Fehler werden nicht verziehen und jeder Hersteller ist gezwungen, sehr penibel Buch zu führen. Auch wenn die biologische Produktion zu hundert Prozent lückenlos und logisch nachvollziehbar ist, riskiert man durch kleine Fehler

in der Dokumentation den Verlust des Zertifikats. Ob diese strenge Handhabung auch im Ausland und besonders in den Ursprungsländern durchzuhalten ist, kann ich nicht beurteilen. Dennoch bin und bleibe ich in jeder Hinsicht ein Befürworter des biologischen Anbaus.
Ein Wermutstropfen ist jedoch zu beklagen: In sehr vielen Ländern gibt es keinen oder kaum Bio-Kakao. Noch nie habe ich Bio-Kakao aus Jamaika, Grenada oder auch Kolumbien gesehen. Das ist schade und es wäre wünschenswert, dies zu ändern.
Nun aber die positive Nachricht: Auch wenn aus diesen Ländern kein Bio-Kakao bekannt ist, kann ein Großteil des Anbaus als ähnlich „sauber" gelten. Dafür gibt es mehrere Gründe: In vielen Ländern wird Kakao ganz selbstverständlich auf natürlichem Wege angebaut. Der Einsatz von Pestiziden ist für viele Bauern auch schlicht unbezahlbar. Ein weiterer Grund liegt in den teilweise sehr kleinen Plantagen und den recht primitiven Umständen, unter denen der Kakao dort angepflanzt wird. Der Anbau wird oft nicht professionell betrieben, sondern von Generation zu Generation werden kleine Plantagen vererbt. Die Kakaofrüchte wachsen ohne Eingriffe und der Bauer pflückt sie, wenn sie reif sind.
Man kann davon ausgehen, dass die Probleme mit Pestiziden mit der Industrialisierung des Kakaoanbaus in Ländern wie der Elfenbeinküste, Indonesien oder auch Ghana zusammenhängen – wobei sich in Ghana in letzter Zeit doch einiges in Richtung ökologischen Anbaus getan hat.
Als Unternehmer habe ich Edelkakao aus über 15 verschiedenen Ländern bezogen. Darunter waren zehn bis 12 Sorten, die nicht Bio-zertifiziert waren. Aber nicht ein einziges Mal haben wir Rückstände von Pestiziden oder sonstigen Giften gefunden.

Nachhaltigkeit ist in den meisten Anbauländern ein großes Thema. Leider kommt es auch heute noch immer wieder vor, dass Kakao-Plantagen aus Profitgründen vernichtet werden, um stattdessen beispielsweise Palmöl anzubauen. In jüngster Zeit ist in Ecuador eine wunderschöne 60 Hektar große Bio-Plantage, die Hacienda Iara, mit einem sehr guten und teilweise sehr alten Baumbestand vernichtet worden.
Mittlerweile ist man sich einig, dass mithilfe des Kakaoanbaus der Erhalt und eine nachhaltige Nutzung des Ökosystems Regenwald gewährleistet werden kann, die der Artenvielfalt der Flora und Fauna dient.
Und auch der Qualität des Kakaos ist eine nachhaltige Anbauweise förderlich, wodurch den Kleinbauern wiederum ein besseres Einkommen ermöglicht wird. Es hat sich auch gezeigt, dass der Kakaobaum durch ökologische Methoden weitaus besser vor Krankheiten geschützt wird, als durch Chemikalien, da die Krankheitserreger schnell eine Resistenz bilden. Baumschnitt, Hygienemaßnahmen und regelmäßige Kontrollen haben sich als wirksam erwiesen. Die in Brasilien weitverbreitete Hexenbesenkrankheit wurde durch ökologische und nachhaltige Landwirtschaft stark eingedämmt, während jegliche Art von Chemie ohne Erfolg blieb. Auch der Einsatz von Nützlingen hat sich als sinnvoll erwiesen: Insekten oder Pilze fressen oder infizieren Schädlinge und vernichten sie so auf ganz natürliche Weise. Der Regenwald selbst bietet die besten Voraussetzungen für den Kakaoanbau und bringt alles mit, diesen nachhaltig und erfolgreich zu ermöglichen.

GESUNDHEITLICHE ASPEKTE

Auch beim Genuss von Kakao und kakaohaltigen Produkten spielen gesundheitliche Aspekte in unserer Gesellschaft eine immer wichtigere Rolle. Ich persönlich halte es für wichtig, bei der Ernährung auf mögliche Risiken und Vorteile zu achten. Andererseits handelt es sich bei Schokolade, Konfekt und Nougat um Genussmittel und oftmals sogar um Luxusartikel, bei denen der gesundheitliche Aspekt für mich persönlich eine untergeordnete Position einnimmt. Um nicht missverstanden zu werden: Selbstverständlich muss ein Kakaoprodukt frei von Schadstoffen sein und darf keinerlei Zusätze enthalten, die sich unter Umständen schädlich auf die Gesundheit auswirken könnten. Auch der Gehalt an Zucker und Fett sollte sich in vernünftigen Grenzen halten.

Schokolade aber als „Gesundheitsmittel" zu betrachten oder ein köstliches Kakaoprodukt zu verachten, weil darin unter Umständen viel Zucker und/oder Fett enthalten ist, geht mir dann doch zu weit. Ein Karamellkonfekt oder ein gutes Konfekt mit Alkohol und feiner Zuckerkruste genieße ich daher, auch wenn ich weiß, dass es für meine Gesundheit nicht förderlich sein mag.

Anderseits glaube ich auch nicht, dass der maßvolle Genuss solcher Produkte schädlich ist. Die Franzosen haben im Zusammenhang mit dem Genuss von Alkohol schon vor langer Zeit den Slogan „À consommer avec modération" populär gemacht, dasselbe gilt für mich auch für Süßwaren: „In Maßen zu genießen".

Der derzeitige Trend zur Raw-Chocolate erscheint oft unverständlich. Die meisten Raw-Produkte sind kein großer Genuss und nur ganz wenige können mich zum Kaufen animieren. Zudem erscheinen nicht viele der mittlerweile in diesem Segment tätigen Unternehmen glaubwürdig. Schon die teilweise sehr zurückhaltende Informationspolitik der von mir kontaktierten Firmen weckt in mir Zweifel. Gerade hinter der Bewerbung der Produkte unter gesundheitlichen Aspekten – oder der Suggestion einer solchen – sollte Offenheit und Transparenz stehen. Herkunft und Verarbeitung des Kakaos darf hier kein Geheimnis sein, als Verbraucher möchte man die Zusammensetzung dieser Produkte nachvollziehen können – leider ist dies aber bei Fair-Trade-, Bio- und Raw-Produkten nicht immer der Fall.

Gesundheitsrelevante Inhaltsstoffe und einige ihrer Auswirkungen

Polyphenole
Polyphenole sind Farb- und Geschmacksstoffe sowie Gerbsäuren und dienen vielen Pflanzen zur Abwehr von Feinden oder als Lockstoff für bestäubende Insekten.
Polyphenole aus Kakao sind begehrt, da ihnen entzündungshemmende und krebsvorbeugende Wirkungen zugesprochen werden. Darüber hinaus können Polyphenole auch Körperzellen vor freien Radikalen schützen, die Fettablagerung in den Blutgefäßen vermindern und die Zelloxidation verlangsamen, wodurch Arterienverkalkungen und Herzinfarkten vorgebeugt werden kann.
Mittlerweile gibt es einige Schokoladen, die gezielt einen besonders hohen Anteil Polyphenole enthalten.

Theobromin
Die Wirkung des Theobromins ähnelt der des Koffeins: gefäßerweiternd, harntreibend und herzstimulierend. Es regt mild und dauerhaft an und wirkt stimmungsaufhellend.

Koffein
Der Anteil an Koffein im Kakao ist sehr niedrig. Koffein stimuliert das zentrale Nervensystem und das Blutgefäßsystem. Einige negative Wirkungen können Nervosität, Schlaflosigkeit oder Angstzustände sein. Bei den geringen Mengen, die im Kakao enthalten sind, kann eine solche Wirkung aber nahezu gänzlich ausgeschlossen werden. Aber auch die positiven Wirkungen wie Steigerung der geistigen Leistungsfähigkeit, Anregung der Produktion der Magensäfte oder Verringerung der Müdigkeit dürften beim Genuss von Kakao relativ gering sein.

Anadamid und Phenylethylamin
Diese beiden Inhaltsstoffe findet man auch in Rauschmitteln. Sie beeinflussen die Regionen des Gehirns, die das Glücks- und Lustempfinden steuern. Aufgrund der gering enthaltenen Menge besteht jedoch keine Suchtgefahr.

Endorphine und Serotonin
„Schokolade macht glücklich" ist nicht nur ein Marketingspruch, sondern aufgrund der im Kakao enthaltenen Endorphine, den körpereigenen Opiaten, und des Botenstoffes Serotonin, durchaus wissenschaftlich belegbar.

Fett und Zucker
Die Kakaobohne enthält von Natur aus zwischen 45 und 60 % Fett, genauer genommen Kakaobutter. Sie ist seit langem auch in der Kosmetikindustrie sehr beliebt und aufgrund ihrer pflegenden Eigenschaften geschätzt. Entgegen der allgemeinen Überzeugung enthält Kakao auch einen geringen Anteil an Zucker, der aber geschmacklich nahezu keine Rolle spielt.

Cholesterin
Der Kakaobutter wird in Bezug auf Cholesterin ausschließlich Gutes nachgesagt: Senkung des Cholesterinspiegels, aber besonders des sogenannten „schlechten" Cholesterins (LDL), Verringerung des Thromboserisikos sowie Erhöhung des „guten" Cholesterins (HDL). Der positive Einfluss wächst mit steigendem Anteil an Kakaobutter in einer Schokolade. Demnach sollte man dunkle Schokolade mit hohem Kakaoanteil bevorzugen.

N-Phenylpropenoyl-L-aminosäureamide
Wurde erst im Jahre 2005 von Wissenschaftlern der Universität Münster aus Kakao isoliert und charakterisiert und soll wachstumsfördernd auf Hautzellen wirken. Der Wirkstoff soll außerdem die Adhäsion von Heliobacter pylori an menschlichen Magenschleimhautzellen vermindern und somit Magengeschwüren vorbeugen.

Schwermetalle und Toluol
Der Gehalt von Blei, Kupfer, Zink und Toluol im Kakao ist so gering, dass dieser Wert vernachlässigt werden kann.
Ein Problem kann jedoch ein erhöhter Cadmiumgehalt darstellen, da er sich bei regelmäßigem oder übermäßigem Konsum krebserregend auswirken oder die Nieren und die Leber schädigen kann. Cadmium wird durch die Wurzeln des Kakaobaumes aufgenommen, wobei der Boden – auch seine Beschaffenheit bei der Ernte der Früchte – eine bedeutende Rolle spielt. So hält sich beispielsweise die Ansicht, dass Früchte, die nach starkem Regen geerntet wurden, einen höheren Cadmiumwert aufweisen. Es wäre interessant zu sehen, ob sich dies wissenschaftlich belegen lässt.
Bei uns in Europa ist der Cadmiumgehalt von Schokolade seit einigen Jahren ein vor allem bei diversen Testmagazinen beliebtes Thema. Es gibt keinen gesetzlichen Höchstwert, jedoch beläuft sich die Empfehlung des ehemaligen Bundesinstituts für gesundheitlichen Verbraucherschutz und Veterinärmedizin (BgVV) seit 1997 auf ein Maximum von 0,1 mg Cd/kg für Milchschokolade und 0,3 mg Cd/kg für dunkle Schokolade. Sein Wert ist abhängig von der Menge an Kakaomasse in der Schokolade.
Afrika, Asien und Ozeanien sowie weite Teile der Karibik haben in der Regel keine Probleme mit einem erhöhten Cadmiumgehalt. Die Werte liegen weit unter der Empfehlung des BgVV. Schwierigkeiten treten überwiegend in Südamerika auf, besonders in Ecuador, Kolumbien und Venezuela. Die ICCO gibt für Kakaobohnen aus Ecuador und Venezuela einen Durchschnittswert von 0,18 bis 1,5 mg/kg an. Ich selbst habe auch schon weitaus höhere Werte gesehen. Der höchste je gemessene Wert, der mir persönlich bekannt ist, war der von Kakaobohnen aus Kolumbien mit unglaublichen 3,63 mg/kg.
Viele Politiker fordern ein gesetzliches Maximum unterhalb der bisherigen Erfahrungswerte. Alternativ wäre denkbar, den Cadmiumgehalt auf jeder Schokolade auszuweisen und den Verbraucher selbst entscheiden zu lassen.

Oft gestellte Fragen

Verursacht Schokolade Karies?
Wissenschaftler des Technischen Instituts Massachusetts haben herausgefunden, dass die in Schokolade befindlichen Substanzen Tannin,

Fluor und Phosphat Karies entgegenwirken. In Milchschokolade befinden sich mit Kalzium und Phosphaten ebenso Karies hemmende Substanzen. Die Mengen sind jedoch zu gering, um dem Angriff des in der Schokolade ebenfalls enthaltenen Zuckers entgegenwirken zu können.

Lässt Schokolade Pickel sprießen?
Sehr häufig wird, meist von Frauen, davon berichtet, dass sich nach dem Konsum von Schokolade Pickel vermehren. Zwischen dem Konsum von Schokolade und den Pusteln im Gesicht existiert allerdings kein wissenschaftlich belegter Zusammenhang. Im Allgemeinen kann sich eine ungesunde Ernährung negativ auf die Haut auswirken: Zu viel Fett, Zucker, Alkohol und zu wenig Vitamine und Mineralstoffe sind denkbar ungünstige Ernährungsgewohnheiten. Natürlich gehört hierzu auch ein übermäßiger Verzehr von Schokoladenprodukten. Aber der Übeltäter ist nicht der Kakao, sondern das enthaltene Fett und der Zucker.

Löst Schokolade Migräne aus?
Auch diese Theorie ist umstritten. Migräneanfälle können zwar nach „Schokoladenorgien" auftreten, und mit der Schokolade ist dann auch ein idealer Sündenbock gefunden, in den meisten Fällen gehen den Kopfschmerzattacken jedoch hormonbedingte Fressanfälle voraus, die dann eher zufällig mit Schokolade befriedigt werden.

Kann Schokolade Verstopfungen verursachen?
Auch wenn das im Kakao enthaltene Tannin die Darmaktivität im Allgemeinen fördert, ist von einem übermäßigen Schokoladenkonsum abzuraten. Es mag wissenschaftlich (noch) nicht belegt sein, aber der Selbstversuch hat gezeigt, dass zu viel Schokolade den Stuhlgang negativ beeinflusst.

Macht Schokolade dick?
Wie bei vielen Nahrungsmitteln kommt es auf die verzehrte Menge, die allgemeine körperliche Aktivität, die Ernährungsgewohnheiten und auch auf die genetische Veranlagung an.
Schokoladenprodukte enthalten sehr unterschiedliche Mengen an Kalorien. Das Spektrum reicht von 400 bis 650 oder 700 Kalorien pro 100 g. Das entspricht fast einem Drittel des täglichen

Bedarfs einer Frau und ca. einem Viertel des täglichen Bedarfs eines Mannes. Ein Jogger verbrennt in einer Stunde ca. 600–700 Kalorien. Mit einer Stunde Lauftraining kompensiert man demnach ca. 100 g Schokolade.

Innerhalb von neun Monaten habe ich für dieses Buch täglich ca. 9–10 Schokoladenprodukte verkostet, mit einem Durchschnitt von 100–150 g. Gleichzeitig habe ich in dieser Zeit nahezu keinerlei Sport betrieben. Meine sonstige Ernährung blieb normal, vergleichbar mit der Zeit vor der intensiven Verkostung.

Nach den neun Monaten brachte ich sechs Kilogramm mehr Gewicht auf der Waage.

Es ist sicher unüblich, über einen längeren Zeitraum so extrem viele Süßigkeiten zu verzehren, und ich würde auch jedem davon abraten und es selbst nicht noch einmal tun. Zumindest nicht, ohne regelmäßig Sport zu treiben.

Gibt es allergische Reaktionen auf Kakao und Schokolade?

Allergische Reaktionen auf Kakao existieren, sind aber äußerst selten. Symptome können Jucken im Mund und Rachen, Diarrhö und Bauchbeschwerden oder auch Atemnot sein.

Dagegen sind allergische Reaktionen auf Schokolade wesentlich häufiger, sie hängen aber meist mit anderen Zutaten zusammen. Daher gilt für Allergiker immer der Hinweis, zunächst die Warnhinweise und Zutatenlisten zu lesen, da oft Spuren der Allergene ausreichen, Reaktionen hervorzurufen.

VOM KAKAO ZUR SCHOKOLADE

Eine Bemerkung vorweg: Die Mär, je länger die Conchierzeit, desto besser die Schokolade, ist fachlich schlicht falsch. Die Conchierzeit allein sagt rein gar nichts über die Qualität der Schokolade aus. Die Gründe dafür sind ganz einfach:

1. Zur Herstellung von Schokolade gibt es nicht nur eine Produktionsweise. Jede hat ihre Besonderheiten und alle haben Vor- und Nachteile. Die Conchierzeit kann bei den unterschiedlichen Produktionsweisen stark variieren.
2. Auch die Konstruktionsart der Conche und die Einstellungen an ihr und den peripheren Maschinen spielen für die Conchierzeit eine Rolle. Die moderne Technik hat auch bei traditionellen Herstellungsmethoden die Prozesse optimiert.
3. Jede Kakaobohne ist anders. Entsprechend muss auch die Conchierzeit angepasst werden. Säurehaltige Kakaobohnen benötigen in der Regel länger, da sich in der Conche auch die Säure der Schokolade reduziert. Auch die Qualität der Bohne nimmt Einfluss auf die Dauer. In der Regel gilt: je schlechter die Qualität der Bohne, desto länger muss conchiert werden, um die unerwünschten Aromen zu entfernen.
4. Auch die Röstdauer und -temperatur beeinflusst die Conchierzeit.
5. Und dann gibt es natürlich auch Unterschiede zwischen den Schokoladensorten: Weiße Schokolade und Milchschokolade benötigen weit kürzere Conchierzeiten als dunkle Schokolade.

Diese fünf Gründe sind die wichtigsten – es gibt aber sicher noch mehr.

Der Herstellungsprozess

Im Folgenden versuche ich, die Herstellung von Schokolade nachvollziehbar zu erklären. Ich halte mich dabei an die traditionelle Produktionsweise, gehe aber bei Bedarf auf Alternativen ein.

Vorreinigung der Bohnen

Die Vorreinigung der Bohnen ist für alle Produktionsweisen unverzichtbar und funktioniert na-

hezu immer auf die gleiche Weise. Vorab werden die Bohnen zwar im Labor getestet, aber man glaubt gar nicht, was man in Kakaobohnensäcken alles finden kann: Fasern, Steine oder Papier sind noch das Harmloseste.

In der Regel reinigt man die Bohnen mit Sieben und Bürsten magnetisch und pneumatisch vor und verwendet anschließend einen sogenannten Entsteiner, der auch die kleinsten Kieselsteine aus den Bohnen herausfiltert.

Das Rösten

Der Röstvorgang hat einen wesentlichen Einfluss auf die Entwicklung des Aromas. Jede Kakaobohne bedarf einer individuellen Rösttemperatur – so vertragen manche Bohnen höhere Temperaturen gar nicht gut, sodass die gewünschten feinen Nebenaromen zerstört werden. Manch Chocolatier prägt seine Schokolade durch eine starke Röstung der Kakaobohnen und gibt ihr damit einen eigenen Charakter. Zum Beispiel wird man eine Pralus-Schokolade meist aufgrund ihrer typischen starken Röstung unter vielen anderen Schokoladen herausschmecken.

Auch beim Rösten gibt es verschiedene Methoden: Ob ein Kugelröster, Zylinderröster oder kontinuierliche Röster (Heißluftkanal) verwendet werden, ist fast eine Glaubensfrage – wobei der kontinuierliche Röster aufgrund der mangelnden Flexibilität eher für die Großindustrie geeignet ist.

Aufgrund einzelner Parameter variiert die Rösttemperatur recht stark: von 120°C bis 155°C. Die Röstzeit beträgt bei der handwerklichen Herstellung mindestens 30–35 Minuten, nicht

selten aber auch 45–50 Minuten. Bei der industriellen Herstellung liegen die Zeiten auch gerne mal unter 15 Minuten. Ähnlich wie beim Kaffee ist dies einer der Gründe, warum industriell gerösteter Kakao selten die Qualität eines manuell gerösteten erreichen kann: durch das schnelle Rösten bei hohen Temperaturen werden ihm die Aromen geraubt.

Neben den Auswirkungen auf den Geschmack, hat das Rösten natürlich auch einen trocknenden Effekt – der Bohne wird die gespeicherte Feuchtigkeit entzogen.

Brechen und Schälen

Dieser Vorgang hört sich simpel an, ist aber recht kompliziert. Nach einer Abkühlphase gibt man die Bohnen in den sogenannten Brecher, in dem sie durch Walzen aufgebrochen werden. Über ein vibrierendes Band und durch Luftströme werden dann die Bohnenstücke von der Schale getrennt. Das Ergebnis nennt man Kakaokernbruch oder auch Kakaonibs.

Universalconche, die auch die Bohnen mahlt

Das Mahlen

Das Mahlen der Kakaonibs fasziniert mich auch heute noch. Wie aus festen und harten Kernen durch stetes Mahlen langsam eine Flüssigkeit wird, ist schon beeindruckend.

Auch für das Mahlen gibt es verschiedene Verfahren: Eine uralte, bewährte Technik ist das Mahlen mit Steinmühlen, das heute häufiger wieder angewendet wird. Bei anderen Techniken werden Stift-, Kugel-, Schlagmesser- oder Prallmühlen sowie Walzwerke genutzt.

Beim Mahlprozess wird das Zellgewebe der Kakaonibs aufgerissen und die Kakaobutter freigelegt. Durch die Erwärmung, die durch die Reibung entsteht, schmilzt die Kakaobutter und bildet mit den freigelegten Stärke- und Eiweißteilchen eine dunkelbraune, intensiv riechende Masse, die Kakaomasse.

In diesem Moment muss man sich entscheiden, wie man die Kakaomasse weiter verarbeiten will: Man kann sie pressen und somit in Kakaobutter und Kakaopulver trennen oder man verarbeitet sie zu Schokolade.

Ältester, existierender Kakaobohnenbrecher aus dem Jahr 1883

Nun wissen Sie bereits, wie Kakaopulver und reine Kakaobutter entstehen, daher widmen wir uns hier weiter der Herstellung von Schokolade.

Das Mischen

Die Kakaomasse wird mit den übrigen Zutaten bei gleichzeitiger Erwärmung vermischt, geknetet und gewendet. Je nach Rezeptur und Schokoladensorte sind das Zucker, Kakaobutter, Vollmilchpulver, Vanille und sonstige Zutaten.

Das Walzen

Häufig wird die Qualität von Schokolade auch anhand der Feinheit ihres Mahlgrades bestimmt. Einerseits ist das nicht falsch, andererseits kann aber auch eine grobe Schokolade köstlich und von herausragender Qualität sein. Dennoch ist das Walzen ein wichtiger Produktionsschritt, da die Aromen einer feinen Schokolade auf der Zunge verstärkt wahrgenommen werden können.

Früher wurde zum Walzen oft ein Mélangeur verwendet. Das ist eine recht primitive Maschine, in der schwere rundlaufende Granitwalzen die Kakaomasse mischen und zermahlen. Heute wird diese traditionelle Methode immer häufiger wieder eingesetzt – aufgrund des damit verbundenen hohen Aufwandes jedoch in der Regel von kleinen Betrieben.

In der industriellen Produktion durchläuft die Kakaomasse Walzwerke mit drei oder fünf Walzen. Die Rotation der horizontal gelagerten Walzen nimmt dabei von unten nach oben immer weiter zu, gleichzeitig werden die Zwischenräume enger. Zur Kontrolle der Reibungswärme werden die Walzen von innen mit Wasser gekühlt. Von der obersten Walze wird die Kakaomasse schließlich mit einem Messer abgeschabt. Je nach gewünschtem Feinheitsgrad wird dieser Vorgang mehrmals wiederholt.

Das Conchieren

Beim Conchieren handelt es sich um eine Wärmebehandlung mit mechanischer Bearbeitung. Die Masse wird bewegt und gleichzeitig be- und entlüftet. Man unterscheidet zwischen trocken- und flüssigconchieren.

Beim Trocken-Conchieren werden alle nicht flüssigen Zutaten vermengt und verknetet. Die durch Reibung entstehende Wärme lässt einerseits die Kakaobutter schmelzen, wodurch sie die festen Bestandteile umhüllt und eine homogene Masse bildet. Andererseits sorgt sie für die Reduktion der noch enthaltenen Feuchtigkeit und das Entweichen unerwünschter Aromen. Erst am Ende der Conchierzeit fügt man – je nach Rezeptur – die flüssigen Zutaten wie Kakaobutter oder Lecithin hinzu.

Beim Flüssig-Conchieren wird die Kakaobutter bereits zu Beginn zugefügt und nur das Lecithin

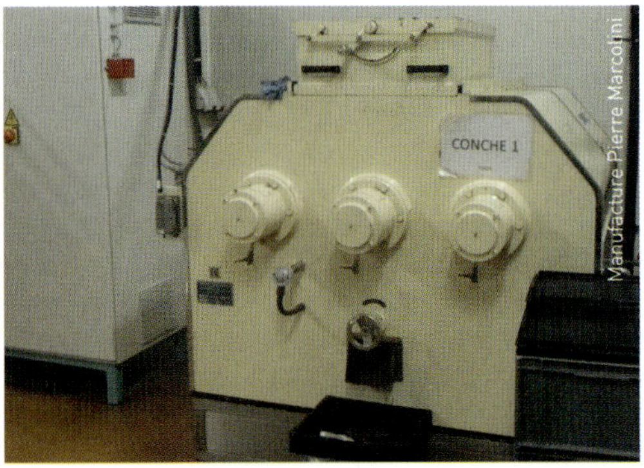

Traditioneller Längsreiber in Laborgröße

erst ganz zum Schluss.
Bei beiden Verfahrensweisen besteht die Kunst und die Schwierigkeit des Conchierens darin, die unerwünschten Aromen weitestgehend zu beseitigen und gleichzeitig die gewünschten Aromen in der Schokolade zu behalten.

Das Temperieren
Zur Weiterverarbeitung der Schokolade spielt die korrekte Temperierung eine essenzielle Rolle. Schokolade soll glänzen und beim Brechen deutlichen knacken, sie soll einen perfekten Schmelz haben und eine gewisse Wärmestabilität aufweisen. Das erreicht man, indem man die Schokolade bestimmten Temperaturintervallen aussetzt. Schokolade in fester Form durchläuft folgende Prozedur: erwärmen auf ca. 45°C, abkühlen auf 28°C und wieder erwärmen auf 32°C. Dies sind alles nur Richtwerte, da diese Kurve je nach Schokolade variieren kann. Durch das Durchlaufen der unterschiedlichen Temperaturen können die Fettkristalle der Kakaobutter eine stabile Struktur aufbauen. Nur so ist es möglich, alle gewünschten Eigenschaften der Schokolade zu erhalten. Geringe Abweichungen der Temperaturkurve können bei der Weiterverarbeitung gravierende Folgen nach sich tragen.
Eines der großen Geheimnisse, warum Schokolade im Mund so unvergleichlich zart zergeht, liegt im Schmelzpunkt der Kakaobutter – er liegt bei ca. 34°C und damit knapp unterhalb der menschlichen Körpertemperatur. Schokolade, die andere Fette enthält, weist nicht annähernd einen so angenehmen Schmelz auf, da deren Schmelzpunkt weit unter dem der Kakaobutter liegt.

Das Gießen von Schokoladentafeln
Der letzte Herstellungsschritt besteht im Gießen der Schokolade in eine vorgewärmte Tafelform. Anschließend durchläuft die Schokoladentafel einen Kühlkanal, in dem durch Vibration eventuell vorhandene Luftblasen entfernt werden und die Masse in verschiedenen Temperaturzonen optimal abkühlt. Besonders zum Schluss ist es wichtig, dass die Schokolade im Vergleich zur Umgebungstemperatur nicht zu kühl ist, um die Bildung von Kondenswasser zu vermeiden.
Nach dem Gießen sollte das Produkt schnellstmöglich verpackt werden, damit Fremdgerüche die Produkteigenschaften nicht beeinflussen.

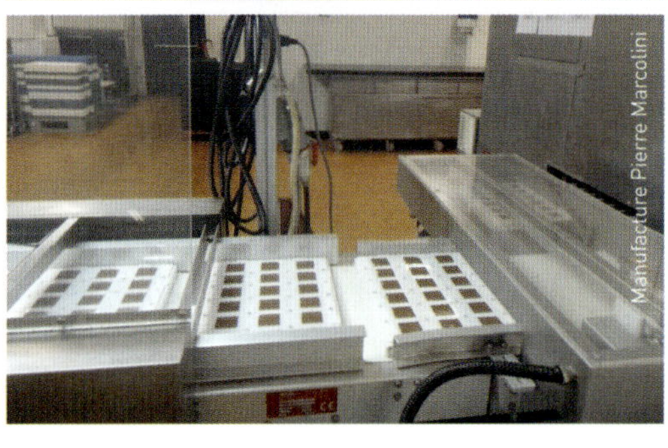

Manufacture Pierre Marcolini

Manufacture Pierre Marcolini

Alternative Herstellungsmethoden

Universalmaschine

Eine etwas antiquierte Methode – die aber auch heute noch von einigen namhaften Chocolatiers eingesetzt wird – ist die Verwendung einer Universalmaschine, die den gesamten Produktionsprozess vom Mahlen bis zum Conchieren übernimmt. Sie besteht aus einem zylindrischen Behälter, in dem die eingefüllten Kakaonibs zwischen der Gefäßwand und regulierbaren Lamellenmessern zerkleinert werden. Zu Beginn des Vorgangs müssen die Lamellen sehr weit offen stehen, damit aus den Kakaonibs flüssige Kakaomasse wird. Nach und nach werden die Lamellen immer enger in Richtung der Wand verstellt, sodass die Masse feiner wird. Gleichzeitig wird auch bereits conchiert.
Der Nachteil dieser einfachen Methode liegt in ihrem recht hohen Energie- und Wasserbedarf. Sie eignet sich aber auch sehr gut zur Herstellung von Nougat.

Chocoeasy™

Die Chocoeasy-Maschine ist im Grunde eine Conche mit eingebauter Kugelmühle, in der gleichzeitig conchiert und gemahlen wird. Bei dieser in Brasilien entwickelten Technik wird die zu conchierende Kakaomasse permanent durch eine Kugelmühle gepumpt, während Frischluft zugeführt und die Maschine mit Wasser gekühlt wird.
Diese Technik eignet sich gut für weiße und Milchschokolade. Der Nachteil ist sicherlich, dass durch die permanente Zufuhr von Schokoladenmasse in die Kugelmühle keine einheitliche Partikelgröße erzielt wird.

Längsreiber

Die erste, von Rodolphe Lindt entwickelte Conche ist der Längsreiber. Auch diese Technik findet noch heute ihre Anwendung.
Hier befindet sich die Schokoladenmasse in einem Granitbecken, wo sie mit einer Granitwalze vor- und zurückbewegt wird. Eigentlich sollte diese Maschine als Mélangeur die zu hohe Restfeuchtigkeit aus der Masse entfernen, aber durch die permanente Bewegung und das ständige Schlagen gegen die Ränder bewirkte sie außerdem auch das uns heute als Conchieren bekannte verfeinern der Aromen. Bei dieser Technik spielt die Dauer der Conchierzeit selbstverständlich eine große Rolle für die Qualität.

Die Qualität der Schokolade

Die genannten Techniken beweisen einmal mehr, dass allein die Dauer der Conchierzeit keinerlei Auskunft über die Qualität einer Schokolade treffen kann. Moderne Maschinen besitzen ein weitaus höheres Schergefälle als zum Beispiel ein Längsreiber oder eine Universalmaschine und kommen in wesentlich kürzerer Zeit zu einem gleich guten Ergebnis.
Ausschlaggebend für die Qualität einer Schokolade sind ganz andere Faktoren:

- Herkunft und Genetik der Kakaobohne
- Anbau, Ernte und Verarbeitung der Kakaobohne im Ursprungsland
- Das Rösten (Temperatur und Dauer)
- Das Mahlen
- Die Rezeptur
- Das Conchieren (unabhängig von der Dauer)
- Das Temperieren
- Das Gießen

Kriterien für gute Schokolade

- Inhaltsstoffe sind nur Kakao und Rohrzucker, ggf. auch zugesetzte Kakaobutter. Milchschokolade enthält zusätzlich auch Milchpulver. Die Zugabe von nicht genmanipuliertem Lecithin kann toleriert werden
- Kakaobutter ist das einzige enthaltene Pflanzenfett
- Vanillin, künstliche oder naturidentische Aromen sowie Konservierungsstoffe sind tabu
- Glänzende Oberfläche und eine warme, samtige Farbe
- Intensiver und aromatischer Duft
- Deutliches und trockenes Knacken beim Abbrechen
- Intensiver und aromatischer Geschmack. Kakaobohnen verfügen über mehr als 500 Aromabestandteile: von Früchten und Blumen, über Wald und Tabak bis zu Nüssen und Marmelade
- Gleichzeitig süßer und leicht bitterer Geschmack mit einer Spur Säure. Kann eine leichte Adstringens aufweisen, der Gaumen darf sich jedoch keinesfalls zusammenziehen
- Samtiger Schmelz im Mund

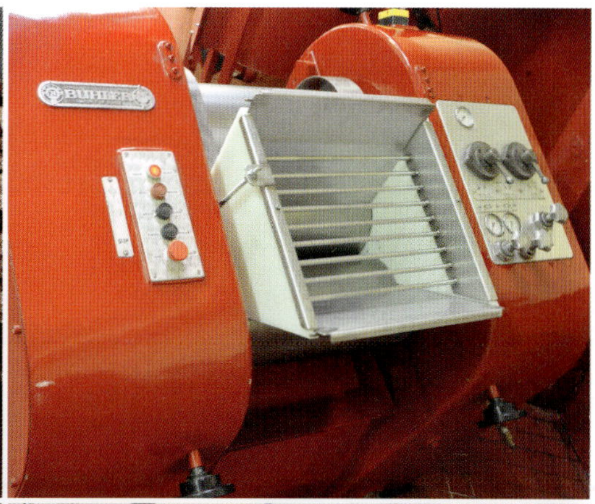

HERSTELLUNG VON NOUGAT

Nougat (oder in der deutschen Schreibweise Nugat) wird von vielen Herstellern stiefmütterlich behandelt. Dabei ist Nougat insgeheim der Star in der Confiserie.

Die Herstellung ähnelt der von Schokolade, ist jedoch nicht ganz so zeitintensiv. Die eingesetzten Maschinen sind meist die gleichen.

Nougat wird aus vielerlei Nüssen und Kernen hergestellt: Haselnüssen, Mandeln, Cashew-Kernen, Paranüssen, Macadamianüssen u v. m. Auch wenn die eine oder andere Sorte im botanischen Sinne keine Nuss ist (z. B. Erdnuss, Mandel oder Pekannuss) fasse ich sie zur Vereinfachung unter diesem Begriff zusammen. Aus all den verschiedenen Nüssen kann man auch Blends herstellen.

Nougat besteht in der Regel aus Nüssen, Zucker, Kakaobutter und Kakaomasse oder Schokolade. Manchmal wird auch noch Vollmilch- oder Sahnepulver hinzugefügt. Nougat darf nicht mehr als 50 % Zucker enthalten, es darf aber gerne weniger sein.

Auch bei der Herstellung von Nougat gibt es verschiedene Verfahrensweisen. Oft werden die Nüsse zuerst geröstet und geschält und im zweiten Schritt mit karamellisiertem Zucker vermischt und vorzerkleinert. Manche Hersteller rösten auch die Haselnüsse zusammen mit dem Zucker zu Krokant, um einen intensiveren Geschmack zu erhalten. Das Mischen und Vorzerkleinern geschieht in einem Mélangeur und einer Mühle (bei Krokant) oder nur in einer Mühle (bei Nüssen und karamellisiertem Zucker).

Wie bei der traditionellen Herstellung von Schokolade, wird die grobe Masse auf einem 5-Walzwerk bis zur gewünschten Feinheit gewalzt. Anschließend wird Kakaomasse oder Schokolade hinzugefügt und temperiert.

Auch Nougat wird teilweise conchiert, um ein noch aromatischeres und homogeneres Endprodukt zu erhalten.

Es gibt verschiedene Nougat-Varianten. In Deutschland sind besonders Sahne- und Milch-Nougat beliebt. Beidem wird Milchpulver (bei Sahne-Nougat aus Sahne oder Sahnepulver) hinzugefügt. Veredelt wird Nougat oft mit Kaffee oder Aromastoffen.

Neben der Qualität und Herkunft der Nüsse beeinflusst ihr Röstgrad ganz entscheidend das Geschmacksprofil des Nougats. Je stärker sie geröstet werden, desto intensiver ist das Aroma und desto dunkler wird der Nougat. Natürlich spielen auch die Art und Menge der zugefügten Schokolade oder Kakaomasse eine entscheidende Rolle.

Die Herstellung des italienischen Gianduja funktioniert sehr ähnlich. Der Unterschied besteht aber darin, dass der Zucker nicht vorab gekocht oder geschmolzen, sondern mit den Nüssen ölig verrieben wird.

HERSTELLUNG VON KONFEKT

Konfekt ist der Sammelbegriff für feine Zucker- und Backwaren. Darunter fallen auch Pralinen. Umgangssprachlich hat es sich eingebürgert, zwischen einer Trüffel und einer Praline zu unterscheiden. Eine Trüffel ist aber nichts anderes als eine kugelförmige Praline mit einer Ganache-Füllung. In diesem Buch spreche ich deshalb stets von Konfekt, da eine strikte Trennung zwischen einer Praline und einer Trüffel aufgrund vielerlei Kreuzungen oftmals nicht möglich ist.

Die wohl bekannteste und beliebteste Praline ist die Trüffel, insbesondere die Champagner-Trüffel. Die meisten Liebhaber werden enttäuscht sein zu lesen, dass in den seltensten Fällen echter Champagner enthalten ist. Meist wird Marc de Champagne, ein Tresterbrand aus der Champagne, zur Herstellung verwendet. Eine Champagner-Trüffel mit echtem Champagner herzustellen, ist sehr teuer und die Haltbarkeit relativ begrenzt. Früher wurde die Namensgebung nicht so ernst genommen, aber heutzutage wird eine falsche Deklaration schnell geahndet. Achten Sie deshalb darauf, wie eine Champagner-Trüffel angezeigt wird: Eine Marc-de-Champagne-Trüffel ist keine echte Champagner-Trüffel.

Alle anderen Pralinen werden auch gerne Schnittpralinen oder Flüssigpralinen genannt. Ich möchte an dieser Stelle kurz auf die bekanntesten Pralinenarten eingehen, ausgehend von ihrer Füllung:

Sahne-Ganache

Eine einfache Basis-Ganache besteht aus Schokolade, Sahne und Butter. Möchte man zum Beispiel eine Füllung aus einer besonderen Schokolade herstellen, benötigt man keine weiteren Zutaten. Je nach Intensität des Kakaos in der Schokolade wird man seinen Charakter in einer solchen Ganache sehr gut herausschmecken. Der Kreativität sind kaum Grenzen gesetzt.

Verfeinert werden können Ganache-Füllungen mit Fruchtpulpe, -saft oder -konzentrat, diversen Spirituosen, Nougat, Gewürzen, Kräutern oder auch Aromastoffen und Ölen. Ganache-Füllungen werden auch häufig mit weißer oder Milchschokolade hergestellt, so enthalten beispielsweise die meisten Füllungen für Fruchtpralinen weiße Schokolade.

Oft wird statt Sahne (selten frische Sahne, sondern meist H-Sahne) auch Kondensmilch verwendet, manchmal sogar ein Gemisch aus Wasser und Milchpulver. In der französischen Confiserie wird auch gerne Crème fraîche verarbeitet. Butter muss nicht zwangsläufig enthalten sein, macht die Füllung aber etwas geschmeidiger. Hier sollte man nicht auf Fremdfette wie Kokosfett oder andere pflanzliche Fette zurückgreifen.

Eine gute Ganache muss nicht unbedingt weich sein. Bei einer deutschen Trüffel mag das verbreiteter sein, aber die französischen Ganache-Füllungen sind eher fester, aber dennoch cremig und mit feinem Schmelz.

Die Herstellung einer Ganache ist denkbar einfach: Sahne erhitzen und Schokolade und Butter hinzugeben, bis eine homogene Masse entsteht, dann die restlichen Zutaten vorsichtig untermengen. Alkohol wird immer zum Schluss zugefügt, die Masse sollte nicht zu warm sein, damit der Alkohol nicht zu stark verdunstet.

Wenn die Masse die richtige Temperatur erreicht hat, wird sie in Schokoladenkugeln oder andere Formen gefüllt. Sobald die Füllung etwas fester ist, wird die Kugel verschlossen. Bei einer Schnittpraline, wie wir sie aus der französischen Confiserie kennen, wird die Masse gleichmäßig auf einem Blech verteilt und sobald sie fest ist, in kleine Stücke geschnitten. In der professionellen Fertigung durchläuft die Praline dann eine sogenannte Überzugsmaschine. Eine angeschlossene Temperiermaschine sorgt für die Einhaltung der korrekten Temperaturkurve und versieht die Überzugsmaschine mit flüssiger Schokolade. Die Pralinen passieren über ein laufendes Gitter eine Schokoladendusche. Durch Vibration läuft überflüssige Schokolade in einen Sammelbehälter zurück und wird der Temperiermaschine wieder zugeführt. Die Praline wird vom Gitterband auf das Band des Kühlkanals (auch Kühltunnel genannt) geschoben, wo sie auf mindestens 12 Metern und in unterschiedlichen Kältezonen ausreichend Zeit hat, fest zu werden. Am Ende des Bandes kann die Praline sofort verpackt werden.

Bei der Befüllung von Motivformen wird die Praline in der Regel nur verschlossen aber nicht mehr überzogen. Diese Art Produkt ist eher von industriellem Charakter und häufig bei belgischen Pralinen zu finden.

Butter-Ganache

Wie der Name schon besagt, besteht die Basis hier nicht aus Sahne, sondern aus Butter. Die traditionellen belgischen Pralinen beinhalten Butter-Ganache-Füllungen. Diese Art der Füllung hat wesentliche Nachteile, aber auch einige Vorteile: Butter eignet sich nicht so gut als Aromaträger, man kann kaum oder nur begrenzt mit flüssigen Zutaten arbeiten. Daher wird die Kreativität sehr eingeschränkt. Der wesentliche Vorteil dürfte die bessere Lagerfähigkeit und damit die längere Haltbarkeit sein. Nur wenige Butter-Ganache-Sorten sind von überragender Qualität.

Nougat oder Gianduja

Die Herstellung ähnelt der einer Ganache-Praline. Entweder verwendet man puren Nougat oder man verfeinert ihn weiter – aber unbedingt mit trockenen Zutaten. Feuchtigkeit verträgt Nougat ebenso wenig wie Schokolade. Beliebt sind Veredelungen mit Kaffee, Aromastoffen oder auch Stückchen von Nüssen oder auch Kakaonibs. Nougat wird seltener in Kugeln gefüllt. Häufig

ist er als Schnittpraline erhältlich, gerne aber auch in anderen Formen, wie runde Töpfchen.

Marzipan
Auch Marzipan kann man in Kugeln füllen oder ausrollen und zuschneiden oder ausstechen. Beim Füllen in Kugeln muss das Marzipan mit Glukosesirup, Fruchtsaftkonzentraten und/oder Alkohol weicher gemacht werden. Marzipan kann auch sehr kreativ veredelt werden. Bei zu großer Feuchtigkeit besteht jedoch Schimmelgefahr.

Krokant
Weichkrokant war früher sehr beliebt, ist heute aber weniger bekannt. Hartkrokant kann bei richtiger Herstellung köstlich sein, wenn er fest, aber nicht hart ist. Blätterkrokant ist eine Kunst für sich, die nur wenige gut beherrschen: Die Zutaten Nougat und Karamell werden auf einem Tisch so lange mit einem Spachtel tabliert, bis die Masse eine feine und mürbe Konsistenz aus vielen knusprigen Schichten aufweist.

Nougat Montélimar, Torrone oder Turrón
Hierbei handelt es sich um eine französische, italienische und spanische Spezialität, die dem türkischen Honig ähnelt. Eiweiß wird mit Zucker oder Honig aufgeschlagen und mit Nüssen und kandierten Früchten veredelt. Meist wird es pur gegessen, aber es gibt auch immer häufiger Konfekt, das damit gefüllt ist.

Karamell
Weichkaramell, Butterscotch oder Fudge – in England alles sehr beliebt – wird auch gerne in Pralinen verarbeitet. Sehr häufig findet man auch Füllungen aus halbflüssigem Karamell, gerne in Kombination mit einer zweiten Füllung. Als Basis zur Herstellung einer solchen Füllung dient Zucker und Glukose. Je nach Textur werden Butter, Sahne oder andere Milchprodukte hinzugefügt. Auch die Temperatur und der Kochgrad des Zuckers bestimmt die Festigkeit der Füllung.

Fondant
Das Wort kommt aus dem Französischen (fondant = zart schmelzend) und soll den zarten Schmelz auf der Zunge umschreiben. Diese Art Füllung ist ziemlich aus der Mode gekommen, sodass kaum ein ernstzunehmender Confiseur heute eine Füllung auf dieser Basis herstellen wird. Man findet sie aber sehr häufig bei typischen Oster-Produkten.
Die Herstellung selbst ist aber interessant: Zucker wird in Wasser gegeben, auf ca. 107°C erhitzt und abgeschäumt. Dann wird ca. 10–30 % Glukosesirup hinzugegeben und das Ganze auf ca. 120°C aufgekocht. Danach wird die Masse auf einem kühlen Marmortisch tabliert. Dabei bilden die feinen Zuckerkristalle Kristallisationskeime und der Fondant bekommt eine weiße Farbe und wird „speckig".
Jeder Bäcker und Konditor hat Fondant in der Backstube, er wird häufig auf Plundergebäck und Teilchen aufgestrichen, um diese vor dem Austrocknen zu schützen.

Krustenpraline
Ein tolles, überaus sensibles Produkt, das leider fast in Vergessenheit geraten und nicht einfach in der Herstellung ist. Die Zuckerkruste muss schon perfekt sein, damit sie ein Genuss ist.

Ebenso muss die enthaltene Spirituose eine gute Qualität aufweisen und darf nicht zu sehr gestreckt werden.
Zu ihrer Herstellung wird Zucker so lange mit Wasser gekocht, bis eine übersättigte Zuckerlösung zurück bleibt. Diese wird aromatisiert, zum Beispiel mit Spirituosen. Die zugegebene Flüssigkeit darf den Zucker jedoch nicht vollständig auflösen, damit sich beim Erkalten eine stabile Kruste aus Zuckerkristallen bilden kann. Zur Portionierung der Pralinen werden flache Kästen mit Mais- und Weizenstärke glatt gefüllt. Darin drückt eine Stempelform die Vertiefungen ein, in die dann die heiße Alkohol-Zuckerlösung gegossen wird. Zum Abschluss wird noch einmal eine dünne Schicht Stärkepulver aufgetragen, die dazu beiträgt, dass sich eine dünne Zuckerkruste um die Pralinen bildet. Nachdem der Kristallisationsvorgang beendet ist, wird die Stärke entfernt und die Praline mit einer dünnen Schokoladenschicht überzogen. Natürlich kann man Krustenpralinen auch mit nicht alkoholischen Füllungen herstellen.

Flüssige Füllungen

Pralinen mit flüssigen Füllungen ähneln im Grunde Krustenpralinen ohne Kruste, sie können sowohl alkoholisch, als auch nicht-alkoholisch sein.
Zur Herstellung wird eine mit Alkohol oder anderen Zutaten versetzte Zuckerlösung in eine Hohlkugel oder eine andere Form gefüllt. Diese wird verschlossen und gegebenenfalls mit Schokolade überzogen.

Eiskonfekt

Eiskonfekt ist eine typisch deutsche Spezialität, die aber nicht ernsthaft als Qualitätsprodukt bezeichnet werden kann. Obwohl ich persönlich hin und wieder sehr gerne Eiskonfekt esse, muss es doch als Nascherei oder Gourmandise betrachtet werden.
Der kühlende Effekt des Eiskonfekts wird dadurch hervorgerufen, dass das enthaltene ungehärtete Kokosfett mit einer hohen Schmelzwärme im Mund schmilzt. Die dabei benötigte Energie – also die Wärme – wird dem Mund entzogen.
Die Rezeptur des Eiskonfekts liest sich jedoch eher abschreckend: ca. 30 % Kokosfett, 30 % Zucker, 10 % Dextrose, 10 % Milchpulver, 10 % Magermilchpulver und nur 10 % Kakaopulver.

ZUTATEN UND ZUTATENLISTEN

Zutatenlisten sind nicht nur vom Gesetzgeber vorgeschrieben, sondern auch eine willkommene Informationsquelle. Lesen Sie sie und andere Angaben auf den Verpackungen aufmerksam und Sie können sich schon vor dem Kauf vor unliebsamen Überraschungen schützen.

Was wir nicht lesen wollen

Tabu in hochwertigen Produkten sind künstliche oder naturidentische Aromen (dazu gehört auch Vanillin!), Konservierungsstoffe, Geschmacksverstärker, genmanipuliertes Soja-Lecithin, bzw. generell genmanipulierte Rohstoffe. Bei puren Schokoladen auch Fremdfette wie z. B. Shea-Butter oder Kokosfett.

Was wir tolerieren können

Bedingt akzeptabel sind natürliche Aromen, aber bitte FTNF-Aromen, da diese ausschließlich von der namensgebenden Frucht (From The Named Fruit) stammen. Entscheidend ist auch, welche Rolle das Aroma im Produkt spielt (siehe Aromen).
Nicht genmanipuliertes Lecithin ist noch tolerabel (Genmanipuliertes Lecithin muss deklariert werden).

Was wir lesen wollen bei einer dunklen Schokolade

Die Reihenfolge einer Zutatenliste gibt die Zutatenmengen in Relation zueinander an. Die Zutat mit der höchsten enthaltenen Menge muss an erster Stelle genannt werden.
Die Zutatenliste einer puren dunklen Schokolade sieht im Idealfall folgendermaßen aus:

- Kakaomasse, Rohrzucker
  Das stellt die reinste Form von Schokolade dar

- Kakaomasse, Rohrzucker, Kakaobutter
  Kann akzeptiert werden, auch wenn die Kakaobutter den Geschmack und das Aroma verändern kann

- Kakaomasse, Rohrzucker, (Kakaobutter), Soja-Lecithin (GMO-free)
  Der Zusatz von nicht genmanipuliertem Soja-Lecithin kann toleriert werden

- Kakaomasse, Rohrzucker, (Kakaobutter, Soja-Lecithin), natürliche Vanille
  Der Zusatz natürlicher Vanille ist in Ordnung, jedoch eine Frage des Geschmacks und der Philosophie. Ich bin grundsätzlich gegen die Zugabe von Vanille in puren dunklen Schokoladen, wenn es sich bei der Schokolade um eine ausgelobte Ursprungsschokolade handelt. Bei solchen Schokoladen möchte ich die feinen Nebenaromen des Kakaos schmecken, die durch den Zusatz von Vanille aber beeinflusst werden. Bei einer Blend-Schokolade stört es mich weniger, da hier nicht eine spezifische Kakaobohne im Vordergrund steht.
  Bei mittleren Kakaoqualitäten mag der Einsatz von Vanille seine Berechtigung haben. In solchen Fällen kann die Vanille unerwünschte Aromen etwas verdecken.
  Pure dunkle Ursprungsschokoladen mit Vanille werden von mir zwangsläufig immer eine schlechtere Note bei der Bewertung der Zutatenliste erhalten.

- Bei einer veredelten Schokolade gehören natürlich noch die entsprechende(n) Zutat(en) auf die Liste, mit der/denen die Schokolade veredelt wurde.

Was wir lesen wollen bei einer Milchschokolade

Eine pure Milchschokolade hat idealerweise eine Zutatenliste wie diese:

- Kakaomasse, Kakaobutter, Vollmilchpulver, Rohrzucker oder
- Kakaobutter, Kakaomasse, Vollmilchpulver, Rohrzucker oder
- Kakaobutter (oder Kakaomasse), Vollmilchpulver, Kakaobutter (oder Kakaomasse), Rohrzucker.

Alle anderen Varianten, bei denen Rohzucker z. B. an erster oder zweiter Stelle stehen, sind nicht pauschal schlecht. Es erfordert jedoch viel Können und sehr gute Kakaobohnen, um ein gutes Ergebnis zu erzielen.

Der Zusatz von nicht genmanipuliertem Soja-Lecithin kann toleriert werden.
Der Zusatz von natürlicher Vanille ist bedingt in Ordnung, aber eine Frage des Geschmacks. Wenn es sich jedoch um eine Milchschokolade handelt, die eine bestimmte Kakaobohnenart hervorhebt, ist es für mich nicht sinnvoll, Vanille hinzuzufügen. In einem solchen Fall möchten wir doch die Aromen der Kakaobohne schmecken und nicht die der hinzugefügten Vanille. Hier gilt das gleiche Prinzip wie bei den dunklen Ursprungsschokoladen.
Bei einer Milchschokolade, die den Anspruch hat, dass man die Kakaosorte eines bestimmten Ursprungs schmecken soll, sollte der Gesamtkakaoanteil mindestens 40%, besser jedoch 50% betragen, davon mindestens 30% Kakaomasse. Da dies auf einer Schokolade so gut wie nie separiert deklariert wird, ist der Blick auf die Zutatenliste notwendig. Mathematische Basiskenntnisse reichen aus, um berechnen zu können, wie viel in etwa von welcher Zutat enthalten ist.

Was wir lesen wollen bei einer weißen Schokolade

Eine pure weiße Schokolade hat idealerweise eine Zutatenliste wie diese:

- Kakaobutter, Vollmilchpulver, Rohrzucker, natürliche Vanille oder
- Kakaobutter, Rohrzucker, Vollmilchpulver, natürliche Vanille

In einzelnen Fällen kann es in Ordnung sein, wenn der Rohrzucker an erster Stelle steht. Da keine prozentualen Angaben auf den Zutatenlisten gemacht werden, können die Mengenunterschiede gering sein und die Schokolade von guter Qualität. Diese Besonderheit gilt aber ausschließlich bei weißen Schokoladen.
Der Zusatz von nicht genmanipuliertem Soja-Lecithin kann toleriert werden.

Randbemerkungen zu diversen Zutaten

Molkeprodukte

(Sahne, Butter, Butterreinfett, Crème fraîche etc.)
In Konfekt mit Ganache-Füllungen sind eine oder mehrere der oben genannten Zutaten enthalten. Es gibt auch Hersteller, die mit Wasser und Milchpulver oder mit Kondensmilch arbeiten. Eine Ganache, hergestellt mit Sahne oder Wasser und Milchpulver, ist am bekömmlichsten und hat grundsätzlich gute Eigenschaften, eine lange Haltbarkeit zu garantieren. Deutsche Hersteller verwenden in der Regel H-Sahne als Basis für ihre Ganache-Füllungen.
In der traditionellen belgischen Confiserie dagegen wird Butter als Basis verwendet. Das hat diverse Nachteile wie zum Beispiel schlechtere Bekömmlichkeit, mehr Kalorien, schlechtere Aromaentfaltung und begrenzte Verwendbarkeit, da sich Flüssigkeit schlecht mit Fett verbindet.
Die traditionelle französische Confiserie verwendet gerne Crème fraîche, aber auch Butter und Sahne. Crème fraîche ergibt einen sehr guten, leicht sauren Geschmack, hat aber Nachteile für die Haltbarkeit.
Oft wird auch Butterreinfett verwendet. Meistens in Kombination mit H-Sahne. Dagegen ist nichts einzuwenden, da es sich hierbei um das reine Fett der Butter handelt. D. h. der Butter wurde lediglich das Wasser entzogen. Ein kleines Problem ist jedoch, dass fast jedes Butterfett entweder mit (naturidentischem) Vanillin oder mit Karotin versetzt wird.

Zucker

Grundsätzlich empfinde ich die Verwendung von Rohrzucker, je nachdem auch Rohrohrzucker, als angenehmer im Vergleich zu haushaltsüblicher Raffinade. In dunkler Schokolade sollte der Einsatz von unraffiniertem Zucker dennoch wohl überlegt sein, da er einen recht dominanten Eigengeschmack haben kann.
Agave-Nektar wird gerne, besonders bei Raw-Chocolate, als Alternative verwendet, da der GI (Glykämischer Index) niedriger liegt als bei Rohr- oder Rübenzucker. Außerdem wird Agave-Nektar bei der Gewinnung nicht über 45–49°C erhitzt. Nach neuesten Erkenntnissen soll Agave-Nektar jedoch gar nicht so gesund sein, da sich bei der Gewinnung giftige Stoffe entwickeln können.
Eine etwas neuere und sehr gute Alternative ist Palmzucker (auch Kokosblüten-Nektar). Er schmeckt zwar etwas nach Karamell, hat aber den niedrigsten GI und einen hohen ORAC-Wert

(Oxygen Radical Absorbance Capacity). Frei übersetzt: Aufnahmekapazität der Sauerstoff-Radikale. Glykämischer Index (GI) diverser Zuckerarten:
Rohrzucker, Haushaltszucker: 68
Agave-Nektar: 40
Kokosblüten-Nektar: 35

Aromastoffe

Eigentlich möchten wir gar keine Aromastoffe in Schokoladenprodukten. Bitte lesen Sie diesen Abschnitt aufmerksam durch, auch wenn er sehr lang ist und sich „trocken" lesen mag. Dadurch können Sie meine Einstellung zu Aromastoffen und die Beurteilungen der Produkte wesentlich besser nachvollziehen.

Bei Schokoladen

Ich persönlich empfinde keinerlei Genuss, wenn ich eine Schokolade esse, die nach Erdbeere schmeckt, aber keine Erdbeeren beinhaltet.
Auch nicht sonderlich sinnvoll erscheint es mir, eine Schokolade nach Erdbeere schmecken zu lassen, die getrocknete Erdbeerstücke enthält. Denn dabei besitzen nicht die Erdbeerstücke das Aroma, sondern der Eindruck entsteht ausschließlich durch die zugesetzten Aromastoffe. Furchtbar finde auch ich die Verwendung von Gewürzessenzen oder Ölen. Wenn eine Schokolade mit Gewürzen verfeinert wird, dann bitte mit hochwertigen und, nach Möglichkeit, frisch getrockneten und gemahlenen. Hiervon ausgenommen sind Rohstoffe, die in anderer Form nicht zu gewinnen sind, wie z. B. Rosenöl. Rosenblätter verlieren innerhalb kürzester Zeit nahezu ihr komplettes Aroma und sind getrocknet nur etwas fürs Auge. Auch Jasmin, Veilchen oder Geranium kann nahezu ausschließlich als Öl verwendet werden.

Bei Konfekt

Hier gilt im Grunde dasselbe wie bei massiven Schokoladen. Der Unterschied ist jedoch, dass sich bei Konfekt wesentlich mehr Alternativen bieten, da hier mit Feuchtigkeit gearbeitet werden kann. Daher kommen frische Früchte, Fruchtpulpen und Fruchtkonzentrate als Rohstoffe in Frage. Ein Problem kann natürlich die Haltbarkeit darstellen, aber auch da kann man gegensteuern. Man muss nur wissen wie.

In der Regel werden Fruchtkonzentrate und Fruchtpulver für Ganache-Füllungen verwendet. Oft werden dann noch Aromastoffe hinzugefügt, da manche Fruchtkonzentrate nicht ausreichend aromatisch sind. Darauf verzichten wir aber auch gerne.

Weshalb ich Aromastoffe grundsätzlich ablehne, erläutere ich nach der Erklärung der neuen Aromen-Verordnung.
Ich bin kein Extremist, daher kommt es ab und zu vor, dass ich Produkte mit Aromastoffen esse und auch kaufe. Jedoch werde ich immer eine Alternative suchen, diese grundsätzlich bevorzugen und im Zweifelsfall auch auf ein Produkt verzichten.
Selbstverständlich kann ein Hersteller der Einfachheit halber alle seine natürlichen Aromen auch als „Aroma" ausloben. Aber warum sollte er sehr teure, natürliche Aromen verarbeiten, diese aber nicht als natürlich ausloben? Das macht kein Unternehmer freiwillig. Ich gehe deshalb grundsätzlich davon aus, dass „Aroma" in einer Zutatenliste nicht das natürliche Aroma bezeichnet. Entsprechend bewerte ich die Zutaten solcher Produkte mit null Punkten.

Haben Sie Spaß daran, ein Schokoladenprodukt mit naturidentischen oder künstlichen Aromastoffen zu essen und zu wissen, dass Ihnen nur vorgegaukelt wird, es handele sich um ein Naturprodukt? Finden Sie es wirklich interessant und genussvoll, wenn ein Hersteller nur mit Aromastoffen in der Lage ist, das Aroma und den Geschmack der namensgebenden Zutat zu treffen? Wäre es nicht weitaus befriedigender, ein Fruchtkonfekt zu konsumieren, das nicht nur das Aroma, sondern auch den Charakter der Frucht besitzt – und das mit rein natürlichen Rohstoffen, ohne Trickserein mit Aromastoffen? Wollen Sie Ihrem Gaumen weiterhin zumuten, von Aromen überlistet, betrogen und geprägt zu werden? Glauben Sie ernsthaft, dass es Ihrem Gaumen auch nach jahrelangem Konsum von Aromastoffen noch möglich ist, das natürliche Aroma ausreichend zu erkennen und zu genießen?
Ich glaube es nicht. Daher lehne ich den Einsatz von Aromastoffen grundsätzlich ab.

EG Aromenverordnung vom 20.01.2009

Zum 20.01.2009 trat die neue EG Aromenverordnung mit einer 24-monatigen Übergangsfrist in Kraft. Seit dem 20.01.2011 ist sie nun wirksam und hat nicht nur für die Hersteller weitreichende Konsequenzen, sondern auch für den Verbraucher. Durch die neue Verordnung ist es für den Laien (und auch für manch einen Fachmann) um einiges schwieriger geworden zu verstehen, welche Aromen verarbeitet wurden. Wir konzentrieren uns in dieser Erklärung auf die in der Schokoladenindustrie eingesetzten Aromastoffe und vernachlässigen alle anderen, wie zum Beispiel das Raucharoma. Bis zum Inkrafttreten der neuen Verordnung wurde zwischen folgenden Aromastoffen unterschieden:

- Natürliche Aromen
  Wird die Bezeichnung des Aromas im Namen ausgelobt, darf es nur aus dem bezeichneten Lebensmittel stammen: „Natürliches Erdbeeraroma" entstammt der natürlichen Erdbeerfrucht. Solche Aromen werden auch als „FTNF"-Aromen (From The Named Fruit) bezeichnet. „Natürliches Aroma Aprikose" wird aus anderen (natürlichen) Quellen gewonnen. Solche Aromen werden „WONF"-Aromen (With Other Natural Flavors) genannt.

- Naturidentische Aromen
  In der Natur vorkommende Substanzen, die chemisch mit dem gewünschten Aroma identisch sind, aber auf synthetische Weise hergestellt wurden, nennt man „naturidentische Aromen". Sie haben also ein natürliches Vorbild in der Natur, zum Beispiel besteht naturidentisches Erdbeeraroma aus dutzenden Substanzen und muss mindestens eine Übereinstimmung mit einer chemischen Komponente der natürlichen Erdbeere aufweisen.

- Künstliche Aromen
  In der Natur nicht vorkommende, komplett künstlich „komponierte" und erzeugte Aromen werden als „künstliche Aromen" bezeichnet.

- Aromaextrakte
  Komplexe Stoffgemische, die wie natürliche Aromastoffe gewonnen werden, heißen „Aromaextrakte". Dennoch fallen ätherische Öle wie Orangen- oder Zitronenöl nicht unter natürliche Aromen, sondern unter Aromaextrakte.

Soweit war das alles einigermaßen überschaubar und nachvollziehbar. Die neue Verordnung sieht nun Folgendes vor:

- Natürlicher Aromastoff
  Einsetzbar für natürliche Aromen

- Aromastoff (Aroma)
  (per definitionem niemals natürlich). Hier wurden die künstlichen und naturidentischen Aromastoffe zusammengefasst.

- Aromaextrakt
  Einsetzbar für natürliche Aromen

Die neue Verordnung kennt vier Möglichkeiten der Deklaration natürlicher Aromastoffe:

1. Die aromatisierenden Bestandteile von „Natürlichen Aromastoffen" bestehen ausschließlich aus natürlichen Aromaextrakten und zu 100% aus dem namensgebenden Ausgangsstoff.
Deklarationsbeispiele: Himbeerextrakt oder Natürliches Himbeeraroma
Die Auslobung „Natürliches Aroma" ist nicht mehr möglich.

Die aromatisierenden Bestandteile von „Natürlichen Aromastoffen" bestehen ausschließlich aus natürlichen Aromastoffen.
Deklarationsbeispiele: Natürliche Aromastoffe (oder Aroma), Vanillin (natürlicher Aromastoff), Vanillin (biosynthetisch), Vanillin aus Vanilleschote oder Natürliches Vanillearoma.

2. Wenn ein Aroma zu mindestens 95% aus dem namensgebenden Ausgangsstoff besteht und leicht erkennbar ist, darf es ebenfalls als „Natürliches X-Aroma ausgelobt werden. Die anderen max. 5% müssen auch aus einer natürlichen Quelle stammen und dürfen nur zur Geschmacksabrundung oder zur Verleihung einer bestimmten Aromanote eingesetzt werden.
Deklarationsbeispiele: „Natürliches Himbeeraroma" oder „Natürliches Minzaroma" (hier ist eine solche Deklaration auch möglich, wenn nur 95% aus der Minze, aber zur Abrundung 5% von einer Zitrusfrucht stammen).

3. Wenn ein Aroma zu weniger als 95% aus dem namensgebenden Ausgangsstoff besteht und leicht erkennbar ist, darf es auch als natürliches Aroma ausgelobt werden. Die anderen Stoffe müssen ebenfalls aus einer natürlichen Quelle stammen und die Deklaration muss den Zusatz „mit anderen natürlichen Aromen" aufweisen.
Deklarationsbeispiel: „Natürliches Himbeeraroma mit anderen natürlichen Aromen".
Die Deklaration als „Natürliche Aromen" ist nicht mehr möglich.

4. Stammen die Aromastoffe aus verschiedenen Ausgangsstoffen und deren Nennung würde ihr Aroma nicht zutreffend beschreiben, muss das Aroma als „Natürliches Aroma" deklariert werden.
Beispiel: Hat ein Aroma das Aromaprofil einer Himbeere, beinhaltet aber gar keine oder nur unwesentliche Mengen von Aromastoffen oder Aromaextrakten aus der Himbeere, muss es als „Natürliches Aroma" deklariert werden und darf das Wort „Himbeere" nicht enthalten, auch wenn es nach Himbeere schmeckt.

5. Alle Aromen, die nicht unter die vier oben genannten Möglichkeiten fallen, werden ausschließlich mit „Aroma" ausgelobt. Dies können naturidentische oder künstliche Aromen sein.
Deklarationsbeispiel: „Vanillearoma" „Aroma-Typ Himbeere".

CHOCOLATIER, CONFISEUR ODER PÂTISSIER

Maître Chocolatier „Peter Müller" hört sich toll an, entspricht aber in den seltensten Fällen der Wahrheit. Natürlich ist es aus der Sicht von Marketing und Werbung weitaus nobler, sich Chocolatier, womöglich sogar mit dem Zusatz „Maître" zu nennen, da das Metier des Chocolatiers die höchst möglichste Kategorie in der Branche ist. Aber nicht jeder, der Schokolade verarbeitet, ist automatisch ein Chocolatier. Daher möchte ich für alle wahren Chocolatiers hiermit eine Lanze brechen und die Berufsbezeichnungen definieren:

Chocolatier

Ein Chocolatier stellt Schokolade her – und zwar von der Bohne weg. Wenn man beide Augen zudrückt, kann man auch einen Hersteller, der ab der Kakaomasse produziert, als Chocolatier bezeichnen. Vielleicht könnte man diese beiden Kategorien unterteilen in Maître Chocolatier (von der Bohne weg) und Chocolatier (von der Kakaomasse weg). Das ist aber vielleicht Haarspalterei.
Alle anderen Stufen aber fallen definitiv nicht in diese Kategorie.

Confiseur

Ein Confiseur ist jemand, der fertige Schokolade weiter veredelt. Ob er nun daraus eine veredelte Schokoladentafel oder Konfekt in jeglicher Form herstellt, spielt dabei keine Rolle.

Pâtissier

Ein Pâtissier ist nichts anderes als ein Konditor, er kann gleichzeitig auch ein Confiseur sein. Er stellt jegliche Art von Konditoreiprodukten her, worunter natürlich Konfekt fällt, aber auch Desserts etc. Hierbei ist es unerheblich, ob er eine klassische Konditorenausbildung genossen hat oder sein Handwerk als Pâtissier in der Gastronomie gelernt hat.
In den seltensten Fällen ist ein Pâtissier auch ein Chocolatier.

Wir schreiben das 21. Jahrhundert, daher kann ich damit leben, auch einen Quereinsteiger als Chocolatier, Confiseur oder auch Pâtissier anzusehen. Dennoch fällt es mir ab und an schwer, einen Quereinsteiger, der mit primitivsten Mitteln Schokolade herstellt, als Maître Chocolatier zu akzeptieren. Ich bin der Meinung, dass mehr dazu gehört, als einfach nur die Kakaobohne zu verarbeiten und in Schokolade zu verwandeln. Warum können sich solche Menschen nicht mit dem Titel Chocolatier begnügen?

BEAN-TO-BAR, VEREDLER ODER WAS?

Die Frage, ab welcher Veredelungsstufe ein Schokoladenproduzent seine Produkte herstellt, ist in der Branche entscheidend. Es ist nicht in Ordnung, wenn ein Unternehmen dem Konsumenten suggeriert, er kontrolliere alle Verarbeitungsstufen selbst. Dem ist oft nicht so.
Ich unterscheide in folgenden Stufen:

Bean-to-bar – Stufe 1
Der Perfektionist
Herstellung der Schokolade von der Bohne weg

Der Hersteller kauft die Kakaobohnen direkt im Ursprungsland oder beim Kakaobohnenhändler – der Unterschied spielt für die Zuordnung keine Rolle – und produziert seine Schokolade selbst, d. h. er kontrolliert die Arbeitsschritte Reinigen, Rösten, Brechen, Mahlen und Conchieren. Im nächsten Schritt wird aus dieser Schokolade das Endprodukt, zum Beispiel eine Schokoladentafel, gegossen und eventuell mit anderen Zutaten veredelt oder es wird Konfekt daraus hergestellt.
Manche Hersteller haben sich darauf spezialisiert, Confiseure, Konditoren oder die Gastronomie mit Schokolade bzw. Kuvertüre zu beliefern und produzieren ausschließlich die Schokolade von der Bohne weg, ohne sie selbst weiter zu verarbeiten. Diese Hersteller ermöglichen auch die Entwicklung individueller Rezepte. Zu diesen Unternehmen gehören Firmen wie Felchlin (Schweiz), Barry Callebaut (Belgien) oder Kessko (Deutschland).

Darüber hinaus gibt es auch Produzenten, die sowohl selbst Endprodukte fertigen als auch die Schokolade und Kuvertüre verkaufen. Zu diesen Unternehmen gehören Firmen wie Valrhona (Frankreich), Chocolataire A. Morin (Frankreich), Chocolat Weiss (Frankreich), François Pralus (Frankreich), Michel Cluizel (Frankreich), Domori (Italien) oder Chocovic (Spanien).
In den einzelnen Rezensionen wird die Verarbeitungsstufe all dieser Unternehmen mit „Bean-to-bar" angegeben.

Mass-to-bar – Stufe 2
Der Kompromissbereite
Herstellung der Schokolade ab der Kakaomasse

Aufgrund der großen Investitionen, des Platzbedarfs sowie aus hygienischen Gründen kann es für ein Unternehmen oftmals schlicht und einfach unmöglich sein, Kakaobohnen zu verarbeiten. Unter Umständen kauft der Hersteller dann selbst die Bohnen, lässt sie aber von einem anderen Unternehmen zu Kakaomasse verarbeiten. Viele Hersteller kaufen aber lediglich die Standard-Kakaomasse ein. Zu diesen Unternehmen gehören Firmen wie Belcolade (Belgien), Lubeca (Deutschland) oder die Chocolaterie du Pecq (Frankreich).
Folgende Verarbeitungsschritte sind dann nicht unter seiner Kontrolle: Rösten, Brechen und Mahlen. Er beginnt seine Verarbeitung mit dem Conchieren.
Die ersten drei Schritte (Rösten, Brechen, Mahlen) sind bei der Herstellung von Schokolade sehr wichtig. Der Verzicht auf die Kontrolle dieser Schritte kann gravierende Folgen haben. Das Rösten der Kakaobohnen bietet dem Chocolatier einen wesentlichen Einfluss. Wer darauf verzichtet, überlässt anderen die Entscheidung über die Aromenentwicklung. Zwar kann der Röstgrad und das gewünschte Ergebnis der Röstung im Vorfeld abgesprochen werden, die Möglichkeit eines Eingriffs oder einer Feinjustierung wird aber aus der Hand gegeben. Das Conchieren bietet dem Chocolatier im Vergleich

nur wenig Gelegenheit, seiner Kreativität und seinem Können freien Lauf zu lassen.
In den einzelnen Rezensionen wird die Verarbeitungsstufe dieser Unternehmen mit „Mass-to-Bar" angegeben.

Schokolade nach Maß – Stufe 3
Der Individualist

Bei dieser Verarbeitungsstufe lässt der Confiseur bei Schokoladenproduzenten die von ihm gewünschten Schokoladen herstellen. Hierbei kann es sein, dass der Confiseur selber die Kakaobohnen einkauft und dem Schokoladenproduzenten zur Veredelung liefert, was aber eher selten vorkommt. In der Regel bedient sich der Individualist an dem Portfolio an Kakaobohnen, die der Schokoladenproduzent bereits verarbeitet. Die genauen Rezepte und Verarbeitungsparameter werden mit dem Produktentwickler des Schokoladenproduzenten besprochen.
In den einzelnen Rezensionen wird diese Verarbeitungsstufe mit „Schokolade nach Maß" angegeben. Nicht jedes Unternehmen ist auskunftsfreudig und es ist sehr schwer herauszufinden, ob ein Unternehmen in diese Stufe einzuordnen ist. Im Zweifelsfall stufe ich ein Unternehmen daher als „Veredler" (Stufe 4) ein.

Standard-Schokolade – Stufe 4
Der Veredler

Produzenten dieser Verarbeitungsstufe kaufen fertige Schokoladen oder Kuvertüren ein und verarbeiten sie unverändert. Manche Hersteller stellen sich ihre Schokolade auch aus verschiedenen Sorten selbst zu einem neuen Blend mit verändertem Geschmack und Charakter zusammen. Fertige Schokoladen werden nicht nur zur Herstellung von Schokoladentafeln verwendet, sondern auch für andere Produkte, wie zum Beispiel Konfekt.
Hier gibt es leider einige Hersteller, die fertige Ursprungsschokolade unverändert verarbeiten und diese dann als besondere Schokolade verkaufen. Dem Kunden kann es daher passieren, von unterschiedlichen Firmen absolut identische Ursprungsschokoladen zu kaufen.
In den einzelnen Rezensionen wird diese Verarbeitungsstufe mit „Standard-Schokolade" angegeben.

Fremdproduktion – Stufe 5
Der Bequeme und der Blender

Unternehmen dieser Verarbeitungsstufe lassen ihre Artikel komplett von Zulieferern produzieren und empfangen diese im Warenlager. Manchmal wird das Produkt gemeinsam entwickelt, das Unternehmen nimmt aber auf die Produktion keinen Einfluss.
„Der Bequeme" kommuniziert manchmal, jedoch nicht in der Regel, dass er nicht selbst produziert.
„Der Blender" behauptet, er sei der Hersteller oder er habe die Produktion der Ware unter seiner Kontrolle.
In den einzelnen Rezensionen wird diese Verarbeitungsstufe mit „Fremdproduktion" angegeben.

Leider treten nicht alle Unternehmen entsprechend ihrer tatsächlichen Verarbeitungsstufe auf. Dem Autor ist sie trotzdem oft bekannt, da er die Produktionsstätte und die Herstellung selbst gesehen hat. Bei anderen Unternehmen greift er auf verlässliche Quellen zurück. Oftmals lässt sich aber auch schon am Namen der Schokolade, ihrer Zusammensetzung und natürlich ihrem Geschmack die Herkunft erkennen.

LÄNDERPROFILE HERSTELLER

Oft wird darüber diskutiert, aus welchem Land die beste Schokolade, der beste Nougat oder das beste Konfekt stammt. Eine solche Pauschalisierung ist recht oberflächlich, aber in einem begrenzten Umfang kann man schon die eine oder andere Tendenz erkennen.

Deutschland

Schokolade

Deutsche Hersteller haben die neue Schokoladenkultur nahezu komplett verschlafen und den Markt fast kampflos den ausländischen Herstellern überlassen. Die Konzentration der deutschen Hersteller liegt ganz klar auf dem Massenmarkt. Ob Alfred Ritter, Ludwig Weinrich, Ludwig Schokolade, WAWI oder Meybona, diese Unternehmen produzieren von der Bohne oder von der Kakaomasse weg, bedienen jedoch fast ausschließlich den Lebensmitteleinzelhandel oder den Discount. Ludwig Weinrich, Meybona und Ludwig Schokolade haben sich zudem auf die Herstellung von Fremdmarken spezialisiert und sind mit der eigenen Marke nur recht schwach im Markt vertreten. Bei Ludwig Weinrich ist es vielleicht nicht ganz so gravierend, ist das Unternehmen doch mit Björnsted und Vivani gleich mit zwei Marken im Markt vertreten. Eine Ausnahme stellt das Unternehmen Hachez dar. Obwohl auch Hachez überwiegend im Lebensmittelhandel zu finden ist, hat sich das Unternehmen doch ein wenig Exklusivität gewahrt. Weitere Schokoladenhersteller sind Kessko (von der Bohne weg), KVB (von der Bohne weg), Lubeca (von der Kakaomasse weg) und Kondima. Diese Unternehmen treten ausschließlich als Zulieferer auf und haben keine eigene Marke im Handel. Hierbei kann man aber das Unternehmen Lubeca qualitativ etwas hervorheben. KVB gehört seit Anfang des Jahres 2011 zum amerikanischen Konzern Cargill, produziert aber noch immer in zwei Werken in Berlin.
Auch gibt es noch den einen oder anderen Schokoladenhersteller, der seine Schokolade jedoch für Dekorprodukte herstellt, und natürlich ausländische Konzerne, die auch in Deutschland Fabriken betreiben.
Micro-Batch-Hersteller gibt es in Deutschland mit Coppeneur nur einen. Coppeneur produziert seit dem Jahre 2006 von der Bohne weg und hat seitdem einige besondere Schokoladen entwickelt. Erstaunlich, denn Platz für einen zweiten Hersteller wäre im Markt auf jeden Fall gewesen. Mit der Confiserie Storath gibt es noch einen kleinen Produzenten, der von der Kakaomasse weg Schokoladen in kleinen Mengen herstellt.

Nougat

Der große Nougat-Boom ist bisher ausgeblieben. Eigentlich erstaunlich, scheint diese Variante von Süßwaren bei den deutschen Verbrauchern in der Beliebtheit doch ganz oben zu stehen. Seine Verkaufszahlen liegen stets im oberen Drittel oder sogar an der Spitze.
Aber auch hier liegen die deutschen Hersteller im Vergleich mit den italienischen und französischen qualitativ zurück. Schon bei der Auswahl der Haselnüsse sind die Italiener, aber auch die Franzosen, wesentlich selektiver. Der traditionelle Gianduja ist dem deutschen Nougat qualitativ um Lichtjahre voraus.
Fast jede deutsche Confiserie verwendet Nougat von einem der großen Zulieferer. Manchmal lassen größere Confiserien nach eigener Rezeptur herstellen, das ist aber eher eine Seltenheit. Ob Sie nun Schichtnougat von Lanwehr, Dreimeister, Imping oder einer anderen Confiserie kaufen – es kann passieren, dass in allen der Nougat des gleichen Zulieferers verarbeitet wurde.
Als einziges Unternehmen in Deutschland stellt wohl die Firma Niederegger, am Markt mit einer eigenen Marke stark vertreten, seinen Nougat und auch sein Marzipan selbst her, wobei die Herstellung des eigenen Nougats nicht zu verifizieren ist.
Den besten Nougat, und im Übrigen auch das beste Marzipan, liefert die Firma Lubeca. Weitere Zulieferer, zumeist von Nougat und Marzipan, sind Moll, Kessko und Kondima.

Marzipan

Deutschland ist das Land des Marzipans. Es mag in anderen Ländern auch Tradition haben oder mittlerweile beliebt sein, aber an die Qualität deutschen Marzipans kommt kein ausländisches Unternehmen heran. Auch hier gibt es ausschließlich Zulieferer, die die Confiserien beliefern und auch hier gilt das Prinzip des Nougats: Viele Confiserien arbeiten mit demselben Hersteller. Die Qualität des fertigen Confiserieproduktes kann dennoch extrem unterschiedlich sein, da die Qualität des besten Marzipans durch die Zugabe von zusätzlichem Zucker extrem beeinträchtigt werden kann. Ebenso spielt es eine Rolle, ob kalifornische oder Mandeln aus dem Mittelmeerraum verarbeitet wurden. In der Regel sind letztere aromatischer, aber auch entsprechend teurer.

Im Übrigen ist die Marzipanqualität von Figuren nie besonders gut, da aufgrund der notwendigen Festigkeit ziemlich viel Zucker beigemischt wird. Mein Tipp: Kaufen Sie am besten Marzipanrohmasse in der Backabteilung Ihres Supermarktes. Das ist qualitativ das beste Marzipanprodukt, das im Handel erhältlich ist. Der Anteil an Zucker ist gesetzlich geregelt und wird immer niedriger sein als in einem fertigen Confiserieprodukt. Natürlich variiert die Qualität der unterschiedlichen Hersteller, aber es lohnt sich, es zu probieren.

Hüten Sie sich auch vor dem „Qualitätsiegel" Edelmarzipan. Laut Gesetz darf Marzipanrohmasse maximal 35 % Zucker enthalten, Edelmarzipan muss aus mindestens 70 % Marzipanrohmasse bestehen (Ausnahme ist hier das Lübecker Edelmarzipan mit einem Anteil von 90 %). Demnach darf Edelmarzipan einen Zuckeranteil von 55–60 % aufweisen. Bei „normalen" Marzipanprodukten muss der Anteil an Marzipanrohmasse sogar nur bei 50 % liegen.

Wie bereits erwähnt ist Niederegger als einziger Hersteller von Marzipanrohmasse mit einer eigenen Marke im Handel. Die Produkte sind sehr hochwertig und die Rohmassen dürften mit recht wenig Zucker gestreckt sein. Diese Produkte lohnen, getestet zu werden.

Konfekt

Anfangs war die Erfindung der Hohlkugel ein Segen für die deutschen Confiseure, konnte man doch einfach und sauber viele verschiedene Konfektsorten herstellen. Inzwischen wurde der Markt mit ihrer Hilfe aber von Produkten überschwemmt, darunter viele von mittelmäßiger oder schlechter Qualität, und auch der Konfektpreis hat im Handel sehr gelitten. Da auch die Gestaltungskreativität unter der Vorgabe, alles in eine Hohlkugel oder ein Töpfchen zu füllen, sehr gelitten hat, kann man diesen einflussreichen Trend für die deutsche Confiseriekunst heute leider eher als Fluch betrachten. Zu allem Überfluss kam dann noch die besonders bei deutschen Herstellern beliebte One-Shot-Technik, bei der teilweise erhebliche Qualitätseinschränkungen akzeptiert werden müssen.

Ein Dilemma der deutschen Hersteller ist die Verwendung von banaler Standard-Schokolade. Zu allem Überfluss verwenden auch hier viele Hersteller die Produkte ein und desselben Herstellers – oder doch zumindest vergleichbarer: In der Regel Callebaut oder Belcolade, etwas qualitätsbewusstere Unternehmen greifen auf Schokolade der Firma Lubeca zu. Eher selten ist die Verwendung von Felchlin- oder gar Valrhona-Schokolade. Deutsche Confiseure sind noch heute der Meinung, dass der Fokus auf der Füllung liege und die Schokolade drum herum vernachlässigt werden könne. Welch fataler Irrtum!

Deutsches Konfekt weist außerdem eine teilweise extrem lange Haltbarkeit auf. Dies trifft natürlich mehr bei den Confiserien zu, die nicht nur unter der eigenen Marke in eigenen Geschäften verkaufen, sondern andere Fachgeschäfte oder den Lebensmitteleinzelhandel beliefern, wie zum Beispiel Peters, Dreimeister oder Wagner. Bei drei bis sechs Monaten Mindesthaltbarkeit im Verkauf bedeutet das, dass die Produkte zusätzlich noch einmal einige Wochen oder gar Monate in der Lagerung überstehen müssen. Insgesamt werden sie so entwickelt, dass ihre Haltbarkeit fünf bis neun Monate beträgt. Das hat natürlich auch Konsequenzen für die Auswahl der eingesetzten Rohstoffe. Frische Fruchtpulpen sucht man in diesen Füllungen vergeblich. Oftmals werden die Füllungen der Haltbarkeit wegen stark alkoholisiert und auch der Gehalt an Feuchtigkeit wird erheblich reduziert. Oft werden zur Aromatisierung Aromastoffe verwendet und nicht immer mit echter Frucht in Form von Fruchtkonzentraten begleitet. Fruchtkonzentrate sind eine akzeptable Alternative zu Fruchtpulpe.

Nicht immer sind sie gut, aber doch recht häufig. Als Basis der Füllungen dient meist H-Sahne, jedoch wird auch Kondensmilch oder Wasser mit Milchpulver genommen. Frische Sahne wird quasi gar nicht verwendet, da sie die Haltbarkeit maßgeblich reduziert.
Im schlimmsten aller Fälle sieht ein deutsches Konfekt dann so aus:
Herstellungsverfahren One-Shot: Einbußen bei der Qualität, da bei der Herstellung die Konsistenz der Füllung an die der Schokolade angepasst werden muss. Oftmals zu dicke und unregelmäßige Schokolade.
Lange Haltbarkeit: Reduzierung der Feuchtigkeit, Anhebung des Alkoholgehalts, Verzicht auf frische Früchte und Fruchtpulpen.
Niedriger Preis: Rationalisierung der Herstellungsverfahren (z. B. One-Shot), preiswerte

Schokolade als Basis, minderwertige Rohstoffe. Mangelnde Kreativität: Begrenzung der Kreativität und Auswahl zur Produktion größerer Mengen, Beschränkung auf die traditionelle Kugelform.
Wie soll unter diesen Voraussetzungen die Herstellung guten Konfekts möglich sein? Nur sehr wenige Produkte können als gut bis sehr gut gewertet werden. Das einzig Positive an deutschem Konfekt ist, dass es definitiv eine eigene Identität besitzt, man erkennt es sofort. Es wäre zu hoffen, das irgendwann auch über die Qualität sagen zu können.

Frankreich

Schokolade

In Frankreich finden wir eine gänzlich andere Situation vor als in Deutschland: sehr wenig große und viele kleine, individuelle Hersteller. Valrhona ist weltweit bekannt und wird vor allem von der Gastronomie geschätzt. Bonnat, Pralus, Weiss oder Michel Cluizel beliefern Fachgeschäfte im In- und Ausland und unterhalten teilweise auch eigene Geschäfte. Bernachon dagegen verkauft seine Schokolade fast ausschließlich in seinem eigenen Geschäft in Lyon. Gemeinsam ist ihnen allen, dass sie ihre Schokolade auch als Kuvertüre für die Weiterverarbeitung an Confiseure, Pâtissiers und Gastronomen verkaufen. Leider nutzen nur wenige dieses tolle Angebot.
Cacao Barry war einer der wenigen großen Produzenten, wurde jedoch von Callebaut aus Belgien gekauft. Die Unternehmen Chocolaterie du Pecq und Chocolaterie de l'Opera sind zwei kleinere Firmen, die sich auf die Belieferung der Industrie konzentrieren und auf eine eigene Marke verzichten. Die Qualitäten sind gut und auch die Nougatprodukte von du Pecq sind hervorragend.
Dunkle Schokolade war in Frankreich schon immer sehr beliebt. Aber zu glauben, dass alle Franzosen dunkle Schokolade mögen, ist ein Trugschluss. Es mag mehr Liebhaber geben, aber die große Mehrheit der Verbraucher labt

sich ebenso an den im Supermarkt erhältlichen Massenprodukten wie in anderen Ländern auch. Der große Unterschied besteht darin, dass das Angebot reicher, vielfältiger und besser ist.

Nougat

Nougat hat in Frankreich eine lange Tradition und ist nach wie vor sehr beliebt. Der französische Nougat unterscheidet sich grundlegend vom deutschen und italienischen. In der Regel sind die Nüsse wesentlich dunkler geröstet und der Nougat selbst ist oft weicher und mit Stücken versetzt. Grundsätzlich zähle ich französischen Nougat zur Weltklasse.

Marzipan

Im Elsass findet man immer wieder Marzipanprodukte und auch die Confiseure von Michel Cluizel oder Valrhona produzieren das eine oder andere Marzipankonfekt, aber im Allgemeinen sind das in Frankreich eher exotische Randprodukte.

Konfekt

In Frankreich ist die Konfektqualität sehr unterschiedlich. Grundsätzlich kann man aber von einem „französischen Stil" sprechen, der weltweit am häufigsten kopiert wurde. Vielleicht wäre es korrekter zu sagen, dass der französische Stil sehr häufig als Inspiration dient. Ob in den USA, Japan oder Belgien – die französische Art der Konfektherstellung ist weltweit die beliebteste.

In der Regel wird die Konfektmasse auf ein Blech gegossen, glatt gestrichen und in Stücke geschnitten. Dadurch ist es möglich, das Konfekt mit einer sehr dünnen Schokoladenhülle zu ummanteln. Auch die Schokoladenqualität des Konfekts wird in Frankreich hoch bewertet. Besonders stechen natürlich die Confiseure hervor, die gleichzeitig auch Chocolatiers sind und somit ihre eigene Schokolade verwenden können.

Französisches Konfekt basiert oft auf Crème fraîche, aber immer häufiger auch auf H-Sahne. Manch ein Hersteller verwendet aber auch Butter als Hauptzutat. Das ist allerdings nicht traditionell. Gerne werden Fruchtpulpen als Rohstoff eingesetzt.

In Frankreich wird recht wenig Alkohol eingesetzt – und wenn, dann um eine echte alkoholische Sorte herzustellen und nicht zur Verlängerung der Haltbarkeit.

Viele Confiseure produzieren Konfekt mit einer Haltbarkeit von nur zwei bis drei Wochen, da die Produkte oft nur in eigenen Geschäften verkauft werden. Einige Confiseure stellen Konfekt auch in größeren Mengen her und frieren es dann ein. Nur nach Bedarf wird es dann aufgetaut – diese Vorgehensweise stellt keinen Qualitätsmangel dar. Wie bei Obst oder Gemüse, das in voller Reife schockgefrostet wird, bewahrt das Konfekt sein Aroma und seine Struktur und auch die Optik bleibt perfekt erhalten.

Füllungen französischen Konfekts sind eher fester, aber dennoch cremig und mit sehr angenehmem Schmelz. Manchmal werden auch in Frankreich Hohlkugeln oder andere Formen verwendet. Dann sind die Füllungen auch etwas weicher.

Auch beim Konfekt gilt, dass der Massenmarkt riesig ist und viele Konsumenten ihr Konfekt im Supermarkt einkaufen.

Letztlich hat Frankreich das bessere Konfekt, hat aber auch weniger Kompromisse einzugehen. Allein schon der Verkaufspreis in den Fachgeschäften ermöglicht es den Confiseuren, teurere Rohstoffe einsetzten zu können.

Belgien

Schokolade

Belgien hat seine Schokoladenkultur fast gänzlich verloren. Zu Beginn des 20. Jahrhunderts gab es Dutzende kleiner Schokoladenhersteller. Ab dem Jahre 1925 bot das von Eugen Callebaut gegründete gleichnamige Unternehmen den vielen kleinen Herstellern fertige Kuvertüre zur Weiterverarbeitung an. Da die Callebaut-Schokoladen günstiger und oft auch besser als die eigenen Schokoladen waren, griffen nahezu alle Hersteller zu.

Heute gibt es noch genau vier Schokoladenhersteller in Belgien: Barry Callebaut, mittlerweile ein Schweizer Unternehmen, produziert von der Bohne weg und Belcolade von der Puratos-Gruppe erst ab der Kakaomasse. Beide sind industrielle Produzenten.

Pierre Marcolini aus Brüssel ist der einzige

Micro-Batch-Hersteller von der Bohne weg. Seine Produkte sind konkurrenzfähig mit Produkten anderer Micro-Batch-Hersteller. Das Unternehmen Charlemagne produziert Schokolade von der Kakaomasse weg.
Warum belgische Schokolade weltweit einen so guten Ruf genießt, bleibt ein großes Mysterium. Klar, Barry Callebaut und Belcolade fertigen ordentliche Qualitäten. Man muss aber wissen, dass Barry Callebaut vor der Übernahme Cacao Barrys im Jahre 1996 eher durchschnittliche Qualitäten angeboten hat und die besonderen Schokoladen alle in Frankreich hergestellt werden. Belcolade ist ein relativ junges Unternehmen, das besondere Qualitäten erst seit wenigen Jahren anbietet. Wirbt ein Unternehmen mit „belgischer Schokolade", so stammt diese mit Sicherheit von einem dieser beiden Unternehmen.
Der gute Ruf ist wohl eher auf das Konfekt zurückzuführen. Wobei auch dieser eher zweifelhaft ist, denn das traditionelle belgische Konfekt hat wenig mit guter Qualität zu tun. Zu behaupten, Belgien stelle eine der besten oder gar die beste Schokolade der Welt her, entlarvt den Urheber als ziemlich ahnungslos – wie auch die Firmen, die ihre Produkte mit „Belgian Dark Chocolate" bewerben.

Nougat & Marzipan
Sowohl Nougat als auch Marzipan haben in Belgien keine große Tradition. Beides wird von Zulieferern zugekauft. Mir ist, abgesehen von Marcolini, kein Unternehmen bekannt, das diese Produkte selbst herstellt. Marcolini produziert zumindest seinen eigenen Nougat, der im Übrigen sehr gut schmeckt.

Konfekt
Warum typisch belgisches Konfekt ein so großes Ansehen genießt, werde ich nie verstehen. Ich assoziiere es mit Leonidas, Neuhaus oder Godiva: einfache, süße und aromaschwache Schokolade, fettige, schwere und süße Füllungen mit wenig Aroma. Diese Hersteller zähle ich nicht zu den guten Confiseuren, aber sicher zu den sehr guten Unternehmern, deren Marketingleistung große Anerkennung verdient. Mit mittelmäßigen bis unterdurchschnittlichen Produkten weltweit einen guten Ruf aufzubauen, verdient größten Respekt.
Aber es besteht Hoffnung: Die neue Generation Confiseure wie Laurent Gerbaut, Pierre Marcolini oder auch Ledent haben erkannt, dass sie mit Konfekt im französischen Stil bessere Produkte herstellen können. Besonders Pierre Marcolini, der eine sehr sehr gute Qualität erreicht, hat sich durch kluges Marketing bereits eine gewisse Vormachtstellung in Belgien erarbeitet.
Bei einem Besuch in Brüssel sollte man aber auf jeden Fall die Finger von den billigen Massenprodukten lassen, die man sehr viel auch in kleinen Läden findet.

Österreich

Schokolade
Die Schokoladenherstellung ist in Österreich relativ rar. Zwar gibt es die Firma Manner, die industrielle Produkte herstellt, aber mit Zotter existiert nur ein einziger Hersteller von besonderer Qualität. Die wiederum hat es in sich und kann sich mit den besten Schokoladen weltweit messen.

Nougat & Marzipan
Zotter führt seit dem Jahre 2010 einige Nougatsorten, die sehr empfehlenswert sind und dürfte damit der einzige Nougathersteller Österreichs sein.

Konfekt
Ähnlich wie in Deutschland spielt österreichisches Konfekt über die Landesgrenzen hinaus keine Rolle. Erstaunlich ist der gute Ruf Wiener Confiserien wie Demel oder Altmann & Kühne. Aufgrund der Zutatenlisten habe ich auf eine Verkostung der Demel-Produkte verzichtet, da alle Schokoladen naturidentisches Vanillin, die Pralinen zusätzlich sogar noch künstliche Aromastoffe beinhalteten. Bei Altmann & Kühne konnte ich die Zutatenliste im Vorfeld leider nicht einsehen.

Schweiz

Schokolade
Der weltweite Ruhm der Schweizer Schokolade

ist gewiss auch der Erfindung der Conche durch den Schweizer Rodolphe Lindt zu verdanken. Die Schweizer Milchschokolade verdankt ihre Glorie Daniel Peter, der sie vielleicht nicht erfunden hat, aber einen maßgeblichen Anteil an ihrer Popularität trägt. Bereits im Jahre 1875 war er erfolgreicher Produzent einer Schokolade aus Kakaobohnen, Zucker und Kondensmilch. Lange Zeit war sein Unternehmen, das 1904 mit dem Hersteller Kohler, 1911 mit Cailler und 1929 mit Nestlé fusionierte, der führende Hersteller von Milchschokolade.
Heute bestimmen vor allem Massenproduzenten den Schweizer Markt. Neben Nestlé sind wohl Lindt & Sprüngli, Toblerone und Suchard die bekanntesten. Streng genommen ist auch Barry Callebaut ein Schweizer Unternehmen, es wird aufgrund seiner belgischen Wurzeln aber eher als belgisches Unternehmen eingeordnet. In der Schweiz existieren nur wenige kleine Micro-Batch-Hersteller, Favarge ist einer davon. Sehr wohl gibt es aber mit Carma und Felchlin gleich zwei sehr gute Zulieferer feiner Kuvertüren. Carma hat sich mehr auf die Herstellung hochwertiger Milchschokoladen spezialisiert, Felchlin hat dagegen schon frühzeitig das Potenzial besonderer Kakaosorten erkannt und bietet einige wunderbare Schokoladen an. Felchlin produziert auch für diverse Handelsmarken, wie z. B. Idilio oder Original Beans. Beide können sich mit den weltbesten Schokoladen messen.

Nougat & Marzipan
Beides sind keine Schweizer Spezialitäten und daher gibt es keinen mir bekannten Hersteller.

Konfekt
Rudolf Läderach ist der Erfinder der Hohlkugel – entsprechend ist die Schweizer Konfekttradition mit der deutschen vergleichbar.

Italien

Schokolade
Italien verfügt über eine lange Schokoladentradition. Einerseits gibt es natürlich die großen industriellen Unternehmen wie Ferrero, anderseits existieren schon seit langer Zeit kleinere Betriebe wie Venchi, Majani oder Caffarel.

Den modernen Stil haben aber die jungen kreativen und innovativen Unternehmen wie Domori oder Amedei geprägt, beide produzieren von der Bohne weg. Slitti stellt auch seine eigene Schokolade her, jedoch von der Kakaomasse weg.
Die Toskana hat sich als Chocolate Valley etabliert, viele innovative Unternehmen haben dort ihre Wurzeln. Die italienischen Hersteller beherrschen auch die Veredelung von Kuvertüre. La Molina, de Bondt, Stainer und viele andere haben alle ihren eigenen Stil entwickelt und besetzten damit jede erdenkliche Marktnische.
Aus Sizilien stammen sehr traditionelle Produkte, die besonders von Antica Dolceria Bonajuto in einer exzellenten Qualität angeboten werden.

Mit dem Unternehmen ICAM gibt es auch in der Zulieferindustrie einen Global Player: ICAM produzierte über viele Jahre exklusiv die Produkte der englischen Firma Green & Black's.

Nougat & Marzipan

Nougat hat in Italien eine sehr lange Tradition, Gianduja ist sozusagen eine italienische Erfindung. In der Regel werden dafür ausschließlich Piemonteser Haselnüsse verarbeitet. Nahezu alle Hersteller, die Schokolade von der Bohne weg produzieren, stellen auch Gianduja her. Darüber hinaus gibt es auch Unternehmen, die nur Gianduja und keine Schokolade erzeugen, wie zum Beispiel D. Barbero.
Der Nougat ist meist glatt, fest und cremig mit feinem Schmelz. Im Vergleich zum deutschen Nougat zeichnet er sich durch seine feinen Aromen aus. Viele Hersteller bieten auch Aufstriche auf Gianduja-Basis an.
Marzipan hingegen spielt in Italien so gut wie keine Rolle und wird auch sehr wenig angeboten.

Konfekt

Obwohl es in Italien sehr viel Konfekt gibt, kann man schlecht von einem typisch italienischen Konfekt sprechen. Neben zahlreichen Einflüssen aus allen Richtungen ist Nougat sicher ein viel verwendeter Rohstoff. Italienisches Konfekt ist außerhalb der Landesgrenzen relativ unbekannt und spielt in der kulinarischen Welt nur eine untergeordnete Rolle.

Spanien

Schokolade

Auch Spanien besitzt eine lange Schokoladentradition. Die Firmen Amatller, Simón Coll oder Chocovic existieren schon sehr lange, Amatller wurde inzwischen von Simón Coll übernommen. Leider produziert Simón Coll keine besonders guten Schokoladen und auch unter der Marke Amatller gibt es nur wenige Ausnahmen. Chocovic wurde erst vor kurzem von Barry Callebaut übernommen. Hier bleibt noch abzuwarten, inwieweit dies Einfluss auf die Entwicklung nimmt.
Micro-Batch-Hersteller gibt es nur sehr wenige: Qualitativ eher dem Mittelmaß zuzuordnen, verschwendet Blanxart einiges an Potenzial.
Spanien ist berühmt für seine durch Zugabe von Stärke dickflüssige Trinkschokolade.
Aufgrund des in Spanien weit verbreiteten Anbaus von Früchten und Nüssen werden diese Zutaten oft in Schokolade verarbeitet.

Nougat & Marzipan

Spanischer Turrón und begrenzt auch Marzipan haben aufgrund der üppigen Mandelproduktion eine große Tradition. Turrón wird auch immer mehr von moderner Confiseriekunst beeinflusst, sodass Firmen wie Ludomar einige neue Kreationen entwickelt haben.

Konfekt

Konfekt ist in Spanien sehr beliebt, ein typisch spanisches Konfekt gibt es aber nicht. Vielmehr fließen Elemente aus verschiedenen Ländern ein.
Enric Rovira und Oriol Balaguer zeigen deutliche Einflüsse aus Frankreich, Ludomar dagegen eher aus Deutschland. Die jungen Kreativen um Rovira und Balaguer, vor allem in und um Barcelona, haben die moderne Confiserie in Spanien erfolgreich eingeführt und etabliert.

England

Schokolade

England besitzt kaum Tradition in der Schokoladenherstellung. Der Industriekonzern Cadbury, ein 1824 in Birmingham gegründetes Unternehmen mit mittlerweile 50 Milliarden Euro Umsatz, hat den englischen Markt lange Zeit geprägt. Beliebt sind vor allem Schokoladen mit Pfefferminze oder Rose.
Der neue Schokoladenboom hat aber auch vor England nicht haltgemacht, so gibt es heute auch auf der Insel kleine Micro-Batch-Hersteller, wie zum Beispiel Willie's Delectable, Red Star oder Sir Hans Sloane. Alle drei sind relativ neu im Markt, aber besonders die ersten Red-Star-Produkte zeugen von guter bis sehr guter Qualität. Man darf gespannt sein auf die Zukunft.
Mit Artisan du Chocolat gibt es noch einen Chocolatier, der von der Kakaomasse weg produziert.

Nougat & Marzipan

Nougat wird gerne gegessen, aber in England selbst nicht oder kaum hergestellt. Marzipan trifft den Geschmack der Engländer nicht und dürfte dort auch kaum produziert werden.

Konfekt

England verfügt traditionell kaum über gutes Konfekt. Auch hier bildet Pfefferminze, Rose und auch Veilchen eine typisch englische Geschmacksrichtung.

In den letzten Jahren hat sich jedoch eine Vielzahl kreativer Confiseure daran gemacht, gutes bis sehr gutes Konfekt herzustellen: Paul A. Young, William Curley oder Demarquette, um nur einige zu nennen. Der Stil lehnt sich sehr an den Französischen an.

USA

Schokolade

Die Vereinigten Staaten sind in den letzten Jahren sicher das innovativste, kreativste und progressivste Land. Mittlerweile gibt es in den USA mehr bean-to-bar-Hersteller als in Europa. Scharffen Berger, Amano, Taza, Rogue Chocolate, Theo, Mast Brothers, Patric Chocolates u. v. m. Auch der Trend zu Raw Chocolate kommt vor allem aus den USA.

Geprägt wurde der Markt von Hershey's, wodurch auch die Vorliebe für süße Milchschokolade zu erklären ist. Mittlerweile gibt es jedoch zahlreiche Liebhaber dunkler Schokolade.

Aber auch Guittard oder Ghirardelli sind traditionsreiche Unternehmen, die gute Schokolade produzieren, wobei hier Guittard sicherlich hervorzuheben ist.

Nougat & Marzipan

Nougat und Marzipan sind nicht sehr verbreitet, besonders Marzipan tut sich in den USA schwer. Nougat ist da wohl schon weitaus populärer.

Mir sind keine Firmen bekannt, die Nougat oder Marzipan herstellen. Daher wird es sich bei den vertriebenen Produkten um importierte Ware handeln.

Konfekt

Auch Konfekt ist sicher kein traditionelles Produkt. Lange Zeit bestimmten Global Player wie Godiva und Leonidas den Markt, mittlerweile gibt es aber in jeder größeren Stadt mindestens einen guten oder sehr guten Confiseur, wie zum Beispiel William Dean, Antoine Amrani oder Michael Mischer, um nur einige zu nennen. Hinzu kommt, dass europäische Hersteller immer mehr in die USA exportieren.

Auch in den USA nimmt man sich gerne den französischen Stil zum Vorbild oder vereint verschiedene Stilrichtung, wie zum Beispiel Michael Mischer. Häufig handelt es sich bei den amerikanischen Confiseuren um europäische Emigranten wie Antoine Amrani oder Michael Mischer.

Konfekt von den kleinen Confiseuren ist oftmals nur kurze Zeit haltbar, da häufig auch frische Früchte oder Fruchtpulpen verarbeitet werden.

Japan

Schokolade

Die japanische Schokoladen-Szene ist geprägt von Importware. Ausländische Chocolatiers und Confiseure genießen in Japan ein hohes Ansehen, teilweise vergleichbar mit richtigen Stars. Es ist nicht unüblich, dass man als Chocolatier oder Confiseur während des Salon du Chocolat kurz vor Valentinstag Autogrammstunden abhält. Sehr gerne lassen sich die Japaner(innen) die Verpackungen signieren und selbstverständlich ist das gemeinsame Foto ein Höhepunkt für jeden „Fan".

Unter den hochwertigen japanischen bean-to-bar-Schokoladen genießt die Marke 100%ChocolateCafe von Meiji eine Vormachtstellung: innovativ, kreativ und von hoher Qualität. Diese Produkte können sich auch mit Importware messen. Ein weiterer bean-to-bar-Hersteller ist Emily's Chocolate, der erst seit Anfang des Jahres 2011 produziert und dessen erste Produkte durchaus interessant sind.

Japanische Konsumenten sind sehr kritisch, auch die Verpackung muss ästhetisch sein. Wenn einem Japaner aber etwas gefällt, dann ist er mit seiner gesamten Hingabe dabei.

Nougat & Marzipan

Nougat ist auch in Japan beliebt, Marzipan ist

aufgrund der sehr langen Tradition deutscher Konditoren in Japan auch bekannt. Dennoch ist Marzipan kein wirklich beliebtes Produkt und man findet es relativ selten. Beides wird in Japan wohl ausschließlich als Importware verkauft.

Konfekt
Konfekt ist das wichtigste Schokoladenprodukt in Japan. Hier ist eindeutig das französische Konfekt die beliebteste Variante. Der Salon du Chocolat wird wohl zu 80 % von französischen Confiseuren geführt. Dazu gesellen sich aber auch einige japanische Kollegen. Sie haben es perfekt verstanden, die französische Confiserie nicht nur zu kopieren, sondern weiter zu entwickeln. Ich persönlich esse japanisches Konfekt sehr gerne, zumal die Japaner es weitaus besser verstehen, japanische Rohstoffe und Zutaten nach europäischer Tradition in Konfekt zu verarbeiten. Viele japanische Confiseure haben ihr Handwerk in Frankreich erlernt oder sich dort weitergebildet. Japaner verarbeiten stets sehr hochwertige Rohstoffe, auch die Wahl der Schokolade wird wohlüberlegt getroffen. Hier ziehen die guten Confiseure die Produkte von Valrhona, Domori oder Michel Cluizel vor.

Der Rest der Welt

Weltweit gibt es vereinzelt weitere bean-to-bar-Hersteller. Besonders oft findet man solche Unternehmen in Ecuador, aber auch in Venezuela, Australien, Kolumbien, Madagaskar oder Fiji.
In fast jedem Land, das in diesem Kapitel nicht einzeln berücksichtigt wurde, gibt es Spezialitäten. Dennoch sind die aufgelisteten Länder aufgrund der Anzahl an Besonderheiten, deren Bekanntheit und Beliebtheit sowie ihrer Marktdominanz hervorzuheben.

Die beste Schokolade der Welt

Oft wird gesagt, die beste Schokolade komme aus dem Land X, das beste Konfekt aus dem Land Y. Das sind oftmals kaum belegbare Aussagen, die man mit Vorsicht genießen sollte. Natürlich kann eine so umfangreiche Verkostung, wie ich sie durchgeführt habe, eine Tendenz zeigen. Aber gerade bei der Schokolade fällt es mir schwer, ein einzelnes Land als das mit den besten Schokoladenherstellern der Welt hervorzuheben. Jedes Land hat für sich einen besonderen Charakter und ob die Qualität einer Schokolade aus Italien besser ist als die eines französischen Herstellers hängt auch vom subjektiven Geschmack ab.
Bei Konfekt fällt es mir hingegen schon etwas leichter, mich auf ein Land festzulegen. (siehe Bestenlisten)

REPUBLICA DEL CACAO
VALRHONA
CAFÉ TASSE
77%
EMPRESA CAMPESINA
CHUAO
CACAO
VALRHONA
Jivara

ERLÄUTERUNG DER PRODUKTKATEGORIEN

Bei der Lektüre dieses Buches werden Sie immer mal wieder auf Produkte stoßen, die sich nicht eindeutig einer Kategorie zuordnen lassen. Im Folgenden möchte ich die einzelnen Kategorien kurz erläutern und ein paar Beispiele aufzeigen, in denen sich die Kategorie nicht eindeutig klären lässt, bzw. in denen ein Produkt in zwei unterschiedliche Kategorien einsortiert werden könnte.

Dunkle Schokolade

Grundsätzlich kategorisiere ich eine Schokolade als dunkle Schokolade, wenn sie mindestens aus Kakaobohnen (oder Kakaomasse) und Zucker (jegliche Zuckersorte) besteht, jedoch maximal folgende Zutaten beinhaltet: Kakaomasse (oder Kakaobohnen), Zucker (jegliche Zuckersorte), Kakaobutter, Kakaopulver, Vanille und einen Emulgator, wie z. B. Soja-Lecithin.

Geringe Mengen von nicht geschmacksgebenden Zutaten werden toleriert. So wird zum Beispiel die Schokolade „Gaia 84% Dark Chocolate" der Firma Antidote als dunkle Schokolade kategorisiert, obwohl sie zusätzlich Moringablätter enthält. Auch Antidote selbst stuft diese Schokolade als pur ein, da es sich bei Moringa um einen (natürlichen) Zusatzstoff mit gesundheitlichem Aspekt und nicht um eine geschmacksgebende Zutat handelt. Ein weiteres Beispiel liefert die Firma Green & Black's, die ihren dunklen Schokoladen einen sehr geringen Anteil an Milchpulver hinzufügt, der nicht schmeckbar ist.

Jede dunkle Schokolade, die jedoch eine geschmacksgebende Komponente enthält, wird als veredelte Schokolade eingestuft. Die oft in dunklen Schokoladen enthaltene Vanille dient in der Regel der Abrundung des Gesamtgeschmacks und sollte kaum schmeckbar sein. Sie wird daher nicht als Veredelungskriterium betrachtet.

Milchschokolade

Als Milchschokolade kategorisiere ich Schokoladen, die folgende Zutaten enthalten: Kakao, Zucker, Pulver eines Molkereiproduktes (egal ob Milch-, Sahne- oder anderes Pulver, wie zum Beispiel Joghurtpulver), Kakaobutter, Vanille und einen Emulgator, wie beispielsweise Soja-Lecithin. Auch hier werden wie bei dunklen Schokoladen nicht namens- oder geschmacksgebende Zutaten oder Zusatzstoffe geduldet. Milchschokoladen enthalten ebenfalls oftmals Vanille zur Abrundung des Gesamtgeschmacks. Sie wird ebenfalls nicht als Veredelung betrachtet.

Weiße Schokolade, pur und veredelt

Bei der weißen Schokolade fasse ich die puren und die veredelten Sorten in einer Kategorie zusammen, denn einerseits gibt es nicht genügend weiße bean-to-bar-Schokoladen, um eine eigene Kategorie zu rechtfertigen. Andererseits sollten die veredelten weißen Schokoladen nicht mit den veredelten dunklen und Milchschokoladen in einer Gruppe vermischt werden. Ich habe mich deshalb dazu entschlossen, sie in einer eigenen Kategorie zusammenzufassen.

Nahezu jede weiße Schokolade enthält Vanille. Der Zusatz von Vanilleextrakt (nicht zu verwechseln mit der Zugabe von Vanilleschoten) dient jedoch ausschließlich zur Abrundung des Gesamtgeschmacks, ist nur dezent schmeckbar und nicht sichtbar. Kein Hersteller betrachtet die geringe Vanille-Zugabe in einer „normalen" weißen Schokolade als Veredelung. Die Zugabe wird oft nicht hervorgehoben.

Ein Hersteller, der eine weiße Schokolade mit Vanille hervorhebt, erhöht die zugesetzte Vanillemenge erheblich und fügt in der Regel auch echte Vanilleschoten hinzu, sodass die schwarzen Körnchen in der Schokolade sichtbar werden.

Eine weiße Schokolade enthält üblicherweise die Zutaten Kakaobutter, Zucker, Pulver eines Molkereiproduktes (Milch-, Sahne- oder ein anderes Pulver, zum Beispiel Joghurtpulver), Kakaobutter, Vanille und einen Emulgator, beispielsweise Soja-Lecithin.

Veredelte dunkle und Milchschokolade

In diese Kategorie fallen alle massiven Schokoladen, die selbst aromatisiert sind, die ganze Zutaten wie zum Beispiel Nüsse enthalten oder bestreut wurden. Gefüllte Schokoladen fallen in die Kategorie Riegel und gefüllte Schokoladen. Man könnte diese Kategorie auch in zwei Kategorien trennen – nach dunkler und Milchschokolade.

Nougat
Alle Produkte, die ausschließlich oder zum Hauptbestandteil aus Nougat bestehen, gehören in diese Kategorie. Hier gibt es die meisten Kontroversen, da es manchmal schwierig ist, Nougatprodukte zu kategorisieren. So wurden zum Beispiel nahezu alle Riegel mit Nougatfüllung in der Kategorie Riegel und gefüllte Schokoladen berücksichtigt. Auch Nougat-Konfekt könnte in diese Kategorie eingeordnet werden. Da es sich aber um mundgerechte Stücke handelt, die oftmals auch mit anderen Zutaten veredelt und in Konfektschachteln mit anderem Konfekt enthalten sind, bleibt Nougat-Konfekt in der Kategorie Konfekt.

Riegel und gefüllte Schokoladen
In dieser Rubrik sind aufgrund ihrer spezifischen Form und Vermarktung alle Riegel aufgeführt. Dabei kann es sich um pure, aber auch um veredelte oder gefüllte Schokoladenriegel handeln. Das mag nicht ganz korrekt sein, aber es ist so einfacher, den Überblick zu behalten. Des Weiteren sind in dieser Kategorie alle mit Ganache, Fondant oder anderweitig gefüllten Schokoladentafeln aufgeführt – in der Regel auch Schokoladen mit Nougatfüllung, wobei diese durchaus auch einmal in der Kategorie Nougat auftauchen können.

Konfekt
In dieser Kategorie sind alle Produkte versammelt, die in mundgerechten Stücken angeboten werden: Trüffel, Schnittpralinen, aber auch Krokanthappen, Dragees oder Gelees. Gianduja, das einzeln verpackt ist, befindet sich dagegen in der Kategorie Nougat.

BEWERTUNGSKRITERIEN

Die Bewertung

Die Produkte werden nach verschiedenen Kriterien mit unterschiedlicher Gewichtung bewertet. Bei den Produktkategorien dunkle Schokolade, Milchschokolade, weiße Schokolade, pur und veredelt (gilt nur für die puren weißen Schokoladen) sowie Nougat pur sind es die fünf folgenden Kriterien. Die in Klammern genannten Prozentzahlen geben Auskunft über die Gewichtung.

Aroma (25%)

Eine Schokolade sollte nicht nur ein schokoladiges Aroma besitzen, sondern auch angenehme Nebenaromen. Diese können fruchtig, torfig oder auch würzig sein. Andere häufige Nebenaromen erinnern z. B. an Tabak, Pilze, Lakritz oder Gras.
Unter dem Aroma-Kriterium wird bewertet, ob und wie intensiv feine Aromen enthalten sind. Hier fließt aber auch die Wertung ein, ob das Aroma als angenehm oder als unangenehm empfunden wird. Bei Nougat sollte ein dominantes Aroma der verwendeten Nüsse erkennbar sein. Je nach Stärke der Röstung der Nüsse, kann auch ein angenehmes Röstaroma vorhanden sein.

Geschmack (35%)

Der Geschmack spielt eine übergeordnete Rolle und erhält daher die höchste Gewichtung. Er entsteht durch das Zusammenspiel von Geschmacks-, Geruchs- und Tastsinn, daher spielen hier das Aroma, der Geschmack (süß, sauer, bitter, salzig oder umami), der Schmelz und der Geruch eine wesentliche Rolle. Ca. 80% des empfundenen Geschmacks entstehen durch Aromen, die vom Geruchssinn wahrgenommen werden, nur ca. 20% entstehen auf der Zunge. Das gilt im Übrigen für alle Produkte, somit auch für Nougatprodukte.
Schärfe ist übrigens kein Geschmack, sondern eine Schmerzempfindung auf der Zunge.

Aussehen/Bruch (5%)

Die Farbe der Schokolade sollte der Herkunft der Kakaobohnen entsprechen. Ecuador-Schokoladen sind aufgrund der dunklen Bohnen eher tiefschwarz, Criollo-Bohnen ergeben eher eine rötliche Farbe – sofern sie richtig verarbeitet wurden. Guten Java-Kakao erkennt man an den sehr hellbrechenden Bohnen, was sich auch in der Schokolade widerspiegelt. Der Bruch gibt Aufschluss über den Gehalt an Kakaobutter und eventuelle Produktionsfehler. Die Bruchstelle sollte schön glatt sein, eine bröselige Bruchkante zeugt von fehlerhafter Temperierung der Schokolade. Nougat sollte eine angenehme Festigkeit und eine seidig glänzende Oberfläche aufweisen.

Schmelz (5%)

Die einzigartige Eigenschaft der Kakaobutter ist ihr Schmelzpunkt. Dieser liegt bei ca. 36°C, wodurch die Schokolade langsam auf der Zunge schmilzt. Ein guter Schmelz ist hilfreich bei die Aromenbildung und -entfaltung, er sollte nicht schmierig oder klebrig sein und eine lange Aromenentfaltung unterstützen. Nougat sollte ebenfalls zartschmelzend und weder schmierig, noch klebrig sein.

Zutaten (30%)

Die optimale Zutatenliste für eine dunkle Schokolade besteht aus Kakaobohnen und Rohrzucker in Bio-Qualität. Hierfür vergebe ich in dieser Kategorie die Höchstnote. Abstufungen bilden die Zugabe von Kakaobutter und Soja-Lecithin etc. Bei Milchschokoladen sollte Zucker nicht an erster Stelle stehen. Die Verwendung von künstlichen oder naturidentischen Aromastoffen oder Konservierungsstoffen hat ausnahmslos eine Bewertung mit null Punkten zur Folge. Nougat sollte einen hohen Anteil an Nüssen (oder Mandeln) und einen niedrigen Zuckeranteil besitzen. Ansonsten gelten die gleichen Bedingungen wie bei den puren Schokoladen.

Für die Kategorien **Veredelte dunkle und Milchschokolade, Riegel und gefüllte Schokoladen, Nougatprodukte (mit Schokolade umhüllt) und Konfekt** setzt sich die Bewertung aus folgenden Kriterien zusammen. Die in Klammern genannten Prozentzahlen geben Auskunft über die Gewichtung:

Qualität der Schokolade (25%)

Die verwendete Schokolade spielt eine große Rolle, ist aber häufig sehr schwer zu bewerten. Mal ist bei Konfekt gar kein Überzug vorhanden, mal ist er nur sehr dünn. Es kommt auch häufig vor, dass das Aroma und der Geschmack der namensgebenden Zutat viel zu intensiv sind, um die Schokolade ausreichend schmecken und bewerten zu können.
Bei den hier bewerteten Kategorien spielt die namensgebende Zutat eine übergeordnete Rolle und daher konzentrieren wir uns darauf. Eine erhebliche Abweichung bei der Schokoladenqualität kann aber in anderen Kriterien zusätzlich benotet werden.
Wenn mir die verwendete Schokolade bekannt ist und diese von mir getestet und bewertet wurde, bildet diese Bewertung die Basis.
Bei Nougat und Nougatprodukten fällt dieses Bewertungskriterium weg und es kommen nur die anderen Kriterien zum Einsatz.

Aroma des Geschmacksträgers (30%)

Wenn ich eine Erdbeerschokolade kaufe, soll sie auch nach Erdbeere schmecken – aber natürlich und nicht künstlich. Hier werden also die Intensität der namensgebenden Zutat und ihre Qualität beurteilt. Entscheidend für die Bewertung ist auch, ob zum Beispiel Fruchtaroma durch Aromastoffe oder durch echte Frucht erzeugt wurde.

Geschmack (15%)

Ein Produkt, das zwar ein intensives Aroma besitzt aber nicht schmeckt, ist trotzdem schlecht. Anderseits soll in erster Linie beurteilt werden, ob das Produkt auch wirklich nach der namens-

gebenden und den anderen enthaltenen Zutaten schmeckt.
Bei dieser Bewertungskategorie spielen meine persönlichen Geschmacksvorlieben keine Rolle. Wenn ich zum Beispiel ein Karamellkonfekt teste, wird es mir persönlich in der Regel zu süß sein. Es ist aber unmöglich, ein gutes Karamellkonfekt ohne eine gewisse Süße herzustellen. Eine schlechte Bewertung der Süße wäre also unprofessionell und fachlich falsch.

Konsistenz/Schmelz (10%)
Auch wenn die Konsistenz bereits in der Bewertung des Geschmacks enthalten ist, wird dieses Kriterium zusätzlich separat bewertet. Eine Ganache sollte in der Regel weich-cremig sein und einen angenehmen Schmelz zeigen. Nougat darf nicht schmierig-klebrig sein und sollte auch einen feinen Schmelz besitzen.
Auch hier gibt es immer wieder Fälle, in denen eine Bewertung dieses Kriteriums nicht sinnvoll wäre – zum Beispiel bei flüssig gefülltem Krustenkonfekt – und dieser Punkt entfällt.

Zutaten (10%)
Da es oft nicht möglich ist, die Zutaten eines Konfekts in Erfahrung zu bringen, fällt die Gewichtung hier relativ moderat aus. Beim Kauf aus der Frischetheke erhält man keine Zutatenliste und auf Konfektschachteln sind die Zutaten nicht für jede Sorte einzeln aufgelistet. Wenn mir jedoch bekannt ist, dass die verarbeitete Schokolade Vanillin enthält, erhält das Produkt für seine Zutaten keine Punkte. Dasselbe gilt natürlich für alle künstlichen oder naturidentischen Aromastoffe in der Füllung.

Sonstiges (10%)
Bei Verwendung von künstlichen oder naturidentischen Aromastoffen sowie von Konservierungsstoffen erhält das Produkt keine Punkte in der Rubrik Sonstiges, um die Gewichtung eines solchen Mangels in der Gesamtbewertung zu verstärken. Bei allen anderen Produkten wird hier zusätzlich der Gesamteindruck des Produktes bewertet.

VERKOSTUNG VON SCHOKOLADE, NOUGAT UND KONFEKT

Das Verkosten von Schokoladenprodukten kann auf unterschiedliche Weise erfolgen. Das Ziel einer Verkostung bestimmt dabei die Vorgehensweise, viele Voraussetzungen sind jedoch immer identisch.
Ob Sie nun eine fachmännische Verkostung durchführen oder im Freundeskreis den Genuss von Schokoladenprodukten zelebrieren, die nun aufgeführten Rahmenbedingungen und Vorgehensweise sollten Sie einhalten. Wenn Sie in einem lockeren Rahmen einen schönen Abend verbringen möchten, kann der eine oder andere Ratschlag aber vernachlässigt werden.
In manchen Büchern über Schokolade wird auch empfohlen, vor der Verkostung Yogaübungen durchzuführen oder zu meditieren. So ernst ich eine Verkostung auch nehme, aber das geht dann doch zu weit. Natürlich muss man, besonders bei einer professionellen Verkostung, gewisse Vorbereitungen treffen, um das Produkt bestmöglich beschreiben und bewerten zu können. Anderseits muss ein Produkt auch unter nicht ganz idealen Bedingungen überzeugen. Daher sollte bei einer lockeren Runde mit Freunden auch die eine oder andere Abweichung von den empfohlenen Rahmenbedingungen erlaubt sein.
Zu einer fachmännischen Verkostung gehört aber zum Beispiel auch die Vorbereitung eines Beurteilungsbogens.

- Der Zeitpunkt der Verkostung sollte sorgsam gewählt werden. Bei mehreren Teilnehmern wird es sicher schwierig sein, einen Zeitpunkt zu finden, zu dem alle Personen gleichzeitig die höchste Sensibilität erreichen. Führt man eine solche Verkostung alleine durch, ist dies natürlich einfacher.
  Die Verkostung sollte frühestens zwei Stunden nach der letzten Mahlzeit stattfinden. Auf den Genuss von Alkohol, Tee, Kaffee, Saft und kohlensäurehaltigen Getränken sollte vor und natürlich auch während der Verkostung verzichtet werden. Reichen Sie stattdessen stilles Wasser in Raumtemperatur. Dass Rauchen die Geschmackssinne stark beeinträchtigt, bedarf eigentlich keiner Erwähnung – es sollte bei einer Verkostung strikt vermieden werden.

- Die Temperatur der zu verkostenden Produkte sollte bei 20–22°C liegen.
  Auch die Umgebung muss vorbereitet werden: Die ideale Raumtemperatur liegt ebenfalls bei 20–22°C und der Bereich sollte frei von Gerüchen und störenden Geräuschen sein. Hierzu zählt auch das Vermeiden von Parfüm oder starkem Deo sowie Musik. Hektik und Stress sind ebenso störend wie Zeitdruck. Planen Sie – abhängig von der Anzahl der zu verkostenden Produkte – ausreichend Zeit ein.

- Abhängig vom Ziel der Verkostung, dem geplanten Zeitraum und der Art der Produkte sollte sich die Anzahl der Proben auf acht bis maximal 20 Stück beschränken, wobei die Verkostung von 20 Artikeln schon eine gewisse Herausforderung darstellt und eher von geübten Testern zu meistern ist.

- Die Auswahl der zu verkostenden Produkte hängt stark vom Ziel der Verkostung und den eigenen Vorlieben ab. Sie können auch unterschiedliche Produktarten gemeinsam verkosten, dabei sollte aber die folgende Reihenfolge unbedingt eingehalten werden:
  Grundsätzlich gilt, dass süße Produkte den Anfang bilden. Bei puren Schokoladen zuerst die weiße, dann die Milch- und aufsteigend im Kakaogehalt zuletzt die dunklen Schokoladen.
  Bei Nougat gilt das Gleiche: Beginnen Sie mit den schwach aromatischen Sorten wie Sahnenougat und beenden Sie die Verkostung mit den herben Nougatsorten.
  Bei Konfekt und veredelten Schokoladen gilt grundsätzlich dasselbe Prinzip, allerdings muss hier zusätzlich die Veredelung beachtet werden: je stärker aromatisiert, desto später sollte man es verkosten. Hierzu zählen insbesondere Produkte mit Lavendel, Rose oder Minze sowie scharfen Gewürzen, wie Chili oder Pfeffer. Verkostet man mehrere solcher Produkte, muss möglichst viel Zeit zwischen den einzelnen Proben vergehen, damit sich der Gaumen wieder „neutralisieren" kann.

Die Verkostung von Schokoladenprodukten nimmt alle fünf Sinne in Anspruch:
Mit der visuellen Wahrnehmung durch die

Augen betrachten wir die Produkte und beurteilen Farbe, Glanz, Struktur etc.
Unsere taktile Wahrnehmung durch die Haut ermöglicht das Erspüren der Schokolade, ihrer Konsistenz, Struktur etc.
Die auditive Wahrnehmung mit den Ohren beurteilt den Klang des Brechens.
Olfaktorisch nehmen wir mit unserer Nase den Geruch des Produkts wahr.
Die gustatorische Wahrnehmung unserer Zunge ermöglicht uns schließlich das Schmecken der Proben.
Nicht alle Sinne werden bei den unterschiedlichen Produktarten im gleichen Maße in Anspruch genommen. Der Hör- und auch der Tastsinn sind bei der Verkostung einer Schokoladentafel weitaus wichtiger als zum Beispiel bei Nougat oder Konfekt.

Die Verpackung

Der erste Schritt einer Verkostung gebührt immer dem Blick auf die Verpackung und ihre Informationen, sprich die Zutatenliste und das Haltbarkeitsdatum. Bewertet werden die Zutaten selbst und die Reihenfolge ihrer Nennung (Näheres hierzu im Kapitel Zutatenliste).
Eine Schokoladentafel sollte noch mindestens vier bis sechs Monate haltbar sein. In der Regel

garantieren Hersteller bei dunkler Schokolade eine Haltbarkeit von 18 bis 24 Monaten und bei weißer oder Milchschokolade von 12 bis 18 Monaten. Nougat hält sich sechs bis 12 Monate.
Bei Konfekt gibt es große Unterschiede: Frisch hergestelltes Konfekt hat eine Haltbarkeit von zwei bis vier Wochen, halbindustriell produziertes von zwei bis vier Monaten und industriell gefertigtes von neun bis 12 Monaten.
Manche Hersteller schöpfen aber auch bewusst nicht die volle Haltbarkeit eines Produktes aus. In Japan werden Sie zum Beispiel kaum eine Schokolade finden, bei der der Hersteller eine Haltbarkeit von 12 oder mehr Monaten auslobt. Japaner bevorzugen frisch hergestellte Produkte und sind der Überzeugung, dass handwerkliche Qualität nicht mit langer Haltbarkeit einhergehen kann. Lange Haltbarkeit wird dort mit industrieller Fertigung und minderer Qualität assoziiert.
Interessant kann auch die Beschreibung des Aromaprofils sein – in den meisten Fällen eher bei dunklen Schokoladen. Versuchen Sie dann beim Geschmackstest nachzuvollziehen, ob die vom Hersteller angepriesenen Aromanoten wie „blumig", „nussig" oder „torfig" auch wirklich schmeckbar sind.
Wichtig ist natürlich auch, dass das Produkt einwandfrei verpackt ist und die Verpackung nicht beschädigt wurde.
Wenn alle diese Punkte geprüft wurden, kann die eigentliche Verkostung beginnen.

Die visuelle Wahrnehmung

„Das Auge isst mit" ist eine in letzter Zeit inflationär gebrauchte Redewendung, die aber auch bei Schokoladenprodukten zutrifft. Es bereitet kaum Freude, ein Schokoladenprodukt zu essen, das gravierende Mängel im Aussehen aufweist.

Schokolade

Die Schokolade sollte eine seidig glänzende Oberfläche besitzen und keine Fettränder oder -streifen zeigen. Die Schokoladenfarbe variiert je nach Sorte und verwendetem Kakao in ihrem

Dunkle Schokolade mit gravierenden Mängeln durch falsche Lagerung

Ton – so wird eine Schokolade aus Ecuador-Kakao grundsätzlich sehr dunkel, fast schwarz sein, eine Schokolade aus hellbrechenden Java-Bohnen suggeriert dagegen durch ihren sehr hellen Farbton einen niedrigen Kakaogehalt. Andere Kakaobohnen können der Schokolade eine eher rötliche Farbe verleihen.
Viele Hersteller sind auch bei der Wahl des Tafeldesigns kreativ. Und auch die Dicke der Schokolade ist ein wichtiges Kriterium. Ich persönlich empfinde dünne Schokoladentafeln als weitaus angenehmer im Verzehr.
Weiße oder graue Flecken oder eine weiß-gräuliche Oberfläche hingegen deuten darauf hin, dass die Temperaturkurve oder die Lagerung nicht optimal waren. Schokolade mag es überhaupt nicht, extremen Temperaturschwankungen ausgesetzt zu werden. Als Folge destabilisieren sich die Kakaobutterkristalle, setzen sich an der Oberfläche ab und erzeugen eine gräulich-weiße Farbe. Beim Verzehr kann diese dann als fettig oder „grisselig" wahrgenommen werden und die Aromen entfalten sich nicht optimal.
Achten Sie auch darauf, ob die Schokolade Fehler wie Luftbläschen oder eine uneinheitliche Dicke aufweist. Beides empfinde ich zwar nicht als Qualitätsmangel, es gibt aber Aufschluss über die Verarbeitungsweise und über die Konsistenz der Schokolade. Gerade beim manuellen Gießen von Formen sind kleine Luftbläschen kaum auszuschließen, besonders dann, wenn die Schokolade recht dickflüssig ist. Das ist der Fall, wenn eine Schokolade nur aus Kakaomasse und Zucker besteht. Kakaobutter und Emulgatoren wie Soja-Lecithin machen eine Schokolade wesentlich fließfähiger.

Nougat
Bei Nougat sind die Merkmale ähnlich, es ist aber nicht ganz so empfindlich wie Schokolade. Die Farbe gibt eher Aufschluss auf die Rezeptur und dem Röstgrad der Nüsse.

Konfekt
Bei Konfekt kommen zu den Merkmalen der Schokolade noch weitere Kriterien hinzu: Eines der wichtigsten ist der Blick auf die Unterseite. Bei Schnittpralinen – bei Trüffeln recht selten – findet sich im Boden der Praline immer mal wieder eine Innenwölbung. Das ist ein Zeichen dafür, dass die Füllung etwas getrocknet ist und sich zusammen gezogen hat. Gründe dafür können Alterung oder eine zu dünne Schokoladenschicht sein. Das passiert häufiger bei Pralinen, die mit einer größeren Menge Alkohol gefüllt sind, wenn dieser dann verdunstet.
Oftmals gibt das Dekor Aufschluss darüber, ob das Konfekt in Handarbeit gefertigt wurde. Die meisten industriellen Dekore sind sehr regelmäßig und perfekt. Doch manch ein industrieller Hersteller macht das Dekor auch bewusst unregelmäßig, um Handarbeit zu suggerieren.

Die taktile Wahrnehmung

Die Haptik von Gegenständen kann unter Umständen eine unangenehme Erfahrung sein. Eine weiche Oberfläche wird von vielen Menschen als angenehmer empfunden als eine raue. So gravierend dürfte es bei Schokolade zwar nicht sein, aber auch bei Schokoladenprodukten unterscheidet sich die Haptik. Testen Sie, ob und inwieweit Sie unterschiedliche Oberflächen angenehm oder unangenehm empfinden. Aufgrund ihrer Beschaffenheit können nicht alle Schokoladenprodukte auch erfühlt werden, bei massiven Schokoladentafeln ist dies aber sehr gut möglich.

Schokolade
Streichen Sie mit ihrem Finger über die Oberfläche der Schokolade. Sie sollte glatt, geschmeidig und fest sein. Schmierige Oberflächen sind ein Anzeichen dafür, dass die Schokolade nicht korrekt temperiert wurde oder zu starken Temperaturschwankungen ausgesetzt war.

Nougat
Aufgrund der weitaus weicheren Beschaffenheit

von Nougat bringt das Ertasten kaum Erkenntnis über seine Qualität. Dennoch kann eine zu weiche Oberfläche auch ein Hinweis auf Probleme bei der Lagerung oder bei der Temperierung sein.

Konfekt
Bei Konfekt lassen sich ebenfalls die Kriterien von Schokolade anwenden. In der Praxis ist dies jedoch aufgrund der geringen Größe des Konfekts schwerer zu testen.

Die auditive Wahrnehmung

Der Klang von Schokoladenprodukten ist fast ausschließlich bei massiven Schokoladen wahrnehmbar und gibt hier auch Aufschluss über die Qualität.

Schokolade
Brechen Sie ein Stück der Schokolade nahe an Ihrem Ohr ab. Hochwertige Schokoladen besitzen eine feste Struktur und beim Brechen hört man einen deutlich erkennbaren „Knack"-Laut. Dieser variiert je nach Dicke und Temperatur der Schokolade. Auch die Menge an enthaltener Kakaobutter beeinflusst das Brechen einer Schokolade. Die Bruchstelle sollte schön glatt sein, eine bröselige Bruchkante zeugt von fehlerhafter Temperierung der Schokolade.

Nougat
Bei Nougat ist eine auditive Wahrnehmung kaum möglich. Nougat ist so weich, dass er nicht gebrochen werden kann.

Konfekt
Beim Konfekt ist eine auditive Wahrnehmung nur begrenzt möglich. Beim Durchbeißen einer Trüffel, weniger bei einer Praline, kann man ein Knacken wahrnehmen. Dieses Knacken kann aber auch durch die Kugelform entstehen und weist kaum auf die Qualität hin.

Die olfaktorische Wahrnehmung

In der Regel sollten Schokoladenprodukte einen frischen und harmonischen Geruch aufweisen.

Schokolade
Der Geruch von Schokolade ist eine sehr angenehme Erfahrung. Schon hier deutet sich ihre Qualität an. Der Duft sollte ausgewogen, rund und harmonisch sein. Oftmals sind bereits aromatische Eigenschaften wie Adstringens, Säure oder Würze erkennbar.
Bei veredelten Schokoladen kann es aufgrund von dominanten Zutaten zu einer Beeinträchtigung bei der Beurteilung der Schokolade selbst kommen, man kann das Produkt nur in der Gesamtheit beurteilen.

Nougat
Auch Nougat muss wohlriechend, frisch und aromatisch sein. Ein muffiger Geruch deutet auf minderwertige Qualität der Rohstoffe oder auf altes oder falsch gelagertes Nougat hin.

Konfekt
Bei Konfekt entsteht aufgrund der vielfältigen aromagebenden Zutaten ein Potpourri an Düften. Einzeln betrachtet sollte Konfekt einen angenehmen Geruch nach Schokolade und unter Umständen auch schon vor dem Anbeißen nach seinen namensgebenden Zutaten besitzen. Nach dem Anbeißen sollten deutliche Aromen der Hauptzutat riechbar sein.

Die gustatorische Wahrnehmung

Der Geschmackssinn ist beim Verkosten aller Schokoladenprodukte besonders entscheidend und wird komplex gefordert. Hierzu muss man wissen, dass etwa 80% des empfundenen Geschmacks in Wirklichkeit Aromen einer Speise sind, die vom Geruchssinn wahrgenommen werden. Lediglich 20% entstehen auf der Zunge. Wir werden mit dem Aroma, der Konsistenz und der Geschmacksentfaltung sowie der Länge der Einflüsse konfrontiert. Auch der Tastsinn kommt durch die Berührung der Zunge mit Schokolade noch einmal ins Spiel. Schmeckt man das versprochene oder suggerierte Aroma? Wie ist der Schmelz der Schokolade? Wie ist die Konsistenz der Füllung bei Konfekt? Hat das Produkt eine ausbalancierte Süße und Herbheit?
Es wird zwischen fünf Geschmacksqualitäten

unterschieden: süß, salzig, sauer, bitter und umami (wird oft als „herzhaft" umschrieben, beschränkt sich aber nicht auf salzige Gerichte).

Schokolade

Die Beschaffenheit wird am besten dadurch getestet, dass man ein Stück Schokolade auf der Zunge zergehen lässt. Schmilzt die Schokolade schnell? Wie fühlt sich der Schmelz an? Ist die Schokolade beim Schmelzen eher rau oder von sehr feiner Struktur? Wie entwickelt sich das Aroma? In welchem Moment ist es am intensivsten, zu Beginn, in der Mitte oder doch eher am Ende? Wie lange hält sich das Aroma, nachdem die Schokolade geschluckt wurde? Gibt es Aromen, die untypisch sind und die Harmonie der Schokolade stören? Das ist öfter der Fall, wenn eine Schokolade „rauchig" schmeckt. Sind die Geschmacksqualitäten ausgewogen und harmonisch oder ist die Schokolade zu süß, zu bitter, zu sauer oder zu salzig?

Wie verhält es sich mit der Adstringens? Oftmals ist eine leichte Adstringens angenehm. Wenn diese aber zu dominant ist, empfinden das viele Menschen als unangenehm.

Sie werden erstaunt sein, wie unterschiedlich die Wahrnehmung von Aromen bei puren Schokoladen ist. In den seltensten Fällen decken

sich die Meinungen der Teilnehmer einer Verkostung und häufig kann man auch die vom Hersteller angegebenen Aromen nicht herausschmecken.

Nougat
Bei Nougat verhält es sich sehr ähnlich, aber nicht annähernd so komplex und umfangreich wie bei Schokolade. Mit manchen Eigenschaften wird man aber selten bis nie konfrontiert, wie zum Beispiel mit der Adstringens.

Konfekt
Grundsätzlich sollte man das gesamte Konfekt, also die Hülle und die Füllung, als Einheit betrachten. Zur Beurteilung ist es dennoch von Vorteil, beides separat zu probieren. Manchmal ist das nicht möglich, sodass man gezwungen ist, sich auf die Gesamtheit des Produktes zu konzentrieren.
Wenn eine einzelne Betrachtung möglich ist, sollte man zuerst ein Stück der Schokolade probieren, dann einen Teil der Füllung und am Ende beides gemeinsam. Schließlich sollte man die Gesamtheit des Konfekts beurteilen und nicht die Hülle und die Füllung isoliert betrachten.
Auch bei Konfekt verhält es sich ähnlich wie bei Schokolade, jedoch ist die Entwicklung der Aromen bei Schokolade deutlich sensibler und feiner.
Die Konsistenz einer Ganache-Füllung muss nicht zwangsläufig weich-cremig sein. Ein sehr gutes Konfekt kann durchaus eine feste Füllung haben und sich durch einen angenehmen Schmelz, der sich zu einer Art Cremigkeit entwickelt, auszeichnen.
Bei sehr spezifischen Produkten habe ich eine von manchen Menschen als relativ radikal empfundene Meinung: Eine Fruchttrüffel muss für mich nicht nur das Aroma der namensgebenden Frucht tragen, sondern der gesamte Charakter der Füllung muss fruchtig sein. Das gilt auch für veredelte Schokoladen. Ebenso muss ein Alkoholkonfekt nicht nur alkoholisch schmecken, sondern nach der namensgebenden Spirituose. Einige Hersteller versuchen zum Beispiel bei Orangenlikör-Trüffeln das Aroma mit Orangenaroma zu verstärken. Das ist dilettantisch und zeugt von nicht allzu großem Können oder minderwertigen Rohstoffen.
Konfekt kann widersprüchliche Eigenschaften aufweisen. Ausschlaggebend sind am Ende oftmals die Harmonie und sehr häufig die Qualität der eingesetzten Rohstoffe.

Hinweis

- Bei einer Verkostung sollten pro Produkt und Person ca. 5g Schokolade und Nougat sowie ca. 10g Konfekt ausreichen
- Da nicht immer alles schmecken wird, benötigt man einen Behälter zum Entsorgen von Resten
- Diskutieren Sie ruhig mit anderen Teilnehmern der Verkostung, aber erst nachdem Sie Ihre eigenen Bemerkungen notiert haben
- Notieren Sie Abweichungen zu den vom Hersteller angegebenen Aroma- und Geschmacksangaben
- Vergessen Sie nicht den Spaß am Probieren der Produkte

PRODUKT- UND UNTERNEHMENSBEWERTUNG

Die Bewertung differenziert zwischen der Beurteilung einzelner Produkte (Punktesystem) und der Gesamtleistung eines Unternehmens.
Die Durchschnittsnote aller bewerteten Produkte ergibt dabei nicht zwangsläufig die Gesamtbewertung eines Unternehmens. In ihr werden „weiche" Faktoren, wie zum Beispiel Lagerfehler des Händlers, auf die der Hersteller keinen wesentlichen Einfluss nehmen kann, oder auch offensichtlich einmalige Qualitätsabweichungen berücksichtigt und gegebenenfalls ausgeglichen.
Auch die Anzahl der Produkte im Sortiment eines Unternehmens spielt eine nicht unwesentliche Rolle, ebenso die Häufigkeit der Testmöglichkeit. Bei einer geringen Anzahl an Probenwiederholungen ist eine Beurteilung der Qualitätsbeständigkeit kaum möglich. Die Bewertung fällt dann etwas zurückhaltender aus.
Die Gesamtleistung der Unternehmen wird nicht in Punkten bewertet, sondern mit der Auszeichnung von null bis maximal sechs Kakaofrüchten.

Das Punktesystem der Produktbewertung

90–100 Punkte

Eine Produktgesamtbewertung in dieser Höhe entspricht einer Schulnote von 1,0–1,5. Nur außergewöhnliche Produkte, die sich durch besondere Qualität, Kreativität und Einmaligkeit auszeichnen, erhalten eine so hohe Bewertung. Sie deuten in der Regel schon auf ein hohes Gesamtniveau des Herstellers hin.

80–89 Punkte

Eine Produktgesamtbewertung in dieser Höhe entspricht einer Schulnote von 1,5–2,0. Besonders die Produkte mit einer Bewertung zwischen 85 und 89 Punkten sind hervorragend und zeigen mitunter das Potenzial zum Sprung in die Spitzenkategorie.

70–79 Punkte

Eine Produktgesamtbewertung in dieser Höhe entspricht einer Schulnote von 2,0–2,9. Diese Produkte sind von guter Qualität, wobei eine Bewertung von über 75 Punkten wünschenswert ist. Das Potenzial zum Aufstieg in die nächsthöhere Kategorie ist erkennbar.

60–69 Punkte

Eine Produktgesamtbewertung in dieser Höhe entspricht einer Schulnote von 3,0–3,9 und somit dem durchschnittlichen Mittelmaß – wobei hier 69 Punkte weitaus wünschenswerter sind als 60. Produkten dieser Bewertungsstufe fehlt es an Raffinesse und Kreativität. Möglich sind auch leichte Mängel bei der Qualität der Rohstoffe oder der Verarbeitung. Sind diese Produkte preisgünstig, eignen sie sich für den schnellen Konsum als Süßigkeit für Zwischendurch.

50–59 Punkte

Eine Produktgesamtbewertung in dieser Höhe entspricht einer Schulnote von 4,0–4,9 und weist auf fehlerhafte Produkte hin. Dabei kann es sich um handwerkliche oder geschmackliche Fehler handeln.

Weniger als 50 Punkte

Eine Produktgesamtbewertung in dieser Höhe entspricht einer Schulnote von 5 bis 6. Diese Produkte zeigen gravierende Mängel in der Qualität, der Auswahl der Rohstoffe, der Zutatenliste oder der Verarbeitung. Auch Produkte, die künstliche oder naturidentische Zusatzstoffe enthalten, fallen häufig in diese Kategorie.

Bewertung der Gesamtleistung der Unternehmen

Außergewöhnliche Qualität aller Produkte. Extrem seltene bis gar keine Abweichungen in der überragenden Qualität der Produkte.

Hervorragende Produktqualität, verbunden mit einer überdurchschnittlich hohen Anzahl an außergewöhnlichen Produkten. Sehr beständig, aber in seltenen Fällen auch mal Abweichungen im Qualitätsniveau. Einige der Unternehmen mit dieser Bewertung zeigen Potenzial nach oben.

Sehr gute Produktqualität. Vereinzelt außergewöhnliche oder hervorragende Artikel, aber manchmal auch nur mittelmäßige Qualitäten. Insgesamt zeigen diese Unternehmen eine beständige Leistung.

Gute Produktqualität. Selten außergewöhnliche oder hervorragende Qualitäten, aber ebenso selten auch schlechte Produkte im Programm. Den Produkten mangelt es etwas an Raffinesse und Kreativität, insgesamt ist die Leistung aber konstant.

Mittelmäßige Produktqualität. Immer wieder auch gute, zu oft aber auch schlechte Produkte im Programm. Oftmals handelt es sich um banale Artikel, wenig inspirierend, raffiniert oder kreativ. Zu oft unterliegen die Produkte Qualitätsschwankungen.

Häufig schlechte und fehlerhafte Produktqualität. Es fehlt an Beständigkeit, manchmal auch Einsatz künstlicher oder naturidentischer Zutaten. Bei diesen Herstellern liegen die Schwierigkeiten schon an der Basis, einige zeigen aber in Ansätzen das Potenzial zur Herstellung besserer Qualitäten. Diese Hersteller weisen eine konstant schlechte Leistung auf.

Indiskutable und ungenießbare Produktqualität, häufige Verwendung künstlicher oder naturidentischer Zutaten. Der Hersteller zeigt wenig Potenzial zur Produktion besserer Produkte.

Leonidas

DAS ABC DER SCHOKOLADENSZENE

Über den Preis von Schokoladenprodukten kann man streiten. Oft sagt dieser auch wenig über die Qualität der Produkte aus. Man könnte meinen, er sei ein Indikator für Qualität, dem ist aber nur in einem begrenzten Maße so. Besonders das Preis-Leistungs-Verhältnis gerät oft ins Wanken. Es gibt sehr teure Produkte von Weltkasseniveau, aber auch einige, die noch nicht einmal das Qualitätsniveau industriell gefertigter Massenprodukte erreichen. Es gibt aber auch einige preiswerte Perlen, die sich mit Produkten der weltbesten Chocolatiers und Confiseure messen können.

In meinen Beurteilungen werden ausschließlich die Qualität des Produktes und seiner Zutaten betrachtet. Dennoch spielen andere Eigenschaften, wie zum Beispiel Design, Verpackung, Preis-Leistungs-Verhältnis, eine entscheidende Rolle für den Kauf. Ich betrachte Sie jedoch als mündigen Leser, der seine Kaufentscheidung unter Einbeziehung der nicht bewerteten Eigenschaften eines Produktes (Design, Verpackung, Kommunikation und Philosophie des Unternehmens etc.) selbständig treffen kann. Daher gelten meine Empfehlungen auch ausschließlich für die Qualität der Produkte.

Das Bewertungsergebnis einer Verkostung, besonders bei den puren Schokoladen, ist nie absolut. Es ist jedoch eine geeignete Hilfestellung bei der Bewertung bestimmter Grundeigenschaften, etwa für die Suche einer bestimmten Geschmacksrichtung – zum Beispiel einer würzigen, nicht zu herben, dunklen Schokolade, die auch nicht zu fruchtig oder adstringierend sein soll.

Jede Rezension wird durch ein Fazit abgeschlossen. In der Regel gehe ich hier auf den Gesamteindruck der Produkte ein, immer wieder hebe ich auch einzelne Produkte hervor oder gehe etwas detaillierten auf sie ein, ich folge dabei aber keinem festgelegten System. Sie erfahren hier viel über die Besonderheiten der Produkte und Unternehmen, sowohl im Positiven, als auch im Negativen.
Bei der Beschreibung der einzelnen Produkte habe ich versucht, den Gesamteindruck in wenigen Worten und Sätzen zusammenzufassen. Hier gehe ich speziell auf Auffälligkeiten der Produkteigenschaften ein, wie zum Beispiel der Süße, der Konsistenz oder auch der Intensität der geschmacksgebenden Aromen. Bei den puren dunklen Schokoladen, den Milchschokoladen und bei manchen puren weißen Schokoladen habe ich zusätzlich ein kurzes Aromaprofil erstellt. Es dient als Anregung und sollte nicht mit übertriebener Ernsthaftigkeit verstanden werden. Nicht jeder wird die gleichen Aromen herausschmecken. Daher sind die etwas allgemeiner gefassten Grundeigenschaften wie fruchtig oder würzig, sauer oder adstringierend weitaus hilfreicher. Eine fruchtige Schokolade wird sich in den seltensten Fällen durch irgendwelche Einflüsse in eine würzige Schokolade verwandeln und umgekehrt. Die subtilen Aromen und deren Nuancen können aber von Charge zu Charge variieren und sich teilweise dramatisch ändern. Dies passiert vor allem Herstellern, die nicht über die optimalen Maschinen verfügen. Bei einigen Schokoladen habe ich zur Veranschaulichung die Aromaprofile der Hersteller wiedergegeben.

Bei den vielen Verkostungen konnte ich teilweise extreme Abweichungen der herausgeschmeckten Aromen feststellen. Eine Schokolade verfügt außerdem über unterschiedliche Geschmacksphasen: der ersten

Kontakt, die mittlere Phase und am Schluss den Abgang. Nicht selten verändert sich das Aroma in den einzelnen Phasen. Bei Nachverkostungen konnte das Aromaprofil nicht immer bestätigt werden.

Ihnen wird mit Sicherheit auffallen, dass die puren Schokoladen in einem relativ überschaubaren Umfang getestet wurden. Dies kam primär durch die Konzentration auf pure Schokoladen von Bean-to-bar-Herstellern zustande. Ich halte es nicht für sinnvoll, eine Schokolade zu testen, die vom Confiseur nur in eine andere Form gegossen wurde. In extremen Fällen hätte ich sonst die umgegossene Schokolade des Confiseurs A mit der des Confiseurs B verglichen, obwohl beide die identische Schokolade desselben Herstellers beziehen. Dennoch gibt es vereinzelte Ausnahmen. Ein weiterer Grund besteht in der weitaus geringeren Nachfrage des Verbrauchers nach puren Schokoladen – im Vergleich zu gefüllten oder veredelten Schokoladen sowie zu Nougat und Konfekt.
Die Bewertung und Rezension der Coppeneur-Produkte wurde zur Bewahrung der Objektivität von Gastautoren vorgenommen:
Mark Christian von C-Spot: Dunkle Schokolade, Veredelte dunkle und Milchschokolade und Gefüllte Schokoladen
Martin Christy von www.seventypercent.com: Konfekt

Übersicht über die vorgestellten Unternehmen

Damian Allsop
Domori
Jean-Paul Hévin
La Maison du Chocolat
Patrick Roger
Pierre Marcolini
William Dean Chocolates
Zotter

100%ChocolateCafe
Bernachon
Chocolat Bonnat
Claudio Corallo
Demarquette
Friis-Holm
Heinemann
Henri Le Roux
Idilio Origins
Laurent Gerbaud
Michael Recchiuti Confections
Olive & Sinclair
Original Beans
Origines Cacao
Oriol Balaguer
Patric Chocolate
Patrice Chapon
Pierre Hermé
Rogue Chocolatier
Rózsavölgyi Csokoládé
Santander Chocolate
Scharffen Berger
Shin – Quatrième Chocolat
Soma
Valrhona
Vestri
William Curley

A Xoco by Anthon Berg
Åkesson's
Amano
Amedei
Amma
Antica Dolceria Bonajuto
Antoine Amrani
Artisan du Chocolat
Askinosie
Björnsted
Blühendes Konfekt
Chocolate San José
Chocolaterie A. Morin
Chocolats et Cacaos Favarger
Christophe Morel Chocolatier
CoCouture
Coppeneur
D. Barbero
Dandelion Chocolate
De Bondt
Double Sept
El Ceibo
El Rey
Emily's Chocolate
Enric Rovira
François Pralus
Gnosis Chocolate
Grenada Chocolate Company
Guittard
Hotel Chocolat
Hussel
Jacques Genin

Kallari
La Molina
Lanwehr
Lauenstein Confiserie
Lenôtre
Leone, Pastiglie
Lillie Belle Farms
Maison Boissier
Malmö Chokladfabrik
Mast Brothers
Menakao
Meybona
Michael Mischer
Michel Cluizel
Nobile – Artisti del Cioccolato
Pacari
Paul A. Young
Potomac Chocolate
Red Star „Duffy's"
República del Cacao
Richard Donnelly
Rio Napo
Sadaharu Aoki
Schell Schokoladenmanufaktur
Schoc
Silvio Bessone
Slitti Cioccolato e Caffé
Taza Chocolate
Tcho
Theo Chocolate
Theobroma „Musée du Chocolat"
Tiroler Edle und Edel & Gut
Tobago Cocoa Estate
Vanini
Vintage Plantations
Vivani
Vosges Chocolate
Xocolat Manufaktur
Zokoko

Adi Chocolate Fiji
Al Nassma
Bel Amer
Berger Feinste Confiserie
Blanxart

Bojesen Chocolate
Bouga Cacao
Cacaoyere
Café Pernsteiner
Café-Konditorei Hecker
Choco-Lina
Chococo
Chocolat Stella (Bernrain)
Chocolaterie Weiss
Chocovic
Christophe Roussel
Clement chococult
{cocoa}
Comptoir du Cacao
Confiserie Dengel
Confiserie Imping
Confiserie Storath
Dagoba Organic Chocolate
Endangered Species
Frucht & Sinne
Guido Gobino
Haigh's
Jubilee Chocolatier
Kee's Chocolate
Lovechock
Madécasse
Maglio Arte Dolciaria
Mälarchocolaterie
Mazet Chocolatier
Melt
Organic Seed & Bean Company
Peters
Pralinen-Manufactur Große-Bölting
Rausch Privat-Confiserie
Rococo
Schokovida
Sir Hans Sloane
Stainer
Summerdown
TartufLanghe
Venchi
Willie's Delectable Cacao
Xocolatl de David

Alter Eco
Antidote
Bachhalm
Baratti e Milano
Beschle (Monrosa Ltd.)
BioArt
Bovetti
Butlers
Cacao Sampaka
Caffarel
Carl Lambert
Charlemagne
Chocolate Orgániko
Coco Bruni
Cocoa Bee
Cocoa Farm
Confiserie Heilemann
Conscious Chocolate
Dammenberg
De Neuville
Divine Chocolate
Divine Organics
Dolci Pensieri di Calabria
Dolfin
Dreimeister
Fassbender Genussmanufaktur
Galler
Génaveh
GEPA
Ghirardelli
Green & Black's
Hachez
Hacienda El Castillo
Jean-Philippe Darcis
Jelina Chocolatier/Galerie au Chocolat
Jer's Handmade Chocolates
Kaoka
L'Artigiano di Gardini
La Royannctte
Lake Champlaine Chocolates
Lapp & Fao
Leonidas
Leysieffer
Lindt & Sprüngli
Ludomar Bombones
Mademoiselle de Margaux
Majani
Malie Kai
Marc Antoine
Max Brenner

Montezuma's
Mulu
NewTree
Niederegger
OCafe
Omanhene
Organic Meltdown
Pierre Ledent
Pure Dark
Quai Sud
Raw Health
Richart
Sabine Kober
Saldac
Shokomonk
T'a Sentimento Italiano
Teuscher
The Hemp Line
The Tea Room
Theobroma Chocolat
Thorntons
Tohi
Tokyo Chocolate
Vao Vao
Wagner Pralinen
Wiebold Confiserie
Wittamer
Zaabär

Alteza
Amatller
Australian Homemade
Café-Tasse
Chocolat Schönenberger
Chocolove Xoxox
Choklat
Christopher Norman
CioMod
Della Rocca
Donovans Chocolates
Erich Hamann
Fine & Raw
Godiva
Gran Inka
Hoja Verde
Jacques Torres
Jeff de Bruges
Knipschildt Chocolatier
Kraš
Läderach
Lily O'Briens
MarieBelle
Marquise de Sévigné
Mary's Chocolate
Mecsa Osha
Monbana
Neuhaus
Noi Sirius
Prestat
Righteously Raw
Simón Coll
Summerbird

Altmann & Kühne
Charbonnel et Walker
Chocolat Klaus
Manon, Le Chocolatier
Rancho San Jacinto
Shaman Organic Chocolats

100%CHOCOLATECAFE

Japan (Tokyo)
www.choco-cafe.jp

Verarbeitungsstufe: **Bean-to-bar**

100%ChocolateCafe ist eine Marke des japanischen Lebensmittel-Giganten Meiji, der im Jahre 1906 als Meiji Sugar Co., Ltd. gegründet wurde und vielfältig aktiv ist. Von Babynahrung bis Edelschokolade werden Lebens- und Nahrungsmittel aller Art angeboten. Auch in der Pharmaindustrie ist Meiji aktiv und sehr erfolgreich. Das Unternehmen beschäftigt mehr als 14.000 Menschen und erwirtschaftet einen Jahresumsatz von fast 10 Milliarden Euro. Im Jahre 1926 wurde die in Japan sehr bekannte und beliebte Meiji Milk Chocolate erstmals präsentiert. Dabei handelt es sich um ein Massenprodukt ohne besondere Qualität. 2004 gründete das Unternehmen die Marke 100%ChocolateCafe, die der Popularitätssteigerung von Schokolade und besonders dunkler Schokolade in Japan dienen soll. Alle Schokoladen tragen zusätzlich Nummern im Namen, die einem geschlossenen System folgen:
Die Nummern 01 bis 22 bezeichnen Single-Origin-, also dunkle Ursprungsschokoladen mit stets identischem Rezept. Jede dieser Schokoladen besitzt einen Kakaoanteil von 62 % (dazu muss man wissen, dass die Schokoladen für den japanischen Markt bestimmt sind und dieser Kakaoanteil für Asiaten in der Regel schon eine gewisse Herausforderung darstellt). Die Zutatenlisten lauten stets wie folgt: Kakaomasse, Zucker, Kakaobutter und Soja-Lecithin.
Die Schokoladen mit den Nummern 23 und 24 sind Blends verschiedener Kakaosorten mit einem Kakaoanteil von 70 % und 80 %, wobei die Nr. 23 fruchtig-elegant und die Nr. 24 eher intensiv-aromatisch und bitter ist.
Die Schokoladen mit den Nummern 25 bis 28 werden mit unterschiedlichen Zuckersorten hergestellt: Nr. 25 mit Kokutou (japanischem Muscovado), Nr. 26 mit Wasanbon (traditionellem japanischem Zucker), Nr. 27 mit Honigpulver und Zucker und Nr. 28 mit Ahornsirup.
Die Milchschokoladen der Nummern 29 bis 33 werden mit Kakaobohnen und Milchpulver unterschiedlicher Ursprungsländer produziert: Nr. 29 mit Kakaobohnen aus Venezuela (Sur del Lago) und japanischem Hokkaido-Milchpulver, Nr. 30 mit Madagaskar-Bohnen und europäischem Milchpulver, Nr. 31 mit Ecuador-Bohnen und japanischem Hokkaido-Milchpulver, Nr. 32 mit Bohnen aus der Dominikanischen Republik und japanischem Hokkaido-Milchpulver und Nr. 33 mit Chuao-Bohnen und australischem Milchpulver. Die Zutatenliste ist immer identisch: Zucker, Kakaomasse, Kakaobutter, Milchpulver, Soja-Lecithin.
Die Nummern 34 bis 36 sind Schokoladen mit unterschiedlichen Molkeprodukten. Nr. 34 ist eine weiße Schokolade, Nr. 35 eine Schokolade mit diversen Käsepulvern, Nr. 36 eine mit Kondensmilchpulver.
Die Nummern 37 bis 41 beziffern veredelte Schokoladen (Grüner Tee, Nougat, Erdbeere, Royal Milk Tea und Orange).
Die Nummern 42 bis 51 sind mit Gewürzen und Kräutern veredelte Schokoladen (Schwarzer Pfeffer, Zimt, Roter Chili, Jasmin, Vanilla Spicy, Rose, Minze, Basilikum, Zitronensalz).
Die Nummern 52 bis 54 sind Gesundheitsschokoladen (Sojamilch, Collagen, Hagebutte).
Die Nummern 55 bis 56 sind klassische Meiji-Schokoladen mit Rezepten aus dem Jahre 1926. Nr. 55 ist ohne Milchpulver hergestellt, Nr. 56 ist eine Milchschokolade.
Dann gibt es noch Specials, wie z. B. die Nr. 214 zum Valentinstag (natürlich mit der passenden Nummer), die von Jahr zu Jahr variiert. 2011 war es eine zweifarbige Schokolade, weiß und pink, mit Champagner und Pfirsich, und übrigens die einzige Schokolade mit künstlichen Aromen. Durch ein spezielles Verfahren wurde zwar echter Champagner verwendet, aber leider auch künstliches Champagner-Aroma.
Das Credo von 100%ChocolateCafe lautet: „Chocolate Wonder Land".

Produktbewertungen

- **Produkt: (Dunkel) Nr. 12: Chuao 62 %, Punkte: 92,95**
  Preis/Menge: 200 JPY / 1,78 EUR / 14 g
  Sehr angenehmes Aroma, für eine Chuao vielleicht einen Tick zu süß, aber dennoch sehr gelungen. Weder adstringierend, noch sauer.
  Aromaprofil: Pflaume, Beeren, Melasse.

- **Produkt: (Dunkel) Nr. 03: Madagaskar 62 %, Punkte: 92,25**
  Preis/Menge: 200 JPY / 1,78 EUR / 14 g
  Sehr aromatisch, fruchtig und weder sauer noch adstringierend.
  Aromaprofil: Sanfte Zitrusfrüchte, Litschi, Vanille.

- **Produkt: (Dunkel) Nr. 09: Colombia 62 %, Punkte: 90,15**
  Preis/Menge: 200 JPY / 1,78 EUR / 14 g
  Aromatisch-würzig, mit dezenten Röstaromen.
  Aromaprofil: Cashewkerne, Rosinen, Rübenkraut-Sirup.

- **Produkt: (Dunkel) Nr. 02: Ghana 62 %, Punkte: 85,50**
  Preis/Menge: 200 JPY / 1,78 EUR / 14 g
  Schokoladigste aller dunklen Sorten, dezent aromatisch.
  Aromaprofil: Schokolade, Nuancen von Joghurt und milden Beeren.

- **Produkt: (Dunkel) Nr. 21: Java 62 % Punkte: 83,40**
  Preis/Menge: 200 JPY / 1,78 EUR /14 g
  Einzige Schokolade, die leicht adstringierend ist. Fruchtig-sauer und mit dezenter Süße. **Aromaprofil:** Zitrusfrüchte, Tabak, Leder, Tropenholz.

- **Produkt: (Dunkel) Nr. 13: Ocumare 62 % Punkte: 82,40**
  Preis/Menge: 200 JPY / 1,78 EUR / 14 g
  Milde, für Ocumare recht typische Aromen.
  Aromaprofil: Malz, Hopfen, Blüten, dezent Kaffee.

- **Produkt: (Dunkel) Nr. 20: Dominican Republic 62 %, Punkte: 80,90**
  Preis/Menge: 200 JPY / 1,78 EUR / 14 g
  Etwas dezenter aromatisch, leicht sauer, aber sehr angenehm.
  Aromaprofil: Zitrusfrüchte, Kaffee, Gewürze.

- **Produkt: (Milch) Nr. 32: Dominican Republic & Milk, Punkte: 93,00**
  Preis/Menge: 200 JPY / 1,78 EUR / 14 g
  Mit japanischem Hokkaido-Milchpulver. Milchig-cremig, schokoladig und mit Kakaocharakter.
  Aromaprofil: (Milch-)Kaffee, Tropenfrüchte, Toffee.

- **Produkt:** (Milch) Nr. 33: Chuao & Milk, Punkte: 91,80
  Preis/Menge: 200 JPY / 1,78 EUR / 14 g
  Mit australischem Milchpulver. Sehr aromatisch, leicht würzig und mit einem Hauch Räucheraroma.
  Aromaprofil: Rahm, Pflaume, Torf.

- **Produkt:** (Milch) Nr. 29: Sur Del Lago & Milk, Punkte: 90,60
  Preis/Menge: 200 JPY / 1,78 EUR / 14 g
  Mit japanischem Hokkaido-Milchpulver. Frisch-milchig und cremig, toller Kakaocharakter.
  Aromaprofil: Butterfudges, Rahm, Haselnuss, rote Beeren, Gewürze.

- **Produkt:** (Milch) Nr. 30: Madagascar & Milk, Punkte: 86,90
  Preis/Menge: 200 JPY / 1,78 EUR / 14 g
  Mit europäischem Milchpulver. Milchig-cremig, schokoladig und mit Kakaocharakter aus Madagaskar.
  Aromaprofil: Rahmkaramell, Toffee, Zitrusfrüchte.

- **Produkt:** (Milch) Nr. 31: Ecuador & Milk, Punkte: 85,00
  Preis/Menge: 200 JPY / 1,78 EUR / 14 g
  Mit japanischem Milchpulver. Milchig-cremig, schokoladig und mit dem Charakter Ecuador-Kakaos, herb und nicht sehr süß.
  Aromaprofil: Blumig (Jasmin), nussig, malzig.

- **Produkt:** (Weiße) Nr. 37: Maccha Punkte: 87,50
  Preis/Menge: 200 JPY / 1,78 EUR / 14 g
  Sensationelles Aroma von Matcha-Tee aus Kyoto. Milchig, cremig. Sehr gelungen.

- **Produkt:** (Weiße) Nr. 39: Strawberry, Punkte: 84,00
  Preis/Menge: 200 JPY / 1,78 EUR / 14 g
  Sehr erdbeerig. Fruchtig-sauer, mit Erdbeerfruchtpulver und angenehmer Süße.

- **Produkt:** (Weiße) Nr. 214, Punkte: 53,00
  Preis/Menge: 300 JPY / 2,66 EUR / 14 g
  Halb weiße Champagner-Schokolade, halb pinkfarbene Pfirsich-Schokolade. Sehr aromatische Frucht, einen Tick zu süß. Mit echtem Champagner, leider aber auch mit künstlichem Champagner-Aroma. Daher massive Abwertung in der Bewertung.
- **Produkt:** (Veredelt) Nr. 53: Collagen, Punkte: 93,50
  Preis/Menge: 200 JPY / 1,78 EUR / 14 g
  Eine unglaubliche Milchschokolade, die 500 mg Collagen enthält. Schmeckt etwas nach Orange und hat ein einzigartiges Mundgefühl. Wenn die Schokolade schmilzt, wird sie etwas geleeartig. Muss man einfach einmal probiert haben, kurios und eine echte Besonderheit. Japanische Frauen lieben diese Schokolade, da Collagen für die Schönheit förderlich sein soll.

- **Produkt:** (Veredelt) Nr. 42: Black Pepper, Punkte: 82,50
  Preis/Menge: 200 JPY / 1,78 EUR / 14 g
  62 %ige dunkle Schokolade mit würzigem Pfeffer, knusprig, dezente und angenehme Schärfe.

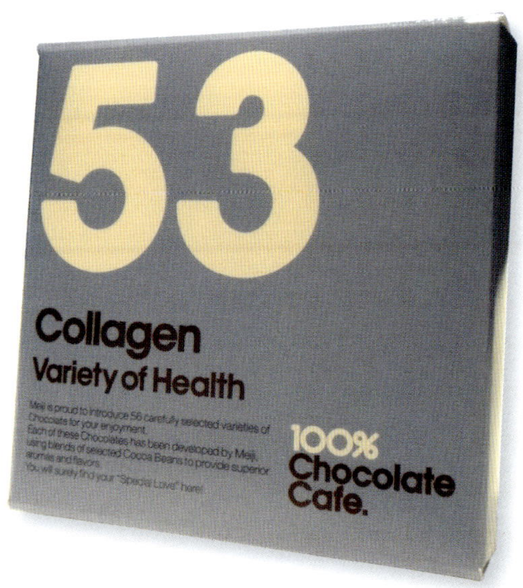

- **Produkt: (Veredelt) Nr. 35: Cheese,**
  Punkte: 83,00
  Preis/Menge: 200 JPY / 1,78 EUR / 14 g
  Was für ein Käsearoma, verblüffend! Die Cheese ist abartig intensiv käsig, aber grandios gelungen. Muss man natürlich mögen, aber es steht ja unübersehbar groß „Cheese" auf der Verpackung. Die Milchschokolade beinhaltet eine Mischung verschiedener Sorten Käsepulver.

- **Produkt: (Nougat) Nr. 38: Almond Praline,**
  Punkte: 72,00
  Preis/Menge: 200 JPY / 1,78 EUR / 14 g
  Nougattafel mit knusprigen Mandelstückchen. Schmeckt, aber der Nougat könnte etwas aromatischer sein.

Fazit:
Bunt, minimalistisch, ästhetisch, vielfältig und ansprechend. Klein, mit wenig Inhalt und teuer. Dennoch bin ich durchweg begeistert. Nicht nur das Konzept ist klug und durchdacht (da hat sich jemand richtig Gedanken gemacht), auch die Schokoladen schmecken (fast) alle besonders gut. Alle Ursprungsschokoladen sind gelungen. Auch wenn 62 % Kakaoanteil relativ wenig ist, der typische Kakaogeschmack ist immer erkennbar. Die eine oder andere Schokolade hätte natürlich etwas herber sein können, Ihre Farben sind aber sehr unterschiedlich – so wie es auch sein muss. Die Milchschokoladen sind rundum gelungen, man schmeckt nicht nur die unterschiedlichen Kakaosorten heraus, sondern auch die Milchpulver verschiedenen Ursprungs. Alle Schokoladen besitzen einen fantastischen Schmelz. Kompliment an 100%ChocolateCafe, tolle Leistung! Schade, dass es die Schokoladen außerhalb Japans nicht zu kaufen gibt.

Empfehlung:
Bei 100%ChocolateCafe kommt jeder auf seine Kosten: Puristen, Liebhaber von Milch- oder von veredelter Schokolade und sogar Gesundheitsbewusste. Einfach zugreifen, man kann beim Einkauf kaum etwas falsch machen.

A XOCO BY ANTHON BERG

Dänemark (Frederiksberg)
www.axoco.com

Verarbeitungsstufe: **Bean-to-bar und Standard-Schokolade**

Anfang 2007 wurde ich von Stine Kjær Lomholt kontaktiert. Sie arbeitet für die dänische Toms Group, zu der u. a. die Marke Anthon Berg gehört. Bekannt geworden ist Anthon Berg durch seine Präsenz in Duty-free-Shops an Flughäfen auf der ganzen Welt. Die bekanntesten Produkte dürften die mit Markenspirituosen gefüllten Schokoladenfläschchen sein. Voller Enthusiasmus erzählte mir Stine von dem neuen Projekt A Xoco, bei dem eine bean-to-bar-Herstellung von Schokoladen geplant war. Nachdem ich Muster von fünf verschiedenen Sorten erhalten hatte, konnte ich ihren Enthusiasmus teilen. Das waren sehr gelungene Schokoladen mit einer eigenen Identität. Anlässlich des Salon du Chocolat im Oktober 2007 in Paris haben wir uns dann getroffen. Bei diesem Treffen habe ich auch mehr über die vom Cocoa Research Institute of Ghana entwickelte Fermentationsmethode „Tray 10" erfahren: Traditionell werden Kakaobohnen samt Pulpe in Mengen von ca. 50–70 cm Höhe in Kisten fermentiert. Zum Lüften werden die Bohnen regelmäßig umgeschichtet. Bei der „Tray 10"-Fermentation werden die Bohnen in Kisten in einer Höhe von 10 cm einlagig fermentiert. Die einzelnen Kisten werden übereinander gestapelt. Das ermöglicht eine kontinuierliche und regelmäßige Fermentation und soll eine deutlichere und intensivere Entwicklung der Aromen zur Folge haben. Die erste Ghana-Schokolade, die ich aus dem Hause A Xoco probiert habe, war tatsächlich etwas ganz Besonderes, äußerst aromatisch, mild und perfekt weiterverarbeitet. Leider wurde das Sortiment von fünf auf drei verschiedene Ursprungsschokoladen reduziert. Sehr bedauerlich ist, dass diese wunderbaren Schokoladen in Deutschland nur in einem einzigen Fachgeschäft erhältlich sind, nämlich bei Chocoholic in Bad Soden.
Auf das bean-to-bar-Projekt folgte dann konzeptionelles Konfekt, aufgeteilt in drei Kategorien: Pure, mit Konzentration auf eine Hauptzutat, Symbiosis, bei der zwei oder mehr Aromen eine perfekte Balance von Aroma und Geschmack bilden, und Fusion, bei der sich die gastronomische Welt mit Schokolade verbindet. Hier entstand Konfekt ausgefallener Aromen, wie beispielsweise reifer Ziegenkäse mit Honig und Thymian.
Außerdem fertigt die Firma eine Neuinterpretation der traditionellen Flødeboller, den mit Schokolade überzogenen und frisch hergestellten Schaumküssen.

Produktbewertungen

- Produkt: (Dunkel) Superior Fermentation 64 % – Ghana, Punkte: 90,50
  Preis/Menge: 49 DKK / 6,80 EUR / 100 g
  Tolles Aroma und sehr guter Schmelz, etwas zu süß im Abgang.
  Aromaprofil (Herstellerangabe): Blumig bis kräftig fruchtig, Noten von Joghurt. Eine sehr schöne und stimmige Beschreibung.

- Produkt: (Dunkel) Original Trinitario 68 % – Trinidad, Punkte: 84,50
  Preis/Menge: 45 DKK / 6,30 EUR / 100 g
  Voller Aromen, leicht fruchtig und nicht zu süß.
  Aromaprofil (Herstellerangabe): Komplexe Fruchtigkeit, Noten von Nüssen und einem Hauch Vanille.

- Produkt: (Dunkel) Ocumare 67 % – Venezuela, Punkte: 83,00
  Preis/Menge: 45 DKK / 6,30 EUR / 100 g
  Fruchtig-nussig, volle Aromen mit angenehmer Süße, sehr schöner Schmelz.
  Aromaprofil (Herstellerangabe): Fruchtig, leichte Noten von Roggen und Joghurt.

- Produkt: (Konfekt) Piemonteser Haselnüsse mit Lakritze und Himbeeren, Punkte: 95,10
  Preis/Menge: 49 DKK / 6,80 EUR / 125 g
  Extrem gut gelungene Dragees. Tolle Kombination, fantastisches Geschmackserlebnis, leicht fruchtig mit viel Aroma. Geschmacklich zu Beginn himbeerig, dann kommt die Lakritze.

- Produkt: (Konfekt) Marcona-Mandeln in dunkler Schokolade 64 %, Punkte: 92,00
  Preis/Menge: 49 DKK / 6,80 EUR / 125 g
  Dragees. Köstliche Mandeln, Schokolade nicht zu süß und nicht zu bitter. Passt sehr gut zur Mandel.

- Produkt: (Konfekt) Minzpastillen in dunkler Schokolade 72 %, Punkte: 89,00
  Preis/Menge: 49 DKK / 6,80 EUR / 125 g
  Dragees. Sehr erfrischend, sehr minzig, gelungen.

- Produkt: (Konfekt) Pure-Sortiment
  Preis/Menge: 1,12 EUR / Stück
  Gelungenes Sortiment mit zwei Highlights, sehr schmackhaft und ästhetisch.
  Konfekt-Einzelbewertungen:
  Karamell mit Læsø-Salz: Punkte: 85,00
  Gutes Karamellaroma, leicht gesalzen, weich, angenehm herb und cremig.
  Passionsfrucht: Punkte: 80,50
  Cremig-weiche Füllung, leicht fruchtig-sauer, angenehm herb.
  Marcona-Marzipan: Punkte: 77,50
  Etwas trocken und bröckelig, aber gutes Aroma und nicht zu süß.
  Piemont-Nougat: Punkte: 75,50
  Guter Nougatgeschmack, knusprige und feste Füllung.

  Earl Grey und Jasmintee: Punkte: 71,50
  Feste, cremige Füllung mit gutem Teegeschmack.

- Produkt: (Konfekt) Fusion-Sortiment
  Preis/Menge: 1,12 EUR / Stück,
  Innovativ, gewagt und sehr gut gelungen. Alleine die Bacon-Tomate gefällt nicht so sehr, da nicht sehr aromatisch.
  Konfekt-Einzelbewertungen:
  Ananas-Roquefort: Punkte: 83,70
  Helle Füllung, gutes Ananas- (zu Beginn) und Käsearoma (folgend). Leicht salzig, aber etwas zu süß.
  Foie-gras-Himbeere: Punkte: 79,50
  Leicht bröckelige Füllung. Zu Beginn Foie-gras-, dann deutliches Himbeeraroma.
  Ziegenkäse-Thymian: Punkte: 78,50
  Gutes Käsearoma, der Thymian ist etwas zu dezent. Fest und cremig, herb, leicht süß und salzig.
  Bacon-Tomate: Punkte: 71,50
  Zu wenig Aroma, besonders von der Tomate, leicht salzig-karamellig.

- Produkt: (Konfekt) Symbiosis-Sortiment
  Preis/Menge: 1,12 EUR / Stück
  Progressives und innovatives Sortiment. Sehr gelungene Kombinationen, die zumeist sehr harmonisch sind.
  Konfekt-Einzelbewertungen:
  Apfelsine-Chili: Punkte: 80,50
  Marzipanfüllung. Nicht süß, weich, körnig, dezente Apfelsine und dezentes Chili. Harmonisch.
  Erdbeere-Basilikum: Punkte: 79,50
  Fest und dunkle, wenig cremige Füllung. Erdbeerig-fruchtig, sehr dezentes Basilikumaroma.
  Kaffee-Kardamom: Punkte: 77,50
  Feste, dunkle und cremige Ganache. Herb und nicht süß. Leider zu wenig Aroma beider Geschmacksträger.
  Apfel-Rosmarin: Punkte: 77,50
  Dunkle Füllung, fest und cremig. Dezentes Rosmarin-, aber zu wenig Apfelaroma.
  Lakritze-Karamell: Punkte: 74,50
  Nicht zu süß, aber gutes Karamellaroma. Lakritze zu dezent, cremig-weiche, mittelhelle Füllung.
  Nougat-Bergamotte: Punkte: 70,00
  Zu wenig Füllung und etwas zu süß. Cremig, aber nicht weich, Karamellaroma gut, Bergamotte zu dezent.
  Granatapfel mit Minze: Punkte: 66,50
  Feste Füllung, leider wenig aromatisch.

Fazit:
Das Gesamtkonzept ist überzeugend, stimmig und verständlich, teilweise experimentell und verspielt, aber von guter bis sehr guter Qualität. Manche Geschmackskompositionen sind gewöhnungsbedürftig, aber durchaus interessant. Den Mut dazu sollte man belohnen.
Die Ghana-Schokolade ist ein Paradebeispiel dafür, dass auch Afrika-Kakao voller Aromen sein kann. Auch die Ocumare und die Trinidad sind gute Schokoladen und können sich im oberen Qualitätssegment etablieren. Einzig auf die eingesetzte Vanille bei den Ursprungsschokoladen hätte man verzichten sollen. Das hat keine der drei verwendeten aromatischen Kakaosorten nötig.
Die dragierten Nüsse sind sensationell, besonders die Piemonteser Haselnüsse, dragiert in Himbeerpulver und Lakritze. Köstlich!
Ein ganz großes Manko war lange Zeit die Verwendung von Vanillin in der Milch- und in der weißen Schokolade. Alle Produkte mit diesen Schokoladen wurden dadurch bei der ersten Verkostung massiv abgewertet. Erfreulicherweise hat sich die Geschäftsführung im Jahr 2011 dazu entschlossen, Vanillin aus sämtlichen Schokoladen zu verbannen und durch natürliche Vanille zu ersetzten. Dadurch konnten sich die Noten deutlich verbessern. Meine kritischen Anmerkungen konnten scheinbar zu der Entscheidung beitragen, mich freut es jedenfalls sehr.
Die Preise der hochwertigen Konfekt-Schachteln betragen 89 DKK (ca. 11,90 EUR) für 9 Stück, 129 DKK (ca. 17,30 EUR) für 16 Stück, 199 DKK (ca. 26,70 EUR) für 25 Stück und 285 DKK (ca. 38,20 EUR) für 36 Stück.

Empfehlung:
Liebhabern reiner dunkler Schokolade empfehle ich die Ursprungsschokoladen, besonders die liebliche Ghana sollte man probiert haben.
Für Experimentierfreudige eignet sich auf jeden Fall das Konfekt der Fusion-Linie, aber auch alle anderen Konfektsorten.

ADI CHOCOLATE FIJI

Fiji (Savusavu, Vanua Levu)
www.chocolatefiji.com

Verarbeitungsstufe: **Bean-to-bar**

Tom Ohito und Harumi Zukoshis kulinarische Geschichte beginnt mit der Eröffnung eines japanischen Restaurants im Herzen von Savusavu Town auf der Insel Vanua Levu. Dort entdeckten sie wunderschöne Zeichnungen von koko pods (Kakaofrüchten). Schnell überkam sie die Leidenschaft zum Kakao. Sie experimentierten und schon bald verkauften sie ihren Gästen mehr Schokoladeneis als Sushi. Im Jahre 2006 entschieden sie sich zur Herstellung von Schokolade von der Bohne weg. Aufgrund der isolierten Lage Fijis gestaltete sich die Beschaffung der Maschinen schwierig, aber auch die Suche nach genügend Kakaobohnen erwies sich als nicht einfach. Dennoch nennt Tom Vanua Levu die „Kakaoinsel des Süd-Pazifiks", da die Briten die ersten Kakaopflanzen schon im Jahre 1883 aus Sri Lanka (Ceylon) und zusätzlich Trinitario-Kakaobohnen aus Trinidad dorthin brachten. Von Beginn an half Adi Chocolate den Kakao-Bauern, alte Kakaobäume wieder ertragreich zu machen, um ausreichend Kakaobohnen zu erhalten. 50 Meter hohe, von Efeu überwachsene Cundeamor-Trinitario-Kakaobäume wurden beschnitten und gepflegt. Die Früchte der Amelonado-Forastero- und der sehr widerstandsfähigen Calabachillo-Forastero-Bäume waren voller Narben von Fledermäusen, die sich daran labten. Tom und Harumi suchten die Insel nach alten vergessenen Plantagen ab und begannen, eine nach der anderen wieder zu beleben. Im Jahre 2008 reichte der Ertrag erstmals zur Herstellung von Schokolade aus. Adi Chocolate baut bei seiner Produktion auch selbst Kakao an, fermentiert und trocknet ihn, um dann von der Bohne weg Schokolade herzustellen. Auch die Kakaobutter wird selbst gepresst. Hierfür wird der Amelonado-Kakao verwendet. Aber auch der Zucker kommt von der Insel, sein Produktionsort liegt nur eine halbe Stunde von Adi Chocolate entfernt. Somit bestehen diese Schokoladen zu 100 Prozent aus heimischen Zutaten.

Produktbewertungen

- Produkt: (Dunkel) Toto-A 80 % – Bitter Sweet, Punkte: 74,40
  Preis/Menge: 17,00 FJD / 6,66 EUR / 35 g
  Sehr mild im Geschmack, leicht bitter, würzig-waldiges Aroma. Schmelz ist angenehm.
  Aromaprofil: Feuchter Waldboden, Humus, Torf, Datteln, Pilze.

- Produkt: (Dunkel) Ami-Ami-Ca 72 % – Semi-Sweet, Punkte: 73,30
  Preis/Menge: 17,00 FJD / 6,66 EUR / 35 g
  Würziges Aroma, kaum bitter, überhaupt nicht sauer, dennoch leicht fruchtig im Abgang.
  Aromaprofil: Gewürze (Vanille, Zimt, Ingwer), getrocknete Feigen, Nüsse.

- Produkt: (Dunkel) 60 % Cocoa, Punkte: 69,60
  Preis/Menge: 17,00 FJD/6,66 EUR/35 g,
  Würzig-waldiges Aroma, kaum bitter und mit etwas sandigem Schmelz. Interessant und kurios.
  Aromaprofil: Feuchtes Heu, Laub, Nadelwald, Harz.

Fazit:
Es war nicht einfach und sehr teuer, die Schokoladen zu bekommen. Aber solch schöne Geschichten wie die von Tom und Harumi müssen erzählt werden, sie sind authentisch und ehrlich. Es macht Spaß, solche Menschen zu unterstützen.
Die Schokoladen sind recht primitiv und einfach, besitzen aber einen eigenen Charakter und Charme und sind geschmacklich und aromatisch kaum mit anderer Schokolade vergleichbar. Der Bruch und der Schmelz sind zwar ungewöhnlich, aber akzeptabel. Unter den mühseligen und einfachsten Umständen, unter denen Adi Chocolate begonnen hat, kann ich den Produkten nur ein respektvolles Lob aussprechen. Ich bin mir sicher, dass die Qualität steigen wird. Man sollte sie unterstützen und ihnen die nötige Zeit lassen.

Empfehlung:
Alle Produkte sind uneingeschränkt empfehlenswert, besonders für Chocoholics. Die Schokoladen sind nicht nur kurios, sondern einmalig auf der Welt.

ÅKESSON'S

Schweiz (Zug)
www.akessons-organic.com

Verarbeitungsstufe: **Fremdproduktion**

Die Firma Åkesson's einem bestimmten Herkunftsland zuzuordnen, stellt eine Herausforderung dar. Bertil Åkesson ist gebürtiger Schwede, seine Kindheit hat er hauptsächlich in Madagaskar verbracht, nun lebt er in Paris, London und New York – und in Brasilien, wo er an einer Plantage beteiligt ist. Das Unternehmen AO GmbH, das als Distributor seiner Schokoladen fungiert, hat er in der Schweiz gegründet, die Schokolade allerdings wird von einem französischen Chocolatier hergestellt. Der Ordnung halber bleibe ich meiner Linie treu und ordne auch dieses Unternehmen dem Land zu, in dem sich der Firmensitz befindet, also der Schweiz.
Die Familie Åkesson besitzt seit Jahrzehnten mehrere Kakaoplantagen in Madagaskar. Diese Plantagen sind mir bestens bekannt, da Coppeneur von einer dieser Plantagen, Menavava (ausgesprochen Menavav), Bohnen bezieht. Auch Domori und Amedei und andere namhafte Chocolatiers beziehen von dort ihre Kakaobohnen. Bei mehreren Besuchen konnte ich mich von der hervorragenden Arbeit auf den Plantagen überzeugen.
Die Plantagen liegen direkt am Sambirano-Fluss, in unmittelbarer Nachbarschaft zu der Millot-Plantage. Ursprünglich gab es im Sambirano-Tal eine große Plantage, die schon vor langer Zeit dreigeteilt wurde: In eine kleinere (Millot) mit einem wunderschönen Herrenhaus und zwei größere (Cenia und Sagi). Der Kakao aller drei Plantagen ist also mehr oder weniger desselben Ursprungs. Einzig die Pflege der Plantagen und die Art und Weise der Weiterverarbeitung der Bohnen unter-

scheiden sich. Cenia wurde zwischenzeitlich verstaatlicht. Die Plantage Millot ist mehrheitlich in Händen eines madagassischen Großunternehmers. Millot und Sagi bewirtschaften die Plantagen sehr professionell. In der Mehrheit handelt es sich um die Kakaosorte Trinitario, vereinzelt aber auch um Criollo. Sagi unterteilt sich noch einmal in vier kleinere Plantagen: Madirofolo, Menavava, Bejofo und Ambolikapiky. Von der letztgenannten Plantage kommt der Kakao, den Bertil Åkesson für seine Madagaskar-Single-Plantation-Schokoladen verwendet.
Seit 2009 ist Bertil auch an der Plantage Sempre Firme in Brasilien beteiligt. Bis zur ersten Ernte wird die Brasilien-Schokolade aber aus Bohnen der Fazenda Monte Alegre in Brasilien hergestellt. Eine dritte Schokolade wird mit Kakao von Big Tree Farms aus Bali produziert. Das Unternehmen wird von Frederick Schilling, dem Gründer von Dagoba, und Blair und Ben Ripple, geleitet. Im September 2010 konnten wir gemeinsam die Kakaoplantagen auf Bali besichtigen. Hier, wie auch bei Diego Badaró in Brasilien, wird hervorragende Arbeit geleistet. Korrekterweise deklariert Åkesson's diese Schokolade nicht als Single Plantation, sondern als Single Origin, da die Bohnen von vielen kleinen Bauern stammen und von Big Tree Farms von der Fermentation bis zur Trocknung weiter verarbeitet werden.
Eine Besonderheit ist Åkesson's Faible für Pfeffer. Nicht nur, dass Bertil Åkesson auch mit Pfeffer handelt, seine veredelten Schokoladen enthalten ausschließlich Pfeffer als weitere Zutat.

Produktbewertungen

- Produkt: (Dunkel) Madagascar Ambolikapiky Plantation 75 % Criollo, Punkte: 90,00
  Preis/Menge: 5,40 EUR / 60 g
  Aromareiche Schokolade. Fruchtig und angenehm herb, mit feinem Schmelz.
  Aromaprofil: Zitrusfrucht, rote Beeren.

- Produkt: (Dunkel) Brasil Fazenda Monte Alegre 75 % Forastero, Punkte: 80,50
  Preis/Menge: 5,40 EUR / 60 g
  Die Forastero-Bohnen sind nicht sehr aromatisch, dennoch eine harmonische Schokolade. Toller Schmelz und nicht zu herb.
  Aromaprofil: Tropenfrüchte, Zedernholz.

- Produkt: (Dunkel) Bali Sukrama Farms 75 % Dark Chocolate, Punkte: 79,00
  Preis/Menge: 5,40 EUR / 60 g
  Fruchtig-würzig, mit angenehmer Säure. Schmelz etwas schmierig.
  Aromaprofil: Milde Tropenfrüchte (Mango, Papaya, Litschi), Humus.

- Produkt: (Veredelt) Madagascar Ambolikapiky Plantation 75 % Trinitario Cocoa & „Wild" Voatsiperifery Pepper, Punkte: 92,95
  Preis/Menge: 5,40 EUR/60 g
  Extrem aromatischer Pfeffer, sehr angenehm und harmonisch mit der fruchtigen dunklen Schokolade. Dezente Schärfe.

- Produkt: (Veredelt) Madagascar Ambolikapiky Plantation 75 % Trinitario Cocoa & Pink Pepper, Punkte: 83,15
  Preis/Menge: 5,40 EUR/60 g
  Dunkle Schokolade mit sehr intensivem Aroma des Rosa Pfeffers, aber auch angenehmer Schokoladengeschmack.

- Produkt: (Veredelt) Madagascar Ambolikapiky Plantation 75 % Trinitario Cocoa & Black Pepper, Punkte: 80,15
  Preis/Menge: 5,40 EUR/60 g
  Angenehmes Aroma und dezente Schärfe. Das Kakaoaroma der dunklen Schokolade gerät aber etwas in den Hintergrund.

- Produkt: (Veredelt) Bali Sukrama Farms 45 % Milk Chocolate & Fleur de Sel, Punkte: 81,50
  Preis/Menge: 5,40 EUR/60 g
  Dunkle Milchschokolade mit eindeutigem Kakaoaroma. Der Kokosnusspalmzucker ist deutlich schmeckbar, ebenso das Salz. Aromaprofil: Malz, Karamell, Rahm.

Fazit:
Bertil Åkesson verfügt über eine Quelle feinster Rohstoffe, die er auch konsequent nutzt. Auf der Plantage Ambolikapiky wachsen sowohl Trinitario- als auch Criollo-Bohnen, die er fein säuberlich trennen lässt, um eine nahezu reine Criollo-Schokolade produzieren (lassen) zu können. Die Qualität der Rohstoffe spiegelt sich in der Güte der Schokoladen wider, ihre Herstellung ist optimal. Auch wenn Bertil Åkesson nicht selbst produziert, kann man ihm zum Ergebnis gratulieren, zumal er seine Rohstoffschätze mit Pralus einem renommierten Chocolatier anvertraut. Erfreulicherweise zeigen Åkesson's Schokoladen nicht das sonst bei Pralus übliche starke Röstaroma, sodass auch die pure Madagaskar-Schokolade einen individuellen Charakter besitzt. Die Milchschokolade aus Bali wird mit Kokospalmzucker (auch Kokosblütennektar genannt) hergestellt, der einen einzigartigen karamelligen Geschmack besitzt und mit dem Salz gut harmoniert.

Empfehlung:
Die pure Madagaskar ist für Liebhaber fruchtiger Schokolade empfehlenswert. Allen, die es leicht scharf und würzig mögen, empfehle ich die drei Pfeffer-Schokoladen, besonders jedoch die mit dem umwerfenden wilden Voatsiperifery-Pfeffer.

AL NASSMA

Vereinigte Arabische Emirate (Dubai)
www.al-nassma.com

Verarbeitungsstufe: **Fremdproduktion**

Al Nassma hat sich auf die Herstellung von Schokoladenprodukten mit Kamelmilch spezialisiert. Eine nicht unwesentliche Rolle in diesem arabisch-österreichischen Joint Venture spielt der Österreicher Georg Hochleitner. Er besetzt – wie es Al Nassma kommuniziert – die Position des „Spiritus Rector". Damit ist wohl frei übersetzt die Produktentwicklung gemeint. Eine weitere wichtige Rolle spielt der deutsche Veterinärarzt Dr. Ulrich Wernery, der seit über 24 Jahren Chefveterinär des arabischen Scheichtums Dubai ist. Er konzipierte die weltweit erste Kamelmilchfarm und ermöglichte so die Erzeugung von ausreichend Kamelmilch zur Herstellung des für die Schokoladenproduktion benötigten Milchpulvers. Laut Dr. Wernery enthält Kamelmilch fünfmal so viele Vitamine wie Kuhmilch, aber lediglich halb so viel Fett. Sie ist bereits im Naturzustand homogenisiert und rahmt daher nicht. Da Kamelmilch nicht verklumpt, verursacht sie kein Völlegefühl. Kamelmilch ist auch für Menschen genießbar, die unter einer Kuhmilchunverträglichkeit leiden, da sie extrem allergenarm ist. Die Schokolade wird in Österreich produziert, und zwar bei dem für seine Waffelprodukte bekannten Unternehmen Manner.

Produktbewertungen

- Produkt: (Milch) Whole Milk 31 % Milk Chocolate, Punkte: 73,00
  Preis/Menge: 9,00 USD / 7,10 EUR / 70 g
  Diese Milchschokolade schmeckt schon anders als Schokolade mit Kuhmilch. Leider etwas wenig Kakaogeschmack und leicht zu süß. Dennoch keine schlechte Schokolade.
  Aromaprofil: Karamell, Malz, Nüsse, Mineralien.

- Produkt: (Veredelt) Dates 31 % Milk Chocolate, Punkte: 75,25
  Preis/Menge: 9,00 USD / 7,10 EUR / 70 g
  In der Milchschokolade könnten ruhig mehr Datteln enthalten sein, denn diese sind richtig schmackhaft.

- Produkt: (Veredelt) Arabia 31 % Milk Chocolate, Punkte: 73,75
  Preis/Menge: 9,00 USD / 7,10 EUR / 70 g
  Harmonisch abgeschmeckte Gewürze, die gut mit der Milchschokolade harmonieren.

- Produkt: (Veredelt) Macadamia-Orange 31 % Milk Chocolate, Punkte: 66,50
  Preis/Menge: 9,00 USD /7,10 EUR/70 g
  Milchschokolade mit Macadamia-Stücken, die man zu wenig schmeckt, dezentes Orangenaroma und kaum Fruchtcharakter.

Fazit:
Der Geschmack der Kamelmilch-Schokoladen ist schon anders als der mit Kuhmilch. Er ist ungewohnt, aber meiner Meinung nach nicht so unangenehm wie zum Beispiel der von Schokoladen mit Schafs- oder Ziegenmilch.
Alle Schokoladen weisen mit 31 % einen etwas zu geringen Kakaoanteil auf, für den man sich sicherlich im Hinblick auf die arabischen Hauptmärkte entschieden hat. Das Hauptaugenmerk liegt verständlicherweise auf der Milch, außerdem finden dunkle Schokoladen in den arabischen Ländern kaum Beachtung. Insgesamt sind die Schokoladen ordentlich gelungen, innovativ und eine Bereicherung für den Schokoladenmarkt.

Empfehlung:
Schokolade mit Kamelmilch ist nicht alltäglich, daher sollte jeder Liebhaber von Milchschokolade die Gelegenheit nutzen, sie zu probieren. Ich empfehle dann die pure Variante, bei den anderen Sorten wird das Kamelmilcharoma von den weiteren Zutaten überdeckt, besonders bei der Gewürzvariante. Kamelmilch-Schokolade ist Allergikern mit einer Kuhmilchunverträglichkeit zu empfehlen, stimmen Sie sich aber bitte vorher mit Ihrem Arzt ab.

ALTER ECO

Frankreich (Caudebec-en-Caux)
www.altereco.com

Verarbeitungsstufe: **Fremdproduktion**

Alter Eco ist das französische Pendant zur deutschen GEPA. Alle Produkte sind sowohl Fair-Trade- als auch Bio-zertifiziert. Alles begann im Jahr 1999, als das erste Alter-Eco-Geschäft eröffnet wurde. Die Geschichte endete nicht erfreulich, denn nicht selten betrug der Tagesumsatz nur etwa 15 Francs, dafür wurde aber Ware im Wert von ca. 500 Francs gestohlen. Das Geschäft wurde wieder geschlossen und auch der zweite Versuch mit einem Geschäft scheiterte. Erst im Jahr 2002 und mit Hilfe der Supermarktkette Monoprix gelang der erste Erfolg. Wie es oft so ist, folgten weitere Händler dem Vorreiter Monoprix und entdeckten das Potenzial für Fair-Trade-Produkte. Weitere Supermarktketten wie z. B. Cora interessierten sich nun für die Alter-Eco-Produkte und der Erfolg war nicht mehr aufzuhalten.
Heute ist Alter Eco sehr gut positioniert und bestimmt den Fair-Trade- und Bio-Markt in Frankreich. Die Schokoladen werden in der Schweiz von Chocolats Halba produziert.

Produktbewertungen

- Produkt: (Weiße) Blanc Éclats de Coco, Punkte: 63,00
  Preis/Menge: ca. 2,49 EUR / 100 g
  Schmeckt nach Kokos, aber durch den Aromastoff hat die Schokolade einen etwas künstlichen Charakter.

- Produkt: (Riegel) Lait Praliné, Punkte: 62,00
  Preis/Menge: ca. 2,73 EUR / 100 g
  Milchschokolade mit viel zu süßer Füllung und recht dezentem Aroma. Einfach zu wenig Nougat.

- Produkt: (Milch) Lait Doux & Fondant 32 %, Punkte: 60,00
  Preis/Menge: ca. 2,49 EUR / 100 g
  Milchig, mit wenig Kakaocharakter. Zu schmieriger Schmelz und etwas zu süß. Aromaprofil: Sahnebonbon, Malz, Karamell, Honig.

- Produkt: (Veredelt) Noir Écorces d'Orange, Punkte: 55,50
  Preis/Menge: ca. 2,49 EUR / 100 g
  Wenig Fruchtcharakter, Orangenstückchen flach im Aroma und sehr trocken, leicht bitter. Dunkle Schokolade banal und mit wenig Aroma.

Fazit:
Das Design ist nicht überzeugend, aber auch die Verkostung der Produkte selbst animiert nicht, sie ein zweites Mal zu kaufen: sie sind banal und ohne Finesse. Gut, dass es beim Kauf von Schokolade noch einige Alternativen gibt, dem guten Zweck zu dienen. Von den Produkten lässt sich keines positiv hervorheben, daher belasse ich es bei den Kurzbeschreibungen.

Empfehlung:
Für alle geeignet, die beim Kauf der Schokolade auf Fair Trade und Bio achten.

ALTEZA

Ecuador (Guayaquil)
www.ecuacocoa.com

Verarbeitungsstufe: **Bean-to-bar**

Alteza ist eine Marke des ecuadorianischen Schokoladenherstellers Ecuacocoa, der sowohl als Produzent von Massenware, als auch als Zulieferer für die Schokoladenhersteller vornehmlich Südamerikas tätig ist. Gegründet im Jahr 2000 begann das Unternehmen mit der Herstellung von Halbfertigprodukten, wie z. B. Kuvertüre und Kakaobutter. Seit 2005 ist Ecuacocoa auch Bio-zertifiziert. Die Produkte sind von keinem allzu hohen Niveau, obwohl man sich mit der neuen Marke Alteza die Bedienung des Mittelsegments verspricht.

Produktbewertungen

- Produkt: (Dunkel) Alteza Dark Chocolate 60 %, Punkte: 37,00
  Preis/Menge: ca. 3 USD / 2,21 EUR / 100 g
  Sehr dezent würzige Aromen, süß und dennoch bitter. Zu allem Überfluss mit Vanillin.
  Aromaprofil: Erdig, nussig, dezent floral (Jasmin), Ammoniak.

- Produkt: (Milch) Alteza Milk Chocolate, Punkte: 40,00
  Preis/Menge: ca. 3 USD / 2,21 EUR / 100 g
  Wahrlich keine Offenbarung. Süß, unangenehmer Beigeschmack von verbrannten Bohnen, schlechter Schmelz, etwas zu dezenter Kakaocharakter.
  Aromaprofil: Toffee, verbrannte Bohnen.

Fazit:
Das Ziel der Firma Ecuacocoa war, bis 2008 Schokolade von internationaler Qualität herzustellen. Dieses Ziel wurde leider auch im Jahre 2011 deutlich verfehlt, zumal auch Vanillin verarbeitet wird.

Empfehlung:
Wer wissen möchte, wie Schokolade in Südamerika (manchmal) schmeckt, bitte zugreifen.

ALTMANN & KÜHNE

Österreich (Wien)
www.altmann-kuehne.at

Verarbeitungsstufe: **Standard-Schokolade**

Das Traditionshaus Altmann & Kühne blickt auf eine lange Geschichte zurück. Gegründet von Emil Altmann im Jahre 1928 ist das Unternehmen für sein Liliput-Konfekt weltberühmt, das pro Stück gerade einmal ca. 3 Gramm wiegt. Das von der Wiener Werkstätte entworfene Verpackungsdesign wird bis heute verwendet. Das Stammhaus am Graben, in bester Wiener Lage, wurde vom damaligen Stararchitekten Josef Hofmann entworfen und steht heute unter Denkmalschutz. Während des Zweiten Weltkriegs musste der damalige Inhaber Kühne fliehen. Es ist Frau Mercek zu verdanken, dass Altmann & Kühne die damalige Zeit überstanden hat.

Heute ist Frau Petra Heytmanek-Schick die Inhaberin. Chef-Confiseurin, bei Altmann & Kühne „Chef de Praliné“ genannt, ist Eva Hansalik.
Laut Information auf der Internetseite des Unternehmens kommen alle Produkte ohne künstliche Zusatzstoffe aus, auf den Zutatenlisten der Produkte finden sich aber „artificial flavors“ – was nichts anderes meint als künstliche Aromen.

Produktbewertungen

- Produkt: (Schachtel) Liliput-Konfekt,
  Punkte: 30,49
  Preis/Menge: 13,00 EUR/75 g
  Bei diesem Produkt fehlen einem die Worte: künstliche Aromen, aromaschwache Schokolade, trockenes Marzipan und billigste Rohstoffe, außerdem eine fehler- und lückenhafte Zutatenliste.
  Konfekt-Einzelbewertungen:
  Karamellisierte Mandel in dunkler Schokolade: Punkte: 59,25
  Leicht karamellisierte und dezent aromatische Mandel. Das schmeckt ganz gut.
  Krokant-Plättchen: Punkte: 57,25
  Recht stark karamellisiertes Krokantplättchen umhüllt von Schokolade, was nicht schlecht schmeckt. Leider verdirbt die zu schmal schmeckende Schokolade den Genuss.
  Knuspernougat: Punkte: 51,25
  Nougat mit knuspriger Waffel. Nougat recht aromatisch, aber etwas zu fest und zu bröselig.
  Nougatwürfel: Punkte: 47,50
  Banaler dunkler Nougat mit etwas Mandelaroma.
  Nougatherz dunkel: Punkte: 35,25
  Dezent aromatischer, fettiger, fester und bröseliger Nougat.
  Knuspernougat mit Krokant: Punkte: 34,65
  Nougat mit Haselnüssen oder Krokant. Schmeckt zwar knusprig, aber nicht lecker.
  Rote Frucht: Punkte: 31,25
  Cremige fruchtig-saure Fondantfüllung. Sieht künstlich aus und schmeckt auch so. Sehr süß.
  Nougat mit Haselnuss: Punkte: 29,25
  Undefinierbarer Geschmack, fettig, kaum aromatisch, bröselig-schmieriger Nougat.
  Rosa Marzipankugel: Punkte: 29,00
  Rosa gefärbtes Marzipan, außen mit Zucker. Viel zu süß und kaum aromatisch.
  Marzipan-Rolle : Punkte: 11,25
  Zuckersüße Masse, die Marzipan sein soll. Man schmeckt kein bisschen Mandel heraus.
  Weichkrokant-Rolle: Punkte: 11,25
  Leider kann man hier nur raten, was es sein soll. Ich tippe auf Weichkrokant. Dieser entspricht aber nicht meiner Vorstellung von guter Confiseriekunst. Trocken, nahezu geschmacksneutral und zäh.
  Grüne Marzipankugel: Punkte: 11,00
  Schmeckt extrem künstlich, trocken und süß. Unangenehmer Nachgeschmack, der nicht definierbar ist.
  Kaffee-Marzipan: Punkte: 9,45
  Vertrocknetes, süßes und schlecht schmeckendes Marzipan. Absolut inakzeptabel.
  Pistazien-Marzipan: Punkte: 9,25
  Dies ist kein Marzipan, sondern Zucker mit wenig Mandeln und viel Aroma (wohl künstlich). Süß und schlecht.

Fazit:
Für mich war die Verkostung kein Genuss. Die Qualität konnte nicht überzeugen, obwohl die verkosteten Pralinen frisch und keine drei Wochen alt waren. Als seltsam empfinde ich, dass auf der Homepage der Verzicht auf künstlich Zusatzstoffe angepriesen wird, jedoch die Zutatenlisten der Produkte „artificial flavors" ausweist; – womit nichts anderes gemeint ist, als künstliche Aromstoffe. Leider kann man die Zutatenlisten vor dem Kauf nicht einsehen, da die Schachteln in Papier eingewickelt sind. Packt man die Schachtel zu Hause aus, muss man zudem feststellen, dass die Zutatenlisten fehlerhaft sind: Wenn z. B. einzelne Sorten mit einer Pistazie oder einer Haselnuss dekoriert sind, müssen diese auch als Zutaten angegeben sein. Dem war leider nicht so. Die wunderschöne Verpackung und die Tradition des Hauses haben eine solche Erniedrigung einfach nicht verdient. Ich wünsche mir sehr eine deutliche Steigerung der Qualität.

Empfehlung:
Eine Empfehlung ist leider nicht möglich.

AMANO

USA (Orem, Utah)
www.amanochocolate.com

Verarbeitungsstufe: **Bean-to-bar**

Während seiner Hochzeitsreise im Jahre 1996 entschied sich Art Pollard, Gründer der Firma Amano, sich ganz dem Kakao zu widmen. Nach seiner Überzeugung gab es zu dem Zeitpunkt keine wirklich guten Schokoladen auf dem Markt. Er reiste erst durch Europa, um bei den europäischen Chocolatiers zu lernen, dann durch Mexiko, um den Kakao Mexikos kennenzulernen. Im Jahr 2006 war es dann so weit. Im Gebiet Salt Lake Citys, auf einer Höhe von 1.454 Metern, errichtete Art Pollard seine Produktionsstätte. Er sieht in der Höhenlage für die Kakaoverarbeitung und die Entwicklung der feinen Aromen bei der Herstellung von Schokolade aufgrund der in dieser Gegend herrschenden Trockenheit einen Vorteil.
Die lange Zeit zwischen der Entscheidung, sich mit Kakao zu beschäftigen, und der Firmengründung nutzte Art Pollard kreativ für die Wahl des Markennamens: „Amano" habe drei Bedeutungen: Erstens handgemacht, in Anlehnung an den italienischen Begriff „fatto a mano", zweitens Liebe, nach dem ebenfalls italienischen Wort, und drittens himmlisch, in der japanischen Bedeutung des Wortes. Die Kreativität und Leidenschaft Art Pollards ist in jedem Fall eine sehr gute Basis, um im Segment der Edelschokoladen bestehen zu können. Amano verarbeitet ausschließlich Kakao besonderen Ursprungs, wie zum Beispiel Chuao, Ocumare oder Cuyagua aus Venezuela, und setzt in allen seinen Schokoladen frische Vanille ein. Erstaunlich ist, dass Amano die Schokoladen nicht selbst gießt. Dieser Verarbeitungsschritt wird als einziger von einem Partner übernommen.

Produktbewertungen

- Produkt: (Dunkel) Ocumare 70 % Dark Chocolate, Punkte: 90,00
  Preis/Menge: 7,00 USD / 5,53 EUR / 56 g
  Aromatisch, toller Schmelz und insgesamt komplex.
  Aromaprofil (Herstellerangabe): Fruchtig, Pflaume, waldig, geräuchert, Rosinen. Ich schmecke durchaus Frucht, allerdings nicht genauer bestimmbar, aber auch Lakritze und geräucherte Kakaobohnen.

- Produkt: (Dunkel) Chuao 70 % Dark Chocolat Signature collection, Punkte: 87,00
  Preis/Menge: 10,00 USD / 7,89 EUR / 56 g
  Richtig gute Aromen, harmonisch und mit gutem Schmelz.
  Aromaprofil (Herstellerangaben): Pflaume, Blaubeere, Schwarzbeere, Melasse, Kaffee, Mandeln. Ich schmecke komplexe Aromen und Frucht. Pflaume ist ein typisches Aroma des Chuao-Kakaos, die zugesetzte Vanille ist aber leider viel zu dominant.

- Produkt: (Dunkel) Madagascar 70 % Dark Chocolate, Punkte: 71,80
  Preis/Menge: 7,00 USD / 5,53 EUR / 56 g
  Eine enttäuschende Schokolade. Fruchtig, aber mit wuchtiger Vanille. Daher sind die von Amano angegebenen feinen Aromanuancen nur zu erahnen.
  Aromaprofil (Herstellerangabe): Aromen von Zitrus, Himbeere, Balsamicoessig und Rosinen. Ich schmecke hauptsächlich zu viel Vanille.

- Produkt: (Dunkel) Montanya 70 % Dark Chocolate, Punkte: 69,60
  Preis/Menge: 9,00 USD / 7,10 EUR / 56 g
  Schmeckt intensiv nach Fermentation, ist zu sauer und auch adstringierend.
  Aromaprofil (Herstellerangabe): Aromanuancen von Aprikose und Marshmallows. Ich schmecke eher intensive Fermentation, unreife Zitrusfrüchte, Schwefel und leicht Ammoniak.

- Produkt: (Dunkel) Ocumare 30 % Milk Chocolate, Punkte: 74,70
  Preis/Menge: 7,00 USD / 5,53 EUR / 56 g
  Die Süße ist zu dominant, es fehlt der Kakaocharakter. Die Aromen des Ocumare-Kakaos sind kaum schmeckbar.
  Aromaprofil (Herstellerangabe): Honig, Malz, Rahmkaramell, sehr dezent geräuchert.

- Produkt: (Dunkel) Jembrana (Bali) 30 % Milk Chocolate, Punkte: 71,60
  Preis/Menge: 7,00 USD / 5,53 EUR / 56 g
  Insgesamt zu süß und mit zu wenig Charakter des Bali-Kakaos. Keine schlechte Schokolade, aber auch nichts Besonderes.
  Aromaprofil (Herstellerangabe): Karamell, Sahnebonbon, Rahmkaramell, dezent blumig.

Fazit:

Auch wenn ich wusste, dass Amano gerne mit Vanille arbeitet, hatte ich eine hohe Erwartung. Leider überwiegt am Ende dann doch die Enttäuschung. Schlechte Produkte macht Amano nicht, aber bei über 40 nationalen und internationalen Auszeichnungen erwarte ich dann doch eine bessere Qualität. Die Verwendung von Vanille hat Amano in vielen Schokoladen deutlich reduziert. Für mich ist die Dosierung in einigen Schokoladen aber immer noch viel zu hoch und in Ursprungsschokolade generell überflüssig. Am Ende bleibt es zwar eine Frage des Geschmacks, aber auch der Philosophie.

Die Milchschokoladen sind einfach zu süß und mit viel zu wenig Kakaocharakter. Da kann man sich die Verwendung des besten Ocumare-Kakaos sparen. Erstaunlich ist bei beiden Milchschokoladen die Reihenfolge der Zutaten in der Zutatenliste. Sie kann einfach nicht stimmen, wenn auch in den USA die Reihenfolge entsprechend den beinhalteten Mengen erfolgen muss: Kakaobohnen, Rohrzucker, Kakaobutter, Vollmilchpulver, Vanilleschoten. Bei 30 % Kakaoanteil müsste man demnach davon ausgehen, dass die Rezepturen prozentual so aussähen (abgesehen davon, ob das überhaupt funktioniert): Entweder 20 % Kakaobohnen, 20 % Rohrzucker, 10 % Kakaobutter, 10 % Vollmilchpulver und Vanilleschoten oder 15 % Kakaobohnen, 15 % Rohrzucker, 15 % Kakaobutter, 15 % Vollmilchpulver und Vanilleschoten. Das sind jeweils nur 60 %. Und der Rest? Nein, da passt leider alles von vorne bis hinten nicht.

Um eine Milchschokolade herstellen zu können, ist eine Mindestmenge an Kakaobutter notwendig. Im Falle der Amano-Milchschokoladen schätze ich, dass ca. 18–20 % Kakaobutter enthalten sind. Demnach dürfte der Anteil an Kakaomasse lediglich bei 10–12 % liegen. Viel zu wenig, um der Schokolade ein Kakaoaroma zu verleihen.

Empfehlung:

Nahezu alle Ursprungsschokoladen gibt es von anderen Chocolatiers in besserer Qualität. Um sich selbst eine Meinung zu bilden, ist es natürlich ratsam, die eine oder andere Schokolade zu probieren. Daher lautet meine Empfehlung: Chuao und dunkle Ocumare.

AMATLLER

Spanien (Sant Sadurní d'Anoia, Barcelona)
www.chocolates-amatller.com

Verarbeitungsstufe: **Bean-to-bar**

Nach Angaben des Unternehmens Simón Coll, dem Inhaber der Marke, handelt es sich bei Amatller um die älteste spanische Schokoladenmarke. Bereits im Jahr 1797 begann die Familie Amatller mit der Produktion von Schokolade. Antoni Amatller, der Enkel des Gründers, übernahm 1872 die Geschäfte. Seine große Leidenschaft galt der Kunst. Das sollte sich fortan auch im Design der Produkte widerspiegeln. 1972 wurde die Marke Amatller von Simón Coll übernommen.

Produktbewertungen

- Produkt: (Dunkel) 70 % Cacao Ghana, Punkte: 75,50
  Preis/Menge: 4,00 EUR / 70 g
  Gute Note, da nur aus Kakaomasse und Zucker. Würziges und dezent fruchtiges Aroma, könnte aber dennoch etwas aromatischer sein.
  Aromaprofil: Waldig, Kakao, tanninhaltig, rote Beeren

- Produkt: (Dunkel) 70 % Cacao Ecuador, Punkte: 74,00
  Preis/Menge: 4,00 EUR / 70 g
  Relativ süß und mit etwas zu dezenten blumig-nussigen Aromen. Der Schmelz könnte auch besser sein. Sehr positiv: Nur aus Kakaomasse und Zucker hergestellt. **Aromaprofil:** Nussig, leicht floral.

- Produkt: (Dunkel) 70 % Dark Chocolate, Punkte: 35,00
  Preis/Menge: 3,50 EUR / 85 g
  Nur teilweise überzeugender Geschmack. Dezent fruchtige Aromen und leider mit Vanillin, was eine bessere Note verhindert. Aromaprofil: gelbe Früchte, Melasse, Vanille (Vanillin).

- Produkt: (Dunkel) 50 % Dark Chocolate, Punkte: 30,00
  Preis/Menge: 3,50 EUR / 85 g
  Sehr süß. Außer dass diese Tafel schokoladig ist, hat sie keine nennenswerten Aromen, schlechter Schmelz, enthält Vanillin. Aromaprofil: schokoladig, süßes Vanillin

- Produkt: (Weiße) Chocolate Blanco 25 %, Punkte: 25,00
  Preis/Menge: 3,50 EUR / 85 g
  Süß, schmieriger Schmelz, rau auf der Zunge, schlechtes Aroma und mit Vanillin. Schmeckt mir überhaupt nicht.

Fazit:
Die 70 %ige dunkle Schokolade, die 50 %ige dunkle Schokolade sowie die 32 %ige Milchschokolade sind mit denen von Simón Coll identisch. Schade, denn alle diese Schokoladen konnten in der Qualität nicht überzeugen. Die dort festgestellte schlechte Qualität der Schokoladen findet sich leider im gleichen Maße bei Amatller.

Die Ghana- und die Ecuador-Schokolade sind wirklich willkommene Ausnahmen: Ausschließlich mit Kakaomasse und Zucker produziert, sind diese beiden Schokoladen authentisch. Eine bessere Zutatenliste gibt es nicht. Das Ergebnis ist zwar nicht von sehr guter Qualität, aber es wurde hier zumindest der Grundgedanke einer guten Zutatenliste und Schokolade befolgt. Dennoch fehlt es beiden etwas an Aroma. Ob das an der Auswahl der Kakaobohnen oder an der Weiterverarbeitung liegt, mag ich nicht zu beurteilen. Auf jeden Fall hoffe ich, dass die Maschinen nach der Verarbeitung der Vanillin-Schokoladen gereinigt wurden und sich keine Spuren in den anderen Schokoladen befinden.

Empfehlung:
Ghana und Ecuador sind für Puristen durchaus zu empfehlen, aber Finger weg von den Simón-Coll-Klonen.

AMEDEI

Italien (La Rotta (Pontedera), Pisa)
www.amedei.com

Verarbeitungsstufe: **Bean-to-bar**

Amedei ist ein Unternehmen der neuen Generation, dessen Gründer als Visionäre und Wegbereiter der neuen Schokoladenkultur betrachtet werden können. Bereits seit Anfang der 1990er Jahre widmet sich das Geschwisterpaar Cecilia und Alessio Tessieri der Welt des Kakaos. Die Aufgabenteilung unter den Geschwistern scheint klar abgestimmt zu sein: Alessio ist hauptverantwortlich für den Einkauf der Kakaobohnen, zumeist direkt in den Ursprungsländern, und für den Vertrieb. Cecilia, Maître Chocolatier, ist verantwortlich für die Produktion und wohl auch der kreative Part. Es scheint hervorragend zu funktionieren. Jahrelang hatte Amedei das Monopol auf den Einkauf von Chuao-Bohnen aus Venezuela. Daher gab es lange Zeit Chuao-Schokolade nur von Amedei. Mittlerweile ist diese Exklusivität nicht mehr gegeben und zahlreiche Hersteller wie z. B. Coppeneur, Pralus, Amano, Soma oder Bonnat haben Zugriff auf diese edlen Bohnen. Der Kakao aus dem abgelegenen Dorf Chuao in Venezuela zählt seit Generationen zu den Besten der Welt. Es handelt sich nicht um eine einzelne Kakaosorte oder Gattung. Chuao ist eine Herkunft und der Kakao eine Mischung aus unterschiedlichen in Chuao und Umgebung angebauten Sorten, primär Trinitario und etwas Criollo sowie wohl auch geringe Mengen Forastero.

Das Ende der prestigeträchtigen Exklusivität ist für Amedei sicher ein Verlust, für alle Schokoladenliebhaber aber ein willkommenes Geschenk. Sehr interessant ist der direkte Vergleich des fertigen Produkts unterschiedlicher Hersteller, da derselbe Kakao die Basis bildet – teilweise sogar aus derselben Charge.

Produktbewertungen

- Produkt: (Dunkel) Porcelana 70 %, Punkte: 92,20
  Preis/Menge: 11,90 EUR / 50 g
  Amedei's beste Schokolade. Mild, weich, fast sinnlich. Angenehm herb ohne störende Säure. Eine Schande, dass Vanille zugesetzt wurde.
  Aromaprofil: getrocknete Zitrusfrüchte, Blüten (Jasmin, Hibiskus), Oliven, Gewürze (Vanille).

- Produkt: (Dunkel) Chuao 70 %, Punkte: 85,70
  Preis/Menge: 7,90 EUR / 50 g
  Dies war einmal die beste Schokolade der Welt. Mittlerweile ist sie eine von vielen. Die Vanille ist allseits präsent.
  Aromaprofil: rote Beeren, Pflaume.

- Produkt: (Dunkel) Cru Madagascar 70 %, Punkte: 85,60
  Preis/Menge: 5,90 EUR / 50 g
  Angenehme Frucht zu Beginn, deutliches Röstaroma, würzig.
  Aromaprofil (deckt sich fast mit der Angabe von Amedei): Zitrusfrüchte, rote Beeren, leicht minzig, Vanille.

- Produkt: (Dunkel) „9" 75 %, Punkte: 83,15
  Preis/Menge: 7,60 EUR / 50 g
  Bohnen von 9 Plantagen, dafür als Aromaprofil „nur" Zitrusfrüchte und geröstete Mandeln. Etwas wenig, aber Recht hat Amedei. Die Schokolade hat eine einfache Aromastruktur, schmeckt aber gut.

- Produkt: (Dunkel) Toscano Black 70 %, Punkte: 78,30
  Preis/Menge: 4,80 EUR / 50 g
  Relativ dezent aromatisch und kaum Länge, dennoch eine gute Schokolade.
  Aromaprofil (Hersteller): Nuancen von Tabak, Toastbrot, Orangenschale, Blumen, Walnuss, Zedernholz und Schokolade. Diese komplexe Aromenstruktur ist in der Schokolade nicht erkennbar. Ich beschreibe sie diplomatisch als fruchtig und dezent würzig.

- Produkt: (Milch) Toscano Brown Latte, Punkte: 91,60
  Preis/Menge: 4,80 EUR / 50 g
  Angenehm milchig, nicht zu süß, elegante Schokolade. Hauptfokus liegt auf der Milch, nicht auf dem Kakao.
  Aromaprofil: frische Alpenmilch, Rahm, Malz, Sahnebonbon.

- Produkt: (Weiße) Pistacchi, Punkte: 89,55
  Preis/Menge: 5,40 EUR / 50 g
  Elegante weiße Schokolade mit sehr natürlichem Pistaziengeschmack. Knusprig, aromatisch und harmonisch.

- Produkt: (Weiße) Bianco, Punkte: 91,80
  Preis/Menge: 4,80 EUR / 50 g
  Sehr angenehmes Aroma und dezent süß. Eine willkommene Schokolade, auch wenn sie weiß ist.
  Aromaprofil: Vanille, Rahm, Alpenmilch.

- Produkt: (Veredelt) Nocciole, Punkte: 91,90
  Preis/Menge: 5,40 EUR / 50 g
  Sehr nussig, knusprig, aromatisch. Tolle Milchschokolade als Basis (wohl die Toscano Brown Latte).

- Produkt: (Veredelt) Toscano Blond con Pesce e Albicocca, Punkte: 80,80
  Preis/Menge: 5,60 EUR / 50 g
  Früchte relativ sauer aber angenehm, dezentes Fruchtaroma. Man schmeckt fast ausschließlich Himbeere und ein wenig Erdbeere heraus. Kirsche geht etwas unter. Raue dunkle Schokolade. Kommt wohl vom Fruchtpulver.

- Produkt: (Veredelt) Toscano Red con Fragole, Ciliegie e Lamponi, Punkte: 69,00
  Preis/Menge: 5,60 EUR / 50 g
  Die gefriergetrockneten Früchte schmecken am Anfang leicht muffig und entwickeln erst am Ende etwas Aroma. Unharmonisch mit der dunklen Schokolade und insgesamt zu wenig Charakter.

- **Produkt: (Nougat) Crema Toscana alla Nocciola, Punkte: 88,00**
  Preis/Menge: 11,80 EUR / 200 g
  Nicht so cremig wie z. B. die von Domori. Mit Kakaomasse aber ohne Soja-Lecithin. Sehr guter Haselnuss-Geschmack und auch nicht zu süß. 47 % Haselnüsse der Sorte „Tonda Gentile delle Langhe".

- **Produkt: (Nougat) Gianduja, Punkte: 85,00**
  Preis/Menge: 4,80 EUR / 50 g
  Schön nougatig, weiche Konsistenz, könnte aber etwas mehr Haselnussaroma haben.

- **Produkt: (Riegel) Quadrotti Cioccolato al latte Croccantino, Punkte: 67,50**
  Preis/Menge: 5,90 EUR / 45 g
  Milchschokolade mit Krokant, insgesamt etwas zu süß, Füllung schwach im Aroma und zu fest.

- **Produkt: (Riegel) Quadrotti Cioccolato la latte bianco Pistacchi e Granella di Cacao, Punkte: 63,00**
  Preis/Menge: 5,90 EUR / 45 g
  Milchschokolade mit Krokant, insgesamt etwas zu süß, Füllung schwach im Aroma und zu fest.

- **Produkt: (Riegel) Quadrotti Cioccolato Fondente 66 % Praliné e Mandorle, Punkte: 63,00**
  Preis/Menge: 5,90 EUR / 45 g
  Dunkle Schokolade mit Mandeln. Bitter, aromaschwach. Wo sind die Mandeln und welche Aromen sind enthalten? Die Zutatenliste gibt „natürliche Aromen" an, aber welche?

- **Produkt: (Schachtel) Tartufi, Punkte: 77,05**
  Preis/Menge: 15,90 EUR / 120 g
  Keine schlechte Mischung. Erinnert doch sehr an deutsches Konfekt. Die Produkte waren extrem frisch und daher teilweise stark alkoholisch. Die Größe der Trüffel ist sehr schön. Um einiges kleiner als die traditionellen deutschen Trüffel. Bei der einen oder anderen Sorte fehlte es etwas an Aroma, aber insgesamt habe ich sie gerne verkostet. Lebt natürlich auch von der sehr guten Schokolade.

Konfekt-Einzelbewertungen:
Tartufo: Punkte: 82,00
Nussstücke mit bitterer Schokolade, herb, fest, knusprig, gut.
Vin Santo: Punkte: 80,80
Gutes Aroma des toskanischen Dessertweins, weiche und cremige Füllung.
Passione: Punkte: 78,50
Gutes Rumaroma, weiche Füllung, etwas zu dicke Schokolade, sehr alkoholisch.
Delizioso: Punkte: 77,00
Gianduja-Füllung mit Nuss-Stückchen. Leider ist die Füllung viel zu fest.
Solare: Punkte: 74,00
Soll eine Zabaione-Füllung sein, hat dafür aber zu wenig Zabaione-Charakter und einen zu dicken Schokoladenüberzug.
Capriccio: Punkte: 70,00
Zu viel Schokolade, daher zu süß und der Geschmack der Füllung (Wein und Grappa) geht unter. Schade.

Fazit:
Warum nur verwendet Amedei in allen Ursprungsschokoladen Vanille? Gerade Amedei sollte bewusst sein, dass Kakaosorten wie Porcelana oder Chuao ausreichend eigene Aromen besitzen und keine zusätzliche Vanille benötigen. Dennoch sind die Ursprungsschokoladen ordentlich gelungen, wobei die Chuao aber – ehemals von mir als die beste Schokolade der Welt betrachtet – erschreckend in der Qualität abgebaut hat. Der Verlust des Monopols scheint auch den Verlust an Leidenschaft für diesen Kakao zur Folge zu haben. Sehr schade.
Während der Internationalen Süßwarenmesse (ISM) Ende Januar 2011 hatte ich ein langes Gespräch mit einem Mitarbeiter des Unternehmens. Er erläuterte mir, dass Amedei eine harmonische dunkle Schokolade produzieren wolle und der Gedanke an Ursprungsschokolade zweitrangig sei. Dann frage ich mich allerdings, warum überhaupt Ursprungsschokoladen angeboten werden und die Herkunft der Kakaobohne so in den Mittelpunkt gerückt wird.
Die etwas neuere Produktgruppe Quadrotti ist ein ziemlicher Schuss in den Ofen. Langweilig, wenig kreativ und handwerklich schlecht produziert.
Die Qualitäten der Firma Amedei sind insgesamt sehr schwankend: mal sensationell gut, mal erschreckend schlecht. Das reicht nicht mehr, um ganz vorne dabei zu sein.

Empfehlung:
Trotz der Zugabe von Vanille ist die eine oder andere Ursprungsschokolade durchaus empfehlenswert. Die Nougatprodukte Crema Toscana und die Gianduja-Tafel ebenso. Das Konfekt ist nicht schlecht, aber viel zu teuer. Wer gerne eine edle weiße Schokolade oder Milchschokolade mag, kann die von Amedei mal probieren.
Grundsätzlich hinkt das Preis-Leistungs-Verhältnis: Eine Porcelana für 11,90 EUR für 50 g gibt schon zu denken. Daher wird man wohl den Genuss von Amedei-Produkten auf seltene Momente begrenzen.

AMMA

Brasilien (Salvador de Bahia)
www.ammachocolate.com.br

Verarbeitungsstufe: **Bean-to-bar**

Diego Badaro, dessen Familie seit fünf Generationen Kakaoplantagen betreibt, habe ich 2005 in Paris während des Salon du Chocolat kennen gelernt. Bereits nach kurzer Zeit entstand eine Freundschaft und zwei Reisen nach Salvador de Bahia folgten. Die erste fiel in die Zeit des Karnevals und lehrte mich, dass salvadorianischer Karneval weder mit Karneval in Rio noch mit Karneval im Rheinland vergleichbar ist. Während der zweiten Reise konnten wir dann auch endlich diverse Kakaoplantagen besuchen.
Frederick Schilling, den Gründer von Dagoba Chocolate, habe ich das erste Mal im Sommer 2004 auf der Fancy Food Show in New York getroffen. Dem Verkauf seiner Anteile im Jahre 2006 an Hershey's folgte ein zweijähriges Sabbatical. Mittlerweile ist er wieder sehr aktiv: Zum einen in der Part-

nerschaft mit Diego Badaro bei Amma und zum anderen als Mitinhaber von Big Tree Farms auf Bali in Indonesien. Dort habe ich ihn im September 2010 besucht, um mir ein Bild vom dortigen Kakaoanbau zu machen.
Amma verarbeitet hauptsächlich die Kakaobohnen von Diegos Plantage. Es handelt sich hierbei um brasilianischen Forastero, einen einfachen, aber durchaus aromatischem Kakao. Gefertigt werden die Amma-Schokoladen in Brasilien, was aufgrund der hohen Feuchtigkeit kein leichtes Unterfangen ist. Für das Design ist Diegos Frau Luiza, eine renommierte brasilianische Künstlerin, zuständig. Verwendet werden ausschließlich auf Pflanzenbasis hergestellte Farben und FSC-zertifiziertes Papier. Amma-Schokoladen sind seit Mitte des Jahres 2010 im Markt erhältlich.

Produktbewertungen

- Produkt: (Dunkel) 75 % Dark Chocolate,
  Punkte: 80,50
  Preis/Menge: 5,00 EUR / 80 g
  Harmonischste der Amma-Schokoladen, angenehm herb, mit sehr gutem Schmelz und angenehmer Adstringens.
  Aromaprofil: Quitte, Pflaume und leicht nussig.

- Produkt: (Dunkel) 60 % Dark Chocolate,
  Punkte: 76,50
  Preis/Menge: 5,00 EUR / 80 g
  Aufgrund des 60 %igen Kakaoanteils relativ süß, für Forastero erstaunlich gute Aromen, etwas rau auf der Zunge, deutliches Röstaroma.
  Aromaprofil: Nuss, Kaffee, Trockenfrüchte.

- Produkt: (Dunkel) 85 % Dark Chocolate,
  Punkte: 75,50
  Preis/Menge: 5,00 EUR / 80 g
  Fruchtige Schokolade mit tollem Schmelz, jedoch etwas zu sauer und leicht adstringierend.
  Aromaprofil: Kirschen, Zitrusfrüchte, leicht torfig.

- Produkt: (Milch) 45 % Milk Chocolate,
  Punkte: 70,90
  Preis/Menge: 5,00 EUR / 80 g
  Ordentliche Milchschokolade mit dezenten Kakaoaromen, leicht herb, Aroma des Milchpulvers störend.
  Aromaprofil: Rahmkaramell, florale Nuancen, Malz.

Fazit:
Das sehr junge Unternehmen hat von Beginn an gute Arbeit geleistet. Da Frederick Schilling die Schokolade bei Dagoba hatte herstellen lassen, statt selbst zu produzieren, ist es auch für ihn eine neue Erfahrung. Die besonderen klimatischen Bedingungen in Brasilien stellen eine weitere Herausforderung dar. Milchpulver bei so hoher Luftfeuchtigkeit zu verarbeiten, ist keine einfache Sache.
Der Forastero-Kakao hat eine begrenzte Aromenvielfalt. Diego und Frederick holen dennoch viel aus den Bohnen heraus. Die 75 %ige ist das derzeitige Meisterstück. Der erste Schritt ist eindrucksvoll gelungen und ich bin mir sicher, dass die Qualität weiter steigen wird.

Empfehlung:
Wer einmal eine Schokolade mit gutem Forastero-Kakao probieren möchte, sollte auf jeden Fall die 75 %ige der Firma Amma testen. Für alle, die es etwas süßer mögen, empfehle ich die 60 %ige.

ANTICA DOLCERIA BONAJUTO

Italien (Modica, Sizilien)
www.bonajuto.it

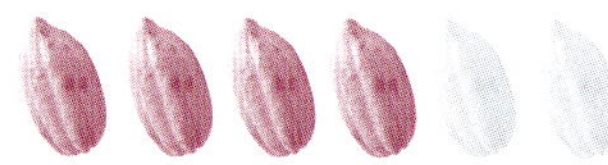

Verarbeitungsstufe: **Bean-to-bar**

Antica Dolceria Bonajuto pflegt seit seiner Gründung im Jahre 1880 durch Francesco Bonajuto die traditionelle Art der Schokoladenherstellung. Die handwerkliche Herstellung von Schokolade hat in Modica eine lange Geschichte. Bereits im 17. Jahrhundert gelangte die Kenntnis der aztekischen Kakaoverarbeitung durch spanische Seeleute und Händler nach Modica.
Das Modica-Herstellungsverfahren weicht erheblich vom üblichen Verfahren ab: Nach dem Schälen der gerösteten Kakaobohnen werden diese nicht gemahlen, sondern nur grob zerkleinert. Dadurch verbleibt die Kakaobutter in der Molekularstruktur des Kakaos und separiert sich nicht. Die entstehende grobe Masse wird leicht erhitzt und mit anderen Zutaten vermischt. Die Zuckerkristalle schmelzen dabei nicht, da der gesamte Verarbeitungsprozess bei niedrigen Temperaturen stattfindet. Nach dem Abfüllen, zum Teil in die vom „Denominazione Communale del Cioccolato Modicano" vorgegebenen Formen, sind die Zuckerkristalle nicht nur sichtbar, sondern auch schmeckbar. Die Zuckerkristalle knirschen beim Essen der Schokolade entsprechend zwischen den Zähnen. Auch die Kakaobutter ist keine homogene Verbindung mit der Kakaomasse eingegangen, sodass die Schokolade meist eine gräuliche Farbe annimmt.

Im Grunde ähnelt diese Art der Herstellung dem neuen Trend zu Raw Chocolate, wie er besonders in den USA auf dem Vormarsch ist. Minimale Verarbeitung der Kakaobohne bei geringer Wärmezufuhr, wobei Antica die Bohnen sowohl fermentiert, als auch röstet.
Antica Dolceria Bonajuto verarbeitet hauptsächlich Kakaobohnen aus Sao Tomé (von Claudio Corallo), Ghana, Ecuador und der Dominikanischen Republik.

Produktbewertungen

- Produkt: (Dunkel) 70 %, Punkte: 84,70
  Preis/Menge: 2,80 EUR / 50 g
  Angenehm würziges Aroma, leicht herb. Trotz der Zuckerkristalle mit angenehmem Schmelz.
  Aromaprofil: Gewürze (Macis, Vanille), Nüsse, Trockenfrüchte.

- Produkt: (Dunkel) 80 %, Punkte: 83,20
  Preis/Menge: 2,80 EUR / 50 g
  Herb und leicht trocken, aber aromatisch. Eine harmonische Schokolade. Aromaprofil: Geröstete Mandeln, Trockenfrüchte, Pflaume.

- Produkt: (Dunkel) 90 %, Punkte: 81,80
  Preis/Menge: 2,80 EUR / 50 g
  Würziges Aroma und kräftig schokoladig. Sehr herb, aber nicht sauer oder adstringierend. Aromaprofil: Kaffee, Trockenfrüchte, milde Gewürze.

- Produkt: (Dunkel) Mascobado 65 %, Punkte: 81,10
  Preis/Menge: 2,80 EUR / 50 g
  Der Mascobado-Rohrzucker hat einen angenehmen Eigengeschmack, die Schokolade ist insgesamt gut gelungen.

- Produkt: (Dunkel) Fruttosio 65 %, Punkte: 69,50
  Preis/Menge: 2,80 EUR / 50 g
  Das Aroma gefällt nicht so gut und auch die Süße der Fruktose ist nicht angenehm.

- Produkt: (Veredelt) Cardamomo 65 %, Punkte: 90,35
  Preis/Menge: 2,80 EUR / 50 g
  Dunkle Schokolade, sehr angenehm gewürzt mit 0,23 % Kardamom, ohne Aromastoffe.

- Produkt: (Veredelt) Noce moscata 65 %, Punkte: 85,10
  Preis/Menge: 2,80 EUR / 50 g
  Muskatnuss ist gut im Aroma und passt zu der dunklen Schokolade. Ohne Aromastoffe, sondern mit Gewürz verarbeitet.

- Produkt: (Veredelt) Salinae, Cioccolato al sale 80 %, Punkte: 84,50
  Preis/Menge: 2,80 EUR / 50 g
  Gute dunkle Schokolade, herb, leicht trocken und angenehm dezent gesalzen.

- Produkt: (Veredelt) Limone 65 %, Punkte: 83,30
  Preis/Menge: 2,80 EUR / 50 g
  Angenehmes Zitronenaroma, aber etwas zu dominant für die dunkle Schokolade. Mit getrockneten Zitronenschalen, ohne Aromastoffe.

- Produkt: (Veredelt) Maggiorana 65 %, Punkte: 82,70
  Preis/Menge: 2,80 EUR / 50 g
  Dunkle Schokolade mit angenehmem Majoranaroma, 0,66 % Gewürzanteil, ohne Aromastoffe.

- Produkt: (Veredelt) Pepe bianco 65 %, Punkte: 82,50
  Preis/Menge: 2,80 EUR / 50 g
  Was für ein Pfefferaroma! Zwar etwas einfacher Pfeffer, aber gut gelungen und mit diskreter Schärfe. 0,3 % Pfeffer in dunkler Schokolade.

- Produkt: (Veredelt) Xocoatl 65 %, Punkte: 81,50
  Preis/Menge: 6,50 EUR / 30 g
  Sehr gut gewürzt mit angenehmer Schärfe. Die dunkle Schokolade ist angenehm herb und aromatisch.

- Produkt: (Veredelt) Arancia 65 %, Punkte: 84,60
  Preis/Menge: 2,80 EUR / 50 g
  Könnte zwar etwas aromatischer sein, schmeckt aber dennoch gut, da keine Aromastoffe, sondern ausschließlich Orangenschalen verarbeitet wurden. Angenehme Aromen der dunklen Schokolade.

- Produkt: (Veredelt) Cannella 35 %, Punkte: 55,00
  Preis/Menge: 3,20 EUR / 100 g
  Leider viel zu süße dunkle Schokolade mit zu wenig Zimtaroma. Altes historisches Rezept mit nur 35 % Kakaomasse. Auf diesem Hintergrund zähle ich dieses Produkt zu den Kuriositäten.

- Produkt: (Veredelt) Vaniglia 35 %,
  Punkte: 55,00
  Preis/Menge: 3,20 EUR / 100 g
  Leider viel zu süße dunkle Schokolade mit zu wenig Vanillearoma. Altes historisches Rezept mit nur 35 % Kakaomasse. Auf diesem Hintergrund zähle ich auch dieses Produkt zu den Kuriositäten.

Fazit:
Diese Produkte habe ich nach denen der Firma CioMod verkostet, die ebenfalls nach dem traditionellen Modica-Verfahren produziert werden. Umso überraschender war aber die Verkostung. Nicht nur, dass das Aroma und der Geschmack der Schokoladen durchweg gut war, auch die Aromatisierung war gelungen. Es wurden keine Aromastoffe oder Aromaextrakte verwendet, sondern getrocknete Gewürze und Fruchtschalen. Der Unterschied im Geschmack ist immens. Ob die Kardamom-, die Pfeffer- oder die Zitronenschokolade, alle Sorten schmecken harmonisch und aromatisch. Bei den puren Schokoladen schmeckt man die gute Bohnenqualität.
Hier ist alles stimmig. Es stellt sich lediglich die Frage, ob man eine Schokolade mag, in welcher der Zucker nicht homogen mit der Kakaomasse verschmolzen ist. Mir persönlich gefällt es gut, wenn die Qualität der Schokolade insgesamt stimmt.
Die beiden Sorten Vanille und Zimt fallen ganz bewusst geschmacklich etwas aus dem Rahmen. Sie werden in der traditionellen Form gegossen und sind extrem süß, wodurch sich das Aroma der Gewürze nicht so gut entfalten kann. Vielleicht ist auch die Dosierung der Gewürze etwas zu gering. Die ursprüngliche und jahrhundertealte Rezeptur, nach der die beiden Sorten auch heute noch hergestellt werden, sieht nur 35 % Kakaomasse vor. Früher wurde diese Schokolade hauptsächlich für Trinkschokolade verwendet, daher die extreme Süße.
Es bleibt eine gute Erinnerung an Antica Dolceria Bonajuto und die Erkenntnis, dass Modica-Schokolade auf jeden Fall aus diesem Hause stammen sollte.

Empfehlung:
Die Produkte sind nicht nur eine Kuriosität, sondern sehr schmackhaft. Puristen empfehle ich die puren Schokoladen, Liebhabern veredelter Schokoladen alle Sorten außer Zimt und Vanille. Sie sind zu süß und etwas flach im Aroma, aber kurios und traditionell.

ANTIDOTE

USA (New York)
www.antidotechoco.com

Verarbeitungsstufe: **Schokolade nach Maß**

Antidote (engl. Gegengift) ist eine sehr junge Marke, die erst im Winter 2010 in den Schokoladenmarkt eingestiegen ist.
Die Schokoladen bestehen jeweils zu 50 Prozent aus gerösteten und rohen Kakaobohnen ecuadorianischer Herkunft und werden in Quito, der Hauptstadt Ecuadors, produziert. Der Kakao und der Zucker sind Bio-zertifiziert, alle anderen Zutaten nicht. Zusätzlich ist der Kakao Rainforest-Alliance-zertifiziert. Alle Schokoladen, auch die pure Variante, beinhalten Blätter der Moringapflanze, die als die nährstoffreichste Pflanze der Erde gilt. Dem entsprechend soll es sich bei den Antidote-Produkten um eine Art „Gesundheitsschokolade" handeln. Angesichts des hohen Kakaoanteils und der verwendeten Biorohstoffe kann man auch durchaus von guten Zutaten sprechen, die Wirkung des Moringa kann ich jedoch nicht beurteilen.
Kreiert wurde die Marke von Red R. Thalhammer, der Inhaberin der Werbe- und Designagentur Tripple Red. Alle Tafeln tragen Namen griechischer Götter.
Ob Antidote als Bean-to-bar-Produzent angesehen werden kann, ist eine Frage der Auslegung. Meiner Meinung nach muss ein Hersteller hierfür über eine eigene Produktion verfügen. Auch wenn Red Thalhammer beteuert, bei jeder Produktion vor Ort zu sein, um die Herstellung zu leiten, eines Tages wird dies einmal nicht so sein. Dann ist er auf die Leistung Dritter angewiesen und gibt die Kontrolle über die Produktion aus den Händen. Ich stufe Antidote daher in die Verarbeitungsstufe 3, also in die individuelle Schokoladenherstellung, ein.

Produktbewertungen

- Produkt: (Dunkel) Gaia 84 % Dark Chocolate – essential, Punkte: 71,00
  Preis/Menge: 5,00 USD / 3,95 EUR / 65 g
  Moringa kaum schmeckbar, halb rohe und halb geröstete Kakaobohnen, aber zu viel Vanille.
  Aromaprofil: Blüten (Jasmin, Hibiskus), nussig und leicht torfig.

- Produkt: (Veredelt) Panakeia 84 % Dark Chocolate with Lavender & Sea Salt, Punkte: 71,75
  Preis/Menge: 5,00 USD / 3,95 EUR / 65 g
  Dunkle Schokolade mit angenehmem Lavendelaroma, dezent salzig.

- Produkt: (Veredelt) Kakia 84 % Dark Chocolate with Red Hibiscus & Berry, Punkte: 69,75
  Preis/Menge: 5,00 USD / 3,95 EUR / 65 g
  Die dunkle Schokolade ist etwas fruchtiger als die anderen Sorten, hat aber zu wenig Aroma.

- Produkt: (Veredelt) Aletheia 84 % Dark Chocolate with Ginger & Goldenberry, Punkte: 62,75
  Preis/Menge: 5,00 USD / 3,95 EUR / 65 g
  Leider zu dezentes Ingweraroma, fruchtig-saure Beeren. Nicht ganz harmonisch zu der sehr herben Schokolade.

Fazit:
Nach einigen Überlegungen folge ich Antidote in der Einstufung der Sorte Gaia als pure dunkle Schokolade, obwohl sie Moringablätter enthält.
Grundsätzlich sind die Schokoladen gut gelungen. 84 % Kakaoanteil ist schon relativ viel, die Schokoladen sind aber dennoch nicht allzu bitter. Das Aroma der Nacional-Kakaobohnen ist schmeckbar.
Alles in allem ordentliche Produkte, deren nächsten Chargen noch besser sein könnten. Gemeinsam ist allen Schokoladen, dass zu viel Vanille verarbeitet wurde.

Empfehlung:
Liebhabern eines hohen Kakaoanteils ohne zu viel Bitterkeit empfehle ich die Sorte Gaia, Lavendelfreunden die Sorte Panakeia.

ANTOINE AMRANI CHOCOLATES

USA (East Norriton, Philadelphia)
www.aachocolates.com

Verarbeitungsstufe: **Standard-Schokolade**

Anlässlich der Chocolate Show New York hatte ich im November 2010 viele Namen von Chocolatiers und Confiseuren auf meiner Liste – Antoine Amrani war nicht dabei. Bei einem Besuch des Feinkostgeschäfts Dean & Deluca habe ich dann zufällig eine Schachtel gesehen und wurde neugierig. Antoine Amrani ist gebürtiger Franzose. Aufgewachsen mit sechs Geschwistern in Paris, entdeckte er bereits im zarten Alter von sechs Jahren seine Leidenschaft für Konfekt. In der Ritz-Escoffier-Schule in Paris erlernte er später die Grundlagen seines Handwerks, die er durch diverse Stationen quer durch Europa erweitern konnte. Gemeinsam mit Fred Potok gründete er schließlich sein eigenes Unternehmen in den USA.
Viele der von Amrani verwendeten Zutaten stammen aus biologischem Anbau.

Produktbewertungen

- Produkt: (Konfekt) Coffee Sour Cherry,
  Punkte: 86,80
  Preis/Menge: 14,00 USD / 11,05 EUR / 4 St.
  Mit ganzer in Alkohol eingelegter Kirsche gefüllt. Gutes Kaffeearoma, weich, cremig und nicht zu alkoholisch.

- Produkt: (Konfekt) Raspberry, Punkte: 82,00
  Preis/Menge: 14,00 USD / 11,05 EUR / 4 St.
  Gutes fruchtig-saures Himbeeraroma, weich und cremig, leicht herb und nicht zu süß.

- Produkt: (Konfekt) Organic Coconut Kaffir Lime, Punkte: 80,00
  Preis/Menge: 14,00 USD / 11,05 EUR / 4 St.
  Sehr eigener, aber guter Geschmack der Kaffir-Limette, weiße Ganache mit viel Kokosnussraspeln, gut gelungen.

- Produkt: (Konfekt) Earl Grey, Punkte: 69,00
  Preis/Menge: 14,00 USD / 11,05 EUR / 4 St.
  Etwas zu wenig Teearoma, aber dennoch nicht schlecht. Leicht herb, weich und cremig, dünner Schokoladenüberzug.

Fazit:
Die Überraschung ist gelungen. Ein so aromatisches Konfekt hatte ich nicht erwartet. Drei Sorten haben mir richtig gut gefallen, wobei die Earl Grey etwas aromatischer sein könnte. Das Vergnügen wird durch den Preis von ca. 22 EUR für 100 g etwas getrübt. Bei diesem Preis hätte dann auch die vierte Sorte das Niveau der anderen halten müssen.

Empfehlung:
Trotz des hohen Preises kann ich die Produkte von Antoine Amrani empfehlen. Besonders geeignet für Liebhaber von Konfekt französischen Stils.

ARTISAN DU CHOCOLAT

England (Ashford, Kent)
www.artisanduchocolat.com

Verarbeitungsstufe: **Mass-to-bar**

In Englands Schokoladenszene hat sich in den letzten Jahren viel bewegt – der Ire Gerard Coleman hat kräftig Anteil an dieser Entwicklung.
Wie der Name schon erahnen lässt, sind das Unternehmen und seine Produkte vom französischen Stil geprägt. Gerard Coleman war als Chef Pâtissier in Dublin, London und New York tätig und kehrte nach seinem Zwischenstopp bei Pierre Marcolini in Brüssel nach London zurück, um seine Selbstständigkeit zu planen. Im Jahre 2000 war es dann soweit und Artisan du Chocolat war gegründet.
Im Jahre 2001 eröffnete Coleman sein erstes Geschäft am Sloane Square in Chelsea, ein zweites

folgte in Londons Nobelviertel Notting Hill. 2008 kam ein „Shop in Shop" im traditionsreichen Kaufhaus Selfridges hinzu.
Seit dem Jahre 2007 stellt Artisan du Chocolat auch Schokolade her. Zwar nicht von der Bohne weg, aber ab der Kakaomasse. Das zwingt ihn zu gewissen Kompromissen, gibt aber durchaus Spielraum für Kreativität. Am 9. Oktober 2010 ist die Jamaica Dark bean-to-bar Schokolade geboren. Mit einem Team von Schokoladenliebhabern wurden 300 kg Kakaobohnen aus Jamaika von Hand selektiert, geröstet, gebrochen und gemahlen. Daraus entstand dann die erste „echte" Bean-to-bar Schokolade des Hauses.
Außer Schokoladentafeln produziert das Unternehmen auch Konfekt, Trinkschokolade und andere Spezialitäten.

Produktbewertungen

- Produkt: (Dunkel) Vietnam Dark 72 %, Punkte: 77,50
  Preis/Menge: 3,00 GBP / 3,72 EUR / 45 g
  Überraschend gute Schokolade, hergestellt aus Vietnam-Kakao. Aromatisch und mit recht deutlichem Röstaroma. Vielleicht etwas störende Bitterkeit, insgesamt aber interessant.
  Aromaprofil: Trockenfrüchte (Rosinen), fermentierte Kakaobohnen, etwas torfig.

- Produkt: (Dunkel) Jamaica Dark bean-to-bar 72 %, Punkte: 62,50
  Preis/Menge: 3,00 GBP / 3,72 EUR / 45 g
  Eine ungewöhnliche Schokolade, seltsames Aroma, seltsamer Schmelz und ganz viele kleine Stückchen, die wie Schalenstückchen und nicht wie Nibs schmecken. Recht bitter, zu fettig und auch etwas ungewöhnlich im Geschmack.
  Aromaprofil: Feuchter Waldboden, fermentierte Früchte, Gras, feuchtes Heu, Tabak.

- Produkt: (Milch) Buffalo Milk Chocolate 40 %, Punkte: 95,50
  Preis/Menge: 3,00 GBP / 3,72 EUR / 45 g
  Auch wenn die Schokolade kaum Kakaocharakter hat, gefällt sie mir außerordentlich gut. Milchig-cremig und mit einem sehr guten Schmelz. Das Wasserbüffel-Milchpulver harmoniert sehr gut in der Schokolade. Eine Milchschokolade in Schweizer Tradition. Aromaprofil: Sahne-Toffee, Malz, Milchreis.

- Produkt: (Veredelt) Tobacco Dark Chocolate 72 %, Punkte: 84,75
  Preis/Menge: 3,00 GBP / 3,72 EUR / 45 g
  Die dunkle Schokolade soll nach Tabak schmecken und das tut sie auch – allerdings recht penetrant. Auch wenn ich es persönlich nicht mag, das Ziel wurde erreicht und zwar mit Bravour.

Fazit:
Das Experiment der ersten Bean-to-bar-Schokolade ist grandios gescheitert. Enthusiasmus und Improvisation in allen Ehren, aber am Ergebnis ist alles Erdenkliche seltsam: das Aroma, der Geschmack und auch der Schmelz. In der Schokolade befindet sich eine nicht unerhebliche Menge an Kakaoschalenstückchen und insgesamt ist sie zu fettig geraten. Die auf der Verpackung gepriesenen Aromen von Lakritze, Pflaume und Jasmin konnte ich nicht schmecken. Da greife ich doch lieber zu der überraschend gut gelungenen Vietnam-Schokolade.

Eigentlich mag ich nicht so gerne Milchschokoladen, die kaum Kakaocharakter besitzen. Die Büffelmilch-Schokolade, hergestellt mit Milchpulver von Wasserbüffeln der Laverstoke Park Farm, bildet eine Ausnahme. Sie ist milchig-cremig, mit einem sehr schönen Schmelz und einem sehr angenehmen Milchgeschmack.
Schon beim Kauf der Tobacco-Schokolade war mir klar, dass ich diese Schokolade nicht mögen würde. Ich habe Recht behalten, muss aber anerkennen, dass die Schokolade äußerst gut gelungen ist. Sie schmeckt intensiv nach Tabak und ist handwerklich extrem gut gemacht. Der Trinitario-Kakao aus der Dominikanischen Republik wird conchiert. Anschließend wird die warme Schokolade mit einer Tabakmischung aus Sweet Fire Cured Virginia, Spicy Kentucky and Cyprus Latakia mehrere Tage ziehen gelassen. In der Liste der Kuriositäten rangiert diese Schokolade ganz weit oben.

Empfehlung:
Mutigen empfehle ich die Tobacco, Chocoholics die Vietnam, da sie so oft nicht zu finden ist, und Liebhabern von Milchschokolade auf jeden Fall die Buffalo Milk Chocolate.

ASKINOSIE

USA (Springfield)
www.askinosie.com

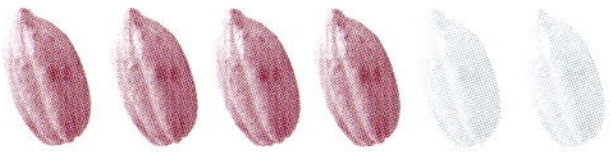

Verarbeitungsstufe: **Bean-to-bar**

Auch in der Schokoladenbranche scheinen die USA tatsächlich das Land der unbegrenzten Möglichkeiten zu sein. Viele neue Chocolatiers sind Quereinsteiger, die keine klassische Ausbildung absolviert haben. Erstaunlich dabei ist, dass es vielen von ihnen gelungen ist, sich in der Champions League der Chocolatiers zu etablieren – ob Patric Chocolate, Amano oder Scharffen Berger, um nur einige Beispiele zu nennen. Jeder für sich hat eine eigene Identität und seine Nische im Schokoladenmarkt gefunden. Eines der jüngsten Beispiele dieser Erfolgsstory ist Askinosie. Shawn Askinosie war 20 Jahre lang als Rechtsanwalt tätig. 1999 begann er als Hobbykoch und Hobbybäcker und war von Cupcakes so besessen, dass er sogar eine Cupcake-Bäckerei eröffnen wollte. Bei der häufigen Verarbeitung von Kuvertüren wurde aus dieser Leidenschaft eine noch größere Liebe zu Kakao und Schokolade.
Askinosie verarbeitet hauptsächlich Bohnen aus San José del Tambo in Ecuador, Soconusco in Mexiko und Davao von den Philippinen. Die von Askinosie auf den Philippinen gekauften Bohnen waren die ersten Bohnenexporte seit über 25 Jahren aus diesem Land.
Erwähnenswert ist auch, dass Askinosie selbst Kakaobutter presst. Für seine Ursprungsschokoladen verwendet er also nicht nur Ursprungsbohnen, sondern auch Kakaobutter aus der Ursprungsbohne. Das ist konsequent und absolut richtig. Meines Wissens ist Askinosie weltweit der einzige Schokoladenhersteller, der das so konsequent macht. Es hat mich – auch zu meiner Coppeneur-Zeit – schon immer gestört, dass Ursprungsschokolade fremde Kakaobutter enthält. Auch wenn es viele Chocolatiers bestreiten, Kakaobutter hat einen wesentlichen Einfluss auf das Aroma einer Schokolade und das auch schon bei geringen Mengen.

Eine weitere Besonderheit der Firma Askinosie ist die Verwendung von Ziegenmilch für die Herstellung der weißen Schokolade. Das dürfte Genießer mit einer Laktose-Unverträglichkeit freuen.
Auch die Verpackung und das Design sind nicht alltäglich. Die Beutel aus ungebleichtem Papier, verschlossen mit einer Schnur von gebrauchten Kakaosäcken, sind nicht nur schön anzusehen und von einer außergewöhnlichen Haptik, auf der Vorderseite sind auch allerlei Informationen über die Schokolade, die Herkunft der Bohnen und vieles mehr aufgedruckt.

Produktbewertungen

- Produkt: (Dunkel) Cortés, Honduras 70 % Dark Chocolate, Punkte: 94,45
  Preis/Menge: 9,90 EUR / 85 g
  Sehr überzeugendes Aroma, mit angenehmer Röstung. Zwar leicht sauer, aber passend zum fruchtigen Aroma. Ganz dezent adstringierend, was aber sehr angenehm ist.
  Aromaprofil: Tropische Zitrusfrüchte, Fermentation, Kokosnuss.

- Produkt: (Dunkel) Davao, Philippines 77 % Dark Chocolate, Punkte: 81,90
  Preis/Menge: 9,00 USD / 7,10 EUR / 85 g
  Gutes Aroma, etwas schmieriger Schmelz, herb, ohne sauer oder adstringierend zu sein.
  Aromaprofil: Rosinen, getrocknete Aprikosen, Gewürze (Lavendel, Zimt), leicht blumig.

- Produkt: (Dunkel) Tenende, Tanzania, 72 % Dark Chocolate, Punkte: 83,50
  Preis/Menge: 9,90 EUR / 85 g
  Kräftig aromatische dunkle Schokolade, herb, leicht sauer und auch etwas adstringierend. Wie immer bei Askinosie mit schönem Schmelz – eine interessante Schokolade.
  Aromaprofil: Vergorene Früchte, blumig-fruchtig (Kirschen, Grapefruit), Mandeln, Holz.

- Produkt: (Milch) Malted Moo Moo 55 % Milk Chocolate, Punkte: 96,20
  Preis/Menge: 9,00 USD / 7,10 EUR / 85 g
  Dunkle Milchschokolade mit sehr dominantem Kakaoaroma, herb und gleichzeitig doch süß. Gelungen.

  Aromaprofil: viel Malz, gebrannter Karamell, Rahmkaramell.

- Produkt: (Veredelt) San Jose Del Tambo + Crunchy Cocoa Nibs 70 % Dark Chocolate Ecuador, Punkte: 88,50
  Preis/Menge: 10,00 USD / 7,89 EUR / 85 g
  Etwas zu saure dunkle Schokolade aus Nacional-Kakao, aber mit sehr gutem Aroma. Wenn auch nicht die typischen Nacional-Aromen wie Jasmin dominieren.
  Aromaprofil: Unreife Zitrusfrüchte, Blüten (Jasmin, Hibiskus), Tropenholz, Pilze.

- Produkt: (Veredelt) Zingerman's El Rústico Mexican 70 % with crunchy sugar crystals and bites of vanilla bean, Punkte: 71,00
  Preis/Menge: 9,90 EUR / 85 g
  Schokolade mit vielen Zuckerkristallen und ausgesprochen intensivem Vanillearoma. Leider ist die Schokolade selbst etwas zu bitter und adstringierend und vielleicht ist das Vanillearoma doch etwas zu dominant. Insgesamt zwar etwas unharmonisch, aber dennoch keine schlechte Schokolade.

- Produkt: (Weiße) White Chocolate Nibble Bar Soconusco 34 % Mexiko, Punkte: 63,75
  Preis/Menge: 9,00 USD / 7,10 EUR / 85 g
  Die weiße Schokolade hat einen starken Geschmack nach Ziegenmilch, ist rau und hat wenig Schmelz. Die aufgestreuten Nibs dagegen schmecken gut.

- Produkt: (Weiße) White Chocolate + Pistachio Soconusco 34 % Mexiko, Punkte: 62,75
  Preis/Menge: 9,00 USD / 7,10 EUR / 85 g
  Auch diese weiße Schokolade schmeckt stark nach Ziegenmilch. Es wurden zwar zu wenig Pistazien aufgestreut, die wenigen sind aber gut im Geschmack. Die Ziegenmilch harmoniert nur vage mit den Pistazien.

- Produkt: (Weiße) White Chocolate, Davao, Philippines, Punkte: 51,50
  Preis/Menge: 1,30 USD / 1,03 EUR / 85 g
  Pure weiße Schokolade mit Ziegengeschmack, sehr schlechtem Schmelz und spürbaren Zuckerkirstallen.
  Aromaprofil: Ziegenmilch, feuchtes Stroh, alter überreifer Ziegenkäse.

Fazit:
Askinosie ist zweifelsohne eine Bereicherung für den Schokoladenmarkt. Die Konsequenz der Produktion beeindruckt sehr. Sehr gut gefällt mir die Malted-Moo-Moo-Milchschokolade, sie ist schön herb und sehr aromatisch.
Die dunklen Schokoladen sind zwar meist etwas zu sauer und zu adstringierend, sie schmecken aber dennoch gut bis sehr gut. Vermutlich ist die verwendete Kakaobutter, die Askinosie ja selbst presst, nicht deodoriert, wodurch eine gewisse Adstringens und Säure darin verbleibt. Der angenehme Geschmack liegt hauptsächlich im überzeugenden Aroma und der Individualität der einzelnen Schokoladen begründet.
Der Ziegengeschmack der weißen Schokoladen ist hingegen doch sehr irritierend. Die Pistazientafel ist etwas zu dezent bestreut. Die Kombination der Ziegenmilch und der Pistazien ist hier nicht ganz harmonisch, obwohl frischer Ziegenkäse sicher gut zu Pistazien passt.

Empfehlung:
Empfehlenswert sind auf jeden Fall die Milchschokolade und alle dunklen Sorten, auch wenn sie mir persönlich etwas zu sauer und zu adstringierend sind. Die weißen Schokoladen empfehlen sich besonders Schokoladenliebhabern mit einer Laktose-Intoleranz.

AUSTRALIAN HOMEMADE

Niederlande (Veenendaal)
www.australianhomemade.com

Verarbeitungsstufe: **Standard-Schokolade**

Das Konzept des Franchise-Unternehmens hat seinen Ursprung im ländlichen Australien. Dort begann eine Großtante des Gründers im Jahre 1972 ihr eigenes Speiseeis herzustellen. Sie verwendete dafür ausschließlich Zutaten, die auf ihrem eigenen Bauernhof erzeugt wurden. Mit den Rezepten seiner Großtante eröffnete der Belgier Frederick van Isacker 1989 den ersten australischen Eisladen in Knokke, Belgien. 1995 expandierte das Unternehmen über die belgische Grenze hinaus in die Niederlande. Im Jahre 1997 begann das Unternehmen mit der Herstellung von Konfekt, um die lange Winterzeit ohne große Umsatzeinbußen zu überstehen. Auch für das Konfekt wurden ausschließlich natürliche Zutaten verwendet. Die erste Produktreihe war das Dreamers-Konfekt.
Im Jahre 2001 erlangte Bart van Elsland die internationalen Rechte an der Marke und den Rezepten. Innerhalb eines Jahres wurden in den Niederlanden 17 Geschäfte eröffnet, ein Jahr später jeweils ein erstes in Spanien, Deutschland und Irland. Mittlerweile gibt es auch abgepacktes Speiseeis, Eis am Stiel und weitere Schokoladenprodukte zu kaufen.
Eine Besonderheit ist, dass das Eis von Australian Homemade grundsätzlich in den Filialen frisch hergestellt wird. Natürlich nicht mit frischen Zutaten, jedoch auf Basis einer Grundmasse, die vom Unternehmen produziert und zur Verfügung gestellt wird.

Produktbewertungen

- Produkt: (Veredelt) Caramel Milk,
  Punkte: 53,50
  Preis/Menge: 2,75 EUR / 100 g
  Gutes und natürliches Karamellaroma (mit echtem Karamell und ohne Aroma), aber einfach zu süße und aromaschwache Schokolade.

- Produkt: (Veredelt) Hazelnut Milk,
  Punkte: 52,50
  Preis/Menge: 2,75 EUR / 100 g
  Die Haselnüsse sind schön in der Schokolade eingebettet und auch reichlich vorhanden. Die Schokoladenqualität selbst lässt leider zu wünschen übrig.

- Produkt: (Schachtel) Chocolates Selection,
  Punkte: 61,39
  Preis/Menge: 10,25 EUR / 198 g
  Dieses Konfekt hatte ich besser in Erinnerung. Dennoch ist es genießbar, wenn auch mit qualitativen Mängeln. Aufgrund der etwas speziellen Art noch gerade empfehlenswert.

Konfekt-Einzelbewertungen

Pistachio & Pine Nut: Punkte: 66,00
Pistazien und Pinienkerne in Karamell auf einer dunklen Ganache. Gutes Pinienkernaroma, Pistazien etwas dezent, insgesamt aber gut gelungen.
Almond & Orange: Punkte: 63,00
Gutes Aroma von Orange und Mandel, insgesamt vielleicht etwas zu süß.
Hazelnut Praline: Punkte: 62,50
Aromatischer doppelschichtiger Nougat. Angenehmer Schmelz.
Dark Chocolate: Punkte: 62,00
Dunkle Ganache, oben mit einer dünnen Schicht Marzipan. Nicht unangenehm, aber etwas banal.
Hazelnut & Amarena: Punkte: 62,00
Die Haselnüsse schmecken gut, Amarena leider nicht zu finden. Die zweite Schicht ist eine Creme aus Karamell und Haselnusspaste.
Macadamia & Cocoa Nibs: Punkte: 61,50
Dezent aromatischer Nougat, knusprige Nibs und Macadamia. Nicht zu süß.

Coffee & Caramel: Punkte: 60,00
Gutes Kaffeearoma, Karamell aber zu dezent, leider etwas zu süß.
Roasted Almond Dark: Punkte: 59,50
Marzipan mit gerösteten Mandeln. Zu wenig Mandelanteil im Marzipan. Nicht besonders gut.
Almond & Nougat: Punkte: 56,00
Nougat mit aromatischen Mandeln, knusprig. Nougat etwas zu dezent im Aroma und insgesamt etwas zu süß.

- **Produkt: (Schachtel) Truffles Selection, Punkte: 50,13**
  Preis/Menge: 9,25 EUR / 108 g,
  Diese Konfekt-Schachtel kann man getrost vergessen. Einfach ignorieren, das gute Speiseeis genießen oder vielleicht andere Konfektsorten.
  Konfekt-Einzelbewertungen
  Coffee Liquor: Punkte: 63,00
  Kaum Kaffee-Charakter, aber eine sehr angenehm cremige Füllung. Likör und Alkohol schmeckbar.
  Strawberry: Punkte: 61,00
  Fruchtig-sauer und erdbeerig, aber etwas zu süß und von mäßiger Konsistenz.
  Caramel: Punkte: 60,00
  Relativ süße Füllung, was bei Karamell aber nicht wundern darf. Kein unangenehmer Geschmack, außen mit Karamellflocken.
  Pistachio: Punkte: 59,00
  Kompakter Nougat mit Pistazienaroma, etwas zu süß.
  Rum: Punkte: 51,00
  Rum- und Alkoholaromen sind nicht zu identifizieren.
  Marc de Champagne: Punkte: 49,00
  Kaum bis gar kein Marc-Aroma, süß und so gut wie nicht alkoholisch.
  Coconut: Punkte: 23,00
  Kaum Kokosaroma. Schmeckt, als ob die Sahne oder Butter gekippt wäre.
  Macadamia: Punkte: 35,00
  Grausige Füllung, fettig, schlechtes Aroma, extrem süß und rau.

Fazit:
Australian Homemade-Produkte hatte ich in guter Qualität in Erinnerung. Nicht nur das Speiseeis, sondern auch das Konfekt der Produktreihen Dreamers und Bonzers. Die Trüffel waren mir nicht bekannt, ich habe sie nun erstmalig probiert, ebenso die Schokoladentafeln. Ernüchternd muss ich zugeben, dass mich die Qualität teilweise schockiert hat. Die Trüffel-Füllungen sind wenig aromatisch und teilweise nicht homogen. Auch die Dreamers kommen nicht über eine durchschnittliche Bewertung hinaus. Die Bonzers sind auf jeden Fall das Beste, was das Unternehmen herstellt, auch wenn ich sie besser in Erinnerung hatte. Das zweischichtige Konfekt, on top stets mit Karamell und Nüssen sowie Trockenfrüchten, ist originell und größtenteils schmackhaft. Leider mangelt es auch hier an Aroma, besonders bei den unteren Schichten.
Es sollte niemanden abschrecken, dass das Konfekt im Durschnitt 20 g wiegt. Sehen Sie es nicht als Konfekt, sondern als Bouchée und teilen Sie immer eins mit Ihrer/Ihrem Liebsten. Die beiden Schokoladentafeln sind aus billiger Standard-Schokolade und recht flach im Aroma. Die Hazelnut ist qualitativ besser, da reichlich mit Nüssen gefüllt.

Empfehlung:
Die Bonzers kann ich noch immer begrenzt empfehlen, da die obere Schicht der Konfektsorten recht nett ist. Aber Finger weg von den Trüffeln!

BACHHALM

Österreich (Kirchdorf)
www.bachhalm.at

Verarbeitungsstufe: **Standard-Schokolade**

Auch jenseits der Alpen hat sich eine kleine, aber feine Schokoladenkultur entwickelt. Die Geschichte der Konditorei Bachhalm geht bis in das Jahr 1928 zurück, als im Kremstal die erste Konditorei dieses Namens eröffnet wurde. Johannes Bachhalm hat 1997 die Geschäfte in dritter Generation übernommen. Bereits seit einigen Jahren kreiert Johannes Bachhalm Schokoladentafeln, von ihm „handgeschöpfte, bestreute Grand-Cru-Cuvée-Schokoladen" genannt. Besonders begehrt sind seine mit kandierten Blättern bestreuten Tafeln. Bachhalm ist durch und durch Konditor. Sein Portfolio reicht von Teegebäck über Kuchen und Torten, bis hin zu zahlreichen Schokoladenspezialitäten.
Das minimalistisches Jugendstil-/Art-Deco-Design der Verpackungen ist sehr schön gelungen und passt zur Wiener Geschichte.

Produktbewertungen

- Produkt: (Dunkel) Madagaskar 86 %, Punkte: 57,50
  Preis/Menge: 5,90 EUR / 70 g
  Viel zu sauer, sehr bitter und auch zu adstringierend. Eine sehr unharmonische Schokolade.
  Aromaprofil: Unreife Zitrusfrüchte, bittere Nüsse.

- Produkt: (Milch) Java Vollmilch 40 % Ernte 2009, Punkte: 65,20
  Preis/Menge: 5,90 EUR / 80 g
  Schwacher Kakaocharakter, sehr guter Schmelz, aber auch etwas zu süß.
  Aromaprofil: Leicht geräuchert, Tropenfrüchte.

- Produkt: (Weiße) Weiße Schokolade Mango-Caribic, Punkte: 65,25
  Preis/Menge: 4,90 EUR / 90 g
  Recht süße, mit Mango aromatisierte weiße Schokolade, belegt mit Papaya, Mango, Ananas, Rosinen, Cashewkernen, Kokoschips und Mandeln.

- Produkt: (Weiße) Elfenbeinküste Weiße 30 % Ernte 2009, Punkte: 65,00
  Preis/Menge: 5,90 EUR / 80 g
  Recht neutrale, aber etwas zu süße weiße Schokolade.
  Aromaprofil: Vanille, Butter.

- Produkt: (Veredelt) Zartbitterschokolade mit luftgetrocknetem Hirschschinken 53,8 %, Punkte: 67,45
  Preis/Menge: 4,90 EUR / 85 g
  Mit sehr aromatischem Rosa Pfeffer und etwas zu hoch dosiertem Rosmarin- und Wacholderöl. Vom Schinken ist kaum etwas zu schmecken.

- Produkt: (Veredelt) Zartbitterschokolade mit Weihrauch 73,5 %, Punkte: 66,00
Preis/Menge: 5,90 EUR / 80 g
Ich schmecke kandierte Veilchen. Diese Schokolade würde ich kein zweites Mal probieren, da mir der Genuss von Weihrauch nicht zuspricht.

- Produkt: (Veredelt) Zartbitterschokolade Apfel-Moosbeere 53,8 %, Punkte: 63,25
Preis/Menge: 4,90 EUR / 90 g
Mit fruchtig-sauren getrockneten Beeren und etwas zähen getrockneten Apfelscheiben. Begrenzt aromatisch.

- Produkt: (Veredelt) Zartbitterschokolade mit Rosa Pfeffer 53,8 %, Punkte: 63,25
Preis/Menge: 4,90 EUR / 85 g
Aromatischer Rosa Pfeffer in zu süßer Schokolade. Könnte großzügiger bestreut sein. Die Schale des Rosa Pfeffers ist im Mund nicht sehr angenehm.

- Produkt: (Veredelt) Zartbitterschokolade mit kandiertem Ingwer 53,8 %, Punkte: 61,25
Preis/Menge: 4,90 EUR / 90 g
Sehr frischer und saftiger Ingwer, leider zu süße Schokolade. Auf das Ingweröl hätte man nicht nur verzichten können, sondern müssen. Schade.

- Produkt: (Veredelt) Zartbitterschokolade mit kandierten Minzblättern 53,8 %, Punkte: 59,25
Preis/Menge: 6,90 EUR / 90 g
Sieht toll aus, ist aber zu süß und wenig aromatisch. Etwas spärlich mit Minze bestreut, Farbstoffe sind synthetisch. Leider fehlt ein Hinweis auf der Verpackung, dass der Inhaltsstoff allergieauslösend wirken kann.

- Produkt: (Veredelt) Zartbitterschokolade mit kandierten Veilchenblütenblättern 53,8 %, Punkte: 59,25
Preis/Menge: 6,90 EUR / 85 g
Sehr intensives Aroma, aber zu süß. Mit Farbstoff E120 und E124 (Surrogat aus E120 und z. B. in den USA verboten, da dieser Farbstoff in Verdacht steht, Pseudoallergien auszulösen). Leider fehlt auch hier der Hinweis.

- Produkt: (Veredelt) Vollmilchschokolade Honig-Mohn-Propolis 32,8 %, Punkte: 58,00
Preis/Menge: 4,90 EUR / 90 g
Relativ süß, aber mit gutem Honigaroma. Mohn und Propolis nicht schmeckbar. Mit Graumohnöl und nicht genauer gekennzeichneten Aromastoffen.

- Produkt: (Veredelt) Zartbitterschokolade Waldfrucht mit Erdbeere und Himbeere 53,8 %, Punkte: 57,75
Preis/Menge: 4,90 EUR / 85 g
Mit gefriergetrockneten Früchten, die nicht besonders angenehm sind, da zäh und wenig aromatisch.

- Produkt: (Veredelt) Zartbitterschokolade mit kandierten Rosenblütenblättern 53,8 %, Punkte: 55,75
Preis/Menge: 6,90 EUR / 90 g
Sehr süß, mit Rosenöl aromatisierte Schokolade, auch mit Farbstoff E120 . Die kandierten Rosen sind wenig aromatisch.

- Produkt: (Veredelt) Zartbitterschokolade mit Biergeschmack 53,8 %, Punkte: 48,75
Preis/Menge: 5,90 EUR / 85 g
Scherzschokolade mit dem Geschmack nach schalem Bier. Enthält Aromastoffe. Viel zu wenig aufgestreutes Malz, mit 53,8 % Kakaoanteil eine viel zu süße Schokolade.

- Produkt: (Konfekt) Passionsfrucht, Punkte: 70,00
Preis/Menge: 4,90 EUR/100 g
Gutes Aroma, fruchtig-sauer, dadurch nicht zu süß.

- Produkt: (Konfekt) Linzer Kugel, Punkte: 66,00
Preis/Menge: 4,90 EUR/100 g
Zwei Füllungen: Nougat und wohl Karamell. Ganz gut gelungen.

- Produkt: (Konfekt) Most, Punkte: 63,00
  Preis/Menge: 4,90 EUR / 100 g
  Gutes Aroma und gute Konsistenz, aber viel zu süß. Weiße Ganache-Füllung.

- Produkt: (Konfekt) Ananas, Punkte: 63,00
  Preis/Menge: 4,90 EUR / 100 g
  Zweifach gefüllt mit weißer Ganache und Ananaskonfitüre. Zu süß und dezent aromatisch.

- Produkt: (Konfekt) Himbeer-Minze, Punkte: 62,00
  Preis/Menge: 4,90 EUR / 100 g
  Eine Schicht Minzganache, eine Himbeergelee. Minze angenehm dezent, Himbeergelee etwas zu süß und wenig aromatisch.

- Produkt: (Konfekt) Weichselkirsche, Punkte: 61,50
  Preis/Menge: 4,90 EUR / 100 g
  Fruchtig-sauer, aber kaum Kirscharoma. Tolle Konsistenz und toller Schmelz.

- Produkt: (Konfekt) Rosa Pfeffer Kirsche, Punkte: 57,00
  Preis/Menge: 4,90 EUR / 100 g
  2-fach gefüllt mit Ganache und Gelee: Gelee zu flüssig und zu süß, zu wenig Kirscharoma. Rosa Pfeffer gut im Aroma.

- Produkt: (Konfekt) Birne, Punkte: 57,00
  Preis/Menge: 4,90 EUR / 100 g
  Weiße Ganache-Füllung, schmeckt etwas künstlich nach Birne.

Fazit:

Die Verkostung der Bachhalm-Produkte war sehr umfangreich, am Ende bleibt aber Erstaunen und Enttäuschung. Enttäuschung, weil kaum ein Produkt gut war, Erstaunen, weil Bachhalm wohl dennoch erfolgreich ist.

Die puren Schokoladen sind banal und entgegen der Aussage, dass es sich um eigene Rezepturen handelt, kommt der Verdacht auf, dass es sich um Standard-Schokolade eines großen Herstellers handelt, ich tippe auf Barry Callebaut. Auch wenn es sich um eigenständige Rezepturen handeln sollte, weichen diese wohl nur geringfügig von den Standardrezepturen ab. Einzig die 86 %ige Madagaskar scheint individuell, denn eine so schlechte Madagaskar-Schokolade ist mir von keinem Hersteller bekannt.

Die veredelten Schokoladen sind sehr enttäuschend. Warum Bachhalm eine Schokolade mit nur 53,8 % Kakaoanteil verwendet, ist mir ein Rätsel. Besonders im Zusammenspiel mit den kandierten Blättern erweist sich das als Bärendienst, diese Schokoladen sind besonders süß. Der Einsatz von Farbstoffen gefällt gar nicht. Insbesondere E120 ist in einigen Ländern wie z. B. den USA verboten, da er aufgrund seiner chemischen Struktur (Azofarbstoff) im Verdacht steht, Pseudoallergien auszulösen. Zu allem Überfluss fehlt auf diesen Schokoladen der seit dem 01. Juli 2010 in der Europäischen Union gesetzlich notwendige Warnhinweis „Kann Aktivitäten und Aufmerksamkeit von Kindern beeinträchtigen".

Die Schokolade mit Biergeschmack erinnert an Kirmesschokolade, die Weihrauchschokolade ordne ich unter „Marketing" ab. Geschmacklich sind mir beide eher suspekt.

Nur ein einziges Konfekt konnte mein Interesse wecken: die Passionsfrucht. Alle anderen Sorten glänzen mit Banalität und Geschmackslosigkeit. Es fehlt an Raffinesse, Originalität und Kreativität.

Empfehlung:

Wirklich empfehlenswert ist keines der Produkte.

BARATTI E MILANO

Italien (Turin)
www.barattiemilano.it

Verarbeitungsstufe: **Fremdproduktion**

Baratti e Milano hat eine lange Tradition. Zwar nicht in der Schokolade, aber in der Turiner Gastronomie und bei Turiner Süßwarenspezialitäten. Die Cafeteria Baratti & Milano gehört zu Turin wie der Fauchon zu Paris oder das Sacher zu Wien.
Gegründet wurde die Cafeteria im Jahre 1858 von Ferdinando Baratti und Edoardo Milano und schon bald wurde das im Jahre 1911 großzügig erweiterte Geschäft zum Szenetreff. Giandujotti, Cremino und andere Süßwaren gehören zu den Klassikern, aber zum Mittagessen werden auch salzige Speisen serviert und zum Nachmittagskaffee kann man aus einem großen Sortiment Desserts, Kuchen und Torten auswählen. Zum Abschluss des Tages, nach einem langen Shopping-Tag und vor dem Abendessen kann man sich dann noch ein frisches Speiseeis gönnen.

Produktbewertungen

- Produkt: (Dunkel) Grandi Cru Del Cacao Ecuador 75%, Punkte: 57,00
  Preis/Menge: 3,89 GBP / 4,82 EUR / 75 g
  Sauer, herb, adstringierend und mit untypischen Aromen. Man schmeckt deutlich Vanille, den Ecuador-Kakao aber zu dezent.
  Aromaprofil: Vanille, nussig-torfig und dezent blumig.

- Produkt: (Weiße) Cioccolato Bianco con Foglie di Menta, Punkte: 64,50
  Preis/Menge: 3,89 GBP / 4,82 EUR / 75 g
  Mit sehr vielen Minzblättern und deutlichem Minzaroma. Leider nur Aroma ausgelobt, man weiß daher nicht, ob es natürliche oder künstliche Aromen sind.

Fazit:
So gut die vielen traditionsreichen Spezialitäten von Baratti e Milano auch sind, die Schokoladen sind es nicht.
Die Ecuador-Schokolade ist sauer, recht herb, etwas adstringierend und besitzt ein seltsames Aroma. Die zugesetzte Vanille übertönt zudem die Aromen des Kakaos.
Bei der Minz-Schokolade ist einiges schief gelaufen. Zwar schmeckt sie nach Minze, aber die Pfefferminzblätter sind unangenehm im Mund und schmecken selbst nicht erfrischend minzig. Im direkten Vergleich mit Domori verblasst die Schokolade und tritt um einige Qualitätsstufen zurück. Ob es sich bei dem zugesetzten Aroma um ein künstliches oder natürliches Aroma handelt, bleibt das Geheimnis des Unternehmens. Bei meinem nächsten Trip nach Turin werde ich mir bei Baratti e Milano einen köstlichen Kaffee oder Cappuccino gönnen.

Empfehlung:
Die Schokoladen sind nicht empfehlenswert.

BEL AMER

Japan (Tokyo)
www.belamer.jp

Verarbeitungsstufe: **Standard-Schokolade**

Chocolat Bel Amer ist eine Marke, die dem Lebensmittelimporteur J. Works (J. International), gehört. Chef von Bel Amer ist Kosugi Kazuyuki.
Zu den Anfangszeiten wurden europäisches Konfekt (besonders aus Deutschland) und Schokolade importiert und in Bel Amer Packungen verpackt. Mittlerweile produziert Bel Amer einiges oder vielleicht sogar alles selbst.

Produktbewertungen

- Produkt: (Weiße) Palet Chocolat Mandiant Orange, Punkte: 90,00
  Preis/Menge: 2.835 JPY / 25,17 EUR / 310 g
  Tolle kandierte Orangenscheibe in Schokolade. Richtig gut und schön gemacht.

- Produkt: (Weiße) Palet Chocolat Mandiant Maccha, Punkte: 84,50
  Preis/Menge: 2.835 JPY / 25,17 EUR / 310 g
  Sehr gutes Matcha-Tee Aroma mit allerlei schmackhaften Trockenfrüchten.

- Produkt: (Weiße) Palet Chocolat Caramel Salé Blanc, Punkte: 83,00
  Preis/Menge: 2.835 JPY / 25,17 EUR / 310 g
  Mit salzigen Karamellstückchen. Gut gelungen.

- Produkt: (Weiße) Palet Chocolat Mandiant Camembert, Punkte: 77,00
  Preis/Menge: 2.835 JPY / 25,17 EUR / 310 g
  Gute Erdbeerschokolade mit allerlei schmackhaften Trockenfrüchten.

- Produkt: (Veredelt) Palet Chocolat Cookie Lait, Punkte: 81,50
  Preis/Menge: 2.835 JPY / 25,17 EUR / 310 g
  Guter Cookie in durchschnittlicher Milchschokolade. Schmeckt gut.

- Produkt: (Veredelt) Palet Chocolat Cookie Bitter, Punkte: 72,00
  Preis/Menge: 2.835 JPY / 25,17 EUR / 310 g
  Der intensive Geschmack der Schokolade ist zu dominant für das Cookie. Schade.

- Produkt: (Veredelt) Palet Chocolat Mandiant, Punkte: 69,00
  Preis/Menge: 2.835 JPY / 25,17 EUR / 310 g
  Keine besonders gute Schokolade. Großzügig mit schmackhaften Trockenfrüchten bestreut.

- Produkt: (Konfekt) Rhum Raisin, Punkte: 84,50
  Preis/Menge: 2.650 JPY / 23,53 EUR / 100 g
  Sehr gutes Rumaroma, Rosinenstückchen ebenfalls gut schmeckbar.

- Produkt: (Konfekt) Bel Amer, Punkte: 75,00
  Preis/Menge: 2.650 JPY / 23,53 EUR / 100 g
  Gutes Basiskonfekt, ohne Besonderheiten, aber auch nicht schlecht.

- Produkt: (Konfekt) Satuma, Punkte: 69,00
  Preis/Menge: 2.650 JPY / 23,53 EUR / 100 g
  Shochu (Destillat) mit Süßkartoffel in dunkler Ganache. Alkoholisch, aber Süßkartoffel zu dezent.

- Produkt: (Konfekt) Thé Orange, Punkte: 69,00
  Preis/Menge: 2.650 JPY/23,53 EUR/100 g
  Tee viel zu dezent, Orangenaroma gut.

- Produkt: (Konfekt) Figue Vin Rouge,
  Punkte: 68,50
  Preis/Menge: 2.650 JPY/23,53 EUR/100 g
  Rotwein und auch Feige schmeckbar, aber insgesamt unharmonisch.

- Produkt: (Konfekt) Praliné Noir,
  Punkte: 67,00
  Preis/Menge: 2.650 JPY / 23,53 EUR / 100 g
  Ein etwas banales Nougat mit schmackhafter Pecannuss.

- Produkt: (Konfekt) Japanische Bohnen,
  Punkte: 64,00
  Preis/Menge: 2.650 JPY / 23,53 EUR / 100 g
  Mit Bohnenpaste gefülltes Konfekt. Interessant, könnte aber schmackhafter sein.

- Produkt: (Konfekt) Ohne Name,
  Punkte: 60,00
  Preis/Menge: 2.650 JPY / 23,53 EUR / 100 g
  Name der Sorte unbekannt, schmeckt aber auch nicht besonders gut.

- Produkt: (Konfekt) Pomme Cannelle,
  Punkte: 58,00
  Preis/Menge: 2.650 JPY / 23,53 EUR / 100 g
  Kaum Zimtaroma, Apfel überhaupt nicht schmeckbar. Zu feste Füllung und ohne Schmelz.

Fazit:
Die Produkte der Firma Bel Amer entsprechen überraschenderweise nicht dem hohen japanischen Niveau an Qualität, Kreativität und Raffinesse. Schon die verwendete Schokolade ist eher von durchschnittlicher Güte.
Das Rhum-Raisin-Konfekt konnte mit saftigen Rosinen und sehr gutem Rumaroma überzeugen. Auch die pure Sorte „Bel Amer" hat durchaus gefallen. Sie ist zwar nichts Besonderes, aber schmackhaft. Alle anderen Sorten sind recht einfach, aber immerhin genießbar.
Die Palets Chocolats haben mir hingegen gut gefallen. Highlight ist für mich die ganze kandierte Orangenscheibe, sie ist saftig, aromatisch und nicht zu süß. Die Palet Camembert ist kurios und gar nicht mal schlecht.

Empfehlung:
Das Konfekt empfehle ich eher nicht, da es dann doch zu viele bessere Alternativen gibt, die auch nicht wesentlich teurer sind.
Die Palets Chocolats sind schon eher eine Empfehlung wert, da ich sie so auch noch nie bei einem anderen Hersteller gesehen habe. Wer kandierte Orangen mag, muss unbedingt dieses Produkt versuchen.

BERGER FEINSTE CONFISERIE

Österreich (Lofer)
www.confiserie-berger.at

Verarbeitungsstufe: **Standard-Schokolade**

Die Geschichte von Hubert und Christine Berger ist eine klassische Erfolgsstory. Begonnen haben die beiden als Zwei-Personen-Betrieb im österreichischen Lofer mit einer Spezialisierung auf Edelkonfekt und süße Kunstwerke. Im Laufe der Jahre wuchs das Sortiment beträchtlich. Die Confiserie Berger führt inzwischen nicht nur eigene Fachgeschäfte, sondern beliefert auch viele Fachhändler im In- und Ausland. Desweiteren ist das Unternehmen auch ein wichtiger Hersteller für Handelsmarken und stellt Produkte für Unternehmen wie z. B. BioArt her.
Besonders beliebt sind die gefüllten und veredelten Schokoladentafeln, schön verpackt und mit kreativen Kompositionen.

Produktbewertungen

- Produkt: (Weiße) Weiße Schokolade mit Erdbeerstückchen 29 %, Punkte: 51,00
  Preis/Menge: 5,30 EUR / 90 g
  Kaum Erdbeeraroma, Stückchen sind etwas zäh, insgesamt zu süß.

- Produkt: (Veredelt) Vollmilchschokolade mit Kürbiskernen und Kürbisspänen 35 %, Punkte: 74,50
  Preis/Menge: 5,30 EUR / 90 g
  Guter Kürbisgeschmack, harmoniert gut mit der Schokolade, Nicht zu süß.

- Produkt: (Veredelt) Vollmilchschokolade mit Türkischem Honig 35 %, Punkte: 69,50
  Preis/Menge: 5,30 EUR / 90 g
  Erfüllt die Erwartungen. Großzügig mit Türkischem Honig gefüllt, insgesamt etwas zu süß.

- Produkt: (Veredelt) Vollmilch Orange 35 %, Punkte: 65,50
  Preis/Menge: 3,90 EUR / 90 g
  Gutes Orangenaroma, aber ohne Fruchtcharakter. Etwas zu süß.

- Produkt: (Veredelt) Edelbitter Pfeffer-Krokant 70 %, Punkte: 55,00
  Preis/Menge: 4,30 EUR / 90 g
  Aroma ist flach, kaum Schärfe, banale Schokolade, unharmonisch.

- Produkt: (Riegel) Pflaume-Piment 70 %, Punkte: 73,00
  Preis/Menge: 5,30 EUR / 100 g
  Gutes Fruchtaroma, dezente Pimentaromen. Durch die Säure wenig süß.

- Produkt: (Riegel) Champagner-Rose 29 %, Punkte: 72,70
  Preis/Menge: 5,30 EUR / 100 g
  Zu wenig Champagner und leider insgesamt etwas zu süß. Das Rosenaroma hingegen ist wohl dosiert.

- Produkt: (Riegel) „Berglegenden" Heublumen gefüllt 36 %, Punkte: 72,40
  Preis/Menge: 6,50 EUR / 100 g
  Gutes, wenn auch ungewöhnliches Aroma. Würzig, blumig, harmonisch.

- Produkt: (Riegel) Ananas-Kokos 29 %, Punkte: 68,50
  Preis/Menge: 5,30 EUR / 100 g
  Sehr gutes Aroma, Füllung leider zu grisselig. Insgesamt etwas zu süß. Schade, da geschmacklich überzeugend.

- Produkt: (Riegel) „Berglegenden" Vogelbeerbrand gefüllt 58 %, Punkte: 60,00
  Preis/Menge: 6,50 EUR / 100 g
  Kaum Aroma vom Vogelbeerenbrand, da zu wenig Füllung. Die lasse des Brandes lässt sich nur erahnen.

- Produkt: (Schachtel) Die Goldenen,
  Punkte: 65,42
  Preis/Menge: 17,90 EUR / 100 g
  Das Design ist Berger-typisch kitschig-naiv, er bleibt damit seiner Linie treu. Die hochwertige Schachtel verspricht sehr viel, der sehr anspruchsvolle Preis noch viel mehr. Am Ende bleibt die große Enttäuschung, denn der Inhalt ist das Geld in keiner Weise wert: banal, begrenzt kreativ und geschmacklich gerade noch Mittelmaß.

Konfekt-Einzelbewertungen

Königliches Kirschtöpfchen: Punkte: 73,00
Fruchtig, nett gemacht und schmackhaft.
Latte-Macchiato-Trüffel: Punkte: 71,00
Hat zu wenig Latte-Macchiato-Charakter.
Bourbon-Vanille-Praline: Punkte: 69,50
Zu wenig Füllung und auch zu wenig Vanillearoma.
Panna-Cotta-Praline: Punkte: 68,50
Thema verfehlt, schmeckt nach Rahm-Karamell. Aber dennoch eine gutes Konfekt.
Rahm-Karamell-Trüffel: Punkte: 68,00
Schmeckt nichtssagend, aber auch nicht schlecht. Könnte Panna-Cotta sein. Wurde da etwas vertauscht?
Irish-Whiskey-Trüffel: Punkte: 67,00
Kaum Whiskeycharakter und zu süß.
Rum-Kokos-Trüffel: Punkte: 65,00
Gutes Kokosnussaroma, aber wo ist der Rum?
Tiramisu-Oberstrüffel: Punkte: 64,00
Schmeckt nicht nach Tiramisu, auch kaum nach Kaffee
Champagner-Rose-Trüffel: Punkte: 60,00
Zu viel Rose, zu wenig Champagner. Der fehlt aber auch in der Zutatenliste. Wurde er vergessen?

Fazit:

Die Confiserie Berger hat eine tolle Entwicklung hinter sich. Das Sortiment ist sehr groß und es kommen immer wieder neue Produkte hinzu, sie schaffen es, den Zeitgeist und den Trend perfekt zu treffen.

Obwohl einige Produkte sehr gute Noten bekommen haben, ist die Gesamtbeurteilung unerwartet schlecht. Das liegt schlicht und einfach daran, dass zu viele Produkte enttäuschen, besonders beim Konfekt. Ich habe vier verschiedene Konfektschachteln getestet. Das Design und die Verpackung sind gut gelungen, aber bei einem Preis von 17,90 EUR für 100 g muss der Inhalt mindestens genauso gut sein. Die im Buch besprochene Konfektmischung war von den vieren noch die Beste. Bei einem so großen Sortiment ist es schwer, genau das gute Produkt zu finden. Eigentlich sehr erstaunlich, dass es noch kein anderer Hersteller geschafft hat, ebenso gut aussehende Produkte in besserer Qualität anzubieten. Das gilt besonders für die Schokoladentafeln.

Empfehlung:

Die veredelten und gefüllten Tafeln eignen sich zum Verschenken. Kaufen Sie sie im Fachhandel und lassen Sie sich beraten oder probieren Sie vor dem Kauf. Bei diesen Preisen kann man vom Fachhändler erwarten, dass er ein Probieren ermöglicht. Die Motto-Schokoladen sind sehr nett gemacht und ein ideales Mitbringsel für überschaubares Geld.

BERNACHON

Frankreich (Lyon)
www.bernachon.com

Verarbeitungsstufe: **Bean-to-bar**

Über die Familie Bernachon könnte man wohl ein ganzes Buch schreiben. Bernachon ist das Paradebeispiel für klassische französische Chocolaterie und in Lyon eine Institution, die nicht nur weltweit zahlreiche Chocolatiers und Confiseure geprägt, sondern auch unzählige Schokoladengeschäfte inspiriert hat. Gegründet wurde das Unternehmen 1955 von Maurice Bernachon, der schon Jahrzehnte vor dem Trend zu Single Origin Schokoladen die Besonderheit des Kakaos aus dem Dorf Chuao in Venezuela erkannt hat. Sein Porträt hängt sogar in dem kleinen Museum des Ortes Chuao. Die Konzentration auf das Wesentliche, die Qualität, und die direkte Verbindung zwischen Produktion und Geschäft bzw. Chocolatiers und Kunden, waren ihm immer wichtig. Diese Philosophie vertreten auch seine Nachfahren und auch heute gibt es keine zusätzlichen Filialen. Maurice Bernachon verstarb im September 1999. Bis zuletzt hat er in seinem Atelier gearbeitet.
Sein Sohn Jean-Jacques, seit 1969 mit der Tochter des legendären Kochs Paul Bocuse verheiratet, trat in die Fußstapfen des Vaters und führte das Unternehmen mit dem gleichen Esprit und Qualitätsbewusstsein erfolgreich weiter. Seine beruflichen Ambitionen führten ihn über Amsterdam, wo er bei Blooker und Bernsdorp tätig war, zurück nach Lyon in die Küche Paul Bocuses. Heute sind es die Kinder von Francoise und Jean-Jacques, die die Geschäfte führen. Philippe, der für die Produktion verantwortlich ist, Stéphanie kümmert sich um den Verkauf und Candice führt mit ihrer Mutter das Café.
Seit 1977 produziert Bernachon alle seine Schokoladen von der Bohne weg selbst. Auf modernen Schnickschnack oder die Herstellung von trendigen Ursprungsschokoladen verzichtet das Unternehmen und pflegt lieber seine Tradition. Alle dunklen Schokoladen sind Blends, die von den Bernachons sorgfältig entwickelt wurden. Verarbeitet werden hauptsächlich Bohnen aus Venezuela und Trinidad, ein kleiner Teil stammt auch aus Sri Lanka. Auch die XXL-Größe von 150 g pro Tafel ist heute eher eine Rarität und richtet sich gegen den Trend der Mini-Tafeln.
Die Rezepturen sind teilweise sehr ungewöhnlich. So beinhaltet zum Beispiel die weiße Schokolade Mandeln und die Milchschokolade Haselnüsse. Vielleicht ist aber genau das eines der Geheimnisse für den Erfolg von Bernachon.

Produktbewertungen

- Produkt: (Dunkel) Super Amer 75 %,
  Punkte: 90,25
  Preis/Menge: 5,80 EUR / 150 g
  Leicht sauer und adstrinigierend, guter Schmelz und intensiv schokoladig.
  Aromaprofil: Pflaume, Kaffee, Lakritze, geröstete Nüsse.

- **Produkt: (Dunkel) Amer 62 %, Punkte: 83,80**
  Preis/Menge: 5,80 EUR / 150 g
  Gutes Aroma, angenehm herb. Vielleicht etwas zu viel Vanille.
  Aromaprofil: Vanille, Kaffee, Waldhonig, milde Lakritze.

- **Produkt: (Dunkel) Jour et nuit 20 % & 55 % (Milchschokolade), Punkte: 81,00**
  Preis/Menge: 5,80 EUR / 150 g
  Nette Idee: eine Lage Milchschokolade, eine Lage dunkle Schokolade. Cremig-milchig, kräftig schokoladig.
  Aromaprofil: Toffee, Karamell, Lakritze, Kaffee/Milchkaffee.

- **Produkt: (Dunkel) Nature 55 % Noir, Punkte: 80,00**
  Preis/Menge: 5,80 EUR / 150 g
  Für eine 55 %ige erstaunlich herb. Vanille angenehm schmeckbar.
  Aromaprofil: Gewürze (Vanille, Safran, Macis), Honig, Karamell, rote Beeren.

- **Produkt: (Dunkel) Pâte de Cacao 100 %, Punkte: 75,00**
  Preis/Menge: 5,80 EUR / 150 g
  Sauer, adstringierend und mit Kakaobutter, gutes Aroma.
  Aromaprofil: Grüne Ananas, Tannin, Kaffee, Walnüsse.

- **Produkt: (Milch) Nature 20 % Lait, Punkte: 83,50**
  Preis/Menge: 5,80 EUR / 150 g
  Keine schlechte Milchschokolade mit 20 % Kakaomasse. Vielleicht ein Tick zu süß.
  Aromaprofil: Karamell-Toffee, Butter-Fudges, Malzsirup.

- **Produkt: (Veredelt) Pepitos 55 %, Punkte: 84,00**
  Preis/Menge: 5,80 EUR / 150 g
  Sehr gut geröstete und aromatische Kakao-Nibs. Harmonisch mit der 55 %igen dunklen Schokolade.

- **Produkt: (Weiße) Ivoire, Punkte: 84,50**
  Preis/Menge: 5,80 EUR / 150 g
  Wohl eine der kuriosesten weißen Schokoladen, die ich probiert habe. Mit Mandelpaste und wohl teilweise nicht deodorierte Kakaobutter. Sensationeller Schmelz. Richtig gut, aber ungewöhnlich.
  Aromaprofil: Vanille, Kakao, Mandeln, Caramel Beurre Salé.

- **Produkt: (Konfekt) L'amande Princesse, Punkte: 93,40**
  Preis/Menge: 9,00 EUR / 100 g
  Weicher dunkler Mandelnougat in Krokantschale. Sehr gelungen. Aromatisch, knusprig und cremig.

- **Produkt: (Konfekt) Le Palet d'Or, Punkte: 93,00**
  Preis/Menge: 9,00 EUR / 100 g
  Sehr schokoladig, kakaoig und frisch. Toller Schmelz, leicht säuerlich, was sehr angenehm ist.

- **Produkt: (Konfekt) Knuspernougat, Punkte: 89,50**
  Preis/Menge: 9,00 EUR / 100 g
  Dunkler Nougat mit knusprigen Crêpes Dentelle.

- **Produkt: (Konfekt) La Truffe, Punkte: 88,00**
  Preis/Menge: 9,00 EUR / 100 g
  Sehr kakaoig und schokoladig, leichte Fruchtigkeit des Kakaos gut schmeckbar.

- **Produkt: (Konfekt) Le Creole, Punkte: 87,80**
  Preis/Menge: 9,00 EUR / 100 g
  Weiches Rum-Rosinen-Marzipan. Gutes Aroma und saftige Rosinen. Nicht zu alkoholisch.

- **Produkt: (Konfekt) Caramel beurre salé, Punkte: 87,50**
  Preis/Menge: 9,00 EUR / 100 g
  Caramel Beurre Salé mit dunkler Schokolade überzogen. Angenehmes Aroma, gut salzig und nicht zu süß.

- Produkt: (Konfekt) Krokant, Punkte: 86,00
  Preis/Menge: 9,00 EUR / 100 g
  Kräftig geröstetes Krokantplättchen. Hart und knusprig, nicht zu süß.

- Produkt: (Konfekt) Le Metis, Punkte: 83,00
  Preis/Menge: 9,00 EUR / 100 g
  Weicher dunkler Nougat, außen mit karamellisierten und knusprigen Mandeln.

- Produkt: (Konfekt) Orangette, Punkte: 83,00
  Preis/Menge: 9,00 EUR / 100 g
  Kandierte Orangenstange, dezent bitter und angenehm aromatisch.

- Produkt: (Konfekt) Kaffeenougat, Punkte: 83,00
  Preis/Menge: 9,00 EUR / 100 g
  Dunkler Kaffeenougat, aromatisch und angenehm herb.

- Produkt: (Konfekt) Noisette Noir, Punkte: 82,00
  Preis/Menge: 9,00 EUR / 100 g
  Fester Haselnuss-Nougat mit Stückchen. Aromatisch und nicht zu süß.

- Produkt: (Konfekt) Le Ronde Café, Punkte: 81,00
  Preis/Menge: 9,00 EUR / 100 g
  Sehr fester Kaffee-Nougat, aber aromatisch. Mit Grenobler Walnüssen.

- Produkt: (Konfekt) L'Aveline, Punkte: 80,00
  Preis/Menge: 9,00 EUR / 100 g
  Fester Haselnuss-Nougat mit Stückchen. Aromatisch und nicht zu süß.

- Produkt: (Konfekt) Le Cocktail, Punkte: 80,00
  Preis/Menge: 9,00 EUR / 100 g
  Mit Walnüssen, Mandeln und Haselnüssen. Knusprig und geschmackvoll.

- Produkt: (Konfekt) Gianduja, Punkte: 80,00
  Preis/Menge: 9,00 EUR / 100 g
  Zweischichtiger Nougat, hell und dunkel. Angenehm, aber etwas zu dezente Aromen.

- Produkt: (Konfekt) Noisette Lait, Punkte: 80,00
  Preis/Menge: 9,00 EUR / 100 g
  Köstliche Nuss an Nuss in Milchschokolade.

- Produkt: (Konfekt) La Nougatine, Punkte: 78,50
  Preis/Menge: 9,00 EUR / 100 g
  Geröstete und karamellisierte Mandel in Nougat. Ein wenig zu süß, aber schmackhaft.

- Produkt: (Konfekt) Le Ronde Pistache, Punkte: 74,00
  Preis/Menge: 9,00 EUR / 100 g
  Weicher Pistazienmarzipan, leider nicht sehr aromatisch. Schmeckt dennoch gut.

- Produkt: (Konfekt) Nougat Montélimar, Punkte: 74,00
  Preis/Menge: 9,00 EUR / 100 g
  Nougat Montélimar, mit dunkler Schokolade überzogen. Könnte etwas aromatischer sein.

- Produkt: (Konfekt) La Couronne, Punkte: 71,00
  Preis/Menge: 9,00 EUR / 100 g
  Klassischer Nougat. Etwas zu fettig und schmierig. Zu dezentes Aroma.

Fazit:
Das Konfekt versetzt einen zwanzig, dreißig oder auch mehr Jahre zurück, altmodisch, traditionell, rustikal – und toll. Oftmals schaffen es Hersteller nicht, die Qualität Ihrer traditionellen Produkte über Jahrzehnte zu halten. Bernachon ist ein gutes Beispiel dafür, dass das sehr wohl funktioniert, ohne jeden modernen Trend mitmachen zu müssen. Versuche, die Art des Konfekts zu modernisieren, werden gar nicht erst unternommen. Dafür ist die Qualität viel zu gut.

Die Schokoladen sind trotz ihrer teilweise niedrigen Kakaoanteile von 55 % und 62 % erstaunlich herb. Aromatisch sind sie zudem alle. Etwas störend empfinde ich die teilweise zu hoch dosierte Vanille. Dagegen ist die Adstringens bei der 75 %igen Schokolade sehr angenehm. Die 100 %ige Pâte de Cacao gefällt mir weniger. Schon der Name ist unglücklich gewählt, da die Schokolade sowohl Kakaobutter, als auch Lecithin beinhaltet. Daher dürfte meiner Meinung nach die Tafel nicht „Kakaomasse" heißen. Das Aroma ist zwar sehr gut, aber sie ist trotz der zugesetzten Kakaobutter sehr sauer und adstringierend.
Die weiße Schokolade ist ein Unikum mit Mandeln und einem unglaublichen Schmelz. Das Aroma lässt vermuten, dass nicht deodorierte Kakaobutter verarbeitet wurde. Die Tafel ist auch nicht zu süß.
Die auf der Pepitos aufgestreuten Kakao-Nibs sind sehr gut geröstet und voller Aroma. Unbedingt probieren.

Empfehlung:
Das Konfekt ist Traditionalisten und Konfektliebhabern uneingeschränkt zu empfehlen, besonders aber Nougatliebhabern.
Die Schokoladen sollten alle Liebhaber von dunklen Schokoladen probiert haben. Die weiße Schokolade ist kurios und eine Empfehlung wert.

BESCHLE (MONROSA LTD.)

Schweiz (Basel)
www.beschlechocolatier.com

Verarbeitungsstufe: **Schokolade nach Maß**

Das Unternehmen wurde 1898 von Ernst Beschle als Confiserie gegründet. Erst die vierte Generation, in Person von Dominic und Pascal Beschle, erweiterte die Produktpalette um Schokoladetafeln. Beschle bietet seitdem auch Ursprungs- und veredelte Schokoladen an. Das Design der Beschle-Schokoladen ist minimalistisch-elegant. Gewellte Pappe, mit Silber- bzw. Golddruck, vorne nur bedruckt mit den notwendigsten, aber ausreichenden Informationen und stets einer Kakaofrucht und einem Wappen. Die seitlichen Farben geben an, um welches Produkt es sich handelt:
Sélection Blanc: Diverse Rezepte auf Basis weißer Schokolade.
Sélection Vert: Klassische Schweizer Schokolade mit maximal 55 % Kakaoanteil.
Sélection Rose: Spezialitäten mit Ganache (alkoholfrei) u. s. w.
Beschle betreibt in Basel zwei eigene Geschäfte und seit Oktober 2009 auch eines in Singapur. Die Schokoladen werden nicht selbst produziert, sondern von Felchlin bezogen.
Die Produktlinie Quizás entstand im Jahre 2006 in Zusammenarbeit mit Herrn Blumer und Herrn Wirth. Herr Blumer und Herr Wirth kaufen die Kakaobohnen ein, Felchlin verarbeitet diese Bohnen zu Schokolade, Monrosa gießt die Schokolade zu Tafeln, die dann von Beschle verkauft werden. Im Jahre 2009 wurde die Zusammenarbeit zwischen Herrn Blumer und Herrn Wirth beendet, die daraufhin zusammen das Unternehmen Idilio Origins gründeten. Seltsam ist es, dass die gemeinsam entwickelten Schokoladen auch im Jahr 2011 noch verkauft wurden.

| Beschle (Monrosa Ltd.)

Produktbewertungen

- Produkt: (Veredelt) Grand Cru Criollo au Romarin & Thym citron, Punkte: 64,50
  Preis/Menge: 4,60 EUR / 100 g
  Die 65 %ige dunkle Schokolade ist in Ordnung, den Rosmarin schmeckt man aber nur dezent und so gut wie keinen Thymian.

- Produkt: (Veredelt) Grand Cru au Lait Noisettes, Punkte: 63,90
  Preis/Menge: 4,40 EUR / 100 g
  Viel zu wenig Haselnüsse, die auch noch wenig aromatisch sind. Die 38 %ige Milchschokolade ist in Ordnung.

- Produkt: (Veredelt) Grand Cru Trinitario au Fleur de Sel et Pistache (65 %), Punkte: 63,30
  Preis/Menge: 5,30 EUR / 100 g
  Das Beste an dieser Tafel ist die 65 %ige dunkle Schokolade selbst (Madagaskar-Kakao). Pistazien sind kaum schmeckbar und das Salz nur dezent.

- Produkt: (Veredelt) Grand Cru Montélimar, Punkte: 61,50
  Preis/Menge: 4,40 EUR / 100 g
  Die 36 %ige Milchschokolade ist relativ süß mit kleinen klebrigen Stücken des Montélimar-Nougats. Langweilig.

- Produkt: (Weiße) Ivoire aux Amandes & Myrtilles, Punkte: 63,90
  Preis/Menge: 5,30 EUR / 100 g
  Weiße Schokolade mit viel zu wenig und zu kleinen Mandeln (muss unter 1 % sein, da sogar mehr Lecithin in der Schokolade ist). Auch zu wenig Blaubeeren, wobei diese groß sind aber leider sehr flach im Aroma. Müsste eigentlich Blaubeer-Mandel heißen, da viel mehr Blaubeeren als Mandeln enthalten sind.

Fazit:

Vorab: Die edle Anmutung und die ansprechende Verpackung halten leider nicht, was sie versprechen. Im Grunde waren alle Produkte eine Enttäuschung. Das Konzept der Sélectionen wird auch nicht durchgehalten, da kein Produkt der Sélection eine Ganache beinhaltete.
Es ist nett, dass die beiden Grand-Cru-Milchschokoladen mit Criollo-Bohnen aus Venezuela hergestellt wurden. Schade ist aber, dass man dies überhaupt nicht schmeckt. Das gleiche gilt für die weiße Schokolade, in der Criollo-Kakaobutter verarbeitet sein soll. Wenn man es nicht schmeckt, ergibt das auch keinen Sinn. Zumal es schon beinahe kriminell wäre, Criollo-Kakaobohnen zur Herstellung von Kakaobutter zu vergewaltigen.
Bei allen drei genannten Schokoladen sind die zugesetzten Nuss-, Mandel- oder Nougatstückchen viel zu klein und rar. Man schmeckt sie kaum oder gar nicht. Die Blaubeeren sind zwar groß, aber flach im Aroma.
Bei der weißen Schokolade ist zudem die Deklaration sehr irreführend. Bei einer Schokolade, die Amandes & Myrtilles heißt, sollten mehr Mandeln (Amandes) als Blaubeeren (Myrtilles) enthalten sein. Sonst müsste sie Myrtilles & Amandes genannt werden. Die Zutatenlisten sind allesamt mangelhaft. Bei der weißen Schokolade stehen die Mandeln in der deutschen Übersetzung an vorletzter Stelle (hinter Soja-Lecithin), im französischen Originaltext aber an dritter Stelle, noch vor dem Milchpulver. Was ist denn nun richtig? Oder kennt Beschle die deutsche (oder vielleicht sogar europäische) Gesetzgebung nicht? Alle eingesetzten Roh-

stoffe müssen in absteigender Reihenfolge ihres Gewichtsanteils aufgeführt werden. Außerdem fehlt die Pflichtangabe der Menge der namensgebenden Zutat in Prozent (bei der weißen Schokolade demnach Mandeln und Blaubeeren).
Geschmacklich gibt es kein Produkt, das ich hervorheben kann. Die Schokoladen sind allesamt in Ordnung, die Grand Cru Trinitario, hergestellt mit Kakao aus Madagaskar, ist sogar richtig gut. Es mangelt aber stets an der Veredelung. Die Pistazien sind klein, zu rar, trocken und ohne Aroma, das Salz aber ganz gut dosiert. Bei der Romarin & Thym citron schmeckt man zwar Rosmarin, dafür aber kaum Thymian. Die beiden dunklen Schokoladen reihen sich mit den Milchschokoladen und der weißen in die Bedeutungslosigkeit ein.
Einzig die gute Felchlin-Schokolade sorgt dafür, dass die Benotung der Beschle-Produkte kein Desaster wurde. Das ist ziemlich dürftig.

Empfehlung:
Leider ist keine Empfehlung möglich.

BIOART

Österreich (Seeham/Salzburg)
www.bioart.at

Verarbeitungsstufe: **Fremdproduktion**

Die BioArt AG ist aus einem 10 Jahre alten Familienbetrieb (Bauernkörberl GmbH & Co. KG) hervorgegangen und wurde Ende 2007 gegründet. Die Produkte sind bereits seit 2005 im Handel und wurden bis zur Gründung der AG durch den Familienbetrieb vertrieben. Das Unternehmen produziert nicht selbst, sondern lässt seine Produkte u. a. beim Salzburger Unternehmen Confiserie Berger herstellen.
BioArt-Produkte sind zum Teil auch mit dem Fair-Trade-Siegel erhältlich.

Produktbewertungen

- Produkt: (Weiße) Weiße Reismilch, Punkte: 72,00
  Preis/Menge: 3,70 EUR / 100 g
  Schmeckt erstaunlich intensiv nach Reis. Etwas zu fettig, enthält Sonnenblumenöl.

- Produkt: (Weiße) Weiße Crisp, Punkte: 43,00
  Preis/Menge: 3,80 EUR / 70 g
  Matschige Reiscrisps und viel zu süß. Qualität der Schokolade lässt zu Wünschen übrig.

- Produkt: (Veredelt) Zartbitter Minze 72 %,
  Punkte: 65,50
  Preis/Menge: 3,80 EUR / 70 g
  Leicht minzig, aber keine besonders gute Schokolade. Dennoch insgesamt schmackhaft.

- Produkt: (Veredelt) Vollmilch Kürbiskern 39 %,
  Punkte: 65,50
  Preis/Menge: 3,80 EUR/ 70 g
  Zu wenig Kürbiskerne, Schokolade etwas zu süß. Warum so geizig?

- Produkt: (Riegel) Pistazie Nougat,
  Punkte: 68,50
  Preis/Menge: 2,50 EUR / 45 g
  Etwas künstliches Pistazienaroma und zu wenig Nougatgeschmack.

- Produkt: (Riegel) Vollmilch Caramel,
  Punkte: 65,50
  Preis/Menge: 2,50 EUR / 45 g
  Kaum Karamellaroma, frisch und nicht zu süß.

- Produkt: (Riegel) Weiße Erdbeere,
  Punkte: 41,50
  Preis/Menge: 2,50 EUR / 45 g
  Künstliches Bonbonaroma und viel zu süß.

Fazit:
Das Konzept, Bioprodukte und Kunst zu verbinden, ist nicht schlecht. Das Design ist gefällig, die Produktkombinationen sind nett. Leider hapert es an der Qualität. So wirklich überzeugen kann kein Produkt.

Empfehlung:
Eine Empfehlung fällt mir schwer. Die Produkte sind wohl nur für eingefleischte Bio-Konsumenten geeignet, denen keine besseren Produkte zur Wahl stehen. Allen anderen sei der Griff zu Zotter-Produkten empfohlen: bessere Qualität, größere Auswahl und sowohl Bio- als auch Faire-Trade-zertifiziert.

BJÖRNSTED

Deutschland (Herford)
www.bjoernsted.de

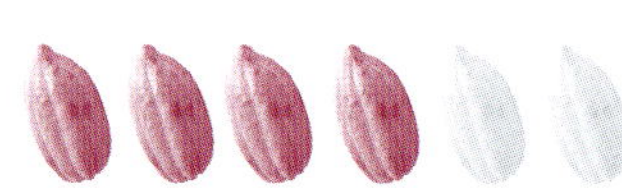

Verarbeitungsstufe: **Bean-to-bar**

Das Unternehmen Eco Finia GmbH vertreibt seine Produkte nicht nur unter dem Namen Vivani, sondern auch unter der Marke Björnsted. Diese Bio-Produkte ähneln den Vivani-Produkten sehr und werden von der Ludwig Weinrich GmbH & Co. KG in Herford hergestellt. (siehe auch unter Vivani)

- Produkt: (Weiße) Weiße Vanille, Punkte: 92,80
  Preis/Menge: 1,90 EUR / 100 g
  Sehr ähnlich der Sorte Weiße Vanille von Vivani. Sehr milchig-cremig und sehr angenehmes Aroma. Obwohl mit präsenter Süße, eine der besten weißen Schokoladen, die ich kenne.
  Aromaprofil: Rahm, Milch, Crème Caramel, Vanille.

Produktbewertungen

- Produkt: (Dunkel) Feine Bitter 71 %,
  Punkte: 76,80
  Preis/Menge: 1,65 EUR / 100 g
  Eine einfache, aber nicht schlechte dunkle Schokolade. Guter Schmelz, angenehm herb und dezent süß.
  Aromaprofil: Schokolade, leicht nussig, torfig.

- Produkt: (Milch) Vollmilch 33 %, Punkte: 75,70
  Preis/Menge: 1,65 EUR / 100 g
  Recht süße Milchschokolade, aber angenehm milchig und cremig, in Schweizer Tradition.
  Aromaprofil: Sahnebonbon, Alpenmilch, Rahmkaramell, Honig.

- Produkt: (Veredelt) Feine Bitter Orange,
  Punkte: 71,00
  Preis/Menge: 1,65 EUR / 100 g
  Könnte etwas aromatischer sein und zumindest Orangenschalen zusätzlich zum Orangenöl enthalten.

Fazit:
Die Qualitäten decken sich in etwa mit denen von Vivani. Bei der Weißen Vanille würde ich sogar auf eine identische Rezeptur tippen, beide haben jedoch extrem gut geschmeckt. Björnsteds dunkle Schokoladen haben mir aufgrund der etwas einfacheren Aromen nicht ganz so gut gefallen. Die Vollmilch ist angenehm milchig-cremig, aber doch recht süß. Trotzdem, schlecht ist das alles nicht und man muss ganz klar sagen, dass das Preis-Leistungs-Verhältnis auch bei Björnsted überdurchschnittlich gut ist, besonders bei der Weißen Vanille.

Empfehlung:
Für Liebhaber von weißer Schokolade ist die von Björnsted ein „must have". Bei den dunklen Schokoladen haben mir die Vivani-Produkte besser gefallen, sie sind jedoch gutes Mittelmaß.

BLANXART

Spanien (Sant Joan Despí/Barcelona)
www.blanxart.com

Verarbeitungsstufe: **Bean-to-bar**

Bombons Blanxart wurde im April 1954 von einem spanischer Chocolatier zusammen mit vier Partnern gegründet. Das Unternehmen ist auch heute noch im Besitz der Gründerfamilie.
Blanxart verwendet für seine Schokoladen hauptsächlich Bohnen aus Ghana und der Dominikanischen Republik. Obwohl die Qualität der Produkte eher mittelmäßig ist, konnte sich Blanxart besonders in Spanien, aber auch in Deutschland, zu einer Marke mit Kultstatus entwickeln. In den letzten Jahren hat Blanxart sein Sortiment stetig erweitert und zum Glück auch die Qualität etwas verbessert.
Die angebotenen Riegel sind alle massive Schokoladen, die teilweise mit anderen Zutaten veredelt sind.

Produktbewertungen

- Produkt: (Dunkel) Chocolate Ecologico Negro 72 %, Punkte: 78,90
  Preis/Menge: 3,50 EUR / 100 g
  Kräftige und schwere Schokolade, etwas schmierig, mit Eigenständigkeit und Charakter.
  Aromaprofil: Milde Lakritze, schwarze Oliven, Gewürze (Macis, Tonkabohne).

- Produkt: (Dunkel) Congo 82 %, Punkte: 69,00
  Preis/Menge: 5,30 EUR / 125 g
  Guter Schmelz, da wohl hoher Kakaobutteranteil. Für 82 % Kakaoanteil sehr mild.
  Aromaprofil: Rosinen, Datteln, Gewürze (Anis, Vanille).

- Produkt: (Milch) Congo 42 %, Punkte: 66,00
  Preis/Menge: 5,30 EUR / 125 g
  Insgesamt zwar ordentlich, aber einfach zu süß und ohne Kakaocharakter. Warum dann eine Single Origin von Domain Monts de la Lune, Mutwanga, North Kivu Province, Dem. Rep. Congo ausloben?
  Aromaprofil: Karamell, Rübenzucker, Malz.

- Produkt: (Milch) Chocolate Ecologico Leche 32 %, Punkte: 50,00
  Preis/Menge: 3,50 EUR / 100 g
  Sehr banal, einfach eine süße, langweilige Schokolade.
  Aromaprofil: Instant-Kakaogetränk in fester Form.

- Produkt: (Weiße) Chocolate Blanco con Mora, Punkte: 60,50
  Preis/Menge: 4,20 EUR / 100 g
  Mit deutlichem Kakaobuttergeschmack, aber kaum fruchtig. Weder aromatisch, noch mit Fruchtcharakter.

- Produkt: (Veredelt) Chocolate Negro 60 % con Jenjibre, Punkte: 77,00
  Preis/Menge: 4,20 EUR / 100 g
  Aromareicher Ingwer, nicht zu scharf und nicht faserig. Leider zu stark gezuckert. Die dunkle Schokolade könnte etwas herber sein.

- Produkt: (Veredelt) Chocolate Negro 82 % con Goji Ecologico, Punkte: 75,00
  Preis/Menge: 4,80 EUR / 100 g
  Erstaunlich milde dunkle Schokolade. Aromatische Gojibeeren, deren etwas muffigen Geschmack man aber mögen muss.

- Produkt: (Veredelt) Chocolate con Leche con Frambuesa, Punkte: 74,00
  Preis/Menge: 4,20 EUR / 100 g
  Sehr intensives Himbeeraroma, die Milchschokolade ist akzeptabel.

- Produkt: (Riegel) Chocolate Negro con Almendras 65 %, Punkte: 64,25
  Preis/Menge: 1,60 EUR / 48 g
  Mit reichlich aromatischen Mandeln, aber etwas zu süßer dunkler Schokolade.

- Produkt: (Riegel) Chocolate con Leche 33 %, Punkte: 61,00
  Preis/Menge: 1,60 EUR / 48 g
  Kaum von Interesse. Süße Milchschokolade, kaum angenehmer Schmelz und auch nicht besonders milchig-cremig.
  Aromaprofil: Honig, Karamell.

- Produkt: (Riegel) Chocolate Nero 65 %, Punkte: 52,00
  Preis/Menge: 1,60 EUR / 48 g
  Schokoladentafel in Riegelform. Süße dunkle Schokolade und kaum Aromen.
  Aromaprofil: Flacher Filterkaffee, unreife Oliven.

- Produkt: (Riegel) Chocolate con Leche y Avellanas 33 %, Punkte: 48,75
  Preis/Menge: 1,60 EUR / 48 g
  Leicht muffige Milchschokolade mit Haselnüssen und einem unangenehmen Geschmack.

Fazit:
Die altbekannten Produkte wie z. B. die Riegelschokoladen haben sich nicht verändert und bleiben Mittelmaß. Unverständnis habe ich bei der Milchschokolade Congo 42 %. Hierbei handelt es sich um eine Ursprungsschokolade von der Domain Monts de la Lune, Mutwanga, North Kivu Province aus der Dem. Rep. Congo. Da man außer der Süße hier nur sehr wenig schmeckt, braucht man sich auch nicht die Mühe einer Ursprungsschokolade zu machen. Lobenswert sind die zum großen Teil moderaten Preise. Alles in allem kann Blanxart keine Akzente in der Szene setzen und bleibt Mitläufer.

Empfehlung:
Die Gojibeere und die Ingwer sind durchaus empfehlenswert.

BLÜHENDES KONFEKT

Österreich (Wien)
www.bluehendes-konfekt.at

Verarbeitungsstufe: **Standard-Schokolade**

Nicht nur die Produkte der Marke Blühendes Konfekt sind kurios, das ganze Unternehmen und sein Inhaber Michael Diewald sind es auch. Schon als Kind bewunderte er die Natur und ihre Schätze. Mit den Großeltern sammelte er schon als Kleinkind Pilze, darauf folgten erste (gescheiterte) Versuche,

alpine Primelarten zu kultivieren. Dieses Scheitern bewegt ihn dazu, Hobbymineraloge zu werden. Nach seinem Diplom in Wirtschaftswissenschaften und einer zarten Karriere landete er in einem Wiener Naturkostladen, wo er 14 Jahre lang blieb. Nach einer gescheiterten Geschäftsidee, einer Verbindung von Kunst und Essbarem (Marzipan Arts), entdeckte er seine Liebe zu Blumen und Blüten. Heute sammelt Michael Diewald seine Blüten am liebsten selbst in den Wäldern und auf den Wiesen Wiens. Daneben verwendet er Rohstoffe ausgewählter Biobauern, und selbst Blüten, die auf Dachterrassen und Balkonen wachsen, werden verarbeitet.
Das Angebot wechselt ständig, je nachdem was die Natur hergibt.
Für seine schokoladigen Kreationen verwendet Diewald ausschließlich Zotter-Schokolade.

Produktbewertungen

- Produkt: (Konfekt) Minze & Zitrone in Himbeerpulver / Weiße Fliederblüten,
  Punkte: 86,00
  Preis/Menge: 5,90 EUR / 33 g
  Sehr gutes Minzaroma, erfrischend, außen fruchtig-saures Himbeerpulver. Angenehme Konsistenz.

- Produkt: Holler & Limette in Weißmohn / Rote Nuß und Kürbiskerne, Konfekt, Punkte: 84,00
  Preis/Menge: 5,90 EUR / 35 g
  Sieht nicht nur spektakulär aus, sondern schmeckt auch sehr gut. Fruchtig-saures Marzipan, umgeben von aromatischem weißen Mohn.

- Produkt: (Konfekt) Schokolade und Zitrone in dunkler Schokolade / Bunte Blütenblätter, Konfekt, Punkte: 78,00
  Preis/Menge: 5,90 EUR / 41 g
  Schmeckt schokoladig und zitronig-sauer. Schokolade etwas zu dominant, aber dennoch gut gelungen.

- Produkt: Zitronenblüten und schwarzer Sesam / rosa Duftpelargonie, Punkte: 80,00
  Preis/Menge: 1,70 EUR / 6 g
  Zitronig, leicht fruchtig, angenehme Konsistenz des Marzipan, leicht blumig.

- Produkt: Rosenmelisse & Himbeere / Fliederblüten, Konfekt, Punkte: 77,20
  Preis/Menge: 1,70 EUR / 6 g
  Rose deutlich und erstaunlich angenehm schmeckbar, ebenso die Himbeere. Fruchtig und nicht zu süß. Konsistenz etwas zu fest.

- Produkt: Ananas & Basilikumblüten / Verbenepulver und Ringelblume, Konfekt, Punkte: 76,00
  Preis/Menge: 1,70 EUR / 6 g
  Angenehmes Ananasaroma, leicht fruchtig und blumig. Konsistenz und Geschmack angenehm.

- Produkt: Kumquat-Marzipan mit Ajuwan / Dostblüten, Konfekt, Punkte: 72,00
  Preis/Menge: 1,70 EUR / 6 g
  Kumquat leicht schmeckbar, fruchtig, dezent bitter und leicht sauer. Insgesamt auch recht blumig und von angenehmer Konsistenz.

- Produkt: Johanniskraut und Orange / Mädchenaugenblüte, Konfekt, Punkte: 68,00
  Preis/Menge: 1,70 EUR / 6 g
  Relativ bitter, kaum Orange und auch nicht fruchtig, dezent aromatisch. Bitterkeit hält ungewöhnlich und auch unangenehm lange an.

- Produkt: Holler-Rosmarin-Birndl, Konfekt, Punkte: 66,00
  Preis/Menge: 1,70 EUR / 6 g
  Ein eher langweiliges Konfekt. Holler und auch Rosmarin kaum schmeckbar, keine so angenehme Konsistenz.

Fazit:
Das Konfekt ist nicht nur kurios und wunderschön, sondern teilweise richtig köstlich. Hier beißt sich die Katze in den Schwanz: zu schade zum Essen, aber genauso schade, es verderben zu lassen. Am besten kurze Zeit am Anblick erfreuen, ein Foto zur Erinnerung schießen und dann in Ruhe genießen. Leider ist die Qualität etwas zu wechselhaft.

Empfehlung:
Man muss Marzipan mögen, dann hat man trotz der einen oder anderen Enttäuschung Spaß. Das Konfekt eignet sich hervorragend als originelles und kreatives Mitbringsel.

BOJESEN CHOCOLATE

Dänemark (Kopenhagen)
www.bojesenchokolade.dk

Verarbeitungsstufe: **Fremdproduktion**

Bei der Schokolade, die ich während des Salons du Chocolat im Oktober 2010 von Richard O'Connor (chocolateandlove.com) in Paris bekommen habe, handelt es sich um ein erstes Muster. Von ihm habe ich auch die Friis-Holm-Schokoladen erhalten, alles ein bisschen konspirativ und mit viel Ehrfurcht.
Die Schokolade war in einer einfachen Alufolie eingeschweißt und ohne weitere Information mit einem Bojesen-Sticker versehen. Recherchen ergaben, dass Rasmus Bo Bojesen ein dänischer Anbieter von Räumlichkeiten für diverse Events ist. Zudem hat er mit Bernachon in Lyon und 3-Sterne-Köchen gearbeitet, unter anderem mit Troisgros. Mehr war nicht in Erfahrung zu bringen...
In der Folie lagen dann die Tafel und ein Zettel mit diversen Informationen, aber auch hier keine Zutatenliste. Laut anderer Quellen handelt es sich um eine 70 %ige dunkle Schokolade ohne Zusatz von Kakaobutter oder Soja-Lecithin, demnach also 70 % Kakao und 30 % Zucker. Unter anderem informiert Bojesen über die von Einheimischen gesammelten Kakaobohnen im Amazonasgebiet des bolivianischen Dschungels – das hört sich für mich sehr nach der Geschichte von Felchlins Cru-Sauvage-Schokolade an. Zudem schreibt Bojesen, dass er einer der wenigen Bean-to-bar-Hersteller Dänemarks sei. Eigenartig dabei ist aber, dass in die Quadrate der Schokoladentafeln die Zahl „1888" geprägt ist, denn dies ist eine Schokoladenform, die nur die Malmö Choklatfabrik 1888 verwendet.
Das alles ist ein wenig seltsam und passt nicht wirklich zusammen.
Die seit Anfang 2012 im Handel erhältliche Schokolade Orialla scheint nun die marktreife Version zu sein.

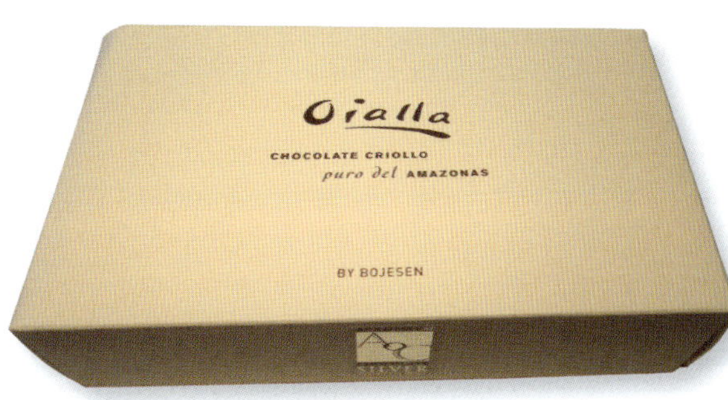

Produktbewertungen

- Produkt: (Dunkel) Oialla, Punkte: 81,75
  Preis/Menge: 150 DKK / 20,17 EUR / 100 g
  Wohl die marktreife Version der Bolivia 70%. Angenehm mild, würzige und dezent fruchtige Aromen. Angenehme Säure, leicht adstringierend. Das Mundgefühl gefällt nicht so gut, da leicht rau auf der Zunge.
  Aromaprofil: Rote Beeren, tropische Früchte, Fermentation, Hibiskusblüten.

- Produkt: (Dunkel) Bolivia 70 %, Punkte: 80,30
  Preis/Menge: 9,50 GBP / 11,00 EUR /1 00 g
  Verkostet wurde eine erste Probe. Bis Ende April 2011 war die Schokolade noch nicht im Handel. Sehr angenehme, milde, würzige und fruchtige Aromen.
  Aromaprofil: Rote Beeren, tropische Früchte, Hibiskusblüten.

Fazit:
Beide Schokoladen sind nicht schlecht: aromatisch, würzig, leicht herb und dezent süß. Inzwischen konnte ich klären, dass Bojesen die Kakaobohnen in Bolivien einkauft und an die Malmö Chokladfabrik zur Weiterverarbeitung liefert. Diese wiederum stellen dann für Bojesen die Schokolade her. Ich finde es überhaupt nicht gut, dass Bojesen sich als Bean-to-bar-Hersteller ausgibt, wenn die Schokolade von Dritten und auch noch in einem anderen Land produziert wird.

Empfehlung:
Grundsätzlich sind beide Produkte gut, jedoch nur begrenzt empfehlenswert, da sie nach meiner Meinung zu teuer sind, besonders die Orialla.

BOUGA CACAO

Frankreich (Foix)
www.bouga-cacao.com

Verarbeitungsstufe: **Schokolade nach Maß**

Ulrike Bongartz und Alexander Gareiß, die Gründer des Unternehmens, lebten in den Jahren 2004 bis 2006 als Entwicklungshelfer im Amazonasgebiet Ecuadors. Mit der neu gegründeten Kleinbauern-Organisation APPOS überlegten die beiden, wie die Organisation mehr an der Wertschöpfungskette des Kakao teilhaben könnte. Man begann, die in Lohnfertigung hergestellten Kakao-Nibs und die Trinkschokolade zu vermarkten, zuerst lokal und ab dem Jahre 2006 auch im Export. Mit Unterstützung des Deutschen Entwicklungsdienstes (DED) und der Schmitz-Hille-Stiftung wurde alsbald eine kleine eigene Schokoladenherstellung aufgebaut. APPOS kooperiert auch mit der an der Nordküste Ecuadors aktiven Kleinbauern-Organisation APROCANE und der Hacienda Bosque de Oro, deren Plantage in der Nähe der Stadt Quevedo im wichtigen Kakaogebiet Los Rios liegt.

So ganz einfach sind die Zuordnung dieses Unternehmens und auch die Wahl der Verarbeitungsstufe nicht. Die Schokolade wird zwar von der Kleinbauern-Organisation in Ecuador hergestellt, von der Firma Bouga Cacao aber nur vertrieben. Auch wird der Kakao von und für verschiedene Organisationen und Plantagen hergestellt. Laut Herrn Gareiß „mietet" die Hacienda Bosque de Oro Maschinen eines Herstellers, um die Schokoladen zu produzieren. Das mag stimmen, dennoch stufe ich Bouga Cacao in die Verarbeitungsstufe der Individuellen Schokolade ein – und da der Hauptsitz des Unternehmens in Frankreich liegt, als ein französisches Unternehmen.

Produktbewertungen

- Produkt: (Dunkel) Hacienda Bosque de Oro 100 %, Punkte: 75,00
  Preis/Menge: 3,59 EUR / 40 g
  Nur Kakaomasse, hergestellt im Ursprungsland. Sehr bitter, etwas sauer und auch leicht adstringierend. Hat Aroma, ist mir aber dennoch zu streng.
  Aromaprofil: Leicht blumig, nussig, torfig, dezent fruchtig.

- Produkt: (Dunkel) Hacienda Bosque de Oro 77 %, Punkte: 77,10
  Preis/Menge: 3,90 EUR / 40 g
  Vorbildliche Zutatenliste: nur Kakao und Zucker. Leicht sauer, recht herb und auch leicht adstringierend. Aroma könnte etwas ausgeprägter sein.
  Aromaprofil: Nussig, leicht blumig, dezent fruchtig.

- Produkt: (Dunkel) La Rústica Finca 70 %, Punkte: 75,40
  Preis/Menge: 4,90 EUR / 60 g
  Schokolade in der Modica-Art. Mit viel knisterndem Zucker und sehr wenig Schmelz. Der Geschmack ist ganz gut, es fehlt jedoch ein wenig an Aroma.
  Aromaprofil: Leicht nussig, Kaffee.

- Produkt: (Veredelt) Ishpink 70 %, Punkte: 76,50
  Preis/Menge: 3,90 EUR / 40 g
  Ishpink ist ein Gewürz aus Ecuador, das zu den Lorbeergewächsen zählt und Zimtaldehyd enthält. Die dunkle Schokolade enthält zudem Mandeln. Mit 70 % Kakaoanteil wurde auch eine maßvoll herbe Schokolade verwendet, die gut mit dem Gewürz und den Mandeln harmoniert. Interessant und gut.

- Produkt: (Veredelt) Citron Pérou 77 %, Punkte: 69,25
  Preis/Menge: 3,90 EUR / 40 g
  Dunkle Schokolade mit Zitronenverbene. Recht herb, leicht sauer und adstringierend. Mit 77 % ist der Kakao gegenüber der zierlichen Verbene zu dominant, die man vor allem im Abgang schmeckt. Insgesamt ein wenig unharmonisch.

- Produkt: (Veredelt) La Rústica Leche y Sal 43 %, Punkte: 75,55
  Preis/Menge: 4,90 EUR / 60 g
  Auch wenn mich der Beigeschmack der Milchschokolade etwas stört, schmeckt sie mir. Sehr gut gesalzen und mit knusprigen sowie aromatischen Kakao-Nibs.

Fazit:
Die Schokoladen sind ganz ordentlich gelungen. Sie haben nicht die Finesse von Herstellern wie Domori oder Soma, sind aber alleine durch die sehr gute Zutatenliste gut genießbar.

Empfehlung:
Alle Sorten sind für Chocoholics empfehlenswert, wobei ich aufgrund der Seltenheit vor allem auf die Ishpink hinweisen möchte.

BOVETTI

Frankreich (Terrasson Lavilledieu)
www.bovetti.com

Verarbeitungsstufe: **Schokolade nach Maß**

Valter Bovetti ist gebürtiger Italiener aus dem Piemont. Nach einem Jahr in der Schweizer Gastronomie lässt sich Bovetti in Frankreich nieder und gründet 1994 in Corrèze seine eigene Confiserie. 2002 erfolgt der Neubau in Terrasson Lavilledieu. Bereits 2003 beginnt Bovetti mit dem Bestreuen von Schokoladentafeln mit den unterschiedlichsten Zutaten. Damit war er einer der ersten, der dem neuen Trend folgte.
Ich konnte Herrn Bovetti im Januar 2011 anlässlich der ISM in Köln als einen intelligenten und angenehmen Gesprächspartner kennenlernen, der viele Informationen preisgab. Das ist leider keine Selbstverständlichkeit und kann nur gelobt werden.
Valter Bovetti lässt sich seine eigenen Schokoladen fertigen. Seine dunkle Schokolade ist ein Blend aus den Ursprüngen Ghana, Ecuador und Papua Neu-Guinea. Grundsätzlich lehnt Bovetti Soja-Lecithin ab und stützt die These, dass nicht genmanipuliertes Soja-Lecithin fast nicht existiert. Seine Argumentation klang durchaus logisch, auch wenn ich insgeheim hoffe, dass er Unrecht hat.

Produktbewertungen

- Produkt: (Weiße) Chocolat Blanc Fruits Secs, Punkte: 72,00
  Preis/Menge: 4,99 EUR / 100 g
  Ordentliche weiße Schokolade, großzügig belegt mit aromatischen Trockenfrüchten und Nüssen.

- Produkt: (Weiße) Weiße Schokolade mit Cranberrys, Punkte: 56,00
  Preis/Menge: 4,99 EUR / 100 g
  Früchte ohne ausreichend Aroma, die weiße Schokolade in Ordnung.

- Produkt: (Veredelt) Chocolat Lait Petales de Rose, Punkte: 73,75
  Preis/Menge: 5,50 EUR / 100 g
  Die kandierten Rosenblätter mit Karminrot (organischer Farbstoff von der Cochenilleschildlaus) sind angenehm aromatisch. Zum Glück wurde die Milchschokolade nicht zusätzlich aromatisiert, sodass sie recht angenehm ist.

- **Produkt:** (Veredelt) Chocolat Noir Goji,
  Punkte: 72,00
  Preis/Menge: 1,99 EUR / 50 g
  Die dunkle Schokolade hat kein angenehmes Aroma, die Gojibeeren sind gut, allerdings muss man den Geschmack der Beeren mögen. Die dunkle Schokolade ist etwas zu dominant für die dezent aromatischen Beeren.

- **Produkt:** (Veredelt) Vollmilchschokolade mit Karamell und Fleur de Sel, Punkte: 56,00
  Preis/Menge: 5,50 EUR / 100 g
  Süße Milchschokolade, klebrig und etwas pappig. Leider gar nicht gut.

- **Produkt:** (Veredelt) Zartbitterschokolade mit Jasminblüten, Punkte: 56,00
  Preis/Menge: 3,50 EUR / 50 g
  Ordinäre dunkle Schokolade, kaum Jasminaroma.

- **Produkt:** (Veredelt) Chocolat Lait Café,
  Punkte: 55,75
  Preis/Menge: 1,99 EUR / 50 g
  Mit aufgestreutem Kaffeepulver, was im Mund nicht so angenehm ist. Geschmacklich zu flach im Aroma, aber ganz gute Milchschokolade.

- **Produkt:** (Veredelt) Chocolat Lait Caramel Fleur de Sel Bio, Punkte: 54,00
  Preis/Menge: 4,99 EUR / 100 g
  Sehr süße Milchschokolade, mit intensivem Karamellgeschmack. Leider unterstützt durch Karamellaromastoffe, was man auch schmeckt. Den aufgestreuten Zucker hätte man sich sparen sollen, er macht die Tafel sehr süß. Diese Schokolade ist nicht annähernd so gut wie die „nicht Bio"-Schokolade.

- **Produkt:** (Veredelt) Chocolat Noir au Thé Noir d'Inde Bio, Punkte: 53,00
  Preis/Menge: 4,99 EUR / 100 g
  Was soll das? Ein Gramm Teeblätter auf dominanter dunkler Schokolade mit 73 % Kakaoanteil aufgestreut? Es ist sehr unangenehm, auf den harten, kaum aromatischen Blättern zu kauen.

- **Produkt:** (Veredelt) Chocolat Noir Piment d'Espelette, Punkte: 52,00
  Preis/Menge: 4,99 EUR / 100 g
  Kein Piment d'Espelette schmeckbar, da fehlt es richtig an Aroma. Vielleicht ist die dunkle Schokolade einfach zu dominant...

Fazit:
Es hat mich sehr erstaunt, dass keines der Produkte überzeugen konnte. Bovetti ist mit seinen aufgestreuten Schokoladentafeln erfolgreich. Warum, das kann ich nicht ganz nachvollziehen. Die Schokoladenqualität ist etwas besser als der übliche Standard, aber die Qualität der aufgestreuten Zutaten ist zu dürftig. Schade, so sympathisch Valter Bovetti auch ist, den Produkten kann ich nichts abgewinnen. Allein die ordentlichen Qualitäten der Schokoladen begründen eine noch einigermaßen akzeptable Benotung.

Empfehlung:
Leider ist keine Empfehlung möglich.

BUTLERS

Irland (Dublin)
www.butlerschocolates.com

Verarbeitungsstufe: **Standard-Schokolade**

Butlers – Purveyors of happiness. Ein schöner Slogan, den sich Butlers da ausgedacht hat. Gegründet im Jahr 1932 von Ms. Bailey Butlers, wurde das Unternehmen 1959 von Seamus Sorensen übernommen. Die nächste Generation der Sorensen-Familie beschloss, unter dem neuen Markennamen „The Butlers Irish Chocolates" weiter zu expandieren. Im Jahr 1989 wurde das erste Caféhaus eröffnet, mittlerweile gibt es alleine in Dublin 13 Filialen, in London eine, in Neuseeland zwei und – wie auch immer es dazu kam – eine in Karachi in Pakistan. In den letzten 10 Jahren wurde die Expansion sehr erfolgreich forciert.
Außerhalb Irlands ist Butlers recht unbekannt, was eigentlich schade ist.

Produktbewertungen

- Produkt: (Milch) Milk Chocolate 32 %, Punkte: 60,00
  Preis/Menge: 4,00 USD / 3,16 EUR / 100 g
  Rau, leicht herb, aber dennoch etwas zu süß. Aromaprofil: Toffee, Butter-Fudge, Malz, Honigkaramell.

- Produkt: (Weiße) White Chocolate Vanilla 26 %, Punkte: 77,13
  Preis/Menge: 4,50 USD / 3,55 EUR / 100 g
  Angenehme Vanille, nicht zu süß, milchig-cremig. Der schlechte Schmelz ist etwas störend. Aromaprofil: Vanille, Milch, Honig.

- Produkt: (Weiße) Mixed Berry White Chocolate 26 %, Punkte: 62,75
  Preis/Menge: 4,50 USD / 3,55 EUR / 100 g
  Eigentlich gut, da fruchtig-knusprig, erfrischend. Abwertung, da unklar ob natürliche oder künstliche Aromen verwendet werden.

- Produkt: (Veredelt) Hazelnut Milk Chocolate 32 %, Punkte: 74,50
  Preis/Menge: 4,50 USD / 3,55 EUR / 100 g
  Voller Haselnussstückchen, dadurch etwas weniger süß, schön knusprig.

- Produkt: (Veredelt) Honeycomb Crisp Milk Chocolate 32 %, Punkte: 69,00
  Preis/Menge: 4,50 USD / 3,55 EUR / 100 g
  Diese Tafel war früher besser. Etwas zu süß und zu wenig Aroma.

- Produkt: (Veredelt) Butterscotch Milk Chocolate 32 %, Punkte: 68,90
  Preis/Menge: 4,50 USD / 3,55 EUR / 100 g
  So wie man es erwartet. Knusprig, karamellig, leicht klebrige Karamelstückchen, recht süß, gutes Butterscotch-Aroma.

- Produkt: (Riegel) Irish Whiskey Truffle Dark Chocolate 58 %, Punkte: 66,00
  Preis/Menge: 3,00 USD / 2,37 EUR / 75 g
  Ein ehrliches Produkt, nicht zu alkoholisch.

- Produkt: (Riegel) Mint Truffle Dark Chocolate 58 %, Punkte: 54,00
  Preis/Menge: 3,00 USD / 2,37 EUR / 75 g
  Enthält das Konservierungsmittel Sorbic acid preservative (Sorbinsäure), dadurch schlechte Bewertung der Zutaten. Ansonsten sehr angenehmes Aroma, minzig-frisch.

- Produkt: (Riegel) Milk Chocolate Truffle, Punkte: 48,00
  Preis/Menge: 3,00 USD / 2,37 EUR / 75 g
  Enthält das Konservierungsmittel Sorbic acid preservative (Sorbinsäure), dadurch schlechte Bewertung der Zutaten. Riegel ansonsten uninteressant: süß und klebrig.

- Produkt: (Konfekt) Honeycomb Crisp Praline, Punkte: 60,00
  Preis/Menge: nicht recherchierbar / 10 g
  Leider viel zu hart. Dann lieber die Tafel, die ist besser.

Fazit:
Nicht alle Produkte sind gut. Die Schokolade ist zwar banaler Standard, jedoch ist die eine oder andere Sorte durchaus als Kohlenhydrate-Lieferant willkommen. Früher wurde viel mit Vanillin gearbeitet, was heute zum Glück nicht mehr der Fall ist. Leider sind zwei Riegel-Produkte (Milk Chocolate Truffle und Mint Truffle) mit dem Konservierungsmittel Sorbinsäure negativ aufgefallen, diese sind entsprechend schlecht bewertet worden.
Insgesamt handelt es sich um bodenständige Produkte zu einem fairen Preis. Die drei besten Produkte sind die Sorten Vanille (mit vielen Vanillekörnern), Haselnuss und Honeycomb (mit 10 % Honeycomb gefüllt). Wer keine allzu hohen Erwartungen hat und eine gute Alternative zu der alltäglichen Massenware sucht, ist hier bestens bedient.

Empfehlung:
Für den schnellen Kohlehydrate-Kick zwischendurch. Da etwas außergewöhnlich auf jeden Fall die Honeycomb probieren.

CACAO SAMPAKA

Spanien (Barcelona)
www.cacaosampaka.com

Verarbeitungsstufe: **Schokolade nach Maß**

Ich habe das Unternehmen Cacao Sampaka immer als sympathische Marke betrachtet, mit netten und ausgefallenen Produkten, schickem Design und Geschäften mit Stil. Die Sympathien haben in den letzten Monaten allerdings ein wenig abgenommen. Die Kommunikation der im Jahre 2000 gegründeten Marke ist mehr als dürftig. Wer hinter dem Unternehmen steckt, wird nicht kommuniziert und direkte Fragen hierzu werden nicht beantwortet. Warum? Über die Internetseite erfährt man: „Wir stellen Schokolade her und kontrollieren den gesamten Verarbeitungsprozess, von der Auswahl der Kakaoschoten bis zur Verpackung des fertigen Produkts." Sampaka-Mitarbeiter haben mir gesagt, dass man die Schokolade von einem Zulieferer beziehe und keine eigene Bean-to-bar-Herstellung betreibe.

Produktbewertungen

- Produkt: (Dunkel) La Joya Tabasco, México 70 %, Punkte: 81,50
  Preis/Menge: 9,00 EUR / 100 g
  Aromatisch-fruchtig, vielleicht etwas zu sauer und zu adstringierend.
  Aromaprofil: Rosinen, unreife Pflaumen, Tabak und Lakritze.

- Produkt: (Dunkel) Xoconusco Chiapas, México 70 %, Punkte: 80,00
  Preis/Menge: 9,00 EUR / 100 g
  Mild und mit guten und ausgeprägten, würzigen und leicht fruchtigen Aromen, leicht adstringierend und recht bitter.
  Aromaprofil: Rote Beeren und Rosinen.

- Produkt: (Dunkel) Madagascar 71 %, Punkte: 68,00
  Preis/Menge: 4,50 EUR / 100 g
  Zu wenig Charakter der Madagaskar-Bohne, da sehr dezent fruchtig. Relativ fettig, daher sehr guter Schmelz.
  Aromaprofil: Gelbe Zitrusfrüchte

- Produkt: (Veredelt) Gin & Tonic, Punkte: 79,00
  Preis/Menge: 4,50 EUR / 100 g
  Sehr gutes Zitronenaroma, erfrischend, knusprig, leicht sauer, aber zu wenig Wacholder.

- Produkt: (Veredelt) Flor de Azahar (Orange Blossom), Punkte: 69,00
  Preis/Menge: 4,50 EUR / 100 g
  Gutes Orangenaroma, Schokolade schmilzt schnell, wohl durch das Öl und den Zusatz einer recht großen Menge Kakaobutter bedingt.

- Produkt: (Weiße) Menta Piperita (Peppermint), Punkte: 62,50
  Preis/Menge: 4,50 EUR / 100 g
  Schmeckt nach Pfefferminztee, recht süß. Aber warum enthält die Schokolade Butterreinfett?

- Produkt: (Weiße) Rosas y Fresas (Roses and Strawberries), Punkte: 62,50
  Preis/Menge: 4,50 EUR / 100 g
  Zu viel Rose, zu wenig Erdbeere und insgesamt etwas zu süß. Leicht knusprig.

- Produkt: (Konfekt) Maronen-Pralinen, Punkte: 78,00
  Preis/Menge: 4,50 EUR / 100 g
  Zu Beginn intensives Rumaroma, dann schmeckt es angenehm nach Maronen. Nicht zu süß.

- Produkt: (Konfekt) Bombones Xoconusco, Punkte: 78,00
  Preis/Menge: 6,00 EUR / 40 g
  Schmeckt sehr nach der Xoconusco-Schokolade, ist aber etwas zu buttrig-mächtig.

- Produkt: (Schachtel) Bombones Colección No 4, Flores, Hierbas e Infusiones, Punkte: 67,60
  Preis/Menge: 13,50 EUR / 128 g
  Nahezu alle Sorten haben Mängel im Aroma, in der Konsistenz und im Geschmack. Sehr schlecht ist das mangelhafte Dekor. Gepaart mit dem mangelnden Aroma hat es zur Folge, dass eine Sortenwiedererkennung teils nicht möglich ist.

Konfekt-Einzelbewertungen

Rose: Punkte: 70,00
Sehr dominantes Rosenaroma. Dunkle, leicht herbe und weiche Ganache-Füllung, nicht zu süß.

Rosmarin: Punkte: 70,00
Weiche, dunkle Ganache-Füllung mit gutem Rosmarinaroma. Schokoladenüberzug etwas zu dick und zu süß.

Veilchen: Punkte: 69,00
Helle und weiche Ganache-Füllung mit kandierten Veilchen. Sehr aromatisch, aber etwas zu süß.

Thymian: Punkte: 67,00
Zu dezenter Thymian. Weiche und helle Ganache-Füllung. Schokoladenüberzug etwas zu dick.

Lakritz: Punkte: 67,00
Dunkle Ganache-Füllung, Lakritzearoma nicht ausreichend.

Jasmintee: Punkte: 64,00
Nicht genug aromatische Ganache-Füllung. Zu süß, fast karamellig.

Pfefferminze: Punkte: 62,00
Angenehm minzige, aber zu feste und zu süße, dunkle Ganache-Füllung.

Lavendel: Punkte: 53,00
Kaum bis gar kein Lavendelaroma. Weiße, feste, leicht salzige und zu süße Füllung mit Stücken.

Fazit:
Unabhängig von der dürftigen Kommunikation können sich auch die Produkte nur im Mittelfeld platzieren. Erwartet hatte ich mehr, aber besonders das Konfekt ist dann doch zu lieblos hergestellt und geschmacklich enttäuschend. Überraschen konnten die Maronen-Pralinen mit ihrem intensiven Rumaroma und gutem Maronengeschmack.
Die veredelten Schokoladen gleichen einer Achterbahnfahrt: schlecht, gut, mittel und wieder schlecht. Die Sorte Rosen-Erdbeer enthält viel zu viel Rose, die Minze ist ganz ordentlich gelungen und die Orangenblüte zeigt ein gutes Aroma. Aber die beste veredelte Schokolade ist die Gin & Tonic. Zwar gibt es keine Parallelen zu dem Getränk, sie ist aber erfrischend, mit sehr gutem Zitronenaroma, fruchtig-sauer und knusprig. Leider fehlte es aber an Wachholder, Gin ist natürlich keiner enthalten. Daher ist wohl auch die Deklaration falsch. Apropos Deklaration. Kurios ist, dass auf allen veredelten Schokoladen die Angabe des Kakaoanteils fehlt. Da hat wohl jemand echt gepennt. Ich bin gespannt, wann, ob und wie das korrigiert wird.

Empfehlung:
Die Sorten La Joya und Xoconusco sollten alle probieren, die an dunkler Schokolade interessiert sind. Bei den veredelten Schokoladen kommt es auf den Geschmack an. Die Gin & Tonic ist auf jeden Fall einen Versuch wert.

CACAOYERE

Ecuador (Quito)
www.cacaoyere.com

Verarbeitungsstufe: **Bean-to-bar**

Cacaoyere ist eine Marke des im Jahre 2006 mit deutscher Hilfe gegründeten Unternehmens „Ecuadoriana de Chocolates S.A.“. Heute beschäftigt das Unternehmen 15 Mitarbeiter und produziert außer den eigenen Schokoladen auch Handelsmarken wie z. B. alle Schokoladen der Marke „Kallari“. Vier Schokoladen werden unter der Marke Cacaoyere angeboten. Alle vier, die auch Rainforest-Alliance-zertifiziert sind, konnte ich probieren.
Die Kakaobohnen für die Schokolade Amazonia – El Eno mit 63 % Kakaoanteil kommen aus dem Dorf El Eno und der dort ansässigen Genossenschaft „Aroma Amazonico“ in Ecuadors Amazonasgebiet.
Für die Schokolade Esmeraldas – Cumba (71 % Kakaoanteil) werden Bio-Kakaobohnen der Genossenschaft „APROCA“ aus der in der Küstenregion liegenden Provinz Esmeraldas und dem Dorf Cumba verarbeitet.
Die Genossenschaft „UCOCS“ aus der im Hochland liegenden Provinz Bolivar mit Sitz in Las Naves liefert die Kakaobohnen für die Schokolade Bolivar – Las Naves (82 % Kakaoanteil).
Die vierte Schokolade mit 91 % Kakaoanteil kommt aus der Provinz Pichincha und dem Dorf Puerto Quito. Diese Provinz liegt im Landesinneren und komplettiert das Angebot der vier durchaus unterschiedlichen Kakaosorten.

Produktbewertungen

- Produkt: (Dunkel) Esmeraldas – Cumba 71 %, Punkte: 75,10
  Preis/Menge: UVP 5,00 EUR / 75 g
  Aromatisch und gut ausbalancierte Süße. Fruchtig-würziger Charakter.
  Aromaprofil: Schokoladig, Vanille, Banane.

- Produkt: (Dunkel) Pichincha – Puerto Quito 91 %, Punkte: 74,10
  Preis/Menge: UVP 5,00 EUR / 75 g
  Sehr aromatisch, leicht fruchtig und mit dezenten Röstaromen, sehr herb.
  Aromaprofil: Zitrusfrüchte, Gewürze (Vanille, Pfeffer).

- Produkt: (Dunkel) Amazonia – El Eno 63 %, Punkte: 72,60
  Preis/Menge: UVP 5,00 EUR / 75 g
  Einerseits eine Schokolade mit interessanten, eher fruchtigen Aromen, anderseits aber mit einem seltsamen Beigeschmack. Dennoch keine schlechte Schokolade und trotzt niedrigem Kakaoanteil gar nicht so süß.
  Aromaprofil: Zitrusfrüchte, leicht nussig-blumig.

- Produkt: (Dunkel) Bolivar – Las Naves 82 %, Punkte: 70,80
  Preis/Menge: UVP 5,00 EUR / 75 g
  Aromatische Schokolade, jedoch sehr erdig-blumiges, unangenehmes Aroma. Für 82 % Kakaoanteil ohne Zusatz von Kakaobutter erstaunlich mild.
  Aromaprofil: Blumig (Jasmin), erdig-torfig, Zedernholz.

Fazit:
Alle vier getesteten Produkte haben ihren eigenen Charakter und Ihre eigene Identität. Dadurch, dass keine zusätzliche Kakaobutter hinzu gefügt wird, bleibt der wahre Charakter der jeweiligen Kakaobohnen erhalten. Lobenswert ist auch der Verzicht auf die Zugabe von Vanille. Dadurch können sich die feinen Nebenaromen des Kakaos, die alle viel anzubieten haben, wunderbar entfalten.
Am besten gefallen hat mir die Esmeraldas mit ihrem fruchtig-würzigen Charakter und der harmonischen Süße. Die Amazonia ist zwar auch fruchtig, aber hier stört der seltsame Beigeschmack. Die Bolivar hat die für Nacional-Kakao typischen blumig-würzigen, aber auch erdige Aromen. Die Pichincha ist aufgrund ihres sehr hohen Kakaogehalts natürlich nur für Liebhaber extrem herber Schokoladen geeignet. Aromatisch ist sie und für 91 % Kakaoanteil ohne Kakaobutterzusatz wirklich gut gelungen.

Empfehlung:
Alle vier Schokoladen sind empfehlenswert. Sie zeigen exemplarisch die großen Unterschiede ecuadorianischen Kakaos, sind ein Genuss und lehren nebenbei viel über Kakao. Im Übrigen hat jede Schokolade eine gute und hochwertige Informationseinlage in deutscher Sprache.

CAFÉ PERNSTEINER

Deutschland (Regensburg)
www.pernsteiner.net

Verarbeitungsstufe: **Standard-Schokolade**

Das Ehepaar Anna und Josef Pernsteiner gründet 1901 im böhmischen Friedberg ihre erste eigene Konditorei. Bis zum Jahre 1923 wird die „Zuckerbäckerei-Cukarna Josef Pernsteiner" zu einem regionalen Spezialitätenbetrieb ausgebaut. Nach dem Tod ihres Mannes im Jahr 1924 führt Anna Pernsteiner bis zu ihrem Tode im Jahr 1938 alleine die Geschäfte. Nach dem Krieg wird die Familie enteignet und aus dem Land vertrieben. Nach einem Zwischenstopp in Linz findet die Familie in Regensburg eine neue Heimat. 1948 eröffnet Sohn Ludwig dort eine Konditorei, 1951 eine Filiale in bester Lage am Haidplatz. Ludwigs Sohn Johannes lernt ebenso den Beruf des Konditors und steigt im Jahre 1982 in das Unternehmen ein, das er seit 1989 zusammen mit seiner Frau Silvia führt. Mit den gefüllten Tafeln, alle in Bio-Qualität, vertreibt Pernsteiner erstmals seine Produkte bundesweit.

Produktbewertungen

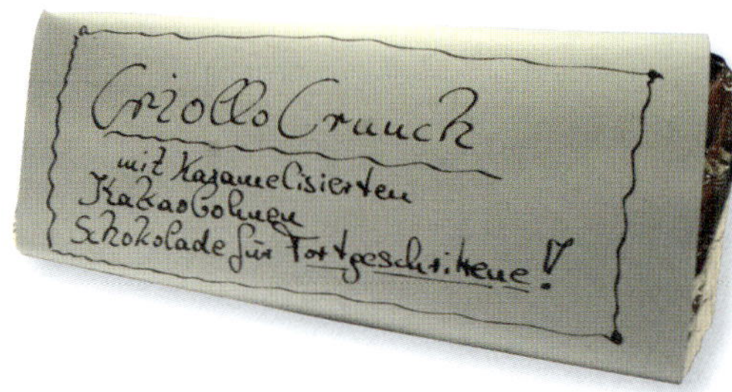

- Produkt: (Riegel) Criollo Crunch Bio,
  Punkte: 76,50
  Preis/Menge: 5,10 EUR / 70 g
  Angenehmer, frischer Geschmack, schokoladig und leicht knusprig.

- Produkt: (Riegel) Hanf-Krokant Bio,
  Punkte: 74,50
  Preis/Menge: 5,10 EUR / 70 g
  Etwas eigenartige Schokolade, aber ich mag sie. Die Hanfsamen sind knusprig, insgesamt sehr schmackhaft. Aber Milchschokolade ohne Milch? So steht es zumindest in der Zutatenliste.

- Produkt: (Riegel) Himbeer Trüffel,
  Punkte: 73,00
  Preis/Menge: 5,10 EUR / 70 g
  Himbeerig-fruchtig. Angenehmer und frischer Geschmack. Alkohol kaum schmeckbar, was durchaus angenehm ist.

- Produkt: (Riegel) Süße Oliven Bio,
  Punkte: 63,50
  Preis/Menge: 5,10 EUR / 70 g
  Interessant, hätte mir aber eine dunkle statt einer weißen Füllung gewunscht. Etwas zu süß geraten.

- Produkt: (Riegel) Ingwer-Trüffel Bio,
  Punkte: 60,50
  Preis/Menge: 5,10 EUR / 70 g
  Schmeckt zu penetrant nach Ingwerpulver. Dezent, aber angenehm scharf.

Fazit:
Die Tafeln haben natürlich einen Nachahmungsfaktor à la Zotter. Dennoch haben sie, im begrenzten Maße, eine eigene Identität. Die Konsistenz ist teilweise sehr seltsam, was aber sicher mit den etwas ungewöhnlichen Rezepturen zu tun hat.
Nicht alle Produkte sind gelungen, aber zwei bis drei nette Alternativen zu anderen Herstellern sind vorhanden.

Empfehlung:
Für alle Liebhaber gefüllter Schokoladen, die gerne einmal eine Alternative zu Zotter probieren möchten, durchaus empfehlenswert.

CAFÉ-KONDITOREI HECKER

Deutschland (Gummersbach)
www.cafe-hecker.de

Verarbeitungsstufe: **Standard-Schokolade**

Das Caféhaus in Gummersbach existiert bereits seit 1886 und wurde im Jahre 1984 von Wolfgang und Ellen Hecker übernommen. Heute führt Philip Hecker erfolgreich das Unternehmen.
Das Konfekt, das auch regelmäßig im Pralinenclub vertreten ist und in kurzer Zeit schon zweimal den Preis für die beste Praline des Monats entgegen nehmen konnte, wird nach deutscher Tradition hergestellt, was hierzulande ja noch immer das beliebteste ist. 2010 erreichte das Café Hecker zudem mit dem Konfekt Peanut Crunch den 2. Platz bei der Wahl zur Praline des Jahres.

Produktbewertungen

- Produkt: (Konfekt) Cassis, Punkte: 75,40
  Preis/Menge: ca. 4,00 EUR / 100 g
  Fruchtig-sauer mit sehr gutem Fruchtcharakter. Weich, cremig und nicht zu süß.

- Produkt: (Konfekt) Nougat Crunch,
  Punkte: 73,00
  Preis/Menge: ca. 4,00 EUR/100 g
  Knusprig-aromatischer Nougat, halb hell, halb dunkel. Nicht zu süß, leicht bröckelig und schmackhaft.

- Produkt: (Konfekt) Salt Cashew,
  Punkte: 72,70
  Preis/Menge: ca. 4,00 EUR / 100 g
  Ganz dünne Karamellschicht, viel dunkler Nougat und ein knuspriger Cashew-Kern on top. Aromatisch, knusprig und auch leicht salzig. Vielleicht aber etwas zu süß.

- Produkt: (Konfekt) Passionsfrucht,
  Punkte: 72,40
  Preis/Menge: ca. 4,00 EUR / 100 g
  Sehr fruchtig-sauer mit gutem Passionsfrucht-Aroma. Weich, cremig und feiner Schmelz. Natürlich nicht wirklich süß.

- Produkt: (Konfekt) Macadamia,
  Punkte: 69,40
  Preis/Menge: ca. 4,00 EUR/100 g
  Aromatischer Macadamia-Nougat mit leicht salzigem Karamell am Boden und einer karamellisierten Macadamia-Nuss on top. Aromatisch und nicht zu süß.

- Produkt: (Konfekt) Eierlikör, Punkte: 69,20
  Preis/Menge: ca. 4,00 EUR / 100 g
  Gutes Eierlikör-Aroma, etwas fest, aber dennoch cremig und mit gutem Schmelz. Insgesamt etwas zu süß.

- Produkt: (Konfekt) Batida Kirsch,
  Punkte: 69,00
  Preis/Menge: ca. 4,00 EUR / 100 g
  Zweifach gefüllt mit weißer Mandelganache und roter Beeren-Füllung. Aromatisch und schmackhaft, fruchtig-sauer und nicht zu süß.

- Produkt: (Konfekt) Sir James, Punkte: 67,60
  Preis/Menge: ca. 4,00 EUR / 100 g
  Leicht minzig, könnte etwas intensiver sein. Insgesamt dennoch angenehm, da sehr weiche, cremige, feinschmelzende und nicht zu süße Füllung.

- Produkt: (Konfekt) Champagner,
  Punkte: 67,00
  Preis/Menge: ca. 4,00 EUR / 100 g
  Weiche, cremige und zartschmelzende Füllung, könnte aber etwas aromatischer sein. Dennoch schmackhaft, da auch nicht zu süß.

- Produkt: (Konfekt) Caipirinha, Punkte: 58,00
  Preis/Menge: ca. 4,00 EUR / 100 g
  Dieses Konfekt hat mir gar nicht gefallen. Die Flüssigkeit hat sich von der Ganache etwas separiert. Aromatisch, Caipirinha aber nicht erkennbar.

Fazit:
Bodenständiges Konfekt, hergestellt in guter alter deutscher Tradition. Eine Sorte ist negativ aufgefallen, da sich die Flüssigkeit in der Füllung separiert hat. Dennoch insgesamt ein guter Gesamteindruck, daher auch empfehlenswert.

Empfehlung:
Für alle Liebhaber deutschen Konfekts empfehlenswert.

CAFÉ-TASSE

Belgien (Wauthier-Braine)
www.cafe-tasse.com

Verarbeitungsstufe: **Schokolade nach Maß oder Standard-Schokolade**

Nach einem Zwischenstopp bei Neuhaus und Godiva entschied sich François Decarpentrie 1988 eine Marke zu kreieren, die den Genuss von Schokolade und Kaffee verbindet. So entstanden die Napolitaines von Café-Tasse. Die Verpackung war ausschließlich natürlich und recyclebar, Kraftpapier und Holz waren beliebte Materialien. Sämtliche Produkte wurden fremdgefertigt und Decarpentrie konzentrierte sich ausschließlich auf die Vermarktung. Der Erfolg ließ nicht lange auf sich warten. Allein in Frankreich schaffte es Café-Tasse innerhalb von 12 Monaten 600 Verkaufsstellen als Partner zu gewinnen.
Im Jahre 2001 verkaufte Decarpentrie seine Marke an Andreas Gembler, damaliger CEO bei Philip Morris. Im Jahre 2007 kaufte Gembler Produktionsmaschinen und Marken einer alten belgischen Schokoladenfirma. Seit dem Jahre 2008 produziert Café-Tasse zumindest einen Teil seiner Produkte selbst. Nebenbei werden auch die Produkte der hinzugekauften Marken Arosa, Perlege und

Bel Arte vertrieben. Seit dem Jahre 2009 arbeitet auch Andréa Gembler, die Tochter des neuen Inhabers, bei Café-Tasse.
François Decarpentrie hat nach einigen Fehlinvestitionen mittlerweile mit Zaabär ein neues Schokoladen-Unternehmen in Brüssel gegründet.

Produktbewertungen

- Produkt: (Dunkel) Chocolat Bio 58 %,
  Punkte: 65,80
  Preis/Menge: UVP 3,90 EUR / 85 g
  Produkt von wenig Interesse. Kaum Aroma, süß und ohne Raffinesse. Kann mit Bio-Rohstoffen punkten, aber durch den hohen Zuckeranteil kann sich das Aroma nicht entfalten.
  Aromaprofil: Dezente Zitrusfrucht, etwas Vanille.

- Produkt: (Dunkel) Extra Noir 77 %,
  Punkte: 50,00
  Preis/Menge: UVP 4,39 EUR / 100 g
  Bitter, aromaflach und langweilig. Eine Schokolade, die absolut kein Interesse wecken kann.
  Aromaprofil: Waldig, erdig, pilzig.

- Produkt: (Dunkel) Noir 60 %, Punkte: 50,00
  Preis/Menge: UVP 4,39 EUR / 100 g
  Banale Industrieschokolade, wie sie leider oft verwendet wird. Ohne Charakter oder Besonderheit und dann auch noch zu süß. Wohl Konsumkakao aus Afrika.
  Aromaprofil: Schokoladig, leicht torfig.

- Produkt: (Weiße) Blanc Café, Punkte: 60,25
  Preis/Menge: UVP 4,39 EUR / 100 g
  Für Liebhaber weißer Schokolade. Aromatisch ganz in Ordnung, aber der Kaffeesatz stört im Mund.

- Produkt: (Veredelt) Noir Thé Earl Grey,
  Punkte: 61,50
  Preis/Menge: UVP 4,39 EUR/100 g
  Ganz ordentliches Teearoma harmoniert gut mit der süßen dunklen Schokolade.

- Produkt: (Veredelt) Noir Orange,
  Punkte: 59,10
  Preis/Menge: UVP 4,39 EUR / 100 g
  Dezente Orange in süßer dunkler Schokolade. Banal. Ausschließlich mit Aroma, daher kein Fruchtcharakter.

- Produkt: (Veredelt) Lait Café, Punkte: 50,50
  Preis/Menge: UVP 4,39 EUR / 100 g
  Kaum Kaffeearoma, süße Milchschokolade, ohne Charakter.

- Produkt: (Veredelt) Lait Noisettes,
  Punkte: 50,50
  Preis/Menge: UVP 4,39 EUR / 100 g
  Milchschokolade, die ähnlich wenig Charme hat wie die Lait Café, durch den Krokant nur noch süßer.

- Produkt: (Veredelt) Lait Nougat,
  Punkte: 50,50
  Preis/Menge: UVP 4,39 EUR / 100 g
  Milchschokolade, die ähnlich wenig Charme hat wie die Lait Noisettes, durch den Krokant nur noch süßer.

- Produkt: (Riegel) Noir & Speculoos, Punkte: 68,50
  Preis/Menge: UVP 1,95 EUR / 45 g
  Angenehme knusprige Füllung. Schmeckt deutlich nach Spekulatius und harmoniert ganz gut mit der dunklen Schokolade. Ganz gelungen.

- Produkt: (Riegel) Lait Praliné Café, Punkte: 64,00
  Preis/Menge: UVP 1,95 EUR / 45 g
  Milchschokolade, gefüllt mit Kaffeenougat, aromatisch und essbar. Mit Kaffeestückchen in der Füllung.

- Produkt: (Riegel) Blanc Citron, Punkte: 61,00
  Preis/Menge: UVP 1,95 EUR / 45 g
  Gute weiße Schokolade mit natürlichem Aroma und kandierten Zitronenschalen (2 %), jedoch deutlich zu süß.

- Produkt: (Riegel) Noir Orange, Punkte: 53,50
  Preis/Menge: UVP 1,95 EUR / 45 g
  Wohl identische Rezeptur wie die Tafel, schmeckt aber dennoch besser. Mehr Orangenaroma und frischer, aber auch ohne Fruchtcharakter. Dunkle Schokolade.

- Produkt: (Riegel) Duetto Lait-Caramel, Punkte: 52,25
  Preis/Menge: UVP 1,40 EUR / 25 g
  Leider fehlt es an Karamellaroma, sonst wäre der Riegel ganz gut. So aber ist er einfach nur süß. Milchschokolade.

- Produkt: (Riegel) Duetto Lait-Café, Punkte: 50,00
  Preis/Menge: UVP 1,40 EUR / 25 g
  Schmeckt dezent nach Kaffee, aber insgesamt einfach nicht gut. Milchschokolade.

- Produkt: (Riegel) Duetto Noir-Café, Punkte: 47,50
  Preis/Menge: UVP 1,40 EUR / 25 g
  Kaum von Interesse. Fettig-buttrig und mächtige Füllung mit zu wenig Kaffeearoma. Dunkle Schokolade.

- Produkt: (Riegel) Duetto Lait, Punkte: 44,00
  Preis/Menge: UVP 1,40 EUR / 25 g
  Milchschokolade mit Milchganache gefüllt. Süß, langweilig und ohne jeglichen Charme.

- Produkt: (Riegel) Duetto Blanc-Café, Punkte: 41,00
  Preis/Menge: UVP 1,40 EUR / 25 g
  Weiße Schokolade, die nicht einmal nach Kaffee schmeckt, sondern einfach nur süß ist.

- Produkt: (Riegel) Lait Nougat, Punkte: 39,00
  Preis/Menge: UVP 1,95 EUR / 45 g
  Milchschokolade mit nur 27 % Kakaoanteil. Wem soll das schmecken? Einfach nur süß und mit ein paar Krokantstückchen, die man aber kaum schmeckt.

- Produkt: (Riegel) Duetto Noir, Punkte: 38,50
  Preis/Menge: UVP 1,40 EUR / 25 g
  Schmeckt einfach nur nach schlechter dunkler Schokolade und sonst nichts.

- Produkt: (Nougat) Oeufs en Chocolat Lait Praliné, Punkte: 46,50
  Preis/Menge: UVP 7,00 EUR / 155 g
  Süßer Nougat und das Ganze mit Vanillin. Ohne Worte.

- Produkt: (Nougat) Oeufs en Chocolat Blanc Praliné, Punkte: 43,50
  Preis/Menge: UVP 7,00 EUR / 155 g,
  Sehr süß, kaum Nougatgeschmack und mit Vanillin.

- Produkt: (Nougat) Oeufs en Chocolat Noir Praliné, Punkte: 40,50
  Preis/Menge: UVP 7,00 EUR / 155 g
  Schlechte dunkle Schokolade mit süßem Nougat und Vanillin.

Fazit:
Die Marke Café-Tasse kenne ich noch aus der Zeit, in der ich in Paris gelebt habe (1987 bis 1993). Damals gefielen mir die Marke und ihr Auftreten ganz gut, aber nicht die Produkte. Fast zwanzig Jahre später ist mir die Marke gar nicht mehr so sympathisch. Sie hat sich kaum weiterentwickelt und inzwischen gibt es weitaus mehr alternative Marken, die besser sind als noch vor 20 Jahren. Die Produkte selbst gefallen mir noch viel weniger, sie erinnern mich etwas an New Tree oder Dolfin: banale Schokolade mit flachem Aroma, aber noch weniger kreativ. So wirklich hervorheben mag ich keines. Heute weiß ich, dass Café-Tasse früher reines Marketing betrieb. Vielleicht konnte die Qualität Ende der 1980er Jahre auch einigermaßen bestehen, heute hängt die Messlatte jedoch weit höher – so hoch, dass sie für Café-Tasse fast unerreichbar ist.
Die Produkte sind insgesamt süß, geschmackslos und ohne Charme, Charakter oder Raffinesse. Die verwendeten Schokoladen sind alle banal und nicht besonders aromatisch. Es wird sich hier vornehmlich um banalen Konsumkakao handeln, der von Natur aus kaum bis keine Nebenaromen hat. Konsumkakao wie der hier verwendete zeichnet sich lediglich durch seinen schokoladigen Charakter aus.

Empfehlung:
Leider ist kein Produkt gut genug, um von mir empfohlen zu werden.

CAFFAREL

Italien (Luserna San Giovanni, Turin)
www.caffarel.com

Verarbeitungsstufe: **Bean-to-bar**

Die Unternehmensgeschichte begann im Jahr 1826, als Piere Paul Caffarel eine Schokoladenproduktion in einer ehemaligen Gerberei in der Turiner Altstadt gründete. 1852 erfand Caffarel das heute weltbekannte Gianduiotto, Nougat in Form eines kleinen Bootes, hergestellt mit Piemonteser Haselnüssen aus der Gegend von Langhe. Seit Gianduja, die maskierte Figur, die die Stadt Turin repräsentiert, den Besuchern während der Karnevalsparade im Jahr 1865 Caffarels Nougatboote überreichte, wird die Figur mit ihnen in Verbindung gebracht – der Name „Gianduja 1865" war geboren. Um die Expansion des Unternehmens zu beschleunigen, fusionierte Caffarel im Jahr 1878 mit dem Unternehmen „Michele Prochet & C". 1968 wurde der Firmensitz nach Luserna San Giovanni, dem Geburtsort Pierre Paul Caffarels, verlegt.
Das Unternehmen lebt heute sehr von der langen Tradition, längst haben die Produkte einen industriellen Charakter. Leider wird in den Produkten oft Vanillin verarbeitet. Bei den kleinen Produkten ist eine Zutatenliste laut Gesetz nicht notwendig. Der Kunde weiß daher nicht, welche Produkte Vanillin enthalten. Das ist etwas unglücklich.

Laut Unternehmensangaben wurde Anfang 2011 damit begonnen, sämtliche Produkte, die Vanillin beinhalten, auf natürliche Vanille umzustellen. Eine etwas späte, aber richtige und erfreuliche Nachricht und sicherlich ein Grund, alle betroffenen Produkte neu zu verkosten. Überprüfungen im Sommer 2012 ergaben leider, dass bis zu diesem Zeitpunkt in keinem der getesteten Produkte das enthaltene Vanillin durch natürliche Vanille erstzt wurde.

Produktbewertungen

- Produkt: (Weiße) Cioccolato Vaniglia, Punkte: 86,00
  Preis/Menge: 1,80 EUR / 35 g
  Nicht zu süße weiße Schokolade, vanillig, mit natürlichem Vanilleextrakt. Auch nicht zu stark gewürzt.

- Produkt: (Weiße) Bianco con Mandorle Pugliesi, Punkte: 84,50
  Preis/Menge: 6,80 EUR / 150 g
  Toll, ohne Vanillin, mit vielen aromatischen Mandeln in der weißen Schokolade. Nicht zu süß und mit cremig-milchiger Schokolade.

- Produkt: (Veredelt) Caffarelino Crema Fondente, Punkte: 56,50
  Preis/Menge: 2,70 EUR / 25 g
  Nette Idee: Schokoladencreme in Eiswaffel. Schmeckt gar nicht so schlecht, beinhaltet aber Vanillin. Sehr schade.

- Produkt: (Veredelt) Fondente con Nocciole Piemonte I.G.P., Punkte: 49,13
  Preis/Menge: 6,80 EUR / 150 g
  Mit Vanillin, kaum aromatische Schokolade, Aroma der Haselnüsse geht bei der dunklen Schokolade etwas verloren.

- Produkt: (Veredelt) Latte con Nocciole Piemonte I.G.P., Punkte: 47,75
  Preis/Menge: 6,80 EUR / 150 g
  Wieder mit Vanillin, aber wegen der zu süßen Milchschokolade auch nicht so gut. Dagegen mit ganzen und aromatischen Haselnüssen.

- Produkt: (Nougat) Cremoso Gianduja fondente con Mandorle di Bari, Punkte: 73,50
  Preis/Menge: 0,80 EUR / 1 Stück
  Schmackhaft nach Gianduja und Mandeln. Richtig gutes Produkt.

- Produkt: (Nougat) Cremoso Gianduja latte con Nocciole delle Langhe, Punkte: 72,90
  Preis/Menge: 0,80 EUR / 1 Stück
  Schmeckt deutlich nach Gianduja und Haselnüssen, gut gelungen.

- Produkt: (Nougat) Gianduja, Punkte: 64,00
  Preis/Menge: 0,60 EUR / 1 Stück / 8 g
  Gutes Gianduja-Aroma. Nicht zu süß, cremig und mit gutem Schmelz.

- Produkt: (Nougat) Caffarelino Crema Gianduja, Punkte: 62,50
  Preis/Menge: 2,70 EUR / 25 g
  Nette Idee: Haselnussnougat in Eiswaffel. Schmeckt gut, beinhaltet aber Vanillin. Sehr schade.

- Produkt: (Nougat) Gianduja Fondente, Punkte: 60,00
  Preis/Menge: 0,60 EUR / 1 Stück / 8 g
  Zwar cremig und mit gutem Schmelz, aber flaches Aroma, da zu hoher Schokoladenanteil.

- Produkt: (Nougat) Piemonte, Punkte: 57,50
  Preis/Menge: 3,80 EUR / 75 g
  Nougatblock mit ganzen Haselnüssen. Schmeckt richtig gut, beinhaltet aber Vanillin, was man auch deutlich schmeckt, leider.

- Produkt: (Nougat) Cioccolato Gianduja,
  Punkte: 53,50
  Preis/Menge: 1,80 EUR / 50 g
  Könnte etwas mehr Gianduja-Charakter haben, ist insgesamt etwas fade.

- Produkt: (Riegel) Croccante Gentile,
  Punkte: 61,25
  Preis/Menge: 1,60 EUR / 16 g
  Krokantriegel, aromatisch und nicht zu süß. Wenn nur das Vanillin in der Schokolade nicht wäre

- Produkt: (Riegel) Cioccolato Fondente con crema al cacao, Punkte: 51,00
  Preis/Menge: 2,00 EUR / 21 g
  Gefällt gar nicht. Schmeckt nach billigem Kakaopulver, ist nicht cremig und hat auch keinen schönen Schmelz.

Fazit:
Die Produkte sind trotzt industrieller Fertigung teilweise gut gelungen. Es ist schade, dass Caffarel Vanillin verarbeitet, vor allem für das Produkt Piemonte, einen Nougatblock mit ganzen Haselnüssen, der davon abgesehen sehr gut schmeckt. Überhaupt nicht gefallen hat die Sorte Cioccolato Fondente con crema al cacao. Insgesamt ist Caffarel ein guter industrieller Hersteller und wird einiges an Potenzial gewinnen, sobald das Vanillin aus den Produkten entfernt wurde.

Empfehlung:
Empfehlenswert sind alle Nougatprodukte, sofern diese kein Vanillin enthalten. Und natürlich die weiße Schokolade, die mit frischer Vanille hergestellt wird.

CARL LAMBERT

Deutschland (Bremen)
www.bremer-feinkost.de

Verarbeitungsstufe: **Mass-to-bar und Standard-Schokolade**

Das Unternehmen wurde im Jahre 2004 unter dem Namen „Bremer Feinkost Contor" gegründet. Nach dem Zusammenschluss mit der Firma Lapp & Fao im Jahre 2008 nannte sie sich fortan „Bremer Feinkost GmbH & Co. KG". Carl Lambert ist eine ihrer Marken, benannt nach den Vornamen der Geschäftsführer Lambert und Carl-Lambert Leisewitz.
Zusammen mit dem Konditor Hans Decker wurde die sogenannte „Feinkostwerkstatt" gegründet, die sich seit dem Jahre 2008 auf dem Rittergut Valenbrook befindet. Auf dem Rittergut, dessen Inhaber sich sehr der Natur verbunden fühlen, entstehen nicht nur Schokoladenprodukte, sondern

eine Vielzahl von Feinkostspezialitäten, wie zum Beispiel Öle und Essig, aromatisierte Salze oder auch Gewürzmischungen. Hans Decker hat langjährige Erfahrung in der Konditorei und Pâtisserie. Er hat sich auf die Beratung von Unternehmen aus der Lebensmittelbranche und Gastronomie spezialisiert. Laut Unternehmensangaben conchiert Hans Decker auch einen Teil der verarbeiteten Schokoladen selbst.
Ganz schön irritierend sind die Angaben auf den Verpackungen. Dort steht, dass Hans Decker die Produkte „conchiert und persönlich kreiert", um dann aber im folgenden Satz widersprüchlich zu formulieren: Exquisit verführt Carl Lambert mit belgischer Edelkuvertüre und in 28 Facetten ...". Ja, was denn nun? Selbst conchiert oder doch banale belgische Massenware?

Produktbewertungen

- **Produkt: (Dunkel) Deep Dark Herb 85 % Pur, Punkte: 69,00**
  Preis/Menge: 4,95 EUR / 80 g
  Die (angenehm) milde Schokolade und der schnelle Schmelz lassen auf einen recht hohen Anteil an Kakaobutter schließen. Würziges Aroma und dezente Säure.
  Aromaprofil: Schokolade, Kakaopulver, Gewürze, blumige Nuancen.

- **Produkt: (Weiße) Pink on White – Weiß mit Rosa Pfeffer, Punkte: 60,23**
  Preis/Menge: 3,40 EUR / 80 g
  Viel zu süße Schokolade. Der Rosa Pfeffer ist auch etwas zu dezent aufgestreut. Leider kein gutes Produkt.

- **Produkt: (Veredelt) Orange County – Edelvollmilch 36 % mit Orange, Punkte: 69,10**
  Preis/Menge: 3,40 EUR / 80 g
  Schade, dass der Schokolade Aroma (natürliches Apfelsinenaroma) hinzugefügt wurde. Das hat sie gar nicht nötig, denn die Orangen-Crisps sind aromatisch genug. Insgesamt angenehm fruchtig-sauer und leicht knusprig. Wenn nur nicht das Aroma wäre, das penetrant im Rachen bleibt.

- **Produkt: (Riegel) Bauerngarten Edelvollmilch 36 %, gefüllt mit Apfel-Holunder, Punkte: 70,50**
  Preis/Menge: 4,95 EUR / 90 g
  Kann man als gelungen betrachten. Fruchtig-würzig, erfrischende Füllung, weich und cremig, mit gutem Aroma von Holunder. Äpfel schmeckt man jedoch kaum. Die Schokolade ist insgesamt vielleicht auch geringfügig zu süß.

Fazit:
Um mich nicht zum x-ten Mal zu wiederholen, versuche ich, es anders zu umschreiben: gute Grundidee, mittelmäßig umgesetzt. Die Bremer-Feinkost-Kreativen sind Profis, ohne Zweifel, leider nicht bei der Kreation von Schokoladenprodukten, sondern im Marketing, in der Kommunikation und im Design. Wobei die viel zu dünne Kartonage der Schokoladentafeln

billig daherkommt. Hier hat das System etwas versagt. Charisma und Leidenschaft, wie sie vom Unternehmen auf jeder Tafel angepriesen werden, konnte ich nicht erkennen. Sobald Aromastoffe den Geschmack unterstützen müssen, zeugt das von begrenztem Können (Orange County). Schmeckt man eine namensgebende Zutat nicht (Apfel bei der Holunder-Apfel-Schokolade), dann behaupte ich das Gleiche. Die Deep Dark Herb 85 % mag von Hans Decker conchiert worden sein, man schmeckt aber das für fertig bezogene Kakaomasse typische Aroma, das sich mit einem Geschmack von Kakaopulver beschreiben lässt. Für eine 85 %ige Schokolade ist sie wahrlich nicht herb, sondern glänzt mit einem überdurchschnittlich hohen Anteil an Kakaobutter.
Jetzt verfalle ich doch noch in mein altes Muster: Banale Qualitäten, größtenteils hergestellt aus einfacher Standard-Schokolade, die entgegen der angepriesenen „Edelkuvertüren" an einfachste Konsumkakao-Schokolade erinnert.

Empfehlung:
Die Produkte sind ja nicht schlecht, daher kann ich die gefüllten Schokoladen durchaus empfehlen. Bei den veredelten Schokoladen muss jeder für sich herausfinden, ob eine geschmacklich passt. Die Orange County hat mir trotz der Aromastoffe ganz gut gefallen.

CHARBONNEL ET WALKER

England (London)
www.charbonnel.co.uk

Verarbeitungsstufe: **Standard-Schokolade**

Charbonnel et Walker besitzt in England eine sehr lange Tradition und zählt bis heute zu den Hoflieferanten des englischen Königshauses. Bereits im Jahre 1875 wurde das erste Geschäft von Mme Charbonnel, die zuvor im Pariser Schokoladenhaus Maison Boissier tätig war, und Mrs. Walker in Londons exklusivem Stadtteil Mayfair eröffnet. In seiner langen Geschichte wechselten immer wieder die Eigentümer, seit 1989 ist es wieder in privatem Besitz. Das Unternehmen übernahm vor einigen Jahren auch den englischen Hersteller Ackermans.
Charbonnel et Walker ist in London allgegenwertig. Kaum ein Geschäft führt nicht die Produkte des Unternehmens. Auch im Export ist die Marke sehr beliebt, besonders in den USA.

Produktbewertungen

- Produkt: (Schachtel) Plain Chocolate Assortment, Punkte: 21,14
  Preis/Menge: 11,75 GBP / 14,57 EUR / 120 g
  Haltbar war die Konfektschachtel bis zum 11. April 2011. Getestet wurden sie sofort nach Erwerb am 20.03.2011. Meiner Meinung nach war das Konfekt zu diesem Zeitpunkt schon seit sechs Monaten abgelaufen. Mehr als die Hälfte der Produkte war grau und unappetitlich.

Geschmackstest: trocken-bröselig, süß, schmierig, flach im Aroma und mit naturidentischen Aromastoffen.

Konfekt-Einzelbewertungen

Butter Fourré: Punkte: 38,00
Zumindest ohne Sorge um die Gesundheit genießbar. Hart, süß, aromaflach.

Noisette Cream: Punkte: 25,00
Karamell mit Vanille. Hart, süß und nur wenig aromatisch.

Caramel Vanille: Punkte: 34,00
Füllung hart wie Schokolade, mit undefinierbarem Aroma. Geradezu lächerlich, die Füllung als „Smooth hazelnut cream" zu beschreiben.

Praline Noisette: Punkte: 23,25
Die Beschreibung als „smooth textured paté of chocolate hazelnuts" ist ein Hohn. Die Füllung ist hart wie Schokolade, kein bisschen cremig und ohne Schmelz.

Milk Crown: Punkte: 18,00
Soll nach Hasel- und Walnuss sowie Kaffee schmecken. Schmeckt alt und muffig.

Gianduja: Punkte: 17,25
Mausgraue Optik, und so hat es auch geschmeckt. Alt, schmierig und muffig.

English Violet: Punkte: 12,00
Fondant (Zucker) mit Veilchenaroma. Schmeckt süß und künstlich, ohne Charme.

Falstaff: Punkte: 11,50
Soll wohl Marzipan sein, schmeckt aber nur nach Zucker. Von Madeleine keine Spur.

Fudge Chocolate: Punkte: 11,25
Fest, bröselig und undefinierbar im Geschmack.

Fazit:

Bei englischen Branchenkennern erntete ich meist ungläubiges Staunen, wenn ich auch Charbonnel et Walker als eines der Unternehmen nannte, die ich testen wollte. Da ich bis dato die Produkte nicht kannte, war ich etwas verwirrt. Nun, nach der Verkostung von neun Konfektsorten, verstehe ich die Reaktionen. Kaum ein Ergebnis war so katastrophal wie dieses. Dass die Haltbarkeit der Produkte vier Wochen später ablaufen sollte, hatte ich beim Kauf selbst nicht bemerkt. Dennoch sollte sich das Konfekt auch zu diesem Zeitpunkt noch in einem einwandfreien Zustand befinden. Doch bereits beim Öffnen der Schachtel war mir die Lust vergangen. Die Hälfte des Konfekts war bereits mausgrau. Dennoch wagte ich es, alle Sorten zu probieren, und war am Ende froh, die Verkostung ohne Langzeitschäden überstanden zu haben. Die Produkte waren leider so schlecht, dass ich auch bei frischerem Konfekt nicht an eine bessere Qualität glaube: billigste Schokolade, zumeist ungenießbare Füllungen, trocken, hart und ohne jedes Aroma.
Was hier angeboten wird ist unter der Würde eines Confiseurs.

Empfehlung:

Leider ist keine Empfehlung möglich.

CHARLEMAGNE

Belgien (Herstal)
www.charlemagne.be

Verarbeitungsstufe: **Mass-to-bar**

Es gibt Unternehmen, die gerne kommunizieren und moderne Technik zu nutzen wissen. Andere wiederum ignorieren moderne Kommunikationsmedien gänzlich, E-Mail-Anfragen werden nicht beantwortet. Das Unternehmen Charlemagne, in Person von Madame Denise Courant Bellefroid, gehört zur zweiten Kategorie. Es ist ausschließlich der emsigen Unterstützung des Importeurs Market Grounds zu verdanken, dass alle Fragen zu den Produkten dieser Firma beantwortet werden konnten. An dieser Stelle auch ein Dankeschön an Frau Christine Kolbin.
Das Gut, auf dem die Firma Charlemagne ihren Sitz hat, wurde auf den Ruinen einer Mühle erbaut, in der angeblich Karl der Große ca. 745 geboren wurde. Das Gut selbst existiert seit dem 17. Jahrhundert.
Das Schokoladen-Unternehmen wurde im Jahre 1974 gegründet, seit 1985 wird die nunmehr 17 Mitarbeiter umfassende Firma von Madame Bellefroid geführt.
Aufgrund seines Aromas bevorzugt Charlemagne südamerikanischen Kakao, mischt diesem aber oft afrikanischen Kakao bei, der mehr Tannin enthält.

Produktbewertungen

- Produkt: (Dunkel) Plain Bio Organic Chocolate 72 %, Punkte: 68,00
  Preis/Menge: 2,95 EUR / 50 g
  Zu einfacher Kakao, zwar leicht aromatisch, aber mit simpler Aromastruktur ohne Raffinesse und etwas zu bitter.
  Aromaprofil: Nussig, torfig, Kaffee.

- Produkt: (Dunkel) Bitter Sugar Less 56 %, Punkte: 61,00
  Preis/Menge: 2,95 EUR / 50 g
  Für Personen die keinen Zucker essen dürfen, eine essbare Alternative.

- Produkt: (Milch) Milk Sugar Less, Punkte: 58,00
  Preis/Menge: 2,95 EUR / 50 g
  Gesüßt mit dem Zuckeraustauschstoff Maltit. Das Aroma und der Geschmack gefallen nicht, kaum Kakaocharakter, das Milchpulver schmeckt nicht, vom Maltit ganz zu schweigen.

- Produkt: (Veredelt) Dark Pepper Chocolate 74 %, Punkte: 62,70
  Preis/Menge: 2,95 EUR / 50 g
  Dunkle Schokolade mit einfachem Kakao und Pfefferextrakt. Aroma verschwindet zu schnell und ist nicht nachhaltig. Frischer Pfeffer würde ein viel besseres Aroma und etwas Schärfe verleihen. Langweilig.

- Produkt: (Veredelt) Lavender, Punkte: 61,25
  Preis/Menge: 2,95 EUR / 50 g
  Lavendel zu stark dosiert, aber der Eine oder Andere wird es wohl mögen. Das Maltit lässt ein seltsames Mundgefühl entstehen. Die dunkle Schokolade ist unter diesen Umständen ganz in Ordnung.

- Produkt: (Veredelt) Mandarine Sugar Less, Punkte: 55,38
  Preis/Menge: 2,95 EUR / 50 g
  Dezenter Mandarinengeschmack, könnte aber auch Orange sein. Nur aromatisiert und ohne Frucht. Basis: Dunkle Schokolade.

Fazit:
Die getesteten Produkte konnten nicht überzeugen: wenig aromatische, pure Schokolade, ohne Raffinesse bei der Veredelung und teilweise überaromatisiert. Auch die zuckerreduzierten Sorten haben nicht gefallen. Bei ca. 100 kcal weniger pro Tafel sind diese Schokoladen eher für Menschen mit einer Fruchtzucker-Intolleranz interessant, die aber Maltit zu sich nehmen dürfen.
Etwas unglücklich ist die Deklaration der Sugar Less Mandarine. Hier ist als Zutat Mandarine angegeben, was aber wohl nicht stimmen kann. Es handelt sich wohl eher um einen Aromastoff, der aber nicht ausgelobt wird – also um eine falsche Deklaration. Diese Produkte können in mir kein Feuer entfachen, leider auch kein kleines Flämmchen.

Empfehlung:
Leider ist keine Empfehlung möglich.

CHOCO-LINA

Österreich (Sierning)
www.chocolina.com

Verarbeitungsstufe: **Schokolade nach Maß**

Die H & H Chocolademanufactur GmbH wurde am 7. August 2002 von dem Schafbauer J. Hofer und dem Lungauer Konditormeister J. G. Hochleitner gegründet.
Die Idee zu einer Schafsmilchschokolade kam Gerlinde Hofer während einer schlaflosen Nacht. Sie war nicht nur die treibende Kraft bei der Ideenfindung, sondern ist auch aktiv als Geschäftsführerin im Unternehmen tätig.
Bereits seit dem Herbst 2002 werden die Produkte unter dem Markennamen „Choco-Lina", Lina war das erste Schaf der Hofers, vertrieben. Die ersten Sorten waren je eine pure Variante in Vollmilch und in dunkler Schokolade sowie eine weiße Schokolade mit Vanille. Seit 2006 werden alle Produkte mit laktosefreier Schafsmilch produziert, im Herbst 2006 kam die erste Bio-Ziegenmilchschokolade und im Frühjahr 2007 Bio-Schafsmilchschokolade auf den Markt. Seit 2009 und der Trennung der Hofers und Hochleitners arbeiten die Hofers mit dem Konditor Erwin Beimrohr zusammen.
Die Schokolade wird von dem österreichischen Unternehmen Manner & Comp. AG hergestellt. Vorbildlich ist die Kommunikation über den Schokoladenhersteller.
Etwas irritierend ist die dunkle Schokolade, die 2 % Schafsmilchpulver enthält. Meiner Meinung nach müsste jede dunkle Schokolade, sofern sie nicht von Kuhmilchpulver kontaminiert ist, laktosefrei sein. Von daher ergibt diese Schokolade für mich keinen Sinn.

Produktbewertungen

- Produkt: (Milch) Classic, Punkte: 75,50
  Preis/Menge: 4,10 EUR / 90 g
  Kein schlechter Geschmack und auch das Aroma des Milchpulvers ist angenehm. Der Schmelz wiederum ist nicht so toll und die Schokolade sehr rau.
  Aromaprofil: Malz, Karamell, Gewürze.

- Produkt: (Veredelt) Bourbon Vanille, Punkte: 72,50
  Preis/Menge: 4,40 EUR / 90 g
  Weiße Schokolade, vanillig, milchig und nicht zu süß. Das Aroma des Milchpulvers ist angenehm, der Schmelz leider nicht, die Schokolade ist sehr rau und nicht feinschmelzend.

- Produkt: (Veredelt) Himbeer-Pignoli, Punkte: 70,38
  Preis/Menge: 5,40 EUR / 90 g
  Milchschokolade. Aromatisch gut gelungen und erfreulicherweise ohne Aromastoffe, dafür mit gefriergetrockneten Himbeeren (6 %). Die 5 % Pinienkerne sind knusprig, aber aromatisch zu dezent, um deutlich schmeckbar zu sein. Die Himbeerkerne sind etwas unangenehm.

- Produkt: (Veredelt) Ingwer-Zitronengras, Punkte: 65,88
  Preis/Menge: 5,40 EUR / 90 g
  Milchschokolade. Intensives Aroma, vor allem von Zitronengras. Rau, etwas zu süß und ohne feinen Schmelz.

- Produkt: (Veredelt) Himalaya-Salz, Punkte: 64,38
  Preis/Menge: 4,60 EUR / 90 g
  Sehr einfache dunkle Schokolade, der nur 2 % Schafsmilchpulver zugesetzt wurde, um als Schafsmilchschokolade deklariert werden zu können. Aromatisch uninteressant aber salzig.

- Produkt: (Riegel) Johannisbeere, Punkte: 64,25
  Preis/Menge: 5,50 EUR / 100 g
  Leicht fruchtig-sauer, Johannisbeere jedoch nicht herausschmeckbar. Insgesamt durchaus essbar, aber auch keine Besonderheit.

- Produkt: (Riegel) Brombeere, Punkte: 55,25
  Preis/Menge: 5,50 EUR / 100 g
  Aromatisch erinnert diese Schokolade eher an eine blumige Füllung und hat wenig mit einer Fruchtfüllung zu tun, trotzt des leicht fruchtigen Geschmacks. Insgesamt enttäuschend. Warum diese Schokolade als "Zartbitterschokolade mit Schafmilch" ausgelobt wird ist mir ein Rätsel. In der Zutatenliste steht jedenfalls nichts von Schafmilch. Ich gehe davon aus, dass die Schokolade selber, wie bei den massiven dunklen Schokoladen, nur 2% Schafmilch enthält, um diese als Schafmilch-Schokolade ausloben zu können.

Fazit:
Choco-Lina ist es gelungen, eine Schafsmilchschokolade herzustellen, die richtig gut schmeckt. Die veredelten Sorten könnten aromatischer sein, aber das Einzige, das ich wirklich kritisieren kann, sind der nicht so ganz gelungene Schmelz und die zu raue Schokolade. Ich frage mich, warum Manner das nicht in den Griff bekommt. Vielleicht hängt das aber auch mit der Beschaffenheit des Milchpulvers zusammen. Man sollte in diesen Punkt etwas Zeit investieren, da er die Qualität noch einmal erheblich steigern würde. Ein Segen für die vielen Allergiker sind die Schokoladen allemal. Die Idee ist sehr gut, die Qualität gelungen und das Design zwar recht konservativ, aber ansprechend.

Empfehlung:
Uneingeschränkte Empfehlung, natürlich besonders für Allergiker. Alle anderen Schokoladenliebhaber können hier auch einmal erfahren, wie gut Schokolade mit Schafsmilch schmecken kann.

CHOCOCO

England (Swanage, Dorset)
www.chococo.co.uk

Verarbeitungsstufe: **Standard-Schokolade**

Nicht nur Amerikaner können als Quereinsteiger in der Schokoladenbranche erfolgreich sein, auch in Europa gibt es immer wieder Beispiele.
In dem kleinen und beschaulichen Städtchen Swanage im Süden Englands produzieren Andy Burnet und seine Frau Claire bereits seit Dezember 2002 Konfekt und Schokoladentafeln sowie andere Spezialitäten. Vor ihrem Leben als Confiseure waren beide in großen Unternehmen im Marketing und im Finanzbereich erfolgreich tätig.
Auch die Beschaffung von Chococo-Produkten hat sich als recht schwierig erwiesen. Obwohl ich jedes Londoner Geschäft aufgesucht habe, das mir von Chococo als Referenz genannt wurde, habe ich lediglich zwei Schokoladentafeln gefunden. Das Konfekt, das ich auch gerne verkostet hätte, wurde überhaupt nicht angeboten. Vielleicht beim nächsten Mal.

Produktbewertungen

- Produkt: (Veredelt) Berry White Bar,
  Punkte: 71,75
  Preis/Menge: 7,25 GBP / 8,99 EUR / 125 g
  Sehr fruchtige veredelte weiße Schokolade, so fruchtig, wie es auch sein sollte. Die Tafel hält, was sie verspricht. Einzig die Fruchtkerne, die sich in die Zahnzwischenräume verirren, stören etwas. Die gefriergetrockneten Früchte sind zwar fruchtig-sauer und aromatisch, aber auch ein wenig grasig im Geschmack.
- Produkt: (Veredelt) Heavenly Honeycomb,
  Punkte: 69,00
  Preis/Menge: 7,25 GBP / 8,99 EUR / 125 g
  Durch die süßen Honeycombs (Zucker, Glukosesirup, Dorset Honig und Natriumhydrogencarbonat) recht süß, wird ihrem Namen aber gerecht. Milchschokolade mit 41 % Kakaoanteil gut im Kontrast.

Fazit:
Beide Produkte sind ganz gut gelungen. Die Berry White Bar ist extrem fruchtig, angenehm sauer und enthält auch Joghurtpulver. Einzig die Himbeerkerne der gefriergetrockneten Früchte empfinde ich als etwas störend. Die Heavenly Honeycomb ist mir insgesamt etwas zu süß, sie wird ihrem Namen aber gerecht.

Empfehlung:
Für Liebhaber veredelter Produkte sind die Produkte einen Versuch wert, wobei ich die fruchtige Schokolade bevorzugen würde.

CHOCOLAT BONNAT

Frankreich (Voiron)
www.bonnat-chocolatier.com

Verarbeitungsstufe: **Bean-to-bar**

Das Unternehmen wurde bereits im Jahr 1884 von Félix Bonnat in Voiron gegründet. Bekannt geworden ist Bonnat durch sein Konfekt, besonders den „Pavés de Voiron" (Pflastersteine aus Voiron), die schon im Jahr 1919 lange Reisen bis in die französischen Kolonien in Afrika, Indochina und Asien unternahmen. Heute wird das Unternehmen erfolgreich von Stéphane Bonnat geleitet. Er hat die Bean-to-bar-Schokoladenherstellung perfektioniert, die Marke Bonnat bereits vor langer Zeit im Markt etabliert und zählt ganz klar zu den Wegbereitern des Schokoladenbooms. Stéphane Bonnat ist ein radikaler Purist, der sich treu bleibt. Den Einsatz von Lecithin in Schokoladenprodukten lehnt er ab und scheut bei diesem Thema auch keine Konfrontation. Dabei schießt er gelegentlich über das Ziel hinaus.
Bonnat hat sich auf reine Ursprungsschokoladen spezialisiert. Das umfangreiche Sortiment bildet wunderbar alle Anbauregionen und wichtigen Herkunftsländer ab.
Zusätzlich gibt es besondere Ursprungsschokoladen wie z. B. Chuao oder Porcelana.
Das Unternehmen wagt es auch, eine Schokolade mit Konsumkakao von der Elfenbeinküste herzustellen. Geschmacklich eher zu vernachlässigen, zeigt diese Schokolade aber sehr schön die qualitativen Unterschiede zwischen Konsumkakao (Forastero) und Edelkakao (Criollo, Trinitario und Nacional). Bonnat war wohl auch einer der Ersten, der Milchschokoladen mit hohem Kakaoanteil produzierte, 65 % Kakaoanteil ist auch heute noch eine Besonderheit. Bei Bonnat gibt es die Tafel schon seit fast einem Jahrzehnt. Das Design ist zwar etwas altbacken und konventionell, aber mittlerweile schon traditionell und fast schon kultig.

Produktbewertungen

- Produkt: (Dunkel) Cacao real del Xoconuzco 75 %, Punkte: 93,00
  Preis/Menge: 6,00 EUR / 100 g
  Komplex, charakterreich, leicht adstringierend.
  Aromaprofil: Blumenblüten, Früchte, Erde, Holz, Schokolade.

- Produkt: (Dunkel) Piura Blanco „Perou" 75 %, Punkte: 92,10
  Preis/Menge: 6,00 EUR / 100 g
  Aromareiche Schokolade mit einer sehr angenehmen Adstringens und einer leichten, ebenfalls angenehmen Säure.
  Aromaprofil: Blumig, Zitrusfrüchte, schokoladig.

- Produkt: (Dunkel) Chuao Village 75 %, Punkte: 85,90
  Preis/Menge: 8,90 EUR / 100 g
  Kräftiges, maskulines und intensives Aroma, nicht zu fettig.
  Aromaprofil: Tropenfrüchte, Lucuma, Schokolade.

- Produkt: (Dunkel) Marfil de Blanco „Variété Porcelana" 75 %, Punkte: 85,60
  Preis/Menge: 6,00 EUR / 100 g
  Harmonische und sanfte Aromen, angenehme Süße, charakterstark. Der Name „Porcelana" wurde dem Kakao gegeben, weil die Früchte beim Herunterfallen auf den Boden platzen – empfindlich wie Porzellan, nicht zu verwechseln mit dem venezuelanischen „Porcelana"-Kakao.
  Aromaprofil: Tropenholz, Pilze, Humus, feuchte Erde.

- Produkt: (Dunkel) Cacao Cusco „Perou" 75 %, Punkte: 84,80
  Preis/Menge: 6,00 EUR / 100 g
  Nicht so komplex im Aroma wie die Apotequil, aber intensiv und sanft.
  Aromaprofil: Blumig, Nuancen von Zitrusfrüchten, rohe Kakaobohnen, Fermentation.

- Produkt: (Dunkel) Porcelana 75 %, Punkte: 84,10
  Preis/Menge: 8,90 EUR / 100 g
  Tolle und komplexe Aromen, angenehm herb, leicht adstringierend und etwas sauer.
  Aromaprofil: Limetten, Himbeeren, Lebkuchengewürze.

- Produkt: (Dunkel) Chuao 75 %, Punkte: 83,40
  Preis/Menge: 3,90 EUR / 100 g
  Relativ fettige Schokolade, aromatisch und harmonisch.
  Aromaprofil: Kakaoig, erdig, blumig, leicht fruchtig.

- Produkt: (Dunkel) Hacienda El Rosario (Venezuela) 75 %, Punkte: 81,70
  Preis/Menge: 3,90 EUR / 100 g
  Etwas fettig, sanft, aber aromareich.
  Aromaprofil: Schokolade, sanfte Früchte (Pfirsich), Kakao, unreife Früchte, leichte Fermentation.

- Produkt: (Dunkel) Apotequil 75 %, Punkte: 81,30
  Preis/Menge: 6,00 EUR / 100 g
  Sehr dunkle Schokolade mit viel Charakter. Besteht aus verschiedenen peruanischen Bohnen.
  Aromaprofil: Zitrusfrüchte, leicht torfig, Fermentation.

- **Produkt: (Dunkel) Madagascar 75 %, Punkte: 81,10**
  Preis/Menge: 3,90 EUR / 100 g
  Trifft den Charakter der Madagaskar-Bohne ziemlich gut.
  Aromaprofil: Rote Beeren, Zitrusfrüchte.

- **Produkt: (Dunkel) Haiti 75 %, Punkte: 80,70**
  Preis/Menge: 6,00 EUR / 100 g
  Aromatisch, etwas adstringierend und leicht sauer.
  Aromaprofil: Feigen, Himbeeren, grüne Oliven.

- **Produkt: (Dunkel) Puerto Cabello 75 %, Punkte: 80,70**
  Preis/Menge: 3,90 EUR / 100 g
  Aromatischer Venezuela-Kakao, nicht so fettig wie die Hacienda El Rosario.
  Aromaprofil: Tropenholz, Humus, Kakao.

- **Produkt: (Dunkel) Cuba 75 %, Punkte: 80,30**
  Preis/Menge: 6,00 EUR / 100 g
  Schmeckt leicht geräuchert, zu unharmonisch.
  Aromaprofil: Humus, blumig, waldig, Fermentation, Kakao.

- **Produkt: (Dunkel) Trinité 75 %, Punkte: 78,80**
  Preis/Menge: 3,90 EUR / 100 g
  Gute Aromen, kaum bitter.
  Aromaprofil: Rohe Kakaobohnen, Tropenfrüchte, getrocknete Früchte, Nüsse.

- **Produkt: (Dunkel) Cote d'Ivoire 75 %, Punkte: 77,80**
  Preis/Menge: 3,90 EUR / 100 g
  Für Kakao von der Elfenbeinküste überraschend aromatisch.
  Aromaprofil: Holz, Wald, Schokolade.

- **Produkt: (Dunkel) Equateur 75 %, Punkte: 75,80**
  Preis/Menge: 3,90 EUR / 100 g
  Es fehlt etwas der typische Charakter der Nacional-Bohne.
  Aromaprofil: Blumen, Blüten, Nüsse, dezent fruchtig.

- **Produkt: (Dunkel) Ceylan 75 %, Punkte: 69,00**
  Preis/Menge: 3,90 EUR / 100 g
  Leicht geräuchert und recht dezent aromatisch.
  Aromaprofil: Unreife Zitrusfrüchte, Erde, Humus.

- **Produkt: (Milch) Asfarth 65 % Milch, Punkte: 89,10**
  Preis/Menge: 3,90 EUR / 100 g
  Dank hohem Kakaomasseanteil sehr gutes Kakaoaroma.
  Aromaprofil: Tropenfrüchte, Karamell, blumig.

- **Produkt: (Milch) Surabaya 65 % Milch, Punkte: 86,30**
  Preis/Menge: 3,90 EUR / 100 g
  Mildeste der dunklen Milchschokoladen.
  Aromaprofil: Karamell, Blüten, Trockenfrüchte.

- **Produkt: (Milch) Java 65 % Milch, Punkte: 82,00**
  Preis/Menge: 6,00 EUR / 100 g
  Das Aroma der geräucherten Bohnen kommt auch in der Milchvariante zur Geltung.
  Aromaprofil: Geräucherte Kakaobohnen, Tropenholz, Melasse.

- **Produkt: (Veredelt) Chocolat au lait et aux noisettes, Punkte: 90,85**
  Preis/Menge: 3,90 EUR / 100 g
  Milchschokolade mit kräftigem Kakaogeschmack, knusprig, nussig. Nüsse kommen aus der Provence, der verwendete Kakao ist eine Mischung der drei Milchschokoladen mit 65 % Kakaoanteil.

- **Produkt: (Weiss) Ivoire, Punkte: 82,00**
  Preis/Menge: 3,90 EUR / 100 g
  Milchig, toller Schmelz, nicht zu fettig und auch nicht zu süß.

Fazit:
Die Qualität der Bonnat-Produkte hat mich überzeugt. Das verstaubte Design und die mittelmäßige Verpackung sind bedauerlich, der neue Internetauftritt umso erfreulicher. Wer eine sehr gute Qualität zu einem vernünftigen Preis bekommen möchte, kommt an Bonnat nicht vorbei. Von den besonderen Sorten wie z. B. Chuao Village, Chuao, Cacao real del Xoconuzco und Porcelana abgesehen, kosten alle Tafeln ca. 3,90 EUR bei 100 g. Die Trinité ist unter ihnen zwar die beste, empfehlenswert sind aber auch die Puerto Cabello, die Madagascar oder auch die Chuao. Einzig die Ceylan hat mich wegen der Räucheraromen nicht überzeugt.
Außerdem hervorzuheben sind die Milchschokoladen mit 65 % Kakaoanteil. Hier ist es sehr interessant, die komplette Serie aus Java, Asfarth und Surabaya zu kosten. Wie deutlich man doch in einer Milchschokolade einzelne Kakaosorten herausschmecken kann. Mir gefällt, dass Bonnat auf den Einsatz von Vanille verzichtet.

Empfehlung:
Die Ursprungsschokoladen sind für Liebhaber reiner dunkler Schokolade empfehlenswert. Die hochprozentigen Milchschokoladen eignen sich für diejenigen, die keine dunkle Schokolade mögen, aber in den Genuss eines kräftigen Kakaoaromas kommen möchten. Ebenso empfehlen sie sich natürlich Liebhabern dunkler Schokoladen als Brücke zur Milchschokolade.

CHOCOLAT KLAUS

Frankreich (Morteau)
www.klaus.fr

Verarbeitungsstufe: **Standard-Schokolade**

Der im Jahre 1909 verstorbene Klaus gilt als einer der Pioniere in der Schweizer Schokoladengeschichte. Er baute eine der ersten Fabriken, um Schokoladenprodukte und auch andere Süßwaren wie zum Beispiel Gebäck, Dragees oder Lakritze industriell zu fertigen.
Das Unternehmen Klaus blickt auf eine lange und bewegte Geschichte zurück. Der Schweizer Jacques Klaus eröffnete im Jahre 1856 seine erste Confiserie in Le Locle im Kanton Neuenburg in der Schweiz. 1903 eröffnete er eine zweite Fabrik in Morteau im nahegelegenen Frankreich. In der ersten Hälfte des 20. Jahrhunderts wuchs das Unternehmen kontinuierlich. Bäckereien, Confiserien und Chocolatiers waren seine Hauptabnehmer. Ab Anfang der 1960er Jahre jedoch, mit Beginn der Supermarkt-Ära, brach das Geschäft nach und nach zusammen. Im Jahre 1992 wurde die Fabrik in Le Locle geschlossen und die Marke verschwand vom Markt. 1999 übernahm Philippe Leroux die Marke und erweckte sie zu neuem Leben. Teil des Geschäftsmodells ist die Herstellung für Handelsmarken. Im Jahre 2006 eröffnete Klaus seinen ersten Fabrikverkauf, mittlerweile existieren über zehn solcher Geschäfte verteilt in ganz Frankreich. Dort werden die Klaus-Produkte 30–50 % günstiger verkauft.

Produktbewertungen

- Produkt: (Veredelt) Noir Pépites Melon Quinoa Soufflé, Punkte: 22,25
  Preis/Menge: 2,00 EUR / 100 g
  Absolut indiskutable Schokolade. Dunkle Schokolade mit nur 49 % Kakaoanteil, entsprechend süß. Kein Melonen- oder Quinoa-Aroma, mit Aroma (natürlich, naturidentisch oder künstlich?).

- Produkt: (Veredelt) Noir Piment d'Espelette Pamplemousse, Punkte: 22,25
  Preis/Menge: 2,00 EUR / 100 g
  Absolut indiskutable Schokolade. Dunkle Schokolade mit nur 49 % Kakaoanteil, entsprechend süß. Kein Pampelmusenaroma, auch vom Piment keine Spur. Mit Aroma (natürlich, naturidentisch oder künstlich?).

Fazit:
Nachdem ich zwei Klaus-Produkte verkostet habe, wundere ich mich, dass ich diese Schokolade im Fachhandel gefunden habe. Auch wenn man tolerant ist, hat sie dort nichts zu suchen. Die dunkle Schokolade besitzt einen Kakaoanteil von lediglich 49 % und die zugesetzten Zutaten sind kaum erkennbar. Die Noir Piment d'Espelette-Pampelmousse beinhaltet gerade einmal 1 % Piment, was man folglich überhaupt nicht schmeckt. Die 12 % „Klumpen mit Grapefruit-Geschmack" (so beschrieben in der Zutatenliste) hören sich zwar gut an, sind es aber nicht. Denn diese 12 % Klumpen bestehen selbst nur zu 20 % aus Grapefruit. Den Rest bilden Zucker, Apfel, Dextrose, Ananasfasern, Aroma und sonstige Zusatzstoffe wie E401, E341ii, E330 und E163. Dies bedeutet, dass in der Schokolade ganze 2,4 % Grapefruit enthalten sind, was genau 2,4 g auf 100 g entspricht. Bei der Melonen-Schokolade ist es ähnlich, da beträgt der Fruchtanteil 2,8 %.
Es ist mir ein Rätsel, wie ein Unternehmen mit solchen Produkten erfolgreich sein kann.

Empfehlung:
Leider ist keine Empfehlung möglich.

CHOCOLAT SCHÖNENBERGER

Schweiz (Reussbühl-Luzern)
www.schoenenberger-choco.ch

Verarbeitungsstufe: **Standard-Schokolade**

Das im Jahre 1977 in Frenkendorf gegründete Unternehmen Schönenberger Schokoladenspezialitäten wurde 1994 in eine AG umgewandelt. Im Jahre 2003 fusionierte das Unternehmen mit der E. Sigrist AG und firmierte sich in Chocolat Schönenberger AG um. 2004 begann der Vertrieb von Bio-Schokoladen in Deutschland, Österreich und der Schweiz unter der Marke Bio Steinmann. 2007 wurde in Luzern neu gebaut und auch der Firmensitz wurde dorthin verlegt. Im Jahre 2009 wurde der Markenauftritt komplett überarbeitet. Die eigene Marke heißt nun „Schönenberger – Fine Swiss Chocolate" Bio Organic. Trotzt der eigenen Marke bleibt die Herstellung von Handelsmarken Schwerpunkt des Unternehmens.

Produktbewertungen

- Produkt: (Dunkel) Grand Cru Maracaibo 65 %, Punkte: 64,50
  Preis/Menge: 2,99 EUR / 100 g
  Dezent aromatisch, leicht adstringierend. Zwei dünne Tafeln, einzeln verpackt. Ist wohl Felchlin-Schokolade. Mit Vanille. Seltsame Zutatenliste: Zucker an erster Stelle.
  Aromaprofil: Kaffee, Pflaume.

- Produkt: (Veredelt) Selection Milchschokolade mit Mandelkrokant, Punkte: 53,75
  Preis/Menge: 0,99 EUR / 100 g
  Zu süß, bei der Schokoladenqualität wurde ordentlich gespart. Mandeln knusprig, aber insgesamt doch recht süß.

- Produkt: (Veredelt) Grand Cru mit karamellisierten ganzen Haselnüssen, Punkte: 48,75
  Preis/Menge: 2,99 EUR / 100 g
  Spärlich aufgestreute karamellisierte Nüsse. Wenn man denn eine findet, schmeckt es einigermaßen akzeptabel. Schokolade ist mit nur 50 % Kakaoanteil zu süß. Mit Butterreinfett und Aromastoffen.

- Produkt: (Veredelt) Grand Cru mit Maracuja, Punkte: 33,75
  Preis/Menge: 2,99 EUR / 100 g
  Schmeckt künstlich nach Maracuja. Unangenehmer buttrig-fettiger Schmelz. Mit Aromastoffen (wohl naturidentisch) und Butterreinfett.

- Produkt: (Riegel) ChocoRoc Milch, Punkte: 43,50
  Preis/Menge: 0,59 EUR / 20 g
  Als Kohlehydrate-Lieferant für zwischendurch ganz nett, aber die naturidentischen Aromastoffe verderben einem die Lust auf diesen Riegel.

Fazit:
Bei den Grand-Cru-Schokoladen handelt es sich wohl um Felchlin-Kuvertüre. Dass aber eine gute Kuvertüre nicht zwangsläufig ein Garant für ein gutes Produkt ist, zeigt Schönenberger eindrucksvoll. Die pure Variante Grand Cru Maracaibo 65 % ist geschmacklich in Ordnung, die Zutatenliste ist mir jedoch ein Rätsel. Bei 65 % Kakaoanteil steht Zucker an erster Stelle, erst dann folgen Kakaomasse und Kakaobutter. Wenn diese Reihenfolge korrekt ist, bedeutet das, dass ca. 34,3 % Zucker (ausgehend von ca. 0,7 % Lecithin) enthalten sind und demnach maximal 34,3 % Kakaomasse und unglaubliche 30,7 % Kakaobutter. Sehr, sehr seltsam.
Bei der Haselnuss-Schokolade ist alles falsch gemacht worden, was man nur falsch machen kann: Eine viel zu süße Schokolade (auch hier steht in der Zutatenliste Zucker an erster Stelle), mit 8 % viel zu wenig Haselnüsse in zu schlechter Qualität, Beigabe von Butterreinfett und von Aromastoffen. Da nicht „natürliche Aromen" ausgelobt sind, muss man als Verbraucher davon ausgehen, dass es sich um naturidentische oder künstliche Aromastoffe handelt.
Das Ganze wird von der Maracuja noch übertroffen. Dieses Produkt zeigt dieselben Mängel wie die Haselnuss-Variante, aber hier kommt noch dazu, dass nicht ein Gramm Frucht enthalten ist. Der Maracuja-Geschmack stammt ausschließlich von (künstlichen oder naturidentischen) Aromastoffen.
Der ChocoRoc-Riegel ist eigentlich eine nette Idee und gut gemacht. Ohne die „naturidentischen Aromen" in der Zutatenliste hätte ich ihn auch mit Freuden gegessen, so blieb es jedoch bei einem winzigen Stück. Schade, denn das Produkt hätte durchaus Potenzial.
Es grenzt schon an Ironie, dass ausgerechnet das wirklich industrielle Produkt „Selection Milchschokolade mit Mandelkrokant" fast das Beste ist – zwar sehr süß, aber durchaus mit Mandelcharakter und mit fast korrekter Zutatenliste. Allein die Frage, ob das Aroma (Vanille) natürlich ist oder nicht, ist heutzutage aufgrund der komplexen Gesetzeslage kaum zu beantworten. In diesem Fall bin ich gutgläubig und stufe es als natürlich ein.

Empfehlung:
Leider ist keine Empfehlung möglich.

CHOCOLAT STELLA (BERNRAIN)

Schweiz (Giubiasco)
www.swisschocolate.ch

Verarbeitungsstufe: **Bean-to-Bar**

Nach langjähriger Plantagentätigkeit startete der Schweizer Walter Müller im Jahr 1947 mit der Schokoladenproduktion und schuf damit die Basis der Unternehmensgruppe Bernrain, zu der seit 1980 auch das Unternehmen Chocolat Stella gehört. Bernrain hat sich zu einem Privat-Label-Hersteller spezialisiert, eigene Produkte werden vorrangig unter der Marke Chocolat Stella vertrieben. Bernrain ist vielfältig zertifiziert: Bio, Koscher, Halal und Fair Trade. Darüber hinaus werden Diabetikerprodukte und Functional-Food-Produkte (Schokolade mit Gesundheitsanspruch) hergestellt.

Produktbewertungen

- Produkt: (Dunkel) India 72 %, Punkte: 69,00
  Preis/Menge: ca. 2,00 EUR / 70 g
  Könnte aromatischer sein. Leider mit Vanille, daher nicht genau herausschmeckbar, wie Indien-Kakao wirklich schmeckt.
  Aromaprofil: Gewürze (Vanille), etwas torfig-waldig.

- Produkt: (Milch) Lait Surfin Milk Chocolate, Punkte: 68,50
  Preis/Menge: 3,00 USD / 2,37 EUR / 100 g
  Ehrliche Schweizer Milchschokolade. Milchig, cremig, malzig
  Aromaprofil: Milch, Malz, Karamell, Toffee.

- Produkt: (Weiße) Blanc Eclats Feves de Cacao, Punkte: 75,50
  Preis/Menge: 3,00 USD / 2,37 EUR / 100 g
  Angenehme weiße Schokolade mit gerösteten Kakao-Nibs. Knusprig, würzig-aromatisch.

- Produkt: (Veredelt) Noir Baobab Fruits 60 % Dark Chocolate, Punkte: 68,00
  Preis/Menge: 3,00 USD / 2,37 EUR / 100 g
  Baobab schwer herauszuschmecken. Angenehmer, leicht fruchtiger Geschmack.

- Produkt: (Dunkel) Noir 75 % Dark Chocolate, Punkte: 65,50
  Preis/Menge: 3,00 USD / 2,37 EUR / 100 g
  Kaum Aroma und relativ bitter. Bioschokolade.
  Aromaprofil: erdig-torfig, Kaffee.

- Produkt: (Veredelt) Coconut Nectar, Punkte: 67,25
  Preis/Menge: ca. 3,00 EUR / 100 g
  Seltsame Schokolade. Mit Kokosnussmilchpulver und Kokosnusszucker. Schmilzt durch das Kokosnussfett früher als mit purer Kakaobutter. Aroma recht intensiv. Wurde wohl für den japanischen Markt entwickelt.

Fazit:
Stella-Schokoladen sind ehrliche und durchaus akzeptable Qualitäten. Für Schweizer Schokoladenhersteller traditionell gut gelungen ist die Milchschokolade mit einem hohen Vollmilchpulveranteil von 25 %. Die weiße Schokolade mit Kakao-Nibs gefällt mir ebenso, sie hat einen Vollmilchpulveranteil von 19 % und großzügige 10 % Kakao-Nibs. Die dunkle Schokolade mit 75 % Kakaoanteil hingegen hinterlässt keinen bleibenden Eindruck. Die Baobab-Schokolade hat Charakter. Eine etwas höhere Dosierung der Baobab-Frucht würde ihr aber gut tun. Die Coconut Nectar ist kurios. Hergestellt mit Kokosnusszucker und -Milchpulver besitzt sie ein seltsames Mundgefühl, ist aber gar nicht schlecht. Die Indien-Schokolade ist meine erste Erfahrung mit Indien-Kakao. Es fehlt zwar etwas an Aroma, die Schokolade ist aber gar nicht schlecht. Schade nur, dass der dunklen Schokolade Vanille hinzugefügt und damit der Kakaocharakter überdeckt wurde. Die Kakaobohnen kommen von der Kooperative IOFPCL aus Kerala und sind sowohl Bio- als auch Fair-Trade-zertifiziert. Erwähnenswert ist, dass alle Schokoladen Bio-zertifiziert sind.

Empfehlung:
Die weiße Schokolade mit Kakao-Nibs für Liebhaber weißer und veredelter Schokolade. Die Milchschokolade empfiehlt sich Liebhabern Schweizer Milchschokolade. Chocoholics sollten auf jeden Fall die Indien-Schokolade probieren, auch wenn sie Vanille enthält.

CHOCOLATE ORGÁNIKO

Spanien (Alcalá de Henares, Madrid)
www.chocolateorganiko.es

Verarbeitungsstufe: **Fremdproduktion**

ChocoLate Orgániko ist ein relativ junges Unternehmen, das 2006 in Madrid gegründet wurde. Man merkt schnell, dass hier Profis am Werk sind. Das Design und die Kommunikation sind modern und erfolgreich, die Produkte treffen den Zeitgeist und den Trend. Leider ist nicht bekannt, welche Personen hinter der Marke stehen. Die Homepage bietet nur spärliche Informationen und keine über die Initiatoren. Das mag ich eigentlich nicht so sehr und daher bin ich auch etwas vorsichtig. Das Unternehmen gibt bekannt, dass es in Madrid ein kleines Schokoladenatelier eröffnet hat. Das mag gut sein, aber ich würde fast jede Wette eingehen, dass die im Handel befindlichen Produkte nicht dort hergestellt werden. Warum sollte auf der Verpackung sonst „Fabricado por ChocoLate Orgániko" (Hergestellt für ChocoLate Orgániko) aufgedruckt sein? Das schreiben nur die Firmen auf ihre Produkte, die bei einem Zulieferer herstellen lassen.

Produktbewertungen

- Produkt: (Veredelt) Chocolate Negro Bio 56 % Cacao con Anis Verde, Punkte: 60,00
  Preis/Menge: 4,50 EUR / 70 g
  Leider etwas zu süße dunkle Schokolade. Ganz gutes Anis-, aber kaum Kakaoaroma. Zutatenliste nicht korrekt.

- Produkt: (Veredelt) Chocolate Negro Bio 70 % Cacao con Café de Etiopía, Punkte: 56,25
  Preis/Menge: 4,50 EUR / 70 g
  Viel zu schwaches Kaffeearoma, insgesamt aber genießbare, obwohl relativ bittere dunkle Schokolade.

- Produkt: (Veredelt) Chocolate Negro Bio 70 % Cacao con Flor de Sal de Ibiza, Punkte: 56,25
  Preis/Menge: 4,50 EUR / 70 g
  Relativ bittere dunkle Schokolade, laut Zutatenliste ist mehr Kakaobutter als Zucker enthalten (Reihenfolge ist Kakaomasse, Kakaobutter, Rohrzucker), was eigentlich nicht sein kann. Dem Kakao fehlt es an Aroma. Salz ist leider aufgestreut und nicht in der Schokolade verarbeitet.

- **Produkt: (Veredelt) Chocolate con Leche 46 % Cacao Bio con Almendras y Miel, Punkte: 52,50 Preis/Menge: 4,50 EUR / 70 g**
Die Milchschokolade ist relativ süß, obwohl sie einen hohen Kakaoanteil hat, aber noch in Ordnung. Die angegebenen 15 % Mandeln kann ich nicht bestätigen, es waren nur ca. 7 % und diese nicht einmal geröstet. Zu allem Überfluss auch nur lieblos aufgestreut und nicht in der Schokolade verarbeitet.

- **Produkt: (Veredelt) Chocolate con Aceite de Olivia Virgen Extra Bio 70%, Punkte: 50,75 Preis/Menge: 2,60 EUR / 40 g**
Das Olivenöl ist nicht schmeckbar, dafür manipuliert das Öl die Konsistenz der Schokolade. Sie ist weicher und der Schmelz nicht so gut. Für 70% Kakaoanteil recht süße Schokolade.

- **Produkt: (Veredelt) Chocolate con Leche Bio 46% Cacao con Vainilla India, Punkte: 50,15 Preis/Menge: 2,60 EUR / 40 g**
Trotz hohem Kakaoanteil zu süß. Vanille ist kaum schmeckbar, zu wenig Kakaocharakter.

Fazit:
Design und Haptik der Verpackungen sind sehr gut gelungen und machen neugierig und Lust auf die Produkte. Umso größer ist die Enttäuschung, wenn der Inhalt die Erwartungen nicht erfüllt. Zu allererst eine Anmerkung zu den Zutatenlisten, die nicht stimmen können: Die Reihenfolge der Zutaten sind in der Regel bei einer 70 %igen Schokolade wie folgt: Kakao(masse), Zucker, Kakaobutter und – wenn enthalten – Soja-Lecithin und Vanille. Wie soll aber eine Reihenfolge der Zutaten wie die folgende funktionieren? Kakao, Kakaobutter, Zucker, Soja-Lecithin. Eine Schokolade mit 70 % Kakaoanteil enthält in der Regel nicht mehr als 12–15 % Kakaobutter, aber mindestens 29 % Zucker (Soja-Lecithin ist maximal zu 1 % enthalten). Demnach muss der Zucker in der Zutatenliste vor der Kakaobutter platziert sein. Bei der Anis-Schokolade mit nur 56 % Kakaoanteil muss der Zucker auf jeden Fall vor der Kakaobutter stehen, da ca. 44 % Zucker enthalten sind.
Ein weiterer Punkt ist, dass meines Erachtens in eine Bio-Schokolade kein Soja-Lecithin gehört, wenn es nicht biologisch ist – auch wenn das gesetzlich erlaubt ist. Vieles, das gesetzlich zulässig ist, ist qualitativ und der Überzeugung nach nicht sinnvoll.
Geschmacklich sind die Produkte alles andere als eine Offenbarung und leider mehr Schein als Sein. Geradezu unverschämt ist die Chocolate con Leche 46 % Cacao Bio con Almendras y Miel mit ungerösteten, geschälten halben Mandeln, die lieblos und spärlich auf die Schokolade aufgestreut sind. Das kam mir so spanisch vor, dass ich mir die Mühe gemacht und alle Mandeln säuberlich von der Schokolade getrennt habe. Und siehe da, das Nachwiegen ergab knapp 5 g, was ca. 7,14 % entspricht. Wissend, dass auf der Verpackung 15 % Mandeln ausgelobt sind, fühlte ich mich spätestens jetzt richtig verschaukelt. Geschmeckt hat das Ganze auch nicht besonders. Zu allem Überfluss werden seit neuestem keine halben Mandeln mehr aufgestreut, sondern gehackte. Sieht nacht mehr aus, ist aber immer noch weniger als halb so viel, wie auf der Verpackung versprochen wird.
ChocoLate Orgániko ist eine weitere Retortenmarke, die ein Stück vom Kuchen abbekommen möchte. Verkauft werden Image, Design, Lebensgefühl und ein gutes Gewissen. Die Produkte, die diese Versprechen nicht einhalten, treten in den Hintergrund und sind entsprechend schlecht.

Empfehlung:
Leider ist keine Empfehlung möglich.

CHOCOLATE SAN JOSÉ

Venezuela (Paria-Halbinsel)
www.chocolatesanjose.com

Verarbeitungsstufe: **Bean-to-bar**

Chocolate San José ist ein sehr junger Bean-to-bar-Hersteller. Er gehört zur Gruppe Cacao San José, die bereits in sechster Generation von der Familie Franceschi geführt wird. Seit dem Jahre 1830 widmet sich die Familie dem Kakaoanbau und seiner Vermarktung. Gründer des Unternehmens V. Franceschi & Cia, S. A. ist der aus Korsika emigrierte Vicente Franceschi Vicentelli. Die Hacienda San José, sozusagen das Tafelsilber des Unternehmens, gehört der Familie bereits seit dem Jahre 1840. Kaum eine andere Plantage besitzt eine so große Vielfalt an raren und besonderen Kakaosorten, darunter Ocumare 61, Ocumare 67, Ocumare 77, Chuao, Guasare, Canoabo und auch Porcelana. Die Hacienda wurde vor allem durch die enge Zusammenarbeit mit Domori bekannt. Nun scheint man sich dazu entschlossen zu haben, selbst von der weiteren Wertschöpfungskette zu profitieren. Selbstverständlich werden in den Produkten ausschließlich Bohnen der Hacienda San José verarbeitet.
Die ersten getesteten Schokoladen waren allererste Produktionsmuster, deren Schachtel ebenso provisorisch von Hand gefertigt war. Leider ist es sehr schwierig, Schokolade des Unternehmens zu bekommen. Aber glücklicherweise konnte ich durch meinen direkten Kontakt zu Claudia Franceschi eine zweite Probe erhalten, dieses Mal verkaufsfertige Schokoladentafeln zu je 25 g.

Produktbewertungen

- Produkt: (Dunkel) Ocumare 61 70 %,
  Punkte: 83,50
  Preis/Menge: unbekannt / 25 g
  Tolle und intensive Aromen, würzig-fruchtig und angenehm herb.
  Aromaprofil: getrocknete Pflaumen, Rosinen, Kirschen, Gewürze.

- Produkt: (Dunkel) Carenero 70 %,
  Punkte: 79,60
  Preis/Menge: unbekannt / 25 g
  Sehr angenehmes Aroma, weder sauer, noch bitter oder adstringierend. Für eine 70 %ige sehr süß, was aber nicht stört.
  Aromaprofil: Nüsse, Trockenfrüchte.

- Produkt: (Dunkel) Canoabo 70 %,
  Punkte: 76,40
  Preis/Menge: unbekannt / 25 g
  Sehr interessantes Aroma. Äußerst milde Kakaobohne, kaum bitter oder sauer.
  Aromaprofil: Melasse, Fermentation, Mandeln, Datteln.

Fazit:
Die ersten drei Schokoladen zeigen die erstklassige Qualität der Bohnen der Hacienda San José. Besonders die Ocumare 61 und die Canoabo trumpfen mit ihrer Aromenvielfalt auf. Die Verarbeitung ist noch nicht ganz so, wie sie sein sollte, die Entfaltung der Aromen wird durch einen mangelnden Schmelz und die Grobkörnigkeit der Schokolade etwas behindert. Dennoch bezweifele ich nicht, dass das Unternehmen diese Mängel schnellstens in den Griff

bekommen wird. Auch bei der zweiten Verkostung war der Schmelz der Schwachpunkt, die übrigen Eigenschaften wurden bestätigt.
Die Carenero ist äußerst gut gelungen, die Ocumare aber bislang das Meisterstück. Das liegt sicher auch an dem Ausnahme-Kakao. Die Canoabo ist ebenso sehr aromatisch, aber mit der Bohne habe ich noch keine Freundschaft geschlossen. Das Aroma ist intensiv, aber irgendetwas stört mich daran. Ich habe lange darüber nachgedacht, was es sein könnte. Das Aroma erinnert etwas an vergorene Früchte, mir schmeckt das nicht so gut. Toll ist hingegen, dass die Schokoladen ausschließlich aus Kakao und Zucker bestehen.

Empfehlung:
Wenn irgendwie verfügbar, auf jeden Fall probieren. Jeder Chocoholic dürfte an diesen Produkten seine Freude haben.

CHOCOLATERIE A. MORIN

Frankreich (Donzere, Rhône-Alpes)
www.chocolaterie-morin.com

Verarbeitungsstufe: **Bean-to-bar**

Während meiner Recherche zu Original Beans führte ich ein Telefonat mit Stefan Bloch von der Firma Pronatec in der Schweiz, der mich auf einen mir bis dahin unbekannten, kleinen französischen Betrieb hinwies, der Schokolade von der Bohne weg herstellt. Es handelte sich um die Chocolaterie A. Morin.
Die Schokoladenherstellung hat in der Familie Morin eine lange Tradition. Gustave Morin begann seine Karriere 1884 bei der Chocolaterie d'Aiguebelle. Unter seiner Produktionsleitung begann auch sein Sohn André dort seine Karriere und erlernte den Beruf des Chocolatiers und des Confiseurs. Um sein Wissen zu erweitern, arbeitete André Morin zwischenzeitlich auch in anderen Betrieben. Nachdem die Chocolaterie d'Aiguebelle ihre Interessen mehr der Quantität als der Qualität verschrieb, entschied sich André Morin im Jahre 1958 zur Selbständigkeit. Er integrierte seine Chocolaterie und Confiserie in die Farm der Familie, pflanzte aber zusätzlich rund um seinen Betrieb Früchte wie Aprikosen, Birnen und Äpfel an, die er für seine Spezialitäten benötigte. Seine Leidenschaft und sein Wissen konnte er seinem Sohn Jean-François weitergeben, der zusätzlich Mandeln, Haselnüsse und Kirschen auf der Farm kultivierte. Er war es auch, der den Schritt zur Herstellung von der Bohne weg wagte. Zusammen mit seiner Frau führt er erfolgreich das Unternehmen, und auch die nächste Generation ist schon mit dem Schokoladenvirus infiziert. Franck Morin ist nach seiner Ausbildung in der Nahrungsmittelindustrie dem Familienbetrieb beigetreten und sichert seinen Fortbestand.
Die Wertschöpfungskette reicht vom Anbau der Rohstoffe bis zum Verkauf der fertigen Produkte. Würde Kakao in der Provence wachsen, hätte Morin vermutlich schon lange eine Kakaoplantage.

Produktbewertungen

- Produkt: (Dunkel) Mexique Xoconuzco 70 %, Punkte: 81,50
  Preis/Menge: 5,00 EUR / 200 g
  Fruchtig-würziges Aroma, recht fettig und mit deutlichem Röstaroma.
  Aromaprofil: Reife Kirschen, Kaffee, Avocado.

- Produkt: (Dunkel) Papouasie Nouvelle Guinea 70 %, Punkte: 80,50
  Preis/Menge: 5,00 EUR / 200 g
  Aromatisch, fruchtig und mit leichter Würze. Etwas bitter und mit deutlichem Röstaroma.
  Aromaprofil: Gewürze (Nelken, Muskatnuss), Kaffee, rote Beeren.

- Produkt: (Dunkel) Côte d'Ivoire 70 %, Punkte: 66,90
  Preis/Menge: 5,00 EUR / 200 g
  Kaum aromatisch, aber auch nicht sauer oder zu bitter. Für Kakao von der Elfenbeinküste ganz ordentlich.
  Aromaprofil: Torf, feuchter Waldboden, Cerealien.

- Produkt: (Dunkel) Ouganda 70 %, Punkte: 64,50
  Preis/Menge: 5,00 EUR / 200 g
  Dezent aromatisch, sandig, leicht adstringierend und bitter.
  Aromaprofil: Kakao, Kokosnuss, Kaffee. Gefällt mir nicht besonders gut.

- Produkt: (Schachtel) Boite Cuivrée, Punkte: 74,86
  Preis/Menge: 22,50 EUR/350 g
  Eine gute Mischung, die vielleicht etwas zu Nougat-lastig, aber geschmacklich gut ist.

Konfekt-Einzelbewertungen:
Griottes au Kirsch: Punkte: 84,25
Sehr aromatische Kirsche (mit Kern) in ebenfalls aromatischem Kirschwasser. Gefällt mir sehr gut.
Praliné lait: Punkte: 83,00
Aromatischer Nougat in ebenso aromatischer Milchschokolade.
Truffe du Tricastin: Punkte: 79,75
Recht angenehmes Nougatkonfekt. Aromatisch und harmonisch.
Palet d'Or: Punkte: 79,25
Aromatischer Nougat. Harmoniert gut mit der dunklen Schokolade.
Petit Rocher: Punkte: 78,25
Dunkler Nougat in dunkler Schokolade. Recht herb, dunkle Schokolade etwas zu dominant.
Caramel au Chocolat Noir: Punkte: 77,05
Karamell mit gutem Aroma, nicht zu zäh.
Bonbon Nougat au Chocolat au Lait: Punkte: 72,50
Montélimar-Nougat mit dunkler Milchschokolade. Gute Konsistenz und gutes Aroma.
Pâte d'Amandes Pistache: Punkte: 65,25
Pistazienmarzipan mit zu wenig Aroma, zu süß und zu trocken.
Violette: Punkte: 65,25
Nougat ganz ordentlich, aber nach Veilchen schmeckt nur das Dekor obendrauf.
Pâte d'Amandes au Café: Punkte: 64,00
Zu trockenes Kaffeemarzipan, Aroma nicht sehr angenehm und zu süß. Schön dunkle Milchschokolade.

Fazit:
Die Qualität der Produkte ist recht unterschiedlich, sie kann durchaus begeistern, aber manchmal auch enttäuschen. Marzipan stellt das Unternehmen auch von eigenen Mandeln her, wenn auch nicht so gut gelungen: zu trocken und mit zu wenig Aroma. Der Nougat ist grundsätzlich nicht schlecht, eine weichere Konsistenz würde ihm jedoch gut tun. Man schmeckt jedoch die gute Qualität der Rohstoffe heraus.
Mit den Schokoladen tue ich mich sehr schwer. Die für das Konfekt verwendeten Schokoladen sind stimmig und passend. Bei den puren Schokoladen ist die Auswahl der Kakaobohnen jedoch unglücklich. Sowohl die von der Elfenbeinküste als auch die aus Uganda haben einfach keine besonders gute Genetik. Dementsprechend kann das Ergebnis nicht überragend sein. Bei der Papouasie Nouvelle Guinea und der Mexique-Xoconuzco stört das recht dominante Röstaroma. Insgesamt empfand ich die puren Schokoladen als etwas unharmonisch, wenn auch die beiden letztgenannten durchaus aromatisch sind.
Alles in allem ist die Chocolaterie A. Morin ein Unikum in der Schokoladenbranche und verdient Respekt und Aufmerksamkeit.

Empfehlung:
Die puren Schokoladen Xoconuzcso und Papouasie Nouvelle Guinea sind für Chocoholics interessant, das Konfekt ist für Nougatliebhaber und Liebhaber französischen Konfekts empfehlenswert.

CHOCOLATERIE WEISS

Frankreich (Saint-Étienne)
www.weiss.fr

Verarbeitungsstufe: **Bean-to-bar**

Eugène Weiss gründete die Chocolaterie Weiss im Jahr 1882 in Saint Étienne. Im Jahre 1907 begann Weiss seine eigenen Schokoladen von der Bohne weg zu produzieren. Er war ein Pionier in der Herstellung von Schokolade und begann schon frühzeitig, mit den unterschiedlichen Kakaosorten zu experimentieren. Im Jahre 1926 erfand er das Carré de chocolat, kleine mundgerechte, einzeln verpackte Schokoladenstücke. Im Jahre 1939 verstarb Eugène Weiss, aber das Unternehmen blieb im Familienbesitz und ist seinem Erbe bis heute treu geblieben.
Die Kuvertüren von der Chocolaterie Weiss sind bei Confiseuren weltweit sehr beliebt. So verwendet zum Beispiel Antoine Amrani hauptsächlich Weiss-Kuvertüre für seine Produkte.

Produktbewertungen

- Produkt: (Milch) Lait Entier 37 %, Punkte: 67,00
  Preis/Menge: 4,20 EUR/100 g
  Diese Milchschokolade ist mir etwas zu süß und nicht schokoladig genug. Mit einem etwas unangenehmen, nicht definierbarem Beigeschmack. **Aromaprofil:** Sahne-Karamell-Bonbon, Malz.

- Produkt: (Veredelt) Plaisir Sésame 35 %,
  Punkte: 84,50
  Preis/Menge: 4,20 EUR / 100 g
  Milchschokolade mit tollem Sesamgeschmack, nicht zu süß, angenehm schokoladig.

- Produkt: (Veredelt) Ibaria 67 %, Punkte: 70,75
  Preis/Menge: 4,20 EUR / 100 g
  Dunkle Schokolade mit aromatischen kandierten Orangen, insgesamt nicht zu süß.

- Produkt: (Veredelt) Noir Mendiant 64 %,
  Punkte: 69,25
  Preis/Menge: 4,20 EUR / 100 g
  Nussig, mit Mandeln, Haselnüssen, Pistazien und Rosinen. Dunkle Schokolade könnte aromatischer sein.

- Produkt: (Riegel) Grand Praliné 72 %,
  Punkte: 62,50
  Preis/Menge: 4,20 EUR / 100 g
  Dunkle Schokolade zu dominant für den dezent aromatischen Nougat.

Fazit:
So sehr ich mich auf die Verkostung der Weiss-Schokolade gefreut habe, so sehr wurde ich enttäuscht. Die Qualität ist nicht schlecht, aber über ein gutes Mittelmaß schafft es kaum ein Produkt hinaus.
Einzig die Sesam-Schokolade kann aufgrund ihres tollen Sesam-Geschmacks überzeugen. Die Ibaria und die Noir Mendiant sind gutes Mittelmaß, aber die Lait Entier ist viel zu süß und die Grand Praliné mit zu wenig Nougat gefüllt und mit zu dominanter dunkler Schokolade.

Empfehlung:
Für Sesam-Liebhaber eignet sich auf jeden Fall die Plaisir Sésame, als Gourmandise auch die Ibaria und die Noir Mendiant.

CHOCOLATS ET CACAOS FAVARGER

Schweiz (Versoix, Genf)
www.favarger.com

Verarbeitungsstufe: **Bean-to-bar**

Am Anfang des Unternehmens Favarger steht die Liebesgeschichte zwischen der Tochter des Schokoladenfabrikanten Jacques Foulquier und dem Uhrmacher Jean-Samuel Favarger. Er entschloss sich, wie auch seine Verlobte, beim Schwiegervater in spe das Handwerk der Schokoladenherstellung zu erlernen. Im Jahre 1826 wird die Schokoladenmanufaktur Favarger gegründet. In diesem für die Genfer Wirtschaft historisch wichtigen Jahr wurde auch die renommierte Zeitung „Journal de Genève" gegründet und die erste Schule für Uhrmacherei in der Schweiz eröffnet. Im Jahre 1875 werden der Sitz und die Produktion des Unternehmens nach Versoix an den Stadtrand Genfs verlegt. Im November 2010 kehrte das Unternehmen, mittlerweile in siebter Generation geführt, zurück zu seinen Wurzeln. Am Quai des Bergues 19, dem ehemaligen Quai des Etuves, wurde nur wenige Meter vom ursprünglichen Standort der Fabrik entfernt, ein neues Favarger-Geschäft eröffnet.

Favarger hat erst vor kurzem alle seine Rezepte überarbeitet. Von den Tafelschokoladen über die im Jahre 1932 erstmals produzierten Nougalines bis hin zu den im Jahre 1922 kreierten Avelines kam dabei alles auf den Prüfstand. Besonders die Nougalines und die Avelines dürften davon profitiert haben, enthalten sie nun doch noch mehr Haselnüsse und weniger Zucker. Es ist sehr erfreulich, dass Favarger sich nicht auf dem Ruhm „traditioneller" Rezepte ausruht, sondern erkannt hat, dass Tradition manchmal auch hinderlich sein kann und diese an den modernen Geschmack angepasst werden muss.

Originell ist bei den Produkten die Angabe der Rezeptnummern der neuen Rezepte auf allen Verpackungen.

Produktbewertungen

- Produkt: (Dunkel) Noir 66 %, Punkte: 75,50
  Preis/Menge: 3,20 CHF / 2,53 EUR / 50 g
  Eine gut essbare Schokolade mit feinem Schmelz. Mit 66 % Kakaoanteil relativ süß, aber mit angenehmem Aroma, auch wenn die zugesetzte Vanille das Aroma sehr prägt.
  Aromaprofil: Vanille, Kaffee, leicht fruchtig.

- Produkt: (Milch) Lait 39 %, Punkte: 82,50
  Preis/Menge: 3,20 CHF / 2,53 EUR / 50 g
  So stellt man sich eine gute Schweizer Schokolade vor. Milchig-cremig, vollmundig, feiner Schmelz. Umso besser, wenn dann auch noch ein dezenter Kakaogeschmack zu entdecken ist, der im Abgang eine leicht herbe Nuance aufweist. Hergestellt ohne Lecithin.
  Aromaprofil: Alpenmilch, Rahmkaramell, Malz.

- Produkt: (Veredelt) Lait & Noisettes, Punkte: 87,70
  Preis/Menge: 4,80 CHF / 3,79 EUR / 100 g
  Eine Nuss-Schokolade, die den Namen auch verdient. Großzügige 20 % knusprige und aromatische Piemonteser Haselnüsse in Harmonie mit der leicht herben Milchschokolade. Wunderbar gelungen.

- Produkt: (Veredelt) Lait & Moka, Punkte: 78,55
  Preis/Menge: 3,50 CHF / 2,77 EUR / 50 g
  Milchschokolade mit 35,5 % Kakaoanteil und 3,2 % Kaffee. Schmeckt gut nach Kaffee, hat einen geradezu sensationellen Schmelz und ist auch schön milchig-cremig. Leider ist aber die Schokolade etwas zu süß geraten.

- Produkt: (Veredelt) Avelines Noir, Punkte: 77,00
  Preis/Menge: 1,00 CHF / 0,79 EUR / 96 g
  Knusprige Mandeln in dunkler Schokolade. Aromatisch, angenehm herb und mit gutem Schmelz.

- **Produkt:** (Konfekt) Avelines Lait, Punkte: 79,60
  Preis/Menge: 1,00 CHF / 0,79 EUR / 96 g
  Aromatischer heller Haselnuss-Gianduja mit kleinen Stückchen Valencia-Mandeln und Bourbon-Vanille. Sehr feiner und zarter Schmelz, könnte insgesamt aber ein Tick weniger süß sein, schmeckt insgesamt dennoch gut.

- **Produkt:** (Konfekt) Avelines Praline, Punkte: 79,90
  Preis/Menge: 1,00 CHF / 0,79 EUR / 96 g
  Haselnuss-Gianduja zwischen zwei Schichten dunkler Schokolade. Aromatisch, mit feinem Schmelz und kleinen Mandelstückchen. Angenehm, da durch die Schokolade leicht herb.

Fazit:
Favarger ist eine kleine Perle aus der beschaulichen Schweiz. Zwar ist das Sortiment relativ begrenzt, aber durchaus von guter Qualität. Man merkt den Produkten die Leidenschaft der Chocolatiers an, sie haben Charakter, eine eigene Identität und sind geschmackvoll. Auch wenn man immer wieder Details kritisieren kann, hat mich Favarger insgesamt überzeugt.

Empfehlung:
Alle Produkte sind empfehlenswert, besonders aber die Lait & Noisettes.

CHOCOLOVE XOXOX

USA (Bolder, Colorado)
www.chocolove.com

Verarbeitungsstufe: **Standard-Schokolade**

Timothy Moley ist der Gründer, Eigentümer und kreative Kopf des Unternehmens. Als ehrenamtlicher Mitarbeiter der Organisation USAID (United States Agency for International Development) bereiste er innerhalb von zwei Jahren 28 Länder. In Indonesien begann schließlich seine Leidenschaft für Kakaobohnen. Zu Beginn ließ das Unternehmen die Schokoladen noch von einem anderen Betrieb veredeln, gießen und verpacken. Seit dem Jahr 2004 wird alles in der eigenen Produktionsstätte produziert, allerdings wird weiterhin Standard-Kuvertüre eines belgischen Herstellers eingekauft.
Das Sortiment ist überschaubar. Drei pure dunkle, eine pure Milch- und zwölf veredelte Schokoladen werden angeboten. Die Verpackungen sind alle als Brief gestaltet, auf dessen Banderoleninnenseite ein romantisches Gedicht abgedruckt ist.

Produktbewertungen

- **Produkt:** (Dunkel) 70 % Dark Chocolate, Punkte: 49,50
  Preis/Menge: 1,70 USD / 1,34 EUR / 37 g
  Typischer banaler Westafrika-Kakao ohne nennenswerte Nebenaromen.
  Aromaprofil: Kakaoig-schokoladig, torfig.

- **Produkt:** (Milch) 33 % Milk Chocolate, Punkte: 61,50
  Preis/Menge: 1,70 USD / 1,34 EUR / 37 g
  Banal, ohne Charakter oder Besonderheiten. Weder besonders schokoladig, noch cremig-milchig.

- Produkt: (Veredelt) Chilies & Cherries in Dark Chocolate 55 %, Punkte: 57,50
  Preis/Menge: 2,70 USD / 2,13 EUR / 90 g
  Fruchtige Kirschen, angenehm scharf, Chili als Aroma zugegeben, Schokolade leider etwas zu süß.

- Produkt: (Veredelt) Toffee & Almonds in 33% Milk Chocolate, Punkte: 54,50
  Preis/Menge: 2,70 USD / 2,13 EUR / 90 g
  Etwas knusprig, leider zu süß und etwas wenig aromatisch.

- Produkt: (Veredelt) 55 % Cherries & Almonds in Dark Chocolate, Punkte: 53,00
  Preis/Menge: 1,70 USD / 1,34 EUR / 37 g
  Kirschen nicht schmeckbar, Mandeln in Ordnung, schlechte und zu süße Schokolade.

- Produkt: (Veredelt) Ginger Crystallized in Dark Chocolat 65 %, Punkte: 53,00
  Preis/Menge: 2,70 USD / 2,13 EUR / 90 g
  Schmeckt alt, Schokolade ist brüchig und der Ingwer sehr trocken.

Fazit:
So richtig überzeugt hatte mich die Qualität von Chocolove schon im Jahre 2006 nicht. Auch heute können mich die Produkte nicht begeistern. Es wird preiswerte Standard-Schokolade eines Zulieferers wie z. B. Belcolade oder Callebaut mit niedrigem Kakaoanteil verwendet. Natürlich bieten diese Unternehmen auch gute Schokoladen, Chocolove nutzt diese Möglichkeiten aber nicht.
Chocolove schätzt seine Schokoladen selbst als Premium-Qualität ein. Einerseits ist dies wahr, denn mittlerweile beanspruchen auch die meisten Discounter für ihre Ware das „Gütesiegel" der Premium-Qualität. Andererseits ist dies mittlerweile so abgedroschen, dass es nur noch zweitklassige Unternehmen verwenden. Ein wenig scheint auch die Leidenschaft bei der Pflege der Internetseite verloren gegangen zu sein. Die aktuellsten News datieren zum Zeitpunkt der Drucklegung aus dem Jahr 2009.

Empfehlung:
Wenn jemand unbedingt ein Produkt von Chocolove probieren möchte, dann die Chilli & Cherries. Bei den Milchschokoladen am ehesten noch die Toffee & Almonds.

CHOCOVIC

Spanien (Gurb)
www.chocovic.es

Verarbeitungsstufe: **Bean-to-bar**

Der Ursprung der Marke Chocovic liegt in der Stadt Vic, ca. 70 km von Barcelona entfernt. Im Jahr 1872 entstand dort das Familienunternehmen Chocolat Arumi.
1977 kaufte das spanische Unternehmen Nederland Group Chocolat Arumi und benannte es in Chocovic um. Chocovic hat sich seitdem in Spanien zu einem wichtigen Zulieferer der Schokoladen- und Backindustrie entwickelt.
Seit kurzem gehört Chocovic zu Barry Callebaut. Chocovics Endverbraucherprodukte haben aber kaum Bedeutung für den Umsatz des Unternehmens. Daher ist unklar, ob Barry Callebaut diese Produktgruppe weiterhin anbieten wird. Es gibt erste Erwägungen, die Marke aus dem Einzelhandel verschwinden zu lassen.

Produktbewertungen

- Produkt: (Dunkel) Tarakan 75 %, Punkte: 82,00
  Preis/Menge: 2,60 EUR / 80 g
  Erstaunlich mild und süß für eine 75 %ige. Gute und angenehme Aromen, toller Schmelz.
  Aromaprofil: tropische Früchte, Süßholz, Gewürze.

- Produkt: (Dunkel) Ocumare 71 %,
  Punkte: 80,50
  Preis/Menge: 2,60 EUR / 80 g
  Angenehm würzige Aromen, kaum sauer oder bitter.
  Aromaprofil: Melasse, Lakritze, Gewürze.

- Produkt: (Dunkel) Guaranda 71 %,
  Punktc: 78,50
  Preis/Menge: 2,60 EUR / 80 g
  Deutliche Aromen von Nacional-Kakao, erscheint recht süß für 71 % Kakaoanteil.
  Aromaprofil: florale Nuancen (Jasmin), nussig, erdig, Honig, Tabakblätter.

- Produkt: (Dunkel) Kendari 60 %,
  Punkte: 71,00
  Preis/Menge: 2,60 EUR / 80 g
  Leichtes Röstaroma und recht bitter, obwohl nur 60 % Kakao. Nicht besonders süß und mit mittelmäßigem Schmelz.
  Aromaprofil: Zedernholz, Kaffee, Gewürze.

- Produkt: (Dunkel) Maragda 70 %,
  Punkte: 51,50
  Preis/Menge: 2,60 EUR / 80 g
  Recht süß für 70 % Kakaoanteil, dezent aromatisch. Warum mit Vanillin und natürlicher Vanille, was soll das?
  Aromaprofil: Honig, Gewürze (Zimt, Vanille).

- Produkt: (Milch) Jade 40 %, Punkte: 56,00
  Preis/Menge: 2,60 EUR / 80 g
  Keine schlechte Schokolade, unnötigerweise mit Vanillin und etwas zu süß.
  Aromaprofil: Karamell, Malz, Vanillin.

- Produkt: (Milch) Nayarit 37 %, Punkte: 55,00
  Preis/Menge: 2,60 EUR / 80 g
  Das Joghurtpulver bringt Frische und Fruchtigkeit. Leider gefällt die Trockenbutter und der nicht näher bestimmte Aromastoff in der Zutatenliste nicht. Ansonsten schmackhaft. Aromaprofil: Joghurt, milde Zitrusfrüchte sowie Litschi und etwas unreife Pfirsiche.

Fazit:
Bei Chocovic gibt es Höhen und massive Tiefen. Die Produktlinie Origen Único ist mittlerweile ein Klassiker und die Schokoladen waren eine der ersten puren Ursprungsschokoladen. Sowohl die Guaranda, hergestellt mit Ecuador-Forastero-(Nacional)-Bohnen, als auch die Ocumare, hergestellt aus Venezuela-Criollo-Bohnen, sind gute Schokoladen. Die Guyave aus Grenada-Trinitario-Kakao war leider nicht mehr verfügbar, rundet aber das Sortiment klug ab.
Die teilweise innovative Produktlinie Selváticas mit den Tafeln Nayarit, Tarakan und Kendari schwankt schon bei den Zutaten. Auf das Testen der Schokoladen Maragda und Jade aus der Produktlinie Coberturas Selección hätte ich gerne verzichtet. Hier wird Vanillin verarbeitet – absolut überflüssig, da auch natürliche Vanille in diesen Schokoladen enthalten ist.

Empfehlung:
Wenn überhaupt noch zu bekommen, sollte man die drei Origen Único sowie die Vollmilchschokolade Nayarit und natürlich die Tarakan 75 % versuchen. Die dunklen Schokoladen sind besonders Chocoholics zu empfehlen. Auch wenn die Zutatenliste nicht optimal ist, der Joghurtgeschmack ist innovativ und interessant. Da drücke ich mal beide Augen zu.

CHOKLAT

Kanada (Calgary)
www.sochoklat.com

Verarbeitungsstufe: **Bean-to-bar**

Choklat (oder auch So Choklat) ist das erste Unternehmen in West-Kanada, und nur eins von drei in ganz Kanada, das Schokolade von der Bohne weg herstellt.
Gründer und Chocolatier ist Brad Churchill. Nachdem ihm bewusst geworden ist, dass die meisten sogenannten Chocolatiers gar nicht selbst Schokolade herstellen, hat er es sich zur Mission gemacht, seine Landsleute darüber aufzuklären und selbst von der Bohne weg Schokolade zu produzieren. Brad Churchill ist ein umtriebiger Geschäftsmann. Außer dem Unternehmen Choklat besitzt er auch noch ein Internet- und ein Motorrad-Unternehmen.

Produktbewertungen

- Produkt: (Dunkel) Brazilian 70 %, Punkte: 56,50
  Preis/Menge: 7,49 CAD / 5,39 EUR / 92 g
  Es gibt Schokoladen, die machen einfach kein Sinn. Dazu gehört die Brazilian 70 % mit 40 % Kakaomasse und 30 % Kakaobutter. Demnach sehr feinschmelzig, fettig und dezent aromatisch.
  Aromaprofil: Zitrusfrüchte, Tropenholz, Tropenwald.

- **Produkt: (Dunkel) Chuao 70 %, Punkte: 42,00**
  Preis/Menge: 11,99 CAD / 8,63 EUR / 92 g
  Unangenehmes Aroma geräucherter Kakaobohnen und verbrannten Gummis. Beinhaltet auch nur 40 % Kakaomasse und 30 % Kakaobutter, daher natürlich sehr feinschmelzend.
  Aromaprofil: Geräucherte Kakaobohnen. Danach kommt etwas Zitrusfrucht, Waldboden und Pilze.

- **Produkt: (Schachtel) Konfektschachtel, Punkte: 50,94**
  Preis/Menge: 16,72 CAD / 12,03 EUR / 130 g
  Fürchterliches Konfekt. Alle Sorten sind fettig-buttrig und mächtig. Schmeckt in etwa wie ein aromatisierter Block Butter. Nach dem Verkosten von acht Stück wird einem übel. Die Schokolade selbst ist ebenfalls schon sehr fettig. Finger weg!
  Konfekt-Einzelbewertungen:
  Creme Caramel Milk: Punkte: 52,00
  Schmeckt ordentlich nach Karamell, aber mit einer fetten, buttrigen und sehr mächtigen Füllung.
  Raspberry Dark: Punkte: 52,00
  Himbeere schmeckbar, auch mit Fruchtcharakter. Sehr mächtig, da zu fettig und zu buttrig.
  Espresso Buttercream Dark: Punkte: 52,00
  Schmeckt deutlich nach Kaffee, ist aber sehr fettig-buttrig und mächtig.
  Dark Choklat Buttercream: Punkte: 51,50
  Man schmeckt die dürftige Schokoladenqualität, die Füllung ist sehr fettig-buttrig.
  Milk Choklat Buttercream: Punkte: 51,50
  Süß, fettig, buttrig, mächtig, unangenehm.
  Key Lime Milk: Punkte: 50,50
  Dezent sauer und aromatisch, aber mit etwas Fruchtcharakter. Mächtig, da mit buttriger Füllung.
  Hot Diggity (Spicy) Milk: Punkte: 50,00
  Man schmeckt geräuchertes Chili, das aber kaum Schärfe hat. Fettig-buttrige Füllung.
  Orange Choklat Buttercream Dark: Punkte: 48,00
  Sehr dezentes Orangenaroma, kaum Fruchtcharakter. Fettig-buttrige Füllung.

Fazit:
Ich frage mich, was sich Brad Churchill dabei gedacht hat, aber eine 70 %ige dunkle Schokolade mit nur 40 % Kakaomasse und unglaublichen 30 % zugesetzter Kakaobutter ergibt einfach keinen Sinn. Das sind Fett- und Zuckerbomben außer Konkurrenz. Positiv ist, dass er die Zusammensetzung auf der Verpackung auslobt. 100 g Choklat-Schokoladen bestehen in etwa aus 22 g Kakaobutter aus der Kakaomasse und 30 g zugesetzter Kakaobutter, das sind insgesamt 52 g Fett. Hinzu kommen 29,6 g Zucker. 100 g Schokolade enthalten somit stolze 81,6 g Fett und Zucker. Überflüssig zu sagen, dass die Aromen des Kakaos auf der Strecke bleiben, zumal Brad Churchill auch noch 0,4 % Vanille hinzufügt – sinn- und geschmackslos.
Zu allem Überfluss schmeckt die Chuao nach geräucherten Kakaobohnen und auch etwas nach verbranntem Gummi.
Über das Konfekt mag ich gar nicht schreiben, das sind reine Fettbomben. Lesen Sie hierzu die einzelnen Kritiken der Sorten.
Sich auf der Internetseite als weltbeste Schokolade in einem Atemzug mit Valrhona und Amano sowie Ferrero zu bezeichnen, zeugt dann doch etwas von Größenwahn und fachlicher

Inkompetenz. Oder ist Herr Churchill wirklich der Meinung, dass Nutella und La Crema Gianduja von Domori qualitativ vergleichbar sind?
Da sind mir dann doch die Hersteller lieber, die nicht selbst von der Bohne weg produzieren, deren Schokolade aber schmeckt.
Auch recht unglücklich sind die falschen Informationen, die auf der Choklat-Homepage verbreitet werden. Es wird hier behauptet, Belcolade sei der einzige belgische Bean-to-bar-Hersteller. Das ist aber falsch: Belcolade produziert nicht von der Bohne weg, sondern von der Kakaomasse. Das war schon immer so. Der einzige Bean-to-bar-Hersteller in Belgien ist Pierre Marcolini.

Empfehlung:
Leider ist keine Empfehlung möglich.

CHRISTOPHE MOREL CHOCOLATIER

Kanada (Boucherville, Quebéc)
www.morelchocolatier.com

Verarbeitungsstufe: **Schokolade nach Maß und Standard-Schokolade**

Das Unternehmen Christophe Morel Chocolatier ist aus einer Zusammenarbeit der Pâtisserie Rolland und des Franzosen Christophe Morel entstanden. Die Pâtisserie Morel wurde im Jahre 1940 gegründet und widmete sich der traditionellen französischen Pâtisserie und der Confiserie. Christophe Morel wuchs in der elterlichen Pâtisserie auf und ist wie viele namhafte Pâtissiers in Frankreich Träger des Titels „Meilleur Ouvrier de France (MOF)". Zudem hat er mehrere prestigeträchtige Wettbewerbe gewonnen, wie zum Beispiel den „Prix chocolat Coupe du Monde" in Lyon im Jahre 2005. Christophe Morel besitzt mittlerweile auch die kanadische Staatsbürgerschaft.

Produktbewertungen

- Produkt: (Dunkel) Pure Nacional Pérou Millesime 2010 68 %,
  Punkte: 84,60
  Preis/Menge: 20,00 CAD / 14,40 EUR / 80 g
  Laut Hersteller wurden Nacional-Kakaobäume in Peru gefunden, an deren Bohnen Morel über die exklusiven Rechte verfüge. Aus diesen Bohnen wurde eine limitierte, nummerierte Auflage von 2000 Tafeln produziert, ich bekam Nummer 282. Keine schlechte Schokolade, aromatisch und angenehm zu essen. Durchaus mit Nacional-Kakaobohnen vergleichbar.
  Aromaprofil: Fruchtig, blumig und leicht nussig, im Abgang vielleicht sogar etwas Kaffee.

- Produkt: (Konfekt) Cocoa Beans coated with Chocolate Pure Nacional Peru, Punkte: 82,00
  Preis/Menge: 12,00 CAD / 8,64 EUR / 80 g
  Sehr gut dragierte, geröstete Kakaobohnen. Nicht zu bitter und sehr aromatisch.

Fazit:
Leider hatte ich zur Verkostung nur zwei Produkte zur Verfügung, aber beide haben überzeugt. Mir ist nicht bekannt, wer die Schokolade für Morel produziert, kann aber sagen, dass sie gut gelungen sind. In der Regel esse ich ganze dragierte Kakaobohnen ungerne mitsamt der Schale. Bei Morel sind sie aber so schmackhaft, dass man sie als gelungen bezeichnen kann. Einzig der Preis, besonders der Schokoladentafel, trübt den Genuss etwas. Gerne würde ich noch weitere Produkte von Morel probieren.

Empfehlung:
Beide Produkte sind Chocoholics zu empfehlen, aber auch weniger fanatischen Schokoladenliebhabern.

CHRISTOPHE ROUSSEL

Frankreich (La Baule)
www.christophe-roussel.fr

Verarbeitungsstufe: **Standard-Schokolade**

Christophe Roussel hat eine klassische Ausbildung absolviert und in seinen jungen Jahren fleißig Erfahrung gesammelt. Seine Stationen umfassen ein Relais und Chateau in Uruguay, das Casino de Berne in der Schweiz und Jean-Marie Rivière (Acazar, Paradis Latin) auf Saint Barth, wo er mehrere Jahre an der Seite von Laurent Couegnas (Ducasse, Pré Catalan) arbeitete. 2004 eröffnete er sein Geschäft in La Baule, 2008 eines in Guérande und 2009 eines in Paris.

Produktbewertungen

- Produkt: (Konfekt) Tahitensis (Vanille), Punkte: 89,40
  Preis/Menge: 14,00 USD / 11,05 EUR / 20 Stück
  Vanille-Ganache, harmonisch, sehr gut gelungen.

- Produkt: (Konfekt) Trinidad, Punkte: 87,00
  Preis/Menge: 14,00 USD / 11,05 EUR / 20 Stück
  Charakter des Karibik-Kakaos erkennbar. Cremig-weich und nicht zu süß.

- Produkt: (Konfekt) Tahiti, Punkte: 82,25
  Preis/Menge: 14,00 USD / 11,05 EUR / 20 Stück
  Nougat nach altem Rezept, relativ bitter und schön knusprig.

- Produkt: (Konfekt) Tyr, Punkte: 79,75
  Preis/Menge: 14,00 USD / 11,05 EUR / 20 Stück
  Halbflüssig mit Stückchen, sehr gutes Nougataroma. Sollte nach Sesam schmecken, ist aber doch etwas zu dezent im Geschmack.

- Produkt: (Konfekt) Fondant Praliné lait, Punkte: 76,35
  Preis/Menge: 14,00 USD / 11,05 EUR / 20 Stück
  Heller Nougat, weich-cremig. Einfach, aber gut.

- Produkt: (Konfekt) Dorsoduo, Punkte: 73,95
  Preis/Menge: 14,00 USD / 11,05 EUR / 20 Stück
  Gutes Tiramisú-Aroma, besonders der Kaffee ist gut dosiert.

- Produkt: (Konfekt) Guérande (Caramel mit Fleur de Sel und Vanille), Punkte: 73,75
  Preis/Menge: 14,00 USD / 11,05 EUR / 20 Stück
  Gesalzene Karamellfüllung mit Vanille. Einen Tick zu süß.

- Produkt: (Konfekt) Croustillant, lait, Punkte: 72,75
  Preis/Menge: 14,00 USD / 11,05 EUR / 20 Stück
  Mit Krokant und Kakao-Nibs, nette Idee, aber etwas zu süß und mit zu wenig Aroma.

- Produkt: (Konfekt) Caramel beurre salé, Punkte: 72,75
  Preis/Menge: 14,00 USD / 11,05 EUR / 20 Stück
  Weichkaramell, so wie er sein sollte. Nicht zu süß, weich und nicht zu zäh.

- Produkt: (Konfekt) Andalousie, Punkte: 69,20
  Preis/Menge: 14,00 USD / 11,05 EUR / 20 Stück
  Gianduja & Orange. Gutes und dezentes Orangenaroma. Zu wenig Gianduja, sehr weiche Konsistenz. Es fehlt etwas an Fruchtcharakter.

- Produkt: (Konfekt) Fondant Praliné noir, Punkte: 65,75
  Preis/Menge: 14,00 USD / 11,05 EUR / 20 Stück
  Geschmacksneutral, d. h. schmeckt nach Schokolade, ist nicht süß, belanglos.

- Produkt: (Konfekt) Fleur de Sel, Punkte: 64,75
  Preis/Menge: 14,00 USD / 11,05 EUR / 20 Stück
  Salz kaum schmeckbar, müsste wesentlich deutlicher sein. Gleichzeitig zu süß und nicht sehr cremig.

- Produkt: (Konfekt) Bouche, Punkte: 63,75
  Preis/Menge: 14,00 USD / 11,05 EUR / 20 Stück
  Leicht bitterer Karamell mit etwas Salz und knusprigen Reiskügelchen.

Fazit:
Die größte Herausforderung bei der Verkostung war die Wiedererkennung der einzelnen Sorten. Der Leporello enthält nur Strichzeichnungen und bei 36 verschiedenen Sorten war eine Wiedererkennung nicht immer möglich. Die Produkte an sich sind nicht schlecht und mehr als nur guter Durchschnitt. Das Highlight ist die Tahitensis, eine Vanille-Ganache in klassischer französischer Confiseriekunst. Sehr aromatisch und harmonisch. Nougat können die Franzosen. Auch Roussel bietet mit den Sorten Tyr oder Fondant Praliné lait tolles Nougatkonfekt. Das Trinidad-Konfekt zeigt gut den Charakter des karibischen Kakaos.
Gut gelungene Produkte, drei bis vier sehr gute und keine wirklich schlechten Sorten. Christophe Roussel bietet bodenständige, gute Qualität.

Empfehlung:
Für Liebhaber französischen Konfekts.

CHRISTOPHER NORMAN

USA (New York)
www.christophernormanchocolates.com

Verarbeitungsstufe: **Standard-Schokolade**

Christopher Norman Chocolates wurde im Jahr 1994 von dem Kanadier John Christopher Norman Down und von Joe Guiliano gegründet. John Down hat am Emily Carr Institute of Art und Design in Vancouver sein Diplom erlangt. In den 1980er Jahre kam er nach New York, um seiner künstlerischen Karriere nachgehen zu können. Seine künstlerische Ader spiegelt sich auch in der Gestaltung des Konfekts wider. Im Produktionsgebäude sind ein Geschäft und eine Galerie integriert. Kunden können so die Produkte kosten und die Gemälde des Gründers bewundern. Das Sortiment ist vielfältig und durchaus originell. Außer Konfekt werden andere Confiserieartikel, wie z. B. Riegel und Schokoladentafeln angeboten.
Sämtliche Produkte wurden bei Food Emporium gekauft, das Konfekt aus der Frischetheke heraus. Immer wieder wurde mir vorgeschwärmt, wie toll das Konfekt sei. Nun hatte ich endlich mal die Möglichkeit das Konfekt selber zu testen.

Produktbewertungen

- Produkt: (Riegel) White Chocolate 30 % with Lemon Crisp, Punkte: 60,90
  Preis/Menge: 6,00 USD / 4,74 EUR / 56 g
  Ganz gutes Zitronenaroma und etwas knusprig, aber viel zu süß.

- Produkt: (Riegel) Milk Chocolate 40 % with Toasted Almond, Punkte: 61,50
  Preis/Menge: 6,00 USD / 4,74 EUR / 56 g
  Knusprig, mit viel Mandeln, zu süß.

- Produkt: (Riegel) Dark Chocolate 64 % with Pistachio, Punkte: 51,00
  Preis/Menge: 6,00 USD / 4,74 EUR / 56 g
  Zu wenig Pistazien und entsprechend wenig Geschmack, Schokolade auch nicht von berauschender Qualität.

- Produkt: (Konfekt) Merlot Wine, Punkte: 61,00
  Preis/Menge: 55,00 USD / 43,41 EUR / 1 lb
  Ordentliches Weinaroma. Leider ist die Füllung viel zu rau und nicht sehr cremig.

- Produkt: (Konfekt) Raspberry, Punkte: 52,00
  Preis/Menge: 55,00 USD / 43,41 EUR / 1 lb
  Fruchtig, aber vom Charakter nicht unbedingt Himbeere. So gefällt mir das nicht.

- Produkt: (Konfekt) Blood Orange, Punkte: 51,00
  Preis/Menge: 55,00 USD / 43,41 EUR / 1 lb
  Fruchtig-sauer, aber viel zu wenig Blutorange, könnte auch jede andere Zitrusfrucht sein.

- Produkt: (Konfekt) Tropics (Kokosnuss-Rosa Pfeffer-Ananas), Punkte: 51,00
  Preis/Menge: 55,00 USD / 43,41 EUR / 1 lb
  Kokosnuss, rosa Pfeffer und Ananas. Pfefferaroma ganz ordentlich, Ananas zu dezent, Kokosflocken schmeckbar.

- Produkt: (Konfekt) Pomegranate, Punkte: 49,00
  Preis/Menge: 55,00 USD / 43,41 EUR / 1 lb
  Granatapfel ist nicht schmeckbar, mit sehr dezentem Fruchtcharakter.

- Produkt: (Konfekt) Lemon Ginger Cumin, Punkte: 31,00
  Preis/Menge: 55,00 USD / 43,41 EUR / 1 lb
  Viel zu fest, bröckelig und staubig. Kümmel dominiert, kaum Zitrone und Ingwer, viel zu süß.

Fazit:
Leider können die Vorschusslorbeeren nicht bestätigt werden. Flach im Aroma und teilweise mit gravierenden handwerklichen Mängeln, war kein begeisterungsfähiges Produkt dabei. Das Merlot-Wine-Konfekt hatte einen Ansatz von Mittelmaß. Raspberry, Pomegranate oder auch die Blood Orange haben sehr enttäuscht: Sie besitzen kaum Fruchtigkeit und sind wenig aromatisch. Die Lemon Ginger Cumin war staubig-trocken und bröckelig, viel zu süß und mit dominantem Kümmel, dafür aber kaum Zitrone oder Ingwer.
Bei den Riegeln sah es kaum besser aus. Der dunkle Pistazienriegel ist gar nicht gelungen. Pistazie und dunkle Schokolade sind sehr schwer kombinierbar. Wie soll sich die sanfte Pistazie auch gegen diese Schokoladendominanz durchsetzen? Dagegen sind die Lemon Crisp und die Toasted Almond ordentlich gelungen, wobei auch hier wieder, wie bei dem Konfekt, die minderwertige Schokolade stört.

Empfehlung:
Leider ist keine Empfehlung möglich.

CIOMOD

Italien (Modica, Sizilien)
www.ciomod.com

Verarbeitungsstufe: **Bean-to-bar**

CioMod ist eine der jüngsten sizilianischen Firmen, die Schokolade nach der traditionellen Modica-Methode herstellt. Das erst 2003 gegründete Unternehmen setzt die uralte Tradition der Stadt modern um.
Erwähnenswert ist auf jeden Fall das gelungene Design, besonders des Schokoladenlikörs. Nicht ganz gefallen haben jedoch die albernen Produkte iMod (Nachahmung des iPods) und Ciobik (Nachahmung des Rubik-Würfels). Vervollständigt wird das Produktangebot durch ein Schokoladenfondue und Beauty-Produkte.

Produktbewertungen

- Produkt: (Dunkel) Cioccolato nero puro 65 %, Punkte: 57,50
  Preis/Menge: 5,40 EUR / 60 g
  Nicht ganz so schlimm wie die Latte 50 %, aber auch ohne angenehme Aromen.

- Produkt: (Milch) Latte 50 %, Punkte: 48,00
  Preis/Menge: 5,40 EUR / 60 g
  Milchschokolade mit unmöglichem Geschmack, staubig und trocken.

- **Produkt: (Veredelt) Anice 50 %, Punkte: 60,00**
  Preis/Menge: 5,40 EUR / 60 g
  Die Beste von allen. Dunkle Schokolade mit Gewürz, ohne Zusatz von Aromastoffen.

- **Produkt: (Veredelt) Caffè 50 %, Punkte: 54,00**
  Preis/Menge: 5,40 EUR / 60 g
  Kaffee schmeckbar, ansonsten langweilig.

- **Produkt: (Veredelt) Agrumi 50 %,**
  Punkte: 51,00
  Preis/Menge: 5,40 EUR/60 g
  Dunkle Schokolade, nur mit Aromastoffen (Zitrus) aromatisiert, trotzdem eine der besseren Sorten.

- **Produkt: (Veredelt) Nocciola 50 %,**
  Punkte: 48,00
  Preis/Menge: 5,40 EUR / 60 g
  Dunkle (Nuss-)Schokolade ohne Nüsse, dafür mit Aromastoffen. Essbar.

- **Produkt: (Veredelt) Mandorla 50 %,**
  Punkte: 48,00
  Preis/Menge: 5,40 EUR / 60 g
  Dunkle (Mandel-)Schokolade ohne Mandeln. Ebenfalls nur mit Aromastoffen. Schade, verfügt Italien doch über so wohlschmeckende Mandeln und Haselnüsse.

- **Produkt: (Veredelt) Cannella 50 %,**
  Punkte: 47,20
  Preis/Menge: 5,40 EUR / 60 g
  Dunkle Schokolade mit intensivem Zimtaroma. Beinhaltet aber kein echtes Gewürz, sondern ausschließlich Aromastoffe.

Fazit:
Es hat wenig mit der Herstellungsweise zu tun, dass die Produkte von CioMod nicht schmecken. Das Problem liegt vielmehr in der Verwendung von minderwertigem Kakao und Aromastoffen in nahezu allen veredelten Sorten, statt mit echten Gewürzen, Nüssen und Früchten zu arbeiten. Gleichzeitig ist man allerdings froh, dass die zugesetzten Aromastoffe den schlechten Geschmack der Schokolade überdecken. Das kann nicht der Sinn einer Schokolade sein – vor allem nicht zu diesem irrsinnig teuren Preis.
Auch wenn es sich bei diesen Produkten um eine Kuriosität handelt, gibt es zum Beispiel mit Antica Dolceria Bonajuto durchaus gute Alternativen.

Empfehlung:
Leider ist keine Empfehlung möglich, zumindest nicht, was die Schokolade betrifft.

CLAUDIO CORALLO

São Tomé und Príncipe (Terreiro Velho)
www.claudiocorallo.com

Verarbeitungsstufe: **Bean-to-bar**

Bereits im Jahr 1819 kamen erste Kakaopflanzen aus Brasilien nach São Tomé und Príncipe. Der kleine Inselstaat, gelegen im Golf von Guinea vor der nigerianischen Küste, war noch Anfang des

20. Jahrhunderts eine bedeutende Kakaoregion, nach deren Niedergang die Kakaoplantagen verwilderten. Claudio Corallo, ein gebürtiger Italiener, kaufte 1997 die ca. 120 Hektar große Kakaoplantage Terreio Velho vom Staat. Vorher besaß Claudio Corallo Kaffeeplantagen in Zaire, bevor er von zivilen Streifen gezwungen wurde, fluchtartig das Land zu verlassen.
Nach der Rekultivierung der Plantage begann Claudio Corallo, seine Kakaobohnen an Chocolatiers wie z. B. Pralus zu verkaufen. Mittlerweile produziert das Unternehmen seine eigene Schokolade direkt auf der Plantage. Die sehr lange Fermentation von bis zu 16 Tagen ist außergewöhnlich. Auch das ständige Wenden der Bohnen beim Trocknen ist eher untypisch. Bei der manuellen Entfernung der Schale von der gerösteten Kakaobohne wird gleich der kleine harte Keimling, der im Fruchtfleisch der Kakaobohne steckt, mit entfernt. Per Hand und mittels eines Nudelholzes und eines Siebes wird der Kakaobruch anschließend gereinigt. Der Kakao wird oberhalb des Schmelzpunktes der Kakaobutter vermahlen und weiterverarbeitet. Keine der Schokoladen wird conchiert.

Produktbewertungen

- **Produkt: (Dunkel) Chocolate sablé 80 %, Punkte: 91,00**
  Preis/Menge: 5,20 EUR / 50 g
  Knusprig, gute Balance zwischen süß und herb, mit kuriosem Schmelz.
  Aromaprofil: fermentierte Früchte, frische Pulpe von Kakaofrüchten, milder Tabak, Torf.

- **Produkt: (Dunkel) 100 % Puro Cacau, Punkte: 80,80**
  Preis/Menge: 5,20 EUR / 50 g
  Deutliches Röstaroma. Die Schokolade schmilzt plötzlich weg, wodurch ein kurioses Mundgefühl entsteht. Für eine 100 %ige Schokolade erträglich im Geschmack.
  Aromaprofil: fermentierte Kakaobohnen, vergorene Früchte, torfig-nussig, Avocado.

- **Produkt: (Veredelt) Chocolate soft 73,5 % com nibs de cacau, Punkte: 91,10**
  Preis/Menge: 5,20 EUR / 50 g
  Tolle Aromen, knackig, etwas staubig und trocken ohne zu stören.
  Aromaprofil: rote Beeren, Zedernholz, Gewürze (Nelken, Vanille, Macis).

- **Produkt: (Veredelt) Ubric 4 chocolate com passas de uva e destilado de ginja de montanha, Punkte: 83,00**
  Preis/Menge: ca. 9,50 EUR / 100 g
  Die Schokolade hat einen leicht geräucherten Geschmack, der aber in Ordnung geht. Massive Schokolade mit saftigen Rosinen, eingelegt in Ginja, einem portugiesischen Likör (18 % Alkohol), der aus Sauerkirschen hergestellt wird. Aromatisch, leicht und angenehm alkoholisch, mit angenehmer Süße.

- **Produkt: (Veredelt) Chocolate gengibre, Punkte: 80,90**
  Preis/Menge: 5,20 EUR / 50 g
  Mit kristallisiertem Ingwer. Angenehmes Aroma, aber der Ingwer könnte etwas dominanter sein. Sehr mild, trotz 70 %igem Kakaoanteil.

Fazit:
Claudio Corallos Ziel ist es, die beste Schokolade der Welt herzustellen. Ob er dieses Ziel erreicht hat, sollte jeder für sich entscheiden. Es kommt auch sehr auf die persönlichen Erwartung an die beste Schokolade der Welt an. Ich jedenfalls bin nicht der Meinung. Das mag einerseits daran liegen, dass die einfache Forastero-Bohne dies nicht hergibt. Andererseits ist die Verarbeitungsweise ohne das Conchieren und auch die lange Fermentation nicht unbedingt förderlich, meiner Vorstellung der perfekten Schokolade näher zu kommen, aber er spielt mit in der Liga der Besten. Die Bohnen sind außergewöhnlich, extravagant und qualitativ sehr gut. Den Schokoladen ist der einzigartige Schmelz gemeinsam: erst passiert nichts und dann schmilzt die Schokolade auf einmal rasant weg. Das ist sehr überraschend und ein Erlebnis. Ein großes Lob und Dankeschön an Claudio Corallo, denn er bereichert das Universum der Schokolade.

Empfehlung:
Grundsätzlich kann ich alle Produkte empfehlen. Jeder, der an Kakao und Schokolade i nteressiert ist, sollte eine Claudio-Corallo-Schokolade probiert haben.
Welche, ist dann eine Frage der persönlichen Vorlieben.

CLEMENT CHOCOCULT

Deutschland (Bernried am Starnberger See)
www.clement-chococult.de

Verarbeitungsstufe: **Standard-Schokolade**

Franz X. Clement ist gelernter Konditor. Während seiner über 25-jährigen Tätigkeit im Universum der Konditoreikunst entwickelte er ein besonderes Faible für Schokolade. Da war es nur konsequent, Schokolade in den Hauptfokus seiner Produkte zu nehmen. Zusammen mit seiner Frau produziert und vertreibt Clement seit dem Jahre 2000 Konfekt und veredelte Schokoladen sowie Feingebäck und Tortini, kleine Kuchen wie zum Beispiel Engadiner Walnusstorte. Clement verwendet ausschließlich Felchlin-Kuvertüren und kommuniziert dies sehr aktiv – eine willkommene Ausnahme in der Branche. Zu oft wird versucht, die Herkunft der verwendeten Schokolade zu verheimlichen, was natürlich Fragen aufwirft. Clement weist außerdem oft auf die Auszeichnung der Felchlin Grand Cru Maracaibo clasificado 65 % als beste Schokolade der Welt hin, die von der „Accademia Maestri Pasticceri Italiani" im Jahre 2005 prämiert wurde. Das ist zwar schön für Felchlin und Clement, hat aber kaum eine Bedeutung. In den letzten 5–6 Jahren wurden so viele Schokoladen von unterschiedlichsten Organisationen zur besten Schokolade der Welt ernannt, dass dieser Titel inzwischen inflationär verwendet wird. Es handelt sich hier aber natürlich um eine sehr gute Schokolade und es ist erfreulich, dass sich Clement zur Verarbeitung eines so hochwertigen Produkts entschieden hat. Kompliment.

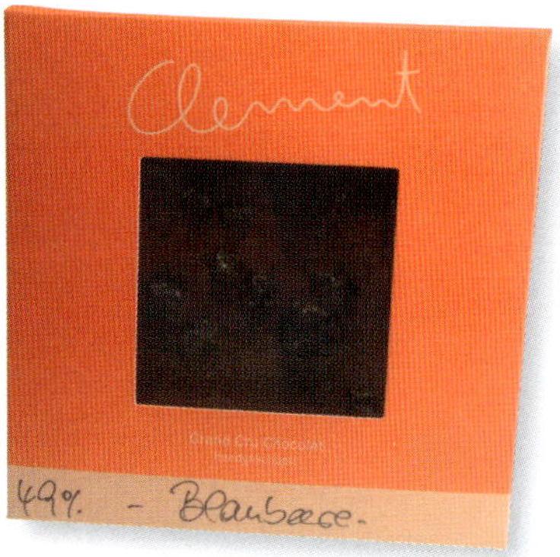

Produktbewertungen

- Produkt: (Veredelt) Maracaibo Creole Grand Cru Blaubeere, Punkte: 79,50
  Preis/Menge: 5,70 EUR / 90 g
  Extrem saftige und aromatische Blaubeeren auf Milchschokolade von Felchlin. Die Schokolade ist schon eine Klasse für sich. Toller Schmelz, cremig, Nuancen von Rahmkaramell, Honig und Vanille sowie rote Beeren. Sehr gut gelungen, aber ich würde mir etwas mehr aufgestreute Beeren wünschen.

- Produkt: (Veredelt) Ingwer, Punkte: 73,00
  Preis/Menge: 5,70 EUR / 90 g
  Scharfer und aromatischer, leider ein wenig ausgetrockneter kandierter Ingwer auf herber dunkler Schokolade – für Ingwer-Liebhaber.

- Produkt: (Riegel) Maracaibo Criolait Grand Cru Marzipan, Punkte: 67,50
  Preis/Menge: 6,50 EUR / 90 g
  Ähnlich der dunklen Variante: Die gute Schokolade rettet das Produkt. Das Aroma ist flacher, das zu trockene Marzipan wird von einer richtig guten Schweizer Milchschokolade umhüllt.

- Produkt: (Riegel) Maracaibo Clasificado Grand Cru Marzipan, Punkte: 66,63
  Preis/Menge: 6,50 EUR / 90 g
  Die sehr gute dunkle Schokolade (Aromanuancen von Kaffee und Pflaume) von Felchlin macht aus diesem Riegel ein gutes Produkt. Sie entschädigt für das etwas zu trockene und zu wenig aromatische Marzipan. Das Intensive Aroma der Schokolade überdeckt den Geschmack des Marzipans.

- Produkt: (Konfekt) Holunderblüten Prosecco Truffes, Punkte: 76,00
  Preis/Menge: 5,65 EUR / 100 g
  Man schmeckt beides deutlich: die Holunderblüten und den Prosecco. Schnittfeste und kompakte Ganache von dunkler Schokolade, cremig und mit gutem Schmelz.

- Produkt: (Konfekt) Rosmarin Truffes, Punkte: 75,80
  Preis/Menge: 5,65 EUR / 100 g
  Relativ mächtige, schwere und fettige Ganache von dunkler Schokolade, mit einem subtilen Aroma frischen Rosmarins. Weichcremig und mit sehr schönem Schmelz, insgesamt sehr harmonisch.

- Produkt: (Konfekt) Persia Mandelmarzipan mit Berberitze und Mandeln, Punkte: 74,00
  Preis/Menge: 5,65 EUR / 100 g
  Relativ trockenes Marzipan, aber mit fruchtigsauren und aromatischen Berberitzen sowie knusprigen und schmackhaften Mandeln. Die Säure der Berberitze harmoniert sehr schön mit dem süßen Marzipan.

- Produkt: (Konfekt) Rosenwasser Truffes, Punkte: 70,30
  Preis/Menge: 5,65 EUR / 100 g
  Das Rosenwasser kommt direkt vom Erzeuger aus Frankreich. Schnittfeste Ganache, relativ süß, aber mit gutem Rosenwasser-Aroma. Die gute Qualität des Rosenwassers kann man zumindest erahnen. Cremig, aber kein optimaler Schmelz.

- Produkt: (Konfekt) Orangenmarzipan, Punkte: 69,60
  Preis/Menge: 5,65 EUR / 100 g
  Mit gehobelten Mandeln, Orangeat und Orangenlikör. Etwas kompaktes und trockenes Marzipan, mandelig, leicht bitter und knusprig. Es mangelt etwas an Aroma, ist insgesamt aber ganz ordentlich.

- **Produkt: (Konfekt) Maracuja Carameltruffes, Punkte: 69,50 Preis/Menge: 5,65 EUR / 100 g**
  Dezent aromatisch, es fehlt die Spritzigkeit/ Säure der Maracuja. Vielleicht durch den Karamell verloren gegangen. Insgesamt recht süß, aber weich-cremige Konsistenz mit feinem Schmelz.

- **Produkt: (Konfekt) Honig Ingwer Truffes, Punkte: 68,00 Preis/Menge: 5,65 EUR / 100 g**
  Ingwer in der Ganache nur sehr dezent, Geschmack deutet auf Ingwerpulver hin. Honig macht sich vor allem durch seine Süße bemerkbar. Der kandierte Ingwer on top ist top: aromatisch, knackig, ohne Fasern und leicht scharf. Weich-cremige Konsistenz mit feinem Schmelz.

- **Produkt: (Konfekt) Himbeer Lime Truffes, Punkte: 61,10 Preis/Menge: 5,65 EUR / 100 g**
  Himbeere ist zu dezent, dafür aber die Limette allseits präsent, daher geschmacklich ganz gut. Aromatisch eher mittelmäßig, die Konsistenz lässt zu wünschen übrig: zwar cremig, aber rau und ohne schönen Schmelz.

- **Produkt: (Konfekt) Haselnussnougat mit Torronesplitter, Punkte: 54,50 Preis/Menge: 5,65 EUR / 100 g**
  Der Nougat hat einen unangenehm muffigen Beigeschmack. Gefüllt nicht nur mit Torronesplittern, sondern auch mit Knallzucker – wie lustig. Fest, kompakt und mit etwas schmierigem Schmelz.

Fazit:
Die Tafeln sind bundesweit erhältlich, das Konfekt nicht. Wenn man also nicht zufällig am Starnberger See verweilt, ist das Konfekt kaum zu bekommen. Dennoch wollte ich es unbedingt probieren und hatte das Glück, von Herrn Clement eine Auswahl von zehn Konfekt-Sorten zu erhalten.
Die veredelten Schokoladen waren beide qualitativ gut, weil die Felchlin-Schokolade toll ist und die Blaubeeren und der Ingwer von guter Qualität waren. Die Tafeln sind nicht großzügig bestreut, da erwarte ich für den Preis einfach mehr. Bei veredelten Schokoladen, die nur mit einer Zutat bestreut sind, stellt sich mir immer wieder eine Frage: Wo spiegelt sich, außer bei der Auswahl der Rohstoffe, das Können des Chocolatiers, richtiger wäre des Confiseurs, wider? Ähnlich ist es bei den beiden mit Marzipan gefüllten Schokoladen. Auch hier besteht der handwerkliche und qualitative Eingriff des Confiseurs ausschließlich in der Auswahl der Rohstoffe und Zutaten sowie ihrer Verarbeitung – und die ist im Falle der Marzipantafeln nicht sonderlich gut: Zu viel Schokolade und zu wenig Marzipan, das auch noch zu trocken ist. Wenn man sich das Produktangebot anschaut, besteht das Sortiment zu 90 % aus solchen Artikeln. Wenig Kreativität, Originalität oder gar Innovation.
Frech finde ich, dass einige Schokoladen ohne weitere Verarbeitung lediglich in eine Form gegossen und teilweise zu horrenden Preisen verkauft werden. Wenn dann 100 Gramm einer „Clement chococult Cru Sauvage Bolivia 68 % 60 h conchiert" stolze 17,67 EUR kosten, ist das schon keck. Zur Erinnerung: Bei Original Beans kostet die vergleichbare und vielleicht sogar bessere Schokolade (gleiche Bohne, gleicher Hersteller) nur ca. 7,43 Eur pro 100 g und es gibt noch zahllose weitere Alternativen, in denen die identische Schokolade wesentlich günstiger gekauft werden kann (Melt, LillieBelle etc.).
Auf das Konfekt, das ich erst 14 Tage nach den Tafeln erhalten habe, war ich umso mehr gespannt. Hier kann ein Confiseur seine Klasse beweisen. Ich komme gleich auf den Punkt:

Es handelt sich qualitativ um Mittelmaß mit kleinen Höhen und großen Tiefen, das nur durch die gute Felchlin-Schokolade erreicht wird. Das Konfekt ist unharmonisch, nicht oft aromatisch und selten schmackhaft.
Den Namenszusatz „chococult" kann ich nur schwerlich nachvollziehen. Clement stellt keine Schokolade her, er verarbeitet ausschließlich fertige Kuvertüren und produziert noch viele andere Spezialitäten, die nichts mit Kakao oder Schokolade zu tun haben.

Empfehlung:
Leider ist keine Empfehlung möglich.

COCO BRUNI

Südkorea (Seoul)
www.cocobruni.co.kr

Verarbeitungsstufe: **Standard-Schokolade**

Coco Bruni eröffnete das erste Café mit angeschlossenem Geschäft im Dezember 2009. Die im modernen europäischen Stil gestaltete Marke verkauft Kaffee, Kuchen und Schokoladenprodukte. Mittlerweile gibt es sechs Coco-Bruni-Cafés.
Der Name lehnt sich ans Italienische an und birgt die Wörter Kakao (coco) und Braun (bruni). Das Logo zeigt ein Mädchen, das auf einem Vogel ins Abenteuer reitet. Konditoren und Chocolatiers mit 15 Jahren Erfahrungen, teilweise auch in Europa geschult, produzieren täglich frische Köstlichkeiten. Coco Bruni verarbeitet belgische Schokolade.

Produktbewertungen

- Produkt: (Konfekt) Piazolla, Punkte: 79,00
  Preis/Menge: 1900 KRW / 1,22 EUR / 1 Stück
  Passionfrucht-Ganache. Fruchtig, leicht sauer und aromatisch. Weiche, cremige und feinschmelzende Füllung.

- Produkt: (Konfekt) Ortiz, Punkte: 74,00
  Preis/Menge: 1600 KRW / 1,03 EUR / 1 Stück
  Earl-Grey-Tee-Ganache. Sehr im französischen Stil, cremig, mit feinem Schmelz. Die Schokolade ist auch in Ordnung und nicht zu süß.

- Produkt: (Konfekt) Canaro, Punkte: 73,00
  Preis/Menge: 1800 KRW / 1,16 EUR / 1 Stück
  Mandelsplitter mit aromatischen Mandeln und sehr dünner Schokolade.

- Produkt: (Konfekt) Biagi, Punkte: 71,00
  Preis/Menge: 1900 KRW / 1,22 EUR / 1 Stück
  Sehr schöne weiche und cremige Cointreau-Ganache, nicht zu süß, leicht alkoholisch, aber nur dezent aromatisch. Nur der Geschmack des Cointreaus ist nicht erschmeckbar.

- Produkt: (Konfekt) Donato, Punkte: 70,00
  Preis/Menge: 1500 KRW / 0,96 EUR / 1 Stück
  Ganache aus purem Kakao, schnittfest, aber cremig, insgesamt aber zu süß.

- Produkt: (Konfekt) Gardel, Punkte: 67,00
  Preis/Menge: 1600 KRW / 1,03 EUR / 1 Stück
  Kaffee-Ganache mit zu dezentem Kaffeegeschmack. Weich-cremige Füllung.

- Produkt: (Konfekt) Di sarli, Punkte: 66,50
  Preis/Menge: 2000 KRW / 1,28 EUR / 1 Stück
  Honig-Ganache. Cremig-weiche und dunkle Ganache, die nicht zu süß ist. Kein schlechtes Konfekt.

- Produkt: (Konfekt) Ricardo, Punkte: 66,40
  Preis/Menge: 1900 KRW / 1,22 EUR / 1 Stück
  Hellgrüne Ganache-Füllung, die leicht minzig schmeckt, aber wenig aromatisch ist. Leicht erfrischend und weich-cremig.

- Produkt: (Konfekt) Troilo, Punkte: 65,50
  Preis/Menge: 1800 KRW / 1,16 EUR / 1 Stück
  Weich, cremig, feinschmelzend, aber nur Schokoladengeschmack, leicht alkoholisch. Sollte eigentlich nach Orange schmecken, tut dies aber nur sehr, sehr dezent.

- Produkt: (Konfekt) Fresedo, Punkte: 65,00
  Preis/Menge: 1700 KRW / 1,09 EUR / 1 Stück
  Mandel- und Nusspaste, innen mit ganzer Nuss. Leicht und angenehm im Geschmack.

Fazit:
Das Konfekt ist nicht schlecht, aber aufgrund der etwas zu banalen belgischen Schokolade auch kein Überflieger. Für den asiatischen Gaumen sicher eher noch als eine Besonderheit zu verkaufen, lockt eine solche Schokoladenqualität keinen europäischen oder amerikanischen Schokoladenkenner. Dennoch haben die Produkte aufgrund ihrer teilweise exotischen Füllungen einen gewissen Charme.

Empfehlung:
Wer einmal in Seoul ist, sollte auf jeden Fall einmal ein Coco-Bruni-Café besuchen.

{COCOA}

USA (San Francisco)
www.cocoacollectionsf.com

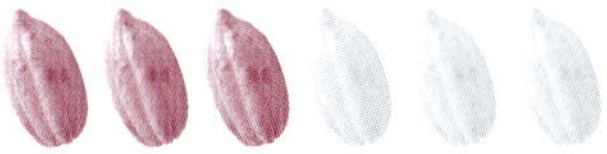

Verarbeitungsstufe: **Standard-Schokolade**

Jewel Zimmer, die {cocoa}-Gründerin, wuchs in der Bäckerei ihres Vaters auf, wo sie von den handwerklichen und traditionellen Backmethoden geprägt wurde. In ihrer Ausbildung arbeitete sie bei mehreren Kreativen, war Klassenbeste in der Fachschule Le Cordon Bleu und reiste durch die Welt, um sich inspirieren zu lassen. Verwendet werden überwiegend Kuvertüren aus Frankreich, die Lieferanten werden jedoch regelmäßig gewechselt.
Angezogen haben mich das modern-minimalistische Design sowie die edle Verpackung. Entschlossen habe ich mich für die Schachtel Brûlée. Acht Schokoladentäfelchen in einer schwarzen Verpackung aus Hartkartonage.

Produktbewertungen

- Produkt: (Veredelt) Brûlée, Punkte: 74,10
  Preis/Menge: 12,00 USD / 9,47 EUR / 8 Stück
  Acht Täfelchen dunkle Schokolade mit 66 % Kakaoanteil, hergestellt aus Venezuela-Kakao. Enthält Kakaoextrakt, karamellisierten Zucker und Meersalz.

Fazit:

Das Produkt gefällt mir. Die Schokolade schmeckt, das Salz und der karamellisierte Zucker passen gut zusammen. In der Zutatenliste steht „Kakaoextrakt", das ist ein hoch dosiertes Antioxidans, gewonnen aus der rohen Kakaobohne. Ursprünglich sollte es den Produkten einen Gesundheitsaspekt geben, mittlerweile verzichtet das Unternehmen aber wieder auf den Zusatz.

Einzig der Preis, so ästhetisch und edel das Ganze auch ist, passt nicht ganz. 12 USD bzw. 9,47 EUR für 32 g entsprechen einem Kilopreis von 296 EUR. Davon ausgehend, dass ein Kilogramm Kuvertüre ca. 10–15 EUR kostet, ist mir der Aufschlag einfach zu hoch, auch wenn die Verpackung sicherlich sehr schön und teuer ist.

Empfehlung:

Aufgrund des hohen Preises ist keine Empfehlung möglich. Die Schokolade würde aber sicher jedem gefallen, der salzige Schokolade mag.

COCOA BEE

USA (Cranford, New Jersey)
www.shopdonna.com

Verarbeitungsstufe: **Standard-Schokolade**

Diane Pinder ist gelernte Krankenschwester. Das Handwerk der Confiserie hat sie u. a. in der Toskana erlernt. Im Jahre 2005 eröffnete Sie das Unternehmen Donna & Company in Cranford, New Jersey und begann mit der Herstellung von Konfekt.

Diane Pinder bietet zwei Produktlinien an: Donna Toscana, mit Ganache gefülltes Konfekt, und Cocoa Bee, Honigkaramell.

Produktbewertungen

- Produkt: (Schachtel) Caramel-Chocolate, Punkte: 60,13
  Preis/Menge: 10,50 USD / 8,29 EUR / 85 g
  Gute Idee, leider schlecht umgesetzt. Langweilig, enttäuschend und zu teuer.

  Konfekt-Einzelbewertungen:
  Roasted Pecan Caramel: Punkte: 68,00
  Gutes Pecan- und Karamellaroma, aber mittelmäßige Schokoladenqualität.
  Salted Caramel: Punkte: 66,50
  Gut abgestimmt mit Salz, aber etwas zu süß.
  Cinnamon Caramel: Punkte: 66,50
  Karamellige, sehr weiche und fast flüssige Füllung, Aroma am Anfang dominant, schwächt aber schnell ab.
  Blood Orange & Roasted Almond Caramel: Punkte: 56,50
  Viel zu wenig Blutorangenaroma und auch die gerösteten Mandeln schmeckt man nur sehr dezent.
  Cranberry Caramel: Punkte: 52,30
  Keine Cranberries schmeckbar, dafür aber Honig
  Blueberry Caramel: Punkte: 52,00
  Zu wenig Blaubeeraroma und viel zu süß.

Fazit:
In der Schachtel befinden sich sechs verschiedene Konfektsorten, alle auf Honig-Karamell-Basis. Leider kann das Gesamtbild nicht überzeugen. Nur die Roasted-Pecan, die Salted- und die Zimt-Variante sind gutes Mittelmaß, alle anderen fallen durch. Dabei sind sie durchaus genießbar, aber außer Süße ist weder ein besonderer Geschmack noch viel Aroma zu erwarten. Ganz extrem fällt das bei den Fruchtsorten auf: Cranberry, Blutorange oder Blaubeere sind so gut wie gar nicht herauszuschmecken. Der Karamell hingegen ist stets gut präsent. Die verwendete Schokolade ist leider auffallend einfach. Diane Pinder wirbt damit, dass es sich um belgische Schokolade handelt – diese ist aber leider nicht die beste.

Empfehlung:
Diese Konfektschachtel ist nur für echte Karamellfans geeignet, die wohl noch am ehesten darüber hinwegsehen können, dass das eine oder andere Konfekt flach im Aroma ist. Aufgrund des guten Karamells kommen sie dennoch auf ihre Kosten.

COCOA FARM

Australien (Melbourne)
www.farmbynature.com.au

Verarbeitungsstufe: **Standard-Schokolade**

Cocoa Farm, bzw. das Unternehmen Farm by Nature, bewirtschaftet im tropischen North Queensland eine eigene Kakaoplantage, von der wohl der erste in Australien angebaute Kakao stammen wird. Noch wachsen die Kakaobäume, eine erste Ernte, die die Herstellung von Schokolade ermöglicht, wird für das Jahr 2012 oder 2013 erwartet.
Das 2006 gegründete Unternehmen hat sich auf die Herstellung von Schokoladen mit in Wein getränkten Rosinen spezialisiert. Hier wird fein unterschieden zwischen einem Merlot, einem Shiraz oder auch einem Pinot Noir. Neu im Sortiment sind die Sorten Chardonnay und Riesling.

Produktbewertungen

- Produkt: (Veredelt) Pinot Noir 36 % Milk Chocolate, Punkte: 64,65
  Preis/Menge: 5 USD / 3,95 EUR / 100 g
  Die Rosinen sind in Wein eingelegt, aber relativ trocken. Zu wenig Früchte. Das Weinaroma gefällt gut.

- Produkt: (Veredelt) Shiraz 36 % Milk Chocolate, Punkte: 64,05
  Preis/Menge: 5 USD / 3,95 EUR / 100 g
  Die Rosinen sind in Wein eingelegt, aber relativ trocken. Zu wenig Früchte. Der Wein ist aromatisch.

- Produkt: (Veredelt) Merlot 36 % Milk Chocolate, Punkte: 63,45
  Preis/Menge: 5 USD / 3,95 EUR / 100 g
  Die Rosinen sind in Wein eingelegt, aber relativ trocken. Zu wenig Früchte. Der Wein ist ganz gut schmeckbar.

- Produkt: (Veredelt) Honey & Almond 31 % Milk Chocolate, Punkte: 60,75
  Preis/Menge: 5 USD / 3,95 EUR / 100 g
  Zu wenig Mandeln, die aber wenigstens aromatisch sind, insgesamt zu süß. Keine besonders gute Schokolade.

- Produkt: (Veredelt) Riesling 36 % Milk Chocolate, Punkte: 59,85
  Preis/Menge: UVP 1,85 EUR / 40 g
  Einfach zu schwach im Aroma. Riesling kaum schmeckbar, insgesamt zu süß.

- Produkt: (Veredelt) Chardonnay 36 % Milk Chocolate, Punkte: 56,25
  Preis/Menge: UVP 1,85 EUR / 40 g
  Zu süß, mit zu wenig Weincharakter. Könnte mehr Rosinen enthalten.

Fazit:
Die in Wein getränkten Rosinen der Sorten Merlot, Shiraz und Pinot Noir sind aromatisch, aber zu trocken. Die Sorten Chardonnay und Riesling hingegen sind zwar saftiger und auch die Schokolade frischer, aber flach im Aroma. Die einzelnen Sorten unterscheiden sich teilweise deutlich im Aroma, entsprechend des verwendeten Weins. Leider sind die Schokoladen selbst nur von mittelmäßiger bis fast schlechter Qualität, sodass die Produkte im Ganzen nicht überzeugen. Die Honey & Almond ist viel zu süß und besitzt einen zu geringen Mandelanteil.

Empfehlung:
Einen Versuch sind diese Weinschokoladen wert, wobei mir persönlich die Pinot Noir am besten gefällt – man sollte aber Rosinen mögen.

COCOUTURE

Nordirland (Belfast)
www.cocouture.co.uk

Verarbeitungsstufe: **Standard-Schokolade**

Deirdre McCanny arbeitete lange als gelernte Köchin in New York. In unmittelbarer Nachbarschaft befand sich ein Schokoladengeschäft, durch das sie eine Leidenschaft für Schokolade entwickelte. Auch nach dem Branchenwechsel in den Vertrieb und ins Marketing blieb diese Leidenschaft erhalten. Wie gut sie kocht ist nicht bekannt, aber in Sachen Verkauf und Marketing hat sie einiges drauf. Das Design und die Verpackungen ihrer Produkte haben Klasse. Obwohl sie erst 2008 mit der Herstellung von Confiserieartikeln begonnen hat, ist sie in Nordirland, England und auch in den USA bereits erfolgreich. Vor ihrer Selbstständigkeit absolvierte sie Praktika bei Ramon Morato in Spanien und bei Damian Allsop in London.
Deirdre verwendet für ihre Produkte Kuvertüre aus Frankreich und Italien, vorwiegend von Valrhona, Michel Cluizel und Amedei.
In der Belfaster Innenstadt führt Deirdre mittlerweile ein Geschäft, in dem man auch vor Ort – zwei Tische stehen zur Verfügung – eine heiße Schokolade genießen kann. In ihrem Geschäft gibt es außer Schokoladenprodukten auch andere Spezialitäten, wie zum Beispiel frisch hergestellte Marshmallows.

Produktbewertungen

- Produkt: (Dunkel) 69 % Dark Chocolate, Punkte: 80,00
  Preis/Menge: 2,00 GBP / 2,24 EUR / 50 g
  Aromatisch und mit gutem Schmelz, sehr schokoladig. Eine Schokoalde mit Ecken und Kanten.
  Aromaprofil: Rote Früchte, Honig, nussig und leicht torfig.

- Produkt: (Veredelt) Milk Chocolate with Honeycomb, Punkte: 83,90
  Preis/Menge: 2,50 GBP / 2,80 EUR / 60 g
  Das beste Honeycomb-Produkt, das ich je probiert habe. Gute und nicht zu süße Milchschokolade mit tollem Schmelz, aromatisch, knusprig, aber gleichzeitig auch saftig.

- Produkt: (Veredelt) 69 % Dark Chocolate with Rum and Raisin, Punkte: 81,00
  Preis/Menge: 2,50 GBP / 2,80 EUR / 50 g
  Saftige, in Rum eingelegte Rosinen in dunkler Schokolade. Rosinen sind aromatisch, der Rum könnte aber etwas intensiver sein. Insgesamt jedoch sehr harmonisch. Leicht alkoholisch.

- Produkt: (Veredelt) 70 % Dark Chocolate with Biscuit and Cranberry, Punkte: 79,40
  Preis/Menge: 2,50 GBP / 2,80 EUR / 50 g
  Gute dunkle Schokolade, mit mehr Biskuit als Cranberrys, die insgesamt etwas untergehen.

- Produkt: (Konfekt) Irish Whiskey Truffle, Punkte: 81,00
  Preis/Menge: 4,95 GBP / 5,55 EUR / 60 g
  Sehr überzeugendes Whiskeyaroma, perfekt alkoholisch, aber insgesamt ein wenig zu süß. Dennoch ein harmonisches und gutes Konfekt.

- Produkt: (Schachtel) Gold Collection, Punkte: 75,13
  Preis/Menge: 4,95 GBP / 5,55 EUR / 60 g
  Eine durchwachsene Konfektmischung ohne wirkliches Highlight.

  Konfekt-Einzelbewertungen:
  House Dark: Punkte: 80,00
  Weiche, cremige und feinschmelzende Ganache von dunkler Schokolade. Erfrischender Geschmack, herb und harmonisch.
  Chocolate Caramels Dark Chocolate : Punkte: 78,00
  Weichkaramell. Schmeckt mit dunkler Schokolade besser als mit Milchschokolade, die Füllung ist jedoch identisch.
  Chocolate Caramels Milk Chocolate: Punkte: 75,00
  Weichkaramell. Dunkler, zäher und aromatischer Karamell in Milchschokolade.
  Dark Chocolate Hazelnut Praline: Punkte: 74,00
  Dunkler und etwas bitterer Nougat mit Krokant, leicht gesalzen. Fest und kaum cremig oder weich.
  Milk Chocolate Hazelnut Praline: Punkte: 72,80
  Ordentlicher Nougat mit Krokant. Knusprig, ganz gut aromatisch, relativ fester Nougat.
  House Milk: Punkte: 71,00
  Kompakte Ganache von Milchschokolade. Hat einen etwas unangenehmen Geschmack.

- Produkt: (Konfekt) Dark Chocolate Honeycomb Clusters, Punkte: 65,00
  Preis/Menge: 4,95 GBP / 5,55 EUR / 60 g
  Knusprige Honeycomb-Stücke in dunkler Schokolade. Honeycomb ist Glukose, Zucker und Honig mit Backpulver. Schmeckt süß und in diesem Fall auch etwas verbrannt-bitter, knusprig.

Fazit:
Die Qualitäten der Produkte sind recht schwankend, können insgesamt jedoch überzeugen. Das eine oder andere Konfekt hat einen etwas gewöhnungsbedürftigen Beigeschmack, und die Honeycomb Clusters sind mir ein wenig zu stark gebrannt.
Dennoch, die Produkte sind interessant und es wäre schön, wenn man das eine oder andere auch in Deutschland erhalten könnte. Lobenswert ist die sehr gute Qualität der Schokolade und die Verwendung von Zutaten aus der Region.

Empfehlung:
Besonders die Milk Chocolate with Honeycomb ist zu empfehlen, grundsätzlich aber das ganze Sortiment.

COMPTOIR DU CACAO

Frankreich (Bazoches sur le Betz)
www.comptoircacao.fr

Verarbeitungsstufe: **Standard-Schokolade**

Das Unternehmen Comptoir du Cacao ist ein Paradebeispiel für ein funktionierendes Familienunternehmen. Vater, Mutter und Kinder Desmartins ziehen gemeinsam an einem Strang. Ursprünglich sah das Konzept vor, die Produkte ausschließlich auf Messen zu verkaufen – dabei beschränkte man sich nicht auf branchenspezifische, sondern war auf allen Messen vertreten, die von Konsumenten besucht werden. Das Konzept war sehr erfolgreich, der Stand auf dem alljährlichen Salon du Chocolat in Paris mit Abstand der erfolgreichste – was sich auch in den Umsätzen widerspiegelte. Mittlerweile beliefert das Unternehmen auch den Handel und betreibt in Paris eine eigene Filiale.

Produktbewertungen

- Produkt: (Schachtel) Truffes Selection, Punkte: 62,00
  Preis/Menge: 12,00 EUR / 160 g
  Eine Konfektschachtel, die den Namen nicht verdient. Nur eines von drei Produkten ist in der Qualität akzeptabel. Zu wenig, um gut zu sein.

  Konfekt-Einzelbewertungen:
  Truffes pralinées blanches noix de coco: Punkte: 68,00
  Gutes Kokosaroma, feste und knusprige Füllung. Das ist schon ganz in Ordnung.
  Truffes lait pralinées caramel beurre salé, crêpe dentelle & sablé breton: Punkte: 59,00
  Kaum Charakter der Caramel Beurre Salé. Knusprig, aber nicht schmackhaft.
  Truffes noires extra brut: Punkte: 59,00
  Füllung viel zu fest. Konfekt ohne Charme. Schmeckt einfach nicht

- Produkt: (Schachtel) Assortiments Chocolats, Punkte: 71,55
  Preis/Menge: 28,00 EUR / 420 g
  Nette Gourmandise, die die Erwartungen übererfüllt. Zwar sind die Produkte einander alle sehr ähnlich, die Unterschiede sind dann aber dennoch erkennbar.

  Konfekt-Einzelbewertungen:
  Palet Pralinés feuilletés noisette caramel beurre salé: Punkte: 79,50
  Dünnes, mit gesalzenem Butterkaramell-Nougat gefülltes Plättchen. Clever gemacht.

Croustines Gianduja caramel au beurre salé: Punkte: 78,00
Klebt etwas an den Zähnen, aber mit gutem Geschmack.
Croustines noires aux orange confits: Punkte: 78,00
Knusprig, herb, aber etwas zu wenig Orangenaroma.
Pralinés Feuilletés noisette: Punkte: 76,50
Knusprig, nussig, leicht herb.
Palet Pralinés feuilletés noisette couverture lait: Punkte: 73,80
Dünnes, mit Nougat gefülltes Plättchen. Etwas einfacher, aber technisch sehr gelungen.
Pralinés Feuilletés noisette caramel beurre salé: Punkte: 72,00
Mit Karamellstücken, angenehm salzig.
Pralinés Feuilletés noisette pistache: Punkte: 69,00
Es fehlt an Pistaziengeschmack, ist aber dennoch schmackhaft.
Croquant (Zartbitterschokolade mit Haselnussgrieß): Punkte: 67,00
Die Schokolade ist zu dominant, insgesamt arm an Aroma.
Croquant (Vollmilchschokolade mit aufgestreutem Krokant): Punkte: 65,25
Obwohl etwas zu süß geraten, geschmacklich in Ordnung.
Pralinés Feuilletés Banane Ty-punch: Punkte: 64,00
Zweilagig. Knuspernougat und Bananengelee. Nussig, leicht fruchtig, knackig, es fehlt aber an Bananenaroma.
Croquant (Vollmilchschokolade mit Haselnussgrieß): Punkte: 64,00
Etwas banal und schwach aromatisch.

- Produkt: (Schachtel) Assortiment Pralinés Feuilletés, Punkte: 73,05
Preis/Menge: 22,00 EUR / 350 g
Nette Gourmandise, die die Erwartungen übererfüllt.

Konfekt-Einzelbewertungen:
Pralinés Feuilletés noisette caramel beurre salé: Punkte: 78,00
Mit Karamellstücken, angenehm salzig.
Pralinés Feuilletés noisette: Punkte: 78,00
Knusprig, nussig, leicht herb.
Pralinés Feuilletés noisette pistache: Punkte: 75,00
Es fehlt an Aroma, aber dennoch schmackhaft.
Pralinés Feuilletés Framboise: Punkte: 69,00
Zweilagig, Knuspernougat und Himbeergelee, fruchtig-leicht sauer, nussig, knusprig.
Pralinés Feuilletés Banane Ty-punch: Punkte: 65,25
Zweilagig, Knuspernougat und Bananengelee. Nussig, leicht fruchtig, knackig, es fehlt aber an Bananenaroma.

Fazit:
Die Produkte sind einfach, aber doch größtenteils schmackhaft. Hier steht nicht der Gourmet, sondern der Gourmand im Vordergrund. Alle knusprigen Nougatprodukte sind köstlich und eignen sich hervorragend als kleine Häppchen für Zwischendurch. Die Palets wurden raffiniert hergestellt, die sehr dünnen, gefüllten Plättchen bilden technisch eine große Herausforderung. Geschmacklich sind sie ebenfalls gelungen, das Verhältnis von Schokolade und Füllung ist stimmig.
Die Trüffel sind leider nicht gut gelungen. Das können andere Hersteller wesentlich besser. Die puren Schokoladen habe ich nicht verkostet, da sie allesamt von Callebaut oder Belcolade stammen und nur umgegossen wurden.

Empfehlung:
Für alle Gourmands, aber auch für den einen oder anderen Gourmet, die Nougat und Knuspriges mögen, sind die Produkte sehr geeignet. Alle Feuilletés und Croustines.

CONFISERIE DENGEL

Deutschland (Rott am Inn)
www.confiserie-dengel.de

Verarbeitungsstufe: **Standard-Schokolade**

Die Confiserie Dengel wurde im Jahre 1992 von Uwe Dengel gegründet. Alles begann auf 9 m² in der elterlichen Wohnung, kurze Zeit später folgte der Umzug auf den Dachboden mit einer stolzen Größe von 20 m². Nach ein paar Monaten konnte er über 70 m² Produktionsfläche verfügen. Aller Anfang ist schwer, aber mittlerweile verfügt Uwe Dengel über ein modernes Produktions- und Verwaltungsgebäude mit 3.200 m², wo er mit seinen mittlerweile 90 Mitarbeitern bodenständiges deutsches Konfekt fertigt. Auf dem Firmengelände befindet sich zudem ein 4.000 m² großer Besucherpark. Während sich der Nachwuchs dort nach der Besichtigung der Betriebsanlagen vergnügt, können Papa und Mama im Café Kaffee und Kuchen genießen.
Die Confiserie Dengel vertreibt die Produkte in eigenen Geschäften sowie im Fachhandel.

Produktbewertungen

- Produkt: (Veredelt) Edelvollmilch mit Trauben & Nuss, Punkte: 64,00
  Preis/Menge: 1,95 EUR / 100 g
  Die Rosinen, die zu spärlich enthalten sind, fehlen zur Harmonie des Geschmacks. Es fehlt eine Angabe, wieviele Trauben und Nüsse enthalten sind – mir erscheint es recht wenig.

- Produkt: (Weiße) Edelweiße mit Erdbeer, Punkte: 66,00
  Preis/Menge: 1,95 EUR / 100 g
  Mit viel gefriergetrocknetem Erdbeer-Granulat. Ohne Zusatz von Aromastoffen, daher angenehm natürlich, aber doch etwas zu süß.

- Produkt: (Riegel) Echter Rum & Traube in Vollmilch, Punkte: 74,10
  Preis/Menge: 2,10 EUR / 100 g
  Wow, so saftige, in Rum eingelegte Rosinen, hatte ich nicht erwartet. Sehr aromatisch. Der Rum kommt auch gut zur Geltung. Angenehm alkoholisch.

- Produkt: (Riegel) Edles Marzipan in Zartbitterschokolade, Punkte: 73,80
  Preis/Menge: 2,35 EUR / 100 g
  Das aromatische, gute Marzipan harmoniert bestens mit der dunklen Schokolade. Angenehm herb und doch mit vollem Marzipanaroma.

- Produkt: (Riegel) Edles Marzipan in Edelvollmilchschokolade, Punkte: 70,80
  Preis/Menge: 2,35 EUR / 100 g
  Aromatisches Marzipan in dezenter Milchschokolade. Weiche und angenehme Konsistenz.

- Produkt: (Riegel) Edles Marzipan in Edelweißer Schokolade, Punkte: 69,60
  Preis/Menge: 2,35 EUR / 100 g
  Weiches und aromatisches Marzipan. Harmoniert aber nur bedingt mit weißer Schokolade.

- Produkt: (Konfekt) Feine ChiemgauerKirsch-Praliné Zartbitter, Punkte: 73,00
Preis/Menge: 3,60 EUR / 100 g
Aromatische Amarenakirsche in Kirschlikör auf einer leichten Ganachefüllung. Eingelegte Kirsche etwas süß, funktioniert mit dunkler Schokolade besser als mit Milchschokolade.

- Produkt: (Konfekt) Feine ChiemgauerKirsch-Praliné Vollmilch, Punkte: 70,00
Preis/Menge: 3,60 EUR / 100 g
Aromatische Amarenakirsche in Kirschlikör auf einer leichten Ganachefüllung. Eingelegte Kirsche etwas süß, insgesamt aber gleicht sich das aus.

- Produkt: (Konfekt) Wasserburger Nussnougat, Punkte: 66,70
Preis/Menge: 3,60 EUR / 100 g
Nettes Konfekt mit einer dünnen Schicht Rahmkaramell, darauf Haselnuss-Nougat. Aromatisch, das Karamell dennoch nicht zu süß.

Fazit:
Sehr bodenständige und recht konservative Produkte in guter alter deutscher Confiserie-Tradition. Überraschungen sind kaum zu erwarten, jedoch sind die Produkte von guter Qualität. Bei der Confiserie Dengel bekommt man ein ehrliches Produkt für ein äußerst faires Preis-Leistungs-Verhältnis.

Empfehlung:
Für Marzipanfans sind die Marzipantafeln sehr geeignet – pur und ohne Schnickschnack. Das Konfekt eignet sich für Fans der deutschen Confiserie-Tradition.

CONFISERIE HEILEMANN

Deutschland (Woringen)
www.heilemann.de

Verarbeitungsstufe: **Standard-Schokolade**

Die Confiserie Heilemann wurde im Jahre 1955 von Karl Heilemann in Memmingen gegründet. Schon 1977 zog man aus der zu klein gewordenen Betriebsstätte aus und verlegte seinen Sitz nach Woringen, wo das Unternehmen auch heute noch ansässig ist – allerdings nicht mehr im Besitz der Familie Heilemann. Nach dem Tod des Gründers im Jahre 1982 wurde das Unternehmen von dem Süßwarenhersteller Friedel übernommen. Allerdings trennten sich schon im Jahre 2001 die Wege der beiden Unternehmen. Seither ist Herr Dr. Rainer Röcker alleiniger Inhaber. Ursprünglich erhielt man Heilemann-Produkte fast ausschließlich im Fachhandel. Mittlerweile findet sich der Hauptabnehmer im Lebensmitteleinzelhandel und auch im Großhandel. Entsprechend wurden auch die Produkte angepasst: Lange Haltbarkeit ist der große Kompromiss, den auch Heilemann bei diesem Schritt eingehen musste.

Produktbewertungen

- Produkt: (Veredelt) Traube-Nuss in Edelvollmilch, Punkte: 81,75
  Preis/Menge: 2,30 EUR / 100 g
  Schmackhafte, saftige Sultaninen (17 %) und knusprige Haselnüsse (7 %). Könnte etwas mehr Kakaogeschmack (weniger als 17 % Kakaomasse) vertragen, ist aber dennoch gut gelungen

- Produkt: (Konfekt) Unsere Besten, Punkte: 57,70
  Preis/Menge: 6,95 EUR / 125 g
  Keine besonders gute Mischung. Mit netten Ansätzen, insgesamt aber doch nicht von guter Qualität.

  Konfekt-Einzelbewertungen:
  Erdbeer-Joghurt-Trüffel: Punkte: 65,50
  Rosarote Füllung, fruchtig-sauer und nicht zu süß. Gut, mal etwas anderes.
  Latte Macchiato: Punkte: 61,70
  Nettes Konfekt. Zwei Füllungen: oben eine Buttermasse, unten eine kräftige Kaffeeganache. Buttermasse aber mit komischem Beigeschmack. Insgesamt etwas zu süß.
  Williams-Christ-Trüffel: Punkte: 60,50
  Birne schmeckbar, weich-cremige Füllung und nicht zu alkoholisch. Insgesamt von akzeptabler Qualität.
  Ananas-Kokos-Trüffel: Punkte: 58,70
  Sehr intensives Aroma von Ananas und Kokos, aber kaum Fruchtcharakter. Die weiße Füllung ist zudem zu süß.
  Nougat mit karamellisierten Mandelstückchen: Punkte: 54,50
  Aromaflacher Nougat, knusprige Mandelstückchen, kaum Charakter.
  Gianduja-Nougat mit Krokant: Punkte: 52,50
  Kaum aromatischer Nougat, hartes, süßes, aromaflaches Krokantplättchen.
  Orangenmarzipan: Punkte: 50,50
  Trockenes und mit zu viel Zucker versetztes Marzipan. Deutliches Orangenaroma, aber ohne Fruchtcharakter.

- Produkt: (Konfekt) Eiblister, Punkte: 55,90
  Preis/Menge: 4,60 EUR / 115 g
  Das Augenmerk auf eine preiswerte Herstellung und die Unachtsamkeit bei der Qualität ist deutlich bemerkbar. Insgesamt leider richtig schlechtes Konfekt.

  Konfekt-Einzelbewertungen:
  Dunkler Nougat: Punkte: 62,50
  Dunkler Nougat, der mehr nach Kakao als nach Nuss schmeckt. Zu dicke Schokoladenhülle.
  Nougat-Krokant: Punkte: 59,50
  Mächtige fettig-buttrige Füllung, schmeckt leicht nach Nuss, zu süß.
  Marc de Champagne: Punkte: 56,50
  Sehr schlecht gefüllt, mit dickem Schokoladenknubbel. Schmeckt etwas nach Marc de Champagne, ist insgesamt aber viel zu süß.
  Milchtrüffel: Punkte: 50,50
  Viel zu süß, ohne nennenswerte Aromen.
  Kaffee: Punkte: 50,50
  Sehr süße Füllung, Kaffee deutlich schmeckbar, aber viel zu dicke Schokolade außen.

Fazit:
Das Konfekt ist ein Schatten seiner selbst – einfach nicht vergleichbar mit dem, was Heilemann groß gemacht hat. Entweder es fehlt an Aroma und Geschmack oder die Verarbeitung ist nicht gut oder beides zusammen. Einmal mehr zeigt sich, dass man im Supermarkt vielleicht die eine oder andere gute Schokolade findet. Bei Konfekt jedoch hört der Spaß auf. Darin liegt aber auch der große Vorteil der Fachhändler, die viel besser mit einer kurzen Haltbarkeit des Konfekts umgehen können. Das Ziel des Unternehmens scheint es zu sein, die Vormachtstellung von Lindt zu durchbrechen. Auch wenn ich nicht glaube, dass es dies tatsächlich schaffen wird, wünsche ich dem Unternehmen und Herrn Dr. Röcker alles Gute bei dieser Mission.
Ach ja, einen Lichtblick gab es: Die Trauben-Nuss-Schokolade ist hervorragend!

Empfehlung:
Die Trauben-Nuss-Schokolade ist uneingeschränkt empfehlenswert.

CONFISERIE IMPING

Deutschland (Vreden)
www.imping-confiserie.de

Verarbeitungsstufe: **Standard-Schokolade**

Im Jahre 1953 eröffneten Alfons und Irmgard Imping in Vreden eine Konditorei mit Café. Jahrzehntelang wurden klassische Konditoreiprodukte hergestellt und verkauft.
Seit dem Jahre 1984 konzentrieren sich Sohn Walter und seine Ehefrau Hedwig auf die Herstellung von Konfekt. Die Produkte der Confiserie Imping findet man selten als Marke im Handel. Oftmals beliefert das Unternehmen Konditoreien, die die Ware als Produkte aus eigener Herstellung verkaufen.

Produktbewertungen

- Produkt: (Konfekt) Salty Peanut,
  Punkte: 78,20
  Preis/Menge: 4,95 EUR / 100 g
  Nougat mit gesalzenen Erdnüssen. Aromatisch und gut.

- Produkt: (Konfekt) Waldhimbeergeist,
  Punkte: 77,60
  Preis/Menge: 4,95 EUR / 100 g
  Gutes Aroma, Alkohol aber etwas zu intensiv.

- **Produkt: (Konfekt) Kaffee-Eierlikör, Punkte: 77,00**
  Preis/Menge: 4,95 EUR / 100 g
  Der intensive Eierlikör überdeckt etwas zu sehr den Kaffeegeschmack. Dennoch gut gelungen (zweischichtige Füllung).

- **Produkt: (Konfekt) Cointreau-Trüffel, Punkte: 74,80**
  Preis/Menge: 4,95 EUR / 100 g
  Angenehmes Orangenaroma und nicht zu alkoholisch.

- **Produkt: (Konfekt) „Der Knaller", Punkte: 72,80**
  Preis/Menge: 4,95 EUR / 100 g
  Dezent aromatischer Nougat, jedoch sehr „knallig" durch die vielen Popping Candies. Lustig.

- **Produkt: (Konfekt) Wiener Mandel, Punkte: 72,20**
  Preis/Menge: 4,95 EUR / 100 g
  Aromatisches Marzipan mit ganzer Mandel, aber etwas langweilig.

- **Produkt: (Konfekt) Haselnuss-Trüffel, Punkte: 71,00**
  Preis/Menge: 4,95 EUR / 100 g
  Außen mit gerösteten Nüssen oder Mandeln, Füllung könnte etwas mehr Haselnussaroma zeigen.

- **Produkt: (Konfekt) Latte Macchiato, Punkte: 70,40**
  Preis/Menge: 4,95 EUR / 100 g
  Zweischichtige Füllung, hell und dunkel. Könnte mehr Kaffeearoma vertragen.

- **Produkt: (Konfekt) Ecuador, Punkte: 69,00**
  Preis/Menge: 4,95 EUR / 100 g
  Durchaus gutes Aroma, aber doch etwas zu fest.

- **Produkt: (Konfekt) Irish-Cream-Butter-Trüffel, Punkte: 68,00**
  Preis/Menge: 4,95 EUR / 100 g
  Angenehm frische Füllung, Aroma könnte etwas intensiver sein, ebenso der Alkohol.

- **Produkt: (Konfekt) Montana, Punkte: 66,80**
  Preis/Menge: 4,95 EUR / 100 g
  Zweischichtig: Nougat und Vanille-Ganache. Nougat von intensivem Aroma, Ganache etwas zu dezent.

- **Produkt: (Konfekt) Vanillebohnen, Punkte: 66,40**
  Preis/Menge: 4,95 EUR / 100 g
  Schmeckt intensiv nach Vanille, hat aber einen etwas unangenehmen Beigeschmack.

- **Produkt: (Konfekt) Champagner mit Erdbeer-Trüffel, Punkte: 66,00**
  Preis/Menge: 4,95 EUR / 100 g
  Dezente Aromen, Ganache mit Fruchtkern, der etwas zu wenig Aroma besitzt und zu süß ist.

- **Produkt: (Konfekt) Liebliche, Punkte: 64,10**
  Preis/Menge: 4,95 EUR / 100 g
  Füllung langweilig und insgesamt zu süß. Grober Zucker außen stört.

Fazit:
Die Produkte entsprechen der klassischen Konfektherstellung in Deutschland. Es mangelt zwar etwas an Raffinesse, Kreativität und Originalität, dennoch hebt sich die Qualität von der vieler Mitbewerber wohltuend ab. Schade, dass auch Imping die Qualität der Schokolade vernachlässigt und auf banale Massenware zurückgreift. Impings bodenständige Produkte liegen jedoch deutlich über dem deutschen Durchschnitt. Sie können insgesamt aber, trotz der einen oder anderen netten Sorte, zu selten begeistern. Erfreulich hingegen ist, dass im Gegenzug auch kein wirklich schlechtes Produkt verkostet wurde.

Empfehlung:
Imping gehört zweifelsohne zu den besseren deutschen Confiserien, die Produkte können mit gutem Gewissen Liebhabern klassischen deutschen Konfekts empfohlen werden.

CONFISERIE STORATH

Deutschland (Bamberg)
www.confiserie-storath.de

Verarbeitungsstufe: **Mass-to-bar und Standard-Schokolade**

Johannes Storath ist einer der ganz wenigen Confiseure in Deutschland, der sich auch mit dem Conchieren der Schokolade intensiv auseinandersetzt. In seiner kleinen Produktion in Bamberg betreibt der aus dem fränkischen Dorf Stübig stammende gelernte Koch eine kleine Universal-Conche. Diese Maschine verfügt über eine integrierte Kugelmühle, die es ihm ermöglicht, auf eine einfache Art und Weise seine eigene Schokolade zu conchieren. Zwar bleibt ihm der nicht unwichtige Schritt des Röstens verwehrt, er versucht jedoch das Beste aus dem zu machen, was er an fertiger Kakaomasse erhält.
Außer Schokoladentafeln führt die Confiserie Storath auch Konfekt in ihrem Sortiment. Alle Produkte können in seinem Geschäft in Bamberg in der Maximilianstraße oder online gekauft werden.

Produktbewertungen

- Produkt: (Dunkel) Edelbitter-Schokolade 72 %, Punkte: 66,30
  Preis/Menge: 2,75 EUR / 100 g
  Dunkle Schokolade mit einfacher Aromastruktur. Dezent sauer und bitter.
  Aromaprofil: Kaffee, Vanille, leicht torfig.

- Produkt: (Milch) Vollmilchschokolade 41 %, Punkte: 65,00
  Preis/Menge: 2,75 EUR / 100 g
  Relativ einfache Milchschokolade ohne Besonderheiten. Weder mit besonderem Kakaogeschmack, noch besonders milchig-cremig.
  Aromaprofil: Karamell, Malz.

- Produkt: (Weiße) Weiße Schokolade mit Basilikum, Punkte: 75,75
  Preis/Menge: 3,55 EUR / 100 g
  Etwas zu süße weiße Schokolade mit getrockneten Basilikumblättern. Basilikum ganz gut schmeckbar.

- **Produkt: (Riegel) Champagner-Schokolade gefüllt, Punkte: 68,50**
  Preis/Menge: 3,55 EUR / 100 g
  Buttrige und etwas mächtige Füllung mit Marc de Champagne. Name des Riegels ist nicht korrekt, da kein Champagner, sondern Marc de Champagne enthalten ist. Dunkle Schokolade ist ziemlich sauer, dadurch ist das gesamte Produkt etwas zu unharmonisch.

- **Produkt: (Konfekt) Konfektbeutel, Punkte: 72,53**
  Preis/Menge: 4,95 EUR / 100 g
  Insgesamt keine schlechte Mischung und für deutsches Konfekt gut gelungen. Störend ist, dass abgesehen vom Nougat-Konfekt alle Sorten teilweise stark alkoholisiert sind.

Konfekt-Einzelbewertungen:

Nougatbissen: Punkte: 75,60
Florentiner-Topping sehr schön knusprig und aromatisch. Nougat zwar etwas süß, aber mit angenehmem Schmelz und aromatisch.

Himbeertöpfchen: Punkte: 74,40
Sahne-Butter-Ganache, die etwas rau ist. Fruchtig-saurer Geschmack, der ruhig etwas aromatischer sein könnte.

Amarettotrüffel: Punkte: 73,90
Frische und aromatische Ganache. Weich, cremig und leicht alkoholisch. Insgesamt dominiert die dunkle Schokolade aber.

Sahnetrüffel Vollmilch Punkte: 73,50
Sehr schön weiche, cremige und erfrischende Konsistenz. Geschmacklich aber langweilig.

Pflaumentöpfchen: Punkte: 73,00
Nett gemacht. Zweifach gefüllt: unten eine mit Likör verfeinerte und eingelegte Pflaume, oben eine Sahne-Butter-Ganache.

Bambergerin: Punkte: 71,30
Ganache mit kleinem Marzipan-Kern. Leider zu wenig Marzipan und recht alkoholisch (Rum). Insgesamt nett gemacht.

Rosenpraline: Punkte: 70,90
Dünne Schicht Preiselbeeren, zweite Schicht mit Rosen-Ganache. Rose ist sehr dominant. Da die Preiselbeerschicht zu dünn ist, schmeckt man diese fast nicht. Insgesamt auch etwas zu süß.

Rumtrüffel Weiße Schokolade: Punkte: 67,60
Den Rum schmeckt man, er könnte aber etwas aromatischer und leicht alkoholischer sein. Weiche und cremige Füllung, insgesamt aber zu süß.

Fazit:
Die Schokoladen sind etwas enttäuschend. Welche Kakaomasse auch immer verarbeitet wurde, die Schokoladen schmecken nicht wirklich.
Das Konfekt ist da schon besser gelungen, wobei zwei Sachen stören: Die Ganache-Füllungen sind oftmals etwas zu buttrig und fast immer alkoholisch – und das in nicht geringem Maße. Lobenswert sind die Frische, die Ästhetik und die Finesse des Konfekts, auch wenn die Aromen und der Geschmack nicht immer optimal sind.
Der Champagner-Riegel ist meiner Ansicht nach falsch ausgelobt. Erwartet hatte ich eine Champagner-Füllung, tatsächlich ist es aber eine Marc-de-Champagne-Ganache-Füllung – ein kleiner, aber gravierender Unterschied.
Die Produkte sind qualitativ und handwerklich einwandfrei, entflammen aber kein Feuer.

Empfehlung:
Wer deutsches und alkoholisches Konfekt mag, ist bei der Confiserie Storath bestens aufgehoben.

CONSCIOUS CHOCOLATES

England (Rotherfield, East Sussex)
www.consciouschocolate.com

Verarbeitungsstufe: **Schokolade nach Maß**

Die Raw-Chocolate-Welle schwappt endgültig auch nach Europa über, genauer genommen nach England. Conscious Chocolates produziert bereits seit dem Jahre 2006 Schokolade. Wie bei vielen Raw-Chocolate-Herstellern ist auch hier eine Frau die treibende Kraft. Emma Jackman arbeitete über 20 Jahre lang im Catering und in der Gastronomie und ist qualifizierte Yoga-Lehrerin.
Alle Produkte werden mit ecuadorianischem Kakaopulver und Kakaobutter, aber ohne Kakaomasse hergestellt. Etwas rätselhaft ist mir, wie der Produzent die Herstellung von Kakaopulver bewerkstelligt, ohne die Kakaomasse auf über 42 Grad Celsius zu erhitzen. Normalerweise sind Temperaturen von mindestens 80 Grad Celsius notwendig. Vielleicht reicht aber auch ein hoher Druck beim Pressen aus.

Produktbewertungen

- Produkt: (Veredelt) Fruity Fantasy (Datteln und sonnengetrocknete Feigen),
  Punkte: 61,50
  Preis/Menge: 3,00 GBP / 3,56 EUR / 40 g
  Raw-Schokolade aus England. Mag sein, dass sie gesund ist, ich mag sie aber nicht besonders. Weiche Konsistenz wie eine Paste, seltsames Aroma, wobei Datteln und Feigen dezent schmeckbar sind.

- Produkt: (Veredelt) Essential Orange,
  Punkte: 61,00
  Preis/Menge: 3,00 GBP / 3,56 EUR / 40 g
  Konsistenz wie eine Paste. Intensives Orangenaroma, aber kaum fruchtig, nicht sehr süß und mit nicht zu viel unangenehmem Beigeschmack.

Fazit:
Richtig schlecht sind die Produkte nicht, aber auch nicht wirklich gut. Die Konsistenz ist pastös und nicht hart wie eine normale Schokolade. Das ist schon interessant, aber geschmacklich gibt es einfach zu viele Mängel.

Empfehlung:
Kann man durchaus einmal probieren und der Eine oder Andere wird es sicher auch mögen. Ich persönlich sehe diese Produkte eher als Kuriosität an.

COPPENEUR

Deutschland (Bad Honnef)
www.coppeneur.de

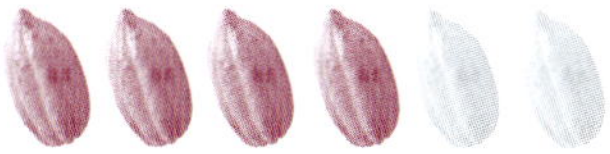

Verarbeitungsstufe: **Bean-to-bar und Standard-Schokolade**

Das Unternehmen wurde 1992 von Oliver Coppeneur und Georg Bernardini, beide gelernte Konditoren, gegründet. Zum 01.07.2010 ist Georg Bernardini aus dem Unternehmen ausgeschieden. Das Unternehmen WAWI ist seitdem Minderheitsgesellschafter bei der Confiserie Coppeneur.
Oliver Coppeneur und Georg Bernardini haben zwei Jahre lang im selber Ausbildungsbetrieb, der Konditorei Müller-Langhardt in Bonn, gemeinsam gearbeitet. Nach dem erfolgreichen Abschluss zum Konditorgesellen im Jahre 1987 ging Georg Bernardini, nach einem kurzen Gastspiel bei der Konditorei Kreutzkamm in München, im Oktober des Jahres 1987 nach Paris, wo er in einer deutsch-österreichischen Konditorei arbeitete. Unterbrochen von sechs Monaten Tätigkeit in einem Zwei Michelin-Sterne Restaurant in Toulouse, blieb er der Stadt der Liebe bis zum Start der Confiserie Coppeneur im September 1993 treu.
Oliver Coppeneur beendete seine Ausbildung ein Jahr später und war danach für einen Bonner Schokoladenhersteller und in einem First Class Hotel in Bonn tätig.
Seit dem Jahr 2006 produziert Coppeneur Schokolade von der Bohne weg. Die erste Schokolade wurde mit Kakaobohnen von der Bio-Plantage Hacienda lara aus Ecuador hergestellt. Leider wurde die Plantage verkauft und mittlerweile sind alle Kakaobäume gerodet und Palmen zur Gewinnung von Palmöl angepflanzt worden. Das hat zur Konsequenz, dass es bei Coppeneur keine Hacienda lara-Schokolade mehr gibt. Die Hacienda lara war eine wunderschöne Plantage mit sehr altem Baumbestand der Kakaosorte Nacional. Es ist eine Schande, dass so ein kleines Paradies profitgierigen Menschen zum Opfer gefallen ist. Ein kleiner Wermutstropfen ist bei Coppeneur, dass für das Konfekt und für die Praliné-Schokoladen nicht die Schokolade aus der eigenen Herstellung verwendet, sondern auf Standardqualitäten von Zulieferer zurückgegriffen wird.
Zur Wahrung der Objektivität habe ich mich dazu entschlossen die Verkostung und die Bewertung von Coppeneur-Produkten nicht selber durchzuführen, sondern dies zwei exzellenten Fachleuten überlassen.

Produktbewertungen

- Produkt: (Dunkel) République de Madagascar 70%, Punkte: 86,00
  Preis/Menge: 3,40 EUR / 50 g
  Eine robuste Röstung und das kräftige Conchieren verleihen dem Kakao eine eher untypische, maskuline Note. Mit Noten von Karamell und einer gewissen Kräftigkeit.

- Produkt: (Dunkel) Républica del Ecuador 65%, Punkte: 75,00
  Preis/Menge: 3,40 EUR / 50 g
  Diese Schokolade reflektiert „les da machete en peso y precio" (reduziert den Preis und spielt mit dem Gewicht). Es fehlen die hohen und tiefen Töne komplett. Wo sind die Blumen und das Tannin, was Nacional-Kakao ausmacht? Schokolade von Basis-Qualität.

- Produkt: (Dunkel) Republic of Ghana 72%, Punkte: 72,00
  Preis/Menge: 3,40 EUR / 50 g
  Eine Schokolade mit einfacher Struktur, fast schon langweilig. Die zugesetzte Kakaobutter mildert die harte und aggressive Natur des West-Afrika-Kakaos ab.

- Produkt: (Milch) Republic of Ghana Vollmilch 57%, Punkte: 71,00
  Preis/Menge: 3,40 EUR / 50 g
  Ein spektakuläres Desaster. Der milchige Begleiter der dunklen Ghana. Der Mittelpunkt ist der üppig cremige Butter-Karamell-Geschmack, der aber zum Ende in erschreckenden und ungewünschten Aromen von schlechtem Milchpulver oder gar ranziger Vanille kollabiert.

- Produkt: (Milch) República Dominicana Vollmilch 52%, Punkte: 68,00
  Preis/Menge: 3,40 EUR / 50 g
  52 % Kakaogehalt werden von schlechten Aromen überlagert. Willkürliche und schlampige Konstruktion. Schlecht zusammengestellt und umgesetzt. Ähnliche Mängel der Rohstoffe wie bei der Ghana-Vollmilch.

- Produkt: (Veredelt) República Dominicana - 50% Cacao Karamell & Flor de Sal, Punkte: 81,00
  Preis/Menge: 3,40 EUR / 50 g
  Einzigartig in seiner Qualität des Karamells. Das zugesetzte Salz verbessert das Geschmackserlebnis noch mehr. Die Textur könnte etwas besser sein, leicht zu süß und etwas kitschig-bunt. Ein Bonbon in Schokolade... von einer krassen Verführung.

- Produkt: (Veredelt) République de Madagascar 56% Cacao Orangenöl & Urwaldpfeffer, Punkte: 71,00
  Preis/Menge: 3,40 EUR / 50 g
  Ein ambitioniertes Experiment. Viele Elemente, die leider oft verloren gehen. Das Orangenöl wird von den Milch- und Kakaobutterfetten nur leicht animiert, dann aber von den Pfefferkörnern neu entfacht. Es schmeckt mild, aber die Fermentation des Kakaos hat ein leicht muffiges Aroma.

- Produkt: (Veredelt) República Dominicana - 66% Kaffee, Punkte: 66,00
  Preis/Menge: 3,60 EUR / 50 g
  Planlos, vom Aussehen der Kaffeebohnen, die einfach in die Form gestreut wurden, über das anmaßende Aromaprofil und der mit 7 % Kaffee hoffnungslos überaromatisierten Schokolade. Nicht zu vergleichen mit der grandiosen Jamaica Blue Mountain, die Coppeneur leider nicht mehr herstellt.

- Produkt: (Riegel) Chili & Highland Whisky, Punkte: 89,00
  Preis/Menge: 3,40 EUR / 75 g
  Raffinierte gefüllte Schokolade, fast schon teuflisch genial. Der Name auf der Verpackung verbreitet Angst, um dann aber perfekte Finesseund Harmonie zu liefern.

- Produkt: (Riegel) Walnuß & Cognac, Punkte: 86,00
  Preis/Menge: 3,40 EUR / 75 g
  Kindergarten für Erwachsene. Halbdunkle Ganache mit junger Cognac-Blend in Harmonie mit den Walnüssen.

- Produkt: (Riegel) Pistazie Wattle Seed & Vanille, Punkte: 84,00
  Preis/Menge: 3,60 EUR / 50 g
  So viele Zucker, Gewürze, Nüsse und Samen in einem teutonischen Rezept. Das könnte auch in einer Katastrophe enden. Sehr raffiniert, wie sich die Aromen der Wattleseeds (Schokolade, Kaffee, Haselnuss und Vanille-Noten) mit den restlichen Zutaten harmonisch vereinen.

- Produkt: (Riegel) Mango & Himbeer, Punkte: 68,00
  Preis/Menge: 3,60 EUR / 50 g
  Gefüllte Tafel mit allerlei Fruchtformen. Stücke, Saft-Konzentrat, eine Schicht Mango, eine Schicht Himbeerganache, das alles in einer weißen Schokolade. Eine süße und fruchtig-marmeladige Angelegenheit.

- Produkt: (Schachtel) Truffes, Punkte: 79,25
  Preis/Menge: 11,80 EUR / 140 g
  Die alkoholische Mischung ist nicht schlecht – nicht wirklich Toplevel, aber mit einigen guten Highlights und Erfolgen, aber auch einigen

durchschnittlichen Produkten. Highlights sind die Sorten Rum und Whisky.

Konfekt-Einzelbewertungen

Amaretto, Punkte: 87,00

Purer Amaretto, durch diesen klassischen süßen Likör unvermeidlich süß, kombiniert mit einer cremigen Milchschokolade.

Rum, Punkte: 86,00

Rumtrüffel können langweiliger Standard sein, aber hier brilliert der Jamaica-Rum, während die weiche Ganache sehr gut als Geschmacksträger funktioniert.

Highland Whiskey, Punkte: 86,00

Sehr reiner Whisky-Charakter, ein Single Malt mit einem würzigen Kick. Süßer Schmelz und langer Nachgeschmack.

Sauerkirsche: Punkte: 85,00

Sehr saure, aber sehr aromatische Kirsch-Ganache. Manche Gaumen mögen eine süßere Balance bevorzugen, hier hält der Name was er verspricht.

Williams Christ Birne: Punkte: 82,00

Subtiler Birnenbrand-Geschmack mit einem alkoholischen Kick, der die süße weiße Ganache ausbalanciert.

Herren: Punkte: 80,00

Pure Schokoladenganache mit einem guten Schokoladengeschmack und ledriger Note. Der zugefügte Alkohol lenkt in diesem Fall allerdings von der Schokolade ab.

Tiramisu: Punkte: 80,00

Fängt erstaunlicherweise die Tiramisù-Aromen ein. Natürlich süß, aber gut aromatisiert und mit gutem Nachgeschmack.

Himbeergeist: Punkte: 79,00

Scharfe, starke aber süße Kombination, dominiert durch saure Himbeere mit einem leichten Brandhintergrund.

Delice de Bourbon Vanille: Punkte: 78,00

Qualitativ hochwertige Vanille in süßer weißer Schokoladenganache und im Mantel.

Café Cognac: Punkte: 74,00

Interessante Kombination von Kaffee und Cognac, der den milden Kaffee allerdings zu dominieren neigt. Gut, aber eventuell ein wenig süß.

Balsamico Caramel: Punkte: 70,00

Eine feinfühlig aromatisierte Ganache-Karamell-Kombination, eventuell etwas zu schwach. Die Milchschokolade dominiert mit einer leichten Spur Balsamico.

Eierlikör: Punkte: 65,00

Authentischer Eierlikör-Geschmack. Interessant, aber nicht die beste Wahl zur Kombination von Alkohol und Schokolade.

Die Tester

Die Verkostung der Produkte und deren Bewertung wurden von zwei unabhängigen Fachleuten aus der Schokoladenbranche durchgeführt.

Das Konfekt wurde von Martin Cristy aus England getestet. Martin ist Mitgründer der Internetseite www.seventypercent.com. Diese Internetseite widmet sich seit über zehn Jahren der Schokolade. Es werden mehrheitlich dunkle und pure Schokoladen getestet und bewertet. Konfekt wird ebenso sehr geschätzt und vielfach getestet. Die Ergebnisse der Verkostungen werden jedoch nicht veröffentlich, ist aber für die Zukunft geplant.

Alle anderen Produkte wurden von Mark Christian aus den USA getestet. Mark hat während der letzten Jahre sehr viele Schokoladenprodukte getestet und die Internetseite www.c-spot.com entwickelt, welche seit dem Jahre 2011 auch aktiv ist. Dort hat er seine Verkostungsergebnisse von Schokoladenprodukten veröffentlicht (gebührenpflichtig). Er widmet sich nicht nur puren Schokoladen, sondern auch veredelten und gefüllten Schokoladen, Nougat und auch dem Konfekt.

Beide, Martin Cristy und Mark Christian sind äußerst versierte Schokoladenliebhaber mit enormem Fach- und Hintergrundwissen. Beide sind unabhängig und in der Branche als Fachleute sehr geschätzt.

Zur Bewertung der Produkte haben Martin und Mark mein Bewertungssystem angewendet. Die Verkostungsergebnisse sowie die Kommentare wurden von mir unverändert übernommen.

Darüber hinaus habe ich von beiden viel Unterstützung für mein Projekt erhalten.

D. BARBERO

Italien (Asti)
www.barberodavide.it

Verarbeitungsstufe: **Bean-to-bar (Nougat)**

Seit 1883 stellt das Unternehmen D. Barbero Torroni und Noasetti her. Damals erhielt der Firmengründer Melchiorre Barbero die Lizenz, die zur Herstellung notwendig war. Unter der Leitung Davide Barberos wurde der Umsatz stark gesteigert und die Marke D. Barbero berühmt. Das Unternehmen ist bis heute in Familienbesitz und wird von Davide Maddaleno und Giovanni Barbero erfolgreich geführt. Die Torroni und Gianduiotti werden nach wie vor unter Einhaltung und Beachtung alter Traditionen handwerklich produziert.
Nach einer ersten Verkostung im September 2010 lernte ich Davide Maddaleno bei der Süßwarenmesse ISM Ende Januar 2011 in Köln kennen. Auch wenn Torrone nicht unbedingt ein Schwerpunkt dieses Buches darstellt, war es sehr interessant, was ich über seine Herstellung lernen konnte. Bei D. Barbero wird es noch komplett von Hand produziert. Dadurch, dass es nicht mit einer Maschine geknetet und gewalzt wird, sondern sechs Stunden lang von Hand, bleiben viele kleine Luftbläschen in der Masse. Das Torrone bleibt luftig und nach dem Trocknen wird es zwar fest, aber im Gegensatz zum industriell gefertigten Torrone nicht hart, sondern angenehm locker-knusprig.
Das Nougat produziert D. Barbero ab der Haselnuss selbst, was sich in der Qualität bemerkbar macht.

Produktbewertungen

- Produkt: (Nougat) Nocciolone, Punkte: 95,80
  Preis/Menge: Unbekannt / 260 g
  Extrem schmackhaft und aromatisch, knusprig, nussig und dezent süß. Perfekter Schmelz und perfekte Konsistenz. Dieses Produkt kommt der Perfektion von Nougat sehr nahe.

- Produkt: (Nougat) Giandujotto, Punkte: 78,80
  Preis/Menge: 11,90 EUR / 200 g
  Cremig, guter Nussgeschmack, und nicht zu süß.

- Produkt: (Konfekt) Tartufo con Granella di Torrone, Punkte: 79,20
  Preis/Menge: 6,90 EUR / 100 g
  Trockene Ganache mit Torronestücken, nicht zu süß und schmackhaft.

- Produkt: (Konfekt) Torrone, Punkte: 78,00
  Preis/Menge: Unbekannt / 60 g
  Traditionelles Torrone. Sehr fest, aber dennoch nicht kompakt. Gutes Haselnussaroma.

- Produkt: (Konfekt) Torrone Pistacchio, Punkte: 76,00
  Preis/Menge: Unbekannt / 6 g
  Sehr gutes Pistazienaroma, Torrone für meinen Geschmack aber etwas zu fest.

- Produkt: (Konfekt) Limoncello, Punkte: 71,00
  Preis/Menge: Unbekannt / 14 g
  Kräftiges zitroniges Aroma, Alkohol brennt leicht im Mund. Masse etwas zu fest, leicht buttrig und ohne nennenswerten Schmelz.

- Produkt: (Konfekt) Torrone Ricoperto di Cioccolato, Punkte: 66,00
  Preis/Menge: Unbekannt / 10 g
  Torrone und Schokolade sind unharmonisch, wobei beides getrennt nicht schlecht schmeckt.

Fazit:
Torrone ist ein sehr traditionelles Produkt. Es gibt hartes und weiches Torrone, mit viel und mit wenig Honig. Ich bevorzuge die sardische weiche und recht zähe Variante, auch wenn sie relativ süß, aber dafür äußerst aromatisch ist. Hartes Torrone wie von D. Barbero gefällt mir auch gut, da es sehr bekömmlich und dazu noch sehr aromatisch ist. Mit den zugegebenen Nüssen und Pistazien (bis zu 60 %) ist D. Barbero sehr großzügig. Das macht aus dem Torrone ein sehr schmackhaftes Produkt. Torrone mit Schokolade gefällt mir nicht so gut, da die Kombination unharmonisch ist.
Das Nougatprodukt Nocciolone mit den ganzen gerösteten Piemonteser Haselnüssen ist großartig. Tolles Aroma, nicht zu süß, dafür mit Suchtgefahr. Warum die Giandujotto nicht so aromatisch sind wie der Nougat des Nocciolone ist mir ein Rätsel. Nocciolone ist jedenfalls eines der besten im Markt verfügbaren Nougatprodukte.

Empfehlung:
Die Tartufi sind interessant, die Giandujotti gibt es von anderen Firmen in besserer Qualität. Das Torrone ist eine Erfahrung wert. Nougatliebhaber kommen am Nocciolone nicht vorbei. Gefährlich ist die Größe von 260 g. Da passiert es schnell, dass man in kurzer Zeit die Hälfte davon aufisst – oder sogar das ganze Paket ...

DAGOBA ORGANIC CHOCOLATE

USA (Ashland, Oragon)
www.dagobachocolate.com

Verarbeitungsstufe: **Schokolade nach Maß**

Dagoba Organic Chocolate wurde im Jahre 2001 von Frederick Schilling gegründet. Mit kräftiger Unterstützung seiner Familie, besonders seiner Mutter, legte das Unternehmen ein rasantes Wachstum hin. Schon 2006 war die Ära Dagoba für Frederick Schilling zu Ende. Er verkaufte, wie schon Joseph Schmidt und Scharffen Berger vor ihm, sein Unternehmen an Hershey's. Die Gründe für den Verkauf lagen im schnellen Wachstum, aber mit Sicherheit auch an der äußerst interessanten Offerte. Zum damaligen Zeitpunkt stand der Schokoladenboom im Zenit und die Preise für Unternehmen lagen unglaublich hoch. Bei AMMA Chocolate in Brasilien und bei Big Tree Farms auf Bali hat Schilling neue Aufgaben gefunden.
Hershey's ist Schillings Ideen treu geblieben, ausschließlich Bio-Schokoladen zu produzieren und auch das ethische Engagement des Unternehmens weiterhin aktiv

zu verfolgen. Zu Schillings Zeiten wurden die Kakaobohnen in den Ursprungsländern zu Kakaomasse verarbeitet, von einem Schokoladenhersteller in den USA conchiert und dann als fertige Schokolade an Dagoba geliefert, wo sie weiter veredelt und gegossen wurden. Ich vermute, dass dies auch heute noch so ist. Wahrscheinlich liefert Scharffen Berger, die auch zu Hershey's gehören, heute die Schokolade.
Leider hat sich die Kontaktaufnahme zu Dagoba und Scharffen Berger als äußerst schwierig erwiesen. Informationen sind nur über eine langwierige Prozedur über eine eigens hierfür eingerichtete Internetseite zu bekommen. Hierzu muss man alle erdenklichen Informationen offen legen, inkl. Bildmaterial, detaillierter Beschreibung des Projekts u. v. m. Da ich dazu nicht bereit war, begnüge ich mich hier mit meinem vorhandenen Wissen.

Produktbewertungen

- Produkt: (Dunkel) new moon 74 % Dark Chocolate, Punkte: 72,20
  Preis/Menge: 2,00 USD / 1,58 EUR / 56 g
  Mild im Geschmack, toller Schmelz, harmonisch.
  Aromaprofil: Gewürze (Vanille, Muskatnuss, Zimt), Humus, Melasse, milde Zitrusfrüchte.

- Produkt: (Dunkel) eclipse 87 % Dark Chocolate, Punkte: 69,40
  Preis/Menge: 2,00 USD / 1,58 EUR / 56 g
  Sehr herb, schmieriger Schmelz, Röstung zu stark. Keine optimale Harmonie.
  Aromaprofil: Tropenwald, Tropenholz, Kirsche, Nelken, milder Tabak.

- Produkt: (Dunkel) 59 % Dark Chocolate, Punkte: 66,10
  Preis/Menge: 2,00 USD / 1,58 EUR / 56 g
  Dezent aromatisch, mir aber zu süß. Sehr schöner Schmelz.
  Aromaprofil: Tropenfrüchte (Mango, Litschi), Vanille.

- Produkt: (Dunkel) 73 % conacado Dark Chocolate, Punkte: 65,50
  Preis/Menge: 2,00 USD / 1,58 EUR / 56 g
  Dezent aromatisch, etwas zu bitter, super Schmelz.
  Aromaprofil: Zedernholz, Kaffee, Oliven, fermentierte Früchte.

- Produkt: (Milch) milk 37 %, Punkte: 64,00
  Preis/Menge: 2,00 USD / 1,58 EUR / 56 g
  Schmeckt gut, aber leider etwas zu süß. Kakaobutteranteil relativ hoch, erreicht dadurch einen sehr schönen Schmelz.
  Aromaprofil: Honig, Rahmkaramell, Toffee.

- Produkt: (Veredelt) xocolatl 74 % Dark Chocolate, Punkte: 75,75
  Preis/Menge: 2,00 USD / 1,58 EUR / 56 g
  Gute Schärfe, knusprige Nibs, herb und nicht zu süß.

- Produkt: (Veredelt) chai Milk Chocolate, Punkte: 74,00
  Preis/Menge: 2,00 USD / 1,58 EUR / 80 g
  Sehr gutes Aroma, leider etwas zu süß, zu wenig Ingwergeschmack.

- Produkt: (Veredelt) lavender blueberry 59 % Dark Chocolate, Punkte: 65,88
  Preis/Menge: 2,00 USD / 1,58 EUR / 56 g
  Guter Lavendel-, aber zu wenig Blaubeergeschmack, zu süß.

- Produkt: (Veredelt) beaucoup berries 74 % Dark Chocolate, Punkte: 63,75
  Preis/Menge: 2,00 USD / 1,58 EUR / 56 g
  Der Name hält nicht, was er verspricht: sehr wenig Fruchtcharakter, langweilig.

- Produkt: (Veredelt) mint 59 % Dark Chocolate, Punkte: 63,25
  Preis/Menge: 2,00 USD / 1,58 EUR / 56 g
  Im Untertitel steht Rosmarinessenz, das aber kaum schmeckbar ist. Minze ebenfalls zu dezent. Insgesamt zu süß.

- Produkt: (Veredelt) roseberry 59 % Dark Chocolate, Punkte: 62,75
  Preis/Menge: 2,00 USD / 1,58 EUR / 56 g
  Es fehlt an Aroma, die Schokolade ist insgesamt zu süß.

Fazit:
Die meisten Schokoladen habe ich zum Discountpreis gekauft. Es schien, als ob Whole Foods sein Lager aufräumen wollte. 1,58 Euro für eine Tafel ist geradezu billig. Es ist zwar schon etwas länger her, dass ich Dagoba-Schokolade probiert habe, aber ich hatte sie weitaus besser in Erinnerung.
Die Chai war immer meine Lieblings-Dagoba-Schokolade. Der kristallisierte Ingwer und der milchige Chai-Geschmack hatten mich überzeugt. Dass diese Schokolade aber so süß ist, hatte ich nicht in Erinnerung.
Irritiert hat mich die eine oder andere Zutatenliste. Die liest sich wie folgt: Cocoa Beans, Cane Sugar, Cocoa, Non-GMO Soy Lecithin, Milk (Less than 0,1%).
Was ist denn der Unterschied zwischen Cocoa Beans und Cocoa? Oder handelt es sich um einen Druckfehler und eigentlich ist Cocoa Butter gemeint? Seltsam!
Erstaunt hat mich, dass es seit Frederick Schillings Weggang kaum Veränderungen im Sortiment gegeben hat. Die Sorten sind nahezu gleich geblieben, dafür wurden aber die Ursprungsschokoladen komplett gestrichen (mit Ausnahme der Conacado).

Empfehlung:
Bei einem Preis von 1,58 Euro kann man kaum etwas falsch machen. Die puren Schokoladen sind nicht schlecht und ihr Geld wert. Liebhaber veredelter Schokoladen sollten die eine oder andere Sorte durchaus einmal probieren.

DAMIAN ALLSOP

England (Tunbridge Wells, Kent)
www.damianallsop.com

Verarbeitungsstufe: **Standard Schokolade**

Von Damian Allsop – vornehmlich in der Englischen Presse „Professor of Chocolate" genannt – hört man in der Branche viel Gutes. Er verfügt über 20 Jahre Erfahrung in der Gastronomie und

war in vielen Restaurants tätig, die mit ein oder zwei Michelin-Sternen geehrt wurden, in Barcelona, New York und London arbeitete er mit großen Küchenchefs zusammen. Nachdem er für das Unternehmen Melt als Chocolatier tätig war, startete er im März 2007 zusammen mit Anna Hernández Piferrer das Unternehmen Damian Allsop Chocolates.
Damian Allsop ist auch Mitglied in der Academy of Chocolate in London. Er hat sich auf die Herstellung von Ganache-Füllungen ausschließlich auf Wasserbasis spezialisiert. Entsprechend war natürlich meine Neugierde sehr groß.

Produktbewertungen

- Produkt: (Veredelt) Cinnamon & Lemon (Cola), Punkte: 79,50
  Preis/Menge: 3,75 GBP / 4,65 EUR / 50 g
  Schmeckt deutlich nach Zimt, Zitrone und Cola. Mit Poppy Candy und Knalleffekt im Mund. Nicht zu süß und angenehm aromatisch.

- Produkt: (Schachtel) Chef's Collection, Punkte: 92,04
  Preis/Menge: 15,49 GBP / 19,21 EUR / 100 g
  Was für eine Konfektschachtel! Man schmeckt die namensgebenden Zutaten bei jeder Sorte extrem gut heraus. Aromatisch, harmonisch, nicht zu süß, zu fettig oder zu mächtig. Wahrlich ein leichter Genuss.

Konfekt-Einzelbewertungen:
Olive Oil: Punkte: 96,05
Sensationelles Olivenöl-Aroma. Frisch, cremig-vollmundig, leicht, herb, extrem harmonisch.
Salty Liquorice: Punkte: 95,80
Ich bin ratlos, was man noch besser machen könnte. Extrem aromatisch, deftig salzig, herb, nicht zu süß und unglaublich harmonisch.
Fresh Basil: Punkte: 95,50
Nahezu perfekt! Tolles Aroma, geschmackvoll, cremig-vollmundig, harmonisch. Sehr gelungen.
Pear Aniseed: Punkte: 89,50
Zweifach gefüllt mit Anis-Ganache und Birnenmus. Aromatisch und harmonisch, Birnenmus allerdings etwas zu süß. Dennoch sehr geschmackvolles Konfekt.
Raspberry: Punkte: 88,90
Fruchtig-saures Himbeeraroma. Harmonisch mit der dunklen Milchschokolade. Weiche und cremige Ganache-Füllung.
Peanut Crunch: Punkte: 86,50
Etwas sauer-salzige Erdnuss-Ganache mit ganz kleinen Nuss-Stückchen. Die Füllung ist etwas zu unharmonisch.

- Produkt: (Schachtel) The Pure Collection, Punkte: 91,65
  Preis/Menge: 18,95 GBP / 23,50 EUR / 100 g
  Damian Allsops Interpretation der Valrhona-Schokolade als Ganache-Konfekt auf Wasserbasis. Die Schokolade außen ist jeweils identisch mit der Schokolade der Füllung. Das ist ungewöhnlich und verdient ein großes Lob. Bei der Madagascan (Manjari-Schokolade) konnte durch den Zusatz von Manjari-Kakaomasse der Kakaoanteil von ursprünglich 64 % auf 70 % erhöht werden, was der Schokolade sehr gut tut. Die Palmira wurde mit der bereits herberen Kuvertüre-Version hergestellt. Für die Dominikanische Republik konnte die Tainori-Schokolade verwendet werden.
  Insgesamt ist das Ergebnis verblüffend, über-

raschend und überzeugend. Der Grundcharakter der jeweiligen Kakaosorten ist durchweg schmeckbar. Teilweise können geschmackliche Veränderungen festgestellt werden, wobei die Aromen oftmals intensiver und komplexer sind. Alles in allem ein besonderes Produkt und perfekt für Chocoholics, die Konfekt eigentlich ablehnen. An diesen Produkten kommt aber auch der größte Extremist nicht vorbei.

Konfekt-Einzelbewertungen:

Single Origin Madagascan 70 %:
Punkte: 94,90
Die Fruchtigkeit des Kakaos tritt deutlich hervor. Herb, leicht karamellig, weich-cremig, kraftvolles Kakaoaroma.

Single Origin Dominican Republic 68 %:
Punkte: 93,00
Fruchtiges Kakaoaroma, man schmeckt sogar rote Beeren, als wenn diese zugesetzt wären. Sehr gut gelungen. Cremig-weich und schön herb.

Single Plantation Palmira 68 %: Punkte: 92,00
Charaktervolle Ganache. Würziges, nussiges und leicht torfiges Aroma, aber auch leicht sauer-fruchtig mit einem Hauch Adstringens.

Single Origin Venezuelan 76 %: Punkte: 91,00
Eher würzig-torfig und mit dezenter Frucht im Aroma.

Single Origin Brazilian 68 %: Punkte: 89,80
Gut gelungen, sowohl fruchtig als auch würziger Kakaocharakter. Etwas bitter und adstringierend und einfacher in der Aromaentfaltung.

Single Origin Ghanaian 70 %: Punkte: 89,20
Schmeckt sehr gut, aber das typische Aroma des Ghana-Kakaos fehlt etwas. Dennoch leicht fruchtig und würzig, herb, nicht zu süß und schön cremig.

- Produkt: (Konfekt) Dragees Caramelised Pistachios with Yoghurt Powder, Punkte: 94,00
  Preis/Menge: 5,00 GBP / 6,20 EUR / 100 g
  Geradezu sensationell! Salzige und karamellisierte Pistazien in Joghurtpulver dragiert. Tolles Pistazienaroma, dezent und perfekt gesalzen. Sehr, sehr gute Harmonie mit dem leicht sauren Joghurtpulver.

- Produkt: (Konfekt) Dragees Peanut Bits, Punkte: 90,00
  Preis/Menge: 5,00 GBP / 6,20 EUR / 100 g
  Erdnusspaste mit Milchschokolade, umhüllt von Schokolade und Kakaopulver. Eleganter Geschmack, leicht knusprig und mit gutem Erdnussgeschmack.

- Produkt: (Konfekt) Dragees Almonds with Spices, Punkte: 89,00
  Preis/Menge: 5,00 GBP / 6,20 EUR / 100 g
  Ganze, mit Gewürzen (Muskatnuss, Kümmel, Chili und Kardamom) veredelte Schokolade umhüllt eine ganze aromatische Mandel. Das alles in Kakaopulver dragiert. Würzig, knusprig, geschmackvoll.

- Produkt: (Konfekt) Dragees Raspberry & Mint, Punkte: 88,00
  Preis/Menge: 5,00 GBP / 6,20 EUR / 100 g
  Gefriergetrocknete ganze Himbeeren, dragiert mit weißer Schokolade und frischen Minzblättern. Fruchtig-aromatisch, vielleicht mit etwas zuviel Süße und etwas zu schwacher Minze. Geschmacklich wegen des guten Himbeeraromas dennoch sehr gelungen.

Fazit:
Das Interessante an diesem Buchprojekt sind ohne Zweifel die Überraschungen – die positiven natürlich lieber als die negativen. Bei Damian Allsop war mein Interesse sehr groß und selten wurde meine Erwartung so grandios übertroffen. Das Design und die Verpackung sind nahezu perfekt, selbst nach dem Öffnen der Schachtel läuft einem noch das Wasser im Mund

zusammen. Dass dann aber auch der Geschmack und das Aroma des Konfekts von Perfektion geprägt sind, hat mir etwas die Sprache verschlagen. Keine Schweinereien in der Zutatenliste, weder Aromastoffe oder Aromaessenzen noch irgendwelche Öle. Frische Fruchtpulpen, frische Gewürze und Kräuter, alles auf Basis von Wasser-Ganaches, leicht und bekömmlich und mit purem Aroma der namensgebenden Zutat. Natürlich ist eine Haltbarkeit von nur acht Wochen eine gravierende Einschränkung, aber hier ist sie gleichzeitig auch ein Frischegarant.
Sir Damian Allsop, Sie haben fast den Ritterschlag verdient. Ich bin gespannt, ob Sie es schaffen, dieses Niveau auf längere Zeit zu halten.

Empfehlung:
Uneingeschränkt empfehlenswert. Mit seinen progressiven Rezepturen schlägt Allsop den richtigen Kurs ein für sehr bekömmliches, natürliches und hocharomatisches Konfekt. Für alle Konfektliebhaber ein „must have".

DAMMENBERG

Finnland (Lempäälä)
www.dammenberg.fi

Verarbeitungsstufe: **Standard-Schokolade**

Dammenberg ist ein im Jahre 1994 gegründetes Familienunternehmen und – laut Unternehmenskommunikation – heute in den nördlichen Ländern Europas Marktführer für hochwertige Schokolade. Seit 2003 werden alle Produkte garantiert Nuss-, Gluten- und Eifrei hergestellt.

Produktbewertungen

- Produkt: (Veredelt) Secret Passion,
  Punkte: 62,88
  Preis/Menge: 4,80 EUR / 100 g
  Fällt unter die Kategorie essbar, nicht mehr. Die Schokolade hat das typisch banale Aroma von Konsumkakao. Schokoladig, aber ohne Nebenaromen, sie ist leicht sauer und auch etwas adstringierend. Die wenigen Erdbeerestückchen schmeckt man so gut wie gar nicht und sind etwas weich und zäh.

- Produkt: (Veredelt) Mint Chocolate, Punkte: 60,00
  Preis/Menge: 4,00 EUR / 100 g
  Schmeckt erfrischend nach Minze. Die dunkle Schokolade ist mit nur 55 % Kakaoanteil jedoch etwas zu süß.

- Produkt: (Weiße) Nr. 42: Black current White chocolate, Punkte: 58,00
  Preis/Menge: 4,00 EUR / 100 g
  Dezent fruchtig-sauer, Johannisbeere schmeckt man aber kaum.

- Produkt: (Weiße) Strawberry White Chocolate, Punkte: 51,00
  Preis/Menge: 4,00 EUR / 100 g
  Langweilige Schokolade mit viel zu wenig Erdbeeren, ohne Fruchtcharakter. Die wenigen Erdbeeren sind kaum aromatisch und zäh. Die Schokolade ist zu süß.

Fazit:
Zu Dammenberg fällt mir leider als erstes das Wort „langweilig" ein: Langweilige Verpackung, langweilige Schokolade, langweiliges Konzept. Weder die Qualität, noch die Kreativität überzeugen mich.
Erstaunlich ist, dass solche Produkte in einem erstklassigen Fachgeschäft zu finden sind.

Empfehlung:
Leider ist keine Empfehlung möglich.

DANDELION CHOCOLATE

USA (San Francisco)
www.dandelionchocolate.com

Verarbeitungsstufe: **Bean-to-bar**

Bei Dandelion begann alles mit der Lust am Experimentieren. In einer Garage eines Freundes begannen Cameron Ring und Todd Masonis Anfang 2010 die ersten Kakaobohnen zu verarbeiten, bauten ihren eigenen Kakaobohnenbrecher und waren erstaunt über das gute Ergebnis und der sehr guten Resonanz bezüglich ihren Produkten.
Die beiden Stanford-Absolventen sind einmal mehr Quereinsteiger. Ihr 2001 gegründetes Social Network-Unternehmen haben sie 2008 gewinnbringend verkauft und aus Neugier und Spaß sich fortan dem Kakao gewidmet.
Für die Schokoladen verwendet Dadelion Chocolate ausschließlich Kakaobohnen und Rohrzucker. Weder Kakaobutter, noch Soja-Lecithin und schon gar nicht Vanille findet bei den Rezepturen Beachtung.
Erstaunlich, aber die jungen Wilden aus Übersee, neben Dandelion gibt es ja noch eine ganze Reihe von Puristen, machen es den Old Fashion Herstellern aus Europa vor, wie eine Rezeptur einer dunklen Schokolade auszusehen hat.

Produktbewertungen

- Produkt: (Dunkel) Sambirano, Madagascar 70%, Punkte: 93,40
  Preis/Menge: 8,00USD / 6,08 EUR / 56 g
  Perfekte Umsetzung einer Schokolade hergestellt mit Madagaskar-Kakao. Sehr fruchtig und mit sehr angenehmer Säure, leicht bitter, Süße sehr schön ausbalanciert. Die schonende Röstung gibt Raum zur Entfaltung der fruchtigen Aromen. Trotz keiner Zugabe von Kakaobutter nur sehr leicht und angenehm adstringierend und fruchtig-sauer.
  Aromaprofil: Rote Beeren, Zitrusfrüchte.

- Produkt: (Dunkel) Ocumare, Venezuela 70%, Punkte: 86,00
  Preis/Menge: 8,00USD / 6,08 EUR / 56 g
  Kakaobohnen und Rohrzucker als Zutaten. Dandelion zeigt, dass es reicht, um eine hervorragende Schokolade herzustellen. Intensives Aroma, perfekte Balance von Süße und Herbheit. Leicht würzig, angenehm fruchtig, mit leichter Säure und angenehmer Länge. Sehr gute Referenz des Ocumare-Kakaos.
  Aromaprofil: Noten von Zimt und Früchten, mit angenehmer Säure.

- Produkt: (Dunkel) Colombia 70%, Punkte: 74,00
  Preis/Menge: 8,00USD / 6,08 EUR / 56 g
  Am Anfang recht aggressiver Kakao, leicht sauer und adstringierend. Nach und nach legt sich das und das subtile Aroma entfaltet sich immer mehr. Ein Intensives Geschmackserlebnis. Mit leichten Röstaromen, intensiv schokoladig. Insgesamt fehlt etwas Harmonie.
  Aromaprofil: Würzig-fruchtig, torfig, waldig.

Fazit:

Immer wieder haben mich die Ergebnisse der Quereinsteiger und Neugründer, insbesondere aus den USA, erstaunt. Ob Mast Brothers, Askinosie, Rogue oder Patric. Die Produkte sind alle von einer eigenen Identität, hoher Qualität und auch deren Verpackung attraktiv und sehr ästhetisch. Nun gesellt sich Dandelion auch noch hinzu. Interessante Sorten von Ursprungskakao, sehr gute Qualität, nahezu perfekte Verarbeitung und sehr gutes Design. Die drei von mir getesteten Produkte sind sehr vielversprechend, besonders die Sambirano. Viel besser kann man den Kakao aus Madagaskar kaum in Szene setzten. Die Ocumare gefällt ebenfalls sehr, lediglich die Colombia ist meiner Meinung nach nicht so gut gelungen. Dennoch, die Richtung stimmt und wir werden von Dandelion in Zukunft sicher noch einige sehr gute Schokoladen zu sehen bekommen.

Die Gesamtbewertung schwankt zwischen 4 und 5 Kakaofrüchten. Aufgrund der begrenzten Testreihe von drei Produkten, die auch alle sehr unterschiedlich bewertet wurden, gibt es dieses Mal „nur" vier Kakaofrüchte. Ich bin mir sicher, dass beim nächsten Mal fünf Kakaofrüchte angesagt sind.

Empfehlung:

Alle Produkte sind empfehlenswert.

DE BONDT

Italien (Pisa)
www.debondt.it

Verarbeitungsstufe: **Standard-Schokolade**

Die kreativen Köpfe des Unternehmens sind der gelernte holländische Koch Peter de Bondt und die italienische Designerin Cecilia Iacobelli, die das Unternehmen 1993 im Zentrum von Pisa gründeten. Mittlerweile hat man sich in einen Neubau in der Vorstadt zurückgezogen.
Auch wenn de Bondt pure Schokoladen im Sortiment hat, die Spezialität des Hauses sind die aromatisierten Schokoladen. Erfreulich ist, dass auf Aromen weitestgehend verzichtet wird und de Bondt mit Gewürzen, Fruchtschalen und Ölen arbeitet. Bei den puren Schokoladen handelt es sich wohl um fertige Kuvertüren.

Produktbewertungen

- Produkt: (Veredelt) Ecuador 90 % & Venezuela 38 % al Fior di sale, Punkte: 80,75
  Preis/Menge: 2,00 EUR / 20 g
  Zweifarbige Schokolade, nette Idee. Süße Milchschokolade und herbe dunkle Schokolade, leicht und angenehm salzig. Schokolade mit Aromen von Beeren, dezent Jasmin und gerösteten Nüssen.

- Produkt: (Veredelt) Cioccolato al latte Miscela 31 % Cacao al Te' Milima, Punkte: 74,70
  Preis/Menge: 2,00 EUR / 20 g
  Mit Teeblättern in der Schokolade. Relativ süß, milchig-cremig mit gutem Schmelz und angenehmen Aromen.

- Produkt: (Veredelt) Limone e Limetta Madagascar 64 %, Punkte: 74,50
  Preis/Menge: 2,00 EUR / 20 g
  Mit kristallisierten Limonenschalen und Limettenöl. Angenehme dunkle und leicht fruchtige Schokolade. Harmoniert gut miteinander.

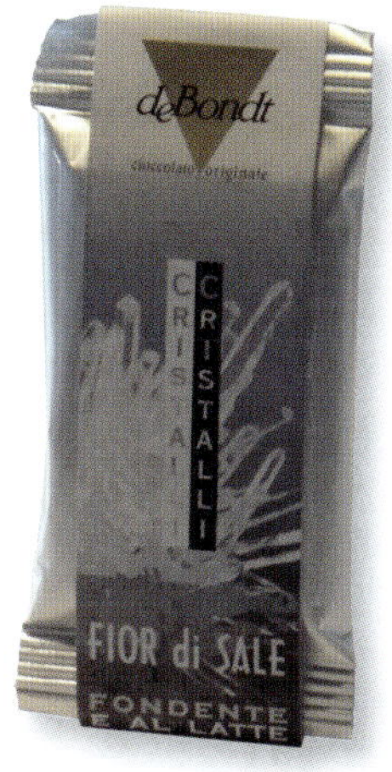

- Produkt: (Veredelt) Cioccolato Fondente Miscela 60 % Cacao al Finocchio Selvatico, Punkte: 70,50
  Preis/Menge: 2,00 EUR / 20 g
  Mit Fenchel und Fenchelöl, wobei diese zu dezent aromatisiert sind.

- Produkt: (Veredelt) Cioccolato Fondente Miscela 70 % alla Menta, Punkte: 67,50
  Preis/Menge: 2,00 EUR / 20 g
  Zu wenig Minzaroma, um zu begeistern. Besitzt das Potenzial zu einer guten Schokolade.

Fazit:
Die Produkte von de Bondt haben Charme und Charakter. Manche sind etwas zu dezent im Aroma, aber de Bondt gibt sich redlich Mühe, keinen Einheitsbrei zu servieren. Der Kakaogehalt der Schokoladen variiert stark und scheint sehr bewusst in der Symbiose mit dem jeweiligen Aroma ausgewählt zu sein. Das funktioniert bei den meisten Produkten gut.

Am besten gefallen hat die Ecuador 90 % & Venezuela 38 % al Fior di sale. Es ist eine nette Idee, zwei verschiedene Schokoladen in einer Tafel zu vereinen, das funktioniert und schmeckt sehr gut. Die dunkle Schokolade ist schön herb, die Milchschokolade im Kontrast dazu süß, das Ganze dezent gesalzen.

Empfehlung:
Für alle, die das Zusammenspiel von Schokolade und anderen Zutaten mögen, sind diese Produkte durchaus empfehlenswert.
Auf die puren Schokoladen des Hauses kann man getrost verzichten, hier gibt es ausreichend bessere Alternativen.

DE NEUVILLE

Frankreich (Noisiel)
www.chocolat-deneuville.com

Verarbeitungsstufe: **Standard-Schokolade**

De Neuville ist ein Franchise-Filialist, der seit ca. 1990 in Frankreich tätig ist. Mittlerweile führt das Unternehmen 130 Filialen.
De Neuville produziert wohl nicht selbst, sondern lässt von anderen Chocolatiers auf Wunsch herstellen. Es ist aber möglich, dass ein Teil der Produkte selbst produziert wird. Leider gibt das Unternehmen nicht viel von sich preis und die Presseabteilung mochte meine Fragen nicht beantworten. Schade, das macht ein Unternehmen weder sympathisch, noch vertrauenswürdig.

Produktbewertungen

- Produkt: (Schachtel) Collection Grandes Émotions, Punkte: 67,54
  Preis/Menge: 6,45 EUR / 90 g
  Die Mischung macht einen etwas „bäckerhaften" Eindruck: alles ist etwas rustikaler und primitiver. Überrascht hat dann das doch gute Aroma einzelner Sorten.

  Konfekt-Einzelbewertungen:
  Palet Hibiscus: Punkte: 75,00
  Sehr gelungener Hibiskusgeschmack, nachhaltiges Aroma, blumig.

Palet Curcuma: Punkte: 73,50
Geschmack gut getroffen, aber etwas trocken und leicht zu süß.
Palet Ylang-Ylang et Citron Vert: Punkte: 73,00
Sehr gut dosiertes Aroma, blumig-fruchtig und angenehm herb.
Palet Feve Tonka: Punkte: 68,50
Aroma gut getroffen, leider zu süß.
Palet Fleur d' Oranger: Punkte: 67,90
Zu süß, aber gutes Aroma, feste Füllung.
Palet Sao Tome: Punkte: 64,00
Fruchtig, würzig, aber zu feste Füllung.
Palet Gingembre: Punkte: 63,00
Zu flaches Aroma und zu süß. Keine glatte Füllung.
Palet Ghana: Punkte: 62,00
Etwas muffig, feste Ganache, fruchtige Schokolade, etwas mächtig.
Palet Equateur: Punkte: 61,00
Dominanter Geschmack des Equador-Kakaos, aber etwas zu süß.

- **Produkt: (Konfekt) Mini Billes, Punkte: 76,00**
  Preis/Menge: n.B. / 14 g
  Knusprig, leicht herb, Suchtfaktor groß, nette Dose.

Fazit:
Das Konfekt ist ein wenig rustikal. Die Füllungen sind allesamt zu fest und kaum cremig. Leider ist auch bei De Neuville die verwendete Schokolade nicht gut. Insgesamt aber sind die Produkte ordentlich gelungen und mit einem akzeptablen Preis-Leistungs-Verhältnis.

Empfehlung:
Gut zum Naschen für zwischendurch. Für Liebhaber von Konfekt in französischer Tradition.

DELLA ROCCA

Italien (Castel Guelfo di Bologna)
www.sugarcompany.net

Verarbeitungsstufe: **Standard-Schokolade**

Cioccolateria Della Rocca ist eine relativ junge Marke, die dem Unternehmen Sugar Company gehört. Das Unternehmen vertreibt bereits unter dem Markennamen Cuorenero Schokolade mit Kakao aus Lateinamerika. Leider habe ich auf meine mehrmaligen Anfragen, ob das Unternehmen von der Bohne weg produziert, keine Antwort bekommen. Ich gehe aber davon aus, dass dem nicht so ist.
Mit Della Rocca möchte das Unternehmen wohl in das Segment der preiswerten Schokoladen und den Massenmarkt einsteigen. Angeboten werden große Blöcke mit Nüssen oder Nougat.

Produktbewertungen

- Produkt: (Veredelt) v, Punkte: 53,75
  Preis/Menge: 6,00 EUR / 200 g
  Ironischerweise heißt das Mutterunternehmen Sugar Company. So schmeckt auch diese Schokolade: zuckersüß. Die wenigen Haselnüsse (12 %) sind auf die viel zu süße Milchschokolade ungeschützt aufgestreut, die Schokolade ist nicht aromatisch und auch nicht milchig-cremig.

Fazit:
Der Versuch, ein preiswertes und gutes Produkt herzustellen, ist grandios gescheitert. Die Schokolade ist banal und geschmacklich nicht der Rede wert. Die Nüsse sind ungeschützt aufgestreut und mit nur 12 % (das sind bei einer 200-Gramm-Tafel gerade einmal 24 g Nüsse) ziemlich rar. Der Verzehr macht keinen Spaß, da auch die Nüsse wenig Aroma haben.

Empfehlung:
Leider ist keine Empfehlung möglich.

DEMARQUETTE

England (London)
www.demarquette.com

Verarbeitungsstufe: **Standard-Schokolade**

Marc Demarquette ist einer der eher raren Quereinsteiger Europas. Nach einem schweren Unfall überdachte der studierte Managementberater seine Lebensziele und entschied sich, seine Leidenschaft, die Schokolade, zu seinem Lebensinhalt zu machen. Marc Demarquette wurde als Sohn eines Franzosen und einer Chinesin in England geboren. Schon in frühen Jahren wurde er von seiner französischen Großmutter mit feinen Confiserieartikeln des legendären Confiseurs Gaston Lenôtre verwöhnt. Was kam da anderes infrage, als die Confiseriekunst bei Lenôtre in Paris zu erlernen. Im Jahre 2006 eröffnete er sein Geschäft in Chelsea, bereits ein Jahr später war er als einziger Confiseur permanent im prestigeträchtigen und legendären Kaufhaus Fortnum & Mason präsent.
Marc Demarquette legt großen Wert auf qualitativ hochwertige und ethisch korrekte Zutaten. Schokolade aus Ghana- oder Elfenbeinküsten-Kakao zu produzieren, lehnt er grundsätzlich ab, da bei diesem Kakao eine Beteiligung von Kinderarbeit nicht ausgeschlossen werden kann. Hier

möchte ich dennoch anmerken, dass vor allem in Ghana durchaus die eine oder andere sichere Quelle existiert.
Die Hauptlieferanten der Demarquette-Schokolade sind französische Hersteller, darunter Valrhona. Ein weiterer kleiner Hersteller produziert für Demarquette einige Spezialitäten. Da es sich hierbei um einen (in der Schokoladenbranche fast nicht mehr existierenden) Geheimtipp handelt, werde ich den Namen ausnahmsweise nicht verraten. Ich versichere aber, dass es sich um einen ausgezeichneten Chocolatier handelt.
Durch Kim Sauer, Demarquettes Marketing-Direktor, habe ich auch erfahren, dass für das Unternehmen in England Tee angebaut wird. Von Lord Falmouths Plantage Tregothnan Estate in Cornwall bezieht Demarquette aber nicht nur seinen Earl Grey, sondern auch Honig und die raren Kea Pflaumen. Überhaupt hat Marc Demarquette ein Faible für Zutaten aus seiner Heimat: Ob Rhabarber aus Yorkshire, Johannisbeeren aus Sussex oder schottische Himbeeren, Marc Demarquette scheut keine Mühen, gute Zutaten zu besorgen und bedient sich dabei gerne regionaler Produzenten. Selbst Obst aus dem Garten der Familie in den französischen Alpen wird verarbeitet.

Produktbewertungen

- Produkt: (Schachtel) Classic, Punkte: 85,62
  Preis/Menge: 19,75 GBP / 23,18 EUR / 120 g
  Eine sehr angenehme Konfektmischung klassischer, traditionell französischer Confiseriekunst. Nicht immer überzeugend im Aroma der Füllungen, aber aufgrund der sorgfältigen Auswahl der Rohstoffe immer ein Vergnügen.

  Konfekt-Einzelbewertungen:
  Passion Fruit: Punkte: 94,75
  Angenehme fruchtig-saure Aromen. Sehr gelungen.
  Moroccan Mint Tea: Punkte: 92,30
  Sehr angenehm minzig, nicht zu penetrant und angenehm natürlich.
  Sicilian Lemon: Punkte: 91,40
  Angenehm zitronig. Mit Zitronenschalen, was nicht unangenehm ist.
  Thai Lemongrass: Punkte: 90,80
  Angenehmes Aroma von Zitronengras, cremiger Schmelz.
  Arabian Coffee: Punkte: 89,00
  Angenehmes Kaffeearoma, leicht herb und adstringierend, relativ weiche Füllung.
  Seville Orange: Punkte: 89,00
  Angenehmer Orangengeschmack, muss auch nicht intensiver sein. Mit Orangenschalen.
  Chinese Green Tea & Jasmine: Punkte: 88,40
  Man schmeckt vor allem Jasmin, aber auch dezent Grünen Tee.

  Demarquette Pure Blend: Punkte: 87,80
  Schokoladig, herb und nicht zu süß.
  Parisian: Punkte: 86,00
  Pure Schokoladen-Ganache, leicht würzig und dezent sauer. Angenehm und schön cremiger Schmelz.
  House Honey: Punkte: 84,50
  Dezent aromatisch und nicht zu süß, trotz Honig-Ganache. Mit feinem, cremigem Schmelz.
  Earl Grey: Punkte: 84,50
  Intensives Teearoma, besonders am Anfang, lang anhaltend, leicht herb. Angenehmes Konfekt.
  Tunisian Bharat: Punkte: 80,00
  Könnte aromatischer sein, es fehlt etwas an Charakter, wobei man schon Gewürze schmeckt. Weiche und cremige Ganache.

Coconut & Banana: Punkte: 78,80
Bananig, schokoladig, Kokosnuss aber etwas zu dezent.
Canadian Maple: Punkte: 78,60
Gutes Aroma des Ahornsirups, Schmelz könnte aber besser sein. Trotz Sirup nicht zu süß.
Brazilian Pink Pepper: Punkte: 78,00
Zu dezenter Pfeffer und insgesamt zu süß. Feiner weich-cremiger Schmelz.
Fleur de Sel: Punkte: 76,00
Salz zu dezent, Beigeschmack ist etwas unangenehm.

- Produkt: (Schachtel) The Great British Orchard, Punkte: 86,29
  Preis/Menge: 17,50 GBP / 20,54 EUR / 100 g

Bemerkenswerte Konfektschachtel. Alle namensgebenden Zutaten kommen aus den ausgelobten Städten und Gegenden. Das ist Konsequenz in Vollendung. Geschmacklich und zumeist auch aromatisch sehr überzeugend, auch wenn alle Sorten relativ süß sind. Das hat Karamell aber nun einmal so an sich.

Konfekt-Einzelbewertungen:
Cornish Sea Salt: Punkte: 93,75
Außerordentlich gut gelungen. Angenehm salzig, tolles Karamellaroma. Weiche und cremige, feinschmelzende Füllung.
Yorkshire Rhubarb: Punkte: 92,00
Rhabarber angenehm aromatisch und mit viel Fruchtfleisch. Gut gelungen.
Kentish Pear: Punkte: 89,00
Schönes Birnenaroma, auch wenn die Füllung etwas zu süß ist. Die Süße wird gut von der dunklen, herben Schokolade kompensiert.
Scottish Raspberry: Punkte: 82,40
Gutes Himbeeraroma, süße Füllung harmoniert mit herber Schokolade. Könnte aber etwas Säure vertragen.
Sussex Blackcurrent: Punkte: 80,60
Füllung könnte etwas aromatischer sein, insgesamt aber nicht zu süß.
Devon Strawberry: Punkte: 80,00
Angenehm erdbeerig, insgesamt aber etwas zu süß. Erinnert zu sehr an Konfitüre.

Fazit:
Die Demarquette-Produkte beweisen, dass die Auswahl guter Rohstoffe eine sehr gute Basis für gelungene Produkte bildet. Besonders die Auswahl einer guten Basis-Schokolade sollten sich deutsche Confiseure zum Beispiel nehmen. Natürlich sind auch die Zutaten der Füllungen wichtig. Bei Demarquette merkt man, dass sie sorgfältig ausgesucht werden. Dadurch kompensiert das Unternehmen andere Schwächen, wie zum Beispiel die Konsistenz, die mir nicht immer gefallen hat, und auch die Aromatisierung der Füllungen, die mir teilweise zu schwach war. Nichts desto trotz, die qualitative Hochwertigkeit konnte man stets schmecken, es hat Spaß gemacht sie zu kosten.
Die Produkte sind kreativ, schmackhaft und originell. Kleine Schwächen sind erlaubt, nobody is perfect, und daher sind mir Demarquette-Produkte jederzeit willkommen.

Empfehlung:
Das Konfekt empfiehlt sich allen Liebhabern von Konfekt im französischen Stil.

DIVINE CHOCOLATE

England (London) & USA (Washington DC)
www.divinechocolateusa.com

Verarbeitungsstufe: **Fremdproduktion**

Die Divine Chocolate Ltd., vormals The Day Chocolate Company, ist eines der ersten Unternehmen, das den Kakaobauern eine Beteiligung an der Wertschöpfungskette, also über den Verkauf der Kakaobohnen hinaus, ermöglicht. Im Jahr 1993 gründete eine Gruppe von Kakaobauern in Ghana die Kooperative Kuapa Kokoo. Ziel der Kooperative war der Anbau einer besseren Kakaoqualität und damit verbunden die Möglichkeit höherer Einnahmen und einer gesicherten Zukunft für ihre Mitglieder. 1997 entschieden sich die Mitglieder der Kooperative zur Gründung eines eigenen Fair-Trade-Schokoladenunternehmens. Mit finanzieller Hilfe von The Body Shop und Twin Trading und der Unterstützung von Christian Aid und Comic Relief war Divine Chocolate geboren. Das Unternehmen hat einen großen Beitrag dazu geleistet, den englischen Verbrauchern die Herkunft des Kakaos und die Prinzipien des fairen Handels zu erläutern. Im Jahr 2006 hat sich The Body Shop dazu entschlossen, seine sämtlichen Anteile am Unternehmen an Kuapa Kokoo zu übertragen. Die Kooperative hält seither 45 % der Unternehmensanteile. Mit Hilfe von Oikocredit, Lutheran World Relief und Serrv International wurde im Jahr 2007 das Schwesterunternehmen, Divine Chocolate Ltd., in den USA gegründet.
Die Illustrationen auf der Verpackung sind traditionelle afrikanische Adrinka-Symbole.
Jedes Symbol steht für ein Wort, einen Satz, ein geschichtlich bedeutsames Ereignis, ein Sprichwort, ein Tier oder eine Pflanze. Das Symbol Funtunfunefudenkyemfunefu (Siamesische Krokodile) bedeutet Demokratie und Einheit in der Vielfalt.
Die Schokoladen werden in Deutschland hergestellt und sind alle Fair-Trade-zertifiziert.

Produktbewertungen

- Produkt: (Dunkel) 70 % Dark Chocolate,
  Punkte: 67,00
  Preis/Menge: 3,20 USD / 2,53 EUR / 100 g
  Die existierenden guten Aromen eines Ghana-Kakaos bleiben bei dieser etwas einfachen Schokolade leider auf der Strecke, insgesamt ist sie aber ordentlicher Durchschnitt.
  Aromaprofil: Schokolade, rote Beeren, leicht erdig.

- Produkt: (Milch) Milk Chocolate 27 %,
  Punkte: 57,50
  Preis/Menge: 3,20 USD / 2,53 EUR / 100 g
  27 % Kakaoanteil ist dann doch etwas wenig. Sehr süß. Aromaprofil: Honig, Toffee, Milch.

- Produkt: (Weiße) White Chocolate with Strawberries, Punkte: 65,00
  Preis/Menge: 3,20 USD / 2,53 EUR / 100 g
  Aromatisch, aber etwas zu süß, mit knusprigen Erdbeercrisp.

- Produkt: (Veredelt) Mint 70 % Dark Chocolate,
  Punkte: 71,00
  Preis/Menge: 3,20 USD / 2,53 EUR / 100 g
  Angenehme Minze. Erfrischend, aromatisch und insgesamt nicht zu süß.

- Produkt: (Veredelt) Fruit and Nut Dark Chocolate,
  Punkte: 66,50
  Preis/Menge: 3,20 USD / 2,53 EUR / 100 g
  Etwas zu süß, schmeckt aber dennoch ordentlich nach Trockenfrüchten und Nüssen.

Fazit:
Schade, hier wäre mehr möglich gewesen. Ghana-Kakao ist ein recht aromatischer Afrika-Kakao mit einigem Potenzial, das der Hersteller leider nur begrenzt abruft.

Empfehlung:
Unter dem Aspekt, dass man beim Erwerb der Divine-Produkte wirklich Gutes tut und die Produkte erschwinglich sind, können – abgesehen von der Milchschokolade – alle Produkte empfohlen werden.

DIVINE ORGANICS

USA (Novato, Kalifornien)
www.divineorganics.com

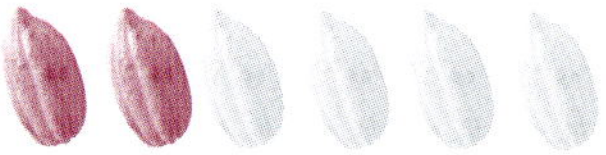

Verarbeitungsstufe: **Schokolade nach Maß**

Divine Organics ist eine Marke des Unternehmens Transition Nutrition Inc., die bereits im Jahr 1987 gegründet wurde. 1990 wurden die Aktivitäten eingestellt und der Gründer David Kaplan widmete sich der Meditation und dem Aufbau zweier Biofarmen. Im Jahr 2004 wurde das Unternehmen wieder erweckt und vertreibt seither Himalayasalz, Rohkost und Naturprodukte zur Körperpflege. Neu hinzugekommen ist die sogenannten Brittle – Bruchschokolade, hergestellt nach dem im Trend liegenden Raw-Prinzip. Keine Zutat, insbesondere der Kakao, wurde über 46 Grad Celsius erhitzt, womit der Erhalt der natürlichen Nährstoffe garantiert werden soll. Der Fair-Trade- und Bio-Kakao stammt aus Ecuador.
Es ist unklar, ob es sich hier um einen Bean-to-bar-Hersteller handelt oder nicht. Meine Anfrage wurde mit einem simplen „Yes, that's correct" beantwortet. Zu einer ausführlicheren Antwort war man nicht bereit. Da mir dies zu dürftig ist, kategorisiere ich das Unternehmen als Hersteller mit individueller Schokolade.

Produktbewertungen

- Produkt: (Veredelt) Original Gojiberry Brittle, Punkte: 71,00
  Preis/Menge: 8,00 USD / 6,31 EUR / 45,3 g
  Würzige Schokolade, nicht zu süß und mit ganz gutem Schmelz. Die Gojibeeren sind etwas zäh, aber aromatisch.

- Produkt: (Veredelt) Golden Princess Brittle, Punkte: 70,00
  Preis/Menge: 8,00 USD / 6,31 EUR / 45,3 g
  Gute Pistazien (Princess Pistachios) und Rosinen (Himalayan Raisins), dezent salzig (Royal Himalayan Pink Crystal Salt). Insgesamt angenehm und harmonisch.

- Produkt: (Veredelt) Crunchy Cashew Brittle, Punkte: 68,00
  Preis/Menge: 8,00 USD / 6,31 EUR / 45,3 g
  Die knusprigen Cashewkerne in der würzigen Schokolade schmecken gut und passen zusammen.

Fazit:
Die Produkte sind keine Überflieger, aber gut genug, um sie gerne zu essen. Das typische Aroma des Ecuador-Kakaos ist zwar dezent, schmeckt aber nicht unangenehm. Es ist nussig-würzig und leicht rauchig, was vielleicht doch ein klein wenig stört und für Ecuador-Kakao eher ungewöhnlich ist. Die Rauchigkeit stammt aber von der Verarbeitungsweise, nicht vom Kakao selbst. Die weiteren Zutaten sind alle von guter Qualität, wobei mir die Gojibeeren am besten gefallen haben.

Empfehlung:
Wenn man Raw Chocolate versuchen möchte, sind alle Produkte durchaus genießbar. Die mangelhafte Unternehmenskommunikation hält mich jedoch von einer Empfehlung ab.

DOLCI PENSIERI DI CALABRIA

Italien (San Fili)
www.dolcecalabria.it

Verarbeitungsstufe: **Standard-Schokolade**

Geleitet wird das junge Familienunternehmen, das in seiner ca. 150 m2 kleinen Manufaktur nur ca. 500 Schokoladentafeln am Tag produziert, von den Geschwistern Franco und Antonio Rao. Das Gesamtproduktportfolio ist jedoch weitaus umfangreicher und reicht von Biscotti über getrocknete Früchte aus der Region bis hin zu kandierten Früchten. In Deutschland sind jedoch fast ausschließlich die Schokoladentafeln erhältlich.
Nach Aussagen des deutschen Importeurs stellt das Unternehmen hohe Ansprüche an die Qualität der Rohstoffe und verarbeitet primär Erzeugnisse aus der eigenen Region. Die Schokoladentafeln werden nicht nur vom Importeur als „per Hand geschöpft und in jede einzelne Form gegossen", sondern auch auf der Verpackung als „handgeschöpft" angepriesen. Es scheint, als hätten beide den Sinn des Wortes „handgeschöpft" nicht verstanden: Es geht hierbei nicht darum, mit einer Schöpfkelle Schokolade in Formen zu gießen. Hier hätte man besser Josef Zotter befragt, der den Begriff in der Branche etabliert hat.

Produktbewertungen

- **Produkt: (Veredelt) Zartbitterschokolade mit Lakritze 60 %, Punkte: 78,00**
  Preis/Menge: 3,90 EUR / 100 g
  Das Aroma kommt spät, aber intensiv. Die Schokolade ist zwar banal, hier aber erträglich.

- **Produkt: (Veredelt) Zartbitterschokolade mit Chilli 60 %, Punkte: 65,25**
  Preis/Menge: 3,90 EUR / 100 g
  Eine der schärfsten Chili-Schokoladen im Markt. Aroma der Schokolade ist kaum noch schmeckbar.

- **Produkt: (Veredelt) Zartbitterschokolade mit Limone 60 %, Punkte: 60,25**
  Preis/Menge: 3,90 EUR / 100 g
  Dezent aromatisch und kaum Fruchtcharakter, daher nur mit Abstrichen akzeptable Qualität. Leider wird nur „Limette" in der Zutatenliste ausgelobt. Dem Geschmack nach tippe ich auf getrocknete Schalen.

- **Produkt: (Weiße) Weiße Schokolade mit Erdbeeren, Punkte: 34,75**
  Preis/Menge: 3,90 EUR / 100 g
  Ein totaler Reinfall. Hier wird ausschließlich mit (natürlichem) Aroma gearbeitet, und das auch noch in einer süßen weißen Schokolade. Das verleiht ihr zwar ein gewisses (eher unangenehmes) Aroma, aber keinen Erdbeercharakter.

- **Produkt: (Veredelt) Vollmilchschokolade mit Bergamotte 32 %, Punkte: 34,00**
  Preis/Menge: 3,70 EUR / 100 g
  Hoffnungslos überaromatisiert, obwohl nur 0,1 % Bergamottenessenz enthalten ist. Die Schokolade dient nur als Träger der Essenz, hat ansonsten kein Aroma.

- **Produkt: (Konfekt) Kandierte Orangenfilets, Punkte: 60,00**
  Preis/Menge: unbekannt / 200 g
  Nicht gut kandiert und auch nicht gut mit Schokolade überzogen. Fast alle laufen aus. Die Orangen sind nicht besonders aromatisch und leicht bitter. Enttäuschend.

- **Produkt: (Konfekt) Kandierte Zitronenfilets, Punkte: 60,00**
  Preis/Menge: unbekannt / 200 g
  Nicht gut kandiert und auch nicht gut mit Schokolade überzogen. Die Zitronen sind nicht besonders aromatisch und zu bitter. Enttäuschend.

Fazit:
Es erstaunt mich immer wieder, wie durchschnittliche Produkte von Händlern zu etwas Besonderem oder gar zu Luxusartikeln gepuscht werden und dadurch teilweise einen „kultigen" Status erlangen. Einzig die Sorten Lakritze in dunkler Schokolade, mit einem durchaus interessanten Geschmack, und die Chili mit ihrer unwiderstehlichen Schärfe können als interessante Produkte angesehen werden. Die Qualität der verwendeten Schokoladen ist allerdings recht mäßig.
Es ist zwar ehrenwert, dass die Brüder Rao manuell nur 500 Tafeln am Tag produzieren können und sich diesen immensen Aufwand zumuten. Ein Qualitätsmerkmal für die Produkte

ist das manuelle Gießen der Schokolade in eine Form beileibe nicht. Genau genommen ist es sogar eher ein Qualitätsmangel als eine Qualitätssteigerung.
Lustig ist die verwendete Verpackung. Die Alufolie scheint manuell von einer Rolle abgerissen zu werden. Das ist aufgrund der schiefen und unregelmäßigen Stücke und der Zahnrastern an beiden Enden erkennbar – und besitzt durchaus Charme.

Empfehlung:
Liebhabern einer gewissen Schärfe ist natürlich die Chili-Schokolade zu empfehlen, allen Liebhabern von Lakritze die entsprechende Sorte.

DOLFIN

Belgien (Wathier Braine)
www.dolfin.com

Verarbeitungsstufe: **Schokolade nach Maß**

Dolfin wurde im Jahr 1989 von den Brüdern Michaël und Jean-François Poncelet gegründet, und ursprünglich auf die Herstellung von Handelsmarken spezialisiert. 1995 wurden erstmals Produkte unter dem Namen Dolfin verkauft. Zu dieser Zeit war Dolfin mit seinen Geschmackskompositionen der Zeit voraus und auch die Verpackung der Schokoladentafeln, die sehr an Tabakbeutel erinnert, war kreativ und innovativ. Schnell erlangte Dolfin Kultstatus, was Ende der 1990er bis Anfang der 2000er Jahre auch durchaus seine Berechtigung hatte.
Im Jahr 2006 verkauften die Brüder das Unternehmen an Jean-Jacques Gruben. Seitdem wurde das Unternehmen einer Frischzellenkur unterzogen. Modernes, trendiges Design, neue Produkte und eine ökologische Unternehmensführung sind das Ergebnis. Die kultige Tabakverpackung der Schokoladen ist aber geblieben. Und das ist auch gut so.
Außer der Marke Dolfin gehört auch die Bio-Marke Tohi zu Dolfin.

Produktbewertungen

- Produkt: (Dunkel) Noir 70 %, Punkte: 52,50
  Preis/Menge: 3,00 EUR / 70 g
  Eine Schokolade ohne jeglichen Charme.
  Aromaprofil: verbrannter Kaffee, unreife Avocado, Gewürze.

- Produkt: (Dunkel) Noir 88 %, Punkte: 52,50
  Preis/Menge: 3,00 EUR / 70 g
  Eine weitere Schokolade ohne jeden Charme, bitter und ohne prägnante Aromen.
  Aromaprofil: Schokolade, etwas torfig.

- Produkt: (Milch) Lait, Punkte: 51,50
  Preis/Menge: 3,00 EUR / 70 g
  Schmierig, süß und mit unangenehmem Aroma.
  Aromaprofil: Kondensmilch, Honig.

- Produkt: (Veredelt) Noir au Poivre Rose, Punkte: 65,10
  Preis/Menge: 2,70 EUR / 70 g
  Schmeckt nach Rosa Pfeffer, der nicht mehr wie früher aufgestreut, sondern fein in der dunklen Schokolade verarbeitet ist. Schade für die, die gerade das mochten. Die Schokolade ist relativ süß.

- Produkt: (Veredelt) Noir Lavande Fine de Haute-Provence, Punkte: 64,00
  Preis/Menge: 2,70 EUR / 70 g
  Schmeckt deutlich nach Lavendel. Erinnert zwar an Mottenkugeln, ist aber noch erträglich. Nur für spezielle Lavendelliebhaber geeignet. Dunkle Schokolade.

- Produkt: (Veredelt) Nordic Inspiration, Punkte: 61,30
  Preis/Menge: 1,20 EUR / 30 g
  Dunkle Schokolade. Kommt der etwas rauchige Geschmack vom Ahornsirup? Die Cranberries sind angenehm sauer, aber kaum aromatisch.

- Produkt: (Veredelt) Lait Café, Punkte: 60,50
  Preis/Menge: 3,00 EUR / 70 g
  Ganz gutes Kaffeearoma, aber wieder mit dieser einfachen und süßen Milchschokolade.

- Produkt: (Veredelt) Noir Gingembre, Punkte: 60,30
  Preis/Menge: 3,00 EUR / 70 g
  Intensives Ingweraroma, sonst aber banal. Leider wieder einmal kein kandierter Ingwer enthalten oder zu wenig. Süße dunkle Schokolade.

- Produkt: (Veredelt) Plaisirs d'Hiver – Edition Limitée –, Punkte: 60,30
  Preis/Menge: 2,70 EUR / 70 g
  Ganz ok, zumindest mit 10 % konfierter Orange in dunkler Schokolade und ohne Aromastoffe. Erfüllt die Erwartungen.

- Produkt: (Veredelt) Au Lait au Hot Masala, Punkte: 60,10
  Preis/Menge: 2,70 EUR / 70 g
  Gut gewürzt, aber mit leider doch viel zu süßer Milchschokolade.

- Produkt: (Veredelt) Konacha Grüner Tee aus Japan, Punkte: 59,50
  Preis/Menge: 1,20 EUR / 30 g
  Deutliches und ganz gutes Teearoma, leider keine gute Milchschokolade.

- Produkt: (Veredelt) Lait Cannelle, Punkte: 59,10
  Preis/Menge: 3,00 EUR / 70 g
  Zimtig, aber Schokolade ist aromaflach und zu süß.

- Produkt: (Veredelt) Weißer Pfeffer & Kardamom aus Guatemala, Punkte: 58,90
  Preis/Menge: 1,20 EUR / 30 g
  Dunkle Schokolade. Der Kardamom ist etwas zu dezent, ebenso der Pfeffer.

- Produkt: (Veredelt) Noir à l' Anis Vert, Punkte: 56,50
  Preis/Menge: 2,70 EUR / 70 g
  Das ist mir einfach zu süß, dunkle Schokolade mit nur 52 % Kakaoanteil. Anisaroma könnte auch intensiver sein.

- **Produkt: (Veredelt) Au Lait au Caramel & Beurre Salé, Punkte: 52,50**
  Preis/Menge: 2,70 EUR / 70 g
  Wo ist der Karamell und wo ist das Salz? Wenn man die Variante von Michel Cluizel kennt, hat man gewisse Erwartungen, die hier leider nicht erfüllt werden. Süße Milchschokolade, klebrig und charakterlos.

- **Produkt: (Veredelt) Noir Thé Earl Grey, Punkte: 50,50**
  Preis/Menge: 3,00 EUR / 70 g
  Dezentes Teearoma, süße Schokolade. Lieber gleich einen süßen Tee trinken und eine gute dunkle Schokolade dazu essen.

- **Produkt: (Veredelt) Noir aux Poires et Amandes grillées, Punkte: 45,50**
  Preis/Menge: 2,70 EUR / 70 g
  Dunkle Schokolade mit 3 % Birnen und 7 % Mandeln. Ohne das zusätzliche Aroma würde man die Birnen gar nicht schmecken, die 3 % hätte man sich sparen können. Die Mandeln sind aromaflach und gehen bei so viel Birnenaroma geschmacklich unter.

- **Produkt: (Veredelt) Noir Citron, Punkte: 39,50**
  Preis/Menge: 3,00 EUR / 70 g
  Flache Aromen. Sinnlose, aromatisierte dunkle Schokolade. Schmeckt zitronig, hat aber keinen Fruchtcharakter.

- **Produkt: (Veredelt) Noir Orange, Punkte: 39,50**
  Preis/Menge: 3,00 EUR / 70 g
  Wo ist die Orange? Diese Schokolade ist richtig schlimm, zumal nur Aromastoffe enthalten sind. Mit zu süßer dunkler Schokolade.

Fazit:
Ein 15 Jahre altes Konzept zählt in der heutigen, schnelllebigen Zeit schon fast zur Kategorie „Tradition". Nun ist Tradition nicht immer gut, so auch bei Dolfin. Was vor 15 Jahren noch funktioniert hat, reicht heute nicht mehr aus. Die Schokolade und der Wettbewerb haben sich viel zu sehr entwickelt. Die banale belgische Basisschokolade als Träger der manchmal durchaus kreativen Kompositionen genügt einfach nicht mehr.
Das wohl bekannteste, erfolgreichste und beste Produkt ist die Rosa-Pfeffer-Schokolade. Soweit ich mich erinnern kann, war das tatsächlich eine Innovation des Unternehmens Dolfin. Wobei die große Tafel früher aufgestreute Pfefferkörner hatte, was heute nicht mehr so ist. Da wird Dolfin viele Freunde dieser Schokolade verloren haben.
Die puren Schokoladen sind ein Abbild der banalen Basisschokolade der veredelten Schokoladen. Aber das größte Problem besteht darin, dass fast ausschließlich mit Aromastoffen gearbeitet wird, ähnlich wie bei New Tree oder auch Café-Tasse. Eine Zitronenschokolade hat dann zwar ein Zitronenaroma, aber keinen Zitronen- bzw. Fruchtcharakter. Das hat vielleicht vor 15 Jahren funktioniert, mittlerweile gibt es aber Firmen, die gute Produkte mit echter Frucht und ohne Aromastoffe produzieren – zum Beispiel Antica Dolceria Bonajuto.

Empfehlung:
Für Liebhaber veredelter Schokoladen mag die eine oder andere Sorte interessant sein. Alle anderen werden keine Freude (mehr) an Dolfin haben.

DOMORI

Italien (None, Turin)
www.domori.com

Verarbeitungsstufe: **Bean-to-bar**

Das Unternehmen, das maßgeblich zur Etablierung des Schokoladenkults beitrug, wurde von Gianluca Franzoni Mitte der neunziger Jahre gegründet. Im Jahr 2006 übernahm der italienische Kaffeekonzern Illy die Mehrheit an Domori. Gianluca Franzoni, alias Mack Domori, ist auch heute noch Präsident von Domori und beschäftigt sich weiterhin mit der Beschaffung des Kakaos und der Repräsentation des Unternehmens.
Die von Domori hergestellte Schokoladenqualität ist etwas ganz Besonderes. Kein anderer Chocolatier hat es geschafft, eine so konstante und prägende Qualität zu produzieren. Domori war und ist der Maßstab aller Hersteller weltweit. Hervorzuheben ist das wissenschaftliche Engagement bei der Kultivierung der Kakaobohnen und die Zusammenarbeit mit der Hacienda San José in Venezuela.
Einzigartig ist die Vielfalt der raren Bohnen, die verarbeitet werden. Die Auswahl der unterschiedlichen Ursprungsschokoladen ist überschaubar, aber ausreichend. Leider fehlt die eine oder andere interessante Ursprungsschokolade. Nur zu gerne würde ich eine Domori-Schokolade aus einer einfachen Kakaobohne, z. B. aus Sao Tomé oder Ghana, probieren. Hier haben andere Unternehmen gezeigt, dass auch in einer einfachen Forastero-Bohne Potenzial für eine bemerkenswerte Schokolade liegt. Bei Domoris Können ist das Ergebnis zu erahnen.
Etwas verstörend waren die vielen Design- und Formatänderungen in den letzten Jahren. Sorten wurden eingestellt, um dann wie Phoenix aus der Asche wieder zu erscheinen. Dies kann natürlich an der Veränderung der Gesellschafterstruktur und der damit verbundenen Umstrukturierung gelegen haben. Hoffen wir, dass das Unternehmen nun seine Identität gefunden hat. Mir gefällt das neue Design auf jeden Fall sehr gut.
Bei der Schokoladenherstellung wird sowohl auf den Zusatz von Soja-Lecithin als auch auf Kakaobutter verzichtet. Lediglich ein geringer Anteil von Produkten wird mit zusätzlicher Kakaobutter produziert (meines Wissens nach die Kuvertüren und Dragées). Außer Schokolade produziert Domori Nougat, überzogene Früchte, Trinkschokolade und Riegel (Snacks mit Getreide und Früchten sowie Ingwer und Guarana) und andere Spezialitäten.

Produktbewertungen

- Produkt: (Dunkel) Chuao 70 %, Punkte: 97,60
  Preis/Menge: 4,30 EUR / 25 g
  Sensationeller Schmelz, tolle Aromen, sehr harmonisch. Eine äußerst seltene Sorte des Criollo-Kakaos, angebaut seit dem Jahre 2002 auf der Plantage der Hacienda San José.
  Aromaprofil (Herstellerangabe):Die weißen Bohnen verleihen der Schokolade große Zartheit und Rundheit mit Nuancen von Rahm, Honig und Trockenobst.

- **Produkt: (Dunkel) Porcelana 70 %, Punkte: 96,20**
  Preis/Menge: 4,10 EUR / 25 g
  Sensationeller Schmelz, tolle Aromen, harmonisch. Würzig-mild und leicht fruchtig.
  Aromaprofil (Herstellerangabe): Nuancen von Brot, Butter und Marmelade für eine begeisternde Vollkommenheit. Ich schmecke zusätzlich ein deutliches Aroma von frisch fermentierten Kakaobohnen.

- **Produkt: (Dunkel) IL100 %, Punkte: 95,60**
  Preis/Menge: 3,00 EUR / 25 g
  Hier ist kein Zucker enthalten? Extrem aromatische und sanfte 100 %ige. Super Schmelz, cremig und nicht zu bitter. Säure massvoll und so gut wie nicht adstringierend.
  Aromaprofil (Herstellerangabe): Honig, Trockenobst, Datteln, Haselnüsse, Rahm, Gewürze.

- **Produkt: (Dunkel) Canoabo 70 %, Punkte: 95,05**
  Preis/Menge: 4,10 EUR / 25 g
  Eine extrem helle Schokolade. Farbe fast wie Milch-Schokolade. Mit viel Charakter, würzig im Aroma, lieblich, samtig-sahnig, weich, sehr harmonisch.
  Aromaprofil (Herstellerangabe): Sahne, Datteln und Mandeln. Ausgezeichnete Rundheit und lang anhaltender Geschmack.

- **Produkt: (Dunkel) Rio Caribe 70 %, Punkte: 94,25**
  Preis/Menge: 2,50 EUR / 25 g
  Charakterreiche Schokolade mit sehr angenehmen Aromen und tollem Schmelz.
  Aromaprofil (Herstellerangabe): Trockenfrüchte, reife Früchte, Rosinen, Tabak und Chlorophyll.

- **Produkt: (Dunkel) Puertomar 70 %, Punkte: 91,50**
  Preis/Menge: 4,10 EUR / 25 g
  Intensive Aromen, cremig-würzig. Überraschend intensive Röst-Aromen, recht sauer und leicht adstringierend.
  Aromaprofil (Herstellerangabe): Nuancen von Rahm, Gewürzen, Mandeln, Kirschmarmelade. Exzellente Zartheit und abgerundete Vollkommenheit.

- **Produkt: (Dunkel) Arriba 70 %, Punkte: 90,50**
  Preis/Menge: 2,50 EUR / 25 g
  So sollte das Aroma von Nacional-Kakao in einer Schokolade sein. Weder sauer, noch adstringierend. Würzig-blumiges Aroma, leicht nussig.
  Aromaprofil (Herstellerangabe): Haselnuss, Banane und Zitrusfrüchte. Frisch und delikat.

- **Produkt: (Dunkel) Teyuna 70 %, Punkte: 90,50**
  Preis/Menge: 2,50 EUR / 25 g
  Hat alles, was eine besondere Schokolade haben sollte. Würzig-aromatisch, sehr dezent fruchtig und adstringierend, harmonisch, mit leichtem Röstaroma, angenehm herb und dem typischen Domori-Geschmack.
  Aromaprofil (Herstellerangabe): Cashewkerne und Honig. Süß und lang anhaltend.

- **Produkt: (Dunkel) Puertofino 70 %, Punkte: 90,45**
  Preis/Menge: 4,10 EUR / 25 g
  Aromatische Sensation, würzig und dezent blumig mit etwas Frucht, perfekter Schmelz und Geschmack.
  Aromaprofil (Herstellerangabe): Nuancen von Karamell, Tabak, Nuss, Papaya, Unterholz, Pilzen und Datteln.

- **Produkt: (Dunkel) Sambirano 70 %, Punkte: 90,00**
  Preis/Menge: 2,50 EUR / 25 g
  Die Erwartungen an eine Madagaskar-Schokolade werden erfüllt. Sehr fruchtig, toller Schmelz.
  Aromaprofil (Herstellerangabe): rote Früchte von angenehmer Säure.

- Produkt: (Dunkel) Sur del Lago 70 %, Punkte: 89,05
  Preis/Menge: 2,50 EUR / 25 g
  Aromareicher Kakao wunderbar in Szene gesetzt. Leicht adstringierend und auch etwas sauer.
  Aromaprofil (Herstellerangabe): Mandeln und Kaffee.

- Produkt: (Dunkel) Il Blend 70 %, Punkte: 88,70
  Preis/Menge: 2,70 EUR / 25 g
  Toller Blend feiner Criollo-Bohnen. Harmonische Komposition.
  Aromaprofil (Herstellerangabe): rote Beeren, Trockenfrüchte, Haselnüsse, Rahm, Gewürze.

- Produkt: (Dunkel) Apurimac 70 %, Punkte: 88,00
  Preis/Menge: 2,50 EUR / 25 g
  Mit dezenter Säure, angenehm herb, sehr schöner Schmelz und ganz, ganz leicht adstringierend, was aber in diesem Fall harmonisch ist.
  Aromaprofil (Herstellerangabe): Blüten, Karamell und Rahm. Sehr delikat, leicht säuerlich.

- Produkt: (Milch) Javagrey 45 %, Punkte: 83,00
  Preis/Menge: 3,00 EUR / 25 g
  Hat einen etwas unangenehmen Beigeschmack des geräucherten Java-Kakaos, schmeckt insgesamt aber dennoch sehr gut. Hergestellt mit Milchpulver vom Grauen Vieh (siehe Tiroler Edle):
  Aromaprofil: Geräucherte Kakaobohnen, Malz, Karamell.

- Produkt: (Weiße) Biancomenta, Punkte: 95,50
  Preis/Menge: 3,00 EUR / 25 g
  Perfektes und natürliches Minzaroma. Mit vielen Minzblättern, cremig und zartschmelzend.

- Produkt: (Weiße) Biancoliquirizia, Punkte: 94,10
  Preis/Menge: 3,00 EUR / 25 g
  Perfektes Lakritzaroma, hergestellt mit Lakritze aus Kalabrien. Extrem aromatisch.

- Produkt: (Weiße) Cappuccino, Punkte: 88,30
  Preis/Menge: 3,00 EUR / 25 g
  Sehr gutes Kaffeearoma, insgesamt etwas zu süß, angenehmer Schmelz.

- Produkt: (Veredelt) Lattesal 45 %, Punkte: 91,15
  Preis/Menge: 3,00 EUR / 25 g
  Perfekt ausbalancierte Milchschokolade. Dezent, aber gut salzig, milchig, cremig, karamellig. Das Salz kommt aus Guérande.

- Produkt: (Veredelt) Barrique 65 %, Punkte: 92,05
  Preis/Menge: 3,00 EUR / 25 g
  Angenehm gewürzte dunkle Schokolade mit tollem Kakaoaroma. Gewürze: Rosenpfeffer, Zimt und Macis.

- Produkt: (Veredelt) Peperoncino 60 %, Punkte: 90,45
  Preis/Menge: 3,00 EUR / 25 g
  Die dunkle Schokolade, hergestellt aus kolumbianischem Teyuna-Kakao, bildet eine wunderbare Basis für das indische Chili, mit feiner Schärfe, sehr elegant.

- Produkt: (Veredelt) Latte amaranto 41 %, Punkte: 88,00
  Preis/Menge: 3,00 EUR / 25 g
  Angenehme Milchschokolade, schmackhaft und knusprig, mit Puffamarant angereichert, milchig, kakaoig und nicht zu süß.

- Produkt: (Nougat) La Crema Gianduja, Punkte: 93,50
  Preis/Menge: 13,00 EUR / 200 g
  Kaum noch besser zu machen. Ohne Kakao oder Kakaopulver. Schmeckt sehr nussig und ist mit angenehmer Süße.

- Produkt: (Nougat) La Crema Gianduja et Torrone, Punkte: 93,50
  Preis/Menge: 13,00 EUR / 200 g
  Die Torrone-Stückchen in der Creme sind wie das Sahnehäubchen auf dem Stück Kuchen.

Die weiblichen Tester haben diese Crema geliebt und der puren Version vorgezogen.

- Produkt: (Nougat) Il Gianduja Giandujotto, Punkte: 91,60
  Preis/Menge: 7,50 EUR / 100 g
  Feine Nougataromen, mit deutlichem und angenehmem Kakaocharakter.

- Produkt: (Nougat) Il Gianduja Fondente 38 %, Punkte: 87,50
  Preis/Menge: 6,70 EUR / 75 g
  Ein wenig zu fettes Gianduja. Arriba-Kakao und Haselnusspaste aus Piemont.

Fazit:
Domori bleibt bei dunkler Schokolade der Maßstab aller Dinge. Nicht jede Schokolade ist ein Volltreffer, jedoch kann insgesamt kein anderer Hersteller dieses hohe Niveau vorweisen. Mittlerweile setzt Domori aber auch Maßstäbe in anderen Kategorien.
Das Trio Porcelana, Puertomar und Puertofino kann seit Jahren das hohe Qualitätsniveau halten. Dazu gesellt sich neuerdings die Chuao, deren Kakao seit 2002 auf der Hacienda San Josè angebaut wird. Das Ergebnis ist eine grandiose Schokolade, die den ersten Platz in der Kategorie der dunklen Schokoladen zurecht besetzt. Drei dieser vier Schokoladen dürften als Benchmark von Domori-Schokolade oder von Schokolade generell angesehen werden. Es wird sehr schwer sein, diese Qualität in Zukunft weiter zu toppen.
Eigentlich mache ich um 100 %ige Schokoladen einen großen Bogen, Domoris IL100 % jedoch verdient die Beachtung jedes Chocoholics. Mein erster Gedanke war, dass hier doch Zucker enthalten sein müsse! Die Schokolade ist extrem mild, kaum sauer, maßvoll bitter, sanft und sehr aromatisch. Unvorstellbar, dass man das noch toppen kann.
Überrascht haben mich die veredelten weißen Schokoladen. Die Minze besitzt ein sensationelles Minzaroma, ebenso wie die Lakritze sehr angenehm nach Lakritze schmeckt. Die Cappuccino hat auch ein gutes Aroma, ist aber insgesamt etwas zu süß.
Beim Nougat gibt es extreme Unterschiede. Die Aufstriche sind sehr, sehr gut, die Nougattafel ist eher mittelmäßig, das Giandujotto wiederum ist toll gelungen. Auch die veredelten Schokoladen verdienen Beachtung, da alle Zutaten wohldosiert sind. Ob ein Klassiker wie Barrique oder eine Latte Amaranto, gefallen haben sie alle sehr gut.
Domori-Produkte kann man nahezu blind kaufen. Einzig die geräucherten Java-Schokoladen gefallen nicht, beim Rest kann man einfach nichts falsch machen. Lediglich der hohe Preis macht es schwer, regelmäßig Domori-Produkte zu kaufen. Das kann sich einfach nicht jeder leisten.

Empfehlung:
Die Ursprungsschokoladen empfehlen sich allen Liebhabern reiner dunkler Schokolade, die hochprozentigen dunklen Schokoladen allen Chocoholics. Hier muss man die IL100 % probiert haben. Nougatliebhaber sollten auf jeden Fall die Aufstriche und das Giandujotto probieren. Sie sind eine Sünde wert.
Liebhaber veredelter weißer Schokolade kommen an Domori nicht vorbei. Die Biancomenta bleibt einem noch sehr lange in Erinnerung.

DONOVANS CHOCOLATES

Neuseeland (Te Rapa Hamilton)
www.donovanschocolates.co.nz

Verarbeitungsstufe: **Standard-Schokolade**

Kennen gelernt habe ich das Unternehmen zufällig während der ISM in Köln im Januar 2011. Ich hatte schon die Hoffnung, eine kleine Perle gefunden zu haben. Leider hat sich diese Erwartung nicht erfüllt.
Gegründet wurde das nun in zweiter Generation von Mark & Paul Donovan geführte Unternehmen von Patrick Donovan. Die Spezialität des Hauses sind Butter Fudges, aber auch gefüllte Schokoladen werden produziert, besonders stolz ist man auf die Feijoa-Produkte.

Produktbewertungen

- Produkt: (Milch) Milk 35 %, Punkte: 50,40
  Preis/Menge: 4,50 NZD / 2,53 EUR / 80 g
  Diese Schokolade ist leider nicht besser als jede banale Industrieschokolade, wobei hier absolut kein Aroma vorhanden und der Schmelz sehr klebrig ist.

- Produkt: (Veredelt) Feijoa, Punkte: 41,00
  Preis/Menge: 4,50 NZD / 2,53 EUR / 80 g
  Hat nichts mit Feijoa (Guave) zu tun. Geschmack billiger Bonbons.

- Produkt: (Konfekt) Butter Fudge, Punkte: 60,00
  Preis/Menge: 8,00 NZD / 4,50 EUR / 240 g
  Traditionelle Butter Fudge, hergestellt mit 16 % neuseeländischer Butter. Buttrig, fest, aromatisch. Etwas raues Mundgefühl und süß.

- Produkt: (Konfekt) Feijoa Truffle, Punkte: 41,00
  Preis/Menge: 8,00 NZD / 4,50 EUR / 156 g
  Ähnelt sehr der Schokoladentafel, ebenso künstlich im Geschmack.

Fazit:
Die Butter Fudges sind garantiert mit neuseeländischer Butter hergestellt und geschmacklich ganz in Ordnung, ich habe aber schon viel bessere Fudges gegessen.
Die Milchschokolade ist schon übel, aber die Feijoa-Schokolade ist kaum genießbar. Sowohl die Schokolade, als auch das Konfekt schmecken nach billigen Bonbons, beide haben kaum etwas mit Guave zu tun (Feijoa ist eine Guavenart).

Empfehlung:
Leider ist keine Empfehlung möglich.

DOUBLE SEPT

Japan (Kyoto)
www.kyoto-choko.com

Verarbeitungsstufe: **Standard-Schokolade**

Das Unternehmen wurde von Tsutomu Kitagawa gegründet und existiert erst seit Oktober 2010. Die Produkte sind in französischer Tradition in der für Japan üblichen Perfektion hergestellt. Mayumi hat mir einmal mehr geholfen, einige Sorten des Konfekts zu bekommen. Leider war es nicht möglich, mehr Informationen über das Unternehmen zu erhalten.

Produktbewertungen

- Produkt: (Konfekt) Strong Ginger,
  Punkte: 84,00
  Preis/Menge: 1.550 JPY / 13,76 EUR / 51 g
  Deutliche Ingweraromen mit ordentlicher und angenehmer Schärfe. Mit kandierten Ingwerstückchen. Angenehm weich und cremig.

- Produkt: (Konfekt) Earl Grey: Punkte: 81,00
  Preis/Menge: 1.550 JPY / 13,76 EUR / 51 g
  Sehr gutes Teearoma, mit Teeblättern, was aber ausnahmsweise mal nicht stört.

- Produkt: (Konfekt) Bitter Carupano:
  Punkte: 79,80
  Preis/Menge: 1.550 JPY / 13,76 EUR / 51 g
  Pure dunkle Ganache. Kakaoig-schokoladig, nicht süß und angenehm herb, weich-cremig.

- Produkt: (Konfekt) Ginger: Punkte: 75,00
  Preis/Menge: 1.550 JPY / 13,76 EUR / 51 g
  Gutes Ingweraroma, dunkle Ganache harmoniert gut. Sehr schön cremig.

- Produkt: (Konfekt) Maccha Green Tea:
  Punkte: 72,00
  Preis/Menge: 1.550 JPY / 13,76 EUR / 51 g
  Sehr dominates Aroma, Teegeschmack grasig, etwas bitter und leicht adstringierend. Zu extrem, aber empfehlenswert für Fans grünen Tees.

Fazit:
Alle fünf Sorten sind von guter bis sehr guter Qualität. Tsutomu Kitagawa hat einen guten Start hingelegt und wir können sicher noch viel Gutes von ihm erwarten.

Empfehlung:
Alle Sorten sind für Liebhaber von Konfekt in französischer Tradition empfehlenswert.

DREIMEISTER

Deutschland (Werl)
www.dreimeister.de

Verarbeitungsstufe: **Standard-Schokolade**

Es waren einmal drei Konditormeister, die sich so gerne mochten, dass sie gemeinsam ein Unternehmen gründeten. Feines Konfekt wollte man in bester Konditorenkunst herstellen. Diese drei Herren, die das Unternehmen DreiMeister-Spezialitäten GmbH im Jahre 1972 gründeten, waren Hans Schröder aus Werl, Günther Schulte aus Hamm und Norbert Frochte(-Peters) aus Lippstadt. Ziel war es, mit der gemeinsamen Produktion die eigenen Betriebe zu entlasten und Spezialartikel rationeller fertigen zu können. Dann kam aber der Tag, an dem man sich dann doch nicht mehr so sehr mochte und getrennte Wege ging. Günther Schulte schied bereits im Jahre 1980 als Gesellschafter aus, Norbert Frochte folgte im Jahre 1987. Er gründete eine eigene Pralinenherstellung, die Peters GmbH. Im Januar 1988 startete Hans Schröder mit seinem Sohn Hans-Wilhelm Schröder einen Neubeginn. Seitdem konnte Hans-Wilhelm Schröder den Umsatz seines Unternehmens kontinuierlich steigern. Umtriebig und tüchtig ist er, allseits präsent und bestens unterrichtet. Es gibt kaum einen potenziellen Kunden, der nicht schon von ihm besucht wurde.
Mit seinen Gold-Dublonen hat er auch noch seinen Goldesel gefunden. Mit einfacher Ursprungsschokolade, auf edel getrimmt, sprang er noch rechtzeitig, oder vielleicht sogar zu einem perfekten Zeitpunkt, auf den Zug auf. Heute dürfte er wohl mit den größten Absatz an Ursprungsschokolade in Deutschland haben. Und das bei einer nicht wirklich berauschenden Qualität und Vanillin in der Zutatenliste.
Früher war das Design sehr einfach, konservativ und bieder. Mittlerweile trifft das Unternehmen mit seinem Design recht häufig den Zeitgeist.
Wie wohl die meisten deutschen Hersteller verarbeitet auch DreiMeister Standard-Schokolade von Callebaut und Belcolade.

Produktbewertungen

- Produkt: (Veredelt) Chili-Sauerkirsche,
  Punkte: 49,00
  Preis/Menge: ca. 4,50 EUR / 100 g
  Viel zu wenig Sauerkirschen und diese sind zäh, aber wenigstens aromatisch.

- Produkt: (Weiße) Orange-Ingwer-Chutney,
  Punkte: 49,00
  Preis/Menge: ca. 4,50 EUR / 100 g
  Hat ein gutes Orangenaroma, aber zu wenig Ingwerstückchen. Ingwer könnte aromatischer sein.

- Produkt: (Weiße) Himbeere, Punkte: 58,00
  Preis/Menge: ca. 4,50 EUR / 100 g
  Fruchtig-sauer, aber die gefriergetrockneten Himbeeren sind unangenehm zwischen den Zähnen.

- Produkt: (Schachtel) Die Besten,
  Punkte: 51,19
  Preis/Menge: ca. 4,50 EUR / 100 g
  Insgesamt sind Die Besten geschmacklich gar nicht so schlecht, aber mit Vanillin als Zutat kann man keinen Blumentopf gewinnen.

  Konfekt-Einzelbewertungen:
  Eierlikör: Punkte: 58,00
  Schmeckt nach Eierlikör, aber dezent. Ist angenehm cremig und nicht zu süß.
  Macadamia: Punkte: 57,00
  Sehr fette Macadamia-Nougat-Füllung, ist aber bei Macadamia meistens so. Gutes Aroma, aber sehr mächtig. Angenehm cremig.
  Kirschwasser: Punkte: 56,50
  Schmeckt alkoholisch, aber ob das Kirschwasser ist? Schön cremige und geschmeidige Füllung.

Mandel Amaretto: Punkte: 55,00
Schade, dass Vanillin enthalten ist. Diese Sorte ist sehr schmackhaft. Man schmeckt Mandeln und Amaretto. Die knusprigen Mandeln außen sind angenehm aromatisch.
Rum: Punkte: 49,00
Kräftiges Rumaroma, stark alkoholisiert. Für wahre Liebhaber von Rumtrüffel.
Butter: Punkte: 49,00
Ich kann die hellbraune Füllung nicht identifizieren, schmeckt aber nicht zu unangenehm.
Tiramisù: Punkte: 44,00
Typisches deutsches Tiramisù-Konfekt. Schmeckt nach etwas Kaffee, nach etwas Alkohol und nach etwas Schokolade.
Champagner: Punkte: 41,00
Kein schlechtes Marc-de-Champagne-Konfekt. Vielleicht ein Tick zu süß, aber durchaus aromatisch.

- Produkt: (Schachtel) Neuheiten 2011,
Punkte: 48,56
Preis/Menge: ca. 4,50 EUR / 100 g
Insgesamt enttäuschen die Neuheiten, auch wenn die eine oder andere Sorte (Himbeer-Panna-Cotta oder Kokos) ordentlich gelungen ist. Aber auch hier ist das Vanillin fehl am Platz.

Konfekt-Einzelbewertungen:
Orange: Punkte: 57,00
Innen weiße Füllung, nur mit Aromastoffen aromatisiert. Daher auch nicht sehr fruchtig und relativ süß.
Kokos: Punkte: 52,00
Gutes Kokosaroma. Außen knusprig, aber etwas zu süß.
Himbeer-Panna-Cotta: Punkte: 52,00
Zweifach gefüllt, fruchtig, aber nur dezentes Himbeeraroma, es mangelt an Fruchtcharakter.
Pflaume: Punkte: 51,00
Durchaus pflaumig, aber auch etwas zu süß. Außen Fruchtpulver, innen mit Pflaumengeist. Diesem mangelt es an Aroma.
Meersalz: Punkte: 49,00
Relativ fest und süß, aber angenehm salzig.
Lakritz: Punkte: 45,50
Deutlicher Lakritz-Geschmack, jedoch etwas zu bitter und unharmonisch.
Cranberry-Panna-Cotta: Punkte: 44,00
Fruchtig-sahnig, zweifach gefüllt. Leicht alkoholisiert, aber nett gemacht.
Nougat-Edel-Kirsch: Punkte: 38,00
Trockenes Marzipan, billiger Nougat und kaum Kirscharoma.

Fazit:
Geschmacklich war das Konfekt gar nicht schlecht. Da kann es mit vielen anderen deutschen Confiseuren mithalten. Was aber zu einer massiven Abwertung beiträgt, ist das Vanillin in allen Zutatenlisten. Wahrscheinlich kommt das Vanillin aus der verwendeten Schokolade oder aus dem verwendeten Butterreinfett, das ja oft Vanillin beinhaltet. Daher ein kurzer offener Brief an Hans-Wilhelm Schröder:
Lieber Hans-Wilhelm,
wir schreiben das Jahr 2012 und es sollte auch bis nach Werl durchgedrungen sein, dass heutzutage künstliche oder naturidentische Aromastoffe in Schokoladenprodukten uner-

wünscht sind. Auch wenn wir uns fast zwei Jahrzehnte lang immer wieder gekabbelt und uns gegenseitig die Kunden abgenommen haben, meine Bewertung basiert rein auf der Verkostung der Produkte und der Beurteilung der Zutatenlisten. Ohne das Vanillin hätten die DreiMeister-Produkte gar nicht so schlecht abgeschnitten.
Gerne verkoste ich die Produkte neu, falls die Produkte irgendwann einmal ohne Vanillin auskommen. Ohne Vanillin wären drei Kakaofrüchte als Unternehmensbewertung mehr als gerecht gewesen.
Liebe Grüße Georg Bernardini
Am besten hat mir die Sorte Mandel Amaretto gefallen, die Rum-Trüffel ist ordentlich beschwipst, was aber in Ordnung geht. Auch ganz gut gelungen sind die Tiramisù und die Macadamia. Kaum gefallen haben die veredelten Schokoladen, die allesamt etwas lieblos produziert sind.

Empfehlung:
Aufgrund der Verwendung von Vanillin ist leider keine Empfehlung möglich.

EL CEIBO

Bolivien (La Paz)
www.elceibo.com

Verarbeitungsstufe: **Bean-to-bar plus (Tree-to-bar)**

El Ceibo – ein weiterer Tree-to-Bar-Hersteller – ist eine seit 1977 bestehende bolivianische Kooperative mit mittlerweile über 1.200 Mitgliedern. Der Kakao wächst auf ca. 400 Metern Höhe in Alto Beni im tropischen Norden Boliviens. Die Schokoladenfabrik wiederum befindet sich auf ca. 4.000 Metern Höhe in den Anden Boliviens.
Die Schokoladen entstanden in Kooperation mit Chloe Chocolat. Chloe Doutre-Roussel war u. a. von 2003 bis 2006 Chefeinkäuferin für Schokoladenprodukte bei Fortnum & Mason in London. Seit 2006 ist sie in der Schokoladenbranche beratend tätig. Zwei Jahre lang begleitete sie El Ceibo beim Aufbau der Produktreihe und der Markenstrategie.
Es ist noch nicht lange her, dass die Beteiligung der Bauern beim Verkauf der Kakaobohnen endete. Dass Kakaobauern darüber hinaus am Gewinn beteiligt werden, ist eine sehr erfreuliche Entwicklung.

Produktbewertungen

- Produkt: (Dunkel) Heritage Beans 75 % Limited Edition, Punkte: 90,20
  Preis/Menge: 4,00 EUR / 80 g
  Mächtig, herb, schwer, aromatisch, guter Schmelz und nicht adstringierend. Eine sehr überraschende Schokolade.
  Aromaprofil: Pflaume, Melasse, Mandeln, Gewürze, Akazien.

- Produkt: (Dunkel) Fine Dark Chocolate 75 % Cocoa Beans, Punkte: 79,20
  Preis/Menge: 4,00 EUR / 80 g
  Toller Schmelz, leicht sauer und für 75 % dezent herb. Aromaprofil: Zitrusfrüchte, Tropenholz.

- Produkt: (Veredelt) Bolivian Specialty Coffee in dark Milk Chocolate 60 %, Punkte: 92,40
  Preis/Menge: 4,00 EUR / 80 g
  Eine sehr dunkle, vollmundige, milchig-kakaoige Milchschokolade mit angenehmer Süße. Tolles Kaffeearoma. Mit Stückchen von Kaffeebohnen, die von durch die Organisation Cup of Excellence ausgezeichneten Plantagen in Caranavi stammen.

- Produkt: (Veredelt) Fine Dark Chocolate 77 % Cocoa Nibs & Uyuni Salt, Punkte: 72,00
  Preis/Menge: 4,00 EUR / 80 g
  Leicht adstrinigierend, relativ bitter und zu wenig Salz, aber mit knackig-knusprigen Kakao-Nibs.

Fazit:
Die Produkte sind erstaunlich gut gelungen. Das hatte ich so nicht erwartet. Die Ergebnisse verdienen Respekt und Anerkennung.
Erstaunlich ist der etwas an Domori erinnernde Grundgeschmack der dunklen Schokoladen. Besonders auffällig ist die Ähnlichkeit bei der 75 %igen Heritage Limited Edition. Diese Schokolade hat nicht ganz die Finesse und Harmonie einer Domori-Schokolade, schmeckt jedoch ausgezeichnet.

Empfehlung:
Die Kaffeeschokolade ist eine der besten auf dem Markt, sie sollte von allen Kaffeeliebhabern gekostet werden.
Die dunklen Schokoladen sind für alle empfehlenswert, die komplexe Aromen und eine überdurchschnittliche Intensität mögen.

EL REY

Venezuela
www.chocolateselrey.com

Verarbeitungsstufe: **Bean-to-bar**

Im Jahre 1929 gründeten José Rafael Tuozzo und Carmelo Zozaya in Venezuela das Unternehmen Tuozzo Zozaya and Company, zur damaligen Zeit erst das zweite Schokoladenunternehmen in Venezuela. Im Jahre 1973 ging die Familie Zozaya, die inzwischen alleiniger Inhaber war, eine Partnerschaft mit der Redmond-Familie ein. Das Unternehmen wird vom Familienunternehmen in eine Aktiengesellschaft umgewandelt und in Chocolates El Rey (der König) umbenannt. Heute ist das Unternehmen einer der wenigen Schokoladenhersteller, die im Ursprungsland Bean-to-bar-Schokoladen herstellen. El Rey verarbeitet ausschließlich Kakaobohnen aus Venezuela.
Die klassische Produktlinie wird aus Kakaobohnen der Sorte Carenero Superior hergestellt. Seit einiger Zeit gesellt sich eine zweite Produktlinie hinzu, hergestellt aus Kakaobohnen der Sorte Rio Caribe.
Als Besonderheit muss die weiße Schokolade hervorgehoben werden, die mit einem nicht unerheblichen Anteil an naturbelassener Kakaobutter hergestellt wird und dadurch einen ausgeprägten Kakaogeschmack besitzt.
Leider sind die El-Rey-Produkte in Europa so gut wie nicht erhältlich. Über Umwege und dank Mark von C-Spot konnte ich aber Muster bekommen. Die Schokoladen sind seit Anfang des Jahres auch außerhalb Europas nicht mehr erhältlich. Wann El Rey wieder Tafeln anbieten wird, ist noch unklar.

Produktbewertungen

- **Produkt:** (Dunkel) Rio Caribe Macuro 70 %, **Punkte:** 84,50
  Preis/Menge: 3,25 USD / 2,70 EUR / 80 g
  Sehr würzig-aromatisch, kaum bitter und ohne Säure oder Adstringens. Sehr schöner und feiner Schmelz. Eine richtig milde Schokolade.
  Aromaprofil: Vanille, Maronen, sanfte Tropenfrüchte, Eukalyptus.

- **Produkt:** (Dunkel) Rio Caribe Cariaco 60.5 %, **Punkte:** 82,00
  Preis/Menge: 3,25 USD / 2,70 EUR / 80 g
  Angenehm würziges Aroma, weder bitter, noch sauer oder adstringierend, jedoch etwas zu süß, mit tollem Schmelz.
  Aromaprofil: Rahmkaramell, Beeren, Feigen, getrocknete Tropenfrüchte.

- **Produkt:** (Dunkel) Apamate 73.5 %, **Punkte:** 81,00
  Preis/Menge: 3,25 USD / 2,70 EUR / 80 g
  Würzig und mit leichter Fruchtigkeit. Ein Hauch von Adstringens, was aber nicht stört. Angenehm bitter.
  Aromaprofil: Kirschen, Vanille, Karamell, leicht erdig.

- **Produkt:** (Dunkel) Gran Saman 70 %, **Punkte:** 76,00
  Preis/Menge: 3,25 USD / 2,70 EUR / 80 g
  Würzige Aromen und mit leichter Adstringens. Hat einen etwas sandigen Schmelz.
  Aromaprofil: Tropische Früchte, Tropenholz, Honig.

- **Produkt:** (Dunkel) Mijao 61 %, **Punkte:** 70,00
  Preis/Menge: 3,25 USD / 2,70 EUR / 80 g
  Zu dezente Aromen und auch zu süß, mit gutem Schmelz.
  Aromaprofil: Blumig, Jasmin, Vanille, Himbeere.

- **Produkt:** (Dunkel) Bucare 58.5 %, **Punkte:** 69,00
  Preis/Menge: 3,25 USD / 2,70 EUR / 80 g
  Recht süß geraten und etwas dezentes Kakaoaroma. Sehr kurzer Abgang.
  Aromaprofil: Brauner Zucker, Kaffee, leicht erdig.

- **Produkt:** (Milch) Caoba 41 %, **Punkte:** 82,00
  Preis/Menge: 3,25 USD / 2,70 EUR / 80 g
  Aromatisch, kakaoig, milchig-cremig. Eine sehr angenehme und vielseitige Milchschokolade.
  Aromaprofil: Karamell, Malz, leicht torfig.

- **Produkt:** (Milch) Rio Caribe Irapa 40.5 %, **Punkte:** 81,00
  Preis/Menge: 3,25 USD / 2,70 EUR / 80 g
  Aromatisch, man schmeckt den Rio-Caribe-Kakao deutlich, leider aber etwas zu süß. Angenehm cremig-milchig.
  Aromaprofil: Ahornsirup, rote Beeren, Malz.

- **Produkt:** (Weiße) Icoa, **Punkte:** 88,00
  Preis/Menge: 3,25 USD / 2,70 EUR / 80 g
  Gewiss eine besondere weiße Schokolade. Beinhaltet nicht deodorisierte Kakaobutter, sodass man nicht nur Milchpulver, sondern auch Kakao schmeckt.
  Aromaprofil: Geröstete Macadamia und Mandeln, Honig, Vanille, Humus, leicht erdig.

Fazit:
El Rey repräsentiert die Kakaosorten Carenero Superior und Rio Caribe aus Venezuela. Die Herstellung im Land des Ursprungs der Bohne hat einen großen Reiz. Die begrenzte Auswahl an Produkten ermöglicht El Rey, sich auf das Wesentliche zu konzentrieren. Alle Schokoladen haben ihren Charme und man kann sagen, dass für jeden etwas dabei ist.
Zwischen den beiden Kakaosorten gibt es deutliche Unterschiede: Die Rio-Caribe-Schokoladen haben gegenüber den Carenero-Superior-Schokoladen deutlich komplexere und intensivere Aromen und mehr Raffinesse.

Empfehlung:
Für Chocoholics sind alle dunklen Schokoladen empfehlenswert. Vor allem kann man im direkten Vergleich hervorragend die Unterschiede der beiden Kakaosorten herausschmecken. Die weiße Schokolade empfiehlt sich neugierigen Schokoladenliebhabern und allen Chocoholics. Man schmeckt stark den Kakaogeschmack heraus, was für eine weiße Schokolade einzigartig ist.

EMILY'S CHOCOLATE

Japan (Okusawa, Tokyo)
www.emilys-chocolate.com

Verarbeitungsstufe: **Bean-to-bar**

Emily's Chocolate ist das neueste Mitglied in der Familie der Bean-to-bar-Hersteller und der erste Small-batch-bean-to-bar-Chocolatier in Japan. Erst seit Februar 2011 stellt Yasuyuki Sawamura (Yas), zusammen mit seiner Frau Emily, Schokolade von der Bohne weg her. Als Yas, der zuvor in einer Werbeagentur arbeitete, im Fernsehen einen Bericht über die Mast Brothers aus New York sah, war es um ihn geschehen – ihr Ausspruch „making chocolate is a very creative thing" gab die Initialzündung zur Idee, als erster Japaner kleine Chargen Kakaobohnen zu Schokolade zu verarbeiten.
Nicht ohne Stolz erhielt ich Ende Februar 2011 eine Schokolade aus der allerersten Charge. Die erste Emily's-Chocolate-Schokoladentafel, die Japan verlassen hat.
Es handelte sich um eine 80 %ige Venezuela-Mantuano-Schokolade. Der verwendete Zucker stammt aus Okinawa und außer etwas Kakaobutter aus Südamerika führt die Zutatenliste keine weiteren Zutaten auf.
Bei der Beschaffung von Mustern und Informationen von japanischen Chocolatiers und Confiseuren hat mir Mayumi Ogata enorm geholfen und auch für den Kontakt zu Yas verdient Mayumi ein besonderes Dankeschön.

Produktbewertungen

- Produkt: (Dunkel) Venezuelan Mantuano 80 %, Punkte: 86,10
  Preis/Menge: 1.260 JPY / 11,20 EUR / 75 g
  Aromatisch-würziges Aroma, leicht bitter mit dezentem Röstaroma. Für 80 %igen Kakaoanteil relativ mild.
  Aromaprofil: Gewürze (Zimt, Nelke, Vanille), Kaffee, grüne Oliven, leicht torfig.

Fazit:
Das erste Muster hat mir schon außerordentlich gut gefallen: ein aromatischer Kakao aus Venezuela, der zudem recht selten als Single Origin verarbeitet wird. Gerne hätte ich auch die Milchschokolade probiert, sie war aber leider noch nicht verfügbar.
Von Emily's Chocolate können wir noch viel erwarten, hoffentlich wird diese Schokolade auch außerhalb Japans erhältlich sein.

Empfehlung:
Für alle Chocoholics ein „must have".

ENDANGERED SPECIES

USA (Indianapolis, Indiana)
www.chocolatebar.com

Verarbeitungsstufe: **Schokolade nach Maß**

Das im Jahr 1993 in Oregons Rogue Valley gegründete Unternehmen hat sich der Rettung gefährdeter Spezies, der Nachhaltigkeit sowie dem fairen Handel verschrieben. 10 % des Netto-Gewinns werden für die Erhaltung von Lebensräumen gespendet. Unterstützt werden diverse Organisationen, wie zum Beispiel die African Wildlife Foundation.
Das heute in Indianapolis ansässige Unternehmen, welches sich in privater Hand befindet, ist involviert in die Kakaobeschaffung. Die aus fairem Handel stammenden Kakaobohnen kommen hauptsächlich aus Ecuador und der Elfenbeinküste.
Endangered Species verarbeitet die Kakaobohnen nicht selbst, sondern beauftragt einen Bean-to-bar-Hersteller mit der Produktion von Kuvertüre. In der Produktionsstätte von Endangered Species werden dann die Schokoladentafeln gegossen und verpackt.
Außer Schokoladentafeln werden auch diverse dragierte Produkte produziert. Auf allen Tafeln sind bedrohte Tiere oder deren Körperteile, wie Gesichter oder Augen, abgebildet.

Produktbewertungen

- Produkt: (Dunkel) 88 % Dark Chocolate, Punkte: 71,80
  Preis/Menge: 2,70 USD / 2,13 EUR / 85 g
  Kräftige Schokolade, relativ bitter und leicht adstringierend. Es handelt sich hierbei um Kakao aus Nigeria.
  Aromaprofil: Tabak, Leder, Grüne Oliven, Pilze, torfig.

- Produkt: (Dunkel) 72 % Dark Chocolate, Punkte: 65,50
  Preis/Menge: 2,70 USD / 2,13 EUR / 85 g
  Herb und leicht sauer mit Röstaroma.
  Aromaprofil: Geröstete Nüsse, Kaffee, torfig-waldig.

- Produkt: (Dunkel) 70 % Dark Chocolate, Punkte: 64,50
  Preis/Menge: 2,70 USD / 2,13 EUR / 85 g
  Leicht sauer und adstringierend. Dezente Aromen, mit sehr gutem Schmelz.
  Aromaprofil: Tropenholz, leicht torfig-waldig.

- Produkt: (Milch) 43 % Milk Chocolate, Punkte: 66,50
  Preis/Menge: 2,70 USD / 2,13 EUR / 85 g
  Folgt im Niveau den puren dunklen Schokoladen. Mit etwas Kakaocharakter und nicht zu süß.
  Aromaprofil: Malz, Karamell, Butter-Fudges.

- Produkt: (Veredelt) 72 % Dark Chocolate with Cacao Nibs, Punkte: 76,38
  Preis/Menge: 2,70 USD / 2,13 EUR / 85 g
  Kakao-Nibs sind reichlich vorhanden und schmackhaft. Harmonieren gut mit der dunklen Schokolade.

- Produkt: (Veredelt) 72 % Dark Chocolate with Espresso Beans, Punkte: 74,88
  Preis/Menge: 3,40 USD / 2,68 EUR / 85 g
  Mit Kaffeestückchen und insgesamt mit einem intensiven Kaffeegeschmack.

- Produkt: (Veredelt) 70 % Dark Chocolate with Goji Berry, Pecans & Maca, Punkte: 65,63
  Preis/Menge: 3,40 USD / 2,68 EUR / 85 g
  Beeren und Pecannüsse sind nur dezent schmeckbar. Niveau der Schokolade entspricht der puren Version.

- Produkt: (Dunkel) 70 % Dark Chocolate with Cacao Nibs, Yacon & Acai, Punkte: 65,33
  Preis/Menge: 3,40 USD / 2,68 EUR / 85 g
  Kakao-Nibs sind gut schmeckbar, Yacón und Acaibeeren fallen nur durch etwas Säure auf.

- Produkt: (Dunkel) 72 % Dark Chocolate with Cranberries & Almonds, Punkte: 65,28
  Preis/Menge: 3,40 USD / 2,68 EUR / 85 g
  Leider kaum Cranberries schmeckbar, auch zu wenig Mandeln. Schokolade vergleichbar mit der puren Version.

Fazit:
Die Verwendung des einfachen afrikanischen Kakaos lässt sich bei manchen dunklen Schokoladen herausschmecken, die teilweise bitter, sauer und auch adstringierend schmecken. Die Aromen sind leider etwas zurückhaltend, für einfachen Kakao aber dennoch ganz ordentlich.
Die veredelten Schokoladen sind mit Ausnahme der Espresso- und Kakao-Nibs-Varianten zu dezent aromatisiert.
Allen Verbrauchern, denen das Engagement des Unternehmens wichtig ist, empfehle ich, sich auf der sehr ausführlichen Internetseite zu informieren.

Empfehlung:
Allen Schokoladenliebhabern, die mit gutem Gewissen Schokolade essen möchten, sind diese Produkte zu empfehlen. Geschmacklich haben sie aber leider nicht allzu viel zu bieten und nur die Espresso- und die Kakao-Nibs-Sorten sind positiv hervorzuheben – und vielleicht die 88 % pure dunkle Schokolade.

ENRIC ROVIRA

Spanien (Barcelona)
www.enricrovira.com

Verarbeitungsstufe: **Standard-Schokolade**

Enric Rovira ist ein Ästhet, Visionär und leidenschaftlicher Pâtissier. Bereits seit 1993 bereichert er die Welt mit seinen Kreationen. Der Durchbruch gelang ihm mit der Nachbildung von Fassadenmosaiken des bekannten katalanischen Architekten Gaudí. Auch seine Rajoles-Schokolade, die Nachbildung von Pflastersteinen, die teilweise Barcelonas Gehwege schmücken, erlangten Berühmtheit. Sie wurden von Josep Puig i Cadafalch für das Haus Amatller in der Paseo de Gracia 41 entworfen.
In dieser Reihe könnte man viele Produkte Roviras aufzählen, sie sind kreativ, innovativ und in der Regel auch schmackhaft.
Spricht man von Enric Rovira, fällt häufig auch der Name Oriol Balaguer (ebenso Spanier und Pâtissier). Beide kennen sich gut und auch ihr Stil ist ähnlich. Ob und wer sich bei dem Anderen etwas abgeschaut hat, wissen wohl nur die beiden. Uns soll das nicht interessieren, auch wenn es immer wieder Produkte gibt, die sich nur unwesentlich unterscheiden.

Produktbewertungen

- Produkt: (Dunkel) Chocolate negro 80 % cacao Claudio Corallo, Punkte: 90,75
  Preis/Menge: 7,95 EUR / 100 g
  Unverfälschte Aromen der Claudio-Corallo-Kakaobohnen. Hergestellt von Claudio Corallo und von Rovira „nur“ kommerzialisiert. **Aromaprofil:** Fermentierte Früchte, milder Tabak, Torf.

- Produkt: (Schachtel) Planetarium,
  Punkte: 76,05
  Preis/Menge: 25,90 EUR / 105 g,
  Ein Design-Meisterwerk, das schon ein Klassiker ist. Heute eher „normale" Geschmackskompositionen, waren diese für die Verhältnisse, als das Produkt neu im Markt eingeführt wurde, innovativ, kreativ und progressiv. Wegweisend und Benchmark für die Branche, ist sie heute nur noch ein Schatten ihrer selbst. Durchschnittliche Qualität mit wenigen Highlights. Zu feste Füllungen, die nicht besonders cremig sind und auch keinen feinen Schmelz vorweisen. Heute gibt es einige Confiseure, die weitaus bessere Produkte herstellen. Alles in allem erscheint mir der Preis von 25,90 Euro für 105 g in keiner Weise gerechtfertigt.

Konfekt-Einzelbewertungen:
Plutón: Punkte: 93,00
Mandel-Nougat mit geröstetem Mais. Sehr gutes Aroma des gerösteten Mais', knusprig und leicht salzig. Mandel eher im Hintergrund.
Mercurio: Punkte: 85,50
Milch-Ganache mit gewürztem Karamell. Sehr angenehme Gewürze, leicht karamellig und nicht zu süß.
Saturno: Punkte: 82,00
Milch-Ganache mit Zitrone. Gutes Zitronenaroma, fruchtig-sauer.
Júpiter: Punkte: 76,00
Dunkle Ganache mit Orangen-Karamell. Gutes Orangenaroma, jedoch kaum Karamellcharakter.
Venus: Punkte: 73,00
Nougat mit gerösteten und karamellisierten Haselnüssen. Nussig, aber doch zu süß.
Urano: Punkte: 72,00
Bitter-Campari-Ganache. Ja, sie ist bitter und schmeck nach Campari, sie ist aber nicht sehr harmonisch.
Sol: Punkte: 72,00
Ganache mit Williams-Birne-Likör. Dezentes Birnenaroma, Alkoholgehalt angenehm. Könnte aber aromatischer sein.
Marte: Punkte: 71,00
Dunkle Ganache mit Earl Grey. Etwas zu wenig Teecharakter und relativ süß.
Neptuno: Punkte: 69,00
Dunkle Ganache mit Kaffee. Kaum Kaffeearoma, süß, banal. Schafft gerade einmal eine durchschnittliche Note.
Tierra: Punkte: 67,00
Keine besonders glückliche Komposition. Weiße Ganache-Füllung, die einfach zu süß ist, mit Salz und Jamaika-Pfeffer. Schmeckt nicht besonders gut und sehr unharmonisch.

Fazit:
Bei der Chocolate negro 80 % cacao handelt es sich wohl um die Chocolate sablé 80 % von Claudio Corallo. Eine Änderung der Rezeptur kann ich nicht feststellen. Sie ist sehr gut, aber das Kompliment gebührt Claudio Corallo und nicht Enric Rovira.
Ich erspare mir die Verkostung der anderen puren Schokoladentafeln, da diese auch nur in eine neue Form gegossen wurden. Von wem ihre Kuvertüre stammt, ist nicht bekannt. Diese Schokoladen werden für einen Preis von ca. fünf bis sechs Euro pro 100 g verkauft. Ohne den Hersteller dieser Schokoladen zu kennen, werde ich nicht so viel Geld dafür ausgeben. Dafür hat Enric Rovira genügend andere Produkte, die mich interessieren.

Das Konfekt hat ziemlich enttäuscht. Enric Rovira hat seinen Zenit erreicht oder sogar überschritten. Eine Beständigkeit oder gar Weiterentwicklung konnte ich leider nicht feststellen, eher einen Rückschritt.

Empfehlung:
Die Schokolade ist durchaus empfehlenswert, allerdings kann man auch gleich das Original von Claudio Corallo kaufen. Beim Konfekt stimmt das Preis-Leistungs-Verhältnis leider gar nicht. Für einen geringeren Preis wäre es aber durchaus in Ordnung.

ERICH HAMANN

Deutschland (Berlin)
www.hamann-schokolade.de

Verarbeitungsstufe: **Standard-Schokolade**

Erich Hamann, Sohn eines kinderreichen Memeler Reeders und Kapitäns, war gelernter Konditor und machte sich im Jahre 1912 selbstständig. Auf der Suche nach einer Besonderheit spezialisierte er sich auf „Bittere Schokolade", durch die er den Kakaogeschmack betonen wollte. Dadurch entstand sein Markenzeichen „Hamann – bittere Schokolade". Das erste Geschäft entstand in der Berliner Kurfürstenstraße, später eröffnete er eine eigene Fabrik am Kurfürstendamm. Von 1924 bis 1935 entstanden insgesamt sieben Läden, darunter 1928 ein eigenes Haus mit angeschlossener Fabrik in der Brandenburgischen Straße. Auch Hamann blieb vom Zweiten Weltkrieg nicht verschont. Den Wiederaufbau seiner in Scherben liegenden Existenz konnte er nur noch in den Anfängen miterleben, da er im Jahre 1949 verstarb. Seine Ehefrau Anna Hamann baute mit ehemaligen Mitarbeitern das Unternehmen fortan wieder auf. Heute wird das Unternehmen von Erich Hamanns Sohn Gerhard, dessen Frau Ingrid sowie dem Enkel Andreas Hamann geleitet. Noch heute werden die traditionellen Rezepte Erich Hamanns verwendet. Als Leitspruch hat sich das Unternehmen das Streben nach bester Qualität auf die Fahnen geschrieben.

Produktbewertungen

- Produkt: (Dunkel) Borke-Zartbitter 50 %,
  Punkte: 30,00
  Preis/Menge: 4,20 EUR / 100 g
  Viel zu süße Schokolade, die auch nur begrenzt schokoladig schmeckt. Ich konnte auch keine Nebenaromen feststellen, was ein Aromaprofil unmöglich macht. Leider auch mit Vanillin in der Zutatenliste.
- Produkt: (Milch) Borke-Vollmilch 40 %,
  Punkte: 30,00
  Preis/Menge: 4,20 EUR / 100 g
  Sehr einfache, süße und aromaflache Schokolade, die ein Aromaprofil nicht ermöglicht. Zu allem Überfluss auch noch mit Vanillin.

- Produkt: (Konfekt) Ingwer-Stäbchen,
  Punkte: 67,00
  Preis/Menge: 3,95 EUR / 100 g
  Durch das intensive Ingweraroma fällt es schwer, die Schokolade zu beurteilen. Immerhin; Erfreulicherweise ohne Vanillin und mit überzeugenden 70% Kakaoanteil. Der Ingwer selbst schmeckt gut, hat eine leichte Schärfe und ist nicht faserig.

Fazit:
Ich habe lange mit mir gerungen, ob ich Erich-Hamann-Produkte testen soll. Nachdem ich aber immer wieder über sie gestolpert bin und so viel Positives gelesen habe, musste ich sie dann doch probieren. Im Nachhinein bleibt ein zwiespältiges Gefühl: Einerseits hätte ich sehr gerne auf den Verzehr der Borkenschokolade verzichtet, anderseits muss diesem „Klassiker"-Unsinn ein Ende bereitet werden. Die Produkte können nicht überzeugen. Die Schokoladen beider Borken-Varianten beinhalten Vanillin, sind sehr aromaflach und unglaublich süß. Tradition hin und her, was vor 99 Jahren funktioniert haben mag, muss nicht zwangsläufig auch heute gut sein. Ein 50 %iger Kakaoanteil einer dunklen Schokolade hat nach heutigen Standards rein gar nichts mit „bitter" zu tun. Hier täte das Unternehmen gut daran, die alte Tradition durch neue Rezepturen zu modernisieren. Vielleicht sollte das Unternehmen einfach eine neue Schokolade auswählen – dann aber bitte auch ohne den naturidentischen, also künstlichen, Aromastoff Vanillin. Alle diese Produkte haben in einem Fachgeschäft nichts zu suchen. Schade, dass die Fachhändler die Kultbewahrung dieser nicht überzeugenden Produkte auch weiterhin fördern.

Empfehlung:
Die Ingwer-Stäbchen sind gut genug, um empfohlen werden zu können.

FASSBENDER GENUSSMANUFAKTUR

Deutschland (Siegburg)
www.fassbender.de

Verarbeitungsstufe: **Standard-Schokolade**

Die Konditorei Jakob Fassbender war im Rheinland, genauer gesagt im Raum Siegburg, Köln und Bonn, Jahrzehnte lang eine Institution – bis zur Insolvenz im Jahre 2008. Die von Jakob Fassbender im Jahre 1910 gegründete Konditorei hatte einige Spezialitäten zu bieten und war über die Grenzen des Rheinlands hinaus bekannt. Der Nachfolgegeneration in Person von Hans-Werner Fassbender gelang es leider nicht, frühzeitige Warnsignale richtig zu deuten, und so musste er sich von seinem Familienunternehmen trennen. 2009 übernahm schließlich der langjährige Prokurist Stefan Geiger zusammen mit einem Partner die Führung des Unternehmens.
Fassbender unterhält Standorte in Siegburg (mit neugestaltetem Café), Bonn, Köln und Bad Honnef.

Produktbewertungen

- Produkt: (Veredelt) Vollmilch-Nuss,
  Punkte: 75,60
  Preis/Menge: 3,95 EUR / 100 g
  Auch wenn die Schokolade eher von mittelmäßiger Qualität ist, 29 % Haselnüsse sind sensationell. Daran sollten sich andere Confiseure ein Beispiel nehmen. Es sind zwar keine Piemonteser Haselnüsse, sie sind durch die gute Röstung dennoch schmackhaft.

- Produkt: (Veredelt) Espresso, Punkte: 69,00
  Preis/Menge: 3,25 EUR / 100 g
  Dunkle Schokolade mit aromatischen und knusprigen Stücken von Espresso-Bohnen. Leider tritt der banale Geschmack der dunklen Schokolade immer wieder in den Vordergrund. Schade.

- Produkt: (Schachtel) Trüffelpralinen-Auslese,
  Punkte: 53,38
  Preis/Menge: 4,95 EUR / 100 g

  Konfekt-Einzelbewertungen:
  Kirsche: Punkte: 67,38
  Geleeartige Kirschfüllung. Fruchtig-sauer, ein Tick zu süß, aber aromatisch. Die Schokolade ist von mittelmäßiger Qualität.
  Whisky-Orange: Punkte: 62,60
  Sehr alkoholisch und mit gutem Whiskyaroma, wobei aber die Orange etwas auf der Strecke bleibt. Cremig-weiche Ganache.

  Aprikose: Punkte: 60,00
  Halbflüssige süße und aromaflache Aprikosenfüllung. Die Schokolade schmeckt nicht besonders gut.
  Tonkabohne hell: Punkte: 59,80
  Schmeckt leicht nach Tonkabohne, aber auch nach Alkohol. Weiche und cremige Ganachefüllung.
  Tee dunkel: Punkte: 56,50
  Viel zu dicke Schokoladenhülle, zu dezentes Teearoma, aber weich-cremig und mit gutem Schmelz.
  Rose-Prosecco weiß: Punkte: 50,00
  Fast halbflüssige Ganache, sehr süß und wenig aromatisch.
  Süßholz dunkel: Punkte: 38,00
  Schlechte Ganachefüllung, die käsig schmeckt. Hier ist das Süßholz eine unerwünschte chemische Verbindung eingegangen.

Fazit:
Die Sanierung eines insolventen Unternehmens ist steinig und hat ihren Preis. Bei Fassbender blieb leider zum Teil die Qualität auf der Strecke. Sind Gebäck und Kuchen noch einigermaßen verschont geblieben, wurde das Sparpotenzial beim Konfekt extrem ausgeschöpft.
Am auffälligsten ist das zum einen bei der einfachen Qualität der verwendeten Schokolade, besonders bei den dunklen Sorten, und zum anderen beim Herstellungsverfahren der quadratischen Konfektsorten. Hier wird augenscheinlich das One-Shot-Verfahren eingesetzt. Die Schokoladenhülle ist teilweise viel zu dick, was eines der üblichen Probleme bei dieser Art der Herstellung ist. Es ist aber durchaus sogar möglich, dass Fassbender sein Konfekt gar nicht mehr selbst herstellt, sondern von einem Zulieferer bezieht.
Eine der Konfektsorten war gekippt. Hier scheint das Süßholz (Pulver?) eine nicht erwünschte chemische Reaktion eingegangen zu sein. Das Produkt schmeckte käsig-seifig. So etwas kann passieren, sollte es aber nicht.
Das größte Problem der Produkte ist die Verwendung von „Aroma". Hier kann es sich, soweit richtig deklariert wurde, nur um naturidentische und nicht um natürliche Aromastoffe handeln. Das geht gar nicht und wird von mir in der Benotung auch konsequent bestraft.
Einzig die Vollmilch-Nuss-Schokolade konnte mit unglaublichen 29 % gerösteten Haselnüssen glänzen. Auch wenn die Schokolade nur von mittelmäßiger Qualität ist, die vielen Nüsse entschädigen vieles.
Fassbender-Konfekt ist lange nicht mehr das, was es einmal war. Ich persönlich werde in Zukunft einen Bogen darum machen.

Empfehlung:
Außer der Vollmilch-Nuss-Schokolade ist leider keine Empfehlung möglich.

FINE & RAW

USA (Brooklyn, New York)
www.fineandraw.com

Verarbeitungsstufe: **Schokolade nach Maß**

Es gibt Firmen, die gerne Auskunft geben. Manche beantworten Fragen, andere wiederum versuchen, die Informationsabgabe zu kontrollieren. Von manchen Unternehmen bekommt man nie eine Antwort – und dann gibt es Firmen wie Fine & Raw, die auf ihre Homepage verweisen. Also gut, dann beziehe ich meine Informationen eben aus dem Internet.
Zumindest meine Frage nach der Bean-to-bar-Herstellung wurde beantwortet: Man produziere nur einen Bruchteil der Schokolade selbst, mehrheitlich werde die Schokolade aus kalt gepressten Kakaobohnen hergestellt. Aha, nun bin ich aber nicht wesentlich schlauer als vorher.
Chocolatier bei Fine & Raw ist Daniel, ehemaliger Finanzanalyst in New York. – Hmmm, mehr steht

eigentlich nicht auf der Homepage. Der Rest bezieht sich auf die üblichen Erklärungen zu Raw Chocolate, Rohstoffen, Fair Trade und dass man die Welt retten will etc. Seltsam ist, dass laut Homepage alle Zutaten Bio- und der Kakao zudem Fair-Trade-zertifiziert ist. Warum sind dann aber die Produkte selbst weder Bio- noch Fair-Trade-zertifiziert?

Produktbewertungen

- **Produkt: (Dunkel) 78 % Dark Chocolate Ecuador, Punkte: 56,50**
  Preis/Menge: 9,00 USD / 7,10 EUR / 54 g
  Die Aromen der Ecuador-Bohnen sind kaum ausgeprägt. Mild mit angenehmem Schmelz – mehr aber auch nicht.
  Aromaprofil: Nussig, Kokosnuss, leicht torfig.

- **Produkt: (Dunkel) 83 % Dark Chocolate Ecuador, Punkte: 45,50**
  Preis/Menge: 9,00 USD / 7,10 EUR / 54 g
  Die Aromen der Ecuador-Bohnen sind kaum ausgeprägt, herb und adstringierend.
  Aromaprofil: Tannin, Torf, verbrannte Nüsse.

- **Produkt: (Veredelt) Lucuma & Vanilla 75 % Dark Chocolate Ecuador, Punkte: 50,00**
  Preis/Menge: 9,00 USD / 7,10 EUR / 54 g
  Sehr intensives Vanillearoma, fast schon überwürzt. Lucuma-Geschmack nicht erkennbar.

- **Produkt: (Veredelt) Crystals & Himalayan Salt 70 % Dark Chocolate Ecuador, Punkte: 55,38**
  Preis/Menge: 10,00 USD / 7,89 EUR / 54 g
  Dezent salzig und kaum Aromen des Ecuador-Kakaos.

- **Produkt: (Veredelt) Bonbon Bar, Punkte: 50,00**
  Preis/Menge: 9,00 USD / 7,10 EUR / 54 g
  Zweilagig, mit Kokosnussöl und Salz. Unangenehmer Öl-Geschmack.

- **Produkt: (Veredelt) Raspberries 70 % Dark Chocolate Ecuador, Punkte: 41,00**
  Preis/Menge: 10,00 USD / 7,89 EUR / 54 g
  Fruchtig-sauer, Himbeerpulver in der Schokolade verursacht rauen Charakter. Gefällt mir überhaupt nicht.

- **Produkt: (Konfekt) Pure, Punkte: 8,00**
  Preis/Menge: 35,00 USD / 27,62 EUR / 8 Stück
  Extrem bitter, bröselige und hoffnungslos überaromatisierte Füllung mit sehr penetrantem und intensivem Geschmack. Fettig durch Kokosnussöl. Seltsamer Schokoladenüberzug.

Fazit:
Die Produkte sind noch schlechter als die Kommunikation. Die Schokoladen sind alle flach im Aroma, mit Ausnahme der Vanille-Schokolade, die stark überaromatisiert ist. Das Konfekt schließlich ist ein Attentat auf die Geschmacksnerven. Was immer Fine & Raw sich dabei gedacht hat, es ist einfach ungenießbar: stechender Geschmack, penetrante Aromen, fettig und mächtig. Bei einem Preis von 35 US-Dollar/27,62 Euro ärgere ich mich umso mehr. Überhaupt, die Preise der Fine-&-Raw-Produkte stehen in keinem Verhältnis zur Qualität.

Mit 9 bis 10 US-Dollar bzw. 7,10 bis 7,89 Euro für 54 g Schokolade ist der Preis deutlich höher als für Schokolade mit Weltklasseniveau.
Recherchen haben ergeben, dass die verwendeten Kakaobohnen zur Sorte CCN51 gehören, einem in Ecuador gezüchteten Klon ohne Seele, der den noblen Nacional-Kakao verdrängt.

Empfehlung:
Leider ist keine Empfehlung möglich.

FRANÇOIS PRALUS

Frankreich (Roanne)
www.chocolats-pralus.com

Verarbeitungsstufe: **Bean-to-bar**

Die Pâtisserie Pralus wurde 1955 von Auguste Pralus gegründet. Von 1975 bis 1976 absolvierte sein Sohn François in der väterlichen Küche eine Lehre zum Pâtissier, nach der er, um Erfahrungen zu sammeln, sowohl in Konditoreien als auch in Restaurants arbeitete. Im Jahre 1986 kehrte er zurück nach Roanne, übernahm 1988 die Pâtisserie Pralus und begann 1991, mit Kakao zu experimentieren. Seit 2003 besitzt Pralus auf der kleinen Insel Nosy Be (Madagaskar) eine ca. 17 Hektar große Plantage. Eine erste Ernte wurde für das Jahr 2010 angekündigt. Wie es aber scheint, haben sich die Kakaofrüchte nicht so prächtig entwickelt wie erwünscht. Die wichtigsten Produkte des Unternehmens sind zweifellos die Ursprungsschokoladen und die Praluline, bei der es sich um eine Brioche mit rot gefärbten und karamellisierten Mandeln handelt, ein sehr schmackhaftes Gebäck, das sich hervorragend für das Frühstück eignet. Aufgrund der begrenzten Haltbarkeit werden Pralulines ausschließlich in den eigenen Filialen angeboten.
Der Hauptfokus des Vertriebs, besonders im Ausland, liegt auf den Schokoladenprodukten. Alle dunklen Ursprungsschokoladen verfügen über einen Kakaoanteil von 75 %. Charakteristisch für Pralus-Schokoladen sind die starke Röstung der Bohnen und der hohe Anteil an Kakaobutter. Die Schokoladen besitzen dadurch einen hohen Wiedererkennungswert. Pralus produziert außerdem ein Sortiment an Bio-Schokoladen.

Produktbewertungen

- Produkt: (Dunkel) Brut de Sao Tomé éclats de fèves de cacao 75 %, Punkte: 93,20
  Preis/Menge: 12,90 EUR /1 60 g
  Grandioses Produkt. Kaum conchierte Schokolade mit vielen Kakao-Nibs. Nibs wurden nicht hinzugefügt, daher zählt diese Schokolade auch als dunkle und nicht als veredelte Schokolade. Mit leichter Säure, knusprig und sehr aromatisch.
  Aromaprofil: Leicht fruchtig, erdig, Fermentation, Tabak, leicht geräuchert.

- **Produkt: (Dunkel) Chuao 75 %, Punkte: 91,20**
  Preis/Menge: 3,80 EUR / 50 g
  Relativ herb, aromatisch und toller Schmelz.
  Aromaprofil: Tropenholz, Erde, Rosinen, Trockenfrüchte.

- **Produkt: (Dunkel) Indonésie 75 %,**
  Punkte: 86,00
  Preis/Menge: 4,80 EUR / 100 g
  Zu starke Röstung, aber aromatisch und nicht zu sauer. Erstaunlich dezentes, geräuchertes Aroma, unüblich für Pralus-Indonésie und Indonesien-Kakao generell.
  Aromaprofil (Herstellerangabe): Holz, Wildpilze, Zitrusfrüchte.

- **Produkt: (Dunkel) Trinidad 75 %, Punkte: 79,00**
  Preis/Menge: 4,80 EUR / 100 g
  Aromatisch, kaum bitter, aber mit deutlichem Röstaroma.
  Aromaprofil (Herstellerangabe): Leder, Rosinen, Lakritze, Mandeln.

- **Produkt: (Dunkel) Colombie 75 %,**
  Punkte: 77,50
  Preis/Menge: 4,80 EUR / 100 g
  Gute Aromen, sehr guter Schmelz, aber auch mit dem typischen Röstaroma.
  Aromaprofil (Hersteller): Kaffee, Caramel lait beurré, leichte Adstringens.

- **Produkt: (Dunkel) Fortissima 80 %,**
  Punkte: 77,50
  Preis/Menge: 4,80 EUR / 100 g
  Relativ mild für 80 % Kakaoanteil. Röstung für Pralus eher leicht, Aromen ganz in Ordnung. **Aromaprofil (Hersteller):** Intensive Aromen, gute Balance, Vanille, milde Gewürze, milchig, bitter, leicht sauer. Ich schmecke eher verbrannten Kaffee und stark geröstete Nüsse.

- **Produkt: (Dunkel) Venezuela 75 %,**
  Punkte: 76,50
  Preis/Menge: 4,80 EUR / 100 g
  Aromatisch. Für eine Pralus-Schokolade erstaunlich schlechter Schmelz, kaum bitter.
  Aromaprofil: Zedernholz, Humus, Kirsche.

- **Produkt: (Dunkel) République Dominicaine 75 %, Punkte: 74,50**
  Preis/Menge: 4,80 EUR / 100 g
  Unharmonische Aromenstruktur, Röstung dagegen etwas dezenter als sonst. Toller Schmelz, recht fettig und nicht allzu bitter.
  Aromaprofil (Herstellerangabe): Würzig, fruchtig, Tannin, holzig und mit Länge. Ich schmecke einen unangenehmen Beigeschmack von vergorenen Früchten, feuchtem Humus, Pilzen und geräucherten Kakaobohnen.

- **Produkt: (Dunkel) Madagascar 75 %,**
  Punkte: 74,00
  Preis/Menge: 4,80 EUR / 100 g
  Leiche Frische durch die Fruchtigkeit, aber zu mächtig, da zu fettig.
  Aromaprofil: Leicht säuerliche Tropenfrüchte, dezent würzig (Vanille).

- **Produkt: (Dunkel) Madagascar 75 %,**
  Punkte: 72,50
  Preis/Menge: 4,80 EUR / 100 g
  Etwas zu viel Kakaobutter, Aroma der Kakaobohnen geht unter.
  Aromaprofil: Mild saure Tropenfrucht, Torf, Bananen, Melasse.

- **Produkt: (Dunkel) Papouasie 75 %, Punkte: 71,50**
  Preis/Menge: 4,80 EUR / 100 g
  Deutliches Röstaroma, leicht herb und schokoladig.
  Aromaprofil: Leicht geräuchert, erdig, dezente Zitrusfrucht, würzig (Zimt).

- Produkt: (Dunkel) Ghana 75 %, Punkte: 71,50
  Preis/Menge: 4,80 EUR / 100 g
  Leider viel zu fettig, die Aromen gehen dadurch etwas verloren. Diese Sorte hat Pralus schon viel besser hergestellt.
  Aromaprofil: Schokolade, Hibiskus, Vanille, Mandeln.

- Produkt: (Dunkel) Equateur 75 %, Punkte: 67,00
  Preis/Menge: 4,80 EUR / 100 g
  Der Charakter des Nacional-Kakaos kommt etwas zu schwach zur Geltung. Der Schmelz könnte besser sein.
  Aromaprofil: Fruchtig, getrocknete Feigen, kandierte Zitrusfrüchte.

- Produkt: (Dunkel) Cuba 75 %, Punkte: 65,00
  Preis/Menge: 4,80 EUR / 100 g
  Enttäuschendes Aroma. Viel zu starke Röstung, durch die zugesetzte Kakaobutter überfettet. Ich schmecke vor allem zu stark geröstete Kakaobohnen und etwas Torf.
  Aromaprofil (Hersteller): Würzige Lakritze, leicht gepfeffert, mit Länge.

- Produkt: (Dunkel) Le 100 %, Punkte: 64,75
  Preis/Menge: 4,80 EUR / 100 g
  Eine 100 %ige, die eigentlich gar keine ist, da ca. 18,70 % Kakaobutter zugesetzt wurde. Viel zu starke Röstung, sehr fettig, leicht sauer, dezent adstringierend und stark bitter. Aber extrem feinschmelzend. Essbar, aber nicht wirklich gut.
  Aromaprofil (Hersteller): Frische Noten, leicht minzig und fruchtig, fein und sauer. Ich schmecke vor allem überröstete Kakaobohnen und Säure. Nahezu alle feinen Aromen wurden zerstört.

- Produkt: (Dunkel) Sao Tomé 75 %, Punkte: 62,00
  Preis/Menge: 4,80 EUR / 100 g
  Kein gutes Aroma, sehr fettig und mit unangenehmem Beigeschmack.
  Aromaprofil: Gegorene Früchte, Melasse, vergorene Trauben, Torf.

- Produkt: (Milch) Melissa 45 %, Punkte: 91,90
  Preis/Menge: 4,80 EUR / 100 g
  Tolle, feinschmelzende, aromatische und milde Milchschokolade mit angenehmem Kakaocharakter.
  Aromaprofil: Karamell, Toffee, Vanille, Gewürze.

- Produkt: (Nougat) Barre Infernale Lait 45 %, Punkte: 96,40
  Preis/Menge: 12,90 EUR / 160 g
  Nahezu perfektes Nougatprodukt. Nussig-mandelig, cremig, mit ganzen Nüssen, sehr harmonisch mit der Schokolade.

- Produkt: (Nougat) Creme de Noisette, Punkte: 91,00
  Preis/Menge: 7,85 EUR / 250 g
  Nussig-mandelig, cremig, leicht schokoladig und mit angenehmem Schmelz.

- Produkt: (Nougat) Barre Infernale Noire 75 %, Punkte: 79,00
  Preis/Menge: 12,90 EUR / 160 g
  Die Schokolade ist relativ sauer und bitter. Daher nicht so harmonisch wie die Variante in Milchschokolade.

Fazit:

Mir persönlich gefällt weder der hohe Kakaobuttereinsatz, noch die starke Röstung, die allen Schokoladen einen penetranten Grundgeschmack verleiht. Eine starke Röstung ist nur bei sehr wenigen Bohnen ideal, bei den meisten von Pralus eingesetzten Sorten hat sie eher einen negativen Einfluss. Ein so stark ausgeprägtes Röstaroma und der übermäßige Einsatz der Kakaobutter ist aber nicht nur Geschmackssache, beides kann der Entwicklung der feinen Nebenaromen des Kakaos immens im Wege stehen. Aber genau diese Aromen interessieren uns, wenn wir eine Ursprungsschokolade essen. Auch wenn der Schmelz fast immer sensationell ist, stört doch der hohe Fettanteil. Allen 75 %igen Schokoladen setzt Pralus pauschal 10 % Kakaobutter zu. Dies ist jedoch schon daher wenig sinnvoll, da jede Kakaobohne einen anderen Fettanteil besitzt – zwischen 46 und 60 Prozent. Die zugesetzte Kakaobutter macht die Schokoladen natürlich recht mild und säurehaltige Kakaosorten können mit dem Zusatz von viel Kakaobutter gebändigt werden. Indem Pralus viel Kakaobutter zugibt, kaschiert er elegant kleine Herstellungsmängel. Dies hat Pralus jedoch eigentlich nicht nötig. Die Chuao beweist, dass man gute Schokolade produzieren kann – auch wenn auch hier zuviel Kakaobutter zugesetzt ist und der Kakaocharakter zu sehr verfälscht wird. Dennoch ist die Chuao die beste Schokolade im Programm und vielleicht sogar die beste je vom Haus produzierte.

Positiv überrascht hat mich die Indonésie. Ich persönlich mag indonesischen Kakao im Allgemeinen nicht besonders, aber was Pralus aus der Bohne herausgeholt hat ist bemerkenswert. Meiner Meinung nach ist dies die beste Indonesien-Schokolade auf dem Markt.

Negativ aufgefallen ist die Sao Tomé. Hier stimmt etwas nicht mit der Bohnenqualität, sie entwickeln sehr unangenehme Aromen. Vielleicht sollte das Unternehmen doch wieder Bohnen von Claudio Corallo kaufen. Umso erstaunlicher, dass die Brut de Sao Tomé éclats de fèves de cacao 75 %, die auch aus Bohnen aus Sao Tomé hergestellt wird, diesen Mangel nicht aufweist.

Die Pyramide des Tropiques, eine Sammlung der zehn vertriebenen Ursprungsschokoladen, gewährt einen netten Überblick über die Pralus-Welt des Kakaos, der allerdings nicht unbedingt repräsentativ für die einzelnen Kakaosorten ist. Dafür sind die Aromen zu sehr manipuliert worden.

Die 100 %ige dunkle Schokolade ist streng genommen keine echte 100 %ige, da Pralus unglaubliche 18,70 % Kakaobutter und Soja-Lecithin hinzufügt. Damit wird aus seiner 100 %igen eine milde, nicht zu trockene und somit essbare Schokolade. Für echte Fans 100 %iger Schokolade dürfte sie daher kaum von Interesse sein.

Die Milchschokolade Melissa mit 45 % Kakaoanteil ist gut wie eh und je und bildet eine sehr gute Basis für die Barre Infernale, trotz dem mit 15,7 % sehr niedrigen Kakaomasseanteil. Etwas erstaunlich ist, dass auch „nur" 27 % Kakaobutter enthalten sein sollen, was nach Adam Riese insgesamt nur 42,7 % ergäbe, statt 45 %.

Bei den Blends haben sich bei den Sortenangaben einige Fehler eingeschlichen:

Die Zutatenliste der Caracas nennt Ghana- (Forastero), Ecuador- (Trinitario) und Trinidad-Schokolade (Trinitario), die ecuadorianische Schokolade ist jedoch eine Nacional (oder Arriba). Gleiches gilt für die Angaben der Fortissima.

Auch in den Angaben der Single-Plantation-Schokoladen stecken meines Erachtens einige Fehler: So ist der Kakao aus Chuao kein Single-Plantation-, sondern ein Single-Origin-

Kakao. Dies ist ein kleiner, aber wesentlicher Unterschied. Das gleiche wage ich von den Schokoladen Cuyagua und Porcelana zu behaupten. Cuyagua ist ein Dorf, die vielen kleinen Bauern sind in einer Kooperativen organisiert, sammeln in der Regel den Kakao und verkaufen ihn von einer zentralen Stelle gemischt weiter. Porcelana ist eine Untersorte des Criollo und wird nur sehr schwer oder fast gar nicht von nur einer Plantage zu finden sein. Zumindest nicht in wesentlichen Mengen. Diese Irritationen und Fehler sind unnötig und sollten korrigiert werden.
Etwas äußerst Positives gibt es zum Schluss auch noch zu berichten: Die Barre Infernale war schon immer ein tolles Produkt, aber jetzt lasse ich mich dazu hinreißen, sie als wahres Meisterstück zu beurteilen: feiner Nussnougat mit ganzen Haselnüssen, umhüllt von nicht zu süßer Milchschokolade. Sehr köstlich und unwiderstehlich.

Empfehlung:
Die Barre Infernale ist für Nougatfreunde ein „must have". Bei den Schokoladen empfehle ich besonders die Chuao, die Brut de Sao Tomé éclats de fèves de cacao 75 % und die Indonésie.

FRIIS-HOLM

Dänemark (Kirke Såby)
www.friis-holm.dk

Verarbeitungsstufe: **Fremdproduktion**

Friis-Holm ist ein kleines Familienunternehmen, das Gourmet-Produkte produziert und importiert. Alles begann mit dem Import von Scharffenberger-Schokolade nach Dänemark. Mikkel Friis-Holm, gelernter Koch, erweiterte nach und nach das Sortiment. Zum Beispiel werden selbst gepflückte Holunderblüten zu einem Sirup weiterverarbeitet. Durch die langjährige Zusammenarbeit und Freundschaft mit den Gründern von Scharffen Berger bot sich Friis-Holm im Jahr 2007 eine einmalige Gelegenheit. Die Xoco Fine Cocoa Company, mit Robert Steinberg (dem im Jahr 2008 verstorbenen Mitbegründer Scharffen Bergers) als Ehrenpräsident, startete ein Kakaoprojekt mit dem Ziel der Erhaltung und Verbreitung alter Kakaosorten in Nicaragua. Das Danida-finanzierte Projekt sollte den Bauern durch Steigerung der Kakaoqualität höhere Einnahmen ermöglichen. Im Jahr 2007 entstanden in Zusammenarbeit mit Bonnat drei sehr exklusive Schokoladen mit einer Mini-Auflage von jeweils 500 Tafeln: Johe, im Norden Nicaraguas angepflanzt und ebenso wie die Bohnen der Chuno-Schokolade als mögliche Vorfahren des Venezuela-Criollo und -Trinitario angesehen. Die Chuno-Kakaobohnen stammen von drei isolierten Plantagen Nicaraguas. Für Kakao eher untypisch wachsen die Bäume in einer Höhenlage von 300 bis 800 Meter. Die dritte im Bunde ist die Nicaliso, vermutlich Trinitario-Kakaobohnen, die von nur einer Plantage ebenfalls aus dem Norden Nicaraguas stammen.

Produktbewertungen

- Produkt: (Dunkel) Chuno – Nicaragua70 %,
  Punkte: 91,95
  Preis/Menge: 70 DKK / 9,71 EUR / 100 g
  Eine weitere Rarität der Friis-Trinity. Komplexe Aromen und mit Charakter.
  Aromaprofil: Rote Beeren, Grüner Tee, Zedernholz, Tabak.

- Produkt: (Dunkel) Nicaliso – Nicaragua 70 %,
  Punkte: 88,65
  Preis/Menge: 70 DKK / 9,71 EUR / 100 g
  Single Plantation, mild aber kraftvoll im Aroma. Sehr rund und harmonisch.
  Aromaprofil: Reife Bananen, schwarze Oliven, Rosinen.

- Produkt: (Dunkel) Johe – Nicaragua 70 %,
  Punkte: 88,10
  Preis/Menge: 70 DKK / 9,71 EUR / 100 g
  Rarität, sehr alte Criollo- und Trinitariobohnen. Aromareich und mit Länge.
  Aromaprofil: Zitrusfrüchte, Tropenholz, Nuancen von Trockenfrüchten.

Fazit:
Alle drei Schokoladen sind äußerst gut gelungen. Der Bonnat-Stil ist unverkennbar, dennoch besitzen die Schokoladen einen eigenen Charakter. Den Herstellerangaben ist kaum etwas hinzuzufügen:
Johe: Sanfte Fruchtigkeit, milder, langer und angenehmer Nachgeschmack.
Chuno: Voller Körper, fruchtig, Tabak, Noten grünen Tees, komplex.
Nicaliso: Milde Kochbanane, Noten von Rosinen und schwarzen Oliven, sahniger Abgang.

Empfehlung:
Für jeden Chocoholic eine uneingeschränkte Kaufempfehlung.

FRUCHT & SINNE

Österreich (Frankenmarkt)
www.fruchtundsinne.at

Verarbeitungsstufe: **Standard-Schokolade**

Frucht & Sinne, das sind Christina und Thomas Kibler. Im Jahre 2005 kamen die ersten Fruchtpralinen mit emotionalen Namen wie „Leidenschaft" oder „Klarheit" auf den Markt. Das Unternehmen gefriertrocknet alle Früchte, die sympathischerweise ausschließlich aus Österreich stammen, selbst. Durch ein spezielles Verfahren wird der Frucht beim Gefrieren das Wasser entzogen. Dies ist ein schonendes Verfahren, das den Erhalt hoher Anteile an Vitaminen, Mineralstoffen und Spurenelementen garantiert. Zum 7. Februar 2011 wurde zudem auf die Verwendung von Fair-Trade-Schokolade umgestellt.

Produktbewertungen

- Produkt: (Weiße) Helle Spargel, Punkte: 84,10
  Preis/Menge: 2,99 EUR / 50 g
  Schmeckt intensiv nach Spargel. Gar nicht schlecht. Kurios und interessant.

- Produkt: (Weiße) Helle Marille, Punkte: 82,40
  Preis/Menge: 2,99 EUR / 50 g
  Fruchtig-sauer, gutes Aroma und nicht zu süß.

- Produkt: (Weiße) Helle Pfirsich-Kornelkirsche (Dirndln), Punkte: 77,00
  Preis/Menge: 2,99 EUR / 50 g
  Sehr angenehmes Pfirsicharoma, Kornelkirsche etwas dezent. Fruchtig-sauer.

- Produkt: (Weiße) Helle Himbeere, Punkte: 76,60
  Preis/Menge: 2,99 EUR / 50 g
  Gutes Aroma, mit Kernen, etwas bitter, fruchtig-sauer.

- Produkt: (Weiße) Helle Karotte-Johannisbeer-Apfel, Punkte: 76,20
  Preis/Menge: 2,99 EUR / 50 g
  Fruchtig-sauer, intensive Johannisbeere, dezente Karotte aber kaum Apfel. Dennoch ganz gut gelungen.

- Produkt: (Veredelt) Dunkle Most-Zwetschge, Punkte: 67,40
  Preis/Menge: 2,99 EUR / 50 g
  Zwar fruchtig-sauer, Most erahnbar, aber insgesamt zu flach im Aroma.

- Produkt: (Veredelt) Dunkle Schwarzbeere-Himbeere (Heidelbeere), Punkte: 67,20
  Preis/Menge: 2,99 EUR / 50 g
  Leicht fruchtig-sauer, die Fruchtaromen treten aber nicht hervor.

- Produkt: (Veredelt) Dunkle Pfirsich-Himbeere, Punkte: 62,60
  Preis/Menge: 2,99 EUR / 50 g
  Dunkle Schokolade viel zu intensiv für den dezenten Pfirsich. Himbeere sehr dezent schmeckbar.

- Produkt: (Riegel) Marillen + Marillenbrand,
  Punkte: 69,20
  Preis/Menge: 3,30 EUR / 80 g
  Fruchtig-sauer, aromatisch, aber etwas zu bitter.

- Produkt: (Riegel) Himbeere-Joghurt,
  Punkte: 62,00
  Preis/Menge: 3,30 EUR / 80 g
  Tolles Fruchtaroma und fruchtig-sauer. Aber warum müssen Kaliumsorbat und Benzoesäure verarbeitet werden? Das widerspricht dem Grundgedanken des Unternehmens.

Fazit:
Bei Frucht & Sinne findet man gewiss das eine oder andere Highlight. Besonders gut funktionieren die Fruchtschokoladen mit weißer Schokolade. Eine echte Kuriosität ist die Spargel-Schokolade mit ihrem intensiven Spargelaroma, der tollen grünen Farbe und dem guten Geschmack. Die helle Pfirsich-Kornelkirsche, die helle Marille und die helle Himbeere sind alle gut gelungen. Die dunklen Varianten funktionieren aufgrund der dominanten Schokolade nicht ansatzweise so gut.
Die gefüllten Schokoladen sind gut, mich irritiert allerdings der Einsatz von Kaliumsorbat und Benzoesäure in der Himbeere-Joghurt.
Insgesamt sind die Produkte gut bis sehr gut. Würde Frucht & Sinne das Fruchtpulver nicht nur untermischen, sondern auch mit conchieren oder walzen, ließe sich die Qualität noch einmal steigern.

Empfehlung:
Alle hellen Fruchtschokoladen sind sehr empfehlenswert. Die dunklen Sorten sind Geschmackssache, ich persönlich empfinde sie als nicht ausreichend aromatisch.

GALLER

Belgien (Vaux-sous-Chèvremont)
www.galler.com

Verarbeitungsstufe: **Individuelle oder Standard-Schokolade**

Jean Galler ist in der elterlichen, vom Großvater im Jahre 1930 gegründeten Konditorei aufgewachsen. Um sich weiter zu entwickeln arbeitete er in Basel und bei Gaston Lênotre in Paris. Mit zarten 21 Jahren gründete er mit Hilfe seiner Familie das Unternehmen Galler Chocolatiers. In den letzten Jahren hat das Unternehmen eine erstaunliche Entwicklung vollzogen. Ursprünglich bestand das Sortiment aus Katzenzungen mit Cartoon-Zeichnungen auf den Dosen, Riegeln und ein paar Schokoladentafeln. Zu den Katzenzungen muss man sagen, dass Cartoons in Belgien äußerst beliebt sind, auch bei Erwachsenen, und einen Kultstatus besitzen, vergleichbar mit den Mangas in Japan. Die mit Nougat gefüllten Katzenzungen waren stets ein nettes Mitbringsel, auch geschmacklich. Die Riegel waren in der Mehrzahl süß und eher ein Naschartikel. Die Tafeln waren und sind auch heute noch nicht der Rede wert. Bei den Ursprungsschokoladen kommt zumindest ein wenig Kreativität ins Spiel: Zwar handelt es sich um banale Standard-Schokolade, wohl von Barry-Callebaut, allerdings hin und wieder zu eigenen Blends gemixt – mehr aber auch nicht.
In den letzten Jahren hat sich Galler zu einem modernen und trendigen Chocolatier entwickelt. Dies ist wohl vor allem durch das ästhetische und moderne Design der Filialen und der Sortimentserweiterung um Konfekt und Konzept-Produkte, Les Élémentaires und Kaori, gelungen. Beides mit japanisch beeinflusstem, minimalistischem und formschönem Design. Die Kaori-Kalligraphie-Schachtel ist ein Aromen-Experiment mit 42 möglichen Kombinationen. Das Konfekt Les Élémentaires interpretiert die vier Elemente Feuer, Wasser, Luft und Erde.

Produktbewertungen

- Produkt: (Riegel) Noix de coco, Punkte: 73,50
  Preis/Menge: 2,30 EUR / 70 g
  Angenehmes Kokosaroma, aber recht süß.

- Produkt: (Riegel) Piémontais, Punkte: 72,00
  Preis/Menge: 2,30 EUR / 70 g
  Rustikal und für den kleinen Hunger zwischendurch, aber ziemlich süß. Schmeckt dennoch erstaunlich gut.

- Produkt: (Riegel) Croustillant, Punkte: 70,50
  Preis/Menge: 2,30 EUR / 70 g
  Ordentlich im Geschmack, gute Alternative zu banalen Industrieriegeln, da auch angenehm knusprig.

- Produkt: (Riegel) Pistache Fraîche, Punkte: 69,00
  Preis/Menge: 2,30 EUR / 70 g
  Gutes Pistazienaroma und guter Nougatgeschmack, leider zu süß.

- Produkt: (Riegel) Praliné Lait, Punkte: 63,50
  Preis/Menge: 2,30 EUR / 70 g
  Etwas weniger süß als die weiße Version. Ordentlicher Nougatgeschmack.

- Produkt: (Riegel) Praliné Blanc, Punkte: 62,00
  Preis/Menge: 2,30 EUR / 70 g
  Zwar sehr süß, aber genießbar, da der Nougat schmeckt.

- Produkt: (Riegel) Framboise, Punkte: 55,00
  Preis/Menge: 2,30 EUR / 70 g
  Schmeckt zwar nach Himbeere, allerdings sehr künstlich.

- Produkt: (Riegel) Café Liegeois, Punkte: 55,00
  Preis/Menge: 2,30 EUR / 70 g
  Süß, fettig, schmierig und mit einem unangenehmen Geschmack. Kaffeegeschmack zu schwach.

- Produkt: (Riegel) Praliné Noir, Punkte: 54,00
  Preis/Menge: 2,30 EUR / 70 g
  Man schmeckt primär eine wenig aromatische Schokolade, die Nougat-Füllung ist aber in Ordnung.

- Produkt: (Riegel) Noir Orange, Punkte: 51,00
  Preis/Menge: 2,30 EUR / 70 g
  Schmeckt intensiv nach Orange, aber nicht fruchtig.

- Produkt: (Riegel) Praliné aux noix, Punkte: 51,00
  Preis/Menge: 2,30 EUR / 70 g
  Schlecht gefüllt, fettig im Geschmack, dezentes Walnussaroma.

- Produkt: (Riegel) Manon, Punkte: 51,00
  Preis/Menge: 2,30 EUR / 70 g
  Süß und fettig, leichter Kaffeegeschmack.

- Produkt: (Riegel) Vanille, Punkte: 42,00
  Preis/Menge: 2,30 EUR / 70 g
  Keine gute Füllung. Gepaart mit keiner guten Schokolade ergibt das keinen guten Riegel. Süß, fettig und mit künstlichem Geschmack.

- Produkt: (Konfekt) Schachtel Les Marines, Punkte: 48,75
  Preis/Menge: 13,50 EUR / 88 g
  Gute Idee – schlecht umgesetzt. Das Ganze ist viel zu teuer, zumal es keine Zutatenliste gibt und kein Gewicht und kein Haltbarkeitsdatum angegeben sind. Die Kreativität endet beim Beginn der Produktentwicklung. Handwerklich mit wesentlichen Mängeln, zeugen die Füllungen von wenig Können und vielen Kompromissen in der Qualität.

  Konfekt-Einzelbewertungen:
  Fleur de Sol Guérande: Punkte: 58,00
  Schmeckt salzig aber banal, ohne Charme.
  Sel noir d'Hawaii: Punkte: 53,00
  Weiße Ganache, schmeckt zwar salzig, aber auch nach Veilchen. Keine gute dunkle Schokolade.
  Wakame: Punkte: 43,00
  Schlecht gefüllt, kaum Geschmack, sehr süß.
  Nori: Punkte: 41,00
  Sehr schlecht gefüllt, schmeckt wie Seife. Einfache Schokolade.

Fazit:
Das Ergebnis der Verkostungen ist ernüchternd: gutes Design und gute Produktideen, jedoch nicht überzeugend umgesetzt.Die Qualität der verwendeten Schokoladen ist nicht gut. Besonders die dunkle Schokolade hat erhebliche Mängel im Aroma und im Geschmack. Bei den Riegeln sind nur die Sorten Noix de Coco, Pistache Fraîche, Piémontais und Croustillant interessant – allerdings auch nur dann, wenn ich dringend Kohlenhydrate benötige. Die Riegel sind alle etwas zu süß und oft auch zu fettig.
Die Konfektschachtel Les Marines aus der Les-Élémentaires-Serie ist eine tolle Idee und sehr kreativ. Leider mangelt es aber an Qualität: schlecht gefülltes Konfekt, flach im Aroma und mit schlechtem Geschmack.
Bereits vor Jahren habe ich mich beim Kauf einer Schachtel Les Florales in Brügge nach einer Zutatenliste erkundigt. Die Verkäuferin reagierte damals sehr genervt. Auch beim Kauf der Les Marines im Jahre 2011 musste ich die Verkäuferin, dieses Mal in Brüssel, fragen,

warum denn keine Zutatenliste auf der Schachtel aufgedruckt ist. Ihre Antwort war, dass die anderen Chocolatiers auch keine Zutatenliste auf ihren Schachteln anbrächten. Eine solche Antwort macht mich sprachlos. Was hat Galler zu verstecken? Warum ist das in Belgien überhaupt erlaubt? Ich möchte als Kunde doch wissen, was ich esse – schon allein aufgrund heute weit verbreiteter Lebensmittelallergien. Das Fehlen einer Gewichtsangabe ist bei einem Preis von 13,50 Euro unverschämt. Das Nachwiegen hat ergeben, dass gerade einmal 88 g enthalten sind.
Die Galler-Produkte sind insgesamt leider im unteren Mittelmaß einzuordnen.

Empfehlung:
Nur eingeschränkt empfehlenswert. Falls überhaupt, dann die im Fazit hervorgehobenen Riegel Noix de Coco, Pistache Fraîche, Piémontais und Croustillant.

GÉNAVEH

Luxemburg (Strassen)
www.chocolaterie-genaveh.com

Verarbeitungsstufe: **Standard-Schokolade**

Die Chocolaterie Génaveh existiert erst seit dem Jahre 2005, gegründet von der Biologin und gebürtigen Marokkanerin Géluah Naveh. Abgesehen vom Hauptsitz in Strassen gibt es zwei weitere Filialen, eine im französischen Straßburg und eine weitere in Dubai. Das vertriebene Konfekt wird im eigenen Atelier hergestellt.
Die Anzahl der verkosteten Produkte ist der leider nur sehr begrenzten Auswahl der New Yorker Chocolate Show geschuldet. Für den Kauf weiterer Produkte wäre eine Reise nach Strassen notwendig gewesen.

Produktbewertungen

- Produkt: (Konfekt) Caramel au Beurre Salé, Punkte: 68,00
  Preis/Menge: 10,00 USD / 7,89 EUR / 110 g
  Ganz gutes Karamellaroma. Aromatisch, leicht salzig, aber auch recht süß. Wenn die Schokolade nur besser wäre ...

- Produkt: (Konfekt) Fruits Agrume, Punkte: 67,00
  Preis/Menge: 10,00 USD / 7,89 EUR / 110 g
  Ganache mit Zitrusfrüchten. Weich, cremig und angenehm fruchtig-sauer.

- Produkt: (Konfekt) Samba, Punkte: 64,20
  Preis/Menge: 10,00 USD / 7,89 EUR / 110 g
  Ganache mit Blumen, Früchten und Gewürzen. Könnte etwas mehr Frucht vertragen, ist aber gut würzig. Cremig und mit feinem Schmelz.

- Produkt: (Konfekt) La Fraise, Punkte: 62,00
  Preis/Menge: 10,00 USD / 7,89 EUR / 110 g
  Erdbeer-Ganache. Dezentes, aber ganz gutes Aroma. Die mittelmäßige Schokolade stört.

- Produkt: (Konfekt) Palet Or, Punkte: 61,00
  Preis/Menge: 10,00 USD / 7,89 EUR / 110 g
  Pure Ganache von dunkler Schokolade. Angenehm, obwohl etwas zu süß geraten.

- Produkt: (Konfekt) Pur au lait, Punkte: 61,00
  Preis/Menge: 10,00 USD / 7,89 EUR / 110 g
  Pure Ganache von Milchschokolade. Banal und etwas charakterlos. Zwar milchig-toffee-karamellig, aber langweilig und zu süß.

- Produkt: (Konfekt) Epices, Punkte: 61,00
  Preis/Menge: 10,00 USD / 7,89 EUR / 110 g
  Soll eine Gewürz-Ganache sein, ist dann aber doch zu schwach aromatisiert.

- Produkt: (Konfekt) Praliné lait, Punkte: 59,00
  Preis/Menge: 10,00 USD / 7,89 EUR / 110 g
  Ein sehr fester und bröckeliger Nougat, der nicht allzu aromatisch ist.

Fazit:
Um sich über das untere Mittelmaß hinaus zu entwickeln, muss Génaveh an der Qualität der verwendeten Schokolade arbeiten. Da ist noch Potenzial nach oben. Das Konfekt selbst ist bodenständig und von solider Handwerkskunst.
Eine Reise nach Strassen ist die Qualität nicht wert, aber sollte man schon einmal vor Ort sein, spricht nichts gegen einen kleinen Einkauf.

Empfehlung:
Für alle Liebhaber von Konfekt in französischer Tradition.

GEPA

Deutschland (Wuppertal)
www.gepa.de

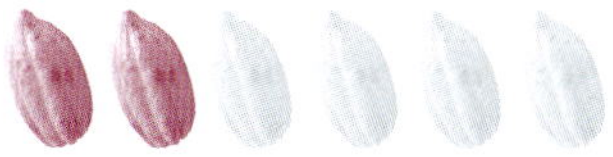

Verarbeitungsstufe: **Fremdproduktion**

Die GEPA (Gesellschaft zur Förderung der Partnerschaft mit der Dritten Welt mbH) wurde am 14. Mai 1975 als „wirtschaftlicher Arm" der Bewegung des A3WH e.V., des Kirchlichen Entwicklungsdiensts (KED), Misereor und der neu gegründeten Arbeitsgemeinschaft der Dritte Welt Läden gegründet. Die GEPA ist ein Pionier in Sachen Fairer Handel, sie arbeitet mit rund 170 Genossenschaften und Vermarktungsorganisationen in Afrika, Asien und Lateinamerika zusammen. Die Produkte sind nicht nur in Weltläden und Aktionsgruppen, sondern auch in Supermärkten, Bio- und Naturkostläden, Firmenkantinen und Bildungsstätten erhältlich. Die GEPA betreibt auch einen eigenen Online-Shop.

Produktbewertungen

- Produkt: (Dunkel) Grand Noir Zartbitter 70 %,
  Punkte: 68,00
  Preis/Menge: 1,79 EUR / 100 g
  Politisch korrekte, etwas bessere Standard-Schokolade. Mild, weder sauer, noch adstringierend, angenehm herb.
  Aromaprofil: Schokolade, leicht erdig, Grüne Oliven, Kaffee.

- Produkt: (Milch) Mascobado Vollmilch 38 %,
  Punkte: 65,60
  Preis/Menge: 1,89 EUR / 100 g
  Etwas zu süß, etwas grisselig und kein schöner Schmelz. Dafür aber mit einem interessanten Aroma des karamelligen Zuckers.
  Aromaprofil: Malz, Karamell, Rübenkraut.

- Produkt: (Weiße) Mascobado Blanc 32 %,
  Punkte: 70,20
  Preis/Menge: 1,89 EUR / 100 g
  Etwas zu rau, aber mit interessantem Zuckeraroma durch den Mascobado-Zucker (Vollrohrzucker).
  Aromaprofil: Malz, Karamell, Milch, Vanille.

- Produkt: (Veredelt) Espresso Caramel 38 %,
  Punkte: 73,75
  Preis/Menge: 2,19 EUR / 100 g
  Ganz ordentliches Kaffeearoma und leicht knusprig. Nicht zu süß und harmon

- Produkt: (Riegel) Bio Fairetta Krokant,
  Punkte: 66,00
  Preis/Menge: 0,89 EUR / 45 g
  Ein ehrlicher Riegel, der wegen des Krokants etwas zu süß geraten ist.

- Produkt: (Riegel) Cappuccino,
  Punkte: 63,00
  Preis/Menge: 1,39 EUR / 35 g
  Trocken und bitter, aber von intensivem Kaffeearoma. Nicht zu süß und durchaus genießbar.

Fazit:
Die GEPA verdient die Anerkennung, den Fairen Handel in Deutschland führend geprägt zu haben. Bei den Produkten handelt es sich mehr um Konsumgüter, als um Luxusprodukte. Dennoch verdienen die GEPA und deren Handelspartner eine Erwähnung, denn die Produkte sind gar nicht so schlecht, wie zunächst befürchtet. Alles in Allem geht die Qualität durchaus in Ordnung – vor allem, wenn man den doch sehr günstigen Preis einbezieht.

Empfehlung:
Die Espresso-Karamell ist ganz gut gelungen. Geschmacksabenteurer sollten wegen der ungewöhnlichen Zuckersorte die Mascobado-Schokoladen probieren. Alles ethisch korrekt.

GHIRARDELLI

USA (San Leandro, Kalifornien)
www.ghirardelli.com

Verarbeitungsstufe: **Bean-to-bar**

Das Unternehmen wurde im Jahr 1852 vom italienischen Immigranten Domingo Ghirardelli gegründet – und dürfte somit die älteste amerikanische Schokoladenmarke sein. Aufgrund der Probleme bei der Aussprache seines Namens wurde das Unternehmen bei der Gründung in Ghirardely & Girard umbenannt. Die phonetischen Sorgen gingen so weit, dass lange Zeit ein Papagei mit Sprechblase und den Worten „Say Gear-ar-delly" genutzt wurde, um die richtige Aussprache bei den Verbrauchern durchzusetzen. Die Strategie erwies sich als sehr erfolgreich. Seit Mitte des 20. Jahrhunderts wechselte das Unternehmen mehrmals die Eigentümer und gehört seit dem Jahre 1998 zur Lindt-&-Sprüngli-Gruppe.

Produktbewertungen

- Produkt: (Dunkel) Twilight Delight 72 %, Punkte: 40,00
  Preis/Menge: 3,50 USD / 2,76 EUR / 100 g
  Banale Schokolade, kaum Charakter und aromaschwach, dazu noch ein nicht so guter Schmelz.
  Aromaprofil: Rote Früchte, gegorenes Leder, Bittermandel.

- Produkt: (Dunkel) Midnight Reverie 86 %, Punkte: 57,50
  Preis/Menge: 3,50 USD / 2,76 EUR / 100 g
  Keine gute Schokolade. Seltsamer Bruch, komisches Mundgefühl, schlechtes Aroma, mit natürlichem Aroma (welches denn in einer dunklen Schokolade?) versetzt.
  Aromaprofil: Vergorene Früchte, unreife Oliven, verbrannter Kaffee.

- Produkt: (Veredelt) Crisp Milk Chocolate, Punkte: 65,25
  Preis/Menge: 3,00 USD / 2,37 EUR / 85 g
  Knusprig, frisch, erfüllt die Erwartungen. Eine relativ einfache Schokolade, kein Erlebnis, aber essbar und mit gutem Schmelz.

- Produkt: (Veredelt) Toffee Milk Chocolate, Punkte: 64,65
  Preis/Menge: 3,00 USD / 2,37 EUR / 80 g
  Gutes Toffeearoma, nicht süßer als erwartet. Mit dezentem Toffeegeschmack. Ganz guter Schmelz der Schokolade.

- Produkt: (Milch) Milk Chocolate, Punkte: 59,00
  Preis/Menge: 2,70 USD / 2,13 EUR / 85 g
  Milchig-karamellig, kaum Kakaoaroma, aber mit vernünftigem Schmelz.
  Aromaprofil: Karamell, Butterscotch, Nüsse.

- Produkt: (Riegel) Milk & Peanut Butter, Punkte: 68,25
  Preis/Menge: 3,00 USD / 2,37 EUR / 90 g
  Nette Gourmandise. Erfüllt die Erwartungen. Schmeckt unerwartet intensiv nach Erdnussbutter.

- Produkt: (Riegel) Dark & Raspberry, Punkte: 34,50
  Preis/Menge: 3,00 USD / 2,37 EUR / 100 g
  Keine besonders gute Schokolade. Fruchtig-frisch, aber mit Zutaten, die wir in Schokolade nicht wollen. Die Füllung beinhaltet Konservierungsstoffe.

Fazit:
Ghirardelli war mir zwar bekannt, jedoch konnte ich mir bisher nie eine Meinung über das Unternehmen und seine Produkte bilden. Nach anfänglichem Zögern habe ich mich dazu entschlossen, einige Produkte zu kaufen. Nachdem ich nun die Produkte getestet und mich ausgiebig über das Unternehmen informiert habe, habe ich auch eine Meinung:
Das eine oder andere Produkt ist durchaus essbar, aber große Schokoladenkunst stellt das alles nicht dar. Die Sorte Dark & Raspberry ist negativ aufgefallen, da die Füllung mit dem Konservierungsstoff Kaliumsorbat (E202) hergestellt wurde. Auch wenn die Tafel geschmacklich in Ordnung ist und Kaliumsorbat für gesunde Menschen als gesundheitlich unbedenklich gilt, unterliegen Konservierungsstoffe in Schokoladenprodukten einem absoluten Ausschlusskriterium.

Empfehlung:
Die Produkte Milk & Peanut Butter und Toffee & Crisp sind als süße Knabberartikel für zwischendurch durchaus geeignet.

GNOSIS CHOCOLATE

USA (New York)
www.gnosischocolate.com

Verarbeitungsstufe: **Schokolade nach Maß**

Hinter Gnosis verbirgt sich Vanessa Barg („The Chocolate Girl"). Selten hat mich ein Unternehmer so von seiner Einstellung überzeugt! Ihre Laufbahn als Schokoladenunternehmerin hat damit begonnen, dass die zertifizierte Gesundheitsberaterin ihren Kunden selbstgemachte Schokolade geschenkt hat. Durch die Beliebtheit dieser Schokoladen hat sie sich zur Gründung ihrer Firma entschieden.
Gnosis besitzt keine eigene Schokoladen- bzw. Kuvertürenherstellung. Produziert wird unter anderem bei Pralus, wobei Vanessa in der Regel anwesend ist, um sicherzustellen, dass die Raw-Chocolate-Kriterien eingehalten werden. Verarbeitet wird Kakao aus Bali (von Big Tree Farms, Frederick Schilling), Ecuador, Peru, Madagaskar und Grenada. Alle Produkte sind Bio- und Raw-zertifiziert, Vegan, Kosher und FSC-zertifiziert. Ein fairer und ethischer Handel wird garantiert, auch wenn es keine offizielle Fair-Trade-Zertifizierung gibt.

Gnosis spendet 10 % des Gewinns an die Fruit Tree Planting Foundation. Außerdem wurden Spenden an Ärzte ohne Grenzen, Housing Works, die Wayuu Taya Foundation, Urban Zen, Integrative Nutrition, die American Holistic Medical Association und viele andere getätigt.

Produktbewertungen

- Produkt: (Dunkel) Simplicity, Punkte: 78,00
  Preis/Menge: 9,00 USD / 7,10 EUR / 56 g
  Diese Sorte hat wenig mit Schokolade in traditionellem Sinne zu tun. Intensive Aromen. Aromaprofil: Gewürze (Muskatnuss, Vanille, Zimt), leicht torfig und blumig, dezent rote Früchte.

- Produkt: (Veredelt) Madagascar with Peppercorn & Nibs, Punkte: 78,50
  Preis/Menge: 6,00 USD / 4,73 EUR / 28 g
  Sehr schmackhafte und aromatische dunkle Schokolade, knusprig und leicht pfeffrig.

- Produkt: (Veredelt) Grenada with Nutmeg & Nibs, Punkte: 78,15
  Preis/Menge: 6,00 USD / 4,73 EUR / 28 g
  Die Konsistenz der dunklen Schokolade ist erstaunlich weich, aber sehr aromatisch-würzig.

- Produkt: (Veredelt) Aphrodisia, Punkte: 77,25
  Preis/Menge: 9,00 USD / 7,10 EUR / 56 g
  Dunkle Schokolade mit vielen Zutaten, aromatisch-fruchtig und würzig. Kein Wunder, bei dem Potpourri an Zutaten. Dennoch angenehm zu essen. Wurde mit Palm Nectar gesüßt.

- Produkt: (Veredelt) Bali with Nibs, Palm Nectar, Tumeric and Salt, Punkte: 76,95
  Aromatische dunkle Schokolade, knusprig, verspielt. Aber wie schmeckt Tumeric?

- Produkt: (Veredelt) Fleur de Sel, Punkte: 76,05
  Preis/Menge: 9,00 USD / 7,10 EUR / 56 g
  Angenehm salzige dunkle Schokolade.

- Produkt: (Veredelt) Pomegranate Açai, Punkte: 75,45
  Preis/Menge: 9,00 USD / 7,10 EUR / 56 g
  Dunkle Schokolade mit vielen verschiedene Beeren, geschmacklich gewöhnungsbedürftig, aber nicht schlecht.

- Produkt: (Konfekt) Pumking Spice, Punkte: 49,25
  Preis/Menge: 9,00 USD / 7,10 EUR / 56 g
  So sehr überwürzt, dass es auf dem Gaumen prickelt. Von den Geschmacksnerven kaum zu bewältigen.

Fazit:
Die Kombination Gesundheit und Schokolade ist so eine Sache. Gnosis schafft manchmal den Spagat, manchmal aber auch nicht.
Das Konfekt Pumking Spice ist hoffnungslos überwürzt. Die Aromabombe schmerzt schon fast am Gaumen. Die Geschmacksnerven sind gar nicht in der Lage das alles zu verarbeiten.
Die Schokoladen haben schon eine eigenartige Konsistenz, die Zutaten sind gewöhnungsbedürftig. Wer kennt schon Camu Camu Berry, Mesquite Pod, Maca Root, Ashwaganda, Gotu Kola, Damiana, Fo Ti, Yohimbe, Dong Quai oder Reishi Mushroom. Am besten gefallen haben die Madagascar with Peppercorn & Nibs und die Grenada with Nutmeg & Nibs. Auch die

Aphrodisia (mit sechs aphrodisierenden Zutaten) mit ihren exotischen Rohstoffen, wie Fo Ti, Yohimbe oder Dong Quai, hat ganz gut gefallen.
Das ganze Unternehmen, die Marke und die Produkte sind liebevoll entwickelt und gestaltet. Keine Frage, das alles hat Charme und repräsentiert ein glaubwürdiges Raw-Konzept. Einzig die permanente Anwesenheit bei der Herstellung der Raw-Chocolate-Schokolade kann ich nicht ganz glauben. Das wäre ein richtig aufwändiges Unterfangen ...

Empfehlung:
Für gesundheitsbewusste Konsumenten und Unterstützer ethischer Grundsätze.

GODIVA

Belgien (Brüssel)
www.godiva.be

Verarbeitungsstufe: **Standard-Schokolade**

Godiva ist einer der bekanntesten und erfolgreichsten Konfekthersteller weltweit. Besonders in den USA und in Asien konnte sich das Unternehmen als Luxusmarke etablieren. Einen großen Beitrag daran hat sicher auch die Omnipräsenz in Duty-free-Shops in Flughäfen weltweit.
Godiva wurde 1929 vom Chocolatier Joseph Draps in Brüssel gegründet. Der Name und das Firmenlogo beziehen sich auf die Legende der Lady Godiva, einer angelsächsischen Adligen aus dem 11. Jahrhundert. Schon früh begann das Unternehmen mit der Expansion ins Ausland. Einer ersten Filiale in Paris im Jahre 1958 folgte 1966 das erste Geschäft in den USA (in Philadelphia). 1968 wurde in Reading eine Produktionsstätte in den USA eröffnet. 1972 folgte das erste Geschäft in Japan, mittlerweile gibt es weltweit über 450 Godiva-Filialen. Seit dem Jahre 2007 gehört Godiva zu der türkischen Yildiz Holding, die das Unternehmen für 850 Millionen Dollar übernahm.
Obwohl sich das Unternehmen auf die Herstellung von Konfekt spezialisiert hat, gibt es mittlerweile auch andere Produkte wie z. B. Riegel oder Schokoladen. Die Godiva-Schokoladen werden in Deutschland hergestellt.

Produktbewertungen

- Produkt: (Schachtel) Truffes, Punkte: 43,65
  Preis/Menge: 6,99 EUR / 140 g
  Fettig, buttrig, süß und ohne Charme. Teilweise viel zu dicke Schokolade oder wie bei der Amère mit banalem Kakaogeschmack. Kein Produkt konnte wirklich überzeugen.

Konfekt-Einzelbewertungen:
Truffe Amande au Miel: Punkte: 54,00
Zumindest essbar, schmeckt nach Mandeln, leicht salzig und ist nicht all zu süß.
Truffe Framboise: Punkte: 49,00
Zweifach gefüllt, Ganache und Konfitüre. Süß und viel zu dicke Schokolade drumherum.
Truffe Cappucchino: Punkte: 49,00
Fettig, buttrig, süß. Hat aber Cappuccino-Charakter.
Truffe Tiramisu: Punkte: 49,50
Fettig, buttrig, süß, schmeckt leicht nach Kaffee.
Truffe Traditionnelle: Punkte: 49,00
Fettig, buttrig, süß und ohne Charme. Hat leider kaum Aroma.
Truffe Exotique: Punkte: 49,00
Fettig und süß. Schmeckt außen nach Kokos, innen neutral. Hat kaum etwas mit Exotik zu tun, außer dem Kokos.
Truffe Amère: Punkte: 49,00
Fettig, buttrig, süß und ohne Charme, mit einem Kakaogeschmack von mäßiger Qualität.
Truffe Moelleux au chocolat: Punkte: 45,40
Fettig, buttrig, klebrig, etwas sirupartig und sehr süß.

Fazit:
Den Kauf von Godiva-Produkten habe ich mir natürlich für meinen Besuch in Brüssel aufbewahrt. Die getesteten Produkte sollten aus der europäischen Produktion und aus einem eigenen Geschäft stammen. Ich habe mir die Filialen prestigeträchtiger Lage am Place Grand Sablon ausgesucht. Der nette Verkäufer hat mir den Kauf einer preisreduziertenTruffes-Stange empfohlen. Scheinbar hat auch Godiva während der Weihnachtszeit nicht alle Saisonartikel verkauft bekommen. Die Prodkte sind lieblos hergestellt und ohne jeglichen Charme oder Charakter. Der normale Preis für 140 g beträgt 12,00 Euro, reduziert habe ich immer noch 6,99 Euro bezahlt. Für die angebotene Qualität ist schon der reduzierte Preis zu hoch. Godiva ist das Paradebeispiel einer starken Marke. Schlechte Produkte werden zu einem hohen Preis und wohl mit einer grandiosen Gewinnspanne verkauft.

Empfehlung:
Leider ist keine Empfehlung möglich..

GRAN INKA

Peru (Tingo Maria, Huanuco)
www.naranjillo.com

Verarbeitungsstufe: **Bean-to-bar (unbestätigt)**

Gran Inka und Mecsa Osha sind beides Marken der im Jahre 1964 gegründeten Kooperative „Cooperativa Agraria Industrial Naranjillo LTDA". Im tropischen Regenwald Perus profitieren mehr als 5.000 Farmer von den Verkaufserlösen der Mecsa-Osha-Schokolade, die sowohl Fair-Trade- als auch Bio-zertifiziert ist und komplett von der Kooperative hergestellt wird.
Der Name „Mecsa Osha" bedeutet in der lokalen Sprache, Tulumayo, „Schlafende Schönheit". Gran Inka ist eine zweite und recht neue Marke, mit der man wohl eher die ausländischen Märkte bedienen möchte, da in Südamerika ein so hoher Kakaoanteil eher unüblich ist.

Produktbewertungen

- Produkt: (Dunkel) 75 % Dark Chocolate,
  Punkte: 49,00
  Preis/Menge:
  Preis nicht recherchierbar/ca. 30 g
  Keine besonders gute Schokolade mit ganz dezenten Aromen. Zutaten: Kakaomasse, Kakaopulver, Rohrzucker, Kakaobutter. Daher schmeckt die Schokolade auch stark nach Kakaopulver, was nicht im Sinne einer Schokolade ist.
  Aromaprofil: Gewürze (Zimt, Ingwer und Vanille).

Fazit:
Die Schokolade schmeckt einfach nicht. Das überrascht nicht, wenn man die Zutatenliste sieht: Kakaomasse, Kakaopulver, Rohrzucker, Kakaobutter. Die Schokolade ist kaum aromatisch, mit schlechtem Schmelz, rau und von prägnantem Geschmack nach Kakaopulver.

Empfehlung:
Leider ist keine Empfehlung möglich – höchstens als Kuriosität.

GREEN & BLACK'S

England (London)
www.greenandblacks.com

Verarbeitungsstufe: **Fremdproduktion**

Das Unternehmen Green & Black's ist ein Pionier der Schokoladenbranche und ein wichtiger Vorreiter in Bezug auf Bio-Schokoladen und fairen Handel.
Im Jahr 1991 erhielt Craig Sams, Gründer von Whole Earth, einem ökologischen Lebensmittel-Unternehmen, eine Probe von 70 % dunkler Schokolade aus Bio-Kakao-Bohnen von einem seiner Lieferanten aus Afrika. Seine Frau Josephine Fairley kostete die Schokolade ebenfalls und zusammen entschloss man sich, eine eigene Bio-zertifizierte Schokolade zu entwickeln. Es entstand die erste Green & Black's dunkle Schokolade mit einem 70 %igen Kakaoanteil. Drei Jahre später brachte Green & Black's mit der Maya Gold das wohl erfolgreichste Produkt des Unternehmens auf den Markt: dunkle Schokolade mit Orange und Gewürzen (Zimt, Muskat und Vanille). Maya Gold gibt es auch als Trinkschokolade und die Idee zu dieser Kombination entstand während einer Urlaubsreise nach Belize. Der Geschmack basiert auf dem eines traditionellen Maya-Schokoladengetränks. Maya Gold war das erste Produkt in Großbritannien, das Fair-Trade-zertifiziert wurde. Personen namens Green oder Black existieren nicht. Das Wortspiel Green „grün" und Black „schwarz" steht als Synonym für strenge ökologische Prinzipien und für die Intensität der Schokolade.
Im Jahre 2005 wurde Green & Black's von Cadbury Schweppes, mittlerweile von Kraft Foods übernommen, gekauft. Craig Sams ist auch heute noch Vorsitzender des Unternehmens. Der Verkauf an ein globales Unternehmen ermöglichte Green & Black's die weitere Expansion und die Erweiterung des Sortiments um Speiseeis, Gebäck und Osterartikel. Die Kakaobohnen kommen überwiegend aus der Dominikanischen Republik und aus Belize. Alle Produkte von Green & Black's sind Bio-zertifiziert. Bis Ende 2011 sollten auch alle Produkte Fair-Trade-zertifiziert sein. Green & Black's produziert seine Schokolade nicht selbst, sondern bezieht sie schon seit langer Zeit von ICAM aus Italien. Gerüchten zufolge bezieht Green & Black's mittlerweile auch Schokolade aus einer polnischen Herstellung, wahrscheinlich von Callebaut.

Produktbewertungen

- Produkt: (Dunkel) 70 % Dark Chocolate,
  Punkte: 55,00
  Preis/Menge: 4,00 USD / 3,16 EUR / 100 g
  Als Basisschokolade noch gerade akzeptabel. Das einzig Positive ist der gute Schmelz.
  Aromaprofil: Unreife Mandarine, saure Grapefruit, verbrannter Kaffee.

- Produkt: (Milch) Milk Chocolate 34 %,
  Punkte: 56,00
  Preis/Menge: 4,00 USD / 3,16 EUR / 100 g
  Schmieriger Schmelz und viel zu süß, charakterlos.
  Aromaprofil: Honig, Malz, Karamell.

- Produkt: (Weiße) White Chocolate 30 %, Punkte: 71,50
  Preis/Menge: 4,00 USD / 3,16 EUR / 100 g
  Mit viel frischer Vanille, aber etwas zu süß. War mal mit die beste weiße Schokolade weltweit, aber andere haben aufgeholt und auch überholt.
  Aromaprofil: Vanille, Milch, Crème Caramel

- Produkt: (Veredelt) Peanut 37 % Milk Chocolate, Punkte: 73,50
  Preis/Menge: 4,00 USD / 3,16 EUR / 100 g
  Sehr nussig-crunchy, leicht salzig. Schmackhaft.

- Produkt: (Veredelt) Mint 60 % Dark Chocolate, Punkte: 64,00
  Preis/Menge: 4,00 USD / 3,16 EUR / 100 g
  Könnte gut sein, wenn sie nicht so süß wäre.

- Produkt: (Veredelt) Hazelnut & Currant 60 % Dark Chocolate , Punkte: 61,00
  Preis/Menge: 4,00 USD / 3,16 EUR / 100 g
  Gute Aromen, aber zu wenig Beeren und etwas zu süß.

- Produkt: (Veredelt) Ginger 60 % Dark Chocolate, Punkte: 61,00
  Preis/Menge: 4,00 USD / 3,16 EUR / 100 g
  Mehr Ingwer und weniger Zucker wäre besser. Schade.

- Produkt: (Veredelt) Toffee 34 % Milk Chocolate, Punkte: 53,50
  Preis/Menge: 4,00 USD / 3,16 EUR / 100 g
  Es fehlt an Toffee-Charakter. Deshalb kaum ein Unterschied zur puren Milchvariante erkennbar. Diese hier ist lediglich noch süßer ...

- Produkt: (Veredelt) Maya Gold Dark Chocolate with Orange & Spices, Punkte: 51,88
  Preis/Menge: 2,00 USD / 1,58 EUR / 35 g
  Wenn nicht die Süße wäre, wäre die Schokolade viel besser. Kein unangenehmes Aroma von Gewürzen, Orange relativ dezent, aber insgesamt enttäuschend und uninteressant.

Fazit:
Selbstverständlich verdient Green & Black's Lob und Anerkennung. Das Unternehmen hat in Sachen Bio und fairem Handel Pionierarbeit geleistet und einen großen Anteil daran, dass diese Art Produkt salonfähig geworden ist. Dennoch gibt es auch Punkte, die zu kritisieren sind. Auf der Homepage folgt unter der Rubrik „Was wir erzeugen" der Punkt „Wie wir unsere Schokolade erzeugen". Dann geht es weiter mit „Dann mahlen wir die Bohnen ...". Wissend, dass die Schokolade in Italien erzeugt wird (steht auch auf dem Einwickelpapier), ist das schon ein wenig irreführend. Als Endverbraucher gehe ich spätestens ab diesem Moment davon aus, dass eigene Mitarbeiter von Green & Black's die Maschinen zur Herstellung der Schokolade bedienen. Dem ist aber so nicht. Es ist nicht in Ordnung, dem Endverbraucher dies zu suggerieren. Grundsätzlich ist es nicht verwerflich, wenn Green & Black's nicht selbst produziert. Aber dann sollte dies auch ehrlich kommuniziert werden. Dies wirft aber auch die Frage auf, inwieweit das Unternehmen tatsächlich direkte Kontakte zu den Kakaoproduzenten besitzt.
Und die Produkte? Sie reihen sich ein in die Riege der Belanglosigkeit. Erstaunt hat mich, dass alle Produkte nicht Bio-zertifiziertes Soja-Lecithin enthalten. Das ist inkonsequent, zumal es ja Bio-zertifiziertes Soja-Lecithin gibt.
Die dunkle Schokolade hat flache Aromen, die Zutatenliste enthält Vanilleextrakt und Vollmilchpulver (auch bei der Minze-Schokolade ist Vollmilchpulver enthalten). Es soll wohl dazu

dienen, die Spitzen der rauen Aromen zu überdecken. Durch die Zugabe von Milchpulver handelt es sich aber nach meiner Definition nicht mehr um eine Edelschokolade. Diese darf ausschließlich Kakaomasse, Kakaobutter, Zucker, Vanille und Soja-Lecithin enthalten.

Empfehlung:
Die mangelhafte Kommunikation und die bescheidene Qualität hindern mich an einer Empfehlung. Wenn es aber etwas von Green & Black's sein muss, dann würde ich mich für die weiße Schokolade oder noch eher für die Peanut entscheiden.

GRENADA CHOCOLATE COMPANY

Grenada (St. Patrick's)
www.grenadachocolate.com

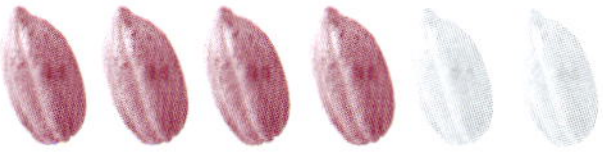

Verarbeitungsstufe: **Bean-to-bar plus (Tree-to-bar)**

Die Grenada Chocolate Company ist eine der charmantesten und authentischsten Schokoladenfirmen, die ich kenne. Man kann gar nicht anders als sie zu mögen.
Das Unternehmen wurde im Jahr 1999 von Mott Green und Partnern gegründet und war einer der ersten Tree-to-bar-Hersteller. Mott Green ist allgegenwärtig, er pflegt einige Freundschaften in der Branche, wie zum Beispiel zum Unternehmen Rococo von Chantal Coady. Alle Verarbeitungsstufen werden von der Grenada Chocolate Company kontrolliert. Als eines der ganz, ganz wenigen Unternehmen verwendet es selbst gepresste Kakaobutter. Das ist bemerkenswert und verdient höchste Anerkennung. Einige Maschinen wurden selbst konstruiert, andere stammen aus den Anfangszeiten der Schokoladenherstellung. Das Ganze wird mit Solarenergie betrieben. Selbstverständlich handelt es sich um Bio-zertifizierte Schokolade. Das Konzept ist absolut rund und nachvollziehbar.
Zum Leidwesen der dort lebenden und arbeitenden Menschen verwüsten Hurrikans alle paar Jahre die Plantagen auf Grenada. Wenn es keine Ernte gibt, kann auch keine Schokolade hergestellt werden. Das war zum Beispiel im Jahr 2005/2006 der Fall. In mühevoller Arbeit wird dann alles wieder neu aufgebaut und angepflanzt.

Produktbewertungen

- Produkt: (Dunkel) Organic Dark Chocolate
  71 %, Punkte: 84,10
  Preis/Menge: 6,00 USD / 4,74 EUR / 85 g
  Der tolle Kakao hätte die Vanille gar nicht nötig. Sehr schöner Schmelz und harmonisch. Aromaprofil: Tropische Zitrusfrüchte, Muskatnuss, Kardamom, Vanille, Cerealien, Kaffee, Tabak.

- Produkt: (Dunkel) Organic Dark Chocolate 60 %, Punkte: 79,30
  Preis/Menge: 6,00 USD / 4,74 EUR / 85 g
  Weniger Zucker würde den Kakao besser zur Geltung bringen. Karibisches Flair, leicht fruchtig mit etwas Würze.
  Aromaprofil: Tropische Zitrusfrüchte, Muskatnuss, Kardamom, Piment, Cerealien, Tabak.

- Produkt: (Dunkel) Organic Dark Chocolate 82 %, Punkte: 67,00
  Preis/Menge: 6,00 USD / 4,74 EUR / 85 g
  Leider viel zu sauer und auch recht adstringierend. Zwar aromatisch, aber auch hier schmeckt man deutlich die Vanille, anstatt der feinen Nebenaromen des Kakaos.
  Aromaprofil: Unreife Zitrusfrüchte, Tropenwald, Tabak, Kaffee.

Fazit:
Die Qualitäten der Schokoladen variieren recht stark. So wirklich nachvollziehbar ist das nicht. Überhaupt nicht verstehen kann ich, warum allen Schokoladen Vanille hinzugefügt wird. Der Grenada-Kakao ist eigentlich von Natur aus sehr aromatisch.
Die 82 %ige Schokolade ist mir am Ende dann doch zu sauer, zu adstringierend und auch etwas zu bitter. Dennoch, eine Erfahrung sind Mott Greens Schokoladen allemal wert und sie verdienen auch Respekt und Anerkennung.

Empfehlung:
Die 60 %ige und die 71 %ige Schokoladen sind ein „must have" für Chocoholics, die 82 %ige Schokolade ist nur für diejenigen geeignet, die saure und adstringierende sowie sehr intensiv herbe Schokoladen mögen.

GUIDO GOBINO

Italien (Turin)
www.guidogobino.it

Verarbeitungsstufe: **Mass-to-bar (unbestätigt)**

Die Geschichte der Produktionsstätte begann im Jahr 1946 in der Via Cagliari in Turin, als Commander Musso, wer immer das auch sein mag, eine Schokoladen- und Bonbonproduktion gründete.
Im Jahre 1964 trat Giuseppe Gobino in das Unternehmen als Produktionsleiter ein und wurde 1980 alleiniger Inhaber. 1985 trat auch sein Sohn Guido dem Unternehmen bei und übernahm nach und nach die Unternehmensführung. Die Spezialität von Guido Gobino ist die Verarbeitung von Haselnüssen, insbesondere zu Giandujotto, den kleinen Nougathäppchen.
Ob Gobino auch seine Schokolade von der Bohne weg produziert, ist nicht ganz bestätigt, daher habe ich ihn der Kategorie von der Kakaomasse ab zugeordnet. Laut dem Messemitarbeiter, mit dem ich ein Gespräch während der Chocolate Show in New York 2010 führte, ist Gobino der einzige kleine Bean-to-bar-Produzent Italiens. Das ist dann doch ein wenig weit hergeholt. Es sei denn, Amedei und Domori und alle anderen wären zwischenzeitlich ausgewandert ...

Produktbewertungen

- Produkt: (Dunkel) Extra Bitter-Blend 75 %, Punkte: 71,50
  Preis/Menge: 10,00 USD / 7,89 EUR / 60 g
  Gefällt ganz gut durch angenehme Aromen.
  Aromaprofil: Trockenfrüchte, Vanille, Kardamom, Avocado, grüne Oliven.

- Produkt: (Dunkel) Extra Bitter-Blend 70 %, Punkte: 55,00
  Preis/Menge: 10,00 USD / 7,89 EUR / 60 g
  Uninteressante Schokolade. Schlechter Schmelz, unangenehmes Aroma und sehr adstringierend.
  Aromaprofil: Ammoniak, Melasse, vergorene Früchte, unreife Früchte.

- Produkt: (Dunkel) Extra Bitter-Blend 63 %, Punkte: 50,00
  Preis/Menge: 10,00 USD / 7,89 EUR / 60 g
  Aroma von Konsumkakao, starke Röstung. Typisches Aroma von ab der Kakaomasse produzierter Schokolade.
  Aromaprofil: Alkalisiertes Kakaopulver, verbrannte Nüsse und verbrannter Kaffee.

- Produkt: (Milch) Latte Finissimo, Punkte: 65,50
  Preis/Menge: 10,00 USD / 7,89 EUR / 60 g
  Gutes Mittelmaß, mehr aber auch nicht. Kaum Kakaocharakter, aber angenehm milchig. Zu süß.
  Aromaprofil: Toffee, Honig, Rahmkaramell, Alpenmilch.

- Produkt: (Nougat) Gianduja, Punkte: 81,25
  Preis/Menge: 10,00 USD / 7,89 EUR / 60 g
  Aromatisch mit feinem Schmelz, aber etwas zu süß geraten.

Fazit:
Mit Haselnüssen kann Guido Gobino umgehen. Aber wenn er sich bei der Dosierung des Zuckers etwas zurückhalten würde, wären die Produkte noch besser. Dann könnten sie wohl auch mit in der Champions League spielen.
Dagegen bewegt er sich mit seinen Schokoladen einige Klassen tiefer. Die Schokoladen sind vornehmlich bitter, es fehlt ihnen an Charakter, Harmonie und Aroma.
Die Form der Schokoladentafeln ist sehr schön, das Design könnte jedoch wesentlich mehr hergeben, wenn die Sortenauslobung etwas weniger aufdringlich wäre.

Empfehlung:
Die Gianduja-Tafel ist ein Versuch allemal wert. Vielleicht noch empfehlenswert ist die 75%ige Extrabitter.

GUITTARD

USA (Burlingame, Kalifornien)
www.eguittard.com

Verarbeitungsstufe: **Bean-to-bar**

Das älteste familiengeführte Schokoladenunternehmen der USA wurde im Jahr 1868 von dem Franzosen Etienne Guittard in San Francisco gegründet. Im Jahr 1950, mittlerweile war Etiennes Enkel Horace A. Präsident des Unternehmens, wechselte das Unternehmen seinen Sitz nach Burlingame in Kalifornien. Seit 1989 führt Gary Guittard in vierter Generation das Unternehmen.
Das Sortiment ist überschaubar. Insgesamt werden acht Schokoladen angeboten. Alle vier Ursprungsschokoladen – Ambanja (Madagaskar), Chucuri (Kolumbien), Sur del Lago (Venezuela) und Quevedo (Ecuador) – besitzen einen Kakaoanteil von 65 %. Hinzu kommen eine hochprozentige Schokolade mit 91 % Kakaoanteil (Nocturne), mit Tsartana eine Semisweet mit nur 61 % Kakaoanteil und mit Quetzacoatl eine Bittersweet mit 72 % Kakaoanteil. Abgerundet wird das Angebot von einer 38 %igen Milchschokolade, der Orinoco. Außerdem werden diverse Produkte zur Weiterverarbeitung und Kakaopulver angeboten.

Produktbewertungen

- Produkt: (Dunkel) Ambanja Bittersweet 65 % Dark Chocolate, Punkte: 90,50
  Preis/Menge: 3,30 USD / 2,61 EUR / 56,7 g
  Fruchtige Madagaskar-Schokolade mit angenehmen Aromen und gutem Schmelz.
  Aromaprofil: Rote Beeren, sanfte Zitrusfrüchte.

- Produkt: (Dunkel) Chucuri Bittersweet 65 % Dark Chocolate, Punkte: 89,30
  Preis/Menge: 3,30 USD / 2,61 EUR / 56,7 g
  Tolle Kolumbien-Schokolade. Sehr aromatisch, cremig-milchig und leicht bitter.
  Aromaprofil: Blumig (Hibiskus, Jasmin), Toffee, Vanille, Kaffee.

- Produkt: (Dunkel) Quevedo Bittersweet 65 % Dark Chocolate, Punkte: 84,50
  Preis/Menge: 3,30 USD / 2,61 EUR / 56,7 g
  Sehr angenehmes Aroma und dezente Süße, mit angenehmem Schmelz. Aroma der Nacional-Kakaobohne wurde gut getroffen.
  Aromaprofil: Blumig (Jasmin), nussig, dezente rote Früchte, Pflaumen.

- Produkt: (Dunkel) Quetzalcoatl 72 % Dark Chocolate, Punkte: 80,70
  Preis/Menge: 3,30 USD / 2,61 EUR / 56,7 g
  Ecuador-Kakao. Mächtig, schokoladig, aromatisch, etwas schmieriger Schmelz, aber nicht unangenehm.
  Aromaprofil: Jasmin, Kokosnuss, Palmherzen, tropische Nüsse.

- Produkt: (Dunkel) Sur Del Lago Bittersweet 65 % Dark Chocolate, Punkte: 78,50
  Preis/Menge: 3,30 USD / 2,61 EUR / 56,7 g
  Dezente Aromen, kaum bitter, ganz zarte Adstringens. Angenehm.
  Aromaprofil: Rote Früchte, blumig, Butter, Haselnüsse, Tannin.

- Produkt: (Dunkel) Tsaratana 61 % Dark Chocolate, Punkte: 74,50
  Preis/Menge: 3,30 USD / 2,61 EUR / 56,7 g
  Für 61 % gar nicht so süß und dennoch aromatisch. Auch mit gutem Schmelz.
  Aromaprofil: Lakritze, Rosinen, Kokosnuss.

- Produkt: (Dunkel) Nocturne 91 % Dark Chocolate, Punkte: 62,65
  Preis/Menge: 3,30 USD / 2,61 EUR / 56,7 g
  Starke Röstung, bitter und etwas schmierig. Dezent aromatisch.
  Aromaprofil: Kakaopulver, Kokosnussöl, nussig, verbrannter Kaffee.

- Produkt: (Dunkel) Orinoco 38 % Milk Chocolate, Punkte: 76,00
  Preis/Menge: 3,30 USD / 2,61 EUR / 56,7 g
  Leider zu wenig Kakaoaroma. Keine schlechte Schokolade, aber mit anderem Fokus. Nicht zu süß.
  Aromaprofil: Malz, Rahmkaramell, Sahnebonbon.

Fazit:
Man mag es kaum glauben, aber die Ursprungsschokoladen mit nur 65 % Kakaoanteil funktionieren gut. Die Madagaskar (Ambanja) macht einem keine Sorgen, da es sich für diesen Kakao um ein optimales Kakaobohne-Zucker-Verhältnis handelt. Auch kolumbianischer Kakao mag dieses Verhältnis gerne, daher verwundert es nicht, dass diese beiden Schokoladen auch die besten des Sortiments sind. Aufgrund der Beigabe der Kakaobutter handelt es sich bei allen vier 65 %igen Sorten um sehr milde Schokoladen.
Auch bei Guittard ist zu kritisieren, dass in allen dunklen Schokoladen Vanille verarbeitet wird. Das ist unnötig und stört teilweise die Entfaltung des Kakaoaromas, besonders bei den puren Ursprungsschokoladen. Auch dass alle dunklen Schokoladen sowohl Kakaobutter als auch Soja-Lecithin beinhalten – mit Ausnahme der Quetzacoatl (die keine zusätzliche Kakaobutter, sondern nur Soja-Lecithin enthält) – ist etwas eigentümlich und sollte unnötig sein.
Dennoch, insgesamt gefallen die Produkte gut. Nur schade, dass man sie in Europa nicht kaufen kann.

Empfehlung:
Grundsätzlich sind alle Schokoladen empfehlenswert – die Nocturne allerdings mit Einschränkung und die Milchschokolade eher als gute Standardschokolade. Besonders hervorzuheben sind die vier puren Ursprungsschokoladen.

HACHEZ

Deutschland (Bremen)
www.hachez.de

Verarbeitungsstufe: **Bean-to-bar**

Die Geschichte des Unternehmens geht bis auf das Jahr 1890 zurück, als am 1. Juli der belgische Chocolatier Joseph Emile Hachez das gleichnamige Unternehmen gründete. Der Bremer Kaufmann Otto Friedrich Hasse war zunächst Partner, wurde später aber alleiniger Inhaber.
Das im 2. Weltkrieg nahezu völlig zerstörte Unternehmen wurde 1952/1953 verkauft. Im Jahre 1990 stieg der Bremer Kaufmann Hasso G. Nauck als Geschäftsführer in das Unternehmen ein. Zwei Jahre später folgte ihm sein Freund Wolf Kropp-Büttner. Seit dem Jahre 2000 sind beide alleinige Inhaber, Nauck mit 60 %, Kropp-Büttner mit 40 % der Anteile.
Etwas seltsam ist die bei Hachez verwendete Schreibweise „Chocolade". Entgegen vielen anderen Confiseuren, die diese Schreibweise erst seit kurzer Zeit im Laufe des Schokoladenbooms als Marketinginstrument nutzen, findet sich diese bei Hachez bereits seit sehr langer Zeit, seit Firmengründer J. E. Hachez 1890 das französische „Chocolat" mit dem deutschen Wort „Schokolade" verband. Demnach handelt es sich um eine Neuinterpretation des Wortes durch Hachez. Alle Nachahmer sollten das bei der Wahl dieses Wortes zur Identitifizierung ihres eigenen Unternehmens mit in die Überlegung einfließen lassen.
Lange Zeit waren Hachez-Produkte ausschließlich im Fachhandel erhältlich. Mittlerweile ist der Hauptabnehmer der Lebensmitteleinzelhandel. Hachez-Produkte findet man heute in nahezu jedem Supermarkt und das Unternehmen musste auf die Bedürfnisse der Händler eingehen. Das führte zwangsläufig dazu, dass Hachez gewisse Kompromisse bei seinen Produkten eingehen musste. Der größte Kompromiss ist wohl die vom Handel verlangte, extrem lange Haltbarkeit des Konfekts.
Positiv ist das Engagement von Hachez für den Regenwald Brasiliens. Für jede verkaufte Tafel Ursprungsschokolade spendet Hachez 10 Cent an das Regenwald-Institut e. V.
Was viele Endverbraucher nicht wissen ist, dass zu Hachez auch die Marke Feodora gehört. Feodora firmiert als eigenständiges Unternehmen, gehört jedoch auch den Herren Nauck und Kropp-Büttner.

Produktbewertungen

- Produkt: (Dunkel) Cocoa d'Arriba Classic 77 % Cacao, Punkte: 74,50
  Preis/Menge: 2,00 EUR / 100 g
  Aromatisch und nicht zu herb, mit relativ viel zugesetzter Kakaobutter.
  Aromaprofil: Gewürze, Blumen, Kaffee, bittere Nüsse.

- Produkt: (Dunkel) Wild Cocoa de Amazonas 70 % Bitter-Chocolade, Punkte: 71,00
  Preis/Menge: 3,00 EUR / 100 g
  Ich hatte mehr Aroma erwartet. Enttäuschend auch, dass Kakaopulver verarbeitet wird. Mit Vanille.
  Aromaprofil: Kakao(pulver), Gewürze (Vanille, Kardamom), Kaffee.

- Produkt: (Milch) Wild Cocoa de Amazonas 45 % Vollmilch-Chocolade, Punkte: 82,00
  Preis/Menge: 3,00 EUR / 100 g
  Ganz gut gelungen. Könnte etwas weniger süß sein, ist dennoch ein wenig herb und mit angenehmen Aromen.
  Aromaprofil: Kakao, Vanille, Malz.

- Produkt: (Milch) Cocoa de Maracaibo Classic 55,5 % Vollmilch-Chocolade, Punkte: 78,10
  Preis/Menge: 2,00 EUR / 100 g
  Sehr herb für eine Vollmilchschokolade und mit deutlichem Kakaoaroma. Der extrem feine Schmelz deutet auf einen hohen Kakaobutteranteil hin.
  Aromaprofil: Butterkaramell, Fudges, Malz, Vanille.

- Produkt: (Milch) Wild Cocoa de Amazonas 38 % Vollmilch-Chocolade, Punkte: 77,10
  Preis/Menge: 3,00 EUR / 100 g
  Keine schlechte Schokolade, aber mit etwas zu wenig Kakaocharakter. Mit maximal 18 % Kakaomasse aber auch kaum möglich.
  Aromaprofil: Karamell, Toffee, Vanille.

- Produkt: (Veredelt) Chez Hachez, Ingwer-Pfeffer, Punkte: 73,00
  Preis/Menge: 2,95 EUR / 67 g
  Vollmilchschokolade. Gute Pfefferaromen, leichte und angenehme Schärfe. Ingwer könnte intensiver und aromatischer sein, aber harmonisch mit der ordentlichen Schokolade.

- Produkt: (Veredelt) Chez Hachez, Haselnuss-Pistazie, Punkte: 72,00
  Preis/Menge: 2,95 EUR / 67 g
  Vollmilchschokolade. Ganz gut gelungen, mit aromatischen Pistazien und Haselnüssen. Die Schokolade schmeckt auch ganz gut.

- Produkt: (Veredelt) Chez Hachez, Kaffee-Chocochips, Punkte: 65,00
  Preis/Menge: 2,95 EUR / 67 g
  Vollmilchschokolade. Mit ganzen gerösteten Kaffeebohnen. Aromatisch, aber nicht sehr angenehm im Mund.

- Produkt: (Veredelt) Chez Hachez, Cranberry-Melone, Punkte: 63,00
  Preis/Menge: 2,95 EUR / 67 g
  Vollmilchschokolade. Melone und auch Cranberry etwas zu flach im Aroma. Relativ dunkle Milchschokolade, was auch gut ist.

- Produkt: (Konfekt) Meisterstücke, Punkte: 56,10
  Preis/Menge: 6,75 EUR / 150 g
  Eine Konfektschachtel, am 17.02.2011 probiert – bei einer Haltbarkeit bis zum 15.01.2012. Ich ahnte Böses und wurde bestätigt. Die extrem lange Haltbarkeit hat ihren Preis: nämlich ein charakterloses, aromaflaches und banales Konfekt. Zu feste Füllungen, zu süßes und trockenes Marzipan.

Konfekt-Einzelbewertungen:
Karamel-Praliné: Punkte: 63,50
Sehr intensives Karamellaroma und nicht zu süß. Überzogen mit einer dunklen Milchschokolade. Dennoch nicht wirklich gut.
Mandel-Sahne-Trüffel: Punkte: 62,50
Füllung recht angenehm im Zusammenspiel mit den gerösteten Mandeln außen. Für die lange Haltbarkeit erstaunlich gut.
Nougat mit Mandelspitzen: Punkte: 57,50
Nougat könnte etwas aromatischer sein, mit knusprigen Mandelstückchen.
Walnuss-Marzipan: Punkte: 55,50
Ich schmecke zwar Walnuss, aber auch Alkohol, was mich stört. Relativ süßes Marzipan, das wohl mit viel Puderzucker gestreckt wurde.

Cognac-Buttertrüffel: Punkte: 54,50
Relativ feste und kompakte Butter-Ganache auf dünnem Marzipan, dezent aromatisch und etwas fettig.
Nougatine: Punkte: 53,30
Viel zu fester Nougat in einem Papierhörnchen. Es fehlt an Nougatgeschmack und Nussaroma.

Kirsch-Trüffel: Punkte: 52,50
Butter-Ganache, schmeckt dezent nach Kirsche und ist etwas alkoholisch. Zu fettig und auch zu mächtig.
Edel-Marzipan: Punkte: 49,50
Viel zu viel Zucker im Marzipan, daher fehlt es an Aroma.

Fazit:
Nicht überraschend war das schlechte Abschneiden des Konfekts. 11 Monate Resthaltbarkeit erfordern nun einmal einige gravierende Kompromisse. Einzig die ordentliche Schokoladenqualität und deren Individualität bewahrt Hachez vor einer katastrophalen Bewertung. Dennoch glaube ich, dass diese Qualität bei kaum einem Kunden ein Lächeln hervorbringt. Die massiven und auch die veredelten Schokoladen hingegen haben viel besser gefallen und auch besser als manch ein Produkt eines handwerklichen Herstellers. Leider wurde bei der dunkle Schokolade Wild Cocoa 70 % Kakaopulver verarbeitet. Aber auch auf die Vanille, die im Übrigen in allen Schokoladen enthalten ist, hätte man verzichten können.
Hachez gefällt mir besser als manch ein „Luxus-Hersteller". Großer Verlierer ist das Konfekt. Damit tut sich Hachez keinen Gefallen. Ansonsten sind die Produkte für eine industrielle Fertigung ganz gut gelungen.

Empfehlung:
Die Wild Cocoa Milchschokoladen sind ordentlich und auch ein, zwei veredelte Schokoladen sind empfehlenswert. Beim Konfekt bitte auf Ware einer handwerklichen Herstellung zurückgreifen, sonst wird die Enttäuschung groß sein.

HACIENDA EL CASTILLO

Ecuador (San Isidro)
www.haciendaelcastillo.com

Verarbeitungsstufe: **Bean-to-bar**

Dieses Unternehmen ist eines der ganz wenigen, die alle Verarbeitungsstufen selbst ausführen – vom Anbau bis zur fertigen Schokolade wird alles auf der Hacienda El Castillo kontrolliert. Die im Familienbesitz befindliche Plantage liegt im Cerecita-Tal westlich der Hafenstadt Guayaquil an der ecuadorianischen Küste. Die Hacienda hat eine deutsche Vorgeschichte: Graf Ludwig Weber von Wagenführ kam in den 1930er Jahren nach Ecuador und heiratete die Industriellentochter Mara Anglica Calero. In den 1950er Jahren baute sich das Ehepaar auf einem 1.600 Hektar großen Land nahe der Stadt San Isidro eine pompöse Villa, die „Castillo" genannt wurde. Als der Graf 1967 verstarb, wurde die Villa kurze Zeit später von den Einwohnern geplündert und verkam zu einer Ruine. Nachdem sich das Vermögen der Calero-Familie nach und nach verringerte, verlor sie auch das „Castillo" und sein Grundstück. Erst Ende der 1980er Jahre kauften Investoren Teile der Villa Castillo und bauten sie nach und nach aus den Ruinen wieder auf. Heute werden auf 90 Hektar Kakao (Rainforest-Alliance-zertifiziert) und auf 12 Hektar Mangobäume kultiviert. Die Villa dient auch als Lodge für Reisende, ebenso werden Besichtigungen der Hacienda El Castillo angeboten. Etwas enttäuschend und ärgerlich ist, dass auf der Hacienda ausschließlich Kakao der Sorte CCN-51 angebaut wird.

Produktbewertungen

- Produkt: (Dunkel) Dark Chocolate 70 %,
  Punkte: 61,00
  Preis/Menge: 5,00 USD / 3,68 EUR / 90 g
  Kein unangenehmes Aroma, hinterlässt aber auch keinen bleibenden Eindruck.
  Aromaprofil: Fruchtig und sehr dezent würzig.

- Produkt: (Dunkel) Dark Chocolate 55 %,
  Punkte: 59,60
  Preis/Menge: 5,00 USD / 3,68 EUR / 90 g
  Mit nur 55 % Kakaoanteil zu süß, das Aroma des Kakaos geht unter.
  Aromaprofil: Fruchtig und dezent erdig.

Fazit:
Diese Schokoladen sind gar nicht so schlecht. Besonders die Verarbeitung ist gelungen, was bei einem Schokoladenhersteller in einem Ursprungsland nicht die Regel ist. Beiden Schokoladen wurde Algarrobina, ein Sirup vom Black-Carob-Baum, zugefügt, der viele Proteine und Vitamine enthalten soll. Die Hacienda besitzt eine interessante Geschichte und ist liebevoll wieder aufgebaut – aber leider wurde die falsche Sorte Kakao angebaut.

Empfehlung:
Beide Schokoladen können nur als Referenz für eine CCN-51-Schokolade dienen.

HAIGH'S

Australien (Adelaide)
www.haighschocolates.com.au

Verarbeitungsstufe: **Bean-to-bar**

Am 1. Mai 1915 eröffnete Alfred E. Haigh das erste Haigh's Schokoladengeschäft. Im Jahre 1919 boomte das Geschäft und die Produktion wurde ins australische Hinterland ausgelagert. Dort findet man heute das Haigh's Chocolates Visitors Centre. 1922 verlagerte Alfred E. Haigh auch das Geschäft von der 34 King William Street in den Beehive Corner in Adelaide. Noch heute befindet sich die Stammfiliale an dieser Adresse.
1933 verstarb der Unternehmensgründer. Sein Sohn Claude erweitere das Unternehmen auf sechs Filialen. Alfred E. Haigh's Enkel John lernte viel über die Schokoladenherstellung bei Lindt & Sprüngli in der Schweiz und besuchte danach die Vereinigten Staaten, um alles über Produktion, Shop-Design und Marketing zu lernen. Im Jahre 1946 kehrte er nach Australien zurück, um seine Erfahrungen in das Unternehmen einzubringen. Im Jahre 1965 eröffnete Haigh's das erste Geschäft außerhalb Südaustraliens – in Melbourne. Heute betreibt Haigh's insgesamt 12 Filialen in Adelaide, Melbourne und Sydney und wird in vierter Generation von Alister und Simon Haigh sowie von John Haigh als Chairman of the Board geführt.
Der verarbeitete Kakao stammt hauptsächlich aus Ecuador, Papua Neu-Guinea und Ghana. Haigh's-Produkte sind nur in den eigenen Geschäften erhältlich. Es hat mich viel Überredungskunst gekostet, bevor ich einige Schokoladen per Post erhielt. Zu groß war die Befürchtung, dass die Qualität auf der langen Reise leiden könnte. Am Ende hat aber alles gut funktioniert und ich konnte meine erste australische Bean-to-bar-Schokolade Dank der Mitarbeiterin Kylie Turale genießen, die sich für mich bei der Geschäftsleitung eingesetzt hat.

Produktbewertungen

- Produkt: (Dunkel) Dark Chocolate with 70 % Cocoa, Punkte: 74,00
  Preis/Menge: 9,50 AUD / 7,00 EUR / 100 g
  Würzige Aromen, Nelke tatsächlich schmeckbar. Blend aus Südamerika- und Afrika-Bohnen.
  Aromaprofil: Gewürze (Nelken, Vanille, Macis), Trockenfrüchte, leicht erdig.

- Produkt: (Dunkel) Premium Dark Chocolate 51 %, Punkte: 63,40
  Preis/Menge: 8,50 AUD / 6,25 EUR / 100 g
  Relativ süße Schokolade, aber mit angenehmem Aroma.
  Aromaprofil: Rote Beeren, Vanille, frischer Zuckerrohr.

- Produkt: (Milch) Premium Milk Chocolate, Punkte: 71,00
  Preis/Menge: 8,50 AUD / 6,25 EUR / 100 g
  Karamellig-milchige Milchschokoade mit etwas wenig Kakaogeschmack. Sehr „schweizerischer" Charakter.
  Aromaprofil: Alpenmilch, Malz, Karamell, Toffee.

- Produkt: (Veredelt) Dark Chocolate with Cardamom, Punkte: 66,95
  Preis/Menge: 8,50 AUD / 6,25 EUR / 100 g
  Sehr angenehmes Kardamomaroma, aber leider etwas zu süß.

Fazit:
Die Produkte sind bodenständig, traditionell, schnörkellos und ehrlich. Das Design ist einfach, aber durchaus ansprechend. Auch die Gestaltung der Geschäfte gefällt mir gut. Wer die lange Reise nach Australien antritt, sollte einen Besuch bei Haigh's einplanen.

Empfehlung:
Die Dark Chocolate 70 % empfiehlt sich Puristen, die Premium Milk Chocolate Milchschokoladen-Fans und die Dark Cardamom allen Liebhabern veredelter Schokoladen.

HEINEMANN

Deutschland (Mönchengladbach)
www.konditorei-heinemann.de

Verarbeitungsstufe: **Standard-Schokolade**

Alles begann am 1. Oktober 1932 in der Bismarckstraße 91 in Mönchengladbach, als Hermann Heinemann mit seiner Frau Johanna, einem Gesellen, einem Lehrling und einer Verkäuferin die Conditorei Café Heinemann eröffnete. Bereits 1966 erstreckte sich das Filialnetz über sechs Geschäfte in vier Städten. Heinemanns Söhne stiegen in das Familienunternehmen ein und expandierten in den Folgejahren weiter. Sohn Bernd verstarb leider unerwartet im Jahre 1992, sodass Heinz-Richard Heinemann die Geschäfte alleine fortführen musste. Mittlerweile umfasst das Filialnetz 12 Geschäfte in fünf Städten sowie eine enge Kooperation mit einer Confiserie in München. Berühmt geworden ist Heinemann durch seine Champagner-Trüffel, hergestellt mit echtem Champagner. Für dieses Konfekt erhielt Heinemann auch mehrere Auszeichnungen. Heinz-Richard Heinemann ist einer von nur zwei deutschen Mitgliedern im prestigeträchtigen Relais de Desserts. Heinemann ist ein Vollblut-Konditor. In seinen Geschäften findet man die komplette Palette an Konditorei- und Confiseriespezialitäten.

Produktbewertungen

- Produkt: (Konfekt) Pistache, Punkte: 93,50
  Preis/Menge: 5,35 EUR / 100 g
  Wundervoll weiches und zartes Pistazienmarzipan. Man schmeckt förmlich seine Frische. Pistazienaroma ist sehr gut gelungen.

- Produkt: (Konfekt) Nougat-Paris,
  Punkte: 91,70
  Preis/Menge: 5,35 EUR / 100 g
  Überraschend cremig, mit Nussfüllung. Sehr dunkel, aromatisch, cremig mit sensationellem Schmelz. Mit aufgesetzter karamellisierter Haselnuss.

- Produkt: (Konfekt) Maharadja, Punkte: 85,90
  Preis/Menge: 5,35 EUR / 100 g
  Aromatische Tee-Ganache, elegant-cremig und weich. Dezente Süße, herb und geschmackvoll.

- Produkt: (Konfekt) Champagner-Trüffel,
  Punkte: 81,10
  Preis/Menge: 5,35 EUR / 100 g
  Zweifelsohne eine gut gelungene Champagner-Trüffel, wenn auch nicht die Weltbeste. Könnte zwar etwas aromatischer sein, ist aber mit seiner dunklen und der seitlichen, halbflüssigen Füllung schmackhaft.

- Produkt: (Konfekt) Ali Baba, Punkte: 80,00
  Preis/Menge: 5,35 EUR / 100 g
  Dunkle Ganache mit Mokka. Cremig-weich, elegant, könnte aber etwas mehr nach Mokka schmecken.

- Produkt: (Konfekt) My Favourite,
  Punkte: 79,80
  Preis/Menge: 5,35 EUR / 100 g
  Dunkle Ganache mit Waldhimbeeren. Fruchtig-sauer, angenehm herb und nicht zu süß. Cremig-weiche Füllung.

- Produkt: (Konfekt) Kaffee-Caramel,
  Punkte: 79,60
  Preis/Menge: 5,35 EUR / 100 g
  Aromatischer Kaffee-Karamell. Halbflüssig und gar nicht so süß wie befürchtet.

- Produkt: (Konfekt) Medaillon, Punkte: 79,00
  Preis/Menge: 5,35 EUR / 100 g
  Weinbrand-Ganache auf Krokantplättchen. Aromatisch, knusprig und nicht zu süß. Cremig-weiche Füllung.
- Produkt: (Konfekt) Sans-Souci,
  Punkte: 78,50
  Preis/Menge: 5,35 EUR / 100 g
  Extrem aromatischer Mandel-Blätternougat, die Blättrigkeit lässt jedoch zu wünschen übrig und erinnert eher an ein trockenes und bröseliges Toffee. Schmeckt nach gebrannten Mandeln auf dem Weihnachtsmarkt.

- Produkt: (Konfekt) Millennium,
  Punkte: 78,10
  Preis/Menge: 5,35 EUR / 100 g
  Schmeckt einfach gut, auch wenn das Kaffeearoma zu dezent und der Nougat etwas zu fettig und mächtig ist. Tolles Nussaroma.

- Produkt: (Konfekt) Sultan, Punkte: 77,50
  Preis/Menge: 5,35 EUR / 100 g
  Rumrosinen mit Butterkrokant. Saftige und aromatische Rosinen, von denen ruhig mehr enthalten sein könnten. Knuspriger, aber auch süßer Krokant. Die dunkle Schokolade harmoniert sehr gut.

- Produkt: (Konfekt) Caracas, Punkte: 74,50
  Preis/Menge: 5,35 EUR / 100 g
  Milch-Ganache mit Rum. Aromatisch, weichcremig, aber etwas zu süß. Dennoch gut.

- Produkt: (Konfekt) Trocadero, Punkte: 73,00
  Preis/Menge: 5,35 EUR / 100 g
  Nette Idee. Marzipan mit Erdbeerkonfitüre und Rum-Buttercreme. Erdbeere und Rum zu dezent, insgesamt aber in Ordnung.

Fazit:
Meine letzte Verkostung des Heinemann-Konfekts lag einige Zeit zurück. So gut wie jetzt, hatte ich es nicht in Erinnerung. Heinemann hat es wunderbar geschafft, die deutsche mit der französischen Confiserie zu vereinen. Die Art der Ganache-Füllungen erinnert sehr an französisches Konfekt, die Formen, besonders die Kugeln, eher an die deutsche Confiserie. Das Qualitätsniveau der Produkte ist erfreulich konstant und zeigt mit der Champagner-Trüffel mit echtem Champagner statt des sonst üblichen Marc de Champagne sogar eine willkommene Überraschung. Es ist mit die beste ihrer Art in Deutschland. Meinen Glückwunsch an Heinemann!

Empfehlung:
Wer sehr gutes deutsches Konfekt sucht, wird bei Heinemann zu fairen Preisen fündig.

HENRI LE ROUX

Frankreich (Landévant)
www.chocolatleroux.com

Verarbeitungsstufe: **Standard-Schokolade**

Schon als Kind war Henri Le Roux dem süßen Metier verfallen. Sein Vater, Louis Le Roux, war ein berühmter Pâtissier, der 1933 zur Feier der gewonnenen Präsidentschaftswahl das Dessert zu Ehren Franklin D. Roosevelts im Bilmore Hotel in New York kreierte. Nach sechs Jahren USA und einem Jahr Australien eröffnete Louis Le Roux eine Pâtisserie in Pont l'Abbé in der Bretagne. Dort durchlief auch Henri Le Roux seine Ausbildung zum Konditor, bevor er die renommierte Chocolatier-Schule COBA in Basel absolvierte. Nach kleinen Zwischenstationen in Paris und Tours übernahm Henri Le Roux 1965 die elterliche Pâtisserie, die er im Jahr 1977 verkaufte. In Quiberon, nahe den bekannten Thalasso-Bädern, eröffnete Henri seine eigene Chocolaterie. Anfang der 1980er Jahre kreierte Henri sein CBS „Caramel Beurre Salé", ein Bonbon aus gesalzener Butter aus der Bretagne und wohl das beste Karamellbonbon der Welt. Der Erfolg des Chocolatiers erstreckte sich bis nach Japan. Letzter Quantensprung in der Historie der Marke ist der Kauf des Unternehmens Henri Le Roux durch das japanische Unternehmen Yoku Moku, einem Hersteller hochwertiger Confiserieprodukte. Im Jahr 2007 wurde ein Geschäft in Tokyo eröffnet, im Jahr 2008 eine neue 2.300 qm große Produktion in Landévant gebaut und im Zuge dessen das komplette Design modernisiert. Henri Le Roux ist weiterhin kreativ und repräsentativ für das Unternehmen tätig.

Produktbewertungen

- Produkt: (Konfekt) Madagascar, Punkte: 92,00
  Preis/Menge: 4,00 EUR / 4 Stück
  Schmeckt gut nach Madagaskar-Kakao, fruchtig-frisch, cremig, sahnig, feinschmelzend.

- Produkt: (Konfekt) Bolivie, Punkte: 90,20
  Preis/Menge: 4,00 EUR / 4 Stück
  Frisch, sahnig, fruchtiger Kakao. Weiche und cremige Konsistenz.

- Produkt: (Konfekt) Venezuela, Punkte: 89,00
  Preis/Menge: 4,00 EUR / 4 Stück
  Blumige Aromen, etwas buttrig-fettig, aber angenehm cremig.

- Produkt: (Konfekt) Brésil, Punkte: 86,00
  Preis/Menge: 4,00 EUR / 4 Stück
  Sahnig, cremig, weich und mit feinem Schmelz. Sehr schokoladig, aber der Brasilien-Kakao ist nicht gut herauszuschmecken.

Fazit:
Henri Le Rouxs Konfekt besitzt die Eleganz und Finesse, die ich bei manch einem anderen Confiseur vermisst habe. Perfekt harmonische Kompositionen, sensationeller Schmelz, obwohl die Ganache schnittfest war. Einzig die Aromen der einzelnen Kakaosorten könnten etwas intensiver sein.

Empfehlung:
Uneingeschränkt zu empfehlen für Liebhaber französischen Konfekts.

HOJA VERDE

Ecuador (Cayambe)
www.hojaverdedarkchocolate.com

Verarbeitungsstufe: **Fremdproduktion**

Hoja Verde ist ein 1997 gegründetes Unternehmen, das sich auf die Züchtung von Rosen für den Export spezialisiert hat. Mittlerweile werden im ecuadorianischen Cayambetal über 60 Rosenvariationen gezüchtet.
Vor wenigen Jahren hat sich Hoja Verde dazu entschlossen, das Sortiment um Kakao- und Kaffeeprodukte zu erweitern. Die Schokoladen werden nach eigener Rezeptur in einer Schokoladenfabrik in Guayaquil hergestellt. Derzeit gibt es vier Sorten: eine mit 100 % Kakaoanteil, eine mit 80 %, eine mit 72 % und eine mit 58 %. Alle Schokoladen sind Fair-Trade-zertifiziert, seit März 2011 sind alle Schokoladen auch in Bio-Qualität erhältlich.

Produktbewertungen

- Produkt: (Dunkel) 80 % Dark Chocolate, Punkte: 61,80
  Preis/Menge: 6,00 USD / 4,74 EUR / 80 g
  Aroma und Geschmack sind in Ordnung, aber nichts Besonderes. Trotz 80 % Kakaoanteil nicht zu bitter. **Aromaprofil:** Blumig, nussig, erdig, Kaffee.

- Produkt: (Dunkel) 100 % Dark Chocolate,
  Punkte: 50,00
  Preis/Menge: 6,00 USD / 4,74 EUR / 80 g
  Enthält außer Kakaomasse auch Kakaobutter, daher keine echte 100 %ige. Unverständlich, dass sie auch Soja-Lecithin enthält. Insgesamt sehr adstringierend, sauer und trotzt der Kakaobutter sehr bitter. Das ganze ist unglaublich unharmonisch.
  Aromaprofil: Unreife Zitrusfrüchte, Tropenwald, Humus, Torf.

- Produkt: (Dunkel) 58 % Dark Chocolate,
  Punkte: 43,00
  Preis/Menge: 6,00 USD / 4,74 EUR / 80 g
  Nur dezent aromatisch, relativ süß. Tafel war grau.
  Aromaprofil: Nussig, blumig, erdig.

- Produkt: (Dunkel) 72 % Dark Chocolate,
  Punkte: 37,00
  Preis/Menge: 6,00 USD / 4,74 EUR / 80 g
  Kein schöner Bruch und kein schönes Mundgefühl. Schlechter Geschmack.
  Aromaprofil: Vergorene Früchte, unreife Oliven, erdig.

Fazit:
Hoja Verde mag exzellente Rosen züchten, bei den Schokoladen gibt es Optimierungsbedarf. Gut, sie stellen sie nicht selbst her, aber dennoch trägt Hoja Verde die Verantwortung. Dass zwei der Tafeln grau waren, ist natürlich in erster Linie ein Problem des Händlers. Hoja Verde hat sich mit diesen Schokoladen keinen Gefallen getan.

Empfehlung:
Leider ist eine Empfehlung nicht möglich.

HOTEL CHOCOLAT

England (Royston)
www.hotelchocolat.co.uk

Verarbeitungsstufe: **Schokolade nach Maß**

Hotel Chocolat ist ein dynamisches, visionäres und kreatives Unternehmen aus England. Das Wachstum seit seiner Gründung ist enorm und schwindelerregend. Alles Begann im Jahre 1998 mit der Einrichtung des ersten „Tasting Clubs" der Welt. Noch vor dem großen Internetboom starteten Angus Thirlwell und Peter Harris einen Club samt Online-Shop, der seinen Abonnenten monatlich ein Päckchen verschiedener Konfektsorten europäischer Hersteller zur Verkostung und Bewertung zuschickt. Bis heute wird anhand der Beurteilungen durch die Mitglieder der Confiseur des Monats gekürt. Das Geschäftsmodell fand viele Nachahmer (in Deutschland u. a. den erfolgreichen Pralinenclub und das mittlerweile insolvente Berliner Unternehmen Schokozeit), aber keines erreichte nur annähernd die beeindruckende Anzahl von konstant über 100.000 Abonnenten. Die Marke Hotel Chocolat wurde erst im Jahre 2003 gegründet, ist aber mit mittlerweile über 60 Filialen in England, eigener Produktion und dem Besitz einer eigenen Plantage mit angrenzendem

Hotel und Restaurant extrem gewachsen und erfolgreich. In der Karibik, auf der wunderschönen Insel Saint Lucia, haben Angus Thirlwell und Peter Harris im Jahre 2005 die Plantage Rabot Estate gekauft und neu bewirtschaftet. Beide unterstützen seitdem die anderen Kakaobauern von Saint Lucia. Dem dafür auferlegten Engaged Ethics Programm gehören mittlerweile 107 unabhängige und damit nahezu 100 % der Kakaobauern von Saint Lucia an. Hotel Chocolat garantiert nicht nur eine Bezahlung weit über dem üblichen Marktpreis, sondern auch die Abnahme der kompletten Ernte und Unterstützung beim Anbau. Das kostet das Unternehmen zwar viel Geld, sichert aber auch durch das Monopol auf den dortigen Kakao einen tollen Marketingvorteil. Gegen eine solch faire Win-Win-Situation gibt es nichts einzuwenden. Mich freut es sehr für die in der Vergangenheit häufig enttäuschten Kakaobauern.
Nachdem im Jahre 2011 das Hotel samt Kakao-Wellness und -Therapieangebot sowie tollem Restaurant eröffnet hat, folgt im Jahre 2013 die Eröffnung der Schokoladenproduktion von der Bohne weg auf der eigenen Plantage. Damit entwickelt sich Hotel Chocolat zum ersten wahren Tree-to-shop-Hersteller mit der Kontrolle über die vollständige Wertschöpfungskette, vom Anbau bis zum Verkauf – grandios! Kaufte Hotel Chocolat vor wenigen Jahren noch alle Produkte hinzu, produziert das Unternehmen mittlerweile 85 % aller Produkte in Cambridgeshire selbst.

Produktbewertungen

- Produkt: (Dunkel) 65 % Dark 120 h Conch Island Growers Saint Lucia, Punkte: 85,90
  Preis/Menge: 5,00 GBP / 5,87 EUR / 70 g
  Nicht so wild wie die 96-stündige, aber genauso aromatisch. Insgesamt aber harmonischer.
  Aromaprofil: Säuerliche rote Beeren, Tannin, Feigen, grüne Oliven, Rosinen.

- Produkt: (Dunkel) 65 % Dark 96 h Conch Island Growers Saint Lucia, Punkte: 82,00
  Preis/Menge: 5,00 GBP / 5,87 EUR / 70 g
  Für diese Schokolade muss eine neue Kategorie erfunden werden. Sie schmeckt, als stünde man mitten in einer feuchten Plantage: sehr aromatisch, nativ, wild, ehrlich.
  Aromaprofil: Humus, feuchter Waldboden, vergorene und fermentierte Früchte, Moos.

- Produkt: (Dunkel) 65 % Dark 120 h Conch Rabot Estate Saint Lucia, Punkte: 77,50
  Preis/Menge: 5,00 GBP / 5,87 EUR / 70 g
  Sehr aromatisch, aber auch mit etwas zu starken Röstaromen. Recht aggressiv-saurer Kakao, was man bei einem 65 %igen Kakaoanteil schmeckt. Ohne Zusatz von Kakaobutter. Eine interessante und sehr rare Schokolade.
  Aromaprofil: Saure, unreife rote Beeren, Kaffee, Avocado, Trockenfrüchte, Pflaumen, Melasse, Fermentation.

- Produkt: (Milch) 50 % Dash of Milk Island Growers Saint Lucia, Punkte: 75,50
  Preis/Menge: 5,00 GBP / 5,87 EUR / 70 g
  Aromatisch, kakaoig und nicht zu süß, insgesamt aber etwas unharmonisch. Vanille recht dominant.
  Aromaprofil: Vanille, Rahmkaramell, Malz, Sahnebonbon.

- Produkt: (Veredelt) 50 % Dash of Milk with Caramel Island Growers Saint Lucia, Punkte: 77,88
  Preis/Menge: 3,00 GBP / 3,52 EUR / 35 g
  Dunkle Milchschokolade mit knusprigem, karamellisiertem Zucker. Nicht zu süß. Toll!

- Produkt: (Konfekt) 65 % Dark Island Growers Saint Lucia Intense Pralines, Punkte: 85,35
  Preis/Menge: 4,50 GBP / 5,28 EUR / 55 g
  Die charaktervolle, etwas saure und schön fruchtige Schokolade mit dem süßen und aromatischen Nougat ist sehr harmonisch.

- Produkt: (Konfekt) Egglets (Liquid Caramel), Punkte: 84,75
  Preis/Menge: 6,00 GBP / 7,04 EUR / 110 g
  Wer Karamell mag, wird dieses lieben. Halbflüssiges, aromatisches und nicht zu süßes sowie leicht gesalzenes Karamell. Gefüllt in einer 50 %igen Milchschokolade.

- Produkt: (Konfekt) Mousse au Chocolat, Punkte: 63,25
  Preis/Menge: 3,50 GBP / 4,11 EUR / 70 g
  Mir gefällt das Aroma der verarbeiteten Schokolade nicht, insgesamt aber nett gemacht.

Fazit:
Die puren Schokoladen werden wohl auch heute noch von Coppeneur hergestellt. Die Verarbeitung des Kakao aus Saint Lucia war immer sehr schwierig. Nicht immer wurde zu meiner aktiven Zeit das Optimum aus den Kakaobohnen herausgeholt – so auch bei den aktuellen Mustern. Keine Frage, es sind auf ihre Art besondere Schokoladen. Der Kakao ist äußerst aromatisch, mit eigenem Charakter und unvergleichlich, aber auch sehr aggressiv-sauer. Fehler bei der Verarbeitung oder mangelndes Können werden kaum verziehen. Zu dem sauren Kakao gesellt sich eine etwas zu starke Röstung, die meines Erachtens den Verlust einiger Nebenaromen zur Folge hat. Insgesamt handelt es sich dennoch um gute und für Chocoholics sehr interessante Schokoladen, da der Kakao in dieser Art einmalig ist. Für ungewohnte Gaumen können die Aromen teilweise zu extrem sein.
Das Konfekt aus der Saint-Lucia-Schokolade ist besonders gut gelungen und ein perfekter Einstieg in die Erkundung des Kakaos.

Empfehlung:
Die dunklen Schokoladen empfehlen sich Chocoholics, zum Einstieg eignet sich sehr gut das Konfekt. Karamell-Junkies sollten unbedingt das Egglets-Konfekt versuchen.

HUSSEL

Deutschland (Hagen)
www.hussel.de

Verarbeitungsstufe: **Fremdproduktion**

Das Unternehmen Hussel ist näher betrachtet ein kleines Phänomen. Wer weiß schon, dass der Lifestyle-Konzern Douglas eine Keimzelle von Hussel ist? Begonnen hat alles mit der Gründung des Hussel Süßwarenfilialbetriebs GmbH im Jahre 1949 durch Rudolf Hussel, der all das im

Sortiment führte, was die Menschen in den langen Kriegsjahren vermisst hatten: Spirituosen, Kaffee und als Schwerpunkt Süßwaren. In den Wirtschaftswunder-Jahren entwickelte sich Hussel zum führenden Süßwaren-Filialisten. Die fetten Jahre ermöglichten Hussel, inzwischen umfirmiert in eine Aktiengesellschaft, im Jahre 1969 den Erwerb von sechs kleinen Douglas-Parfümerien in Hamburg. Douglas war eine traditionsreiche Marke und wurde bereits im Jahre 1821 von dem nach Deutschland ausgewanderten Schotten J. S. Douglas als eine Parfümerie- und Seifenfabrik in Hamburg gegründet. Mit diesem Schritt, der den Grundstein für das enorme Wachstum der folgenden Jahrzehnte legte, begann die Diversifikation der AG. Heute gehören auch die Diversifikationen um Schmuck (Christ), Mode (AppelrathCüpper) und Bücher (Thalia) zum Unternehmen. Im Jahre 1989 wurde die Hussel AG in Douglas Holding AG umbenannt, die mittlerweile fast 25.000 Mitarbeiter beschäftigt, die unglaubliche 3,3 Milliarden Euro Umsatz erwirtschaften. Der Bereich Süßwaren ist zwar nicht mehr der wichtigste Umsatzträger, aber als die Seele der Aktiengesellschaft anzusehen. Wer weiß, wie die Entwicklung von Douglas ohne Herrn Rudolf Hussel verlaufen wäre. In den 1970er Jahren führte Hussel die Selbstbedienung am losen Konfekt ein. Vielleicht nicht die beste Einführung im Markt, aber eine für den Markt prägende. Sie hat aber sicher auch dazu beigetragen, dass Hussel-Produkte zu der damaligen Zeit als nicht sehr hochwertig galten, sondern eher als von mittelmäßiger Qualität. Dies änderte sich ab Mitte der 1990er Jahre, aber besonders seit Anfang des neuen Jahrtausends. Man findet heute bei Hussel immer mehr hochwertige und auch innovative Produkte, wie zum Beispiel die mit dem Unternehmen Coppeneur entwickelten Plantagen-Schokoladen oder die mit dem Unternehmen Lanwehr gefertigten Dessert-Trüffel. Auch die Filialen haben sich wesentlich verändert und sich in den letzten Jahren dem Lifestyle-Ambiente des Douglas-Konzerns angepasst.
Diese positive Entwicklung ist vor allem der langjährigen Geschäftsleitung um Sven Eklöh, insbesondere Andreas Hoffmann, aber auch den sehr engagierten leitenden Angestellten zu verdanken. Inzwischen betreibt Hussel in Deutschland und Österreich 270 und in Portugal 23 Geschäfte.

Produktbewertungen

- Produkt: (Dunkel) Jara 82 %, Punkte: 82,50
  Preis/Menge: 3,98 EUR / 80 g
  Bio-Kakao der Plantage Iara aus Ecuador. Aromatisch, gute Aromen von Nacional-Kakao, für mich aber mit etwas zu starkem Röstaroma.
  Aromaprofil: Blumig (Jasmin), nussig, leicht erdig.

- Produkt: (Milch) Jara 62 %, Punkte: 92,40
  Preis/Menge: 3,98 EUR / 80 g
  Bio-Kakao der Plantage Iara aus Ecuador. Extrem dunkle Milchschokolade, sehr kakaoig und mit tollem Nacional-Aroma. Dennoch auch cremig-milchig und mit der pefekten Zutatenliste: Kakaomasse, Kakaobutter, Vollmilchpulver, Rohrzucker.
  Aromaprofil: Blumig (Jasmin), nussig, Schokolade, Malz, Adstringenz.

- Produkt: (Milch) La Margarita 52 %, Punkte: 87,00
  Preis/Menge: 3,98 EUR / 80 g
  Bio-Kakao der Plantage La Margarita aus der Dominikanischen Republik. Sehr kakaoig, man schmeckt den würzig-fruchtigen Charakter der Bohne. Leicht herb und mit angenehmer Süße.
  Aromaprofil: Malz, getrocknete Früchte, Karamell, Kakao.

- Produkt: (Milch) La Margarita 42 %, Punkte: 84,60
  Preis/Menge: 3,98 EUR / 80 g
  Bio-Kakao der Plantage La Margarita aus der Dominikanischen Republik. Kräftiger Kakaogeschmack, milchig, aber etwas zu wenig cremig. Schmelz könnte besser sein.
  Aromaprofil: Butter-Fudges, Toffee, Kakao, Trockenfrüchte.

- Produkt: (Veredelt) Bejofo Vanille 52 %, Punkte: 80,00
  Preis/Menge: 3,98 EUR / 80 g
  Bio-Kakao der Plantage Bejofo aus Madagaskar. Kräftige Milchschokolade, sehr dominantes Vanillearoma, vielleicht sogar etwas zu hoch dosiert. Dezent süß, aber schön kakaoig und milchig-cremig.

- Produkt: (Konfekt) Highland-Whisky-Trüffel, Punkte: 78,80
  Preis/Menge: 4,95 EUR / 100 g
  Tolles Whiskyaroma, angenehm weiche und cremige Füllung.

- Produkt: (Konfekt) Macadamia-Trüffel, Punkte: 78,20
  Preis/Menge: 4,95 EUR / 100 g
  Sehr nussig und aromatisch, nicht zu fettig.

- Produkt: (Konfekt) Rosé -Champagner-Trüffel, Punkte: 78,20
  Preis/Menge: 4,95 EUR / 100 g
  Das Champagneraroma ist gut getroffen und die etwas feste Füllung schmeckt gut. Mit echtem Champagner hergestellt.

- Produkt: (Konfekt) Mini-Carree Waldfrucht, Punkte: 77,00
  Preis/Menge: 4,95 EUR / 100 g
  Aromatisch, fruchtig und angenehm sauer.

- Produkt: (Konfekt) Mini-Carree Sauerkirsch, Punkte: 75,80
  Preis/Menge: 4,95 EUR / 100 g
  Angenehm fruchtig-saure Ganache, aromatisch und nicht zu süß.

- Produkt: (Konfekt) Dessert-Trüffel Winterorange, Punkte: 75,00
  Preis/Menge: 5,95 EUR / 100 g
  Angenehm fruchtig-sauer und aromatisch, mit leichter Würze.

- Produkt: (Konfekt) Dessert-Trüffel Rosen-Ganache, Punkte: 74,40
  Preis/Menge: 5,95 EUR / 100 g
  Extrem rosiges Aroma. Muss man mögen, aber gut gelungen.

- Produkt: (Konfekt) Dessert-Trüffel Bitternougat, Punkte: 73,80
  Preis/Menge: 5,95 EUR / 100 g
  Kräftiger Nougat mit Stückchen. Aromatisch und nicht zu süß.
- Produkt: (Konfekt) Dessert-Trüffel Maroni, Punkte: 72,00
  Preis/Menge: 5,95 EUR / 100 g
  Angenehmes Maroniaroma, vielleicht etwas zu süß.

- Produkt: (Konfekt) Dessert-Trüffel Marc de Champagne, Punkte: 71,90
  Preis/Menge: 5,95 EUR / 100 g
  Gutes Aroma und angenehm alkoholisch.

- Produkt: (Konfekt) Dessert-Trüffel Pistazie, Punkte: 71,80
  Preis/Menge: 5,95 EUR / 100 g
  Schön grün, aber es mangelt etwas an Pistazienaroma.

- Produkt: (Konfekt) Dessert-Trüffel Café Nocciola, Punkte: 71,40
  Preis/Menge: 5,95 EUR / 100 g
  Nougat mit herber Kaffeeganache. Nougat und Kaffee gut schmeckbar.

- Produkt: (Konfekt) Dessert-Trüffel Maple Walnut, Punkte: 71,20
  Preis/Menge: 5,95 EUR / 100 g
  Intensives Walnussaroma, aber irgendwie langweilig.

- Produkt: (Konfekt) Dessert-Trüffel Portwein, Punkte: 70,90
  Preis/Menge: 5,95 EUR / 100 g
  Könnte mehr Portweinaroma haben und alkoholischer sein.

- Produkt: (Konfekt) Dessert-Trüffel Schwarzwälder Kirsch, Punkte: 70,60
  Preis/Menge: 5,95 EUR / 100 g
  Es fehlt etwas an Kirschwasser und Kirsche, dennoch ganz angenehm.

- Produkt: (Konfekt) Dessert-Trüffel Kir Royal, Punkte: 69,60
  Preis/Menge: 5,95 EUR / 100 g
  Hat mir zu wenig Charakter von Cassis, könnte etwas alkoholischer sein. Angenehme Säure.

Fazit:
Die Produkte haben durchweg ein gutes Niveau. Die Dessert-Trüffel sind typisch deutsche Trüffelfüllungen, nur ohne Schokoladenhohlkörper. Sie sehen gut aus und schmecken gut. Mich persönlich stört das Fehlen des Schokoladenhohlkörpers etwas. Der pure Genuss einer Ganache-Füllung ist ungewöhnlich, aber qualitativ gibt es kaum etwas zu bemängeln. Die echten Rosé-Champagner-Trüffel sind ganz gut gelungen. Der Puderzucker außen macht sie zwar etwas zu süß, aber insgesamt sind sie schmackhafter als ein Marc-de-Champagne-Trüffel.
Für einen Filialisten, der kein einziges Produkt selbst herstellt, hat das Unternehmen die Qualitäten seiner Produkte gut im Griff und bietet eine sehr große Auswahl an.

Empfehlung:
Die Schokoladen kann ich Puristen und Chocoholics empfehlen, das Konfekt Liebhabern klassischen deutschen Konfekts.

IDILIO ORIGINS

Schweiz (Basel)
www.idilio.ch

Verarbeitungsstufe: **Schokolade nach Maß**

Während meiner Arbeit an diesem Buch erinnerte ich mich an ein kleines schweizerisches Unternehmen, das ich im Frühjahr 2009 kennengelernt hatte. Niklaus Blumer und Pascal Wirth, die Gründer von Idilio Origins, kamen damals, begleitet von Herrn Rosenthal, zu Besuch nach Bad Honnef. Herr Rosenthal, ein sehr versierter Fachhändler aus Lörrach (Arabica Kaffee), wollte mich unbedingt mit den beiden Herren aus der Schweiz bekannt machen. Leider ist es nie zu einer Zusammenarbeit gekommen, aber die bemerkenswerte Qualität ihrer Schokoladen ist mir gut in Erinnerung geblieben. Bei der Recherche zu diesem Buch hätte ich Idilio beinahe übersehen, da das Unternehmen so gut wie nicht bekannt ist und keiner der besuchten Händler die Produkte führte. Auch im Internet und in entsprechenden Foren wird Idilio nie erwähnt und keiner meiner Kontakte kannte das Unternehmen. Meine Kontaktaufnahme zu Idilio wurde prompt von Pascal Wirth erwidert. Das große Interesse an meinem Projekt bestätigte sich dann auch in der überaus großzügigen Zusendung von Mustern.
Die beiden Unternehmer machen keine halben Sachen. Die Kakaobohnen werden persönlich in Venezuela ausgesucht und nach Europa importiert. Hilfreich hierbei sind die überaus guten und engen Kontakte in dem Land (resultierend aus familiären Verflechtungen in Venezuela). Nur wirklich besondere Kakaobohnen werden ausgewählt. Das Konzept teilt sich auf in Criollo (Porcelana und Guasare) und Einzellagen (Amiari Merideña, Cata Ocumare, Carenero Urrutia Superior, Cooperativa Amazonas und Finca Torres). Da Idilio über keine eigene Produktionsstätte verfügt, hat man sich mit der schweizerischen Firma Felchin einen kompetenten Partner gesucht. Eine vorherige Zusammenarbeit mit einem anderen Hersteller endete in einem mittleren Desaster ...
Die Namensgebung der Tafeln ist originell und einfach zu merken: sie werden fortlaufend nummeriert. Merken Sie sich also einfach die Nummer Ihrer Lieblingssorte und nicht den oftmals komplizierten Namen.
Zusätzlich bietet Idilio auch andere Spezialitäten an. Ich kam in den Genuss von Whisky-Stängli und traditionellen Basler Brunsli. Diese entstehen in Zusammenarbeit mit Gianotti junior in Pontresina.

Produktbewertungen

- Produkt: (Dunkel) 12imo Finca Torres 72 %,
  Punkte: 96,40
  Preis/Menge: 6,40 EUR / 80 g
  Sehr komplexe Aromen, weich, cremig, langanhaltend, harmonisch, mit tollem Schmelz.
  Aromaprofil (Herstellerangabe): Elegant und rund mit einem langen, harmonischen Abgang. Fruchtaromen von reifen Feigen, Duft von frischem Filterkaffee, im Abgang Baumnüsse und frisches Heu.

- **Produkt: (Dunkel) 2ndo selección amiari merideña 72 %, Punkte: 95,90**
  Preis/Menge: 5,60 EUR / 80 g
  Sensationelle Schokolade aus Sur-del-Lago-Kakao. Im ersten Moment nicht so aromatisch wie die anderen Venezuela-Kakaosorten, entwickelt sie sich jedoch rasant zu einem Feuerwerk an Aromen.
  Aromaprofil (Herstellerangabe): Ausgewogene Kaffee- und Pflaumenaromen, Orangenblüten, Zimt und Rosinen unterstützen den Abgang.

- **Produkt: (Dunkel) 1ero porcelana criollo puro 74 %, Punkte: 93,60**
  Preis/Menge: 7,60 EUR / 80 g
  Aromaintensiv und mit dezenter Röstung, sehr angenehmer Schmelz.
  Aromaprofil (Herstellerangabe): Zitrusfruchtnoten, Himbeer, gefolgt von Gewürzaromen, langer nussiger Abgang.

- **Produkt: (Dunkel) 3ero selección cata ocumare 72 %, Punkte: 84,90**
  Preis/Menge: 5,60 EUR / 80 g
  Mit deutlichem Röstaroma und gutem Schmelz, leicht adstringierend und sauer.
  Aromaprofil (Herstellerangabe): Enorme Aromavielfalt, konzentrierte Röstaromen, Espresso, Nüsse, getrocknete Früchte, frische Gewürze.

- **Produkt: (Dunkel) selección cata ocumare pure & green 72 % Schachtel, Punkte: 84,80**
  Preis/Menge: 6,90 EUR / 72 g
  Interessantes Experiment: die eine Schokolade ist 48 Stunden lang conchiert, die andere überhaupt nicht. Verblüffendes Ergebnis.

  Schokoladen-Einzelbewertung:
  (Dunkel) 3ero selección cata ocumare pure & green 72 % pure, Punkte: 84,90
  Preis/Menge: 6,90 EUR / 72 g
  Mit deutlichem Röstaroma und gutem Schmelz, leicht adstringierend und sauer.
  Aromaprofil (Herstellerangabe): Enorme Aromavielfalt, konzentrierte Röstaromen, Espresso, Nüsse, getrocknete Früchte, frische Gewürze.
  Dunkel) 11imo selección cata ocumare pure & green 72 % green,
  Punkte: 84,70
  Preis/Menge: 6,90 EUR / 72 g
  Dezente Röstaromen, etwas adstringierender und mit mehr Säure als die conchierte Version.
  Aromaprofil (Herstellerangabe): Rustikal, kristallin, knuspriger Biss, Zwetschge und gedörrte Aprikose, im Abgang gebrannte Tonerde, griechischer Kaffee.

- **Produkt: (Dunkel) 5nto cooperativa amazonas 72 %, Punkte: 81,80**
  Preis/Menge: 4,00 EUR / 80 g
  Aromatisch, mit tollem Schmelz und leichter Säure.
  Aromaprofil (Herstellerangabe): Getrocknete Früchte und erdige Aromen, Pilze, im Abgang Röstaromen, Kaffee.

- **Produkt: (Dunkel) 4rto carenero urrutia superior 70 %, Punkte: 81,40**
  Preis/Menge: 4,00 EUR / 80 g
  Mild, mit tollem Schmelz und guter Süße, dezentes Röstaroma, angenehm.
  Aromaprofil (Herstellerangabe): Frische exotische Früchte, Litschi, leichte Gewürzaromen im Hintergrund, Vanille.

- **Produkt: (Veredelt) 6xto selección amiari merideña 72 % Cacao-Nibs, Punkte: 93,70**
  Preis/Menge: 5,60 EUR / 80 g
  Wie Nr. 2, zusätzlich mit Kakao-Nibs.
  Aromaprofil (Herstellerangabe): Ausgewogene Kaffee- und Pflaumen-Aromen, Orangenblüten, Zimt und Rosinen unterstützen den Abgang.

- **Produkt: (Veredelt) 7imo selección cata ocumare 72 % Cacao-Nibs, Punkte: 84,10**
  Preis/Menge: 5,60 EUR / 80 g
  Wie Nr. 3, aber mit knusprigen Kakao-Nibs.
  Aromaprofil (Herstellerangabe): Enorme Aromavielfalt, konzentrierte Röstaromen, Espresso, Nüsse, getrocknete Früchte, frische Gewürze.

- **Produkt: (Veredelt) 9eno cooperativa amazonas 72 % Cacao-Nibs, Punkte: 83,50**
  Preis/Menge: 4,00 EUR / 80 g
  Wie Nr. 5, zusätzlich mit knusprigen Kakao-Nibs.
  Aromaprofil (Herstellerangabe): Getrocknete Früchte und erdige Aromen, Pilze, im Abgang Röstaromen, Kaffee.

- **Produkt: (Veredelt) 8avo carenero urrutia superior 70 % Cacao-Nibs, Punkte: 81,30**
  Preis/Menge: 4,00 EUR / 80 g
  Wie Nr. 4, zusätzlich mit Kakao-Nibs.
  Aromaprofil (Herstellerangabe): Frische exotische Früchte, Litschi, leichte Gewürzaromen im Hintergrund, Vanille.

- **Produkt: (Konfekt) Single Malt Whisky Stängli mit Edradour 10 Years, Punkte: 94,30**
  Preis/Menge: 7,90 SFR / 6,35 EUR / 100 g
  Das Experiment eines Krustenkonfekts mit Single Malt Whisky (Edradour 10 Years) und Ursprungsschokolade ist sehr gut gelungen. Tolle Schokolade, knusprige und nicht zu süße Zuckerkruste und hocharomatischer Whisky.

- **Produkt: (Konfekt) Handgemachte Basler Brunsli, Punkte: 90,00**
  Preis/Menge: 7,90 SFR / 6,35 EUR / 100 g
  Ein Weihnachtsgebäck mit intensiven Aromen der Cata-Ocumare-Schokolade. Ungewöhnlich, ungewohnt und unerwartet, aber sehr köstlich. Deutliches Kakao- und Mandelaroma sowie leicht alkoholisch. Aufgrund des intensiven Kakaoaromas mit ins Konfekt gerutscht.

Fazit:

Die Verkostung der Produkte war ein wahres Geschmackserlebnis. Gleich drei Schokoladen stufe ich als überragend ein: Die Porcelana ist eine Explosion von Aromen, leicht fruchtig und würzig, sehr harmonisch und eine tolle Interpretation des noblen Kakaos. Einzig die etwas zu starke Röstung ist schade. Umso mehr hat mich erstaunt, dass die Schokolade 12imo Finca Torres diese Sorte noch übertrumpft. Dies kann aber auch an der sehr gelungenen Röstung liegen. Der überaus rare Kakao kommt von der Hacienda Torres aus dem Dorf Choroni. Die Schokolade ist komplex an Aromen, weich, cremig, vollmunsig, langanhaltend und harmonisch. Die amiari merideña ist eine erstaunliche Schokolade, bei der sich die Aromen während des Genusses mehrfach verändern: mild, aromatisch, verblüffend. Aber auch die anderen Schokoladen glänzen mit Aromenvielfalt und Harmonie. Einzig der immer wieder auftretende hohe Röstgrad wirkt etwas störend.

Die Schachtel selección cata ocumare pure & green 72 % mit sechs 12 g leichten Täfelchen ist ein sehr nettes Konzept. Schokolade aus der gleichen Bohne und mit dem gleichen Kakaoanteil, aber einmal 48 Stunden und einmal unconchiert – sehr interessant!

Fast alle Sorten gibt es zusätzlich mit der Zugabe von Kakao-Nibs. Auch diese Schokoladen trumpfen mit Ihrem Aroma und Geschmack auf.

Toll, was Idilio und Felchlin geleistet haben. Dem gebührt Anerkennung und viel mehr Aufmerksamkeit. Vergessen Sie die vielen Möchtegern-Chocolatiers und Trittbrettfahrer und selbst den einen oder anderen Pionier der Branche, der sich auf seinem Ruhm aus der Vergangenheit ausruht, und geben Sie diesen Produkten eine Chance!

Empfehlung:

Alle Schokoladen empfehlen sich Liebhabern dunkler Schokolade. Fans von Krustenkonfekt und Whisky sollten unbedingt die Stängli probieren. Zu Weihnachten auf jeden Fall die Basler Brunsli kosten.

JACQUES GENIN

Frankreich (Paris)
www.jacquesgenin.fr

Verarbeitungsstufe: **Standard-Schokolade**

Paris ist eine Weltstadt wie viele andere auch – aber dennoch einzigartig. Eines der Metropolen-Phänomene ist eine Vergöttlichung von Köchen, Pâtissiers oder auch Chocolatiers und Confiseuren. Den Anfang machte Gaston Lenôtre, es folgten große Namen wie Jean-Paul Hévin, Pierre Hermé oder Patrick Roger. Seit dem Jahre 2010 heißt der neue Chouchou Jacques Genin.
Im Pariser Haut Marais hat er ein wunderschönes Workshop-Café-Geschäft eröffnet, in dem er seine Spezialitäten anbietet. Aufgewachsen ist Genin in der Provence, sein Weg führte ihn nach Paris, um als Koch und später als Pâtissier zu arbeiten. Bis zur Eröffnung seines eigenen Geschäfts im August 2008 arbeitete er im Hintergrund und belieferte die Top-Gastronomie von Paris. Er ist kein qualifizierter „Maître Chocolatier" und er möchte auch nicht als ein solcher angesprochen werden. Sein Understatement macht ihn umso sympathischer. Sein Konfekt hat stets die gleiche Größe und Höhe und wiegt gerade einmal 5 Gramm pro Stück. Die lose Ware wird in einer schmucken Metalldose verpackt. Leider hatte ich bei meinem Besuch in seinem Geschäft nicht die Zeit, micht ausgiebig umzusehen. Beim nächsten Mal plane ich das aber auf jeden Fall ein.

Produktbewertungen

- Produkt: (Konfekt) Tiarei, Punkte: 92,00
  Preis/Menge: 10,00 EUR / 50 g
  Dunkle Ganache mit Vanille. Sehr delikat und aromatisch, vielleicht sogar etwas überaromatisiert. Weich-cremig und mit feinem Schmelz.

- Produkt: (Konfekt) La belle épineuse, Punkte: 89,50
  Preis/Menge: 10,00 EUR / 50 g
  Aromatisch-fruchtige Himbeer-Ganache. Dezent cremig und feinschmelzend.

- Produkt: (Konfekt) Le beau ténébreux, Punkte: 86,20
  Preis/Menge: 10,00 EUR / 50 g
  Auch wenn die Ganache deutlich nach Vanille schmeckt und nicht nach purer Schokolade, gefällt sie mir gut. Dunkel, cremig, feiner Schmelz.

- Produkt: (Konfekt) Rousse, Punkte: 74,60
  Preis/Menge: 10,00 EUR / 50 g
  Dezent zimtig, aber insgesamt kein schlechtes Konfekt. Cremig-weich und mit feinem Schmelz.

- Produkt: (Konfekt) Zinzibar, Punkte: 74,00
  Preis/Menge: 10,00 EUR / 50 g
  Schmeckt relativ dezent nach Ingwer. Cremig und mit feinem Schmelz.

- Produkt: (Konfekt) L, Punkte: 73,70
  Preis/Menge: 10,00 EUR / 50 g
  Sehr einfaches, recht geschmacksneutrales Konfekt. Cremig und mit ganz gutem Schmelz, aber wenig aromatisch.

- Produkt: (Konfekt) Arabicadabra, Punkte: 73,00
  Preis/Menge: 10,00 EUR / 50 g
  Schmeckt sehr gut, aber kaum nach Kaffee. Cremig-feinschmelzend und angenehm herb. Leider mit viel zu wenig Kaffee.

- Produkt: (Konfekt) Péché capiteux,
  Punkte: 70,00
  Preis/Menge: 10,00 EUR / 50 g
  Hat kaum etwas mit Vanille zu tun, eher mit Lakritze. Schmeckt dennoch recht ordentlich.

- Produkt: (Konfekt) Hespérides,
  Punkte: 70,00
  Preis/Menge: 10,00 EUR / 50 g
  Ich schmecke absolut keine Grapefruit. Scheint wohl das falsche Dekor zu sein, hat den Charakter einer einfachen Milch-Ganache. Schmeckt dennoch ganz gut.

Fazit:
Bei all den Vorschusslorbeeren, die Jacques Genin erhalten hat, waren die Erwartungen entsprechend hoch. Nicht selten habe ich während meiner Recherche gelesen, dass Genin besser sei als alle anderen.
Als kompliziert hat sich das Erkennen der Sorten erwiesen, bei ein bis zwei Sorten war ich beim Öffnen der Schachtel unsicher. Die gezeichneten Abbildungen hatten nur eine entfernte Ähnlichkeit mit dem tatsächlichen Produkt. Ich mag mich hier irren – aber bei einigen Sorten stimmte der geschmackliche Eindruck nicht mit der optischen Identifizierung überein. Eine solch problematische Situation sollte ein Hersteller vermeiden, indem er für eine bessere Sortenwiedererkennung sorgt. So jedoch bleibt die Ungewissheit und eine Benotung, die schlechter ist als notwendig.
Insgesamt war das Konfekt qualitativ in Ordnung, was vor allem aus der ordentlichen Schokoladenqualität resultiert. Aromaseitig konnte von den insgesamt neun Sorten nur ein Drittel überzeugen – und auch bei ihnen fand ich Mängel wie Überaromatisierung (Tiarei), Konsistenzschwächen (La belle épineuse) oder auch irritierende Aromen, die eigentlich nicht enthalten sein sollten (Le beau ténébreux).
Das alles ist zu wenig, um im Konzert der Großen mitspielen zu können. Die Pâtisserie mag mithalten, das kann ich nicht beurteilen, das Konfekt tut es jedoch definitiv nicht. Gut ist es trotzdem, da man die hohe Qualität der Zutaten schmeckt.
Mit meiner Meinung und der Beurteilung des Pariser Chouchous werde ich mir in Paris kaum Freunde machen, das steht fest. Aber ich bin mir sicher, dass Jacques Genin selbst dies sportlicher und eher als Herausforderung sieht. Gerne lasse ich mich bei einer neuen Verkostung umstimmen.

Empfehlung:
Das Konfekt ist nicht von Weltklasse, aber gut genug, um eine Empfehlung auszusprechen.

JACQUES TORRES

USA (New York)
www.jacquestorres.com

Verarbeitungsstufe: **Bean-to-bar und Standard-Schokolade**

Jacques Torres ist ein hochdekorierter französischer Chocolatier und in den USA ein Fernsehstar. Torres ist Frankreichs jüngster MOF (Meilleur Ouvrier de France, bester Pâtissier/Konditor Frankreichs). Bereits im zarten Alter von 26 Jahren erhielt er die höchste Auszeichnung, die man in Frankreich als Konditor erhalten kann. Kaum ein Pâtissier hat es in Frankreich zu etwas gebracht, ohne diese prestigeträchtige Auszeichnung erhalten zu haben.
In New York war er Chef Pâtissier im legendären Le Cirque und später im Le Cirque 2000. Von 1998 an war er in diversen TV-Shows zu sehen, u. a. in 52 Episoden Dessert Circus with Jacques Torres. Er hat zwei Kochbücher geschrieben und arbeitet zurzeit an einem Dritten.
Mittlerweile betreibt seine Firma sechs Geschäfte. Im Flagship-Store in der New Yorker Hudson Street sind die Geschäftsräume in die Produktion eingegliedert. Beim Einkaufen kann man den Confiseuren und Chocolatiers bei der Arbeit zusehen.
Jacques Torres verfügt auch über eine komplette Produktionslinie zur Herstellung von Schokolade ab der Bohne. Im Jahr ihrer Inbetriebnahme konnte ich die Räumlichkeiten besichtigen und Jacques Torres persönlich kennenlernen. Er hat viel dazu beigetragen, die moderne Schokoladenkultur auch in den USA zu etablieren.

Produktbewertungen

- Produkt: (Dunkel) Bean to Bar 70 %,
  Punkte: 40,00
  Preis/Menge: 5,50 USD / 4,34 EUR / 80 g
  Schmeckt nach billiger Schokolade, hergestellt aus Afrika-Konsumkakao.
  Aromaprofil: Schokolade, erdig. Mehr ist nicht schmeckbar.

- Produkt: (Milch) Milk Chocolate ,
  Punkte: 43,00
  Preis/Menge: 18,00 USD/14,21 EUR/12 Stück
  Schlechtes Aroma, schlechter Schmelz und süß.
  Aromaprofil: Abgestandener Instant-Kakaotrunk, ranzige Milch.

- Produkt: (Veredelt) The wicked Bar Dark Chocolate, Punkte: 43,68
  Preis/Menge: 5,50 USD / 4,34 EUR / 80 g
  Billige dunkle Schokolade, leicht scharf und zu süß.

- Produkt: (Veredelt) Coffee Break,
  Punkte: 38,75
  Preis/Menge: 2,00 USD / 1,58 EUR / 28,35 g
  Graue Milchschokolade ohne Kaffeearoma, Nachgeschmack billigen Elfenbeinküsten-Kakaos.

- Produkt: (Konfekt) Fresh Sqeezed Lemon,
  Punkte: 78,00
  Preis/Menge: 18,00 USD / 14,21 EUR / 12 Stück
  Frisches Aroma, sauer-fruchtig, durch dunkle Schokolade herb-bitter.

- Produkt: (Konfekt) Ménage a Trois,
  Punkte: 76,20
  Preis/Menge: 18,00 USD / 14,21 EUR / 12 Stück
  Schmeckt, man weiß aber leider nicht wonach.

- Produkt: (Konfekt) Love Potion No. 9,
  Punkte: 73,80
  Preis/Menge: 18,00 USD / 14,21 EUR / 12 Stück
  Ordinär, aber nicht schlecht. Inhalte nicht erschmeckbar.

- Produkt: (Konfekt) Coffee, Punkte: 72,00
  Preis/Menge: 18,00 USD / 14,21 EUR / 12 Stück
  Ganz gutes Kaffeearoma, gefällt entsprechend gut.

- Produkt: (Konfekt) Fresh Coconut,
  Punkte: 67,80
  Preis/Menge: 18,00 USD / 14,21 EUR / 12 Stück
  Weiße Ganache, mit Kokosflocken innen, nur dezent aromatisch.

- Produkt: (Konfekt) Pure, Punkte: 67,20,
  Preis/Menge: 18,00 USD / 14,21 EUR / 12 Stück
  Dunkle Ganache ohne Besonderheit. Schmeckt einfach nur schokoladig.

- Produkt: (Konfekt) Melon Port Wine,
  Punkte: 63,00
  Preis/Menge: 18,00 USD / 14,21 EUR / 12 Stück
  Ziel verfehlt: Man schmeckt weder Melone, noch Portwein. Trotzdem kein schlechtes Konfekt.

- Produkt: (Konfekt) Chocolate Mint Tea,
  Punkte: 62,40
  Preis/Menge: 18,00 USD / 14,21 EUR / 12 Stück
  Aroma flacht sehr schnell ab, Minze nur zu Anfang schmeckbar.

- Produkt: (Konfekt) Ginger, Punkte: 61,20
  Preis/Menge: 18,00 USD / 14,21 EUR / 12 Stück
  Zu wenig Ingwer und zu süß.

- Produkt: (Konfekt) Pineapple Pastis,
  Punkte: 58,60
  Preis/Menge: 18,00 USD / 14,21 EUR / 12 Stück
  Zwei Schichten: Gelee und Ganache. Kaum Aroma, zu süß. Ananas viel zu dezent und auch Pastis nur erahnbar.

- Produkt: (Konfekt) Grand Cru, Punkte: 58,00
  Preis/Menge: 18,00 USD / 14,21 EUR / 12 Stück
  Soll eine Wein-Ganache enthalten, Wein aber so gut wie gar nicht schmeckbar. Ganache ist bitter und relativ fest.

- Produkt: (Konfekt) Pistacchio Marzipan,
  Punkte: 36,00
  Preis/Menge: 18,00 USD / 14,21 EUR / 12 Stück
  Trocken, bröselig, schmeckt alt, keine gute Schokolade.

Fazit:

Die Verkostung der Jacques-Torres-Schokoladen war ein Desaster. Entweder produziert er die Schokoladen nicht selbst und die Maschinen dienen nur dem Marketing, oder die Herstellung birgt ernsthafte Schwierigkeiten. Die Tafeln schmecken nach billiger Standard-Schokolade, Edelkakao ist nicht erkennbar. Traurig war, dass die bei Torres gekaufte Schokolade mausegrau war. Wenn er als Hersteller sogar im Winter die Temperaturen selbst nicht im Griff hat, wie soll man das dann von Wiederverkäufern verlangen?

Das Konfekt hatte zwar phantasievolle und wohlklingende Namen, konnte die Erwartungen aber nicht erfüllen. Die Pistacchio war alt, trocken und ohne jedes Aroma. Kaum ein Konfekt zeigt die namensgebenden Zutaten.

Im Fazit muss man leider sagen, dass Jacques Torres ein Schatten seiner selbst ist.

Empfehlung:
Das eine oder andere Konfekt gefällt Liebhabern französischen Konfekts sicher gut.

JEAN-PAUL HÉVIN

Frankreich (Paris)
www.jphevin.com

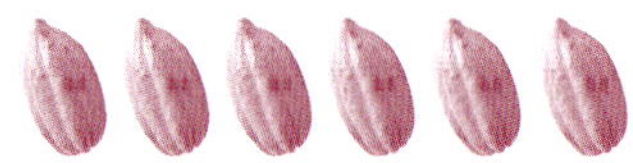

Verarbeitungsstufe: **Standard-Schokolade**

Jean-Paul Hévin ist aktuell der wohl begehrteste und berühmteste Chocolatier Frankreichs. Besonders in Japan genießt er bereits Kultstatus und führt mit seinem dortigen Partner fünf Geschäfte. Hinzu kommen drei Geschäfte in Hongkong, drei in Paris und ein Shop in Shop im Pariser Kult-Kaufhaus Galerie Lafayette. Der gelernte Konditor hatte stets ein Faible für Japan, unter anderem war er auch als Backstubenleiter bei Peltier in Tokyo tätig. Nach seinem Abschluss als Pâtissier arbeitete er ein Jahr lang im Hotel Intercontinental, danach von 1976 bis 1988 bei der japanischen Hotelkette Nikko. In dieser Zeit gewann er auch einige Preise, wie zum Beispiel 1983 den „Premier Prix International de la Chocolaterie". Im Jahre 1986 wurde Jean-Paul Hévin der prestigeträchtige Titel „Meilleur Ouvrier de France" verliehen, den fast alle erfolgreichen französischen Pâtissiers tragen. 1988 eröffnete er sein erstes eigenes Geschäft in Paris, mit dem die Erfolgsgeschichte der Marke Hévin und des „Man in black" begann.

Produktbewertungen

- Produkt: (Konfekt) Brasilia, Punkte: 96,40
  Preis/Menge: 10,00 EUR / 100 g
  Extrem gut gelungen. Sehr aromatisch, cremig, weich, feinschmelzend. Dominates Kaffeearoma, aber sehr harmonisch mit der dunklen Schokolade.

- Produkt: (Konfekt) Carbonado, Punkte: 95,63
  Preis/Menge: 10,00 EUR / 100 g
  Traditioneller Mandel- und Haselnuss-Nougat mit Krokant. Sehr aromatisch, nicht zu süß, harmonisch.

- Produkt: (Konfekt) Néo, Punkte: 95,25
  Preis/Menge: 10,00 EUR / 100 g
  Sehr fruchtig und himbeerig, sehr gelungen.

- Produkt: (Konfekt) Keops, Punkte: 94,84
  Preis/Menge: 10,00 EUR / 100 g
  Weiches und aromatisches Pistazienmarzipan. Sehr gelungen.

- **Produkt: (Konfekt) Rocher, Punkte: 93,20**
  Preis/Menge: 10,00 EUR / 100 g
  Aromatischer Mandel- und Haselnuss-Nougat mit Krokant in Milchschokolade. Cremig und mit gutem Schmelz, durch die Milchschokolade etwas süß.

- **Produkt: (Konfekt) Amareno, Punkte: 92,50**
  Preis/Menge: 10,00 EUR / 100 g
  Sehr aromatischer und knuspriger Mandel-Gianduja. Cremig und weich mit feinem Schmelz.

- **Produkt: (Konfekt) Annam, Punkte: 92,00**
  Preis/Menge: 10,00 EUR / 100 g
  Ganache von Litschi und Himbeer-Marzipan. Gelungene Kombination, aromatisch (mit dominanter Litschi) und nicht zu süß. Marzipan könnte etwas mehr Himbeergeschmack haben.

- **Produkt: (Konfekt) Trinidad, Punkte: 91,20**
  Preis/Menge: 10,00 EUR / 100 g
  Dunkle Ganache mit Limettenzesten. Herb, cremig und mit feinem Schmelz.

- **Produkt: (Konfekt) 1502, Punkte: 91,10**
  Preis/Menge: 10,00 EUR / 100 g
  Dunkle Basisganache, aber sehr schmackhaft. Weniger ist oft mehr.

- **Produkt: (Konfekt) Smyrne, Punkte: 91,00**
  Preis/Menge: 10,00 EUR / 100 g
  Schmeckt gut, könnte aber mehr Rosinen enthalten. Herb, weich-cremig und mit feinem Schmelz. Rosinen sind saftig und aromatisch.

- **Produkt: (Konfekt) Cao, Punkte: 90,10**
  Preis/Menge: 10,00 EUR / 100 g
  Pure Ganache von dunkler Schokolade. Leicht, fruchtiger Schokoladencharakter, schokoladig, frisch und angenehm herb.

- **Produkt: (Konfekt) Woman, Punkte: 89,70**
  Preis/Menge: 10,00 EUR / 100 g
  Zweischichtig, Bergamotte-Marzipan und Grüner Tee. Gute Kombination, die sehr gut gefällt.

- **Produkt: (Konfekt) Zenzero, Punkte: 87,60**
  Preis/Menge: 10,00 EUR / 100 g
  Wenig Ingweraroma, könnte weitaus intensiver sein. Dennoch schmeckt das Konfekt gut.

- **Produkt: (Konfekt) Anapurna, Punkte: 87,30**
  Preis/Menge: 10,00 EUR / 100 g,
  Zwei Schichten: Mousse au Chocolat lait und Maronen. Etwas schmierig, die Maronen sind mehlig, aber mit sehr gutem Aroma.

- **Produkt: (Konfekt) Saphir, Punkte: 87,00**
  Preis/Menge: 10,00 EUR / 100 g
  Haselnusscreme in dunkler Schokolade. Ein wenig zu mächtig und auch das Aroma könnte etwas intensiver sein. Aber nicht zu süß und insgesamt dennoch gut gelungen.

- **Produkt: (Riegel) Bouchée framboise, Punkte: 90,80**
  Preis/Menge: 2,60 EUR / 25 g
  Weich-cremige Himbeer-Ganache, fruchtig-frisch und feinschmelzend.

Fazit:
Die hervorragende Qualität, die Ästhetik, das Design und die Konsequenz muss ausdrücklich gelobt werden. Kompromisslos steht Qualität an erster Stelle. Das Konfekt und die vielen anderen Produkte begeistern durch eine hohe Kreativität, stets elegant und mit eigener Identität. Auch Jean-Paul Hévins Produkte sind nicht immer perfekt. Hin und wieder zeigt er kleine Schwächen, die das extrem hohe Niveau insgesamt aber nur geringfügig belastet.

Empfehlung:
Dieses Konfekt ist allen Liebhabern der französischen Tradition zu empfehlen. Auch die weiteren Kreationen, wie zum Beispiel die köstlichen Macarons, sind eine Sünde wert.

JEAN-PHILIPPE DARCIS

Belgien (Brüssel)
www.darcis.com

Verarbeitungsstufe: **Standard-Schokolade**

Jean-Philippe Darcis eröffnete bereits im Alter von 25 Jahren seine erste Pâtisserie. Nach seiner Ausbildung konnte er renommierten Pâtissiers und Chocolatiers wie Lenôtre, Wittamer und Richard über die Schulter schauen.
Darcis beschränkt sich nicht nur auf Konfekt in französischer Tradition, sein Sortiment umfasst auch Macarons, Gebäck, Speiseeis, Kuchen und sogar Brot. Mittlerweile führt das Unternehmen sechs Geschäfte und fast ein Dutzend Verkaufsstellen in ganz Belgien. Darcis trägt den „Titel" eines Schokoladenbotschafters des Konzerns Callebaut, dem wichtigsten Zulieferer von Schokoladenprodukten in der Industrie.

Produktbewertungen

- Produkt: (Konfekt) Passion, Punkte: 74,90
  Preis/Menge: 6,20 EUR / 100 g
  Ganache mit Passionsfrucht. Fruchtig-sauer und aromatisch.

- Produkt: (Konfekt) Jasmintee, Punkte: 74,60
  Preis/Menge: 6,20 EUR / 100 g
  Das Aroma ist richtig gut getroffen: Sehr guter, natürlicher Geschmack des Jasmintees. Leider ist die Schokolade nicht so gut.

- Produkt: (Konfekt) Vegas, Punkte: 74,30
  Preis/Menge: 6,20 EUR / 100 g
  Zitronenganache, sauer-zitronig, mit gutem Aroma.

- Produkt: (Konfekt) Fleur de Sel, Punkte: 74,00
  Preis/Menge: 6,20 EUR / 100 g
  Sehr gute Füllung. Karamellig-salzig, aber die Schokolade ist einfach zu banal.

- Produkt: (Konfekt) Aphrodite, Punkte: 73,10
  Preis/Menge: 6,20 EUR / 100 g
  Karamell-Passionsfrucht. Gut gelungen. Weich, fruchtig-sauer, nicht zu süß. Banale Schokolade.

- Produkt: (Konfekt) Diamant, Punkte: 72,50
  Preis/Menge: 6,20 EUR / 100 g
  Karamell mit Vanille, halbflüssig. Gut gelungen, wenn auch etwas süß.

- Produkt: (Konfekt) Cacahuète, Punkte: 71,60
  Preis/Menge: 6,20 EUR / 100 g
  Schmeckt gut nach salzigen Erdnüssen. Nougat aber von mittelmäßiger Qualität.

- **Produkt: (Konfekt) Menthe, Punkte: 67,25**
  Preis/Menge: 6,20 EUR / 100 g
  Gut minzig, nicht zu süß. Etwas zu bittere Füllung.

- **Produkt: (Konfekt) Suprême Noir, Punkte: 63,75**
  Preis/Menge: 6,20 EUR / 100 g
  Banaler Nougat mit knusprigen Gebäckstückchen. Die Schokolade ist leider zu banal.

- **Produkt: (Konfekt) Harmony, Punkte: 63,55**
  Preis/Menge: 6,20 EUR / 100 g
  Karamell und Ingwer. Karamellgeschmack ist gut, aber doch sehr süß. Der Ingwer ist etwas zu dezent.

- **Produkt: (Konfekt) Suprême Lait, Punkte: 61,80**
  Preis/Menge: 6,20 EUR / 100 g
  Banaler Nougat mit knusprigen Gebäckstückchen, auch hier schmeckt die Schokolade nicht besonders gut.

- **Produkt: (Konfekt) Café, Punkte: 60,80**
  Preis/Menge: 6,20 EUR / 100 g
  Schmeckt zwar etwas nach Kaffee, ist aber insgesamt unharmonisch.

- **Produkt: (Konfekt) Darcis lait, Punkte: 60,10**
  Preis/Menge: 6,20 EUR / 100 g
  Banaler Nougat überzogen mit noch banalerer Schokolade.

- **Produkt: (Konfekt) Tiger, Punkte: 54,00**
  Preis/Menge: 6,20 EUR / 100 g
  Soll nach Kokos schmecken, tut es aber leider nicht.

- **Produkt: (Konfekt) Darcis noir, Punkte: 52,50**
  Preis/Menge: 6,20 EUR / 100 g
  Banaler Nougat. Kann durch die einfache Schokolade nicht begeistern.

- **Produkt: (Konfekt) Coquelicot, Punkte: 50,50**
  Preis/Menge: 6,20 EUR / 100 g
  Geschmack nicht definierbar, banale Schokolade.

- **Produkt: (Konfekt) Manon Vanille, Punkte: 48,00**
  Preis/Menge: 6,20 EUR / 100 g
  Fettig-buttrig und süß. Als ob man aufgeschlagene Butter äße.

Fazit:

Bei Darcis gibt es unentwegt Höhen und Tiefen, im Durchschnitt schneidet das Konfekt aber noch ganz ordentlich ab. Darcis könnte es durch eine Beschränkung auf seine Kernkompetenzen weitaus verbessern. Dazu gehören sicherlich Ganache- und Karamell-Füllungen. Warum müssen so viele Confiseure banalen Nougat verarbeiten? Auch Darcis macht diesen Fehler. Auch wenn die Cacahuète gut gelungen ist, alle anderen Sorten sind es nicht.
Besonders gefallen haben die Karamellsorten Aphrodite (mit Passionsfrucht) und Diamant (halbflüssiges Karamell mit Vanille). Bei den Ganache-Füllungen konnten die Sorten Passion (mit Passionsfrucht) und Vegas (mit Zitrone) überzeugen.
Auch Darcis muss sich die Verwendung einfacher und banaler Schokoladen vorwerfen lassen. Besonders die dunkle Schokolade lässt zu wünschen übrig und beeinflusst stark die Qualität des Konfekts.

Empfehlung:

Für alle Liebhaber französischen Konfekts. Aber einmal mehr sollten Sie auf die Nougatsorten, mit Ausnahme der Cacahuète, verzichten.

JEFF DE BRUGES

Frankreich (Marne La Vallée)
www.jeff-de-bruges.com

Verarbeitungsstufe: **Standard-Schokolade**

Das Unternehmen Jeff de Bruges verfügt über keine eigene Produktion und keine eigenen Chocolatiers, sondern teilt diese mit dem Unternehmen Neuhaus. Die Geheimniskrämerei um diese Informationen kann ich nicht nachvollziehen. Es ist doch keine Schande, dass hier eine Marke „erfunden" wurde und man aufgrund wirtschaftlicher Interessen keine eigene Produktion errichtet hat. Etwas ärgerlicher ist jedoch, dass das Unternehmen eine handwerkliche Herstellung der Produkte suggeriert. Nichtdestotrotz muss man neidlos anerkennen, dass Gründer Philipp Jambon erfolgreich ist und seine Marke sehr gut in Frankreich etabliert hat.

Produktbewertungen

- Produkt: (Dunkel) Origine Pérou 65 % Noir,
  Punkte: 62,00
  Preis/Menge: 2,90 EUR / 80 g
  Aromatisch ist die Schokolade, sie entspricht aber eher dem typischen industriellen Produkt eines großen Zulieferers. Etwas charakterlos, leicht adstringierend trotz relativ geringem Kakaoanteil.
  Aromaprofil: Rote Beeren, Tropenfrüchte, leicht blumig.

- Produkt: (Konfekt) Acapulco, Punkte: 61,00
  Preis/Menge: 3,80 EUR / 100 g
  Limetten-Ganache. Zwar mit fruchtigem Charakter und auch aromatisch sowie mit kandierten Zitronenschalen, aber wohl auch unterstützt von Zitronenaroma oder eher Zitronenöl. Weich-cremig und feinschmelzend, Süße ist in Ordnung, somit auch der Gesamteindruck.

- Produkt: (Konfekt) Tortue Hibou Lait,
  Punkte: 55,50
  Preis/Menge: 3,80 EUR / 100 g
  Nougat mit karamellisierten Mandeln. Dem Nougat fehlt es etwas an Aroma, die Mandeln sind aber schmackhaft und knusprig. Insgesamt zu süß, aber durchaus essbar.

- Produkt: (Konfekt) JB Noir, Punkte: 55,00
  Preis/Menge: 3,80 EUR / 100 g
  Zitronen-Ganache. Angenehm fruchtiger und saurer Charakter, leicht zitronig. Weiche und etwas cremige, aber auch leicht raue Füllung. Zu dicke Schokolade, die aromatisch nichts zu bieten hat und den Gesamtgeschmack gewaltig beeinträchtigt.

- Produkt: (Konfekt) Palet JB Noir, Punkte: 52,50
  Preis/Menge: 3,80 EUR / 100 g
  Die Füllung ist eine pure Schokoladen-Ganache. Bitter, leicht sauer und adstringierend. Feste, leicht bröckelige und kaum feinschmelzende Füllung. Sehr unharmonisch und ohne Finesse.

- **Produkt: (Konfekt) Tatin, Punkte: 51,00**
  Preis/Menge: 3,80 EUR / 100 g
  Apfel-Ganache mit etwas Karamell aufgepeppt, allerdings schmeckt man beides nicht. Etwas Apfelaroma kommt im Nachhinein durch, aber nicht fruchtig, sondern von den Aromastoffen. Etwas bitter und gleichzeitig sehr süß. Sehr feste, kaum cremige und auch nicht feinschmelzende Füllung.

- **Produkt: (Konfekt) Feuille Noir, Punkte: 51,00**
  Preis/Menge: 3,80 EUR / 100 g
  Fettiger, schmieriger, mächtiger, süßer und wenig aromatischer Nougat. Die qualitativ indiskutable Schokolade macht alles nur noch schlimmer.

- **Produkt: (Konfekt) Pistachine, Punkte: 47,00**
  Preis/Menge: 3,80 EUR / 100 g
  Schmeckt wie eine billige Marzipankartoffel. Das Marzipan enthält so viel Zucker, dass es zwischen den Zähnen knirscht. Leicht grüne Farbe und dezentes Pistazienaroma. Insgesamt kein guter Geschmack, viel zu süß und unharmonisch.

Fazit:
Die Produkte entsprechen einem unteren Mittelmaß. Die verwendete Schokolade ist von niedrigster akzeptabler Qualität.
Das Konfekt ist insgesamt unharmonisch, süß, aromaflach und äußerlich nicht attraktiv gestaltet.

Empfehlung:
Leider ist keine Empfehlung möglich.

JELINA CHOCOLATIER / GALERIE AU CHOCOLAT

Kanada (Montréal)
www.jelinachocolatier.com

Verarbeitungsstufe: **Standard-Schokolade**

Das Unternehmen Galerie au Chocolat, das unter dem Namen Jelina Chocolatier seine Produkte in den USA vertreibt, wurde im September 1985 gegründet. Zur Herstellung der veredelten Schokoladen werden Kuvertüren aus Belgien verwendet. Aller Wahrscheinlichkeit nach handelt es sich hierbei um Produkte des Unternehmens Belcolade. Alle Schokoladentafeln sind Faire-Trade-zertifiziert. Galerie au Chocolat produziert außerdem Konfekt, Fondue und andere Spezialitäten.

Produktbewertungen

- Produkt: (Weiße) thé vert white chocolate 29 %, Punkte: 59,00
  Preis/Menge: 6,00 USD / 4,74 EUR / 95 g
  Sehr grün, schmeckt – wie bei grünem Tee üblich – grasig. Für eine Schokolade zu extrem. Insgesamt unharmonisch.

- Produkt: (Veredelt) cappuccino milk chocolate 36 %, Punkte: 56,00
  Preis/Menge: 6,00 USD / 4,74 EUR / 95 g
  Bitteres Kaffeearoma, einfache Schokolade, sehr unharmonisch

- Produkt: (Veredelt) sucre d'érable milk chocolate 36 %, Punkte: 53,00
  Preis/Menge: 6,00 USD / 4,74 EUR / 95 g
  Schmeckt etwas muffig, namensgebende Zutat aber erkennbar. Leider viel zu süße Schokolade.

Fazit:
Die Schokoladenqualität ist sehr verbreitetes Mittelmaß. Vergleichbar mit Qualitäten, wie sie die meisten deutschen Confiseure verwenden. Die Produkte sind zu unharmonisch, die Zutaten qualitativ nicht die Besten und insgesamt versprühen sie kaum Charme.

Empfehlung:
Leider ist eine Empfehlung kaum möglich. Wenn überhaupt, dann die Sorte Grüner Tee. Sie ist sehr aromatisch, Liebhaber grünen Tees werden sie mögen.

JER'S HANDMADE CHOCOLATES

USA (Solana Beach, CA)
www.jers.com

Verarbeitungsstufe: **Standard-Schokolade**

Jerry „Jer" Swain stellte erstmals in der Küche seiner Eltern Schokoladenkugeln mit einer knusprigen Erdnussbutterfüllung für Freunde und Verwandte her. Diese waren so beliebt, dass er regelmäßig die von seinen Freunden auf den Namen „Jer's balls" getauften Schokoladenkugeln produzierte. Als gelernter Verkaufsmanager ist er einer der mittlerweile vielen Quereinsteiger der Branche. Nach erfolgreicher Tätigkeit als Sales Manager in diversen Unternehmen und einem Aufstieg bis zum Executive Vice President brachte ihn seine Leidenschaft für das süße Metier dazu, sich selbstständig zu machen. Seine Erdnussbutterriegel haben mehrere internationale Preise gewonnen, darunter im Jahre 2009 während der Chocolate Show in New York den 1. Preis für „Best chocolate bar". Für die Produkte werden ausschließlich US-Erdnüsse der Sorte Valencia verwendet.

Produktbewertungen

- Produkt: (Riegel) Pretzo Change-O Milk Chocolate, Punkte: 71,20
  Preis/Menge: 3,00 USD / 2,37 EUR / 100 g
  Riegel mit Bretzel-Knabbergebäck, witzig und schmeckt gut. Zwar recht süß, aber aromatisch.

- Produkt: (Riegel) Original IncrediBar Milk Chocolate, Punkte: 70,00
  Preis/Menge: 3,00 USD / 2,37 EUR / 100 g
  Erdnussbutter mit Crunchy Rice Crisp. Guter Knabberartikel, der intensiv nach Erdnussbutter schmeckt.

- Produkt: (Riegel) Toffee Break Dark Chocolate, Punkte: 61,00
  Preis/Menge: 3,00 USD / 2,37 EUR / 100 g
  Mit Toffee-Stückchen, recht süß und mit etwas zu wenig Erdnussbutter.

- Produkt: (Riegel) Cara Mella Dark Chocolate, Punkte: 57,00
  Preis/Menge: 3,00 USD / 2,37 EUR / 100 g
  Doppelt gefüllt mit Erdnussbutter und weichem Karamell. Die Erdnussbutter gerät aufgrund der dominanten Süße in den Hintergrund.

Fazit:
Gekauft habe ich die Riegel in der sehr gut sortierten Schokoladenabteilung des Food Emporiums in der 3rd Avenue/68. Street in New York. In meinem Kaufrausch sind die Riegel irgendwie reingerutscht, obwohl sie auf den ersten Blick nicht unbedingt in das Buchkonzept passen. Aufgrund der Eigenart der Artikel habe ich mich dennoch dazu entschlossen, sie aufzunehmen. Es sind ehrliche Produkte, die bei jedem Erdnuss- oder Erdnussbutter-Liebhaber das Herz höher schlagen lassen werden. Zwei haben auch mir gut gefallen, wobei gesagt sein muss, dass Erdnussbutterartikel grundsätzlich buttrig und mächtig sind. Bei meinen Favoriten kommt hinzu, dass sie durch die Milchschokolade auch recht süß sind. Dennoch haben sie mir aufgrund des intensiven Geschmacks gefallen, besonders die Bretzel- Knabber-Variante. Bei Verwendung von qualitativ hochwertigerer Schokolade für den Überzug, etwas weniger Zucker und mehr Raffinesse hätten sie vielleicht sogar das Potenzial zu einem Gourmet-Artikel. So bleibt es jedoch bei einer leckeren Gourmandise, die eine gute Alternative zu industriellen Schokoriegeln darstellt.

Empfehlung:
Für jeden Erdnuss- und Erdnussbutter-Junkie ein „must have".

JUBILEE CHOCOLATIER

Südkorea (Seoul)
www.jubileechocolatier.com

Verarbeitungsstufe: **Standard-Schokolade**

Das Unternehmen, das im Jahre 2008 in JF & B Co. Ltd umbenannt wurde, begann mit dem Import europäischen Konfekts nach Südkorea und existiert seit dem Jahre 1996. Schon im Jahr 2000 begann man mit der eigenen Produktion. Das Konfekt wird unter dem Markennamen „Jubilee Chocolatier" vermarktet. Der Name „Jubilee" stammt aus der Bibel und steht für das Jahr am Ende der sieben Zyklen der „sabbatischen" Jahre, im hebräischen Shmita, als Symbol für Hoffnung, Fülle und Freude. Die Kakaofrucht im Logo deutet klar an, dass Schokolade bei Jubilee im Vordergrund steht. Dennoch findet man im Angebot auch weitere Süßwarenspezialitäten, wie zum Beispiel Gebäck, Kuchen und Torten. Die verarbeitete Schokolade stammt aus Belgien und Frankreich. JF & B Co. Ltd. bewirtschaftet 3 Geschäfte und 5 Hotelshops unter dem Namen „Dear Chocolate" und plant, in den nächsten Jahren 50 weitere Geschäfte im Franchise-System zu eröffnen. Seit dem Jahre 2007 exportiert das Unternehmen auch in die USA.

Produktbewertungen

- Produkt: (Konfekt) Rose, Punkte: 78,00
  Preis/Menge: 40.000 KRW / 25,68 EUR / 20 Stück
  Sollte eine Rosen-Ganache sein, war aber eine Passionsfrucht-Ganache. So etwas sollte nicht passieren. Die Ganache war weich-cremig, frisch, aromatisch und fruchtig-sauer.

- Produkt: (Konfekt) Mandelsplitter in Milchschokolade, Punkte: 76,50
  Preis/Menge: 40.000 KRW / 25,68 EUR / 20 Stück
  Knusprige und aromatische Mandelsplitter, dünn mit Schokolade überzogen.

- Produkt: (Konfekt) Green tea truffle, Punkte: 74,50
  Preis/Menge: 40.000 KRW / 25,68 EUR / 20 Stück
  Grüne Tee-Ganache, aromatisch und nicht so süß wie erwartet. Cremig-weich und mit feinem Schmelz.

- Produkt: (Konfekt) Lait truffle, Punkte: 73,30
  Preis/Menge: 40.000 KRW / 25,68 EUR / 20 Stück
  Einfache Ganache von Milchschokolade, aber schmackhaft. Cremig-weich, mit gutem Schmelz und nicht zu süß.

- Produkt: (Konfekt) Noir truffle, Punkte: 72,70
  Preis/Menge: 40.000 KRW / 25,68 EUR / 20 Stück
  Einfache Ganache von dunkler Schokolade, aber schmackhaft. Cremig-weich, leicht herb, mit gutem Schmelz und nicht zu süß.

- Produkt: (Konfekt) Walnuss, Punkte: 72,30
  Preis/Menge: 40.000 KRW / 25,68 EUR / 20 Stück
  Walnuss-Butterganache. Etwas zu fettig und mächtig, dezent aromatische Ganache, on top eine Walnuss von akzeptabler Qualität.

- Produkt: (Konfekt) Vanille-Manon,
  Punkte: 71,50
  Preis/Menge: 40.000 KRW / 25,68 EUR / 20 Stück
  Sehr fettige und mächtige Butterganache, schneeweiß und mit Vanille-Geschmack, in einer Schlüsselnoten-Form. Weich-cremige Füllung.

- Produkt: (Konfekt) Mandel-Trüffel,
  Punkte: 70,50
  Preis/Menge: 40.000 KRW / 25,68 EUR / 20 Stück
  Trüffel mit weicher, cremiger und feinschmelzender Ganache, außen knusprig. Schmeckt dezent nach Mandeln, könnte aber auch etwas anderes sein.

- Produkt: (Konfekt) Palais dor, Punkte: 69,10
  Preis/Menge: 40.000 KRW / 25,68 EUR / 20 Stück
  Ganache von dunkler Schokolade, die aufgrund ihrer bescheidenen Qualität nicht sehr aromatisch ist. Schnittfeste Ganache ist etwas cremig und feinschmelzend.

- Produkt: (Konfekt) Kokos, Punkte: 68,90
  Preis/Menge: 40.000 KRW / 25,68 EUR / 20 Stück
  Weiße Ganache in dunkler Schokolade. Schmeckt nach Kokos und sehr ähnlich der Madeleine-Coconut-Füllung.

- Produkt: (Konfekt) Madeleine Coconut,
  Punkte: 68,50
  Preis/Menge: 40.000 KRW / 25,68 EUR / 20 Stück
  Kokosnuss, Zitrone und Honig. Süße Ganache, der es an Zitrone fehlt. Dezentes Kokosaroma mit Honigsüße.

- Produkt: (Konfekt) Havana sugar, Punkte: 67,50
  Preis/Menge: 40.000 KRW / 25,68 EUR / 20 Stück
  Dunkle Ganache in Schokolade und Puderzucker. Begrenzt aromatisch und auch etwas zu süß.

- Produkt: (Konfekt) Milch-Manon, Punkte: 67,30
  Preis/Menge: 40.000 KRW / 25,68 EUR / 20 Stück
  Sehr fettige und mächtige Butterganache mit Milchschokolade in der Tradition belgischen Konfekts. Begrenzt aromatisch, aber weich und cremig.

- Produkt: (Konfekt) Pur Chocolate, Punkte: 67,10
  Preis/Menge: 40.000 KRW / 25,68 EUR / 20 Stück
  Ganache von purer dunkler Schokolade. Weich-cremig, aber zu süß.

- Produkt: (Konfekt) Orange rhum,
  Punkte: 66,30
  Preis/Menge: 40.000 KRW / 25,68 EUR / 20 Stück
  Das Pulver außen ist zu wenig fruchtig und zu muffig, Füllung auch nur begrenzt fruchtig und aromatisch.

- Produkt: (Konfekt) Mandel, Punkte: 65,70
  Preis/Menge: 40.000 KRW / 25,68 EUR / 20 Stück
  Fettige und mächtige weiße Ganache-Füllung, die nach Mandeln schmeckt. Weich und cremig.

- Produkt: (Konfekt) Framboise, Punkte: 65,60
  Preis/Menge: 40.000 KRW / 25,68 EUR / 20 Stück
  Himbeer-Ganache. Cremig mit feinem Schmelz, aber kaum fruchtig-sauer oder gar aromatisch.

- Produkt: (Konfekt) Erdbeer-Palet, Punkte: 65,10
  Preis/Menge: 40.000 KRW / 25,68 EUR / 20 Stück
  Dunkle Ganache überzogen mit weißer Schokolade und Erdbeeren als Dekor. Cremig-feinschmelzend, aber geschmacksneutral.

- Produkt: (Konfekt) Strawberry truffle, Punkte: 64,50
  Preis/Menge: 40.000 KRW / 25,68 EUR / 20 Stück
  Das Pulver außen ist zu wenig fruchtig und zu muffig, Füllung auch nur begrenzt fruchtig und aromatisch.

- Produkt: (Konfekt) Blüten-Palet, Punkte: 64,50
  Preis/Menge: 40.000 KRW / 25,68 EUR / 20 Stück
  Dunkle Ganache überzogen mit dunkler Schokolade und Blüten als Dekor. Cremig-feinschmelzend, aber fast geschmacksneutral. Schmeckt etwas würzig.

Fazit:
Auch Jubilee Chocolatier zeigt bodenständige Qualität, die aber an ihre Grenzen stößt. Die Produkte sind nicht raffiniert und manchmal fällt es schwer, die namensgebenden Zutaten zu erschmecken. Das Konfekt ist appetitlich und ästhetisch, aber keine Offenbarung. Auch bei Jubille Chocolatier wird mit mittlerer Schokoladenqualität gearbeitet.

Empfehlung:
Die Produkte sind für einen asiatischen Hersteller außerhalb Japans gut gelungen und können empfohlen werden.

KALLARI

Ecuador (Quito)
www.kallarichocolate.com

Verarbeitungsstufe: **Schokolade nach Maß**

Kallari ist eine 1997 von weniger als 50 Familien gegründete Kooperative in Ecuador. Mittlerweile gehören ihr über 850 Familien an. Sie kontrolliert nahezu alle Schritte bei der Verarbeitung ihrer Kakaobohnen: Anbau, Ernte, Fermentation und Trocknung erfolgen direkt bei der Kooperative. Die Weiterverarbeitung zur Schokolade erfolgt in Ecuadors Hauptstadt Quito durch das Unternehmen Ecuatoriana de Chocolates S.A., das selbst mit der Marke „Cacaoyere“ am Markt in Erscheinung tritt. Bei der Entwicklung der Schokoladenrezepturen hat Kallari tatkräftig mitgewirkt. Der Bau einer eigenen Produktionsstätte wurde bereits begonnen und soll noch im Jahre 2012 fertig gestellt werden. Hilfreich bei der Entwicklung der Kallari-Kooperative war sicherlich die Zusammenarbeit mit der Slow-Food-Organisation. Im Jahr 2004 nahm Robert Steinberg (der 2008 verstorbene Mitbegründer von Scharffen Berger) Kallari-Kakaobohnen mit zu Slow Food in Turin, wo die Bio-zertifizierten Nacional-Kakaobohnen für den Presidium Award ausgewählt wurden. Im Laufe der Jahre folgten diverse Kooperationen mit Chocolatiers weltweit. Unter der Schirmherrschaft Steve McDonnells, Gründer von Applegate Farms, einem amerikanischen Biofleisch-Unternehmen, wurde die Kallari Chocolate Company gegründet. Im Jahr 2008 war es dann soweit: die ersten Schokoladen wurden produziert. Im Juli 2010 übergab Steve McDonnell Kallari die Unternehmensleitung. Sämtliche Gewinne erhält die Kooperative. Mittlerweile erhalten die Kallari-Bauern – verglichen mit den Preisen von 2001 – das Sechsfache für ihre Kakaobohnen.
Ich erinnere mich noch sehr gut an meine erste Reise nach Ecuador im Jahre 2006. Die heimischen Produkte waren damals nahezu ungenießbar. Überhaupt spielten Kakao und Schokolade bei den Einwohnern eine sehr kleine Rolle. Wenn überhaupt, gab es nur Instant-Kakao. Im Übrigen galt das gleiche auch für Kaffee. Ecuador besitzt einen wundervollen Kaffee, aber überall wurde ausschließlich löslicher Industriekaffee serviert. Heute ist Ecuador wohl das Herkunftsland des Kakaos mit den meisten heimischen Marken und Schokoladenfabriken. Das Potenzial eigener Fertigprodukte wurde relativ früh erkannt. Kallari-Schokoladen sind sowohl Bio- als auch Rainforest-Alliance-zertifiziert.

Produktbewertungen

- Produkt: (Dunkel) 75 % Dark Chocolate, Punkte: 80,00
  Preis/Menge: 7,00 USD / 5,53 EUR / 70 g
  Würziger Kakao und schon recht herb, aber mit zu viel Vanille.
  Aromaprofil: Vanille, erdig, geräucherte Gewürze, blumig.

- Produkt: (Dunkel) 70 % Dark Chocolate, Punkte: 76,50
  Preis/Menge: 7,00 USD / 5,53 EUR / 70 g
  Besitzt ein gutes Aroma, aber leider mit zu viel Vanille.
  Aromaprofil: Vanille, Toffee, Karamell.

- Produkt: (Dunkel) 85 % Dark Chocolate, Punkte: 73,00
  Preis/Menge: 7,00 USD / 5,53 EUR / 70 g
  Für 85 % Kakaoanteil noch recht mild, gutes Aroma, florale Aromen des Kakaos. **Aromaprofil:** Kaffee, Nuss, Blumen.

Fazit:
Die Produkte sind durchaus gut gelungen. Doch einmal mehr muss ich die Verwendung von Vanilleschoten kritisieren. Besonders die 70 %ige Version verträgt das nicht so gut, aber auch bei der 75 %igen Schokolade schmeckt man die Vanille deutlich heraus. Einzig bei der 85 %igen ist das Vanillearoma dezent. Wobei die 85 %ige auch so das beste Aroma besitzt und auch den angenehmsten Bruch und Schmelz. Alle Schokoladen sind relativ mild für den angegebenen Kakaoanteil.

Empfehlung:
Ein erster Grund für den Kauf von Kallari-Schokoladen wäre der ethische Faktor. Schön ist es, dass auch die Qualität ein Grund für den Kauf ist. Alle drei Schokoladen können empfohlen werden.

KAOKA

Frankreich (Le Pontet)
www.kaoka.fr

Verarbeitungsstufe: **Schokolade nach Maß**

André Deberdts Wissen über Kakao ist sehr groß und fundiert. Fast zwanzig Jahre intensives Engagement in den Ursprungsländern und noch viel mehr Erfahrung in der Schokoladenindustrie sind eine großartige Basis, um mit diesem Wissen eine eigene Schokoladenmarke zu gründen. Kaoka wurde im Jahre 1993 gegründet und hat stets zum Ziel, fair gehandelten Kakao in sehr guter Qualität zu Schokolade zu verarbeiten. Schnell kam die Erkenntnis, dass ein biologischer Anbau die idealen Voraussetzungen für qualitativ hochwertigen Kakao ist. Von Beginn an baute Kaoka in diversen Herkunftsländer Partnerschaften mit Kooperationen auf. In Madagaskar, Papua Neu-Guinea oder auch in der Dominikanischen Republik war André Deberdt aktiv. Die aktuellen Produkte entstanden in Zusammenarbeit mit Kooperativen aus Ecuador, São Tomé und Príncipe sowie Vanuatu. Alle Produkte sind sowohl Bio- als auch Fair-Trade-zertifiziert. Die meisten Schokoladen sind Blends aus den drei Herkunftsländern, einzig die dunkle Schokolade mit den karamellisierten Haselnüssen und die Vollmilchschokolade mit karamellisierten Mandelstückchen wurden ausschließlich mit Kakao aus São Tomé und Príncipe hergestellt.
Kaoka produziert die Schokolade nicht selbst. Ein französisches Unternehmen erhält von Kaoka die Bohnen und verarbeitet diese weiter. Kakoka vertreibt seine Schokolade auch als Kuvertüren zur Weiterverarbeitung durch die Industrie oder durch Chocolatiers und Confiseure.

Produktbewertungen

- Produkt: (Dunkel) 70 % Kakao, Punkte: 75,50
  Preis/Menge: 2,29 EUR / 100 g
  Aromatisch, zwar etwas schmieriger, aber angenehmer Schmelz. Obwohl mit Vanille, schmeckt sie mir richtig gut. **Aromaprofil:** Vanille, rote Beeren, nussig, torfig, leicht geräuchert und mit Röstaromen.

- **Produkt:** (Vollmilch) Vollmilch 36 % Kakao, Punkte: 63,00
  Preis/Menge: 2,29 EUR / 100 g
  Keine Qualität, die mich begeistert, aber auch nicht schlecht. Kaum Kakaocharakter, schwach milchig-cremig und zu süß.
  Aromaprofil: Malz, Karamell, Toffee.

- **Produkt:** (Veredelt) 61 % Kakao mit karamellisierten Stückchen, Punkte: 69,63
  Preis/Menge: 2,29 EUR / 100 g
  Relativ süße, dunkle Schokolade, aber angenehm fruchtiges Aroma. Knusprige Nibs.

- **Produkt:** (Veredelt) Haselnuss schwarz 66 % Kakao, Punkte: 60,88
  Preis/Menge: 2,29 EUR / 100 g
  Dunkle Schokolade mit Haselnüssen funktioniert nur selten gut. Kakao kaum schmeckbar, da das nicht ganz angenehme Aroma der Haselnüsse zu dominant ist. Unharmonisch.

Fazit:
Die Kaoka-Schokoladen sind insgesamt ordentlich gelungen. Die 70 %ige dunkle Schokolade ist klar mein Favorit: angenehm aromatisch, würzig, mit gefälliger Frucht, einem schönen Mundgefühl und dankenswerterweise ohne Kakaobutter. Etwas irritiert bin ich vom nicht biologischen Soja-Lecithin in den Schokoladen. Das gibt es, wenn auch teurer, ebenfalls in Bio-Qualität – wenn es denn überhaupt sein muss.

Empfehlung:
Empfehlenswert ist auf jeden Fall die pure dunkle Schokolade für Puristen, aber auch die Schokolade mit den Kakao-Nibs ist lohnenswert.

KEE'S CHOCOLATE

USA (New York)
www.keeschocolates.com

Verarbeitungsstufe: **Standard-Schokolade**

Vor meiner Reise zur Chocolate Show im November 2010 habe ich die Schokoladenszene New Yorks recherchiert. Hierbei bin ich immer wieder auf Kee's Chocolates gestoßen. Das 2002 von Kee Ling Tong gegründete Unternehmen verkaufte anfangs Blumen und Konfekt, um sich dann ein Jahr später auf Konfekt zu spezialisieren. Dies sind die wenigen Informationen, die ich im Internet recherchieren konnte. Hinzu kommt das in der Szene übliche Bekenntnis zu besten und einzigartigen Rohstoffen etc. Aufgrund der sehr positiven Kritiken, die so weit gehen, Kee's Chocolates als das beste Konfekt New Yorks zu loben, stand Kee's auf meiner sehr langen Einkaufsliste. Das Ladengeschäft in der Thompson Street ist sehr unscheinbar, von außen und auch von innen. Die Einrichtung besteht ausschließlich aus zwei Produkttheken und einer Ablage zum Packen und zum Kassieren – sonst nur aus kahlen roten Wänden ohne jegliche Dekoration.

Ich habe mir sechs Konfektsorten ausgesucht, zu jeweils 2,45 US-Dollar pro Stück (ca. 11–12 g, Gesamtgewicht ca. 70 g). Das entspricht ca. 1,93 Euro pro Stück, bzw. 165,77 Euro pro Kilo. Verpackt wurde das Konfekt in einer unscheinbaren Schachtel, innen eher provisorisch in Papier eingewickelt. Von außen ganz nett, aber beim Öffnen ist die Anmutung doch etwas zu behelfsmäßig.

Produktbewertungen

- Produkt: (Konfekt) Black Sesame,
  Punkte: 78,00
  Preis/Menge: 14,70 USD / 11,60 EUR / 65 g
  Sehr aromatischer Sesam. Die Füllung gefällt nicht so gut. Relativ fest und wenig cremig.

- Produkt: (Konfekt) Pignoli, Punkte: 77,00
  Preis/Menge: 14,70 USD / 11,60 EUR / 65 g
  Dunkle Füllung, Pinienkerne voller Aroma. Dunkle Füllung ohne Aroma. Wenig süß, aber kaum cremig.

- Produkt: (Konfekt) Almond, Punkte: 76,40
  Preis/Menge: 14,70 USD / 11,60 EUR / 65 g
  Weiße Ganache, geröstete Mandeln außen aromatisch, aber die Ganache-Füllung ist richtig, richtig süß und flach im Aroma.

- Produkt: (Konfekt) Pistachio, Punkte: 76,00
  Preis/Menge: 14,70 USD / 11,60 EUR / 65 g
  Reichlich Pistazien außen, daher sehr gutes Aroma. Füllung hellgrün und weich, aber flach im Aroma, wenig cremig und mit schlechtem Schmelz.

- Produkt: (Konfekt) Coconut, Punkte: 67,00
  Preis/Menge: 14,70 USD / 11,60 EUR / 65 g
  Angenehmes Kokosaroma, sonst eher mäßig.

- Produkt: (Konfekt) Earl Grey, Punkte: 66,00
  Preis/Menge: 14,70 USD / 11,60 EUR / 65 g
  Doppelt gefüllt, innerer Kern grün, außen dunkel. Schwach aromatisch, aber immerhin weich, cremig und feinschmelzend.

Fazit:
Am Ende ist die Enttäuschung groß. Nicht nur, weil die Produkte den vielen positiven Kritiken nicht entsprechen – die hohe Erwartungshaltung resultierte auch aus dem appetitlichen Aussehen, aber natürlich auch aus dem hohen Preis. Bei 17,85 Euro für 100 g Konfekt erwartet man absolute Weltklasse, ohne Kompromisse. Davon ist Kee's aber sehr weit entfernt. Bei einem Sortiment von ca. 40 Konfektsorten müssen sechs ausgewählte Sorten, die immerhin 15 % des Gesamtsortiments ausmachen, repräsentativ sein.
Da die Sorten Pistachio, Almond, Coconut, Black Sesame und Pignoli von Kee's ohne Hohlkörper produziert werden, kann jeder diese Sorten selbst zuhause herstellen. Bei Kee's leben diese Sorten alleine von den äußeren Zutaten. Die Füllungen sind banal und ohne Geschmack.
Beispiel Pignoli. Diese Sorte ist sehr einfach und schnell aber auch kostengünstig selbst herzustellen, und das auch noch in besserer Qualität:
Für die Ganache: 500 g heiße Sahne oder Creme fraiche (macht die Ganache jedoch mäch-

tiger) mit 400 g kleingebrochener Schokolade (z. B. eine dunkle Schokolade von Valrhona 65–70 % Kakaoanteil) vermischen, fest werden lassen und am nächsten Tag Kugeln rollen. Die Pinienkerne leicht in der Pfanne rösten (wirklich nur leicht). Kugeln mit etwas flüssiger Schokolade in der Hand wälzen und dann in den Pinienkernen rollen. Schon ist das Konfekt fertig. Je nach Vorliebe kann man durch das Dosieren der Schokolade die Ganache fester oder weicher machen. Oder man verfeinert sie durch weitere Zutaten, z. B. mit Bränden, Likören oder Kaffee etc. Natürlich spielt hier die Qualität der verwendeten Rohstoffe eine Hauptrolle. Da sollte man nicht sparen.

Empfehlung:
Die Produkte sind nicht schlecht, aber aufgrund des extrem hohen Preises sehe ich von einer Empfehlung ab.

KNIPSCHILDT CHOCOLATIER

USA (Norwalk, Connecticut)
www.knipschildt.com

Verarbeitungsstufe: **Standard-Schokolade**

Der gebürtige Däne Fritz Knipschildt kam 1996 in die USA. 1999 gründete er Knipschildt Chocolatier und 2005 das Café Chocopologie. Wer in den USA Schokolade und Konfekt einkauft, kommt an Knipschildt nicht vorbei. Seine Produkte sind überall vertreten. Mich hat das Verpackungsdesign sehr angesprochen und ich habe mich für eine orangefarbene Schachtel mit neun Sorten Konfekt entschieden. Alle Sorten tragen Frauennamen.

Produktbewertungen

- Produkt: (Konfekt) Keiko, Punkte: 67,00
  Preis/Menge: 22,00 USD / 17,36 EUR / 129 g / 9 Stk.
  Himbeer-Ganache mit Rosa Pfeffer bestreut, ordentlich im Geschmack.

- Produkt: (Konfekt) Valentina, Punkte: 65,75
  Preis/Menge: 22,00 USD / 17,36 EUR / 129 g / 9 Stk.
  Karamell, dezent mit Lavendel aromatisiert. Recht süß.

- Produkt: (Konfekt) Shuk, Punkte: 65,00
  Preis/Menge: 22,00 USD / 17,36 EUR / 129 g / 9 Stk.
  Man schmeckt Rum und Orange, aber keinen Honig. Ordentlicher Schmelz, aber dennoch uninteressant.

- Produkt: (Konfekt) Unbekannte Sorte, Punkte: 55,00
  Preis/Menge: 22,00 USD / 17,36 EUR / 129 g / 9 Stk.
  Auf der Schachtel nicht identifizierbar, leider auch nicht geschmacklich.

- Produkt: (Konfekt) Donna, Punkte: 43,00
  Preis/Menge: 22,00 USD / 17,36 EUR / 129 g / 9 Stk.
  Schmeckt nicht nach schwarzer Johannisbeere, sollte es aber. Ganache-Füllung ist viel zu fest.

- Produkt: (Konfekt) Helena, Punkte: 41,00
  Preis/Menge: 22,00 USD / 17,36 EUR / 129 g / 9 Stk.
  Kokos mit künstlichem Geschmack. Das Ganze ist zu süß und wenig aromatisch.

- Produkt: (Konfekt) Carrie, Punkte: 40,00
  Preis/Menge: 22,00 USD / 17,36 EUR / 129 g / 9 Stk.
  Mokka und Krokant. Knusprig, Mokka aber nicht erkennbar. Fast so fest wie Schokolade.

- Produkt: (Konfekt) Unbekannte Trüffel, Punkte: 40,00
  Preis/Menge: 22,00 USD / 17,36 EUR / 129 g / 9 Stk.

  Fest, süß und ohne Aroma. Da die Sorte auch nicht abgebildet ist, kann ich nicht sagen, was es hätte sein sollen.

- Produkt: (Konfekt) Elizabeth, Punkte: 22,00
  Preis/Menge: 22,00 USD / 17,36 EUR / 129 g / 9 Stk.
  Schlechter Geschmack, wie gekippt oder ranzig, nach künstlichem Ingweraroma. Die Passionsfrucht ist nicht schmeckbar.

Fazit:
Die Knipschildt-Produkte sind leider eine Enttäuschung: arm an Aroma und lieblos hergestellt. Viele deklarierte Zutaten waren einfach nicht schmeckbar und das Ganze gipfelte im „Genuss" einer Sorte mit ranziger Füllung.
Problematisch wird es, wenn Allergene oder andere Stoffe, die Unverträglichkeiten hervorrufen, in der Zutatenliste fehlen, oder enthaltene Sorten nicht in den Beschreibungen vorkommen.

Empfehlung:
Leider ist keine Empfehlung möglich.

KRAŠ

Kroatien (Zagreb)
www.kras.hr

Verarbeitungsstufe: **Schokolade nach Maß (unbestätigt)**

Das Unternehmen Kraš blickt auf eine traditionsreiche Vergangenheit zurück. Die Wurzeln des Unternehmens gehen zurück bis in das Jahr 1911, als das Unternehmen noch „Union" hieß. Im Jahre 1950 fusionierte Union mit dem 1923 gegründeten Unternehmen Bizjak und weiteren kleineren Süßwarenhersteller. Zu Ehren des prominenten und beliebten kroatischen Kommunisten Josip Kraš, der im zweiten Weltkrieg starb, übernahm das neue Unternehmen seinen Nachnamen. Nach dem Zerfall des Ostblocks wurde das Unternehmen im Jahre 1992 privatisiert. Dabei wurden allen Mitarbeitern Anteile am Unternehmen angeboten, sodass heute 50 % der Unternehmensanteile den Mitarbeitern gehören. Die Produkte von Kraš sind Massenware für den Supermarkt. Viele der Produkte sind meiner Meinung nach in den westlichen Ländern kaum marktfähig. Mit der Produktlinie „1911" hat Kraš den Versuch gestartet, eine Edelmarke zu etablieren. Bekannteste und beliebteste Produkte bleiben jedoch die alkoholischen Griotte und das Nougatprodukt Bajadera.

Produktbewertungen

- **Produkt: (Dunkel) 1911 88 %, Punkte: 58,00**
  Preis/Menge: 2,40 USD / 1,77 EUR / 100 g
  Extrem bitter, sauer und kaum aromatisch. Ohne Zusatz von Kakaobutter, aber mit Lecithin. Zum Glück auch ohne künstliche Aromen.

- **Produkt: (Dunkel) 1911 60 %, Punkte: 29,00**
  Preis/Menge: 2,40 USD / 1,77 EUR / 100 g
  Kein besonders gutes Aroma, geschmacklich aber durchaus akzeptabel. Nicht akzeptabel jedoch ist die Verwendung künstlicher Aromen.

- **Produkt: (Veredelt) 1911 Orange 60 %, Punkte: 25,50**
  Preis/Menge: 2,40 USD / 1,77 EUR / 100 g
  Schmeckt zwar eindeutig nach Orange (mit kandierten Orangenstückchen), hat aber mit den Konservierungsstoffen E202 und E211 sowie künstlichen Aromen gleich drei unerwünschte Zutaten. Wenigstens das Orangenaroma ist natürlich.

- **Produkt: (Konfekt) Desert, Punkte: 38,50**
  Preis/Menge: ca. 3,68 EUR / 200 g
  Kirschfondant, Kirschlikör und eingelegte Kirsche. Viel für eine Praline, aber geschmacklich ganz in Ordnung. Der Fondant macht das alles sehr süß, aber auch der Likör hat einen hohen Zuckeranteil. Enthält künstliche Aromen.

- **Produkt: (Konfekt) Griotte, Punkte: 51,25**
  Preis/Menge: 5,00 USD / 3,68 EUR / 204 g
  Undefinierbare Füllung. Buttrig, leicht knusprig (könnten Nüsse sein), aber ohne Geschmack.

- **Produkt: (Nougat) Bajadera, Punkte: 28,50**
  Preis/Menge: 2,95 USD / 2,17 EUR / 100 g
  Schmeckt einfach nicht. Nur wenig Mandel- und Nussaroma, dafür aber Papiergeschmack. Zu allem Überfluss auch noch mit künstlichen Aromen.

Fazit:
Die Probleme dieser Produkte sind vielfältig. Sie beinhalten teilweise Konservierungsstoffe und künstliche Aromen, und sie schmecken schlicht und ergreifend nicht. Das Nougatprodukt Bajadera sieht toll aus, schmeckt aber nach – nichts. Die Griotte haben wenigstens Charme und sind mit drei verschiedenen Füllungen kreativ, beinhalten aber leider künstliche Aromen.
Die Edelmarke „1911" hätte man sich sparen können, da auch hier Konservierungsstoffe (in der Schokolade mit Orangenschalen) und künstliche Aromen verarbeitet werden. Einzig die Schokolade mit 88 % Kakaoanteil besteht aus rein natürlichen Zutaten, schmeckt aber extrem bitter, sauer und sehr dezent nach Kakaoaromen.
Das große Unternehmensziel, Kraš-Produkte im Westen zu vermarkten, wird mit diesen Produkten grandios scheitern.

Empfehlung:
Leider ist keine Empfehlung möglich.

L'ARTIGIANO DI GARDINI

Italien (Forli)
www.lartigianoforli.it

Verarbeitungsstufe: **Standard-Schokolade**

Die Geschichte des Unternehmens begann bereits im Jahre 1962 mit der Eröffnung einer Bäckerei in Terra del Sole durch Gastone Gardini und Maria Gianfanti. Die zweite Generation, repräsentiert durch die Brüder Fabio und Manuele, eröffnete im Jahre 1987 ein Schokoladengeschäft in Forli. Das Sortiment umfasst außer den getesteten Produkten auch Konfekt, Aufstrich, Ursprungsschokoladen (die Kuvertüre stammt wohl von einem belgischen Zulieferer), Torrone und andere Spezialitäten.

Produktbewertungen

- Produkt: (Veredelt) VM 32 %, Punkte: 54,25
  Preis/Menge: 4,50 EUR / 75 g
  Mit ganzen Körnern, viel zu salzig und ohne gutes Schokoladenaroma. Die Schokolade und das Salz sind zusammen sehr unharmonisch.

- Produkt: (Veredelt) ZB 54 %, Punkte: 53,00
  Preis/Menge: 4,50 EUR / 75 g
  Mit ganzen Körnern, viel zu salzig und ohne gutes Schokoladenaroma. Etwas besser als die Milchvariante, aber ebenfalls unharmonisch.

Fazit:
Bei dem getesteten Produkt wurde Salz aus Cervia (Ravenna) verwendet, das seinen süßen Geschmack einem hohen Sodium-Chlorid-Anteil von 97 % verdankt. Die Idee ist interessant, aber leider nicht gut umgesetzt: Die Qualität der verwendeten Schokoladen ist einfach zu schlecht. Bei einem Kakaoanteil von nur 54 % bei der dunklen Schokolade verwundert es nicht, dass kaum Kakaoaroma schmeckbar ist. Das Salz ist viel zu hoch dosiert und harmoniert nur mäßig mit der Schokolade. Die Verpackung ist zudem unglücklich gewählt, die Täfelchen liegen lose und ungeschützt im Karton, bewegen sich und sehen nach einer Reise auch dementsprechend aus.

Empfehlung:
Leider ist keine Empfehlung möglich.

LA MAISON DU CHOCOLAT

Frankreich (Paris)
www.lamaisonduchocolat.com

Verarbeitungsstufe: **Schokolade nach Maß**

Robert Linxe ist der Inbegriff des französischen Confiseurs. Sein Stellenwert in der französischen Confiserie ähnelt dem Gaston Lenôtres in der französischen Pâtisserie. Fünf Jahre habe ich schräg gegenüber seines ersten Geschäfts in der Rue de Faubourg St-Honoré in Paris gewohnt. Unzählige Male habe ich mir morgens vor der Arbeit die Nase an seinem Schaufenster platt gedrückt, um dann nach der Arbeit ein paar seiner Köstlichkeiten zu kaufen. Linxe hat wesentlich zur weltweiten Anerkennung des französischen Konfekts beigetragen.
Seine Ausbildung absolvierte der Baske in Bayonne, um nach einem Zwischenstopp in der Schweiz im Jahre 1955 mit Hilfe seiner Eltern die Chocolaterie, Traiteur und Pâtisserie „La Marquise de Prèsle" zu übernehmen. Im Jahre 1970 begegnete er auf einer Japanreise Gaston Lenôtre, seinem zu der damaligen Zeit wohl größten Mitbewerber. Einige Jahre lang arbeiteten beide zusammen. Im Jahre 1977 verkaufte Robert Linxe sein Geschäft an Lenôtre, um sich erneut alleine selbstständig zu machen. Das erste Geschäft, ein ehemaliges Weinhaus mit hervorragendem Weinkeller, der sich perfekt für die Herstellung von Konfekt eignete, bildete den Beginn der Neuinterpretation französischen Konfekts. Dieses Geschäft existiert zwar noch heute, jedoch zog die Produktion in die Vorstadt um. Mittlerweile werden mehrere Geschäfte und Verkaufsorte in Paris, Tokyo, New York, Hong Kong, Cannes und London betrieben. Linxe begann bereits sehr früh, eng mit dem Kuvertüre-Hersteller Valrhona zu kooperieren, von dem alle seine Schokoladen stammen.

Produktbewertungen

- Produkt: (Schachtel) Hausmischung,
  Punkte: 91,27
  Preis/Menge: 11,20 EUR / 100 g
  Großartige Konfektschachtel, variationsreich und harmonisch. Egal, ob bei Monsieur Linxe gerade „en vogue" oder nicht – alle Sorten sind genussvoll.

Konfekt-Einzelbewertungen:
Bacchus, Punkte: 96,20
Preis/Menge: 11,20 EUR / 100 g
Ganache aus herber dunkler Schokolade mit in Rum eingelegten, sehr aromatischen und saftigen Rosinen. Perfekt alkoholisiert, fruchtig, schokoladig.

Rigoletto Noir, Punkte: 95,00
Preis/Menge: 11,20 EUR / 100 g
Karamellisierte Mousse. Weich-cremig und feinschmelzend. Angenehmer und natürlicher Karamellgeschmack, harmonisch im Zusammenspiel mit der herben dunklen Schokolade.
Salvador, Punkte: 93,90
Preis/Menge: 11,20 EUR / 100 g
Ganache mit Himbeerpulpe. Leicht sauerfruchtig mit gutem Himbeeraroma. Schnittfeste Ganache, die aber feinschmelzend ist.
Quito, Punkte: 92,80
11,20 EUR / 100 g
Milde aber leicht herbe, aromatische Ganache, hergestellt mit Kakao, der aus Ecuador, Trinidad, Madagaskar und Venezuela stammt. Sehr angenehm, weich-cremig und feinschmelzend.
Figaro Lait, Punkte: 90,50
Preis/Menge: 11,20 EUR / 100 g
Milde aber leicht herbe, aromatische Ganache, hergestellt mit Kakao, der aus Ecuador, Trinidad, Madagaskar und Venezuela stammt. Sehr angenehm, weich-cremig und feinschmelzend.
Maracuja, Punkte: 90,40
Preis/Menge: 11,20 EUR / 100 g
Aromatisch, fruchtig, leicht sauer. Ganache ist weich-cremig und feinschmelzend.
Akosombo, Punkte: 90,00
Preis/Menge: 11,20 EUR / 100 g
Ganache aus Ghana-Schokolade. Sehr harmonisch, aromatisch und mild. Relativ fest und nicht sehr cremig oder feinschmelzend.
Traviata, Punkte: 87,60
Preis/Menge: 11,20 EUR / 100 g)
Herber Mandel- und Haselnussnougat mit karamellisierten Mandeln. Knusprig-aromatisch, fest und leicht bröckelig.
Bohème, Punkte: 83,20
Preis/Menge: 11,20 EUR / 100 g
Ganache moussée au chocolat au lait – eine einfache Ganache aus Milchschokolade. Dezent aromatisch, relativ fest und kaum cremig. Schmeckt aber aufgrund der guten Schokolade.

Fazit:
Schande auf mein Haupt! Auch wenn ich erwartet hatte, dass die Qualität gut sein würde, als so gut hätte ich sie dann doch nicht eingeschätzt. Das Unternehmen ruht sich nicht auf seinem Erfolg aus und pflegt seine sehr gute Qualität. Mittlerweile ist das Konfekt, das vor dreißig Jahren noch als progressiv galt, traditionell und viele Sorten sind zum Klassiker geworden. Die Qualität des Konfekts gehört zur Weltspitze, auch wenn ein bis zwei Sorten nicht ganz überzeugen konnten. Auf einem so hohen Niveau ist das verzeihlich. Natürlich lebt das Konfekt auch von der hervorragenden Qualität der Schokolade, deren gute Benotung die eine und andere Schwäche der Füllung ausgleicht.

Empfehlung:
Für alle Liebhaber französischen Konfekts uneingeschränkt zu empfehlen.

LA MOLINA

Italien (Quarrata, Toskana)
www.lamolina.it

Verarbeitungsstufe: **Mass-to-bar**

La Molina ist ein weiteres Unternehmen aus dem italienischen „Chocolate Valley", der Toskana. Erst im Jahr 2000 gegründet, hat sich die Marke prima im Luxussegment etabliert. Die von Luigi Lunardi eröffnete Bäckerei entwickelte sich im Laufe der Zeit zu einem Feinkostgeschäft. Bis zur Gründung von La Molina mit zwei weiteren Partnern haben seine Söhne Riccardo und Massimiliano, beide Maitres Chocolatiers, beim Vater den Umgang mit Feinkost gelernt. Mittlerweile führen die beiden Brüder das Unternehmen alleine und sind dabei sehr erfolgreich.
Die Schokoladen werden ab der Kakaomasse produziert, die nach den Vorgaben der Brüder von spezialisierten Firmen hergestellt wird. La Molina fällt auf mit sehr gestyltem, modernem und edlem, aber auch verspieltem und buntem Design sowie entsprechend hochwertigen Verpackungen. Dabei bewahrt La Molina stets eine gewisse Eleganz und Souveränität. Bei diesem riesigen Sortiment bleibt dabei die eine oder andere Schwäche nicht aus. Der wichtigste Aspekt bleibt aber, dass die Qualität der Produkte stimmt.
Die neuesten Kreationen sind in Zusammenarbeit mit der New Yorker Künstlerin Rita Lintz entstanden. Sie heißen Fringes und sind in sechs verschiedenen Sorten erhältlich. Jede Sorte besitzt eine andere Form, die von der Künstlerin kreiert wurde. La Molina hat außerdem sechs veredelte Schokoladen in den Formen der Künstlerin gegossen. Alles wird einzeln und in einer minimalistisch designten Take-Away-Verpackung verpackt. Leider sind viele Produkte in Deutschland einfach nicht zu bekommen. Es wäre schön, wenn der Importeur den einen oder anderen Artikel zusätzlich anbieten würde.

Produktbewertungen

- Produkt: (Veredelt) Fringes cioccolato al latte con sesame e caramello, Punkte: 89,50
  Preis/Menge: 10,60 EUR / 100 g, (Wilk/Okt 10).
  Knusprige Milchschokolade mit tollem Sesamgeschmack und dezentem Karamellaroma.

- Produkt: (Veredelt) Zenzero 70 %, Punkte: 84,40
  Preis/Menge: 4,00 EUR / 40 g
  Knuspriger Ingwer, dezente Schärfe, harmonisch mit der dunklen Schokolade abgestimmt.

- Produkt: (Veredelt) Caramello di Arancio 70 %, Punkte: 83,60
  Preis/Menge: 4,00 EUR / 40 g
  Sehr aromatische und knusprige dunkle Schokolade. Nicht nur aromatisiert, sondern mit Fruchtcharakter. Einfach köstlich.

Produktbewertungen

- Produkt: (Veredelt) Fringes cioccolato al latte con sale e miglio, Punkte: 83,00
  Preis/Menge: 10,60 EUR / 100 g
  Gesalzene Milchschokolade, mit Hirse veredelt. Perfekt gesalzen, die Hirse schmeckt wunderbar.

- Produkt: (Veredelt) Caffè e Mandorle 60 %, Punkte: 80,00
  Preis/Menge: 4,00 EUR / 40 g
  Dunkle Schokolade mit Kaffee und Mandeln, was wunderbar zusammenpasst. Aromatisch und nicht zu süß.

- Produkt: (Veredelt) Limone 40 %, Punkte: 78,00
  Preis/Menge: 4,00 EUR / 40 g
  Diese veredelte Milchschokolade schmeckt ungewohnt und gut. Es wurden frische Zitronenschalen (6 %) und kein Aromastoff verwendet, was das Produkt umso sympathischer macht.

- Produkt: Produkt: (Veredelt) Arachidi 36 %, Punkte: 73,80
  Preis/Menge: 4,00 EUR / 40 g
  Erdnüsse in Milchschokolade. Der Erdnussgeschmack kommt sehr gut zur Geltung, angenehm knusprig und nicht zu süß.

- Produkt: (Veredelt) Caramello di Menta 40 %, Punkte: 72,00
  Preis/Menge: 4,00 EUR / 40 g
  Karamell und Pfefferminze in Milchschokolade. Schmeckt wie Pfefferminztee, ist nicht zu süß.

- Produkt: (Veredelt) Cappuccino/le miscele al latte, Punkte: 54,00
  Preis/Menge: 7,00 EUR / 75 g
  Das sind wir von La Molina nicht gewohnt – aber diese Sorte liegt voll daneben. Milchschokolade ohne besonders guten Schokoladengeschmack und mit zu wenig Kaffeearoma.

- Produkt: (Weiße) Fringes cioccolato bianco con fragola, Punkte: 92,40
  Preis/Menge: 10,60 EUR / 100 g
  Weiße Schokolade mit Erdbeerpulver. Fruchtiger Charakter mit tollem Erdbeeraroma. Das alles ohne Aromastoffe und nur über das Erdbeerpulver!

- Produkt: (Weiße) Bianco con cacao caramellato, Punkte: 86,00
  Preis/Menge: 4,00 EUR / 40 g
  Weiße Schokolade mit karamellisierten Kakao-Nibs. Knusprig, schmackhaft und nicht zu süß.

- Produkt: (Nougat) Tocco gianduja al latte con nocciole intere, Punkte: 94,20
  Preis/Menge: 5,50 EUR / 48 g
  Gianduja mit ganzen Haselnüssen. Tolles Nussaroma, 40% Nüsse, davon 20% Piemonteser. Cremig und sehr feiner Schmelz.

- Produkt: (Nougat) Gianduja, Punkte: 81,50
  Preis/Menge: 4,00 EUR / 40 g
  Nougat mit Haselnuss-Stückchen. Frischer Nougatgeschmack, nussig, knusprig.

- Produkt: (Nougat) Tocco gianduja latte e fondente al caffè, Punkte: 72,00
  Preis/Menge: 5,50 EUR / 48 g
  Gianduja mit Kaffee. Gutes Kaffeearoma, wobei das Nougataroma etwas in den Hintergrund gerät.

- Produkt: (Nougat) Tocco gianduja bianco e fondente, Punkte: 69,00
  Preis/Menge: 5,50 EUR / 48 g
  Zweifarbiger Nougat mit zu starkem Schokoladengeschmack, wobei die dunkle Schicht viel dicker ist als die helle.

Fazit:
La Molina ist eine Bereicherung des Schokoladenmarktes. In den letzten Jahren zugegebenermaßen etwas aus den Augen verloren, habe ich diese Marke nun für mich wieder entdeckt. Meistens halten die Verpackung und das Design, was sie versprechen. Bei den 40g-Schokoladen sagt mir das Design gar nicht so sehr zu, aber der Inhalt kann sich sehen lassen. Sogar die Verbindung von Orangen und Schokolade – sonst gar nicht mein Geschmack – funktioniert hier gut. Die Fringes sind die Entdeckung schlechthin: ästhetisch, formvollendet und köstlich. Sehr gelungen! Beim Nougat gibt es einen Überflieger, die anderen beiden Sorten können da nicht mithalten.

Empfehlung:
Alle veredelten Schokoladen können uneingeschränkt empfohlen werden – und natürlich die Fringes. Nougatliebhaber sollten auf jeden Fall das Tocco (Brocken) mit den ganzen Haselnüssen probieren.

LA ROYANNETTE

Frankreich (Royan)
www.chocolatier-la-royannette.fr

Verarbeitungsstufe: **Standard-Schokolade**

Die Stadt Royan liegt am französischen Atlantik zwischen Bordeaux und La Rochelle und war bis zu seiner fast vollständigen Zerstörung im zweiten Weltkrieg ein mondäner Badeort. Bereits seit dem Jahre 1955 verkaufen die Fischer von Royan „le Royan" genannte Sardinen, die so zu einer „royannischen" Spezialität wurden.
Confiseur (im französischen Maître de Chocolat) Monsieur Dalibert kreierte damals die erste Sardine aus Schokolade und nannte seine Confiserie (Chocolaterie) „La Royannette". Die Sardine ist heute zum Markenzeichen von „La Royannette" geworden. Mittlerweile werden auch Austern und Garnelen aus Schokolade in für Fisch und Krustentiere typischen Verpackungen wie Netze und Dosen angeboten.

Produktbewertungen

- Produkt: (Konfekt) Huitres au Praliné, Punkte: 62,00
  Preis/Menge: unbekannt / 15 g
  Etwas albernes Produkt, Nougat ist ganz in Ordnung, aber zu süß.

- Produkt: (Konfekt) Sardines au Praliné, Punkte: 57,00
  Preis/Menge: unbekannt / 15 g
  Albern und nicht besonders gut. Nougatschokolade, aber zu süß und flach im Geschmack.

- Produkt: (Konfekt) Garnelen aus Nougat, Punkte: 54,00
  Preis/Menge: unbekannt / 100 g
  Süß und kaum aromatisch.

Fazit:
Die Produkte sind natürlich etwas albern, aber wer die Vorgeschichte kennt, kann sie als ein kleines Mitbringsel aus einer Fischerstadt akzeptieren. Geschmacklich sind alle Produkte eher von durchwachsener Qualität, aber als Gourmandise durchaus geeignet. Mir persönlich gefällt die Auster am besten, da sie den besten Geschmack entwickelt und am wenigsten süß ist.

Empfehlung:
Als Mitbringsel aus Royan durchaus geeignet – geschmacklich die Austern, historisch gesehen die Sardinen.

LÄDERACH

Schweiz (Ennenda)
www.laederach.com

Verarbeitungsstufe: **Standard-Schokolade**

Das Unternehmen wurde im Jahre 1962 durch Rudolf Läderach jun. gegründet. 1970 erfindet und patentiert Rudolf Läderach das „Verfahren zur Herstellung dünnwandiger Truffes-Hohlkugeln", das eine wesentlich einfachere, rationellere und qualitativ bessere Herstellung von Trüffeln ermöglichte. Im Jahre 1981 eröffnete Läderach eine Produktion in Deutschland, die Halbfabrikate herstellte, aber auch eine Vielzahl an Produkten für den Endverbraucher lancierte. Dem wurde im Jahre 2009 ein Ende bereitet. Seit Anfang 2011 werden deutsche Läderach-Produkte ausschließlich unter dem Markennamen Marc Antoine vertrieben. Die Schweizerische Muttergesellschaft strebt den weltweiten Ausbau der Marke an, und zwar ausschließlich mit Produkten aus dem Schweizer Stammhaus. Die zweite Schiene mit Produkten aus Deutschland musste dafür weichen. Sicher förderlich für den Ausbau eigener Geschäfte sind die Erfahrungen mit der im Jahre 2004 übernommenen Schweizer Confiseriekette Merkur Confiserien AG, durch die Läderach einiges an Erfahrung im Einzelhandel sammeln konnte. Weitere Läderach-Geschäfte wurden bereits in Deutschland und Asien eröffnet und auch der osteuropäische Markt wird bedient: In Rumänien betreibt Läderach eine weitere Schokoladenfabrik mit einer lokalen Marke namens Heidi. Gespannt sein kann man auf das neue Läderach-Projekt. Der Bau einer eigenen Schokoladenherstellung wurde bereits begonnen und schon im Jahr 2012 soll die erste eigene Schokolade produziert

werden. Somit wäre Läderach vollkommen unabhängig von Schokoladenzulieferern und einer der wenigen Unternehmen, die Bean-to-Shop produzieren. 800 Mitarbeiter weltweit erwirtschaften einen Jahresumsatz von über 120 Millionen Franken.
Das Familienunternehmen wird nun von Rudolf Läderachs Sohn Jürg in zweiter Generation geführt. Der Ende 2007 erneuerte Markenauftritt ist elegant-minimalistisch. Das Design und die Verpackungen sind attraktiv und modern.

Produktbewertungen

- Produkt: (Veredelt) Frisch-Schokolade Haselnuss, Punkte: 85,50
  Preis/Menge: 6,50 CHF / 4,95 EUR / 100 g
  Äußerst gut gelungen. Mit knusprigen und karamellisierten Haselnüssen. Sehr schmackhaft.

- Produkt: (Veredelt) Frisch-Schokolade Cranberry, Punkte: 75,50
  Preis/Menge: 6,50 CHF / 4,95 EUR / 100 g
  Fruchtig-sauer, leicht knusprig und nicht zu süß. Mit einem etwas unangenehmen Beigeschmack.

- Produkt: (Weiße) Frisch-Schokolade Himbeer-Brombeere, Punkte: 64,50
  Preis/Menge: 6,50 CHF / 4,95 EUR / 100 g
  Mit saftigen, aber kaum aromatischen und zu süßen Früchten, müssten etwas mehr Säure haben.

- Produkt: (Schachtel) Sélection originale, Punkte: 59,00
  Preis/Menge: 18,90 CHF / 14,39 EUR / 150 g
  Langweilig, mit wenig Charme und nur einem wirklich gelungenem Produkt. Zu allem Überfluss mit Vanillin.

  Konfekt-Einzelbewertungen:
  Framboise: Punkte: 69,00
  Sehr fruchtig und mit tollem Himbeeraroma. Durch die saure Himbeere auch nicht zu süß.
  Café au lait: Punkte: 62,00
  Sehr guter Kaffeegeschmack, mit Kaffeepulver in der Schokolade, ist nicht ganz so angenehm.
  Amande: Punkte: 60,00
  Massive Schokolade mit knusprigen Mandeln. Schokolade mit Milchcharakter ist wenig schokoladig.
  Cacao: Punkte: 45,00
  Mit sehr kleinen und zu wenig Kakao-Nibs. Schokolade nicht so sehr aromatisch. Man könnte meinen, dass man Vanillin schmeckt.

- Produkt: (Schachtel) Truffes mit Alkohol, Punkte: 49,50
  Preis/Menge: 33,50 CHF / 25,50 EUR / 265 g
  Ganz, ganz einfaches Konfekt. Konservativ, bieder und langweilig. Mit Vanillin.

  Konfekt-Einzelbewertungen:
  Cacao Trüffel: Punkte: 57,00
  Füllung schmeckt schokoladig, nach Kakaopulver, ist aber in Ordnung.
  Milch Trüffel: Punkte: 57,00
  Milchiger Toffeegeschmack. Ganz in Ordnung.
  Baileys Trüffel: Punkte: 55,00
  Schmeckt nach Baileys, Masse etwas fester als üblich bei Läderach.
  Champagner Trüffel: Punkte: 53,00
  Zweifach gefüllt, Füllung ungewöhnlich rau. Könnte etwas alkoholischer sein.
  Haselnuss Trüffel: Punkte: 51,00
  Füllung zu dezent im Aroma, außen mit knusprigen Haselnüssen.
  Weiße Trüffel: Punkte: 45,00
  Schmeckt einfach nur süß. Könnte als Vanille-Trüffel wenigstens echte Vanille enthalten.
  Dunkle Trüffel: Punkte: 45,00
  Süß, ohne Kakaocharakter. Diese Trüffel ergibt keinen Sinn, da sie nach Kakao schmecken solllte.

Kokos Trüffel: Punkte: 33,00
Füllung sehr unangenehm, schmeckt nach ranzigem Kokosfett.

- Produkt: (Schachtel) Cabruca 70 % Cacao do Brasil, Punkte: 47,50
  Preis/Menge: 17,80 CHF / 13,55 EUR / 90 g
  Eigentlich eine tolle Idee, jedoch schlecht umgesetzt und einmal mehr mit Vanillin.

Konfekt-Einzelbewertungen:
Cabruca & Maracuja: Punkte: 51,00
Fruchtfüllung kaum schmeckbar, da Schokolade zu dominant.
100 % Cabruca: Punkte: 44,00
Massive Schokolade, nicht gefüllt. Leicht sauer und adstringierend. Nur dezent aromatisch.

- Produkt: (Schachtel) Schnittpraliné, Punkte: 52,88
  Preis/Menge: 13,50 CHF / 10,28 EUR / 78 g
  Sieht toll aus, schmeckt aber enttäuschend schlecht. Mit künstlichen, bzw. naturidentischen Aromen (Vanillin) und Farbstoffen, die Allergien und bei Kindern Hyperaktivität auslösen können (E127).

Konfekt-Einzelbewertungen:
Latte Macchiato: Punkte: 66,00
Nougat mit gutem und angenehmem Kaffeearoma.
Haselnuss: Punkte: 52,50
Relativ unspektakuläres Konfekt. Dezent aromatischer Haselnuss-Nougat und etwas süß.
Duchesse: Punkte: 48,00
Nougat mit konfierten Kirschen, die man aber kaum schmeckt.
Pistache-Haselnuss: Punkte: 45,00
Schmeckt kaum nach Pistazie und Haselnuss. Kein guter Geschmack.

Fazit:
Das Schweizer Unternehmen Läderach war immer einer meiner bevorzugten Mitbewerber. Es produzierte schon immer weitaus bessere Produkte als die deutsche Dependance, vertrieb ihre Produkte aber nur außerhalb Deutschlands. Läderach-Produkte habe ich immer gerne gegessen, dementsprechend habe ich mich auf die Verkostung gefreut. Innerlich war ich auf ein Loblied auf die Produkte eingestellt – aber dann sollte doch alles ganz anders kommen, denn was ich in der Zutatenliste lesen musste, hat mir überhaupt nicht gefallen. Alle Läderach-Produkte enthalten das naturidentische Aroma Vanillin. Dies hat mich nicht nur überrascht, sondern auch ein wenig schockiert. Hinzu kommt, dass das Konfekt seine Vorschusslorbeeren nicht bestätigen konnte. Zwar findet sich die eine oder andere gute Sorte und die Schnittpralinés und ihre Verpackung sehen toll aus, geschmacklich und aromatisch können sie jedoch die Erwartungen kaum erfüllen. Das Cabruca-Konzept hört sich gut an, die Produkte enttäuschen jedoch in der Verkostung. Geschmacklich sind sie keine Offenbarung und zudem werden sie mit dem naturidentischen Aroma Vanillin und einem Farbstoff, der im Verdacht steht bei Kindern Hyperaktivität auslösen zu können (E127), hergestellt. Hier fehlt auch der entsprechende Warnhinweis, der seit dem 01.07.2010 in der EU pflichtgemäß aufgedruckt sein muss, das Produkt dürfte so in Deutschland eigentlich nicht verkauft werden. In der Packung Sélection originale findet man mit der Framboise ein sehr gutes Produkt, vielleicht sogar das beste Konfekt von allen. Die Frisch-Schokolade mit den ganzen karamellisierten Haselnüssen bildet das absolute Highlight. Leider fehlte hier die Zutatenliste

komplett. Ich habe ausnahmsweise beide Augen zugedrückt und die Zutatenliste wohlwollend bewertet.
Die von Läderach ausgesprochene Qualitätsgarantie ist für mich etwas unglaubwürdig. Wenn der Einsatz von Vanillin toleriert wird, wo setzt das Unternehmen denn seine Grenze?

„Bei der Herstellung unserer Pralinés und Schokoladespezialitäten achten wir in erster Linie auf die Verwendung erstklassiger Rohstoffe und eine äusserst sorgfältige handwerkliche Verarbeitung. Unsere Produkte werden aus edelsten Zutaten und nach strengsten Qualitätskriterien von Hand hergestellt."

Vanillin entspricht nicht meiner Vorstellung einer edlen Zutat. Angesichts der doch sehr geringen Einsparnisse gegenüber der Verwendung natürlicher Vanille hoffe ich, dass in Zukunft bei der eigenen Herstellung der Schokoladen gänzlich auf Vanillin verzichtet wird. Dann würde ich gerne nochmals Produkte verkosten und neu bewerten.

Empfehlung:
Solange Vanillin in den Produkten verarbeitet wird, möchte ich außer den Frisch-Schokoladen kein Produkt empfehlen.

LAKE CHAMPLAIN CHOCOLATES

USA (Burlington, Vermont)
www.lakechamplainchocolates.com

Verarbeitungsstufe: **Standard-Schokolade**

In der Schokoladenbranche stammen die interessantesten und witzigsten Gründergeschichten aus den Vereinigten Staaten. So auch die des Unternehmens Lake Champlain: Jim Lampman führte im Jahr 1983 ein Restaurant am Lake Champlain, das berühmte „Ice House", ein traditionsreiches Gebäude, in dem über Generationen Eis des Lake Champlain für die Einwohner gelagert wurde. Für seine Gäste kaufte er regelmäßig teures Konfekt. Eines Tages bekam sein Chef Pâtissier eine übrig gebliebene Schachtel in die Hände. Auf seine vernichtende Kritik hin erhielt er den Auftrag Jim Lampmans, er möge es doch besser machen. Tage später kostete Jim das beste Konfekt, das er bis dato je gegessen hatte. Seinen Gästen wurde fortan das selbstgemachte Konfekt serviert und auch andere Restaurants kauften es bei ihm ein. Um die Nachfrage befriedigen zu können, gründete Jim Lampman das heutige Unternehmen Lake Champlain Chocolates.
Außer den getesteten gefüllten Tafeln produziert das Unternehmen auch Konfekt, veredelte Schokoladen, Riegel oder auch heiße Schokolade.

Produktbewertungen

- Produkt: (Veredelt) Peppermint Crunch 54 % Dark Chocolate, Punkte: 68,00
  Preis/Menge: 4,00 USD / 3,16 EUR / 85 g
  Mit kristallierten Minzstücken, erfrischend, knusprig und angenehm aromatisch.

- Produkt: (Riegel) Coffee Truffle 54 % Dark Chocolate, Punkte: 60,20
  Preis/Menge: 4,00 USD / 3,16 EUR / 85 g
  Kaum erwähnenswert. Weiche aber weder cremige noch feinschmelzende Konsistenz. Kaffeegeschmack ganz in Ordnung.

- Produkt: (Veredelt) Triple Nut 38 % Milk Chocolate, Punkte: 60,10
  Preis/Menge: 4,00 USD / 3,16 EUR / 85 g
  Mit zu wenig gesalzenen Mandeln, Cashewkernen und Pistazien, leider auch zu süß.

Fazit:
Die Produkte sind nichts besonderes, aber auch nicht wirklich schlecht. Eine umfassende Bewertung des Unternehmens ist aufgrund der wenigen getesteten Produkte nicht möglich, bzw. von wenig Interesse. Anzumerken wäre vielleicht, dass die dunkle Schokolade mit 54 % Kakaoanteil relativ süß ist.

Empfehlung:
Die Pfefferminz-Schokolade ist durchaus empfehlenswert. Die Minze-Kristalle sind schmackhaft und erfrischend.

LANWEHR

Deutschland (Illertissen)
www.lanwehr.eu

Verarbeitungsstufe: **Standard-Schokolade**

Die Geschichte Lanwehrs beginnt im preußischen Königsberg. Im Jahre 1927 von Georg Schulze gegründet, wurde das Unternehmen nach Kriegsende in Illertissen (Schwaben) neu aufgebaut. Im Jahre 1961 übernahm der Konditormeister Alexander Lanwehr das Unternehmen. Er spezialisierte sich auf die Belieferung seiner Kollegen mit Marzipanspezialitäten und Konfekt. Mit seinem Sohn Alexander Lanwehr junior baute er das Unternehmen zum wichtigsten Zulieferer fertiger Produkte in der Konditorbranche aus. Die Erweiterung um Diabetiker-Konfekt im Jahre 1975 entsprach dem Bedürfnis der Konsumenten und auch das im Jahre 2001 erstmals angebotene Bio-Konfekt war kein Aufspringen auf einen fahrenden Zug, sondern zeigte, dass man bei Lanwehr durchaus konkrete Visionen hat. Seit dem Jahre 2004 führt Andreas Lanwehr in dritter Generation die Geschäfte und ist nunmehr auch alleiniger Gesellschafter.

Lanwehr bestimmte lange Zeit das Geschäft mit den Konditoreien und Bäckereien, deren Anzahl sich mit den Jahren merklich und rasant verringerte. Hier verpasste Lanwehr den Anschluss, dessen gesamtes Konzept auf diesen Markt zugeschnitten war. Da man beim Endverbraucher nicht mit einer eigenen Marke präsent war, verlor das Unternehmen enorme Marktanteile. Erst in den letzten Jahren wurde durch eine neue Strategie und Markenausrichtung ein neuer und erfolgreicher Weg bestritten. Eine gelungene, in Zusammenarbeit mit dem Unternehmen Hussel kreierte Innovation bildet das Dessert-Konfekt Crevisio: mehrschichtige Ganachefüllungen in einer klarsichtigen Folie, verpackt in modernem Design.

Produktbewertungen

- Produkt: (Schachtel) Crevisio Cocktail-Dose, Punkte: 74,04
  Preis/Menge: 7,50 EUR / 75 g
  Interessante Mischung von Dessertkonfekt ohne Schokoladenhülle.

  Konfekt-Einzelbewertungen:
  Crevisio Cocktail Erdbeer-Limes: Punkte: 77,40
  Fruchtig-fluffige Füllung. Sehr erdbeerig, aber etwas zu süß. Limette könnte etwas intensiver sein.
  Crevisio Cocktail Sprizz Aperol: Punkte: 74,70
  Leicht bitter, wie Aperol. Geschmacklich etwas unharmonisch und zu süß.
  Crevisio Cocktail Caipirinha: Punkte: 73,20
  Alkoholisch-fruchtig, angenehm sauer und nicht zu süß.
  Crevisio Cocktail Margarita: Punkte: 73,20
  Guter Charakter eines Margarita-Cocktails. Fruchtig-sauer und angenehm alkoholisch.
  Crevisio Cocktail Coconut Dream: Punkte: 71,70
  Angenehmes Kokosaroma, leicht fruchtig, aber etwas zu süß.

- Produkt: (Schachtel) Edle Brände Noisettes, Punkte: 78,48
  Preis/Menge: 19,90 EUR / 400 g
  Wohl die besten Krustenpralinen, die es im deutschen Markt gibt. Kaum eine, die kein volles Aroma besitzt. Alle verfügen über eine perfekte und dünne, feinkristallige Zuckerkruste – wenn doch nur die Schokolade besser wäre ...

  Konfekt-Einzelbewertungen:
  Cointreau: Punkte: 84,20
  Sehr überraschend. Krustenfüllung auf Marzipan, beides zusammen ergibt ein sehr aromatisches und besonderes Konfekt.
  Himbeere: Punkte: 83,60
  Sehr aromatisch und harmonisch.
  Himbeergeist-Stäbchen: Punkte: 80,00
  Gutes Aroma von Himbeergeist und wie immer angenehm im Geschmack.
  Kirschwasser: Punkte: 80,00
  Gutes Aroma von Kirschwasser, passt gut zur dunklen Schokolade, die aber aromatischer sein könnte.
  Marillenbrand: Punkte: 79,58
  Tolle Zuckerkruste, Marillenbrand könnte etwas aromatischer sein.
  Williams Birnchen Zartbitter: Punkte: 77,00
  Sehr gutes Aroma von Williams Birne und etwas weniger süß als die Vollmilch-Variante.
  Williams Birnchen Vollmilch: Punkte: 72,50
  Angenehmes Aroma von Williams Birne.
  Calvados: Punkte: 71,00
  Calvados könnte aromatischer sein, alles andere sehr gut.

- **Produkt: (Schachtel) Ingwer-Pralinen,**
  Punkte: 81,96
  Preis/Menge: 9,90 EUR / 200 g
  Teilweise geradezu sensationelles Ingwer-Konfekt. Kein schlechtes dabei, für jeden Ingwer-Fan (wie mich) ein absolutes „must have" – wenn doch nur die Schokolade besser wäre.

  Konfekt-Einzelbewertungen:
  Ingwer-Stäbchen flüssig: Punkte: 84,10
  Extrem gut gelungen. Tolles Ingweraroma mit perfekter Schärfe.
  Ingwer-Marzipan: Punkte: 84,50
  Sehr gutes Aroma, angenehm würzig und dezent scharf.
  Ingwer-Sanddorn: Punkte: 83,75
  Angenehmes Ingweraroma mit gut dosierter Schärfe. Sanddorn deutlich genug.
  Ingwer-Pflaume: Punkte: 75,50
  Schmeckt nach Pflaume und Ingwer. Recht scharf, aber nicht zu dominant.

- **Produkt: (Konfekt) Eierlikörtraum,**
  Punkte: 79,40
  Preis/Menge: 4,90 EUR / 100 g
  Ei, Ei, Ei Lanwehr. Deutliches Eiaroma, stark alkoholisiert. Für Eierlikör-Liebhaber bestens geeignet.

- **Produkt: (Konfekt) Mandel-Krokantschale mit Nussbitter-Nougat, Punkte: 78,50**
  Preis/Menge: 4,90 EUR / 100 g
  Herber, dunkler und aromatischer Nougat in einer knusprigen Krokantschale. Gut gelungen.

- **Produkt: (Konfekt) Lanwehrs Special,**
  Punkte: 77,40
  Preis/Menge: 4,90 EUR / 100 g
  Marzipan, darauf eine mit hellem Nougat gefüllte Krokanthalbkugel. Aromatisch, knusprig, gut.

- **Produkt: (Konfekt) Butter-Mandelkrokant,**
  Punkte: 74,40
  Preis/Menge: 4,90 EUR / 100 g
  Angenehmes Butteraroma, knuspriger Krokant und aromatische Mandeln. Was will man mehr?

- **Produkt: (Konfekt) Maple Walnut,**
  Punkte: 73,80
  Preis/Menge: 4,90 EUR / 100 g
  Walnussbuttertrüffelmasse mit Ahornsirup. Gar nicht so mächtig wie befürchtet und mit gutem Aroma.

Fazit:
Crevisio ist ein kreatives, gut gelungenes und hochwertiges Produkt. Mir persönlich fehlt zwar ein wenig die Schokolade um die Füllung herum, aber ich denke, dass das Produkt viele Liebhaber gefunden hat.
Die beiden Schachteln Edle Brände und Ingwer waren ein wahrer Glücksgriff, die sich qualitativ von den anderen Produkten abheben.
Man muss aber respektvoll die Gesamtqualität der Produkte anerkennen. Andreas Lanwehr kenne ich schon sehr lange, aber mir war nicht bewusst, dass seine Produkte so gut sind. Herzlichen Glückwunsch!
Gar nicht auszudenken, wie gut die Produkte abschneiden würden, wenn eine bessere Kuvertüre verwendet würde. Ich gehe davon aus, dass Lanwehr dann – zumindest mit dieser Auswahl von 25 Produkten – locker den Sprung über die 80-Punkte-Marke schaffen würde, und einige Ingwer- und Edel-Brände-Sorten sogar die 90-Punkte-Marke.

Empfehlung:
Wer gerne Sahne-Ganaches in deutscher Tradition mag, ist mit Crevisio bestens bedient. Krustenpralinen-Liebhaber sollten auf jeden Fall die Edlen Brände versuchen. Ingwer-Junkies kommen an der Ingwermischung nicht vorbei.

LAPP & FAO

Deutschland (Bremen)
www.bremer-feinkost.de

Verarbeitungsstufe: **Mass-to-bar & Standard-Schokolade**

Lapp & Fao ist eine Marke der Bremer Feinkost GmbH & Co. KG. Namensgeber der Marke sind der Feinschmecker Linvard Bo Lapp und sein Freund und Gefährte Ephraim Fao. Die Produkte entstehen, wie auch die der Marke Carl Lambert, in Zusammenarbeit mit dem Konditor Hans Decker in der Feinkostwerkstatt. Unter der Marke Lapp & Fao werden nicht nur Schokoladenprodukte vermarktet, sondern auch eine Vielzahl an Feinkostspezialitäten, wie zum Beispiel Kaffee und Tee, Marmeladen und Gebäck.

Produktbewertungen

- Produkt: (Veredelt) Hilly Vespa Ride, Punkte: 59,00
  Preis/Menge: 4,70 EUR / 80 g
  Eine wenig überzeugende dunkle Schokolade, die es sogar schafft, die sehr aromatischen Oliven und das Olivenöl im Geschmack und im Aroma zu überschatten. Hätte mit einer besseren Schokolade ein interessantes Produkt sein können.

- Produkt: (Veredelt) Kindal Munch, Punkte: 56,00
  Preis/Menge: 4,70 EUR / 80 g
  Dunkle Schokolade, zu süß und wenig Aromafrisch. Die 10 % karamellisierte Macadamia schmackt man kaum heraus. Insgesamt zu süß.

- Produkt: (Riegel) Tender Blossom, Punkte: 56,63
  Preis/Menge: 4,70 EUR / 80 g
  Extreme Süße und viel zu schwach im Aroma. 3,5 % Holunderblütensirup ist als Aromaträger meiner Meinung nach viel zu wenig. Füllung mit Alkohol.

- Produkt: (Riegel) Bonfire Bay, Punkte: 50,80
  Preis/Menge: 4,70 EUR / 80 g
  Gefüllte Schokolade mit Ananas und Ingwer. Sehr enttäuschend. Man schmeckt keine Ananas und auch so gut wie kein Ingwer. Kein Wunder, wenn nur 3% kandierte Ananas (wohl nicht mehr als 1,5-2% pure Ananas) und 0,5% Ingwersirup (besteht aus Ingwer, Zucker und Wasser, demnach ist recht wenig Ingwer enthalten) enthalten ist. Die weiße Füllung ist einfach nur süß, so dass die Füllung in Kombination mit der ebenfalls süßen und im Aroma flachen Schokolade aus dem Ganzen eine einfache und wenig erfreuliche Süßigkeit macht.

Fazit:
Eigentlich hätte ich die Rezension von Carl Lambert einfach nur kopieren und hier einsetzten können. Obwohl, einen Unterschied gibt es: gute Grundidee, schlecht umgesetzt. Daher doch eine etwas abweichende Rezension.
Die Bremer-Feinkost-Kreativen haben Lapp & Fao weitaus professioneller entwickelt. Die Marke ist hipp, stylisch, modern und verspricht viel Außergewöhnliches. Das ist aber auch der Knackpunkt, denn die Versprechen werden leider nicht eingehalten und wie auch bei Carl Lambert hat das Kartonagen-System versagt. Durch die zu dünne Kartonage entsteht eine billige Anmutung. Das Design gefällt mir sehr gut, die Namen und Abbildungen sind spannend und wecken das Interesse – nur schmecken tun die Produkte nicht. Die Qualität der verwendeten Schokolade ist äußerst dürftig, die Produkte sind flach im Geschmack und im Aroma und wenig harmonisch.

Empfehlung:
Leider ist keine Empfehlung möglich.

LAUENSTEIN CONFISERIE

Deutschland (Ludwigsstadt)
www.lauensteiner.de

Verarbeitungsstufe: **Schokolade nach Maß**

Der Liebe eines Berliner Konditors zur Müllerstochter aus der Fischbachsmühle ist es zu verdanken, dass wir heute Produkte der Confiserie Lauenstein genießen können.

Lothar Feddrich schloss sein Café Unter den Linden, um seiner großen Liebe bis an das nördlichste Ende Bayerns, in den Frankenwald nahe der Grenze zur damaligen DDR, zu folgen. Da er nicht nur von der Liebe leben konnte, entschloss er sich 1964 die damalige Getreidemühle in eine Pralinenmanufaktur auf zwei Produktionsebenen umzubauen. Im Jahre 1988 bekam das Unternehmen wirtschaftliche Probleme und wurde schließlich von Dr. Erich Kaub mehrheitlich aufgekauft. Im Jahre 1991 folgte ihm der Münchner Kaufmann Thomas Luger. Beide kannten sich noch aus früherer Zusammenarbeit und Thomas Luger konnte dem süßen Lockruf zur Sanierung des Unternehmens nicht wiederstehen. Er und sein Team haben hart daran gearbeitet, die Firma wieder in die Erfolgsspur zu bringen. Es ist ihnen mit Bravour gelungen. Heute sind Thomas Luger und Veronika Kaub gleichberechtigte Gesellschafter. Unterstützung bekam er auch stets von seiner Frau Christine, die ebenso vom Schokoladenvirus infiziert war und ist. Nachdem das Unternehmen saniert und wieder erfolgreich war, konnte sie sich ihr kleines aber feines Standbein in der Branche aufbauen. Seit Herbst 2001 führt sie am Münchner Viktualienmarkt das Fachgeschäft Chocolate & More, in dem sie außer Lauenstein-Produkten auch viele andere Marken führt. Lauenstein verwendet keine Standard-Kuvertüre, sondern lässt sich diese nach eigenen Vorstellungen produzieren.

Produktbewertungen

- **Produkt:** (Dunkel) Criollo Rio Caribe, Punkte: 77,50
  Preis/Menge: 3,30 EUR / 80 g
  Könnte etwas aromatischer sein, guter Geschmack und für 75 % recht mild. Keine schlechte Schokolade.
  Aromaprofil: Nussig, leicht erdig, getrocknete Tropenfrüchte.

- **Produkt:** (Dunkel) 85 % Cacao, Punkte: 75,60
  Preis/Menge: 3,30 EUR / 80 g
  Gute dunkle Schokolade mit hohem Kakaoanteil. Aromatisch und leicht bitter, aber angenehm. Erfreulicherweise ohne Vanille.
  Aromaprofil: Kaffee, Nuss, grüne Oliven.

- **Produkt:** (Milch) Milch-Vanille, Punkte: 80,00
  Preis/Menge: 3,30 EUR / 80 g
  Gute, leicht herbe Milchschokolade. Angenehmer Kakaocharakter und milchig zugleich. Mit Kakao aus Ecuador, Venezuela und Trinidad.
  Aromaprofil: Kakao, Alpenmilch, Sahne-Toffee.

- **Produkt:** (Weiße) Wasabi-Kürbiskern, Punkte: 86,50
  Preis/Menge: 3,90 EUR / 80 g
  Originelle weiße Schokolade mit knusprig-aromatischen Kürbiskernen. Das Wasabi ist zwar etwas zu dezent, aber schmeckbar. Alles im allem sehr harmonisch.

- Produkt: (Veredelt) Ingwer-Limette, Punkte: 85,50
  Preis/Menge: 3,90 EUR / 80 g
  Aromatischer Ingwer, harmonisch mit der dunklen Schokolade und dem Limettenöl, nicht zu süß, erfrischend.

- Produkt: (Schachtel) Schatzkästchen Edelbitter & Würzig, Punkte: 79,87
  Preis/Menge: 15,90 EUR / 175 g
  Eine gut gelungene Mischung scharfen Konfekts. Harmonisch, originell und qualitativ gut. Empfehlenswert für alle, die scharfes und gewürztes Konfekt mögen.

  Konfekt-Einzelbewertungen:
  Hot Orange Coffee Trüffel: Punkte: 83,00
  Nicht zu scharf, gutes Orangenaroma, Kaffee kommt am Ende durch. Gut gelungen.
  Ingwer-Curry-Praline: Punkte: 81,50
  Leicht knuspriger Nougat, Curry angenehm dosiert, könnte etwas mehr Ingwer vertragen.
  Hot Vanilla Trüffel: Punkte: 77,60
  Schärfe recht dominant, Vanille gerät etwas in den Hintergrund.
  Hot Cherry Trüffel: Punkte: 77,00
  Kirsche etwas zu dezent, gute Schärfe, alkoholisch.

- Produkt: (Konfekt) Waldmeister-Trüffel, Punkte: 85,80
  Preis/Menge: ca. 5,50 EUR / 100 g
  Sensationelle Farbe, schmeckt gut nach Waldmeister, relativ stark alkoholisch.

- Produkt: (Konfekt) Himbeergeist-Stäbchen, flüssig gefüllt, Punkte: 81,10
  Preis/Menge: ca. 5,50 EUR / 100 g
  Angenehm himbeerig, nicht ganz so alkoholisch, mit knuspriger Zuckerkruste.

- Produkt: (Konfekt) Heidelbeer-Trüffel, Punkte: 80,50
  Preis/Menge: ca. 5,50 EUR / 100 g
  Gutes Heidelbeeraroma, erfrischend, leicht sauer, schön cremige Füllung.

- Produkt: (Konfekt) Cranberry-Marzipan, Punkte: 78,00
  Preis/Menge: ca. 5,50 EUR / 100 g
  Fruchtig-saures Marzipan mit Cranberry-Stückchen, denen es etwas an Aroma fehlt. Nicht zu süß. Schmeckt gut.

- Produkt: (Konfekt) Zitronen-Joghurt-Trüffel, Punkte: 77,50
  Preis/Menge: ca. 5,50 EUR / 100 g
  Zitronig-fruchtig, Joghurt schmeckt man auch ganz gut. Dunkle Schokolade insgesamt relativ dominant.

- Produkt: (Konfekt) Williams Birnchen, flüssig gefüllt, Punkte: 77,30
  Preis/Menge: ca. 5,50 EUR / 100 g
  Gutes Aroma der Williams Birne, nicht zu süß, knusprige Zuckerkruste.

- Produkt: (Konfekt) Schlotfeger, Punkte: 76,50
  Preis/Menge: ca. 5,50 EUR / 100 g
  Butter-Ganache, luftig und schokoladig, in dunkler Schokolade.

- Produkt: (Konfekt) Ananas-Chili-Trüffel, Punkte: 75,90
  Preis/Menge: ca. 5,50 EUR / 100 g
  Chili nicht zu scharf, Füllung durch kandierte Ananas etwas zu süß, aber insgesamt gut gelungen.

- Produkt: (Konfekt) Nougat-Törtchen, Punkte: 69,30
  Preis/Menge: ca. 5,50 EUR / 100 g
  Recht süßer und einfacher, heller Nougat. Könnte etwas aromatischer sein.

- Produkt: (Konfekt) Waffel-Nougat, Punkte: 68,70
  Preis/Menge: ca. 5,50 EUR / 100 g
  Heller Nougat auf Waffel. Dem Nougat fehlt es etwas an Aroma, insgesamt etwas zu süß.

- Produkt: (Konfekt) Kir-Royal-Sahnetrüffel, Punkte: 68,50
  Preis/Menge: ca. 5,50 EUR / 100 g
  Mehr Royal als Kir. Es fehlt etwas an Frucht in der Füllung. Aroma ganz in Ordnung.

Fazit:
Es ist erfreulich, mit Lauenstein einen qualitativ hochwertigen deutschen Hersteller gefunden zu haben. Thomas Luger hat hervorragende Arbeit geleistet und sein Unternehmen einer Frischzellenkur unterzogen.

Empfehlung:
Die veredelten Schokoladen empfehlen sich für Liebhaber solcher Spezialitäten, das Konfekt allen, die deutsches Konfekt mögen.

LAURENT GERBAUD

Belgien (Brüssel)
www.chocolatsgerbaud.be

Verarbeitungsstufe: **Schokolade nach Maß**

Laurent Gerbauds Geschäftsidee entstand während eines längeren Aufenthalts in China. Er entdeckte die Vielfalt der Aromen Asiens und begann damit, kandierte Kumquats in Schokolade zu tunken. Seit dem Jahre 2001 experimentiert Laurent nun mit kandierten Früchten, Trockenfrüchten und Gewürzen. Am Anfang verwendete er banale Standard-Schokolade eines großen Zulieferers. Die Schokolade war den qualitativ hochwertigen Früchten und Gewürzen nicht würdig. Erst mit der Entdeckung Domoris und der Welt des feinen Kakaos fand Laurent eine seiner edlen Früchte und Gewürze ebenbürtige Schokolade. Es war sehr interessant Laurents Entwicklung seit dem Jahre 2003 begleiten zu können.
Laurent ist einer der ganz wenigen Hersteller, die offen über die Herkunft ihrer Schokolade sprechen. Seit einigen Jahren produziert Domori für ihn einen eigenen Blend aus 50 % Ecuador- und 50 % Madagaskar-Kakaobohnen. Seit Ende 2010 hat sich der Blend etwas verändert. Der Anteil an Ecuador-Bohnen wurde halbiert und durch Peru-Bohnen ersetzt. Die Milchschokolade wird mit reinem Ecuador-Nacional-Kakao und 50 % Kakaoanteil hergestellt.
Das im Herbst 2009 eröffnete Geschäft in Brüssel ist einen Besuch wert. Kunden können die Mitarbeiter bei der Herstellung der Köstlichkeiten bei einer vortrefflichen Tasse heißer Schokolade beobachten.

Produktbewertungen

- Produkt: (Dunkel) Chocolat noire 75 %, Punkte: 84,80
  Preis/Menge: 25,00 EUR / 250 g
  Sehr guter Blend. Aromatisch und mit tollem Schmelz, dezente Säure und leicht adstringierend.
  Aromaprofil: Jasmin, Zitrusfrüchte, Nüsse, Vanille, Tropenholz

- Produkt: (Milch) Chocolat au lait 50 %, Punkte: 84,90
  Preis/Menge: 25,00 EUR / 250 g
  Sehr angenehm schokoladig, guter Schmelz, vollmundig und nicht zu süß.
  Aromaprofil: Blumig, leicht nussig, dezent fruchtig, schokoladig, milchig.

- Produkt: (Veredelt) Éclats de fèves de Madagascar 75 %, Punkte: 85,48
  Preis/Menge: 6,50 EUR / 50 g,
  Sehr schmackhafte Kakao-Nibs, sehr harmonisch mit der Schokolade.

- Produkt: (Veredelt) Pistache d'Evoia, Punkte: 83,00
  Preis/Menge: 7,00 EUR / 100 g
  Sehr harmonische Kombination von gesalzenen Pistazien und dunkler Milchschokolade.

- Produkt: (Veredelt) Noisettes du Piémont, Punkte: 81,80
  Preis/Menge: 7,00 EUR / 100 g
  Köstliche Piémontener Haselnüsse mit sehr guter Schokolade. Sehr schmackhaft.

- Produkt: (Veredelt) Baies Rouges de Perse, Punkte: 77,30
  Preis/Menge: 7,00 EUR / 100 g
  Sehr fruchtig und leichte Füllung, die sehr schön mit der Schokolade harmoniert.

- Produkt: (Veredelt) Poivre Noir de Madagascar 75 %, Punkte: 76,40
  Preis/Menge: 6,50 EUR / 50 g
  Gutes Pfefferaroma, dezent scharf und harmonisch mit der Schokolade.

- Produkt: (Veredelt) Esprit de Noël 75 %, Punkte: 75,80
  Preis/Menge: 6,50 EUR / 50 g
  Gewürzschokolade, mittelscharf und aromatisch.

- Produkt: (Veredelt) Mendiant, Punkte: 74,60
  Preis/Menge: 7,00 EUR / 100 g
  Gute Mischung von Trockenfrüchten und Nüssen.

- Produkt: (Veredelt) Noix de Pecan, Punkte: 74,00
  Preis/Menge: 7,00 EUR / 100 g
  Nicht schlecht, jedoch könnten die Nüsse etwas aromatischer sein.

- Produkt: (Veredelt) Piments doux 75 %, Punkte: 74,00
  Preis/Menge: 6,50 EUR / 50 g
  Sanfter Piment, der dezent aromatisch und kaum scharf ist.

- Produkt: (Veredelt) Yuzu du Japon 75 %,
  Punkte: 68,00
  Preis/Menge: 6,50 EUR / 50 g
  Sauer und relativ bitter. Aroma durchaus intensiv, jedoch nicht sehr harmonisch.

- Produkt: (Veredelt) Bergamote de Calabre 75 %, Punkte: 65,00
  Preis/Menge: 6,50 EUR / 50 g
  Schokolade mit Bergamotte, die nicht sehr aromatisch und irgendwie belanglos ist.

- Produkt: (Riegel) Chocolate Tree,
  Punkte: 91,60
  Preis/Menge: 9,50 EUR / 60 g
  Tolle Idee. Ganze Nuss, Milchnougat, dunkler Nougat und Nibs-Nuss-Schokolade, jeweils in eine eigene Kammer gefüllt. Aufwändig und geschmacklich sehr gelungen.

- Produkt: (Konfekt) Gingembre de Guigin,
  Punkte: 94,40
  Preis/Menge: 7,00 EUR / 100 g
  Das Highlight! Toller Ingwer, leicht scharf, nicht faserig, sehr aromatisch.

- Produkt: (Konfekt) Gare au Noisettes,
  Punkte: 93,80
  Preis/Menge: 7,00 EUR / 100 g
  Sehr gelungene Nougatfüllung. Relativ weich, aber mit Stückchen und sehr aromatisch.

- Produkt: (Konfekt) Orangettes de Sicile,
  Punkte: 87,00
  Preis/Menge: 7,00 EUR / 100 g
  Sehr feine Orangenstangen. Nicht zu bitter oder zu sauer. Gut gelungen.

- Produkt: (Konfekt) Petite Prune de Corse,
  Punkte: 87,00
  Preis/Menge: 7,00 EUR / 100 g
  Aromatische Pflaume, leicht sauer-fruchtig.

- Produkt: (Konfekt) Truffes Noire, Punkte: 86,00
  Preis/Menge: 7,00 EUR / 100 g
  Traditionelle Trüffel, nicht zu mächtig und angenehm schokoladig.

- Produkt: (Konfekt) Truffes au Speculoos,
  Punkte: 82,50
  Preis/Menge: 7,00 EUR / 100 g
  Sehr würzig, außen mit Spekulatiusbröseln. Relativ feste Füllung und etwas zu süß.

- Produkt: (Konfekt) Abricot de Barrydale,
  Punkte: 80,60
  Preis/Menge: 7,00 EUR / 100 g
  Aprikose sehr aromatisch, aber etwas zu sauer und leicht bitter.

- Produkt: (Konfekt) Figues d'Izmir,
  Punkte: 78,00
  Preis/Menge: 7,00 EUR / 100 g
  Feigen könnten etwas aromatischer sein, dennoch ganz gut gelungen.

- Produkt: (Konfekt) Poire du Cap, Punkte: 69,00
  Preis/Menge: 7,00 EUR / 100 g
  Schlecht überzogen, waren am Boden offen. Zu fest und zu wenig Aroma.

Fazit:
Laurent Gerbaud beweist die Theorie, dass die Auswahl guter Rohstoffe schon die halbe Miete für gute Produkte bedeutet. Durch die sehr gute Qualität der Schokolade und die ausnahmslos guten weiteren Rohstoffe vertreibt er kein einziges schlechtes Produkt.

Laurent legt seinen Schwerpunkt auf die Veredelung getrockneter Früchte und Nüsse. Um die Vielseitigkeit der Produkte zu entdecken, eignet sich wunderbar die Schachtel „Un peut de tout", die – wie der Name schon besagt – von allem etwas enthält. Für die große Leidenschaft ist jede Sorte auch einzeln erhältlich.
Ein überaus interessantes Produkt ist der sogenannte Schokoladenbaum. Der Stamm besteht aus Schokolade mit Haselnussstückchen und Kakao-Nibs, die Kammern der unteren Äste beherbergen einen dunklen Nougat mit Kakao-Nibs, die der mittleren Äste einen hellen Nougat aus Piemont-Haselnüssen (Tonda Gentile delle Langhe) und in der oberen Kammer versteckt sich eine ganze Piemont-Haselnuss. Was für eine Arbeit es sein muss, so einen Baum herzustellen. Chapeau!

Empfehlung:
Alle Liebhaber von Trockenfrüchten werden Laurent Gerbaud lieben und sollte auf jeden Fall die Pistaziensorte probieren. Die Truffes sind leicht bekömmlich und empfehlenswert. Für Freunde veredelter Schokoladen ist die Sorte mit Kakao-Nibs ein guter Tipp.

LENÔTRE

Frankreich (Paris)
www.lenotre.fr

Verarbeitungsstufe: **Standard-Schokolade**

Der Eine oder Andere aus der Branche wird sagen, dass Lenôtre nichts in einem Buch über Chocolatiers und Confiseure zu suchen hat, da diese Bereiche im Unternehmen kaum eine Rolle spielen. Da mögen sie Recht haben, jedoch hat meiner Meinung nach Gaston Lenôtre so viel für die gesamte Branche getan, dass er eine Berücksichtigung verdient. Auch wenn die Confiserie eher eine untergeordnete Rolle im Unternehmen spielt, verfügt jedes Geschäft über einen kleinen Bereich, in dem Schokolade und Konfekt angeboten werden.
Gaston Lenôtre eröffnete sein erstes Geschäft im Jahre 1947 in der Normandie. Im Jahre 1957 zog es ihn und seine Frau Colette nach Paris, wo er sich in den Folgejahren als erste Adresse für Catering etablierte. Im Jahre 1971 eröffnet er die Ecole Lenôtre in Plaisir (Yvelines), in der er sein Können an Pâtissiers aus der ganzen Welt weitergibt. Nicht weniger als acht „Meilleur Ouvrier de France" sind in der Schule für Lenôtre tätig. 1975 beginnt die internationale Expansion mit einer ersten Adresse in Berlin, wo er im prestigeträchtigen KaDeWe eine ganze Abteilung für sich beansprucht. Mittlerweile gehört das Unternehmen zur Accor-Gruppe und ist global tätig. Gaston Lenôtre hat der Branche sehr viel Impulse gegeben und großen Anteil daran, dass die französische Pâtisserie über Frankreichs Grenzen hinaus populär geworden ist.

Produktbewertungen

- **Produkt: (Konfekt) Exception, Punkte: 88,00**
  Preis/Menge: 12,00 EUR / 80 g
  Dunkle Kaffee-Ganache in einer spektakulären Form. Herb, dominant, weich-cremig und feinschmelzend.

- **Produkt: (Konfekt) Fusion, Punkte: 85,00**
  Preis/Menge: 12,00 EUR / 80 g
  Dunkle Bergamotte-Tee-Ganache. Leicht adstringierend, herb, weich, cremig. Dezent, aber gut aromatisch.

- **Produkt: (Konfekt) Alchimie, Punkte: 77,80**
  Preis/Menge: 12,00 EUR / 80 g
  Zweilagig, Milch-Ganache und leicht knuspriger Haselnussnougat. Angenehm, aber etwas dezent aromatisch.

- **Produkt: (Konfekt) Authentique, Punkte: 75,20**
  Preis/Menge: 12,00 EUR / 80 g
  Ganache von dunkler Schokolade. Wohlschmeckend, weich-cremig und nicht süß, dennoch etwas langweilig.

- **Produkt: (Konfekt) Evasion, Punkte: 70,50**
  Preis/Menge: 12,00 EUR/80 g
  Kaffee-Creme, etwas zu süß, mit seltsam rauer Konsistenz.

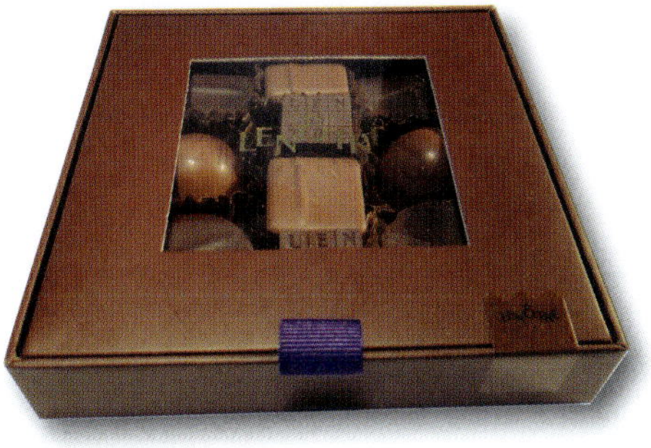

Fazit:
Die Produkte haben keineswegs enttäuscht, konnten sich allerdings auch nicht als Weltklasse-Produkte bemerkbar machen. Sie sind traditionell, bodenständig und von guter Qualität. Ich habe sie gerne gegessen und würde sie auch jederzeit wieder probieren. Besonders gelungen ist die Würfel-Form der Sorte Exception.

Empfehlung:
Grundsätzlich für Liebhaber französischen Konfekts empfehlenswert. Lediglich die Tatsache, dass es in Paris besseres Konfekt sogar zu günstigeren Preisen gibt, grenzt die Empfehlung etwas ein.

LEONE PASTIGLIE

Italien (Collegno, Turin)
www.pastiglieleone.com

Verarbeitungsstufe: **Bean-to-bar**

Die Geschichte des Unternehmens beginnt im Jahre 1857, als Luigi Leone, der Gründer, in Alba die Herstellung von Süßwaren startete. 1934 übernahm die Businessfrau Giselda Balla Monero. Sie krempelte das gesamte Unternehmen, die Verpackungen und den Markenauftritt um, gab neue Impulse und sorgte für einen neuen Stil. Guido Monero, ein angesehener Experte in der Schokoladenherstellung, wollte seinen Traum verwirklichen. Europaweit suchte er Maschinen zur Herstellung von Schokolade aus dem 19. Jahrhundert, überholte sie und begann mithilfe dieser alten Maschinen mit der Herstellung von Schokolade von der Bohne weg. Noch heute wird mit diesen Maschinen produziert. Die Bohnen werden mit heißer Luft und nicht mit Feuer geröstet, die gerösteten Bohnen werden mit Steinmühlen gemahlen und mit Steinconchen conchiert.
Eine wahre Besonderheit ist Leones Milchschokolade. Diese wird täglich aus frischer Milch und Sahne hergestellt. Jeden Morgen um sieben Uhr werden die frischen Zutaten von einer lokalen Molkerei geliefert, die dann noch am selben Tag in einem Milch-, Sahne- und Zuckergemisch zu Kristallen verarbeitet werden. In den Sommermonaten wird kaum Milchschokolade hergestellt, da der Geschmack der Milch dann zu sehr von den Standards abweicht. Nur gut für Leone, dass im Sommer eh wenig Schokolade konsumiert wird. Den dunklen Schokoladen wird keine Kakaobutter zugesetzt und generell verarbeitet Leone kein Soja-Lecithin. Das Design und der Markenauftritt wurden kürzlich komplett erneuert. Sechs eigens für Leone kreierte Figürchen zieren nun die Verpackungen. Dem einen oder anderen mag das kitschig und verspielt vorkommen, mir gefällt es gut. Die Figuren sind witzig, nett gemacht und charmant.

Produktbewertungen

- Produkt: (Dunkel) Cioccolato Grezzo Alla Pietra 70 %, Punkte: 89,25
  Preis/Menge: 4,60 EUR / 55 g
  Interessante Schokolade, angenehm aromatisch. Mit Vanille und Zimt, begrenzt als dunkle Schokolade zu kategorisieren. Ist etwas rau und mit wenig Schmelz. Schmeckt dennoch sehr gut.
  Aromaprofil: Gewürze (Vanille, Zimt), Nüsse, Kaffee, Trockenfrüchte.

- Produkt: (Dunkel) Fondente 64 %, Punkte: 76,50
  Preis/Menge: unbekannt / 75 g
  Keine allzu schlechte Schokolade. Bohnen aus Ecuador, Trinidad und Venezuela für die feinen Aromen, aus Sao Thomé für den Schokoladencharakter. Leider mit Vanille, wäre nicht notwendig gewesen.
  Aromaprofil: Blumig (Jasmin), nussig, Trockenfrüchte, Tropenfrüchte, waldig, würzig.

- Produkt: (Milch) Pastiglie di Cioccolato 44 %, Punkte: 94,50
  Preis/Menge: 2,30 EUR / 30 g
  Sehr außergewöhnliche Schokolade, die mir auch sehr gut gefällt. Mit frischer Milch, die hier im Vordergrund steht. Dennoch mit angenehmem Kakaocharakter.
  Aromaprofil: Alpenmilch, frische Milch, Rahm, Malz.

- Produkt: (Veredelt) Cioccolato con Pistacchi di Bronte Interi, Punkte: 83,90
  Preis/Menge: unbekannt / 55 g
  Sehr aromatische Pistazien (20 %) in Milchschokolade. Schmackhaft.

- Produkt: (Veredelt) Cioccolato con Nocciole Piemonte Intere, Punkte: 82,70
  Preis/Menge: unbekannt / 55 g
  Gute Milchschokolade mit ganzen schmackhaften Haselnüssen (25 %).

- Produkt: (Veredelt) Cioccolato Extra Fondente 74 % all'Assenzio, Punkte: 80,00
  Preis/Menge: unbekannt / 50 g
  Dunkle Schokolade mit sehr intensivem Absinth-Aroma, grenzwertig überdosiert. Für absolute Absinth-Liebhaber. Alle anderen sollten lieber die Finger weglassen. Mit Absinth-Infusion, Extrakten und Essenzen von Kräutern und Gewürzen.

- Produkt: (Nougat) Ripieno Pistacchio al latte, Punkte: 75,00
  Preis/Menge: unbekannt / 7 g)
  Angenehmes Nougatkonfekt. Eine Schicht Nussnougat und eine Schicht Pistaziennougat.

- Produkt: (Nougat) Giandujotto, Punkte: 69,00
  Preis/Menge: 12,44 EUR / 100 g
  Könnte mehr Nussaroma haben, nicht zu süß.

- Produkt: (Nougat) Ripieno Caffè Fondente 64 %, Punkte: 66,00
  Preis/Menge: unbekannt / 7 g
  Kaffeearoma nicht intensiv genug, zu feste Füllung.

- Produkt: (Konfekt) La nougatine croccosetta, Punkte: 84,50
  Preis/Menge: unbekannt / 4 g
  Tolle Krokantrolle in dunkler Schokolade. Aromatischer, sehr knuspriger und lockerer Krokant. Toll gelungen.

- Produkt: (Konfekt) Chicco napoletao, Punkte: 84,00
  Preis/Menge: unbekannt / 2 g
  Sehr köstliche Kaffeebohne in dunkler Schokolade.

Fazit:
Die dunklen Schokoladen beinhalten stets Vanille und auch Zimt. Dies entspricht hier einem alten überlieferten Rezept. Meiner Meinung nach muss das nicht sein, aber es stört in diesem Fall auch nicht, da es sich nicht um Ursprungsschokoladen handelt. Die Milchschokolade ist etwas Besonderes, man schmeckt die frische Milch und Sahne. Hier steht ganz klar der Kakao im Hintergrund, was konzeptionell Sinn macht und auch in Ordnung geht. Mir gefällt die Schokolade außerordentlich gut. Es erstaunt mich doch sehr, dass Leone-Produkte in Deutschland so wenig bekannt und kaum erhältlich sind. Bei so vielen schlechten Schokoladen, die man in Deutschland zu kaufen bekommt, täte der eine oder andere Fachhändler gut daran, einige dieser schlechten Marken durch Leone zu ersetzen.

Empfehlung:
Empfehlenswert ist natürlich die Milchschokolade für Liebhaber von Milchschokoladen. Auch die dunklen Schokoladen können empfohlen werden, da sie eine eigenständige Identität haben. Für alle Absinth-Liebhaber ist die Assenzio Pflicht.

LEONIDAS

Belgien (Brüssel)
www.leonidas.com

Verarbeitungsstufe: **Standard-Schokolade**

Die Wurzeln des bekannten belgischen Konfektherstellers Leonidas gehen zurück bis in die USA. Gründer des Unternehmens ist der Grieche Léonidas Kestekides, ein in den USA lebender Süßwarenhersteller. Im Jahre 1910 reiste er erstmals mit einer griechischen Delegation aus den Vereinigten Staaten nach Brüssel, um an der Weltausstellung teilzunehmen. 1913 nahm er erneut an der Weltausstellung, dieses Mal in Gent, teil. Aufgrund des großen Erfolgs seiner Produkte und der Liebe zu einem Brüsseler Mädchen, entschied er sich dazu, sich dauerhaft in Belgien niederzulassen. Leonidas ist der Inbegriff belgischen Konfekts. Besonders in den 1970er und 1980er Jahren war Leonidas auch in Deutschland sehr erfolgreich.
Heute findet man Leonidas-Geschäfte weltweit: ca. 1.400 Geschäfte in 40 Ländern sind durchaus beeindruckend.

Produktbewertungen:

- Produkt: (Konfekt) Truffe Speculoos,
  Punkte: 62,00
  Preis/Menge: 3,90 EUR / 93 g
  Das Spekulatius-Aroma kommt von außen, Füllung kaum aromatisch.

- Produkt: (Konfekt) Truffe Classique,
  Punkte: 61,00
  Preis/Menge: 3,90 EUR / 93 g
  Fettig-buttrig, schön dünne Hülle, leider etwas arm an Aroma.

- Produkt: (Konfekt) Truffe Noisette Croquante, Punkte: 61,00
  Preis/Menge: 3,90 EUR / 93 g
  Nusscharakter nur außen, innen kein Nussgeschmack.

- Produkt: (Konfekt) Truffe Noire,
  Punkte: 59,20
  Preis/Menge: 3,90 EUR / 93 g
  Fettig-buttrig, schokoladig, aber langweilig.

- Produkt: (Konfekt) Truffe Cognac,
  Punkte: 52,00
  Preis/Menge: 3,90 EUR / 93 g
  Viel zu wenig Cognac, fettig, süß.

- Produkt: (Konfekt) Truffe Café Caramel,
  Punkte: 52,00
  Preis/Menge: 3,90 EUR / 93 g
  Kein Karamellcharakter, süß, buttrig.

- Produkt: (Konfekt) Truffe Champagne,
  Punkte: 52,00
  Preis/Menge: 3,90 EUR / 93 g
  Süß und ohne Aroma. Wo ist der Champagner?

Fazit:
Die Erwartungshaltung war bei der Verkostung sehr gering. Umso überraschter war ich aber. Erwartet hatte ich fettig-buttriges, mächtiges und mit schlechter Schokolade hergestelltes Konfekt. Fettig-buttrig war das Konfekt schon, aber durch die sehr luftige Füllung gar nicht so mächtig. Sehr gut gefallen hat die sehr dünne Schokoladenhülle. Dadurch ist zwar die Bewertung der verwendeten Schokolade nahezu unmöglich, der Eindruck bei der Verkostung aber sehr angenehm. Im Vergleich zu den beiden anderen großen Herstellern, Godiva und Neuhaus, hat mir am Ende Leonidas am besten gefallen. Daher sind meine wohlwollenden Worte auch rein bezogen auf den Vergleich der drei großen belgischen Hersteller zu betrachten. Im Vergleich zu allen anderen Konfektherstellern schneidet auch das Leonidas-Konfekt schlecht ab.

Empfehlung:
Um zu wissen, was unter traditionell belgischem Konfekt verstanden wird, kann man ruhig einmal eine Sorte probieren.

LEYSIEFFER

Deutschland (Osnabrück)
www.leysieffer.de

Verarbeitungsstufe: **Schokolade nach Maß**

1909 beginnt die Geschichte von Leysieffer mit der Eröffnung eines Konditorei-Cafés durch Ulrich Leysieffer und seiner Frau Emilie. 1936 begann man mit der Pralinenherstellung. 1950 erfolgte die Wiedereröffnung des Geschäfts durch Karl und Ursula Leysieffer, im Jahr 1967 stieg Axel Leysieffer ins Unternehmen ein, 1993 Jan Leysieffer als vierte Generation. Die Firma hat mit den 1950 erfundenen „Himmlischen" einen deutschen Klassiker unter den Konfekten geschaffen. Besonders in den 1980er bis in die 1990er Jahre waren sie sehr beliebt. In den letzten Jahren ist es ein wenig still um den Klassiker geworden. Das mag aber auch am Konzept des Unternehmens liegen, dessen Schwerpunkt in der Eröffnung eigener Bistros und Geschäfte liegt. Das erste Bistro wurde 1982 auf Sylt eröffnet. Dutzende folgten in großen deutschen Städten und an Flughäfen. Heute sind es insgesamt ca. 25 Standorte. In den 1990er Jahren wurde das Konfekt, auch die Himmlischen, vielfach über Fachhändler vertrieben. Mittlerweile findet man außerhalb der Leysieffer-Filialen fast nur noch die aromatisierten und veredelten sowie die Jahrgangs-Schokoladen.

Produktbewertungen:

- Produkt: (Dunkel) Jahrgangsschokolade Sao Thomé 2009 70 %, Punkte: 65,50
  Preis/Menge: 4,20 EUR / 100 g
  Leicht fruchtig und adstringierend, mit dezentem Aroma. Aromaprofil: Leicht geräuchert, torfig, schokoladig, Trockenfrüchte.

- Produkt: (Weiße) Jalapeño-Chilli, Punkte: 75,00
  Preis/Menge: 4,00 EUR / 100 g
  Angenehme Schärfe und nicht zu süß. Für echte Liebhaber von Chili-Schokolade.

- Produkt: (Weiße) Mocca-Rum, Punkte: 64,00
  Preis/Menge: 4,00 EUR / 100 g
  Recht starker Mokkageschmack. Rum zu dezent. Bröselige Schokolade.

- Produkt: (Veredelt) Mandel, Punkte: 68,00
  Preis/Menge: 4,00 EUR / 100 g
  Schmackhafte Mandel, aber banale Milchschokolade. Ist vielleicht auch etwas zu süß.

- Produkt: (Veredelt) Macadamia, Punkte: 68,00
  Preis/Menge: 4,00 EUR / 100 g
  Großzügig mit aromatischen Macadamianüssen. Wenn nur nicht diese banale und zu süße Milchschokolade wäre.

- Produkt: (Veredelt) Trauben, Punkte: 67,00
  Preis/Menge: 4,00 EUR / 100 g
  Schade, Rosinen schmecken ganz gut, aber es ist wieder diese einfache Milchschokolade verwendet worden.

- Produkt: (Veredelt) Lavendel, Punkte: 64,00
  Preis/Menge: 4,00 EUR / 100 g
  Warum mit Muskatnuss-Aromaextrakt? Mit natürlichem Lavendel-Aromaextrakt. Schmeckt auch nach Lavendel, dunkle Schokolade aber mit 55 % Kakaoanteil etwas zu süß geraten.

- Produkt: (Veredelt) Mohn, Punkte: 53,25
  Preis/Menge: 4,00 EUR / 100 g
  Man spürt zwar die Mohnstückchen, schmecken tut man aber nichts. Zu wenig aromatisch, Milchschokolade zu süß.

- Produkt: (Veredelt) Darjeeling Tee, Punkte: 53,00
  Preis/Menge: 4,00 EUR / 100 g)
  Nicht mit echten Teeblättern, sondern mit Aroma und Extrakt. Daher auch die Deklaration falsch, dürfte so wohl nicht ausgelobt werden. Mit zu süßer dunkler Schokolade.

- Produkt: (Veredelt) Honig, Punkte: 50,20
  Preis/Menge: 4,00 EUR / 100 g
  Die ganze Schokolade ist unharmonisch. Der Honig zwar mit Aroma, aber die Schokolade hat einen unangenehmen Beigeschmack.

- Produkt: (Schachtel) Die Klassischen, Punkte: 67,30
  Preis/Menge: 5,35 EUR / 100 g
  Die Mischung hat es in sich: vier richtig gute Produkte, zwei mittelmäßige und vier schlechte Produkte. Insgesamt reicht es dann leider nur für eine mittelmäßige Note, obwohl ich gerne eine bessere gegeben hätte. Die vier Highlights dieser Mischung sind alleine betrachtet eine Sünde wert. Leider sind einige Sorten nicht eindeutig identifizierbar.

Konfekt-Einzelbewertungen:

Himbeer-Marzipan: Punkte: 81,40
Schmeckt mir sehr gut. Weiches und aromatisches, leicht alkoholisches Marzipan (wohl Himbeergeist).

Rum-Marzipan-Nougat-Rolle: Punkte: 80,50
Aromatisch, tolle Konsistenz, nicht zu süß. Leicht alkoholisch.
Cappucchino-Nougat: Punkte: 80,00
Schmeckt sehr gut nach Kaffee, hat eine wunderbare Konsistenz und ist nicht zu süß.
Eierlikör: Punkte: 79,20
Sehr gut gelungenes Eierlikör-Konfekt. Aromatisch, angenehm alkoholisch, nicht zu süß, weich und cremig.
Die Himmlischen Zartbitter: Punkte: 69,90
Ähnlich wie die Vollmilch-Himmlischen, jedoch weniger süß. Anderseits ist die dunkle Schokolade einfach nicht gut im Geschmack.
Die Himmlischen Vollmilch: Punkte: 69,00
Die Füllung schmeckt wie ein lauer Instant-Kakaotrunk, aber überraschend angenehm. Nicht zu buttrig-fettig oder mächtig. Am meisten stört der grobe Zucker außen, der das Ganze unnötig süßt.
Marzipan-Nougat-Rolle: Punkte: 54,00
Innen heller Nougat, außen Marzipan. Aroma flach und etwas zu süß. Kann nicht begeistern.
Marc de Champagne (wahrscheinlich): Punkte: 54,00
Könnte alles sein, nicht identifizierbar. Hat eine alkoholische Füllung, die nicht zu süß und schön cremig ist. Ich tippe auf Marc de Champagne. Schokolade drumherum ist aber viel zu dick.
Kaffee: Punkte: 53,00
Gefällt mir nicht. Zu dezentes Kaffeearoma, Füllung sirupartig und süß, Schokolade außen viel zu dick.
Kirsch: Punkte: 52,00
Viel zu feste Füllung, buttrig, wenig aromatisch und zu süß.

Fazit:

Leysieffer begann recht früh mit der Herstellung aromatisierter und veredelter Schokoladen. Störend für die Produkte ist die mittelmäßige Qualität der Schokolade. Da können die anderen Zutaten noch so gut sein, aber mit einer 55 %igen dunklen Schokolade kann man keinen Blumentopf gewinnen, sie ist einfach zu süß. Dem Geschmack nach zu urteilen handelt es sich um einfachen Konsumkakao. Die Milchschokolade mit 33 % Kakaoanteil und die weiße Schokolade sind auch nicht besser.

Die Mocca-Rum hat mich dennoch erstaunt. Wie bekommt Leysieffer so viel Feuchtigkeit und Aroma in die Schokolade, ohne Herstellungsprobleme zu bekommen und ohne die Verwendung von Aroma? Es ist tatsächlich ein Wunder, dass dies funktioniert. Oder ist da gar kein echter Rum enthalten?

Bei der Darjeeling-Tee muss ich die Deklaration kritisieren. Diese Auslobung ist schlichtweg falsch, da die Schokolade nicht ein einziges Teeblatt enthält, sondern ausschließlich Aromen und Extrakte.

Das Konfekt ist eine Achterbahnfahrt von schlecht bis hervorragend. Hier wäre eine Kontinuität in der Qualität wünschenswert. Dass Leysieffer es kann, hat das Unternehmen mit vier von zehn Sorten bewiesen.

Leysieffer überzeugt insgesamt nicht ganz, aber der Kaffee, der schmeckt in allen Bistros gut.

Empfehlung:

Bei den veredelten Schokoladen kann ich die Jalapeño allen empfehlen, die Chili und weiße Schokolade mögen, aber auch die Lavendel allen Mottenkugel-Fans.

Das Konfekt ist gutes deutsches Konfekt, man muss aber die richtige Auswahl treffen.

LILLIE BELLE FARMS

USA (Central Point, Oregon)
www.lilliebellefarms.com

Verarbeitungsstufe: **Standard-Schokolade**

Die Lillie Belle Farms befindet sich am Rande des Applegate Valleys in der südlichen Region Oregons. Jeff, Belle und Lillie haben dort ihre Bio-zertifizierte Farm und bauen Himbeeren, Erdbeeren und Marionberries, eine in Oregon beheimatete Brombeeren-Kreuzung der Sorten Chehalem und Olallie, an. Diese frischen und handgepflückten Beeren werden nicht nur auf den wöchentlichen Märkten verkauft, sondern auch für die Füllungen des Konfekts verwendet.
Ursprünglich kommt Jeff Shepherd aus der Gastronomie, in der er zwanzig Jahre lang tätig war. Nachdem er, mehr als Hobby, denn als Business, kleine Mengen von Konfekt herstellte und auf kleinen lokalen Bauernmärkten verkaufte, kam auch schnell der Erfolg. Das ursprünglich nur aus vier Trüffelsorten bestehende Sortiment wurde nach und nach ausgebaut und durch originelle Kreationen bereichert. Heute ist die Herstellung von Schokoladenprodukten ein wichtiger Wirtschaftszweig, das Produktionsteam besteht mittlerweile aus neun Mitarbeitern.

Produktbewertungen:

- Produkt: (Dunkel) The Other One 74%,
  Punkte: 84,50
  Preis/Menge: 5,00 USD/3,52 EUR / 77 g
  Wohl Felchlin-Schokolade. Toller Schmelz, aromatisch, dezent herb, aber auch nicht zu süß.
  Aromaprofil: Süße Tropenfrüchte, Litschi, Cerealien, Süßholz.

- Produkt: (Veredelt) Do Not Eat This Chocolate, Punkte: 86,50
  Preis/Menge: 5,00 USD / 3,52 EUR / 77 g
  Diese dunkle Schokolade ist definitiv „nichts für Weicheier". Gut ist, dass man eindringlich gewarnt wird und selbst schuld ist, wenn man sie trotzdem isst und sich der Schmerz im Körper verbreitet. Eine Mischung aus dunkler und Milchschokolade, die man trotz der Schärfe schmeckt. Sie ist nicht nur scharf, sondern auch aromatisch, da die unterschiedlichen Chilisorten auch unterschiedliche Aromen haben. Mit Ghost Chile (indisches Bhut Jolokia), Aji Amarillos und Arbole (geräuchertes Chili). Sehr sympathisch ist, dass Lillie selbst einsieht, dass es eigentlich keinen Grund für die Existenz dieser Schokolade gibt, wie auf der Rückseite vermerkt.

- Produkt: (Veredelt) Hippie Crunch,
  Punkte: 77,00
  Preis/Menge: 7,00 USD / 4,92 EUR / 168 g
  Eine echte kleine Sauerei. Karamellisierter Reis in dunkler Schokolade. Leichter Genuss, trotz Karamell.

- Produkt: (Riegel) Crunchy Fire Bar, Punkte: 78,60
  Preis/Menge: 2,95 USD / 2,08 EUR /42 g
  Ziemlich gut aromatisierte dunkle Schokolade mit 68 % Kakaoanteil. Nicht zu scharf, mit einer sehr angenehmen Schärfekurve. Leicht scharf kommt es dann zum Höhepunkt, um dann angenehm und recht schnell wieder abzuklingen. Pecannüsse aber leider zu rar, gehen verloren.

- Produkt: (Riegel) Caramelized Almond Bar, Punkte: 67,50
  Preis/Menge: 2,95 USD / 2,08 EUR / 42 g
  Zu wenig Mandeln enthalten, aber mit einer aromatischen Milchschokolade hergestellt. Alle Zutaten, außer den Mandeln, sind Bio-zertifiziert.

- Produkt: (Riegel) Pistachio Toffee Bar, Punkte: 63,00
  Preis/Menge: 2,95 USD / 2,08 EUR / 42 g
  Schmeckt mehr nach Toffee als nach Pistazien. Definitiv zu wenig Pistazien enthalten, aber auch etwas zu süße Milchschokolade. Nahezu komplett aus Bio-Rohstoffen hergestellt.

- Produkt: (Schachtel) Hausmischung, Punkte: 77,68
  Preis/Menge: 25,00 USD / 17,58 EUR / 12 Stück
  Eine Konfektschachtel mit einigen Highlights, aber auch ein paar Enttäuschungen. Insgesamt aber dennoch gelungen, da kreativ, originell und mit Liebe gemacht.

  Konfekt-Einzelbewertungen:
  Maker's Mark Cup: Punkte: 93,00
  Absolut überzeugendes Whiskyaroma. Aromatisch, aber nicht zu alkoholisch mit knusprig-aromatischer Pecannuss.
  Marzipan Fig: Punkte: 91,80
  Großartiges Konfekt. Aromatische Feige und Marzipan mit Likör, außen Haselnussgrieß. Formidabel.
  Peanut Butter and Jelly: Punkte: 88,50
  Zweifach gefüllt, dünne Erdnussbutterschicht und viel (Erdbeer-)Marmelade. Köstlich und harmonisch mit der dunklen Schokolade.
  Aprokoplypse (bacon caramel): Punkte: 87,00
  Sehr originell. Aromatischer Karamell mit Bacon-Stückchen, die aromatisch und dezent salzig sind.
  Cherry Cordial: Punkte: 82,00
  Gefüllt mit einer in Rum getränkten und kandierten Kirsche. Tolles Aroma von Rum und Kirsche, aber die flüssige Füllung ist etwas zu süß.
  Amareno Cherry in Balsamic: Punkte: 81,40
  Innen tolle aromatische, in Balsamico eingelegte Kirsche, aber leider viel zu dicker Schokoladenboden. Geschmack der Kirsche geht unter, da Schokolade zu dominant. Aber tolle Idee.
  Jamaican Spiced Caramel: Punkte: 79,40
  Nicht zu süßer Karamell, könnte aber etwas mehr Gewürze vertragen.
  Hazelnut Butter Cream: Punkte: 79,00
  Auch wenn ich persönlich eigentlich keine Butter-Cream-Füllung mag, diese ist leicht, bekömmlich und aromatisch.
  Lemon Coconut: Punkte: 71,00
  Schmeckt dezent nach Zitrone, Kokosnuss ist dominant aber nicht schlecht.
  Cocoliquot (poppy): Punkte: 65,00
  Ich kann nicht sagen, wonach es schmecken soll. Nichtssagend, aber nicht wirklich schlecht.
  Blood Orange Egg: Punkte: 60,00
  Nein, das war ein Reinfall. Viel zu wenig Aroma der Blutorange und kaum Fruchtcharakter, zu süß.
  Sicily: Punkte: 54,00
  Gefällt gar nicht. Marzipan ist zu süß und zu trocken, die darauf liegende Kirsche ebenso.

- Produkt: (Konfekt) Lavender Fleur de Sel Caramels, Punkte: 88,00
  Preis/Menge: 7,00 USD / 4,92 EUR / 89 g
  Sehr gut gelungen. Schmeckt nicht zu extrem nach Lavendel und ist auch nicht süß. Dezent gesalzen und insgesamt sehr stimmig.

- Produkt: (Konfekt) Smokey Blue Truffles, Punkte: 87,00
  Preis/Menge: 11,00 USD / 7,74 EUR / 112 g
  Eine Kuriosität und gut gemacht. Dunkle Ga-

nache mit geräuchertem Roquefort, außen mit knusprigen Mandeln. Extrem aromatisch, man schmeckt sehr deutlich den Käse. Nicht alltäglich und sicher nicht jedermanns Geschmack. Der Käse kommt von der Rogue Creamery aus Central Point.

- Produkt: (Konfekt) Cayenne Caramels,
  Punkte: 75,50
  Preis/Menge: 10,00 USD / 7,03 EUR / 84 g
  Dezent scharfer, aber aromatischer Karamell mit angenehmer Konsistenz.

Fazit:
Bei Verkostungen der Lillie-Belle-Produkte liebe ich meinen Job. Man merkt es ihnen sofort an, dass hier viel Liebe und Leidenschaft im Spiel ist, sie sind kreativ, innovativ und enthalten stets gute und sehr gute Rohstoffe. Auch das Design ist gut gelungen: dezent, geschmackvoll und auch in gewisser Weise modern. Das Konfekt Smokey Blue Cheese polarisiert. Es ist eine Erfahrung wert und auch wenn Käse mit Schokolade meinen Geschmack nicht trifft, muss ich anerkennen, dass das Konfekt sehr gut gelungen ist. Aber besonders die Ironie der Do-not-eat...- Schokolade gefällt mir und zeigt, dass das Unternehmen weiß, was es tut. Lillie Belle ist eine Bereicherung der Schokoladenszene.

Empfehlung:
Für wahre Männer und Chili-Freaks die Do-not-eat-Schokolade. Lavendel-Liebhaber werden bei der Lavendel-Karamell weiche Knie bekommen. Ein Muss für Neugierige und Roquefort-Liebhaber sind die Smokey Blue Cheese Truffles.

LILY O'BRIEN'S

Irland (Co. Kildare)
www.lilyobriens.ie

Verarbeitungsstufe: **Standard-Schokolade**

Mary Ann O'Brien hat ihre Fertigkeiten in der Herstellung von Konfekt Anfang der 1990er Jahre bei Confiseuren in Südafrika und Europa geschliffen. 1992 begann sie in ihrer Küche, Konfekt für Freunde und die Familie zu produzieren und startete so ein Mini-Unternehmen. Ihre nach ihrer Tochter benannte Firma entwickelte sich in den folgenden Jahren zu einem sehr erfolgreichen Süßwarenunternehmen, das im Jahre 2007 auf 3.000 qm mit ca. 125 Mitarbeitern etwa 20 Millionen Euro Umsatz erwirtschaftete, die zu 75 % aus dem Export stammten. Ebenfalls im Jahre 2007 wurde Mary Ann O'Brien vom Magazin IMAGE zur Businessfrau des Jahres gewählt.
Seit März 2009 führt das Unternehmen auch ein Café im Herzen des Bryant Park mitten im New Yorker Manhattan.

Produktbewertungen:

- Produkt: (Veredelt) Honeycomb Crisp,
  Punkte: 53,00
  Preis/Menge: unbekannt / 30 g
  Viel zu süße Milchschokolade, kaum aromatisch. Knusprig, aber langweilig.

- Produkt: (Schachtel) Chocolate Collection,
  Punkte: 53,66
  Preis/Menge: 8,90 EUR / 160 g
  Was für eine schreckliche Konfekt-Mischung! Die vielversprechenden Namen locken einen an, gehalten wird leider nichts von dem, was suggeriert wird.

  Konfekt-Einzelbewertungen:
  Sticky Toffee: Punkte: 65,50
  Gutes Karamellaroma, halbflüssig, aber leicht rau. Nicht zu süß.
  Haselnuss Torte: Punkte: 65,00
  Dunkler Haselnussnougat, mit knusprig karamellisierten Haselnuss-Stückchen aber ganz schön süß.
  Farmhouse Ice Cream: Punkte: 56,00
  Fettig-buttrige Füllung mit Vanillegeschmack. Soll den Charakter von Vanilleeis haben, dem kann ich allerdings nur sehr begrenzt zustimmen.
  Lemon Meringue Pie: Punkte: 50,00
  Zwei Füllungen: Butter-Ganache getoppt mit halbflüssiger Zitronencreme. Zu wenig Zitrone, fest und buttrig.
  Cookies ‚n' Cream: Punkte: 49,80
  Mit Butter-Ganache und knusprigen Stückchen. Kaum Cookie-Charakter.
  Honeycomb Crisp: Punkte: 49,00
  Füllung mit knusprigen Honeycomb-Stücken, leider kaum aromatisch und viel zu süß.
  Crème Brûlée: Punkte: 48,00
  Zweifach gefüllt: Vanillebutter und Karamell, mit einem relativ dicken Schokoladendeckel. Kaum Charakter der Crème Brûlée, zuviel Schokolade und zu süß.
  Chocolat Noir: Punkte: 46,00
  Fettig-buttrige und nur wenig schokoladige Füllung. Kein angenehmer Geschmack.

- Produkt: (Konfekt) Truffle Eggs Collection,
  Punkte: 55,33
  Preis/Menge: unbekannt / 85 g
  Gefällt nicht besonders, diese Konfektmischung. Es fehlt ihr einfach an Charakter und ist recht lieblos.

  Konfekt-Einzelbewertungen:
  Truffle Egg Dark: Punkte: 66,00
  Toffee-Karamell, weich, nicht zu süß, mit nettem Aroma.
  Truffle Egg Milk: Punkte: 51,00
  Zähe karamellige Füllung, wenig aromatisch und sehr süß.
  Truffle Egg White: Punkte: 49,00
  Fettig-buttrig mit leichtem Vanillegeschmack. Schmeckt nichtssagend.

- Produkt: (Konfekt) Sticky Toffee Chocolates,
  Punkte: 71,00
  Preis/Menge: 5,99 EUR / 155 g
  Gutes Karamellaroma, halbflüssig, aber leicht rau. Nicht zu süß.

Fazit:
Überzeugt hat mich eigentlich nur ein Produkt, die Sticky Toffee Chocolates: halbflüssiger Karamell und nicht zu süß. Alle anderen Sorten sind nichtssagend und belanglos – fettig, buttrig, mächtig, süß, flach im Aroma und die verwendete Schokolade zeichnet sich auch nicht durch besonders gute Qualität aus.
Auch bei Lily O'Brien's rühmt man sich der belgischen Schokoladenqualität. Einmal mehr frage ich mich, woher der gute Ruf belgischer Schokolade stammt. Außer Pierre Marcolini gibt es keinen bean-to-bar-Hersteller und die Qualität der beiden großen Zulieferer Barry Callebaut und Belcolade (wobei Barry Callebaut streng genommen gar kein belgisches Unternehmen ist) kann man nicht ernsthaft als besonders gut ansehen, wenn man die Standard-Kuvertüre betrachtet.
Enttäuschend ist vor allem, dass das Konfekt mit den wohlklingenden Namen die Erwartungen nicht erfüllen kann. Der Sorte Farmhouse Ice Cream fehlt der Ice-Cream-Charakter. Lemon Meringue Pie hört sich auch toll an, die Sorte hat auch eine Zitronenfüllung, aber Baisers (Meringue) konnte ich nicht herausschmecken. Das Crème-Brûlée-Konfekt sieht dem Nachtisch zwar ähnlich, hat aber einige Mängel, wie z. B. zu wenig Vanillegeschmack, kaum Karamell, viel zu dicke Schokolade und eine zu dominante Süße. Die Truffle Egg Collection hat noch nicht einmal wohlklingende Namen, aber ähnlich schlechte Produkte. Einzig das dunkle Ei konnte mit seinem Toffee-Karamell überzeugen.
Insgesamt sind die Produkte eine große Enttäuschung. Es wundert mich schon sehr, dass dieses Unternehmen besonders im Ausland so erfolgreich ist. An den Produkten jedenfalls liegt es ganz bestimmt nicht.

Empfehlung:
Außer den Sticky Toffee Chocolates für Karamell-Liebhaber kann ich kein Produkt empfehlen.

LINDT & SPRÜNGLI

Schweiz (Kilchberg)
www.lindt.com

Verarbeitungsstufe: **Bean-to-bar**

Wenn man ein Buch über Schokolade schreibt, kommt man an Lindt & Sprüngli nicht vorbei. In der Tat nahm das Unternehmen in der Vergangenheit eine wichtige Rolle ein in der Entwicklung der Schokolade und in der Gegenwart spielt das Unternehmen die erste Geige im Orchester der Schokoladenhersteller. Ob man die Entwicklung der letzten Jahrzehnte gutheißt und Lindt-Produkte mag oder nicht, für die Schokoladenbranche hat Lindt & Sprüngli Geschichte geschrieben und das muss und kann man neidlos anerkennen.
Die Geschichte der Konditorenfamilie Sprüngli, die eine weltbekannte Schokoladenmarke und einen gigantischen Konzern aufbaute, beginnt im Jahre 1845 in einer kleinen Konditorei in der Alt-

stadt von Zürich. David Sprüngli-Schwarz und sein Sohn Rudolf Sprüngli-Ammann beschließen, den aus Italien kommenden Trend aufzugreifen und Schokolade in fester Form herzustellen. Nach dem Tod des Vaters im Jahre 1862, baute Sohn Rudolf das Unternehmen bis zu seinem eigenen Ausscheiden im Jahre 1892 stetig aus. Der jüngere Sohn David Rudolf erhielt die beiden Züricher Confiserien, sein älterer Sohn Johann Rudolf Sprüngli-Schifferli erhielt die Schokoladenfabrik. 1899 war für den älteren Sohn ein wegweisendes Jahr. Er investierte kräftig, um die Fabrik zu modernisieren und auszubauen, wandelte sein Unternehmen in eine Aktiengesellschaft um (Chocolat Sprüngli AG) und erwarb die Schokoladenmanufaktur, die exklusiven Rechte an dem von Rodolphe Lindt entwickelten Conchierverfahren und dessen mittlerweile angesehene Marke „Lindt" gleich mit. Im gleichen Jahr wurde das Unternehmen in „Chocoladenfabrik Lindt & Sprüngli" umbenannt. Bis zum Jahre 1905 arbeiteten Herr Sprüngli und Herr Lindt gemeinsam, um aber dann bis zum Jahre 1928 einen erbitterten Kampf auszutragen. Schon während der Zusammenarbeit waren beide oft aneinandergeraten. Als dann Rodolphe Lindt und seine Verwandten August und Walter ausschieden, gründeten sie postwendend eine neue Schokoladenherstellung unter dem Namen „A. & W. Lindt in Bern. Damit brachen sie natürlich den Vertrag und Sprünglis Kampf um die Rechte dauerte über zwei Jahrzehnte, bis schließlich die Liquidation des Unternehmens A. & W. Lindt erfolgte.

Lindt & Sprüngli hat seitdem immer wieder Mitbewerber gekauft, darunter im Jahre 1971 Gubor aus der Schweiz, 1994 Hofbauer aus Österreich, 1997 Caffarel aus Italien und 1998 Ghirardelli aus den USA.

Produktbewertungen:

- **Produkt: (Dunkel) Excellence 70 % Kakao Edelbitter Intensiv,**
  Punkte: 68,00
  Preis/Menge: 1,95 EUR / 100 g
  Insgesamt besser als erwartet. Toller Schmelz, schokoladig, aber ohne Raffinesse im Aroma. Ohne Soja-Lecithin, aber mit Kakaobutter. Das ist absolut in Ordnung und fast schon vorbildlich.
  Aromaprofil: Zitrusfrüchte, Kaffee, Nüsse, Rosinen.

- **Produkt: (Milch) Vollmilch 30 % Kakao,**
  Punkte: 44,00
  Preis/Menge: 1,95 EUR / 100 g
  Milchig-cremig, mit wenig oder gar keinem Kakaocharakter und viel zu süß. Durch das Butterreinfett recht weich. Mit Vanillin.

- **Produkt: (Riegel) Edelbitter Mousse Hot Mango & Cayenne, Punkte: 52,25**
  Preis/Menge: 1,99 EUR/150 g
  Tolles Mangoaroma und sehr schöne Schärfe. Mangofüllung ist aber zu süß, die Mousse und die Schokolade greifen aromatisch daneben. Enthält zudem nicht weiter deklariertes Aroma. Ist es nun naturidentisch oder natürlich?

- **Produkt: (Schachtel) Pralinés Finesse,**
  Punkte: 54,03
  Preis/Menge: 5,60 EUR/118 g
  Eigentlich eine gute Idee, leider wenig überzeugend umgesetzt. Dennoch geschmacklich gar nicht so schlecht, aber leider enthalten alle Produkte Vanillin. Warum Lindt überhaupt Vanillin einsetzt verstehe ich nicht. Die wenigen Cent, die dabei eingespart werden, kosten das Unternehmen viel an Glaubwürdigkeit, Renommee und Respekt.

  Konfekt-Einzelbewertungen:
  Pralinés Finesse Pistazie: Punkte: 59,00
  Richtig gutes Pistazienaroma, aber zu fettig-mächtig.

Pralinés Finesse Haselnuss: Punkte: 57,00
Man schmeckt Haselnuss, könnte aber ruhig dominanter sein. Etwas zu fettig und mächtig.
Pralinés Finesse Vanille: Punkte: 52,00
Vanille bzw. Vanillin schmeckbar, aber sehr süß, nicht schön cremig.

Pralinés Finesse Macadamia: Punkte: 51,00
Schmeckt kaum nach Macadamia, ist fettig-mächtig und kaum cremig sowie recht süß.

Fazit:
Lindt-Produkte sind allgegenwertig und Lindt ist wohl die weltweit bekannteste Schokoladenmarke. Das beruht nicht auf der heutigen Qualität der Produkte, sondern auch auf historische Ereignissen und überaus professionellem und cleverem Marketing und Vertrieb. Weltweit hat scheinbar keine Marke auch nur den Hauch einer Chance, Lindt diese Vormachtstellung zu entreißen. Insgesamt betrachtet sind die Lindt-Produkte gar nicht einmal so schlecht. Aufgrund des teilweisen Einsatzes von naturidentischen Aromen erreichen sie aber nur ein durchschnittliches Niveau.
Im Vergleich zu anderen industriell gefertigten Produkten fällt jedoch positiv die Kreativität der Produktentwickler auf, auch wenn vieles von den kleinen Confiseuren und Chocolatiers abgeschaut zu sein scheint und von deren Inspiration profitiert wird. Wer sich aber „Mâitre Chocolatier" nennt und von „Rohstoffen höchster Qualität" spricht, schreibt und philosophiert, widerspricht sich, wenn er ein naturidentisches Aroma in seinen Produkten verarbeitet. Nicht nur die getesteten Produkte (mit Ausnahme der 70 %igen Intense Dark, die natürliche Vanille enthält) nennen Vanillin in ihren Zutatenlisten, sondern auch viele andere Sorten im Supermarktregal. Auch „Aroma" wird häufig eingesetzt, womit naturidentische Aromastoffe gemeint sein wird.

Empfehlung:
Wenn Sie eine Lindt-Schokolade probieren möchten, achten Sie auf Produkte ohne Vanillin, von denen Lindt auch einige anbietet.

LOVECHOCK

Niederlande (Amsterdam)
www.lovechock.de

Verarbeitungsstufe: **Schokolade nach Maß (unbestätigt)**

Lovechock ist ein recht junges Unternehmen, das sich dem Raw-Chocolate-Trend verschrieben hat. Chocolatier ist Laura Levensvuur, die im Jahre 2007 als Trost für ihr bereits zweieinhalb-jähriges Single-Dasein, und wohl auch aus Frust, eine Liebe zur Schokolade zu entwickeln begann. Zur damaligen Zeit gab es in den Niederlanden noch keine Rohkostschokolade zu kaufen und so

begann sie, in ihrer Küche zu experimentieren. Seit Anfang 2011 verwendet Lovechock kein Kokosöl mehr, was ich nur begrüßen kann. Es macht das Produkt fettiger, die Schokolade wird etwas schmierig und der Schmelzpunkt wird gesenkt. Aber die wirkliche Sensation ist die Verwendung des Kokosblütennektars statt des sonst üblichen Agaven-Sirups. Der aus Indonesien (Java) stammende Kokosblütennektar (Lovechock nennt ihn Gula Java) ist ähnlich süß wie Zucker, schmeckt nach Karamell und verfügt über einen sehr niedrigen Glykämischen Index (35, raffinierter Zucker: 68). Er zählt zu den nachhaltigsten Zuckersorten und wird vom Unternehmen über den fairen Handel eingekauft.
Lovechock präsentiert sich auf seiner Internetseite für meinen Geschmack etwas zu anonym. Inwieweit selbst produziert wird und woher genau die Kakaobohnen und die Kakaobutter stammen wird nicht kommuniziert. Die Verwendung von Kakaobutter verwirrt mich außerdem etwas. Laut Lovechock wurde keine Zutat auf eine Temperatur über 49 °C erhitzt. Ich frage mich jedoch, wie man es schafft, Kakaobutter bei einer niedrigeren Temperatur zu pressen. Derzeit bietet Lovechock drei Produkte an.

Produktbewertungen:

- Produkt: (Veredelt) Almond/Fig, Punkte: 76,00
  Preis/Menge: 3,30 EUR / 40 g
  Sehr gelungen. Die Mandeln (17 %) harmonieren überraschend gut mit der dunklen Schokolade, die Feigen (10 %) sind saftig und aromatisch. Großzügig gefüllt und trotz geringem Kakaoanteil nicht zu süß.

- Produkt: (Veredelt) Pure/Nibs, Punkte: 73,00
  Preis/Menge: 3,30 EUR / 40 g
  Diese Raw Chocolate schmeckt mir sehr gut. Sie ist aromatisch, nicht zu süß und enthält knusprige Nibs. Die dunkle Schokolade ist für einen 80 %igen Kakaoanteil recht dezent herb.

- Produkt: (Veredelt) Goji/Orange, Punkte: 65,00
  Preis/Menge: 3,30 EUR / 40 g
  Schmeckt gut, nicht zu intensiv nach Orange. Leider nur mit Orangenöl, ich hätte mir Orangenstücke gewünscht. Dunkle Schokolade trotzt dem geringen Kakaoanteil von nur 60 % nicht zu süß.

Fazit:
Lovechock bietet interessante Produkte und verdient trotz der mittelmäßigen Kommunikation Beachtung. Bisher habe ich Raw-Chocolate-Produkte noch nie komplett gegessen – bis heute. Die Produkte sind keine Offenbarung, aber eine nette Gourmandise. Die Verwendung des Kokosblütennektars ist sehr sympathisch und wird wohl bald viele Nachahmer finden. Am besten konnte die Sorte Almond/Fig überzeugen. Selten haben Mandeln so gut mit dunkler Schokolade harmoniert und die Feigen waren aromatisch und saftig. Mit einem Anteil von insgesamt 28 % am Gesamtprodukt war man mit diesen beiden Zutaten auch recht großzügig.
Die Produkte sind lohnenswert und ich freue mich schon heute auf weitere Kreationen.

Empfehlung:
Alle drei Produkte sind empfehlenswert. Nicht nur für Gesundheitsfanatiker, sondern auch für Schokoladenliebhaber, Genießer veredelter Schokoladen und Gourmands.

LUDOMAR BOMBONES

Spanien (Barcelona)
www.bombonesludomar.com

Verarbeitungsstufe: **Standard-Schokolade**

Ludomar ist ein in Barcelona ansässiger Produzent diverser Confiseriespezialitäten. Das Unternehmen wurde im Jahr 1948 gegründet und ist auch heute noch in Familienbesitz. In den letzten Jahren hat Ludomar den traditionellen weißen Turron aus Mandelpaste mit neuen Kreationen neu interpretiert. Turrones von Ludomar sind aromatisierte Pralinétafeln, in der (jungen) Tradition einer „handgeschöpften" Schokolade, wie zum Beispiel von Zotter oder Coppeneur. Der Kauf der Produkte ist in Deutschland relativ schwierig. Vom ehemaligen Importeur konnte ich nur zwei Sorten bekommen, erst zur Süßwarenmesse in Köln konnte ich eine etwas umfangreiche Bemusterung erhalten.

Produktbewertungen:

- Produkt: (Riegel) Turrón de coco,
  Punkte: 75,00
  Preis/Menge: 4,95 EUR / 100 g
  Sehr gutes Kokosaroma, gut alkoholisch. Zutatenliste falsch übersetzt.

- Produkt: (Riegel) Turrón trufado con melocotón y rosas, Punkte: 74,60
  Preis/Menge: 4,95 EUR / 100 g
  Ich hätte schwören können, dass Alkohol enthalten ist. Schöne Konsistenz, aber leider etwas zu flach in den Aromen.

- Produkt: (Riegel) Party Moment,
  Punkte: 65,00
  Preis/Menge: 4,30 EUR / 100 g
  Sieht gut aus, ist nussig-aromatisch, knusprig-poppig, aber leider doch zu süß und etwas zu fettig-mächtig. Durch popping candy mit Knalleffekt im Mund.

- Produkt: (Riegel) Canela Moment,
  Punkte: 62,00
  Preis/Menge: 4,30 EUR / 100 g
  Feste und etwas zu raue Füllung, mit Kakao- und Zimtaroma. Etwas zu bitter.

- Produkt: (Konfekt) Picolos de Crema Catalana, Punkte: 78,75
  Preis/Menge: 4,50 EUR / 100 g
  Sehr schmackhafte Mandeldragees, leicht gewürzt mit Zimt und Koriander. Interpretation einer Crema Catalana als Drage.

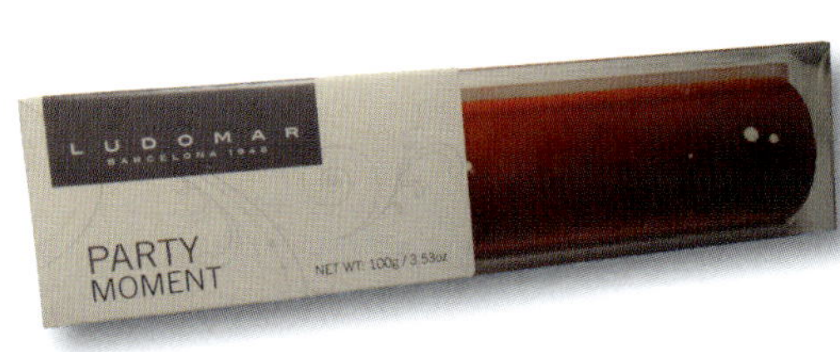

- Produkt: (Konfekt) Walnussnougat,
  Punkte: 63,00
  Preis/Menge: 7,50 EUR / 100 g
  Leicht salziger Walnussnougat, etwas zu dezent aromatisch.

- Produkt: (Konfekt) Ópalos-Schachtel,
  Punkte: 62,63
  Preis/Menge: 8,00 EUR / 85 g
  Eine gute Idee, nettes Design und interessante Geschmacksrichtungen, das alles aber nicht gut umgesetzt.

  Konfekt-Einzelbewertungen:
  Ópalos Party: Punkte: 71,50
  Sehr ähnlich der Stange, aber etwas weniger süß, wohl aber nur wegen der Größe. Nussig-aromatisch, knusprig-poppig. Mit Knalleffekt.
  Ópalos Almendras: Punkte: 62,00
  Zu dezent aromatisch, mit karamellisierten Mandeln, leicht herb.
  Ópalos Empordà: Punkte: 60,00
  Mit Aroma, Füllung zu süß und nicht so gelungen.
  Ópalos Pistacho y Frambuesa: Punkte: 57,00
  Massive Pistazienschokolade mit gefriergetrockneten Himbeeren. Himbeeren kleben zwischen den Zähnen, Schokolade ist etwas muffig.

- Produkt: (Konfekt) Nougat/Milch,
  Punkte: 60,00
  Preis/Menge: 7,50 EUR / 100 g
  Sehr einfaches und nicht besonders gutes Nougatkonfekt. Füllung viel zu fest.

- Produkt: (Konfekt) Banane, Punkte: 55,00
  Preis/Menge: 7,50 EUR / 100 g
  Laut Standpersonal der Kölner Süßwarenmesse sollte die Füllung Banane enthalten, ist aber nicht herauszuschmecken. Undefinierbar, aber essbar.

- Produkt: (Konfekt) Erdbeere, Punkte: 54,00
  Preis/Menge: 7,50 EUR / 100 g
  Soll Erdbeere sein, ist innen aber weiß. Daher wohl ausschließlich mit Aromastoffen aromatisiert. So schmeckt es auch.

- Produkt: (Konfekt) Himbeere, Punkte: 51,00
  Preis/Menge: 7,50 EUR / 100 g
  Füllung zwar rötlich, dennoch mit viel Aromastoffen. Klebrig-zähe Füllung (wohl mit viel Glukosesirup), süßer und künstlicher Geschmack. Viel zu dicker Überzug.

Fazit:

Das Ópalos-Konfekt sieht gut aus, enttäuscht jedoch geschmacklich. Einzig das Konfekt Ópalos Party, nahezu identisch mit dem Produkt Party Moment, konnte überzeugen. Der etwas fettige Nougat, außen knallrot und gefüllt mit Knallzucker ist lustig, macht Spaß und schmeckt auch ganz gut. Canela Moment konnte hingegen nicht überzeugen. Warum wurde Zimtaroma und kein frischer Zimt verwendet? Das Highlight im Sortiment bilden die Picolos de Crema Catalana: köstliche dragierte Mandeln, gewürzt mit Zimt und Koriander.
Insgesamt ist das traditionelle Konfekt eher eine enttäuschende Erfahrung. Im Ansatz gute Ideen können in der Umsetzung leider nicht überzeugen. Die etwas originelleren Produkte haben allerdings gar nicht so schlecht abgeschnitten.

Empfehlung:

Für Kokosfreunde empfiehlt sich die Turrón de coco, aber nur, wenn Sie Alkohol mögen. Der Riegel Party Moment ist nett und außergewöhnlich. Zum Verschenken sicher auch geeignet, da stylisch und qualitativ noch vertretbar. Dann aber bitte auch gleich die Picolos de Crema Catalana beilegen. Sie sind wirklich eine Sünde wert.

MADÉCASSE

USA (Brooklyn, New York)
www.madecasse.com

Verarbeitungsstufe: **Schokolade nach Maß**

Madécasse, 2006 von Brett Beach und Tim McCollum gegründet, ist ein junges Unternehmen, das sich auf den Vertrieb von Schokoladen spezialisiert hat. Die beiden Gründer arbeiteten über 10 Jahre lang in Madagaskar (u.a. ehrenamtlich für das Peace Corps, eine amerikanische Behörde zur Verständigung zwischen Amerikanern und Nicht-Amerikanern), und so lag es nahe, ihr Unternehmen nach dem Inselstaat zu benennen. Das Wort Madécasse wurde im 16. und 17. Jahrhundert als Bezeichnung für die Insel verwendet.
Die Besonderheit der Produkte ist, dass alle Schokoladen in Madagaskar und mit einheimischen Kakaobohnen hergestellt werden. Laut Angaben des Unternehmens wird eng mit einer Kooperativen zusammengearbeitet, die Bauern durch den direkten Kauf der Kakaobohnen unterstützt. Hergestellt wird die Schokolade von dem Unternehmen Cinagra in Antananarivo. Menakao, die eigene Marke des Herstellers Cinagra, bietet sehr ähnliche Schokoladen an.
Die Kommunikation des Unternehmens ist sehr clever. Einerseits wird suggeriert, dass Madécasse die Schokolade selbst herstellt. Anderseits wird sogar der Inhaber von Cinagra, Shahin Cassam Chenai, mehrfach auf der Homepage erwähnt und auch auf einem Foto abgebildet. Zur Krönung ist auf der Rückseite der Verpackung das Cinagra-Logo gedruckt. Da hätte man meiner Meinung nach auch etwas offensiver die Zusammenarbeit mit Cinagra kommunizieren können. Es ist ja keine Schande, dass man produzieren lässt.

Produktbewertungen

- Produkt: (Dunkel) Smooth 67 % Dark Chocolate, Punkte: 77,50
  Preis/Menge: 6,00 USD / 4,74 EUR / 75 g
  Die typische Fruchtigkeit des Madagaskar-Kakaos ist vorhanden, jedoch sollte sie bei einer 67 %igen Schokolade ausgeprägter sein. Dennoch insgesamt ein harmonisches Produkt. **Aromaprofil:** Rote Früchte, Tropenholz, dezentes Röstaroma.

- Produkt: (Dunkel) 63 % Dark Chocolate, Punkte: 72,00
  Preis/Menge: 5,00 USD / 3,95 EUR / 75 g
  Durch den hohen Zuckeranteil etwas zu süß, aber angenehm fruchtig und mit gutem Schmelz.
  Aromaprofil: Himbeere, Pflaume, dezent würzig (Vanille).

- Produkt: (Dunkel) 70 % Dark Chocolate, Punkte: 71,50
  Preis/Menge: 5,00 USD / 3,95 EUR / 75 g
  Auf der New York Chocolate Show 2009 als „Best in Show" ausgezeichnet. Durchaus aromatisch und angenehm herb, aber sicher nicht die Beste von Madécasse. Leicht sauer und angenehm herb.
  Aromaprofil: Dezent fruchtig (rote Beeren), sehr dominante Röstaromen, Kaffee.

- **Produkt: (Dunkel) 75 % Dark Chocolate, Punkte: 70,00**
  Preis/Menge: 6,00 USD / 4,74 EUR / 75 g
  Insgesamt ist die Schokolade zu bitter, leicht sauer und auch etwas adstringierend.
  Aromaprofil: Starke Röstaromen, Kaffee, Vanille, Zitrusfrüchte.

- **Produkt: (Dunkel) 80 % Dark Chocolate, Punkte: 69,50**
  Preis/Menge: 6,00 USD / 4,74 EUR / 75 g
  Dezent aromatisch, leider fehlt es etwas an Fruchtigkeit. Leicht adstringierend und recht sauer.
  Aromaprofil: Sanfte Tropenfrüchte (Litschi, Papaya), nussig und mit starkem Röstaroma.

- **Produkt: (Milch) Milk Chocolate, Punkte: 75,00**
  Preis/Menge: 5,00 USD / 3,95 EUR / 75 g
  Angenehmer Schmelz und nicht zu süß. Schmeckt auch leicht salzig und hat einen dezenten Kakaocharakter.
  Aromaprofil: Tropische Früchte, Karamell, leicht nussig.

- **Produkt: (Veredelt) Sea Salt & Nibs 63 % Dark Chocolate, Punkte: 72,75**
  Preis/Menge: 6,00 USD / 4,74 EUR / 75 g
  Dezent gesalzen, durch die Nibs ist die dunkle Schokolade mit nur 63 % Kakaoanteil nicht ganz so süß wie in der puren Version, sonst sehr ähnlich.

Fazit:

Natürlich lag es nahe, Madécasse-Schokoladen mit Menakao-Schokoladen zu vergleichen. Das habe ich dann auch gemacht und war doch erstaunt über die teilweise großen Unterschiede. Nicht alle Sorten verfügen über denselben Kakaogehalt, wenn auch der Unterschied zwischen einer 70 %igen und einer 72 %igen kaum schmeckbar ist, bei identischen anderen Parametern. Kann man eine so schmale Bandbreite von Kakaogehalt, 63 %, 67 %, 70 %, 75 % und 80 %, wirklich unterscheiden? Es kommt im Wesentlichen auf die Rezeptur der Schokolade an. Eine 70 %ige Schokolade mit 58 % Kakaomasse und 12 % Kakaobutter kann man eher mit einer Tafel vergleichen, die bei 67 % einen Kakaomasseanteil von 58 % zu 9 % Kakaobutteranteil besitzt als mit einer 70 %igen Schokolade, die einen Kakaomassenanteil von 65 % und einen Kakaobutteranteil von 5 % besitzt. Dennoch bleibt der Grundcharakter der Kakaosorte ähnlich. Durch die Veränderung des Verhältnisses wird ein Madagaskar-Kakao seine charakteristischen Eigenschaften nicht wesentlich verändern.
Funktioniert es bei Madécasse? Für mich nicht überzeugend genug. Die geschmacklichen Differenzen resultieren aus den unterschiedlichen Süßgraden und schwankenden Röstungen. Das Grundaroma ist bei allen Schokoladen fruchtig. Leider beinhalten auch Madécasse-Schokoladen Vanille und nur die 80 %ige wird ohne Soja-Lecithin produziert. Generell vermisse ich bei den Schokoladen eine intensivere Fruchtigkeit des Madagaskar-Kakaos. Generell funktioniert Madagaskar-Schokolade mit deutlich weniger als 70 % Kakaoanteil besser. Ideal ist der Bereich von 65 bis 67 % Kakaoanteil, wie z. B. bei der Mangaro von Michel Cluizel. Daher gefallen mir die 75 %ige und die 80 %ige nicht so gut.
Die Milchschokolade hat einen salzigen Geschmack. Das stört ein wenig, da die Zutatenliste kein Salz angibt, dies also eher unbeabsichtigt ist.
Alles in allem sind es aber solide Produkte, die jedoch von anderen Herstellern auch in besserer Qualität angeboten werden.

Empfehlung:
Einen Versuch sind alle Schokoladen wert, besonders aber die Sea Salt & Nibs und die 67 %ige pure Schokolade.

MADEMOISELLE DE MARGAUX

Frankreich (Margaux, Medoc)
www.mademoisellede margaux.com

Verarbeitungsstufe: **Standard-Schokolade**

Das Unternehmen wurde im Jahre 1969 gegründet. Ursprünglich spezialisiert auf die Herstellung von Guinettes, Kirschen in dunkler Schokolade mit Armagnac abgeschmeckt, und von Schokoladenstäben zur Herstellung von Schokoladencroissants, wurde etwa zehn Jahre später durch einen simplen Maschinenfehler ein neues Produkt kreiert. Bei der Herstellung von Schokoladenstäben war ein Rohr verstopft und es kamen stattdessen feine gewundene Stäbchen heraus. Dies war die Geburtsstunde der Sarments du Médoc.

Produktbewertungen

- Produkt: (Konfekt) Perles du Médoc Chocolat & Raisins 61 %, Punkte: 70,50
  Preis/Menge: 14,20 EUR / 150 g
  Fruchtige und saftige Rosinen. Dunkle Schokolade nicht besonders gut und auch etwas zu süß.

- Produkt: (Konfekt) La Guinette, Punkte: 70,20
  Preis/Menge: 18,90 EUR / 190 g
  Saftige und aromatische Kirschen in Armagnac, leider ist die Qualität der dunklen Schokolade nur mäßig. Zu süß.

- Produkt: (Dunkel) Sarments du Médoc Chocolat Noir 68 %, Punkte: 60,00
  Preis/Menge: 10,80 EUR / 125 g
  Ordentliche dunkle Standard-Schokolade in einer schönen Form. Geschmacklich aber uninteressant.

- Produkt: (Veredelt) Sarments du Médoc Chocolat au Lait 33 % Caramel, Punkte: 58,00
  Preis/Menge: 10,80 EUR / 125 g
  Man schmeckt ein störendes künstliches Karamellaroma. Milchschokolade banal und etwas zu süß.

- Produkt: (Veredelt) Sarments du Médoc Chocolat Noir 52 % Framboise, Punkte: 58,00
  Preis/Menge: 10,80 EUR / 125 g
  Intensives Himbeeraroma, aber ohne Fruchtcharakter. Dunkle Schokolade mit nur 52 % Kakaoanteil viel zu süß.

Fazit:
Die Produktideen sind nett, aber leider wird hier zu sehr an der Qualität der Schokolade gespart und mit zu vielen Aromastoffen gearbeitet. Sonst könnte alles um einiges besser sein. Die Kirschen sind von ordentlicher Qualität, aber die Rosinen konnten am besten überzeugen.

Empfehlung:
Wer gerne alkoholisierte Kirschen und Rosinen mag, kommt hier auf seine Kosten.

MAGLIO ARTE DOLCIARIA

Italien (Maglie)
www.cioccolatomaglio.it

Verarbeitungsstufe: **Bean-to-bar**

Maglio ist ein traditionsreiches Unternehmen mit Sitz in Maglie bei Lecce. Am 18. April 1885 eröffnete Antonio Maglio im Erdgeschoss des Rathauses von Maglie seine Confiserie und Pasticceria. Anfang des 20. Jahrhunderts übernahmen seine Söhne Dante und Luigi das Geschäft. Kurze Zeit später stieg Luigi aus und Dante Maglio führte das Unternehmen alleine weiter. Er spezialisierte sich auf eine für die damalige Zeit innovative Geschäftsidee, das Catering. Zu dieser Zeit begann er auch mit der Herstellung von Likören, wie z. B. Cafferum (Kaffee mit Rum) und Latte di Mandorla (Mandelmilch). Später übernahm Vincenzo Maglio, Sohn von Dante Maglio, das Geschäft und begann mit der Herstellung von Schokoladen. Seit Mitte der 1980er Jahre sind auch Vincenzos Söhne Maurizio und Massimo im Unternehmen tätig. Maurizio Maglio leitet heute den Unternehmensbereich der Süßwaren und Schokolade. Im Juli 2003 erhielt Maglio von der „Compagnia del Cioccolato" (italienischer Schokoladenverband) die Auszeichnung der „Tavoletta d'oro" (Goldtafel) für die beste Milchschokolade für die Schokoladentafel „Papuasia".

Produktbewertungen

- Produkt: (Dunkel) Cuba 70 %, Punkte: 70,50
  Preis/Menge: 3,30 EUR / 50 g
  Keine schlechte Schokolade. Zwar mit dürftigem Schmelz, aber mit interessanten Aromen und angenehm herb.
  Aromaprofil: Gewürze (Zimt, Vanille, Koriander), Tabak, Rosinen, Kaffee.

- Produkt: (Dunkel) Equador 70 %, Punkte: 69,50
  Preis/Menge: 3,30 EUR / 50 g
  Etwas sandiges Mundgefühl, recht herb und dezent aromatisch.
  Aromaprofil: Blumig (Jasmin), nussig, Tropenfrüchte.

- Produkt: (Dunkel) Tingo Maria 65 %,
  Punkte: 68,00
  Preis/Menge: 3,30 EUR / 50 g
  Peruanische Plantage der Familie Saavedra del Castillo. Der Kakao ist auch bekannt unter dem Namen Alto el Sol. Angenehm, vielleicht etwas zu süß. Mit einem angenehmen Schmelz.
  Aromaprofil: Tropische Zitrusfrüchte, Pflaumen, Zedernholz.

- Produkt: (Milch) Papuasia 36 %, Punkte: 68,00
  Preis/Menge: 3,30 EUR / 50 g
  Warum diese Schokolade Papuasia heißt, bleibt das Geheimnis des Unternehmens. Warum diese Schokolade prämiert wurde ebenso. Verwendet wurden jedenfalls Bohnen aus Java und nicht aus Papua. Sie ist süß und charakterlos.
  Aromaprofil: Gewürze (Zimt), leicht blumig, Karamell, Malz.

- Produkt: (Milch) Messico 40 %, Punkte: 66,50
  Preis/Menge: 3,30 EUR / 50 g
  Zu süß und dezent aromatisch. Der Mexiko-Kakao ist mir zu dezent im Geschmack, man kann aber leichte Nuancen schmecken.
  Aromaprofil: Kräuter, Tropenfrüchte, Rübenkrautsirup, Malz.

- Produkt: (Milch) Milk 32 %, Punkte: 61,50
  Preis/Menge: 3,30 EUR / 50 g
  Einfach zu süß, versprüht wenig Charme, hat aber wenigstens einen guten Schmelz.
  Aromaprofil: Honig, Karamell, Toffee.

- Produkt: (Riegel) Nocciola e Biscotto,
  Punkte: 78,00
  Preis/Menge: 1,80 EUR / 25 g
  Knusprig, frisch, schmeckt nach Nüssen und Keksen. Perfekt für zwischendurch.

- Produkt: (Riegel) Caramello e Riso Soffiato,
  Punkte: 66,00
  Preis/Menge: 1,80 EUR / 25 g
  Gutes Karamellaroma, leider sind die Reiscrisps etwas zäh und weich.

- Produkt: (Nougat) Cremino Classico,
  Punkte: 75,00
  Preis/Menge: 0,59 EUR / 9 g
  Nussig-cremig.

Fazit:
Maglio sorgt für ein Wechselbad der Gefühle. Es gibt gute Produkte, viel Mittelmaß und ein fast schlechtes Produkt. Milchschokolade kann Maglio nicht so gut. Die Auszeichnung der Papuasia ist nicht wirklich nachvollziehbar. Dennoch, eine gewisse Sympathie für die Marke kann ich nicht leugnen.

Empfehlung:
Gerne empfehle ich den „Nocciola e Biscotto"-Riegel als Snack. Auch die dunklen Schokoladen kann man empfehlen. Sie sind zwar etwas flacher im Geschmack und lieblicher als viele andere, aufgrund der geringen Säure und Bitterkeit sind sie aber besonders für Schokoladenliebhaber geeignet, die den Einstieg in dunkle Schokolade wagen wollen.

MAISON BOISSIER

Frankreich (Paris)
www.maisonboissier.com

Verarbeitungsstufe: **Standard-Schokolade und Fremdproduktion**

Schon der französische Schriftsteller Victor Hugo (1802–1885) schrieb ein Loblied auf das Traditionshaus Maison Boissier. Sicher kein schlechtes Omen, dass sich das heutige Stammgeschäft in der Pariser Avenue Victor Hugo befindet.
Maison Boissier wurde im Jahre 1827 von dem Confiseur Bélissaire Boissier gegründet. Er entwickelte zu der Zeit eine neue Technik, um Marrons Glaçe, ganze, mit Zuckerguss überzogene Maronen, herzustellen. Maison Boissier war stets familiengeführt, jedoch wechselten ab dem Jahre 1983 mehrmals die Eigentümer der Marke, die darunter enorm litt und fast in Vergessenheit geraten wäre. Erst die Initiatoren des Salon du Chocolat, Sylvie Douce und François Jeantet hatten Erbarmen, erwarben die Markenrechte und hauchten ihr neues Leben ein. Mittlerweile knüpft das Traditionshaus Maison Boissier wieder an alte Leistungen an und exportiert seine Köstlichkeiten bis nach Japan.

Produktbewertungen

- Produkt: (Konfekt) Praliné Croquent, Punkte: 87,50
  Preis/Menge: 10,00 EUR / 100 g
  Aromatischer, knuspriger Nougat, der toll mit der herben dunklen Schokolade harmoniert.

- Produkt: (Konfekt) Chocolat Noir 80 % „Victor Hugo", Punkte: 86,50
  Preis/Menge: 10,00 EUR / 100 g
  Dunkle und herbe Schokoladenganache, cremig, schokoladig, perfekt für Puristen.

- Produkt: (Konfekt) Cannelle, Punkte: 86,10
  Preis/Menge: 10,00 EUR / 100 g
  Das Zimt ist perfekt aromatisiert, angenehm herb und cremig.

- Produkt: (Konfekt) Praliné Café, Punkte: 86,00
  Preis/Menge: 10,00 EUR / 100 g
  Aromatischer Kaffee-Nougat. Weich und mit zartem Schmelz. Harmoniert gut mit der dunklen und herben Schokolade.

- Produkt: (Konfekt) Chocolat Noir 72 %, Punkte: 84,70
  Preis/Menge: 10,00 EUR / 100 g
  Reine dunkle Schokoladenganache. Pur und unverfälscht, aromatisch und schön cremig. Schlicht und sehr gut.

- Produkt: (Konfekt) Basilic, Punkte: 82,00
  Preis/Menge: 10,00 EUR / 100 g
  Gutes Basilikumaroma, sehr harmonisch mit der herben Schokolade.

- Produkt: (Konfekt) Framboise, Punkte: 79,00
  Preis/Menge: 10,00 EUR / 100 g
  Schmeckt gut nach Himbeere, könnte aber etwas intensiver sein. Dennoch angenehm fruchtig-sauer mit herber Schokolade.

- Produkt: (Konfekt) Epices Lait, Punkte: 79,00
  Punkte: 86,00
  Preis/Menge: 10,00 EUR / 100 g
  Gewürz-Nougat. Subtil aromatisiert. Nicht zu stark, sodass man auch den Nougat gut schmeckt.

- Produkt: (Konfekt) Café, Punkte: 77,50
  Preis/Menge: 10,00 EUR / 100 g
  Gutes Kaffeearoma, nicht zu süß und mit schönem Schmelz.

- Produkt: (Konfekt) Pistache, Punkte: 75,00
  Preis/Menge: 10,00 EUR / 100 g
  Helle Ganache mit herausschmeckbarer Pistazie. Insgesamt etwas zu süß.

- Produkt: (Konfekt) Thé Earl Grey, Punkte: 73,00
  Preis/Menge: 10,00 EUR / 100 g
  Man schmeckt den Tee, jedoch recht dezent. Cremiger und leichter Genuss.

- Produkt: (Konfekt) Citron Lait, Punkte: 70,00
  Preis/Menge: 10,00 EUR / 100 g
  Cremig, leicht, schokoladig. Schmeckt gut, aber leider nicht nach Zitrone.

- Produkt: (Konfekt) Manon, Punkte: 70,00
  Preis/Menge: 10,00 EUR / 100 g
  Recht sanftes Konfekt. Cremig-leicht, nicht genau definierbar, wonach es schmeckt.

- Produkt: (Konfekt) Marron, Punkte: 68,00
  Preis/Menge: 10,00 EUR / 100 g
  Schmeckt kaum nach Marone, ist insgesamt aber nicht schlecht.

Fazit:
Das Konfekt wird in guter alter französischer Tradition hergestellt. Klein, fein, größtenteils aromatisch und sehr bekömmlich. Die eine oder andere Sorte ist zwar nicht aromatisch genug, aber die gute Valrhona-Schokolade macht auch aus diesen Sorten eine ordentliche Qualität. Es enttäuscht zwar etwas, wenn ein Zitronenkonfekt nicht nach Zitrone schmeckt, da das Konfekt insgesamt aber gut ist, ärgert man sich nicht allzu sehr.

Empfehlung:
Für Freunde klassischer französischer Confiserie.

MAJANI

Italien (Bologna)
www.majani.com

Verarbeitungsstufe: **Bean-to-bar**

Majani ist ein weiteres italienisches Unternehmen, das auf eine sehr lange Tradition zurückblicken kann. Seit der Gründung des Familienunternehmens im Jahre 1796 prägt es die Schokoladenbranche Italiens. Das im Jahre 1834 eröffnete Schokoladengeschäft mit Teesalon in der Via Carbonesi in Bologna dürfte das wohl älteste Schokoladengeschäft weltweit sein.
Zur Marktpräsentation des neuen Fiat Tipo 4 kreierte Majani den heute weltberühmten Nougatwürfel „Cremino Fiat". Der aus Haselnüssen, Mandeln und Schokolade bestehende Cremino wird noch heute mit dem Fiat-Logo produziert. Leider sind nur wenige Produkte von Majani in Deutschland erhältlich. Ich würde gerne weitere Produkte aus dem Hause Majani probieren.

Produktbewertungen

- Produkt: (Nougat) Fiat Cremino al Caffé,
  Punkte: 68,50
  Preis/Menge: 6,50 EUR / 100 g
  Sehr intensives Kaffeearoma, daher gerät der Nougat etwas zu sehr in den Hintergrund.

- Produkt: (Nougat) Fiat Noir, Punkte: 67,20
  Preis/Menge: 6,50 EUR / 100 g
  Aromatischer Schichtnougat, relativ dunkel, mit prägnantem Kakaocharakter.

- Produkt: (Nougat) Fiat Il Cremino,
  Punkte: 66,00
  Preis/Menge: 6,50 EUR / 100 g
  Schichtnougat, könnte aromatischer sein, zeigt aber einen tollen Schmelz.

Fazit:
Es gibt besseren Nougat, aber kaum einen mit einer so netten Geschichte. Ein Werbeartikel wird zum Synonym für ein ganzes Unternehmen. Der Schmelz jedoch ist sensationell und kaum zu toppen. Geschmacklich haben mir persönlich die Kaffee-Variante und auch der dunkle Nougat am besten gefallen.

Empfehlung:
Alle drei Produkte sind für Nougatliebhaber empfehlenswert.

MÄLARCHOCOLATERIE

Schweden (Vasteras)
www.mcl.se

Verarbeitungsstufe: **Standard-Schokolade**

Ich traf Thomas Brannstrom und seine aus Hong Kong stammende Frau Elaine Chan im Oktober 2010 während des Salon du Chocolat in Paris. Es fällt sofort auf, dass die Kreationen des Konfekts und auch der Schokoladen von Elaine Chans Herkunft beeinflusst werden. Nicht selten werden die Produkte mit Oolong- oder Longjingtee, chinesischen Gojibeeren oder Sichuanpfeffer veredelt. Ansonsten erkennt man einen starken Einfluss der französischen Confiseriekunst. Die Pralinen haben alle eine Würfelform, lediglich das Dekor ändert sich. Die einen mögen das als langweilig empfinden, anderen wiederum gefällt das gut.

Produktbewertungen

- Produkt: (Veredelt) Milk Chocolate Curry 38 %, Punkte: 78,50
  Preis/Menge: 5,00 EUR / 90 g
  Schärfer als die Chilischokolade, gutes Curryaroma. Dunkle Schokolade mit angenehmem Schmelz und nicht zu süß.

- Produkt: (Veredelt) Dark 70 % with Ancho Chili, Punkte: 72,00
  Preis/Menge: 5,00 EUR / 90 g
  Leichte, angenehme Schärfe, dezentes Chiliaroma, schlechter Schmelz der dunklen Schokolade, insgesamt auch nicht sehr süß.

- Produkt: (Weiße) White Chocolate Salt & Pepper, Punkte: 84,20
  Preis/Menge: 5,00 EUR / 90 g
  Mit körnigem Salz und schwarzem Pfeffer. Harmonisch dosierte Gewürze. Ist zwar relativ süß, gefällt dennoch sehr gut.

- Produkt: (Weiße) White Chocolate Longjing Green Tea, Punkte: 73,50
  Preis/Menge: 5,00 EUR / 90 g
  Gutes Aroma, nicht zu grasiger Geschmack. Leider aber etwas zu süß.

- Produkt: (Konfekt) Passion Fruit, Punkte: 83,00
  Preis/Menge: 11,00 EUR / 9 Stück
  Fruchtig, mit sehr gutem Passionsfruchtgeschmack. Gelungen, da nicht mit Aromastoffen aromatisiert.

- Produkt: (Konfekt) Blue Cheese, Punkte: 82,70
  Preis/Menge: 11,00 EUR / 9 Stück
  Intensives Käsearoma, nicht zu penetrant. Muss man natürlich mögen.

- Produkt: (Konfekt) Raspberry, Punkte: 74,00
  Preis/Menge: 11,00 EUR / 9 Stück
  Himbeeraroma könnte intensiver sein, ist aber ein harmonisches Konfekt mit Fruchtcharakter.

- **Produkt: (Konfekt) Green Tea, Punkte: 73,40**
  Preis/Menge: 11,00 EUR / 9 Stück
  Insgesamt ein etwas zu mächtiges Konfekt. Dennoch mit tollem Aroma, weich-cremig und mit feinem Schmelz.

- **Produkt: (Konfekt) Licorice, Punkte: 66,60**
  Preis/Menge: 11,00 EUR / 9 Stück
  Lakritzearoma kommt spät, hat aber Länge. Relativ süß, weich-cremig.

- **Produkt: (Konfekt) Lemon Tequila/Salt, Punkte: 64,80**
  Preis/Menge: 11,00 EUR / 9 Stück
  Tequila leider nicht besonders stark, Salz auch zu dezent. Daher Ziel nicht wirklich erreicht.

- **Produkt: (Konfekt) Lychi & Red Tea, Punkte: 63,60**
  Preis/Menge: 11,00 EUR / 9 Stück
  Zweischichtig: Ganache und Gelee. Dezente Aromen flachen schnell ab. Das geht auch besser.

- **Produkt: (Konfekt) Melon Port Wine, Punkte: 60,00**
  Preis/Menge: 11,00 EUR / 9 Stück
  Sehr wenig Aroma von Melone und Portwein. Schnittfeste Ganache, die leicht feinschmelzend ist.

- **Produkt: (Konfekt) Lime and Chili, Punkte: 58,00**
  Preis/Menge: 11,00 EUR / 9 Stück
  Helle Füllung, süß und wenig aromatisch. Kaum Fruchtcharakter und so gut wie nicht würzig-scharf.

Fazit:
Die Produkte sind durchaus interessant. Von dem Konfekt haben die Sorten Passion Fruit (sehr fruchtig und aromatisch) und Blue Cheese (sehr intensives aber angenehmes Aroma) am besten gefallen. Die Blue Cheese ist sicher nicht mein persönlicher Geschmack. Ich habe sie dennoch sehr gut bewertet, weil ihr Ziel sehr gut umgesetzt ist und sie genau so schmeckt, wie sie schmecken soll. Beim restlichen Konfekt sind die Aromen einfach zu schwach, wobei das Konfekt insgesamt aber ganz gut schmeckt.
Die Schokoladen sind alle ordentlich gelungen. Hier hat überraschenderweise die weiße Schokolade mit Salz und Pfeffer am meisten überzeugt, eine nette und harmonische Kombination. Insgesamt konnten die Produkte nicht ganz überzeugen.

Empfehlung:
Grundsätzlich ist das Konfekt im französischen Stil empfehlenswert, man muss nur die richtigen Sorten aussuchen. Die Schokoladen empfehlen sich allen, die veredelte Schokoladen mögen.

MALIE KAI

USA (Honolulu, Hawaii)
www.maliekai.com

Verarbeitungsstufe: **Bean-to-bar**

Malie Kai, gegründet von Nathan Sato, ist ein kleines Unternehmen auf Hawaii, das Schokolade vertreibt. Das Besondere daran ist, dass die Schokolade aus Kakao hergestellt wird, der auf Hawaii wächst. Die Plantage Waialua Estate wurde Anfang der 1950er Jahre von John Dole, dem berühmten Ananas-Unternehmer, gegründet. Nach und nach wurden weitere exotische Pflanzen angebaut, darunter Guave, Mango, Litschi, Kaffee und eben auch Kakao. Die Plantage ist eine beliebte Sehenswürdigkeit, die über eine Millionen Menschen jährlich besichtigen. Sie verfügt über einen ca. 8.000 Quadratmeter großen Irrgarten, der im Guinnessbuch der Rekorde als der größte der Welt eingetragen ist. Der Kakao wird von E. Guittard zu Schokolade verarbeitet, der sie wiederum als Kuvertüre verkauft, allerdings nicht als Tafeln für den Endverbraucher. Das Sortiment besteht aus einer Vollmilch- und einer dunklen Schokolade. Zusätzlich werden jeweils limitierte Editionen von Vollmilch- und dunkler Schokolade mit Kakao-Nibs angeboten.

Produktbewertungen

- Produkt: (Dunkel) Dark Chocolate 55 %,
  Punkte: 65,00
  Preis/Menge: 4,00 USD / 3,16 EUR / 43 g
  Mit dezenten Aromen, was bei nur 55 % Kakaoanteil nicht überraschend ist. Zu süß, aber durchaus genießbar.
  Aromaprofil: Rote Beeren, Hibiskusblüten, dezent würzig (Zimt, Vanille).

- Produkt: (Milch) Milk Chocolate 38 %,
  Punkte: 63,50
  Preis/Menge: 4,00 USD / 3,16 EUR / 43 g
  Etwas schmieriger Schmelz und zu süß.
  Aromaprofil: Karamell, Malz, Kaffee, Vanille.

- Produkt: (Veredelt) Dark Chocolate 55 % with Hawaiian Cocoa Nibs Limited Edition,
  Punkte: 65,75
  Preis/Menge: 5,00 USD / 3,95 EUR / 43 g
  Ohne Angabe des Kakaoanteils, aber es handelt sich wohl um die 55 %ige Schokolade. Mit knusprigen und aromatischen Kakao-Nibs.
  Aromaprofil: Rote Beeren, Hibiskusblüten, dezent würzig (Zimt, Vanille).

- Produkt: (Veredelt) Milk Chocolate 38 % with Hawaiian Cocoa Nibs Limited edition,
  Punkte: 64,50
  Preis/Menge: 5,00 USD / 3,95 EUR / 43 g
  Mit knusprigen Kakao-Nibs, aber etwas zu süß und mit schmierigem Schmelz.
  Aromaprofil: Karamell, Malz, Kaffee, Vanille, fruchtig-würzige Nibs.

Fazit:
Leider sind alle Schokoladen etwas zu süß geraten. Das hat Guittard sicher auch etwas daran gehindert, bessere Resultate zu liefern. Schlecht für die Kunden ist, dass der Kakaoanteil nicht auf der Schachtel angegeben wird. Der Kakaocharakter ist nicht uninteressant, das Aroma aber aufgrund der intensiven Süße nur dezent zu schmecken. Die limitierten Editionen mit den Kakao-Nibs sind interessanter als die puren Versionen, da man hier besser das Aroma des Kakaos schmeckt.

Empfehlung:
Malie Kai wirbt mit dem Slogan „The Rarest Chocolate on Earth" (die seltenste Schokolade der Welt), was durchaus stimmen kann. Da diese Schokoladen die einzigen sind, die aus US-amerikanischem Kakao hergestellt werden, sollte man sie bei Gelegenheit einmal probieren. Für alle Neugierigen und Globetrotter empfehlenswert.

MALMÖ CHOKLADFABRIK

Schweden (Malmö)
www.malmochokladfabrik.se

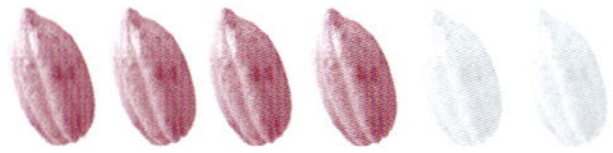

Verarbeitungsstufe: **Bean-to-bar**

Schweden ist bekannt für seine selbst aufzubauenden Möbel, Knäckebrot und Köttbullar, die Hackfleischbällchen. Gute Schokolade ist aber wohl den wenigsten bekannt. Das ist schade, denn die eine oder andere Perle gibt es durchaus auch in Schweden. Schon die Mälarchocolaterie konnte überzeugen und Fika Choklad feiert erste Erfolge. Weitere, in Schweden gebliebene Confiseure, wie Emanuel Andrén, haben bereits eine treue Fangemeinde. Mit dem Unternehmen Malmö Chokladfabrik verfügt Schweden sogar über einen Bean-to-bar-Hersteller.
Gründer des Unternehmens ist der aus Kopenhagen stammende Chocolatier Emil Mazetti-Nissen. Die Geschichte der Malmö Chokladfabrik könnte man als bewegt bezeichnen. 1945 expandierte das Unternehmen durch den Kauf der benachbarten Brauerei und verfügte in den 1960er Jahren über die modernste Schokoladenproduktion Europas. 1975 wurde das Unternehmen verkauft und in den Jahren 1992–93 komplett geschlossen. Bis zum Jahr 2000 stand die Fabrik still und nahm erst im Jahre 2004 die Produktion wieder auf. 2007 wurde auch wieder mit der Herstellung von Schokolade von der Bohne weg begonnen. Für die Vermarktung der Produkte nutzt Malmö Chokladfabrik das Gründungsjahr, 1888.
Außer puren und Ursprungsschokoladen produziert die Malmö Chokladfabrik auch veredelte Schokoladen, Konfekt und dragierte Produkte. Alle Schokoladen werden ohne Soja-Lecithin und Vanille (dunkle Schokoladen) hergestellt. Manche Produkte sind Bio- und Fair-Trade-zertifiziert. Eine Besonderheit und eines der Highlights ist sicherlich die Verarbeitung von Chuao-Kakaobohnen aus Venezuela.

Produktbewertungen

- Produkt: (Dunkel) Chuao 70 %, Punkte: 93,80
  Preis/Menge: 6,50 EUR / 80 g
  Sehr gutes Aroma, angenehm fruchtig. Mit dezentem Röstaroma, aber etwas zu rauer Konsistenz. Toll, dass keine Vanille verarbeitet wurde.
  Aromaprofil: Pflaume, Tropenfrüchte, Kaffee, leicht nussig.

- Produkt: (Dunkel) Peru 85 %, Punkte: 91,50
  Preis/Menge: 5,00 EUR / 80 g
  Harmonische Schokolade, trotz 85 %igem Kakaoanteil angenehm herb. Klare Aromen, mit leichtem Röstaroma.
  Aromaprofil: Getrocknete Früchte, sanfte Zitrusfrüchte, Kaffee, Humus.

- Produkt: (Dunkel) Fairtrade Chocolate 70 %, Punkte: 89,00
  Preis/Menge: 5,00 EUR / 80 g
  Sehr angenehme Aromen, harmonische Süße, leicht fruchtig und mit tollem Schmelz.
  Aromaprofil: Tropische Zitrusfrüchte, Gewürze (Vanille, Zimt, Koriander), Humus.

- Produkt: (Dunkel) Master Blend 70 %, Punkte: 86,50
  Preis/Menge: 5,00 EUR / 80 g
  Gute Aromen, leicht herb und mit angenehmer Süße.
  Aromaprofil: Zitrusfrüchte, Lakritze, Kaffee, leicht torfig.

- Produkt: (Veredelt) Chili 65 %, Punkte: 81,50
  Preis/Menge: 5,00 EUR / 80 g
  Sehr gute Schärfe, aromatisch. Nicht zu herbe dunkle Schokolade, harmoniert gut.

- Produkt: (Veredelt) Cardamom 65 %, Punkte: 80,50
  Preis/Menge: 5,00 EUR / 80 g
  Gut gewürzt, mit Gewürzen statt Aromastoffen. Angenehme dunkle Schokolade.

- Produkt: (Veredelt) Lime 65 %, Punkte: 78,50
  Preis/Menge: 5,00 EUR / 80 g
  Schon beim Öffnen der Folie strömt Limonenduft hervor. Sehr aromatisch und harmonisch mit der dunklen Schokolade.

- Produkt: (Veredelt) Christmas Chocolate 65 % with Glögg flavors, Punkte: 75,40
  Preis/Menge: 5,00 EUR / 80 g
  „Glögg" – was für ein schönes Wort! Angenehm aromatisierte, dunkle Schokolade, nicht zu stark, sondern dezent-harmonisch gewürzt.

- Produkt: (Veredelt) Sea Salt 65 %, Punkte: 74,50
  Preis/Menge: 5,00 EUR / 80 g
  Diese dunkle, mit Salz veredelte Schokolade funktioniert gut. Das Salz ist zwar teilweise sehr dominant, aber dennoch harmonisch.

- Produkt: (Veredelt) Salt Liquorice 65 %, Punkte: 67,90
  Preis/Menge: 5,00 EUR / 80 g
  Leider zu wenig Lakritzearoma. Obwohl die dunkle Schokolade zu dominant ist, schmeckt sie ganz gut.

- Produkt: (Veredelt) Lingonberry 65 %, Punkte: 64,70
  Preis/Menge: 5,00 EUR / 80 g
  Zu schwaches Aroma der Preiselbeeren. Dunkle Schokolade ist durch die Beeren zwar fruchtig, es fehlt aber das spezifische Aroma, es könnte somit auch jede andere Beere sein.

Fazit:
Die dunklen Schokoladen sind aromatisch und geschmackvoll. Der Schmelz ist zwar nicht immer optimal, aber auch wenn die Chuao etwas rau ist, stört es die Gesamtharmonie nicht. Die kurzen Veredelungszeiten der Chuao-Kakaobohnen tun der Schokolade und dem Aroma gut.
Bei den veredelten Schokoladen gibt es Hochs und Tiefs. Lime, Chili, Cardamom, Sea salt und Glögg sind gut aromatisiert. Besonders die Verwendung von Gewürzen statt Aromen bei der Cardamom und Glögg gefällt.
Malmö Chokladfabrik ist eine echte Überraschung und Entdeckung. Die Verkostung der Produkte hat Spaß gemacht und ist positiv in Erinnerung geblieben.

Empfehlung:
Alle dunklen Schokoladen, besonders die Chuao und die Peru 85 % sind empfehlenswert. Auch die aromatischen veredelten Schokoladen können empfohlen werden.

MANON, LE CHOCOLATIER

Belgien (Brüssel)
www.chocolatiermanon.com

Verarbeitungsstufe: **Standard-Schokolade**

Le Chocolatier Manon ist eine kleine Confiserie in Brüssel, die durch ihre gefüllten Schokoladen auch im Ausland bekannt geworden ist. Das Unternehmen existiert bereits seit dem Jahre 1935. Die Aussage auf der Homepage des Unternehmens, dass Experten Manons Produkte zu den besten Belgiens und vielleicht sogar weltweit zählen, hat mich neugierig gemacht. Die doch etwas angestaubten internationalen Auszeichnungen haben mich dagegen etwas stutzen lassen. Die erste Auszeichnung datiert aus dem Jahr 1982 (Fancy Food Show New York), die letzte aus dem Jahr 1995 (Brüssel). Das ist lange her und seitdem hat sich in der Welt der Confiseure einiges getan.

Produktbewertungen

- Produkt: (Riegel) Lait Praliné, Punkte: 62,75
  Preis/Menge: 6,45 EUR / 135 g
  Sehr süßer Nougat, umhüllt von Schokolade. Wenigstens echter Nougat und kein Zucker-Glukose-Gemisch, daher gar nicht so schlecht.

- Produkt: (Riegel) Framboise, Punkte: 24,00
  Preis/Menge: 6,45 EUR / 135 g
  Süß, süßer, Manon. Durch Aromastoffe mit penetrantem Himbeergeschmack. Scheint künstliches oder naturidentisches Aroma zu sein, kann man der Zutatenliste leider nicht entnehmen.

- Produkt: (Riegel) Vanille, Punkte: 28,00
  Preis/Menge: 6,45 EUR / 135 g
  Die Vanillecreme besteht aus Zucker, Wasser, Glukose, natürlichem Vanilleextrakt und Konservierungsstoff E202 – und schmeckt nach Zucker. Leichtes Vanillearoma, aber wer möchte so viel Zucker mit Vanillegeschmack essen? Sehr, sehr süß, wenig aromatisch und recht klebrig.

- Produkt: (Riegel) Marzipan, Punkte: 23,00
  Preis/Menge: 6,45 EUR / 135 g
  Ganze 5,5 % Mandeln sind in diesem Produkt enthalten, dafür auch Konservierungsstoff E202. Man schmeckt weder Marzipan, noch Mandeln. Es ist einfach nur sehr süß.

- Produkt: (Riegel) Pistache, Punkte: 19,50
  Preis/Menge: 6,45 EUR / 135 g
  Schokolade mit Vanillin. Kein Pistaziengeschmack, bei einem Anteil von lediglich 0,5 % Pistazien in der Füllung auch nicht verwunderlich. Den Rest bilden Zucker und Wasser. Schmeckt nur süß, sonst hat die Füllung kein Aroma.

Fazit:
Obwohl seit der Verkostung bereits zwei Stunden vergangen sind, schüttele ich noch immer meinen Kopf. Vor Erstaunen, aber auch vor Entsetzen.
Die verwendeten Schokoladen sind laut Zutatenliste akzeptabel, schmecken tut man sie aber aufgrund der dominanten Süße der Füllungen kaum. Die dunkle Schokolade hat einen Kakaoanteil von 65 %, die Milchschokolade immerhin einen Kakaoanteil von 43 %. Das ist aber auch schon alles, was es an Positivem zu berichten gibt. Alle Füllungen, mit Ausnahme der Lait Praliné, bestehen aus Zuckermasse mit Aromastoffen. Zu allem Überfluss enthalten manche Sorten künstliche oder naturidentische Aromastoffe, andere sogar Konservierungsstoffe.
Ein Beispiel der Zutatenliste, von der Schokoladentafel Pistache, die exemplarisch ist: Schokoladenüberzug mit Zartbitterschokolade 50 %. Diese besteht aus Kakaomasse, Zucker, Kakaobutter (4,67 %) und Vanillin. Pistaziencremefüllung 50 %. Diese besteht aus Zucker, Glukose, Wasser, 1,18 % Pistazienteig (Glukose, Wasser, Pistazien, Stabilisator E410), Emulgator: Soja-Lecithin. Jetzt kann sich jeder ausmalen, wie viel Zucker in etwa enthalten ist (Glukose ist ein Stärkeprodukt und enthält verschiedene Zuckerarten). Zucker der Schokolade: ca. 34 % = 22,95 g. Zucker der Füllung: mindestens 75 %, sonst stünde Wasser nicht erst an dritter Stelle in der Reihenfolge. Die Masse ist nicht besonders weich, man kann also vielleicht sogar eher von 90–95 % ausgehen. Aber bleiben wir bei 75 %. Damit macht der Zuckeranteil mindestens 50,63 g aus. Insgesamt sind in diesem 135 g schweren Produkt also mindestens 73,58 g (22,95 g in der Schokolade plus 50,63 g in der Füllung) Zucker enthalten. Gingen wir von 90 % Zucker in der Füllung aus, läge der Gesamtzuckergehalt sogar bei mindestens 83,70 g.
Pistazien sind in der Füllung in einer Menge von unter 0,40 % enthalten, da Pistazien auch in der Reihenfolge des „Pistazienteiges" erst an dritter Stelle stehen. Das sind also 0,27 g Pistazien in einer Schokolade, die 135 g wiegt.
Wie bitteschön soll ein Produkt nach Pistazien schmecken und schmackhaft und qualitativ hochwertig sein, wenn in dem Produkt ca. 73–83 % Zucker und nur 0,40 % der namensge-

benden Zutat, nämlich Pistazien, enthalten sind? Ach ja, das künstliche Aroma Vanillin wäre auch noch zu erwähnen und die grelle grüne Farbe deutet auf den Einsatz von Farbstoffen hin (wäre verboten, da nicht deklariert).
Je länger ich darüber schreibe, desto verärgerter bin ich. Zumindest enthalten nicht alle Schokoladen Vanillin, aber die Art der Füllungen ist vergleichbar. Zur Erinnerung: Eine Tafel Schokolade kostet bis zu 6,50 Euro.

Empfehlung:
Leider ist keine Empfehlung möglich.

MARC ANTOINE

Deutschland (Dillenburg)
www.marcantoine.de

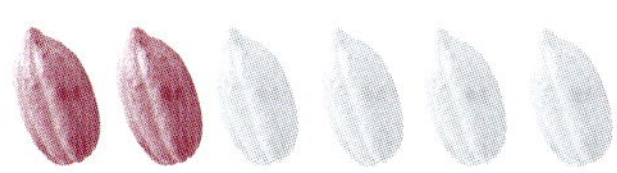

Verarbeitungsstufe: **Standard-Schokolade**

Die Marke Marc Antoine gehört der deutschen Dependance der Confiserie Läderach aus der Schweiz, die seit 1981 sehr erfolgreich im Markt tätig war. Anfangs wurden die im Jahre 1970 von dem Unternehmensgründer Rudolf Läderach erfundenen Hohlkugeln und andere Halbfabrikate an Konditoren und die Industrie geliefert. Ab Mitte bis Ende der 1980er Jahre wurde verstärkt der Handel mit Fertigprodukten beliefert. Dieser Bereich wurde stetig ausgebaut. Ende der 1990er Jahre war Läderach weniger ein potenzieller Lieferant für Confiserien, sondern eher ein ernstzunehmender Mitbewerber. Da die Marke erfolgreich war, wurde die Stärkung des Geschäfts mit Markenprodukten unbeirrt vom damaligen Geschäftsführer forciert. Mitte des Jahres 2009 kam dann der Schock für die deutsche Dependance: Auf Anweisung der Schweizer Zentrale mussten die Deutschen die bestens eingeführte (deutsche) Marke Läderach aufgeben. Die Schweizer wollten die Zweigleisigkeit nicht mehr, es sollte in Zukunft nur noch eine Marke Läderach geben, und zwar die aus dem Stammhaus in der Schweiz. Dies war die Geburt der Marke Marc Antoine, deren komplettes Sortiment zur ISM im Januar 2011 vorgestellt wurde. Ich bin nicht sicher, ob der Handel und die Endverbraucher diesen radikalen Schritt mitgehen. Je stärker die schweizerische Marke Läderach sich in Deutschland etabliert, desto mehr wird die „alte" deutsche Marke Läderach vergessen werden. Einen Marc Antoine gibt es übrigens wirklich. Es handelt sich hierbei um einen Confiseur, der bei Läderach tätig ist.

Produktbewertungen

- Produkt: (Dunkel) Feinste Chocoladen-Täfelchen, Punkte: 38,00
  Preis/Menge: 6,95 / 125 g
  Schlecht gemacht ist, dass es keine Zuordnung der Täfelchen in der Dose gibt. Man muss probieren und ggf. tippen. Es findet sich Vanillin in der Zutatenliste, es ist jedoch unklar, in welcher der Schokoladen, da auch natürliche Vanille in der Zutatenliste steht. Im Blend extrem schlechte Wahl der Ursprünge. Außer Ghana kann weder die Elfenbeinküste noch Nigeria mit besonderem Aroma auftrumpfen.

Schokoladen-Einzelbewertungen:

Cacao 85 % (Ghana): Punkte: 36,50

Sehr dezenter Charakter des Ghana-Kakaos, zu bitter und unharmonisch.

Cacao 67 % (Elfenbeinküste, Ghana, Nigeria): Punkte: 35,50

Der gute Ghana-Kakao kann sich gegenüber den beiden anderen Ursprüngen nicht durchsetzen. Aromaschwach und leicht bitter.

Cacao 52 % (Ecuador): Punkte: 33,00

Soll nach Ecuador-Kakao schmecken, ich schmecke außer Süße leider gar nichts.

Cacao 72 % (Papua Neuguinea): Punkte: 30,50

Absolut belanglos, ohne nennenswerte Aromen.

Cacao 35 % Milch (Papua Neuguinea): Punkte: 47,50

Eigentlich schade, dass irgendwo in der Mischung Vanillin verarbeitet wurde. Diese Sorte ist gar nicht so schlecht. Zwar relativ süß, aber durchaus mit würzigen Aromen.

Cacao 35 % Milch: Punkte: 45,00

Dezent würzig, cremig-milchig, mit Kakaogeschmack zurückhaltend.

- Produkt: (Veredelt) Edelvollmilch mit Florentiner, Punkte: 76,50
  Preis/Menge: 3,60 / 100 g
  Sehr großzügig mit Florentiner, dieser knusprig und aromatisch.

- Produkt: (Veredelt) Edelbitter mit gesalzenen Pistazien, Punkte: 72,25
  Preis/Menge: 3,60 / 100 g
  Knusprige und salzige Pistazien in leider nicht so aromatischer Schokolade. Passt zusammen, könnte mit Schokolade von höherer Qualität aber besser sein.

- Produkt: (Veredelt) Fruchtige Chocoladen-Täfelchen, Punkte: 67,83
  Preis/Menge: 6,95 / 125 g
  Kein schlechtes Produkt, aber nur mit einem echten Highlight. Frucht in dunkler Schokolade ist nicht einfach, und auch Marc Antoine schafft es nicht, es gut hinzubekommen.

Schokoladen-Einzelbewertungen:

Weiße mit Passionsfrucht: Punkte: 81,00

Schmeckt richtig gut. Fruchtig-sauer, knusprig, aromatisch und mit eindeutigem Fruchtcharakter.

Edelbitter Zitrone 56 % Cacao: Punkte: 70,00

Fruchtig-sauer mit gutem Zitronenaroma. Knusprig und leicht bitter, aber nicht zu süß.

Edelbitter Himbeere 56 % Cacao: Punkte: 67,00

Gutes Himbeeraroma, fruchtig-sauer, leicht bitter, knusprig und nicht zu süß.

Edelbitter Brombeere 56 % Cacao: Punkte: 67,00

Schwierige Frucht in dunkler Schokolade. Man kann erahnen, dass es Brombeere ist, aber es fehlt doch an Aroma. Knusprig, fruchtig-sauer.

Edelbitter Orange 56 % Cacao: Punkte: 64,00

Ganz gutes Orangenaroma, könnte aber intensiver sein. Knusprig und weniger fruchtig-sauer als die anderen Sorten.

Edelvollmilch Apfel 36 % Cacao: Punkte: 58,00

Ganz in Ordnung, knusprig, nicht zu süß, aber zu flaches Apfelaroma.

- Produkt: (Riegel) Weiße Chocolade Rhabarber Vanille Crisp, Punkte: 73,75
  Preis/Menge: 1,25 EUR / 40 g
  Gut gelungen. Leicht sauer, würzig, mit deutlichem Vanillearoma, Rhabarber zwar dezent, aber schmeckbar.

- Produkt: (Riegel) Joghurt Trüffel Mango Passionsfrucht, Punkte: 73,00
  Preis/Menge: 2,80 EUR / 100 g
  Fruchtig-sauer und aromatisch. Erfrischende Füllung, die gut mit der Schokolade harmoniert.

- Produkt: (Riegel) Edelvollmilch Grapefruit Zitronengras, Punkte: 71,75
  Preis/Menge: 1,25 EUR / 40 g
  Bitter wie eine frische Grapefruit, aromatisch, Zitronengrasaroma nicht zu penetrant.

- **Produkt: (Riegel) Edelbitter Absinth Trüffel, Punkte: 62,25**
  Preis/Menge: 2,80 EUR / 100 g
  Zu wenig Absinth, dezent alkoholisch.

- **Produkt: (Schachtel) Pralinés Petit, Punkte: 57,08**
  Preis/Menge: 5,90 EUR / 100 g
  Pralinés haben eine tolle Größe bei jeweils nur ca. 6,5 g. Das ist aber auch das einzig Positive, das man über das Konfekt sagen kann. Ansonsten banal, langweilig, unkreativ, süß und mächtig.

  Konfekt-Einzelbewertungen:
  Mini-Praliné Limonen Trüffel: Punkte: 62,50
  Limonenaroma gut, insgesamt aber etwas zu süß.
  Mini-Trüffel Vanille: Punkte: 62,50
  Ordentlich mit Vanille gewürzt, mit angenehmem Aroma. Leider aber viel zu süß.
  Mini-Praliné Piemonteser: Punkte: 60,50
  Nussig und aromatisch, aber auch etwas zu fettig.
  Mini-Praliné Zwillinge: Punkte: 60,50
  Ganze Haselnuss auf Nougat. Schwach aromatisch, da Nougat recht fade.
  Mini-Praliné Marzipan: Punkte: 56,50
  Marzipan zu trocken und zu wenig aromatisch. Scheint einen hohen Zuckeranteil zu haben.
  Mini-Trüffel Marc de Champagne: Punkte: 56,50
  Zu wenig Marc-de-Champagne-Charakter und etwas zu süß, könnte etwas cremiger sein.
  Mini-Trüffel Irish Coffee: Punkte: 56,50
  Zu wenig Kaffeecharakter. Leicht alkoholisch.
  Mini-Trüffel Cognac: Punkte: 55,50
  Zu wenig Cognac-Aroma und zu süß. Könnte auch etwas alkoholischer sein.
  Mini-Praliné Schichtnougat: Punkte: 54,50
  Typischer deutscher 08/15-Nougat. Kaum von Interesse, da der Nougat wenig Aroma besitzt. Zu süß.
  Mini-Trüffel Edelbitter: Punkte: 53,50
  Füllung schmeckt nach banalem Konsumkakao, der keine ausgeprägten Nebenaromen besitzt.
  Mini-Trüffel Edelvollmilch: Punkte: 53,50
  Sehr banale Füllung ohne Besonderheit. Schmeckt kakaoig, ist aber viel zu süß.
  Mini-Praliné Cappuccino Trüffel: Punkte: 52,50
  Etwas fettige und schwach aromatische Füllung. Kaum Kaffeegeschmack.

Fazit:
Laut Unternehmen wurde nach dem Namenswechsel an der Qualität der Produkte nichts verändert. Umso größer war aber meine Enttäuschung. Ich hatte die Qualität wesentlich besser in Erinnerung. Die Schokolade der Schachtel „Feinste Chocoladen-Täfelchen" enthält das naturidentische Aroma Vanillin. Aber auch geschmacklich sind die Schokoladen eher unteres Mittelmaß. Kaum eine kann meine Aufmerksamkeit wecken. Die Sorten müssen vom Verbraucher erraten werden, da innen nur die blanken Schokoladen liegen, ohne jede Informationen, um welche Sorte es sich handelt. Ein Kenner wird die eine oder andere herausfinden, aber einfach ist das nicht. Dieses Produkt können Sie getrost ignorieren.
Schon interessanter sind die „Fruchtigen Chocoladen-Täfelchen". Auch wenn die Schokoladen eher Mittelmaß sind, die zugefügten Fruchtcrisps sind schmackhaft. Hier konnte besonders die Weiße mit Passionsfrucht hervorstechen: fruchtig-sauer, aromatisch und nicht zu süß.
Die veredelten Schokoladen bilden die Gruppe der besten Produkte. Knusprig-aromatisch (mit gesalzenen Pistazien) oder einfach nur überzeugend schmackhaft (mit Florentiner). Auch die Riegel sind ordentlich. Sehr aromatisch und mit originellen Kombinationen.

Die große Enttäuschung ist das Konfekt: wenig Aroma und Geschmack, süß, fettig und mächtig. Besonders der hohe Anteil an Glukosesirup macht aus dem Konfekt kleine süße Bomben. Die Füllungen besitzen alle eine hohe Grundsüße und eine etwas „glasige" Konsistenz. Aromatisiert scheint das Konfekt hauptsächlich mit Aromastoffen zu sein und selten mit Fruchtkonzentraten oder mit zu wenig davon. Die Ganaches werden nicht auf Sahnebasis hergestellt, sondern mit Wasser. In einem eigens für Läderach entwickelten Verfahren wird das Wasser mit Milchpulver oder Sahnepulver vermischt. Das hat natürlich große Vorteile bei der Haltbarkeit und auch geschmacklich dürfte das keine wesentlichen Nachteile haben.

Empfehlung:
Außer den veredelten Schokoladen und den Riegeln ist leider keine Empfehlung möglich.

MARIEBELLE

USA (New York)
www.mariebelle.com

Verarbeitungsstufe: **Standard-Schokolade und Fremdproduktion**

Das Unternehmen wurde im Jahr 2000 von der Designerin Maribel Lieberman gegründet. Das Schokoladensortiment besteht im Wesentlichen aus Konfekt, heißer Schokolade und einigen Schokoladentafeln. Dazu gesellen sich noch andere Confiserieartikel sowie eine Auswahl an Tee- und Kaffeespezialitäten. Um es vorweg zu nehmen, es handelt sich bei MarieBelle um eine Designermarke und weniger um einen Chocolatier oder Confiseur. Mich würde es nicht wundern, wenn MarieBelle keine eigene Produktion hätte. Ich mag mich da vielleicht täuschen, aber dieser Eindruck ist bei mir entstanden.

Produktbewertungen

- Produkt: (Veredelt) Blueberry Dark Chocolate 70 %, Punkte: 14,75
  Preis/Menge: 6,00 USD / 4,74 EUR / 90 g
  Schokolade mit Kakaopulver in der Zutatenliste, grau, alt, trocken-staubig. Ohne jegliches Aroma der Blaubeeren. Die verwendete Schokolade schmeckt mir überhaupt nicht.

- Produkt: (Veredelt) Mango Dark Chocolate 70 %, Punkte: 14,75
Preis/Menge: 6,00 USD / 4,74 EUR / 90 g
Schokolade mit Kakaopulver in der Zutatenliste, grau, alt, trocken-staubig. Ohne jegliches Mangoaroma. Schokolade schmeckt mir überhaupt nicht.

- Produkt: (Konfekt) Caramel Ganache, Punkte: 64,00
Preis/Menge: 16,33 USD / 12,89 EUR / 60 g
Dunkle Ganache mit dezentem Karamellaroma, dafür aber ziemlich süß.

- Produkt: (Konfekt) Peanut Butter, Punkte: 61,00
Preis/Menge: 16,33 USD / 12,89 EUR / 60 g
Marzipan mit Erdnussbutter und Erdnussstückchen. Könnte aromatischer und frischer sein sowie weniger süß.

- Produkt: (Konfekt) Kona Bean, Punkte: 56,00
Preis/Menge: 16,33 USD / 12,89 EUR / 60 g
Helle Füllung mit Kaffeesatz. Wird dem berühmten Kona Kaffee aus Hawaii nicht gerecht. Der Kaffeesatz in der Füllung stört sehr.

- Produkt: (Konfekt) Raspberry, Punkte: 56,00
Preis/Menge: 16,33 USD / 12,89 EUR / 60 g
Fruchtig-sauer, leicht bitter und wenig aromatisch. Könnte auch eine andere Frucht als Himbeere sein.

- Produkt: (Konfekt) Coconut, Punkte: 55,00
Preis/Menge: 16,33 USD / 12,89 EUR / 60 g
Füllung mit Kokosflocken. Unangenehmer Nachgeschmack. Macht nicht den frischesten Eindruck. Zu süß.

- Produkt: (Konfekt) Pistachio, Punkte: 54,00
Preis/Menge: 16,33 USD / 12,89 EUR / 60 g
Schmieriges Marzipan mit Pistazien. Kein angenehmer Geschmack im Mund, kaum Pistazienaroma.

Fazit:
Das Konfekt ist sehr farbenfroh, da sehr viel Farbstoff eingesetzt wird. Das mag dem Konsumenten vielleicht gefallen, aber ohne Zutatenliste kann man die Qualität des Farbstoffs nicht beurteilen. Wirklich gut war kein einziges Produkt. Das Konfekt ist recht charakterlos, die Qualität ist unbedeutendes Mittelmaß, mit einer Tendenz eher zu ausreichend als zu gut. Die beiden dunklen veredelten Schokoladentafeln sind leider misslungen. Was hat sich der Hersteller nur dabei gedacht, diese mit Kakaopulver, Milchpulver und Kartoffelstärke zu versetzen? So etwas habe ich bisher noch nie gesehen. Da wundert es nicht, dass die Schokoladen trocken, staubig und brüchig sind. Zu allem Überfluss beinhalten beide Produkte den Zusatzstoff Schellack (E904), das sich wohl auf den zugesetzten Früchten befindet. Nun muss man wissen, dass Schellack aus Ausscheidungen der Lackschildlaus nach ihrem Saugen an Pflanzen gewonnen wird. Vertrauenserweckend ist das nicht gerade für ein Luxusprodukt. Da diese Schokolade auch für alle anderen Produkte verwendet wird, wundert es auch nicht, dass die heißen Schokoladen dickflüssig sind. Dafür sorgt das Milchpulver, aber vor allem die Kartoffelstärke. Es scheint, als hätte man sich nicht die Mühe machen wollen, für die Tafelware eine eigene Schokolade zu produzieren, sondern stattdessen einfach die speziell für Trinkschokolade entwickelte Sorte mit den besagten Zutaten verwendet.
Die Schokoladen werden von dem kolumbianischen Unternehmen Compañia Nacional de Chocolates hergestellt und fertig verpackt an MarieBelle geliefert (auf der Verpackung steht

Made in Colombia und es ist auch das Logo und der Name des Herstellers aufgedruckt). Das Unternehmen ist spezialisiert auf die Produktion von Massenware und gehört nicht zu den Herstellern besonderer Schokoladenprodukte. Einzig die zum Unternehmen gehörende Marke Chocolat Santander hebt sich von der Massenware ab. Die Schokoladen von Chocolat Santander, die auch in diesem Buch besprochen werden, weisen jedoch weder Kakaopulver, noch Kartoffelstärke oder Milchpulver in ihren Zutatenlisten auf und gehören zu Recht in die Riege der guten Produkte.
Ich möchte auch erwähnen, dass beide Schokoladen mausgrau waren. Das zeugt von schlechter Lagerung und beeinflusst den Geschmack und das Mundgefühl negativ. Auch wenn dieses Problem vermutlich beim Händler entstanden ist, ganz kann sich MarieBelle der Verantwortung nicht entziehen, denn der Händler (Food Emporium New York) befindet sich in nicht allzu großer Entfernung. Da kann man auch ab und zu nach dem Rechten schauen. Ach so, von Früchten war in beiden Produkten absolut nichts schmeckbar.

Empfehlung:
Leider ist keine Empfehlung möglich.

MARQUISE DE SÉVIGNÉ

Frankreich (Illkirch)
www.marquise-de-sevigne.com

Verarbeitungsstufe: **Standard-Schokolade**

Die Geschichte des Unternehmens Marquise de Sévigné geht bis in das Jahr 1892 zurück, als Clémentine und Auguste Rouzaud eine kleine Chocolaterie in Royat in der Auvergne übernahmen. Zwischen 1900 und 1914 wurden elf weitere Geschäfte eröffnet und die Spezialitäten weltweit verkauft. 1970 wurde das Unternehmen an einen Konzern verkauft. Dieser schloss die meisten Geschäfte und versuchte die Marke im Lebensmittelhandel zu etablieren. 1973 übernahm die Industriellenfamilie Burrus die Marke.

Produktbewertungen

- Produkt: (Riegel) Chocolat noir Noir Absolut,
  Punkte: 51,00
  Preis/Menge: 3,90 EUR / 100 g
  Schlechtes Produkt. Füllung wohl mit Kakaopulver hergestellt, Schokolade hat ebenso einen Geschmack von Kakaopulver. Sie ist süß, mächtig, fettig und mit wenig Aroma.

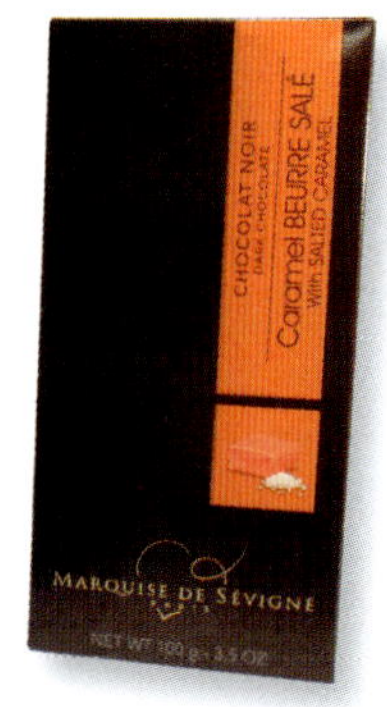

- Produkt: (Riegel) Chocolat au lait Fourré Crème Brulée, Punkte: 51,00
  Preis/Menge: 3,90 EUR / 100 g
  Penetrantes, künstliches Aroma. Da wurde kräftig mit Aromen gearbeitet. Insgesamt auch sehr süße und klebrige Füllung.

- Produkt: (Riegel) Chocolat au lait Fourré Praliné, Punkte: 50,00
  Preis/Menge: 3,90 EUR / 100 g
  Zu wenig Füllung, viel zu süß, erinnert an Kirmesschokolade. Die Füllung sollte nach Nougat schmecken, tut sie aber leider kaum.

Fazit:
Zum Glück habe ich nur drei Produkte zur Verkostung bekommen, denn alle hatten erhebliche geschmackliche oder handwerkliche Mängel. Bei diesem Qualitätsniveau erübrigt sich jeder weitere Kommentar.

Empfehlung:
Leider ist keine Empfehlung möglich.

MARY'S CHOCOLATE

Japan (Tokyo)
www.mary.co.jp

Verarbeitungsstufe: **Standard-Schokolade**

Das Unternehmen Mary's Chocolate Co. wurde im Jahr 1950 in Aoyama, Japan gegründet. Ursprünglich Gebäckhersteller hat sich das Unternehmen zu einem Süßwarenhersteller mit einem breiten Sortiment entwickelt. Die Teilnahme am Salon du Chocolat nutzt Mary's vor allem zur Kommunikation in Japan. Wer den weiten Weg nach Frankreich auf sich nimmt und am Salon du Chocolat teilnimmt, muss ja zu den besten Chocolatiers der Welt zählen. Aufgrund von Problemen mit den Markenrechten am Namen Mary's kann dieser Name in Europa nicht genutzt werden, sehr wohl aber in den USA. Zu Mary's zählt auch die Marke Tokyo Chocolate, deren Produkte sich jedoch gänzlich unterscheiden.

Produktbewertungen

- Produkt: (Schachtel) N. Y. Ring Truffle Chocolates, Punkte: 48,50
  Preis/Menge: 12,00 USD / 9,47 EUR / 75 g
  Misslungene Produkte, im krassen Gegenteil zu dem gelungenen Design. Zu allem Überfluss wohl mit künstlichen oder naturidentischen Aromastoffen.

Konfekt-Einzelbewertungen:

Champagne: Punkte: 68,00
Etwas zu dezentes Champagner-Aroma, aber in Ordnung. Schön weiche und cremige Füllung.

Peach: Punkte: 59,00
Schmeckt nach künstlichen Aromen und die Füllung ist sehr fest.

Bitter Ganache: Punkte: 51,00
Füllung ganz in Ordnung, aber doch etwas zu süß.

Caramel: Punkte: 50,00
Angenehmes Karamellaroma, aber zu dicke Schokoladenhülle.

Raspberry: Punkte: 39,00
Kaum aromatisch und zu süß. Schmecke keine Himbeere.

Cranberry: Punkte: 24,00
Schöne Herzform, harte Füllung wie Schokolade, schmeckt wie ein Bonbon. Von Cranberry keine Spur.

- **Produkt: (Schachtel) Broadway Lovers, Punkte: 40,20**
  Preis/Menge: 8,00 USD / 6,31 EUR / 50 g
  Misslungene Produkte, im krassen Gegenteil zu dem gelungenen Design. Zu allem Überfluss wohl mit künstlichen oder naturidentischen Aromastoffen.

Konfekt-Einzelbewertungen:

Green Tea: Punkte: 48,00
Sehr fest mit sehr grüner Füllung. Schmeckt kaum nach Tee.

Chocolate Cream: Punkte: 46,00
Sehr harte Füllung, wie Schokolade. Ist entsprechend schokoladig.

English Tea: Punkte: 40,00
Viel zu harte Füllung, die kaum nach Tee schmeckt.

Raspberry: Punkte: 39,00
Eine der etwas cremerigen Sorten, die aber sehr süß ist und künstlich schmeckt. Wo ist die Himbeere?

Mango: Punkte: 28,00
Sehr hübsches Konfekt, aber extrem feste Füllung. So fest wie die Schokolade, kaum Aroma und sehr süß.

Fazit:
Wie auch bei Tokyo Chocolate versprechen die Ästhetik, das Design und die Verpackung zu viel. Die Produkte selbst sind allerdings noch weniger gelungen. Einzig das Champagner-Konfekt kann sich im Mittelmaß etablieren, alle anderen Sorten zeigen gravierende Mängel. Das größte Manko besteht in den viel zu festen Füllungen, die teilweise so hart wie Schokolade sind. Es fehlt entweder an Aroma oder das Aroma hat einen künstlichen Geschmack. Dies erstaunt mich sehr, denn Japaner gelten eigentlich als Perfektionisten. Sie können nicht nur gut kopieren, sondern haben das Talent, dem Produkt eine eigene Identität zu geben und die Qualität zu steigern, teilweise sogar erheblich.

Empfehlung:
Leider ist keine Empfehlung möglich.

MAST BROTHERS

USA (Brooklyn, New York)
www.mastbrotherschocolate.com

Verarbeitungsstufe: **Bean-to-bar**

Die Rezension über die Mast Brothers aus Brooklyn fällt mir etwas schwerer als üblich. Hinter den Brüdern Rick und Michael Mast könnte auch eine perfekt kalkulierte Marketingstrategie stecken, so gut und schön ist ihre Geschichte. Wie weit sie authentisch ist, kann ich nicht beurteilen. Betrachtet man die liebevolle Verpackung, das Engagement und die teilweise sehr guten Qualität mag ich an der Authentizität aber nicht zweifeln. Schade finde ich, dass auch auf mehrmalige Kontaktversuche nicht reagiert wurde.
Die Brüder Rick und Michael Mast könnten auch aus der Zeit zu Beginn des 19. Jahrhunderts stammen. Sowohl ihr Aussehen und Kleidungsstil, als auch die Einrichtung des Shops und konsequenterweise auch die primitive Art der Herstellungsweise erinnern an die Anfangszeiten Amerikas. Bei den Maschinen handelt es sich nicht wirklich um professionelle oder traditionelle Maschinen. Da wird wohl die eine oder andere Marke Eigenbau dabei sein. Rick Mast hat durchaus eine kulinarische Vergangenheit, u. a. war er beim New Yorker Chocolatier Jacques Torres tätig. Michael Mast dagegen kommt aus dem Independent-Film-Milieu und war dort für die Finanzierung zuständig. Etwas überrascht hat mich, dass beide den Titel Master Chocolate Maker führen. Meiner Definition nach hieße das, dass beide eine klassische Ausbildung als Chocolatier zum Meister absolviert haben. Das ist mir so nicht bekannt und auch bei meiner Recherche konnte ich keinen Hinweis darauf finden. Die Tatsache, dass jemand Schokolade herstellt, macht aus ihm noch lange keinen Meister. Auch dann nicht, wenn er die eine oder andere gute Schokolade produziert. Chocolate Maker hätte doch auch gereicht. Das Design der Schokoladen spricht mich sehr an. Das verwendete Papier ist eher typisch für Buchbinder – sehr hochwertig, schön dick und mit einer angenehmen Haptik. Die Abbildungen sind naiv oder simpel, verspielt oder auch expressionistisch. Sehr gelungen, für mein Geschmack nahezu grandios. Vorbildlich sind auch die Zutatenlisten. Außer Kakao und Zucker, beide aus biologischem Anbau, wird der Schokolade nichts zugesetzt, weder Kakaobutter, noch Soja-Lecithin. Die meisten anderen Zutaten stammen, soweit verfügbar, ebenso aus biologischem Anbau.

Produktbewertungen

- Produkt: (Dunkel) Sambirano Valley 72 % Dark Chocolate, Punkte: 95,95
  Preis/Menge: 10,00 USD / 7,89 EUR / 70 g
  Eine wirklich unglaubliche Schokolade. Polarisierend, entweder man liebt sie, oder man hasst sie. Mast Brothers kitzeln aus den Bohnen ungeahnte Aromen hervor, die ich so noch nie in einer Madagaskar-Schokolade geschmeckt habe. Ein wahres „Meister"-Stück. Auch wenn die Schokolade adstringierend und etwas sauer ist, es passt perfekt zu ihr. Mit perfektem Schmelz.
  Aromaprofil: Grapefruit, rote Beeren (Himbeere, Johannisbeeren), Fermentation, Zitrusfrüchte, Rosinen, Zedernholz, Torf und vieles mehr.

- Produkt: (Dunkel) Dominican Republic 70 % Dark Chocolate, Punkte: 81,60
  Preis/Menge: 10,00 USD / 7,89 EUR / 70 g
  Hat die für Kakao aus der Dominikanischen Republik charakteristisch fruchtigen, aber auch würzige Aromen, ist sehr adstringierend und sauer, insgesamt aber etwas zu unharmonisch.
  Aromaprofil: Beeren (saure Johanissbeeren, Sauerkirschen, Brombeeren), grüner Tee, Tabak, Tropenholz.

- Produkt: (Dunkel) Ocumare de la Costa 75 % Dark Chocolate, Punkte: 75,50
  Preis/Menge: 10,00 USD / 7,89 EUR / 70 g
  Starke Röstung und geschmacksintensiv. Hat jedoch einen etwas unangenehmen und seltsamen Beigeschmack. Guter Schmelz, adstringierend, sauer und unharmonisch. Aromaprofil: Vergorene Früchte, feuchter Waldboden, unreife Oliven, Avocado, Tannin, Torf.

- Produkt: (Veredelt) 72 % Dark Chocolate + Stumptown Coffee Madagascar,
  Punkte: 93,75
  Preis/Menge: 10,00 USD / 7,89 EUR / 70 g
  Basis ist die gute Madagaskar-Schokolade mit aufgestreuten Kaffee-Nibs. Sehr aromatisch, knusprig und harmonisch. Hier funktioniert sowohl das Aufstreuen der Kaffee-Nibs, als auch die Kombination mit einer kräftigen dunklen Schokolade.

- Produkt: (Veredelt) 70 % Dark Chocolate + Serrano Peppers Dominican Republic,
  Punkte: 69,40
  Preis/Menge: 10,00 USD / 7,89 EUR / 70 g
  Der Genuss dieser Schokolade mit Serrano-Pfeffer grenzt an Körperverletzung. Wenn der Schmerz nachgelassen hat, tritt ein wenig Schokoladenaroma hervor. Die Zunge brennt aber noch lange nach dem Verzehr der Schokolade. Das ist einfach zu viel des Guten.

- Produkt: (Veredelt) 75 % Dark Chocolate + Hazelnuts Ocumare de la Costa,
  Punkte: 65,00
  Preis/Menge: 10,00 USD / 7,89 EUR / 70 g
  Zu wenig aufgestreute und nicht oder zu wenig geröstete Haselnüsse, die zudem kaum aromatisch sind. Dazu noch die nicht ganz überzeugende Ocumare-Schokolade. Da fehlt etwas an Aroma. Haselnüsse harmonieren nicht besonders gut mit einer kräftigen dunklen Schokolade. Hinzu kommt, dass sie ungeschützt auf die Schokolade gestreut sind.

Fazit:
Die Verkostung barg Höhen und Tiefen. Grundsätzlich sind alle Schokoladen etwas trocken und leicht staubig. Das hängt aber vor allem damit zusammen, dass keine zusätzliche Kakaobutter und auch kein Lecithin eingesetzt wird. Eine Rolle spielt natürlich auch die relativ primitive Verarbeitung der Bohnen (Schauen Sie sich bei youtube das Mast-Brothers-Video an). Bei der Verkostung der Madagaskar-Schokolade gab es unglaubliche Kontroversen. Diese Tafel polarisiert sehr. Ich persönlich hatte ein sehr positives Geschmackserlebnis. Die Mast Brothers locken ungeahnte Aromen aus den Bohnen hervor. Für mich ganz klar ein „Meisterstück", da sind die beiden Chocolate Maker auf dem richtigen Weg. Für einen Master Chocolate Maker reicht es noch nicht, dafür sind unter den Produkten einfach noch zu viele Nieten. Bei zwei Schokoladen retten nur die sehr guten Zutatenlisten eine vernünftige Benotung.
Zusammengefasst: Wenige Highlights, die es aber in sich haben, ein paar Enttäuschungen, viel Mythos und ein grandioses Marketing. Der Preis von 10 US-Dollar (ca. 7,89 Euro) für 70 g ist recht anspruchsvoll. Mich würde die Steigerung der Qualität freuen, da mich die Marke grundsätzlich anspricht und die Sambirano Valley definitiv zu meinen Lieblingsschokoladen zählt.

Empfehlung:
Auf jeden Fall jedem Chocoholic zu empfehlen ist die Sambirano Valley, Liebhabern veredelter Schokoladen die Kaffeeschokolade. Schärfe-Fans kommen mit der Serrano-Pepper auf ihre Kosten.

MAX BRENNER

Israel (Ra'anana)
www.maxbrenner.com

Verarbeitungsstufe: **Standard-Schokolade und Fremdproduktion**

Oded Brenner ist gelernter Chocolatier, der sein Handwerk in Landeck in Österreich, in Düsseldorf und in Paris gelernt hat. 1995 kehrte er als erster israelischer Chocolatier nach Israel zurück und gründete 1996 gemeinsam mit Max Fichtman das Unternehmen Max Brenner. 1999 stieg Max Fichtman aus und verkaufte seine Anteile an den israelischen Unternehmer Boaz Sheinfeld. Bei dem Versuch, auch in die USA zu expandieren, erlebten Sheinfeld und Brenner ein Desaster. Rettung kam aus Australien und vom israelischen Lebensmittelkonzern Strauss-Elite. Tom Haikin, ein australischer Unternehmer, half bei der Eröffnung eines Schokoladenrestaurants auf dem fünften Kontinent. Die Idee für den Markenauftritt „Max Brenner – Chocolate by the Bald Man" (Schokolade vom Glatzenmann) resultierte aus dieser Kooperation. Das Konzept bestand darin, Schokoladengenuss als Event zu inszenieren. Strauss-Elite kaufte dagegen Sheinfelds Anteile zu einem Schnäppchenpreis und finanzierte die spätere Expansion. Oded Brenner ist der führende Kreative bei Max Brenner, sein Glatzkopf dient als lebendes Logo. Das Unternehmen führt inzwischen über 30 Filialen in Israel, Australien, den USA, den Philippinen und in Singapur. Max Brenner stellt nicht alle Produkte selbst her, einige werden nach den Unternehmensvorgaben von anderen Confiseuren produziert. Dennoch ist es erfreulich, dass der kreative Kopf von Max Brenner selbst das Handwerk erlernt hat. Auch wenn Oded Brenner wohl hauptsächlich für das Marketing aktiv ist, steigert es die Glaubwürdigkeit der Marke.

Produktbewertungen

- Produkt: (Konfekt) Hazelnut Cream with Sea Salt, Punkte: 67,00
  Preis/Menge: 12,90 USD / 10,18 EUR / 110 g
  Mit Salzkristallen. Harmonisch, cremig und nicht zu süß.

- Produkt: (Konfekt) Honey, Punkte: 63,50
  Preis/Menge: 12,90 USD / 10,18 EUR / 110 g
  Gutes Honigaroma. Cremig, weich und nicht zu süß.

- Produkt: (Konfekt) Peanut Butter, Punkte: 63,00
  Preis/Menge: 12,90 USD / 10,18 EUR / 110 g
  Fettig, wie Erdnussbutter es eben ist, aromatisch und cremig. Dennoch zu mächtig.

- Produkt: (Konfekt) Sesam, Punkte: 61,00
  Preis/Menge: 12,90 USD / 10,18 EUR / 110 g
  Dominantes Samen-Aroma, daher tippe ich auf Sesam. Nicht zu süß und angenehm cremig.

- Produkt: (Konfekt) Hazelnut Cream with Cornflakes and Chili, Punkte: 58,00
  Preis/Menge: 12,90 USD / 10,18 EUR / 110 g
  Knusprig, aber viel zu wenig Chili. Chili-Fans werden enttäuscht sein.

- Produkt: (Konfekt) Dark Chocolate with Lemon, Punkte: 58,00
  Preis/Menge: 12,90 USD / 10,18 EUR / 110 g
  Schmeckt nach künstlichem Aroma und hat kaum Fruchtcharakter.

- Produkt: (Konfekt) Hazelnut Cream with Mocha, Punkte: 58,00
  Preis/Menge: 12,90 USD / 10,18 EUR / 110 g
  Fettig und mächtig. Zu wenig Mokkaaroma. Wenig harmonisch das Ganze.

- Produkt: (Konfekt) Blueberry Liqueur, Punkte: 58,00
  Preis/Menge: 12,90 USD / 10,18 EUR / 110 g
  Viel zu wenig aromatisch. Mehr gibt es gar nicht zu schreiben. Weich, aber kaum cremig und süß.

- Produkt: (Konfekt) New, Punkte: 55,00
  Preis/Menge: 12,90 USD / 10,18 EUR / 110 g
  Haselnuss und Erdnuss. Leicht muffiger Geschmack und zu süß.

Fazit:
Die Identifizierung der Sorten war mitunter ein schweres Unterfangen – sowohl beim Design, obwohl mir eine Übersicht über die Symbole vorlag, als auch beim Geschmack. Brenners Konfekt ist teilweise leider misslungen. Das Konfekt ist insgesamt etwas zu fettig, zu mächtig, zu süß, zu oft mit künstlichem Charakter und hergestellt mit banaler Schokolade.

Empfehlung:
Leider ist keine Empfehlung möglich.

MAZET CHOCOLATIER

Frankreich (Montargis)
www.mazetconfiseur.com

Verarbeitungsstufe: **Schokolade nach Maß**

Die Geschichte von Mazet und den „Prasline de Montargis" reicht zurück bis in das Jahr 1636. Prasline de Montargis sind geröstete und karamellisierte Mandeln, ihre Erfindung entstammt wohl dem Zufall. Böse Zungen behaupten, dass ihrem Erfinder, dem Offizierskoch des Duc de Praslin, Clément Jaluzot,

Mandeln in karamellisierten Zucker gefallen seien. Zufall oder nicht, das Produkt war erfunden und sein Erfolg enorm. Der Duc de Praslin, mehr Frauenheld als Kriegsheld, beglückte mit den Köstlichkeiten die Damenwelt. Nach kurzer Zeit vereinfachte sich ihr Name auf Prasline. 1903 kam Léon Mazet aus Clermont-Ferrand nach Montargis und eröffnete dort eine Confiserie. Im Jahr 1913 übernahm Mazet die Produktion von Prasline und gab seinem Geschäft in Paris den Namen „Au Duc de Praslin". Dieses Geschäft war bis zum Jahre 1992 der wichtigste Verkaufsstandort der Mazet-Produkte. Noch heute ist das Unternehmen in Familienbesitz. Benoit Digeon, Enkel Léon Mazets, und seine Tochter Mathilde führen nun erfolgreich das Unternehmen. Heute produziert Mazet auch weitere Spezialitäten, wie z. B. Schokoladenfondue oder Konfekt. Schon seit Jahrzehnten lässt Mazet seine Schokolade von der Chocolaterie du Pecq aus Frankreich herstellen, die für Mazet nach einer exklusiven Rezeptur hergestellt werden.

Produktbewertungen

- Produkt: (Dunkel) Noir Madagascar 70 %,
  Punkte: 66,00
  Preis/Menge: 3,90 EUR / 100 g
  Einfache Standard-Schokolade mit wenig Charakter.
  Aromaprofil: Zitrusfrüchte, Gewürze wie Vanille.

- Produkt: (Weiße) Blanc Ivoire, Punkte: 66,50
  Preis/Menge: 3,90 EUR / 100 g
  Wenig Schmelz und dezent aromatisch, aber dezent süß.

- Produkt: (Veredelt) Lait Caramel Salé,
  Punkte: 83,00
  Preis/Menge: 6,90 EUR / 100 g
  Mit Salzkristallen, sehr salzig, aber gut. Angenehm karamellig.

- Produkt: (Veredelt) Noir Sésame 72 %,
  Punkte: 81,00
  Preis/Menge: 3,90 EUR / 100 g
  Mit ganzem Sesam, den man deutlich schmeckt. Leicht knusprig und harmonisch mit der dunklen Schokolade.

- Produkt: (Veredelt) Noir Framboise 64 %,
  Punkte: 51,00
  Preis/Menge: 3,90 EUR / 100 g
  Nur aromatisiert, schmeckt künstlich und ohne Fruchtcharakter.

- Produkt: (Schachtel) Chocolat au Caramel,
  Punkte: 65,66
  Preis/Menge: 27,90 EUR / 135 g
  Die Konfektschachtel, gefüllt mit Karamellkonfekt, wird schnell langweilig. Fast alle Sorten sind doppelt vertreten, einmal mit Milchschokolade und einmal mit dunkler Schokolade. Zwei Sorten konnten überhaupt nicht überzeugen. Sie waren sehr buttrig und es wurde meiner Meinung nach mit Aroma nachgeholfen. Insgesamt ist die Schachtel qualitativ in Ordnung, aber es fehlt die Abwechslung.

Konfekt-Einzelbewertungen:
Caramel salé Viereck dunkle Schokolade mit Strich: Punkte: 75,00
Purer Caramel beurre salé mit Schokolade überzogen. Karamellig und aromatisch, leicht salzig, So wie es sein sollte.

Caramel salé Rechteck dunkle Schokolade mit Gold: Punkte: 74,10
Fester Nougat gefüllt mit Karamellstückchen, leicht salzig.
Caramel salé Rechteck Milchschokolade mit Gold: Punkte: 73,50
Fester Nougat gefüllt mit Karamellstückchen, leicht salzig. Süßer als die dunkle Variante.
Caramel salé Viereck dunkle Schokolade mit Kreuz: Punkte: 72,00
Feste Milch-Ganache, etwas schmackhafter als die Milchversion.
Caramel salé Viereck Milchschokolade mit Kreuz: Punkte: 69,00
Feste Milchganache, belanglos, aber in Ordnung.
Caramel salé Rechteck Milchschokolade mit Kringel: Punkte: 59,00
Gefüllt mit Nougat. Fest-bröckelig, buttriges Aroma, hier wurde wohl Aroma verwendet. Dominant salzig und knusprig.
Caramel salé Rechteck dunkle Schokolade mit Kringel: Punkte: 59,00
Gefüllt mit Nougat. Fest-bröckelig, buttriges Aroma, hier wurde wohl Aroma verwendet. Dominant salzig und knusprig.

- **Produkt: (Konfekt) Grelons Givrettes Dragees, Punkte: 91,00**
  Preis/Menge: 6,90 EUR / 100 g
  Karamellisierte und dragierte Mandeln und Nüsse. Knusprig, gutes Aroma, sehr schmackhaft.

Fazit:
Die puren Schokoladen und die Himbeerschokolade sind nicht mehr als Standardqualität. Ein Lichtblick sind die Sorten Sesam und Lait Caramel Salé. Der Sesam besitzt ein sehr deutliches und angenehmes Aroma, in der Lait Caramel Salé befinden sich ganze Salzkristalle, was aber nicht unangenehm ist.
Das Karamellkonfekt wird sehr schnell langweilig und so bleiben die Grelons Givrettes Dragees das Highlight: ganze karamellisierte, dragierte und schokolierte Mandeln und Haselnüsse. Sehr genussvoll.

Empfehlung:
Karamell-Junkies werden das Konfekt lieben und es ist durchaus empfehlenswert. Sesam- und Salz-Fans sollten die entsprechenden Schokoladentafeln versuchen. Für zwischendurch sind auf jeden Fall die Grelons Givrettes zu empfehlen.

MECSA OSHA

Peru (Tingo Maria, Huanuco)
www.naranjillo.com

Verarbeitungsstufe: **Bean-to-bar (unbestätigt)**

Mecsa Osha und Gran Inka sind beides Marken der im Jahre 1964 gegründeten Kooperative „Cooperativa Agraria Industrial Naranjillo LTDA". Im tropischen Regenwald Perus profitieren mehr als 5.000 Farmer von den Verkaufserlösen der Mecsa-Osha-Schokolade, die sowohl Fair-Trade- als auch Bio-zertifiziert ist und komplett von der Kooperative hergestellt wird. Der Name „Mecsa Osha" bedeutet in der lokalen Sprache, Tulumayo, „Schlafende Schönheit". Gran Inka ist eine zweite und recht neue Marke, mit der mal wohl eher die ausländischen Märkte bedienen möchte, da in Südamerika ein so hoher Kakaoanteil eher unüblich ist.

Produktbewertungen

- Produkt: (Dunkel) Peruvian Jungle Chocolate 55 %, Punkte: 26,00
  Preis/Menge: unbekannt / 100 g
  Dies ist leider eine sehr schlechte Schokolade, ohne Aroma, mit sehr schlechtem Schmelz und sehr süß. Die Zutatenliste erklärt warum: Kakaomasse, Kakaopulver, Rohrzucker, Kakaobutter. Da ist zuviel Kakaopulver enthalten.
  Aromaprofil: Kakaopulver, dezent floral.

Fazit:
Schuster bleib bei deinen Leisten, könnte man hier treffend sagen. Die Schokolade schmeckt einfach nicht. Sie ist kaum aromatisch, rau, mit schlechtem Schmelz, einem prägnanten Geschmack nach Kakaopulver und mit nur 55 % Kakaoanteil auch noch sehr süß. Dies ist nicht überraschend, wenn man die Zutatenliste sieht: Kakaomasse, Kakaopulver, Rohrzucker, Kakaobutter. So schmeckt aber Schokolade in Südamerika oft und dieses Produkt dient wohl auch eher dem südamerikanischen Markt. Dort mag dieser Artikel auch verkäuflich sein, aber in Europa oder den USA verfügt eine solche Schokolade über kein Potenzial.

Empfehlung:
Als Kuriosität zu probieren, aber nicht zum Genießen.

MELT

England (London)
www.meltchocolates.com

Verarbeitungsstufe: **Standard-Schokolade**

Bei meiner Recherche durch Londons Schokoladenszene führte mich der Weg auch in das noble Viertel Notting Hill, auch nicht London kundigen Filmfans spätestens seit dem Film mit Julia Roberts und Hugh Grant aus dem Jahre 1999 bekannt. Der Spaziergang von der U-Bahn-Haltestelle bis zum Melt-Geschäft ist angenehm und man bemerkt die Vorliebe der Londoner High Society für die Automarken Aston Martin und Maserati sowie für schicke Stadthäuser. Das Geschäft ist in

schlichtem und ästhetischem Weiß gehalten und beim Öffnen der Tür stömt einem gleich ein schokoladiger Duft entgegen. Im Geschäft werden kleine Mengen Konfekts von Hand gefertigt. Das ist schön für das Auge, aber der Schokoladenduft animiert auch zum Kauf.
Gegründet wurde Melt im Jahre 2006 von Louise Nason. Vormals war Damian Allsop Chef-Confiseur, heute ist es die Japanerin Chikako Watanabe, die zuvor in einer Bank in Tokyo arbeitete, aber im Jahre 2001 nach Europa kam, um die Kunst der Confiserie zu lernen. Immer wieder kooperiert Melt mit Größen aus der Gastronomie, unter anderem mit dem Restaurant „The River Café" und dem britischen Spitzenkoch Mark Hix. Melt verarbeitet Kuvertüren von Santander, kooperiert aber auch mit der Grenada Chocolate Company, Amano und anderen Herstellern. Außer Konfekt werden auch Schokoladentafeln, pur und veredelt, sowie weitere Spezialitäten angeboten.

Produktbewertungen

- Produkt: (Dunkel) Wild 68 % Bolivia,
  Punkte: 83,00
  Preis/Menge: 7,20 GBP / 8,93 EUR / 90 g
  Die Schokolade dürfte die Felchlin-Bolivien sein. Nur Kakaomasse und Zucker als Zutaten. Aromatisch, leicht fruchtig und angenehm würzig.
  Das Aromaprofil des Herstellers ist schwer zu bestätigen: Zitrone, Lakritze, Sirup, Holz.

- Produkt: (Veredelt) Strip Bar Milk Chocolate 35 %, Punkte: 72,50
  Preis/Menge: 7,20 GBP / 8,93 EUR / 90 g
  Sehr gutes Sesamaroma, aber insgesamt doch zu süß. Milchschokolade cremig-milchig mit dezentem Kakaocharakter.

- Produkt: (Veredelt) Mint Dark Chocolate 66 %, Punkte: 67,25
  Preis/Menge: 7,20 GBP / 8,93 EUR / 90 g
  Mit aufgestreuter, kristallisierter Minze und gerösteten Kakao-Nibs. Schokolade nicht aromatisiert, insgesamt aber nicht minzig genug.

- Produkt: (Riegel) Melt Milk Chocolate & Passion Fruit 40 %, Punkte: 67,00
  Preis/Menge: 4,10 GBP / 5,08 EUR / 45 g
  Schokolade mit gefriergetrockneten Passionsfruchtstücken. Man schmeckt immer wieder mal Passionsfrucht, insgesamt aber doch zu wenig Fruchtcharakter.

- Produkt: (Konfekt) Sea Salted Praline Cup,
  Punkte: 87,50
  Preis/Menge: 3,50 GBP / 4,34 EUR / 3 Stück / ca. 33 g
  Sehr aromatischer und knuspriger Nussnougat, perfekt gesalzen. Herbe, dunkle Schokolade schön im Kontrast zur etwas süßeren Füllung.

- Produkt: (Konfekt) Passion Fruit & Mango,
  Punkte: 76,00
  Preis/Menge: 3,50 GBP / 4,34 EUR / 3 Stück / ca. 33 g
  Mittelherbe Ganache auf fruchtigem, saurem, aber auch aromatischem Gelee.

- Produkt: (Konfekt) Lemon Verbena & Rhubarb, Punkte: 59,00
  Preis/Menge: 3,50 GBP / 4,34 EUR / 3 Stück / ca. 33 g
  Helle und dunkle Ganache geschichtet. Den Rhabarber schmeckt man nicht, Zitrone ist dezent, doch wie schmeckt Eisenkraut? Insgesamt etwas muffig.

Fazit:
Das Konfekt ist in der Qualität recht unterschiedlich. Einer eher schlechten Lemon Verbena & Rhubarb folgen eine sehr gute Sea Salt Praline und eine gute Passion Fruit & Mango. Die pure Schokolade Wild Bolivia 68 % ist wohl die Felchlin-Schokolade, erfreulicherweise nur mit Kakaomasse und Zucker. Die beiden veredelten Schokoladen und der Riegel sind eher mittelmäßig gelungen und trumpfen hauptsächlich durch die sehr edle Verpackung und das gelungene Design auf. Dennoch, für die eher mittelmäßige Qualität wird ein recht stolzer Preis aufgerufen. Aber wir befinden uns ja auch in einem Viertel, in dem Geld kein Mangel ist und die Kosten für ein Mietobjekt auch nicht gering sein dürften.

Empfehlung:
Auch in London gibt es einige gute Alternativen zum Melt-Konfekt, aber eine Sea-Salt-Praline sollte man sich beim Schlendern in Notting Hill schon gönnen.

MENAKAO

Madagaskar (Antananarivo)
www.menakao.com

Verarbeitungsstufe: **Bean-to-bar**

Menakao ist eine Marke des Unternehmens Cinagra aus Madagaskar, des einzigen Herstellers von Schokolade in Madagaskar – neben der Chocolaterie Robert (Vao Vao).
Shahin Cassam Chenaï hat das Unternehmen mit einem Partner im Jahr 2006 gegründet. Während meiner ersten Reise nach Madagaskar im März 2006 konnte ich die Anfänge des Unternehmens erleben, letzte Maschinen wurden aufgebaut und erste Versuche zur Herstellung von Schokolade wurden geplant. Mittlerweile hat der Gründungspartner das Unternehmen verlassen, sodass die Leitung des Unternehmens Chenai alleine obliegt. Cinagra hat sich inzwischen zu einem hochwertigen Hersteller und ernsten Konkurrenten der Chocolaterie Robert entwickelt.
Verarbeitet werden ausschließlich einheimische Kakaobohnen aus dem Sambirano-Tal. Da Cinagra über gute Kontakte verfügt, kann das Unternehmen auf sehr gute Qualitäten zurückgreifen. Sein Sortiment besteht aus sieben dunklen Schokoladen (davon sechs veredelte Schokoladen) und einer veredelten Milchschokolade.
Bis September 2011 wurden die Schokoladen unter dem Namen „Tsar" vertrieben. „Menakao" bildet auf den Verpackungen native einheimische Menschen ab. „Mena" steht in der Sprache der Mada-

gassen für rot und soll den etwas rötlichen Kakao symbolisieren. „Kao" ist das Diminutiv für Cacao. Da es im Alphabet der Madegassen den Buchstaben „C" nicht gibt, hat man sich für „Kao" anstatt für „Cao" entschieden. Cinagra produziert auch die Schokoladen für die amerikanische Marke Madécasse, die von der amerikanischen Zeitschrift „Fast Company" im März 2011 auf Platz 50 der innovativsten Unternehmen weltweit gewählt wurde.

Produktbewertungen

- Produkt: (Dunkel) Madagascar 72 %, Punkte: 73,50
  Preis/Menge: 4,00 EUR / 75 g
  Herb, leicht adstringierend und dezent sauer. Mit deutlichem Röstaroma, was mich ein wenig stört. Fruchtig mit leicht bitterem Abgang.
  Aromaprofil: Rote Früchte, Kaffee.

- Produkt: (Dunkel) Madagascar 80 %, Punkte: 71,10
  Preis/Menge: 4,00 EUR / 75 g
  Dezent aromatisch, mit angenehmer Säure, leicht adstringierend, deutliches Röstaroma. Insgesamt etwas unharmonisch.
  Aromaprofil: Rote Beeren, Kaffee.

- Produkt: (Dunkel) Madagascar 100 %, Punkte: 62,00
  Preis/Menge: 4,00 EUR / 75 g
  Keine echte 100%ige, da mit Kakaobutter. Starke Röstaromen, trotz Zugabe von Kakaobutter sehr sauer und auch recht stark adstringierend, dabei aber leider nur dezent aromatisch.
  Aromaprofil: Kaffee, nussig, unreife Zitrusfrüchte.

- Produkt: (Veredelt) Dark Chocolate 63% cocoa nibs & Madagascan sea salt, Punkte: 80,30
  Preis/Menge: 4,00 EUR / 75 g
  Mit knusprigen Kakaonibs, aber zu dezent salzig. Die Schokolade selber hat fruchtige Aromen, ist weder sauer noch adstringierend, aber insgesamt zu süß. Die herben Kakaonibs sind da sehr willkommen. Kommt dennoch dem Charakter von Madagaskar-Kakao am nahesten von allen Menakao-Schokoladen.

- Produkt: (Veredelt) Dark Chocolate 63% combava & pink pepper, Punkte: 75,20
  Preis/Menge: 4,00 EUR / 75 g
  Aromatisch, aber etwas zu süß. Man schmeckt sehr deutlich die Kaffernlimette und auch den Rosa Pfeffer. Wer beides mag, wird seine Freude haben. Mir ist das ehrlich gesagt zu dominant.

- Produkt: (Veredelt) Dark Chocolate 70% trio of Madagascan peppers, Punkte: 71,63
  Preis/Menge: 4,00 EUR / 75 g
  Man schmeckt ganz gut den Rosa Pfeffer, dezent den Voatsiperifery Pfeffer und so gut wie gar nicht den Schwarzen Pfeffer heraus. Dieser sollte dem Ganzen wohl etwas schärfe verleihen, tut er jedoch gar nicht. Aromatisch dominiert auch bei dieser Schokolade das Röstaroma. Mit 70% Kakaoanteil ist die Schokolade selber gut gelungen, aber hat keinen besonders schönen Schmelz. Schokoladen mit Voatsiperifery Pfeffer von anderen Herstellern haben mir wesentlich besser gefallen.

- Produkt: (Veredelt) Milk Chocolate 44% Madagascan vanilla, Punkte: 73,88
  Preis/Menge: 4,00 EUR / 75 g
  Angenehm milchig-cremig, vanillig und leicht salzig. Kakaoaroma könnte dominanter sein und die Schokolade insgesamt etwas weniger süß. Dennoch schmeckt sie mir ganz gut.

Fazit:
Die Produkte sind insgesamt ordentlich gelungen. Einzig die 100%ige kann mich nicht überzeugen. Grundsätzlich sind mir die Bohnen zu kräftig geröstet. Das Röstaroma ist, ähnlich wie bei den Schokoladen von Pralus, allseits präsent und das recht penetrant.
Die Kakaoanteile der jeweiligen Schokoladen sind nicht optimal gewählt. Die 80%ige und die 100%ige funktionieren weniger, aber auch die 72%ige ist nicht optimal gelungen. Einzig bei der 70%igen kann man die Klasse des Kakaos schmecken.
Die 100%ige ist für mich kaum genießbar. Sie enthält zwar nicht nur pure Kakaomasse, sondern auch einen nicht unerheblichen Anteil an Kakaobutter. Dennoch bleibt sie sehr sauer, bitter und auch etwas adstringierend. Für eine 100%ige ist die Zugabe von Kakaobutter inkonsequent. Eine 100%ige Schokolade sollte auch nur 100% Kakaomasse beinhalten. Entweder man ist in der Lage diese gut zu produzieren, übt mehr oder lässt die Finger davon.

Empfehlung:
Auch wenn mich die Produkte nicht voll überzeugt haben, kann ich sie dennoch, bis auf der 100%igen, allen Chocoholics empfehlen.

MEYBONA

Deutschland (Löhne)
www.meybona.de

Verarbeitungsstufe: **Bean-to-bar**

In Deutschland gibt es nicht viele Bean-to-bar-Hersteller. Erstaunlich ist, dass die Wenigen auch im Handel so gut wie nicht präsent sind. Das trifft auch auf das Unternehmen Meybona zu, das außerdem kaum an Kommunikation interessiert zu sein scheint. Die Produkte sind leider so gut wie nicht zu finden. Im April 2011 konnte ich dann doch fünf Schokoladentafeln kaufen. Hierzu mehr im Fazit.
Gegründet wurde die Meybona Schokoladenfabrik im Jahre 1923 von Emil Meyerkamp und seiner Frau Luise in Löhne-Bischofshagen, wo das Unternehmen auch heute noch ihren Sitz und seine Produktion hat. Wurden anfangs noch Schokolade, Zuckerwaren und Geleeartikel hergestellt, konzentrierte man sich später auf die Schokoladentafeln. Früh traten die Töchter der Meyerkamps, Anneliese und Ursula, in das Unternehmen ein. Ursula Deppendorf kümmerte sich um die Produktion, Anneliese Meyerkamp um den kaufmännischen Bereich. Im Jahre 1990 verstarb Emil Meyerkamp. Seine Töchter und Ursulas Sohn, Axel Deppendorf, führten das Unternehmen weiter. Axel Deppendorf übernahm von seiner Mutter die Produktionsleitung und später auch den Vertrieb. Seit dem Tode Anneliese Meyerkamps im Jahre 1999 leiten Ursula Deppendorf und ihr Sohn Axel das Unternehmen.
Die Marke Meybona ist vor allem durch ihre Grußkartenersetzer bekannt geworden, durchaus originelle und witzige Motive. Das Sortiment besteht mehrheitlich aus Schokoladentafeln für Anlässe. Aber auch „richtige" Markenartikel werden angeboten, vom Handel jedoch kaum gelistet. Außerdem ist Meybona ein beliebter Hersteller von Handelsmarken.

Produktbewertungen

- Produkt: (Dunkel) Jamaika 60 %, Punkte: 93,90
  Preis/Menge: 2,79 EUR / 100 g
  Sofort schmeckt man Kräuter und Gewürze: Rosmarin, Thymian und Vanille. Sehr überraschend. Mild, für nur 60 % Kakaoanteil gar nicht so süß und mit gutem Schmelz.
  Aromaprofil: Gewürze (Rosmarin, Thymian und Vanille), Honig, Avocado.

- Produkt: (Dunkel) Ecuador 72 %, Punkte: 74,90
  Preis/Menge: 2,79 EUR / 100 g
  Keine schlechte Schokolade, die gut essbar ist und einen schönen Schmelz besitzt. Leicht bitter und auch dezent sauer, mit einer Nuance Adstringens. Leider sind die Ecuador-Aromen zu dezent ausgeprägt. Mit für Ecuador-Kakao unüblichen Aromen.
  Aromaprofil: Nussig, leicht torfig und sehr dezent blumig, Pilze, grüne Oliven.

- Produkt: (Milch) Ghana 45 %, Punkte: 81,70
  Preis/Menge: 2,79 EUR / 100 g
  Extrem guter Schmelz, dafür gibt es die Höchstnote. Schön kakaoig, aber auch milchig-cremig, mit angenehmen Nuancen des Kakaos. Insgesamt aber ein klein wenig zu süß.
  Aromaprofil: Kakao, blumig, Butter-Fudges, Milch, süße Beeren.

- Produkt: (Milch) Papua Neuguinea 45 %, Punkte: 78,50
  Preis/Menge: 2,79 EUR / 100 g
  Mit Kakaocharakter, dennoch milchig-cremig und mit gutem Schmelz. Etwas zu süß, man schmeckt die etwas geräucherten Bohnen.
  Aromaprofil: Malz, Torf, leicht geräucherte Kakaobohnen, Butter, Toastbrot.

- Produkt: (Milch) Tansania 45 %, Punkte: 77,50
  Preis/Menge: 2,79 EUR / 100 g
  Milchig-cremig, schöner Schmelz, nicht zu süß. Kakaocharakter ist da, jedoch relativ dezent. Insgesamt leicht zu süß.
  Aromaprofil: Alpenmilch, Nüsse, Toffee, Karamell, Minze.

Fazit:
Ein bisschen habe ich ein weiteres Desaster befürchtet. Warum sonst sollte kein Interesse an kostenloser Werbung, und das auch noch redaktioneller Art, bestehen? Dann habe ich die Produkte verkostet und schon die erste Schokolade hat mich überrascht. Kein Desaster, sondern gute Schokolade. Abgesehen von der Ecuador, die aber auch nicht schlecht ist, sind alle Schokoladen gut. Besonders die Jamaika-Schokolade erreicht Spitzenqualität, sie ist evtl. sogar die beste auf dem Markt. Gar nicht auszudenken, wie gut sie mit einem etwas höherem Kakaoanteil wäre. Auch bei den nicht zu süßen Milchschokoladen ist der Ursprungskakao deutlich schmeckbar und der Schmelz sehr gut. Kompliment! Erwähnenswert sind außerdem das attraktive Preis-Leistungs-Verhältnis und das angenehme Design – auch wenn die Idee der aufgedruckten Koordinaten von François Pralus abgeschaut wurde.

Empfehlung:
Alle Schokoladen sind für Schokoladenliebhaber empfehlenswert, für Chocoholics besonders die Jamaika, auch wenn sie recht süß ist. Aber das Aroma ist schon sehr speziell und hat etwas Einzigartiges.

MICHAEL MISCHER

USA (Oakland, Kalifornien)
www.michaelmischerchocolates.com

Verarbeitungsstufe: **Standard-Schokolade**

Michael Mischer ist in Bad Bevensen in Deutschland geboren und hat in Braunschweig eine klassische Konditorausbildung absolviert. 1985 wanderte er aus, um in einer deutschen Bäckerei in Kalifornien zu arbeiten. Nach fünf Jahren eröffnete er eine eigene Konditorei und seit Mai 2004 betreibt Michael Mischer nun schon seine eigene Confiserie in Oakland. Schon die Auswahl der verwendeten Kuvertüren lässt Gutes erahnen. Sie stammen von Felchlin und ein Großteil der Sorten sind Grand Cru Kuvertüren. Es ist schon erstaunlich, wie viele Confiseure und Chocolatiers im Sunshine State, besonders aber in San Francisco und dem Umland aktiv sind. Traditionelle Unternehmen wie Guittard oder Ghirardelli, aber auch jüngere Unternehmen wie Scharffen Berger, Michael Recchiuti, Dagoba oder Theo.

Produktbewertungen

- Produkt: (Veredelt) Toffee and Murray River Salt Dark, Punkte: 76,90
  Preis/Menge: 10,95 USD / 7,93 EUR / 85 g
  Aromatischer als die Milchschokolade. Toffee harmoniert hier besser.

- Produkt: (Veredelt) Toffee and Murray River Salt Milk, Punkte: 76,00
  Preis/Menge: 10,95 USD / 7,93 EUR / 85 g
  Einfache Milchschokolade mit knusprigem Toffee. Salz nicht in der Schokolade oder im Toffee, sondern aufgestreut.

- Produkt: (Veredelt) Orange-Shichimi Togarashi, Punkte: 75,50
  Preis/Menge: 10,95 USD / 7,93 EUR / 85 g
  Harmonische dunkle Schokolade, leicht fruchtig und würzig, mit dezenter und angenehmer Schärfe.

- Produkt: (Veredelt) Spiced Almonds, Punkte: 74,50
  Preis/Menge: 10,95 USD / 7,93 EUR / 85 g
  Würzige, aromatische und leicht pikante Mandeln, großzügig bestreut. Passt gut zur dunklen Schokolade.

- Produkt: (Veredelt) Blueberry & Dragon Fruit, Punkte: 68,50
  Preis/Menge: 10,95 USD / 7,93 EUR / 85 g
  Drachenfrucht (Pitahaya) kaum aromatisch, Blaubeeren hingegen ganz in Ordnung. Dunkle Schokolade recht dominant.

- Produkt: (Konfekt) Cherry, Punkte: 90,50
  Preis/Menge: 15,50 USD / 11,22 EUR / 100 g
  Sehr angenehme Kirsch-Ganache, fruchtig-sauer, mit einer eingelegten, saftigen Rosinen.

- Produkt: (Konfekt) Salted Caramel, Punkte: 88,50
  Preis/Menge: 15,50 USD / 11,22 EUR / 100 g
  Noch besser als die Milchvariante, da sehr guter Kontrast mit der dunklen Schokolade.

- Produkt: (Konfekt) Root Beer, Punkte: 87,60
  Preis/Menge: 15,50 USD / 11,22 EUR / 100 g
  Eine echte Kuriosität und sehr gut gemacht. Root Bier, im Deutschen „Wurzelbier" ist ein alkoholfreies Getränk, ähnlich dem Malzbier, aber dennoch ganz anders im Geschmack.

- Produkt: (Konfekt) Peanut Butter, Punkte: 85,20
  Preis/Menge: 15,50 USD / 11,22 EUR / 100 g
  Sehr intensives Erdnussaroma. Die etwas süße Füllung ist harmonisch mit der herben Schokolade.

- Produkt: (Konfekt) Baked Apple, Punkte: 83,50
  Preis/Menge: 15,50 USD / 11,22 EUR / 100 g
  Halbflüssiger Karamell mit sehr gutem Bratapfelaroma. Köstlicher Karamell.

- Produkt: (Konfekt) Barbecue, Punkte: 82,50
  Preis/Menge: 15,50 USD / 11,22 EUR / 100 g
  Sehr gelungen, mit einem sehr intensiven Barbecue-Aroma. Muss man aber mögen.

- Produkt: (Konfekt) Champagne, Punkte: 81,10
  Preis/Menge: 15,50 USD / 11,22 EUR / 100 g
  Mit einer eingelegten, saftigen Rosine. Sehr angenehmes Marc-de-Champagne-Aroma und nicht zu alkoholisch.

- Produkt: (Konfekt) Lavender & Honey, Punkte: 80,50
  Preis/Menge: 15,50 USD / 11,22 EUR / 100 g
  Wer Lavendel mag, wird auch dieses Konfekt sehr mögen. Fein dosierter Lavendel in Karamell-Ganache.

- Produkt: (Konfekt) Salted Caramel (Milk Chocolate), Punkte: 78,50
  Preis/Menge: 15,50 USD / 11,22 EUR / 100 g
  Sehr gelungener Karamell mit perfekt dosiertem Salz.

- Produkt: (Konfekt) Chipotle, Punkte: 78,10
  Preis/Menge: 15,50 USD / 11,22 EUR / 100 g
  Sehr angenehme Schärfe, cremige Füllung und nicht zu süß.

- Produkt: (Konfekt) Caramel, Punkte: 77,50
  Preis/Menge: 15,50 USD / 11,22 EUR / 100 g
  Guter Karamell, nicht zu süß und harmonisch mit der dunklen Schokolade.

- Produkt: (Konfekt) Peanut Butter Croquant, Punkte: 77,50
  PPreis/Menge: 15,50 USD / 11,22 EUR / 100 g
  Mit Erdnuss-Stückchen, nicht ganz so aromatisch wie die dunkle Varainte. Etwas zu dicke Schokolade.

- Produkt: (Konfekt) All Dark, Punkte: 75,50
  Preis/Menge: 15,50 USD / 11,22 EUR / 100 g
  Angenehm schokoladig, nicht zu schwer und mächtig.

- Produkt: (Konfekt) Lilikoi, Punkte: 74,50
  PPreis/Menge: 15,50 USD / 11,22 EUR / 100 g
  Helle, fruchtige Ganache (Pfirsich), vielleicht etwas zu süß. Schmeckt aber dennoch gut.

- Produkt: (Konfekt) Orange Zest, Punkte: 74,50
  Preis/Menge: 15,50 USD / 11,22 EUR / 100 g
  Gut dosierte Orange, nicht zu süß.

- Produkt: (Konfekt) Marzipan, Punkte: 73,50
  Preis/Menge: 15,50 USD / 11,22 EUR / 100 g
  Pures weiches Marzipan. Harmoniert gut mit der herben Schokolade.

- Produkt: (Konfekt) Hazelnut, Punkte: 69,00
  Preis/Menge: 15,50 USD / 11,22 EUR / 100 g
  Relativ fester (zu fester) dunkler Haselnussnougat, etwas schmierig.

- Produkt: (Konfekt) Espresso, Punkte: 68,50
  Preis/Menge: 15,50 USD / 11,22 EUR / 100 g
  Gutes Aroma, angenehm cremig und nicht zu süß, aber mit Kaffeepulver, das etwas stört.

Fazit:
Die Verkostung von Michael Mischers Produkten hat Spaß gemacht. Es gibt keine wirklich schlechten Produkte, dafür aber viele gute und nur wenig Mittelmaß. Die Schokoladentafeln sind alle gut, aber nicht sensationell. Besonders überzeugen konnten die dunkle Toffee and die Murray River Salt, aber auch die Orange-Shichimi-Togarashi, die aromatisch und kreativ sind.

Empfehlung:
Liebhabern veredelter Schokoladen ist die Toffee and die Murray River Salt zu empfehlen. Konfektliebhaber sollten eine Affinität zum französischen Konfektstil haben, dann werden ihnen die Produkte von Michael Mischer sehr gefallen. Aber Vorsicht, es sind einige experimentelle Geschmacksrichtungen dabei.

MICHAEL RECCHIUTI CONFECTIONS

USA (San Francisco)
www.recchiuti.com

Verarbeitungsstufe: **Standard-Schokolade**

Das 1997 von Michael und Jacky Recchiuti gegründete Unternehmen Recchiuti Confections war eines der ersten, das Konfekt nach europäischem Vorbild produzierte. Schon früh wurde mit frischem Lavendel oder Estragon experimentiert. Heute ist das Sortiment vielfältig und interessant. Äußerst erfreulich ist die Besinnung auf die eigenen Stärken: Recchiuti ist Confiseur und nicht Chocolatier. Entsprechend sind auch die Produkte konzeptioniert. Leider konnte ich in New York nur eine begrenzte Auswahl erhalten, sodass ich nur vier Sorten testen konnte.

Produktbewertungen

- Produkt: (Konfekt) Sur de Lago,
  Punkte: 85,50
  Preis/Menge: 14,00 USD / 11,05 EUR / 4 Stück
  Sehr guter Kakaogeschmack, der aber durch die recht saure Schokolade gleichzeitig etwas sauer ist. Eine herbe Angelegenheit, eher für Chocoholics.

- Produkt: (Konfekt) Fleur de Sel Caramel,
  Punkte: 84,00
  Preis/Menge: 14,00 USD / 11,05 EUR / 4 Stück
  Sehr karamellig, halbflüssig, nicht zu süß und gut gesalzen.

- Produkt: (Konfekt) Force Noire, Punkte: 83,40
  Preis/Menge: 14,00 USD / 11,05 EUR / 4 Stück
  Kräftige, herbe und schokoladige Ganache-Füllung mit gutem Kakaogeschmack. Cremig-weich, elegant und von zurückhaltender Süße.

- Produkt: (Konfekt) Michaels signature burnt caramel, Punkte: 82,80
  Preis/Menge: 14,00 USD / 11,05 EUR / 4 Stück
  Weiche Ganache-Füllung, mit angenehmem Karamellgeschmack. Karamell ist relativ dunkel, man schmeckt die intensiven Röst-Nuancen.

Fazit:
Die Produkte gefallen durchaus, das Konfekt Fleur de Sel Caramel sticht dabei positiv hervor: sehr karamellig und gut gesalzen. Markanter jedoch ist die Sur del Lago (Kakaosorte aus Venezuela). Sie zeigt deutlich die Aromen des Kakaos, auch wenn die Schokolade und das Konfekt insgesamt etwas sauer sind. Die beiden anderen Sorten sind da schon etwas einfacher, aber ebenfalls überdurchschnittlich gut.

Empfehlung:
Alle Sorten sind empfehlenswert. Der Charakter der Pralinen spricht mit Sicherheit alle Liebhaber französischen Konfekts an.

MICHEL CLUIZEL

Frankreich (Damville)
www.cluizel.com

Verarbeitungsstufe: **Bean-to-bar**

Die Karriere Michel Cluizels begann im Jahre 1948 in der Pâtisserie seiner Eltern in der Normandie. Im Laufe der Jahre fokussierte sich sein Interesse auf Kakao und die Herstellung von Schokolade. Michel

Cluizel hat bereits weit vor dem Schokoladenboom damit begonnen, Ursprungsschokoladen aus Kakaobohnen nur einer Plantage herzustellen. Er muss daher als einer der Wegbereiter hervorgehoben werden. Außerdem bietet das Unternehmen ein umfangreiches Angebot an Schokoladenprodukten und an Verpackungsvariationen.
Die Produktlinie „Les 1ers Crus de Plantation" umfasst fünf Plantagen, von deren Bohnen er sowohl dunkle als auch Milchschokoladen herstellt. Darunter sind so namhafte Plantagen wie Los Anconès von der Dominikanischen Republik oder Concepcion in Venezuela. Leider konnte ich die Plantage Mangaro auf Madagaskar nicht ausfindig machen, obwohl ich mehrmals das Sambirano-Tal durchforstet habe. Schade, ich hätte mir die Plantage gerne angeschaut, da die Mangaro-Schokoladen mit zu den besten Madagaskars zählen. Etwas seltsam finde ich, dass niemand im Sambirano-Tal je etwas von dieser Plantage gehört hat. Ein Schelm, wer böses dabei denkt ...
Alle Schokoladen werden ohne den Zusatz von Soja-Lecithin hergestellt. Auf die ausschließliche Verwendung von Kakaobutter und echter frischer Vanille weist Cluizel bei jeder Gelegenheit hin. Das sollte für einen Chocolatier dieses Niveaus aber selbstverständlich sein, wobei die Auslobung und Verwendung von Vanille in dunkler Schokolade nicht zwangsläufig ein positives Qualitätsmerkmal ist. Bei den verwendeten, qualitativ hochwertigen Kakaosorten hätte ich mir gewünscht, dass die eine oder andere Sorte davon verschont bliebe. In dunkler Schokolade ist ihr Einfluss auf das Aroma nicht unerheblich, durch sie kommen die feinen Nebenaromen der Kakaobohne weniger zur Geltung. Andererseits muss ich gestehen, dass bei keinem anderen Chocolatier Vanille in Ursprungsschokolade so gut funktioniert wie hier.
Als zweites Standbein hat Cluizel im Laufe der Jahre ein attraktives Angebot an Produkten zur Weiterverarbeitung in der Konditorei zusammengestellt. Es kann gut sein, dass Sie beim Konditor Ihres Vertrauens nebenan ein Törtchen kaufen, das mit Cluizel-Produkten hergestellt wurde.

Produktbewertungen

- Produkt: (Dunkel) Los Anconès 67 %,
  Punkte: 93,25
  Preis/Menge: 4,00 EUR / 70 g
  Sehr aromatisch, toller Schmelz, mild und mit angenehmer Süße, aber auch herb.
  Aromaprofil: Aprikosen, rote etwas saure Beeren, Lakritze, grüne Oliven.

- Produkt: (Dunkel) Vila Gracinda 67 %,
  Punkte: 93,00
  Preis/Menge: 4,00 EUR / 70 g
  Gute Aromen, leicht rauchig. Hier zeigt sich, welch feine Schokoladen mit einfachem Kakao möglich sind.
  Aromaprofil: Lakritze, Melasse, Tabak, Tropenholz, Kaffee.

- Produkt: (Dunkel) Mangaro 65 %,
  Punkte: 92,00
  Preis/Menge: 4,00 EUR / 70 g
  Tolle fruchtige Aromen, harmonisch, mit deutlichem Madagaskar-Charakter.
  Aromaprofil: Zitrusfrüchte, rote Beeren, Vanille, Gewürze.

- Produkt: (Dunkel) Maralumi 64 %,
  Punkte: 88,70
  Preis/Menge: 4,00 EUR / 70 g
  Angenehme Aromen des Papua-Neuguinea-Kakaos. Aromatisch und mit sehr gutem Schmelz. Leicht rauchig.
  Aromaprofil: Gewürze (Muskatnuss, Nelken, Vanille), Tabak, Bananen, rote Beeren.

- Produkt: (Dunkel) Concepcion 66 %,
  Punkte: 85,80
  Preis/Menge: 4,00 EUR / 70 g
  Angenehme Schokolade, die einen tollen Schmelz und eine gute Balance von süß und herb besitzt.
  Aromaprofil: Pflaumen, getrocknete Früchte, Zedernholz.

- Produkt: (Dunkel) Grand Noir 85 %,
  Punkte: 66,50
  Preis/Menge: 4,40 EUR / 70 g
  Dezent aromatische Schokolade mit einem nicht so angenehmen Schmelz, relativ bitter.
  Aromaprofil: Starker Espresso, Leder, Avocado, rote Beeren.

- Produkt: (Dunkel) Noir Infini 99 %,
  Punkte: 61,00
  Preis/Menge: 2,30 EUR / 30 g
  Zimt, Vanille und Ingwer unter 1 %, um als Schokolade auslobbar zu bleiben. Etwas schmieriger Schmelz, sauer, bitter und insgesamt unharmonisch.
  Aromaprofil: starker und etwas verbrannter Kaffee, Waldboden, Pilze, unreife grüne Oliven.

- Produkt: (Milch) Mangaro Lait 50 %,
  Punkte: 93,70
  Preis/Menge: 4,00 EUR / 70 g
  Sehr gute und aromatische dunkle Milchschokolade, die kakaoig, aber auch milchig ist.
  Aromaprofil: Zitrusfrüchte, Honig, Malz, Vanille.

- Produkt: (Milch) Maralumi Lait 47 %,
  Punkte: 89,40
  Preis/Menge: 4,00 EUR / 70 g
  Sehr ausgewogen und mit gutem Kakaoaroma. Milchig-cremig, toller Schmelz.
  Aromaprofil: Rahm, Malz, dunkler Karamell, Tropenfrüchte, Datteln, Tabak.

- Produkt: (Milch) Grand Lait 45 %,
  Punkte: 63,70
  Preis/Menge: 3,80 EUR / 70 g
  In der Qualität nicht vergleichbar mit den Plantagen-Sorten. Begrenzt milchig-cremig, aber auch nur mit dezentem Kakaocharakter.
  Aromaprofil: Malz, Karamell, Toffee.

- Produkt: (Weiße) Ivoire, Punkte: 89,00
  Preis/Menge: 5 USD / 3,45 EUR / 70 g
  Sehr gute weiße Schokolade, ausnahmsweise mit Soja-Lecithin. Nicht zu süß, milchig-cremig.
  Aromaprofil: Milch, Vanillepudding.

- Produkt: (Veredelt) Lait Éclats Caramel Beurre Salé 45 %, Punkte: 94,60
  Preis/Menge: 4,00 EUR / 100 g
  Sehr gelungen, gutes Aroma von Butter und Karamell, knusprig, Konsistenz und Schmelz der Milchschokolade toll gelungen. Guter Kakaocharakter, nicht zu süß.

- Produkt: (Veredelt) Noir Grué de Cacao 60 %,
  Punkte: 85,40
  Preis/Menge: 3,60 EUR / 100 g
  Die Kakaosplitter sind knusprig und aromatisch. Dunkle Schokolade leider mit nur 60 % Kakaoanteil etwas zu süß.

- Produkt: (Veredelt) Lait Noisettes 45 %,
  Punkte: 82,90
  Preis/Menge: 4,90 EUR / 100 g
  Schmackhaft, mit vielen Nüssen, die die Süße der Milchschokolade gut regulieren.

- Produkt: (Veredelt) Noir Café 60 %,
  Punkte: 69,90
  Preis/Menge: 3,90 EUR / 70 g
  Keine Besonderheit, aber in Ordnung. Kaffee-Geschmack ist gegeben, aber leider ist die dunkle Schokolade zu süß.

- Produkt: (Riegel) Bouchée Feuilleté noir,
  Punkte: 89,40
  Preis/Menge: 2,30 EUR / Stück
  Sehr knusprig, angenehm herb durch bitteren Nougat.

- **Produkt:** (Riegel) Noir Praliné 60 %,
  Punkte: 58,75
  Preis/Menge: 4,00 EUR / 100 g
  Viel zu süß, kein gutes Aroma. Diese Schokolade wird zurecht vom Markt genommen ...

- **Produkt:** (Schachtel) Ganaches 1ers Crus de Plantation, Punkte: 66,08
  Preis/Menge: 23,00 EUR / 270 g
  Edel, schick, aufwändig, teuer – und schlecht. Buttrig-fette, viel zu süße und feste Ganache-Füllungen, die einzelnen Kakaosorten sind nur dezent herausschmeckbar. Entwickelt für eine lange Haltbarkeit, aber nicht für den Genuss. Unglaublich mächtiges Konfekt. Qualitativ nicht mit den puren Schokoladen vergleichbar.

  Konfekt-Einzelbewertungen:
  Palet Los Anconès: Punkte: 67,00
  Buttrig-fette, viel zu süße und feste Füllung. Der Kakao kommt aber gut zur Geltung.
  Kouaré: Punkte: 67,80
  Buttrig-fette, viel zu süße und feste Füllung. Etwas Charakter des verwendeten Kakaos.
  Palet Conceptión: Punkte: 65,80
  Buttrig-fette, viel zu süße und feste Füllung. Wenig Charakter des verwendeten Kakaos.
  Valséro: Punkte: 65,20
  Buttrig-fette, viel zu süße und feste Füllung. Schokolade mit nussigem Charakter.
  Palet Feuille d' Argent: Punkte: 64,60
  Buttrig-fette, viel zu süße und feste Füllung. Wenig Charakter des verwendeten Kakaos.

- **Produkt:** (Konfekt) Macarolats Praliné & Toffee, Punkte: 83,00
  Preis/Menge: 6,90 EUR / 100 g
  Mit Nougat gefüllt. Angenehm. Ausnahmsweise nicht zu süß oder zu mächtig.

- **Produkt:** (Konfekt) Tonkaline, Punkte: 72,80
  Preis/Menge: 6,90 EUR / 100 g
  Nougat mit Tonkabohne mit sehr gutem Aroma, leider etwas zu süß.

- **Produkt:** (Konfekt) Cassis, Punkte: 71,00
  Preis/Menge: 6,90 EUR / 100 g
  Flüssig gefüllt mit Kruste, viel zu süß, aber mit ganz gutem Aroma.

Fazit:
Respektabel ist, dass alle Cru-de-Plantation-Schokoladen zur Weltspitze gehören, sowohl die dunklen als auch die Milchschokoladen. Auch die neue weiße Schokolade zählt zu der Kategorie „besonders gut", sie ist diskret süß und nicht zu fettig. Die „normalen" Schokoladentafeln hingegen sind um Klassen schlechter, was dann doch sehr verwundert. Einen so krassen Unterschied zwischen „Plantagenschokolade" und „normaler" konnte ich bei keinem anderen Hersteller feststellen.
Der kleine Haken an den dunklen Schokoladen ist die Verwendung von Vanille. Besonders bei der Villa Gracinda stört mich die Wucht des Vanillearomas, obwohl die Schokolade insgesamt sehr gut gelungen ist.
Mit der veredelten Schokoladentafel Lait Éclats Caramel Beurre Salé 45 % ist Michel Cluizel in der Kategorie Riegel/Gefüllte Schokoladen der große Wurf gelungen. Das kann man wohl kaum besser machen.
Die Achillesferse Michel Cluizels ist definitiv das Konfekt. Es ist einfach zu süß und zu mächtig. Beides resultiert daraus, dass die Haltbarkeit des Konfekts das wohl wichtigste Kriterium der Entwicklung war. Die Verwendung von Butter als Hauptzutat der Ganachefüllungen, statt Sahne oder Crème fraîche, hilft die Haltbarkeit zu verlängern. Der Zucker un-

terstützt das Ganze sehr. Die negative Auswirkung ist aber, dass das Konfekt relativ fest, mit wenig Schmelz und kaum cremig ist. Hinzu kommen dann die Mächtigkeit und die Süße.
Sehr ärgerlich war der Kauf der Konfektschachtel „Ganache 1ers Crus de Plantations". Statt der auf der Rückseite angegebenen sieben Sorten Konfekt befanden sich nur fünf Sorten in der Schachtel. Die fehlenden zwei Sorten wurden durch zusätzliche Stücke der fünf beinhaltenden Sorten aufgefüllt. Meine Nachfrage ergab, dass es Probleme mit der Verwendung der Dekorfolien gab, da seit dem 1. Juli 2010 bei gewissen Farbstoffen ein Warnhinweis auf der Schachtel aufgedruckt sein muss. Diese Farben seien in zwei Folien enthalten. Warum Cluizel nicht einfach kurzfristig das Dekor geändert und eine entsprechende Erklärung beigelegt hat, bleibt mir schleierhaft. Zumindest hätte ich aber erwartet, dass mich die Mitarbeiterin, bei der ich die Schachtel auf dem Salon du Chocolat erhalten habe, auf die Änderung des Inhalts hinweist. Eine Erstattung bzw. ein Ersatz wurde mir übrigens nicht angeboten.
Michel Cluizel kann mit einer kleinen Produktauswahl beeindrucken, insgesamt war die Verkostung aber eine Ernüchterung. Kann er mit den Schokoladen noch eine Durchschnittsnote von deutlich über 80 Punkten erreichen, reißt ihn das schlecht bewertete Konfekt weit unter die 80-Punkte-Grenze. Schade eigentlich. Durch die Unbeständigkeit lässt sich Michel Cluizel auch nicht zur Weltspitze zählen, auch wenn vereinzelte Produkte von Weltklasse sind.

Empfehlung:
Alle Sorten der Plantagenschokoladen sind empfehlenswert und natürlich die Lait Ecluts Caramel Beurre Salé.

MONBANA

Frankreich (Ernée)
www.monbana.com

Verarbeitungsstufe: **Standard-Schokolade**

Das Unternehmen Monbana wurde im Jahr 1934 von Louis Guattari gegründet und befindet sich auch heute noch im Familienbesitz. Ursprünglich war Monbana auf die Herstellung von Kakaobutter und Kakaopulver spezialisiert, erst 1978 wurde mit Schokoladencarrées begonnen. Seit der Übernahme der Unternehmensleitung durch Yves Guattari im Jahr 2001 zeigt sich ein Strategiewechsel in der Markenführung. Durch die Entwicklung von Produkten für den gehobenen Fachhandel, konnte sich Monbana dort recht gut etablieren.

Produktbewertungen

- **Produkt: (Veredelt) Recette Occitane – Chocolat au lait, Punkte: 69,00**
  Preis/Menge: 5,90 EUR / 90 g
  Milchschokolade mit kandierten Früchten. Für Liebhaber.

- **Produkt: (Veredelt) La Provencale – Chocolat noir, Punkte: 66,00**
  Preis/Menge: 5,90 EUR / 90 g
  Mit gut kandierten Früchten und Nüssen belegte dunkle Schokolade. Schokolade selbst sehr einfach und eher minderwertig.

- **Produkt: (Veredelt) La Parisienne – Chocolat noir, Punkte: 58,00**
  Preis/Menge: 5,90 EUR / 80 g
  Macarons steinhart, dunkle Schokolade banal und ohne Aromen. Wegen Farbstoffen mit Warnhinweis für Kinder.

- **Produkt: (Veredelt) 18 Napolitaines assortis, Punkte: 49,47**
  Preis/Menge: 3,99 EUR / 90 g
  Preis-Leistung stimmt leider gar nicht. Einfachste Schokolade, kaum Geschmack, ohne Raffinesse, süß, klebrig etc.

  Schokoladen-Einzelbewertungen:
  (Dunkel) 70 % pur, Punkte: 56,00
  Preis/Menge: 3,99 EUR / 90 g
  Banale, einfache dunkle Schokolade. Ohne besondere Aromen, bitter.
  (Milch) Lait, Punkte: 57,00
  Preis/Menge: 3,99 EUR / 90 g
  Sehr einfache und banale Milchschokolade. Kaum Kakaoaroma, muffig, süß.
  (Veredelt) Noir Féves de Cacao, Punkte: 60,00
  Preis/Menge: 3,99 EUR / 90 g
  Dunkle Schokolade von Standardqualität mit knusprigen Kakaobohnensplittern.
  (Veredelt) Lait Praliné, Punkte: 47,75
  Preis/Menge: 3,99 EUR / 90 g
  Milchschokolade mit Nougat. Muffig, klebrig, schlechter Geschmack.
  (Veredelt) Noir Praliné, Punkte: 47,75
  Preis/Menge: 3,99 EUR / 90 g
  Dunkle Schokolade mit Nougat. Kaum besser als die Milchvariante.
  (Veredelt) Lait Cappuccino, Punkte: 45,50
  Preis/Menge: 3,99 EUR / 90 g
  Milchschokolade mit Kaffee. Wenig und künstliches Cappuccinoaroma, süß, klebrig.
  (Veredelt) Noir Céréales, Punkte: 44,75
  Preis/Menge: 3,99 EUR / 90 g
  Schlechte dunkle Schokolade mit Cerealien und schlechtem Geschmack.
  (Veredelt) Noir Nougat, Punkte: 44,75
  Preis/Menge: 3,99 EUR / 90 g
  Soll dunkle Schokolade mit Krokant sein, kaum definierbar.
  (Veredelt) Lait Céréales, Punkte: 41,75
  Preis/Menge: 3,99 EUR / 90 g
  Milchschokolade mit Cerealien. Muffig, klebrig, schlechter Geschmack.

- **Produkt: (Riegel) Lait Nougat, Punkte: 59,00**
  Preis/Menge: 1,35 EUR / 35 g
  Charakterlose Milchschokolade mit in den Zähnen klebenden Krokantstückchen. Kaum aromatisch, aber süß.

- **Produkt:** (Riegel) Lait Praliné, Punkte: 54,00
  Preis/Menge: 1,35 EUR / 35 g
  Süßer und kaum aromatischer Nougat in Milchschokolade.

- **Produkt:** (Riegel) Fèves de Cacao, Punkte: 49,25
  Preis/Menge: 1,35 EUR / 35 g
  Mit knusprigen Nibs, aber mit der gleichen, furchtbaren dunklen Schokolade wie bei der veredelten Version.

- **Produkt:** (Riegel) Lait Céréales, Punkte: 49,00
  Preis/Menge: 1,35 EUR / 35 g
  Mit 9 % Getreideflocken, die man kaum schmeckt. Recht süße Milchschokolade und mit Vanillin.

- **Produkt:** (Riegel) Noir 70 % Cacao, Punkte: 45,00
  Preis/Menge: 1,35 EUR / 35 g
  Dunkle Schokolade in Riegelform. Schmeckt furchtbar, ohne jeden Charme.

Fazit:
Überzeugen konnte keines der getesteten Produkte. Die Stärken des Unternehmens liegen wohl eher bei den Spezialitäten, wie z. B. den dragierten Mandeln, beim aromatisierten Kakaopulver und dem trendigen Verpackungs- und Designstil. Egal ob pure Produkte, veredelte oder Riegel, alle sind banal, charakterlos und von fragwürdigem Geschmack.

Empfehlung:
Wer gerne kandierte Früchte mag, kommt bei den gesteteten Produkten bei der Recette Occitane auf seine Kosten.

MONTEZUMA'S

England (Chichester, West Sussex)
www.montezumas.co.uk

Verarbeitungsstufe: **Standard-Schokolade**

Gegründet wurde das Unternehmen im Jahr 2000 von Helen und Simon Pattinson, beide studierte Anwälte. Der Markenname Montezuma's ist einerseits sehr mit der Kakaogeschichte verknüpft, andererseits denkt man aber zwangsläufig auch an Montezumas Rache – vielleicht ein Grund, warum erst das Ehepaar Pattinson den einprägsamen Namen für eine Schokoladenmarke nutzt.
Manche Produkte sind Bio-zertifiziert, andere vegan oder Faire-Trade-zertifiziert. Eine einheitliche Linie gibt es nicht, was aber auch nicht tragisch ist. Das Design ist bunt-flippig mit humorvollen Namen, wie z. B. Culture Shock für die Chili-Ingwer-Tafel oder Bean Machine für die Kaffeeschokolade. Unverkennbar, dass Montezuma's die junge Kundenschicht sucht. Ethik ist für das Unternehmen ein großes Thema. Immer wieder wird darauf hingewiesen, ebenso darauf, dass man die Kakaobohnen direkt bei Kakaoanbauern einkauft. Das Unternehmen suggeriert damit – und auch mit anderen Methoden – eindrucksvoll, ein Bean-to-bar-Hersteller zu sein. Dem ist jedoch nicht so. Nach meiner Einschätzung wird Standard-Kuvertüre verwendet, bestenfalls eine Schokolade nach eigener Rezeptur. Außer Schokoladetafeln werden auch Konfekt und Trinkschokolade angeboten.

Produktbewertungen

- Produkt: (Dunkel) 73 % very Dark Chocolate, Punkte: 63,00
  Preis/Menge: 2,39 GBP / 2,81 EUR / 100 g
  Zu bitter, starke Röstung, keine angenehmen Aromen.
  Aromaprofil: Verbrannter Kaffee, torfig und etwas schwefelig.

- Produkt: (Milch) 34 % smooth Milk Chocolate, Punkte: 56,00
  Preis/Menge: 2,39 GBP / 2,81 EUR / 100 g
  Belanglos, süß, milchig, karamellig, aber nicht schokoladig.
  Aromaprofil: Karamell, Malz, fettarme Milch.

- Produkt: (Weiße) Culture Shock with Ginger and Chilli, Punkte: 69,00
  Preis/Menge: 2,39 GBP / 2,81 EUR / 100 g
  Zwar süß, aber noch in Ordnung. Gute Schärfe und gutes Chiliaroma. Kandierter Ingwer leider etwas zu aromaschwach.

- Produkt: (Weiße) Bean Machine with Coffee, Punkte: 40,25
  Preis/Menge: 2,39 GBP / 2,81 EUR / 100 g
  Viel zu süß, unangenehmes Aroma. Wenn überhaupt, dann schwacher Milchkaffee oder schwacher Latte Macchiato, kaum Kaffeeschokolade.

Fazit:
Mehr Schein als Sein. Alles sieht nett aus, ist geschmacklich aber enttäuschend. Die Milchschokolade ist zu süß und ohne Kakaocharakter, die dunkle Schokolade ist kaum aromatisch und zu bitter. Laut Montezuma's soll der Kakao aus der Dominikanischen Republik stammen und wahrscheinlich der beste Kakao der Welt sein. Diese absurde Annahme zeigt, dass es bei der Beurteilung der Kakao- und Schokoladenqualität an Know-how fehlt. Dominikanischer Kakao ist zweifelsohne gut, aber niemals der Beste der Welt. Das Unternehmen erhascht sich durch kluges Marketing einen Wettbewerbsvorteil, den die Qualität der Produkte nicht rechtfertigen kann.

Empfehlung:
Leider ist keine Empfehlung möglich.

MULU

England (Rayleigh, Essex)
www.muluchocolate.co.uk

Verarbeitungsstufe: **Mass-to-bar**

Im Sommer 2007 kamen Ben Fordham und Kaycee Burnett durch Bens Mutter Jeannie erstmals in Berührung mit dem Thema Raw-Chocolate. Anfangs wurden provisorisch in der Küche die ersten Versuche gestartet. Ben kümmerte sich dann um die Herstellung der Schokolade und deren Rezepturen, Kaycee war verantwortlich für den Einkauf, das Design und das Marketing.
Mulu bietet drei Sorten an: Dark, Dark mit Kakao-Nibs und Silk, ein Equivalent zu Milchschokolade, allerdings ohne Milch. Laut Kaycee kauft das Unternehmen Kakaomasse und Kakaobutter, um die Produkte herzustellen.

Produktbewertungen

- Produkt: (Dunkel) Dark Chocolate 67 %, Punkte: 66,50
  Preis/Menge: 2,99 GBP / 3,55 EUR / 68 g
  Aromatische, essbare Raw-Schokolade. Hergestellt mit Agavenektar statt Zucker, sehr schneller Schmelz.
  Aromaprofil: Blumig (Jasmin), geröstete Nüsse, harzig.

- Produkt: (Veredelt) Dark Chocolate with Raw Cacao Nibs, Punkte: 68,50
  Preis/Menge: 2,99 GBP / 3,55 EUR / 68 g
  Wie die pure Version, jedoch mit knusprigen Nibs.

Fazit:
Mulus Raw-Chocolate ist eine Mainstream-taugliche Alternative zu den Raw-Schokoladen, die geschmacklich doch oftmals eine Herausforderung sind. Auffallend ist, dass die Schokoladen trotz 67 % Kakaoanteil sehr mild sind, was darauf schließt, dass ein hoher Anteil an Kakaobutter enthalten ist. Das würde auch den sehr guten Schmelz erklären. Alle Schokoladen werden mit Agavenektar statt mit Zucker produziert.
Mir persönlich gefällt die Variante mit den Kakao-Nibs besser, da diese sehr aromatisch sind. Insgesamt sind die Produkte aber doch zu fettig. Etwas irritierend ist der Einsatz von Sonnenblumen-Lecithin, den man bei einer Raw-Schokolade eher nicht erwartet. Ganz ist mir die Herstellung von Sonnenblumen-Lecithin nicht geläufig. Aber es würde mich sehr wundern, wenn die Gewinnung des Lecithins aus Sonnenblumenkernen ohne Erhitzung auf eine Temperatur über 48 Grad Celsius funktionierte. Bei Soja-Lecithin werden Temperaturen von mindestens 70 bis 90 Grad erreicht.

Nicht einverstanden bin ich mit der auf der Internetseite kommunizierten Aussage, Kakaobohnen besäßen von Natur aus einen Fettgehalt von 12 bis 50 %. Noch nie habe ich Bohnen mit weniger als 46 % Fett gesehen, sehr wohl aber welche mit einem Anteil von 58 % Fett. Ich kann auch nicht wirklich glauben, dass die von Mulu verwendeten ecuadorianischen Kakaobohnen einen Fettanteil von nur 40 % haben sollen. Kakaobohnen aus Ecuador sind bekannt für einen relativ geringen Fettanteil, der aber stets im Bereich von 46 bis 52 % liegt.

Empfehlung:
Für Gesundheitsbewusste und Rohkostfans empfehlenswert.

NEUHAUS

Belgien (Vlezenbeek)
www.neuhaus.be

Verarbeitungsstufe: **Standard-Schokolade**

Neuhaus hat großen Anteil am durchaus positiven Image des belgischen Konfekts. Das bereits im Jahre 1857 vom Schweizer Jean Neuhaus gegründete Unternehmen gehört mit Leonidas und Godiva zu einem der drei bekanntesten belgischen Konfekt-Hersteller. Neuhaus beansprucht für sich die Erfindung der belgischen Praline durch den Enkel des Gründers, Jean Neuhaus Junior. Viele Sorten werden unverändert nach alter Rezeptur hergestellt, die Sorten Bonbon 13 und Astrid zum Beispiel nach einem Rezept aus dem Jahre 1937, die wohl bekanntesten Sorten Tentation und Caprice nach Rezepten aus dem Jahre 1958. 1978 wurde das Familienunternehmen verkauft, es entstand das neue Unternehmen NV Neuhaus Mondose SA. Zu diesem Unternehmen gehört nicht nur die Marke Neuhaus, sondern auch die Marken Mondose und Jeff de Bruges. Mondose hat sich auf die Herstellung von Handelsmarken spezialisiert, Jeff de Bruges ist heute eine erfolgreiche Franchise-Kette in Frankreich. Alle Produkte der drei Marken werden in derselben Produktionsstätte in Vlezenbeek hergestellt. Neuhaus hat es sehr gut verstanden, sich ein positives Image zu schaffen. Oftmals wird jedoch übersehen, dass es sich um einen Massenhersteller mit industrieller Fertigung handelt. Nur ein kleiner Teil der Produkte wird noch handwerklich hergestellt.

Produktbewertungen

- Produkt: (Veredelt) Hazelnuts, Punkte: 52,70
  Preis/Menge: 4,50 EUR / 100 g
  Relativ süße Milchschokolade. Clevere Verpackung: im Sichtfenster viele, auf dem Rest der Tafel aber kaum Nüsse. Nüsse selbst sind wenig aromatisch.

- Produkt: (Riegel) Crunchy, Punkte: 64,00
  Preis/Menge: 2,00 EUR / 45 g
  Ganz ordentlicher Geschmack, leider etwas zu süße Milchschokolade. Dennoch eine gute Alternative zu einem Mainstream-Riegel.

- Produkt: (Riegel) Feuilletine, Punkte: 60,00
  Preis/Menge: 2,00 EUR / 45 g
  Etwas flach an Aroma, aber nicht zu süß. Schokoladige Milchschokolade, aber zu wenig knusprig.

- Produkt: (Riegel) Caramel, Punkte: 60,00
  Preis/Menge: 2,00 EUR / 45 g
  Sehr süße Milchschokolade, kaum Karamellgeschmack, dezent knusprig.

- Produkt: (Konfekt) Galerie, Punkte: 57,40
  Preis/Menge: 6,00 EUR / 100 g
  Füllung ganz in Ordnung, karamellig-salzig, allerdings mit zu banaler Schokolade.

- Produkt: (Konfekt) Caprice, Punkte: 55,00
  Preis/Menge: 6,00 EUR / 100 g
  Eine fettig-buttrige Füllung in einer knusprigen Krokanthülle und dunkler Schokolade. Recht süß, aber essbar.

- Produkt: (Konfekt) Suzanne, Punkte: 54,00
  Preis/Menge: 6,00 EUR / 100 g
  Schmeckt dezent nach Himbeere, ist aber insgesamt etwas unharmonisch.

- Produkt: (Konfekt) Criollo, Punkte: 53,02
  Preis/Menge: 6,00 EUR / 100 g
  Ist etwas bitter und auch zu fettig, zeigt aber Schokoladengeschmack.

- Produkt: (Konfekt) Tentation, Punkte: 53,00
  Preis/Menge: 6,00 EUR / 100 g
  Relativ fettige und mächtig-buttrige Füllung mit wenig Aroma, zu süß.

- Produkt: (Konfekt) 1857, Punkte: 52,00
  Preis/Menge: 6,00 EUR / 100 g
  Schmeckt nach Spekulatius, ist aber viel zu süß und zu fest.

- Produkt: (Konfekt) Sapho, Punkte: 51,10
  Preis/Menge: 6,00 EUR / 100 g
  Zu wenig Füllung. Gutes Mandelaroma, aber insgesamt viel zu süß.

- Produkt: (Konfekt) Manon Noir,
  Punkte: 44,70
  Preis/Menge: 6,00 EUR / 100 g
  Schmeckt nur nach Fett. Kaum Schokoladencharakter.

Fazit:

Neuhaus-Konfekt ist leider ein weiteres Beispiel dafür, dass traditionelles belgisches Konfekt keine Klasse hat: fettig, buttrig, süß, flach an Aromen und mit qualitativ fragwürdiger Schokolade. So war belgisches Konfekt schon immer, da bilden auch die Neuhaus-Produkte keine Ausnahme. Mit der Verwendung der uralten Rezepturen erweist sich Neuhaus einen Bärendienst, ihre Weiterentwicklung ist längst überfällig. Wenn dann einmal eine gute Füllung gelingt – wie bei der Sorte Galerie – stört die banale dunkle Schokolade.

Die Riegel sind alle einigermaßen gelungen, aber am Ende doch zu süß. Mit etwas mehr Fingerspitzengefühl könnten sie weitaus besser sein.

Über die Haselnusstafel habe ich mich geärgert. Im Sichtfenster, das in der Mitte der Schachtel angebracht ist und ca. ein Drittel der Gesamtfläche ausmacht, sind sehr viele karamellisierte Nüsse sichtbar. Beim Öffnen der Schachtel erlebt man dann allerdings eine große Enttäuschung, denn in den nicht sichtbaren Ecken befinden sich so gut wie keine Nüsse. Obwohl die Tafel geschmacklich in Ordnung ist, würde ich sie deshalb nicht noch einmal kaufen.

Empfehlung:

Leider ist keine Empfehlung möglich.

NEWTREE

Belgien (Brüssel)
www.newtree.com

Verarbeitungsstufe: **Schokolade nach Maß**

NewTree wurde 2001 von Benoit de Bruyn, einem Biochemiker mit einer Leidenschaft für Schokolade, gegründet. Das Unternehmen hat sich darauf spezialisiert, Schokoladen mit Aromen und Extrakten zu aromatisieren, setzt aber auch Inulin, Oligofruktose oder Dextrin ein. Mit der Verwendung solcher Zusatzstoffe möchte NewTree das Gesundheitsimage der Schokolade fördern. Das Ganze wird als die „Neuerfindung der Schokolade" mit so erwartungsvollen Beinamen wie „Eternity", „Tranquility" oder „Sexy" vermarktet. Früher ging NewTree sogar noch weiter und versprach dem Konsumenten durch den Genuss der Schokoladen einen direkten Einfluss auf sein Wohlbefinden. So stand z. B. auf der Schachtel der Lavendel-Schokolade folgender Satz: „Gibt Ihnen Ruhe und Entspannung." Von solchen Aussagen hat man inzwischen Abstand genommen – und das ist auch gut so. Warum jedoch jede Tafel einen Beinamen trägt, erschließt sich mir nicht, zumal sich diese auch wiederholen. Bei „Sexy" auf der Ingwer-Tafel habe ich noch gewisse Vorstellungen, wie jedoch das „Cocoon" auf der Zimt und der Aprikosentafel zu interpretieren ist, ist mir rätselhaft.
Ökologisch korrekt sind einige Verpackungen mit auf Gemüse basierenden Farben bedruckt. Ebenso wird für die eine oder andere Verpackung Papier mit dem FSC-Label verwendet (Produkte aus verantwortungsvoller Waldwirtschaft).

Produktbewertungen

- Produkt: (Milch) Lait 51 %, Punkte: 69,00
  Preis/Menge: 4,00 EUR / 80 g
  Angenehm herbe Milchschokolade, nicht zu süß, ordentliches Aroma.
  Aromaprofil: Kakao, Malz, Cerealien.

- Produkt: (Veredelt) Alpha-Omega 3 Thym 65 %, Punkte: 75,25
  Preis/Menge: 4,00 EUR / 80 g
  Sehr gutes Aroma, mit getrockneten Samen in dunkler Schokolade. Schmackhaft.

- Produkt: (Veredelt) Orange Amère „Tranquility" 33 %, Punkte: 62,00
  Preis/Menge: 4,00 EUR / 80 g
  Reiscrisps sind toll, leider etwas zu wenig Orangenaroma und etwas zu süßer Milchschokolade. Ebenso fehlt der Fruchtcharakter.

- Produkt: (Schachtel) Box 27 Napolitaines,
  Punkte: 58,14
  Preis/Menge: 15,00 EUR/243 g
  Die Schachtel erinnert an ein Chemielabor, aber nicht an hochwertige Schokolade. Alle Aromen basieren auf dem Zusatz von Aromastoffen und Aromaextrakten. Die Fruchtschokoladen besitzen keinerlei Fruchtcharakter.

Einzelbewertungen:
(Veredelt) Menthe „Eternity" 73 %:
Punkte: 65,00
Die Minze überdeckt gut das unangenehme Aroma der dunklen Schokolade.
(Veredelt) Lavande „Tranquility" 33 %:
Punkte: 62,00
Aroma ist gut, Milchschokolade aber zu süß. Schmeckt einfach nicht.
(Dunkel) Noir Cacao „Pleasure" 73 %:
Punkte: 58,50
Dunkle Schokolade mit Kakaopulver hergestellt. Banal und ohne Charakter. Aromaprofil: Erdig, torfig, nussig.
(Veredelt) Cannelle „Cocoon" 33 %:
Punkte: 58,30
Recht angenehmes Zimtaroma, aber zu süße Milchschokolade.
(Veredelt) Poivre Rose „Sexy" 73 %:
Punkte: 54,50
Man beißt auf Stücke, das ist aber gewollt. Zu schwach im Aroma, banale dunkle Schokolade.
(Veredelt) Cassis „Eternity" 73 %:
Punkte: 53,50
Zu dezentes Cassisaroma, unharmonisch und ohne Raffinesse. Dunkle Schokolade.
(Veredelt) Cerise „Eternity" 73 %:
Punkte: 53,50
Banale dunkle Schokolade mit wenig Aroma, alles basierend auf Aromastoffen.
(Veredelt) Gingembre „Sexy" 73 %:
Punkte: 53,00
Mit Ingwerpulver und Guarana-Extrakt. Entsprechend schlecht schmeckt das Produkt. Dunkle Schokolade ebenfalls nicht gut.
(Veredelt) Apricot „Cocoon" 33 %:
Punkte: 51,00
Viel zu süße Milchschokolade, Fruchtgebung ausschließlich mit Aromastoffen, schmeckt nicht natürlich, sondern penetrant.

Fazit:
Mit Aromastoffen kann ich mich einfach nicht anfreunden. Wenn ich Aprikose schmecken möchte, kaufe ich mir eine Aprikose, eine Aprikosenkonfitüre oder getrocknete Aprikosen – und keine Aromastoffe. Das gilt auch für alle anderen Früchte und Gewürze. Ein Ingwerextrakt, in dem speziellen Fall auch noch in Pulverform, kann niemals das Aroma eines frischen oder kandierten Ingwers erreichen. Wenn in einer Zutatenliste „Aroma" steht, sagt das noch nicht viel über die verwendeten Stoffe aus. Selbst wenn „natürliches Aroma" verwendet wurde, bedeutet das noch lange nicht, dass es sich um Aroma aus der jeweiligen Frucht handelt. Es kann genauso gut ein natürliches Aroma z. B. aus einer Baumrinde sein, das aufgrund seiner chemischen Zusammensetzung das Aroma der Frucht nachbilden kann.

Empfehlung:
Wer mit Aromen kreierte Schokolade mag, ist bei NewTree richtig. Die Sorten Thymian und Bitterorange sind dann durchaus empfehlenswert.

NIEDEREGGER

Deutschland (Lübeck)
www.niederegger.de

Verarbeitungsstufe: **Standard-Schokolade**

Im Jahre 1806 übernahm der gebürtige Ulmer Johann Georg Niederegger im Alter von 29 Jahren die Konditorei Maret in Lübeck. Noch heute befindet sich der Stammsitz des Unternehmens in dem Haus gegenüber der Rathaustreppe, das Niederegger 1822 erwarb. Ein halbes Jahr nach seinem 50. Geburtstag verstarb der Gründer und Wilhelm Köpff, ebenfalls gebürtiger Ulmer, führte die Firma erfolgreich bis zu seinem Tode im Jahre 1895 weiter. Sein Sohn Johann Georg Leonard leitete fortan die Geschäfte, bis dessen dänischer Schwiegersohn im Jahre 1927 das Zepter übernahm und mit der Modernisierung der Fertigung von den Rohmassen und der Ausformung begann. Während des Zweiten Weltkrieges wird das Café mitsamt seinem Firmenarchiv zerstört. Nach dem Krieg werden die Söhne Jürgen und Henning Mitgesellschafter. Ein Jahr später wird auch das Café neu aufgebaut. Im Jahre 1986 übernehmen schließlich Holger Strait und seine Frau Angelika die Firmenleitung vom Onkel. Noch heute sind beide aktive Geschäftsführer des Familienbetriebs.
Niederegger ist bekannt für sein hervorragendes Marzipan und dürfte zu den bekanntesten Marken der deutschen Süßwarenbranche gehören. Neben Marzipan verkauft das Unternehmen auch Nougatprodukte, Konfekt und Randartikel wie zum Beispiel einen Marzipanlikör.

Produktbewertungen

- Produkt: (Riegel) Marzipan Schwarzbrot,
  Punkte: 69,70
  Preis/Menge: 5,00 EUR / 125 g
  DER Marzipan-Klassiker schlechthin. Sicher nicht die beste und aromatischste Schokolade, für diesen Artikel allerdings vollkommen ausreichend. Schokolade schmeckt man aufgrund des geringen Anteils kaum. Marzipan ist aromatisch und nicht zu süß, auch wenn es gerne etwas mehr Mandelanteil haben könnte. Eine Gourmandise, die als Snack herzlich willkommen ist.

- Produkt: (Riegel) Marzipan Ingwer,
  Punkte: 69,30
  Preis/Menge: 3,50 EUR / 100 g
  Zwar etwas wenig Ingwer enthalten (3,4 %), dennoch aromatisch. Auch hier nur eine sehr mittelmäßige Schokoladenqualität.

- Produkt: (Riegel) Marzipan Walnuss-Ahornsirup, Punkte: 65,40
  Preis/Menge: 3,50 EUR / 100 g
  Schmeckt ganz gut nach Walnüssen, der Geschmack des Ahornsirups entfaltet sich aufgrund der Dominanz der Walnüsse und des Marzipans aber wenig.

- Produkt: (Riegel) Marzipan Classic,
  Punkte: 62,50
  Preis/Menge: 3,50 EUR / 100 g
  Schokolade identisch mit der des Schwarzbrotes, jedoch aufgrund des wesentlich höheren Anteils viel dominanter. Aroma der Schokolade gefällt nicht, das Marzipan gerät zu sehr in den Hintergrund. Insgesamt auch weniger Mandelanteil.

- Produkt: (Nougat) Nougat Sahne Feinherb, Punkte: 66,60
  Preis/Menge: 0,35 EUR / 12,5 g
  Kein schlechter Nougat, könnte aber etwas aromatischer und weniger süß sein.

- Produkt: (Nougat) Nougat Feinherb, Punkte: 64,40
  Preis/Menge: 0,35 EUR / 12,5 g
  Ganz gut gelungen, wobei die enthaltene Schokolade recht dominant ist. Nicht zu süß und mit ganz gutem Schmelz.

- Produkt: (Nougat) Nougat Nuss, Punkte: 64,00
  Preis/Menge: 0,35 EUR / 12,5 g
  Leider zu flach im Aroma. Es fehlt an Raffinesse, der Schmelz ist nicht berauschend, insgesamt zu süß.

- Produkt: (Nougat) Nougat Praliné, Punkte: 63,60
  Preis/Menge: 0,40 EUR / 15 g
  Der Nougat hat zwar etwas Aroma, ist aber insgesamt viel zu süß und hat einen unangenehmen, schmierigen Schmelz.

Fazit:
Das Ergebnis der Verkostung entspricht den Erwartungen: Das Marzipan genießt seinen guten Ruf zu Recht. Die veredelten Produkte sind zwar nicht immer optimal in der Rezeptur, aber für industriell gefertigte Artikel akzeptabel. Der Klassiker „Schwarzbrot" ist mit Sicherheit nicht das Beste Marzipan-Produkt im Handel, aber es macht auch heute noch Spaß. Aufgrund der sehr dünnen Schokolade schmeckt man diese kaum. Zum Glück, denn ihre Qualität ist des Marzipans nicht würdig. Würde Niederegger eine bessere Schokolade verwenden, wäre die Benotung besser. Das reinste Marzipan bleibt die Marzipanrohmasse, die man in jedem Supermarkt im Regal für Backartikel kaufen kann, meistens auch günstiger als Marzipanartikel in der Süßwarenabteilung.
Der Nougat hat mich enttäuscht, wobei ich gar nicht sicher bin, ob Niederegger diesen selbst herstellt. Vom Unternehmen war eine verbindliche Aussage nicht zu bekommen.

Empfehlung:
Alle Marzipanartikel sind Liebhabern zu empfehlen. Da kommt es auf den persönlichen Geschmack an. Beim Nougat gibt es bessere Alternativen.

NOBILE – ARTISTI DELL CIOCCOLATO

Schweiz (Bätterkinden)
www.nobile-cioccolato.ch

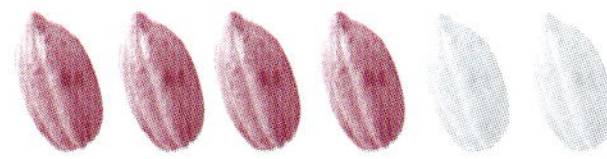

Verarbeitungsstufe: **Standard-Schokolade**

Nobile Cioccolato ist eine Marke des Unternehmens Nobile Catering GmbH, welches im Jahre 2002 von Willi Schmutz gegründet wurde.Im Jahre 2003 steigt Martin Schwarz in dem Unternehmen ein und im Jahre 2006 wird Nobile – Artist dell Cioccolato gegründet.Sowohl Willi Schmutz als auch Martin Schwarz haben eine klassische Kontitorenausbildung, was in der Branche ja mittlerweile fast eine Seltenheit geworden ist.

Für alle Produkte werden ausschließlich Kuvertüren der Schweizer Firma Felchlin verwendet. Nobile hat keine eigenen Geschäfte und verkauft seine Produkte ausschließlich über das Internet, an die Gastronomie sowie an Wiederverkäufer.

Produktbewertungen

- Produkt: (Veredelt) Erdbeere & Mango mit Pistazien, Punkte: 86,50
  Preis/Menge: 8,50 CHF / 7,08 EUR / 100 g
  Die 42%ige Vollmilchschokolade, hergestellt von Felchlin mit Kakaobohnen aus der Dominikanischen Republik, harmoniert hervorragend mit den Früchten, den Pistazien und dem sehr aromatischen und angenehm dezent scharfem Borneo-Pfeffer. Das Fleur de Sel verleiht dem ganzen einen angenehmen Hauch von Salzigkeit. Auch im Nachklang noch mit angenehmen Aromen und definitiv eine Schokolade zum Lieben.

- Produkt: (Schachtel) Orientalische Momente, Punkte: 82,84
  Preis/Menge: 31,00 CHF / 25,80 EUR / 190 g
  Originell, schmackhaft und abwechslungsreich. Die beste der drei getesteten Konfektschachteln, auch wenn zwei Sorten nicht ganz überzeugen können. Dafür sind jedoch die drei anderen umso besser gelungen. Chapeau!

Konfekt-Einzelbewertungen:

Caramel 1001 Nacht, Punkte: 91,20
Gewürzter Weichkaramel mit Trockenfrüchten und Nüssen. Sehr aromatisch, nicht zu süß, durch die Berberitze mit leichter und angenehmer Säure. Sehr gelungen.

Mandel Feuilletine, Punkte: 90,90
Nougat mit knusprigem Gebäck und Trockenfrüchten wie z. B. Berberitze. Der aromatische Nougat harmoniert sehr gut mit den leicht sauren Berberitze und dem knusprigen Gebäck. Trifft voll meinen Geschmack.

Muskatblüten, Punkte: 83,80
Aroma der Muskatblüten gut schmeckbar. Weich-cremige Konsistenz, leicht herb. Eine runde Sache, die gefällt.

Oriental Blend Tea, Punkte: 76,00
Ich vermisse etwas das Tee-Aroma, welches etwas dominanter sein könnte, die Gewürze sind wesentlich dominanter. Würzig-cremige Füllung mit angenehmen Schmelz.

Kaffee Kardamon, Punkte: 70,50
Einziges Konfekt mit einer weißen Füllung, wobei dieses Konfekt auch eine dünne Schicht mit Kaffee-Ganache hat. Der Kaffeegeschmack könnte etwas kräftiger sein, der Kardamon dominiert hier. Dennoch interessant und alles andere als schlecht. Wohl das süßeste Konfekt von allen, aber noch akzeptabel.

- Produkt: (Schachtel) Edle Momente,
  Punkte: 79,84
  Preis/Menge: 31,00 CHF / 25,80 EUR / 190 g
  Insgesamt eine gute Konfekt-Schachtel. Für alle, die gerne pures Konfekt genießen. Die zwei Varianten mit Vollmilch-Ganache sind etwas flach im Aroma, dafür trumpfen aber die drei anderen Sorten groß auf.

  Konfekt-Einzelbewertungen:
  Bolivia 68% Wildkakao, Punkte: 84,70
  Sehr angenehmes Aroma. Leicht herb-würzig, cremig und mit angenehmen Schmelz. Insgesamt sehr harmonisch.
  Dominicana 74%, Punkte: 83,80
  Dominater Kakao-Charakter, sehr aromatisch, leicht herb und recht würzig. Cremiger Schmelz, insgesamt sehr überzeugende Qualität.
  Java 64%, Punkte: 83,50
  Das Ursprungskonfekt mit dem intensivsten Charakter, was sicher von dem charaktervollen Kakao Javas herrührt. Aromatisch, leicht sauer-herb, cremig und mit angenehmen Schmelz.
  Venezuela 49%, Punkte: 76,00
  Durch den dunklen Überzug durchaus mit Charakter des Venezuela-Kakaos. Leicht herb, angenehmes Aroma, cremig und mit angenehmen Schmelz.
  Ecuador, Punkte: 70,00
  Keine so gute Idee, ein Ursprungskonfekt mit einer Vollmilch-Schokolade herzustellen. Der Geschmack des Ecuador-Konfekts lässt sich nur erahnen; wenn man weiß, dass es Ecuador-Kakao ist. Dennoch gefällt es ganz gut als ein pures Vollmilch-Konfekt, da mild-cremig, nicht zu süß und angenehm milchig.

- Produkt: (Schachtel) Toscanische Momente,
  Punkte: 79,50
  Preis/Menge: 31,00 CHF / 25,80 EUR / 190 g
  Interessante und abwechslungsreiche Konfektschachtel von guter Qualität. Teilweise können die Geschmacksträger nicht überzeugen, besonders bei den Sorten mit zwei Geschmacksträgern. Dennoch eine überdurchschnittliche Qualität.

  Konfekt-Einzelbewertungen:
  Caramel Toscana, Punkte: 85,50
  Gewürzter Weichkaramel mit Nüssen, nicht zu süß, nicht zu klebrig, nicht zu hart und angenehm aromatisch. Gefällt dem, der Weichkaramel mag. So wie ich zum Beispiel...
  Chili & Kaffee, Punkte: 79,50
  Doppelt gefüllt. Unten flüssiger Karamel, oben Ganache. Chili angenehm dosiert, jedoch könnte der Kaffee intensiver sein. Cremig-weich, nicht zu süß.
  Olivenöl Basilikum, Punkte: 78,90
  Ordentliches Aroma vom Olivenöl, Basilikum jedoch zu dezent. Sehr angenehm cremiger Schmelz, nicht zu süß und angenehm schokoladig.
  Erdbeeren Szechuan Pfeffer, Punkte: 76,50
  Erdbeerig, sehr angenehme Konsistenz der Füllung, dezent süß, aber etwas zu dezenter Pfeffer.
  Kräuterkrokant, Punkte: 70,50
  Würzige Ganache, außen leicht knusprig, cremig mit feinem Schmelz. Es fehlt deutlich an Aroma von Kräutern und der Krokant ist nicht knusprig genug.

Fazit:
Einmal mehr zeigt es sich, dass die Verwendung qualitativ hochwertiger Rohstoffe die beste Basis für gute und sehr gute Produkte ist. Die überdurchschnittlich gute Felchlin-Kuvertüre ist bei allen Produkten schmeckbar und liefert Nobile eine solide Benotungsbasis.
Die Schokolade Erdbeere & Mango mit Pistazien macht fast süchtig, ist sehr harmonisch.
Alle drei Konfektschachteln sind liebevoll hergestellt und jede Schachtel beinhaltet das eine oder andere Highlight.

Leider gibt es aber auch bei jeder Schachtel mindestens eine aromatische Enttäuschung. Lobenswert sind der sehr zurückhaltende Einsatz von Alkohol, die dünnen Schokoladenüberzüge und die stets sehr angenehme Konsistenz der Füllungen.
Die relative kurze Haltbarkeit von ca. vier Wochen stört mich überhaupt nicht. Wenn ich Konfekt kaufe, dann verzehre ich es auch in kurzer Zeit.

Empfehlung:
Alle Produkte sind empfehlenswert.

NÓI SÍRÍUS

Island (Reykjavik)
www.noi.is

Verarbeitungsstufe: **Schokolade nach Maß oder Standard-Schokolade**

Der größte Süßwarenhersteller Islands wurde im Jahr 1920 gegründet. Der Marktanteil in Island liegt bei 30 % und der Anteil an der Herstellung von Süßwaren sogar bei 60 %. Außer Schokolade werden auch Bonbons, Lakritze, Pastillen und andere Artikel produziert. Zudem ist Nói Síríus auf der Insel als Generalimporteur von Kellog's und Cadbury tätig.

Produktbewertungen

- Produkt: (Dunkel) Bitter-sweet 56 % Dark Chocolate, Punkte: 44,50
  Preis/Menge: 4,20 USD / 3,32 EUR / 200 g
  Sehr süß, teils sogar mit unangenehmen Aromen, ohne jegliche Seele.
  Aromaprofil: Feuchter Waldboden, Melasse, schlechte Gärung.

- Produkt: (Dunkel) Semi-sweet 45 % Dark Chocolate, Punkte: 42,00
  Preis/Menge: 4,20 USD / 3,32 EUR / 200 g
  Sehr süß, keine besondere Aromen schmeckbar.
  Aromaprofil: Dezent torfig.

- Produkt: (Milch) 33 % Milk Chocolate, Punkte: 42,00
  Preis/Menge: 4,20 USD / 3,32 EUR / 200 g
  Süß, ohne Kakaocharakter, aber leider auch nicht besonders cremig oder milchig. Schokoladenniveau vergleichbar mit billiger Adventskalenderschokolade.
  Aromaprofil: Billiger Instant-Kakaotrunk.

Fazit:
Warum habe ich diese Produkte gekauft? Zum einen, weil mir das Design gut gefiel und es eine exotische Marke aus einem exotischen Schokoladenland ist. Zum anderen, weil ich in einem Fachgeschäft war und davon ausgegangen bin, dass die Qualität nicht schlecht sein kann. In dieser Annahme habe ich mich leider getäuscht. Abgesehen vom netten Retro-Design (Verpackung und Design ist original von 1933) haben die Produkte rein gar nichts zu bieten.

Empfehlung:
Kann bei Gelegenheit als Kuriosität probiert werden.

OCAFE

Deutschland (Landsberg)
www.ocafe.de

Verarbeitungsstufe: **Standard-Schokolade**

Uschi Fritz und Torsten Adolphs waren mit die ersten Einzelhändler, die das Potenzial besonderer Schokoladen erkannten. Seit 2003 führen sie ein Fachgeschäft in dem beschaulichen Städtchen Landsberg in Oberbayern. Mit dem Verkauf fremder Marken haben sich die beiden jedoch nicht begnügt. Seit einigen Jahren führen sie ein eigenes Produktsortiment. Auffallend hierbei sind das sehr gelungene Design, die formschönen Verpackungen und deren edle Materialien. Hergestellt werden die Produkte von dem Confiseur Christian Bauer. Die verwendete Kuvertüre stammt von Felchlin. Dies schlägt sich jedoch nicht unerheblich auf den Preis der Produkte nieder.

Produktbewertungen

- Produkt: (Riegel) Einschmeichler (Pistazien Marzipan), Punkte: 80,50
  Preis/Menge: 6,90 EUR / 95 g
  Schmeckt gut nach Pistazien. Füllung weich und aromatisch, leicht mit Kirschwasser alkoholisiert.

- Produkt: (Riegel) Mandel Nougat 42 % „Baby an Bord", Punkte: 65,50
  Preis/Menge: 6,90 EUR / 95 g
  Fettiger, ordinärer Nougat, zu süß.

- Produkt: (Konfekt) Landsberger Pflastersteine Konfekt-Glacés mit Mocca, Punkte: 66,50
  Preis/Menge: 6,80 EUR / 80 g
  Schmeckt nach Mokka, ist aber zu süß und zu fest.

- Produkt: (Konfekt) Landsberger Pflastersteine Konfekt-Glacés mit Orangenschalen, Punkte: 66,50
  Preis/Menge: 6,80 EUR / 80 g
  Schmeckt nach Orange, ist jedoch relativ süß und fest.

- Produkt: (Konfekt) 20er Schachtel Konfekt, Punkte: 64,10
  Preis/Menge: 26,50–29,00 EUR / 234 g
  Langweilig, ohne Raffinesse und von mangelnder Originalität. Zwei gute Sorten von zwanzig ist einfach zu wenig.

  Konfekt-Einzelbewertungen:
  Cassis: Punkte: 79,50
  Das beste Konfekt des Hauses. Fruchtig-frisch, aromatisch, leicht sauer, mit cremiger Füllung und nicht zu alkoholisch.
  Chili-Karamell: Punkte: 78,00
  Angenehm scharf. Zweifach gefüllt mit gutem, halbflüssigem Karamell und angenehm herber Ganache.
  Kirsch: Punkte: 68,50
  Man schmeckt schwach das Kirschwasser, Füllung etwas rau.
  Gianduja: Punkte: 67,50
  Schmeckt leicht nach Nougat, Füllung aber zu fettig.
  Sahne-Nougat: Punkte: 66,50
  Heller Nougat mit dezentem Aroma. Etwas zu süß.

Grand Marnier: Punkte: 66,50
Zu dezente Aromen und nur leicht alkoholisch.
Bailey: Punkte: 64,50
Sehr feste Füllung, Alkohol hat sich von der Masse separiert. Oder ist das Absicht?
Calvados: Punkte: 64,50
Schmeckt alkoholisch, aber nur dezent nach Calvados.
Honig-Balsamico: Punkte: 64,00
Viel zu feste und unhomogene Füllung. Schmeckt etwas säuerlich, aber kaum mit Balsamico-Aroma.
Pflümli: Punkte: 63,50
Schmeckt zwar nach Alkohol, aber kaum nach Pflaume.
Kokos: Punkte: 60,50
Langweilig, schmeckt kaum bis gar nicht nach Kokos. Außen keine Kokosflocken, sondern undefinierbares Pulver.
Orangen-Marzipan: Punkte: 60,50
Zu wenig Orangenaroma, das Marzipan ist zu süß. Es scheint, als ob zu viel Zucker zugesetzt wurde.
Mirabel: Punkte: 60,50
Schmeckt nicht nach Mirabellen, aber alkoholisch.
Campari-Orange: Punkte: 60,50
Bitter, aber kaum aromatisch. Insgesamt unharmonisch und zu süß.
Kirsch-Marzipan: Punkte: 60,50
Kirsch-Marzipan ohne Kirschen, aber mit aromaschwachem Kirschwasser.
Noisette: Punkte: 59,50
Aufgeschäumte Butter, Nougat mit sehr schwachem Nussaroma. Unangenehm fettig.
Himbeer: Punkte: 59,50
Wo ist die Himbeere? Wenn überhaupt, dann Himbeerlikör. Dieser ist aber schwach aromatisch und schmeckt nur leicht nach Alkohol.
Cappu-Töpfchen: Punkte: 59,50
Viel zu kompakte und feste Füllungen. Oben mit aufgeschäumter Butter und aufgesiebtem Kaffeepulver. Unangenehmes Mundgefühl.
Williams: Punkte: 59,50
Schmeckt alkoholisch, aber nicht nach Williams-Birne.
Cudo: Punkte: 58,50
Was auch immer das sein soll, es schmeckt überhaupt nicht. Fest, bröckelig und mit einem unangenehmen Beigeschmack.

Fazit:
Das Konfekt wird in ebenso edlen Verpackungen präsentiert wie die Schokoladentafeln. Das größte Lob bekommen das Design und die Verpackungen selbst: sehr edel und ansprechend. Nur leider hält der Inhalt nicht ansatzweise, was die Verpackung verspricht. So leid es mir auch tut, aber das Konfekt hat eine bäckerhafte Anmutung, es fehlt an Raffinesse und Kreativität. Und auch an der Qualität der Verarbeitung und der Rohstoffe gibt es einiges zu bemängeln. Ich kann es fast nicht glauben, dass Felchlin-Kuvertüre verwendet wird. Leider lässt das Niveau auch nicht auf Besserung hoffen.

Empfehlung:
Die Einschmeichler-Schokolade kann allen empfohlen werden, die Marzipan mögen oder einen Liebhaber beschenken möchten. Beim Konfekt lediglich die Sorten Cassis und Chili-Karamell.

OLIVE & SINCLAIR

USA (Nashville, Tennessee)
www.oliveandsinclair.com

Verarbeitungsstufe: **Bean-to-bar**

Scott Witherow ist der Mann hinter Olive & Sinclair (bzw. Southern Artisan Chocolate) und bereits seit seinem 14. Lebensjahr in der Gastronomie und in der Lebensmittelbranche tätig. Eine wichtige Etappe auf seinem Weg zum Chocolatier war die Auszeichnung des „Grand Diplome" der Londoner Schule Le Cordon Bleu, wo er das Handwerk der französischen Küche und der Pâtisserie erlernte. Mit diesem Diplom in der Tasche arbeitete er in diversen Restaurants in den USA und in England. 2007 war es dann soweit. Mit primitivsten Mitteln begann Scott Witherow, geringe Chargen Kakaobohnen zu verarbeiten. Im Backofen geröstet, von Hand mit einer Art Fleischwolf gebrochen und mit einem Fön sowie einem alten, französischen Chinois-Sieb die Schale entfernt. Im Jahre 2009 gründete Witherow dann die Firma Southern Artisan Chocolate und wenige Monate später Olive & Sinclair. Das Unternehmen befindet sich mitten in Nashville, der „Music City" und alle Mitarbeiter sind auch dort geboren. Scotts Mutter unterstützt ihren Sohn tatkräftig und liefert die Schokoladen in Nashville an die Kunden aus.

Produktbewertungen

- Produkt: (Dunkel) 75 % Dark Chocolate, Punkte: 91,50
  Preis/Menge: 5,99 USD / 4,19 EUR / 78 g
  Der Kakao stammt aus der Dominikanischen Republik. Mild, fruchtig-würzig, mit angenehmer Säure, sehr dezent adstringierend, guter Schmelz und gute Süße.
  Aromaprofil: Fermentation, Zitrusfrüchte, Pflaumen, Gewürze.

- Produkt: (Dunkel) 67 % Dark Chocolate, Punkte: 88,00
  Preis/Menge: 5,99 USD / 4,19 EUR / 78 g
  Ghana-Kakao mit feinem Aroma und angenehmem Schmelz. Leichte Röstaromen, die stimmig sind. Sehr angenehm herb und zugleich mit dezenter Süße.
  Aromaprofil: Schokolade, Mandeln, rote Beeren, Feigen.

- Produkt: (Veredelt) Cinnamon Chili „Mexican Style", Punkte: 87,60
  Preis/Menge: 5,99 USD / 4,19 EUR / 78 g
  Eine extrem gelungene Kombination. Zimt und Chili mit 67 %iger Ghana-Schokolade. Aromatisch, würzig und mit angenehmer Schärfe. Ich habe selten so gerne eine Chili-Schokolade gegessen.

- Produkt: (Veredelt) Cacao Nibs Dark Chocolate, Punkte: 87,00
  Preis/Menge: 5,99 USD / 4,19 EUR / 78 g
  Die Schokolade ist identisch mit der 67 %igen. Feine Aromen, angenehmer Schmelz und angenehme Süße. Zusätzlich noch mit dezent gerösteten und aromatischen Kakao-Nibs bestreut.
  Aromaprofil: Schokolade, Mandeln, rote Beeren, Feigen.

- Produkt: (Veredelt) Coffee Bean Dark Chocolate, Punkte: 81,60
  Preis/Menge: 5,99 USD / 4,19 EUR / 78 g
  Mit aufgestreuten, gerösteten und knusprigen Kaffeestückchen. Der Kaffee ist sehr aromatisch und harmoniert wunderbar mit der 67 %igen Ghana-Schokolade. Die Kaffeestückchen stören auch nicht beim Essen. Gut gelungen.

- Produkt: (Veredelt) Salt & Pepper Dark Chocolate, Punkte: 80,10
  Preis/Menge: 5,99 USD / 4,19 EUR / 78 g
  67 %iger Ghana-Kakao, mild, aromatisch, schöner Schmelz. Den Pfeffer schmeckt man ebenso deutlich wie das Salz. Mit dezenter und angenehmer Schärfe.

- Produkt: (Veredelt) Sea Salt Dark Chocolate, Punkte: 77,00
  Preis/Menge: 5,99 USD / 4,19 EUR / 78 g
  Schokolade identisch mit der 75 %igen Dark Chocolate. Erstaunlich aber, dass diese hier wesentlich mehr Säure hat und auch bitterer ist. Sie weist auch deutliche Röstaromen auf. Die Salzflocken sind aufgestreut und harmonieren gut mit der dunklen Schokolade.

Fazit:
Zuerst dachte ich, dass die Verkostung bei nur zwei verschiedenen Schokoladen langweilig werden könnte. Nach der Verkostung war ich um eine Erfahrung reicher. Manchmal ist weniger eben doch mehr. Die beiden Sorten reichen vollkommen aus, wenn man wie Olive & Sinclair auf Qualität und Kreativität achtet, Geschmack hat und sein Handwerk versteht. Die beiden puren Schokoladen sind sehr gut gelungen und bieten eine hervorragende Basis für veredelte Sorten. Scott Witherow und seine Chocolatiers haben ein wunderbares Gespür für die Dosierung von Zutaten. Olive & Sinclair ist selbst in den USA kaum bekannt und ein echter Geheimtipp. Eine wahre Bereicherung für die Schokoladenszene.

Empfehlung:
Alle Schokoladen sind Chocoholics und Liebhabern veredelter Schokoladen zu empfehlen.

OMANHENE

Ghana/USA (Accra/Milwaukee)
www.omanhene.com

Verarbeitungsstufe: **Bean-to-bar**

Steven C. Wallace kam im Jahre 1978 als sechszehnjähriger Austauschschüler der AFS High School für einen Sommer nach Ghana. In Sunyani, einer Stadt in der fruchtbaren Region Brong-Ahafo, lebte er in einer traditionellen Familie mit Familienoberhaupt, drei Frauen und 21 Geschwistern. Verliebt in das Land, fand er Jahre später im Kakao einen Grund, nach Ghana zurückzukehren.

1991 gründete er das Unternehmen Omanhene in der Überzeugung, aus dem besten Kakao der Welt (Ghana-Kakao) auch die beste Schokolade der Welt herstellen zu können. Im Jahre 1994 war es dann soweit, die erste Omanhene-Schokolade wurde kreiert. Eine dunkle Milchschokolade mit einem für die damaligen Verhältnisse stolzen Kakaoanteil von 48 % und eine der ersten Single-Origin-Schokoladen überhaupt. Im Jahre 2006 trat François Kwaku-Dongo dem Management bei, der viele Jahre als Executive Chef in Wolfgang Pucks berühmtem Spago Restaurant in Hollywood tätig war. Der von der Elfenbeinküste stammende François war in seiner Laufbahn für die Expansion des weltweit bekannten Catering Unternehmens zuständig und wurde Wolfgang Pucks Partner und Executive Chef von Spago Chicago.
Die Omanhene-Schokoladen werden alle in Ghana, in unmittelbarer Nähe des Kakaoanbaus hergestellt. Auch die Kakaobutter wird aus den heimischen Kakaobohnen selbst gepresst, sodass die in den Schokoladen enthaltene Kakaobutter und das Kakaopulver von der gleichen Bohnensorte stammen.

Produktbewertungen

- Produkt: (Dunkel) Dark Chocolate 80 %,
  Punkte: 72,00
  Preis/Menge: 22,00 USD / 15,11 EUR / 360 g
  Trotz dem 80 %igen Kakaoanteil nicht zu herb. Enthält alkalisiertes Kakaopulver, das man fein herausschmecken kann.
  Aromaprofil: Kakaopulver, Holz, Torf, leicht fruchtig.

- Produkt: (Milch) Dark Milk Chocolate 48 %,
  Punkte: 62,00
  Preis/Menge: 22,00 USD / 15,11 EUR / 360 g
  Herb, aber zugleich dennoch süß. Rau, mit schlechtem Schmelz, von ungewohntem Aroma und mit etwas unangenehmem Beigeschmack.
  Aromaprofil: Kakao, Malz, Zuckerkulör, Ahornsirup.

Fazit:
Schon im Jahre 1991 war Ghana-Kakao nicht der beste der Welt, er ist es heute nicht und er wird es wohl auch niemals werden. Als bester Kakao vom Festland Afrikas ist er nicht einmal der beste des Kontinents, hier stehen noch die Sorten aus Madagaskar und vielleicht auch aus São Tomé und Principe vor ihm.
Die Schokoladen von Omanhene habe ich das erste Mal im Jahre 2005 probiert, an ihrer Qualität hat sich seither kaum etwas verändert. Die Milchschokolade gehört eher der Kategorie „essbare Kuriosität" an. Die dunkle Schokolade ist schon etwas besser, verdankt ihren Charme aber hauptsächlich der Tatsache, dass die zugesetzte Kakaobutter und das Kakaopulver von der gleichen Bohnensorte stammen.
Vom Prädikat der weltbesten Schokolade sind die Omanhene-Produkte genau so weit entfernt wie der Ghana-Kakao von dem des weltbesten Kakaos. Dennoch, das Engagement ist vorbildlich und verdient Respekt.

Empfehlung:
Als Kuriosität durchaus empfehlenswert.

ORGANIC MELTDOWN

Schweiz (Zug)
www.organicmeltdown.com

Verarbeitungsstufe: **Fremdproduktion**

Organic Meltdown ist eine Marke des Unternehmens Brand Stand Limited mit Sitz in der Schweiz. Die Marke wurde im Oktober 2008 auf der SIAL in Paris vorgestellt. Mit dem Kauf einer Schokoladentafel wird laut Unternehmen ein Baum im ecuadorianischen Regenwald gerettet. Das Ganze lässt sich nach der Registrierung auf der Internetseite des Unternehmens nachverfolgen. Man kann dann sogar anzeigen lassen, wo sich der gerettete Baum befindet. Bis zum Jahr 2012 hofft man auf 5 Millionen gerettete Bäume.
Unklar ist mir, ob zur Rettung des Baumes der Kauf einer Schokoladentafel ausreicht, oder ob die Aktivierung des Codes obligatorisch ist. Schade finde ich auch, dass eine Registrierung mit sämtlichen persönlichen Daten notwendig ist, um den Code eingeben zu können. Organic Meltdown kooperiert mit der Organisation World Land Trust.

Produktbewertungen

- Produkt: (Milch) 33 % Milk Chocolate,
  Punkte: 75,00
  Preis/Menge: 4,60 EUR / 90 g
  Traditionelle Milchschokolade in schweizer Qualität. Fokus liegt mehr auf der Milch. Schmeckt gut, obwohl etwas zu süß.
  Aromaprofil: Alpenmilch, Sahnetoffee, Karamell.

- Produkt: (Veredelt) Hazelnut & Currants 33 % Milk Chocolate, Punkte: 64,38
  Preis/Menge: 4,60 EUR / 90 g
  Zu wenig Beeren und noch süßer als die pure Variante. Haselnüsse ganz gut schmeckbar.

- Produkt: (Veredelt) Sweet Candied Orange 58 % Dark Chocolate, Punkte: 61,75
  Preis/Menge: 4,60 EUR / 90 g
  Zu schwache Orangenaromen, die dunkle Schokolade ist zu süß.

Fazit:
Ehrliche Schokolade, wie man sie von Schweizer Herstellern kennt, aber nichts Besonderes. Einzig das Retten eines Baumes, und nicht die Qualität, rechtfertigt den Kauf einer Tafel. Mit ca. 4,60 Euro pro Tafel bewegt sich der Preis auf einem zu hohem Niveau.

Empfehlung:
Empfehlenswert für alle, die eine gute Tat begehen wollen und sich diese auch etwas kosten lassen.

ORGANIC SEED & BEAN COMPANY

England (Duffield)
www.organicseedandbean.co.uk

Verarbeitungsstufe: **Standard-Schokolade**

Das Unternehmen wurde im Jahr 2005 von Stephen Rudkin gegründet, der sich bereits seit den 1980er Jahren mit Bio- und Naturprodukten beschäftigte. Die Grundidee bestand in der Kreation unüblicher Confiserieprodukte, nach Möglichkeit Bio- und Fair-Trade-zertifiziert. Vor seiner Unternehmensgründung war er bei Green & Black's, Whole Earth Foods und Clearspring tätig. Alle Produkte sind sowohl Bio- als auch Fair-Trade-zertifiziert.

Produktbewertungen

- Produkt: (Veredelt) Mint 72 % Dark Chocolate, Punkte: 72,50
  Preis/Menge: 2,90 EUR / 60 g
  Sehr erfrischend und minzig. Angenehme dunkle Schokolade, nicht zu süß.

- Produkt: (Veredelt) Chilli 72 % Dark Chocolate, Punkte: 71,60
  Preis/Menge: 2,90 EUR / 60 g
  Angenehmes Chili-Aroma mit anhaltender Schärfe, harmonisch mit der dunklen Schokolade.

- Produkt: (Veredelt) Lime 72 % Dark Chocolate, Punkte: 71,00
  Preis/Menge: 2,90 EUR / 60 g
  Gutes Aroma, könnte aber etwas intensiver und mit mehr Länge sein, dennoch angenehm im Zusammenspiel mit der dunklen Schokolade.

Fazit:
Leider konnte ich für eine Verkostung nur drei Produkte erhalten: Chili, Limette und Minze. Diese waren aber durchaus angenehm und schmackhaft. Auch wenn viel mit Aromaöl gearbeitet wird, haben die Produkte aufgrund ihrer harmonischen Kompositionen gut gefallen.

Empfehlung:
Alle drei Produkte können Liebhabern aromatisierter Schokoladen empfohlen werden.

ORIGINAL BEANS

Niederlande (Amsterdam)
www.originalbeans.com

Verarbeitungsstufe: **Fremdproduktion**

Original Beans, respektive Mitbegründer Philipp Kauffmann, hat sich vorgenommen, die Welt zu retten – zumindest ein bisschen. Das Konzept ist interessant: direkter Handel mit den Kakaobauern, Zahlung des Zehnfachen der üblichen Fair-Trade-Handelsspanne, für jede verkaufte Tafel wird ein neuer Baum gepflanzt, was jeder Konsument auch anhand der Eingabe eines Codes im Internet prüfen kann, etc.
Seit Ende 2008 werden laut Unternehmen auf diesem Wege ethisch korrekt produzierte Schokoladen vertrieben. Die Schokoladen werden nicht selbst produziert, sondern von dem Schweizer Unternehmen Felchlin. Die Beni-Wild-Harvest-Schokolade produziert Felchin mittlerweile auch nach einer eigens für Original Beans kreierten Rezeptur. Bis Ende 2010 war dem nicht so.
Ich konnte mich im Januar 2011 lange mit Philipp Kauffmann unterhalten. Meine anfängliche Skepsis ist etwas gewichen und ich hoffe, dass viel vom eingenommenen Geld bei den Bauern in den Ursprungsländern ankommt. Besonders das Engagement im Kongo ist eine sehr wichtige und vorbildliche Unterstützung.

Produktbewertungen

- Produkt: (Dunkel) Piura 75 %, Punkte: 93,30
  Preis/Menge: 6,00 EUR / 70 g
  Aromatisch, cremig, sehr dezent herb. Angenehm fruchtig und leicht nussig. Kaum vorstellbar, dass die Schokolade einen Kakaoanteil von 75 % besitzt. Sehr gelungen.
  Aromaprofil (Herstellerangabe): Aprikosen, Limette, Himbeere, geröstete Pekannüsse.

- Produkt: (Dunkel) Beni Wild Harvest (Bolivia) 66 %, Punkte: 90,10
  Preis/Menge: 6,00 EUR / 70 g
  Sehr angenehme, leicht würzige und dezent fruchtige Aromen. Mild und harmonisch.
  Aromaprofil (Herstellerangabe): Getrocknete Cranberrys, Melone, tropische Früchte, Jasmintee.

- Produkt: (Dunkel) Cru Virunga 70 %, Punkte: 78,40
  Preis/Menge: 5,40 EUR / 70 g
  Angenehmes Aroma, fruchtig, mit dezenter Säure, würzig, ausgewogene Süße.
  Aromaprofil (Herstellerangabe): Johannisbeere, geräucherter Tabak, Tropenwald.

- Produkt: (Milch) Esmeraldas Milk mit Fleur de Sel (Ecuador) 42 %, Punkte: 86,50
  Preis/Menge: 5,40 EUR / 70 g
  Milchig-cremig, angenehmes Aroma, wobei der Kakaocharakter etwas ausgeprägter sein könnte. Etwas zu wenig gesalzen. Gefällt mir dennoch sehr gut, da sehr aromatisch.

Aromaprofil (Herstellerangabe): Gesalzenes Karamell, Honig, rote Sommerfrüchte, Gewürze.

Fazit:
Ich hatte bereits im September 2010 eine Verkostung vorgenommen, allerdings war mein damaliges Urteil bei weitem nicht so positiv ausgefallen. Im Januar 2011 bekam ich die neuen Chargen, teilweise mit neuen Rezepturen, erneut zur Verkostung. Dieses Mal haben mich alle Produkte überzeugt. War im Jahr 2010 die Beni Wild Harvest noch absolut identisch mit der von Felchlin angebotenen Kuvertüre, besitzt diese Schokolade nun eine eigenständige Identität. Sie gefällt mir sehr gut. Auch die Cru Virunga, hergestellt mit Kakao aus dem Congo, konnte überzeugen. Der Kakao selbst ist eher simpel, aber Felchlin hat das Beste daraus gemacht. Die Piura ist mit Sicherheit ein Highlight, auch wenn man darüber streiten kann, ob es sich um Porcelana-Kakao handelt. Die Schokolade ist toll gelungen und sollte von jedem Chocoholic probiert werden.
Dieses Mal hat mir auch die Milchschokolade gefallen. War sie beim letzten Mal noch ohne Charme und mit einem unangenehmen Beigeschmack, war sie nun milchig-cremig und aromatisch. Etwas mehr Kakaoaroma und auch mehr Salz täten ihr dennoch gut.
Leider hat bei mir die Eingabe des Codes im Internet nicht funktioniert. Das sollte in Zukunft nicht geschehen.

Empfehlung:
Alle, besonders aber die dunklen Schokoladen sind nicht nur für Chocoholics empfehlenswert – jede für sich ist eine Besonderheit.

ORIGINES CACAO

Japan (Tokyo)
2F-2-25-7 Midoriga, Meguro-Ku, Tokyo

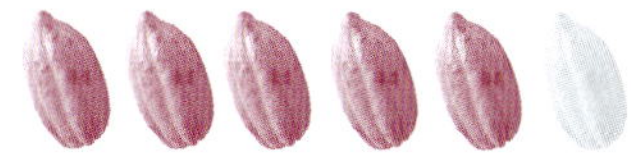

Verarbeitungsstufe: **Standard-Schokolade**

Yukihiko Kawaguchi gehört zu den führenden Pâtissiers Japans und ist einer von nur vier japanischen Mitgliedern des französischen Elite-Konditorenverbands Relais Desserts, dessen ca. 100 Mitglieder zu etwa drei Vierteln aus Frankreich stammen. Die Aufnahme eines Ausländers ist als umso höhere Auszeichnung anzuerkennen. Yukihiko Kawaguchi bietet eine große Auswahl an Konditorspezialitäten, darunter auch eine imposante Auswahl an Konfekt.

Produktbewertungen

- Produkt: (Konfekt) Jamaique, Punkte: 90,00
  Preis/Menge: 2.520 JPY / 22,37 EUR / 76 g
  Sehr aromatisch, Passionsfrucht intensiv, rosa Pfeffer angenehm dezent.

- Produkt: (Konfekt) Vénus, Punkte: 89,00
  Preis/Menge: 2.520 JPY / 22,37 EUR / 76 g
  Sehr fruchtig, angenehm sauer und sehr aromatisch. Yuzu und Aprikose passen gut zusammen.

- Produkt: (Konfekt) Amande salé, Punkte: 88,00
  Preis/Menge: 2.520 JPY / 22,37 EUR / 76 g
  Sehr schmackhafte Mandeln in Nougat, gut gesalzen und knusprig.

- Produkt: (Konfekt) Maracaïbo, Punkte: 86,00
  Preis/Menge: 2.520 JPY / 22,37 EUR / 76 g
  Intensiver Kakaogeschmack, feiner Schmelz. Kakao aus Venezuela (Maracaibo) verwendet, wohl Felchlin-Kuvertüre.

- Produkt: (Konfekt) Ceylan, Punkte: 83,00
  Preis/Menge: 2.520 JPY / 22,37 EUR / 76 g
  Sehr aromatischer Zimt, gut abgeschmeckt.

- Produkt: (Konfekt) Drôme, Punkte: 78,80
  Preis/Menge: 2.520 JPY / 22,37 EUR / 76 g
  Gutes Himbeeraroma, angenehm schokoladig, aber etwas zu süß.

- Produkt: (Konfekt) Origines Cacao, Punkte: 77,00
  Preis/Menge: 2.520 JPY / 22,37 EUR / 76 g
  Pure Schokoladen-Ganache, schokoladig, etwas zu süß, aber angenehmes Aroma.

- Produkt: (Konfekt) Sicilia, Punkte: 74,00
  Preis/Menge: 2.520 JPY / 22,37 EUR / 76 g
  Angenehme Ganache, die aber ein etwas intensiveres Pistazienaroma zeigen könnte.

- Produkt: (Konfekt) Chine, Punkte: 69,00
  Preis/Menge: 2.520 JPY / 22,37 EUR / 76 g
  Wohl mit Ingwerpulver. Könnte etwas aromatischer sein.

Fazit:
Auch bei Origines Cacao ist der französische Einfluss unverkennbar. Das Konfekt ist frisch, aromatisch und sehr geschmackvoll. Der stets hauchdünne Schokoladenüberzug harmoniert mit den zumeist guten Füllungen. Entgegen der besonders bei deutschsprachigen Confiseuren üblichen Füllung mit weißer Schokolade überzeugt Origines Cacao mit einer dunklen Fruchtfüllung. Dennoch haben die Fruchtsorten ein überzeugend fruchtig-saures und erfrischendes Aroma.

Empfehlung:
Auch wenn eine Sorte nicht überzeugen konnte, sind die Produkte für Konfektliebhaber empfehlenswert. Der zunächst abschreckende Preis ist für japanische Verhältnisse im Rahmen und sollte Liebhaber exotischer Schokoladenerfahrungen nicht vom Kauf einer kleinen Auswahl abhalten.

ORIOL BALAGUER

Spanien (Barcelona)
www.oriolbalaguer.com

Verarbeitungsstufe: **Standard-Schokolade**

Über Oriol Balaguer kann man fast das Gleiche sagen wie über Enric Rovira: Ästhet, leidenschaftlicher Konditor und Confiseur, Stylist und Designer. Vielleicht nicht ganz so visionär wie Enric Rovira, qualitativ aber mindestens auf gleicher Höhe. Sein Handwerk hat er in der Confectionary School of Barcelona gelernt, wobei seine siebenjährige Tätigkeit in Ferran Adriàs El Bulli mit Sicherheit wegweisend war. Oriol Balaguer schmückt sich mit vielen Auszeichnungen, u. a. Best Dessert in the World 2001, Best Pastry Chef in Spain 2008 und Best Gastronomy Shop in Madrid 2008. Seine Schaustücke sind wahre Meisterwerke, die Verpackungen trendy und modern. Auch seine Desserts sehen spektakulär aus. Es würde mich wundern, wenn sie nicht genauso gut schmecken würden. Sein Konfekt hat immer die gleiche Form, nämlich die einer halben Kakaofrucht in mundgerechten Stücken.

Produktbewertungen

- Produkt: (Schachtel) Collection 12,
  Punkte: 86,66
  Preis/Menge: 19,80 EUR / 120 g
  Sehr gelungenes Konfekt, extrem frisch und schmackhaft. Sehr erfrischende Frucht- und harmonisch gewürzte Gewürzganaches. Auch die anderen Sorten sind von guter Qualität, sodass diese Konfektschachtel ein voller Genuss ist.

  Konfekt-Einzelbewertungen:
  Yuzu: Punkte: 95,35
  Sehr erfrischendes und natürliches Aroma der japanischen Yuzu-Zitrone. Dieses Konfekt kommt der Perfektion nahe.
  Vainilla Tahití: Punkte: 95,05
  Ganache mit frischer Vanille, sehr harmonisch gewürzt, elegant, charaktervoll.
  Kikos: Punkte: 93,75
  Sehr gutes Aroma von geröstetem Mais, knusprig und nicht zu süß.
  Fruta de la Pasíon: Punkte: 92,00
  Frisch, sauer-fruchtig. Deutliches und natürliches Aroma und schöner Fruchtcharakter der Passionsfrucht.
  Café Etopía: Punkte: 89,00
  Äußerst gut gelungenes Kaffeenougat-Konfekt. Mit Kaffee-Nibs.
  Naranja: Punkte: 86,00
  Angenehmes Konfekt, von gutem Niveau. Erfrischendes Orangenaroma, mit Fruchtcharakter.

Frambuesa Gengibre: Punkte: 85,00
Dunkle Schokolade sehr dominant, aber sehr angenehme Aromen von Himbeeren und Ingwer.
Caramelo Sal: Punkte: 84,00
Die dunkle Schokolade ist für den dezenten Karamell etwas zu dominant und es fehlt etwas an Salz.
Anís Estrellado: Punkte: 82,00
Anis könnte etwas dominanter sein, wobei das Aroma langanhaltend ist.
Crujiente: Punkte: 80,00
Gut, aber etwas zu dezentes Nussaroma. Mit Krokant.
7 Especias: Punkte: 79,00
Dezent gewürztes Konfekt. Die sieben Gewürze schmeckt man nicht zu intensiv.
Té Earl Grey: Punkte: 78,80
Das Teearoma verfliegt relativ schnell, insgesamt aber ein harmonisches Konfekt.

- **Produkt: (Konfekt) Feuerwerk (Mascletá), Punkte: 88,00**
  Preis/Menge: 19,80 EUR / 120 g
  Knusprig und poppig. Nougat mit Poppy Candy. Scherzartikel, aber dennoch gut gelungen.

- **Produkt: (Schachtel) Minitubes, Punkte: 86,81**
  Preis/Menge: 32,00 EUR / 250 g
  Gut gelungene Schachtel. Tubes jedoch ab und zu unregelmäßig gefüllt. Füllungen sind denen des Konfekts sehr ähnlich, wenn nicht sogar identisch.

Riegel-Einzelbewertungen:
Yuzu Minitubes: Punkte: 91,55
Sehr erfrischendes und natürliches Aroma der japanischen Yuzu-Zitrone.
Pasíon Minitubes: Punkte: 90,00
Frisch, sauer-fruchtig. Deutliches und natürliches Aroma und schöner Fruchtcharakter der Passionsfrucht.
Naranja Minitubes: Punkte: 86,00
Sehr angenehmes Orangenaroma, könnte ein wenig mehr Säure haben. Etwas schlecht gefülltes Minitube.
Frambuesa Minitubes: Punkte: 83,50
Angenehmes Himbeeraroma. Fruchtig, aber es fehlt etwas an Säure.
Mascletá Minitubes: Punkte: 83,00
Knusprig und poppig. Scherzartikel, aber dennoch gut.
Anís Minitubes: Punkte: 82,00
Harmonisch dosierter Anis. Weich, cremig und mit feinem Schmelz.

Fazit:
Es kam nicht häufig vor, dass ich eine Verkostung so genossen habe. Selten war das Niveau der Produkte so konstant hoch: edel, sehr gute Qualität, kreativ, innovativ, elegant, aromatisch, ein leichter Genuss. Mehr kann man dazu nicht sagen.
Die Wahl dieser Produkte als besonderes Geschenk fällt wahrlich nicht schwer. Nur denken Sie daran, dass Sie sich selbst auch eine Schachtel kaufen, sonst essen Sie womöglich die Köstlichkeiten auf, bevor Sie sie verschenken konnten.

Empfehlung:
Für Konfekt-Liebhaber, die Qualität der Quantität vorziehen.

PACARI

Ecuador (Quito)
www.pacarichocolate.com

Verarbeitungsstufe: **Bean-to-bar**

Pacari beschäftigt sich seit seiner Gründung mit dem Thema Raw-Schokolade. Ich erinnere mich noch sehr gut, wie ich vor 5–6 Jahren Santiago Peralta und Carla Barboto, die Gründer des Unternehmens, auf Messen traf. Damals zeigte man mir auch, wie die rohen Kakaobohnen bearbeitet wurden. Ich war schon erstaunt, dass die Bohnen voller Löcher waren. Wie und warum die Kakaobohnen gelöchert wurden, wollten sie nicht verraten. Aus gutem Grund. Pacari stellt wohl als einziges Unternehmen eine Raw-Schokolade her, die vom Aussehen, der Konsistenz und der Eleganz eine edle Anmutung besitzt. Die meisten Raw-Schokoladen, die ich getestet habe, erinnern an Bio-Produkte in ihren Anfängen. wenig Raffinesse, mit eindeutigem Handwerkscharakter, ohne edle Anmutung, die Konzentration gilt dem Gesundheitsaspekt. Pacari verwendet ausschließlich Kakaobohnen aus Ecuador, alle Schokoladen sind Bio-zertifiziert. Ein Fair-Trade-Siegel zeigen die Tafeln nicht, jedoch sind Pacaris Bekundungen, faire Preise zu bezahlen, glaubwürdig. Die geringe Temperatur bei der Herstellung von Raw-Schokolade hat natürlich, neben dem gesundheitlichen Aspekt, auch geschmackliche Konsequenzen. Einige Aromen werden zwar weniger ausgeprägt, dafür kommen jedoch andere zum Vorschein, die beim Rösten auf der Strecke bleiben. Es sind mehr Aromen schmeckbar, die durch die Fermentation entstehen. Auch haben die Schokoladen mehr Säure und sind leicht adstringierend, für Ecuador-Kakao eher untypisch. Pacari betreibt eine eigene Produktionsstätte und kontrolliert vom Einkauf bis zum fertigen Produkt alle wichtigen Weiterverarbeitungsschritte.

Produktbewertungen

- Produkt: (Dunkel) Los Rios 72 %, Punkte: 84,00
  Preis/Menge: 4,00 EUR / 50 g
  Sehr fruchtige Schokolade, mit Geschmack von Fermentation und nur leicht gerösteten Bohnen.
  Aromaprofil: Blumig, nussig, Kaffee.

- Produkt: (Dunkel) Raw 100 %, Punkte: 82,50
  Preis/Menge: 6,30 EUR / 50 g
  Bemerkenswerte Komplexität von Aromen. Etwas zu adstringierend und zu sauer, aber angenehm bitter.
  Aromaprofil: Fermentation, Johannisbeeren, Jasmin, Nüsse.

- Produkt: (Dunkel) Raw 70 %, Punkte: 82,00
  Preis/Menge: 6,30 EUR / 50 g
  Sehr gutes Aroma, jedoch relativ sauer und etwas adstringierend.
  Aromaprofil: Fermentation, Zitrusfrüchte, Jasmin.

- Produkt: (Dunkel) Manabi 65 %, Punkte: 71,00
  Preis/Menge: 4,00 EUR / 50 g
  Gutes Aroma, jedoch etwas zu süß und leicht adstringierend.
  Aromaprofil: Blumig-nussig.

- Produkt: (Dunkel) Esmeraldas 60 %,
  Punkte: 69,00
  Preis/Menge: 4,00 EUR/50 g
  Der Charakter der Nacional-Bohnen der Region Esmeraldas ist dezent präsent. Zu süße Schokolade.
  Aromaprofil: Bananen, Jasmin, Honig.

- Produkt: (Veredelt) Lemongrass,
  Punkte: 61,00
  Preis/Menge: 4,00 EUR/50 g
  Kaum Zitronengras-Aroma, dunkle Schokolade ist zu süß. Ohne Angaben zum Kakaogehalt. Lustig: Zitronengras wird in der Zutatenliste als „Wesen der Zitronenverbene" übersetzt.

- Produkt: (Veredelt) Andean Blueberry,
  Punkte: 60,40
  Preis/Menge: 4,00 EUR/50 g
  Heidelbeeren zeigen nur dann etwas Aroma, wenn man penetrant darauf kaut. Ganze Heidelbeerstückchen bereiten sehr unangenehmes Mundgefühl. Keine Angabe zu Kakaogehalt, insgesamt zu süße dunkle Schokolade.

Fazit:
Mit Esmeraldas, Manabi und Los Rios verarbeitet Pacari Bohnen aus den drei wichtigsten Ursprungsregionen Ecuadors. Schade ist, dass die Kakaoanteile so sehr variieren. Ein Vergleich der einzelnen Kakaosorten ist dadurch nur bedingt möglich. Die Bohnen werden alle minimal verarbeitet, dadurch ist die Schokolade für Nacional-Kakao außergewöhnlich sauer und leicht adstringierend. Die Aromen und der Geschmack der Raw-Schokoladen sind toll, fallen aber durch ihren relativ sauren und adstringierenden Geschmack auf.

Empfehlung:
Alle puren Schokoladen sind vor allem für Chocoholics empfehlenswert. Die veredelten Schokoladen sind bei anderen Herstellern in besserer Qualität erhältlich.

PATRIC CHOCOLATE

USA (Columbia, Missouri)
www.patric-chocolate.com

Verarbeitungsstufe: **Bean-to-bar**

Alan „Patric" McClure ist ein weiterer aufstrebender Chocolatier aus dem Land der unbegrenzten Möglichkeiten. Alan verbrachte ein Jahr in Frankreich, um die traditionelle französische Schokoladenherstellung zu lernen. Diverse Reisen in die Anbauländer, u. a. nach Mexiko, Belize und Venezuela, folgten in den Monaten Juni bis Dezember 2006. Im Januar 2007 war es so weit, in der neuen

Produktionsstätte begann Alan mit den ersten Versuchen der Schokoladen-Produktion. Im Juli 2007 kam die erste Schokolade auf den Markt, eine 70 %ige dunkle Schokolade, hergestellt aus Madagaskar-Bohnen. Mittlerweile wurde das Sortiment auf sieben Schokoladen erweitert.

Produktbewertungen

- **Produkt:** (Dunkel) Rio Caribe 70 % Dark Chocolate, **Punkte:** 95,30
  Preis/Menge: 8,50 USD / 6,71 EUR / 65 g
  Sehr gelungene Schokolade des wunderbaren Venezuela-Kakaos. Kraftvoll, aromatisch und mit tollem Schmelz.
  Aromaprofil: Rote Beeren (Brombeere und Himbeere), Kaffee, Vanille.

- **Produkt:** (Dunkel) Madagascar 75 % Dark Chocolate, **Punkte:** 90,10
  Preis/Menge: 8,50 USD / 6,71 EUR / 65 g
  Dezent gerösteter Kakao, sehr schöne Aromenentfaltung und guter Schmelz.
  Aromaprofil: Rote Beeren, Zitrusfrüchte, Trockenfrüchte, Rosinen, Vanille.

- **Produkt:** (Dunkel) Madagascar 67 % Dark Chocolate, **Punkte:** 89,05
  Preis/Menge: 8,50 USD / 6,71 EUR / 65 g
  Kaum Röstaroma, das lässt Raum zur Entfaltung komplexer Aromen. Typischer fruchtiger Charakter des Madagaskar-Kakaos, mit gutem Schmelz.
  Aromaprofil: Rote Beeren, Zitrusfrüchte, Rosinen, Melasse, leicht Kaffee.

- **Produkt:** (Veredelt) In-NIB-itable Bar 70 % Dark Chocolate, **Punkte:** 87,25
  Preis/Menge: 8,50 USD / 6,71 EUR / 65 g
  Aromatische Schokolade mit großzügig aufgestreuten, knusprigen Kakao-Nibs.
  Aromaprofil: Rote Beeren, Zitrusfrüchte, Rosinen, Melasse, leicht Kaffee.

- **Produkt:** (Milch) Signature Dark Milk, **Punkte:** 94,30
  Preis/Menge: 7,00 USD/5,53 EUR/65 g
  Milchschokolade mit 60 % Kakaoanteil, der nicht ausgelobt wird. Sehr harmonisch und sehr dunkel. Tolles Kakaoaroma und cremig-milchig.
  Aromaprofil: Milch, dunkler Rahmkaramell, Malz, Kakao, Kaffee.

Fazit:
Was soll ich sagen – Patric produziert mit die beste Schokolade der USA. Selbst mit europäischen Chocolatiers mit langer Tradition kann seine Qualität locker mithalten und sie oftmals sogar übertrumpfen. Mit der dezenten Röstung der Kakaobohnen ermöglicht er eine einmalige Entfaltung der Aromen. Eine so gute Rio Caribe wie Patrics habe ich seit der von Domori nicht mehr probiert: kraftvoll und sehr aromatisch. Die Signature Dark Milk setzt Maßstäbe in der Branche. Für den amerikanischen Markt verzichtet er auf die Auslobung des Kakaoanteils. Schade, denn einen 60 %igen Kakaoanteil sollte man in einer Milchschokolade nicht verheimlichen müssen.

Empfehlung:
Ausnahmslos alle Schokoladen sind empfehlenswert. Hier kommt jeder auf seine Kosten: Liebhaber von Milchschokolade, sanfter dunkler Schokolade (die 67 % Madagascar) oder kräftiger dunkler Schokolade (Rio Caribe und Madagascar 75 %).

PATRICE CHAPON

Frankreich (Chelles)
www.chocolat-chapon.com

Verarbeitungsstufe: **Standard-Schokolade**

Patrice Chapon ist stark von der Gastronomie beeinflusst – schon sein Vater war in diesem Metier als Weinfachmann tätig. Patrice hat ihn oft bei seinen Besuchen der Pariser Spitzengastronomie begleitet.
Ich habe Patrice im Jahr 2003 während meiner Teilnahme am Salon du Chocolat in Paris kennen gelernt. Inzwischen ist eine Freundschaft entstanden. 2008 habe ich gemeinsam mit ihm und meinen Kindern Diego Badaro in Brasilien besucht. Zusammen haben wir einige Plantagen besichtigt und viele Nächte über Kakao und Schokolade philosophiert.
Ursprünglich wollte Patrice Architektur studieren, entschied sich dann aber doch für eine Karriere in der Lebensmittelbranche. Nach seiner Ausbildung arbeitete er in großen Hotels, u. a. in Deauville und London. 1985 kehrte er nach Frankreich zurück und begann mit der Konfektherstellung, das er an die Pariser Confiserien verkaufte. 1993 eröffnete Patrice sein erstes Geschäft in Chelles, 2001 folgte sein erstes Geschäft in Paris, in der Avenue Mozart, 2005 ein zweites in der Rue du Bac. 2006 erfolgte ein Umzug seines ersten Geschäfts in das Zentrum von Chelles, und im Jahr 2008 bezog er schließlich eine neue Produktionsstätte.
Patrice verfügt über ein enormes Fachwissen. Er beherrscht nicht nur die traditionelle französische Konfektherstellung, sondern hat auch ein großes technisches Wissen und Verständnis. Dies erlaubt ihm einige sehr gewagte Kreationen, wie z. B. die Palais au Xérés oder au Sauterne – 3 mm dünne, mit Ganache gefüllte Drops. Eine technische Meisterleistung und sehr köstlich!
Patrice weiß sich und seinen Charme gekonnt in Szene zu setzen und ist sehr erfolgreich im Umgang mit der Presse. Hinzu kommt, dass er eine klare Vorstellung von seiner Marke besitzt und diese auch konsequent und erfolgreich umsetzt. Nougat stellt Patrice von der Haselnuss weg selbst her.

Produktbewertungen

- Produkt: (Riegel) Fourree Citron vert au Chocolat Noir 75 % Cacao,
  Punkte: 69,75
  Preis/Menge: 6,00 EUR/75 g
  Die Schokolade harmoniert nicht so gut, da sehr sauer und bitter. Die Füllung hat ein angenehm fruchtiges Aroma.

Produktbewertungen

- Produkt: (Riegel) Fourree Praline au sel fume et pistache 75 % Cacao, Punkte: 66,75
  Preis/Menge: 6,00 EUR / 75 g
  Die Schokolade ist zu dominant für die geringe Füllung. Schwaches Pistazienaroma, aber angenehm leicht salzig.

- Produkt: (Konfekt) Coulis de cassis, Punkte: 95,73
  Preis/Menge: 21,30 EUR / 235 g
  Leicht rötliche Ganache, fruchtig und angenehm sauer mit sehr gutem Johannisbeeraroma.

- Produkt: (Konfekt) Confidence fondant, Punkte: 93,00
  Preis/Menge: 21,30 EUR/235 g
  Leicht bröckelige Nougat-Füllunng, die sehr aromatisch ist.

- Produkt: (Konfekt) Dôme fondant au sel, Punkte: 92,00
  Preis/Menge: 21,30 EUR / 235 g
  Herber und knuspriger Nougat mit dezentem Salz. Ein Chapon-Klassiker.

- Produkt: (Konfekt) Inghaneq, Punkte: 91,50
  Preis/Menge: 21,30 EUR / 235 g
  Elegante Ganache, dunkel und leicht herb. Angenehm schokoladig.

- Produkt: (Konfekt) Nougat-Dreieck, Punkte: 91,00
  Preis/Menge: 21,30 EUR / 235 g
  Herber, bröckeliger Nougat voller Aromen, mit Karamellstückchen. Knusprig und rustikal.

- Produkt: (Konfekt) Mon Enfance fondant, Punkte: 90,00
  Preis/Menge: 21,30 EUR / 235 g
  Fester und leicht bröckeliger Nougat. Knusprig, mandelig, nussig.

- Produkt: (Konfekt) Rénato, Punkte: 89,00
  Preis/Menge: 21,30 EUR / 235 g
  Doppelt gefüllt, gutes, natürliches und nicht penetrantes Pistazienaroma.

- Produkt: (Konfekt) Baies roses, Punkte: 86,00
  Preis/Menge: 21,30 EUR / 235 g
  Fester rustikaler und bröckeliger Nougat mit rosa Pfeffer.

- Produkt: (Konfekt) Ganache lactée Citron vert, Punkte: 85,00
  Preis/Menge: 21,30 EUR / 235 g
  Ganache mit dezentem Limettenaroma, leicht bitter.

- Produkt: (Konfekt) Ganache lactée, Punkte: 83,50
  Preis/Menge: 21,30 EUR / 235 g
  Leicht fruchtige helle Ganache. Schön cremig und schmackhaft.

- Produkt: (Konfekt) Cajou fondant, Punkte: 83,00
  Preis/Menge: 21,30 EUR / 235 g
  Rustikaler Nougat, herb, nicht süß und mit gutem Aroma.

Fazit:
Das Konfekt ist äußerst gelungen. Eine Dôme fondant au sel hat mittlerweile Klassikerstatus – herber und knuspriger Nougat mit einer Prise Salz. Das Ganache-Konfekt ist elegant und

nie zu süß, die Nougat-Kreationen stets aromatisch und rustikal. Chapon-Konfekt ist ein Paradebeispiel für sehr gute Qualität in französischer Tradition, gepaart mit modernen Geschmackskompositionen.
Die gefüllten Schokoladen dagegen haben mich nicht ganz überzeugt. Die verwendete Schokolade ist mir zu sauer und zu dominant.

Empfehlung:
Das Konfekt empfiehlt sich Liebhabern französischen Konfekts. Hier hat man dann jedoch die Qual der Wahl. Schön ist, dass es bei Patrice Chapon keine schlimmen Ausreißer nach unten gibt. So kann man sicher sein, dass man stets gute Qualität erhält.

PATRICK ROGER

Frankreich (Paris)
www.patrickroger.com

Verarbeitungsstufe: **Standard-Schokolade**

Patrick Roger ist gelernter Pâtissier, obwohl er eigentlich einen ganz anderen Beruf ausüben wollte: Géomètre, also Vermesser, war sein Traumberuf, den er aber aufgrund seiner Abneigung zur Schule nicht weiter verfolgte. Stattdessen trat er sozusagen in die Fußstapfen seines Vaters, der gelernter Bäcker ist, und absolvierte eine klassische Ausbildung zum Pâtissier, nach der er beim Pariser Traiteur Mauduit arbeitete, aber auch als Lebensretter am Meer und Kellner, um sich dann zum Chocolatier zu spezialisieren. Auch Patrick Roger gewann den „Grand Prix International du Chocolat" und wurde im Jahre 2000 „Meilleur Ouvrier de France".
Sein erstes Geschäft eröffnete er im Jahre 1997 in Sceaux. Mittlerweile führt er auch fünf Geschäfte in Paris und eines in Saint-Germain-en-Laye.

Produktbewertungen

- Produkt: (Konfekt) Douceur, Punkte: 97,50
  Preis/Menge: 11,00 EUR / 100 g
  Meisterhaft. Französische Mandeln und italienische Pistazien mit geringem Zuckeranteil. Das ist kein Marzipan, sondern viel besser. Extrem aromatisch, elegant, fast schon sinnlich. Chapeaux!

- Produkt: (Konfekt) Dehli, Punkte: 96,10
  Preis/Menge: 11,00 EUR / 100 g
  Ganache mit Zitrone und Basilikum. Extrem fruchtig-sauer und was für ein Aroma! Sowohl Zitrone als auch Basilikum sehr gut schmeckbar und sehr harmonisch. Mit frischem Basilikum und handgepressten Zitronen.

- **Produkt: (Konfekt) Maracana, Punkte: 96,08**
  Preis/Menge: 11,00 EUR / 100 g
  Fantastisches fruchtig-saures Aroma der Passionsfrucht. Weich, cremig und feinschmelzend

- **Produkt: (Konfekt) Trinidad & Tobago, Punkte: 95,95**
  Preis/Menge: 11,00 EUR / 100 g
  Grandioses Konfekt. Rum und Mandeln, weich und aromatisch mit einer sensationellen Rosine on Top. Mehr davon, bitte.

- **Produkt: (Konfekt) Valparaiso, Punkte: 95,75**
  Preis/Menge: 11,00 EUR/100 g
  Fruchtig-saure und aromatische Limetten-Ganache. Man schmeckt den frischen Limettensaft. Vorzüglich.

- **Produkt: (Konfekt) Tendresse, Punkte: 95,00**
  Preis/Menge: 11,00 EUR / 100 g
  Sehr aromatischer Nougat von scharf gerösteten und karamellisierten Piemonteser Haselnüssen.

- **Produkt: (Konfekt) Maracaïbo, Punkte: 94,00**
  Preis/Menge: 11,00 EUR / 100 g
  Pure Ganache verschiedener Kakaos. Aromatisch, weich-cremig und mit feinem Schmelz. Ganache leicht fruchtig.

- **Produkt: (Konfekt) Corsica, Punkte: 93,85**
  Preis/Menge: 11,00 EUR / 100 g
  Sehr weiche, wenig süße, kaum bittere und angenehm aromatische, kandierte Orange.

- **Produkt: (Konfekt) Bornéo, Punkte: 92,70**
  Preis/Menge: 11,00 EUR/100 g
  Vorzüglicher Sesam-Krokant. Knusprig, aromatisch, nicht zu fest und nicht zu süß, leicht bitter durch den karamellisierten Zucker.

- **Produkt: (Konfekt) Éthiopie, Punkte: 91,00**
  Preis/Menge: 11,00 EUR / 100 g
  Gut gelungenes Kaffeekonfekt. Schnittfeste Ganache, aber cremig und mit feinem Schmelz.

- **Produkt: (Konfekt) Le Cube, Punkte: 90,20**
  Preis/Menge: 11,00 EUR / 100 g
  Guter Nougat mit karamellisierten Nüssen. Mit der Milchschokolade etwas süßer als sonst bei Patrick Roger üblich.

- **Produkt: (Konfekt) Ceylan, Punkte: 88,10**
  Preis/Menge: 11,00 EUR / 100 g
  Aromen Süd-Ost Indiens. Was immer das sein mag, ich kann es kaum schmecken und definieren. Dennoch nicht unangenehm im Geschmack. Weich, etwas karamellig, aber nicht süß.

- **Produkt: (Konfekt) Arrogance, Punkte: 87,90**
  Preis/Menge: 11,00 EUR/100 g
  Walnüsse und Mandeln. Gutes Walnussaroma, mit etwas gröberen Mandeln.

Fazit:
Was für ein Erlebnis! Kaum vorstellbar, dass man Konfekt grandioser herstellen kann als Patrick Roger.Mit dieser Leistung hebt er sich in den Olymp aller Confiseure weltweit.
Die Rohstoffe und Zutaten sind von bester Qualität, stets frisch und natürlich. Einem Zitronen-Konfekt schmeckt man an, wenn es sich um frischen Zitronensaft und nicht um ein Konzentrat handelt – mit allen Ecken und Kanten, die die Natur mit sich bringt. Verwendet man so frische Früchte, ist die Regulierung der Säure sehr schwer zu beherrschen. Daher ist das Konfekt

auch nicht optimal, aber dennoch extrem gut gelungen. Patrick Roger akzeptiert lieber das eine oder andere Mal die Schwankungen der natürlichen Zutaten akzeptiert, als mit uniformierten Konzentraten zu arbeiten. Gleich elf Sorten katapultieren sich über die 90-Punkte Hürde. Wie sehr habe ich vor allem dieses Konfekt genossen!

Empfehlung:
Alle Produkte sind unbedingt empfehlenswert – ganz besonders natürlich allen Liebhabern französischen Konfekts.

PAUL A. YOUNG

England (London)
www.paulayoung.co.uk

Verarbeitungsstufe: **Standard-Schokolade**

Paul A. Young ist einer der Shooting-Stars in England. Der in Yorkshire geborene Confiseur und Pâtissier, der eigentlich Hotel-Catering und -Management gelernt hat, arbeitete in diversen Restaurants des renommierten Kochs Marco Pierre White und war Chef Pâtissier im Restaurant Quo Vadis im Londoner Soho. Für Marks & Spencer und Sainsbury's, zwei große Kaufhausketten, war er als Produktentwickler tätig. Noch heute sollen seine kreierten Produkte zu den Topsellern gehören.
Im Jahre 2006 eröffnete er sein erstes Geschäft in London, im Jahre 2007 folgte gleich eine zweite Filiale. Young ist zudem oft im TV präsent.

Produktbewertungen

- Produkt: (Konfekt) Winter Vine Fruit Brownie, Punkte: 94,75
  Preis/Menge: 3,50 GBP/4,10 EUR/1 Stück
  Fantastischer Brownie, saftig, schokoladig und aromatisch.

- Produkt: (Veredelt) Gold, Frankincense and Myrrh bar, Punkte: 75,50
  Preis/Menge: 4,80 GBP/5,44 EUR/70 g
  Weihrauch und Myrrhe, dekoriert mit 24 Karat Gold. Gut gelungen, weihnachtlich.

- Produkt: (Riegel) Sea Salted Caramel Bar, Punkte: 89,00
  Preis/Menge: 3,80 GBP/4,45 EUR/70 g
  Sehr gelungen. Perfektes halbflüssiges Karamell, perfekt gesalzen.

- Produkt: (Konfekt) Pine Kernel Caramel,
  Punkte: 92,65
  Preis/Menge: 22,00 GBP / 24,95 EUR / 15 Stück
  Sehr angenehmes Karamell, halbflüssig, innen mit ganzen Pinienkernen. Originell und sehr gut.

- Produkt: (Konfekt) Seville Orange,
  Punkte: 91,50
  Preis/Menge: 22,00 GBP / 24,95 EUR / 15 Stück
  Fruchtig-sauer und aromatisch, von leichter Bitterkeit.

- Produkt: (Konfekt) Kalamansi Ganache,
  Punkte: 90,50
  Preis/Menge: 22,00 GBP / 24,95 EUR / 15 Stück
  Sehr gelungene fruchtig-saure Füllung, leider etwas rau, könnte glatter sein.

- Produkt: (Konfekt) Sea salted caramel bar,
  Punkte: 87,50
  Preis/Menge: 22,00 GBP / 24,95 EUR / 15 Stück
  Mit halbflüssigem und leicht gesalzenem Karamell gefüllt. Schmackhaft.

- Produkt: (Konfekt) Champagne,
  Punkte: 87,00
  Preis/Menge: 22,00 GBP / 24,95 EUR / 15 Stück
  Frischer und angenehmer Geschmack, nicht zu alkoholisch und angenehm aromatisch.

- Produkt: (Konfekt) Chilli & Nutmeg,
  Punkte: 86,00
  Preis/Menge: 22,00 GBP / 24,95 EUR / 15 Stück
  Gut aromatisiert. Nicht zu scharf, Muskatnussaroma am Anfang dominant, dann kommt erst das Chili.

- Produkt: (Konfekt) Black Forest,
  Punkte: 85,00
  Preis/Menge: 22,00 GBP / 24,95 EUR / 15 Stück
  Zweifach gefüllt, helle und dunkle alkoholisierte Ganache. Mit kandierter Kirsche. Angenehm alkoholisch und sehr aromatisch.

- Produkt: (Konfekt) Coffee Liqueur,
  Punkte: 83,00
  Preis/Menge: 22,00 GBP / 24,95 EUR / 15 Stück
  Gutes Kaffeearoma, sehr glatte Füllung, angenehm cremig.

- Produkt: (Konfekt) 72 % Venezuelan Truffle,
  Punkte: 82,00
  Preis/Menge: 22,00 GBP / 24,95 EUR / 15 Stück
  Gutes Aroma von Venezuela-Kakao.

- Produkt: (Konfekt) Rhubarb & Ginger,
  Punkte: 81,50
  Preis/Menge: 22,00 GBP / 24,95 EUR / 15 Stück
  Interessant gefüllt. Dunkle Ganache, kandierter Ingwer und Rhabarber-Konfitüre. Etwas zu süß und zu dezentes Rhabarber-Aroma.

- Produkt: (Konfekt) 10 year Glenmorangie,
  Punkte: 78,80
  Preis/Menge: 22,00 GBP / 24,95 EUR / 15 Stück
  Etwas zu schwaches Whisky-Aroma.

- Produkt: (Konfekt) Pink Peppercorn,
  Punkte: 78,00
  Preis/Menge: 22,00 GBP / 24,95 EUR / 15 Stück
  Sehr dezent, aber ausreichend aromatisiert. Durch die weiße Füllung jedoch relativ süß.

- Produkt: (Konfekt) Baileys Snowball,
  Punkte: 76,00
  Preis/Menge: 22,00 GBP / 24,95 EUR / 15 Stück
  Gutes Bailey's-Aroma. Füllung dunkel und relativ fest, keine schöne Struktur, da etwas rau.

- Produkt: (Konfekt) Mulled Pear Cider,
  Punkte: 73,00
  Preis/Menge: 22,00 GBP / 24,95 EUR /15 Stück
  Cider gut schmeckbar, dafür aber kaum Birne. Sehr raue Füllung.

- Produkt: (Konfekt) Cinnamon Hazelnut,
  Punkte: 61,00
  Preis/Menge: 22,00 GBP / 24,95 EUR / 15 Stück
  Füllung ist eher massive Schokolade, mit ganzer Haselnuss. Zimtaroma zu dezent.

Fazit:
Paul A. Youngs Konfekt unterliegt starken Qualitätsschwankungen. Einem sehr guten Pine Kernel Caramel, halbflüssig und mit ganzen Pinienkernen, folgt eine nicht so gute Cinnamon Hazelnut, deren Füllung so fest ist wie die Schokolade drum herum. Vielleicht sollte das absichtlich so sein, dann ist mir für eine kleine Haselnuss aber viel zu viel Schokolade in diesem Konfekt. Die Champagne wiederum ist aromatisch und frisch, die Mulled Pear Cider zeigt aber wieder eine raue Füllung und kaum Birnenaroma. Das Kalamansi-Konfekt wiederum erstürmt in Genialität den Konfekt-Olymp.
Insgesamt haben die Produkte gut gefallen. Auch wenn der Winter Fruit Brownie nicht in eine der Kategorien passt, muss er aufgrund seiner außergewöhnlichen Qualität doch erwähnt werden, besteht er doch zu einem nicht unwesentlichen Anteil aus Schokolade. Er ist geradezu sensationell: saftig, schokoladig, herrlich!

Empfehlung:
Die richtige Konfekt-Auswahl ist absolut empfehlenswert. Der Brownie ist ein „must have" und sollte auf jeden Fall probiert werden.

PETERS

Deutschland (Lippstadt)
www.peters-pralinen.de

Verarbeitungsstufe: **Standard-Schokolade**

Konditormeister Franz Peters begann seine Karriere im Jahre 1936 mit einer Eisdiele (erster Slogan: „Eis vom Kalten Franz"), aus der in den Wintermonaten eine Kaffeestube wurde. Seither ist das Café Peters in Lippstadt eine Institution. In den 1970er Jahren begann Norbert Frochte-Peters mit der Herstellung von Konfekt und belieferte schon nach kurzer Zeit namhafte Confiserien. Zwischenzeitlich kooperierte er mit Hans Schröder und Günther Schulte in dem Unternehmen „Dreimeister". Nachdem Günther Schulte bereits im Jahre 1980 als Gesellschafter ausschied, folgte ihm Norbert Frochte-Peters im Jahre 1988. Er entschloss sich, sein Konfekt nicht mehr in einer Kooperation mit anderen Herstellern zu produzieren und zu vertreiben, sondern alles alleine zu managen.
Im Jahre 1994 übernahm Matthias Meier die Produktionsleitung. Seine Kreativität und sehr gute Fachkompetenz sollten in den Folgejahren mit ausschlaggebend für den Erfolg sein. Im Jahre 1996 trat Tochter Dorothée dem Unternehmen bei und übernahm die Koordination des Exports. Nachdem Sohn Christian jahrelang zusammen mit seiner Mutter das Stammhaus leitete, übernahm er im Jahre 2003 als angehender Nachfolger für Norbert Frochte-Peters die Geschäftsleitung.

Produktbewertungen

- Produkt: (Schachtel) Unsere Besten, Punkte: 69,15
  Preis/Menge: 11,00 EUR/200 g
  In der Mischung befinden sich einige wirklich gute Produkte, insgesamt kann sie aber nicht überzeugen. Auch hier liegt es an der zu einfachen Schokolade, aber oftmals auch an den zu aromaflachen Füllungen.

  Konfekt-Einzelbewertungen:
  Rum-Trüffel: Punkte: 83,00
  Sehr aromatisch, relativ stark alkoholisch, nicht zu süß.
  Kaffee-Trüffel: Punkte: 82,00
  Kräftige Kaffeefüllung, angenehm herb und leicht alkoholisch.
  Calvados-Trüffel: Punkte: 79,50
  Angenehm fruchtig-alkoholische Füllung, nicht zu süß.
  Weißer-Rum-Trüffel: Punkte: 79,00
  Gutes Rumaroma. Recht alkoholisch, was man aber akzeptieren kann, da es sich schließlich um eine Alkoholtrüffel handelt. Der weißen Füllung würde etwas dunkle Schokolade gut tun.
  Eierlikör-Trüffel: Punkte: 76,50
  Gutes Eierliköraroma. Dunkle Schokolade außen bekommt der süßen, weißen Füllung gut.
  Latte Macchiato: Punkte: 70,00
  Zweifach gefüllt, mit dezentem Kaffeearoma.
  Cappuccino-Trüffel: Punkte: 68,50
  Kaffeearoma in Ordnung, insgesamt einen Tick zu süß.
  Grand Marnier: Punkte: 68,00
  Gutes Orangenaroma, könnte etwas alkoholischer sein und weniger süß.
  Himbeergeist-Trüffel: Punkte: 67,90
  Dezentes Himbeeraroma, angenehm alkoholisch.
  Gin-Tonic-Trüffel: Punkte: 65,50
  Ginaroma kommt nicht besonders zur Geltung, stark alkoholisch.
  Sahne-Trüffel: Punkte: 65,50
  Relativ banale Milchtrüffel, sahnig-schokoladig.
  Tiramisú-Trüffel: Punkte: 62,50
  Könnte mehr Kaffeearoma zeigen und etwas weniger alkoholisch sein.
  Kirschwasser-Trüffel: Punkte: 62,50
  Alkoholisch, aber nicht aromatisch genug.
  Vanille-Trüffel: Punkte: 60,00
  Milchfüllung, Vanillearoma zu schwach.
  Marc de Champagne: Punkte: 58,00
  Langweilig, süß und ohne Marc-de-Champagne-Aroma. Kaum alkoholisch.
  Riesling-Trüffel: Punkte: 58,00
  So gut wie kein Riesling-Charakter, zu süß.

- Produkt: (Schachtel) Pecaré 24 Versuchungen, Punkte: 71,31
  Preis/Menge: 14,95 EUR/255 g
  Äußerst kreative Idee, leider zu meinem Erstaunen nicht optimal umgesetzt. Auch wenn eine dünne Füllung toll sein kann, erweist sich Peters mit der Dominanz der Schokolade einen Bärendienst. Das liegt hauptsächlich daran, dass die verwendete Schokolade nicht über das untere Mittelmaß hinauskommt. Teilweise ist die Füllung aber auch einfach zu gering dosiert.

  Konfekt-Einzelbewertungen:
  Pecaré Espresso: Punkte: 78,50
  Schmeckt intensiv nach Kaffee, ist nicht zu süß.
  Pecaré Orange: Punkte: 77,50
  Schmeckt ein wenig wie Erfrischungsstäbchen, aber gar nicht so schlecht. Fruchtig-orangig.
  Pecaré Jamaika Rum: Punkte: 76,00
  Aromatische Füllung im Verhältnis zur Schokolade zu gering dosiert.
  Pecaré Vanille: Punkte: 70,00
  Vanillearoma ganz gut, geht aber im Verhältnis zur Schokolade etwas unter.
  Pecaré Nougat: Punkte: 70,00
  Einfacher und dezent aromatischer, heller Nougat.
  Pecaré Latte Macchiato: Punkte: 67,00
  Zu dezentes Kaffeearoma.
  Pecaré Gold: Punkte: 66,00
  Schmeckt einfach nach banaler Schokolade.

Pecaré Edelvollmilch: Punkte: 65,50
Langweilige Füllung, schmeckt vor allem nach Schokolade.
Pecaré Edelbitter: Punkte: 63,00
Noch weniger schokoladig als die Gold. Unspektakulär.
Pecaré Chili-Kirsch: Punkte: 61,00
Viel zu wenig Kirsche, dezent scharf.
Pecaré Prosecco-Himbeer: Punkte: 61,00
Dezentes Aroma von Prosecco und Himbeere. Müsste fruchtiger und etwas alkoholischer sein.
Pecaré Marc de Champagne: Punkte: 61,00
Langweilig, süß und ohne Marc-de-Champagne-Aroma. Kaum alkoholisch.

Fazit:
Peters Konfekt reiht sich ein in die Standard-Qualitäten der deutschen Confiserie. Auch Peters muss sich mit den vom Handel vorgegebenen Rahmenbedingungen arrangieren. Durch die extrem lange Haltbarkeit bleiben die Möglichkeiten einfach begrenzt. Man kann aber schon sagen, dass Peters unter den gegebenen Umständen ganz ordentliche Ware produziert. Am besten gefallen haben mir die klassischen Trüffel-Sorten Rum, Kaffee, Calvados und Eierlikör.
Die mit der zukunftsweisenden FrozenShell-Technologie hergestellten Pecaré-Produkte sind kreativ: mit Ganache oder Nougat gefüllte dünnwandige Schalen. Auch wenn die eine oder andere Sorte noch verbesserungswürdig ist, hat Peters mit dieser Produktreihe Kreativität und Innovation bewiesen und kann sich berechtigterweise etwas von den anderen Herstellern abheben.

Empfehlung:
Das eine oder andere Konfekt ist für Liebhaber deutschen Konfekts empfehlenswert. Die Pecaré sind ein nettes Produkt. Hier muss man jedoch, um Enttäuschungen zu vermeiden, gezielt auswählen.

PIERRE HERMÉ

Frankreich (Paris)
www.pierreherme.com

Verarbeitungsstufe: **Standard-Schokolade**

Über Pierre Hermé wurde in Frankreich, aber auch in Japan und den USA, schon viel geschrieben. Er ist Träger einiger inoffizieller Titel wie „Picasso der Pâtisserie", „König der modernen Pâtisserie" oder auch „Kaiser der Küche". Als Erbe einer Bäckerei in vierter Generation fühlte sich Pierre Hermé mehr zur Pâtisserie hingezogen und bereits im zarten Alter von 14 Jahren absolvierte er eine Lehre beim legendären Gaston Lenôtre. Schon mit 24 Jahren wurde er Chef Pâtissier großer

Häuser wie Fauchon und Ladurée in Paris, für die er insgesamt 13 Jahre, davon 11 für Fauchon, arbeitete. Ende 1996 gründete er zusammen mit Charles Znaty das Unternehmen Maison Pierre Hermé. Etwas unüblich eröffneten die beiden, wohl mit weiteren Partnern, im Jahre 1998 das erste Geschäft nicht in Paris, sondern in Tokyo. Im Jahre 2001 folgte dann eine erste Filiale in Paris. Bis Ende des Jahres 2008 folgten sechs weitere Verkaufspunkte in Tokyo und drei weitere in Paris.
Lange Zeit war Pierre Hermé, wohl zu Recht, der Star der französischen Pâtissiers. Mit seinem minimalistischen Design und dem zurückhaltenden Dekor hat er die französische Pâtisserie neu definiert und nachhaltig geprägt. Viele seiner Kollegen sind seiner Philosophie des „weniger ist mehr" gefolgt.
Pierre Hermé verarbeitet wohl ausschließlich Valrhona-Kuvertüre. Wohl nur so ist es zu erklären, dass – laut Aussage der netten Verkäuferin in seinem Pariser Geschäft – Valrhona ihm exklusiv eine eigene Porcelana-Schokolade produziert.

Produktbewertungen

- Produkt: (Dunkel) Porcelana 70 %, Punkte: 80,60
  Preis/Menge: 12,00 EUR/80 g
  Feiner Schmelz, leicht herb und angenehm süß. Warum aber so viel Vanille hinzugefügt wurde, ist mir ein Rätsel.
  Aromaprofil: Gewürze (Vanille dominiert sehr), getrocknete Früchte, dezent fruchtig.

- Produkt: (Konfekt) Mogador, Punkte: 94,60
  Preis/Menge: 10,00 EUR/60 g
  Fruchtig-sauer und sehr harmonisch. Die Passionsfrucht ist sehr aromatisch und von angenehmer Säure, aber dennoch lieblich und von perfekter Süße.

- Produkt: (Konfekt) Azur, Punkte: 93,50
  Preis/Menge: 10,00 EUR/60 g
  Sehr elegant, fruchtig-zitronig, leicht herb, nicht süß. Tolle Schokoladenqualität. Man schmeckt deutlich die Yuzu in der Füllung.

- Produkt: (Konfekt) Intense, Punkte: 90,00
  Preis/Menge: 10,00 EUR/60 g
  Leicht adstringierende Schokolade, insgesamt trägt das Konfekt seinen Namen zu Recht: intensiver Kakao- und Schokoladengeschmack, ohne weitere namensgebende Zutaten. Schnittfest, könnte aber etwas cremiger und feinschmelzender sein. Schmeckt aber dennoch sehr gut.

- Produkt: (Konfekt) Lou, Punkte: 88,50
  Preis/Menge: 10,00 EUR/60 g
  Man schmeckt zwar den frischen Ingwer, dennoch etwas zu dezent. Weich-cremige Ganache, die nicht zu süß ist.

- Produkt: (Konfekt) Corso, Punkte: 86,00
  Preis/Menge: 10,00 EUR/60 g
  Toller Nougat, leicht salzig aber kaum Geschmack des Olivenöls. Zwar sehr schmackhaft und harmonisch, aber die Hauptzutat Olivenöl fehlt zu sehr im Aroma.

- Produkt: (Konfekt) Chuao, Punkte: 78,00
  Preis/Menge: 10,00 EUR/60 g
  Extrem sauer-fruchtige Ganache, hergestellt mit Chuao-Schokolade. Cassis (Johannisbeere) nur sehr, sehr dezent schmeckbar. Insgesamt aufgrund der doch zu extremen Säure unharmonisch. Schokolade und Zutaten aber ausgezeichnet, daher noch immer ein gutes Konfekt.

- Produkt: (Konfekt) Makassar, Punkte: 76,50
  Preis/Menge: 10,00 EUR/60 g
  Sehr leichte und luftige Mousse-Ganache mit Caramel au beurre salé. Füllung zu bitter und mit wenig Karamellaroma, leicht salzig und insgesamt etwas zu unharmonisch. Das alles aber auf einem sehr hohen Niveau.

Fazit:
Das Konfekt hat ohne jeden Zweifel Klasse. Dass zwei Sorten etwas schlechter abgeschnitten haben, ist kaum von Bedeutung. Der Gesamteindruck ist stimmig und bestätigt die hohe Qualität, die Pierre Hermé auch bei seinen anderen Spezialitäten beweist. Nicht ganz zufrieden und einverstanden bin ich mit der Porcelana-Schokolade. Es handelt sich um eine gute Schokolade, daran gibt es keinerlei Zweifel. Dennoch gehört erstens keine Vanille in eine Porcelana, zweitens schon gar nicht in solchen Mengen und drittens ist der Preis von 12,00 Euro für 80 g fast schon unverschämt. Man schmeckt sofort die intensive Vanille und kaum die feinen Nebenaromen des Kakaos. Der Vanillegeschmack ist sehr nachhaltig und verflüchtigt sich kaum, sodass es sich eher um eine Vanilleschokolade als um eine pure Porcelana handelt. Außerdem beinhaltet die Schokolade Kakaobutter und Soja-Lecithin. Das ist dann doch zu viel des Guten.
Dennoch, Pierre Hermé ist – ebenso wie einige Pariser Kollegen – einen Besuch und vielleicht sogar eine Reise wert.

Empfehlung:
Das Konfekt ist für alle Liebhaber französischen Konfekts empfehlenswert.

PIERRE LEDENT

Belgien (Brüssel)
www.pierreledent.be

Verarbeitungsstufe: **Standard-Schokolade**

Pierre Ledent ist ein gelernter Mâitre Chocolatier. Im Gegensatz zu den USA ist das in Europa eher die Regel. Quereinsteiger gibt es kaum, diese Spezies von Unternehmern ist wohl eher den Amerikanern vorbehalten. Wobei ich davon ausgehe, dass Ledent eher den Beruf des Confiseurs und nicht die Schokoladenherstellung gelernt hat. Bei einem Besuch Brüssels bin ich eher zufällig am kleinen Geschäft Ledents vorbei geschlendert. Die nette Verpackung hat mich dann dazu bewogen, auch seine Produkte zu testen. Wohl eher ungewöhnlich ist der Preisaufschlag von 0,50 bis 4,00 Euro (je nach Größe der Schachtel), wenn man sich eine Schachtel individuell füllen lassen möchte. Ich habe mich deshalb für eine vorkonfektionierte Schachtel entschieden.

Produktbewertungen

- **Produkt: (Konfekt) Symphonie, Punkte: 77,00**
  Preis/Menge: 6,00 EUR / 47 g
  Zweifach gefüllt: Aprikosen-Ganache und Nougat. Leider etwas ausgelaufen, Aprikosengeschmack aber sehr gut, Nougat in Ordnung.

- **Produkt: (Konfekt) Natasha, Punkte: 68,00**
  Preis/Menge: 6,00 EUR / 47 g
  Mandelnougat mit gutem Aroma, nicht zu süß, aber kein schöner Schmelz.

- **Produkt: (Konfekt) Gigi, Punkte: 66,20**
  Preis/Menge: 6,00 EUR / 47 g
  Haselnussnougat, etwas banal, aber dennoch in Ordnung. Insgesamt auch nicht zu süß.

- **Produkt: (Konfekt) Diane, Punkte: 65,00**
  Preis/Menge: 6,00 EUR / 47 g
  Und schon wieder eine Nougatsorte, dieses Mal aber doch etwas zu süß, aber ebenfalls aromatisch.

- **Produkt: (Konfekt) Starlet, Punkte: 62,00**
  Preis/Menge: 6,00 EUR / 47 g
  Kein besonderes Konfekt, da eine sehr banale Schokolade für die pure dunkle Ganache verarbeitet wurde. Bitter, aber schokoladig. Konfekt war etwas eingefallen.

- **Produkt: (Konfekt) Kir Royal, Punkte: 50,50**
  Preis/Menge: 6,00 EUR / 47 g
  Kein Kir-Royal-Charakter. Ohne Aroma und zu süß.

Fazit:
Man muss schon etwas schlucken, wenn man das Verhältnis Verpackung zu Inhalt sieht. Aus ökonomischer und ökologischer Sicht kann man die Schachtel eigentlich gar nicht kaufen. Gerade einmal sechs Sorten Konfekt sind enthalten. Mit leichten Veränderungen passen auch gut und gerne 18 Sorten in die Verpackung. Auch hier treffen wir wieder auf das belgische Phänomen, dass weder eine Zutatenliste noch eine Gewichtsangabe auf der Verpackung zu finden ist. Auch einen Warnhinweis für Allergiker sucht man vergeblich.
Das Konfekt ist im französischen Stil und hat nichts mit belgischem Konfekt gemein. Pierre Ledent zählt zweifelsohne zu den besseren Confiseuren Brüssels. Am besten hat die Sorte Symphonie gefallen, die mit Aprikosen-Ganache und Nougat zweifach gefüllt ist. Ebenfalls ganz in Ordnung sind die Sorten Gigi, Natasha und Diane, allesamt mit Nougat gefüllt. Die Wahl der Schokolade ist jedoch von unterem Mittelmaß, da gibt es noch viel Spielraum nach oben. In der Schachtel hätte ich mir mehr kreative Ganache-Sorten gewünscht. Drei von sechs Sorten mit banalem Nougat sind dann doch zu viel des Guten. Zumindest Basisqualität ist vorhanden, von den versprochenen „surprenantes recettes artisanales" (handwerklich überraschenden Rezepten) konnte ich aber wenig schmecken und nur erahnen.

Empfehlung:
Liebhabern französischen Konfekts ist ein Versuch zu empfehlen. Investieren Sie aber den Aufschlag und suchen Sie sich Ihr Konfekt selbst aus. Da auch Pierre Ledent sein Nougat nicht selbst herstellt, würde ich meine Auswahl auf Ganache-Sorten begrenzen.

PIERRE MARCOLINI

Belgien (Brüssel)
www.marcolini.be

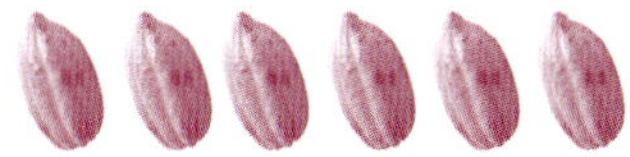

Verarbeitungsstufe: **Bean-to-bar**

Zu Beginn seiner Karriere wurde Pierre Marcolini mit Trophäen überschüttet: Bester Pâtissier Belgiens 1991, Champion du Monde 1995, Europameister der Pâtisserie 2000 usw. Er wusste seine Erfolge klug für seine Karriere zu nutzen. Seinem ersten Geschäft in der Avenue Louise in Brüssel im Jahre 1995 folgte ein zweites in exponierter Lage am Place du Grand Sablon drei Jahre später. Danach gab es kein Halten mehr und Marcolini begann, die Welt zu erobern. Mittlerweile gibt es in Japan, London, Knokke-Heist, New York, Kuweit City, Paris, und Nagoya Marcolini-Geschäfte. Die Expansion der letzten drei Jahre war sicher durch die seit dem Jahre 2007 bestehende Zusammenarbeit mit dem schweizerischen Lebensmittelkonzern Nestlé begünstigt. Vorteilhaft ist sicher auch, dass Marcolini Vollblut-Pâtissier ist und sich nicht nur auf Schokolade beschränkt. Einige seiner Kuchen und Desserts sind legendär.
Von der Bohne weg produziert Pierre Marcolini seit ein paar Jahren, seit Ende des Jahres 2008 deckt er seinen kompletten Bedarf mit selbst hergestellter Schokolade. Begonnen hat er mit der Produktion der üblichen Ursprungssorten wie Venezuela, Madagaskar und Ecuador, seit einiger Zeit findet man aber auch Raritäten, wie zum Beispiel Porcelana, Chuao oder Alto Piura in seinem Sortiment.
Im Januar 2011 habe ich erstmals seine mit feinster Technik ausgestattete Produktionsstätte besucht. Für die Herstellung seiner Schokoladen kann er auf sehr gute Maschinen zurückgreifen. Er stellt seine Schokoladen nach traditioneller Weise her: kleine Chargen rösten, Brechen, Mahlen, Mischen, zweimal Walzen, Conchieren. Sein Schmuckstück ist ohne Zweifel die Frozenshell-Anlage, mit der er durch gekühlte Stempel hauchdünne Schalen für sein Konfekt herstellen kann. Während meines Besuches habe ich die puren Schokoladen kritisiert und Pierre gesagt, dass eine Ursprungsschokolade mit Vanille, vor allem mit so viel wie er hinzu setzt, keinen Sinn ergibt. Ganz erstaunt erwiderte er, dass er daran nie gedacht habe. Es schien, als sei ihm ein Licht aufgegangen und postwendend versprach er mir, die Schokoladen ohne Vanille zu produzieren, um zu testen, ob ich mit meiner Behauptung richtig liege. Es war ein schönes Erlebnis zu sehen, dass ein sehr erfolgreicher Chocolatier meine Kritik als ernste Anregung aufnimmt und nicht beleidigt ist.

Produktbewertungen

- Produkt: (Dunkel) Alto Piura • Plantation Las Palmas - Pérou 85 % (Criollo Blanco), Punkte: 90,70
  Preis/Menge: 11,50 EUR / 80 g
  Sensationeller Schmelz, leichte Röstaromen, leicht bitter und vollmundig.
  Aromaprofil: Fermentation, Zitrusfrüchte, geröstete Nüsse, Kaffee, Tabak.

- Produkt: (Dunkel) Oriente • Terruño de Baracoa - Cuba 78 % (Trinitario), Punkte: 90,50
  Preis/Menge: 11,50 EUR / 80 g
  Aromaprofil: Trockenfrüchte, Rohrzucker, Lakritze, Gewürze (Pfeffer, Vanille, Kardamom), Tabak, Kaffee.

- Produkt: (Dunkel) Fleur de Cacao (Venezuela & Ghana) 85 %, Punkte: 89,50
  Preis/Menge: 7,00 EUR / 80 g
  Sehr harmonisch und aromatisch, trotz dezenter Vanille sehr gut. Unglaublich mild für 85 % Kakaoanteil.
  Aromaprofil: Schokolade, Joghurt, Honig.

- Produkt: (Dunkel) Équateur Hacienda Puerto Romero 72 %, Punkte: 85,50
  Preis/Menge: 7,00 EUR / 80 g
  Leicht adstringierend, sauer und etwas bitter, aber mit wunderbaren Aromen. Was für ein Unterschied zur Vanille-Version.
  Aromaprofil: Zitrusfrüchte, Stollen (Tonkabohne, etwas Nelken), Nüsse, blumig, aber kein Jasmin.

- Produkt: (Veredelt) Plaisir Five O'Clock, Punkte: 92,20
  Preis/Menge: 6,00 EUR / 80 g
  Sehr köstlich und geschmackvoll. Zarte und knusprige Füllung, sehr gute Schokolade.

- Produkt: (Veredelt) Noisette Piémont Fondant, Punkte: 91,40
  Preis/Menge: 10,50 EUR / 120 g
  Köstliche Piemonteser Haselnüsse in sehr guter dunkler Schokolade. Erstaunlich harmonische Verbindung von Nüssen und dunkler Schokolade.

- Produkt: (Konfekt) Palet Or, Punkte: 96,30
  Preis/Menge: 7,90 EUR / 100 g
  Herbe Ganache mit halbflüssigem Vanillekaramell. Sehr, sehr gut gelungen. Trotz Karamell nicht zu süß, perfekt gewürzt, perfekte Konsistenz und perfekter Geschmack.

- Produkt: (Konfekt) Cœur de Framboise, Punkte: 96,15
  Preis/Menge: 7,90 EUR / 100 g
  Sehr gutes Himbeeraroma, leicht fruchtig-sauer und erfrischend. Toller Schmelz, weich und cremig.

- Produkt: (Konfekt) Câlin Lait, Punkte: 96,03
  Preis/Menge: 7,90 EUR / 100 g
  Kreativ, köstlich und fein. Zweifach gefüllt, Mandelnougat mit knusprigem Gebäck, on top ein Vanillekaramell.

- Produkt: (Konfekt) Palet Or Lait, Punkte: 95,40
  Preis/Menge: 7,90 EUR / 100 g
  Milch-Ganache mit halbflüssigem Karamell und Vanille. Köstlich.

- Produkt: (Konfekt) Câlin Noir, Punkte: 95,30
  Preis/Menge: 7,90 EUR / 100 g
  Kreativ, köstlich und fein. Zweifach gefüllt, Mandelnougat mit knusprigem Gebäck, on top ein Vanillekaramell. Dieses Mal in dunkler Schokolade.

- Produkt: (Konfekt) Caramel Fondant, Punkte: 94,80
  Preis/Menge: 7,90 EUR/100 g
  Sehr gelungene Füllung, süß, aber leicht salzig und fruchtig-sauer. Überraschend.

- Produkt: (Konfekt) Pavé de Tours Fondant, Punkte: 94,50
  Preis/Menge: 7,90 EUR/100 g
  Sehr schmackhafter Nougat mit knusprigem Gebäck (Dentelle de Quimper).

- Produkt: (Konfekt) Pavé de Tours Lait,
  Punkte: 93,90
  Preis/Menge: 7,90 EUR/100 g
  Sehr schmackhafter Nougat mit knusprigem Gebäck (Dentelle de Quimper).

- Produkt: (Konfekt) Orangette, Punkte: 93,00
  Preis/Menge: 12,50 EUR/120 g
  Sehr fruchtige und zarte, kandierte Orangen in aromatischer Schokolade.

- Produkt: (Konfekt) Pierre Marcolini Grand Cru, Punkte: 92,70
  Preis/Menge: 7,90 EUR/100 g
  Sehr angenehmes Konfekt auf Basis von Grand-Cru-Schokoladen mit etwas Vanille.

- Produkt: (Konfekt) Croustillant Fondant,
  Punkte: 92,00
  Preis/Menge: 10,50 EUR/120 g
  Knusprig, aromatisch und mit guter Schokolade. Köstliche Gourmandise, im Grunde ein mit Schokolade überzogener Florentiner. Karamellisierte Mandeln.

- Produkt: (Konfekt) Fleur d'Oranger,
  Punkte: 91,70
  Preis/Menge: 7,90 EUR/100 g
  Wer Fleur d'Oranger mag, wird dieses Konfekt lieben. Leicht bitter und herb.

- Produkt: (Konfekt) Pâte d'Amandes,
  Punkte: 91,00
  Preis/Menge: 7,90 EUR/100 g
  Sehr saftiges und frisches Marzipan mit angenehmer Pistazie.

- Produkt: (Konfekt) Balle de Golf,
  Punkte: 90,70
  Preis/Menge: 7,90 EUR/100 g
  Sehr aromatische Füllung von Mandelnougat, karamellisierten Walnüssen, Karamell-Ganache und Tahiti-Vanille.

- Produkt: (Konfekt) Brésil Grand Cru,
  Punkte: 90,40
  Preis/Menge: 7,90 EUR/100 g
  Ganache von brasilianischer Schokolade. Intensiver Schokoladengeschmack, cremiger Schmelz, leichter Genuss.

- Produkt: (Konfekt) Thym & Orange,
  Punkte: 89,50
  Preis/Menge: 7,90 EUR/100 g
  Sehr gutes Thymianaroma, Orange etwas zu dezent, aber sehr gut im Geschmack.

- Produkt: (Konfekt) Thé Earl Grey,
  Punkte: 89,20
  Preis/Menge: 7,90 EUR/100 g
  Gutes Teearoma, zarter Schmelz, weich und cremig.

- Produkt: (Konfekt) Baies Roses ,
  Punkte: 88,90
  Preis/Menge: 7,90 EUR/100 g
  Sehr harmonisch, dezent, aber gut gewürzt. Tolle Konsistenz, weich-cremig und mit feinem Schmelz.

- Produkt: (Konfekt) Madagascar Grand Cru,
  Punkte: 88,60
  Preis/Menge: 7,90 EUR/100
  Der fruchtige Kakaocharakter der Madagaskar-Kakaobohne in der Ganache kommt sehr gut hervor. Weich-cremig und mit feinem Schmelz. Angenehm herb.

Fazit:
Wie bereits in der Einleitung erwähnt, mag Pierre frische Vanille, nein er liebt sie geradezu. Das merkt man, da Vanille in seinen Kreationen allgegenwärtig ist. Bei seinem Konfekt setzt er Vanille zwar oft, aber nahezu perfekt ein. Bei seinen Schokoladen schießt er über das Ziel hinaus.

Als erste Produkte konnte ich die vier sehr exklusiven Schokoladen Cuba, Chuao, Alto Piura und Mexiko testen. Alle haben interessante Aromen, aber die allgegenwärtige und teilweise viel zu hoch dosierte Vanille hat mir den Spaß verdorben. Die komplexen Aromen, die ich erahnen konnte, werden von der Vanille überdeckt. Schade, sehr schade. Aber auch seine anderen Ursprungsschokoladen, besonders die Ecuador, leiden unter der viel zu hoch dosierten Vanille. Einzig die Fleur de Cacao (ein Blend von Kakao aus Venezuela und Ghana) glänzt mit wenig Vanille und viel Aroma. Dieser Mix der beiden Kakaosorten ist äußerst gut gelungen.
Anfang April 2011 erreichte mich dann eine E-Mail mit einem euphorischen Text und seinem Dankeschön. Er hatte tatsächlich sein Versprechen eingelöst und drei erste Schokoladen gänzlich ohne Vanille produziert. Pierre war sehr erstaunt über den neuen Charakter der Schokoladen und kam zu der Überzeugung, dass Vanille in Ursprungsschokoladen unsinnig ist. Eine Woche später erhielt ich per Post die drei neuen Schokoladen und ihre Vergleichsprodukte mit Vanille, wie er sie bisher produziert hatte. Das Ergebnis war noch viel verblüffender als erhofft. Auf einmal konnte man die feinen Aromen der Kakaosorten nicht nur erahnen, sondern fein herausschmecken. Keine Vanille, die den Geschmack und das Aroma des Kakaos beeinflusst. Nun kann man von Ursprungsschokoladen sprechen. Einerseits macht es mich sehr stolz, dass ich Pierre Marcolini zu diesem Schritt bewegen und seine Herstellungsweise von Schokoladen beeinflussen konnte, andererseits hat dieser Test meine ewigen Monologe und meine gewiss von vielen als zu extreme Haltung über den Unsinn von Vanille in Ursprungsschokolade mehr als bestätigt.
Für harmonisches Konfekt hat Pierre Marcolini ein Händchen. Im Kochen von Karamell ist er ein wahrer Meister, daher sind diese Konfektsorten wahrlich meisterlich. Sehr schön ist, dass sein Karamell nie zu süß ist. Sein Cœur de Framboise ist herrlich fruchtig-sauer und aromatisch. Erstaunt hat mich die sehr gute Marzipanqualität der Pâte d'Amandes mit Pistaziencreme. Auch der selbst hergestellte Nougat ist von bester Qualität, ich konnte mich vor Ort davon überzeugen, dass die Chocolatiers das Rösten der Piemonteser Haselnüsse punktgenau beherrschen. Das Konfekt hat mich rundum glücklich gemacht, wobei es aufgrund der sehr umfangreichen Verkostung und des sehr hohen Niveaus nicht ausbleibt, dass das eine oder andere Konfekt eine etwas niedrige Benotung erhält. Erwähnenswert ist, dass so gut wie kein Konfekt Alkohol enthält (von den 36 verkosteten Sorten keine einzige) und dass es eine perfekte Größe hat. Das Durchschnittsgewicht liegt bei ca. 6,7 Gramm.
Lobenswert sind auch die überaus köstliche Schokoladentafel Plaisir Five O'Clock (knusprig karamellisierte Mandeln in Milchschokolade), die Bruchschokolade mit Piemonteser Haselnüssen in dunkler Schokolade (sehr großzügig mit Nüssen) und die sehr fruchtigen und frischen, in dunkle Schokolade getunkten Orangetten.
Für mich zählt Pierre Marcolini zu den fünf, wenn nicht sogar zu den drei besten Confiseuren der Welt. Bei den Schokoladen hat er nach der neuen Erfahrung eine Menge Arbeit vor sich, aber auch hier bin ich mir sicher, dass er sich weiter verbessern wird. Die ersten drei vanillefreien Schokoladen konnten sich auf Anhieb in meiner Rangliste weit nach vorne katapultieren.

Empfehlung:
Nahezu das gesamte Konfektsortiment ist empfehlenswert. Nicht nur Liebhaber französischen Konfekts werden es lieben. Die Gourmandises sind vorzüglich und machen süchtig. Bei den dunklen Schokoladen lohnt sich der Kauf, sobald die Vanille verbannt worden ist. Dann wird wohl jede der Ursprungsschokoladen empfehlenswert sein.

POTOMAC CHOCOLATE

USA (Woodbridge, Virginia)
www.potomacchocolate.com

Verarbeitungsstufe: **Bean-to-bar**

Potomac Chocolate ist eines der jüngsten, wenn nicht sogar das jüngste Mitglied im Kreise der Bean-to-bar-Hersteller. Der kreative Kopf hinter dem Unternehmen heißt Ben Rasmussen, der sich mit dem Titel Chocolate Maker begnügt. Den Master hat er bewusst weggelassen, da er sich selbst nicht als einen solchen ansieht. Nachdem ihn sein Bruder im Dezember des Jahres 2009 in die Welt der feinen dunklen Schokolade eingeführt hatte, besuchte Ben immer wieder das renommierte Schokoladenfachgeschäft Biagio Fine Chocolates in Washington DC, wo er jede verfügbare dunkle Schokolade kaufte und probierte. Schon ein paar Monate später begann er auf Initiative eines Freundes, mit der Herstellung eigener Schokolade. Da er momentan von seiner Leidenschaft noch nicht leben kann, geht er tagsüber noch seinem Beruf als Linux-Administrator und als Fotograf für Hochzeiten nach. Absolut großartig ist seine konsequente Qualitätseinstellung, außer Kakaobohnen und Zucker keine weiteren Zutaten in die Schokolade zu mischen, auch keine Kakaobutter.

Produktbewertungen

- Produkt: (Dunkel) Upala 70 %, Punkte: 85,80
  Preis/Menge: 7,00 USD / 4,72 EUR / 56 g
  Angenehm aromatisch. Mit perfekter Zutatenliste: Kakaobohnen und Zucker. Dezente und sehr angenehme Röstung. Recht mächtige Schokolade mit einem vollmundigen Schmelz.
  Aromaprofil: Rote Beeren, Fermentation, Rosinen, leicht Kaffee, Tropen.

- Produkt: (Dunkel) XUpala 82%, Punkte: 83,90
  Preis/Menge: 7,00 USD/4,72 EUR/56 g
  Angenehm, aber etwas dezenter aromatisch als die 70 %ige. Mit perfekter Zutatenliste: Kakaobohnen und Zucker. Die dezente, angenehme Röstung ist etwas präsenter als bei der 70 %igen, Schokolade aber insgesamt mächtiger, mit einem vollmundigen Schmelz. Für eine 82 %ige sehr mild.
  Aromaprofil: Dezent rote Beeren, leichte Fermentation, leicht Rosinen und Kaffee, leicht Tropen.

- Produkt: (Veredelt) Upala 70 % Nib, Punkte: 87,95
  Preis/Menge: 7,00 USD / 4,72 EUR / 56 g
  Angenehm aromatisch. Mit perfekter Zutatenliste: Kakaobohnen und Zucker. Dezente und sehr angenehme Röstung. Recht mächtige Schokolade mit einem vollmundigen Schmelz.
  Aromaprofil: Rote Beeren, Fermentation, Waldboden, Tropen.

Fazit:
Die ersten drei Schokoladen sind alle sehr gut gelungen. Die aus Costa Rica stammenden Kakaobohnen sind sehr dezent geröstet, was man bei allen drei Schokoladen, aber natürlich

besonders bei der Nib-Version, sehr gut herausschmecken kann. Der Schmelz ist durch den Verzicht auf zusätzliche Kakaobutter etwas mächtiger, vollmundiger, langsamer, dies ist jedoch für die Entfaltung der Aromen kein Nachteil.
Potomac Chocolate geht den einzig richtigen und legitimen Weg, man kann mit Spannung auf weitere Kreationen warten.

Empfehlung:
Alle Schokoladen sind eine Entdeckung für jeden Chocoholic.

PRALINEN-MANUFACTUR GROSSE-BÖLTING

Deutschland (Rhede)
www.pralinenmanufactur.de

Verarbeitungsstufe: **Standard-Schokolade**

Am 1. April 1986 gründete der Konditormeister Josef Große-Bölting die Firma Pralinenstübchen als Ein-Mann-Betrieb. Auf einer Gesamtfläche von 45 m² produzierte er ein erstes kleines Sortiment von acht Sorten Pralinen. Im Jahre 1990 erfolgte der Umzug nach Rhede in eine zehnmal größere Räumlichkeit mit angeschlossenem Fabrikverkauf. 1997 konnte er sich dann den Bau einer Produktion nach seinen eigenen Vorstellungen leisten, inklusive der Verdoppelung der Fläche auf 1.000 m², die im Jahre 2010 nochmals großzügig erweitert und um ein Café ergänzt wurde.
Seit dem Umzug nach Rhede im Jahre 1990 nannte sich die Firma nicht mehr Pralinenstübchen, sondern Rheder-Pralinen. Anfang der Nullerjahre begann dann einer der bizarrsten Rechtsstreitigkeiten in der Süßwarenbranche. Einem großen Süßwarenhersteller fiel erst nach fast einem Jahrzehnt auf, dass das Wort „Rheder" dem eigenen Unternehmensnamen sehr ähnelt und klagte auf Unterlassung der Nutzung durch Große-Bölting. Das Unternehmen, das unter anderem Mozartkugeln produziert, gewann diesen absurden Rechtsstreit. Die „Unkenntnis" des klagenden Unternehmens über die Verwendung des Namens „Rheder" durch Große-Bölting spielte dabei eine nicht unwesentliche Rolle. Seltsam ist, dass beide Unternehmen ca. zehn Jahre lang während der Süßwarenmesse in Köln in derselben Halle ausgestellt haben. Honi soi qui mal y pense ... Das ganze Theater hat den Erfolg der Pralinen-Manufactur zum Glück nur geringfügig gebremst, dem kleinen Familienunternehmen aber wohl immense Kosten entstehen lassen. Mittlerweile ist auch der Sohn in das Familienunternehmen eingestiegen, sodass die Nachfolge geregelt sein dürfte.

Produktbewertungen

- Produkt: (Konfekt) Prinzess-Trüffel, Punkte: 81,00
  Preis/Menge: ca. 4,00 EUR / 100 g
  Originell und gut. Zweifache Füllung, unten Pistazien-Marzipan, oben Macadamia-Nougat. Schmeckt sehr angenehm, mit aromatischem Nougat und weichem und wohlschmeckendem Marzipan, dezent mit Kirschwasser aromatisiert.

- Produkt: (Konfekt) Kingston, Punkte: 78,00
  Preis/Menge: ca. 4,00 EUR / 100 g
  Gutes Rumaroma und weich-cremige Füllung. Könnte etwas feinschmelzender sein. Dennoch ein gelungenes Konfekt.

- Produkt: (Konfekt) Amarena-Kirsche, Punkte: 77,60
  Preis/Menge: ca. 4,00 EUR / 100 g
  Tolle kandierte und aromatische Kirsche auf herber Ganache, die relativ fest und wenig cremig ist – muss sie in diesem Fall aber auch nicht sein. Leicht alkoholisiert und nicht zu süß.

- Produkt: (Konfekt) Herrenherb, Punkte: 76,00
  Preis/Menge: ca. 4,00 EUR / 100 g
  Tolle Ganache, leider mit einfacher Schokolade. Kaum vorstellbar, wie toll es mit einer richtig guten Schokolade schmecken würde. Weich, cremig, feinschmelzend und angenehm herb, mit einem kleinen Touch Weinbrand.

- Produkt: (Konfekt) Erdbeer-Panna-Cotta-Herz, Punkte: 72,00
  Preis/Menge: ca. 4,00 EUR / 100 g
  Gutes Erdbeeraroma, fruchtig, mit Panna-Cotta-Charakter. Leider insgesamt doch etwas zu süß. Mit Panna-Cotta-Likör (4 %) und Erdbeeren (16 %).

- Produkt: (Konfekt) Yabago con Grappa, Punkte: 70,20
  Preis/Menge: ca. 4,00 EUR / 100 g
  Milch-Ganache mit Yabago-Schokoladenlikör (17 %) und Grappa (1,7 %). Weich und cremig, Yabago schmeckbar, aber nicht intensiv genug. Erfrischend und nicht zu süß.

- Produkt: (Konfekt) Waldfee, Punkte: 60,00
  Preis/Menge: ca. 4,00 EUR / 100 g
  Süß, flach im Aroma und mit einem störenden Beigeschmack. Erfreulicherweise ohne Aromastoffe, sondern ausschließlich mit Brombeerfruchtpulver (4 %) und Blaubeersaftkonzentrat (2,3 %). Aber definitiv zu wenig von beidem. Cremige aber grissilige Füllung – wohl durch das Fruchtpulver. Gefällt mir überhaupt nicht.

Fazit:
Die Produkte sind bodenständig und ehrlich. Es wird nicht zu viel versprochen und bis auf einen kleinen Ausfall (Waldfee) konnten die Produkte überzeugen. Das Konfekt ist in traditioneller Konditorenart und nach deutschem Lehrbuch hergestellt, es spiegelt sehr gut die Philosophie und die Überzeugung der Familie Große-Bölting wider. Eigentlich gibt es nichts Gravierendes zu bemängeln, daher: Viel Spaß beim Genuss der Produkte.

Empfehlung:
Für alle Liebhaber deutschen Konfekts.

PRESTAT

England (London)
www.prestat.co.uk

Verarbeitungsstufe: **Standard-Schokolade**

Die Londoner Pralinenmanufaktur wurde vermutlich im Jahre 1902 von dem Franzosen Antoine Dufour gegründet. Aufgrund fehlender Dokumente ist das Gründungsjahr jedoch nicht eindeutig

geklärt. In der Vergangenheit wechselte die Marke häufiger den Eigentümer, seit 1998 gehört sie den Halbbrüdern Bill Keeling und Nick Crean, die viel Zeit in die Geschichte ihres Unternehmens investierten. Im Laufe der Jahre haben sie der Marke neues Leben eingehaucht, sie scheint nun ihre Identität gefunden zu haben.
In den 1970er Jahren erreichte die Marke durch die Erwähnung ihres Konfekts in dem Bestsellerroman ‚My Oncle Oswald' von Roald Dahl Kultstatus. Im Jahr 2005 zählte die Zeitschrift „The Economist" Prestat zu den „drei weltbesten Confiserien".

Produktbewertungen:

- Produkt: (Dunkel) Dark 80 %, Punkte: 61,00
  Preis/Menge: 2,00 GBP / 2,32 EUR / 75 g
  Kann weder geschacklich noch aromatisch überzeugen. Mit Kakaopulver und Vanille.

- Produkt: (Dunkel) Dark 71 %, Punkte: 58,50
  Preis/Menge: 2,00 GBP / 2,32 EUR/ 75 g
  Mit Kakaopulver und Vanille. Kaum aromatisch, sehr einfacher Kakao.

- Produkt: (Dunkel) Choxi + 70 % Dark Chocolate, Punkte: 51,50
  Preis/Menge: 2,00 GBP / 2,32 EUR / 70 g
  Extrem saure Schokolade, kein Genuss, da auch wenig aromatisch.

- Produkt: (Milch) Milk 32 %, Punkte: 54,00
  Preis/Menge: 2,00 GBP / 2,32 EUR / 75 g
  Basis-Schokolade, die wenig aromatisch und zu süß ist.

- Produkt: (Weiß) White 28 %, Punkte: 70,50
  Preis/Menge: 2,00 GBP / 2,32 EUR / 75 g
  Ordentliche weiße Schokolade. Aromatisch und nicht zu süß. Vanille ist sichtbar.

- Produkt: (Veredelt) Choxi + 70 % Dark Chocolate with Oriental Mint, Punkte: 53,50
  Preis/Menge: 2,00 GBP / 2,32 EUR / 75 g
  Das Minzaroma überdeckt ganz gut die extrem saure Schokolade. Dennoch nicht besonders angenehm.

- Produkt: (Veredelt) Choxi + 38 % Milk Chocolate with Aztec Orange, Punkte: 75,50
  Preis/Menge: 2,00 GBP / 2,32 EUR / 75 g
  Sehr gut gelungen, wenn auch keine reine Orangenschokolade. Sehr würzig (Würzmix mit Lupinenmehl), sehr dunkle Milchschokolade, nicht zu süß.

- Produkt: (Schachtel) The Jewel Box, Punkte: 46,78
  Preis/Menge: 15,90 EUR/120 g
  Einfaches Konfekt, mit Konservierungsmittel auf edel getrimmt.

Konfekt-Einzelbewertungen:
Blackcurrant: Punkte: 67,00
Geleewürfel, sehr aromatisch und mit dünnem Überzug. Eigentlich nicht wirklich eine Praline, sondern mit Schokolade überzogenes Gelee.
Milk Sea Salt Cup: Punkte: 58,00
Zu wenig Salz, aber guter Karamell. Angenehm weiche Füllung.
Stem Ginger: Punkte: 54,00
Ingwer etwas faserig und nur leicht pikant. Könnte aromatischer sein.
Dark Truffle, The Jewel Box: Punkte: 43,00
Mit zu dickem Überzug aus mäßiger Schokolade. Schade, da Füllung gut aromatisch.
Hazelnut cluster: Punkte: 43,00
Krokantplätzchen zu süß. Zu wenig Nougataroma.
Coffee Fudge: Punkte: 43,00
Zu süß und kaum aromatisch.
Passion Fruit: Punkte: 42,00
Weiß-gelbliche Füllung, die kaum fruchtig ist.

Rice Crispy Nougat: Punkte: 40,00
Zu fest und zu süß, Reiscrisps aber knusprig. Schwacher Nougatgeschmack.
Violet: Punkte: 31,00
Weiße, sehr süße Ganache-Füllung. Schmeckt intensiv nach Veilchen, viel zu dicker Schokoladenüberzug.

- Produkt: (Schachtel) Pink Marc de Champagne Truffle, Punkte: 50,00
  Preis/Menge: 14,90 EUR/175 g
  Einfach zu wenig Charakter einer Marc-de-Champagne-Trüffel, zu feste Füllung (trennt sich von Schokoladenhülle) und zu süß. Zu allem Überfluss mt Sorbinsäure hergestellt.

Fazit:
Die Marke Prestat hatte mein Interesse geweckt, nach der Verkostung überwiegt jedoch die Verärgerung. Einerseits weil die Qualität bis auf zwei bis drei durchschnittliche Produkte beklagenswert ist, andererseits weil ich inzwischen die Zutatenliste gelesen habe. Bei allem Verständnis für Zugeständnisse, die der eine oder andere Produzent bei der Herstellung von Konfekt machen muss, die Verwendung von Konservierungsstoffen ist nicht zu rechtfertigen. Sowohl das Konfekt in der sogenannten Jewel Box, als auch die Trüffel in der Pink-Marc-de-Champagne-Geschenkbox enthalten den Konservierungsstoff Sorbinsäure (E200), der dazu dient, das Wachstum von Hefen, Schimmelpilzen und einigen Bakterien zu hemmen. Dazu muss man wissen, dass eine solche unerwünschte Kontaminierung eigentlich nur durch unsauberes Arbeiten oder befallene Rohstoffe verursacht werden kann. Beides kann man als Hersteller gut beherrschen, der Einsatz des Konservierungsmittels stimmt also nicht vertrauenserweckend.
Den massiven Schokoladen liegt wohl eine Standard-Schokolade eines Zulieferers zugrunde. Die dunklen Schokoladen enthalten Kakaopulver und Vanille, die Milchschokolade ist banal. Einzig die weiße Schokolade kann etwas hervorgehoben werden. Geschmacklich ist sie ordentlich und man sieht sogar Vanillestückchen.
Die Choxi-Schokoladen werden mit Callebaut-Produkten hergestellt. Sie sollen einen besonders hohen Gehalt an Antioxidanten enthalten. Empfohlen wird der Verzehr von 10 Gramm täglich. Ganz ehrlich – mehr kann man davon auch kaum essen: sie sind unglaublich sauer und wenig genussvoll. Einzig die Milk Chocolate with Aztec Orange ist gelungen, da hier die Säure deutlich schwächer ist. Allerdings müsste man täglich schon 25 Gramm essen, um die gleiche Menge an Antioxidanten zu sich zu nehmen wie bei der dunklen Variante. Das entspräche aber 170 Kilokalorien ...
Trotzt einiger Lichtblicke ist die Wahl zu einer der drei besten Confiserien weltweit absolut unverständlich.

Empfehlung:
Eine Empfehlung ist leider nicht möglich.

PURE DARK

USA (Hackettstown)
www.puredark.com

Verarbeitungsstufe: **Schokolade nach Maß oder Standard-Schokolade (nicht bestätigt)**

Pure Dark gehört zu Mars Chocolate North America. Das gesamte Konzept der Marke wird als eine neue und innovative Idee verkauft. Es beinhaltet kurze Verarbeitungsprozesse, die Verwendung von Kakaobohnen von Premium-Qualität, kleine Verarbeitungschargen, einzigartige Zutaten, natives Design etc. Dies alles ist jedoch weder neu noch einzigartig. Einzigartig ist lediglich die Dicke der Slabs. Auf der Internetseite wird von fast einem inch (2,54 cm) gesprochen, auf der Verpackung von einem halben inch. Nachgemessen waren es 1,5 cm.

Produktbewertungen:

- Produkt: (Dunkel) Slab 70 % Dark Chocolate, Punkte: 62,50
  Preis/Menge: 8,00 USD / 6,31 EUR / 85 g
  Adstringierend, sauer und bitter. Mit „natürlichen Aromastoffen", was immer das auch sein mag ...
  Aromaprofil: Unreife Zitrusfrüchte, verbrannter Kaffee.

- Produkt: (Veredelt) Slab 70 % Dark Chocolate with roasted and caramelized cacao nibs, Punkte: 68,63
  Preis/Menge: 8,00 USD/6,31 EUR/85 g
  Schmackhafte geröstete und karamellisierte Kakao-Nibs. Leider viel zu wenige.

- Produkt: (Veredelt) Bark Fusion 62 % Dark Chocolate, Punkte: 59,63
  Preis/Menge: 8,00 USD/6,31 EUR/85 g
  Großzügig bestreut, Ingwer aber zu trocken. Etwas lieblos hergestellt.

- Produkt: (Veredelt) Rounds Raspberry acai 62 % Dark Chocolate, Punkte: 50,00
  Preis/Menge: 8,00 USD/6,31 EUR/85 g
  Schokoladen-Drops, einfach nur mit etwas Fruchtpulver lose auf die feste Schokolade gesprüht. Schokolade ist sehr sauer.

Fazit:

Liest man die auf der Homepage des Unternehmens veröffentlichten Produktkritiken, muss man an eine Offenbarung in der Schokoladenwelt glauben. Um es vorweg zu nehmen: Beim Verkosten der Produkte macht man eine andere Erfahrung. Sie sind weder edel noch „earthy", was vom Unternehmen als Qualitätsmerkmal für naturbelassene Schokolade bemüht wird. Eine einfache und primitive Verarbeitung ist jedoch kein Indiz für ein gutes Produkt. Vor allem dann nicht, wenn „natürliche Aromastoffe" verarbeitet werden, zu allem Überfluss auch in den puren Schokoladen. Die Schokoladen sind sauer, adstringierend, wenig aromatisch und teils lieblos produziert.

Die Bark Fusion mit Ingwer, Pecannuss und Kakao-Nibs ist zwar sehr großzügig bestreut, der Ingwer ist aber vertrocknet. Einzig die Slab mit gerösteten und karamellisierten Kakao-Nibs kann etwas auftrumpfen. Aber auch hier bleibt die Ungewissheit durch die Verwendung der „natürlichen Aromastoffe".

Empfehlung:

Leider ist keine Empfehlung möglich.

QUAI SUD

Frankreich (Signes)
www.quaisud.de

Verarbeitungsstufe: **Standard-Schokolade**

Das Unternehmen wurde 1996 unter dem Namen „Les Comptoirs Tisne" von Herr Tisne gegründet, der Märkte bereiste und Vanilleschoten aus Madagaskar verkaufte. Aus der Not heraus, der Vanillepreis stieg exorbitant, erschloss das Unternehmen mit aromatisiertem Zucker, Tee, Kakao und Kaffee neue Märkte. Im August 2002 übernahm Thomas Weller die Firma und benannte sie in Quai Sud (südlicher Hafenkai) um, eine Anspielung auf den Firmensitz in Südfrankreich und die zahlreichen aus der südlichen Hemisphäre stammenden Rohstoffe.
Die bunten Verpackungen aus Raphia stammen ausschließlich aus Madagaskar.
Quai Sud war das erste Unternehmen, das ganze Kakaobohnen karamellisiert und schokoliert hat.

Produktbewertungen

- Produkt: (Weiße) Chocolat blanc – thé vert matcha éclats de fèves de cacao, Punkte: 69,25
  Preis/Menge: 4,50 EUR / 75 g
  Gutes Teearoma, aber relativ unharmonische Kombination, eine Frucht würde besser passen.

- Produkt: (Veredelt) Chocolat noir – éclats de fèves de cacao – pailletes d' or, Punkte: 65,75
  Preis/Menge: 4,30 EUR / 75 g
  Mit aufgestreuten Kakao-Nibs und Blattgold. Sieht gut aus, schmeckt aber recht banal. Die Schokolade könnte ein angenehmeres Aroma haben.

- Produkt: (Veredelt) Chocolat noir – piment d'Espelette – sucre d'érable, Punkte: 64,50
  Preis/Menge: 4,50 EUR / 75 g
  Gutes Pimentaroma, leicht scharf, aber nicht unangenehm. Aufgestreuter Zucker unnötig, macht alles nur süßer.

- Produkt: (Veredelt) Chocolat noir fraise – poivre blanc 71 %, Punkte: 64,00
  Preis/Menge: 4,50 EUR / 75 g
  Gute Aromen von Pfeffer und Erdbeere, die aufgestreuten Erdbeeren sind aber zu zäh. Leichte, nicht unangenehme Schärfe.

Fazit:
Das Produktportfolio von Quai Sud ist weitreichend und attraktiv. Mittlerweile führt das Unternehmen auch Soßen, Salz, Gewürze oder auch Rum und Cocktailmischungen, alles stets in attraktiver Verpackung und Design. Die Erweiterung des Angebots um Schokoladen folgt einer gewissen Logik, lässt sich Schokolade doch wunderbar mit den Gewürzen, dem Tee und dem Kaffee kombinieren. Gut ist das nicht immer gelungen, aber es handelt sich durchaus um genießbare Produkte.
Die Kombination von grünem Tee mit Kakao-Nibs ist unglücklich. Eine Frucht würde meiner Meinung nach besser als Mitspieler passen. Warum auf die Piment d'Espelette Ahornsirupzucker aufgestreut wird, ist mir ein Rätsel. Es macht die Tafel unnötig süß. Die aufgestreuten Erdbeeren auf der Erdbeer-Pfeffer-Schokolade sind leider zäh. Das lässt sich bei getrockneten Erdbeeren aber leider kaum vermeiden. Da hätte eine alternative Lösung mehr Erfolg versprochen. Dennoch, die Produkte sind nicht uninteressant.

Empfehlung:
Von den getesteten Produkten kann ich am ehesten die Grüne-Tee-Schokolade empfehlen, abgesehen von vielen anderen Produkten aus dem weiteren Sortiment des Unternehmens, die in diesem Buch leider keinen Platz finden.

RANCHO SAN JACINTO

Ecuador (Guayaquil)
www.rsanjacinto.com

Verarbeitungsstufe: **Bean-to-bar (unbestätigt)**

Rancho San Jacinto gehört zu der neuen Generation von Bauern, die auch von der Wertschöpfungskette über den Anbau von Kakao hinaus partizipieren will. Begonnen hat alles vor über 40 Jahren mit kaum einem halben Dutzend Vieh und etwas mehr als 20 Hektar Land in der Nähe des Golfes von Guayaquil. Mittlerweile verfügt das Unternehmen über mehr als 1000 Tiere und 500 Hektar Land, davon 115 Hektar für den Kakaoanbau.
Diskutiert man über Ecuador-Kakao (und Rancho San Jacinto) kommt man früher oder später unweigerlich auf das Thema Nacional und CCN51.
Nacional ist der heimische Kakao Ecuadors und zählt zu den Edelkakao-Sorten. CCN51 ist eine relativ junge Kakaosorte, die als eine resistente, schnellwachsende und erntereiche Alternative gezüchtet wurde. Großer Nachteil dieses Kakaos ist sein sehr begrenztes Aroma. Im Grunde eignet sich dieser Kakao mehrheitlich nur zum Pressen neutral schmeckender Kakaobutter. Als Schokoladenliebhaber kann man die Züchtung dieser neuartigen Kakaobohne nur als Fluch betrachten, denn immer mehr vermischt sich der Bestand des feinen Nacional-Kakaos mit dem des Retorten-Kakaos CCN51. Auch mischen sehr viele Bauern und Händler teuer verkauftem Nacional-Kakao billigen CCN51-Kakao bei, um die Erntemenge „zu strecken". Alte Baumbestände und ganze Plantagen des alten Nacional-Kakaos mussten Platz machen für den Anbau des CCN51. Immer häufiger kreuzen sich auch beide Sorten, sodass es wohl eines Tages keinen sortenreinen Nacional-Kakao mehr geben wird. Rancho San Jacinto hat hierzu einen nicht unerheblichen Beitrag geleistet. 1985 war das Unternehmen – zusammen mit Don Homero Castro – an der Entwicklung des CCN51 aktiv beteiligt.
Die Schokoladen des Hauses bilden eine Mischung aus beiden Kakaosorten, wobei die CCN51-Variante mit dem klangvolleren Namen „Don Homero" auf der Verpackung ausgelobt wird. Im Grunde ist es aber ein Frevel, edlen Nacional-Kakao mit CCN51 zu mischen und daraus eine Schokolade zu produzieren.

Produktbewertungen

- Produkt: (Dunkel) 55 % Dark Chocolate,
  Punkte: 18,00
  Preis/Menge: 3,99 USD / 2,79 EUR / 100 g
  Mausegraue Schokolade mit Fettreif (fleckigem, weichem, weißlichem Belag, lässt auf falsche Lagerung schließen). Unangenehmer Bruch und Schmelz, kaum Aroma. Macht keine Lust, das Produkt auch nur zu probieren. Das einzig Positive ist die Zutatenliste, die ausschließlich Kakao und Zucker nennt.

- Produkt: (Dunkel) 75 % Dark Chocolate, Punkte: 18,00
  Preis/Menge: 3,99 USD / 2,79 EUR / 100 g
  Mausegraue Schokolade mit Fettreif (fleckigem, weichem, weißlichem Belag, lässt auf falsche Lagerung schließen). Unangenehmer Bruch und Schmelz, kaum Aroma. Macht keine Lust, das Produkt auch nur zu probieren. Das einzig Positive ist die Zutatenliste, die ausschließlich Kakao und Zucker nennt.

- Produkt: (Dunkel) 65 % Dark Chocolate, Punkte: 18,00
  Preis/Menge: 3,99 USD / 2,79 EUR / 100 g
  Mausegraue Schokolade mit Fettreif (fleckigem, weichem, weißlichem Belag, lässt auf falsche Lagerung schließen). Unangenehmer Bruch und Schmelz, kaum Aroma. Macht keine Lust, das Produkt auch nur zu probieren. Das einzig Positive ist die Zutatenliste, die ausschließlich Kakao und Zucker nennt.

- Produkt: (Veredelt) 65 % Dark Chocolate Aji, Punkte: 18,00
  Preis/Menge: 3,99 USD / 2,79 EUR / 100 g
  Mausegraue Schokolade mit Fettreif (fleckigem, weichem, weißlichem Belag, lässt auf falsche Lagerung schließen). Unangenehmer Bruch und Schmelz, kaum Aroma. Macht keine Lust, das Produkt auch nur zu probieren. Das einzig Positive ist die Zutatenliste, die ausschließlich Kakao und Zucker nennt. Aji ist eine Chilisorte, die sich hier aber nicht erschmecken lässt.

Fazit:
Fernando Crespo war freundlich, hilfsbereit und großzügig, er hat mir sehr schnell Muster zugeschickt. In diesem Fall wäre es mir aber lieber gewesen, wenn ich die Produkte nie zu sehen bekommen hätte. Die Schokolade war alt und grau und konnten zudem geschmacklich in keiner Weise überzeugen. Die 18 Punkte, die alle Produkte erhalten haben, resultieren einzig aus den optimalen Zutaten-Bestandteilen Kakao und Zucker. Verdient hätten alle Schokoladen allerdings exakt 0 Punkte. Trotz mehrmaligen Zusagen habe ich nie neue Muster erhalten.

Empfehlung:
Es ist leider keine Empfehlung möglich.

RAUSCH PRIVAT-CONFISERIE

Deutschland (Berlin)
www.rausch-schokolade.de

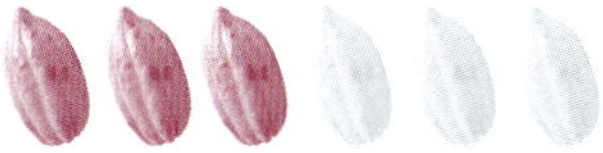

Verarbeitungsstufe: **Schokolade nach Maß**

Lange Zeit berühmt für sein Konfekt, hat sich das Unternehmen heute fast ausschließlich auf die Herstellung von Schokoladetafeln spezialisiert. Das 1918 in Berlin gegründete Unternehmen wird heute von Jürgen Rausch geführt. Er erkannte schon sehr früh das Potenzial für Ursprungsschokolade und verkauft sie seit dem Jahr 2000 in verschiedenen Sorten. Der Schokoladenboom in

Deutschland wurde auch durch sein frühes Engagement begünstigt, das ich hiermit ausdrücklich loben und anerkennen möchte. Die Firma Rausch ist jedoch kein bean-to-bar-Hersteller, sondern bezieht die fertige Schokolade von Zulieferern und gießt diese dann in eigene Formen.
Rausch nennt seine Schokolade von Beginn an Plantagen-Schokolade. Ein genialer Marketingtrick, da bekanntlich jede Kakaobohne von einer Plantage stammt (ausgenommen die Bohnen wild wachsender Kakaobäume). Bis ca. 2007 bezogen sich die Namen der Tafeln auf den Ursprung der Bohnen, so stammten z. B. die Bohnen der Sorte „Madagaskar", einer 39 %igen Vollmilchschokolade, laut Rausch ausschließlich aus Madagaskar. Heute heißt die Tafel „Madanga" und die Bohnen stammen laut Rausch von einer einzigen Plantage, nämlich der Madanga-Plantage. Bei meinen zahlreichen Besuchen des Kakaoanbaugebiets von Madagaskar habe ich die beiden größten Plantagen und viele in der Kakaobranche tätige Menschen kennengelernt. Obwohl ich stets von orts- und marktkundigen Experten begleitet wurde, war es mir nicht möglich, diese Plantage zu besuchen. Auch meine wiederholten Nachfragen ergaben keine weiteren Informationen.
Auch die Angaben zu dem von Rausch weiterverarbeiteten Kakao der Tobago-Plantage stimmen nachdenklich: Die von Experten geschätze Gesamtanbaumenge des Kakaos auf Tobago liegt zwischen einer und maximal fünf Tonnen pro Jahr, von denen ein größerer Teil auf die Plantage Tobago Cocoa Estate Ltd. entfällt, die ihren Kakao nicht in den Export verkauft, sondern zu eigenen Produkten verarbeiten lässt.
Auch die Angaben zur Single-Plantation-Schokolade „El Cuador" leuchten mir nicht so ganz ein. Der Bedarf des Unternehmens an Kakao für diese Schokolade dürfte sehr hoch sein. In Ecuador überwiegen jedoch kleine Plantagen. Das Unternehmen selbst erklärt auf seiner Homepage, dass die meisten ecuadorianischen Bauern eine Fläche von ca. ein bis drei Hektar bewirtschaften, was einer Jahresernte von ca. ein bis drei Tonnen Rohkakao entspricht.
Rausch gibt weiter an, Kooperativen der Kleinbauern zu unterstützen. Dies wirft jedoch die Frage auf, warum das Unternehmen diese Kleinbauern unterstützt, aber scheinbar nicht ihren Kakao einkauft, sondern den einer einzigen Kakaoplantage (El Cuador).
Überaus positiv ist, dass alle Schokoladen des Unternehmens ohne Soja-Lecithin hergestellt werden. Auch das Schokoladenfachgeschäft Fassbender & Rausch und das angrenzende Schokoladen-Restaurant am Berliner Gendarmenmarkt sind einen Besuch wert.

Produktbewertungen

- Produkt: (Dunkel) El Cuador 70 %,
  Punkte: 72,00
  Preis/Menge: 1,75 EUR / 100 g
  Zu dezenter Charakter des Ecuador-Kakaos. Relativ mild und nicht zu süß.
  Aromaprofil: Dezent blumig, nussig, Zitrusfrüchte.

- Produkt: (Dunkel) Amacado 60 %,
  Punkte: 71,30
  Preis/Menge: 1,75 EUR / 100 g
  Akzeptabler Kakaogeschmack, aber relativ sauer.
  Aromaprofil: Unreife Zitrusfrüchte, Kaffee, Torf.

- Produkt: (Dunkel) Tobago 75 %, Punkte: 71,10
  Preis/Menge: 1,75 EUR / 100 g
  Mächtig, schwer und mit schmierigem Schmelz sowie einem unangenehmen Beigeschmack. Die Kakaobohnen sind mir zu stark geröstet.
  Aromaprofil: Erdig, bitterer Kaffee, feuchter Waldboden.
- Produkt: (Dunkel) Tembadoro 80 %,
  Punkte: 63,00
  Preis/Menge: 1,75 EUR / 100 g
  Schmeckt viel zu sehr nach Kakaopulver, sehr mächtig. Hat einen schmierigen, aber nicht unbedingt unangenehmen Schmelz. Dennoch kein Aushängeschild des Ausnahme-Kakaos Trinidads.
  Aromaprofil: Kakaopulver, unreife Oliven, Kaffee, erdig, nussig.

- Produkt: (Milch) Puerto Cabello 43 %, Punkte: 72,90
  Preis/Menge: 1,75 EUR / 100 g
  Relativ süß, trotz der 43 % Kakaoanteil wenig Kakaocharakter. Das deutet auf einen hohen Kakaobutteranteil hin. Milchig-cre,ig.
  Aromaprofil: Malz, Karamell, Butterfudges, Nüsse.

- Produkt: (Milch) Guacimo 47 %, Punkte: 71,90
  Preis/Menge: 1,75 EUR / 100 g
  Besitzt Kakaogeschmack, aber man schmeckt geräucherte Kakaobohnen.
  Aromaprofil: Rahmkaramell, Malz, Toffee, Kaffee, Rauch.
- Produkt: (Milch) Madanga 39 %, Punkte: 69,00
  Preis/Menge: 1,75 EUR / 100 g
  Milchig-cremig, mit wenig bis gar keinem Kakaocharakter, recht süß, aber dennoch kein allzu schlechtes Produkt. Milchig-cremig.
  Aromaprofil: Karamell, Honig, Toffee.

- Produkt: (Milch) Nouméa 35 %, Punkte: 65,00
  Preis/Menge: 1,75 EUR / 100 g
  Viel zu süß und ohne Kakaocharakter. Milchig-cremig.
  Aromaprofil: Sahnebonbon, Toffee, Karamell, Zucker.

Fazit:
Die Produkte können nicht wirklich überzeugen. Das Konzept an sich ist gut, aber manche Schokoladen ergeben einfach keinen Sinn. Als Beispiel: Die Plantagen-Vollmilchschokolade Nouméa verfügt über einen Kakaogehalt von insgesamt 35 %. Laut Zutatenliste entfallen davon maximal 17,5 % auf Kakaomasse. Dafür hat die Schokolade aber einen Zuckeranteil von ca. 37 %. Wie soll denn eine solche Schokolade nach Kakao schmecken? Bei diesem Zutatenverhältnis ist es nahezu unmöglich, Kakao geschweige denn die ausgelobte Kakaosorte herauszuschmecken. Bei den anderen Vollmilchschokoladen sieht es nicht besser aus. Einzig bei der Guacimo und der Puerto Cabello schimmert ein Ansatz von Kakaogeschmack hervor.
In der Sorte Tembadoro (Trinidad) wird außer Kakaomasse, Kakaobutter und Zucker auch Kakaopulver verarbeitet. Meiner Meinung nach gehört in eine dunkle Schokolade kein Kakaopulver – schon gar nicht, wenn es sich um eine Single-Plantation-Schokolade handelt. Konsequenterweise müsste das verwendete Kakaopulver dann auch von Bohnen der ausgelobten Plantage stammen. Ich schließe nicht aus, dass dem so ist, bezweifle es aber doch. Die Milchschokoladen können aufgrund der guten Verarbeitung aber ganz gut punkten und mildern somit das Gesamtergebnis.

Empfehlung:
Die Produkte sind, trotz der Widersprüche im Konzept, besonders aufgrund des Preis/Leistungs-Verhaältnisses größtenteils empfehlenswert.

RAW HEALTH

England (Kingston)
www.rawhealth.uk.com

Verarbeitungsstufe: **Standard-Schokolade**

Das Unternehmen Windmill Organics existiert seit 1978. Alles begann mit einem Supermarkt für Vollwertkost in der Fulham Road in London. Im Jahre 1981 kam dann ein vegetarisches Bio-Restaurant hinzu. Dies war so populär, dass Windmill unter verschiedenen Marken eigene Produkte anzubieten begann. Mittlerweile ist das Unternehmen fast als Vollsortimenter zu bezeichnen: Von Müsli über Fruchtsaft bis hin zu Ölen findet man im Sortiment alles, was man an Lebensmitteln für ein vegetarisch und biologisch ausgerichtetes Leben benötigt. Raw Health ist eine der neueren Marken, mit der nun auch der Bereich Schokolade abgedeckt wird. Das Unternehmen hat sich dazu entschlossen, dabei auf den Trend der Raw Chocolate zu setzen.

Produktbewertungen

- Produkt: (Veredelt) Very Cherry Chocolate
  60 % Dark, Punkte: 58,00
  Preis/Menge: 4,29 GBP / 5,32 EUR / 70 g
  Enthält neben Kirschen auch Parannüsse, Mandeln, Rosinen und Maca-Pulver. Schmeckt nach Kirschen und Nüssen. Schokolade recht fettig und von weicher Konsistenz.

- Produkt: (Veredelt) Heavenly Hemp Chocolate
  Dark 60 %, Punkte: 55,00
  Preis/Menge: 4,29 GBP / 5,32 EUR / 70 g
  Eine Schokolade, die nur aus Kakaobutter und Kakaopulver hergestellt wurde – ohne Kakaomasse. Recht fettig und von weicher Konsistenz. Schokolade hat kaum Aroma, aber die Hanfkörner sind deutlich schmeckbar. Mit Agavennektar statt Zucker.

Fazit:
Zwei der ausschließlich aus Kakaobutter und -pulver hergestellten Produkte des Unternehmens konnte ich in London ausfindig machen. Eine Schokolade ganz ohne Kakaomasse macht meiner Meinung nach einfach keinen Sinn. Geschmacklich ist die Schokolade entsprechend dürftig. Allein die großzügig zugesetzten Zutaten, wie zum Beispiel die 11 % Hanfsamen und die Parannüsse, die getrockneten Kirschen und die Mandeln (insgesamt immerhin 17 %) vermeiden ein Desaster. Unter Verwendung von Kakaomasse hätten die Produkte allerdings wesentlich besser werden können.

Empfehlung:
Leider ist keine Empfehlung möglich.

RED STAR „DUFFY'S"

England (Humberston, Lincolnshire)
www.redstarchocolate.co.uk

Verarbeitungsstufe: **Bean-to-bar & Mass-to-bar**

Quereinsteiger sind uns eher aus den USA vertraut, aber auch in Europa gibt es sie immer öfter. Die ersten Schokoladen produzierte Duffy Sheardown im Jahre 2009. Im Mai 2010 wurden seine Produkte anlässlich des Real Food Festivals in London dem breiten Publikum vorgestellt. Unter dem Label Red Star Schokolade produziert er heute sowohl von der Bohne weg als auch ab der Kakaomasse. Eigentlich beheimatet in der Welt der Formel 1, gab eine Radioreportage die Initialzündung für die Gründung des Unternehmens. Die Aussage des Reporters, es gebe neben Cadbury's nur noch einen bean-to-bar-Hersteller in England, weckte seinen Ehrgeiz. Das Equipment hat er bei ebay ersteigert, seine Finger sind seine Wickelmaschine.
Auch wenn sich das Unternehmen Red Star nennt, tragen alle Schokoladen den Namen Duffy's. Das ist zwar etwas irritierend, soll uns aber nicht stören. Aller Anfang ist schwer und man scheint noch etwas in der Findungsphase zu sein.
Da Duffy Sherdown unbedingt Fair-Trade- und Bio-Bohnen verarbeiten möchte, nimmt er den Kompromiss in Kauf, einige Kakaosorten als fertige Kakaomasse einzukaufen und diese Sorten nicht von der Bohne weg zu produzieren. Die nötigen Einkaufsmengen von Fair-Trade-Bohnen sind für sein Unternehmen noch zu groß. Die ab der Bohne hergestellten Sorten nennen sich Corazon, die ab der Masse produzierten Star of ... Dies gewährleistet eine schöne Transparenz und Ehrlichkeit. Der unterschiedliche Einsatz von Soja-Lecithin überrascht mich etwas. Mich persönlich stört es nicht, aber ich begreife nicht, warum ein Teil der dunklen und der Milchschokoladen mit und der andere ohne Soja-Lecithin produziert wird.

Produktbewertungen

- Produkt: (Dunkel) Honduras Indio Rojo 72 %, Punkte: 94,50
  Preis/Menge: 3,50 GBP / 4,11 EUR / 80 g
  Extrem aromatische und harmonische Schokolade, vollmundig mit sehr gutem Schmelz.
  Aromaprofil (Herstellerangabe): Süße Beeren, spritzige Orange und ein Nachgeschmack von Rosinen und Kaffee. Dem kann ich nur zustimmen.

- Produkt: (Dunkel) Corazon del Ecuador 72 % Dark Chocolate, Punkte: 84,50
  Preis/Menge: 3,50 GBP / 4,11 EUR / 80 g
  Harmonisch und authentisch. Sehr guter Schmelz, rund im Geschmack.
  Aromaprofil: Zitrusfrüchte, Banane, Jasmin, Hibiskus, leicht nussig.

- **Produkt: (Dunkel) Panama Tierra Oscura 72 %, Punkte: 83,00**
  Preis/Menge: 3,50 GBP / 4,11 EUR / 80 g
  Aromatisch, mit relativ starker Röstung. Guter Schmelz, mit leichter Säure, angenehm herb.
  Aromaprofil: Tropenholz, Humus, Kaffee, Trockenfrüchte.

- **Produkt: (Dunkel) Star of Peru 70 % Dark Chocolate, Punkte: 82,20**
  Preis/Menge: 3,50 GBP / 4,11 EUR / 80 g
  Mass-to-bar produziert, aromareich und harmonisch. Schmelz könnte etwas besser sein.
  Aromaprofil: Rote Beeren (Johannisbeeren), Nüsse, Gewürze.

- **Produkt: (Dunkel) Nicaragua Nicaliso 71 %, Punkte: 81,40**
  Preis/Menge: 3,50 GBP / 4,11 EUR / 80 g
  Fruchtig und leicht würzig, mild, mit dezenter Säure. Schmelz nicht perfekt aber ordentlich.
  Aromaprofil: Zitrusfrüchte, rote Beeren, Marmelade, Gewürze (Anis, Nelken, Vanille), Zedernholz.

- **Produkt: (Dunkel) Star of Panama 70 %, Punkte: 80,50**
  Preis/Menge: 3,50 GBP / 4,11 EUR / 80 g
  Milde Schokolade mit tollem Schmelz, angenehm herb, nicht zu süß.
  Aromaprofil (Herstellerangabe): Gebutterter Toast, warme Maronen, süße Mandeln. Diese Beschreibung passt sehr gut.

- **Produkt: (Dunkel) Star of Dominican Republic 65 %, Punkte: 80,00**
  Preis/Menge: 3,50 GBP / 4,11 EUR / 80 g
  Könnte etwas herber sein, mit leicht fruchtigem und würzigem Aroma. Schöner Schmelz.
  Aromaprofil: Rote Beeren, Gewürze (Vanille, Zimt), leicht rauchiger grüner Tee.

- **Produkt: (Dunkel) Star of Ecuador 70 % Dark Chocolate, Punkte: 79,20**
  Preis/Menge: 3,50 GBP / 4,11 EUR / 80 g
  Keine schlechte Schokolade, zeigt aber nicht genug Charakter des Ecuador-Kakaos. Guter Schmelz und angenehm herb.
  Aromaprofil: Gewürze (Zimt, Macis), Kokosnuss, Malz.

- **Produkt: (Milch) Corazon del Ecuador 43 % Milk Chocolate, Punkte: 70,50**
  Preis/Menge: 3,50 GBP / 4,11 EUR / 80 g
  Ein wenig zu süß, aber kein unangenehmer Milchgeschmack. Milchig-karamellig und leicht malzig.
  Aromaprofil (Herstellerangabe): Zitrus, weiche Früchte, Bananen. Angaben schwer herausschmeckbar.

- **Produkt: (Milch) Star of Peru 43 % Milk Chocolate, Punkte: 66,50**
  Preis/Menge: 3,50 GBP / 4,11 EUR / 80 g
  Zu süß und mit unangenehmem Milchgeschmack. Kaum Kakaocharakter.
  Aromaprofil (Herstellerangabe): Schwarze Johannisbeeren, Haselnüsse und warme Gewürze. Ich schmecke ein karamellig-malziges Aroma mit unangenehmem Beigeschmack.

Fazit:
Die ersten Schritte des Unternehmens sind durchaus bemerkenswert. Zwar schwanken die Qualitäten etwas, aber alleine mit der Honduras Indio Rojo wurde eine der Top-Schokoladen der Welt erschaffen.
Die Milchschokoladen sind Duffy noch nicht so gut gelungen. Die Star of Peru ist leider gar nicht gelungen, sie hat einen sehr unangenehmen Milchpulvergeschmack. Die Corazon del Ecuador kann da schon mehr überzeugen.
Auch wenn die ersten Versuche an Milchschokoladen ausbaufähig sind, sehe ich Duffy's

Zukunft sehr positiv. Das Unternehmen ist eine Bereicherung für die Branche, das seine Qualität und Zuverlässigkeit sicherlich steigern wird.
Eines aber ist klar: Duffy's ist der beste bean-to-bar-Hersteller Englands.

Empfehlung:
Die dunkeln Schokoladen sind alle empfehlenswert, wobei natürlich die Honduras Indio Rojo an erster Stelle zu nennen ist.

REPÚBLICA DEL CACAO

Ecuador (Quito)
www.republicadelcacao.com

Verarbeitungsstufe: **Bean-to-bar**

Das im Jahre 2004 gegründete Unternehmen República del Cacao ist nicht nur ein bean-to-bar-Hersteller, es baut den Kakao auch selbst an. Der produzierte Kakao wird nicht nur für die eigenen Schokoladen verwendet, sondern auch an andere Schokoladenhersteller verkauft.
Das Unternehmen produziert Schokoladen aus dem Kakao vier unterschiedlicher Regionen Ecuadors: Esmeraldas 75 %, Los Rios 75 %, Manabi 75 % und El Oro 67 %. Über dieses Stammsortiment hinaus werden immer wieder besondere Auflagen angeboten, wie z. B. eine Single-Plantation-Schokolade (Bio) oder eine mit Kaffee-Nibs von den Galapagos-Inseln verfeinerte Schokolade. Außerdem werden weitere Kakaospezialitäten wie z. B. Kakaopulver oder Kuvertüre vertrieben. Leider sind die Produkte in Europa und selbst in den USA kaum zu finden.

Produktbewertungen

- Produkt: (Dunkel) Los Rios 75 % Dark Chocolate, Punkte: 83,00
  Preis/Menge: 2,70 USD / 2,13 EUR / 50 g
  Mit typischen Aromen des Nacional-Kakaos, nicht zu herb oder zu sauer.
  Aromaprofil (Herstellerangabe): Natürliche Süße, mit einem delikaten Hauch von Blüten. Die floralen Aromen kann ich nur unterstreichen: Jasmin und Hibiscus, Trockenfrüchte und leicht nussige Nuancen.

- Produkt: (Dunkel) Manabi 75 % Dark Chocolate, Punkte: 78,00
  Preis/Menge: 2,70 USD / 2,13 EUR / 50 g
  Erstaunlich mild und süß für einen 75 %igen Kakaoanteil. Angenehm aromatisch.
  Aromaprofil (Herstellerangabe): Subtiles Fruchtbouquet, delikate Süße, eine Spur Säure. Ich schmecke dezente Trockenfrüchte, Gewürze (Zimt, Macis, Pfeffer).

- Produkt: (Dunkel) El Oro 67 % Dark Chocolate, Punkte: 76,00
  Preis/Menge: 2,70 USD / 2,13 EUR / 50 g
  Erstaunlich herb für einen 67 %igen Kakaoanteil. Harmonisch, mit eleganten Aromen.
  Aromaprofil (Herstellerangabe): Natürliche Süße mit einem Mix delikat parfümierter Blumen und Früchte. Ich schmecke: Dezente Frucht-Nuancen von Bananen, Fruchtsäure von Tropenfrüchten, leichte Würze (Zimt, Vanille)

Fazit:
Die drei getesteten Schokoladen präsentieren durchaus unterschiedliche Aromaprofile, zeigen aber alle den Charakter des Ecuador-Kakaos. Überraschend sind die geschmacklichen Unterschiede schon, wobei mich am meisten die Widersprüche der Kakaoanteile verwundern. Die Schokolade mit dem 67 %igen Kakaoanteil ist wesentlich herber als vermutet, dagegen ist die Schokolade mit dem 75 %igen Kakaoanteil richtig zahm. Blind hätte ich hier eher auf 70 % Kakaoanteil getippt.

Empfehlung:
Alle drei Schokoladen sind empfehlenswert. Besonders Liebhaber des Ecuador-Kakaos werden ihre Freude haben. Für Chocoholics sind die Unterschiede der einzelnen Regionen von Interesse.

RICHARD DONNELLY

USA (Santa Cruz, Kalifornien)
www.donnellychocolates.com

Verarbeitungsstufe: **Standard-Schokolade**

Eigentlich wollte Richard Donnelly in die Fußstapfen seines Vaters, einem Anwalt, treten. Aber bereits nach einem Jahr am Ripon College in Wisconsin brach er das Unterfangen ab und ging nach Europa, um das Handwerk des Confiseurs zu erlernen. Die erste Station war Paris, wo er in der Schule La Varenne begann, um dann später bei Wittamer in Brüssel in die Lehre zu gehen. Zurück in den Staaten arbeitete er ein Jahr lang mit Jean-Yves Duperret bei La Nouvelle Pâtisserie in San Francisco zusammen. Dort vertiefte er seine Kenntnisse in der Confiserie, aber auch in der Pâtisserie. Als einer der ersten Confiseure an der Westküste der USA begann Donnelly bereits im Jahre 1988 mit der Herstellung veredelter Schokoladen. Die ersten Produkte produzierte er noch in der Küche seiner Mutter in Boston, bevor er in Santa Cruz eine eigene Produktionsstätte einrichtete.
Die Schokoladentafeln sind in sehr edles, handgeschöpftes Japanpapier gewickelt. Es ist schon fast eine Schande, dass man die Tafeln nicht geöffnet bekommt, ohne das Papier dabei zu zerreißen.

Das Produktsortiment umfasst außerdem Konfekt in französischer Tradition, viele Karamellriegel und – das scheint ein neuer Trend zu werden – Marshmallow-Riegel. Immer öfter stoße ich bei Confiseuren auf Marshmallow-Produkte. Richard Donnellys Auswahl ist am größten.
Ich habe Richard als einen sehr großzügigen, kommunikativen Menschen kennengelernt, der auch gerne neue, innovative und qualitativ hochwertige Kollegen empfiehlt.

Produktbewertungen

- Produkt: (Dunkel) Bittersweet Chocolate 65 %, Punkte: 80,10
  Preis/Menge: 6,75 USD / 4,72 EUR / 45 g
  Sehr milde und angenehme Schokolade. Leicht fruchtig, aber kaum bitter oder sauer. Aromaprofil: Zitrusfrüchte, Minze, frisches Gras.

- Produkt: (Veredelt) Cardamom Dark Chocolate, Punkte: 83,50
  Preis/Menge: 6,75 USD / 4,72 EUR / 45 g
  Sehr gut aromatisiert, harmoniert hervorragend mit der leicht süßen und fruchtigen Schokolade.

- Produkt: (Veredelt) Smokey Spicy Chipotle Dark Chocolate, Punkte: 82,40
  Preis/Menge: 6,75 USD / 4,72 EUR / 45 g
  Das geräucherte Chili harmoniert sehr gut mit der süßen und fruchtigen Schokolade. Angenehme und recht deutliche Schärfe. Der geräucherte Geschmack spricht aber nur wahre Liebhaber an.

- Produkt: (Veredelt) Hazelnut Almond Toffee Milk Chocolate, Punkte: 78,50
  Preis/Menge: 6,75 USD / 4,72 EUR / 45 g
  Enthält eine großzügige Menge an Nüssen, knusprig frisch. Milchig, sahnig und karamellig, aber leicht zu süß.

- Produkt: (Veredelt) Almond Dark Chocolate, Punkte: 69,50
  Preis/Menge: 6,75 USD / 4,72 EUR / 45 g
  Mit ganzen, ungerösteten und aromatischen Mandeln bestreut. Die Schokolade ist von durchschnittlicher Qualität.

- Produkt: (Veredelt) Dark French Roast Coffee Dark Chocolate, Punkte: 67,10
  Preis/Menge: 6,75 USD / 4,72 EUR / 45 g
  Zu schwaches Kaffeearoma, die Schokolade insgesamt aber ok.

- Produkt: (Riegel) Dark Chocolate Peanut Butter Chocolate Bar, Punkte: 87,50
  Preis/Menge: 5,00 USD / 3,50 EUR / 35 g
  Sehr aromatische Erdnuss-Füllung, sehr angenehme Konsistenz und weder zu süß, noch zu mächtig.

- Produkt: (Riegel) Chewy Almond Caramel Bar Milk, Punkte: 84,00
  Preis/Menge: 5,00 USD / 3,50 EUR / 60 g
  Leicht salzig und mit sehr gutem Mandelaroma. Erinnert geschmacklich sehr an italienisches Torrone.

- Produkt: (Riegel) Dark Chocolate Marshmallow Almond Caramel Bar, Punkte: 83,00
  Preis/Menge: 5,00 USD / 3,50 EUR / 50 g
  Ganz viele knusprige und aromatische Mandeln außen, innen neutrales Marshmallow. Mandelig und nicht süß.

- Produkt: (Riegel) Dark Choc Coconut Marshmallow Bar, Punkte: 82,40
  Preis/Menge: 5,00 USD / 3,50 EUR / 50 g
  Marshmallow mit geröstetem Kokos außen. Schmeckt gut, hat eine tolle Konsistenz und ist nicht zu süß.

- Produkt: (Riegel) Dark Chocolate Coconut Logs Bar, Punkte: 79,40
  Preis/Menge: 5,00 USD / 3,50 EUR / 60 g
  Kokos innen, Kokos außen, Kokos überall. Schmackhaft, aromatisch und nicht süß.

- Produkt: (Riegel) Milk Chocolate Peanut Caramel Bar, Punkte: 83,00
  Preis/Menge: 5,00 USD / 3,50 EUR / 55 g
  Intensives Erdnussaroma. Der Karamell ist nicht zu süß und auch aromatisch.

- Produkt: (Konfekt) Tahitian Vanilla Dark, Punkte: 92,40
  Preis/Menge: 29,40 USD / 20,56 EUR / 100 g
  Extrem gutes Vanillearoma, trotz der herben Schokolade. Sehr aromatisch und elegant.

- Produkt: (Konfekt) Cardamom, Punkte: 86,20
  Preis/Menge: 29,40 USD / 20,56 EUR / 100 g
  Sehr gut gewürzt. Die herbe Ganache ist weich und cremig und harmoniert sehr gut mit der dunklen Schokolade.

- Produkt: (Konfekt) Peanut Butter Dark, Punkte: 86,00
  Preis/Menge: 29,40 USD / 20,56 EUR / 100 g
  Erdnussbutter-Füllung, sehr aromatisch, leicht gesalzen und durch die dunkle Schokolade auch nicht so süß.

- Produkt: (Konfekt) Malted Milk, Punkte: 83,00
  Preis/Menge: 29,40 USD / 20,56 EUR / 100 g
  Milchig, cremig, malzig, mit leichtem Charakter von Toffee und Sahnebonbon. Insgesamt sehr harmonisch und nicht zu süß.

- Produkt: (Konfekt) Brandy, Punkte: 82,00
  Preis/Menge: 29,40 USD / 20,56 EUR / 100 g
  Guter Brandygeschmack, leicht alkoholisch, angenehm herb, weich und cremig. Eine runde Sache.

- Produkt: (Konfekt) Hazelnut Gianduja, Punkte: 81,00
  Preis/Menge: 29,40 USD / 20,56 EUR / 100 g
  Aromatischer Haselnuss-Nougat in Milchschokolade. Angenehme Konsistenz, nicht zu fettig oder mächtig, dezent süß.

- Produkt: (Konfekt) Chipotle, Punkte: 81,00
  Preis/Menge: 29,40 USD / 20,56 EUR / 100 g
  Es schmeckt definitiv sehr charakteristisch nach geräuchertem Chili und ist scharf – ganz wie es sein soll. Herbe, nicht süße Ganache, könnte etwas cremiger sein.

- Produkt: (Konfekt) Chai, Punkte: 77,20
  Preis/Menge: 29,40 USD / 20,56 EUR / 100 g
  Potpourri von Chai-Gewürzen. Cremig-weiche Füllung, leicht herb und nicht zu süß.

- Produkt: (Konfekt) Berry, Punkte: 75,00
  Preis/Menge: 29,40 USD / 20,56 EUR / 100 g
  Fruchtig-sauer mit gutem Beerenaroma. Nicht zu süß, leicht herb. Konsistenz könnte etwas weicher und cremiger sein.

- Produkt: (Konfekt) Brandy Cherries, Punkte: 71,00
  Preis/Menge: 29,40 USD / 20,56 EUR / 100 g
  Ganze kandierte Kirsche in Brandy. Kirsche ist aromatisch, ebenso der Brandy, wobei mir der Sud etwas zu süß ist.

- Produkt: (Konfekt) Scotch, Punkte: 71,00
  Preis/Menge: 29,40 USD / 20,56 EUR / 100 g
  Hier muss man torfig-geräucherten Whisky mögen. Flüssig gefüllt, ohne Zuckerkruste, aromatisch, aber etwas zu süß.

- Produkt: (Konfekt) Framboise, Punkte: 70,00
  Preis/Menge: 29,40 USD / 20,56 EUR / 100 g
  Flüssig gefüllt mit einem Zuckersud und Himbeergeist. Aromatisch, aber zu süß.

- Produkt: (Konfekt) Rose, Punkte: 70,00
  Preis/Menge: 29,40 USD / 20,56 EUR / 100 g
  Schmeckt extrem nach Rose, nur für absolute Rosenfans geeignet. Feste und wenig cremige, herbe Ganache.

Fazit:
Richard Donnellys Großzügigkeit bei der Bereitstellung der Produktmuster war eine große Herausforderung, die Verkostung dauerte etwas länger als üblich. Ob veredelte Schokolade, Konfekt oder Riegel, das Qualitätsniveau ist stets hoch. Hinzu kommen Kreativität und Innovation. Donnelly hat ein Faible für Karamell, ohne Zweifel in allen möglichen Variationen und Geschmacksrichtungen, ob hart, weich oder flüssig. Es ist stets aromatisch und gar nicht einmal so süß. Sein zweites Steckenpferd sind Marshmallows – auch hier in allen möglichen Variationen und öfter auch in Kombination mit Karamell.
Richard Donnelly versteht es, Gewürze behutsam zu dosieren, sodass ein Produkt nie überaromatisiert ist. Der französische Einfluss ist beim Konfekt unverkennbar, er wird gerne mit amerikanischen Geschmacksrichtungen wie dem geräucherten Chili Chipotle verbunden. Richard Donnelly zählt zurecht zu den guten amerikanischen Confiseuren.

Empfehlung:
Alle Produkte sind empfehlenswert, besonders Karamell- und Marshmallow-Liebhabern.

RICHART

Frankreich (Paris)
www.richart.com

Verarbeitungsstufe: **Standard-Schokolade**

Die Geschichte des Unternehmens Richart gründet sich auf die ersten von Joseph Richart 1925 in Lyon kreierten Produkte. Im Jahre 1935 eröffnete er sein erstes Geschäft und seit 1950 verkauft er seine Produkte auch an Wiederverkäufer. Seit 1968 führt Michel Richart, eine zeitlang gemeinsam mit seinem Bruder, das Unternehmen. 1987 wurde das erste Geschäft in Paris eröffnet. Seitdem schreitet die Expansion immer weiter voran. Mittlerweile werden auf der ganzen Welt Filialen betrieben, u. a. in Barcelona, New York, Tokyo, Seoul, Toronto und vielen anderen Städten. Die Kommerzialisierung und die Expansion scheinen ein Hauptfokus Michel Richarts zu sein. Das auf Franchise basierende Konzept scheint sehr erfolgreich zu sein.

Produktbewertungen

- Produkt: (Veredelt) Theonacar, Punkte: 63,75
  Preis/Menge: 4,98 EUR / 80 g
  Die aufgestreuten ganzen, gerösteten Pistazien sind köstlich, aber der unangenehme Kakaogeschmack der dunklen Schokolade dominiert. Enttäuschend.

- Produkt: (Veredelt) Sesamy, Punkte: 62,75
  Preis/Menge: 4,98 EUR / 80 g
  Mit viel aromatischem Sesam, der leider vom unangenehmen Aroma der dunklen Schokolade dominiert wird. Was für eine schreckliche Idee, Kakao von der Elfenbeinküste als Basis zu verwenden.

- Produkt: (Schachtel) Hausmischung, Punkte: 64,67
  Preis/Menge: 11,90 EUR / 64 g
  Nette Idee eines Konfekt-Sortiments mit vier Themen, jedoch leider schlecht umgesetzt. Banale Standard-Schokolade ohne Charakter, teilweise extrem aromaschwach. Die fruchtigen Sorten sind im Gegensatz dazu zu aromatisch, aber ohne Fruchtcharakter. Das lässt auf den Einsatz von Aromastoffen schließen. Viel zu dicke Schokoladenhülle, häufig zu süß und am Ende schlicht zu wenig für das Geld. Am Ende kann nur das puristische Design gefallen – und das ist zu wenig.

Les Balsamiques, Punkte: 67,43
Preis/Menge: 11,90 EUR / 64 g
Diese Produktreihe ist am besten gelungen, versinkt dann aber leider doch noch auf einem mittelmäßigen Niveau in der Bedeutungslosigkeit.
Konfekt-Einzelbewertungen:
Les Balsamiques - Muscat en ganache: Punkte: 73,00
Füllung mit Muscatwein. Leicht alkoholisch, ganz gelungenes Aroma, aber fest und unharmonisch.
Les Balsamiques - Chocolat de Madagascar en ganache: Punkte: 66,20
Mit dezentem Charakter des Madagaskar-Kakaos. Dunkle weich-cremige Ganache.
Les Balsamiques - Orge malté en ganache: Punkte: 65,90
Malzige Gerste mit einem Schuss Alkohol. Etwas unharmonisch, aber insgesamt ganz in Ordnung.
Les Balsamiques - Ganache chocolat au lait: Punkte: 64,60
Ganache mit Milchschokolade. Weich-cremig, harmonisch, aber etwas banal.

Les Hespéridés, Punkte: 64,80
Preis/Menge: 11,90 EUR / 64 g
Von den versprochenen Zitrusfrüchten ist zu wenig schmeckbar.

Konfekt-Einzelbewertungen:
Les Hespéridés - Bouquet d'Hespéridés en coulis: Punkte: 70,60
Intensiv blumiges und würziges Aroma von Zitrusblüten. Dunkle Ganache weich-cremig.
Les Hespéridés - Pamplemousse en ganache légère: Punkte: 64,50
Grapefruit nur dezent schmeckbar, kaum bitter, Aroma geht durch die Dominanz der Schokolade verloren.
Les Hespéridés - Mandarine en ganache légère: Punkte: 64,00
Intensives Mandarinenaroma, das aber aufgrund des mangelnden Fruchtcharakters auf Aromastoffe schließen lässt.
Les Hespéridés - Bergamote en ganache: Punkte: 60,10
Sehr süße und aromaflache Füllung, die kaum nach Bergamotte schmeckt. Füllung zeigt halbflüssige Konsistenz.

Les Fruités, Punkte: 63,83
Preis/Menge: 11,90 EUR / 64 g
Aromatisch eine Niete, wohl auch mit Aromastoffen hergestellt. Da wäre viel mehr möglich.

Konfekt-Einzelbewertungen:
Les Fruités - Ananas en ganache légère: Punkte: 67,00
Guter Ananasgeschmack, angenehme Konsistenz, fruchtig-saurer Charakter.
Les Fruités - Cassis en ganache légère: Punkte: 66,30
Die zu dicke Schokolade dominiert hier viel zu sehr. Dezent fruchtig und sauer, kaum Johannisbeeraroma.
Les Fruités - Mangue et fruit de la passion en coulis: Punkte: 62,00
Zu wenig Aroma von Mango und Passionsfrucht, dunkle Schokolade ist zu dominant.

Les Fruités - Fraise en coulis: Punkte: 60,00
Kaum Erdbeergeschmack, Füllung relativ süß.

Les Grillés, Punkte: 62,63
Preis/Menge: 11,90 EUR / 64 g
Die denkbar einfachste Aufgabe, wenn man gute Zutaten verwendet. Hier zeigt sich, dass am falschen Ende gespart wurde.

Konfekt-Einzelbewertungen:
Les Grillés - Noix grillé en praliné: Punkte: 64,00
Walnussaroma ganz gut, Nougat ansonsten flach im Aroma, fest und fettig-mächtig.
Les Grillés - Pistache grillé en praliné: Punkte: 63,50
Dezent aromatischer Nougat mit zu wenig Pistazienaroma, etwas zu fettig, langweilig.

XLes Grillés - Sésame grillé en praliné: Punkte: 62,00
Kaum Sesamgeschmack, süßer und aromaflacher Nougat, leicht knusprig.
Les Grillés - Café Arabica en ganache: Punkte: 61,00
Wo ist der Kaffee? Sehr schöne weich-cremige und feinschmelzende Ganache, der es aber sehr an Kaffeegeschmack fehlt. Schade.

Fazit:
Die rasante Expansion des Unternehmens hat ihren Preis. Mir gefällt die Entwicklung der Qualität der Richart-Produkte überhaupt nicht. Die Produkte leben ausschließlich vom Design, alles andere ist mehr als enttäuschend. Das nur vier Gramm leichte Konfekt und seine Verpackung sind bis zum Moment des Kostens nahezu perfekt. Geschmacklich und aromatisch wird man dann allerdings enttäuscht.
Das Franchise-Konzept des Unternehmens ist mit dem der Firmen Jeff de Bruges oder De Neuville vergleichbar. Der große Unterschied besteht jedoch in der Preisgestaltung: Bezahlt man bei Richart für 100 Gramm Konfekt über 18 Euro, sind es bei den beiden Anderen nur etwa drei bis vier Euro. Qualitativ sind sie in etwa vergleichbar – Jeff de Bruges jedoch etwas abgeschlagen. De Neuville mag kein so gutes Design und keine so schöne Ästhetik bieten, aber aromatisch und geschmacklich sind die Produkte, wenn auch etwas „einfach" und manchmal plump, sogar ein Tick besser.
Richart verwendet keine besonders gute Schokolade, was sich zu meinem Entsetzen auch bei den veredelten Schokoladen fortsetzt: eine aromatisch sehr einfache Schokolade aus Kakao der Elfenbeinküste, die jegliche Aromen der Zutaten geschmacklich überdeckt.
Beim Konfekt kommt zusätzlich störend hinzu, dass die Hüllen viel zu dick gegossen sind, wodurch das Schokoladenaroma grundsätzlich dominiert. Dagegen kommen die dezenten Aromen der Füllungen einfach nicht an. Es mangelt an Raffinesse, Fingerspitzengefühl und der Qualität der Rohstoffe.
Auch bei Richart werden auf die fertig konfektionierten Konfektschachteln keine Angaben wie Zutatenliste, Gewicht oder Warnhinweise aufgedruckt.

Empfehlung:
Leider ist keine Empfehlung möglich.

RIGHTEOUSLY RAW

USA (San Diego)
www.earthsourceorganics.com

Verarbeitungsstufe: **Standard-Schokolade**

Audrey Darrow, Gründerin von Earthsource Organics, hat sich nach einer überstandenen Krebserkrankung ganz der gesunden Ernährung verschrieben. Raw Chocolate ist zurzeit stark „en vogue". Immer mehr Unternehmen entwickeln Schokolade, die als eine Art Rohkost vermarktet wird. Zusätzlich zu der Produktionsbedingung, dass keine Zutat über 46 Grad Celsius erhitzt werden darf, wird auch kein raffinierter Zucker zugesetzt. Es werden in der Regel ausschließlich Bio-zertifizierte Zutaten verwendet. Dass entsprechend auch bei der Verpackung ökologisch gedacht wird, ist selbstverständlich.
Auf der Verpackung Righteously-Raw-Produkte finden sich zusätzlich gesundheitsrelevante Hinweise, wie zum Beispiel auf der Goji-Schokolade: „Enthält alle acht essentiellen Aminosäuren, liefert bis zu 21 Spurenelemente und beinhaltet Immunsystem-stimmulierende Polysaccharide." Es wird natürlich darauf hingewiesen, dass es sich dabei nicht um ärztliche Aussagen handelt.

Produktbewertungen

- Produkt: (Riegel) 90 % Cacao Bar Goji,
  Punkte: 55,00
  Preis/Menge: 7,00 USD / 5,53 EUR / 66 g
  Sehr bittere Schokolade, seltsame und sehr intensive Aromen.

- Produkt: (Riegel) 80 % Cacao Bar Acai,
  Punkte: 52,00
  Preis/Menge: 7,00 USD / 5,53 EUR / 66 g
  Stechender Geschmack, unglaubliches Potpourri an Aromen.

- Produkt: (Riegel) 90 % Cacao bar Lúcuma Caramel, Punkte: 50,00
  Preis/Menge: 7,00 USD / 5,53 EUR / 66 g
  Intensive Gewürzaromen, bitter.

- Produkt: (Riegel) Maca bar Chocolate,
  Punkte: 47,00
  Preis/Menge: 7,00 USD / 5,53 EUR / 66 g
  Sehr intensive Aromen und sehr bitter.

Fazit:
Wenn eine gesunde Schokolade dem entspricht, was ich von Righteously Raw probiert habe, verzichte ich persönlich lieber, für mich hat das nichts mehr mit Genuss zu tun. Wenn ich etwas Gesundes essen möchte, kaufe ich mir Rohkost und vermeide Schokolade – besonders, wenn sie so teuer ist. Wenn ich aber Schokolade essen möchte, dann achte ich zwar auf die Zutatenliste, kaufe aber dennoch etwas, das harmonisch und schmackhaft ist.
Die Righteously-Raw-Schokolade wird ausschließlich mit Kakaobutter und Kakaopulver hergestellt, gesüßt wird mit Agaven-Nektar. Jedoch sind alle Schokoladen hoffnungslos

überaromatisiert, die Geschmacksnerven werden beim Probieren auf eine harte Probe gestellt. Den Höhepunkt bildet die Maca Bar, die den Gaumen doch arg strapaziert. Ich muss hinzufügen, dass die Aromen vieler exotischer Zutaten ungewohnt sind: Macawurzel, Mesquite (Proposis, ein Mimosengewächs), Gojibeeren, Lucumafrucht, Acaibeeren und Yacónsirup sind schon sehr fremdartig, besonders im Geschmack. Hier als Beispiel die Zutatenliste der Maca Bar: Bio-Kakaobutter, Bio-Kakaopulver, Bio-Bahri-Dattteln (können Dattel-Stiele enthalten), Bio-Goldene-Hunza-Rosinen, Bio-Macawurzel, Bio-Mesquite-Hülsen, Bio-Kokosnussöl, Bio-Agaven-Nectar, Bio-Vanilleschoten, Rosa Himalaya-Salz.

Empfehlung:
Für Raw-Food-Aficionados ein El Dorado, allen anderen nur bedingt zu empfehlen.

RIO NAPO

Deutschland & Schweiz (Freiburg & Hergiswil)
www.originalfood.de

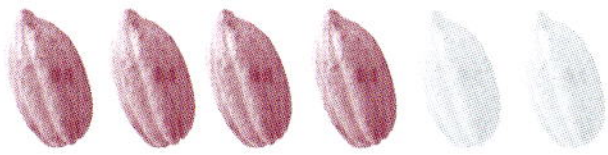

Verarbeitungsstufe: **Fremdproduktion**

Original Food ist eine Handelsgesellschaft, die ausgesuchte landwirtschaftliche Erzeugnisse aus Entwicklungsländern importiert und in Europa vermarktet. Viele Produkte gehen aus Projekten hervor, die gemeinsam mit dem Verein „GEO schützt den Regenwald" durchgeführt werden. Mit diesen Projekten werden in den Entwicklungsländern ökologisch wirtschaftende kleinbäuerliche Strukturen gefördert, die Kleinbauern und Familienbetriebe erhalten höhere Abnahmepreise und garantierte Abnahmemengen. Eines von diesen Projekten ist das Schokoladenprojekt. Der Kakao stammt aus der ecuadorianischen Amazonasprovinz Napo, wo er von den dort lebenden Kichwa-Indianern angebaut wird. Die Kallari-Kooperative unterstützt diesen Stamm seit Jahren, um den dort bereits großflächig gerodeten Wald zu schützen und den Einwohnern ein gutes Einkommen zu sichern. Weitere Partner dieses Projekts sind die GTZ und der Schokoladenhersteller Felchlin.

Produktbewertungen

- Produkt: (Dunkel) 73 % Cacao Dark Chocolate,
  Punkte: 73,50
  Preis/Menge: 3,90 EUR / 70 g
  Zu sauer, dazu auch noch leicht adstringierend. Die Schokolade könnte etwas aromatischer sein, ist aber dennoch nicht schlecht.
  Aromaprofil: Kaffee, weißer Pfeffer, Trockenfrüchte.
- Produkt: (Milch) 40 % Cacao Milk Chocolate,
  Punkte: 78,50
  Preis/Menge: 3,90 EUR / 70 g
  Eine sehr typische Schweizer Vollmilchschokolade. Milchig-cremig, aber mit sehr dezentem Kakaocharakter. Dennoch angenehm zu essen, obwohl ein Tick zu süß.
  Aromaprofil: Frische Alpenmilch, Waldhonig, Malz, Karamell.

- Produkt: (Veredelt) 40 % Cacao Milk Chocolate mit Kakaosplittern, Punkte: 85,50
  Preis/Menge: 3,90 EUR / 70 g
  Kakaosplitter geben der Schokolade einen angenehmen Charme. Aromatisch und knusprig. Gelungen.

- Produkt: (Veredelt) 73 % Cacao Dark Chocolat mit Kaffeesplittern, Punkte: 67,75
  Preis/Menge: 3,90 EUR / 70 g
  Gutes Kaffeearoma, Schokolade aber relativ sauer und leicht adstringierend. Das Ganze etwas unharmonisch. Das Kaffeemehl stört sehr im Mund.

Fazit:
Die beiden dunklen Sorten sind relativ sauer und könnten aromatischer sein. Bei der Kaffee-Variante stört mich das Kaffeepulver, das Aroma ist allerdings gut gelungen. Die pure Milchschokolade hat den Charakter einer typischen Schweizer Milchschokolade, ist aber etwas zu süß. Dagegen ist die Variante mit den gerösteten Kakao-Nibs sehr gut gelungen, sie sind aromatisch und knusprig und nehmen der Schokolade auch etwas von der Süße. Alles in allem ein gelungenes Projekt. Eine solche Schokolade kaufe ich gerne, da ich ein gutes Produkt bekomme und auch noch Gutes dabei tue. Insgesamt hätte ich aber von Felchlin eine bessere Qualität erwartet.

Empfehlung:
Besonders die Milchschokolade mit Kakao-Nibs ist sehr empfehlenswert. Grundsätzlich kann man aber alle Sorten genießen, wenn auch die Kaffee-Schokolade aufgrund des Kaffeemehls etwas eingeschränkt.

ROCOCO

England (London)
www.rococochocolates.com

Verarbeitungsstufe: **Schokolade nach Maß**

Über den Schokoladenboom der letzten Jahre kann Chantal Coady nur müde lächeln, war sie doch eine der aller ersten Pioniere in der Schokoladenszene. Zwar war sie eine Quereinsteigerin, aber eine leidenschaftliche Visionärin, die sich seit der Gründung Rococos zu einer anerkannten Schokoladen-Expertin entwickelt hat. Ausgestattet mit einem Diplom in Textil-Design, führte ihre

Leidenschaft zur Schokolade im Jahre 1983 zur Eröffnung eines Schokoladenfachgeschäfts in London. Zu dieser Zeit gab es kaum edle Schokoladen. Firmen wie Domori, Amedei, Coppeneur und viele andere waren nicht einmal in Planung. Das Design der Schokoladen lehnt sich an einen französischen Katalog für Schokoladenformen aus dem 19. Jahrhundert an. Das gesamte Design ist verspielt, naiv, emotional und farbenfroh.
Rococo verbindet seit einigen Jahren eine innige Freundschaft mit der Grenada Chocolate Company. Im Jahre 2007 konnte Rococo eine benachbarte kleine Kakaoplantage in Grenada kaufen. The Grenada Chocolate Company verarbeitet für die Firma Rococo, deren Plantage sich Grococo nennt, den Kakao zu Schokolade. Alle Schokoladenprodukte enthalten seit Neuestem auch Kakaobohnen der „Plantage des Hauses". Die meisten Confiseure machen ein Staatsgeheimnis daraus, von wem sie ihre Schokolade beziehen. Rococo ist einer der ganz wenigen Confiseure, die sich zu der von ihr verwendeten Schokolade bekennen. Chantal Coady druckt sogar auf die Front ihrer Schokoladentafeln den Namen des Herstellers Valrhona.

Produktbewertungen

- Produkt: (Dunkel) 65 % Cocoa, Punkte: 71,50
  Preis/Menge: 1,25 GBP / 1,55 EUR / 20 g
  Obwohl mit Kakaopulver hergestellt, schmeckt die Schokolade recht ordentlich, könnte aber vielleicht etwas aromatischer sein.
  Aromaprofil: Kakao(pulver), Gewürze (Vanille, Macis), etwas torfig.

- Produkt: (Weiße) Cardamom, Punkte: 70,00
  Preis/Menge: 1,25 GBP / 1,55 EUR / 20 g
  Recht süß und mit dominantem Kardamom-Geschmack. Nur für echte Kardamom-Liebhaber, die sich auch nicht vor dem Genuss zu süßer Schokolade schrecken.

- Produkt: (Veredelt) Rococo Violet,
  Punkte: 75,38
  Preis/Menge: 1,25 GBP / 1,55 EUR / 20 g
  Zwar nicht mein bevorzugtes Aroma, ist aber gut gelungen. Nur für Veilchen-Liebhaber, sie werden diese Schokolade lieben.

- Produkt: (Veredelt) Rococo Rose,
  Punkte: 74,50
  Preis/Menge: 1,25 GBP / 1,55 EUR / 20 g
  Sehr gut gelungen. Rosenaroma nicht zu penetrant, harmonisch.

- Produkt: (Veredelt) Earl Grey Tea,
  Punkte: 72,68
  Preis/Menge: 1,25 GBP / 1,55 EUR / 20 g
  Schmeckt nach Tee und ist stimmig. Das Beißen auf den harten Teeblättern stört ein wenig.

- Produkt: (Veredelt) Chilli Pepper, Punkte: 70,48
  Preis/Menge: 1,25 GBP / 1,55 EUR / 20 g
  Recht scharfe Chili-Schokolade. Brennt förmlich am Gaumen. Ist dann doch etwas zuviel des Guten und nur für echte Chili-Fans. Schokolade nur im Abgang erschmeckbar.

- Produkt: (Veredelt) Rococo Jasmine, Punkte: 69,88
  Preis/Menge: 1,25 GBP / 1,55 EUR / 20 g
  Penetrantes Jasminaroma, schmeckt wie ein Schluck aus der Parfümflasche. Mit Jasmintee und Jasminöl. Die harten Teeblätter sind schmeckbar, Teearoma kommt beim Abgang zum Vorschein. Nur für echte Fans geeignet.
- Produkt: (Veredelt) Sea Salt, Punkte: 69,50
  Preis/Menge: 1,25 GBP / 1,55 EUR / 20 g
  Keine Überraschung, außer dass die Schokolade auch Kakaopulver enthält. Mit Salzkristallen, die aber nie zu dominant sind. Kaum Kakaocharakter, eher mit dominantem Milchgeschmack.

Fazit:
Die Schokoladen können insgesamt überzeugen. Rococo bietet für nicht-britische Gaumen teilweise extreme Geschmacksvarianten. Man muss Rose, Jasmin oder auch Veilchen wirklich mögen, um diese Schokoladen essen zu können. In England sind dies traditionelle Geschmacksrichtungen und entsprechend sehr beliebt. Schade finde ich, dass alle Schokoladen auch Kakaopulver enthalten. Dagegen gefällt sehr, dass alle Schokoladen Bio-zertifiziert sind.

Empfehlung:
Alle veredelten Schokoladen empfehlen sich Freunden aromatisierter Schokoladen.

ROGUE CHOCOLATIER

USA (Minneapolis, Minnesota)
www.roguechocolatier.com

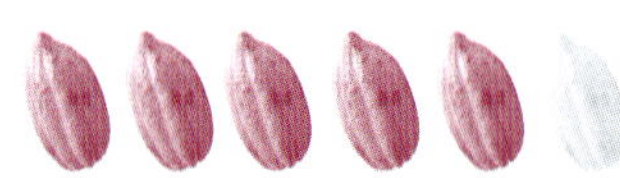

Verarbeitungsstufe: **Bean-to-bar**

Colin Gasko ist ein waschechter Selfmade-Mann. Nicht nur, dass er die Schokoladen von der Bohne weg produziert. Er geht noch einen Schritt weiter und stellt auch seine Verpackungen selbst her. Zu diesem Zweck verwendet das Unternehmen eine eigene Heidelberger Druckmaschine. Auch Colin Gasko ist, wie wir das von vielen amerikanischen Chocolatiers und Confiseuren bereits kennen, kein gelernter Chocolatier. Seine Karriere begann er bei Whole Foods, Amerikas größtem Einzelhändler von Naturkost- und Bioprodukten. Amerikaner scheinen ein besonderes Gen für das berufliche Abenteuer und Risiko zu besitzen, für die Selbstverwirklichung und den Drang zum Erfolg und zur Selbständigkeit. Sein Sprung vom Produktverkauf zur Herstellung feinster Schokolade war radikal und durchaus etwas verrückt. Verrückt, weil er mit primitiven, einfachen und teils – gemeinsam mit seinem Vater – selbst gebauten Maschinen arbeitet, ohne jegliche Erfahrung in der Schokoladenherstellung. Radikal und kompromisslos ist er bis heute bei der Auswahl der Kakaobohnen, den minimalistischen Rezepturen (Sambirano und Hispaniola beinhalten aus-

schließlich Kakao und Zucker) und bei der Kontrolle aller Produktionsschritte. Und das alles hat Gasko 2007 im zarten Alter von 23 Jahren begonnen. Chapeau!
Rogue ändert wohl immer mal wieder die Rezepturen. Die von mir getestete Hispaniola bestand nur aus Kakaobohnen und Rohrzucker. Die aktuelle Rezeptur wiederum enthält auch Kakaobutter und Tahiti-Vanille. Man steckt wohl noch in einer Findungsphase. Ich sortiere das mal unter künstlerischer Freiheit ein.

Produktbewertungen

- Produkt: (Dunkel) Sambirano 70 % Dark Chocolate, Punkte: 92,60
  Preis/Menge: 8,50 USD / 6,71 EUR / 60 g
  Leichte Röstaromen, fruchtiger Madagaskar-Kakao. Für 70 % Kakaoanteil sehr gut gelungen. Recht herb, aber angenehm. Schmelz könnte besser sein.
  Aromaprofil (Herstellerangabe): Citrus, Rumrosine, Toast, was ziemlich treffend ist.

- Produkt: (Dunkel) Rio Caribe 70 % Dark Chocolate, Punkte: 82,50
  Preis/Menge: 8,50 USD / 6,71 EUR / 60 g
  Gute Interpretation des venezuelanischen Kakaos, leider mit Vanille. Leichte Säure, harmonisch herb, mit ganz gutem Schmelz. Aromaprofil (Herstellerangabe): Kaffee, Blutorange und Nüsse. Das trifft es ganz gut.

- Produkt: (Dunkel) Hispaniola 70 % Dark Chocolate, Punkte: 80,00
  Preis/Menge: 8,50 USD / 6,71 EUR / 60 g
  Leicht adstringierend, herb und relativ sauer, mit gutem Schmelz. Aromaprofil (Herstellerangabe): Lakritze, verbrannte Orange und Cherry. Kann man so stehen lassen.

Fazit:
Das Ergebnis seines Schaffens kann sich sehen lassen. Wenn die bereits sehr guten Schokoladen erst der Anfang sind, kann man sich mit etwas Phantasie ausmalen, wozu Colin Gasko noch fähig sein wird. Ich jedenfalls finde es sehr spannend und freue mich schon auf das, was noch kommt. Leider sind die Schokoladen in Europa nicht verfügbar.

Empfehlung:
Alle Schokoladen sind für Liebhaber dunkler Schokoladen, von Ursprungsschokoladen und von Raritäten empfehlenswert. Der Preis sollte in diesem Fall nicht abschrecken. Es lohnt sich.

RÓZSAVÖLGYI CSOKOLÁDÉ

Ungarn (Budapest)
www.rozsavolgyi.com

Verarbeitungsstufe: **Bean-to-bar**

Rózsavölgyi Csokoládé wurde 2005 von dem Ehepaar Katalin Csiszár und Zsolt Szabad gegründet. Beide kann man als Quereinsteiger bezeichnen, wobei Katalin Csiszár bei einigen renommierten Confiseure wie z. B. Lionel Gauvin aus Frankreich, Roberto Catinari aus Italien und Michael Recchiuti aus den USA gearbeitet hat. Zsolt Szabad ist gelernter Maschinenbauingenieur, spezialisiert auf Robotik, Katalin Csiszár hat einen Abschluss in Illustration, Animation und Grafik Design. Beide kümmern sich um die Herstellung der Produkte, darüber hinaus ist Katalin Csiszár verantwortlich für die Gestaltung der Verpackungen und das Design. Zsolt Szabad wiederum nutzt seine technischen Kenntnisse, um die Maschinen zur Herstellung der Schokoladen zu optimieren.
Im ersten Jahr der Gründung belieferte Rózsavölgyi Csokoládé Schokoladengeschäfte in Budapest mit ihren Köstlichkeiten. Schon im zweiten Jahr eröffneten Katalin und Zsolt ihren eigenen Laden in der Budapester Innenstadt. Schon seit der Gründung experimentierte das kleine, familiengeführte Unternehmen, bestehend aus 5 Personen, mit der bean-to-bar-Herstellung von Schokolade. Mittlerweile wird größtenteils nur noch eigene Schokolade verarbeitet. Wichtigste Bezugsquelle der Bohnen ist Venezuela. Eine direkte Geschäftsverbindung mit einem Bauer ermöglicht den Kauf von Raritäten wie z. B. Porcelana, Ocumare, Tricheras oder Carenero. Was der Bauer nicht selbst hat, kauft er von den Bauern aus der Umgebung zu. Einige Produkte des Unternehmens wurden auch schon international ausgezeichnet.
Die Verpackungen und das Design sind originell, kreativ und äußerst ästhetisch. Auch die Haptik ist sehr angenehm. Die verwendeten Formen für die Schokoladentafeln sind ebenso sehr gelungen. Die Gianduja ist eine Nachbildung alter Kaminkacheln aus der Renaissance. Alle anderen Tafeln sind in Formen gegossen, die von einem jungen ungarischen Künstler auf Basis alter ungarischer Muster und Motive entworfen wurden. Wie mir Szolt erzählte, wird dieses Design oft mit aztekischen Motiven verwechselt.

Produktbewertungen

- Produkt: (Dunkel) Venezuela Carenero 73 %, Punkte: 88,60
  Preis/Menge: 1.880 HUF / 6,90 EUR / 85 g
  Aromatisch und mit tollem Schmelz. Leicht adstringierend und mit dezenter Säure.
  Aromaprofil: Tropische Früchte, Tropenholz, Honig.

- Produkt: (Dunkel) Venezuela Ocumare 73 %, Punkte: 86,50
  Preis/Menge: 1.880 HUF / 6,90 EUR / 85 g
  Gute, charakteristische Aromen, dezent herb und sehr dezent sauer sowie etwas adstrinigierend. Der Schmelz könnte aber besser sein.
  Aromaprofil: Espresso, Nüsse, Gewürze, getrocknete Früchte.

- Produkt: (Weiße) Matcha, Punkte: 85,94
  Preis/Menge: 1.055 HUF / 3,87 EUR / 85 g
  Gutes Matcha-Tee-Aroma, vielleicht aber dennoch insgesamt etwas zu süß. Sehr schöne grüne Farbe.

- Produkt: (Veredelt) Fekete szezámmag, Punkte: 93,20
  Preis/Menge: 1.055 HUF / 3,87 EUR / 85 g
  Schokolade mit geröstetem schwarzem Sesam. Tolles Sesamaroma, harmoniert sehr gut mit der köstlichen dunklen Schokolade.

- Produkt: (Nougat) Gianduja, Punkte: 67,50
  Preis/Menge: 1.185 HUF / 4,35 EUR / 85 g
  Kann mich nicht überzeugen, da zu wenig Nougatgeschmack. Erinnert nur schwach an italienischen Gianduja. Sehr dunkel und schokoladig.

- Produkt: (Schachtel) Gomba, Punkte: 75,50
  Preis/Menge: unbekannt / 70 g
  Eine interessante Konfektmischung mit getrockneten Pilzen. Die Füllungen sind zwar recht trocken, aber aromatisch kann man die einzelnen Pilzsorten gut herausschmecken.

  Konfekt-Einzelbewertungen:
  Gomba-Vargánya: Punkte: 76,50
  Schmeckt deutlich nach Steinpilzen, gefällt mir von allen dreien am besten. Fest und bröckelig.
  Gomba-Kucsma: Punkte: 75,30
  Schmeckt tatsächlich nach Pfifferlingen und das gar nicht mal so schlecht. Füllung ist fest und etwas bröckelig.
  Gomba-Róka: Punkte: 74,70
  Gutes Morchelaroma, Füllung ist fest und bröckelig.

- Produkt: (Konfekt) Barack-Passiógyümölcs, Punkte: 94,00
  Preis/Menge: 4.935 HUF / 18,10 EUR / 190 g
  Pfirsich-Passionsfrucht. Fruchtig-sauer und mit sehr angenehmen Aromen von Pfirsich und Passionsfrucht. Weich-cremige Ganache.

- Produkt: (Konfekt) Earl Grey, Punkte: 92,00
  Preis/Menge: 4.935 HUF / 18,10 EUR / 190 g
  Sehr gutes Teearoma, sehr harmonisch abgestimmt. Weiche und cremige, feinschmelzende Füllung.

- Produkt: (Konfekt) Citromolajos karamell, Punkte: 90,50
  Preis/Menge: 4.935 HUF / 18,10 EUR / 190 g
  Zitronenkaramell. Sehr angenehmer Karamell, Schokoladenhülle mit grünem Tee (grün), dezent zitronig. Für Karamell gar nicht so süß.

- Produkt: (Konfekt) Venezuelai, Punkte: 87,50
  Preis/Menge: 4.935 HUF / 18,10 EUR / 190 g
  Sehr gutes Venezuela-Kakao-Aroma, glatte und leicht feste Füllung. Charakter des Kakaos schmeckbar.

- Produkt: (Konfekt) Csillagánizs-Rózsabors, Punkte: 84,50
  Preis/Menge: 4.935 HUF / 18,10 EUR / 190 g
  Sternanis und Rosa Pfeffer. Sehr angenehmes Aroma von Sternanis und Rosa Pfeffer. Optimal dosierte Gewürze. Mit frischen Gewürzen und ohne Aromastoffe.

- Produkt: (Konfekt) Kardamom, Punkte: 82,50
  Preis/Menge: 4.935 HUF / 18,10 EUR / 190 g
  Angenehmes Aroma, leicht knusprig. Füllung nicht optimal im Schmelz, dezent süß.

- Produkt: (Konfekt) Meggypálinka és Málna, Punkte: 82,20
  Preis/Menge: 4.935 HUF / 18,10 EUR / 190 g
  Himbeere und Kirschgeist. Sehr angenehmes Himbeeraroma, dezent und gut alkoholisiert, leicht sauer, weiche und cremige Füllung.

- **Produkt: (Konfekt) Ropogós mandula praliné, Punkte: 81,00**
  Preis/Menge: 4.935 HUF / 18,10 EUR / 190 g
  Knusprige Mandel. Mandelnougat mit knusprigen Crêpe Dentelle. Schmackhaft. Einfach, aber gut.

- **Produkt: (Konfekt) Karamellás kávészemek paprikás csokoládéban, Punkte: 80,70**
  Preis/Menge: 4.935 HUF / 18,10 EUR / 190 g
  Kaffeebohne und Paprika. Kräftige dragierte Kaffebohnen, karamellisiert und gewürzt mit Paprika, in herber Schokolade. Gut gelungen.

- **Produkt: (Konfekt) Levendula, Punkte: 79,50**
  Preis/Menge: 4.935 HUF / 18,10 EUR / 190 g
  Gut dosierter Lavendel. Wer Lavendel mag, wird es lieben. Guter Schmelz der Ganache.

- **Produkt: (Konfekt) Diópraliné, Punkte: 78,90**
  Preis/Menge: 4.935 HUF / 18,10 EUR / 190 g
  Walnussnougat. Deutliches Walnussaroma, leicht adstringierende Walnüsse. Kein so schöner Schmelz des Nougats.

- **Produkt: (Konfekt) Dominikai, Punkte: 78,30**
  Preis/Menge: 4.935 HUF / 18,10 EUR / 190 g
  Dunkle Ganache von Kakao aus der Dominikanischen Republik. Durch den fruchtigen Kakao recht fruchtig, aromatisch und nicht zu süß. Guter Charakter des Kakaos.

- **Produkt: (Konfekt) Tárkony-Fahéj-Gyömbér, Punkte: 77,40**
  Preis/Menge: 4.935 HUF / 18,10 EUR / 190 g
  Estragon-Zimt-Ingwer. Estragon und Zimt gut dosiert, Ingwer etwas zu dezent. Schmeckt dennoch, da harmonisch. Weich und cremig.

- **Produkt: (Konfekt) Ancho chili, Punkte: 77,20**
  Preis/Menge: 4.935 HUF / 18,10 EUR / 190 g
  Schmeckt eher nach Paprika, kann keine Schärfe feststellen. Schmeckt mir aber.

- **Produkt: (Konfekt) Sör, Punkte: 77,10**
  Preis/Menge: 4.935 HUF / 18,10 EUR / 190 g
  Bier-Ganache. Schmeckt alkoholisch und es könnte durchaus Bier sein. Etwas bitter im Geschmack, mit gutem Schmelz der Füllung.

- **Produkt: (Konfekt) Repceméz praliné, Punkte: 76,30**
  Preis/Menge: 4.935 HUF / 18,10 EUR / 190 g
  Rapssamen-Honig. Deutlicher Honiggeschmack, Füllung aber etwas zäh.

Fazit:
Erfreulicherweise konnten die Produkte das Versprechen hoher Qualität überwiegend halten. Kleine Schwächen waren dabei, insgesamt muss ich dennoch ein großes Lob aussprechen. Das Konfekt ist durchweg gut gelungen, ganz in der Tradition französischen Konfekts.
Die Schokoladen sind ganz gut geraten, bergen aber noch Potenzial. Sehr positiv ist, dass nur Kakaobohnen und Rohrzucker verarbeitet werden. Dadurch sind die Schokoladen zwar etwas trocken, aber mit etwas Übung sollten sie noch besser werden. Aromatisch sind aber beide Schokoladen. Bewusst wurde die Ocumare mit ca. 30 Microns recht grob, die Carenero mit einer Feinheit von 18 Microns gemahlen. Entsprechend hat die Carenero einen weitaus besseren Schmelz.
Budapest war schon immer eine Reise wert. Nun gibt es eine Attraktion mehr, denn an einem Besuch des Geschäftes von Rózsavölgyi Csokoládé kommt kein Besucher Budapests vorbei.

Empfehlung:
Das Konfekt ist für Liebhaber von Konfekt nach französischer Tradition empfehlenswert, das Gomba-Konfekt für alle, die gerne Kurioses aus und mit Schokolade probieren. Die Schokoladen für Chocoholics, denn es gibt nicht viele bean-to-bar-Hersteller in Osteuropa – jedenfalls nicht von dieser hohen Qualität.

SABINE KOBER

Deutschland (Memmingen)
www.sabinekober.com

Verarbeitungsstufe: **Standard-Schokolade**

15 Jahre lang bereitete sich Sabine Kober, studierte Betriebswirtin, auf ihre Selbstständigkeit vor. Im Jahre 2006 war es dann so weit und Sabine Kober gründete mit den beiden Produktbereichen Accessoires und Schokoladen ihr eigenes Unternehmen. Mittlerweile beschäftigt sie 20 Mitarbeiter: 18 Mütter und zwei Väter. Sabine Kober hat in ihrem Unternehmen das soziale Geschäftsmodell „Mutter & Business: Hand in Hand" eingeführt. Anfangs war es eher Zufall, dass ausschließlich Mütter eingestellt wurden. Nach und nach erkannte sie aber einen sozialen Sinn darin. Bekannt geworden ist das Unternehmen durch seine mit echten Blütenblättern verzierten Schokoladen. In einem komplizierten Verfahren wird jede Blüte getrocknet, sodass sie ihre natürliche Schönheit bewahrt. Nach der Trocknung werden die Blüten mit einer Pinzette auf die noch flüssige Schokolade gelegt. Sabine Kober betrachtet ihre Schokoladen als Kunstwerke.

Produktbewertungen

- Produkt: (Veredelt) Dankbarkeit (dunkle Schokolade 55 %), Punkte: 60,00
  Preis/Menge: 6,95 EUR / 80 g
  Die Schokolade ist von mäßiger Qualität. Sehr süß und ohne gutes Aroma. Die Blüten sind aromatisch neutral.

- Produkt: (Veredelt) Verbundenheit (Vollmilchschokolade 36 %), Punkte: 63,00
  Preis/Menge: 6,95 EUR / 80 g
  Die Schokolade ist von mittelmäßiger Qualität, aber essbar. Die Blüten sind aromatisch neutral.

- Produkt: (Veredelt) Aufmerksamkeit (weiße Schokolade), Punkte: 64,00
  Preis/Menge: 6,95 EUR / 80 g
  Die Schokolade ist von mittelmäßiger Qualität, aber essbar. Die Blüten sind aromatisch neutral.

Fazit:
Die Produkte sind durchaus als hübsch zu bezeichnen. So sehr ich auch Frau Kober mag, kann ich die Produkte nicht wirklich loben. Ich suche noch immer nach ihrem Sinn. Zwar sind die Blüten essbar, besitzen aber weder Geschmack noch Aroma und schmecken eher wie Esspapier. Hinzu kommt, dass die Schokolade nur von mäßiger Qualität ist. Demnach ist das Produkt nicht zum genießen geeignet, sondern nur schön anzusehen. Dafür sind mir 6,95 Euro aber dann doch zu viel.

Empfehlung:
Als originelles Geschenk geeignet, allerdings ist eine geschmackliche Enttäuschung nicht auszuschließen.

SADAHARU AOKI

Frankreich (Paris)
www.sadaharuaoki.com

Verarbeitungsstufe: **Standard-Schokolade**

Sadaharu Aoki ist einer der wenigen japanischen Konditoren, die auch außerhalb Japans erfolgreich sind. Die Gründe liegen weniger in einer mangelnden Akzeptanz auf dem internationalen Markt, als vielmehr darin, dass es für japanische Konditoren und Confiseure ruhmvoller ist, im eigenen Land tätig zu sein – sie genießen dort nicht selten Kultstatus.
Nach seinem Diplom an der Kochschule in Machida in Japan hat Sadaharu Aoki von 1991 bis 1998 in diversen Häusern Europas Erfahrungen gesammelt, u. a. bei Jean Millet in Paris. Im Jahre 1998 eröffnete Aoki sein erstes Geschäft in Paris, mit dem er während der Modeschauen die großen Modedesigner, Hotels und Restaurants belieferte, und die Desserts für die First- und Business-Class einer japanischen Fluggesellschaft kreierte.
Mittlerweile führt Aoki zwei Geschäfte und einen „Shop in Shop" (Galerie Lafayette) in Paris, drei Filialen in Tokyo und eine in Taipeh. In Japan war er der Shootingstar der letzten Jahre. Seine Konditorprodukte sind eine Fusion aus französischer Tradition und japanischen Rohstoffen. Neben Konfekt stellt Aoki auch Cookies, Konfitüren, Kuchen und andere Süßwaren her.

Produktbewertungen

- Produkt: (Konfekt) Wasabi, Punkte: 89,50
  Preis/Menge: 1,00 EUR / 1 St.
  Dominantes Aroma, cremig-weich und dezente, angenehme Schärfe.

- Produkt: (Konfekt) Caramel, Punkte: 88,90
  Preis/Menge: 1,00 EUR / 1 St.
  Angenehmes und nicht zu starkes Karamellaroma. Leichter, frischer Geschmack und nicht zu süß.

- Produkt: (Konfekt) Earl Grey, Punkte: 82,00
  Preis/Menge: 1,00 EUR / 1 St.
  Gutes, lang anhaltendes Teearoma, angenehm cremig.

- Produkt: (Konfekt) Sanchô, Punkte: 77,60
  Preis/Menge: 1,00 EUR / 1 St.
  Relativ scharf, kaum Zitrusaroma. Ziel etwas verfehlt, trotzdem angenehm im Geschmack.

- Produkt: (Konfekt) Myrtille, Punkte: 77,20
  Preis/Menge: 1,00 EUR / 1 St.
  Dezente Aromen, zu wenig Blaubeer- und Fruchtcharakter.

- Produkt: (Konfekt) Or, Punkte: 76,60
  Preis/Menge: 1,00 EUR / 1 St.
  Grand Cru Madagaskar, cremig, mit dezentem Charakter des Madagaskar-Kakaos.

- Produkt: (Konfekt) Pur, Punkte: 74,50
  Preis/Menge: 1,00 EUR / 1 St.
  Banales Konfekt, schokoladig-kakaoig. Dezent cremig, mit ordentlichem Schmelz.

- Produkt: (Konfekt) Sésam noir, Punkte: 70,60
  Preis/Menge: 1,00 EUR/1 St.
  Kaum Sesamaromen, zu süß, cremig, mit gutem Schmelz.

- Produkt: (Konfekt) Fraise, Punkte: 55,00
  Preis/Menge: 1,00 EUR / 1 St.
  Schmeckt intensiv nach Erdbeere, aber zu künstlich. Zu raue Füllung ohne feinen Schmelz.

Fazit:
Sehr schönes, minimalistisches Design, farbenfroh und sehr ästhetisch. Leider erfüllen die Produkte nicht ganz die Erwartungen und sind doch etwas zu teuer geraten – andere können das einfach besser. In Paris gibt es viele gute Alternativen, eine Kostprobe seiner Produkte kann aber nicht schaden.

Empfehlung:
Das eine oder andere Konfekt ist durchaus gelungen. Liebhaber französischen Konfekts sollten sie ruhig probieren.

SALDAC

Frankreich (Montélimar)
www.saldac.com

Verarbeitungsstufe: **Fremdproduktion**

Das im Jahre 2000 gegründete Unternehmen Saldac engagiert sich im fairen Handel mit Entwicklungsländern. Schwerpunkt ist der Handel mit Produkten aus Peru: Kakao, Kaffee, Tee, Quinoa und viele andere regionale Spezialitäten werden nach Frankreich importiert. Stets mit der Garantie eines fairen Handels. Viele Produkte sind zudem Bio-zertifiziert.
Der Kakao stammt von der Kooperativen Pangoa, die über 600 Mitglieder zählt, von denen sich 60 dem Anbau von Kakao widmen. Der Kakao ist von der Sorte Criollo, bis heute werden keine Hybriden angepflanzt.
Die Schokoladenprodukte werden von der Chocolaterie A. Morin aus Donzere hergestellt.

Produktbewertungen

- Produkt: (Veredelt) Noir Gingembre 63 %,
  Punkte: 68,50
  Preis/Menge: 3,00 EUR / 100 g
  Recht fruchtig und nicht zu süß, obwohl nur 63 % Kakaoanteil. Leider mit Ingwerpulver. Etwas mehr kandierter Ingwer wäre besser gewesen.

- Produkt: (Veredelt) Lait au Café 38 %,
  Punkte: 67,00
  Preis/Menge: 3,00 EUR / 100 g
  Gutes Kaffeearoma, recht süß und etwas sandiger Schmelz.

Fazit:
Wirklich schlecht sind die Schokoladen nicht, aber leider mit zu vielen Mängeln. Bei der Ingwer hätte man auf das Ingwerpulver verzichten sollen, bei der Milchschokolade mit Kaffee auf einen Teil des Zuckers.
Das Engagement Saldacs ist ehrenwert und verdient Beachtung sowie Unterstützung.

Empfehlung:
Ingwerliebhabern, die Ingwerpulver nicht stört, kann die Ingwerschokolade empfohlen werden. Kaffeeliebhaber werden die Kaffeeschokolade mögen, auch wenn sie einen Tick zu süß ist.

SANTANDER CHOCOLATE

Kolumbien (Rionegro)
www.chocolatesantander.com

Verarbeitungsstufe: **Bean-to-bar**

Die Marke Santander Chocolate gehört zu dem Unternehmen Compañía Nacional de Chocolates. Das Unternehmen wurde am 12. April 1920 in Medellín gegründet und produziert mehrheitlich Schokoladen- und Kaffeeprodukte für den Massenmarkt. Mit der Marke Santander, benannt nach der gleichnamigen Region im Herzen Kolumbiens, füllt das Unternehmen auch die Nische der Edelschokoladen.
Verarbeitet werden ausschließlich Kakao- und Kaffeebohnen aus Kolumbien. Vornehmlich handelt

es sich um Trinitario, aber auch ein wenig Criollo Kakao wird verwendet. Kolumbianischen Kakaobohnen wird oft Nacional-Kakao aus Ecuador beigemischt. Dies kann man bei Santander aber nahezu ausschließen.
Mit den Schokoladen von Santander zeigt das Unternehmen, dass auch industrielle Massenhersteller in der Lage sind, hochwertige Schokoladen zu produzieren.

Produktbewertungen

- Produkt: (Dunkel) Dark Chocolate 65 %, Punkte: 88,10
  Preis/Menge: 2,90 EUR / 70 g
  Sehr angenehmes Aroma, leicht herb, guter Schmelz.
  Aromaprofil: Trockenfrüchte (Pflaume), Kaffee, rote Beeren, Tabak.

- Produkt: (Dunkel) Dark Chocolate 70 %, Punkte: 83,90
  Preis/Menge: 2,90 EUR / 70 g
  Nicht so ausgewogen wie die 65 %ige, leicht bitter, Ansatz von Adstringens, leicht sauer.
  Aromaprofil: Kirschen, Kaffee, Trockenfrüchte, Honig.

- Produkt: (Dunkel) Dark Chocolate 53 %, Punkte: 81,50
  Preis/Menge: 2,90 EUR / 70 g
  Gutes Aroma, feiner Schmelz, leicht herb.
  Aromaprofil: Trockenfrüchte, Gewürze (Vanille, Macis).

- Produkt: (Milch) Milk Chocolate 36 %, Punkte: 83,10
  Preis/Menge: 3,90 EUR / 70 g
  Interessante Milchschokolade mit eigenem Charakter. Milchig-cremig, aber auch mit gutem Kakaoaroma. Insgesamt vielleicht etwas zu süß. Hebt sich dennoch von anderen Milchschokoladen deutlich ab.
  Aromaprofil: Rahmkaramell, Malz, Sahnebonbon.

- Produkt: (Weiße) White Chocolate 35 % with Orange, Punkte: 70,25
  Preis/Menge: 3,90 EUR / 70 g
  Gutes Orangenaroma, aber leider mit nur 4 % Orangen und zu viel Aroma. Es fehlt der Fruchtcharakter.

- Produkt: (Veredelt) Dark Chocolate 100 % colombian coffee bits 70 %, Punkte: 93,80
  Preis/Menge: 3,40 EUR / 70 g
  Sehr überzeugend. Durch die Kaffeestückchen frisches Kaffeearoma, knusprig. Angenehme Schokolade.

- Produkt: (Veredelt) Dark Chocolate passion fruit bits 70 %, Punkte: 85,45
  Preis/Menge: 3,50 EUR / 70 g
  Sehr fruchtiger und guter Passionsfruchtgeschmack, Schokolade etwas zu sauer im Kontrast.

- Produkt: (Veredelt) Dark Chocolate cacao nibs 70 %, Punkte: 85,15
  Preis/Menge: 3,40 EUR / 70 g
  Leicht adstringierend und sauer, knusprige und aromatische Kakaobohnen-Nibs.

- Produkt: (Veredelt) Dark Chocolate pineapple bits 70 %, Punkte: 84,55
  Preis/Menge: 3,50 EUR / 70 g
  Dark Chocolate 70 % mit Ananasstücken. Könnten etwas großzügiger sein, sind jedoch aromatisch.

- Produkt: (Veredelt) Dark Chocolate with colombian coffee 70 %, Punkte: 80,95
  Preis/Menge: 3,40 EUR / 70 g
  Schokolade etwas rau, wohl durch den Kaffee. Mit dezentem Kaffeearoma, aber dennoch schmackhaft.

Fazit:
Alle Schokoladen gefallen gut. Wer kolumbianischen Kakao kennenlernen möchte, kommt an Santander nicht vorbei. Hier bietet die 65 %ige dunkle Schokolade geschmacklich das harmonischste Ergebnis.
Die Kaffeeschokolade mit Kaffeestückchen ist besonders gut gelungen und sollte der Colombian Coffee vorgezogen werden.
Hervorheben muss man die Frische aller Schokoladen und das besonders gute Preis-Leistungs-Verhältnis.

Empfehlung:
Alle Schokoladen sind für Chocoholics interessant, da sie den kolumbianischen Kakao sehr gut repräsentieren. Die veredelten Schokoladen sind bestens für Liebhaber solcher Produkte geeignet.

SCHARFFEN BERGER

USA (Berkeley, Kalifornien)
www.scharffenberger.com

Verarbeitungsstufe: **Bean-to-bar**

Scharffen Berger kann durchaus als einer der Pioniere des letzten Schokoladenbooms angesehen werden, der jüngeren Schokoladenherstellern als Vorbild diente. Das Unternehmen wurde im Jahr 1997 von dem renommierten Weinanbauer John Scharffenberger und dem Mediziner Robert Steinberg gegründet. Ausschlaggebend war ein zweiwöchiges Praktikum Robert Steinbergs bei Bernachon in Lyon. Im Jahre 2005 übernahm der Hersheys-Konzern das Unternehmen.
Das Sortiment deckt die klassischen Schokoladenvarianten ab: dunkle Schokolade mit verschiedenen Kakaoanteilen, Milchschokoladen, und auch veredelte Schokoladen wie zum Beispiel die

Nibby-Schokolade mit Kakao-Nibs oder die Mocca mit Kaffee. Darüber hinaus gibt es die Chocolate Maker's Serien. Hier erschienen bisher die Sorten Asante (Ghana), Amina (Madagaskar) und aktuell Ben Tre, hergestellt mit Kakaobohnen aus Vietnam. Leider ist es extrem schwierig, diese Produkte im Handel zu bekommen.

Produktbewertungen

- Produkt: (Dunkel) Extra Dark 82 % Dark Chocolate , Punkte: 89,55
  Preis/Menge: 4,00 USD / 3,16 EUR / 85 g
  Strenge Schokolade, würzig und herb, schwerer Schmelz. Dennoch grandios.
  Aromaprofil: Schokolade, rote Beeren, Tabak, Leder, schwarze Oliven.

- Produkt: (Dunkel) Bittersweet 70 % Dark Chocolate, Punkte: 79,90
  Preis/Menge: 2,30 USD / 1,82 EUR / 28 g
  Eine gute Basisschokolade, leicht fruchtig mit angenehmen, aber dezenten Aromen. Ausgeprägte Röstaromen.
  Aromaprofil: Rote Früchte, Kirschen, Nuancen von Tropenholz.

- Produkt: (Dunkel) Semisweet 62 % Dark Chocolate, Punkte: 76,70
  Preis/Menge: 2,30 USD / 1,82 EUR / 28 g
  Keine schlechte Schokolade, aber auch nichts Besonderes. Trotz niedrigem Kakaogehalt nicht zu süß.
  Aromaprofil: Fermentation, Trockenfrüchte, Oliven, leicht geräucherte Kakaobohnen.

- Produkt: (Milch) Extra Rich Milk 41 % Milk Chocolate, Punkte: 87,10
  Preis/Menge: 2,30 USD / 1,82 EUR / 28 g
  Sehr dunkel, trotz Kakaoanteil von nur 41 %. Cremig-milchig, mit angenehmem Kakaoaroma.
  Aromaprofil: Trockenfrüchte, Datteln, Sahnebonbon, Malz.

- Produkt: (Veredelt) Milk Nibby 41 % Milk Chocolate, Punkte: 91,30
  Preis/Menge: 4,80 USD / 3,79 EUR / 85 g
  Äußerst gelungen. Nibs in der Schokolade und nicht aufgestreut. Sehr großzügig. Schmackhaft und sehr kakaoig.

- Produkt: (Veredelt) Milk Almond 41 % Milk Chocolate, Punkte: 87,35
  Preis/Menge: 5,00 USD / 3,95 EUR / 85 g
  Großzügig gefüllt mit köstlichen Mandeln, dezent salzig. Sehr schmackhaft.

- Produkt: (Veredelt) Nibby 62 % Dark Chocolate, Punkte: 84,15
  Preis/Menge: 2,30 USD / 1,82 EUR / 28 g
  Gleiche Schokolade wie Semisweet, Nibs passen aber wunderbar dazu.
  Aromaprofil: Fermentation, Trockenfrüchte, Oliven, leicht geräucherte Kakaobohnen.

- Produkt: (Veredelt) Mocha 62 % Dark Chocolate, Punkte: 82,15
  Preis/Menge: 4,80 USD / 3,79 EUR / 85 g
  Sehr gutes Kaffeearoma mit knusprigem Kaffee. Leider etwas zu süß, sonst aber wirklich gut.

Fazit:
Die Produkte sind durchwegs gut gelungen. Sie fokussieren nicht sehr stark, sind Mainstream-tauglich und entsprechen moderner Schokoladenkunst, obwohl sie mittlerweile eher als konservativ einzustufen sind.
Scharffen Berger bleibt seiner Linie treu und überrascht selten. Extravaganz oder Experimente bleiben dem Konsumenten, bis auf wenige Ausnahmen, verwehrt. Das ist nicht schlimm, solange die Produkte weiterhin von überdurchschnittlicher und ehrlicher Qualität bleiben.

Empfehlung:
Alle veredelten Schokoladen eignen sich für Liebhaber solcher Produkte, alle puren Schokoladen für Chocoholics.

SCHELL SCHOKOLADENMANUFAKTUR

Deutschland (Gundelsheim)
www.schell-schokoladen.de

Verarbeitungsstufe: **Standard-Schokolade**

Bereits in dritter Generation führen Annette und Eberhard Schell die Manufaktur ihrerseits nun schon seit 20 Jahren. Das Unternehmen war einer der Pioniere, die die Themen Wein und Schokolade vereinten, den Durchbruch brachten schließlich die Essigschleckerle. Die aromatisierten Schokoladen waren mit die ersten auf dem deutschen Markt.
Schell teilt seine Leidenschaft gerne mit Partnern aus anderen Branchen, die gut mit Schokolade harmonieren. Er kreiert Köstlichkeiten mit Claudia Stern Vintage Köln, kooperiert mit Ingo Holland (Altes Gewürzamt) oder verfeinert seine Produkte mit Haselnussgeist der Brennerei Vallendar aus Kail.
Die puren Schokoladen sind eher zu vernachlässigen, da Schell nicht selbst von der Bohne weg produziert.

Produktbewertungen

- Produkt: (Veredelt) Edelherb Barrique, Punkte: 83,80
  Preis/Menge: 3,70 EUR / 50 g
  Dunkle Schokolade mit Gewürzen. Würze am oberen Limit, bitte kein Promille mehr, sonst überwürzt. Kreation von Shell mit Claudia Stern Vintage Köln.

- Produkt: (Veredelt) Vollmilch Umami Papua 38 %, Punkte: 82,00
  Preis/Menge: 3,70 EUR / 50 g
  Milchschokolade mit Zitrusnote und Meersalz. Eine weitere Zusammenarbeit mit Claudia Stern Vintage, harmonisch, schmackhaft.

- Produkt: (Veredelt) Edelherb Cuba Espresso 70 %, Punkte: 80,00
  Preis/Menge: 3,70 EUR / 50 g
  Kooperation mit dem Alten Gewürzamt (Ingo Holland), knusprige Espresso-Stückchen mit dunkler Kuba-Schokolade.

- Produkt: (Veredelt) Vollmilch Espresso 38 %, Punkte: 75,00
  Preis/Menge: 3,70 EUR / 50 g
  Milchschokolade mit aromatischen Espresso-Stückchen, aber leicht zu süß.

- Produkt: (Weiße) Blanche Safran Curry, Punkte: 77,00
  Preis/Menge: 3,95 EUR / 50 g
  Weiße, dezent gewürzte Schokolade, nicht zu süß, nett.

- Produkt: (Weiße) Blanche Fruit Rouge, Punkte: 66,00
  Preis/Menge: 3,95 EUR / 50 g
  Weiße Schokolade mit zu wenig Früchten und zu wenig Fruchtcharakter.

- Produkt: (Riegel) Gefüllte Schokolade Sauerkirsch, Punkte: 88,00
  Preis/Menge: 6,00 EUR / 100 g
  Sehr aromatisch, mit Kirschstücken, etwas zu alkoholisch, was aber auch an der extremen Frische des Produktes liegen kann.

- Produkt: (Riegel) Gefüllte Schokolade Roter Weinbergpfirsich, Punkte: 78,50
  Preis/Menge: 6,00 EUR / 100 g
  Gutes Pfirsicharoma, aber sehr alkoholisch. Brennt förmlich am Gaumen. Weniger ist dann doch mehr, wahrscheinlich ist das Produkt noch zu frisch.

- Produkt: (Konfekt) Champagnertrüffel, Punkte: 94,05
  Preis/Menge: 4,95 EUR / 45 g
  Halb Ganache, halb Champagner-Gelee. Tolle Idee. Fruchtig, spritzig und nicht zu alkoholisch. Mit echtem Champagner.Beste Champagner-Trüffel in Deutschland.

- Produkt: (Schachtel) Essigschleckerle, Punkte: 79,25
  Preis/Menge: 6,40 EUR / 50 g
  Gut gelungen und insgesamt originell und eher außergewöhnlich. Für Essig-Liebhaber empfehlenswert.

Konfekt-Einzelbewertungen:

Müller-Thurgau-Schleckerle: Punkte: 88,00
Flüssig-geleeartig gefüllt, sehr gutes Edelessig-Aroma.

Balsam-Schleckerle: Punkte: 86,00
Leicht säuerlich, frisch, gutes Aroma, leicht herb.

Lemberger-Schleckerle: Punkte: 78,00
Füllung mit Frucht und Marzipan. Intensiv und herb.

Riesling-Schleckerle: Punkte: 65,00
Füllung toll: fruchtig und leicht angenehm sauer. Waffel darunter zäh und süß, entwertet die ganze Praline. Schokolade viel zu süß.

- Produkt: (Schachtel) Eiswein-Trüffel,
  Punkte: 76,00
  Preis/Menge: 6,40 EUR / 55 g
  Nettes Produkt, das aber insgesamt etwas mehr Eiswein-Aroma zeigen könnte.

  Konfekt-Einzelbewertungen:
  Silvaner-TBA-Trüffel: Punkte: 78,00
  Leider stört die weiße Schokolade, Füllung cremig und mit gutem Geschmack.

  Lemberger Eiswein-Trüffel: Punkte: 74,00
  Füllung leicht rau, aber cremig. Eiswein-Charakter könnte dominanter sein, dennoch angenehm.

Fazit:
Der allgemeinen Begeisterung für Champagnertrüffel konnte ich mich bislang nie anschließen, zumal es sich meist nur um Marc-de-Champagne-Trüffel handelt. Nachdem ich nun die von Schell probiert habe, ändere ich meine Meinung, sie sind schon eine kleine Offenbarung. Halb mit Ganache, halb mit einem Champagner-Gelee gefüllt, sind sie fruchtig, frisch, spritzig und nahezu perfekt. Nur die weiße Schokolade und der Zucker drum herum haben nicht so gut gefallen.
Die Essigschleckerle sind eine gute Idee und insgesamt auch gut gelungen, wenn ich auch das eine oder andere Detail zu beanstanden habe.
Die gefüllten Schokoladen sind aromatisch, aber sehr alkoholisch. Dies kann aber durchaus mit der Frische zusammenhängen.
Die veredelten Schokoladen sind interessant, wobei die Qualität sehr schwankend ist.
Die Schell-Produkte haben wirklich gut gefallen und können auch international mithalten. Glückwunsch!

Empfehlung:
Die Champagnertrüffel muss man probiert haben, sie sind besser kaum vorstellbar.
Aber auch die gefüllten und die veredelten Schokoladen sind interessant und empfehlenswert.

SCHOC

Neuseeland (Greytown, Wairarapa)
www.chocolatetherapy.com

Verarbeitungsstufe: **Standard-Schokolade**

Schoc ist nicht nur ein Confiseur, der Schokoladen veredelt und Konfekt herstellt. Roger Simpson und Murray Langham eröffneten im Jahre 2002 ein Studio für Schokoladentherapie mit angrenzendem Schokoladengeschäft. Bereits im Jahre 1998 veröffentlichte Murray Langham das Buch

„Süße Lust – Chocolate Therapy“, das Juliette Binoche als Vorbereitung auf ihre Rolle als Vianne in dem Film „Chocolat“ diente.
Vor seiner Karriere als Confiseur und Schokoladentherapeut war Murray Langham Gastronom. Er besitzt ein Diplom in Hypnotherapie, NLP (Neurolinguistischer Programmierung) und therapeutischer Beratung. Roger Simpson ist ein Künstler mit einer Qualifikation für radikale spirituelle Therapien. Beim Kauf in der Filiale des Unternehmens muss man sich also dessen bewusst sein, dass die beiden Inhaber aufgrund der Auswahl der Schokolade Aufschluss über Ihren Gemütszustand erhalten. Bei Schoc können Sie aber nicht nur Schokolade kaufen, sondern auch psychologische Beratung in Anspruch nehmen.
Schoc verwendet keine künstlichen Zutaten und auch keine gefriergetrockneten Früchte. Roger Simpson erzählte mir so viel Gutes, dass ich gar nicht alles wiedergeben kann. Frische Kiwis werden jährlich gekauft, wenn der Kilopreis sehr günstig ist, bei Schoc luftgetrocknet und für den Rest der Saison eingelagert. 20 kg frische Yen-Ben-Zitronen werden alle 14 Tage im Wechsel mit Limetten eingekauft, einmal im Monat Orangen und Mandarinen, in der Saison Erdbeeren und Boysenberries usw. Die Kräuter stammen fast alle aus dem eigenen Kräutergarten: Thymian, Rosmarin oder auch Basilikum. Für den Nougat Montélimar wird das Eiweiß eigener Hühner verwendet. Schoc verwendet Kuvertüren u. a. von Callebaut und El Rey.

Produktbewertungen

- Produkt: (Weiße) Lemon White, Punkte: 80,50
  Preis/Menge: 11,70 NZD / 6,17 EUR / 75 g
  Extrem gut gelungen. Tolles, natürliches, fruchtig-saures Zitronenaroma durch Zitronenschalen in weißer Schokolade.

- Produkt: (Veredelt) Lemon & Cracked Pepper, Punkte: 79,50
  Preis/Menge: 11,00 NZD / 5,80 EUR / 75 g
  Köstliches fruchtig-saures Zitronenaroma, angenehm dezent gepfeffert, in dunkler Schokolade.

- Produkt: (Veredelt) Christmas, Punkte: 74,20
  Preis/Menge: 12,50 NZD / 6,60 EUR / 75 g
  Weiße Schokolade mit Kirschen, Cranberries und Gewürzen. Aromatisch, aber einen Tick zu süß.

- Produkt: (Veredelt) Lime Chilli, Punkte: 78,30
  Preis/Menge: 11,00 NZD / 5,80 EUR / 75 g
  Fruchtig-sauer und aromatisch, von angenehmer Schärfe, in dunkler Schokolade.

- Produkt: (Veredelt) Frankincense Myrrh Gold, Punkte: 74,00
  Preis/Menge: 12,50 NZD / 6,60 EUR / 75 g
  Mit Weihrauch und Myrrhe, dekoriert mit 24 Karat Gold. Insgesamt zu süß. In dunkler Schokolade.

- Produkt: (Veredelt) Smoked Paprika, Punkte: 73,00
  Preis/Menge: 11,00 NZD / 5,80 EUR / 75 g
  Sehr aromaintensiv, etwas zu süße dunkle Schokolade.

- Produkt: (Veredelt) Peppermint Bitter, Punkte: 72,50
  Preis/Menge: 12,50 NZD / 6,60 EUR / 75 g
  Erfrischend-minzig, dunkle Schokolade mit 70,5 % Kakaoanteil angenehm süß und herb zugleich. Mit Minzblättern und ohne -aroma oder -öl.

- Produkt: (Veredelt) Kiwifruit, Punkte: 72,00
  Preis/Menge: 11,00 NZD / 5,80 EUR / 75 g
  Schmeckt fruchtig-sauer, mit aromatischen Kiwistücken. Die Säure gleicht die süße dunkle Schokolade gut aus.

- Produkt: (Veredelt) Bitter Chilli, Punkte: 71,80
  Preis/Menge: 12,50 NZD / 6,60 EUR / 75 g
  Nahezu perfekt dosierte Schärfe. Harmonisch und gut im Geschmack. 70 %ige dunkle Schokolade.

- Produkt: (Veredelt) Apricot & Rosemary, Punkte: 71,00
  Preis/Menge: 11,00 NZD / 5,80 EUR / 75 g
  Schmackhafte, aromatische und leicht saure Aprikosen, dezenter Rosmarin, in dunkler Schokolade.

- Produkt: (Veredelt) Sweet Basil, Punkte: 70,50
  Preis/Menge: 11,00 NZD / 5,80 EUR / 75 g
  Ganz gutes Aroma, aber nur auf Öl-Basis. In dunkler Schokolade.

- Produkt: (Veredelt) Sea Salt, Punkte: 70,50
  Preis/Menge: 11,70 NZD / 6,17 EUR / 75 g
  Angenehm salzig, der Milchschokolade fehlt es etwas an Kakaoaroma, eher milchig-cremiger Charakter.

- Produkt: (Konfekt) Passionfruit, Punkte: 88,50
  Preis/Menge: 36,80 NZD / 19,40 EUR / 190 g
  Sehr fruchtig-aromatisch mit angenehmer Säure. Dunkle Schokolade ist mit der Füllung harmonisch.

- Produkt: (Konfekt) Orange, Punkte: 88,10
  Preis/Menge: 36,80 NZD / 19,40 EUR / 190 g
  Das ultimative Orangenkonfekt, besser geht es kaum. Schmeckt mit frischen Orangen fast wie frischer Orangensaft. Bittere Ganache, daher recht herb.

- Produkt: (Konfekt) Lavender Salted Caramel, Punkte: 87,90
  Preis/Menge: 36,80 NZD / 19,40 EUR / 190 g
  Sensationell gelungen. Karamellig, angenehm salzig, nicht zu süß und mit überragendem Lavendelaroma.

- Produkt: (Konfekt) Lemon Thyme, Punkte: 87,00
  Preis/Menge: 36,80 NZD / 19,40 EUR / 190 g
  Extrem zitronig, deutlich sauer. Sehr gelungen, da Thymian auch gut dosiert ist.

- Produkt: (Konfekt) Salted Caramel, Punkte: 86,60
  Preis/Menge: 36,80 NZD / 19,40 EUR / 190 g
  Gesalzener Karamell, sehr gutes Aroma, angenehm salzig.

- Produkt: (Konfekt) Boysenberry Whisky, Punkte: 82,50
  Preis/Menge: 36,80 NZD / 19,40 EUR / 190 g
  Tolle Fruchtfüllung mit Fruchtstückchen, sehr aromatisch und knallrot, dezent alkoholisch.

- Produkt: (Konfekt) Smoked Tea, Punkte: 81,50
  Preis/Menge: 36,80 NZD / 19,40 EUR / 190 g
  Wer den geräucherten Tee Lapsang Souchong mag, wird dieses Konfekt lieben. Sehr gut gelungen.

- Produkt: (Konfekt) Tequila Lime and Salt, Punkte: 80,50
  Preis/Menge: 36,80 NZD / 19,40 EUR / 190 g
  Tequila und Salz gut schmeckbar, Zitrone könnte etwas intensiver sein. Dennoch nett gemacht.

- Produkt: (Konfekt) Kiwifruit Vodka,
  Punkte: 78,50
  Preis/Menge: 36,80 NZD / 19,40 EUR / 190 g
  Weiße Ganache mit kandierten Kiwistückchen, nicht zu alkoholisch, mit zartem Kiwiaroma. Durch die herbe Schokolade außen nicht zu süß.

- Produkt: (Konfekt) Raspberry Caramel,
  Punkte: 78,50
  Preis/Menge: 36,80 NZD / 19,40 EUR / 190 g
  Gutes Karamellaroma, könnte aber fruchtigeren Himbeercharakter haben.

- Produkt: (Konfekt) Strawberry Heart,
  Punkte: 77,50
  Preis/Menge: 36,80 NZD / 19,40 EUR / 190 g
  Angenehm erdbeerig, nicht zu süß. Dezenter, aber schmeckbarer Balsamico.

- Produkt: (Konfekt) Lemon Truffle,
  Punkte: 75,50
  Preis/Menge: 36,80 NZD / 19,40 EUR / 190 g
  Zitronig-sauer, aber durch die dunkle Ganache etwas zu dezent.

Fazit:

Die Produkte waren von Neuseeland zu mir auf langer Reise. Nachdem das erste Paket als verschollen galt, bekam ich ein zweites. Bei fast allen Produkten ist die Verwendung frischer Zutaten deutlich schmeckbar. Sensationell sind die Konfektsorten Passionsfrucht und Orange. Einzig die nicht immer überzeugenden Schokoladen haben eine bessere Benotung verhindert. Auch ist die eine oder andere Konsistenz nicht optimal. Dennoch handelt es sich hier um richtig gut gelungenes Konfekt.

Bei den veredelten Schokoladen gibt es die eine oder andere Enttäuschung. Die Qualität der Schokoladen ist nur Mittelmaß und die meisten Schokoladen haben einen Kakaoanteil von nur 53 %. Das ist einfach zu wenig, die Schokoladen sind daher oft zu süß. Bei einem so hohen Zuckeranteil bleibt dann auch das Kakaoaroma auf der Strecke. Laut Roger Simpson ist die Beschaffung guter Schokolade in Neuseeland nicht einfach. Dennoch schlagen sich die Produkte erstaunlich gut. Das liegt daran, dass die für die Veredelung verwendeten Zutaten extrem aromatisch sind.

Empfehlung:

Das Konfekt ist für alle Konfektliebhaber empfehlenswert, wobei der Stil eher in Richtung französischer Confiserie geht. Veredelte Schokoladen möchte ich aufgrund des verwendeten Vanillins nicht empfehlen.

SCHOKOVIDA

Deutschland (Hamburg)
www.schokovida.de

Verarbeitungsstufe: **Schokolade nach Maß und Standard-Schokolade**

Die Hansestadt Hamburg blickt auf eine lange und erfolgreiche Handelstradition zurück. Gewürze, Kaffee, Tee und auch Kakao finden seit Jahrhunderten über Hamburg den Weg nach Europa. Berit Windisch und Oliver Rohlf eröffneten im November 2004 in der Hansestadt eines der ersten Fachgeschäfte für feinste Schokoladen aus aller Welt und erlangten schnell überregionale Bekanntheit. Schon von Beginn an war das Angebot an Schokoladenspezialitäten vielfältig und ausgewählt, alle namhaften Hersteller waren vertreten und das Gründerduo war seinen Mitbewerbern bei der Entdeckung neuer Schokoladenhersteller stets einen Schritt voraus.
Im Jahre 2008 eröffneten die beiden Inhaber eine eigene Produktion mit dem Namen Schokowerk Hamburg. Mit einem Team von sechs Mitarbeitern, darunter Vater Hans Windisch, gelernter Konditormeister, kreieren und produzieren sie vielfältige Confiserieartikel. Bei der Herstellung veredelter und aromatisierter Schokoladen, des Konfekts, Trinkschokoladen und des Speiseeises kann man in der Show-Produktion zuschauen und auch aktiv mitwirken. Verarbeitet werden vornehmlich Kuvertüren von Lubeca und Valrhona. Dies ist sicher eine gute Basis, um erstklassige Produkte herstellen zu können.

Produktbewertungen

- Produkt: (Dunkel) Alsterblick (Edelbitterschokolade 75 % pur), Punkte: 74,00
  Preis/Menge: 5,90 EUR / 100 g
  Dezent aromatisch, bitter und leicht adstringierend. Mit deutlichen Röstaromen.
  Aromaprofil: Tabak, Vanille, Nüsse.

- Produkt: (Weiße) No. 03 Hot Vanilla, Punkte: 79,50
  Preis/Menge: 5,90 EUR / 100 g
  Sehr aromatische weiße Schokolade mit einer guten Harmonie der einzelnen Zutaten. Könnte dennoch etwas weniger süß sein.

- Produkt: (Weiße) Elbstrand (Weiße Schokolade mit Blaumohn), Punkte: 70,50
  Preis/Menge: 5,90 EUR / 100 g
  Gutes Mohnaroma, Schokolade ist aber etwas zu süß.

- Produkt: (Veredelt) Fischkopp (Vollmilchschokolade mit Kakaobohnensplittern und einer Prise Meersalz), Punkte: 72,50
  Preis/Menge: 5,90 EUR / 100 g
  Relativ dunkle und herbe Milchschokolade mit etwas zu kleinen aber knusprigen und aromatischen Kakao-Nibs. Sehr gut gesalzen.

- Produkt: (Veredelt) Heimathafen (Edelbitterschokolade 75 % mit buntem Pfeffer), Punkte: 70,50
  Preis/Menge: 5,90 EUR / 100 g
  Relativ herbe Angelegenheit. Mit aromatischem Pfeffer und nicht zu scharf.

- Produkt: (Veredelt) No. 02 Ingwer und Pflaume, Punkte: 63,00
  Preis/Menge: 5,50 EUR / 100 g
  Dunkle Schokolade. Schmeckt kaum nach Pflaume, der Ingwergeschmack stammt von Ingwerpulver.

- Produkt: (Konfekt) Himbeere, Punkte: 78,50
  Preis/Menge: 5,90 EUR / 100 g
  Fruchtig und leicht sauer, angenehme Konsistenz und angenehm cremig. Sahne-Ganache.

- Produkt: (Konfekt) Kaffee-Kardamom, Punkte: 76,50
  Preis/Menge: 5,90 EUR / 100 g
  Ganache mit Marzipan on top, aromatisch und harmonisch.

- Produkt: (Konfekt) Meersalz, Punkte: 71,00
  Preis/Menge: 5,90 EUR / 100 g
  Angenehm salzig, relativ feste Butter-Ganache.

- Produkt: (Konfekt) Orange-Schokolikör, Punkte: 69,50
  Preis/Menge: 5,90 EUR / 100 g
  Gutes Orangenaroma und gut schokoladig. Schokolikör nur sehr dezent schmeckbar.

- Produkt: (Konfekt) Ingwer-Pflaume, Punkte: 61,10
  Preis/Menge: 5,90 EUR / 100 g
  Auch eine Butter-Ganache, mächtig und etwas zu fettig. Ingweraroma kommt von Ingwerpulver. Pflaume zu dezent, leicht alkoholisch.

- Produkt: (Konfekt) Marc de Champagne, Punkte: 60,50
  Preis/Menge: 5,90 EUR / 100 g
  Buttrige Füllung mit zu wenig Marc de Champagne. Zu fettig und zu süß.

- Produkt: (Nougat) Fiete - Hamburger Schoko-Nuss-Creme, Punkte: 73,00
  Preis/Menge: 7,90 EUR / 300 g
  Schmeckt angenehm schokoladig-nussig, mit vielen Zuckerkristallen, die aber nicht weiter stören.

Fazit:
Das Konfekt enttäuscht, für meinen Geschmack ist es zu buttrig-fettig und nicht aromatisch genug. Einzig die Himbeere und die Kaffee-Kardamom konnten überzeugen. Bei den veredelten Schokoladen konnte nur die Hot Vanilla auf sich aufmerksam machen, alle anderen sind etwas zu einfach in der Aromastruktur.
Insgesamt ist das Ergebnis nicht schlecht, aber mit Sicherheit hat Schokovida noch Potenzial für Verbesserungen.

Empfehlung:
Das eine oder andere Konfekt, die Hot-Vanilla-Schokolade und auch die Schoko-Nuss-Creme sind eine Empfehlung wert.

SHAMAN ORGANIC CHOCOLATES

USA (Soquel, Kalifornien)
www.shamanchocolates.com

Verarbeitungsstufe: **Standard-Schokolade oder Fremdproduktion**

Shaman Organic Chocolates wurde im Jahr 2002 zur wirtschaftlichen Unterstützung der Huichol-Indianer in Mexiko durch Huichol-Schamane und -Heiler Brant Secunda gegründet. Mit dem Gewinn des Unternehmens werden drei Huichol-Dörfer in Mexiko unterstützt. Alle Schokoladen sind sowohl Bio- als auch Fair-Trade-zertifiziert.

Produktbewertungen

- Produkt: (Dunkel) Organic Dark Chocolate 60 %, Punkte: 40,00
  Preis/Menge: 4,00 USD / 3,16 EUR / 57 g
  Viel zu süß, ohne nennenswerte Aromen, schlechter Schmelz.
  Aromaprofil: Torf, Pilze.

- Produkt: (Milch) Organic Milk Chocolate 37 %, Punkte: 46,00
  Preis/Menge: 4,00 USD / 3,16 EUR / 57 g
  Unangenehmer Bei- und Nachgeschmack, kommt wohl vom Milchpulver, zudem recht süß.
  Aromaprofil: Ranzige Butter, Toffee, Karamell.

- Produkt: (Veredelt) Macadamia Nuts & Hawaiian Pink Sea Salt 37 % Milk Chocolate, Punkte: 57,50
  Preis/Menge: 4,00 USD / 3,16 EUR / 57 g
  Geschmacklich in Ordnung, angenehm salzig, aber mit zu wenig Nüssen.

- Produkt: (Veredelt) Ruby Raspberries 60 % Dark Chocolate, Punkte: 41,00
  Preis/Menge: 4,00 USD / 3,16 EUR / 57 g
  Keine gute Schokolade, zu süß, dezentes Beerenaroma.

- Produkt: (Veredelt) Hazelnuts Milk Chocolate, Punkte: 40,25
  Preis/Menge: 4,00 USD / 3,16 EUR / 57 g
  Auch diese Schokolade zeigt einen schlechten Bei- und Nachgeschmack, Haselnüsse mit wenig Aroma.

- Produkt: (Veredelt) Green Tea & Ginger 60 % Dark Chocolate, Punkte: 28,00
  Preis/Menge: 4,00 USD / 3,16 EUR / 57 g
  Schmeckt alt, trocken, fast ranzig. Von Ingwer keine Spur, leichtes Tee-Aroma.

Fazit:
Die Produkte zeigen alle teilweise sogar gravierende Mängel. Die pure Milchschokolade hat erhebliche aromatische Schwächen, sodass ich vom Verzehr abrate. Erstaunlich ist, dass keine der Schokoladen ein Mindesthaltbarkeitsdatum trägt.
Die Unterstützung der Huichol-Indianer als Non-Profit-Unternehmen ist sehr ehrenhaft. Aber etwas schmackhafter sollten die Produkte dann doch sein. Es tut mir unendlich Leid, ein Produkt, das eine gute Tat verspricht, so schlecht zu bewerten.

Empfehlung:
Eine Empfehlung ist leider nicht möglich.

SHIN – QUATRIÈME CHOCOLAT

Japan (Sanda)
www.4e-chocolat.com

Verarbeitungsstufe: **Standard-Schokolade**

Quatriéme Chocolat ist eine Marke der „Pâtisserie es Koyama" aus Sanda. Chef-Pâtissier ist Susumo Koyama, der in Japan bereits einige Preise gewonnen und mehrere Bücher veröffentlicht hat und durch diverse TV-Shows zur Berühmtheit aufstieg. Seine Auswahl an Spezialitäten ist sehr vielfältig und variationsreich. Berühmt sind vor allem Koyamas „Roll Cakes", gefüllte Biskuitrollen. Für sein Konfekt verwendet Koyama Kuvertüre von Valrhona und Domori. Seine Bandbreite an Konfekt ist groß und vielfältig. Auch Koyama orientiert sich an der französischen Confiserie. Er bietet traditionelle Geschmacksrichtungen wie Himbeere oder Caramel Salé an, setzt dem jedoch eine Vielzahl innovativer Kompositionen, wie z. B. Konfekt mit fermentierten Sojabohnen oder mit grünem, geräuchertem Tee, entgegen. Zu den einzelnen Sorten gibt es einiges zu erzählen:
Zum Beispiel ist YABAI ein Wort der japanischen Umgangssprache, das soviel wie „zu riskant", „zu lustig" oder auch „zu schockierend" bedeutet. Eine exakte Übersetzung existiert nicht. Kuroshichimi ist ein Kompositum aus Shichimi, einem populärem Gewürz (Shichi ist im japanischen die Zahl sieben, Mi bedeutet Geschmack), und Kuro, das „schwarz" bedeutet. Kuroshichimi ist ein sehr spezielles Shichimi aus Kyoto. Es besteht aus Rotem Pfeffer, Sansho-Pfeffer, jap. Basilikum, Mohn, weißem Sesam, schwarzem Sesam und Hanfsamen. Alle Gewürze werden geröstet und geknetet, die Farbe wird dunkelbraun (nicht schwarz).
Das Konfekt „Daniel" ist nach einem Jungen benannt, den Susumo Koyama in Ecuador kennengelernt hat. Auf einer Kakaofarm probierte er die Pulpe von Kakaofrüchten und fand, dass diese sehr nach Litschi und Guave schmecken. Die Frische der Fruchtpulpe und die Jugend des Jungen interpretierte er schließlich mit diesem Konfekt.
Kyobancha ist ein Kompositum aus Kyo (= Kyoto) und Bancha, einer speziellen aus Kyoto stammenden Sorte grünen Tees. Diese Teesorte enthält weniger Koffein, aber mehr Tannin, da ältere Teeblätter als üblich verarbeitet werden.

Produktbewertungen

- Produkt: (Konfekt) Matcha, Punkte: 93,00
  Preis/Menge: 2.100 JPY / 18,65 EUR / 73 g
  Kräftige, grüne Ganache, tolles Teearoma, schmeckt nicht nach Gras, sondern nach sehr gutem Matcha-Tee. Sehr gelungen.

- Produkt: (Konfekt) Sesame, Punkte: 88,50
  Preis/Menge: 2.100 JPY / 18,65 EUR / 73 g
  Graue Ganache, sehr angenehmes Sesamaroma, nicht zu süß, weiche und angenehm cremige Füllung.

- Produkt: (Konfekt) Guilty Rose, Punkte: 84,38
  Preis/Menge: 2.100 JPY / 18,65 EUR / 73 g
  Sehr gut dosiertes Rosenaroma, dezente Litschiaromen. Weiße Ganache auch nicht zu süß. Dunkle Schokolade mit Himbeerpulver.

- Produkt: (Konfekt) Kyobancha (Grüner, geräucherter Tee), Punkte: 84,20
  Preis/Menge: 2.100 JPY / 18,65 EUR / 73 g
  Ganache mit geräuchertem Tee. Sehr kräftig im Aroma. Schmeckt nach namensgebender Zutat, muss man aber mögen.

- Produkt: (Konfekt) Daniel (Litschi und Guave), Punkte: 83,00
  Preis/Menge: 2.100 YJPY / 18,65 EUR / 73 g
  Zweifach gefüllt, mit Litschi und Guave, oben halbflüssiges Gelee, unten dunkle Ganache. Fruchtig-schokoladig.

- Produkt: (Konfekt) Litchi, Punkte: 82,00
  Preis/Menge: 2.100 JPY / 18,65 EUR / 73 g
  Fruchtig-sauer und frisch. Gutes Litschi-Aroma. Weiße Ganache.

- Produkt: (Konfekt) Yabai kuroshichimi (Black Chili Pepper & 7 Gewürze), Punkte: 81,50
  Preis/Menge: 2.100 JPY / 18,65 EUR / 73 g
  Gewürz-Ganache, mit dezenter Schärfe. Vielleicht etwas zu süß.

- Produkt: (Konfekt) Shin (Special Bitter), Punkte: 81,50
  Preis/Menge: 2.100 JPY / 18,65 EUR / 73 g
  Sehr kräftige, dunkle Ganache in französischer Tradition. Angenehm herb, gutes Aroma, frisch.

- Produkt: (Konfekt) Ikkyu (Fermentierte Sojabohnen), Punkte: 80,50
  Preis/Menge: 2.100 JPY / 18,65 EUR / 73 g
  Sehr cremig und mit feinem Schmelz, leicht salzig gewürzt, kräftiges Aroma, für den europäischen Geschmack gewöhnungsbedürftig, einen Tick zu süß.

Fazit:
Quatrième Chocolat erreicht ein sehr hohes Niveau. Alle verkosteten Produkte sind von einer überdurchschnittlich hohen Qualität, zwei Ausreißer nach oben gibt es, aber keinen nach unten. Dazu trägt sicher auch die erfreulich gute Schokoladenqualität bei, aber auch das gute Händchen für die Aromatisierung und die gelungene Kreativität. Die eine oder andere Sorte ist für den europäischen Gaumen gewöhnungsbedürftig. Fermentierte Sojabohnen (Ikkyu) sind sicherlich die extremste Erfahrung, obwohl ich den Geschmack nicht als unangenehm empfinde. Dagegen hat mich der geräucherte Tee in der Kyobancha durchaus irritiert. Dennoch sind auch diese Sorten als gelungen zu bezeichnen, denn sie schmecken nach ihren namensgebenden Zutaten und sind handwerklich perfekt und in sich stimmig sowie harmonisch.
Mein Favorit ist die Sorte Matcha-Tee mit einer sehr grünen Ganache und einem sehr guten Aroma. Glücklicherweise schmeckt das Konfekt nicht nach Gras, sondern nach sehr hochwertigem grünem Tee. Auch die Sorte Sesame ist mit ihrer grauen Ganache sehr gelungen – ungewöhnlich, aber köstlich. Guilty Rose besitzt ein unaufdringliches Rosenaroma, das sehr harmonisch mit Litschi und Himbeere abgestimmt ist.

Empfehlung:
Dieses außergewöhnliche Konfekt ist für alle Konfektliebhaber uneingeschränkt empfehlenswert. Nicht viele französische Confiseure können sich mit dieser Qualität messen. Die Sorten sind natürlich Geschmackssache, aber das eine oder andere Experiment sollte man schon wagen, es lohnt sich!

SHOKOMONK

Deutschland (Königswinter)
www.shokomonk.de

Verarbeitungsstufe: **Fremdproduktion**

Zur ISM im Jahre 2006 präsentierten Kai Schauer und Dennis Kretzing erstmals ihre Shokomonk-Produkte. Vor ihrer Selbständigkeit waren beide bei der Confiserie Coppeneur et Compagnon GmbH (CCC) angestellt. Während der Shokocrown-Gründungsphase war Dennis Kretzing freiberuflich als Grafiker, Kai Schauer freiberuflich als Handelsvertreter für den Fachhandel in Nordrhein-Westfalen für CCC tätig. In der Unternehmenspräsentation, besonders aber in der Art und Weise der Produktfotos, lässt sich die Coppeneur-Handschrift deutlich erkennen. Ein Einfluss, der auch bei der Komposition der Riegel durchblickt. Ob Blaubeere oder Haselnuss-Crêpe, Mohn oder Erdbeer-Pfeffer – all diese Geschmacksrichtungen hatte Coppeneur als handgeschöpfte Tafeln bereits im Jahre 2006 im Programm.
Das Unternehmen kommuniziert, dass es den Kakao direkt im Ursprungsland kauft und die Kontrolle über die Produktion selbst besitzt. Laut Shokocrown bezieht das Unternehmen keine Kuvertüre fremder Hersteller, sondern verwendet nur Schokolade aus eigener Herstellung. Meiner Kenntnis nach verfügt Shokocrown aber über keine eigene Schokoladenherstellung oder sonstige Produktionsstätten. Nach meinen Informationen werden alle Riegel von dem Unternehmen Meybona produziert. Es ist schwer vorstellbar, dass die Unternehmensleitung von Meybona einem Grafiker und einem Kaufmann die Kontrolle über ihre Produktion überlässt. Demnach wird es wohl eher so sein, dass die beiden Gründer ihre Vorstellungen der Produkte mit den Produktentwicklern von Meybona besprechen und dann die fertigen Riegel geliefert bekommen.

Produktbewertungen

- Produkt: (Riegel) Pfefferminze 77 %,
  Punkte: 75,00
  Preis/Menge: 1,90 EUR / 50 g
  Mit erfrischender Minze und Haselnusskrokant.

- Produkt: (Riegel) Lakritze 31 %, Punkte: 74,50
  Preis/Menge: 1,90 EUR / 50 g
  Gutes Lakritze-Aroma, weiße Schokolade aber etwas zu süß.

- Produkt: (Riegel) Waldfrucht 50 %,
  Punkte: 69,00
  Preis/Menge: 1,90 EUR / 50 g
  Obwohl Waldfrucht ausgelobt ist, sind nur 3 % enthalten. Bei einem 50-g-Riegel entspricht das gerade einmal 1,5 g. (Naturidentisches) Aroma enthalten.

- Produkt: (Riegel) Möhre Haselnuss 35 %,
  Punkte: 57,00
  Preis/Menge: 1,90 EUR / 50 g
  Muffig, zähe Füllung, Karotte schmeckt man nicht heraus, insgesamt enttäuschender Geschmack.

- Produkt: (Riegel) Extrabitter 77 %,
  Punkte: 53,00
  Preis/Menge: 1,90 EUR / 50 g
  Schmeckt etwas nach Verpackung, das Aroma des Nacional-Kakaos ist zu dezent. Aromaprofil: Dezent blumig, nussig.

- **Produkt: (Riegel) Ingwer 35 %, Punkte: 52,00**
  Preis/Menge: 1,90 EUR / 50 g
  Mit süßem und nicht sehr aromatischem Ingwer, davon aber auch zu wenig (9 %). Ingwerpulver deutlich schmeckbar.

- **Produkt: (Riegel) Kirsche 31 %,**
  Punkte: 51,00
  Preis/Menge: 1,90 EUR / 50 g
  Recht intensives Kirscharoma, wobei der Fruchtcharakter besser sein könnte. Man schmeckt das zugesetzte Aroma und das stört. Ausgelobt als „Aroma", daher möglicherweise auch naturidentisches Aroma.

- **Produkt: (Riegel) Erdbeer-Pfeffer 50 %,**
  Punkte: 50,00
  Preis/Menge: 1,90 EUR / 50 g
  Zu süß, zu künstlicher Erdbeergeschmack, kein Pfeffer zu schmecken, geschweige denn Schärfe.

- **Produkt: (Riegel) Kakao-Nibs 35 %,**
  Punkte: 40,00
  Preis/Menge: 1,90 EUR / 50 g
  Kakao-Nibs schmecken leicht muffig, die Schokolade ist zu süß, aber milchig-cremig.

Fazit:
Nach der Verkostung von insgesamt neun Riegeln gaben wir uns geschlagen. Besonders die Riegel mit dunkler Schokolade entsprachen nicht ansatzweise unseren Erwartungen. Laut Unternehmenskommunikation werden ausschließlich beste Bohnen aus Ecuador verarbeitet. Da sollte man meinen, dass sich das auch im Geschmack der Schokolade niederschlägt. Leider hat besonders der Extrabitter-77-%-Riegel enttäuscht, sind wir von Meybona doch weitaus bessere Qualitäten gewohnt.
Der Möhre-Haselnuss-Riegel enthält muffige, zähe Haselnüsse, gepaart mit einer sehr süßen Schokolade. Karottengeschmack sucht man vergeblich.
Der Erdbeer-Pfeffer-Riegel schmeckt nach künstlichen Aromastoffen.
Der Waldfrucht-Riegel besitzt gerade einmal 3 % Fruchtanteil, was bei 50 Gramm Gesamtgewicht gerade einmal 1,5 Gramm Frucht bedeutet, der Geschmack stammt von Aromastoffen. Einzig die Sorten Lakritze und Pfefferminze sind Lichtblicke.
Vielleicht liegt das Problem aber nicht in der Herstellung der Produkte. Aufgefallen ist die relativ kurze Zeitspanne bis zur Erreichung der Mindesthaltbarkeit der Produkte, was ein Zeichen für zu lange Warenumschläge bei den Händlern sein kann. Die Ware kann also auch dort – unter nicht optimalen Lager- und Transportbedingungen – an Qualität verloren haben.

Empfehlung:
Leider ist keine Empfehlung möglich.

SILVIO BESSONE

Italien (Santuario di Vicoforte, Piemont)
www.silviobessone.it

Verarbeitungsstufe: **Bean-to-bar**

Im zarten Alter von 20 Jahren gründete Silvio Bessone mit Mery, die mit 18 Jahren gerade erst volljährig war, im Mai 1986 in Loano (Ligurien) das Unternehmen. Ab 1995 konzentrierten sich die beiden auf die Herstellung von Schokoladenprodukten. Im Jahre 1997 zog das Paar von Loano nach Santuario di Vicoforte im Piemont. Dieser Schritt scheint auch beruflich sehr geholfen zu haben, da sie ab diesem Jahr auch regelmäßig Preise für ihre Produkte gewannen. Den Höhepunkt bildete sicher der im Jahre 2006 in Perugia erhaltene „Eurochocolate Award" in der Kategorie „Artisan Chocolatier". Außer Schokolade produziert das Unternehmen auch Gianduja und Konfekt sowie weitere Schokoladenspezialitäten.

Produktbewertungen

- Produkt: (Dunkel) Calceta „Quinche" Ecuador 70 % Dark Chocolate, Punkte: 84,40
  Preis/Menge: 4,50 EUR / 100 g
  Der Kakao stammt aus der Stadt Calceta in der Region Manabi. Sehr angenehmes Aroma, mit gutem Schmelz, auch wenn die Schokolade etwas rau ist. Nacional-Kakao.
  Aromaprofil: Zitrusfrüchte, leicht waldig und torfig.

- Produkt: (Dunkel) Trintade Sao Tomè 65 % Dark Chocolate, Punkte: 83,70
  Preis/Menge: 4,50 EUR / 100 g
  Aromatischer Amelonado-Forastero aus São Tomé. Harmonisch, aber ebenfalls mit einem rauem Mundgefühl, wobei der Schmelz nicht schlecht ist. Mit einer ganz, ganz leichten und sehr angenehmen Adstringens.
  Aromaprofil: Zitrusfrüchte, Humus, Tropenholz.

- Produkt: (Dunkel) Vittoria Brasile 60 % Dark Chocolate, Punkte: 82,50
  Preis/Menge: 4,50 EUR / 100 g
  Aromatisch und trotz des eher geringen Kakaoanteils angenehm herb. Hergestellt aus Kakaobohnen der brasilianischen Sorte Scavina aus dem von der UNESCO protegierten atlantischen Wald. Die Bohnen werden sechs Tage lang fermentiert.
  Aromaprofil: Rote Früchte, Pilze, tropische Nüsse.

- Produkt: (Dunkel) Sambirano Madagascar 64 % Dark Chocolate, Punkte: 78,80
  Preis/Menge: 4,50 EUR / 100 g
  Trinitario-Kakao, der soweit ich es verstanden habe, kaum oder gar nicht fermentiert wurde. Aromatisch, aber etwas schlechter Schmelz und auch einen Tick zu süß.
  Aromaprofil: Dezent fruchtig-sauer, leicht erdig.

- Produkt: (Dunkel) Ghana 56 % Dark Chocolate, Punkte: 75,90
  Preis/Menge: 4,50 EUR / 100 g
  Aromatisch und guter Schmelz, vielleicht aber doch ein wenig zu süß, mit nur 56 % Kakaoanteil.
  Aromaprofil: Lakritze, reife Früchte.

- Produkt: (Dunkel) Sinfonia No. 90 90 % Dark Chocolate, Punkte: 71,50
  Preis/Menge: 4,50 EUR / 100 g
  Ein Blend aus 9 Kakaosorten, mit Vanille und Soja-Lecithin. Die Vanille schmeckt man sofort heraus. Da bleibt nicht mehr viel Raum für

die Entfaltung des Kakaoaromas. Dafür aber mit gutem Schmelz.
Aromaprofil: Vanille, feuchter Waldboden, Tabak, Kaffee.

- Produkt: (Dunkel) Sinfonia No. 80 80 % Dark Chocolate, Punkte: 68,00
  Preis/Menge: 4,50 EUR / 100 g
  Ein Blend aus 8 Kakaosorten, mit Vanille, die man sofort herausschmeckt. Da bleibt nicht mehr viel Raum für die Entfaltung des Kakaoaromas. Dafür aber mit sehr gutem Schmelz.
  Aromaprofil: Vanille, erdig, Tropenholz.

- Produkt: (Dunkel) Maya Belize Bar 67 % Dark Chocolate, Punkte: 57,00
  Preis/Menge: 4,50 EUR / 100 g
  Sehr unangenehme Schokolade. Criollo-Kakaobohnen aus Belize, die wohl mit offenem Feuer getrocknet wurden. Leichtes Räucheraroma, Geschmack gärender Früchte, zu fettig.
  Aromaprofil: geräucherte Kakaobohnen, unreife Avocado, grüne Oliven, Tabak.

- Produkt: (Nougat) Gianduiotti, Punkte: 93,60
  Preis/Menge: 9,90 EUR / 240 g
  Extrem gut gelungen. Aromatisch, sensationeller Schmelz, perfekte Süße, angenehm herb, mit ordentlichem Kakaocharakter. Hergestellt mit Kakao aus Ceylon und 35 % Piemonteser Haselnüssen.

Fazit:
Die Verkostung glich einer Achterbahnfahrt. Die Qualitäten sind sehr unterschiedlich und ich glaube, dass kein zweites Unternehmen die Bandbreite an Benotungen erreicht wie Silvio Bessone. Angefangen mit einem Produkt in der Benotungs-Kategorie ausreichend, folgt in jeder weiteren Benotungs-Kategorie mindestens ein Produkt, bis seine Gianduiotti in der Weltklasse-Kategorie auftrumpfen. Ich würde mir etwas stabilere Qualitäten wünschen.
Die Schokoladen sind nicht uninteressant, aber schon die extremen Unterschiede im Schmelz sind verwunderlich und auch etwas störend. Ob das so gewollt ist, wage ich zu bezweifeln.

Empfehlung:
Grundsätzlich sind die Produkte für Chocoholics empfehlenswert, die Gianduiotti sind natürlich für alle Nougat-Afinicados ein „must have".

SIMÓN COLL

Spanien (Sant Sadurní d'Anoia, Barcelona)
www.simoncoll.com

Verarbeitungsstufe: **Bean-to-bar**

Bereits seit dem Jahr 1840 produziert das Unternehmen Schokolade von der Bohne weg. Simón Mestres begann die Produktion mit einfachsten Mitteln. Einhundert Jahre später tritt Miquel Coll dem Unternehmen bei. Im Jahr 1951 wurde der Name Simón Coll, eine Mischung aus den beiden Namen, im spanischen Markenamt eingetragen. Zu dem Unternehmen gehört auch die Marke Amatller.

Produktbewertungen

- Produkt: (Dunkel) 70 % Dark Chocolate, Punkte: 35,00
  Preis/Menge: 4,00 USD / 3,16 EUR / 85 g
  Einigermaßen erträglicher Geschmack, dezent fruchtige Aromen, aber mit Vanillin.
  Aromaprofil: Gelbe Früchte, Melasse, Vanille (Vanillin)

- Produkt: (Dunkel) 50 % Dark Chocolate, Punkte: 30,00
  Preis/Menge: 4,00 USD / 3,16 EUR / 85 g
  Sehr süß, kaum Aroma, schlechter Schmelz und mit Vanillin hergestellt.
  Aromaprofil: Schokoladig, süßes Vanillin

- Produkt: (Milch) Chocolate Con Leche 32 %, Punkte: 28,50
  Preis/Menge: 4,00 USD / 3,16 EUR / 85 g
  Sehr süß, kein Kakaocharakter, aber auch nicht milchig-cremig, enthält ebenfalls Vanillin.
  Aromaprofil: Billiger Instant-Kakaotrunk.

- Produkt: (Weiße) Chocolate Blanco 25 %, Punkte: 25,00
  Preis/Menge: 4,00 USD / 3,16 EUR / 85 g
  Süß, schmieriger Schmelz, rau auf der Zunge, schlechtes Aroma und mit Vanillin. Schmeckt mir überhaupt nicht.

Fazit:
Süß, unangenehme Aromen, die Milchschokoladen ohne jeglichen Kakaocharakter, aber auch nicht angenehm milchig-cremig. Und das alles mit Vanillin (naturidentisches Aroma). Diese Schokoladen sind mir ein Rätsel.

Empfehlung:
Leider ist keine Empfehlung möglich.

SIR HANS SLOANE

England (Brooklands, Surrey)
www.sirhanssloane.com

Verarbeitungsstufe: **Bean-to-bar**

Hinter dem Unternehmen Sir Hans Sloane steckt Bill McCarrick. Der gelernte Konditor ist ein wahrer Weltenbummler. Nach Stationen in der Schweiz und Österreich hat es ihm besonders Asien angetan. Nach einem Stopp in Australien war er unter anderem in Taiwan, Hong Kong und Malaysia tätig. In Bali und Dubai arbeitete er in Ritz-Carlton Hotels als Executive Pastry Chef, bevor er 2001 nach London kam und für die Produktion der Süßwaren im Kaufhaus Harrods die Verantwortung übernahm. Im Jahre 2006 entschloss sich Bill McCarrick zur Selbständigkeit und bezog ein Gebäude außerhalb Londons, in Brooklands, und baute es zu einem kleinen Schokoladenatelier um. Als erster Micro-Batch-Bean-to-Bar-Hersteller Großbritanniens wählte er einen historischen Namen für sein Unternehmen. Sir Hans Sloane (1660–1753) war einer der Schokoladenpioniere Großbritanniens. Der Wissenschaftler und Mediziner arbeitete eine zeitlang in der Karibik und mischte dort dem bitteren Kakaogetränk Milch bei, sodass es weitaus milder und für den europäischen Gaumen genießbarer wurde. Dieses Rezept brachte er bei seiner Rückkehr nach London mit, wo es zuerst in Apotheken als Medizin verkauft wurde. Sir Hans Sloane zählt zu den wichtigen historischen Personen Englands. Er war Mitglied der Royal Society und folgte im Jahre 1727 auf Sir Isaac Newton sogar als ihr Präsident. Seine Sammlung von Münzen, Insekten, Fossilien und Antiquitäten bilden den Grundstein des British Museum in London.

Produktbewertungen

- Produkt: (Dunkel) Dark Chocolate 64 %, Punkte: 70,60
  Preis/Menge: 2,85 GBP / 3,53 EUR / 50 g
  Starkes Röstaroma, dezentes Aroma der Bohne, leicht bitter und etwas zu süß. Im Ganzen recht unharmonisch.
  Aromaprofil: Leicht würzig, sehr dezent fruchtig, Röstaroma.

- Produkt: (Milch) Milk Chocolate 40 %, Punkte: 69,30
  Preis/Menge: 2,85 GBP / 3,53 EUR / 50 g
  Von einem Micro-Batch-Bean-to-Bar-Hersteller kann man mehr erwarten als eine so banale, aber immerhin leicht cremig-milchige Milchschokolade mit dezentem Kakaoaroma.
  Aromaprofil: Toffee, Milch, Karamell.

- Produkt: (Veredelt) Peppermint Dark Chocolate 64 %, Punkte: 68,18
  Preis/Menge: 4,49 GBP / 5,57 EUR / 50 g
  Viel zu wenig aufgestreute Pfefferminze (kristallisierte Minze), Schokolade selbst nicht minzig genug. Enttäuschend.

- Produkt: (Veredelt) Cranberry & Mandarin Milk Chocolate 42 %, Punkte: 63,10
  Preis/Menge: 4,49 GBP / 5,57 EUR / 50 g
  Nahezu keine Cranberrys aufgestreut, wohl nicht mehr als ein Gramm. Absolut kein Aroma und Geschmack der Cranberry, die Schokolade selbst schmeckt nach Mandarinen bzw. Orangen.

Fazit:
Etwas überrascht hat mich die doch begrenzte Auswahl an Schokoladen. Eine dunkle Variante und eine Milch- sowie drei veredelte Schokoladen. Eine so geringe Auswahl ohne genauere Angaben über die verwendeten Bohnen ist für einen Micro-Batch-Bean-to-Bar-Hersteller eher untypisch.
Mit der Verwendung eines so historischen Namens aus der Geschichte des britischen Kakaokonsums bürdet sich Bill McCorrick eine gewisse Last auf. Erwartungen werden geschürt, die leider nicht erfüllt werden. Die Produkte sind unkreativ, ohne Raffinesse, ohne Harmonie, von durchschnittlicher Qualität und von schlechtem Preis-Leistungs-Verhältnis. Die dunkle Schokolade ist mit einem 64 %igen Kakaoanteil einfach zu süß und besitzt zudem kaum angenehme oder besondere Aromen. Die Milchschokolade ist zwar etwas cremig und milchig, aber von geringem Kakaocharakter und zu süß. Die Cranberry & Mandarine zeigt ganze neun aufgestreute kleine Stücke dezent aromatischer Cranberrys und der Mandarinengeschmack kommt ausschließlich durch die mit Mandarinen- und Zitronen-Öl aromatisierte Schokolade. Ähnlich ist es bei der Pfefferminz-Schokolade. Man sollte auch nicht vergessen, dass 50 g der veredelten Schokoladen den stolzen Preis von 5,27 Euro kosten.
Es bleibt für Bill McCorrick noch viel zu tun, um zu zeigen, dass sein Talent als guter Konditor auch ausreicht, um ein guter Chocolatier zu werden. Da das Unternehmen kein Geschäft in London betreibt (wobei hier der Zusatz von „London" auf seiner Verpackung irritiert), muss man entweder bei Selfridges oder Harrods sein Glück versuchen, oder online bestellen.

Empfehlung:
Die pure dunkle Schokolade ist für Chocoholics zu empfehlen, um auch einmal ein Produkt von Sir Hans Sloane probiert zu haben. Es handelt sich immerhin um einen der wenigen Bean-to-Bar-Hersteller Englands.

SLITTI CIOCCOLATO E CAFFÉ

Italien (Monsummano Terme, Toskana)
www.slitti.it

Verarbeitungsstufe: **Mass-to-bar**

Die Kaffeerösterei Slitti entstand im Jahre 1969. Luciano Slitti, unzufrieden mit der angebotenen Kaffeequalität, beschloss damals, selbst Kaffee zu rösten. Nachdem seine Söhne Daniele und Andrea 1988 in das Familienunternehmen einstiegen, entschied man sich, neben Kaffee auch Schokolade von der Kakaomasse weg zu produzieren. Hierbei erwies besonders Andrea Slitti ein Talent für die Herstellung von Schokolade. Die Brüder Slitti scheinen eine optimale Aufgabenverteilung geschaffen zu haben, Andrea konzentriert sich auf die Schokolade und Daniele Slitti ist hauptverantwortlich für den Kaffee. So hat jeder seine Möglichkeiten, die eigenen Vorstellungen kreativ zu entfalten, ohne dem anderen in die Quere zu kommen.

Andrea Slitti besitzt auch ein künstlerisches Talent. Mit Sicherheit ist dies auch ein Grund, warum er so viele Preise mit seinen Schokoladenkreationen gewinnen konnte, u. a. 1996 eine Goldmedaille bei der Kocholympiade in Berlin und 1999 vier Goldmedaillen bei der internationalen Kochausstellung „IKKA" in Salzburg.
Schon früh begann Slitti die Produktion von Milchschokoladen mit hohem Kakaoanteil: 45 %, 51 %, 62 % und 70 % sind eine Herausforderung für jeden Schokoladenliebhaber. Das Sortiment der dunklen Schokoladen reicht von 60 % bis 100 %. Legendär sind die Tortilla di Cioccolato, große Schokoladenscheiben mit Mandeln, Haselnüssen, Puffreis oder Rosinen, liebevoll verpackt. Außerdem umfasst das Sortiment noch weitere Spezialitäten, wie Nougat, Aufstrich, Konfekt, Dragees oder auch Kunstwerke wie aus Schokolade gefertigtes Werkzeug oder Teelöffel.

Produktbewertungen

- Produkt: (Dunkel) GranCacao 73 %,
  Punkte: 73,00
  Preis/Menge: 5,20 EUR / 100 g
  Leicht bitter. Kaum Aromen, die nenneswert wären. Insgesamt eine sehr langweilige Schokolade.
  Aromaprofil: Vanille (zugesetzt), Zedernholz, nussig, erdig.

- Produkt: (Dunkel) GranCacao 82 %,
  Punkte: 62,00
  Preis/Menge: 5,20 EUR / 100 g
  Dezent aromatisch, bitter und leicht adstringierend.
  Aromaprofil: Sehr dezent rote Früchte, torfig-blumig.

- Produkt: (Dunkel) GranCacao 100 %,
  Punkte: 58,50
  Preis/Menge: 5,90 EUR / 100 g
  Sauer, bitter, leicht adstringierend und mit wenig Aroma. Begrenzt essbar.
  Aromprofil: Unreife Zitrusfrüchte, verbrannter Kaffee, torfig.

- Produkt: (Milch) LatteNero 62 %, Punkte: 84,00
  Preis/Menge: 5,20 EUR / 100 g
  Cremig, milchig, kakaoig. Angenehm herb und mit dezenter Süße.
  Aromaprofil: Nussig, Malz, florale Nuancen.

- Produkt: (Milch) LatteNero 70 %, Punkte: 79,50
  Preis/Menge: 5,20 EUR / 100 g
  Etwas zu bitter, Kakaoaroma könnte angenehmer sein, dennoch schmackhaft.
  Aromaprofil: Kokosnuss, Zedernholz, bittere Kirschen.

- Produkt: (Milch) LatteNero 51 %, Punkte: 76,50
  Preis/Menge: 4,90 EUR / 100 g
  Sehr intensiver Kakaogeschmack, leicht bitter und von angenehmer Süße. Kakao könnte aber aromatischer sein.
  Aromaprofil: Toffee, gebrannter Karamell.

- Produkt: (Milch) Latte 35 %, Punkte: 75,00
  Preis/Menge: 4,80 EUR / 100 g
  Dezent aromatisch, etwas zu süß, kein schöner Schmelz. Recht banale Schokolade ohne besonderen Charme.
  Aromaprofil: Sahne-Toffee, Malz, Karamell.

- Produkt: (Veredelt) Tortina di Cioccolato Fondente con Uva Sultanina, Punkte: 91,50
  Preis/Menge: 5,90 EUR / 80 g
  Tolle saftige und aromatische Rosinen in dunkler Schokolade. Schokolade nicht zu süß und auch nicht zu herb, sodass man die Rosinen sehr gut schmeckt.

- Produkt: (Veredelt) Tortina di Cioccolato al Latte con mandorle, Punkte: 85,00
  Preis/Menge: 5,90 EUR / 80 g
  Milchig-cremige Milchschokolade mit aromatischen Mandeln aus Apulien. Schmeckt gut.

- Produkt: (Veredelt) Gran Bouquet Caffé Latte, Punkte: 81,80
  Preis/Menge: 5,90 EUR / 100 g
  Schmeckt angenehm nach Kaffee, die Milchschokolade ist nicht zu süß. Der Kakao gerät aber etwas in den Hintergrund.

- Produkt: (Veredelt) Tortina di Cioccolato Fondente con Nocciole, Punkte: 80,20
  Preis/Menge: 5,90 EUR / 80 g
  Nüsse schmecken gut, die dunkle Schokolade ist mit 60 % Kakaoanteil leicht herb und ordentlich im Aroma.

Fazit:
Slitti bietet ein großes Sortiment, aber vielleicht sollte sich das Unternehmen auf weniger Produkte konzentrieren und diese dann besser machen – es sind einfach zu viele Produkte von mittelmäßiger Qualität. Was mich an den Slitti-Produkten stört, ist dieses unangenehme Grundaroma. Da Slitti nicht von der Bohne, sondern von der Kakaomasse weg produziert, gehe ich davon aus, dass es an der Kakaomasse liegt.
Die dunklen Sorten sind charakterlos und alleine die gut bewerteten Milchschokoladen und veredelten Schokoladen retten Slitti#s gute Unternehmensbewertung. Vergleichen Sie einmal die Il 100 % von Domori mit der 100 %igen von Slitti – ein himmelweiter Unterschied.
Auch die Milchschokoladen zeigen einen etwas unangenehmen Beigeschmack, der wohl ebenfalls vom Kakao stammt. Die Qualitäten sind schon weitaus besser als die der dunklen Schokoladen, aber einem Vergleich mit Bonnat- oder Zotter-Produkten halten sie in keiner Weise stand.
Die Stärken Slittis liegen bei den veredelten Schokoladen. Einen großen Anteil daran haben die sorgfältig ausgewählten Rohstoffe. Riesige aromatische und saftige Rosinen, knackige, aromatische Haselnüsse und Mandeln etc. Hier spielen diese Rohstoffe die erste Geige und die Schokolade ist nur ein Nebendarsteller, sozusagen ein Trägerstoff. Schade, ich hatte Slitti-Produkte weitaus besser in Erinnerung.

Empfehlung:
Alle veredelten Schokoladen und die eine oder andere Milchschokolade sind empfehlenswert.

SOMA

Kanada (Toronto)
www.somachocolate.com

Verarbeitungsstufe: **Bean-to-bar**

Kanada ist ein großes Land mit wenig bis gar keiner Schokoladen- und Konfekt-Tradition. Einzig Bernard Callebaut, Sprössling der belgischen Chocolatiersfamilie Callebaut, konnte ab Mitte der 1980er Jahre eine kleine Kette von 30 Geschäften von Calgary aus in ganz Kanada aufbauen. Im Jahre 2010 musste er jedoch Konkurs anmelden, seither führt ein ehemaliger Mitarbeiter das Unternehmen. Zu Bernard Callebaut gab es in Kanada lange Zeit nur wenige Alternativen, aber in den letzten Jahren bewegt sich hier einiges.
Cynthia Leung und David Castellan gründeten im August 2003 in Torontos Historic Distillery District das Unternehmen Soma. David Castellan ist gelernter Konditor, hat bereits einige Erfahrung gesammelt und nahm in Kalifornien an Seminaren über die Herstellung von Schokolade teil. Cynthia Leung ist Quereinsteigerin, sie kommt aus dem Bereich der Architektur. Nach Davids Rückkehr aus Kalifornien begannen die beiden, alte Maschinen zur Herstellung von Schokolade zu kaufen und zu restaurieren. Man wollte nicht nur Konfekt herstellen, sondern auch Schokolade von der Bohne weg. Heute produziert Soma eine ganze Palette feiner Süßwaren, der Schwerpunkt liegt aber auf bean-to-bar-Schokolade, Konfekt, Trinkschokolade und dragierten Produkten. Da David aber nicht nur Chocolatier, sondern auch Konditor ist, wurde das Sortiment um einige Gebäckspezialitäten und Speiseeis erweitert. All diese Köstlichkeiten kann man im eigenen Geschäft in der Mill Street vor Ort verzehren oder auch mitnehmen. Ende März 2011 wurde ein zweites Geschäft in der King Street West eröffnet.

Produktbewertungen

- Produkt: (Dunkel) Chuao 70 %, Punkte: 96,65
  Preis/Menge: 3,25 CAD / 2,41 EUR / 25 g
  Äußerst gut gelungene Chuao-Version: fruchtig, leicht sauer und dezent schmelzend. Sehr schonende Röstung, sodass keine prägnanten Röstaromen schmeckbar sind.
  Aromaprofil: Trockenfrüchte (Pflaumen, Feigen), Mandeln, Cashew-Kerne, Limetten.

- Produkt: (Dunkel) Madagascar 70 %, Punkte: 94,60
  Preis/Menge: 2,50 CAD / 1,86 EUR / 25 g
  Man schmeckt sofort das typisch fruchtige Aroma des Madagaskar-Kakaos. Sehr dezent geröstet, toller Schmelz und mit angenehmer und sehr dezenter Adstringens.
  Aromaprofil: Zitrusfrüchte, leicht würzig.

- Produkt: (Dunkel) Three Amigos 70 %, Punkte: 94,40
  Preis/Menge: 11,00 CAD / 8,18 EUR / 80 g
  Großartiger Blend von Chuao (Venezuela), Alto Beni (Bolivien) und Elvesia (DomRep). Aromatisch, mit sehr gutem Schmelz und sehr schokoladig.
  Aromaprofil: Pflaume, Nüsse, Honig, Gewürze, sanfte Beeren, Schokolade.

- Produkt: (Dunkel) Arcana 100 %, Punkte: 91,60
  Preis/Menge: 5,50 CAD / 4,09 EUR / 45 g
  Mit die beste 100 %ige, die ich je probiert habe. Grenada-, Dominikanische-Republik-, Papua-Neu-Guinea- und Madagaskar-Bohnen. Sehr aromatisch, fruchtig und würzig zugleich. Nicht zu bitter, sauer oder adstringierend, vollmundig und mit sehr, sehr gutem Schmelz.
  Aromaprofil: Frischer Rahm, Toffee, Dörrobst wie Pflaumen und Aprikosen, Kirschen, frische Gewürze.

- Produkt: (Dunkel) Old School 66 %, Punkte: 91,30
  Preis/Menge: 7,00 CAD / 5,20 EUR / 90 g
  Sehr gut gelunge Variante einer Modica-Schokolade. Aromatisch, knusprig, aber relativ hart. Sieht zudem richtig toll aus.
  Aromaprofil: Frische Zitrusfrüchte, Grapefruit, Limette, Vanille, Nelken, Nüsse.

- Produkt: (Veredelt) The Dark Fire, Punkte: 88,50
  Preis/Menge: 2,50 CAD / 1,86 EUR / 25 g
  Dunkle Gewürzschokolade, richtig gut gelungen. Chili, Zimt, Ingwer und geheime Gewürze. Schärfe perfekt dosiert und selbst das Ingwerpulver stört nicht.

- Produkt: (Veredelt) Ruby Red Bar, Punkte: 87,30
  Preis/Menge: 8,00 CAD / 5,94 EUR / 100 g
  Fruchtig-würzige dunkle Schokolade mit Berberitze, Kirschen, Cranberrys, Kakao-Nibs und Sumach-Gewürz. Gut gelungen.

- Produkt: (Veredelt) Green Tangerine, Punkte: 75,50
  Preis/Menge: 2,50 CAD / 1,86 EUR / 25 g
  Sehr aromatische dunkle Schokolade, mit natürlichem Mandarinenöl von grünen Mandarinen, Soja-Lecithin und Vanille. Gut gelungen, schmeckt nicht zu penetrant, leider aber ohne echte Frucht.

- Produkt: (Konfekt) 8yr old Balsamic Vinegar, Punkte: 91,00
  Preis/Menge: 2,00 CAD / 1,49 EUR / Stück
  Sehr fruchtig-sauer und aromatisch, mit sehr gelungenem Balsamico-Charakter.

- Produkt: (Konfekt) Australian Ginger & Lemon, Punkte: 89,80
  Preis/Menge: 2,00 CAD / 1,49 EUR / Stück
  Fruchtig und leicht sauer, mit angenehmen Aromen. Ingwer könnte etwas dominanter sein, dennoch ein tolles Konfekt.

- Produkt: (Konfekt) Madagascar, Punkte: 89,00
  Preis/Menge: 2,00 CAD / 1,49 EUR / Stück
  Sehr harmonische Ganache, leicht fruchtig durch den Madagaskar-Kakao. Könnte einen etwas schöneren Schmelz haben.

- Produkt: (Konfekt) Arbequina Spanish Olive Oil, Punkte: 87,00
  Preis/Menge: 2,00 CAD / 1,49 EUR / Stück
  Sehr angenehme Konsistenz, dünne Schokoladenhülle, könnte aber etwas mehr Aroma des Olivenöls zeigen.

- Produkt: (Konfekt) Cherry Bomb, Punkte: 86,00
  Preis/Menge: 2,00 CAD / 1,49 EUR / Stück
  Je eine Schicht Gelee und Ganache, mit Kirsche on top. Fruchtig, aber leicht zu süß.

- Produkt: (Konfekt) Espresso Crisp, Punkte: 80,00
  Preis/Menge: 2,00 CAD / 1,49 EUR / Stück
  Gutes Espresso-Aroma, es fehlt aber etwas Knusprigkeit in der Füllung.

- Produkt: (Konfekt) Pecan Butter Crunch, Punkte: 76,00
  Preis/Menge: 2,00 CAD / 1,49 EUR / Stück
  Ziemlich hartes Butter Crunch mit zwei Pecannüssen als Doppeldecker on Top. Aromatische Nüsse, auch der Butter Crunch ist aromatisch, mir aber zu hart.

- Produkt: (Konfekt) Caramel Feuilletine, Punkte: 70,50
  Preis/Menge: 2,00 CAD / 1,49 EUR / Stück
  Zu zäher und aromaflacher Karamell, umhüllt von knusprigen Gebäckstückchen. Etwas langweilig.

Fazit:
Meine Erwartungen an die Schokoladen waren aufgrund des ansprechenden Internetauftritts recht hoch. Schon bei der als erstes probierten Chuao war mir sofort klar, dass es sich hier um etwas Besonderes handelt. Selten habe ich eine so gute Schokolade gegessen. Diese Erfahrung wurde auch von der sensationellen Madagaskar und einer überragenden 100 %igen bestätigt. Die Three Amigos ist ein vorzüglicher Blend und die Old School steht einer guten Modica-Schokolade in nichts nach. Toll ist auch, dass weder Vanille, noch Soja-Lecithin in den puren Schokoladen verarbeitet wird. Die 100 %ige besteht rein aus Kakaobohnen, ohne Zusatz von Kakaobutter. Sie ist sehr aromatisch und, obwohl bitter und auch recht sauer, ist sie angenehm zu essen. Im ersten Moment schätzt man eher einen Kakaoanteil von 85 bis 90 %.
Bei den veredelten Schokoladen sieht es ebenso gut aus. Die Dark Fire ist perfekt gewürzt mit einer wohl dosierten Schärfe, die Ruby Red Bar ist fruchtig und mit orientalischem Gewürz, was etwas gewöhnungsbedürftig ist, aber köstlich.
Das Konfekt ist im französischen Stil: leichte, zumeist cremige und nicht zu mächtige Füllungen mit angenehm natürlichen Aromen. Das Highlight ist das Essig-Konfekt, hergestellt mit einem acht Jahre alten Balsamico. Perfekt abgeschmeckt und sehr harmonisch.
Aufgrund der geringen Kapazitäten produziert Soma seine eigene Schokolade fast ausschließlich für Tafeln. Für das Konfekt lässt sich Soma von Domori, Cluizel und Amedei mit Kuvertüre beliefern. Eine großartige Auswahl, aber aufgrund der eigenen hohen Schokoladenqualität ist es auch gar nicht anders möglich. Es wäre ja seltsam, wenn die Schokolade für das Konfekt um Klassen schlechter wäre, als die der Tafeln. Ich hoffe, dass Soma die Kapazitäten bald erweitert und dann ausschließlich die eigene Kuvertüre verwenden kann.
Die Beschaffung der Testprodukte war teuer und langwierig. Drei Monate und unzählige E-Mails später bereue ich es nicht. Soma zählt für mich zu den Besten und das Unternehmen hat sicher weiteres Potenzial. Es kann sich jeder glücklich schätzen, der in den Genuss dieser Produkte kommt.

Empfehlung:
Alle Produkte sind empfehlenswert: die dunklen Schokoladen für Chocoholics, wer 100 %ige mag, muss unbedingt die Arcana probieren, das Konfekt für alle Liebhaber französischen Konfekts.

STAINER

Italien (Pontremoli Massa-Carrara)
www.stainerchocolate.it

Verarbeitungsstufe: **Mass-to-bar**

Stainer, gegründet und im Besitz von Andrea Stainer, ist ein weiteres Unternehmen aus der Toscana.
Die einzige Information, die ich vom Unternehmen erfahren konnte, ist die, dass eingekaufte Kakaomasse selbst conchiert werde. Eine etwas spärliche Auskunft, die sich leider weder durch den Internetauftritt, noch durch Ansprechpartner im Unternehmen ergänzen ließ.
Schade, denn eigentlich war mir die Marke immer sympathisch. Nach diesen Erfahrungen bin ich nun jedoch etwas im Zweifel.

Produktbewertungen

- Produkt: (Milch) Cioccolato al Latte di Cocco, Punkte: 76,50
  Preis/Menge: 3,90 EUR / 50 g
  36 % Kakaoanteil und 18 % Kokosnussmilch ergeben eine wohlschmeckende und interessante, aber leider etwas zu süße Schokolade. Sehr guter Schmelz, milchig-cremig und mit dezentem Kakaogeschmack.

- Produkt: (Milch) Cioccolato al Latte d´ Alpeggio, Punkte: 68,70
  Preis/Menge: 3,90 EUR / 50 g
  Nichtssagende (Alpen-)Milchschokolade. Süß und etwas flach im Aroma.

- Produkt: (Milch) Cioccolato al Latte di Capra, Punkte: 68,00
  Preis/Menge: 3,90 EUR / 50 g
  Schmeckt kaum nach Schaf, milchig-cremig, aber leider zu süß.

- Produkt: (Milch) Cioccolato al Latte di Pecora, Punkte: 38,00
  Preis/Menge: 3,90 EUR / 50 g
  Mit Ziegen- und Schafsmilch. Schmeckt penetrant nach Stall. Da esse ich lieber gleich einen deftigen Käse. ich empfinde beim Essen keinen Genuss.

- Produkt: (Weiße) Limone, Punkte: 83,00
  Preis/Menge: 3,90 EUR / 50 g
  Schmeckt angenehm fruchtig-sauer nach Zitrone. Ohne Aromastoffe.

- Produkt: (Weiße) Lampone (Himbeere), Punkte: 48,75
  Preis/Menge: 3,90 EUR / 50 g
  Schmeckt zwar nach Himbeere, enthält laut Zutatenliste aber Aroma, das auch künstlich oder naturidentisch sein kann. Zudem wurde der Farbe mit roter Beete nachgeholfen.

- Produkt: (Weiße) Ananas, Punkte: 47,75
  Preis/Menge: 3,90 EUR / 50 g
  Schmeckt dezent und künstlich nach Ananas. Ebenfalls mit nicht näher bestimmten „Aromen".

- Produkt: (Veredelt) Cioccolatoal Latte con Cannabis, Punkte: 76,00
  Preis/Menge: 3,95 EUR / 50 g
  Kommentar: Wie schmeckt Cannabis? Auch nach dem Verzehr dieser Schokolade weiß ich es nicht wirklich. Dennoch schmeckt diese Schokolade gut. Leicht knusprig-würzig, milchig und nicht zu süß.

- Produkt: (Veredelt) Maya Dark Chocolate 70 %, Punkte: 74,00
  Preis/Menge: 3,50 EUR / 50 g
  Potpourri aus Gewürzen, dezent scharf. Anis und Nelken dominieren, Zimt und Kümmel folgen später. Harmoniert gut mit der dunklen Schokolade. Schokolade besitzt eine angenehme Süße, ihr fehlt aber etwas Schmelz.

- Produkt: (Veredelt) Marrakech Dark Chocolate 70 %, Punkte: 72,10
  Preis/Menge: 3,50 EUR / 50 g
  Schmeckt, als stünde man in Marrakesch auf dem Gewürzmarkt. Harmonisch mit der dunklen Schokolade. Die Schokolade ist leicht fruchtig, insgesamt ist das Produkt stimmig. Der Schmelz könnte besser sein.

Fazit:

Es ist wie verhext: Jedes Mal, wenn mich ein Unternehmen aufgrund der Kommunikation oder sonstiger Ungereimtheiten negativ überrascht, fallen auch die Produkte negativ auf. Das Gegenteil wäre mir lieber: schlechte Kommunikation und volle Konzentration auf grandiose Produkte.

Bei Stainer enttäuschen die Milchschokoladen sehr. Die Qualität der Alpenvollmilch reicht an kaum eine Schweizer Schokolade. Die Schafsmilch-Schokolade ist nichtssagend und die Ziegenmilch-Schokolade ist fast ungenießbar.

Die Lampone (Himbeere) und die Ananas schmecken zwar nach der namensgebenden Zutat, das Aroma stammt jedoch hauptsächlich von Aromastoffen, die wohl künstlich oder naturidentisch sind.

Empfehlung:

Einzig die Limone, die Cocco, die Cannabis sowie die beiden Gewürzschokoladen sind empfehlenswert.

SUMMERBIRD

Dänemark (Assens)
www.summerbird.com

Verarbeitungsstufe: **Schokolade nach Maß**

Das Unternehmen Summerbird wurde im Jahre 1987 von Mikael Grønlykke in Assens in Dänemark gegründet. Noch heute führt er zusammen mit Morten Larsen das Unternehmen. Primäres Produkt ist seit dem Start des Unternehmens Marzipan, aber auch Nougat und Konfekt haben zum Erfolg beigetragen. Das Marzipan und der Nougat werden nach eigener Rezeptur gefertigt. Laut Angaben des Unternehmens wird Valrhona-Schokolade verarbeitet. Eines der beliebtesten Produkte ist die dänische Spezialität Flødeboller – Schaumküsse in unterschiedlichen Geschmacksrichtungen. Summerbird-Produkte sind modern-minimalistisch im Design und kreativ. Weiß ist die Farbe des Unternehmens, sie wird konsequent im Markenauftritt eingesetzt.
Das erste Geschäft wurde in Kopenhagens prestigeträchtiger Modestraße Kronprinsensgade eröffnet. Mittlerweile betreibt Summerbird elf eigene Filialen in Dänemark. Produkte von Summerbird sind in Deutschland nur sehr schwierig zu bekommen, aber in Städten wie Berlin, München, Frankfurt oder auch Köln findet man den einen oder anderen Händler, der Summerbird-Produkte führt.

Produktbewertungen

- Produkt: (Nougat) Praliné Noisette Nougat, Punkte: 64,00
  Preis/Menge: 8,90 EUR / 200 g
  Leider etwas flach im Aroma und viel zu süß. Es gibt sehr viel bessere Alternativen.

- Produkt: (Nougat) Xocoatl Rembrandt's Chocolate Spread, Punkte: 71,00
  Preis/Menge: 8,90 EUR / 150 g
  Gutes Nussaroma, vielleicht etwas zu süß. Konsistenz könnte glatter sein.

- Produkt: (Schachtel) Symphonie, Punkte: 46,89
  Preis/Menge: 24,49 EUR / 180 g
  Sehr, sehr enttäuschendes Produkt. Kaum Informationen zu den enthaltenen Sorten, da es kein Booklet o. ä. enthält. Das Konfekt wurde beim Händler schlecht gelagert. Einige Sorten zeigten Fettreif und waren entsprechend mit einem grauen Schleier überzogen. Die Sorten mussten erraten werden, was wohl nicht immer gelang. Dafür sind sie einfach nicht aromatisch genug. Das Konfekt macht einen alten Eindruck, das vielgelobte Marzipan ist nicht schmeckbar.

Schokoladen-Einzelbewertungen:
(Dunkel) Dunkle Schokolade, Punkte: 53,00
Sehr einfache Schokolade. Summerbird gibt leider keinerlei Informationen, wie z. B. Kakaoanteil oder Ursprung der Kakaobohnen, oder eine Zutatenliste preis.
Aromaprofil: Schokolade, Erde, Torf.
(Veredelt) Lakritze: Punkte: 73,50
Sehr aromatisch, für echte Lakritze-Liebhaber. Etwas süß, aber auch leicht salzig. Mit Lakritze bestreut und etwas zu viel Schokolade um die Füllung herum. Dennoch das einzige nennenswerte Produkt des Sortiments.

(Veredelt) Karamell mit Frucht: Punkte: 54,50
Viel zu dicke Schokolade, diese auch mit schlechtem Aroma. Halbflüssige Karamellfüllung, wohl mit Frucht veredelt.

(Veredelt) Marzipan-Traube: Punkte: 51,50
Wohl Traubenmus auf Marzipan. Marzipan nicht trocken, aber kaum aromatisch. Fruchtfüllung ebenso kaum erkennbar.

(Veredelt) Milch-Nougat: Punkte: 41,50
Schmeckt alt und muffig, ist süß und zu fettig, mit schmierigem Schmelz.

(Veredelt) Marzipan pur: Punkte: 40,50
Sehr einfaches Marzipan. Etwas trocken und mit einem Hauch von Mandeln. Definitiv zu wenig Mandelaroma, um von gutem Marzipan zu sprechen.

(Veredelt) Orangen-Marzipan: Punkte: 38,30
Kandierte Orange viel zu hart. Gefahr des Zahnverlusts. Marzipan trocken und ohne Aroma.

(Veredelt) Marzipan-Nuss: Punkte: 36,70
Sehr trockenes und wenig bis gar nicht aromatisches Marzipan. Mit einem Haselnuss-Topping.

(Veredelt) Citron Fromage: Punkte: 32,50
Schmeckt nach Zitrone, von Käse aber nichts schmeckbar. Auch die Zutatenliste beinhaltet keinen Käse. Hat einen etwas unangenehmen (ranzigen) Beigeschmack.

Fazit:
In Wien bin ich fündig geworden und konnte bei meiner zweiten Reise sogar Konfekt erstehen – bei Kult-Händler Julius Meinl. Da die Konfektschachtel ein Sichtfenster besitzt, konnte ich den Zustand des Konfektes bereits beim Kauf sehen. Sehr ärgerlich, dass alle Schachteln mindestens zwei bis drei Sorten mit deutlichem Fettreif enthielten. Bei einem Preis von 24,49 Euro gehören solche Produkte aus dem Verkauf entfernt. Da die Produkte in Deutschland aber im Allgemeinen schwierig zu bekommen sind, habe ich dennoch eine Schachtel gekauft. Leider waren die Produkte sogar noch schlechter, als es der erste Anschein vermuten ließ. Fettreif ist nicht schön, hat aber auf die Gesamtqualität eines Produktes aber nicht zwangsläufig einen überproportionalen Einfluss.
Insgesamt ist nur das Lakritze-Konfekt eine Erwähnung wert. Das Schokoladentäfelchen ist so banal, dass ich nicht glauben kann, dass es mit Kuvertüre des Unternehmens Valrhona hergestellt wurde. Auch die Nougatprodukte sind eher von Mittelmaß, sodass ich mir ernsthaft die Frage stelle, worin der exzellente Ruf des Unternehmens begründet liegen mag.

Empfehlung:
Leider ist keine Empfehlung möglich.

SUMMERDOWN PURE MINT

England (Basingstoke)
www.summerdownmint.com

Verarbeitungsstufe: **Fremdproduktion (unbestätigt)**

Das Schöne an meinem Beruf und am Schreiben dieses Buches ist, dass ich permanent hinzulerne. Natürlich hat auch mein Wissen Lücken und die Entdeckung des Unternehmens Summerdown Pure Mint hat mich einiges über den Rohstoff Minze gelehrt.
Summerdown hat die älteste und edelste Form der Pfefferminze, Black Mitcham, im Vorgebirge von Hampshire Downs neu angebaut und kultiviert. Durch die Massenproduktion billiger Pfefferminz-Sorten wurde der Anbau von Black Mitcham bereits im 20. Jahrhundert verdrängt. Die Summerdown Farm bewirtschaftet heute das einzige Anbaugebiet in ganz Europa. Alles begann mit einer Anpflanzung in der Größe eines Tennisplatzes und es dauerte über ein Jahrzehnt, bis zur erfolgreichen Züchtung der edlen Minze. Heute bewirtschaftet Summerdown ca. 32 Hektar und verarbeitet die Minze erntefrisch in der eigenen Destillerie.
Außer den Schokoladenprodukten verkauft Summerdown seine Minze auch als pures Minzöl oder in diversen Teesorten. Es ist zwar nicht bestätigt, aber ich gehe davon aus, dass Summerdown die Schokoladenprodukte nicht selbst herstellt, sondern bei Partnern beauftragt.

Produktbewertungen

- Produkt: (Riegel) Peppermint Creams,
  Punkte: 75,50
  Preis/Menge: 9,90 EUR / 200 g
  Sehr britisches Produkt in der Tradition des After Eight, nur wesentlich dicker gefüllt. Fondant-Füllung mit Minzgeschmack in dunkler Schokolade, aber nicht grundsätzlich unangenehm, auch nicht zu süß. Mit Minzöl. Feines Minzaroma, man schmeckt die hohe Qualität der Minze.

- Produkt: (Veredelt) Mint Crips, Punkte: 80,00
  Preis/Menge: 9,90 EUR / 200 g
  Angenehm knusprig-minzig. Nicht zu süß und erfrischend. Auch hier schmeckt man die besondere Qualität der verwendeten Minze.

Fazit:
Hier steht ganz klar die Minze im Vordergrund, alles andere wäre auch am Ziel vorbei. Die veredelten Schokoladen sind minzig-knusprig und werden sicher mehr Liebhaber finden, da sie nicht so süß und klebrig sind. Aber auch die Fondant-Minzefüllung schmeckt gut und wer Minze liebt, sollte beide Produkte einmal probieren.

Empfehlung:
Für alle Liebhaber von Pfefferminze in Schokolade.

T'A SENTIMENTO ITALIANO

Italien (Mailand)
www.tamilano.com

Verarbeitungsstufe: **Fremdproduktion**

Die Brüder Tancredi und Alberto, Gründer des Unternehmens T'a Sentimento Italiano, sind Sprösslinge der Familie Alemagna, einem bekannten Hersteller des italienischen Weihnachtskuchens Panettone, der lange Zeit zusammen mit Motta und Bauli den Markt beherrschte. T'a ist eines der jüngeren Unternehmen in der Schokoladenbranche. Erst im Jahr 2008 starteten die Brüder mit den ersten Produkten. Das junge Unternehmen verfügt bereits über ein vielfältiges Sortiment.
Das Erscheinungsbild des Unternehmens ist geprägt von modernem Lifestyle-Design. Die Brüder besitzen eine sehr konkrete Vorstellung von der Positionierung der Marke. Allerdings scheint es sich um eine der mittlerweile verbreiteten Designermarken zu handeln. Recherchen haben ergeben, dass die auf der Verpackung aufgedruckte Produktionsstätte in Vedano Olona in der Via Adua dem italienischen Konditor Denis Buosi zuzuordnen ist. Die vier getesteten Sorten finden sich mit den identischen Kakaogehalten und den übereinstimmenden Geschmacksrichtungen auch in dessen Sortiment. Buosi arbeitet nicht von der Bohne weg. Er scheint die fertige Kuvertüre zu beziehen und diese dann unverändert oder aromatisiert in die jeweilige Schokoladenform zu gießen. Ich gehe demnach davon aus, dass die Marke T'a selbst über keine Produktionsstätte verfügt. Da fragt man sich schon ein wenig, wie glaubwürdig es ist, wenn das Unternehmen über ausgewählte Kakaobohnen und andere Zutaten philosophiert und dies von der Presse in die weite Welt kommuniziert wird. Enttäuschend ist auch die Antwort auf meine Anfrage, ob von der Bohne weg produziert wird. Man kaufe Masse von anderen Unternehmen und stelle einen eigenen Blend her. Die getesteten Produkte sind jedoch keine Blends, ergo auch keine eigene Schokolade.

Produktbewertungen

- Produkt: (Dunkel) 80 % Grand Cru Provenienza Tanzania, Punkte: 64,50
  Preis/Menge: 5,00 USD / 3,95 EUR / 50 g
  Das auf der Verpackung ausgelobte fruchtige Aroma konnte ich nur begrenzt herausschmecken. Ebenso wenig den „wilden Nachgeschmack".
  Aromaprofil: Vanille, Pflaumen, Datteln.

- Produkt: (Dunkel) 66 % Grand Cru Provenienza Messico, Punkte: 61,00
  Preis/Menge: 3,00 EUR / 50 g
  Würziges Aroma, realtiv süß. Hat ein seltsames Mundgefühl und eine seltsame Süße.
  Aromaprofil: Mais, Getreide, Torf.

- Produkt: (Veredelt) Limone di Sorrento Grand Cru Venezuela 66 %, Punkte: 71,75
  Preis/Menge: 3,00 EUR / 50 g
  Gut gewürzte dunkle Schokolade mit Zesten von Sorrento-Zitronen und Zitronenölessenz. Zesten sind toll, das Öl hingegen hätte man weglassen sollen.

- Produkt: (Veredelt) Pepe Giapponese 66 % Grand Cru Venezuela, Punkte: 70,25
  Preis/Menge: 3,00 EUR / 50 g
  Mit Fior di Pepe (Sichuan-Pfeffer) gewürzte dunkle Schokolade, was man relativ gut herausschmeckt.

Fazit:
Schlecht sind die Schokoladen nicht. Die beiden getesteten veredelten Sorten mit Limone und japanischem Pfeffer sind angenehm aromatisch. Die Schokolade sticht hierbei nicht hervor, muss sie in diesem Fall aber auch nicht. Sie ist harmonisch zu den geschmacksgebenden Zutaten.
Die beiden puren Schokoladen reihen sich ein in die Riege der Bedeutungslosigkeit.
Sie zeigen keinen ausgeprägten Charakter des jeweiligen Ursprungs und können sich nicht von den vielen Massenprodukten abheben.
Die Zutatenlisten aller vier Schokoladen sind seltsam. In der italienischen Version beschränken sich die Zutaten der dunklen Schokolade auf Kakaomasse, Zucker und Kakaobutter. Bei den aromatisierten Schokoladen kommt Soja-Lecithin, natürliche Vanille und die geschmacksgebende Zutat hinzu. In den übersetzten englischen Zutatenlisten steht jedoch jeweils an vierter Stelle zusätzlich Vollmilchpulver. Was denn nun, mit oder ohne Vollmilchpulver? Und falls mit – was hat es bitteschön in einer dunklen Schokolade zu suchen?

Empfehlung:
Die Limone empfiehlt sich allen Liebhabern aromatisierter Schokoladen, aber auch die Pepe Giapponese.

TARTUFLANGHE

Italien (Pieobesi d' Alba)
www.tartuflanghe.com

Verarbeitungsstufe: **Fremdproduktion (unbestätigt)**

Domenica und Beppe begannen 1968 mit dem Verkauf Piemonteser Trüffel an die Gastronomie und führten auch das Restaurant „Da Beppe" in Alba. Ab 1980 wurde aus der Gastronomie ein Feinkostspezialist, der heute ein sehr breites Sortiment mit dem Hauptfokus auf Trüffel anbietet. Das Sortiment umfasst jedoch auch Schokoladenprodukte, die nichts mit Trüffel zu tun haben.

Produktbewertungen

- Produkt: (Konfekt) Dulcis Tuber Pralina con Tartufo, Punkte: 76,20
  Preis/Menge: 13,90 EUR / 100 g
  Schmeckt richtig intensiv nach Trüffel. Harmoniert gut mit den Haselnüssen (36 %), muss man jedoch vertragen, da sehr ungewöhnlich.

- **Produkt: (Konfekt) Tartufo Dolce di Alba Amaretto, Punkte: 70,50**
  Preis/Menge: 12,50 EUR / 100 g
  Schmeckt sehr aromatisch nach Mandeln, knusprig, aber nicht alkoholisch. Unglückliche Auslobung, da kein Amaretto, sondern Amaretti enthalten sind. Dennoch ganz gut gelungen.

- **Produkt: (Konfekt) Tartufo Dolce di Alba Nero, Punkte: 70,50**
  Preis/Menge: 12,50 EUR / 100 g
  Dunkle Nuss-Schokoladenmasse mit knusprigen Haselnüssen. Nicht zu süß, wobei die Schokolade das Aroma der Nüsse überdeckt.

- **Produkt: (Konfekt) Tartufo Dolce di Alba Cappuccino, Punkte: 69,50**
  Preis/Menge: 12,50 EUR / 200 g
  Etwas zu süß, aber angenehmes Kaffeearoma mit knusprigen Kaffee-Stückchen.

- **Produkt: (Konfekt) Tartufo Dolce di Alba Bianco, Punkte: 69,50**
  Preis/Menge: 12,50 EUR / 100 g
  Nettes Nuss-Konfekt mit knusprigen Piemonteser Haselnüssen. Könnte etwas weniger süß sein, aber dennoch in Ordnung.

- **Produkt: (Konfekt) Langoto al Barolo Chinato, Punkte: 69,00**
  Preis/Menge: 12,90 EUR / 200 g
  Gutes Weinaroma, cremig, leider etwas rau bzw. grisselig.

Fazit:
Die getesteten Produkte sind durchweg von ordentlicher Qualität. Alle Produkte (mit Ausnahme der Langoto al Barolo Chinato) sind relativ trocken, aber nicht sehr kompakt. Das Mundgefühl beim Essen ist angenehm.
Hervorzuheben ist auf jeden Fall das Produkt Dulcis Tuber Pralina con Tartufo mit echtem Trüffel und sehr intensivem Aroma. Das ungewohnte Trüffelaroma dürfte ungeübte Gaumen stark herausfordern – vor allem in einer Süßspeise.
Insgesamt konnten die Produkte positiv überraschen.

Empfehlung:
Alle Produkte sind in Ordnung. Für einen Snack zwischendurch sind sie gut gelungen und durch ihre Einzelverpackung auch praktisch. Das Konfekt Dulcis Tuber Pralina con Tartufo ist kurios, man sollte es einmal probiert haben.

TAZA CHOCOLATE

USA (Somerville, Massachusetts)
www.tazachocolate.com

Verarbeitungsstufe: **Bean-to-bar**

Gegründet wurde Taza Chocolate von dem Ehepaar Alex Whitmore und Kathleen Fulton sowie Larry Slotnick im Jahr 2006. Keiner der Gründer ist gelernter Chocolatier, was ja mittlerweile eher die Regel ist.
Taza produziert Schokolade mit authentischen Steinmühlen aus Oaxaca, Mexiko. Nach dem Rösten und dem Brechen der Kakaobohnen wird der Kakao in den Steinmühlen zermahlen und zu Kakaomasse verarbeitet. Die Kakaomasse wird dann mit Zucker ca. einen Tag lang in einer weiteren Mühle oder einem Stein-Refiner vermischt. Auf das Conchieren wird komplett verzichtet. Aufgrund der unebenen Mühlsteine verbleiben in der Schokolade viele unbehandelte Kakaobohnenpartikel und Zuckerkristalle. Diese geben der fertigen Schokolade einen ursprünglichen und natürlichen Charakter. Die Zuckerkristalle knirschen zwischen den Zähnen und der Schmelz der Schokolade setzt relativ spät, dann aber intensiv ein. Alle Produkte sind Bio-zertifiziert, der Kakao wird bei den Bauern direkt eingekauft, was ihnen höhere Einnahmen ermöglicht. Besonders interessant ist die Nachverfolgung der Herstellung einzelner Schokoladen. Hier legt Taza sämtliche Informationen sehr detailliert offen: die Herkunft aller Zutaten mit Angabe der Bezugsquellen, Google-Earth-Link zum Ort, an dem die Bohnen fermentiert wurden, Datum der Verarbeitungsstufen, Röstprofil mit Angabe der Temperatur, Angabe aller verwendeten Maschinen, Angabe der Mitarbeiter, die die Schokolade produziert haben u.v.m. Die Chargennummer der verkosteten 60 %igen Schokolade lautet 350.

Produktbewertungen

- Produkt: (Dunkel) 70 % Dark Chocolate,
  Punkte: 77,20
  Preis/Menge: 6,50 USD / 5,13 EUR / 85 g
  Aromatisch, aber leicht sauer und adstringierend. Körnige Schokolade mit etwas überraschendem Schmelz.
  Aromaprofil: Rote Beeren, Kaffee, Mandeln, Vanille.

- Produkt: (Dunkel) 80 % Dark Chocolate,
  Punkte: 76,50
  Preis/Menge: 6,50 USD / 5,13 EUR / 85 g
  Noch aromatischer als die 70 %ige, leicht bitter und sauer. Körnige Schokolade mit seltsamem Schmelz.
  Aromaprofil: Rote Beeren, Kaffee, Mandeln, Vanille.

- Produkt: (Dunkel) 60 % Dark Chocolate,
  Punkte: 73,00
  Preis/Menge: 6,50 USD / 5,13 EUR / 85 g
  Dezente Aromen, körnige Schokolade. Seltsamer Schmelz: am Anfang gar kein Schmelz, dann ist die Schokolade auf einmal weg. Zu viel Vanille.
  Aromaprofil: Rote Beeren, Kaffee, Mandeln, Vanille.

- Produkt: (Veredelt) Cinnamon 50 %,
  Punkte: 76,00
  Preis/Menge: 5,00 USD / 3,95 EUR / 77 g
  Dunkle Schokolade mit sehr deutlichem Zimtaroma, angenehm, aber auch sehr süß.

- Produkt: (Veredelt) Yerba Maté 50 %,
  Punkte: 73,00
  Preis/Menge: 5,00 USD / 3,95 EUR / 77 g
  Sehr gutes und angenehmes Teearoma. Harmonische dunkle Schokolade, aber auch recht süß.

- Produkt: (Veredelt) Salted Almond 40 % ,
  Punkte: 66,60
  Preis/Menge: 5,00 USD / 3,95 EUR / 77 g
  Angenehm salzig, aber leider zu wenig Mandelaroma und etwas zu süß. Kein Wunder, bei einer dunklen Schokolade mit nur 40 % Kakaoanteil.

Fazit:
Taza ist eine Bereicherung für den Schokoladenmarkt. Die Produkte sind vergleichbar mit Schokolade aus Sizilien, haben aber dennoch eine eigene Identität. Sie sind aromatisch, schmackhaft und ästhetisch. Es sollte einem bewusst sein, dass es sich nicht um Weltklasse-Qualität handelt. Auch muss man es mögen, keine feine Schokoladenstruktur zu haben, sondern den Zucker deutlich zu spüren. Die Schokoladen sind brüchig, leicht trocken und staubig.
Die veredelten Schokoladen sind zudem sehr süß – so wurden sie traditionell in Mexiko hergestellt. Alle Schokoladen werden mit Hispaniola-Kakao aus der Dominikanischen Republik hergestellt.

Empfehlung:
Alle puren Schokoladen sind empfehlenswert. Bei den aromatisierten Schokoladen empfehle ich die Yerba Maté für Tee-Liebhaber, auch wenn sie relativ süß ist.

TCHO

USA (San Fancisco)
www.tcho.com

Verarbeitungsstufe: **Bean-to-bar**

„Tcho. New American Chocolate." Der Slogan ist Sinnbild des neuen amerikanischen Selbstbewusstseins im Schokoladen-Business. Das 2008 gegründete Unternehmen ist wohl die professionellste Neugründung. Ausgestattet mit einem üppigen Budget konnte Tcho eine Produktion mit den feinsten Maschinen und enormen Kapazitäten einrichten. Gründer des Unternehmens sind Timothy Childs, Software Techniker im NASA Space Shuttle Programm, und Karl Bittong, ein Kakao-Veteran mit über 40 Jahren Erfahrung im Schokoladen-Business. Sein Wissen über den

Aufbau von Produktionsstätten, den Einkauf von Kakao und seine Kontakte zu Kakaoanbauern, Kakaohändlern, Maschinenlieferanten und anderen Industrieunternehmen sind für das Unternehmen sehr hilfreich. Mit Brad Kintzer, einem ehemaligen Chocolatier von Scharffen Berger, konnten sie einen sehr versierten Fachmann für das Unternehmen gewinnen.
Die Sprache und auch das Design des Unternehmens sind sehr technisch, es ist von beta chocolate (Musterproduktion) und 1.0 (Einführung der ersten Schokolade) die Rede. Die Peru 68 % wurde ursprünglich „Fruitty" genannt, neuerdings heißt sie „Fruitty 2.0", die ehemals „Nutty" genannte Ecuador, heißt nun „Nutty 2.0". Das Design der Verpackung bildet algorithmische Muster ab. Der Aufdruck „no slavery" auf der Verpackung weist darauf hin, dass Rohstoffe nach ethischen Grundsätzen eingekauft werden. Zwei der Schokoladen sind Bio- und Fair-Trade-zertifiziert.

Produktbewertungen

- Produkt: (Dunkel) Dark Chocolate „Fruity 2.0" 68 % Peru, Punkte: 86,00
  Preis/Menge: 5,00 USD / 3,95 EUR / 58 g
  Fruchtig-würzig, leicht zu süß, aber harmonisch.
  Aromaprofil: Mango, Ananas, Passionsfrucht, Kaffee, Vanille.

- Produkt: (Dunkel) Dark Chocolate „Chocolatey" 70 % Cacao Ghana, Punkte: 85,50
  Preis/Menge: 5,00 USD / 3,95 EUR / 58 g
  Angenehm aromatischer und schokoladiger Ghana-Kakao. Sehr gute Süße und mit perfektem Schmelz.
  Aromaprofil: Schokolade, Honig, Zimt, Akazien, Kaffee.

- Produkt: (Dunkel) Dark Chocolate „Nutty 2.0" 65 % Cacao Ecuador, Punkte: 78,50
  Preis/Menge: 5,00 USD / 3,95 EUR / 58 g
  Übliche Aromen des Ecuador-Kakaos, aber dezent ausgeprägt. Recht süße Schokolade.
  Aromaprofil: Blumig (Jasmin), nussig, leicht erdig.

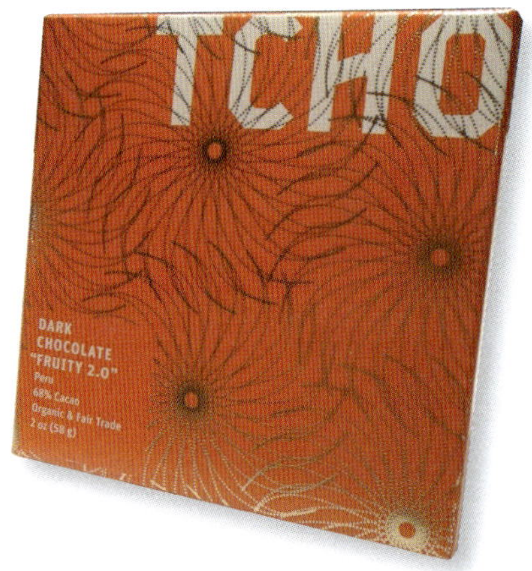

- Produkt: (Dunkel) Dark Chocolate „Citrus" 67 % Cacao Madagascar, Punkte: 77,50
  Preis/Menge: 5,00 USD / 3,95 EUR / 58 g
  Angenehme Süße mit charakteristischem Aroma des Madagaskar-Kakaos.
  Aromaprofil: Tropische Zitrusfrüchte, Vanille, Hibiskus.

Fazit:
Alle vier Schokoladen sind gelungen, aber keine ausgesprochenen Überflieger. Der Charakter der jeweiligen Kakaobohne ist gut ausgeprägt. Wermutstropfen auch bei Tcho ist die Verwendung von Vanille in allen Schokoladen, dies wäre nicht notwendig. Es werden vier recht unterschiedliche Kakao-Sorten verwendet: fruchtiger Kakao aus Madagaskar und Peru, nussig-blumiger aus Ecuador und malzig-schokoladiger aus Ghana – ein guter Querschnitt an Kakaotypen.

Sehr seltsam ist, dass die Madagaskar-Schokolade zwar Bio-Bohnen enthält, die restlichen Zutaten aber nicht Bio-zertifiziert sind. Ausgelobt ist es korrekt, dennoch verwunderlich, da das Unternehmen sowohl Bio-Kakaobutter, als auch Bio-Zucker für die beiden Bio-Schokoladen verarbeitet. Warum gerade die Ghana weder Bio- noch Fair-Trade-zertifiziert ist, bleibt ebenso ein Rätsel. Ghana ist diesbezüglich eines der führenden Länder – vielleicht weniger im Fair Trade, aber umso mehr beim Anbau von Bio-Kakao.
Zu erwähnen ist auch, dass alle Schokoladen Soja-Lecithin beinhalten.

Empfehlung:
Am besten konnten die Ghana und die Peru überzeugen, aber grundsätzlich sind alle vier Schokoladen empfehlenswert.

TEUSCHER

Schweiz (Zürich)
www.teuscher.com

Verarbeitungsstufe: **Standard-Schokolade**

Das Unternehmen wurde in den 1940er Jahren von Adolf Teuscher gegründet, es hat großen Anteil am renommierten Ruf von Schweizer Schokoladenprodukten. Adolf Teuscher versteht sich unter anderem als Erfinder der Champagner-Trüffel. Die Idee hierzu kam ihm kurz nach der Eröffnung seines Pralinengeschäftes in Zürich im Jahr 1946. Teuscher ist heute ein globales Unternehmen mit Filialen u. a. in Zürich, New York, Hong Kong, Kuala Lumpur und Tokyo.
Anlässlich meiner Reise nach New York habe ich in der dortigen Filiale die getesteten Produkte gekauft. Der Laden hat mich rundum enttäuscht. Ich fühlte mich zurückgesetzt in die 1960er oder 1970er Jahre: altbacken, uncharmant, unpersönlich und kitschig. Lieblose Regale und eine für Konfekt unwürdige Kühltheke sowie verstaubtes Design, wenn man davon überhaupt sprechen kann. Tradition ist ja in Ordnung, aber wenn ich in der obersten Liga der Chocolatiers mitspielen möchte, muss auch das Ambiente meines Geschäftes stimmen. Auch die Produkte sind sehr traditionell, nur mit Mühe sind moderne, kreative oder interessante Geschmackskompositionen zu finden.

Produktbewertungen

- Produkt: (Konfekt) Citron Truffle,
  Punkte: 64,00
  Preis/Menge: 8,40 USD / 6,63 EUR / 100 g
  Das Aroma ist ganz in Ordnung, aber das Konfekt zeigt kaum Fruchtcharakter.

- Produkt: (Konfekt) Raspberry Semi Truffle, Punkte: 61,00
  Preis/Menge: 8,40 USD / 6,63 EUR / 100 g
  Ähnlich wie bei der Zitrone: etwas aromatisch, kaum Fruchtcharakter, zu süß.

- Produkt: (Konfekt) Champagne Truffle dark, Punkte: 59,00
  Preis/Menge: 8,40 USD / 6,63 EUR / 100 g
  Mit weichem und hellem Kern. Hat kaum etwas mit Champagner zu tun. Süße, wenig aromatische Ganache-Füllung, etwas aromatischer als die weiße Version, aber auch wenig cremig. Zu feste Füllung.

- Produkt: (Konfekt) Champagne Truffle white, Punkte: 58,80
  Preis/Menge: 8,40 USD / 6,63 EUR / 100 g
  Mit weichem und hellem Kern. Hat nichts mit Champagner zu tun. Süße, wenig aromatische Ganache-Füllung, kaum cremig und zu fest.

- Produkt: (Konfekt) Salted Chewy Caramel Praline, Punkte: 58,70
  Preis/Menge: 8,40 USD / 6,63 EUR / 100 g
  Charakterloses Konfekt, zu süß und mit wenig Karamellaroma.

- Produkt: (Konfekt) Caramel Semi Truffle, Punkte: 58,50
  Preis/Menge: 8,40 USD / 6,63 EUR / 100 g
  Viel zu süß, kaum Aroma, kein guter Schokoladengeschmack.

- Produkt: (Konfekt) Dark Truffle, Punkte: 58,00
  Preis/Menge: 8,40 USD / 6,63 EUR / 100 g
  Zu süß für eine Dark Truffle. Einfache Schokolade, ohne Inspiration und Raffinesse.

- Produkt: (Konfekt) Wine Truffle, Punkte: 57,00
  Preis/Menge: 8,40 USD / 6,63 EUR / 100 g
  Weiße und weiche Ganache-Füllung. Zu süß und mit viel zu dezentem Weinaroma.

Fazit:

Dass alle Produkte enttäuscht haben, hat mich leider nicht verwundert, ich war ja vorgewarnt. Wie oft habe ich Kunden von Teuscher-Produkten schwärmen hören, besonders die Champagner-Trüffel wurden gelobt. Ich habe jedoch selten eine so unaromatische Champagner-Trüffel probiert: seelenlos, geschmacklos, süß, banal und ohne jeden Charakter. Die vielbeschworene hohe Qualität der Rohstoffe existiert entweder nicht oder wird von den Chocolatiers bei der Verarbeitung zerstört. Alle anderen Produkte sind auf ähnlichem Niveau. Es scheint, dass Teuscher noch heute zu der Aussage steht, die Füllungen nach Originalrezepturen aus Teuschers Anfangszeiten herzustellen.
Dabei vergisst Teuscher, dass sich die Confiserie in den letzten Jahrzehnten extrem verändert und weiterentwickelt hat. Das alles mag eine sehr harte Kritik sein, sie ist aber leider gerechtfertigt.

Empfehlung:

Eine Empfehlung ist leider nicht möglich.

THE HEMP LINE

Deutschland (Düsseldorf)
www.the-hemp-line.com

Verarbeitungsstufe: **Fremdproduktion**

The Hemp Line ist eine Marke des auf Hanfprodukte spezialisierten Unternehmens Hempro International GmbH & Co. KG. Auf der Homepage www.hanfhaus.de findet man verschiedenste aus Hanf gefertigte Produkte: Lebensmittel, Kosmetik, Haushaltsprodukte, Bekleidung und vieles mehr. Eine Schokolade mit Hanfnüssen ergibt durchaus Sinn, da über Hanf viel Gutes berichtet wird und die Nüsse recht schmackhaft sind. Leider ist nicht bekannt, wer die Schokolade für das Unternehmen fertigt.

Produktbewertungen

- Produkt: (Veredelt) Vollmilchschokolade mit Hanfnüssen 35 %, Punkte: 63,00
  Preis/Menge: 2,49 EUR / 100 g
  Enthält 12 % Hanfnüsse, die man auch schmeckt. Schokolade selbst ist leider zu süß, aber mit ganz gutem Schmelz und auch etwas cremig-milchig.

- Produkt: (Veredelt) Zartbitterschokolade mit Hanfnüssen 54 %, Punkte: 58,00
  Preis/Menge: 2,49 EUR / 100 g
  Die dunkle Schokolade ist aromatisch ganz in Ordnung, aber viel zu süß. Trotzdem schmeckt man kaum Hanfaroma, was mich etwas wundert. Die Hanfnüsse sind knusprig. Vielleicht sollte man die Hanfnüsse leicht rösten, um mehr Aroma zu erhalten.

Fazit:
Die Produkte sind nicht uninteressant, ich würde jedoch eine bessere Schokoladenqualität empfehlen. Ein leichtes Rösten der Hanfnüsse könnte ihr Aroma intensivieren. Es wäre einen Versuch wert.

Empfehlung:
Für Hanf-Fans gut geeignet. Wer auch zu süße dunkle Schokolade akzeptieren kann, dem schmeckt auch die Zartbitter-Variante.

THE TEA ROOM

USA (San Leandro, Kalifornien)
www.thetearoom.biz

Verarbeitungsstufe: **Standard-Schokolade**

Gegründet in Napa, befindet sich das Unternehmen nun in San Leandro. Der kreative Kopf und Gründer von The Tea Room ist der Schweizer Hotelier Heinz Rimann, der auf der international bekannten Hotelfachschule „Ecole Hoteliere de Lausanne" seinen Master absolvierte. Während seiner langen Hotelkarriere leitete er Fünf-Sterne Hotels in Europa, Afrika und Asien. Dort führte er u.a. das weltberühmte Hotel „The Hong Kong Peninsula". Anschließend leitete er ein Projekt der Peninsula-Gruppe in San Francisco.
Bei den Produkten des Unternehmens lässt Heinz Rimann seine langjährigen kulinarischen Erfahrungen als Hotelmanager auf drei verschiedenen Kontinenten einfließen. Alle Schokoladentafeln sind Bio-zertifiziert und konnten bereits viele Preise gewinnen.

Produktbewertungen

- Produkt: (Veredelt) Green Earl Grey Tea,
  Punkte: 71,75
  Preis/Menge: 3,00 USD / 2,37 EUR / 51 g
  Gutes Earl-Grey-Tee-Aroma, aber etwas zu süße dunkle Schokolade.

- Produkt: (Veredelt) Honeybush Caramel Tea,
  Punkte: 68,75
  Preis/Menge: 3,00 USD / 2,37 EUR / 51 g
  Leider etwas zu süße Milchschokolade, aber angenehmes Tee- und Karamellaroma.

- Produkt: (Veredelt) Bedouin's Mint Tea,
  Punkte: 65,75
  Preis/Menge: 3,00 USD / 2,37 EUR / 51 g
  Milchschokolade mit Kräutertee, wobei Ingwer und Orange nicht schmeckbar sind. Minze ist dezent, aber schmeckbar.

- Produkt: (Veredelt) Maté Tea & Cacao Nibs,
  Punkte: 65,75
  Preis/Menge: 3,00 USD / 2,37 EUR / 51 g
  Zu wenig Aroma, aber mit knusprigen Kakao-Nibs in dunkler Schokolade. Der Maté-Tee kann sich nicht entfalten.

- Produkt: (Weiße) Chamomile Tea & Honey,
  Punkte: 56,75
  Preis/Menge: 3,00 USD / 2,37 EUR / 51 g
  Viel zu wenig Aroma, die Kamille schmeckt man überhaupt nicht. Dazu ist die weiße Schokolade viel zu süß.

Fazit:
Die Schokoladen sind eher von durchschnittlicher Qualität. Aromatisch können vor allem die Green Earl Grey und die Honeybush Caramel überzeugen. Bei allen anderen fehlt es an Aroma. Besonders die Kamillentee-Schokolade ist sehr schwach aromatisiert. Die Maté Tea & Cacao Nibs hat ein gutes Aroma, die dunkle Schokolade ist jedoch relativ bitter und dominiert den Geschmack, je länger man die Schokolade im Mund schmelzen lässt.

Empfehlung:
Wer die Kombination von Schokolade und Tee mag, ist bei The Tea Room gut aufgehoben. Ich kann besonders die Green Earl Grey und die Honeybush Caramel empfehlen.

THEO CHOCOLATE

USA (Seattle, Washington)
www.theochocolate.com

Verarbeitungsstufe: **Bean-to-bar**

Gegründet wurde Theo Chocolate von Joseph Whinney im Jahr 2006. Vorher war er zwölf Jahre lang als Importeur für Bio-Kakao in die USA aktiv. Theo beansprucht für sich, der erste Hersteller der USA zu sein, der sowohl ausschließlich Bio- als auch Fair-Trade-zertifizierte Schokolade produziert. Das Unternehmen hat seinen Sitz und die Produktion in Seattle. Im Fremont-Viertel baute Joseph Winney die alte historische Redhook-Brauerei in eine moderne Schokoladenproduktion um. Theo Chocolate verarbeitet auch fair gehandelten Kakao von der Elfenbeinküste. Wie man sieht, ist es sehr wohl möglich, die dortige Kindersklaverei zu umgehen und die Bauern sinnvoll zu unterstützen.
Das Sortiment umfasst eine kleine Auswahl purer Schokoladen, Konfekt und veredelter Schokoladen. Eine Sonderedition präsentiert zwei Schokoladen, deren Erlöse dem Jane-Goodall-Institut zu Gute kommen, das sich aktiv für die Unterstützung der Kakaobauern in den Ursprungsländern, die Erhaltung des Regenwaldes, den Schutz von Schimpansen und viele weitere Projekte einsetzt.

Produktbewertungen

- Produkt: (Dunkel) Ghana 84 %, Punkte: 81,00
  Preis/Menge: 7,00 USD / 5,53 EUR / 84 g
  Angenehme Aromen, trotz des 84 %igen Kakaoanteils nicht zu herb. Angenehme Säure und Adstringens, sehr schokoladig. Leider mit Vanille.
  Aromaprofil: Beeren, Grapefruit, Schokolade, leicht blumig.

- Produkt: (Dunkel) Costa Rica 91 %,
  Punkte: 79,00
  Preis/Menge: 7,00 USD / 5,53 EUR / 84 g
  Ziemlich herb, aber nicht zu bitter, mit einem sehr angenehmen Schmelz. Leicht adstringierend und auch etwas sauer. Leider mit Vanille.
  Aromaprofil: Pilze, Kaffee, exotische Nüsse, Humus, Avocado.

- Produkt: (Milch) Creamy Milk Chocolate 45 %,
  Punkte: 74,10
  Preis/Menge: 3,50 USD / 2,76 EUR / 84 g
  Gutes Aroma und mit angenehmem Kakaocharakter, jedoch leider etwas zu süß und mit rauem Schmelz.
  Aromaprofil: Alpenmilch, Kakao, Lakritze, Malz, Melasse.

- Produkt: (Veredelt) Milk & Cookies 45 % Milk Chocolate, Punkte: 89,40
  Preis/Menge: 4,00 USD / 3,16 EUR / 84 g
  Sehr milchige und kakaoige Milchschokolade, angenehm knusprig, gutes Aroma. Sehr schmackhaft.

- Produkt: (Veredelt) Coconut Curry 40 % Milk Chocolate, Punkte: 83,30
  Preis/Menge: 3,00 USD / 2,37 EUR / 57 g
  Sehr Curry-lastig und crunchy. Leichte Schärfe und angenehm süße Milchschokolade.

- Produkt: (Veredelt) Spicy Chile 70 % Dark Chocolate, Punkte: 83,00
  Preis/Menge: 3,50 USD / 2,76 EUR / 84 g
  Sehr angenehmes Chili-Aroma und sehr gelungene Schärfe in dunkler Schokolade.

- Produkt: (Veredelt) Chai Tea 40 % Milk Chocolate, Punkte: 82,70
  Preis/Menge: 4,50 USD / 3,55 EUR / 57 g
  Sehr gutes Chai-Tee-Aroma. Etwas zu süße Milchschokolade, aber dennoch gut.

- Produkt: (Veredelt) Hazelnut Crunch 40 % Milk Chocolate, Punkte: 82,10
  Preis/Menge: 4,50 USD / 3,55 EUR / 57 g
  Sehr knusprig und aromatisch, leicht herbe Milchschokolade, nicht zu süß. Schmackhafte Haselnüsse.

- Produkt: (Veredelt) Mint 70 % Dark Chocolate, Punkte: 79,70
  Preis/Menge: 3,50 USD / 2,76 EUR / 84 g
  Gutes Minzaroma, dunkle Schokolade etwas rau. Hinterlässt eine angenehm minzige Frische.

- Produkt: (Veredelt) Fig Fennel & Almond 70 % Dark Chocolate, Punkte: 75,50
  Preis/Menge: 3,00 USD / 2,37 EUR / 57 g
  Sehr gute dunkle Schokolade, deutliche Aromen von Fenchel, Mandeln aber etwas im Hintergrund. Dennoch gut gelungen.

- Produkt: (Veredelt) Bread & Chocolate 70 % Dark Chocolate, Punkte: 67,70
  Preis/Menge: 4,50 USD / 3,55 EUR / 57 g
  Brot schmeckt man leider nicht raus. Ist aber sehr knusprig. Gute, aber leicht saure dunkle Schokolade.

- Produkt: (Veredelt) Cherry & Almond 70 % Dark Chocolate, Punkte: 66,50
  Preis/Menge: 4,50 USD / 3,55 EUR / 84 g
  Leider kaum Kirschgeschmack. Dunkle Schokolade überdeckt etwas das Aroma der Mandeln.

Fazit:
Die Verkostung der Theo-Schokoladen hat Spaß gemacht. Zwar sind nicht alle Produkte sehr gut oder gut bewertet worden, aber sie sind kreativ, lustig und originell: von puren Schokoladen wie Ghana 84 %, Costa Rica 91 % oder 45 % Milchschokolade, über klassisch veredelte Schokoladen mit Minze oder Chili, bis hin zu extravaganten Kombinationen wie Kokosnuss & Curry oder Brot & Schokolade.

Empfehlung:
Für Liebhaber hochprozentiger Schokoladen empfehlen sich die beiden dunklen Costa Rica und Ghana, Chili-Fans werden die Spicy Chile lieben. Die veredelten Schokoladen eignen sich für alle, die Extravagantes mögen.

THEOBROMA CHOCOLAT

Kanada (Quebec)
www.theobromachocolat.com

Verarbeitungsstufe: **Standard-Schokolade**

Das junge Unternehmen, von Josée Vigneault und Jean-René Lemire gegründet, ist erst seit Januar 2008 im Schokoladenmarkt aktiv. Die Produkte werden von Vigneault Chocolatier Ltee hergestellt, jedoch unter dem Markennahmen Theobroma Chocolat vermarktet. Einmal mehr handelt es sich bei den Gründern um Quereinsteiger: Josée Vigneault ist gelernte Grafikerin und Jean-René Lemire war als Finanzdirektor bei Federal Express tätig. Auch privat liiert, haben beide aus ihrem Bedürfnis zum kreativen Schaffen heraus erkannt, dass dies mit Schokolade möglich ist. Alle Produkte der Marke Theobroma Chocolat sind Bio-zertifiziert.

Produktbewertungen

- Produkt: (Dunkel) 72 % Dark Chocolate, Punkte: 55,00
  Preis/Menge: 2,70 USD / 2,13 EUR / 35 g
  Banale Schokolade, hergestellt mit Kakaopulver. Nur dezent aromatisch und ohne Raffinesse.
  Aromaprofil: Kakaopulver, Schokolade, Erde.

- Produkt: (Veredelt) Espresso Coffee Chunks 60 % Dark Chocolate, Punkte: 70,25
  Preis/Menge: 2,70 USD / 2,13 EUR / 35 g
  Gut gelungen, angenehmes Kaffeearoma und knusprig. Schokolade leider insgesamt etwas zu süß.

- Produkt: (Veredelt) Raspberry Chunks 60 % Dark Chocolate, Punkte: 68,75
  Preis/Menge: 2,70 USD / 2,13 EUR / 35 g
  Nett gemacht. Mit Himbeerstückchen, die auch ein fruchtiges Aroma haben. Leicht knusprig, mit der etwas sauren Himbeere nicht zu süß.

- Produkt: (Veredelt) Coconut Chunks 60 % Dark Chocolate, Punkte: 65,75
  Preis/Menge: 2,70 USD / 2,13 EUR / 35 g
  Schokolade mit Kokosflocken, geschmacklich in Ordnung, aber keine Offenbarung.

- Produkt: (Veredelt) Banana Chunks 60 % Dark Chocolate, Punkte: 62,75
  Preis/Menge: 2,70 USD / 2,13 EUR / 35 g
  Dafür, dass Banane ausgelobt wird, zeigt das Produkt zu wenig Bananengeschmack. Insgesamt ist es dennoch genießbar.

Fazit:
Die Produkte sind im Allgemeinen ganz ordentlich. Die kleinen Einheiten von 35 Gramm eignen sich als Schleckerei für Zwischendurch. Ein wenig betrübt der Preis allerdings den Genuss. Warum der puren Variante Kakaopulver zugefügt wird, ist mir unverständlich. Dies sollte heutzutage produktionstechnisch nicht notwendig sein. Geschmacklich bringt die Zugabe des Kakaopulvers eher ein negatives Aroma mit sich.
Die Zutatenliste der puren Variante liest sich seltsam: Abgedruckt ist die Reihenfolge der Zutaten wie folgt: Kakaomasse, Kakaobutter, Rohrzucker, fettarmes Kakaopulver, Soja-Lecithin. Wenn die Schokolade einen Kakaoanteil von mindestens 72 % hat, besteht sie – je nach Anteil des Kakaopulvers – zu etwa gleichen Teilen aus Kakaomasse und Kakaobutter. Das wäre sehr ungewöhnlich.

Empfehlung:
Die Produkte empfehlen sich für die Schokoladenlust zwischendurch: mit Frucht die Himbeer-Sorte, mit Kaffee-Kick die Espresso.

THÉOBROMA „MUSÉE DU CHOCOLAT"

Japan (Tokyo)
www.theobroma.co.jp

Verarbeitungsstufe: **Standard-Schokolade**

In Japan sind die französische Pâtisserie und auch die Confiserie seit langer Zeit sehr populär. Die ersten prägenden Einflüsse westlicher Konditoreikunst stammen zwar von dem deutschen Konditor Karl Juchheim, der bereits nach dem 1. Weltkrieg in den Jahren 1921–22 mit seiner Frau Elise in Yokohama eine eigene Konditorei gründete. Juchheim ist heute eine Institution in Japan, die deutsche Konditorkunst generell spielt jedoch keine Rolle. Diesen Part haben die Franzosen übernommen. Sowohl französische Konditoren und Chocolatiers, die sogar eigene Läden in Japan betreiben, als auch japanische Konditoren und Chocolatiers, die in Frankreich gelernt haben, werden heute wie Stars gefeiert. Zu letzteren zählt auch Koji Tsuchiya, der mehrere Jahre als Küchenchef in einem drei-Sterne-Restaurant in Frankreich tätig war und während dieser Zeit die Herstellung von Konfekt und Süßwaren nach französischer Art erlernte. Im Hause Théobroma, das im Januar 1999 gegründet wurde, ist er der kreative Kopf und repräsentiert es auch hervorragend in der Öffentlichkeit.

Produktbewertungen

- **Produkt: (Konfekt) Yuzu, Punkte: 92,50**
  Preis/Menge: 12,00 EUR / 4 Stück
  Fruchtig-frische, weiche und cremige Ganache-Füllung. Leicht bitter von der japanischen Yuzu-Zitrone. Sehr angenehm.

- **Produkt: (Konfekt) Sésame Noir, Punkte: 86,50**
  Preis/Menge: 12,00 EUR / 4 Stück
  Tolles Aroma des gerösteten Sesams, mit gutem Nougatgeschmack. Vielleich etwas zu süß.

- **Produkt: (Konfekt) Shochu, Punkte: 82,50**
  Preis/Menge: 12,00 EUR / 4 Stück
  Weich-cremige und harmonische Ganache-Füllung. Angenehmer Alkoholgeschmack (Eau de vie des patates/Kartoffelschnaps).

- **Produkt: (Konfekt) Sansho, Punkte: 71,50**
  Preis/Menge: 12,00 EUR / 4 Stück
  Cremige Ganache-Füllung, zu wenig Pfefferaroma, kaum Schärfe.

Fazit:
Es ist schon erstaunlich, welch feine Köstlichkeiten Koji Tsuchiya aus vermeintlich einfachen Zutaten wie Kartoffelschnaps oder Sesam zaubert. Die Zutaten sind perfekt abgestimmt und dosiert, das Dekor ist teilweise sehr aufwändig und das naiv-traditionelle Design der Verpackung ist sehr ansprechend. Auffällig ist die kurze Haltbarkeit des Konfekts (ca. vier Wochen).

Empfehlung:
Die Produkte können jedem Konfektliebhaber als außergewöhnliches und exotisches Geschmackserlebnis empfohlen werden.

THORNTONS

England (Alfreton, Derbyshire)
www.thorntons.co.uk

Verarbeitungsstufe: **Standard-Schokolade**

Thorntons ist eine große englische Confiseriekette, die bereits seit mehr als 100 Jahren existiert. Das erste Geschäft wurde von Joseph William Thornton im Jahre 1911 in Sheffield eröffnet. Heute verfügt das Unternehmen über etwa 380 eigene Filialen und Cafés sowie ca. 200 Franchise-Partner. Insgesamt werden mit über 3.500 Mitarbeitern mehr als 200 Millionen Britische Pfund Umsatz erwirtschaftet. Lange Zeit war Thorntons eher als klassisch, denn als progressiv zu betrachten. Viele Produkte – und damit das Know-how – wurden teuer zugekauft. Heute produziert Thorntons wohl größtenteils selbst. In den letzten Jahren hat sich Thorntons zu einer Lifestyle-Marke entwickelt, neben den klassischen Produkten wurden einige moderne und trendige Artikel in das Sortiment aufgenommen. Der Stil des Konfekts bewegt sich zwischen belgischem und deutschem Stil, bei den veredelten Schokoladen will man sichtbar die jüngere Kundschaft mit farbenfroher Gestaltung ansprechen. Immer wieder werden auch limitierte Auflagen von Schokoladen angeboten, bei denen ein teilweise nicht unbeträchtlicher Anteil des Erlöses gespendet wird. Zum Beispiel werden bei der Mango-Schokolade, die 1,89 Britische Pfund kostet, 91 Cent an die Organisation „Save the Children" zur Unterstützung von Kindern in Haiti gespendet.

Produktbewertungen

- Produkt: (Veredelt) Milk Chocolate with Pistacchio – Madagascar 32 % Cocoa,
  Punkte: 66,00
  Preis/Menge: 1,89 GBP / 2,34 EUR / 80 g
  Könnte eine gute Schokolade sein, ist aber leider viel zu süß. Wenn man eine der wenigen Pistazien findet, schmeckt das Ganze ganz gut.

- Produkt: (Veredelt) Milk Chocolate with Mango – Haiti 37 % Cocoa, Punkte: 65,00
  Preis/Menge: 1,89 GBP / 2,34 EUR / 80 g
  Viel zu süß und viel zu wenig Mango-Stückchen. Kaum zu glauben, dass da 12 % Mango enthalten sein soll.

- Produkt: (Schachtel) Organic Truffle Collection, Punkte: 64,00
  Preis/Menge: 10,49 GBP / 13,01 EUR / 240 g
  Konfekt in der Machart deutscher Confiseure. Kaum Raffinesse, begrenzt kreativ und ohne Überraschungen.

  Konfekt-Einzelbewertungen:
  Dark: Punkte: 70,50
  Recht kräftig schokoladige Füllung. Weder schöner Schmelz, noch cremig, dennoch mit Charakter, da Schokolade sehr dominant. Leicht adstringierend und sauer.
  Milk: Punkte: 63,50
  Trüffel mit einfacher Ganache, die etwas nach Kakao und Sahne schmeckt. Eine klassische Sahne-Trüffel ohne besonderen Kick.
  Caramel: Punkte: 62,50
  Kaum Karamellaroma, recht süß. Der Zucker außen ist völlig überflüssig, macht das Ganze nur süßer.
  Orange: Punkte: 61,90
  Schmeckt durch den Zusatz des Orangenaromas zu intensiv nach Orange. Besitzt keinen Fruchtcharakter, recht süß.
  Vanilla: Punkte: 61,60
  Essbar, sehr „deutsches" Konfekt. Mit dezentem Vanillearoma, recht feste helle Ganache, relativ süß.

Fazit:
Das Bio-Konfekt reiht sich ein in das eher industrielle Niveau deutscher Confiseure. Allein die Dark-Truffle kann mein Interesse wecken, da sie doch sehr schokoladig-kakaoig ist. Sie würde ich wieder essen, was ich von den anderen nicht sagen kann.
Die veredelten Schokoladen enttäuschen alle. Die Auslobung der Kakaosorte kann man sich sparen, da sie nicht herauszuschmecken ist. Sie ist eine nette Information, bei dem geringen Anteil an Kakaomasse ist aber jede Kakaosorte austauschbar.
Der Mango-Schokolade mangelt es an Fruchtcharakter, der Pistachio würden ein paar Prozent mehr Pistazien und weniger Zucker gut tun.
Betrachtet man das Sortiment als Industrieprodukt, ist das Preis-Leistungs-Verhältnis in Ordnung. Über ein Mainstream-Supermarkt-Niveau kommen die Produkte jedoch nicht hinaus.

Empfehlung:
Für den Hunger zwischendurch und als Ersatz zu den üblichen Riegeln kann man das eine oder andere Konfekt und auch die veredelten Schokoladen kaufen.

TIROLER EDLE UND EDEL & GUT

Österreich (Landeck)
www.tiroleredle.at und www.edelundgut.at

Verarbeitungsstufe: **Schokolade nach Maß**

Die Initiatorin von Tiroler Edle, Therese Fiegl, ist studierte Agrarökonomin und verantwortlich für Marketing, Produktentwicklung und die Marke. Um ihre Ideen und Vorstellungen umsetzten zu können, bedurfte es eines versierten Fachmanns, den sie in Hansjörg Haag gefunden hat. Der passionierte Konditormeister hat die Kunst der Herstellung von Schokoladenerzeugnissen in der Schweiz erlernt.
Das Besondere an den Produkten ist die Verwendung von Milch des Tiroler Grauviehs, einer seit 3000 Jahren in den Tiroler Bergen beheimateten Rasse, die noch nie mit anderen Rinderrassen gekreuzt wurde, kein Silo- und Kraftfutter kennt und die Sommermonate auf den Hochalmen Tirols verbringt. Für die Füllungen der Schokoladen wird der Frischrahm, für die Schokolade selbst die Grauvieh-Trockenmilch verwendet (Schokolade kann fast ausschließlich mit Trockenmilch hergestellt werden). Für eine Jahresproduktionsmenge von 120.000 Tafeln benötigt Tiroler Edle ca. 35.000 Liter Grauviehmilch.
Die Schokolade wird zu einem Teil von Domori produziert, was an sich schon eine klare Aussage dazu ist, in welchem Qualitätsniveau man sich bewegen möchte. Das Unternehmen verwendet aber auch Schokolade von dem belgischen Schokoladenhersteller Callebaut, was wiederum überhaupt nicht passt. Der Qualitätsunterschied zwischen Domori und Callebaut ist gewaltig – bei einem Preis von ca. 4,70 Euro für 50 Gramm erwarte ich auf jeden Fall die bessere Qualität. Grundsätzlich ist

es immer ein Problem, wenn ein Hersteller verschiedene Schokoladenqualitäten einsetzt, bei Tiroler Edle verstehe ich es einfach nicht.
Edel & gut ist eine weitere Produktlinie, die Frau Fiegl in Zusammenarbeit mit dem Winzer Alois Kracher betreibt. Unter dieser Marke wird beispielsweise Edelbitter-Schokolade mit Traminer-Beerenauslese-Weingelee von Kracher angeboten.

Produktbewertungen

- Produkt: (Milch) Purissima Vollmilch 75 %, Punkte: 88,50
  Preis/Menge: 4,90 EUR / 50 g
  Sehr gutes Kakaoaroma, wenig süß und cremig. Hergestellt mit Rio-Caribe-Kakao.
  Aromaprofil: Nussig, reife Früchte, Tabak, Milch, leicht torfig.

- Produkt: (Milch) Purissima Vollmilch 48 %, Punkte: 80,00
  Preis/Menge: 4,90 EUR / 50 g
  Insgesamt vielleicht etwas zu süß, aber milchig-cremig, mit angenehmem Kakaocharakter und tollem Schmelz.
  Aromaprofil: Sahnig-milchig, Malz, leicht nussig und fruchtig.

- Produkt: (Weiße) Purissima Weiß, Punkte: 87,00
  Preis/Menge: 4,90 EUR / 50 g
  Guter Geschmack, wenig süß, mit dezenter Vanille.
  Aromaprofil: Milch, Sahne, Vanille.

- Produkt: (Veredelt) Oben ohne mit Walnüssen, Punkte: 83,00
  Preis/Menge: 5,90 EUR / 50 g
  Sehr schmackhafte Walnüsse, aber die Milchschokolade enttäuscht etwas, könnte ruhig etwas schokoladiger sein.

- Produkt: (Veredelt) Oben ohne mit Tiroler Preiselbeeren, Punkte: 74,00
  Preis/Menge: 5,90 EUR / 50 g
  Auch wenn die dunkle Schokolade insgesamt gut schmeckt, enthält sie einfach zu wenig Preiselbeeren. Gute Kombination von süß und sauer.

- Produkt: (Veredelt) Oben ohne mit Tiroler Heidelbeeren, Punkte: 71,20
  Preis/Menge: 5,90 EUR / 50 g
  Gute Kombination von süß und sauer, jedoch etwas wenig Früchte aufgestreut. Angenehm herbe Milchschokolade.

- Produkt: (Nougat) Tiroler Edle 35% gianduja, Punkte: 80,00
  Preis/Menge: 4,30 EUR / 50 g
  Nussig, aromatisch und dezent süß. Sehr angenehm.

- Produkt: (Riegel) Whisky edition Bruichladdich, Punkte: 75,00
  Preis/Menge: 4,60 EUR / 50 g
  Angenehmer Geschmack von Whisky. Ob der pure Bruichladdich so schmeckt, kann ich leider nicht beurteilen. Ob es am Whisky liegt, dass mir dieser Riegel besser schmeckt als der Glenfarclas? Ich denke schon, da der Geschmack ausschließlich vom Whisky kommen sollte. Insgesamt eine runde Sache. Leicht herb, nicht zu süß und Füllung mit angenehmer Konsistenz.

- **Produkt: (Riegel) Whisky edition Glenfarclas, Punkte: 72,00**
  Preis/Menge: 4,60 EUR / 50 g
  Angenehmer Geschmack von Whisky. Ob der pure Glenfarclas so schmeckt, kann ich leider nicht beurteilen. Dennoch gefällt dieser Riegel gut, da auch nicht zu alkoholisch. Insgesamt eine runde Sache. Leicht herb, nicht zu süß und Füllung mit angenehmer Konsistenz.

- **Produkt: (Riegel) Mit Alpenkaramell 38 %, Punkte: 69,00**
  Preis/Menge: 4,70 EUR / 50 g
  Gut karamellig, weiche Füllung und für Karamell auch nicht zu süß.

- **Produkt: (Riegel) Mit Ötztaler Preiselbeeren 60 %, Punkte: 69,00**
  Preis/Menge: 4,70 EUR / 50 g
  Etwas zu wenig Preiselbeeraroma, aber mit angenehmer Süße.

- **Produkt: (Riegel) Mit schwarzen Johannisbeeren 60 %, Punkte: 67,80**
  Preis/Menge: 4,70 EUR / 50 g
  Gutes Fruchtaroma, mit angenehmem Fruchtcharakter und schöner Süße.

- **Produkt: (Riegel) Mit Marille 38 %, Punkte: 66,60**
  Preis/Menge: 4,70 EUR / 50 g
  Leicht alkoholisch, mit zu wenig Marillengeschmack. Schokolade ist eher einfach im Aroma.

- **Produkt: (Riegel) Mit feinem Nougat, Punkte: 63,00**
  Preis/Menge: 4,70 EUR / 50 g
  Schmeckt eher nach Toffee als nach Nougat. Gefällt zwar ganz gut, man erwartet aber etwas anderes.

Fazit:

Bei Tiroler Edle scheiden sich die Geister. Bei der Verkostung gab es sehr kontroverse Meinungen, sodass auch die Benotungen weit auseinander gingen. Das Lob (oder der Tadel), vor allem für die puren Schokoladen, gebührt eigentlich Domori. Natürlich können der Einfluss und die Wünsche des Kunden das Endergebnis der Schokolade aber stark beeinflussen.

Die puren Schokoladen können alle überzeugen. Bei nahezu allen veredelten Sorten sind die aufgestreuten Zutaten zu spärlich eingesetzt. Für den Preis muss da einfach mehr drauf sein. Die gefüllten Schokoladen sind enttäuschend. Bei diesen Preisen kann man eine bessere Qualität und mehr Finesse erwarten.

Die Milch des Grauviehs besitzt einen angenehmen Eigengeschmack, den man ganz gut herausschmecken kann. Die Produkte sind grundsätzlich in Ordnung, und die Marke ist sympathisch. Die Preise sind jedoch zu hoch. Und dann ist da noch die Geschichte mit den unterschiedlichen Schokoladenqualitäten ...

Empfehlung:

Die puren Schokoladen sollte man einmal probiert haben, besonders die Weiße. Die Obenohne-Produkte sind gut und eine Empfehlung wert. Hier sollte man aber darauf achten, sich eine gut bestreute Tafel auszusuchen. Die gefüllten Schokoladen sind nicht schlecht. Ich möchte sie aber nicht unbedingt empfehlen, da sie meines Erachtens zu teuer sind.

TOBAGO COCOA ESTATE

Tobago (Scarborough)
www.tobagococoa.com

Verarbeitungsstufe: **Fremdproduktion**

Tobago Cocoa Estate wurde im Jahre 2005 von Duane Dove gegründet, der jahrelang in der europäischen Nahrungsmittelindustrie arbeitete, bevor er wieder in seine Heimat Tobago zurückkehrte. Er erkannte die Notwendigkeit, den brach liegenden Kakaoanbau Tobagos wieder zu beleben. Tobago stand zwar in der Vergangenheit immer etwas im Schatten Trinidads, hat selbst aber stets eine hervorragende Kakaoqualität hervorgebracht. In den letzten Jahren betrug der maximale Kakaoanbau gerade einmal fünf Tonnen jährlich. Für ein Land, das für seinen Kakaoanbau bekannt ist, ist dies eine sehr geringe Menge.
Auf Duane Doves Plantage wird ausschließlich Trinitario-Kakao angebaut. Die Plantage kann besichtigt werden und Besucher können aktiv bei der Fermentierung und Trocknung mitwirken. Am Ende des Tages gibt es nach dem Dinner (es werden Tobago-Spezialitäten serviert) eine Verkostung mit Rum und Schokolade.
Die Schokolade wird von François Pralus in Roanne produziert.

Produktbewertungen

- Produkt: (Dunkel) 70 % Dark Chocolate Single Estate, Punkte: 84,40
  Preis/Menge: 7,00 EUR / 50 g
  Fruchtig-würzig, mit den für Pralus typischen Röstaromen. Angenehm herb und mit perfekter Süße.
  Aromaprofil: Kaffee, Toastbrot, exotische Früchte (Papaya, Guave, Banane), Kaffee.

Fazit:
Menschen wie Duane Dove sollten nach Möglichkeit unterstützt werden. Er tut viel für Tobago, die Natur, den Kakao und auch für die Touristen, eine bemerkenswerte und respektable Leistung. Eine Erweiterung des Sortiments, zum Beispiel um eine hochprozentige Milchschokolade, wäre sehr schön.

Empfehlung:
Die Schokolade ist uneingeschränkt empfehlenswert, zumal es sich um die einzige pure Tobago-Schokolade weltweit handelt.

TOHI

Belgien (Wathier Braine)
www.tohi.be

Verarbeitungsstufe: **Schokolade nach Maß**

Tohi ist eine neu kreierte Marke des Unternehmens Dolfin, die sich auf die Verarbeitung von Bio-Rohstoffen und die Herstellung von Bio-Produkten spezialisiert hat. Die Produkte sind zudem alle Fair-Trade-zertifiziert. Auch das verwendete Papier trägt ein Siegel, und zwar für nachhaltige Forstwirtschaft (FSC). Der Markenauftritt ist gelungen, modern-emotional, ohne zu kitschig zu werden. Der Name der Marke beruht auf dem eines Vogels, der erst im Jahre 2004 in Kolumbien nahe der Grenze zu Venezuela entdeckt wurde.
So unterschiedlich das Konzept der Dolfin-Marken ist, so sehr gleicht sich das Konzept der Schokoladen, denn von der Machart ähneln sich die Produkte sehr: Schokolade in Verbindung mit Gewürzen, Trockenfrüchten und Früchten.

Produktbewertungen

- Produkt: (Veredelt) Amandes Salées 74 %,
  Punkte: 69,50
  Preis/Menge: 2,99 EUR / 70 g
  Die Mandeln gehen durch die dominante dunkle Schokolade geschmacklich unter. Das Salz ist nur sehr dezent schmeckbar, wenn man auf die Mandeln beißt.

- Produkt: (Veredelt) Thé Earl Grey 74 %,
  Punkte: 66,50
  Preis/Menge: 2,99 EUR / 70 g
  Dunkle Schokolade von einfacher Qualität, etwas zu bitter und mit zu dezentem Teearoma. Die Schokolade ist im Vergleich einfach zu kräftig im Geschmack für das zurückhaltende Teearoma.

- Produkt: (Veredelt) Noisettes & Café 74 %,
  Punkte: 65,60
  Preis/Menge: 2,99 EUR / 70 g
  Wie soll man bei 74 % Kakaoanteil in der dunklen Schokolade und Kaffee noch die zarten Aromen der Nüsse schmecken? Der Kaffee ist sehr dominant, harmoniert aber gut mit der Schokolade. Die Nüsse verleihen der Tafel eine Knusprigkeit, sind aromatisch aber überflüssig.

- Produkt: (Veredelt) Citron & Gingembre 74 %,
  Punkte: 62,70
  Preis/Menge: 2,99 EUR / 70 g
  Dezente, aber angenehme Zitrone. Das Ingweraroma ist unangenehm, da wohl Pulver. Mit sehr, sehr harten Stücken, wohl Zitronenschalen. In dunkler Schokolade.

Fazit:
Natürlich vergleicht man unweigerlich die Produktqualitäten von Tohi mit denen von Dolfin. Aufgrund der besseren Schokolade hat Tohi die Nase vorne, wenngleich der Vorsprung kleiner ist, als erwartet. Dies liegt hauptsächlich daran, dass der doch relativ hohe Kakaoanteil von 74 % es den geschmacksgebenden Zutaten sehr schwer macht, sich zu entfalten. Besonders die Nuss- und Mandelvarianten leiden stark darunter, da diese Zutaten eher zarte Geschmacksnoten besitzen. Die Zitrone-Ingwer-Schokolade kann aufgrund des verwendeten Ingwerpulvers leider nicht überzeugen. Der Earl Grey harmoniert zwar gut mit der kräftigen Schokolade, eine höhere Dosierung wäre aber wünschenswert.

Empfehlung:
Die Tohi-Produkte sind als solide Dolfin-Alternative empfehlenswert.

TOKYO CHOCOLATE

Japan (Tokyo)
www.tokyo-chocolate.jp

Verarbeitungsstufe: **Standard-Schokolade**

Tokyo Chocolate ist eine Marke des Unternehmens Mary's Chocolate Co. und wurde im Jahre 1950 in Aoyama in Japan gegründet. Ursprünglich Gebäckhersteller, hat sich das Unternehmen zu einem Süßwarenproduzenten mit einem breiten Sortiment entwickelt. Die Marke Tokyo Chocolate wurde aufgrund der rechtlichen Probleme der Nutzung des Namens Mary's in Europa kreiert. Die Produkte beider Marken unterscheiden sich jedoch grundsätzlich, was etwas erstaunt.

Produktbewertungen

- Produkt: (Konfekt) Jouet Fourré au bonbon,
  Punkte: 72,25
  Preis/Menge: 5,00 EUR / 3 Stück
  Lustiges Konfekt mit Bonbongeschmack und Knalleffekt. Hart und süß. Hält aber, was es verspricht.

- Produkt: (Konfekt) Mi-Na-Mo Raisin et Vin,
  Punkte: 70,25
  Preis/Menge: 25,00 EUR / 9 Stück
  Zwar etwas zu festes Gelee, aber mit angenehmen Aromen und nicht zu süß.

- Produkt: (Konfekt) Syu-gyo-Ku Thé vert, Punkte: 69,25
  Preis/Menge: 25,00 EUR / 9 Stück
  Ganache-Füllung mit dezentem Teearoma. Sehr grüne und etwas zu feste Füllung.

- Produkt: (Konfekt) Syu-gyo-Ku Patate douce violette, Punkte: 68,65
  Preis/Menge: 25,00 EUR / 9 Stück
  Dezenter Kartoffelgeschmack, etwas zu feste Ganache-Füllung, aber insgesamt ein interessantes Konfekt.

- Produkt: (Konfekt) Jouet Orange, Punkte: 65,52
  Preis/Menge: 5,00 EUR / 3 Stück
  Mit konfierten Orangen. Etwas zu dezentes Aroma und zu harte Füllung.

- Produkt: (Konfekt) Jouet Éclats de cacao, Punkte: 64,85
  Preis/Menge: 5,00 EUR / 3 Stück
  Knuspriger Nougat. Etwas zu hart. Sieht besser aus, als es ist.

- Produkt: (Konfekt) Syu-gyo-Ku Sésame, Punkte: 64,25
  Preis/Menge: 25,00 EUR / 9 Stück
  Kaum Sesamaroma, leicht alkoholisch.

- Produkt: (Konfekt) Mi-Na-Mo Pomme et Calvados, Punkte: 63,85
  Preis/Menge: 25,00 EUR / 9 Stück
  Sieht gut aus, enttäuscht aber ein wenig, da das Gelee zu fest ist und es an Aroma fehlt.

- Produkt: (Konfekt) Mi-Na-Mo Perilla de Nakin et liqueur de prune, Punkte: 61,25
  Preis/Menge: 25,00 EUR / 9 Stück
  Das Gelee ist etwas zu fest und das Aroma könnte intensiver sein.

- Produkt: (Konfekt) Syu-gyo-Ku Sucre noir, Punkte: 60,65
  Preis/Menge: 25,00 EUR / 9 Stück
  Langweilige Ganache-Füllung mit wenig Aroma. Wonach soll schwarzer Zucker schmecken?

Fazit:
Leider versprechen die Ästhetik, das Design und die Verpackung zu viel. Die Produkte selbst sind eher mittelmäßig.
Das Jouet Fourré au bonbon ist eine wahre Kuriosität. Auch wenn es für meinen Gaumen kein wirklicher Genuss war, andere Tester fanden es toll. Geschmack ist nun einmal subjektiv.
Großartig ist das Dekor des einzelnen Konfekts. Das können die Japaner nun wirklich am besten.

Empfehlung:
Als Kuriosität empfehlenswert. Wer gerne Bonbons mit Knalleffekt mag, wird das Jouet Fourré au bonbon lieben.

VALRHONA

Frankreich (Tain L'Hermitage)
www.valrhona.com

Verarbeitungsstufe: **Bean-to-bar**

Valrhona (benannt nach dem Rhône-Tal) wurde im Jahr 1922 von dem Konditor Alberic Guironnet gegründet. Ursprünglich als Chocolaterie du Vivarais gestartet, wurde das Unternehmen 1947 in Valrhona umbenannt. Seit Mitte der 1980er Jahre gehört das Unternehmen zu der Bongrain-Gruppe. Gründer Jean-Noël Bongrain war der Erfinder des Käses Capricè dés Dieux, womit seine Erfolgsgeschichte begann. Kurioserweise hält das Unternehmen Beteiligungen an ca. 100 Käseherstellern, aber nur eine branchenfremde Beteiligung, nämlich Valrhona.
Das Unternehmen hat es perfekt verstanden, die Marke Valrhona konsequent im Markt zu etablieren. Valrhona gilt heute als Synonym für Edelschokolade. Lange bevor sich die neuen Kreativen um Domori, Amedei und Zotter mit Edelkakao auseinandergesetzt haben, war die Marke Valrhona schon etabliert. Auf Speisekarten der besten Restaurants weltweit werden Desserts mit Valrhona-Schokolade angepriesen. Das ist einmalig in der Gastronomie, wo Zutaten in der Regel anonymisiert verarbeitet werden. Auch in Rezeptbüchern taucht immer wieder der Name Valrhona auf, anderen Marken ist dies nur sporadisch gelungen. Entsprechend ist die Produktion von Schokoladen für die Weiterverarbeitung durch die Gastronomie, Industrie, Konditoren und Chocolatiers der wichtigste Geschäftszweig des Unternehmens. Aber auch die Markenprodukte für den Einzelhandel haben sich im Markt etabliert.
Valrhona hat als erstes Unternehmen eine Jahrgangsschokolade (Chocolats de Domaine Millésimés) kreiert, die Gran Couva. Die Serie selbst umfasst drei Schokoladen je einer Plantage aus Venezuela, Trinidad und Madagaskar. Besonders die Ampamakia aus Madagaskar kann überzeugen. Hierbei handelt es sich um Kakao der Plantage Millot aus dem Sambirano-Tal. Valrhona hat auf Jahre hinaus einen Exklusivvertrag für die gesamte Jahresernte mit Millot geschlossen. Ich hatte mehrmals das Vergnügen, die Plantage zu besichtigen. Hier wird hervorragende Arbeit geleistet. Millot hat eine eigene Methode der Bohnenverarbeitung entwickelt, bei der die Bohnen unter anderem grundsätzlich gewaschen werden. Für die Jahrgangsschokolade Ampamakia werden nur ausgewählte Bohnen eines Jahres verwendet. Auch für die Valrhona-Schokolade Manjari werden Millot-Bohnen verwendet. Auch diese Schokolade ist hervorragend gelungen.
Valrhona besitzt in Venezuela eine eigene Plantage, die Pedregal-Plantage. Auf ihr wächst auch Porcelana-Kakao, aus dem hin und wieder eine pure Porcelana-Schokolade hergestellt wird.

Produktbewertungen

- Produkt: (Dunkel) Ampamakia 64 % Récolte 2010, Punkte: 94,70
  Preis/Menge: 4,50 EUR / 75 g
  Die Inkarnation des Madagaskar-Kakaos: fruchtig, sinnlich, verführerisch. Die besten Aromen des Madagaskar-Kakaos werden hervorgelockt. Mit nur 64 % Kakaoanteil zwar recht süß, aber zum Kakao passend. Der Einsatz von Vanille ist bei dieser Schokolade geradezu sträflich. Das hat sie nun wirklich nicht nötig.
  Aromaprofil: Limette, Mango, Pfirsich, Vanille, Zimt.

- **Produkt:** (Dunkel) Manjari 64 %, **Punkte:** 84,60
  Preis/Menge: 3,69 EUR / 70 g
  Sehr fruchtig, mit tollen Aromen. Aus Madagaskar-Bohnen.
  Aromaprofil: Rote Beeren, Mango, tropische Zitrusfrüchte, Vanille.

- **Produkt:** (Dunkel) Gran Couva 64 % Récolte 2010, **Punkte:** 84,10
  Preis/Menge: 4,60 EUR / 75 g
  Die erste Jahrgangs-Schokolade (Trinidad) und vielleicht auch die erste Plantagen-Schokolade. Seit ca. 2001 im Handel und somit der Vorreiter der modernen Schokoladen. Aromatisch, mild-lieblich, toller Schmelz. Eine fein abgerundete Schokolade, jedoch mit zwei kleinen Problemen: Mit 64 % Kakaoanteil zu süß und mit überflüssig hinzugefügter Vanille. Schade.
  Aromaprofil: Vanille, getrocknete Feigen, Melasse, milde rote Beeren, Toffee.

- **Produkt:** (Dunkel) Guanaja 70 %, **Punkte:** 83,50
  Preis/Menge: 3,69 EUR/70 g
  Gute Schokolade. Hält, was sie verspricht: Bittersüß und elegant. Würzige und dezent fruchtige Aromen.
  Aromaprofil: Rote Beeren, Kumquats, Kaffee, Nüsse, Gewürze (Vanille, Zimt, Nelken).

- **Produkt:** (Dunkel) Taïnori 64 %, **Punkte:** 82,20
  Preis/Menge: 4,10 EUR / 70 g
  Charaktervolle Schokolade, hergestellt mit Kakao aus der Dominikanischen Republik. Intensive fruchtig-würzige und rustikale Aromen. Mit einem leichten Röstaroma.
  Aromaprofil: Aprikose, Banane, sanfte Gewürze.

- **Produkt:** (Dunkel) Palmira 64 % Récolte 2010, **Punkte:** 81,30
  Preis/Menge: 4,50 EUR / 75 g
  Elegante Schokolade, hergestellt mit Kakao von der Palmira-Plantage in Venezuela. Kaum bitter, mit subtiler Würze. Sehr angenehmer Schmelz und lang anhaltende Aromen.
  Aromaprofil: Rohe Nüsse, Trockenfrüchte, Gewürze.

- **Produkt:** (Dunkel) Alpaco 66 %, **Punkte:** 80,80
  Preis/Menge: 4,10 EUR / 70 g
  Gute Ecuador-Schokolade. Blumige und leicht torfig-waldige Aromen. Dezent geröstete Kakaobohnen, optimal in Szene gesetzt. So schmeckt Ecuador-Kakao.
  Aromaprofil: Blumig (Jasmin, Hibiskus, Lotusblüten), feuchter Waldboden, leicht nussig und fruchtig.

- **Produkt:** (Dunkel) Abinao 85 %, **Punkte:** 76,60
  Preis/Menge: 4,10 EUR/70 g
  Gut gelungener Blend von Afrika-Kakaosorten. Herb, mit kontrollierter Säure und leichter Adstringens. So schmeckt auch Afrika-Kakao ganz gut.
  Aromaprofil: Erdig, Kaffee, Melasse, Avocado, rote Beeren.

- **Produkt:** (Veredelt) Jivara Pécan 40 %, **Punkte:** 90,60
  Preis/Menge: 4,50 EUR / 100 g
  Sehr gelungene Nuss-Schokolade. Aromatisch-knusprig karamellisierte Pekannüsse in feiner milchig-cremiger Milchschokolade. Ein Traum für Nuss-Liebhaber. Da ist es dann auch egal, wenn die Milchschokolade nicht überragend ist. Sie ist hier Nebendarsteller.

- **Produkt:** (Veredelt) Caraïbe Noisette 66 %, **Punkte:** 86,95
  Preis/Menge: 4,50 EUR / 100 g
  Eine der ganz wenigen dunklen Schokoladen im Markt, mit der die Haselnüsse wunderbar harmonieren. Trotz der Dominanz des Kakaos schmeckt man sehr gut die aromatischen Haselnüsse. Toll gelungen.

- **Produkt:** (Milch) Tanariva 33 %, **Punkte:** 74,00
  Preis/Menge: 3,69 EUR / 70 g
  Trotz erschreckend niedrigem Kakaogehalt, der Kakao kommt aus Madagaskar, ordentlich gelungen. Schmeckt nach dem, was drauf steht: süß und karamellisiert. Eine elegante Milchschokolade, die aber etwas weniger süß sein dürfte.
  Aromaprofil: Dezent Zitrusfrüchte, Sahnebonbon, Rahmkaramell, Toffee.

- Produkt: (Konfekt) Tarte Tatin, Punkte: 91,50
  Preis/Menge: 4,95 EUR / 100 g
  Beim Genuss des Konfekts fühlt man sich in ein Pariser Bistro versetzt, in dem man eine perfekte Tarte Tatin isst. Fruchtig (Apfel), würzig (Zimt) und nicht zu süß (Karamell).

- Produkt: (Konfekt) Himbeer Crumbler mit Biskuit, Punkte: 90,50
  Preis/Menge: 4,95 EUR / 100 g
  Außen mit Himbeerstückchen und Haselnüssen, innen leichte Milch-Ganache. Knusprig, aromatisch, harmonisch und nicht zu süß.

- Produkt: (Konfekt) Cassis dunkel,
  Punkte: 89,10
  Preis/Menge: 4,95 EUR / 100 g
  Fruchtig, mit angenehmer Säure und gutem Johannisbeeraroma. Nicht zu herb und angenehm lieblich.

- Produkt: (Konfekt) Pralifeuillete lait,
  Punkte: 88,70
  Preis/Menge: 4,95 EUR / 100 g
  Sehr aromatischer Nougat mit knusprigen Crêpe Dentelle, nicht zu süß.

- Produkt: (Konfekt) Guanaja dunkel 70 %,
  Punkte: 88,70
  Preis/Menge: 4,95 EUR / 100 g
  Sehr gutes Kakaoaroma. Nicht zu herb und mit angenehmer Süße.

- Produkt: (Konfekt) Créme Caramel,
  Punkte: 83,00
  Preis/Menge: 4,95 EUR / 100 g
  Guter Crème-Caramel-Charakter. Aromatisch und nicht zu süß. Dunkle Schokolade angenehm im Kontrast zur süßen Füllung.

- Produkt: (Konfekt) Cassis, Punkte: 80,00
  Preis/Menge: 4,95 EUR / 100 g
  Angenehm aromatisch, aber insgesamt etwas zu süß, trotz dunkler Schokolade. Weiße Schokolade ist etwas zu dick.

- Produkt: (Konfekt) Chapka Milch,
  Punkte: 78,20
  Preis/Menge: 4,95 EUR/100 g
  Recht einfaches Konfekt. Milch-Ganache mit knusprigen Haselnüssen außen. Milchig-toffig und dezent süß.

- Produkt: (Konfekt) Guanaja Lactée,
  Punkte: 77,00
  Preis/Menge: 4,95 EUR/100 g
  Kein schlechtes Konfekt, könnte aber etwas aromatischer und kakaoiger sein. Vielleicht auch etwas zu süß.

Fazit:
Es ist immer angenehm, wenn ein renommierter Hersteller seine Klasse bestätigt. So ist es auch bei Valrhona. Die Produkte gefallen alle gut bis sehr gut. Mittelmäßige oder gar schlechte Produkte sucht man vergebens. Einzig die Verwendung von Vanille bei den dunklen Schokoladen, auch bei den Ursprungs- und Single-Plantation-Schokoladen, stört. Solche Schokoladen leben vom Eigenaroma des Kakaos, der nicht durch Zugabe von Vanille gestört oder verfälscht werden sollte. Dennoch, die Ampamakia bleibt eine meiner Lieblingsschokoladen, ist sie doch die Inkarnation des Kakaos aus Madagaskar. Gerne würde ich diese Schokolade einmal ohne Vanille und auch mit etwas weniger Zucker probieren.
Valrhona steht zu Recht in der Riege der weltbesten Chocolatiers und Confiseure.

Empfehlung:
Alle dunklen Schokoladen sind für Chocoholics empfehlenswert. Nuss-Liebhabern kann ich beide Nuss-Schokoladen empfehlen. Liebhaber französischen Konfekts kommen bei Valrhona auf ihre Kosten.

VANINI

Italien (Lecco)
www.vaninicioccolato.it

Verarbeitungsstufe: **Bean-to-bar**

Vanini ist eine Marke des italienischen Unternehmens ICAM (Industria Cioccolato e Affini Morbegno), das im Jahre 1942 von Silvio Agostoni, Carolina Vanini und ihren Brüdern Giancarlo und Urbano in Lecco gegründet wurde.
ICAM hat sich auf die Herstellung von Handelsmarken spezialisiert. Besonders im Bereich von Bio- und Fair-Trade-Produkten war ICAM schon früh sehr aktiv. Unter der Marke ICAM vertreibt das Unternehmen bereits Gianduja-Produkte im Einzelhandel, vornehmlich aber in Italien und kaum über die Grenzen hinaus.
Mit der Marke Vanini, benannt nach der Mitgründerin, will man nun auch im Bereich der Schokolade dem Endverbraucher das Können unter Beweis stellen. ICAM produziert auch Schokoladen für Green & Black's und viele andere bekannte Marken. Noch heute wird das Unternehmen von Familienmitgliedern geführt.

Produktbewertungen

- Produkt: (Dunkel) 75 % Cacao Dominicana, Punkte: 82,10
  Preis/Menge: 3,90 EUR / 75 g
  Etwas bitter, trotz dem sehr hohen Kakaobutteranteil (12,5 %). Aromatisch, wobei das Aroma der zugesetzten Vanille etwas stört.
  Aromaprofil: Nüsse, Kaffee, Tabak, getrocknete Früchte.

- Produkt: (Dunkel) 70 % Cacao Madagascar, Punkte: 81,10
  Preis/Menge: 3,90 EUR / 75 g
  Leicht bitter, aber aromatisch. Leider mit Vanille. Die prozentuale Angabe von Kakaomasse und Kakaobutter ist überraschend, aber willkommen.
  Aromaprofil: Rote Beeren, Vanille, Gewürze.

- Produkt: (Milch) 49 % Cacao, Punkte: 81,50
  Preis/Menge: 3,90 EUR / 75 g
  Sehr milchig-cremig, aber auch mit einem angenehm herben Kakaoaroma. Mit „wasserfreier Butter", sprich Butterfett und Vanilleextrakt. Schmeckt aber.
  Aromaprofil: Kakao, Vanille, Milch, Toffee.

- Produkt: (Milch) 39 % Cacao, Punkte: 79,00
  Preis/Menge: 3,90 EUR/75 g
  Extrem milchig-cremige Schokolade. Hier steht der Kakao trotz respektablen 39 % im Hintergrund. Man merkt, dass ein sehr hoher Anteil Kakaobutter ist. Mit wasserfreier Butter, was im deutschen wohl Butterreinfett entspricht.
  Aromaprofil: Milch, Karamell, Malz.

- Produkt: (Veredelt) Mandorle intere 49 % Cacao, Punkte: 90,25
  Preis/Menge: 3,90 EUR/75 g
  Mit 25 % aromatischen sizilianischen Mandeln in einer sehr angenehmen Milchschokolade. Sehr schmackhaft.

- Produkt: (Veredelt) Fichi in pezzi 49 % Cacao, Punkte: 86,35
  Preis/Menge: 3,90 EUR / 75 g
  Mit 25 % aromatischen Feigen. Fruchtig und durch die tolle Milchschokolade angenehm schokoladig.

Fazit:
Eine Besonderheit haben die Zutatenlisten von Vanini: Bei den dunklen Schokoladen wird nicht nur der Anteil an Gesamtkakaobestandteilen angegeben, sondern auch noch zwischen Kakaomasse und Kakaobutter unterschieden. So hat zum Beispiel die Madagaskar 70 % einen Kakaomasseanteil von 64 % und 6 % Kakaobutter. Bei der 75 %igen aus der Dominikanischen Republik beträgt der Anteil an Kakaomasse lediglich 62,5 %, der Anteil an Kakaobutter demnach stolze 12,5 %. Ein großes Lob an ICAM für diese Offenheit. Es ist richtig, richtig toll, die Aufteilung zu kennen. Dadurch kann man eine Schokolade viel besser verstehen.
Etwas störend empfinde ich die Vanille in beiden dunklen Schokoladen. Sie ist nicht notwendig, da beide Kakaosorten auch so sehr aromatisch sind. Bei den Milchschokoladen empfinde ich die Zugabe von „wasserfreier Butter", was im Deutschen eher Butterreinfett genannt wird, als überflüssig.
Die Milchschokoladen haben einen grandiosen Schmelz. Das lässt vermuten, dass der Kakaobutteranteil relativ hoch ist und auch das Butterreinfett wird den Schmelz begünstigen. Beide Milchschokoladen erinnern an Schweizer Milchschokolade. Auch wenn der Kakaoanteil hoch ist, sind sie eher milchig-cremig als kakaoig-schokoladig.
Die beiden veredelten Schokoladen haben mir sehr gut gefallen. Stolze 25 % aromatische und knusprige Mandeln in der Mandorle und auch bei der Feige wurde mit 25 % Fruchtanteil nicht gegeizt. Man muss Feigen natürlich mögen, zumal die kleinen Kerne allseits präsent sind.

Empfehlung:
Alle Produkte sind uneingeschränkt empfehlenswert, auch wenn das eine oder andere Detail nicht den Idealvorstellungen entspricht. Für Chocoholics, Liebhaber von Milchschokolade und veredelter Schokolade.

VAO VAO

USA (New York)
www.iLovao.com

Verarbeitungsstufe: **Bean-to-bar**

Vao Vao ist eine Marke des Schokoladenherstellers Robert aus Madagaskar. Das Unternehmen wurde 1937 von dem französischen Ehepaar Robert von der Insel La Réunion gegründet. Die Produktion wurde inmitten des damaligen Hauptanbaugebietes in Brickaville errichtet, das sich jedoch nach und nach Richtung Ambanja verlagerte. 1977 wurde das Unternehmen an die Familie Berger verkauft und die Produktion in die Hauptstadt Antananarivo verlagert. 1996 wechselte erneut der Eigentümer. Die Ramanandraibe Group forciert besonders in den letzten Jahren ihre Bemühungen, Robert als Marke zu positionieren. Seit 1996 wurden fünf Geschäfte eröffnet, davon eines im Duty-

Free-Bereich des Ivato International Airports der Hauptstadt. Im Jahr 2006 wagte Robert den Vertrieb der Marken Mora Mora und Sambirano auch außerhalb Madagaskars. Beide Marken wurden mittlerweile jedoch wieder aufgegeben. Vao Vao ist also der dritte Versuch, sich mit einem amerikanischen Vertriebspartner als Markenhersteller außerhalb Madagaskars, vornehmlich in den USA, zu etablieren. Vao Vao bedeutet in der Landessprache „Neu". Für den heimischen Markt produziert Robert auch Konfekt.

Produktbewertungen:

- Produkt: (Dunkel) 70 % Dark Chocolate,
  Punkte: 68,00
  Preis/Menge: 5,00 USD / 3,95 EUR / 85 g
  Dezent aromatisch und leicht bitter und adstringierend. Angenehmer Schmelz und harmonische Süße. Das Potenzial der Kakaobohne wird nicht ausgeschöpft.
  Aromaprofil: Rote Beeren und exotische Zitrusfrüchte.

- Produkt: (Dunkel) 72 % Dark Chocolate,
  Punkte: 64,50
  Preis/Menge: 5,00 USD / 3,95 EUR / 85 g
  Dezent fruchtig-aromatisch. Guter Schmelz, aber etwas sauer und mit zu wenig Raffinesse.
  Aromaprofil: Rote Beeren und exotische Zitrusfrüchte.

- Produkt: (Dunkel) 76 % Dark Chocolate,
  Punkte: 64,00
  Preis/Menge: 5,00 USD / 3,95 EUR / 85 g
  Weniger fruchtig als die 72 %ige, aber dennoch angenehm. Für Madagaskar-Kakao recht hoher Kakaoanteil.
  Aromaprofil: Rote Beeren und exotische Zitrusfrüchte.

- Produkt: (Dunkel) 64 % Dark Chocolate,
  Punkte: 63,50
  Preis/Menge: 5,00 USD / 3,95 EUR / 85 g
  Zu süß und zu wenig fruchtig. Sehr dezente Aromen des Madagaskar-Kakaos.
  Aromaprofil: Rote Beeren und exotische Zitrusfrüchte.

Fazit:
Leider schöpfen die Robert-Produkte das Potenzial der Kakaobohnen nicht aus, die Aromen sind bei der Verarbeitung zu sehr verloren gegangen, sie sind auffällig bitter, teilweise zu sauer und oft etwas adstringierend. Den Charakter und die Klasse des Madagaskar-Kakaos kann man lediglich erahnen. Am besten gelungen ist die 70 %ige Schokolade.
Die Unterschiede im Kakaogehalt sind teilweise zu klein, um einen deutlichen Unterschied heraus zu schmecken. Den Unterschied zwischen 70 % und 72 % Kakaoanteil schmeckt man kaum.

Empfehlung:
Wann kann man schon einmal eine Schokolade aus Madagaskar probieren? Als Kuriosität durchaus empfehlenswert.

VENCHI

Italien (Castelletto Stura (Cuneo) Piemonte)
www.venchi.it

Verarbeitungsstufe: **Bean-to-bar**

Venchi, 1878 von Silvano Venchi in Turin gegründet, ist eines der traditionsreichsten Unternehmen der italienischen Schokoladenbranche, mit vielseitigen Spezialitäten im Produktangebot. Nach der Fusion mit der Firma Cuba im Jahr 2000, wurde das Unternehmen 2003 von Cuba Venchi wieder in Venchi umbenannt. Heute findet man sowohl Venchi- als auch Cuba-Produkte im Handel. Von 1998 bis 2005 konnte das Unternehmen ein enormes Umsatzwachstum von 1,6 auf 17 Millionen Euro verzeichnen. Venchi bezeichnet sich selbst als handwerklich arbeitendes Unternehmen mit industrieller Struktur. Meiner Meinung nach fehlt den Produkten jedoch der handwerkliche Charakter, was aber nicht zu sehr stört. Bei über 6.000 Verkaufspunkten in Italien kann man auch davon ausgehen, dass die Mehrzahl der Produkte im Lebensmitteleinzelhandel und nicht im Fachhandel zu finden ist.
Eine Besonderheit ist sicherlich das Angebot von Pulver für die Herstellung von Speiseeis für Eisdielen.

Produktbewertungen:

- Produkt: (Dunkel) Blend No. 5 75 %, Punkte: 64,50
  Preis/Menge: 2,50 EUR / 45 g
  Warum guten Criollo- mit banalem Forastero-Kakao mischen? Dennoch aromatisch, etwas zu bitter, aber mit gutem Schmelz.
  Aromaprofil: Getrocknete Früchte, nussig, Kaffee, grüne Oliven.

- Produkt: (Dunkel) Puro Cioccolato Extra Fondente 75 %, Punkte: 43,00
  Preis/Menge: 2,50 EUR / 45 g
  Hergestellt mit viel Kakaopulver, kaum aromatisch und relativ bitter.
  Aromaprofil: Kakaopulver, Kaffee, erdig.

- Produkt: (Weiß) Puro Cioccolato Bianco Extrafine, Punkte: 78,90
  Preis/Menge: 2,50 EUR/45 g
  Angenehme, nicht zu süße und gut schmelzende Schokolade.
  Aromaprofil: Milch, Rahm, Vanille.

- Produkt: (Veredelt) Assenzio (Absinth) 75 %, Punkte: 78,00
  Preis/Menge: 2,90 EUR / 45 g
  Herb dunkle Schokolade mit sehr intensivem Absinth-Aroma und gutem Schmelz.

- Produkt: (Veredelt) Menta Piemonte 60 %, Punkte: 75,00
  Preis/Menge: 2,90 EUR / 45 g
  Relativ süße dunkle Schokolade, aber mit sehr aromatischer Minze.

- Produkt: (Veredelt) Extra Fondente al Peperoncino, Punkte: 63,75
  Preis/Menge: 2,50 EUR / 45 g
  Gleiche dunkle Schokolade wie Extra Fondente 75 %, jedoch mit Peperoncino veredelt. Sehr scharf, wodurch das unangenehme Aroma des Kakaopulvers verdeckt wird.

- Produkt: (Riegel) Prendivoglia Nocciolato Gianduja, Punkte: 87,00
  Preis/Menge: 10,50 EUR / 200 g
  Toll gemacht. In jedem der drei Höcker steckt eine ganze schmackhafte Haselnuss, umhüllt von aromatischem Nougat.

- Produkt: (Riegel) Prendivoglia Cremino, Punkte: 78,00
  Preis/Menge: 10,50 EUR / 200 g
  Netter kleiner Riegel, gefüllt mit Nougat. Harmoniert schön mit der dunklen Schokolade.

- Produkt: (Riegel) Venchi Cuba Rhum, Punkte: 77,60
  Preis/Menge: 1,50 EUR / 25 g
  Tolles Rumaroma, aber sehr, sehr alkoholisch. Brennt förmlich im Mund.

- Produkt: (Riegel) Venchi Unico Crema al Mirtillo, Punkte: 73,00
  Preis/Menge: 1,50 EUR / 25 g
  Sehr gutes Heidelbeeraroma, Füllung etwas zäh und doch zu süß. Dunkle Schokolade bildet einen guten Kontrast.

- Produkt: (Riegel) Venchi Cuba Zigarre Tartufo Nougatine, Punkte: 68,00
  Preis/Menge: 5,90 EUR / 100 g
  Mit dezentem Nougataroma, gefüllt mit knusprigem Krokant.

- Produkt: (Riegel) Venchi Unico Crema al Cocco, Punkte: 66,00
  Preis/Menge: 1,50 EUR / 25 g
  Nette Kokosfüllung, Schokolade aber doch etwas zu dominant.

- Produkt: (Nougat) Il Giandujotto, Punkte: 84,00
  Preis/Menge: 0,90 EUR / 8 g
  Sehr gelungener Giandujotto. Aromatisch, nicht zu süß und nicht zu mächtig.

- Produkt: (Nougat) Blend (Gianduja), Punkte: 76,50
  Preis/Menge: 4,60 EUR / 70 g
  Angenehm zartes Nougataroma. Cremig und sehr feiner Schmelz. Nicht zu süß.

- Produkt: (Nougat) Cubigusto Piemonte, Punkte: 73,00
  Preis/Menge: 0,40 EUR / 10 g
  Sehr schmackhafter Nougatwürfel. Schnittfest, aber cremig und mit feinem Schmelz.

- Produkt: (Nougat) Dubledone, Punkte: 69,00
  Preis/Menge: ca. 0,90 EUR / 12 g
  Kugel mit einer Hälfte hellem und einer Hälfte dunklem Nougat. Leider zu süß, aber geschmacklich ganz gut.

- Produkt: (Nougat) Gianduja senza zuccheri aggiunti, Punkte: 66,00
  Preis/Menge: 2,50 EUR/45 g
  Nougat mit Maltitol. Gut im Aroma, jedoch durch das Maltitol ein „kaltes" Mundgefühl. Gut für Diabetiker, alle anderen lieber zur Zucker-Variante greifen.

- Produkt: (Nougat) Cubigusto Caffe, Punkte: 66,00
  Preis/Menge: 0,40 EUR / 10 g
  Nougatwürfel mit starkem Kaffeearoma, insgesamt aber enttäuschend.

- Produkt: (Nougat) Giandujotto Ripieno, Punkte: 60,00
  Preis/Menge: 0,90 EUR / 8 g
  Dunkle Schokolade viel zu dominant, man schmeckt den Nougat fast nicht.

- Produkt: (Konfekt) Nougatine, Punkte: 84,80
  Preis/Menge: 11,00 EUR / 200 g
  Gehört zu den besseren Krokant-Konfektsorten im Markt. Nicht zu süß, knusprig und aromatisch.

- Produkt: (Konfekt) Cremino Giandujotto, Punkte: 76,00
  Preis/Menge: 45,80 USD / 36,14 EUR / 500 g
  Guter Nougatgeschmack, mit ganzen, schmackhaften Nüssen.

- Produkt: (Konfekt) Cremino Pralinato Fondente, Punkte: 75,00
  Preis/Menge: 45,80 USD / 36,14 EUR / 500 g
  Herb, knusprig, nussig, aromatisch.

- Produkt: (Konfekt) Caramel, Punkte: 66,00
  Preis/Menge: 10,00 EUR / 220 g
  Karamellig, halbflüssig und nicht zu süß. Dicker Schokoladenüberzug stört allerdings.

- Produkt: (Konfekt) Chocopraline Caramel, Punkte: 65,00
  Preis/Menge: 45,80 USD / 36,14 EUR / 500 g
  Füllung halbflüssig, nicht zu süß, mit gutem Karamellaroma. Schokoladenüberzug viel zu dick.

- Produkt: (Konfekt) Chocopraline Croccante, Punkte: 56,00
  Preis/Menge: 45,80 USD / 36,14 EUR / 500 g
  Füllung halbflüssig, nicht zu süß. Schokoladenüberzug viel zu dick, Krokant außen zäh, da feucht geworden.

- Produkt: (Konfekt) Tartufo al coco rapè, Punkte: 55,00
  Preis/Menge: 45,80 USD / 36,14 EUR / 500 g
  Kaum Nougatgeschmack, Kokosaroma nur von außen. Unangenehmer Beigeschmack.

- Produkt: (Konfekt) Tronchetto Nocciolato Ripieno, Punkte: 52,00
  Preis/Menge: 45,80 USD / 36,14 EUR / 500 g
  Sehr feste Nougatfüllung, zu dicker Schokoladenüberzug. Nougatgeschmack zu dezent, da Schokolade zu dick.

Fazit:
Bei Venchi erlebt man ein Wechselbad der Gefühle: Mal bietet sich, zum Beispiel mit Il Giandujotto, ein besonders gutes Produkt, dann erlebt man, zum Beispiel mit dem Konfekt Tronchetto Nocciolato Ripieno oder auch mit der Sorte Tartufo al coco rapè, eine Enttäuschung. Eine etwas regelmäßigere Qualität wäre wünschenswert.
Nougat kann Venchi manchmal gut, aber zu oft auch nicht ganz so gut. Hervorheben muss man die Artikel Il Giandujotto und den Riegel Prendivoglio Nocciolato Gianduja. Beide gefallen mir sehr gut.
Bei den veredelten Schokoladen heben sich die Sorten Minze und Absinth hervor. Leider werden jedoch wohl beide in naher Zukunft nicht mehr zu finden sein. Schade.
Aufgrund der sehr schwankenden Qualitäten kann man nicht pauschal von guten Produkten sprechen, man muss schon recht selektiv sein. Die guten Produkte lohnen sich aber.

Empfehlung:
Wer gerne italienischen Nougat oder den italienischen Confiserie-Stil mag, ist bei Venchi gut aufgehoben. Für die Auswahl sollte man sich aber Zeit nehmen.

VESTRI

Italien (Arezzo)
www.vestri.it

Verarbeitungsstufe: **Bean-to-bar**

Vestri ist eine weitere Firma aus dem Chocolate Valley, der Toskana. Seit über dreißig Jahren produziert

das Unternehmen Schokoladen- und Confiserieprodukte. Die zweite Generation, in Person von Daniele, Stefania und Leonardo Vestri, hat sich im Jahre 2006 sogar eine eigene Plantage bei Punta Cana in der Dominikanischen Republik gegönnt. Mit acht Hektar eher ein Prestigeobjekt, bringt sie einen Chocolatier dennoch in die wunderbare Situation, Kakao von Beginn an bearbeiten zu können. Das Anpflanzen des Kakaos und das Miterleben, wie er wächst und gedeiht, verleiht ein unvergleichliches Gefühl. Je nach Zustand und Pflege einer Plantage, Art der Kakaobohne sowie Alter der Bäume kann man pro Hektar eine jährliche Ernte von ca. 250 bis 1000 kg Bohnen erwarten. Damit kann Vestri natürlich schon einige Produkte herstellen, aber mit Sicherheit nicht seinen gesamten Bedarf an Schokolade abdecken.
Leider sind Vestri-Produkte in Deutschland nur begrenzt verfügbar. Es wäre sehr wünschenswert, mehr Artikel im Handel zu finden. Dank des Importeurs Wilk Delikatessen konnte ich für die Verkostung dennoch in den Genuss einiger in Deutschland nicht erhältlicher Spezialitäten kommen.

Produktbewertungen:

- Produkt: (Dunkel) Vista Alegre Cioccolato fondente cacao 71 %, Punkte: 85,00
  Preis/Menge: unbekannt / 50 g
  Sehr aromatische Schokolade, aus Kakao der Vestri-Plantage in der Dominikanischen Republik. Vanille wäre nicht notwendig gewesen, da auch so würzig aromatisch und von angenehmer Fruchtigkeit.
  Aromaprofil: (Zugesetzte) Vanille, getrocknete Zitrusfrüchte, tropische Früchte wie Mango und Banane, Nuancen von Kokosnuss.

- Produkt: (Dunkel) Aliseo Blend Cioccolato fondente cacao 63 %, Punkte: 78,50
  Preis/Menge: unbekannt / 75 g
  Aromatische Schokolade, könnte einen etwas höheren Kakaoanteil vertragen. Vanille auch für einen Blend zu deutlich schmeckbar.
  Aromaprofil: (Zugesetzte) Vanille, Tabak, tropische Früchte, Datteln.

- Produkt: (Dunkel) Gran Cru Dose, Punkte: 78,13
  Preis/Menge: unbekannt/120 g
  Eine sehr interessante Mischung unterschiedlicher Kakaosorten, alle mit eigenem Charakter und von guter Qualität.

  Schokoladen-Einzelbewertungen:
  Venezuela 70 %: Punkte: 81,50
  Mild, kaum bitter und harmonisch. Dezent fruchtig, gut würzig.
  Aromaprofil: Getrocknete tropische Früchte (Mango, Guave, Papaya), Blüten, Zimt, Macis.
  Madagascar 70 %: Punkte: 79,00
  Mild, kaum herb oder sauer, dezent fruchtig-aromatisch.
  Aromaprofil: Rote Beeren wie Brombeeren, Himbeeren und Johannisbeeren, Cranberry, Vanille (zugesetzt).
  Rustico 70 %: Punkte: 76,50
  Finca-Kakao, leider unbekannten Ursprungs. Leicht fruchtig, die zugesetzte Vanille ist aber recht intensiv im Geschmack.
  Aromaprofil: (Zugesetzte) Vanille, Zitrusfrüchte, Gewürze wie Macis, Kardamom und Zimt.
  Caraibi 70 %: Punkte: 75,50
  Mild, recht dezente Aromen. Röstaroma schmeckbar.
  Aromaprofil: Exotische Früchte, dezent Lakritze, Zitronengras, Vanille (zugesetzt).

- Produkt: (Weiße) Girone dei Golosi Bianco Pistacchi, Punkte: 96,25
  Preis/Menge: 9,80 EUR / 100 g
  Tolles Pistazienaroma, sehr gute weiße Schokolade, sehr angenehmer Schmelz. Viele ganze Pistazien und Pistazienpaste in der Schokolade. Sehr harmonisch und köstlich.

- Produkt: (Weiße) Girone dei Golosi Bianco Mandorle, Punkte: 93,00
  Preis/Menge: 9,00 EUR / 100 g
  Sehr angenehme weiße Schokolade mit knackigen Mandeln. Zutatenliste etwas irreführend (Reihenfolge falsch). Warum wird Haselnusspaste in die Schokolade gegeben, wenn es eine Mandelschokolade ist? Etwas zu wenig Mandeln.

- Produkt: (Weiße) Girone dei Golosi Nocciolato Bianco, Punkte: 91,60
  Preis/Menge: 9,00 EUR / 100 g
  Weiße Schokolade mit Haselnüssen. Nicht zu süß, mit vielen knackigen Nüssen.

- Produkt: (Veredelt) Girone dei Golosi Latte Pistacchi, Punkte: 93,40
  Preis/Menge: 9,00 EUR / 100 g
  Sehr gutes Pistazienaroma der in Milchschokolade eingebetteten Pistazien, das Ganze auch nicht zu süß.

- Produkt: (Veredelt) Girone dei Golosi Latte con Uvetta 34 %, Punkte: 92,30
  Preis/Menge: 9,00 EUR / 100 g
  Rosinen sehr harmonisch mit der Milchschokolade. Nicht zu süß, mit saftigen Rosinen.

- Produkt: (Veredelt) Girone dei Golosi Fondente con Uvetta 63 %, Punkte: 87,90
  Preis/Menge: 9,00 EUR / 100 g
  Köstliche Rosinen, nicht zu süße dunkle Schokolade, obwohl nur 63 % Kakaoanteil.

- Produkt: (Veredelt) Cartoccio Fiorentino, Punkte: 77,00
  Preis/Menge: 17,50 EUR / 150 g
  Mandeln passen einfach besser zu Vollmilchschokolade. Das Aroma geht in der dunklen Schokolade etwas unter. Die kandierten Orangenschalen passen schon besser.

- Produkt: (Riegel) Cassata Fiorentina, Punkte: 76,60
  Preis/Menge: unbekannt / 200 g
  Schokoladentorte, oben und unten mit großem runden Keks, gefüllt mit Schokoladencreme und überzogen mit dunkler Schokolade. Nach einem alten toskanischen Rezept. Knusprig-schokoladig, leicht herb. Wäre mit Milchschokolade weitaus besser.

- Produkt: (Nougat) Tortino di Firenze, Punkte: 96,00
  Preis/Menge: 17,50 EUR / 150 g
  Tolle Nüsse, sehr feiner Nougat mit sehr gutem Nussgeschmack. Meisterhaft.
- Produkt: (Nougat) Gianduiotto, Punkte: 94,00
  Preis/Menge: unbekannt / 70 g
  Sehr milder und aromatischer Gianduja. Fantastischer Schmelz, dezenter Kakaocharakter und schön nussig.

- Produkt: (Nougat) Lovebits Cremino, Punkte: 91,30
  Preis/Menge: unbekannt / 100 g
  Aromatischer dreischichtiger Nougat. Etwas fester als das Gianduiotto, angenehmer Schmelz.

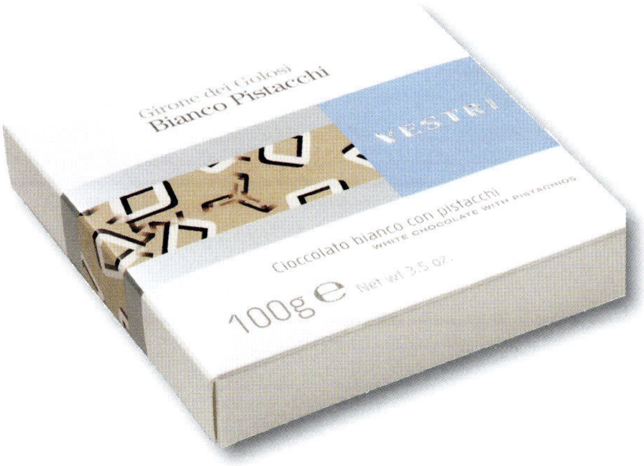

Fazit:
Vestri ist für mich die Entdeckung des letzten Jahres. Die weiße Schokolade mit Pistazien ist die Beste, die es in dieser Art auf dem Markt gibt. Aber generell sind alle Produkte charmant,

elegant, raffiniert und qualitativ sehr hochwertig.
Etwas unglücklich sind die teilweise falschen Zutatenlisten (Nocciolato Bianco und Mandorle Bianco). Etwas rätselhaft ist auch, dass den Mandelschokoladen Haselnussmark zugegeben wird. Warum wird ihnen denn kein Mandelmark gegönnt? Geschmacklich sind sie aber sehr gut gelungen.
Vestri ist uneingeschränkt empfehlenswert. Schade ist, dass das vorzügliche Gianduiotto in Deutschland nicht erhältlich ist. Welch ein Genuss!

Empfehlung:
Besonders empfehlenswert ist die weiße Schokolade mit ganzen Pistazien. Einmalig! Wer gerne Rosinen isst, darf sich die beiden Rosinenschokoladen, aber besonders die Milchvariante, nicht entgehen lassen. Bei den dunklen Schokoladen sollte man auf jeden Fall die Vista Alegre probieren.

VINTAGE PLANTATIONS

USA (Newark)
www.vintageplantations.com

Verarbeitungsstufe: **Bean-to-bar**

Pierrick Chouard ist ein Pionier in Sachen Kakao und Schokolade. Bereits seit 1985 ist er in der Branche tätig, anfangs beratend und als Angestellter, sowohl in den USA als auch in Europa, bevor er sich mit seinem Rugby-Freund Allan Suarez mit der Firma Vintage Plantations selbständig gemacht hat. Pierrick Chouard war einer der Ersten, der die Notwendigkeit erkannte, die Farmer über den Anbau der Kakaobohnen hinaus an der Wertschöpfungskette zu beteiligen. Die Initialzündung dafür war, dass immer mehr Farmer ihre Edelkakao-Plantagen aufgaben, um ertragreichen, aber wenig aromatischen Hybrid-Kakao anzubauen. Oftmals wurden auch ganze Plantagen von Finanzinvestoren aufgekauft. Die alten Edelkakao-Bäume mussten dann ihr Leben für die neuen Hybriden lassen. Chouard musste oft miterleben, wie die Farmer von skrupellosen Mittelsmännern ausgenommen wurden.
1993 startete Vintage Plantations. Im Jahre 1996 begann die erste direkte Unterstützung von Farmern in der Dominikanischen Republik. In Zusammenarbeit mit der Organisation Rainforest Alliance führten Pierrick Chouard und Allan Suarez in Allans Heimat Ecuador das Programm fort. 1997 folgte dann die erste Farmer-Schokolade. Aufgrund unzuverlässiger Partner in Ecuador scheiterte das Projekt jedoch. Die beiden mussten drei Schritte zurück und weitere neun Jahre investieren, bevor sie die Kontrolle über die Qualität der Schokolade erlangten. Völlig zu Recht sind Pierrick und Allan stolz darauf, die Initiatoren der Entwicklung in Ecuador zu sein. Dort gibt es mittlerweile mehr als ein Dutzend Schokoladenhersteller, die auch gleichzeitig Farmer oder Kooperativen sind.
Mittlerweile werden alle Schokoladen vor Ort hergestellt und in die USA geliefert. Es hat sich als nicht umsetzbar erwiesen, die fertigen Schokoladentafeln vor Ort zu gießen, da auf dem Transportweg in die USA keine korrekte Lagerung gewährleistet werden konnte. Die Tafeln werden daher erst in den USA gegossen.

Produktbewertungen:

- **Produkt: (Dunkel) 90 % Dark, Punkte: 80,60**
  Preis/Menge: 3,95 USD / 2,72 EUR / 100 g
  Die Schokolade besteht nur aus Kakaomasse und Rohrzucker. Etwas rau auf der Zunge, aber mit gutem Schmelz. Recht herb und mit angenehmer Adstringens.
  Aromaprofil: Fermentation, blumig, nussig, Tannin.

- **Produkt: (Dunkel) 75 % Dark, Punkte: 80,10**
  Preis/Menge: 3,95 USD / 2,72 EUR / 100 g
  Die Schokolade besteht nur aus Kakaomasse und Rohrzucker. Etwas rau auf der Zunge, aber mit sehr gutem Schmelz. Für 75 % gar nicht so bitter, leicht adstringierend.
  Aromaprofil: Blumig, nussig, Tannin.

- **Produkt: (Dunkel) 100 % Dark, Punkte: 77,60**
  Preis/Menge: 3,95 USD / 2,72 EUR / 100 g
  Die Schokolade besteht nur aus Kakaomasse. Kräftig, aromatisch und mit gutem Schmelz. Genießbar, auch wenn sie natürlich sehr bitter ist. Zudem leicht adstringierend und auch etwas sauer.
  Aromaprofil: Fermentation, Kaffee, Nüsse, würzig-blumig.

- **Produkt: (Milch) Whole Milk 44 %, Punkte: 84,70**
  Preis/Menge: 3,95 USD / 2,72 EUR /100 g
  Nicht zu süße Schokolade mit prägnanten und angenehmen Kakaoaromen. Der Schmelz ist nicht ganz wie erwünscht, ein wenig sandig und rau, die Schokolade besitzt aber Charakter und eine Einzigartigkeit.
  Aromaprofil: Nacional-Kakao, blumig-nussig, Toffee, Rahm.

- **Produkt: (Veredelt) 65 % Dark with Cocoa Nibs, Punkte: 79,35**
  Preis/Menge: 3,95 USD / 2,72 EUR / 100 g
  Relativ intensive und herbe, leicht adstringierende dunkle Schokolade, jedoch mit einem überraschenden Aroma und gutem „Bin sofort weg"-Schmelz. Hergestellt ohne zusätzliche Kakaobutter, dafür mit Soja-Lecithin. Sehr aromatische Kakao-Nibs.
  Aromaprofil: Leicht nussig, blumig, Grapefruit, Kaffee.

- **Produkt: (Veredelt) Sea Salt & Caramel 44 %, Punkte: 80,75**
  Preis/Menge: 3,95 USD / 2,72 EUR / 100 g
  Die Milchschokolade ist mit Karamell erstaunlicherweise kaum süßer als die pure Variante. Evtl. hilft das Salz dabei. Karamellig, leicht knusprig, sehr gut gesalzen, aromatisch. Ordentlicher bis guter „plötzlich ist sie weg"-Schmelz. Angenehm.

- **Produkt: (Veredelt) Latte Mocha 44 %, Punkte: 74,75**
  Preis/Menge: 3,95 USD / 2,72 EUR / 100 g
  Mehr Latte als Mokka, aber nicht unangenehm. Kaffee ist nicht in der Milchschokolade, sondern in der Form eingestreut und dann mit flüssiger Schokolade aufgefüllt. Daher etwas unregelmäßig. Erwischt man ein Stück mit viel Kaffee, ergibt sich ein wunderbarer Kaffee-Latte. Sehr guter Schmelz, etwas zu süß, leicht milchig-rahmig.

Fazit:
Die Geschichte des Unternehmens ist interessant und auch die Verkostung gestaltete sich als eine interessante Erfahrung. Die Schokoladen besitzen ein nicht sehr häufig anzutreffendes Grundaroma, das man schwer beschreiben kann, das aber vorzüglich ist. Man schmeckt die punktgenaue Fermentation und die zurückhaltende Röstung der Bohnen. Auch wenn die Schokoladen etwas mehr Säure und Adstringens als üblich haben, gefallen sie mir gut.
Die Milchschokoladen zeigen durch die Verwendung der nicht desodorierten Kakaobutter ein intensives Kakaoaroma.
Man schmeckt förmlich die Leidenschaft, die in den Produkten steckt. Hier sind die Hersteller nicht auf das schnelle Geld aus, sondern leisten hervorragende Arbeit – angefangen beim Anfang der Wertschöpfungskette, den Kakaobauern.

Empfehlung:
Alle Produkte sind empfehlenswert, da sie in ihrer Art selten zu finden sind.

VIVANI

Deutschland (Herford)
www.vivani.de

Verarbeitungsstufe: **Bean-to-bar**

Das Unternehmen Ludwig Weinrich wurde im Februar 1895 als Herforder Biscuit- und Cakesfabrik Weinrich & Drüge von Ludwig Weinrich und Paul Drüge gegründet.
Nach dem Ausscheiden Paul Drüges im Jahre 1912 befand sich das Unternehmen ganz im Besitz der Familie Weinrich. Kurz nach dem 1. Weltkrieg begann Weinrich mit der Herstellung von Schokolade. Ab 1923 wurde die Firma in Ludwig Weinrich Schokolade- und Keksfabrik AG umbenannt. Schon Mitte des zwanzigsten Jahrhunderts spezialisierte sich das Unternehmen auf die Herstellung für Handelsmarken, die noch heute einen großen Anteil des Umsatzes ausmachen dürfte. Ab Mitte der 1950er Jahre gab Weinrich die Gebäck- und Pralinenproduktion auf und konzentrierte sich auf die Herstellung von Schokolade. Im Jahre 1991 gingen die Kapitalanteile durch einen Management-Buy-out von der Familie Weinrich an den langjährigen Firmenleiter Cord Gerhard Budde Senior über. Inzwischen ist Cord Budde jr. Mehrheitsgesellschafter und Geschäftsführer.
Das Unternehmen Eco Finia GmbH vertreibt seit dem Jahre 2000 seine Produkte unter dem Markennamen Vivani. Von Anfang an wurden ausschließlich Artikel in Bio-Qualität hergestellt, Vivani ist daher kein wirklicher Newcomer im Bereich der Bio-Schokoladenspezialitäten, sondern zählt schon fast zu den alten Hasen.
Obwohl Eco Finia alias Vivani keine eigene Produktionsstätte besitzt, habe ich die Marke Vivani in die Verarbeitungsstufe „bean to bar" eingestuft. Hergestellt werden die Schokoladen nämlich von der Ludwig Weinrich GmbH & Co. KG aus Herford. Die Anschrift beider Unternehmen ist identisch, da der Inhaber, Cord Budde, Mitinhaber des Unternehmens Eco Finia ist. Zweiter Gesellschafter der Eco Finia ist Andreas Meyer. Ich betrachte daher die Trennung der Marke vom Hersteller der Schokoladen als eine rein kaufmännische Entscheidung.
Vivani ist auch im Bereich des ethisch korrekten Kaufs der Kakaobohnen aktiv und kooperiert zum Beispiel mit der Kooperativen Kuapa Kokoo in Ghana.

Produktbewertungen:

- Produkt: (Dunkel) Edelbitter 70 %, Punkte: 82,00
  Preis/Menge: 1,99 EUR / 100 g
  Gutes Aroma, Ecuador-Kakao schmeckbar, angenehm herb und kaum sauer.
  Aromaprofil: Blumig, nussig, dezent fruchtig und etwas torfig.

- Produkt: (Dunkel) Edelbitter 85 %, Punkte: 81,50
  Preis/Menge: 1,99 EUR/100 g
  Nicht so aromatisch wie die 70 %ige, dafür aber sahnig-cremig und mit tollem Schmelz und Mundgefühl. Zudem sehr harmonisch.
  Aromaprofil: Nuss, Kaffee, Pflaume, grüne Oliven.

- Produkt: (Milch) Edel Vollmilch 37 %, Punkte: 79,30
  Preis/Menge: 1,99 EUR / 100 g
  Milchig-cremig mit dezentem, aber gutem Kakaocharakter. Eher klassisch, aber gut.
  Aromaprofil: Rahmkaramell, Alpenmilch, Kakao, Toffee.

- Produkt: (Weiße) Weiße Vanille, Punkte: 92,80
  Preis/Menge: 1,99 EUR / 100 g
  Sehr milchig-cremig mit sehr angenehmem Aroma. Erinnert an Vanillepudding.
  Aromaprofil: Rahm, Milch, Crème Caramel, Vanille.

- Produkt: (Weiße) Weiße Mango Cocos, Punkte: 81,75
  Preis/Menge: 1,99 EUR / 100 g
  Aromatisch, Kokos etwas dominant, fruchtig und leicht sauer sowie knusprig. Nicht zu süß.

- Produkt: (Veredelt) Edel Bitter Chili, Punkte: 78,20
  Preis/Menge: 1,99 EUR / 100 g
  Sehr angenehme Schärfe, gute dunkle Schokolade, harmonisch.

- Produkt: (Veredelt) Cappuccino, Punkte: 76,40
  Preis/Menge: 1,69 EUR / 100 g
  Zweifarbige Schokolade, 20 % weiße Schokolade, 80 % Milchschokolade mit Kaffeegeschmack. Gutes Aroma und nicht zu süß.

- Produkt: (Veredelt) Feine Bitter Grüntee Mango, Punkte: 76,13
  Preis/Menge: 1,99 EUR / 100 g
  Sehr gutes Teearoma, Mango zwar knusprig-sauer, aber kaum schmeckbar. Dafür ist die dunkle Schokolade etwas zu dominant.

- Produkt: (Nougat) Dunkle Nougat, Punkte: 88,50
  Preis/Menge: 1,69 EUR / 100 g
  Sehr aromatischer dunkler Nougat. Nicht zu süß und angenehm herb.

- Produkt: (Riegel) Caramel Crème, Punkte: 79,70
  Preis/Menge: 1,69 EUR / 100 g
  Suchtgefahr! Sehr weicher und aromatischer Karamell, dezent gesalzen.

- Produkt: (Riegel) Crisper, Punkte: 76,70
  Preis/Menge: 0,89 EUR / 45 g
  Knusprig, nicht zu süß, geschmackvoll. Netter Riegel für zwischendurch.

- Produkt: (Riegel) Espresso Biscotti, Punkte: 75,50
  Preis/Menge: 0,89 EUR / 45 g
  Zarte Füllung mit angenehmem Kaffeearoma und knusprigen Waffeln. Nicht zu süß.

- Produkt: (Riegel) Feine Bitter Cassis, Punkte: 64,50
  Preis/Menge: 1,69 EUR / 100 g
  Aromatisch, aber leider zu süß geraten. Fondant-artige, halbflüssige Füllung. Insgesamt zu unharmonisch.

Fazit:
Die Überraschung ist zweifelsohne gelungen, ein so hohes Qualitäts-Niveau, man möge es mir von Unternehmensseite bitte verzeihen, hatte ich nicht erwartet. Zu meiner Schande muss ich gestehen, dass ich anlässlich des Buches zum ersten Mal Produkte der Marke Vivani probiert habe. Ich freue mich sehr, dass ich eine weitere weiße Schokolade loben kann. So viele gute weiße Schokoladen gibt es nämlich nicht. Überhaupt sind die veredelten Schokoladen alle gut und harmonisch gelungen.
Die dunklen Schokoladen sind überdurchschnittlich gut, wenn auch keine Ausnahmeschokoladen. Wer aber eine ehrliche und bezahlbare Schokolade für den täglichen Konsum möchte, ist bei Vivani bestens aufgehoben. Eine solche Tafel kann man auch guten Gewissens für Desserts verwenden.
Die Nougattafel ist eines der Highlights, kommen vergleichbare Produkte sonst doch eher aus Italien oder Frankreich. Die künstlerischen Motive von Annette Wessel machen aus den Vivani-Produkten eine runde Sache.

Empfehlung:
Für Liebhaber weißer Schokolade ist die von Vivani ein „must have". Freunde veredelter Schokoladen werden auf jeden Fall fündig und auch die puren, dunklen Sorten können empfohlen werden. Und auch die Riegel bilden eine gute Alternative zu den sonst im Markt erhältlichen Produkten.

VOSGES CHOCOLATE

USA (Chicago)
www.vosgeschocolate.com

Verarbeitungsstufe: **Standard-Schokolade**

Dass nicht nur Quereinsteiger erfolgreich in den USA Schokoladenfirmen gründen, beweist Katrina Markoff mit Vosges Chocolate. Als gelernte Chocolatier mit Grand Diplôme der renommierten Le-Cordon-Bleu-Schule in Paris bereiste sie die Welt, um weiter zu lernen und Erfahrung zu sammeln. Ihre erste Station war Spanien, wo sie mit Ferran Adriá vom legendären El Bulli arbeitete. Darauf folgten Stationen in Italien, Frankreich, Vietnam, Korea, Japan, Thailand, China und Australien.
Vosges ist Bio-zertifiziert, auch wenn nicht alle Artikel ausschließlich aus Bio-zertifizierten Produkten hergestellt werden. Der komplette Energiebedarf wird mit erneuerbarer Energie gedeckt. Vosges engagiert sich für die Organisation V-Day, eine weltweite Bewegung zum Kampf gegen Gewalt gegen Frauen und Mädchen.
Das Produktsortiment des Unternehmens ist sehr vielfältig. Außer Konfekt und veredelten Schokoladen bietet Vosges Trinkschokolade, Marshmallows, Speiseeis und weitere Spezialitäten an. Mo's Bacon Bar ist wohl das bekannteste, erfolgreichste und polarisierendste Produkt des Hauses.

Produktbewertungen:

- Produkt: (Dunkel) Dominican Dark 74 % Dark Chocolate, Punkte: 69,10
  Preis/Menge: 8,50 USD / 6,71 EUR / 85 g
  Dunkle Schokolade mit gutem Aroma. Guter Schmelz, aber leider etwas zu sehr adstringierend und sauer.
  Aromaprofil: Grapefruit, unreife Früchte, Zitrusfrüchte, Tabak, Nüsse.

- Produkt: (Milch) Dominican Lait 45 % Milk Chocolate, Punkte: 72,00
  Preis/Menge: 8,50 USD / 6,71 EUR / 85 g
  Milchschokolade mit angenehmem Kakaoaroma, etwas schmieriger Schmelz und ein wenig zu süß.
  Aromaprofil: Kakao, Malz, Karamell, Zitrusfrüchte, Vanille.

- Produkt: (Veredelt) Habana 45 % Milk Chocolate, Punkte: 90,70
  Preis/Menge: 8,50 USD / 6,71 EUR / 85 g
  Milchschokolade mit sehr gutem Aroma und mit aromatischen und knusprigen karamellisierten Plantainbananen. Leicht gesalzen.

- Produkt: (Veredelt) Wooloomooloo Bar, Punkte: 81,00
  Preis/Menge: 2,78 USD / 2,19 EUR / 14 g
  Wohl der schönste Name einer Schokoladentafel. Geröstete und gesalzene Macadamianüsse, indonesische Kokosnüsse und Hanfsamen in Milchschokolade. Nussig, schmackhaft, knusprig.

- Produkt: (Veredelt) Mo's Bacon Bar, Punkte: 80,40
  Preis/Menge: 7,50 USD / 5,92 EUR / 85 g
  Milchschokolade mit Bacon. Erstaunlich angenehmer Geschmack, muss man aber mögen. Ist aber keinesfalls ein Scherzartikel.

- Produkt: (Weiße) Amalfi Bar, Punkte: 79,80
  Preis/Menge: 2,78 USD / 2,19 EUR / 14 g
  Zitronenzesten und Rosa Pfeffer in weißer Schokolade. Sehr gutes Zitronenaroma, Rosa Pfeffer nicht zu dominant. Insgesamt nicht zu süß.

- Produkt: (Veredelt) Naga Bar, Punkte: 78,60
  Preis/Menge: 2,78 USD / 2,19 EUR / 14 g
  Süßes indisches Curry und Kokosnussflocken in Milchschokolade. Dezentes und sehr angenehmes Aroma, man schmeckt Curry und auch Kokos.

- Produkt: (Veredelt) Bapchi's Caramel Toffee Bar, Punkte: 78,00
  Preis/Menge: 2,78 USD / 2,19 EUR / 14 g
  Sweet Butter Toffee, Walnüsse und Pecannüsse in Milchschokolade. Guter Geschmack, leicht zu süß. Nussig, karamellig und leicht salzig.

- Produkt: (Veredelt) Oaxaca Bar, Punkte: 76,80
  Preis/Menge: 2,78 USD / 2,19 EUR / 14 g
  Dunkle Schokolade mit Guajillo und Pasilla Chili-Pfeffer. Schokolade könnte besser sein. Schärfe gut, nicht zu stark.

- Produkt: (Veredelt) Barcelona Bar, Punkte: 75,00
  Preis/Menge: 2,78 USD / 2,19 EUR / 14 g
  Hickory-smoked-Mandeln in Milchschokolade. Aromatische, leicht geräucherte Mandeln, nicht zu süß. Muss man mögen.

- Produkt: (Veredelt) Red Fire Bar, Punkte: 72,20
  Preis/Menge: 2,78 USD / 2,19 EUR / 14 g
  Dunkle Schokolade mit mexikanischem Ancho- und Chipotle-Chili und Ceylon-Zimt. Sehr gut gewürzt, vielleicht etwas zu süß.

- Produkt: (Veredelt) Black Pearl Bar, Punkte: 70,20
  Preis/Menge: 2,78 USD / 2,19 EUR / 14 g
  Dunkle Schokolade mit Ingwer, Wasabi und Sesam. Ingwer und Sesam deutlich, Wasabi zu schwach im Geschmack.

- **Produkt: (Veredelt) Creole Bar, Punkte: 69,00**
  Preis/Menge: 2,78 USD / 2,19 EUR / 14 g
  New Orleans Style Chicoree Kaffee und Kakao-Nibs in dunkler Schokolade. Mit Stückchen, gutes Aroma, könnte aber etwas stärker sein. Leicht bitter.

- **Produkt: (Schachtel) Dark Truffles, Punkte: 70,20**
  Preis/Menge: 26,00 USD / 20,52 EUR / 106 g
  Eine originelle und kreative Konfekt-Mischung, die am Ende aber leider Enttäuschung verbreitet. Grundsätzlich stets mit gutem Ansatz, aber immer wieder zu flach im Aroma. Für den Preis wird einfach zu wenig geboten.

Konfekt-Einzelbewertungen:

Black pearl: Punkte: 74,00
Ingwer, Wasabi und schwarzer Sesam. Gute Aromen und harmonisches Zusammenspiel.

Budapest: Punkte: 72,80
Süße ungarische Paprika. Aromaintensiv, cremig und fein schmelzend.

Oaxaca: Punkte: 72,50
Guajillo- und Pasilla-Chili mit grünen Kürbiskernen. Gute Aromen mit passender Schärfe.

Absinthe: Punkte: 71,00
Chinesischer Sternanis, Fenchel, Pastis und Kakaopulver. Sehr harmonisch.

Red fire: Punkte: 69,50
Mexikanischer Ancho-Chili & Ceylon-Zimt. Gut aromatisiert, es fehlt aber etwas an Schärfe.

Balsamico: Punkte: 69,50
Balsamico und sizilianische Haselnüsse. Es fehlt bedeutend an Balsamico-Charakter.

Chef pascal: Punkte: 68,00
Kirschwasser und getrocknete Kirschen aus Michigan. Gut dosiertes Kirschwasser, leider etwas zu wenig Kirscharoma.

Finocchio: Punkte: 68,00
Wilder toskanischer Fenchel und Anisblüten. Gutes Anis-Aroma, aber zu schwacher Fenchel.

Tlan nacu: Punkte: 66,50
Mexikanische Vanilleschoten. Etwas zu schwach aromatisiert.

Fazit:

Der Einfluss Katrina Markoffs Erfahrungen in exotischen Ländern ist unverkennbar, die Kompositionen ihrer Produkte sind sehr exotisch. Mein Besuch im Shop in SoHo in New York begann mit einem kleinen Kulturschock: Meinem Wunsch nach einer Schachtel Konfekt folgte ein Griff in die Gefriertruhe. Vosges frostet alle Konfektpackungen ein und übergibt dem Kunden die Ware tiefgefroren. Es folgt der Hinweis, dass die Ware nach dem Auftauen innerhalb von 14 Tagen konsumiert werden sollte. Nach meiner Rückkehr nach Deutschland konnte ich feststellen, dass das Konfekt perfekt aufgetaut war, ohne Spuren des eisigen Vorlebens. Einzig die etwas festen Füllungen weisen darauf hin. Man muss jedoch beachten, dass alle Füllungen dunkle Schokolade enthalten und solche Füllungen in der Regel immer fester und eher wenig cremig sind.
Sowohl das Konfekt, als auch die Schokoladentafeln konnten im Test nicht immer überzeugen. Die Produkte sind originell, qualitativ gut und in der Regel schmackhaft. Der große Mangel vor allem des Konfekts ist das zu dezente Aroma – und dafür ist es einfach zu teuer.

Empfehlung:

Empfehlenswert für alle, die veredelte Schokoladen und exotische Kompositionen mögen. Das Konfekt empfiehlt sich Liebhabern Konfekts in deutscher Tradition – es ist allerdings etwas zu teuer.

WAGNER PRALINEN

Deutschland (Brunsbüttel)
www.wagner-pralinen.de

Verarbeitungsstufe: **Standard-Schokolade**

Die Geschichte von Wagner Pralinen beginnt im Jahre 1891. Schon Emil Wagner unterhielt eine Fischerei, eine Fischräucherei und ein Feinkostgeschäft. Sein Sohn Willy Wagner begann 1920 mit der Herstellung von Süßwaren. Reinhard Wagner senior ging 1953 in die Schweiz, um die Confiseriekunst zu erlernen. Heute wird das Unternehmen von Reinhard und Jörg Wagner in vierter Generation geleitet.
Wagner produziert hauptsächlich Konfekt, seit einigen Jahren aber auch veredelte Schokoladen.

Produktbewertungen

- Produkt: (Weiße) Violeta,
  Punkte: 59,05
  Preis/Menge: 2,98 EUR / 80 g
  Schmeckt extrem nach Joghurt und nur dezent nach Blaubeeren. Für einen fruchtigen Charakter müssten aber deutlich mehr Blaubeeren enthalten sein. Insgesamt leider auch zu süß. In der Blaubeer-Joghurt-Zubereitung sind nicht weiter deklarierte „Aromen" enthalten, wohl naturidentische Aromastoffe. Schade.

- Produkt: (Weiße) Fragaria,
  Punkte: 52,88
  Preis/Menge: 2,98 EUR / 80 g
  Schmeckt intensiv nach Erdbeere. Die aufgestreuten gefriergetrockneten Erdbeerstückchen sind aromatisch (aber etwas zäh). Die Süße ist aufgrund der fruchtigen Säure in Ordnung. Es wird natürliches Vanillearoma, aber auch „Aroma" ausgelobt. Das lässt auf einen naturidentischen Aromastoff schließen. Sehr schade. Der Einsatz der Aromastoffe bleibt als „pelziger" Belag am Gaumen schmeckbar und das Erdbeeraroma will einfach nicht weggehen. Die Schokolade ist meiner Ansicht nach überaromatisiert. Eine sehr unangenehme Erfahrung.

- Produkt: (Riegel) Lemon-Ingwer-Happen,
  Punkte: 68,10
  Preis/Menge: 3,00 EUR / 25 g
  Kann mit kandierten Ingwerstücken auftrumpfen. Diese sind sogar von gutem Aroma und leichter Schärfe. Die weiße Ganache-Füllung selbst ist leider zu süß.

- Produkt: (Riegel) Blaubeer-Happen,
  Punkte: 52,00
  Preis/Menge: 1,00 EUR / 25 g
  Wenigstens ist die Farbe etwas violett, mit Aromastoffen wurde dezent hantiert. Zwar fruchtig-sauer, Blaubeere schmeckt man jedoch nicht. Extrem feste Füllung, fast so fest wie Schokolade, kein Schmelz.

- **Produkt:** (Riegel) Kir-Royal-Happen,
  Punkte: 50,00
  Preis/Menge: 2,00 EUR / 25 g
  Schon beim Anschneiden steigt einem eine Duftwolke von Aromastoffen entgegen. Auch die Farbe erinnert nur wenig an Kir Royal, sie ist nämlich hellbraun. Bröckelige Füllung, süß, leicht fruchtig-sauer und ohne Charakter.

- **Produkt:** (Schachtel) Red Rose,
  Punkte: 59,69
  Preis/Menge: 5,98 EUR / 200 g
  Kaum Aroma, einfache Schokolade, fettig-buttrig, sehr süß, ohne Raffinesse, Kreativität oder Feinheit.

Konfekt-Einzelbewertungen:

Jamaika-Rum-Marzipan:
Punkte: 68,00
Schmeckt zwar kaum nach Rum, ist aber insgesamt ganz in Ordnung. Das Marzipan ist nicht zu süß, zeigt Mandelaroma und ist angenehm weich.

Irish-Choco-Trüffel:
Punkte: 63,00
Die Füllung ist cremig und aromatisch, jedoch für eine dunkle Füllung zu süß.

Vanille-Trüffel:
Punkte: 61,00
Feste und weiße Füllung, schmeckt nur dezent nach Vanille und ist vor allem süß.

Whisky-Sahne-Likör:
Punkte: 59,00
Den Whisky kann man nur erahnen, leicht alkoholisch, weich und cremig. Insgesamt aber unharmonisch und mit zu wenig Whisky-Aroma.

Prosecco-Trüffel:
Punkte: 58,20
Bröcklige, süße Füllung mit unangenehmem Geschmack. Man kann Wein erahnen, aber beileibe keinen Prosecco.

Rum-Sahne-Praliné:
Punkte: 58,00
Man schmeckt zwar etwas Rum, die Füllung hat aber kaum etwas mit einer Sahne-Ganache zu tun. Sie erinnert eher an eine Butter-Ganache, so fest und grisselig wie sie ist.

Mousse au Chocolat:
Punkte: 58,00
Buttrige Füllung, fettig, süß, banale Schokolade.

Butter-Sahne-Trüffel:
Punkte: 58,00
Kein Aroma, fettig-buttriger und süßer Geschmack. Unangenehmer Bei- und Nachgeschmack, der nicht definierbar ist.

Mandelbutter-Trüffel:
Punkte: 54,00
Grenzwertige Füllung, fade im Geschmack und im Aroma, viel zu fest und buttrig-fettig.

Fazit:
Die Verkostung hat keinen Spaß gemacht und es überwiegt die Enttäuschung. Einmal mehr wurde auch deutlich, dass ein Kaufhaus einfach kein Vertriebsweg für Konfekt ist. Die Räumlichkeiten sind meist nicht klimatisiert und die empfindlichen Produkte leiden darunter. Die Verwendung von nicht natürlichen Aromastoffen findet einfach keinen Platz im Handwerk eines Konditors und hat einen nicht unwesentlichen Anteil an der schlechten Bewertung. Als Resümee bleibt einmal mehr die Erkenntnis, dass gutes deutsches Konfekt einfach rar ist.

Empfehlung:
Es ist leider keine Empfehlung möglich.

WIEBOLD CONFISERIE

Deutschland (Elmshorn)
www.wiebold.de

Verarbeitungsstufe: **Standard-Schokolade**

Gegründet wurde das Unternehmen Wiebold im Jahre 1968. Durch den plötzlichen Tod seines Vaters, musste Junior Walter Wiebold mit zarten 25 Jahren den Familienbetrieb übernehmen. Wenige Jahre nach der Übernahme der Geschäfte wurde das Unternehmen auf eine harte Probe gestellt. Innerhalb weniger Monate gingen mehrere Großkunden und damit ein nicht unbedeutender Anteil des Umsatzes verloren. Aus der Not machte Wiebold eine Tugend. Der Hauptfokus lag mittlerweile eh nicht mehr auf dem Fachhandel, sondern auf der Herstellung von Handelsmarken für Großabnehmer. Also konnte man nicht auf die Rettung durch den Fachhandel bauen, der zumal zu lange gedauert hätte. Das Unternehmen schlug also den entgegengesetzten Weg ein und trat an den Discount heran.
Wiebold wurde von einst geschätzten Qualitätshersteller zum „billigen Jakob". Großen Anteil am Verfall der Wertschätzung für Trüffel und Pralinen hatten seine langjährigen Aktionen, 100 g Trüffel oder Pralinen für eine D-Mark zu verkaufen, schon zur damaligen Zeit, Ende der 1990er Jahre, ein unseriös niedriger Verkaufspreis.
Auch heute will Wiebold nicht mit Qualität, sondern mit Discount-Preisen überzeugen. Der Preisabstand zu den drei wichtigsten Mitbewerbern soll bei stets 15 bis 30 Prozent liegen. Die Preisspirale im Konfektmarkt wird sich so weiter nach unten drehen oder bestenfalls stagnieren.
Eigentlich hatte ich die Qualität der Produkte als ganz ordentlich in Erinnerung. Dass alles anders kommen sollte, war dann auch für mich überraschend.

Produktbewertungen

- Produkt: (Schachtel) Götterfunken,
  Punkte: 57,67
  Preis/Menge: 1,49 EUR / 100 g
  Die Marc de Champagne ist alkoholisch, aber wenig aromatisch, ebenso die Weinbrand, die zudem zu süß ist. Ähnlich war es bei der Jamaica Rum.

  Konfekt-Einzelbewertungen:
  Marc de Champagne:
  Punkte: 61,00
  Könnte aromatischer, aber bitte nicht alkoholischer sein. Insgesamt etwas zu süß.
  Weinbrand:
  Punkte: 58,00
  Lieblos geigelt. Zu dezentes Aroma von Weinbrand und zu süß.
  Jamaica Rum:
  Punkte: 54,00
  Trüffel sehen aus wie Bruchschokolade, sind zu süß, flach im Aroma und zu wenig alkoholisch.

- Produkt: (Schachtel) Prali-Nova,
  Punkte: 55,00
  Preis/Menge: 1,49 EUR / 100 g
  Diese Mischung weist ähnliche Mängel auf, wie die „Meisterstücke". Feste Füllungen, aromaflach und zu süß.

  Konfekt-Einzelbewertungen:
  Vanille-Likör:
  Punkte: 56,00
  Einfach nur süß und mit gaaanz dezentem Vanillearoma. Aber wo ist der Likör/Alkohol? Ohne Interesse das nochmal zu essen.
  Karamell-Kaffee:
  Punkte: 55,00
  Schmeckt nach Karamell und kaum nach Kaffee, ist aber zu süß.
  Marc de champagne
  Punkte: 54,00
  Süß, süßer, Marc de Champagner von Wiebold. Kaum Aroma und wenig alkoholisch.

- Produkt: (Schachtel) Meisterstücke,
  Punkte: 53,67
  Preis/Menge: 1,49 EUR / 100 g
  Zu feste Füllungen, gnadenlos süß, kaum Aroma, stark alkoholisiert, einfache Schokolade – so kann man Wiebolds Meisterstücke am besten beschreiben.

  Konfekt-Einzelbewertungen:
  Orange Whisky:
  Punkte: 55,00
  Wenigsten ein bisschen Orangenaroma, Whisky brennt, hat aber kaum Aroma. Zu süße und zu feste Füllung. Schokolade sehr grau.
  Cassis:
  Punkte: 54,00
  Viel zu feste Füllung, zumindest etwas fruchtiges Aroma aber gnadenlos süß.
  Amaretto:
  Punkte: 52,00
  Mit aromatischen Mängeln, kaum alkoholisch, und zu süß.

Fazit:
Der Kauf von Wiebold-Produkten gestaltete sich als schwierig. Da ich auf der ISM 2011 keine Muster erhalten konnte und auch kein Internetshop die Produkte führt, wurde ich nach mehreren erfolglosen Versuchen endlich in der Bonner Rossmann-Filiale fündig und erstand drei Produkte mit jeweils drei Sorten. Der Zustand der Ware war jedoch bei weitem nicht optimal, obwohl das Haltbarkeitsdatum noch sage und schreibe drei, bzw. vier Monate betrug. Ein Drogeriemarkt ist nun einmal kein Fachhandel für Süßwaren und bei 1,49 Euro pro 100 g erwartet man auch nicht übermäßig viel – aber sehr wohl die Sorgfalt des Herstellers und des Händlers.
Die Verkostung der Produkte bestätigte leider die optische Qualität.

Empfehlung:
Es ist leider keine Empfehlung möglich.

WILLIAM CURLEY

England (London)
www.williamcurley.co.uk

Verarbeitungsstufe: **Standard-Schokolade**

William Curley ist ein weiterer Confiseur aus England, dessen Ruf über die Grenzen hinaus eilt. Geboren und aufgewachsen in Schottland, hat William Curley eine für viele großartige Confiseure beispielhafte Karriere hinter sich. Die gehobene Gastronomie prägte sein Talent. Er arbeitete unter vielen britischen Kochstars und entwickelte dabei seinen eigenen unverwechselbaren Stil. Nicht nur sein Konfekt ist berühmt, sondern auch seine sehr kreativen Desserts, Kuchen und Torten. Bei einem Besuch seines Geschäfts ist es eine Sünde, keine der Köstlichkeiten sofort im angrenzenden Café zu genießen. Hier zeigt es sich, dass er und seine Frau nicht nur Confiseure sind, sondern begnadete Pâtissiers.
Nachdem Curley in mehreren prestigeträchtigen Restaurants arbeitete, wo er auch seine japanische Frau Suzue kennenlernte, eröffneten die beiden im Jahre 2004 ihr eigenes Geschäft. Suzue Curley kam 1996 aus Osaka nach London und absolvierte im Le Cordon Bleu eine Ausbildung. Zusammen nahmen die beiden an mehreren kulinarischen Meisterschaften teil und sammelten – ähnlich wie Pierre Marcolini – einige Preise, darunter die Goldmedaille bei der Kocholympiade in Berlin im Jahre 2004. In den Jahren 2007 bis 2009 gelang William Curley der Hattrick bei der Wahl zum besten britischen Confiseur (Chocolatier), auserkoren von der Academy of Chocolate in London.
William Curley verarbeitet nahezu ausschließlich Amedei-Kuvertüren.

Produktbewertungen

- Produkt: (Weiße) Raspberry White Chocolate, Punkte: 74,25
  Preis/Menge: 3,75 GBP / 4,65 EUR / 65 g
  Die weiße Schokolade schmeckt ordentlich, weist aber zu wenig Fruchtcharakter und Fruchtaroma auf.

- Produkt: (Riegel) Assam Tea Caramel Mou, Punkte: 85,25
  Preis/Menge: 3,75 GBP / 4,65 EUR / 50 g
  Sehr weicher Karamell, der aber mehr Assamtee-Aroma haben könnte. Dennoch gut gelungen.

- Produkt: (Konfekt) Orange & Balsamic Vinegar, Punkte: 94,65
  Preis/Menge: 12,50 GBP / 15,50 EUR / 9 Stück / ca. 100 g
  Originell, aromatisch und sehr gut im Geschmack. Halbflüssige, fruchtig-würzige Karamell-Ganache.

- Produkt: (Konfekt) Juniperberry & Blackcurrent, Punkte: 94,15
  Preis/Menge: 12,50 GBP / 15,50 EUR / 9 Stück / ca. 100 g,
  Eine Schicht Johannisbeergelee, eine Schicht herbe Ganache, fruchtig-schokoladig. Die Ganache ist fest, aber angenehm cremig-schmelzig. Juniperberry ist Wacholderbeere.

- Produkt: (Konfekt) Pistachio & Toscano, Punkte: 93,55
  Preis/Menge: 12,50 GBP / 15,50 EUR / 9 Stück / ca. 100 g
  Kräftige dunkle Ganache auf aromatischem Pistazienmarzipan. Sehr gelungen.

- Produkt: (Konfekt) Passion Fruit & Mango, Punkte: 93,05
  Preis/Menge: 12,50 GBP / 15,50 EUR / 9 Stück / ca. 100 g
  Herbe und fruchtige Ganache, Mango etwas dominant, schmeckt aber vorzüglich.

- Produkt: (Konfekt) Yuzu, Punkte: 90,85
  Preis/Menge: 12,50 GBP / 15,50 EUR / 9 Stück / ca. 100 g
  Dezentes Yuzu-Aroma, aber sehr angenehm. Dunkel, herb, leicht bitter und zitronig.

- Produkt: (Konfekt) Apricot & Wasabi, Punkte: 90,25
  Preis/Menge: 12,50 GBP / 15,50 EUR / 9 Stück / ca. 100 g
  Eine Schicht Aprikosengelee, eine Schicht dunkle Wasabi-Ganache. Wasabi könnte etwas intensiver sein, angenehm fruchtig.

- Produkt: (Konfekt) Japanese Black Vinegar, Punkte: 90,05
  Preis/Menge: 12,50 GBP / 15,50 EUR / 9 Stück / ca. 100 g
  Dunkle, kräftig schokoladige Ganache, die sehr gut schmeckt. Der Essig ist angenehm aromatisch.

- Produkt: (Konfekt) Szechuan Pepper, Punkte: 86,65
  Preis/Menge: 12,50 GBP / 15,50 EUR / 9 Stück / ca. 100 g
  Dunkel, herb, cremig und schokoladig, aromatisch.

- Produkt: (Konfekt) Toasted Sesamer, Punkte: 86,05
  Preis/Menge: 12,50 GBP / 15,50 EUR / 9 Stück / ca. 100 g
  Herbe Ganache mit zu dezentem Sesamaroma, aber dennoch geschmackvoll.

Fazit:
William Curley produziert Konfekt im Stil französischer Tradition: dünne Hülle, mächtige, sehr schokoladige und aromatische Füllungen. Die Verwendung sehr guter Kuvertüre scheint eine Selbstverständlichkeit zu sein. Das tut dem Konfekt aber auch sehr gut, zumal nicht alle Sorten aromatisch voll überzeugen können. Durch die Wahl der sehr guten Kuvertüre kann sich William Curley aber stets eine sehr gute Basisbenotung sichern. Auch die Frische und die Cremigkeit des Konfekts sprechen mich an. Grundsätzlich haben mir alle Sorten gut gefallen, bei den Sorten Toasted Sesame, Apricot & Wasabi und Szechuan Pepper hätte ich mir aber etwas mehr Aroma gewünscht. Suzue Curley scheint die Geschmacksrichtungen sehr zu beeinflussen, findet man doch mit Yuzu und Japanese Black Vinegar weitere Konfektsorten mit japanischem Touch.
Am besten haben mir die Sorten Orange & Balsamic Vinegar und Juniperberry & Blackcurrent gefallen.
Der Karamellriegel ist durchaus interessant, aber auch hier mangelt es etwas an Aroma. Die Konsistenz jedoch ist sensationell und es ist sehr bemerkenswert, dass der Schokoladenüberzug hält.

Empfehlung:
Das gesamte Sortiment ist für Liebhaber französischen Konfekts empfehlenswert. Für Freunde der gehobenen Pâtisserie sind unbedingt die Kuchen und Törtchen zu empfehlen – grandios!

WILLIAM DEAN CHOCOLATES

USA (Largo, Florida)
www.williamdeanchocolates.com

Verarbeitungsstufe: **Schokolade nach Maß**

Erwartungsvoll reiste ich im November 2010 zur Chocolate Show nach New York. Erwartungsvoll, da ich davon ausgegangen war, die Messestände renommierter Hersteller wie Amano, Dagoba oder Scharffen Berger und neuer Sterne am Schokoladenhimmel wie Askinosie, Patric oder Taza besuchen zu können. Nichts dergleichen – keine der genannten Firmen hat sich auf der Chocolate Show präsentiert. Nichtsdestotrotz konnte ich den einen oder anderen interessanten Hersteller ausfindig machen. Die größte Entdeckung war ohne Zweifel William Dean Chocolates. Das Konfekt ist farbenfroh und formschön. Der nette Herr am Stand war äußerst informationsfreudig, auf jede Frage gab es eine konkrete Antwort.
William Dean Chocolates wurde im Jahr 2007 von William Dean Brown gegründet, offiziell startete der Verkauf der Produkte aber erst ab 2008. Benannt ist das Unternehmen nach dem Vater (William) und Großvater (Dean) des Gründers, der ursprünglich aus der IT-Branche kommt. Die Gründung einer Confiserie entstammt seinem Hobby. Schon während seiner IT-Aktivität produzierte er für seine Angestellten handgemachte Trüffel als Motivationshilfe. Vor der Selbständigkeit als Confiseur lernte er zwei Jahre lang bei Confiseriemeistern wie z. B. Jean-Pierre Wybauw, Stephane Glacier, Andrew Shotts, Vincent Pilon, und Ewald Notter.
Für seine Produkte verarbeitet William Dean hauptsächlich Schokolade des französischen Herstellers Valrhona, der für ihn eine eigene Schokolade mit 64 % Kakaoanteil herstellt.

Produktbewertungen

- Produkt: (Veredelt) Fruit & Filberts,
  Punkte: 95,10
  Preis/Menge: 5,00 USD / 3,95 EUR / 128 g
  Tolle Qualität der karamellisierten Haselnüsse, besonders aber der Rosinen (Golden Raisins) und der Kirschen. Extrem schmackhafte Kombination mit feiner dunkler Valrhona-Schokolade.

- Produkt: (Konfekt) Tropical Caramel,
  Punkte: 95,00
  Preis/Menge: 22,00 USD / 17,36 EUR / 120 g
  Sehr fruchtige Ganache. Intensive Aromen von Mango und Passionsfrucht. Kokosnuss etwas dezenter, sehr intensiver und natürlicher Karamellgeschmack, flüssig-weich, zerläuft wie guter Karamell.

- Produkt: (Konfekt) Peanut Butter Krunch,
  Punkte: 94,00
  Preis/Menge: 22,00 USD / 17,36 EUR / 120 g
  Sehr intensives Aroma, knusprig karamellisierte Erdnüsse.

- Produkt: (Konfekt) Lavender,
  Punkte: 93,40
  Preis/Menge: 22,00 USD / 17,36 EUR / 120 g
  Sehr intensives Lavendelaroma, leicht herb und harmonisch süß.

- Produkt: (Konfekt) Hazelnut,
  Punkte: 91,20
  Preis/Menge: 22,00 USD / 17,36 EUR / 120 g
  Mit ganzer Haselnuss. Sehr dunkler Nougat intensiven Aromas.
- Produkt: (Konfekt) Ganache von Valrhona-Schokolade,
  Punkte: 91,00
  Preis/Menge: 22,00 USD / 17,36 EUR / 120 g
  Dunkle und pure Ganache aus Valrhona-Schokolade. Sehr schmackhaft.

- Produkt: (Konfekt) Raspberry,
  Punkte: 91,00
  Preis/Menge: 22,00 USD / 17,36 EUR / 120 g
  Zweilagig: dunkle, herbe Ganache und sehr fruchtiges Gelee. Aromatisch, wobei das Gelee etwas zu fest ist.

- Produkt: (Konfekt) Rosemary Caramel,
  Punkte: 90,00
  Preis/Menge: 22,00 USD / 17,36 EUR / 120 g
  Sehr gutes Rosmarinaroma und feiner Karamellgeschmack, weich-flüssig, wie Karamell sein sollte.

- Produkt: (Konfekt) Mexican Mango,
  Punkte: 90,00
  Preis/Menge: 22,00 USD / 17,36 EUR / 120 g
  Zweischichtige Füllung: Ganache und Gelee, mit sehr gutem Aroma. Leicht scharf und dezent salzig.

- Produkt: (Konfekt) Biscotti,
  Punkte: 88,00
  Preis/Menge: 22,00 USD / 17,36 EUR / 120 g
  Zweischichtige Ganache: hell und dunkel, sehr intensiver Honiggeschmack und dezente Biscotti, zarte Anisaromen.

- Produkt: (Konfekt) Bananas Foster,
  Punkte: 85,00
  Preis/Menge: 22,00 USD / 17,36 EUR / 120 g
  Ganachefüllung mit Banane, Rum und Pecannuss. Gutes Rumaroma, Banane und Pecannuss etwas zu schwach.

Fazit:

Ich gebe zu, dass mich die vielen Farbstoffe zuerst ein wenig abgeschreckt haben. Anderseits habe ich aber kein Problem damit, wenn sie zur Dekoration und nicht zur Vortäuschung der Farbe z. B. einer Fruchtfüllung dienen. Bei William Dean dienen sie ausschließlich der Entfaltung seiner Kreativität beim Dekor des Konfekts. Airbrushing ist eines seiner Hobbys und da ist es doch eine feine Sache, wenn er dies in seiner Arbeit als Confiseur einbinden kann. Das Konfekt verdient nichts Geringeres als die Auszeichnung „Weltklasse". Jede Sorte ist eine neue Entdeckung und ein Erlebnis. Nach den ersten zwei, drei Sorten habe ich mich gefragt, wann wohl der Einbruch kommt. Doch er kam nicht.
Peanut Butter Crunch mit knusprig karamellisierten Erdnüssen und intensivem Aroma, Tropical Caramel mit intensivsten Fruchtaromen und köstlich weich-flüssigem Karamell in perfekter

Konsistenz, Mexican Mango mit einer Schicht Fruchtgelee und einer Schicht Ganache, perfekter Schärfe und dezent salzig, und, und, und ...
Nachdem ich das Konfekt leergegessen hatte, widmete ich mich der Tafel Fruit & Filberts. Eigentlich unspektakulär: geröstete und karamellisierte Haselnüsse, Rosinen und Kirschen, ganz simpel in einem Klarsichtbeutel verpackt. 5 Dollar bzw. 3,95 Euro für sage und schreibe 128 Gramm – ich habe sie gekauft, weil sie appetitlich aussah und preislich erschwinglich war. Doch nach dem ersten Stück gab es kein Halten mehr. Nicht nur die Nüsse waren vorzüglich, sondern auch die Kirschen und besonders die Rosinen: große, saftige und aromatische Golden Raisins. Großartig, das war tatsächlich eine Offenbarung.
Lieber Herr Brown, ich kann nur ein ganz großes Lob aussprechen, es gibt keinen Kritikpunkt. Ich hoffe nur, dass diese Qualität erhalten bleibt und die Kundschaft sie ausreichend honoriert. Ich jedenfalls freue mich schon heute auf die nächste Verkostung.

Empfehlung:
Alle Produkte sind uneingeschränkt empfehlenswert. Konfektliebhaber werden Ihre Freude haben und Trockenfrüchtefans kommen bei der Fruit & Filberts voll und ganz auf ihre Kosten.

WILLIE'S DELECTABLE CACAO

England (Uffculme, Devon)
www.williescacao.com

Verarbeitungsstufe: **Bean-to-bar**

William Harcourt-Cooze hat sich in Uffculme, Devon, gelegen in Süd-West-England, ein kleines Schokoladenmuseum zusammengestellt. Mit den Maschinen, die aus der Zeit um 1920 stammen, produziert er hier Schokoladen von der Bohne weg. Willie Harcourt-Cooze hat sich bewusst für diese alten, kleinen und langsam arbeitenden Maschinen entschieden, die eine schonende Verarbeitung der Kakaobohnen garantieren sollen. Erst in 2008 begann er mit der Produktion von 100 %igen Schokoladen, im Jahr 2009 folgten die Sorten mit geringerem Kakaoanteil. Seine Kakaobohnen bezieht er direkt von den Plantagen. Willie Harcourt-Cooze besitzt selbst die Plantage El Tesoro in Venezuela. Bereits vor zwölf Jahren hat er dort neue Kakaopflanzen angebaut, sodass er nun die Früchte ernten und verarbeiten kann.

Eine Besonderheit sind seine sortenreinen Kuvertüren, alle mit einem Kakaoanteil von 100 %. Entsprechend der gewünschten Süße der Schokoladenprodukte kann man ihnen beliebig viel Zucker hinzufügen. Nette Idee, aber wie daraus eine geschmeidige und homogene Schokolade entstehen soll, bleibt sein Geheimnis.

Produktbewertungen

- Produkt: (Dunkel) Peruvian San Martin 70 %, Punkte: 78,70
  Preis/Menge: 5,90 EUR / 80 g
  Kraftvoll im Aroma, mit angenehmer Fruchtigkeit und dezenter und vollkommen ausreichender Würze. Schmelz nicht so gut, da etwas sandig. Leichte und angenehme Adstringens.
  Aromaprofil: Exotische Zitrusfrüchte.

- Produkt: (Dunkel) Madagascan 71 %, Punkte: 76,50
  Preis/Menge: 5,90 EUR / 80 g
  Etwas sauer, aber mit viel Aroma. Auf der Verpackung wird ein Karamellgeschmack ausgelobt, der für Madagaskar-Kakao untypisch ist. Glücklicherweise ist er auch nicht herauszuschmecken.
  Aromaprofil: Tropische Zitrusfrüchte.

- Produkt: (Dunkel) Venezuelan 72 %, Hacienda Las Trincheras, Punkte: 74,80
  Preis/Menge: 5,90 EUR / 80 g
  Trocken, rau und schlechter Schmelz, aber mit ausgeprägten Aromen. (Zu) starke Röstung der Bohnen.
  Aromaprofil: Nüsse, Tabak, Trockenfrüchte.

- Produkt: (Dunkel) Indonesian 69 %, Punkte: 60,00
  Preis/Menge: 5,90 EUR / 80 g
  Adstringierend, sauer und mit Aroma geräucherter Kakaobohnen.
  Aromaprofil: Geräuchert, Schwefel, unreife Zitrusfrüchte, Tabak.

Fazit:
Nachdem ich von Willie's gehört hatte, war meine Erwartungshaltung recht hoch. Die Geschichte des Unternehmens liest sich toll, die Internetseite ist sehr amüsant, kreativ und informativ. Für meine erste Verkostung habe ich mir drei Schokoladen ausgesucht. Eine mit schwierig zu verarbeitenden Kakaobohnen (Java), eine mit meiner Lieblingskakaobohne (Madagaskar) und eine mit der wohl berühmtesten Edel-Kakaobohne (Venezuela). Zuletzt konnte ich auch die Peruvian testen und am Ende ist diese Schokolade mit ihren dominanten Fruchtaromen sogar die gelungenste von allen.
Bei der Madagascan und Venezuelan bin ich hin und her gerissen. Einerseits zeigen sie gute Aromen, anderseits aber ist die Textur der Schokolade nicht gut gelungen. Die Indonesian hat mich geschmacklich nicht überzeugt. Alle Schokoladen sind trotz der Zugabe von Kakaobutter trocken, haben kaum Schmelz und sind rau. Auf Soja-Lecithin wird generell verzichtet, daher sollte man die Verarbeitungsweise etwas ändern. Eine bessere Vermahlung wäre wohl hilfreich.
Da Willie erst seit 2008/2009 produziert, fallen diese Mängel sicherlich noch unter „Findungsphase". In den kommenden Jahren sollte jedoch eine Steigerung der Qualität erkennbar werden.

Empfehlung:
Als Chocoholic sollte man die eine oder andere Schokolade von Willie's probiert haben. Wer leicht geräucherte Schokolade mag, die Indonesian, alle anderen eher die Peruvian, Madagascan oder Venezuelan.

WITTAMER

Belgien (Brüssel)
www.wittamer.com

Verarbeitungsstufe: **Standard-Schokolade**

Gegründet wurde „La Maison Wittamer" von Henri Wittamer bereits im Jahre 1910. Wittamer ist ein Pâtissier-Confiseur, der außer Konfekt auch andere Spezialitäten wie Macarons, Kuchen und Gebäck produziert. Zudem stellt Wittamer auch Herzhaftes her und führt ein erfolgreiches Catering. Heute wird das Unternehmen von den Geschwistern Paul und Myriam Wittamer geleitet. Paul Wittamer ist verantwortlich für die süße Seite des Unternehmens, Myriam kümmert sich hauptverantwortlich um die Feinkostabteilung.
Wittamer ist „Fournisseur Officiel de la Cour de Belgique" und Mitglied der „Association Relais Desserts". Außerhalb Belgiens ist Wittamer besonders in Japan mit 15 Filialen sehr erfolgreich.

Produktbewertungen

- Produkt: (Konfekt) Pavé de Bruxelles Lait,
  Punkte: 72,00
  Preis/Menge: 12,00 EUR / 90 g
  Nett. Karamell mit Haselnüssen, zwar recht süß, für Karamell aber akzeptabel.

- Produkt: (Konfekt) Mandarin,
  Punkte: 70,00
  Preis/Menge: 12,00 EUR / 90 g
  Ganze Piemont-Haselnuss in Nougat. Ganz ordentlich gelungen. Leider aber mit einer Schokolade von eher durchschnittlicher Qualität, die das Produkt zur Mittelmäßigkeit deklassiert.

- Produkt: (Konfekt) Cœur Framboise,
  Punkte: 67,00
  Preis/Menge: 12,00 EUR / 90 g
  Gutes Himbeeraroma, weich-cremig, aber leider viel zu süß.

- Produkt: (Konfekt) Kaffee,
  Punkte: 65,00
  Preis/Menge: 12,00 EUR / 90 g
  Schmeckt nach Kaffee, aber doch etwas zu dezent. Ganache hat eine etwas sirupartige Konsistenz. Es fehlt etwas an Harmonie.

- Produkt: (Konfekt) Zimtnougat,
  Punkte: 64,00
  Preis/Menge: 12,00 EUR / 90 g
  Schmeckt nach Zimt, aber sehr süß. Der Nougat ist flach im Aroma.

- Produkt: (Konfekt) Unbekannt 1,
  Punkte: 55,00
  Preis/Menge: 12,00 EUR / 90 g
  Soll wohl ein pures dunkles Konfekt sein. Ohne besondere Aromen. Flach im Geschmack und langweilig. Sorte nicht identifizierbar.

- Produkt: (Konfekt) Kaffee-Karamell,
  Punkte: 52,00
  Preis/Menge: 12,00 EUR / 90 g
  Zeigt keinen guten Geschmack. Da die Sorte unbekannt ist, haben wir geraten, um was es sich handeln könnte: vermutlich Kaffee-Karamell.

- Produkt: (Konfekt) Exquis Noir,
  Punkte: 47,00
  Preis/Menge: 12,00 EUR / 90 g
  Viel zu feste Füllung, langweilig, süß. Schmeckt nach billiger Schokolade.

- Produkt: (Konfekt) Unbekannt 2,
  Punkte: 46,00
  Preis/Menge: 12,00 EUR / 90 g
  Das Konfekt ist sehr süß, und weder cremig noch aromatisch. Sorte nicht identifizierbar.

Fazit:
Auch wenn das Konfekt einen eher typisch französischen Charakter besitzt, ist es insgesamt zu banal und die Sorten sind teilweise nicht herausschmeckbar. Wittamer verwendet keine besonders gute Schokolade und auch der Nougat ist eher von durchschnittlicher Standard-Qualität. Der Verkäufer in der Wittamer-Filiale konnte mir leider keine Übersicht über die Sorten geben, die sich in der von mir gekauften Schachtel befanden. Er verwies mich auf das Internet, dort seien alle Sorten abgebildet. Dem war leider nicht so. Vier der neun Sorten waren nicht abgebildet, ich musste bei der Verkostung also raten. Zwei Sorten konnte ich deshalb leider einfach nicht identifizieren.
Sehr ärgerlich war auch, dass einmal mehr keine Zutatenliste, keine Gewichtsangabe und kein Mindesthaltbarkeitsdatum auf der Schachtel zu finden war. Was passiert denn, wenn ein Allergiker eine Schachtel kauft und aufgrund des fehlenden Warnhinweises und der fehlenden Zutatenliste einen allergischen Schock und gesundheitliche Probleme bekommt?
Einzig das Konfekt Pavé de Bruxelles lait konnte eine mittelprächtige Note erhalten. Bei dem eigentlich guten Konfekt Mandarin hat die zweifelhafte Qualität der Schokolade eine gute Note leider verhindert. Die Cœur Framboise hat zwar ein angenehmes Aroma, es fehlt ihr aber an Fruchtigkeit und sie ist viel zu süß.

Empfehlung:
Leider ist keine Empfehlung möglich. Die Kuchen und Desserts des Hauses sind jedoch einen Versuch wert.

XOCOLAT MANUFAKTUR

Österreich (Wien)
www.xocolat.at

Verarbeitungsstufe: **Standard-Schokolade**

Wien ist als Stadt der süßen Genüsse bekannt, wobei man sicher darüber streiten kann, wie gut eine traditionelle Sachertorte oder eine Mozartkugel in Wirklichkeit ist. Seit dem Jahre 2001 hat Wien jedoch eine ganz besondere Attraktion: eines der besten und visionärsten Schokoladen-Fachgeschäfte der Welt. Auch das Ambiente um das Stammhaus herum ist sehr gelungen. In der Passage des Palais Ferstel in der Wiener Innenstadt wird auf mittlerweile 150 Quadratmetern ein reichhaltiges Sortiment an Schokoladenprodukten angeboten. Inhaberin Frau Ramona Mahr ist eine Pionierin in Sachen Schokolade. Schon lange vor dem Boom edler Schokoladenprodukte hat sie das Potenzial erkannt. Noch heute ist sie ihren Kollegen immer wieder einen Schritt voraus. Alle Versuche, ihr durch Eröffnung eines neuen Geschäfts gerade in der Wiener Innenstadt Kunden streitig zu machen, sind bisher gescheitert. In den Jahren 2008 und 2010 eröffnete sie zwei weitere Filialen in Linz und in Baden. Im Februar 2011 wagte Ramona Mahr schließlich den Schritt, eine eigene Manufaktur zu gründen. In der Wiener Servitengasse werden seitdem Konfekt und Schokoladen in Handarbeit gefertigt, den Confiseuren kann man bei ihrer Arbeit zusehen.
Ramona Mahr hat nicht nur zu der Entwicklung der Schokoladenkultur in Österreich, sondern in ganz Europa viel beigetragen. Mit Werner Meisinger, dem Mann an ihrer Seite, hat sie ein sehr kompetentes Mitglied in ihrem Team. Seit mehreren Jahrzehnten schreibt Werner Meisinger über gutes Essen und Trinken. Er ist zudem verantwortlich für die geschmackvolle Gestaltung der Verpackung und das Design der Marke. Xocolat verarbeitet vornehmlich Kuvertüre des spanischen Herstellers Chocovic und des französischen Produzenten Valrona.

Produktbewertungen

- Produkt: (Weiße) Feinste Aschanti mit weißer Opal-Couverture, Punkte: 89,45
  Preis/Menge: 5,90 EUR / 100 g
  Schmeckt sehr intensiv nach Erdnüssen, Puffreis eher dezent, sehr angenehm gesalzen.

- Produkt: (Veredelt) Feinste Pecannüsse mit Kendari & Jade, Punkte: 92,75
  Preis/Menge: 5,90 EUR / 100 g
  Sehr schmackhafte Pecannüsse, sehr harmonisch mit der aromatischen Milchschokolade.

- Produkt: (Veredelt) Feinste Haselnüsse mit Criollo Ocumare, Punkte: 92,30
  Preis/Menge: 5,90 EUR / 100 g
  Tolle Nüsse in toller dunkler Schokolade, hergestellt mit Ocumare-Criollo-Bohnen aus Venezuela (Ocumare-Tal). Passt gut zusammen und ist sehr schmackhaft.

- Produkt: (Veredelt) Feinste Macadamianüsse mit Jade-Milchschokolade, Punkte: 88,55
  Preis/Menge: 5,90 EUR / 100 g
  Die Macadamianüsse schmecken vorzüglich und harmonieren wunderbar mit der sehr guten Milchschokolade.

- Produkt: (Konfekt) Marshmallow Maracuja, Punkte: 91,00
  Preis/Menge: 3,90 EUR / 100 g

Extrem aromatisch, fruchtig-sauer, Maracuja schmeckt man sofort heraus. Ohne Aroma- oder Farbstoffe, tolle Konsistenz und wunderschöne Farbe.

- Produkt: (Konfekt) Marshmallow Ananas, Punkte: 86,80
  Preis/Menge: 3,90 EUR / 100 g
  Nicht ganz so aromatisch wie die Maracuja, aber man schmeckt die Ananas gut heraus. Fruchtig, nicht ganz so sauer wie sie sein könnte. Dennoch köstlich und mit toller Konsistenz.

- Produkt: (Konfekt) Ocumare Muscovado, Punkte: 83,00
  Preis/Menge: 4,95 EUR / 100 g
  Sehr schokoladig-kakaoig, herb und doch mit angenehmer Süße. Für Chocoholics.

- Produkt: (Konfekt) Ingwer, Punkte: 78,50
  Preis/Menge: 4,95 EUR / 100 g
  Gutes Ingweraroma, weiche und cremige Ganache, leider etwas zu süß.

- Produkt: (Konfekt) Jasmin in Matcha Tee gerollt, Punkte: 75,50
  Preis/Menge: 4,95 EUR / 100 g
  Toller Jasmintee-Charakter, herb und mit leichter Adstringens des Tees.

- Produkt: (Konfekt) Himbeere, Punkte: 75,20
  Preis/Menge: 4,95 EUR / 100 g
  Aromatische Ganache, könnte vielleicht etwas mehr Säure vertragen. Poppige Streusel aufgestreut.

- Produkt: (Konfekt) Yuzu, Punkte: 74,00
  Preis/Menge: 4,95 EUR / 100 g
  Gutes Yuzu-Aroma, leichte Säure, aber auch etwas salzig. Cremig, Füllung zeigt tollen Schmelz.

- Produkt: (Konfekt) Marshmallow Himbeere, Punkte: 73,00
  Preis/Menge: 3,90 EUR / 100 g
  Himbeeraroma nicht überzeugend. Tolle Konsistenz, Süße in Ordnung.

- Produkt: (Konfekt) Salz Karamell, Punkte: 72,40
  Preis/Menge: 4,95 EUR / 100 g
  Salzig, etwas karamellig, insgesamt vielleicht etwas zu süß.

Fazit:
Alle vier Nuss-Schokoladen sind überdurchschnittlich gut und sehr großzügig gefüllt. Bei der Auswahl der Rohstoffe wurde sehr sorgsam gearbeitet. Die Nüsse sind äußerst aromatisch, schmackhaft und von überdurchschnittlich guter Qualität.
Das Konfekt orientiert sich an der französischen Confiserie. Auch wenn der Schokoladenüberzug Mängel aufweist, die Füllungen sind sehr gut gelungen.
Unerwartet waren die sensationellen Marshmallows. Nie hätte ich es für möglich gehalten, dass mich solche Artikel begeistern könnten. Besonders die Sorte mit Maracuja ist ein „must have" – sie schmeckt, als äße man die frische Frucht.
Das Unternehmen Xocolat hat in dieser kurzen Zeit bereits ein beeindruckendes Niveau erreicht und wird sich sicherlich weiter entwickeln und steigern. Man kann gespannt sein.

Empfehlung:
Alle Nuss-Schokoladen sind für Nuss-Liebhaber empfehlenswert, das Konfekt für Liebhaber französischen Konfekts. Die Marshmallows empfehle ich allen, die Mäusespeck, aber auch frische Maracuja, Ananas oder Himbeeren mögen.

XOCOLATL DE DAVID

USA (Portland, Oregon)
www.xocolatldedavid.com

Verarbeitungsstufe: **Standard-Schokolade**

Inhaber und Chef-Chocolatier von Xocolatl de David ist David Briggs. Aufgewachsen in San Francisco Bay, verbrachte er einen Teil seiner Kindheit in Kalifornien, Australien und Singapur. Seine Kindheit und seine kulinarischen Einflüsse wurden hierdurch geprägt. An der Universität von Oregon in Eugene erlangte er 1999 den Abschluss in Übungs- und Bewegungswissenschaft. Im Jahr 2002 schrieb er sich am Culinary Institute of America in Hyde Park in New York ein. Nach seinem Abschluss arbeitete er mit Scott Dolich im Park Kitchen in Portland, wo er von 2007 bis Mai 2009 Sous Chef war. Xocolatl de David begann informell und unbeabsichtigt im Jahr 2005. Erst im Jahr 2009 entschied sich David Briggs, aus dem einstigen Nebenprojekt seinen Hauptberuf zu machen. Neben gefüllten Schokoladen umfasst sein Sortiment auch Konfekt.

Produktbewertungen

- Produkt: (Veredelt) Piment d'Espelette 74 % Dark Chocolate DomRep, Punkte: 80,60
  Preis/Menge: 10,00 USD / 7,89 EUR / 62 g
  Massive Schokolade mit Piment d'Espelette und Fleur de Sel. Leicht scharf, mit gutem Piment-Aroma, angenehm gesalzen.

- Produkt: (Veredelt) Almond & Pimentón 68 % Dark Chocolate Bolivia, Punkte: 72,80
  Preis/Menge: 10,00 USD / 7,89 EUR / 62 g
  Mit in Olivenöl gerösteten und gesalzenen Marcona-Mandeln. Etwas schwach im Aroma, leicht geräuchert und recht herb. Interessant, insgesamt fehlt aber auch hier etwas die Harmonie.

- Produkt: (Riegel) Salted Caramel 72 % Dark Chocolate Ecuador, Punkte: 67,00
  Preis/Menge: 10,00 USD / 7,89 EUR / 62 g
  Seltsame Konsistenz des Karamells und zu wenig Füllung. Dezent gesalzen. Insgesamt eine zu unharmonische Schokolade.

Fazit:
Schlichtes, angenehmes und edles Design. Die Geschmackskompositionen sind interessant und wecken das Interesse. Leider kann der Inhalt der Verpackung die Erwartungen nicht erfüllen. Einzig die Piment d'Espelette mit Fleur de Sel in 74 %iger dunkler Schokolade aus der Dominikanischen Republik ist in Ordnung: leicht scharf, mit gutem Piment-Aroma, angenehm gesalzen.
Die Salted Caramel, eine mit Karamell und Fleur de Sel gefüllte dunkle Schokolade (72 % Ecuador), hat zu wenig Füllung. Das Karamell hat keine angenehme Konsistenz.
Die Almond and Pimentón wurde mit in Olivenöl gerösteten Marcona-Mandeln, Pimentón und Fleur de Sel veredelt. Die dunkle Schokolade aus Bolivien (68 %) harmoniert nicht mit den Mandeln. Ein unangenehmer geräucherter Geschmack strapaziert zudem den Gaumen.

Empfehlung:
Die Piment d'Espelette verdient aufgrund ihrer Qualität eine Empfehlung. Betrachtet man jedoch den Preis von 10 US-Dollar (ca. 7,89 Euro) für 62 g, muss diese Empfehlung leider etwas eingeschränkt werden.

ZAABÄR

Belgien (Brüssel)
www.zaabar.be

Verarbeitungsstufe: **Standard-Schokolade**

Zaabär ist ein sehr junges Unternehmen, das im Jahr 2007 von François-Jean Decarpentrie in Brüssel gegründet wurde. Der Name „Zaabär" ist vom Instanbuler Bazar inspiriert und soll das innovative Konzept des Unternehmens repräsentieren, belgische Schokolade mit Gewürzen aus aller Welt zu kombinieren.
Leider kann ich dieser Selbstdarstellung des Unternehmens nur begrenzt zustimmen. Die Verbindung von Schokolade und Gewürzen wurde bereits viel früher von anderen Firmen, wie zum Beispiel dem ebenfalls aus Belgien stammenden Unternehmen Dolfin, vollzogen. Insofern handelt es sich hierbei um kein innovatives Konzept. Vielmehr wurde das ursprüngliche Konzept konsequent weiter entwickelt. Im Zaabär Factory Shop kann man den Chocolatiers bei der Arbeit zuschauen und die Produkte auch gleich kaufen, mit Sicherheit ein schönes Einkaufserlebnis.

Die Kreationen sind interessant und exotisch und führen wohlklingende Namen.

Produktbewertungen

- Produkt: (Weiße) Klassic Blanc Pistaches,
  Punkte: 77,75
  Preis/Menge: 5,80 EUR / 100 g
  Guter Pistaziengeschmack. Reichlich mit Pistazienstückchen gefüllt. Nicht zu süß und schmackhaft.

- Produkt: (Weiße) Curry de Madras,
  Punkte: 75,75
  Preis/Menge: 4,90 EUR / 70 g
  Sehr gutes Curryaroma, wohl dosiert. Vielleicht etwas zu süß.

- Produkt: (Veredelt) Chili Pepper du Texas,
  Punkte: 64,00
  Preis/Menge: 4,90 EUR / 70 g
  Sehr scharf, die Milchschokolade kaum mehr schmeckbar. Die Schokolade ist einfach zu süß.

- Produkt: (Veredelt) Gingembre de Goa,
  Punkte: 64,00
  Preis/Menge: 4,90 EUR / 70 g
  Trotz zu dezentem Ingweraroma schmeckt die Tafel ganz gut. Leider auch zu süße dunkle Schokolade mit nur 55,9 % Kakaoanteil. Kandierter Ingwer würde der Tafel gut tun.

- Produkt: (Veredelt) Klassic Lait Nougatine,
  Punkte: 63,50
  Preis/Menge: 5,80 EUR / 100 g
  Klassische, mit Krokant veredelte Schokolade. Seelenlos, recht süß und wenig aromatisch.

- Produkt: (Veredelt) Citronelle du Sri Lanka,
  Punkte: 62,00
  Preis/Menge: 4,90 EUR / 70 g
  Dunkle Schokolade mit nur 55,9 % Kakaoanteil. Ganz gutes Zitronengras-Aroma, leider aber viel zu süß. Störend ist das getrocknete Zitronengras, Pulver wäre hier besser gewesen. Schade.

- Produkt: (Veredelt) Klassic Lait Noisettes,
  Punkte: 61,50
  Preis/Menge: 5,80 EUR / 100 g
  Klassische, mit Nüssen veredelte Schokolade. Süß, banal und mit wenig Nussaroma und -geschmack.

- Produkt: (Veredelt) Klassic Noir Amandes,
  Punkte: 55,00
  Preis/Menge: 5,80 EUR / 100 g
  Schokoladengeschmack nicht besonders angenehm. Zu wenig Mandeln. Die dunkle Schokolade lässt nicht zu, dass sich das Mandelaroma entfaltet.

- Produkt: (Schachtel) Reglette 5 Truffes,
  Punkte: 21,00
  Preis/Menge: 4,00 EUR / 100 g
  Dieser Konfekt-Schachtel merkt man an, dass Convenience-Produkte verwendet wurden. Ohne Raffinesse, geschmacks- und seelenlos. Schlechte Konsistenz, flach an Aromen, unkreativ.

  Konfekt-Einzelbewertungen:
  Menthe Brisures de Violette: Punkte: 32,00
  Schmeckt zwar nach der namensgebenden Zutat, aber dennoch nicht gut.
  Cannelle Speculoos: Punkte: 30,50
  Schmeckt nur außen nach Spekulatius, innen viel zu fest.
  Banane Brisures de Mimosa: 24,00
  Schmeckt künstlich nach Banane, außen keine Mimosa, sondern Zucker.
  Orange Sésame: Punkte: 21,00
  Schmeckt nach allem, aber nicht nach Orange. Süß und viel zu fest.
  Classique Cacao: Punkte: 21,00
  Schlechtes Aroma und schlechter Geschmack, viel zu fest.

Fazit:
Zaabär ist kreativ, ohne Frage, und das Design ist ausgesprochen gut gelungen. Die Produkte aber leider umso weniger. Es gibt zwei bis drei ganz ordentliche Artikel, wie zum Beispiel die Klassic Blanc Pistache oder die Curry de Madras. Aber generell leiden alle Produkte unter der banalen Schokolade. Das Konfekt ist absolut indiskutabel. Was hat sich Zaabär dabei nur gedacht? Die Füllungen sind sicher hinzugekauft. Bei der Aromatisierung ist gar nichts gelungen. Nicht unerwähnt bleiben sollte auch, dass das Konfekt mit 100 g Inhalt verkauft wurde, sich aber nur 78 g Inhalt in der Verpackung befanden. Das ist kein Kavaliersdelikt mehr. Der 100-g-Preis erhöht sich damit von ursprünglich 4,00 Euro auf 5,13 Euro. Das Konfekt senkt die ote von Zaabär um eine Kakaofrucht.
Der Gründer von Zaabär hatte bereits mit Café-Tasse ein, besonders durch das Design und das Konzept, überaus erfolgreiches Unternehmen. Bei meinem Besuch in der Zaabär-Filiale ist mir leider auch mangelnde Sauberkeit aufgefallen. Besonders die Transportbänder der Kühlkanäle waren sehr verdreckt. Anhand meiner persönlichen Erfahrungen kann ich sagen, dass die auf dem Band klebende Schokolade schon einige Tage alt war. Zudem haben wir das Geschäft morgens kurz nach Ladenöffnung besucht, als noch nicht produziert wurde. Das Band wurde daher wohl am Abend zuvor nicht gereinigt.

Empfehlung:
Die veredelten Schokoladen Klassic Blanc Pistache, Chili Pepper du Texas, Curry de Madras und vielleicht noch die Gingembre de Goa können Liebhabern empfohlen werden. Freunden scharfer Schokolade eventuell auch die Chili-Schokolade.

ZOKOKO

Australien (Emu Heights)
www.zokoko.com

Verarbeitungsstufe: **Bean-to-bar**

Michelle Morgan, Mutter dreier junger Töchter, träumte seit dem Jahre 2004 von einer eigenen bean-to-bar-Schokoladenherstellung. Zusammen mit ihrem Ehemann Dean reiste sie durch Zentralamerika, besuchte Kaffeefarmen und Kooperativen und verliebte sich in den wild wachsenden Kakao an der karibischen Küste Costa Ricas. Nachdem sie zum ersten Mal einen Kakaobaum mit seinen Früchten sahen, stand ihr Entschluss fest. Seither suchten sie auf der ganzen Welt nach kleinen, gebrauchten, handwerklichen Schokoladenmaschinen, um ihre eigene kleine Produktion aufbauen zu können. Während sich ihr Mann Dean also dem Kaffee widmet, konzentriert sie sich ganz auf die süße Bohne. Michelle Morgan studierte die Schokoladentechnologie mit Richardson Researches an der University California in Davis, Kalifornien. Die Produktion startete sie im Sommer des Jahres 2009 in Emu Heights, am Fuße der australischen Blue Mountains. Dean reiste im Jahre 2010 für seinen Kaffee nach Bolivien und mehrere Male nach Papua Neu-Guinea. Dass Kaffee und Kakao in ähnlichen Breitengraden wachsen und in vielen tropischen Ländern sowohl Kaffee als auch Kakao angebaut wird, ist für das Ehepaar ein willkommener Synergie-Effekt. Michelle ist gelernte Landschaftsarchitektin und besuchte vor ihrer Selbständigkeit als Schokoladenproduzentin Schokoladenhersteller in San Francisco, New York, Flavil, Zürich, Paris und Tokyo.

Produktbewertungen

- Produkt: (Dunkel) Alto Beni 68 % Cacao, Punkte: 90,20
  Preis/Menge: 10,00 AUD / 7,50 EUR / 85 g
  Sehr aromatisch, extrem guter Schmelz, harmonisch. Bolivianischer Kakao aus der Alto-Beni-Region, wie ihn auch Felchlin kauft.
  Aromaprofil: Kirschmarmelade, Fermentation, Honig, Zitrusfrüchte.

- Produkt: (Dunkel) New Queensland 68 % Cacao, Punkte: 81,70
  Preis/Menge: 10,00 AUD / 7,50 EUR / 85 g
  Die erste Single-Origin-Schokolade aus australischem Kakao aus New Queensland. Angenehmes Aroma, dezent und angenehm bitter, sehr guter Schmelz. Aromaprofil: Banane, leichte Röstaromen und etwas torfig, reife Früchte.

- Produkt: (Dunkel) Tranquilidad 72 % Cacao, Punkte: 79,50
  Preis/Menge: 10,00 AUD / 7,50 EUR / 85 g
  Kakao aus Bolivien von der Chocolatales (Waldinsel) des Deutschen Volker Lehmann, der auch die wilden Kakaobohnen von Alto Beni entdeckt hat. Leicht adstringierend und etwas sauer, aber voller Aromen.
  Aromaprofil: Getrocknete Früchte, Honig, Wildnis.

- Produkt: (Dunkel) Tokiala 66 % Cacao, Punkte: 73,50
  Preis/Menge: 10,00 AUD / 7,50 EUR / 85 g
  Auch wenn die Schokolade zum Ende hin leicht geräuchert schmeckt, ist das nicht sehr störend, aber dennoch ein typischer Mangel des Kakaos aus Papua Neu-Guinea. Guter Schmelz und vollmundig.
  Aromaprofil: Leicht geräuchert, beerig-fruchtig, etwas feuchter Waldboden.

- Produkt: (Milch) 40 % Cacao, Punkte: 70,50
  Preis/Menge: 10,00 AUD / 7,50 EUR / 85 g
  Eine Milchschokolade von ordentlicher Qualität. Angenehmer Schmelz und leichter Kakaogeschmack.
  Aromaprofil: Honig, Karamell, Rahm.

Fazit:
Ich traf Dean Morgan anlässlich der Messe Interpack in Düsseldorf, wo ich mich intensiv mit ihm austauschen konnte. Die Schokoladen sind alle gut gelungen, sie besitzen einen eigenen Charakter. Mit der Alto Beni ist Zokoko eine sehr gute Schokolade gelungen, die erste Single-Origin-Schokolade aus Australien überrascht positiv. Das Kakaoaroma des australischen Kakaos gefällt mir sehr gut und Zokoko hat viel aus der Kakaobohne gemacht.
Die Morgans sind zwar noch in der Findungsphase, aber die Zeichen stehen gut, dass sie den richtigen Weg einschlagen und den Schokoladenmarkt mit ihren Produkten bereichern.

Empfehlung:
Die dunklen Schokoladen eignen sich für alle Chocoholics.

ZOTTER

Österreich (Riegersburg)
www.zotter.at

Verarbeitungsstufe: **Bean-to-bar**

Josef Zotter ist gelernter Koch und Konditor. Bis 1987 war er sowohl im Inland als auch im Ausland tätig. Von 1987 bis 1999 führte er eine Konditorei mit vier Filialen, mit der er im Jahr 1996 Insolvenz beantragen musste. Aus dieser Insolvenz heraus hat sich Josef Zotter in beeindruckender Weise eine neue Existenz aufgebaut. Zwar wurden bereits im Jahr 1992 die ersten handgeschöpften Schokoladen produziert. Er widmete sich jedoch erst ab 1999 ganz der Herstellung der Schokoladenprodukte. Schon damals waren alle seine Produkte Fair-Trade-zertifiziert. Mit dem Bau seiner neuen Schokoladenproduktion im Jahr 2007 stieg er komplett auf Bio um. Zur Krönung produziert Zotter seither alle seine Schokoladen von der Bohne weg selbst. Zotter ist damit wohl das einzige Unternehmen, das ausschließlich in Bio- und Fair-Trade-Qualität produziert. Ebenfalls im Jahr 2007 begann Zotter mit der Produktion der massiven Schokoladen, pur und veredelt. Anfang 2009 führte Zotter mit Mitzi Blue eine komplett neue Marke ein, dann kam Konfekt hinzu. Zwischendurch kreierte er mit chocoshot ein weiteres innovatives Produkt. Wie auch immer man zu diesen Produkten stehen mag – sie haben doch ihren Charme.

Im Jahre 2010 ging die Innovationsmaschinerie mit Lollypop und nougsus weiter. Besonders die nougsus, feinster Nougat in vielen Variationen, treffen den Zeitgeist. Nach den vielen, teils obskuren und exotischen Produkten im Markt steigt heute wieder die Nachfrage nach klassischen Produkten. „Back to the roots" wäre für alle die richtige Entscheidung gewesen. Hier macht Zotter alles richtig. Begonnen mit dem Konfekt, geht Zotter nun auch beim eigenen Nougat den Weg zurück zur klassischen Confiserie, aufgepeppt mit kreativen Ideen, jedoch ohne Übertreibung. Bravo!
Das Jahr 2011 war einmal mehr ein besonderes Zotter-Jahr. Am 1. Mai eröffnete Josef Zotter seinen 27 Hektar großen Essbaren Tiergarten mit Attraktionen wie Schoko-Melkmaschinen, Bauerngolf oder einem Streichelzoo. Dazu kann man artgerechte Speisen von den Tierbewohnern genießen und auch Picknicken.
Das Öl für die Speisen presst Zotter selbst. Das gebrauchte Öl verwendet er anschließend für seinen Traktor, Mehl wird selbst hergestellt, ebenso wie Brot und Nudeln. Wobei seine Blutschokolade für die meisten Kontroversen und Diskussionen gesorgt haben wird.
Zotter ist mit Abstand das innovativste Unternehmen in der Schokoladenbranche. Während des Schokoladenbooms war das Unternehmen sicher eine der treibenden Kräfte. Die Produkte sind aber nicht nur innovativ, sondern auch qualitativ stets von sehr hohem Niveau. Auch die altbewährten handgeschöpften Schokoladen werden kontinuierlich weiterentwickelt.

Produktbewertungen

- Produkt: (Dunkel) Labooko Peru 100 %, Punkte: 95,55
  Preis/Menge: 1,60 EUR / 35 g
  Erstaunlich mild für eine 100 %ige, voller Aromen, kaum adstringierend, maßvoll bitter und von dezenter Säure.
  Aromaprofil: Fermentation, Kokosnuss, Gewürze (Vanille, Muskatnuss), Kaffee, Tropenholz.

- Produkt: (Dunkel) Labooko Peru 70 % 16 h conchiert, Punkte: 95,40
  Preis/Menge: 1,60 EUR / 35 g
  Voller Aroma, angenehm herb und fruchtig. Etwas „wild" im Aroma. Welcome to the jungle ...
  Aromaprofil: Zitrusfrüchte, Vanille, Gewürze.

- Produkt: (Dunkel) Labooko Peru 70 % 20 h conchiert, Punkte: 95,15
  Preis/Menge: 1,60 EUR / 35 g
  Aromatisch, angenehm herb, fruchtig. Verglichen mit der 16-stündig conchierten etwas mehr auf den Mainstream-Geschmack abgestimmt. Insgesamt etwas harmonischer, aber mit weniger Überraschungen.
  Aromaprofil: Zitrusfrüchte, Vanille, Gewürze.

- Produkt: (Dunkel) Labooko Nicaragua 80 %, Punkte: 92,50
  Preis/Menge: 1,60 EUR / 35 g
  Erstaunlich mild für 80 % Kakaoanteil. Toller Schmelz und angenehm herb, vollmundig, mit langanhaltenden Aromen.
  Aromaprofil: Trockenfrüchte, Blaubeeren, Malz, florale Nuancen, Nüsse.

- Produkt: (Dunkel) Labooko Peru 80 % (Piura),
  Punkte: 91,90
  Preis/Menge: 1,60 EUR / 70 g
  Welch Aroma! Man schmeckt förmlich die Fermentation. Die sehr dezente Rösttemparatur lässt den Aromen Spielraum zur Entfaltung.
  Aromaprofil: Fermentation, Melasse, Gewürze, grüne Oliven.

- Produkt: (Dunkel) Labooko Bolivien 70 %,
  Punkte: 90,10
  Preis/Menge: 1,60 EUR / 35 g
  Toller Schmelz, leicht herb, mit dezentem Röstaroma. Die Kakaobohnen kommen von der Genossenschaft El Ceibo vom östlichen Andenrand Alto Beni.
  Aromaprofil: Pflaume, Trockenfrüchte, Kaffee, Gewürze, leicht torfig.

- Produkt: (Milch) Labooko Nicaragua 50 %,
  Punkte: 96,40
  Preis/Menge: 1,60 EUR / 35 g
  Sensationeller Schmelz, nicht zu süß, leicht herb, cremig-vollmundig, toller Kakaocharakter.
  Aromaprofil: Trockenfrüchte (Rosinen, Pflaumen), blumige Gewürze, Rahm, dunkler Karamell.

- Produkt: (Milch) Labooko Ecuador 60 %,
  Punkte: 94,00
  Preis/Menge: 1,60 EUR / 35 g
  Tolle Schokolade, nicht süß und mit wunderbarem Nacional-Aroma.
  Aromaprofil: Blumig (Jasmin), leicht nussig, Malz, Toffee.

- Produkt: (Weiße) Labooko Erdbeere,
  Punkte: 95,80
  Preis/Menge: 1,60 EUR / 35 g
  An dieser Erdbeer-Schokolade muss sich jede Fruchtschokolade messen lassen. Extrem aromatisch, fruchtig-sauer, toller Schmelz. Nahe an der Perfektion.

- Produkt: (Weiße) Labooko Joghurt,
  Punkte: 92,50
  Preis/Menge: 1,60 EUR / 35 g
  Weiße Schokolade mit Joghurtpulver. Frisches Joghurtaroma und angenehm sauer. Milchig-cremig und mit angenehmer Süße.

- Produkt: (Weiße) Labooko Marille mit Krokant,
  Punkte: 91,50
  Preis/Menge: 1,60 EUR / 35 g
  Sehr intensives, fruchtiges Marillenaroma, mit knusprigem Krokant. Schokolade hat einen schönen Fruchcharakter und ist auch nicht zu süß.

- Produkt: (Veredelt) Labooko Zimtnüsse,
  Punkte: 84,50
  Preis/Menge: 1,60 EUR / 35 g
  Milchig-cremige Milchschokolade mit gutem Zimtaroma, knusprigen Nüssen, dezent süß.

- Produkt: (Riegel) Pistazien,
  Punkte: 91,70
  Preis/Menge: 3,20 EUR / 70 g
  Sehr saftiges und frisches Marzipan mit aromatischer Pistazie. Zweite Schicht Nougat mit Pistazien-Stückchen. Insgesamt sehr harmonisch und mit guter Süße. Suchtgefahr.

- Produkt: (Riegel) Weißer Mohn mit Zimt und Marillenbrand, Punkte: 87,40
  Preis/Menge: 3,20 EUR / 70 g
  Frisches Aroma von Mohn und Zimt in dunkler Schokolade. Mit angenehmem Marillengeschmack. Nicht zu alkoholisch.

- Produkt: (Riegel) Rosa Kokos und Fisch-Gummi, Punkte: 76,50
  Preis/Menge: 3,20 EUR / 70 g
  Interessant im Geschmack, hat verschiedene Schichten, darunter eine Schicht Fischmarshmallow. Schmeckt dezent nach Fisch, aber recht dominant nach Kokos. Mit Himbeer-Kokos-Schokolade überzogen, was dem Produkt eine fruchtige Frische verleiht.

- Produkt: (Nougat) Nougsus Sesam,
  Punkte: 94,60
  Preis/Menge: 3,50 EUR / 50 g
  Ausnahme-Produkt. Perfektes Sesamaroma, geschmacklich sehr harmonisch, toller Schmelz.

- Produkt: (Nougat) Nougsus Erdnuss,
  Punkte: 92,80
  Preis/Menge: 3,50 EUR / 50 g
  Aromatisch, knusprig, harmonisch. Mit leicht gesalzenen und karamellisierten Erdnuss-Stücken. Toller Schmelz und nicht zu süß.

- Produkt: (Nougat) Nougsus Cashew,
  Punkte: 92,60
  Preis/Menge: 3,50 EUR / 50 g
  Hervorragendes Aroma der Chashew-Kerne. Zart, weich und cremig. Mit kleinen Stückchen, sensationeller Schmelz.

- Produkt: (Konfekt) Kürbiskern Kugel,
  Punkte: 96,00
  Preis/Menge: 6,90 EUR / 100 g
  Perfektion in Form von Kürbiskern-Kugeln. Extrem aromatisch, weich-cremig, tolle grüne Ganache, nicht zu süß. Harmonie in Vollendung.

- Produkt: (Konfekt) Krokus Safran,
  Punkte: 91,00
  Preis/Menge: 6,90 EUR / 100 g
  Sensationelles Aroma, tolle Farbe. Weich-cremig, extrem würzig. Muss man aber mögen, sonst ist es zu extrem.

- Produkt: (Konfekt) Sauerkirsch Kugel,
  Punkte: 90,60
  Preis/Menge: 6,90 EUR / 100 g
  Fantastische Fruchtfüllung. Sauer-fruchtig, weich-cremig, nicht süß. Die dunkle Schokolade ist dazu etwas zu bitter und dominant.

- Produkt: (Konfekt) Erdbeer,
  Punkte: 90,00
  Preis/Menge: 6,90 EUR / 100 g
  Erdbeer-Ganache, umhüllt von Erdbeer-Schokolade. Fruchtbombe, schnittfest, aber dennoch cremig und mit angenehmem Schmelz. Leichte Fruchtsäure und nicht zu süß.

- Produkt: (Konfekt) Banane,
  Punkte: 89,60
  Preis/Menge: 6,90 EUR / 100 g
  Bananig und schokoladig. Extrem aromatisch, mit einer Ganache, die die Konsistenz einer Banane perfekt interpretiert. Dezente Süße.

- Produkt: (Konfekt) Marille Kugel,
  Punkte: 89,50
  Preis/Menge: 6,90 EUR / 100 g
  Fruchtig-alkoholisch, weich-cremig, erfrischend. Außen mit Fruchtpulver und Nüssen.

- Produkt: (Konfekt) Heidelbeer,
  Punkte: 89,00
  Preis/Menge: 6,90 EUR / 100 g
  Extrem beerig, fruchtig, elegant. Schnittfeste Füllung, aber mit gutem Schmelz. Subtile Süße, in der sich das Heidelbeeraroma perfekt entfalten kann.

Fazit:
Zotter hat sich in den letzten Jahren vom Monoartikler (handgeschöpfte Schokoladen) zum Allrounder auf sehr hohem Niveau entwickelt, alle wichtigen Produktgruppen werden abgedeckt. Mit seinem Konfekt konnte sich Zotter auf Anhieb ganz nach vorne katapultieren. Beeindruckend ist, dass Zotter keine Aromastoffe einsetzt. Das schmeckt man besonders bei den veredelten Fruchtschokoladen und dem fruchtigen Konfekt, die nicht nur aromatisch, sondern auch sehr fruchtig sind. Das Aroma bleibt auf natürliche Weise im Mund erhalten. Ein Besuch der Zotter-Produktionsstätte ist aber nicht nur wegen des neuen Tiergartens Pflicht. Alleine die Besichtigung der Produktion mit unendlich vielen Verkostungsstationen lohnt sich.

Empfehlung:
Alle Produkte sind für Verbraucher, die auf Bio- und Faire-Trade schwören, empfehlenswert. Die Ursprungsschokoladen eignen sich für Liebhaber reiner dunkler Schokolade, die hochprozentigen dunklen Schokoladen für Chocoholics. Die hochprozentigen Milchschokoladen sind einerseits für alle empfehlenswert, die keine dunkle Schokolade mögen, andererseits eignen sie sich für Liebhaber dunkler Schokoladen oder Chocoholics als Brücke zur Milchschokolade.
Die handgeschöpften Schokoladen sollten alle in Betracht ziehen, die gerne Schokoladen mit verschiedenen, teils exotischen Zutaten mögen.
Das Konfekt empfehle ich allen, die einen leichten Genuss möchten.

BESTENLISTEN

Mit Ranglisten ist das so eine Sache – sie werden zur Zielscheibe eines jeden, der sein Lieblingsprodukt nicht vorne, sondern vielleicht sogar weit hinten findet. Die betroffenen Hersteller werden ebenfalls entweder glücklich oder verärgert sein. Auch wenn viele Bewertungskriterien objektiv sind (Zutatenlisten, Rohstoffauswahl etc.), gibt es doch ausreichend subjektive Kriterien, um eine großflächige Angriffsfläche zu bieten. Manche werden die eine oder andere Entscheidung nicht nachvollziehen können und eine schlechte Platzierung als Provokation verstehen. Von einer solchen möchte ich mich jedoch deutlich distanzieren. Keine meiner Bewertungen soll als Provokation verstanden werden oder einem sonstigen derartigen Ziel dienen.
Dennoch habe ich mich dazu entschlossen, meine großen Bemühungen und die viele Arbeit, die in diesem Buch steckt, auch in Ranglisten widerzuspiegeln.

Dunkle Schokoladen, pur

Bei den puren dunklen Schokoladen lag das Hauptaugenmerk der Produkttests auf Artikel von bean-to-bar-Herstellern und auf Produkten, die speziell für den einzelnen Confiseur gefertigt wurden. Ich habe entschieden, in dieser Auflistung der besten Produkte nicht zwischen bean-to-bar-Produkten und individuell gefertigten zu unterscheiden. Hier zählt allein die Qualität des Endproduktes. Wichtig ist jedoch, dass die Unternehmen, die nicht selbst von der Bohne weg produzieren, dies dem Endverbraucher auch kommunizieren.

Dunkle Schokoladen, pur

1. Domori: Chuao 70 % .... 97,60 Punkte
2. Soma: Chuao 70 % .... 96,65 Punkte
3. Idilio: 12imo Finca Torres 72 % .... 96,40 Punkte
4. Domori: Porcelana 70 % .... 96,20 Punkte
5. Mast Brothers: Sambirano Valley 72 % Dark Chocolate .... 95,95 Punkte
6. Idilio: 2ndo Selección Amiari Merideña 72 % .... 95,90 Punkte
7. Domori: IL 100 % .... 95,60 Punkte
8. Zotter: Labooko Peru 100 % .... 95,55 Punkte
9. Zotter: Labooko Peru 70 % 16 h conchiert .... 95,40 Punkte
10. Patric Chocolate: Rio Caribe 70 % Dark Chocolate .... 95,30 Punkte
11. Zotter: Labooko Peru 70 % 20 h conchiert .... 95,15 Punkte
12. Domori: Canoabo 70 % .... 95,05 Punkte
13. Valrhona: Ampamakia 64 % Récolte 2010 .... 94,70 Punkte
14. Soma: Madagascar 70 % .... 94,60 Punkte
15. Red Star: Honduras Indio Rojo 72 % .... 94,50 Punkte

Fazit:
Da nahezu ausschließlich Schokoladen von bean-to-bar-Herstellern verkostet wurden, bleibt der Umfang der getesteten Artikel überschaubar. Umso höher ist aber das Gesamtniveau der dunklen Schokoladen – es ist großartig.
Um die ersten zehn bis fünfzehn Plätze zu vergeben, waren mehrere Nachverkostungen notwendig. Einzig der erste Platz war nahezu unumstritten, was sich auch durch den relativ großen Abstand zum zweiten Platz zeigt. Domori kann sich in dieser Kategorie als König der Kakaobohne ziemlich eindrucksvoll in Szene setzen.
Die große Überraschung ist aber zweifelsohne die Platzierung der Firma Soma. Der verdiente zweite Platz für eine verzückende Chuao-Schokolade wird durch eine sehr gute Platzierung der Madagascar 70 % und weitere Platzierungen unter den besten 40 dunklen Schokoladen bestätigt.
Mit den Unternehmen Mast Brothers und Patric Chocolate können wir gleich zwei US-amerikanische Produkte unter den zehn besten Schokoladen begrüßen. Allen drei nordamerikanischen Herstellern ist gemeinsam, dass sie erst seit relativ kurzer Zeit Schokolade produzieren und sich noch in der Findungsphase befinden dürften.
Zotter aus Österreich ist gleich mit drei Schokoladen unter den Top 15 vertreten, sehr überzeugend und erfreulich.
Idilio hat als einziger Nicht-bean-to-bar-Hersteller den Sprung unter die ersten zehn Schokoladen geschafft, und zwar gleich mit zwei Sorten. Als ob das nicht schon beeindruckend genug wäre, kann sich mit der Porcelana eine dritte Schokolade unter den Top 25 platzieren. Sonst kann sich nur noch Original Beans (Platz 26) mit der Piura 75 % als Nicht-bean-to-bar-Hersteller annähernd ähnlich gut platzieren. Das Lob gebührt natürlich zu einem großen Teil auch dem Hersteller Felchlin, der eine großartige Leistung abliefert und hervorragende Schokolade produziert.

Es ist für mich keine Überraschung, dass unter den besten 25 dunklen Schokoladen nur eine einzige zu finden ist, die mit Vanille hergestellt wurde. Die Ampamakia von Valrhona belegt einen hervorragenden 13. Platz, danach folgt mit der Los Anconès von Michel Cluizel erst auf Platz 27 wieder eine Vanille-Schokolade. Valrhona täte gut daran, der Ampamakia 64 % etwas mehr Kakao zu gönnen. 2–4 % mehr Kakaomasse und dafür keine Vanille würden die Schokolade weit nach vorne katapultieren. Ich würde sie dann sogar unter den ersten fünf oder sechs sehen. Die Los Anconès ist sehr gelungen und die Vanille kaum schmeckbar. Aber auch dieser Schokolade würden ein paar Prozent mehr Kakao gut tun.
Unter den 100 besten dunklen Schokoladen findet man erwartungsgemäß keine einzige Schokolade eines großen Zulieferers und nur wenige Nicht-bean-to-bar-Schokoladen. Das mag einerseits daran liegen, dass in Relation gesehen viele bean-to-bar-Produkte verkostet wurden, andererseits muss man aber auch sagen, dass sie in der Regel einfach nicht überzeugen konnten.

Die Schokoladen von Idilio (Hersteller Felchlin), Original Beans (Felchlin), Friis-Holm (Bonnat), Enric Rovira (Claudio Corallo), Åkesson's (François Pralus), Hotel Chocolat (Confiserie Coppeneur) oder auch Laurent Gerbaud (Domori) kann man sicher als eine Sub-Kategorie von bean-to-bar führen. Auch unter den Plätzen bis ca. 200–220 findet man ausschließlich Schokoladen hochwertiger Produzenten. Häufig taucht dabei Felchlin auf (Lillie Belle Farms oder Melt), vereinzelt Valrhona (Pierre Hermé), Confiserie Coppeneur (Hussel) oder François Pralus (Tobago Cocoa Estate). Im Fazit bin ich mehr als zufrieden mit den Ergebnissen und gratuliere allen Chocolatiers zu den tollen Ergebnissen.

Milchschokoladen, pur

Bei den puren Milchschokoladen lag das Hauptaugenmerk der Produkttests ebenfalls auf Artikeln von bean-to-bar-Herstellern und auf Produkten, die speziell für den einzelnen Confiseur gefertigt wurden.

Milchschokoladen, pur

1. Zotter: Labooko Nicaragua 50 % ....96,40 Punkte
2. Askinosie: Malted Moo Moo 55 % Milk Chocolate ....96,20 Punkte
3. Artisan du Chocolat: Buffalo Milk Chocolate 40 % ....95,50 Punkte
4. Leone: Pastiglie de Cioccolato 40 % ....94,50 Punkte
5. Patric Chocolate: Signature Dark Chocolate 60 % ....94,30 Punkte
6. Zotter: Labooko Ecuador 60 % ....94,00 Punkte
7. Michel Cluizel: Mangaro Lait 50 % ....93,70 Punkte
8. 100%ChocolateCafé: 32-Dominican Republic & Milk ....93,00 Punkte
9. Hussel: Jara 62 % ....92,40 Punkte
10. François Pralus: Melissa ....91,90 Punkte
11. 100%ChocolateCafé: 33-Chuao & Milk ....91,80 Punkte
12. Amedei: Toscano Brown Latte ....91,60 Punkte
13. 100%ChocolateCafé: 29-Sur Del Lago & Milk ....90,60 Punkte
14. Michel Cluizel: Maralumi Lait 47 % ....89,40 Punkte
15. Bonnat: Asfarth 65 % Lait ....89,10 Punkte

Fazit:
Bei den Milchschokoladen gab es bei den vorderen Platzierungen viel Innovatives, Überraschendes und Verblüffendes.
Zotter kann sich hier aufgrund der sehr harmonischen, nicht süßen, aber auch nicht zu herben Schokolade, die einen grandiosen Schmelz zeigt, an erster Stelle platzieren. Die Schokolade ist milchig-cremig, gleichzeitig angenehm kakaoig und schokoladig. Das Aroma des nicaraguanischen Kakaos ist gut schmeckbar. Ein wahres Meisterstück.

Auf den Plätzen zwei bis vier folgen gleich drei Schokoladen, die von der traditionellen Herstellungsweise oder Rezeptur abweichen: die Malted Moo Moo von Askinosie mit viel Malz, die Buffalo Milk Chocolate von Artisan du Chocolat mit Büffelmilch und die wundervollen Pastiglie de Cioccolato von Leone, hergestellt mit frischer Milch und Sahne. Alle drei waren überraschend und sehr gut.
Leider setzt sich die gute Qualität nur etwa bis zur Hälfte aller getesteten Produkte fort. Danach überwiegt die Banalität – und im unteren Viertel gibt es sogar große qualitative Mängel zu beklagen.

Weiße Schokoladen, pur und veredelt

Da auch bei den weißen Schokoladen, besonders bei den puren Versionen, primär Produkte der bean-to-bar-Hersteller getestet wurden, ist die Anzahl der Testobjekte überschaubar. Leider gibt es viele bean-to-bar-Hersteller, die keine weiße Schokolade produzieren.
Pure weiße Schokoladen enthalten zumeist Vanille. Unter anderem deshalb trenne ich – wie schon früher erläutert – nicht zwischen puren und veredelten weißen Schokoladen.
Für diese Übersicht habe ich daher zunächst einmal die beste pure weiße Schokolade ermittelt, aber darüber hinaus die veredelten miteinbezogen..

Weiße Schokolade, pur

1. Vivani & Björnsted: Weiße Vanille .... 92,80 Punkte
2. Zotter: Labooko Joghurt .... 92,50 Punkte
3. Bernachon: Ivoire .... 89,75 Punkte
4. Amedei: Bianco .... 89,55 Punkte
5. Michel Cluizel: Ivoire .... 89,00 Punkte
6. El Rey: Icoa .... 88,00 Punkte
7. Tiroler Edle: Purissima Weiss .... 87,00 Punkte
8. Caffarel: Cioccolato Vaniglia .... 86,00 Punkte
9. Bonnat: Ivoire .... 82,00 Punkte
10. Venchi: Puro Cioccolato Bianco Extrafine .... 78,90 Punkte
11. Butlers: White Chocolate Vanilla .... 77,13 Punkte
12. Choco-Lina: Bourbon Vanille .... 72,50 Punkte
13. Green & Black's: White Chocolate .... 71,50 Punkte
14. Prestat: White .... 70,50 Punkte
15. GEPA: Mascobado Blanc .... 70,20 Punkte

Fazit:
Bei den puren weißen Schokoladen waren die Produkte von Vivani und Björnsted eine wahre Entdeckung. Ich bin der Meinung, dass die Rezeptur identisch ist, was aber in Ordnung geht, denn es handelt sich um die beste pure weiße Schokolade, die es zurzeit zu kaufen gibt: vollmundig, milchig, cremig, aromatisch und nicht zu süß.
Auch die Labooko Joghurt Weiße Schokolade von Zotter möchte ich aufgrund ihrer Einzigartigkeit ganz besonders hervorheben.
Die folgenden Schokoladen weisen bereits deutlich schlechtere Benotung auf, wobei ich sie dennoch als außergewöhnlich gut bezeichnen möchte. Besonders am Herzen liegen mir hier aufgrund ihrer unkonventionellen Rezepturen die Schokoladen von Bernachon und El Rey. Bei den weißfarbigen Schokoladen, die traditionell hergestellt wurden, sind auf jeden Fall die von Amedei und die von Michel Cluizel hervorzuheben.

Weiße Schokolade, pur und veredelt gesamt

1. Vestri: Girone dei Golosi Bianco Pistacchi ....96,25 Punkte
2. Zotter: Labooko Erdbeere ....95,80 Punkte
3. Domori: Biancomenta ....95,50 Punkte
4. Domori: Biancoliquirizia ....94,10 Punkte
5. Vestri: Girone di Golosi Bianco Mandorle ....93,00 Punkte
6. Vivani & Björnsted: Weiße Vanille ....92,80 Punkte
7. Zotter: Labooko Joghurt ....92,50 Punkte
8. La Molina: Fringes cioccolato bianco con fragola ....92,40 Punkte
9. Amedei: Pistacci ....91,80 Punkte
10. Vestri: Girone die Golosi Nocciolato Bianco ....91,60 Punkte

Fazit:
Vestris Pistazien-Schokolade ist ein wahres Meisterstück: aromatisch-knusprig mit einer vollmundigen, cremigen und milchigen weißen Schokolade, die mit einer Pistazienpaste aromatisiert wurde – pure Perfektion und von keinem anderen Hersteller erreicht.
Das gleiche gilt für Zotters Erdbeer-Schokolade. Das gefriergetrocknete Erdbeerpulver wird nicht nur einfach der Schokolade beigegeben, sondern mit der Schokolade conchiert. Das gibt der Schokolade zusätzlich zum faszinierenden Fruchtcharakter und -aroma ein einzigartiges Mundgefühl. In dieser Schokolade sind auch keine Aromastoffe verarbeitet, wodurch ein sehr natürliches Erdbeeraroma schmeckbar ist. Zotters Erdbeer-Schokolade setzt Maßstäbe. Ich kann nur empfehlen, sie als Referenz für Vergleichstests zu verwenden.

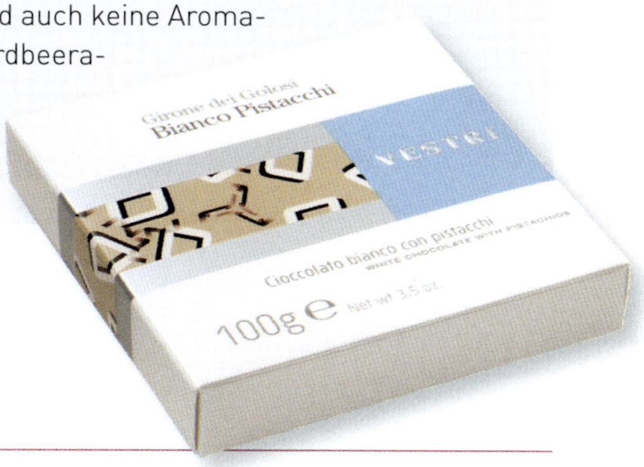

Dunkle und Milchschokolade, veredelt

Bei den veredelten dunklen und Milchschokoladen wurden sowohl Produkte von Bean-to-bar-Herstellern als auch Produkte von Firmen bewertet, die Schokolade hinzukaufen. Grundsätzlich kann man davon ausgehen, dass Bean-to-bar-Produkte einen qualitativen Vorteil genießen.
In der Gesamtbetrachtung mache ich jedoch keinen Unterschied zwischen dunkler und Milchschokolade, da hier möglichst harmonische Produkte gesucht sind. Darüber hinaus habe ich jedoch in separaten Listen zwischen dunkler und Milchschokolade unterschieden.

Veredelte Schokoladen, dunkle und Milchschokoladen gesamt

1. William Dean: Fruits & Filberts ....95,10 Punkte
2. Michel Cluizel: Lait Éclats Caramel Beurre Salé ....94,60 Punkte
3. Santander: Dark Chocolate 100 % Colombien Coffee Bits ....93,80 Punkte

Veredelte dunkle Schokoladen

1. William Dean: Fruits & Filberts ....95,10 Punkte
2. Santander: Dark Chocolate 100 % Colombien Coffee Bits ....93,80 Punkte
3. Mast Brothers: 72 % Dark Chocolate + Stumptown Coffee Madagascar ....93,75 Punkte
4. Idilio: 6xto Selección Amiari Merideña 72 % Cacaonibs ....93,70 Punkte
5. Rózsavölgyi Csokoládé: Fekete Szezámmag 70 % ....93,20 Punkte
6. Åkesson's: Madagascar Ambolikapiky Plantation 75 % Trinitario Cocoa & „Wild" Voatsiperifery Pepper ....92,95 Punkte
7. Xocolat: Feinste Haselnüsse mit Criollo Ocumare ....92,30 Punkte
8. Domori: Barrique 65 % ....92,05 Punkte
9. Slitti – Tortina Cioccolato: Fondente con Uva Sultanina ....91,50 Punkte
10. Pierre Marcolini: Noisette Piémont Fondant ....91,40 Punkte
11. Claudio Corallo: Chocolate soft 73,5 % com nibs de cacau ....91,10 Punkte
12. Domori: Peperoncino 60 % ....90,45 Punkte
13. Antica Dolceria Bonajuto: Cardamomo 65 % ....90,35 Punkte
14. Askinosie: San Jose Del tambo + Crunchy Cocoa Nibs 70 % Dark Chocolate Ecuador ....88,50 Punkte
15. Soma: The Dark Fire ....88,50 Punkte

Veredelte Milchschokoladen

1. Michel Cluizel: Lait Éclats Caramel Beurre Salé .... 94,60 Punkte
2. 100%ChocolateCafé: 53-Collagen .... 93,50 Punkte
3. Vestri: Girone die Golosi Latte Pistacchi .... 93,40 Punkte
4. Xocolat: Feinste Pecannüsse mit Kendari & Jade .... 92,75 Punkte
5. El Ceibo: Bolivian speciality Coffee in Dark Milk Chocolate 60 % .... 92,40 Punkte
6. Vestri: Girone dei Golosi Latte con Uvetta 34 % .... 92,30 Punkte
7. Amedei: Nocciole .... 91,90 Punkte
8. Scharffen Berger: Milk Nibby 41 % Milk Chocolate .... 91,30 Punkte
9. Domori: Lattesal 45 % .... 91,15 Punkte
10. Bonnat: Chocolat au Lait aux Noisettes .... 90,85 Punkte
11. Vosges: Habana 45 % Milk Chocolate .... 90,70 Punkte
12. Valrhona: Jivara Pécan 40 % .... 90,60 Punkte
13. Vanini: Mandorle intere 49 % Cacao .... 90,25 Punkte
14. La Molina: Fringes Cioccolato al Latte con Sesame e Caramello .... 89,50 Punkte
15. Theo Chocolate: Milk & Cookies 45 % Milk Chocolate .... 89,40 Punkte

Fazit:

Die Wahl der besten veredelten Schokolade fiel deutlich aus. William Deans Fruits & Filberts wurde zwar bereits ganz zu Beginn der Verkostungen getestet, etwa zwei Monate nach ihrem Start, aber sie blieb deutlich in Erinnerung und kein danach getestetes Produkt konnte ihr den ersten Platz ernsthaft streitig machen.

Einzig Michel Cluizels Karamell-Schokolade konnte etwas am Thron rütteln, musste sich schließlich jedoch aufgrund der etwas geringeren Finesse und Kreativität geschlagen geben. Allzu traurig muss man darüber aber nicht sein, denn Michel Cluizel ist in der Rangliste der veredelten Milchschokoladen ebenso deutlicher Sieger wie William Dean bei den veredelten dunklen Schokoladen.

Obwohl ich persönlich Rosinen gar nicht so sehr mag, betrachte ich William Deans Fruits & Filberts als perfekt harmonische, veredelte dunkle Schokolade. William Dean ist damit – neben dem Gewinner der Rubrik Konfekt – der einzige Sieger einer Kategorie, der kein bean-to-bar-Hersteller ist.

Erstaunlich ist dennoch, wie deutlich die bean-to-bar-Hersteller diese Kategorie dominieren. Unter den 30 besten veredelten dunklen und Milchschokoladen finden sich gerade einmal sieben Nicht-bean-to-bar-Produkte und nur zwei Produkte, die mit einer nicht individuell hergestellten Schokolade produziert wurden (beide von Xocolat).

Schokoladenhersteller, gesamt

In der Betrachtung meiner Favoriten der besten Schokoladenhersteller habe ich nicht nur die dunklen Schokoladen eingebunden, sondern auch die Milchschokoladen, weiße Schokoladen und mit Kakao-Nibs veredelte Schokoladen.
Es wurden ausschließlich bean-to-bar-Hersteller berücksichtigt, von denen ich mindestens fünf Schokoladen getestet habe. In die Bewertung sind jedoch maximal acht Schokoladen eingeflossen. Die angegebene Punktzahl ergibt sich aus dem Durchschnittswert dieser verkosteten Produkte.
Das Ergebnis der ersten drei Plätze ist keine Überraschung, sind diese Firmen doch auch in den Einzelauswertungen führend. Insgesamt ist diese Auswertung jedoch mit Vorsicht zu genießen, da doch recht unterschiedliche Mengen an Schokoladen verkostet wurden. Es war daher notwendig, nicht nur eine Mindestanzahl an Schokoladen zu testen, sondern bei der Auswertung eine vergleichbare Anzahl an Schokoladen zu betrachten. Mit dem Resultat kann ich mich dennoch identifizieren, da das Ergebnis der ersten fünf Plätze exakt meiner persönlichen Einschätzung entspricht. Die nachfolgenden Plätze hätten auch etwas verändert ausfallen können.

Beste Schokoladenhersteller

1. Domori ....94,03 Punkte
2. Zotter ....93,87 Punkte
3. Soma ....93,71 Punkte
4. 100%ChocolateCafé ....91,79 Punkte
5. Patric Chocolate ....91,20 Punkte
6. Michel Cluizel ....90,61 Punkte
7. Amedei ....87,97 Punkte
8. Bonnat ....87,35 Punkte
9. Askinosie ....85,93 Punkte
10. Valrhona ....85,07 Punkte
11. Scharffen Berger ....84,78 Punkte
12. Santander ....84,41 Punkte
13. Bernachon ....83,41 Punkte
14. Red Star ....83,16 Punkte
15 François Pralus ....82,99 Punkte

Gesamtfazit Schokoladen:

Mit Sicherheit erwartet nun der eine oder andere Leser eine Aussage von mir, welches Herstellerland die beste Schokolade der Welt produziert. Dazu gehören natürlich auch die Milch- und die weißen sowie auch die veredelten Schokoladen. Eine endgültige Antwort kann auch ich nicht darauf geben. Die Gesamtauswertung aller Länder bringt natürlich ein Land mit der höchsten Punktzahl hervor, aber diese Höchstwertung zu verwenden, um von einem Land mit der besten Schokolade der Welt zu sprechen, wäre unseriös. Dafür ist die Auswahl der Produkte dann doch zu gering und nicht repräsentativ genug.
Es wäre auch nicht allzu seriös, ein Land wie beispielsweise die USA mit 16 im Buch vertretenen bean-to-bar-Herstellern mit entsprechend vielen Produkten (übrigens mittlerweile das Land mit den meisten bean-to-bar-Herstellern weltweit) mit einem Land zu vergleichen, in dem lediglich zwei oder drei bean-to-bar-Hersteller ansässig sind. Dennoch ist klar eine Tendenz auszumachen und diese sollte uns allen als Wertung ausreichen.
Aufgrund der Qualität und der Quantität der Schokoladen sind die folgenden Länder für mich weltweit führend: Frankreich, Italien und die USA (in alphabetischer und wertfreier Reihenfolge). Danach folgen Deutschland und die Schweiz.
Eine Wertung aller anderen Länder, insbesondere Österreichs und Englands, die beide hervorragende Schokoladen anbieten, ist aufgrund der begrenzten Anzahl an bean-to-bar-Herstellern und -Produkten in diesen Ländern kaum möglich.

Nougat

Bei der Verkostung der Nougat-Produkte habe ich mich vornehmlich auf die Hersteller konzentriert, die ihren Nougat selbst herstellen – sozusagen von der Nuss weg. Dennoch sind im Buch natürlich auch Produkte verkostet, deren verarbeitetes Nougat nicht selbst produziert wurde.

Nougatprodukte

1. François Pralus: Barre Infernal Lait 45 % .... 96,40 Punkte
2. Vestri: Tortino di Firenze .... 96,00 Punkte
3. D. Barbero: Nocciolone .... 95,80 Punkte
4. Zotter: Nougsus Sesam .... 94,60 Punkte
5. La Molina: Tócco Gianduja al Latte con Nocciole intere .... 94,20 Punkte
6. Vestri: Gianduiotto .... 94,00 Punkte
7. Silvio Bessone: Gianduiotti .... 93,60 Punkte
8. Domori: La Crema Gianduja .... 93,50 Punkte
9. Domori: La Crema Gianduja et Torrone .... 93,50 Punkte
10. Zotter: Nougsus Erdnuss .... 92,80 Punkte
12. Zotter: Nougsus Cashew .... 92,60 Punkte
13. Domori: Il Gianduja Giandujotto .... 91,60 Punkte
14. Vestri: Lovebits Cremino .... 91,30 Punkte
15. François Pralus: Creme de Noisette .... 91,00 Punkte

Fazit:
Die Wahl zum besten Nougatprodukt fiel mir sehr schwer. Es waren einige Nachverkostungen notwendig, um die endgültige Rangliste bestimmen zu können. Am Ende überzeugte das Produkt von François Pralus, das seinen ersten Platz vornehmlich aufgrund der perfekten Harmonie zwischen der herben Milchschokolade außen und dem aromatischen, feinschmelzenden und mit geschmackvollen Nüssen gefüllten Nougat im Inneren erringen konnte.
Dennoch, die Qualitäten von Vestri und D. Barbero sind ebenso grandios.
Zotters Nougsus Sesam ist eine willkommene Innovation im Nougatsegment. Alle Nougsus-Produkte sind sehr gut gelungen, aber die Sesam-Variante besticht durch ihre Einzigartigkeit.
In der Gesamtbetrachtung der Länder liegen die italienischen und die französischen Hersteller als führende Nougatspezialisten vorn, auch wenn sich Zotter als österreichisches Unternehmen ebenfalls auf diesem Niveau etablieren kann.

Riegel und gefüllte Schokoladentafeln

Mit der Definition eines Riegels habe ich mich schwer getan. Gehört ein massiver Schokoladenriegel in die Kategorie Riegel oder in die Kategorie Schokolade? Aufgrund des sehr prägnanten Formats und weil diese Maße von den Herstellern aus Vermarktungszwecken gewählt wurden, habe ich mich dazu entschlossen, alle Produkte, die die Form und Maße eines Riegels haben, auch in der Kategorie Riegel zu führen.
Für diese Übersicht habe ich alle gefüllten Artikel in einer Rubrik zusammengefasst, da ein Riegel primär ein gefüllter Artikel – sprich ein größeres Konfekt oder eine kleinere gefüllte Schokoladentafel ist.

Riegel und gefüllte Schokoladentafeln

1. Pierre Marcolini: Plaisir Five O'Clock .... 92,20 Punkte
2. Zotter: Pistazien .... 91,70 Punkte
3. Laurent Gerbaud: Chocolate Tree .... 91,60 Punkte
4. Oriol Balaguer: Yuzu Minitubes .... 91,55 Punkte
5. Jean-Paul Hévin: Bouchée framboise .... 90,80 Punkte
6. Oriol Balaguer: Pasíon Minitubes .... 90,00 Punkte
7. Michel Cluizel: Bouchée Feuilleté Noir .... 89,40 Punkte
8. Paul A. Young: Sea Salted Caramel Bar .... 89,00 Punkte
9. Schell Schokoladenmanufaktur: Sauerkirsch .... 88,00 Punkte
10. Richard Donnelly: Dark Chocolate Peanut Butter Chocolate Bar .... 87,50 Punkte
11. Zotter: Weißer Mohn mit Zimt und Marillenbrand .... 87,40 Punkte
12. Venchi: Prendivoglia Nocciolato Gianduja .... 87,00 Punkte
13. Oriol Balaguer: Naranja Minitubes .... 86,00 Punkte
14. William Curley: Assam Tea Caramel Mou .... 85,25 Punkte
15. Richard Donnelly: Chewy Almond Caramel Bar Milk .... 84,00 Punkte

Fazit:
Bei den gefüllten Produkten ist die Bandbreite der Spitzenprodukte sehr groß – entsprechend schwierig hat sich auch die Wahl des besten Produktes gestaltet. Die ersten vier oder fünf Plätze bewegen sich alle auf sehr hohem Niveau. Pierre Marcolini hat am Ende aufgrund der kreativen Idee, der unkonventionellen Verpackung und des sehr überzeugenden und harmonischen Geschmacks leichte Vorteile. Zotters Pistazien-Schokoladentafel ist Weltklasse und sucht in der Kategorie Marzipan-Schokoladentafel ihresgleichen. Laurent Gerbauds Chocolate Tree ist innovativ, kreativ und schmackhaft. Einzig die einen Tick zu dominante dunkle Schokolade verhindert hier den ersten oder zweiten Platz.

Konfekthersteller, gesamt

Bei der Ermittlung des besten Konfekts habe ich nicht nur das beste einzelne Konfekt bewertet, sondern aufgrund der etwas differenziert zu betrachtenden Kategorie „Konfekt" auch das Gesamtergebnis des Herstellers berücksichtigt. Hierzu war es jedoch notwendig, dass von einem Unternehmen mindestens vier Sorten Konfekt getestet wurden. Der Durchschnittswert der Punkte aller getesteten Konfektsorten des jeweiligen Herstellers bildet hier die Richtlinie.

Konfekthersteller

1. Patrick Roger (Frankreich) .... 93,34 Punkte
2. Pierre Marcolini (Belgien) .... 92,64 Punkte
3. Jean-Paul Hévin (Frankreich) .... 91,65 Punkte
4. Damian Allsop (England) .... 91,45 Punkte
5. La Maison du Chocolat (Frankreich) .... 91,07 Punkte
6. William Curley (England) .... 91,03 Punkte
7. William Dean (USA) .... 90,86 Punkte
8. Zotter (Österreich) .... 90,81 Punkte
9. Henri Le Roux (Frankreich) .... 89,30 Punkte
10. Patrice Chapon (Frankreich) .... 89,07 Punkte
11. Oriol Balaguer (Spanien) .... 86,77 Punkte
12. Pierre Hermé (Frankreich) .... 86,73 Punkte

13. Demarquette (England) ....85,80 Punkte
14. Valrhona (Frankreich) ....85,19 Punkte
15. Shin (Japan) ....84,29 Punkte
16. Michael Recchiuti (USA) ....83,93 Punkte
17. Laurent Gerbaud (Belgien) ....83,90 Punkte
18. Soma (Kanada) ....83,66 Punkte
19. Theobroma „Musée du Chocolat" (Japan) ....83,25 Punkte
20. Paul A. Young (England) ....83,01 Punkte

Fazit:

Wie man unschwer erkennen kann, dominieren die französischen Hersteller die Rubrik Konfekt. Aber nicht nur das, auch die übrigen Hersteller unter den Top 20 haben fast alle ihr Handwerk in Frankreich gelernt oder sich die französische Confiseriekunst zum Vorbild genommen.

Der recht geringe Punkteunterschied zwischen dem ersten und dem zweiten Platz lässt einen Kampf um die Spitzenposition vermuten. Ich muss jedoch gestehen, dass es sich um einen relativ unumstrittenen ersten Platz handelt.

Patrick Roger ist kein klassischer Confiseur. Er arbeitet eher wie ein Koch und scheut keinen Aufwand für besondere Leistungen. Das schmeckt man und fühlt sich dabei an „wie Gott in Frankreich". Besonders bei den Ganache-Füllungen und der Harmonie des Konfekts konnte Patrick Roger überzeugen.

Pierre Marcolini hat den Nimbus, ein bean-to-bar-Hersteller zu sein und somit einen kleinen Vorteil gegenüber einem Confiseur zu genießen. Auch Pierre Marcolini überzeugt mit seinen Füllungen. Hier muss man das grandiose Karamell in all seinen Variationen besonders hervorheben. Auch seinen Nougat stellt er selbst her – und beherrscht dies absolut weltmeisterlich. Die verwendete Schokolade ist von hoher Qualität, aber auch sehr charaktervoll und das eine oder andere Mal etwas zu dominant und harmoniert dann nicht immer.

Auf Patrick Roger und Pierre Marcolini folgen weitere Confiseure von Weltklasse. Die Produkte sind überragend, können sich aber in Ihrer Identität und Wiedererkennung des Confiseurs nicht in dem Maße absetzten, wie die Produkte der beiden ersten Plätze.

Bemerkenswert und meinem Geschmack sehr entgegenkommend ist die rare Verwendung von Alkohol. Nur in ganz seltenen Fällen konnte ich ein Produkt mit Alkohol entdecken. Unter den einhundert besten Sorten sind nur ganze sechs alkoholische Produkte. Aber die Weltklasse-Confiseure setzen ihn generell nur sehr zurückhaltend ein.

Außer Pierre Marcolini verwenden auch Zotter, Valrhona und Bernachon ihre selbst hergestellte Schokolade für ihr Konfekt. Zotter hat zusätzlich auch noch den großen Pluspunkt, ausschließlich Bioqualitäten und Fair-Trade-Schokolade zu verarbeiten.

Einzelkonfekt:

1. Patrick Roger: Douceur .... 97,50 Punkte
2. Jean Paul Hévin: Brasilia .... 96,40 Punkte
3. Pierre Marcolini: Palet Or .... 96,30 Punkte
4. La Maison du Chocolat: Bacchus .... 96,20 Punkte
5. Pierre Marcolini: Cœur Framboise .... 96,15 Punkte
6. Patrick Roger: Dehli .... 96,10 Punkte
7. Patrick Roger: Maracana .... 96,08 Punkte
8. Damian Allsop: Olive Oil .... 96,05 Punkte
9. Pierre Marcolini: Câlin Lait .... 96,03 Punkte
10. Zotter: Kürbiskern-Kugel .... 96,00 Punkte
11. Patrick Roger: Trinidad & Tobago .... 95,95 Punkte
12. Damian Allsop: Salty Liquorice .... 95,80 Punkte
13. Patrick Roger: Valparaiso .... 95,75 Punkte
14. Patrice Chapon: Coulis de Cassis .... 95,73 Punkte
15. Jean Paul Hévin: Carbonado .... 95,63 Punkte

Fazit:

Die Wahl zum besten Konfekt der Welt fiel schnell und deutlich auf Patrick Rogers Douceur – ein wundervolles Konfekt aus französischen Mandeln und italienischen Pistazien mit dezentem Zucker, umhüllt von feinherber dunkler Schokolade, ein Konfekt, das man wohl nicht besser machen kann: aromatisch, saftig und sehr harmonisch. Entfernt hat es etwas Ähnlichkeit mit Marzipan, es schmeckt jedoch ganz anders, nämlich nach Mandeln und Pistazien und ist wesentlich gröber und saftiger.
Auch wenn es eine ganze Reihe überragendes Konfekt mit Ganache-Füllungen gab, die ebenfalls Platz eins verdient hätten, fällt meine Wahl aufgrund der Einzigartigkeit und Unverwechselbarkeit dennoch auf Patrick Rogers Douceur.

GESAMTFAZIT HERSTELLER

Nach so umfangreichen Verkostungen muss ein Fazit zweigeteilt ausfallen. Einerseits haben einige Unternehmen die Erwartungen erfüllt oder sogar übertroffen und einige Neuentdeckungen konnten positiv überraschen. Andererseits bleiben auch einige Enttäuschungen nicht aus.
Mit der Erstellung einer Hersteller-Rangliste begebe ich mich auch hier auf dünnes Eis. Da es jedoch Sinn des Buches ist, einen Überblick über den Schokoladenmarkt und aufgrund der bei der Verkostung entstandenen Eindrücke ein Gesamtfazit des Herstellers zu geben – und nicht nur eine Meinung zu einzelnen Produkten – kann ich nicht wiederstehen, auch hier meine persönliche Rangliste zu erstellen.
Bei dieser Betrachtung geht es darum, wie gut ein Unternehmen in der Diversifikation ist. Schafft es ein Hersteller, die Qualität in unterschiedlichen Kategorien auf einem gewissen Niveau zu halten oder gerät es ins Straucheln, sobald es von seiner Haupt-Produktkategorie abweicht. Ich habe deshalb bewusst nur Unternehmen ausgewählt, die ein Minimum von zwei wesentlichen Produktkategorien herstellen. Zwingend erforderlich ist die Kategorie bean-to-bar-Schokolade. Die zweite Kategorie kann Nougat oder Konfekt sein. Eine veredelte Schokolade als zweite Kategorie reicht aber nicht aus. Diese Bewertungskriterien führen dazu, dass nicht allzu viele Unternehmen überhaupt in Frage kommen.
Auch habe ich das von mir mitgegründete Unternehmen, die Confiserie Coppeneur, ausgeklammert, um eine ausreichende Objektivität zu gewährleisten.

Meine persönliche Rangliste lautet also wie folgt:

1. Zotter
Viele werden sich wundern, dass ich Zotter noch vor Domori auf den ersten Platz setze. Diese Wahl begründet sich hauptsächlich durch die weitaus größere Diversifizierung des Unternehmens und seine größere Innovativität bei stets hoher Qualität. Mir gefällt die Überzeugung und Konsequenz Josef Zotters, die er in allen Bereichen seines Unternehmens umsetzt.
Seine Schokoladen sind (inklusive der Mitzi-Blue-Serie) alle von besonderer Qualität, die veredelten Schokoladen sind sehr überzeugend, aromatisch und schmackhaft. Das Nougat ist sehr gelungen und steht einem italienischen oder französischen Produkt qualitativ in nichts nach. Das Konfekt ist innovativ, ideenreich und köstlich, die handgeschöpften Tafeln sind legendär. Zwar mag man nicht immer jede Zutat herausschmecken und die eine oder andere Tafel kann möglicherweise in ihrer Haltbarkeit begrenzt sein, aber bei einer so immensen Innovationsflut darf man sich einzelne Schwächen erlauben.
Auch die weiteren Randprodukte, die zwar nicht immer meinem Geschmack entsprechen, sind stets qualitativ hochwertig.
Zotter produziert das gesamte Sortiment konsequent zu 100 % in Bio-Qualität und mit Fair-Trade-Schokoladen. Bravo!

2. Domori
Betrachtet man nur die Schokoladenqualitäten, insbesondere der dunklen Schokoladen, ist Domori für mich der beste Hersteller der Welt. Zwar führt Domori mittlerweile auch Nougat und eine kleine Auswahl veredelter Schokoladen im Sortiment, Innovation ist jedoch eher ein Fremdwort. Dennoch setzt das Unternehmen Maßstäbe, ist in der Qualität sehr konstant und auf seine Weise konsequent.

3. Pierre Marcolini
Die Bronzemedaille geht mit einer gewissen Portion Vorschusslorbeeren und Vertrauen an Pierre Marcolini. Sein Konfekt ist Spitzenqualität, ebenso sein Nougat. Auch die veredelten Schokoladen erreichen ein hohes Niveau. Ob er tatsächlich auch alle puren dunklen Ursprungsschokoladen in Zukunft ohne Vanille produziert, wird sich im Laufe der Zeit zeigen. Wenn er dies konsequent umsetzt und die eine oder andere Schokolade etwas harmonischer gestaltet, ist diese Platzierung mehr als gerechtfertigt. Auch wenn die Unternehmenskommunikation in der Vergangenheit nicht immer optimal war, vertraue ich darauf, dass er auch das zukünftig in den Griff bekommt.

4. Vestri
Vestri ist für mich die Überraschung. Schokolade und Nougat sind top. Wenn Vestri sich nun noch entscheiden könnte, in den Ursprungsschokoladen keine Vanille mehr einzusetzen, würde die Qualität der Produkte noch einmal gesteigert.
Die veredelten Schokoladen sind teilweise die modernsten im Markt, der Nougat ist grandios. Leider war mir das Verkosten des Konfekts nicht möglich, sodass sich hier noch Potenzial verbergen könnte, um Pierre Marcolini den dritten Platz streitig zu machen.

5. Soma
Soma ist eine weitere Überraschung unter meinen Top 6. Nicht nur die Schokoladen sind sehr gut, auch das Konfekt hat mir sehr gut gefallen. Soma verfügt noch über weiteres Potenzial, ich bin gespannt, was noch alles kommen wird.

6. Valrhona
Dem Unternehmen Valrhona hat die Branche viel zu verdanken. Die Firma war visionärer Vorreiter für den Trend der dunklen Schokolade. Die Qualitäten stimmen weitestgehend in allen Kategorien, vielleicht wäre jedoch die Überarbeitung der einen oder anderen Rezeptur gut. Dennoch, ich esse die Produkte gerne und damit gehört Valrhona zu meinen persönlichen Favoriten.

ES IST GESCHAFFT...

Zehn Monate lang bildeten Kakao und Schokolade, noch über das sonst übliche Maß hinaus, meinen Lebensmittelpunkt. In dieser Zeit hatte ich permanent Schokoladenprodukte im Haus und fast täglich – manchmal sogar mehrmals am Tag – brachten mir unser Postbote oder einer der vielen Paketdienste neue Produkte.
Während dieser Zeit reiste ich zweimal in meine alte (und immer noch zweite) Heimat Paris, meine Recherchearbeiten führten mich aber auch nach London, Brüssel, Wien, Düsseldorf, Köln, Hamburg, Berlin und New York. Auf dem Hinflug wog mein Koffer gerade einmal 12 Kilogramm, auf dem Rückweg hatte sich das Gewicht auf 48 Kilogramm, verteilt auf zwei Koffer, vervierfacht – durch Mitbringsel von der Chocolate Show New York und diversen Fachgeschäften. Natürlich hätte das Buch noch viele andere Reisen gerechtfertigt, aber das Schreiben eines Buches besteht nun einmal primär aus dem Schreiben selbst und in meinem Fall auch aus Verkostungen. Recherchen sind notwendig, sollten beim Schreiben aber im Großen und Ganzen abgeschlossen sein. Dennoch waren hunderte E-Mails und unzählige Telefonate für die Recherchearbeiten notwendig – und ohne das Internet wäre dieses Buch nahezu unmöglich gewesen. Chocolatiers aus aller Welt haben mich zu einem Besuch eingeladen. Soweit es mir möglich ist, werde ich dies nachholen.

Insgesamt habe ich in der Zeit von August 2010 bis Juni 2011 weit über 200 Kilogramm Schokoladenprodukte gekauft oder als Muster erhalten. Probiert habe ich insgesamt 2.950 Produkte von 271 Herstellern aus 38 Ländern, von denen im Buch 2.700 Produkte berücksichtigt wurden. Im Durchschnitt habe ich pro Tag ca. 9 Produkte getestet. Die Verkostungen wurden jeweils auf zwei oder drei pro Tag gesplittet: je eine vormittags, nachmittags und zuweilen auch abends.
Dadurch habe ich täglich etwa 100 bis 125 Gramm Schokolade gegessen, was unter normalen Umständen kaum jemandem möglich sein dürfte. Aufgrund meiner fast zwanzigjährigen Erfahrung war dies für mich die Weiterführung meiner täglichen Arbeit, wie ich sie zuvor als Mitinhaber der Confiserie Coppeneur geleistet habe, wo es eher die Regel war, täglich so viele Schokoladenprodukte zu probieren.

Ich habe also über einen Zeitraum von etwa zehn Monaten täglich zusätzlich zu meiner normalen Ernährung ca. 600 bis 800 Kilokalorien zu mir genommen. Entsprechend hat auch meine Waage reagiert, da ich in dieser Zeit auch meine sportlichen Aktivitäten nahezu eingestellt habe. Die Quittung dafür kam prompt in Form von sieben Kilogramm Hüft,- Bein- und Gesichtsspeck...

Mein persönliches Fazit...

Wie die Berg- und Talfahrt der ersten Monate fällt auch mein persönliches Fazit aus. Nach anfänglichem Erstaunen über die hohe Qualität und die große Auswahl an Produkten, die besonders meinen amerikanischen Freunden in den USA zu verdanken war, folgte das tiefe Tal der Tränen.
Zwar hatte ich schon aus den USA das eine oder andere schlechte Produkt mitgebracht, der Tiefpunkt wurde jedoch Ende Januar 2011 erreicht. Meine Offenheit gegenüber vielen exotischen, aber auch renommierten Herstellern, sollte sich rächen. Die im Februar und März 2011 durchgeführten Verkostungen haben fast schon Depressionen ausgelöst.
Nach meiner Reise nach London und der zweiten Reise nach Paris sollte sich aber alles zum Guten wenden. Die Produkte, die ich in diesen beiden Städten gekauft habe, konnten, obwohl auch hier der eine oder andere Ausfall zu beklagen war, das Gesamtniveau erheblich steigern. Die Durchschnittsnote aller getesteten Produkte liegt bei beachtlichen 70 Punkten.

Status Sommer 2012

Das in der Einleitung von mir gelobte hohe Niveau der Schokoladenproduzenten wurde insgesamt bestätigt. Die Auswahl ist enorm und es gibt phänomenal gute, aber auch erschreckend schlechte Produkte. Einige Hersteller setzen auf extrem frische und natürliche, andere auf natürliche, aber thermisch bearbeitete Rohstoffe. Einige Unverbesserliche verarbeiten auch im Jahre 2012 noch naturidentische oder künstliche Rohstoffe und Konservierungsstoffe.
Gute Produkte müssen nicht unbedingt teuer

sein, aber schlechte Produkte sind auch nicht immer billig. Viel zu häufig ist das Preis-Leistungs-Verhältnis unangemessen.
Erfreulich viele Unternehmen sind sehr kommunikativ, einige aber schließen sich in ihrem Schneckenhaus ein. Zu oft aber fühlt man sich als Verbraucher nicht informiert, ist Widersprüchen ausgesetzt und erhält nicht genügend Informationen.

Meine persönliche Bestandsaufnahme und Wunschliste habe ich für mich wie folgt zusammengefasst:

Die Herkunft des Kakaos bei Ursprungsschokolade

In den letzten Jahren gab es unter den Schokoladenherstellern eine regelrechte Kannibalisierung des Themas Ursprungsschokolade. Das Angebot ist unüberschaubar geworden. Kaum einer, auch kein Branchenkenner oder einer vom Fach, kann die Herkunft des Kakaos von Ursprungsschokoladen prüfen. Viele Hersteller mögen ehrlich sein und richtige Angaben machen. Da es aber keine oder nur eine sehr „liberale" gesetzliche Regelung gibt, lässt dies Herstellern die Möglichkeit zur Interpretation.
Es gibt einige dringende Verdachtsfälle, in denen ich die von den Herstellern angegebene Herkunft bezweifeln muss. Dies bringt natürlich auch alle anderen Unternehmen in Bedrängnis. Eine klare gesetzliche Regelung wäre hier von allerhöchster Notwendigkeit.
Daher mein Wunsch nach einer weltweit gültigen Regelung bezüglich der Auslobung von Ursprungs- und Plantagenkakao mit einer permanenten Kontrolle, auf die sich der Verbraucher verlassen kann. Die Weinindustrie hat das doch auch geschafft!

Die ewige Frage: Bean-to-bar-Hersteller oder nicht...

Mein Verständnis für die Suggestion, ein bean-to-bar-Hersteller zu sein, ist erschöpft. Ich empfinde dies heute als Verbrauchertäuschung und Wettbewerbsverzerrung. Warum steht ein Unternehmen nicht zu dem, was es ist? Ich glaube nicht, dass es auch nur ein Produkt weniger verkaufen würde, wenn es seine Marketingstrategie verändern und sich als professionelles Unternehmen darstellen würde, das entweder eng mit einem bean-to-bar-Hersteller kooperiert, seine eigene Schokolade nach Wunschrezeptur herstellen lässt oder Standard-Schokolade einkauft, diese aber grandios veredelt.
Auffallend viele Hersteller verweigern den Blick hinter die Kulissen. Mit Sicherheit auch, weil man dort keine Maschinen für die Schokoladenherstellung gesehen hätte. Sicher ist auch der eine oder andere dabei, der die Art und Weise seiner Produktion nicht zeigen möchte. Ich finde das traurig und unverständlich, denn wir kochen doch alle nur mit Wasser und ich glaube nicht, dass auch nur einer von ihnen eine in der Branche unbekannte Technik einsetzt. Vertrauenserweckend ist dies auf jeden Fall nicht.
Daher mein Wunsch: Alle Unternehmen und Kollegen sollten zu dem stehen, was sie sind und tun – oder ihr Konzept ändern.

Das Geheimnis um den Bezug der Rohstoffe

Viele Hersteller machen ein Geheimnis daraus, woher sie ihre Rohstoffe beziehen. Bei manchen Rohstoffen kann ich das nachvollziehen, man will ja nicht seine guten Quellen preisgeben.
Mir ist jedoch völlig unbegreiflich, dass kaum ein Confiseur (das sind die Kollegen, die ihre Schokolade nicht selbst produzieren) offenlegt, woher er seine Schokolade oder Kuvertüre bezieht. Hier kann es keinen Geheimtipp geben, denn jeder Mitbewerber kennt die möglichen Bezugsquellen von Schokolade und Kuvertüre zur Weiterverarbeitung. Und wenn es sich um erstklassige Schokolade handelt, bietet sich hier ein riesiges Potenzial für das Marketing.

Ein Confiseur, der sich zu der Verwendung einer Schokolade eines sehr guten Herstellers bekennt, genießt bei mir daher ein weitaus größeres Vertrauen. Im Umkehrschluss muss man einem Hersteller, der seine Bezugsquelle partout nicht preisgeben möchte, wohl leider unterstellen, dass er sich nicht zu der eingesetzten Qualität bekennen möchte.

Es gibt jedoch auch Unternehmen, die unterschiedliche Qualitäten verarbeiten. Dann klingeln bei mir die Alarmglocken und Vorsicht ist geboten, denn diese Praxis kann darauf hindeuten, dass sich das Unternehmen mit dem Kauf kleiner Mengen guter Rohstoffe profilieren möchte und das Renommée auch für seine anderen Produkte ausnutzt.
Daher mein Wunsch an die Hersteller: Alle Unternehmen und Kollegen sollten zu der eingekauften Qualität stehen – oder ihr Konzept ändern.

Chocolatier oder Confiseur

Ist jemand, der Schokolade nur weiterverarbeitet, auch ein Chocolatier oder ausschließlich ein Confiseur? Bei dieser Frage scheiden sich die Geister. Selbst unter den Fachleuten gibt es kontroverse Meinungen und selbst befreundete Chocolatiers lehnen eine solche Unterscheidung ab.
Ich bleibe dennoch bei meiner Meinung, dass es für den Verbraucher einfacher wäre, die Unterscheidung vorzunehmen: Ein Chocolatier ist jemand, der Schokolade von der Bohne oder von der Masse weg produziert, die der Confiseur dann weiter verarbeitet. Wenn es diese Unterscheidung nicht gibt, was unterscheidet dann den Chocolatier vom Confiseur? Das einzige Unterscheidungsmerkmal, das mir noch einfällt, untergräbt die Kompetenz des Chocolatiers: Ein Confisuer stellt über die Herstellung der Schokolade hinaus auch andere Schokoladenspezialitäten her, wie zum Beispiel Konfekt. Deshalb mein Wunsch: Ich halte meine Meinung nicht stur durch, aber eine weltweit gültige Regel wäre wünschenswert.

Natürliche, naturidentische und künstliche Zutaten

Eine meiner letzten Recherchen führte mich in Begleitung eines Bekannten in ein Schokoladenfachgeschäft in Bonn. Es war kein weiterer Kunde im Laden, sodass sich die dort alleine arbeitende Aushilfe ausführlich mit uns unterhielt. Dass ihre Lieblingsschokolade eine Milka sei, hat uns schon etwas verwundert – um nicht zu sagen schockiert. Immerhin stand sie inmitten so edler Schokoladen wie Domori, Zotter und Michel Cluizel. Nachdem ich sie darauf hingewiesen habe, dass einige der angebotenen Produkte Vanillin enthielten, das ja nicht natürlich sei, kam von ihr prompt die Antwort: „Na und?".
Es frustriert schon ein wenig, dass es Verbrauchern egal ist, wenn hochwertig anmutende Produkte naturidentische oder künstliche Zutaten enthalten. So viele Hersteller geben sich Mühe, Produkte auf natürlicher Basis herzustellen. Der eine oder andere wird sich wohl so seine Gedanken dazu machen, wenn er ein solches Feedback auf seine Arbeit und Mühe erhält.
Natürlich gibt es auch Verbraucher, die auf natürliche Rohstoffe achten, aber sie sind offensichtlich eher in der Minderheit.
Zu diesem Punkt habe ich sogar zwei Wünsche: Es wäre schön, wenn alle Hersteller in Zukunft komplett auf nicht natürliche Zutaten verzichteten und alle Verbraucher mehr darauf achteten, welche Zutaten in Schokoladenprodukten enthalten sind und eine Sensibilität für natürliche Zutaten entwickelten.

Aromastoffe

Es ist grundsätzlich nicht verwerflich, wenn Hersteller natürliche Aromastoffe verwenden. Hierbei unterscheide ich aber zwischen einem natürlichen Aromastoff, der von der namensgebenden

Frucht stammt, und einem Aromastoff, der aus anderen (natürlichen) Quellen stammt.
Dennoch lehne ich persönlich Aromastoffe ab. Es ist für mich kein Genuss, ein Produkt zu essen, das zwar nach einer Frucht schmeckt, aber keinen Fruchtcharakter hat. Enthält ein Produkt Früchte (Pulpe, Mark, Konzentrat, gefriergetrocknet, getrocknet etc.) und zusätzlich zur Unterstützung des eigentlichen Aromas auch Aromastoffe, kann ein solches Produkt nicht meine Aufmerksamkeit wecken. Denn die Verwendung aromaflacher Rohstoffe zeigt mir das eingeschränkte Können des Herstellers und seine Kompromissbereitschaft bei der Produktion des Artikels.
Es mag Fälle geben, in denen ein Produkt selbst mit den allerbesten, frischen Rohstoffen einfach nicht in und mit Schokolade funktioniert. Dann muss sich der Hersteller dies aber eingestehen und die Finger davon lassen.
Es ist mir bewusst, dass meine Einstellung recht extrem ist, aber ich habe in diesem Punkt eine klare Entscheidung für mich getroffen.
Mein Wunsch richtet sich daher wieder an beide Seiten: Die Hersteller sollten versuchen, seltener Aromastoffe einzusetzen, die Verbraucher sollten dafür aber auch bereit sein, etwas mehr Geld in Qualität zu investieren.

Bio-Qualität und Nachhaltigkeit

Ich bin kein strikter Bio-Fanatiker, schon gar nicht bei Kakao. Dafür gibt es einfach zu viel guten Kakao, der zwar „sauber", aber nicht zertifiziert ist. Grundsätzlich würde ich aber einen zertifizierten vorziehen, wenn ich die Wahl hätte. Was mich stört ist, dass einige Hersteller, besonders aber die großen Global Player, Bio-Produkte dazu nutzen, ihr Image aufzupolieren oder auch ein Stück des Kuchens des Biomarktes abzubekommen. Die kleinen Einzelkämpfer durften jahrzehntelang Bio-Produkte salonfähig machen, waren visionär, ja teilweise regelrecht fanatisch und haben durch viel Engagement und oftmals jahrelange persönliche Hingabe die Akzeptanz in der Bevölkerung für Bio-Produkte erreicht. An dieser Leistung hat sich kaum ein Großer beteiligt. Mit ihrer allgegenwärtigen Marktmacht ernten sie nun aber die Früchte, indem sie auf den Zug aufspringen und Bio-Produkte teilweise sogar zum Discount-Preis anbieten.
Konventionelle und Bio-Produkte parallel herzustellen ist inkonsequent und widersprüchlich. Entweder ich stehe hinter dem Konzept „Bio" und produziere konsequent zu 100 % Bio-Produkte oder ich lasse es sein. Leider ist es in der Wirklichkeit wohl so, dass sich das kaum ein Hersteller leisten kann (oder will).
Mein Wunsch daher auch hier an beide Seiten: Der Hersteller sollte konsequent sein und sich klar werden, was er sein möchte, statt einem Trend nachzulaufen und ein Stück des Kuchens haben zu wollen. Der Verbraucher sollte sich einerseits nicht von Unternehmen blenden lassen, die Bio-Produkte nicht aus Überzeugung, sondern aus Marketing- und Umsatzgründen anbieten, und andererseits auch bereit sein, den höheren Aufwand zu bezahlen.

Fair Trade

Dem Trend zu Ursprungsschokoladen folgte der Trend zu Bio, dann der Trend zu Fair Trade. Hier verhält es ähnlich wie bei den Bio-Produkten. Viele Hersteller und Handelsunternehmen bieten einen verschwindend geringen Anteil Ihres Sortiments als Fair-Trade-Produkte an, um ein positives Image zu gewinnen und ein Stück vom (kleinen) Kuchen zu bekommen. Die Verarbeitung von Fair-Trade-Rohstoffen sollte aber eine Frage der Überzeugung sein.
Daher mein Wunsch: Grundsätzlich ist natürlich jedes zusätzliche Fair-Trade-Produkt ein Erfolg, es wäre aber wünschenswert, möglichst die gesamte Produktion auf Fair Trade umzustellen und so die Menschen in den produzierenden Ländern zu unterstützen und den unfairen Handel mit Kakao zu unterbinden.

Raw Chocolate
Rohkost-Schokolade ist im Jahre 2012 der neueste Trend. Immer mehr Unternehmen und Produkte kommen unter der Überschrift „Rohkost" auf den Markt. Was mittlerweile alles angeboten wird, ist teilweise haarsträubend. Die Nachvollziehbarkeit der Herkunft der Rohstoffe ist oft dürftig. Viele Hersteller sind zu verschlossen und stimmen skeptisch. Auch die Zutatenlisten der Produkte sind oft nicht besonders vertrauenserweckend. Es wäre wünschenswert, wenn sich die seriösen Hersteller durchsetzten und sich die durchaus interessanten „rohe Schokoladen" im Markt etablierten.

Fachhändler und andere Bezugsquellen
Bei manch einem Fachhändler fragt man sich, wo er sein Handwerk gelernt hat: fachunkundig, schlechte Lagerhaltung und unattraktives Sortiment. Ich erwarte von einem Fachhändler nicht nur, dass er bessere Qualitäten anbietet als der Supermarkt, sondern auch, dass er auf die Zutaten seiner Produkte achtet. Naturidentische und künstliche Aromen sollten bei ihm nicht zu finden sein.
Konfekt sollte man auf jeden Fall frisch in einem Fachgeschäft kaufen. Kein einziges Mal konnte eine Konfekt-Verkaufspackung aus dem Supermarkt oder Kaufhaus überzeugen. Zwar beanspruchen viele Kaufhäuser für sich den Status eines Fachhändlers, diese Meinung teile ich jedoch ganz und gar nicht. Keine einzige Süßwarenabteilung in keinem der von mir besuchten Kaufhäuser war korrekt temperiert, fachkundiges Personal war nicht anzutreffen. Eine einzige löbliche Ausnahme bildet das KaDeWe in Berlin.
Einzig separate Verkaufsinseln mit Frischetheke und Bedienpersonal in ausgesuchten Kaufhaus-Filialen können dem Niveau eines Fachgeschäftes gerecht werden. Aber diese werden oft auch von den Herstellern selbst geführt. Doch auch im Fachhandel trifft man bisweilen auf ungeschulte Aushilfen.
Daher meine Empfehlung: Gehen Sie in den fachkundigen Einzelhandel, der Sie auch beraten kann. Mit Bestellungen über das Internet habe ich ausschließlich positive Erfahrungen gemacht. Hier zeigte es sich, dass das Bestellen bei Fachhändlern mit eigenem Geschäft sehr gut funktioniert. Mein Wunsch wäre ein selektiverer Fachhandel und die Konzentration der Kaufhäuser auf ihre Vorteile. Der Verkauf hochwertiger Süßwaren gehört meiner Meinung nach nicht dazu.

Dank
Ich danke allen Lesern für das Interesse an meinem Buch und meinen Ansichten. Ich hoffe, dass ich Ihnen viele Informationen vermitteln, Anregungen für den nächsten Einkauf bieten und Spaß am Lesen bereiten konnte.
Über Anregungen, Fragen, Kritik oder auch Lob freue ich mich. Sie können mich über folgende E-Mail-Adresse kontaktieren:
info@derschokoladentester.de

Ihr Schokoladentester
Georg Bernardini

Der malerische Strand von Madagaskar.

Fischerboote am Strand von Madagaskar.

The Meadow
Salted

EINKAUFSQUELLEN

Für die Beschaffung der getesteten Produkte bin ich in verschiedene Städte und Länder gereist. Einige Produkte habe ich über das Internet bestellt. Ebenso wurden mir Muster von Importeuren und den getesteten Unternehmen zur Verfügung gestellt.
Bei Messebesuchen waren die Unternehmen ebenfalls sehr großzügig.

Liste meiner Einkaufsquellen:

Berliner Kaffeerösterei, Berlin
Biofach, Nürnberg
Carsch-Haus, Düsseldorf
Chocolate Show, New York
Confis Express (Importeur)
Dean & Deluca, SoHo, New York
Duanereade Drugstore, New York
Eataly, New York
Food Emporium, New York
Gut und Gerne, Düsseldorf
Harrods, London
ISM (Internationale Süßwarenmesse), Köln
Julius Meinl, Wien
Kaufhof Düsseldorf
Kaufhof, Köln
Printemps, Paris
REWE, Bonn und Königswinter
Rossmann, Bonn
Salon du Chocolat, Paris
Schokoladen, Bonn
Selfridges, London
Tee und Trüffel, Alzey
The Meadow, New York
tout chocolat, Siegburg
Villandry, London
Weinkontor Freund (Importeur)
Whole Food, New York
www.genuss7.de
www.gustoshop.biz
Xocolat, Wien

Darüber hinaus habe ich auf meinen Reisen, insbesondere in New York, Paris, Brüssel und London, grundsätzlich Produkte in den Geschäften der getesteten Unternehmen direkt eingekauft.
Einige Produkte aus fernen Ländern habe ich über das Internet bestellt, andere wurden mir gar kostenlos, wie z. B. aus Neuseeland, den USA oder auch Australien zugeschickt. Aber auch viele deutsche und europäische Hersteller waren sehr kooperativ und haben mir kostenlos Muster ihrer Produkte zur Verfügung gestellt.
Auf den Messen ISM (Internationale Süßwarenmesse), Köln und Biofach, Nürnberg habe ich ebenfalls viele Produkte erhalten.

Von folgenden Importeuren habe ich kostenlose Muster erhalten:
Wilk Delikatessen, Viani Feinkost, Delimondo, Market Grounds, IMV-Spezialitäten.

Produkte aus Japan, Süd-Korea und Kanada habe ich von Freunden zugeschickt bekommen.
Darüber hinaus habe ich von einigen Firmen direkt kostenlose Muster erhalten.

Le rideau se
lève sur la scène du
chocolat à
アルノー・ラエール
ARNAUD LARHER

KURIOSITÄTEN

Während des Schreibens und des Verkostens bin ich immer wieder auf kuriose Produkte gestoßen. Das für mich kurioseste und überraschendste Schokoladenprodukt möchte ich kurz vorstellen, alle anderen kuriosen Produkte sind wertungsfrei aufgelistet.

Das kurioseste Schokoladen-Produkt der Welt:

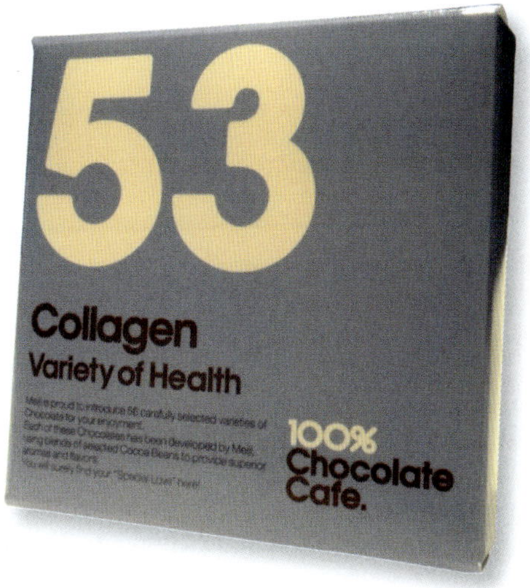

Collagen von 100%ChocolateCafé
Die Collagen-Schokolade rangiert mit Abstand an erster Stelle. Diese Schokolade habe ich im Januar 2011 erstmalig probiert und es war klar, dass diese Schokolade an Kuriosität nicht mehr zu toppen sein würde.
Diese Milchschokolade enthält 500 mg pures Collagen. Zu Beginn schmeckt man die Milchschokolade, dann kommt ein dezenter Orangengeschmack auf und sobald die Schokolade zu schmelzen beginnt, stellt sich ein sehr merkwürdiges Mundgefühl ein. Am besten kann man es als eine Art weiches Gelee beschreiben oder auch als ein Gefühl, als wäre etwas Gelatine in der Schokolade. Ein wirklich grandioses Erlebnis. Besonders gefällt mir, dass das Ganze auch noch schmeckt und von sehr hoher Qualität ist. Übrigens lieben japanische Frauen diese Schokolade, da sie von der Wirkung des Collagens überzeugt sind.

Weitere interessante Kuriositäten:

Aprokoplypse – Lillie Belle Farms
Konfekt mit halbflüssigem Karamell und geräuchertem Bacon.

Barbecue – Michael Mischer
Ein Konfekt, das nach gegrilltem Essen schmeckt. Gut gelungen, aber Geschmackssache.

Blue Cheese – Mälarchocolaterie
Ein Schimmelkäse-Konfekt. Gut im Aroma und im Geschmack, nicht ganz so extrem, wie manch anderes Schimmelkäse-Konfekt.

Buffalo Milk Chocolate – Artisan du Chocolat
Milchschokolade mit Milchpulver vom Wasserbüffel. Sehr köstlich.

Camembert – Bel Amer
Weiße Schokolade mit Camembert-Pulver.

Cheese – 100%ChocolateCafé
Weiße Schokolade mit verschiedenen Käsepulvern. Sehr aromatisch, aber auch gewöhnungsbedürftig.

Chipotle – Richard Donnelly
Konfekt mit geräuchertem Chili. Nicht nur scharf, sondern sehr eigen im Geschmack.

Dulcis Tuber Pralina con Tartufo – TartufLanghe
Konfekt mit echtem Trüffel. Extrem im Geschmack und selbst für Trüffel-Liebhaber ein ungewohnter Genuss.

Foie Gras & Himbeere – A Xoco
Konfekt mit Gänsestopfleber und Himbeeren. Passt gut zusammen.

Gold, Frankincense and Myrrh Bar – Paul A. Young
Dunkle Schokolade mit Weihrauch. Sehr eigener Geschmack. Gibt es auch von den Firmen Schoc und Bachhalm.

Gomba – Rózsavölgyi Csokoládé
Drei verschiedene Sorten Konfekt mit getrockneten Pilzen: Steinpilze, Pfifferlinge und Morcheln. Gut gelungen.

Heller Spargel – Frucht & Sinne
Weiße Schokolade mit gefriergetrocknetem Spargel. Sehr intensiver Geschmack und richtig gut gelungen.

Hilly Vespa Ride – Lapp & Fao
Schokolade mit Oliven und Olivenöl, leider schlecht gemacht.

Ikkyu – SHIN
Konfekt mit fermentierten Sojabohnen. Für europäische Gaumen eher ein ungewohnter Geschmack, der wohl polarisiert.

Kyobancha – SHIN
Eine weitere japanische Spezialität: geräucherter Tee. Auch dieses Konfekt ist eher gewöhnungsbedürftig.

Mo's Bacon Bar – Vosges
Schokoladentafel mit Speck. Schmeckt sogar ganz gut.

Olive Oil – Damian Allsop
Konfekt mit einer dunklen Olivenöl-Ganache.
Sehr schmackhaft und köstlich. Ähnliches Konfekt gibt es auch von Soma, aber nicht so gut gelungen.

Pretzo Change-OMilk Chocolate – Jer's
Erdnussbutter-Riegel mit Salzgebäck (Brezel). Nette Idee, gut umgesetzt.

Root Beer – Michael Mischer
Konfekt mit Root Bier, im Deutschen „Wurzelbier". Root Bier ist ein alkoholfreies Getränk, ähnlich dem Malzbier, aber doch ganz anders im Geschmack. Wurde ursprünglich aus der Wurzelrinde des Sassafrasbaumes gewonnen.

Rosa Kokos und FischGummi – Zotter
Fischmarshmallow, Kokos- und Himbeerschokolade. Extrem, aber gelungen.

Smoked Blue Cheese – Lillie Belle Farms
Ein Konfekt mit geräuchertem Schimmelkäse (Roquefort) in Zusammenarbeit mit der Käserei Rogue Creamery aus Central Point. Sehr intensives Aroma.

Süße Oliven – Café Pernsteiner
Gefüllte Schokolade mit weißer Ganache und Oliven. Olivig und süß.

Syu-gyo-Ku Patate douce violette – Tokyo Chocolate
Konfekt mit süßen violetten Kartoffeln.

Tobacco Dark Chocolate – Artisan du Chocolat
Dunkle Schokolade, in der tagelang Tabak ziehen gelassen wurde. Extrem aromatisch, muss man aber wirklich mögen.

White Chocolate, Davao, Philippines – Askinosie
Weiße Schokolade mit Ziegenmilch-Pulver. Sehr extrem im Geschmack, zur Krönung gibt es das auch noch mit Pistazien oder mit Kakao-Nibs.

Whole Milk 31 % – Al Nassma
Milchschokolade mit Kamelmilch. Schmeckt sogar richtig gut.

Zartbitter-Schokolade mit luftgetrocknetem Hirschschinken – Bachhalm
Schokolade mit Schinken, den man aber zum Glück kaum schmeckt.

Ziegenkäse & Thymian – A Xoco
Konfekt mit Ziegenkäse und passend dazu Thymian. Gut gelungen.

SCHOKOLADENEVENTS UND ANDERE INTERESSANTE HINWEISE

In Deutschland gibt es sowohl Schokoladenmessen für den Endverbraucher, als auch für Fachbesucher. Weltweit finden einige interessante und lohnenswerte Schokoladenevents statt. Als Pioniere von Schokoladenmessen für Endverbraucher sind Sylvie Douce und François Jeantet, die Erfinder und Ausrichter des Salon du Chocolat, zu betrachten.

Messen, Festivals und Veranstaltungen:

Australien (Melbourne)
Chocolate Rush Chocolate Festival
www.chocolaterush.com.au
Findet alle zwei Jahre im August statt.
4. Auflage: August 2013
Mit Austragung der Australian Chocolate Championship in unterschiedlichen Kategorien.

Belize (Toledo, Punta Gorda)
Toledo Cacao Fest
www.toledochocolate.com
Jährliche Veranstaltung im Frühjahr (meist im Mai)
7. Auflage im Mai 2013
Zu Ehren der Kakaobauern und des Mayagottes des Kakaos Ek Chuah. Mit Wein und Schokoladenprobe und vielen anderen Aktivitäten, auch für Kinder.

China (Shanghai)
Sweets & Snacks China
www.sweetschina.com
Findet immer im September statt.
Nächste Auflage: September 2013
Süßwaren allgemein, nur für Fachbesucher zugelassen.

Deutschland (Wernigerode)
chocolART on tour in Wernigerode
www.chocolart.de
Neu
1. Auflage vom 31.10. – 04.11.2012
Ähnliche Konzept wie die Veranstaltung in Tübingen

Deutschland (Tübingen)
chocolART – Internationales Tübinger Schokoladenfest
www.chocolart.de
Findet immer Ende November/Anfang Dezember statt
7. Auflage: 04.12. – 09.12.2012
Mit Schokoladenmarkt, viele nationale und internationale Schokoladen- und Konfekthersteller. Darüber hinaus viele Aktionen wie z. B. Schokoladen-Verkostung, Schokoladen-Kochkurse oder Schokoladen-Massagen.

Deutschland (Köln)
Internationale Süßwaren Messe (ISM)
www.ism-cologne.de
Findet immer Ende Januar/Anfang Februar statt.
43. Auflage: 27.01. – 30.01.2013
Die weltweit größte und wichtigste Süßwarenmesse. Hier wird alles angeboten – auch salziges Gebäck. Aussteller kommen aus der ganzen Welt. Es handelt sich aber um eine reine Fachbesucher-Messe (mit Nachweispflicht).

Deutschland (Kempen und Offenburg)
Place du Chocolat – Internationales Schokoladenfestival
www.place-du-chocolat.de
Findet im April in Kempen und im November in Offenburg statt.
3. Auflage in Offenburg: 08.11. – 11.11.2012
Mit vielen Chocolatiers und Confiseuren sowie Rahmenprogramm, zum Beispiel Winzer, die zur Schokolade passende Weine präsentieren, oder eine Schokoladen-Werkstatt für Kinder.

Deutschland (Stuttgart)
Slow Food
www.slowfood-messe.de
Findet immer im April statt.
7. Auflage: 11.04. – 14.04.2013
Hier gibt es nicht nur Süßes, sondern auch Herzhaftes. Alle Produkte werden nach strikten Zulassungskriterien von Slow Food ausgewählt. Slow-Food-Messen gibt es nicht nur in Deutschland.

Deutschland (Köln)
Anuga
www.anuga.de
Findet alle zwei Jahre im Oktober statt.
05.10. – 09.10.2013
Die größte Lebensmittelmesse vereint zehn Messen. Hier findet man alles, was es an Lebensmitteln gibt. Nur Fachbesucher sind zugelassen.

Deutschland (Nürnberg)
BioFach
www.biofach.de
Findet einmal jährlich in Nürnberg statt, hat aber auch Ableger in anderen Ländern.
Nächste Auflage: 13.02. - 16.02.2013
Nur Fachbesucher sind zugelassen (mit Nachweispflicht).

England (London)
Chocolate Week
www.chocolate-week.co.uk
Findet einmal im Jahr im Oktober statt.
Nächste Auflage: Oktober 2013
Diverse Veranstaltungen rund um Schokolade während einer ganzen Woche.

England (London)
Chocolate Unwrapped
www.chocolateunwrapped.co.uk
Findet während der chocolate week statt.
Nächste Auflage: Zwei Tage während der Chocolate Week (Oktober 2013)
Mit diversen Ausstellern, hauptsächlich aus Großbritannien.

Frankreich (Paris)
Salon du Chocolat
www.salonduchocolat.fr
Findet Mitte Oktober und alle zwei Jahre Ende Oktober/Anfang November statt.
18. Auflage: 31.10.–04.11.2012
Traditionelles und wichtigstes Schokoladenfest Frankreichs. Der Schwerpunkt liegt auf französischen Chocolatiers und Confiseuren, hat aber einen angemessenen Anteil ausländischer Aussteller. Weitere Städte in Frankreich sind Marseille und Lille. Im Ausland gibt es ähnliche Events in New York, Tokio, Moskau, Shanghai, Madrid, Kairo,Bologna und Zürich.
Alljährliches Highlight ist die traditionelle Modenschau mit Kleidern, hergestellt aus und mit Schokolade.

Frankreich (Paris)
Europain & Intersuc
www.europain.com
Alle zwei Jahre im Frühjahr
Nächste Auflage: Frühjahr 2014
Fachmesse für Konditoren, Bäckereien, Eisdielen und die Industrie. Nur für Fachbesucher.

Frankreich (Paris)
SIAL
www.sial.fr
Findet alle zwei Jahre im Oktober statt.
Nächste Auflage: Oktober 2014
Fachmesse für die Lebensmittelindustrie. Nur für Fachbesucher.

Frankreich (Lyon)
Sirha
www.sirha.com
Findet alle zwei Jahre im Januar statt.
Nächste Auflage: 26.01. – 30.01.2013
Fachmesse für Gastronomie, Konditoren, Händler und Industrie. Nur für Fachbesucher.

Italien (Perugia)
Eurochocolate
www.eurochocolate.com
Findet immer im Oktober statt.
Nächste Auflage: Oktober 2013
Sehr traditionsreiches Schokoladenfestival mit vielen Schokoladenherstellern, mit Hauptfokus auf Italien.

Italien (Florenz)
Fiera del Cioccolato Artigionale
www.fieradelcioccolato.it
Findet zumeist im Februar statt.
8. Auflage: Im Februar 2013
Schokoladenfestival mit Schwerpunkt auf italienische Chocolatiers und Confiseuren.

Italien (Rimini)
SIGEP
www.sigep.it
Findet jährlich im Januar statt.
33. Auflage: 19.01. – 23.01.2013
Fachmesse für Konditoren, Bäckereien, Eisdielen und Industrie. Nur für Fachbesucher.

Italien (Turin)
CioccolaTòLa Grande Festa del Cioccolato
www.cioccola-to.it
Findet jährlich im Frühjahr statt.
Nächster Termin: Frühjahr 2013
Publikumsmesse mit vielen Ausstellern und nettem Rahmenprogramm.

Schweden (Stockholm)
Chokladfestivalen
www.nordiskamuseet.se
Jährliche Veranstaltung im Oktober
11. Auflage Oktober 2013
Schokoladenfest für den Endverbraucher.

USA (Chicago)
Sweets & Snacks Expo
www.allcandyexpo.com
Findet immer im Mai statt.
17. Auflage vom 21.05. – 23.05.2013
Süßwaren allgemein, nur für Fachbesucher.

USA (New York oder Washington D.C. & San Francisco)
Fancy Food Show
www.specialtyfood.com/fancy-food-show
Summer Fancy Food Show im Juli in New York oder Washington D.C.
Winter Fancy Food Show im Januar in San Francisco.
38. Winter Fancy Food Show: 20.01. – 22.01.2013
59. Summer Fancy Food Show:
30.06. – 02.07.2013
Süßwarenmesse allgemein, nur für Fachbesucher.

USA (Los Angeles)
Los Angeles Luxury Chocolate Show
www.lachocolatesalon.com
Findet immer im Herbst statt.
7. Ausgabe: Herbst 2013
Schokoladenfestival mit zumeist amerikanischen Herstellern mit Rahmenprogramm. Hat Ableger in Napa, Seattle und San Francisco.

Schokoladen-Museen:

Belgien:
Musée du cacao et du chocolat (Brüssel)
www.mucc.be
Nicht-kommerzielles Museum, das die Geschichte von Kakao und Schokolade erzählt.

Choco-Story (Brügge)
www.choco-story.be
Nicht-kommerzielles Museum, das die Geschichte von Kakao und Schokolade erzählt.

Brasilien:
Prawer (Gramado)
www.prawer.com.br
Kleines Museum des brasilianischen Herstellers mit Besichtigung der Herstellung.

Deutschland:
Halloren Schokoladenmuseum (Halle)
www.halloren.de
Kommerzielles, aber liebevoll gestaltetes Museum mit einem Zimmer, dessen Utensilien fast komplett aus Schokolade gefertigt wurden.

Schokoladenmuseum (Köln)
www.chocolatemuseum-cologne.com
Teilweise kommerzielles Museum, das bereits im Jahre 1993 vom damaligen Inhaber des Schokoladenherstellers Stollwerck, Dr. Hans Imhoff, eröffnet wurde. In das Museum ist eine gläserne Produktion integriert. Im Laufe der Jahre wurden sehr viele einmalige Exponate zusammengetragen.
Mittlerweile gehört das Museum dem Unternehmen Lindt. Angebunden ist ein riesiger Verkaufsraum, in dem sehr viele Marken präsent sind, nicht nur Lindt-Produkte.

England:
Cadbury World (Birmingham)
www.cadburyworld.co.uk
Kommerzielles Museum des Unternehmens Cadbury. Fantasievoll und farbenfroh gestaltet.

Frankreich:
Chocolatrium Michel Cluizel (Damville)
www.cluizel.com
Kommerzielles Museum des Schokoladenherstellers Michel Cluizel.

Kuba:
Museo del Chocolate (Havanna)
Adresse: Calle Amargura Old Havana Havanna.

Spanien:
Museu de la Xocolata (Barcelona)
www.pastisseria.cat
Teilweise kommerzielles Museum der Konditorenschule Barcelonas.

Tschechien:
Choco-Story
www.choco-story-praha.cz
Ein Ableger des Choco-Story Museums in Brügge.

Interessante Internetadressen zum Thema Schokolade:

www.c-spot.com (USA)
Sehr komplexe und umfangreiche Internetseite mit vielen getesteten und bewerteten Produkten, von Mark Christian. Kostenpflichtig.

www.seventypercent.com (England)
Umfangreiche Seite mit getesteten Produkten. Einer der Pioniere der Schokoladenverkostung.

www.chocomap.com (USA & Kanada)
Umfangreiche Seite zum Thema Schokolade, mit Schokoladenschule (www.ecolechocolat.com).

www.thechocolatelife.com (USA)
Kakao und Schokolade pur.

www.icco.org
Internationale Kakao-Organisation (The International Cococa Organization) mit vielen Informationen, auch zu aktuellen Themen.

www.bdsi.de
Internetseite des Bundesverbandes der deutschen Süßwarenindustrie. Hier präsentiert sich die Lobby der deutschen Süßwarenhersteller und man findet alle wesentlichen Informationen.

www.worldcocoafoundation.org
Internetseite der weltweiten Kakaoindustrie, einigen Anbauern und auch Kakaohändlern.

www.croqueurschocolat.com
Internetseite des französischen „Club de Croqueurs de Chocolat". Der Club führt Tastings durch, vergibt Awards und veröffentlicht regelmäßig einen Guide der besten französischen Chocolatiers und Confiseure.

www.internaticionalchocolateawards.com
Neue Preisverleihung für Schokolade. Weltweit aktiv. Initiatoren sind die Macher von www.seventypercent.com

www.academyofchocolate.org.uk (England)
Vergibt einmal jährlich Schokoladenawards.

www.theobroma-cacao.de (Deutschland)
Sehr informative deutsche Internetseite mit Informationen rund um Kakao und Schokolade.

TOUT
CHOCOLAT

FACHHÄNDLER UND BEZUGSQUELLEN

Es gibt unendlich viele Möglichkeiten, Schokoladenprodukte zu kaufen: Fachgeschäfte, Kaufhäuser, Lebensmitteleinzelhandel, Internet, Kiosk, Duty-Free-Shops, Tankstellen usw.
Nicht jede Verkaufsstelle ist jedoch geeignet, Schokoladenprodukte zu verkaufen. In der Regel sollte beim Kauf hochwertiger Schokoladenprodukte ein Fachgeschäft bevorzugt werden. Aber nicht jedes vermeintliche Fachgeschäft ist zwangsläufig auch eine gute Verkaufsstelle.
Im Folgenden möchte ich Ihnen einige Adressen für den Bezug von Schokoladenprodukten nennen. Bei manchen habe ich selbst Produkte gekauft, dann sind sie mir einem Kommentar versehen. Andere Adressen sind mir zwar bekannt, da ich hier aber keine eigene Erfahrung beim Kauf von Produkten gesammelt habe, kann ich mir zu ihnen kein Urteil erlauben.

Grundsätzlich sollte man, wenn sich die Möglichkeit bietet, in den von den Herstellern betriebenen Geschäften einkaufen. Einige der im Buch vorgestellten Hersteller vertreiben ihre Produkte ausschließlich in den eigenen Filialen, andere bieten nur ein begrenztes Sortiment auch in anderen Geschäften an. Im Zweifelsfall empfehle ich, die Hersteller direkt anzusprechen und nach Verkaufsstellen zu fragen.
Die Vielfalt und auch die Anzahl der Schokoladenfachgeschäfte (mit fremden Marken), wie wir sie in Deutschland finden, ist weltweit einzigartig. Dafür gibt es in Deutschland unterdurchschnittlich wenige Fachgeschäfte, in denen die Inhaber selbst produzieren, wie man sie verstärkt in Frankreich, Belgien und auch den USA und Japan findet.

Belgien

Brüssel
Brüssel eignet sich sehr gut für eine schokoladige Gourmetreise. Hier findet man Schokoladenfachgeschäfte aller großen und vieler kleinen Chocolatiers: Pierre Marcolini, Wittamer, Neuhaus, Leonidas, Pierre Ledent, Godiva, Galler uvm. Genaue Adressen findet man auf der Internetseite des jeweiligen Herstellers.
Desweiteren findet sich im Zentrum das eine oder andere Geschäft, das eine größere Auswahl an verschiedenen Herstellern führt.

Deutschland

Berlin:
Berliner Kaffeerösterei (vor Ort und online)
www.berliner-kaffeeroesterei.de
Sehr große Auswahl, kompetente Beratung, ein sehr schönes Geschäft mit der Möglichkeit, vor Ort sehr guten Kaffee und Trinkschokolade zu genießen.

KaDeWe (vor Ort)
www.kadewe.de
Traditionsreiches Kaufhaus mit sensationeller Auswahl, sortiert nach Marken. Fachkundige und kompetente Abteilungsleitung. Mit großer Auswahl frischen Konfekts.

Düsseldorf:
Gut und Gerne (nur vor Ort)
www.schokoladenfachgeschaeft.de
Sehr liebevoll gestaltetes Fachgeschäft mit sehr guter Auswahl und kompetenter Beratung. Mit der Möglichkeit, vor Ort zu verzehren.

Hamburg:
Schokovida (vor Ort und online)
www.schokovida.de
Einer der Pioniere im Verkauf edler Schokoladenprodukte, mittlerweile selbst Hersteller. Mit der Möglichkeit, vor Ort zu verzehren.

Köln:
Chocolat im DuMont-Carré (nur vor Ort)
www.chocolat-koeln.de
Gute Auswahl an Marken aus aller Welt, seit der Übernahme durch Hussel auch mit breitem Sortiment an Hussel-Produkten.

Hernando Cortéz (nur vor Ort)
www.hernando-cortez.de
Gut sortiertes Sortiment internationaler Marken.

Lörrach:
Arabica Kaffee & Lebensart (nur vor Ort)
www.arabica-loerrach.de
Sehr schöne Auswahl mit sehr gutem Kaffeesortiment.

München:
Franz – Kontor für Schokolade
(vor Ort und online)
www.kontor-fuer-schokolade.de
Sehr gute Auswahl, kompetent in der Beratung. Leider wurde ein Geschäft in der Brunnstraße geschlossen.

Stolberg Schokoladen (nur vor Ort)
www.stolberg-muenchen.de
Sehr gutes Sortiment, kompetent in der Beratung.

Chocolate & more (nur vor Ort)
www.chocolate-and-more.de
Recht Lauenstein-lastig, aber auch gute Auswahl weiterer Marken. Besonders im Sommer mit attraktivem Nicht-Schokoladen-Sortiment wie z. B. Einrichtungsgegenständen.

Siegburg:
Tout Chocolat (vor Ort und online)
www.tout-chocolat.de
Kompetente Beratung, liebevoll eingerichtetes Geschäft mit viel Atmosphäre.

Bundesweit:
Der Pralinenclub (nur online)
www.pralinenclub.de
Als Mitglied oder Abonnent erhält man monatlich eine Schachtel Konfekt mit neuen Kreationen, die auch bewertet werden. Daraufhin wird die Praline des Monats gekürt. Ausschließlich mit Produkten deutscher Confiseure.

Zudem gibt es bundesweit in vielen Großstädten bessere Kaufhäuser wie Kaufhof und Karstadt mit recht gut bestückten Süßwarenabteilungen. Leider ist man hier aber auf sich alleine gestellt, da es an kompetenter Beratung mangelt. Ebenso lässt die Lagerung zu wünschen übrig, da diese Bereiche oft schlecht klimatisiert sind. Besser bedient wird man bei den Süßwarenketten wie zum Beispiel Hussel, wobei die Auswahl hier zumeist auf die Produkte der jeweiligen Kette begrenzt ist.

England

London:
In London findet man viele Geschäfte unabhängiger Chocolatiers, wie zum Beispiel Paul A. Young, Demarquette oder Melt. Adressen hierzu findet man auf den Internetseiten der Hersteller. Die traditionellen Kaufhäuser bieten eine mittelmäßige bis gute Auswahl internationaler und nationaler Hersteller. Teilweise gibt es besondere Editionen von Chocolatiers nur in einem der Kaufhäuser.
Selfridges (nur vor Ort)
www.selfridges.com
Mit einem Shop-in-Shop des Chocolatiers Artisan du Chocolat. Recht begrenzte Auswahl anderer Hersteller.
Manchmal Mängel bei der Lagerung und der Haltbarkeit der Produkte.

Fortnum & Mason (nur vor Ort)
www.fortnumandmason.com
Bietet eine relativ großzügige Auswahl offen angebotenen Konfekts verschiedener Hersteller. Verpackte Ware internationaler Hersteller recht begrenzt.

Harrods (nur vor Ort)
www.harrods.com
Große Süßwarenabteilung mit vielen unabhängigen Ständen, an denen offenes Konfekt angeboten wird. Darüber hinaus ein zu kleines Sortiment abgepackter Produkte und Schokoladentafeln.

The Chocolate Society (nur online)
www.chocolate.co.uk
Mit Auswahl weniger, aber sehr guter Marken.

Whole Foods Market (nur vor Ort)
www.wholefoodsmarket.com
Die Supermarktkette Whole Foods Market hat ebenso wie in den USA eine begrenzte, aber gute Auswahl an nationalen und internationalen Marken.

Frankreich

In Frankreich hat jede Stadt ihren Chocolatier – oft auch mehrere. Besonders Paris ist reichlich mit Chocolatiers bestückt. Hier wird man immer fündig und hat die Qual der Wahl. Eigene Läden in Paris haben z. B. auch Pierre Marcolini, Pralus und natürlich alle Global Player. Ich empfehle, sich auf die Hersteller zu konzentrieren, die nur in Paris ein Geschäft betreiben und auch nur dort verkaufen, wie z. B. Pierre Hermé, Paul Roger oder Christian Constant.
Eine kulinarische Reise nach Frankreich, aber besonders nach Paris, lohnt sich immer.

Paris:
Galerie Lafayette (nur vor Ort)
www.galerieslafayette.com
Kultiges Kaufhaus, online keine Schokolade erhältlich. Süßwarenabteilung ist sehr umfangreich und auch mit vielen internationalen Marken.

Japan

In Japan gibt es keine oder nur sehr wenige individuelle Geschäfte, die verschiedene Marken anbieten. Auch hier hat jede Stadt ihren Chocolatier – oder auch mehrere – mit eigenem Geschäft. Internationale Marken findet man meist in einem der großen Kaufhäuser, wie zum Beispiel Isetan oder Takashimaya. In den Kaufhäusern gibt es sensationelle Süßwarenabteilungen, in denen viele Hersteller an eigenen Ständen ihre Produkte präsentieren und anbieten. In Tokio gibt es einen Ableger von New Yorks Dean & Deluca, in dem man die eine oder andere Marke findet.

Kanada

Nur online:
A Taste for Chocolate
www.atasteforchocolate.com

Österreich

In Österreich ist es ähnlich wie in Deutschland. Viele Schokoladenfachgeschäfte, wenige Chocolatiers, die selbst herstellen.

Wien:
Xocolat (vor Ort und online)
www.xocolat.at
An diesem Geschäft kommt kein Schokoladenliebhaber vorbei: große Auswahl, kompetente Beratung und auch eigene Produkte. Wunderschönes Geschäft. Mit einer zweiten Filiale mit angrenzender Manufaktur in der Servitengasse 5. Weitere Filialen in Linz und Baden.

Julius Meinl (vor Ort und begrenzt online)
Traditionshaus in bester Lage Wiens. Sehr gute Auswahl an Schokoladenprodukten und Konfekt. Leider mit nicht unerheblichen Problemen bei der Lagerung. Oftmals hat das Konfekt Fettreif.

Schweiz

Basel:
Xocolatl (vor Ort und online)
www.xocolatl-basel.ch
Schönes Fachgeschäft mit sehr gutem Sortiment internationaler Marken.

USA

In den USA gibt es spezialisierte Fachgeschäfte wie in Deutschland, jedoch bei weitem nicht so viele. Auch in den USA haben viele Städte ihren eigenen Chocolatier – oft auch mehrere, New York natürlich besonders viele.
Landesweit findet man in den meisten Supermärkten der Kette Whole Foods Market eine gute Auswahl an Schokoladen.

New York:
Auch New York hat seine eigenen Chocolatiers und viele Geschäfte internationaler Chocolatiers. Die Adressen hierzu findet man im Internet. Anbei eine Auswahl an Fachgeschäften, die keine eigenen Produkte anbieten, dafür aber eine große Auswahl nationaler und internationaler Hersteller.

Food Emporium (nur vor Ort)
www.thefoodemporium.com
In allen Filialen gibt es Schokolade, aber in der im Trump Palace in der 68th Street, Ecke Third Avenue findet man eine grandiose Auswahl. Die Auswahl ist so groß, dass es so scheint, als sei der Warenumschlag nicht schnell genug und die Lagerbedingungen nicht optimal. Hier habe ich die meisten Produkte in den USA gekauft und das eine oder andere Produkt war alt und/oder grau. Dennoch, ein Besuch ist sehr lohnenswert. Beim Kauf von Produkten auf das Haltbarkeitsdatum achten.

The Meadow (nur vor Ort)
www.atthemeadow.com
Ein sehr hübsches Fachgeschäft für Schokolade und Salz. Wenn man das Geschäft betritt, findet sich links eine Wand voll Schokolade, rechts ist das Salz platziert und in der Mitte steht ein Tisch mit Blumen. Seit dem Jahre 2006 in Portland, seit November 2010 auch in New York. Gutes internationales Sortiment und gute Beratung. Sehr kompetent in Sachen Salz.

Dean & Deluca (nur vor Ort)
www.deandeluca.com
Kult-Feinkostgeschäft u. a. in SoHo. Hier findet man alles, was das Gourmet-Herz begehrt und immer attraktive und interessante Schokoladenprodukte. Unbedingt vorbeischauen.

Eataly (nur vor Ort)
www.eatalyny.com
Sehr trendy und hip. Alles, was die italienische Küche zu bieten hat. Mit Vor-Ort-Verzehr. Auswahl an Schokolade ausschließlich italienisch, aber ganz gut sortiert.

Whole Foods Market (nur vor Ort)
www.wholefoodsmarket.com
Die Supermarktkette Whole Foods Market hat einige Filialen in Manhattan mit einer begrenzten, aber guten Auswahl an nationalen und internationalen Marken.

Portland:
Cacao drink chocolate (vor Ort oder per Telefon oder E-Mail)
www.cacaodrinkchocolate.com

San Francisco:
Bittersweet Café (vor Ort und online)
www.bittersweetcafe.com

Fog City News (nur vor Ort)
www.fogcitynews.com

Seattle:
Chocolopolis (vor Ort und online)
www.chocolopolis.com

Washington DC:
Biagio Fine Chocolate (nur vor Ort)
www.biagiochocolate.com

Auf der Internetseite www.chocomap.com/chocolate-map.php findet sich eine interaktive Funktion für Shops auf der ganzen Welt. Über 1.800 Geschäfte sind mittlerweile über diese Seite ausfindig zu machen, eine großartige Hilfe für Schokoladenliebhaber bei weltweiten Städtereisen.

BEAN-TO-BAR- UND MASS-TO-BAR-HERSTELLER

Ein ewiges Diskussionsthema in der Branche ist, wer denn nun wirklich Schokolade von der Bohne weg herstellt. Einige Firmen suggerieren ihren Kunden gerne, sie seien Bean-to-bar-Hersteller, ohne es tatsächlich zu sein.
Anbei nun also eine Liste aller im Buch vorkommenden Bean-to-bar-Hersteller sowie aller Hersteller, die von der Masse weg Schokolade herstellen.
Am Schluss noch eine Liste der mir bekannten Bean-to-bar-Hersteller, von denen ich aber leider keine Produkte zur Verkostung erhalten konnte.

Bean-to-Bar:

Australien	Haigh's
	Zokoko
Belgien	Pierre Marcolini
Bolivien	El Ceibo
Brasilien	Amma
Dänemark	A Xoco by Anthon Berg
Deutschland	Confiserie Coppeneur
	Hachez
	Meybona
	Vivani (& Björnsted)
Ecuador	Alteza
	Cacaoyere
	Hacienda El Castillo
	Pacari
	Rancho San Jacinto
	República del Cacao
England	Red Star „Duffy's"
	Sir Hans Sloane
	Willie's Delectable Cacao
Fiji	Adi Chocolate Fiji
Frankreich	Bernachon
	Chocolat Bonnat
	Chocolaterie A. Morin
	Chocolaterie Weiss
	François Pralus
	Michel Cluizel
	Valrhona
Ghana	Omanhene
Grenada	Grenada Chocolate Company
Italien	Amedei
	Antica Dolceria Bonajuto
	Caffarel
	CioMod
	Domori
	Leone Pastiglie
	Maglio Arte Dolciaria
	Majani
	Silvio Bessone
	Vanini
	Venchi
	Vestri
Japan	100%ChocolateCafe
	Emily's Chocolate
Kanada	Choklat
	Soma
Kolumbien	Santander Chocolate
Madagaskar	Menakao
	Vao Vao
Österreich	Zotter
Peru	Gran Inka
	Mecsa Osha
Sao Tomé	Claudio Corallo
Schweden	Malmö Chokladfabrik
Schweiz	Chocolat Stella (Bernrain)
	Chocolats et Cacaos Farvarger
	Lindt & Sprüngli
Spanien	Blanxart
	Chocovic
	Simón Coll (& Amattler)
Ungarn	Rózsavölgyi Csokoláde
USA	Amano
	Askinosie
	Dandelion Chocolate
	Ghirardelli
	E. Guittard
	Mast Brothers
	Olive & Sinclair
	Patric Chocolate
	Potomac Chocolate
	Rogue Chocolatier
	Scharffen Berger
	Taza Chocolate
	Tcho
	Theo Chocolate
	Torres, Jacques
	Vintage Plantations
Venezuela	Chocolate San José
	El Rey

Mass-to-Bar:

Belgien	Charlemagne
Deutschland	Carl Lambert
	Confiserie Storath
England	Artisan du Chocolat
Italien	Guido Gobino
	Slitti
	Stainer

Einige der Hersteller produzieren nur einen Teil ihrer Schokoladen von der Bohne oder von der Masse weg. Das ist natürlich für den Verbraucher irreführend. Daher habe ich dies, soweit es mir bekannt ist, in der jeweiligen Rezension angemerkt.

Bei einigen wenigen Herstellern ist nicht bestätigt, ob die Angaben stimmen. Auch dies habe ich in der jeweiligen Rezension angemerkt.

Weitere Micro Batch Bean-to-bar-Hersteller, die in diesem Buch nicht vorgestellt werden:

Cioccolato Peyrano (Italien)
Black Mountain Chocolate (USA)
Cacao Atlanta (USA)
Escazu Chocolate (USA)
Fresco Chocolate (USA)
Mindo Chocolate Maker (USA)
Oakland Chocolate Company (USA)
Ritual Chocolate (USA)
Snake & Butterfly (USA)
Cotton Tree Chocolate (Belize)
Momotombo Chocolate Factory (Nicaragua)
Rain Republic Chocolate (Guatemala)
Danta Chocolate (Guatemala)
Olivia Chocolate (Kanada)

IM BUCH VERTRETENE LÄNDER

Ich habe versucht, so viele Unternehmen und Produkte aus so vielen Ländern wie möglich zu testen, um eine weltweite Marktübersicht zu schaffen. Ich freue mich sehr darüber, dass es mir gelungen ist, insgesamt 271 Unternehmen aus 38 Ländern mit 2.700 Produkten vorzustellen.

Liste der vertretenen Ländern und der Anzahl an vorgestellten Unternehmen:

Australien	3
Belgien	16
Bolivien	1
Brasilien	1
Dänemark	4
Deutschland	37
Ecuador	8
England	24
Fiji	1
Finnland	1
Frankreich	34
Ghana	1
Grenada	1
Irland	2
Island	1
Israel	1
Italien	24
Japan	9
Kanada	5
Kolumbien	1
Kroatien	1
Luxemburg	1
Madagaskar	2
Neuseeland	2
Niederlande	3
Nordirland	1
Österreich	10
Peru	2
São Tomé und Príncipe	1
Schweden	2
Schweiz	10
Spanien	9
Südkorea	2
Tobago	1
Ungarn	1
USA	46
Vereinigte Arabische Emirate	1
Venezuela	2

PRODUKT-ÜBERSICHT

Übersicht über dunkle Schokoladen

Dunkle Schokoladen bis 69 % Kakaoanteil:

Valrhona	Ampamakia 64 % Récolte 2010	94,70
Meybona	Jamaika 60 %	93,90
Michel Cluizel	Los Anconès 67 %	93,25
Michel Cluizel	Vila Gracinda 67 %	93,00
100%ChocolateCafe	12-Chuao 62 %	92,95
100%ChocolateCafe	03-Madagaskar 62 %	92,25
Michel Cluizel	Mangaro 65 %	92,00
Soma	Old School 66 %	91,30
A Xoco by Anthon Berg	Superior Fermentation 64 % – Ghana	90,50
E. Guittard	Ambanja Bittersweet 65 % Dark Chocolate	90,50
Zokoko	Alto Beni 68 % Cacao	90,20
100%ChocolateCafe	09-Colombia 62 %	90,15
E. Guittard	Chucuri Bittersweet 65 % Dark Chocolate	89,30
Patric Chocolate	Madagascar 67 % Dark Chocolate	89,05
Michel Cluizel	Maralumi 64 %	88,70
Santander Chocolate	Dark Chocolate 65 %	88,10
Olive & Sinclair	67 % Dark Chocolate	88,00
Tcho	Dark Chocolate „Fruity 2.0" 68 % Peru	86,00
Hotel Chocolat	65 % Dark 120 h Conch Island Growers Saint Lucia	85,90
Michel Cluizel	Concepcion 66 %	85,80
100%ChocolateCafe	02-Ghana 62 %	85,50
Christophe Morel Chocolatier	Pure Nacional Pérou Millesime 2010 68 %	84,60
Valrhona	Manjari 64 %	84,60
A Xoco by Anthon Berg	Original Trinitario 68 % - Trinidad	84,50
E. Guittard	Quevedo Bittersweet 65 % Dark Chocolate	84,50
Valrhona	Gran Couva 64 % Récolte 2010	84,10
Bernachon	Amer 62 %	83,80
Silvio Bessone	Trintade Sao Tomè 65 % Dark Chocolate	83,70
100%ChocolateCafe	21-Java 62 %	83,40
A Xoco by Anthon Berg	Ocumare 67 % – Venezuela	83,00
Melt	Wild 68 % Bolivia	83,00
Silvio Bessone	Vittoria Brasile 60 % Dark Chocolate	82,50
100%ChocolateCafe	13-Ocumare 62 %	82,40
Valrhona	Taïnori 64 %	82,20
Hotel Chocolat	65 % Dark 96 h Conch Island Growers Saint Lucia	82,00
Zokoko	New Queensland 68 % Cacao	81,70
Santander Chocolate	Dark Chocolate 53 %	81,50
Valrhona	Palmira 64 % Récolte 2010	81,30
Antica Dolceria Bonajuto	mascobado 65 %	81,10
Bernachon	Jour et nuit 20 % & 55 % (Milchschokolade)	81,00
El Rey	Rio Caribe Cariaco 60.5 %	81,00
100%ChocolateCafe	20-Dominican Republic 62 %	80,90
Valrhona	Alpaco 66 %	80,80
Richard Donnelly	Bittersweet Chocolate 65 %	80,10
Bernachon	Nature 55 % Noir	80,00
CoCouture	69 % Dark Chocolate	80,00
Red Star „Duffy's"	Star of Dominican Republic 65 %	80,00
Grenada Chocolate Company	Organic Dark Chocolate 60 %	79,30
Silvio Bessone	Sambirano Madagascar 64 % Dark Chocolate	78,80
E. Guittard	Sur Del Lago Bittersweet 65 % Dark Chocolate	78,50
Tcho	Dark Chocolate „Nutty 2.0" 65 % Cacao Ecuador	78,50
Vestri	Aliseo Blend Cioccolato fondente cacao 63 %	78,50
Gnosis Chocolate	Simplicity	78,00

Hotel Chocolat	65 % Dark 120 h Conch Rabot Estate Saint Lucia	77,50
Madécasse	smooth 67 % Dark Chocolate	77,50
Tcho	Dark Chocolate „Citrus" 67 % Cacao Madagascar	77,50
Scharffen Berger	Semisweet 62 % Dark Chocolate	76,70
Amma	60 % Dark Chocolate	76,50
Leone Pastiglie	Fondente 64 %	76,50
República del Cacao	El Oro 67 % Dark Chocolate	76,00
Silvio Bessone	Ghana 56 % Dark Chocolate	75,90
Chocolats et cacao Favarger	Noir 66 %	75,50
Confiserie Coppeneur	République del Equador 65 %	75,00
E. Guittard	Tsaratana 61 % Dark Chocolate	74,50
Zokoko	Tokiala 66 % Cacao	73,50
Taza Chocolate	60 % Dark Chocolate	73,00
Cacaoyere	Amazonia – El Eno 63 %	72,60
Madécasse	63 % Dark Chocolate	72,00
Rococo	65 % Cocoa	71,50
Rausch	Amacado 60 %	71,30
Chocovic	Kendari 60 %	71,00
Pacari	Manabi 65 %	71,00
Sir Hans Sloane	Dark Chocolate 64 %	70,60
El Rey	Mijao 61 %	70,00
Adi Chocolate Fiji	60 % Cocoa	69,60
Antica Dolceria Bonajuto	Fruttosio 65 %	69,50
El Rey	Bucare 58.5 %	69,00
Pacari	Esmeraldas 60 %	69,00
Maglio Arte Dolciaria	Tingo Maria 65 % (Peru)	68,00
Dagoba Organic Chocolate	59 % Dark Chocolate	66,10
Café-Tasse	Chocolat Bio 58 %	65,80
Malie Kai	Dark Chocolate 55 %	65,00
Schönenberger	Grand Cru Maracaibo 65 %	64,50
Vao Vao	64 % Dark Chocolate	63,50
Haigh's	Premium Dark Chocolate 51 %	63,40
Jeff de Bruges	Origine Pérou 65 % Noir	62,00
Charlemagne	Bitter Sugar Less 56 %	61,00
T'a Sentimento Italiano	66 % Grand Cru Provenienza Messico	61,00
Mademoiselle de Margaux	Sarments du Médoc Chocolat Noir 68 %	60,00
Willie's Delectable Cacao	Indonesian 69 %	60,00
Hacienda El Castillo	Dark Chocolate 55 %	59,60
CioMod	cioccolato nero puro 65 %	57,50
Silvio Bessone	Maya Belize Bar 67 % Dark Chocolate	57,00
Blanxart	Chocolate Nero 65 %	52,00
Café-Tasse	Noir 60 %	50,00
Guido Gobino	Extra Bitter-Blend 63 %	50,00
Noi Sirius	Bitter-sweet 56 % Dark Chocolate	44,50
Hoja Verde	58 % Dark Chocolate	43,00
Noi Sirius	Semi-sweet 45 % Dark Chocolate	42,00
Shaman Organic Chocolates	Organic Dark Chocolate 60 %	40,00
Alteza	Alteza Dark Chocolate 60 %	37,00
Marc Antoine	Cacao 67 % (Elfenbeinküste, Ghana, Nigeria)	35,50
Marc Antoine	Cacao 52 % (Ecuador)	33,00
Amatller	50 % Dark Chocolate	30,00
Simón Coll	50 % Dark Chocolate	30,00
Kraš	1911 60 %	29,00
Mecsa Osha	Peruvian Jungle Chocolate 55 %	26,00
Rancho San Jacinto	55 % Dark Chocolate	18,00
Rancho San Jacinto	65 % Dark Chocolate	18,00

Dunkle Schokoladen mit einem Kakaoanteil von 70 bis 79 %:

Domori	Chuao 70 %	97,60
Soma	Chuao 70 %	96,65
Idilio	12imo Finca Torres 72 %	96,40
Domori	Porcelana 70 %	96,20
Mast Brothers	Sambirano Valley 72 % Dark Chocolate	95,95
Idilio	2ndo selección amiari merideña 72 %	95,90
Zotter	Labooko Peru 70 % 16 h conchiert	95,40
Patric Chocolate	Rio Caribe 70 % Dark Chocolate	95,30
Zotter	Labooko Peru 70 % 20 h conchiert	95,15
Domori	Canoabo 70 %	95,05
Soma	Madagascar 70 %	94,60
Red Star „Duffy's"	Honduras Indio Rojo 72 %	94,50
Askinosie	Cortés, Honduras 70 % Dark Chocolate	94,45
Soma	Three Amigos 70 %	94,40
Domori	Rio Caribe 70 %	94,25
Malmö Chokladfabrik	Chuao 70 %	93,80
Idilio	1ero porcelana criollo puro 74 %	93,60
Dandelion Chocolate	Sambirano, Madagascar 70 %	93,40
Original Beans	Piura 75 %	93,30
François Pralus	Brut de Sao Tomé éclats de fèves de cacao 75 %	93,20
Bonnat	Cacao real del Xoconuzco 75 %	93,00
Rogue Chocolatier	Sambirano 70 % Dark Chocolate	92,60
Amedei	Porcelana 70 %	92,20
Bonnat	Piura Blanco „Perou" 75 %	92,10
Friis-Holm	Chuno - Nicaragua 70 %	91,95
Domori	Puertomar 70 %	91,50
Olive & Sinclair	75 % Dark Chocolate	91,50
François Pralus	Chuao 75 %	91,20
Domori	Arriba 70 %	90,50
Domori	Teyuna 70 %	90,50
Pierre Marcolini	Oriente – Terruño de Baracoa – Cuba 78 % (Trinitario)	90,50
Domori	Puertofino 70 %	90,45
Bernachon	Super Amer 75 %	90,25
El Ceibo	Heritage Beans 75 % Limited Edition	90,20
Original Beans	Beni Wild Harvest (Bolivia) 66 %	90,10
Patric Chocolate	Madagascar 75 % Dark Chocolate	90,10
Zotter	Labooko Bolivien 70 %	90,10
Åkesson's	Madagascar Ambolikapiky Plantation 75 % Criollo	90,00
Amano	Ocumare 70 % Dark Chocolate	90,00
Domori	Sambirano 70 %	90,00
Leone Pastiglie	Cioccolato Grezzo Alla Pietra 70 %	89,25
Domori	Sur del Lago 70 %	89,05
Malmö Chokladfabrik	Fairtrade Chocolate 70 %	89,00
Domori	Il Blend 70 %	88,70
Friis-Holm	Nicaliso – Nicaragua 70 %	88,65
Rózsavölgyi Csokoláde	Venezuela Carenero 73 %	88,60
Friis-Holm	Johe – Nicaragua 70 %	88,10
Domori	Apurimac 70 %	88,00
Amano	Chuao 70 % Dark Chocolat signature collection	87,00
Malmö Chokladfabrik	Master Blend 70 %	86,50
Rózsavölgyi Csokoláde	Venezuela Ocumare 73 %	86,50
Confiserie Coppeneur	République de Madagascar 70 %	86,00
Dandelion Chocolate	Ocumore, Venezuela 70 %	86,00
François Pralus	Indonésie 75 %	86,00

Bonnat	Chuao Village 75 %	85,90
Potomac Chocolate	Upala 70 %	85,80
Amedei	Chuao 70 %	85,70
Bonnat	Marfil de Blanco „Variété Porcelana" 75 %	85,60
Amedei	Cru Madagascar 70 %	85,60
Pierre Marcolini	Équateur Hacienda Puerto Romero 72 %	85,50
Tcho	Dark Chocolate „Chocolatey" 70 % Cacao Ghana	85,50
Vestri	Vista Alegre Cioccolato fondente cacao 71 %	85,00
Idilio	3ero selección cata ocumare 72 %	84,90
Idilio	3ero selección cata ocumare pure & green 72 % pure	84,90
Bonnat	Cacao Cusco „Perou" 75 %	84,80
Laurent Gerbaud	Chocolat noire 75 %	84,80
Idilio	selección cata ocumare pure & green 72 % Schachtel	84,80
Antica Dolceria Bonajuto	70 %	84,70
Idilio	11imo selección cata ocumare pure & green 72 % green	84,70
El Rey	Rio Caribe Macuro 70 %	84,50
Lillie Belle Farms	The Other One 74 %	84,50
Red Star „Duffy's"	Corazon del Ecuador 72 % Dark Chocolate	84,50
Tobago Cocoa Estate	70 % Dark Chocolate Single Estate	84,40
Silvio Bessone	Calceta „Quinche" Ecuador 70 % Dark Chocolate	84,40
Bonnat	Porcelana 75 %	84,10
Grenada Chocolate Company	Organic Dark Chocolate 71 %	84,10
Pacari	Los Rios 72 %	84,00
Santander Chocolate	Dark Chocolate 70 %	83,90
Askinosie	Tenende, Tanzania, 72 % Dark Chocolate	83,50
Chocolate San José	Ocumare 61 70 %	83,50
Valrhona	Guanaja 70 %	83,50
Bonnat	Chuao 75 %	83,40
Amedei	„9" 75 %	83,15
Red Star „Duffy's"	Nicaragua Nicaliso 71 %	83,00
República del Cacao	Los Rios 75 % Dark Chocolate	83,00
Rogue Chocolatier	Rio Caribe 70 % Dark Chocolate	82,50
Red Star „Duffy's"	Panama Tierra Oscura 72 %	82,20
Vanini	75 % Cacao Dominicana	82,10
Chocovic	Tarakan 75 %	82,00
El Rey	Apamate 73.5 %	82,00
Pacari	Raw 70 %	82,00
Vivani	Edelbitter 70 %	82,00
Askinosie	Davao, Philippines 77 % Dark Chocolate	81,90
Idilio	5nto cooperativa amazonas 72 %	81,80
Bojesen	Oialla 70 %	81,75
Bonnat	Hacienda El Rosario (Venezuela) 75 %	81,70
Mast Brothers	Dominican Republic 70 % Dark Chocolate	81,60
Morin	Mexique Xoconuzco 70 %	81,50
Cacao Sampaka	La Joya Tabasco, México 70 %	81,50
Vestri	Venezuela 70 %	81,50
Idilio	4rto carenero urrutia superior 70 %	81,40
Red Star „Duffy's"	Star of Peru 70 % Dark Chocolate	81,40
Bonnat	Apotequil 75 %	81,30
Bonnat	Madagascar 75 %	81,10
Vanini	70 % Cacao Madagascar	81,10
Bonnat	Haiti 75 %	80,70
Bonnat	Puerto Cabello 75 %	80,70
E. Guittard	Quetzalcoatl 72 % Dark Chocolate	80,70
Pierre Hermé	Porcelana 70 %	80,60
Åkesson's	Brasil Fazenda Monte Alegre 75 % Forastero	80,50
Amma	75 % Dark Chocolate	80,50
Chocovic	Ocumare 71 %	80,50

Morin	Papouasie Nouvelle Guinee 70 %	80,50
Red Star „Duffy's"	Star of Panama 70 %	80,50
Bojesen Chocolate	Bolivia 70 %	80,30
Bonnat	Cuba 75 %	80,30
Vintage Plantations	75 % Dark	80,10
Kallari	75 % Dark Chocolate	80,00
Rogue Chocolatier	Hispaniola 70 % Dark Chocolate	80,00
Cacao Sampaka	Xoconusco Chiapas, México 70 %	80,00
Scharffen Berger	Bittersweet 70 % Dark Chocolate	79,90
Chocolate San José	Carenero 70 %	79,60
Zokoko	Tranquilidad 72 % Cacao	79,50
El Ceibo	Fine Dark Chocolate 75 % Cocoa Beans	79,20
Red Star „Duffy's"	Star of Ecuador 70 % Dark Chocolate	79,20
Åkesson's	Bali Sukrama Farms 75 % Dark Chocolate	79,00
François Pralus	Trinidad 75 %	79,00
Vestri	Madagascar 70 %	79,00
Blanxart	Chocolate Ecologico Negro 72 %	78,90
Bonnat	Trinité 75 %	78,80
Willie's Delectable Cacao	Peruvian San Martin 70 %	78,70
Chocovic	Guaranda 71 %	78,50
Original Beans	Cru Virunga 70 %	78,40
Amedei	Toscano Black 70 %	78,30
Vestri	Gran Cru Dose	78,13
República del Cacao	Manabi 75 % Dark Chocolate	78,00
Bonnat	Cote d'Ivoire 75 %	77,80
Artisan du Chocolat	Vietnam Dark 72 %	77,50
François Pralus	Colombie 75 %	77,50
Taza Chocolate	70 % Dark Chocolate	77,20
Bouga Cacao	Hacienda Bosque de Oro 77 %	77,10
Björnsted	Feine Bitter 71 %	76,80
François Pralus	Venezuela 75 %	76,50
Kallari	70 % Dark Chocolate	76,50
Vestri	Rustico 70 %	76,50
Willie's Delectable Cacao	Madagascan 71 %	76,50
Chocolate San José	Canoabo 70 %	76,40
El Rey	Gran Saman 70 %	76,00
Bonnat	Equateur 75 %	75,80
Amatller	70 % Cacao Ghana	75,50
Kaoka	70 % Kakao	75,50
Mast Brothers	Ocumare de la Costa 75 % Dark Chocolate	75,50
Vestri	Caraibi 70 %	75,50
Bouga Cacao	La Rústica Finca 70 %	75,40
Cacaoyere	Esmeraldas – Cumba 71 %	75,10
Meybona	Ecuador 72 %	74,90
Willie's Delectable Cacao	Venezuelan 72 %, Hacienda Las Trincheras	74,80
François Pralus	République Dominicaine 75 %	74,50
Hachez	Cocoa d'Arriba Classic 77 % Cacao	74,50
Amatller	70 % Cacao Ecuador	74,00
Dandelion Chocolate	Colombia 70 %	74,00
François Pralus	Madagascar 75 %	74,00
Haigh's	Dark Chocolate with 70 % Cocoa	74,00
Schokovida	Alsterblick (Edelbitterschokolade 75 % pur)	74,00
Menakao	Madagascar 72 %	73,50
Rio Napo	73 % Cacao Dark Chocolate	73,50
Adi Chocolate Fiji	Ami-Ami-Ca 72 % Semi-Sweet	73,30
François Pralus	Tanzanie 75 %	72,50
Confiserie Coppeneur	Republic of Ghana 72 %	72,00
Dagoba Organic Chocolate	new moon 74 % Dark Chocolate	72,20

Rausch	El Cuador 70 %	72,00
Amano	Madagascar 70 % Dark Chocolate	71,80
François Pralus	Ghana 75 %	71,50
François Pralus	Papouasie 75 %	71,50
Guido Gobino	Extra Bitter-Blend 75 %	71,50
Madécasse	70 % Dark Chocolate	71,50
Rausch	Tobago 75 %	71,10
Hachez	Wild Cocoa de Amazonas 70 % Bitter-Chocolade	71,00
Maglio Arte Dolciaria	Cuba 70 %	70,50
Madécasse	75 % Dark Chocolate	70,00
Amano	Montanya 70 % Dark Chocolate	69,60
Maglio Arte Dolciaria	Equador 70 %	69,50
Vosges	Dominican Dark 74 % Dark Chocolate	69,10
Bonnat	Ceylan 75 %	69,00
Chocolat Stella (Bernrain)	India 72 %	69,00
Mulu	Dark Chocolate 67 %	68,50
Charlemagne	Plain Bio Organic Chocolate 72 %	68,00
GEPA	Grand Noir Zartbitter 70 %	68,00
Lindt & Sprüngli	Excellence 70 % Cacao Edelbitter Intensiv	68,00
Cacao Sampaka	Madagascar 71 %	68,00
Vao Vao	70 % Dark Chocolate	68,00
Divine Chocolate	70 % Dark Chocolate	67,00
François Pralus	Equateur 75 %	67,00
Morin	Cote d'Ivoire 70 %	66,90
Confiserie Storath	Edelbitter-Schokolade 72 %	66,30
Mazet Chocolatier	Noir Madagascar 70 %	66,00
Chocolat Stella (Bernrain)	Noir 75 % Dark Chocolate	65,50
Dagoba Organic Chocolate	73 % conacado Dark Chocolate	65,50
Endangered Species	72 % Dark Chocolate	65,50
Leysieffer	Jahrgangsschokolade Sao Thomé 2009 70 %	65,50
François Pralus	Cuba 75 %	65,00
Endangered Species	70 % Dark Chocolate	64,50
Morin	Ouganda 70 %	64,50
Vao Vao	72 % Dark Chocolate	64,50
Venchi	Blend No. 5 75 %	64,50
Vao Vao	76 % Dark Chocolate	64,00
Montezuma's	73 % very Dark Chocolate	63,00
Pure Dark	Slab 70 % Dark Chocolate	62,50
Artisan du Chocolat	Jamaica Dark Bean to Bar 72 %	62,50
François Pralus	Sao Tome 75 %	62,00
Slitti	GranCacao 73 %	62,00
Hacienda El Castillo	Dark Chocolate 70 %	61,00
Prestat	Dark 71 %	58,50
New Tree	Noir Cacao „Pleasure" 73 % D, Box 27 Napolitaines	58,50
Ghirardelli	Twilight Delight 72 %	57,50
Baratti e Milano	Grandi Cru Del Cacao Ecuador 75 %	57,00
Choklat	Brazilian 70 %	56,50
Fine & Raw	78 % Dark Chocolate Ecuador	56,50
Monbana	70 % pur	56,00
Green & Black's	70 % Dark Chocolate	55,00
Guido Gobino	Extra Bitter-Blend 70 %	55,00
Theobroma Chocolat	72 % Dark Chocolate	55,00
Summerbird	Dunkle Schokolade	53,00
Chocolove	70 % Dark Chocolate	53,00
Dolfin	Noir 70 %	52,50
Chocovic	Maragda 70 %	51,50
Prestat	Choxi+ 70 % Dark Chocolate	51,50
Café-Tasse	Extra Noir 77 %	50,00

Gran Inka	75 % Dark Chocolate	49,00
Venchi	Puro Cioccolato Extra Fondente 75 %	43,00
Choklat	Chuao 70 %	42,00
Jacques Torres	Bean to Bar 70 %	40,00
Hoja Verde	72 % Dark Chocolate	37,00
Amatller	70 % Dark Chocolate	35,00
Simón Coll	70 % Dark Chocolate	35,00
Marc Antoine	Cacao 72 % (Papua Neuguinea)	30,50
Rancho San Jacinto	75 % Dark Chocolate	18,00

Dunkle Schokoladen mit einem Kakaoanteil von 80 bis 89 %:

Zotter	Labooko Nicaragua 80 %	94,30
Zotter	Labooko Peru 80 % (Piura)	91,90
Malmö Chokladfabrik	Peru 85 %	91,50
Claudio Corallo	Chocolate sablé 80 %	91,00
Enric Rovira	Chocolate negro 80 % cacao Claudio Corallo	90,75
Pierre Marcolini	Alto Piura – Plantation Las Palmas – Pérou 85 % (Criollo Blanco)	90,70
Scharffen Berger	Extra Dark 82 % Dark Chocolate	89,55
Pierre Marcolini	Fleur de Cacao (Venezuela & Ghana) 85 %	89,50
Emily's Chocolate	Venezuelan Mantuano 80 %	86,10
Potomac Chocolate	Upala 82 %	83,90
Antica Dolceria Bonajuto	80 %	83,20
Hussel	Jara 82 %	82,50
Vivani	Edelbitter 85 %	81,50
Theo Chocolate	Ghana 84 %	81,00
François Pralus	Fortissima 80 %	77,50
Valrhona	Abinao 85 %	76,60
Taza Chocolate	80 % Dark Chocolate	76,50
Lauenstein Confiserie	85 % Cacao	75,60
Amma	85 % Dark Chocolate	75,50
Adi Chocolate Fiji	Toto-A 80 % Bitter Sweet	74,40
Kallari	85 % Dark Chocolate	73,00
Omanhene	Dark Chocolate 80 %	72,00
Endangered Species	88 % Dark Chocolate	71,80
Menakao	Madagascar 80 %	71,10
Antidote	Gaia 84 % Dark Chocolate	71,00
Cacaoyere	Bolivar – Las Naves 82 %	70,80
Madécasse	80 % Dark Chocolate	69,50
Dagoba Organic Chocolate	Eclipse 87 % Dark Chocolate	69,40
Blanxart	Congo 82 %	69,00
Carl Lambert	Deep Dark Herb 85 % Pur	69,00
Silvio Bessone	Sinfonia No. 80 80 % Dark Chocolate	68,00
Grenada Chocolate Company	Organic Dark Chocolate 82 %	67,00
Michel Cluizel	Grand Noir 85 %	66,50
T'a Sentimento Italiano	80 % Grand Cru Provenienza Tanzania	64,50
Rausch	Tembadoro 80 %	63,00
Hoja Verde	80 % Dark Chocolate	61,80
Prestat	Dark 80 %	61,00
Slitti	GranCacao 82 %	58,50
Kraš	1911 88 %	58,00
Bachhalm	Madagaskar 86 %	57,50
Dolfin	Noir 88 %	52,50
Fine & Raw	83 % Dark Chocolate Ecuador	45,50
Ghirardelli	Midnight Reverie 86 %	40,00
Marc Antoine	Cacao 85 % (Ghana)	36,50

Dunkle Schokoladen mit einem Kakaoanteil von über 90 %:

Domori	IL100 %	95,60
Zotter	Labooko Peru 100 %	95,55
Soma	Arcana 100 %	91,60
Pacari	Raw 100 %	82,50
Antica Dolceria Bonajuto	90 %	81,80
Claudio Corallo	100 % Puro Cacau	80,80
Vintage Plantations	90 % Dark	80,60
Theo Chocolate	Costa Rica 91 %	79,00
Vintage Plantations	100 % Dark	77,60
Bernachon	Pâte de Cacao 100 %	75,00
Bouga Cacao	Hacienda Bosque de Oro 100 %	75,00
Cacaoyere	Pichincha - Puerto Quito 91 %	74,10
Silvio Bessone	Sinfonia No. 90 90 % Dark Chocolate	71,50
François Pralus	Le 100 %	64,75
E. Guittard	Nocturne 91 % Dark Chocolate	62,65
Menakao	Madagascar 100 %	62,00
Michel Cluizel	Noir Infini 99 %	61,00
Slitti	GranCacao 100 %	54,00
Hoja Verde	100 % Dark Chocolate	50,00

Dunkle Schokoladen aus Südamerika:

Domori	Chuao 70 %	97,60
Soma	Chuao 70 %	96,65
Idilio	12imo Finca Torres 72 %	96,40
Domori	Porcelana 70 %	96,20
Idilio	2ndo selección amiari merideña 72 %	95,90
Zotter	Labooko Peru 100 %	95,55
Zotter	Labooko Peru 70 % 16 h conchiert	95,40
Patric Chocolate	Rio Caribe 70 % Dark Chocolate	95,30
Zotter	Labooko Peru 70 % 20 h conchiert	95,15
Domori	Puertomar 70 %	95,05
Red Star „Duffy's"	Honduras Indio Rojo 72 %	94,50
Askinosie	Cortés, Honduras 70 % Dark Chocolate	94,45
Zotter	Labooko Nicaragua 80 %	94,30
Domori	Rio Caribe 70 %	94,25
Malmö Chokladfabrik	Chuao 70 %	93,80
Idilio	1ero porcelana criollo puro 74 %	93,60
Original Beans	Piura 75 %	93,30
Bonnat	Cacao real del Xoconuzco 75 %	93,00
100%ChocolateCafe	12-Chuao 62 %	92,95
Amedei	Porcelana 70 %	92,20
Bonnat	Piura Blanco „Perou" 75 %	92,10
Friis-Holm	Chuno - Nicaragua70 %	91,95
Zotter	Labooko Peru 80 % (Piura)	91,90
Domori	Canoabo 70 %	91,50
Malmö Chokladfabrik	Peru 85 %	91,50
Olive & Sinclair	75 % Dark Chocolate	91,50
François Pralus	Chuao 75 %	91,20
Pierre Marcolini	Alto Piura – Plantation Las Palmas – Pérou 85 % (Criollo Blanco)	90,70
Domori	Arriba 70 %	90,50
Domori	Teyuna 70 %	90,50
Domori	Puertofino 70 %	90,45
El Ceibo	Heritage Beans 75 % Limited Edition	90,20
Zokoko	Alto Beni 68 % Cacao	90,20

100%ChocolateCafe	09-Colombia 62 %	90,15
Original Beans	Beni Wild Harvest (Bolivia) 66 %	90,10
Zotter	Labooko Bolivien 70 %	90,10
Amano	Ocumare 70 % Dark Chocolate	90,00
Domori	Sambirano 70 %	90,00
E. Guittard	Chucuri Bittersweet 65 % Dark Chocolate	89,30
Domori	Sur del Lago 70 %	89,05
Friis-Holm	Nicaliso - Nicaragua 70 %	88,65
Rózsavölgyi Csokoládé	Venezuela Carenero 73 %	88,60
Friis-Holm	Johe – Nicaragua 70 %	88,10
Santander Chocolate	Dark Chocolate 65 %	88,10
Domori	Apurimac 70 %	88,00
Amano	Chuao 70 % Dark Chocolat signature collection	87,00
Rózsavölgyi Csokoládé	Venezuela Ocumare 73 %	86,50
Emily's Chocolate	Venezuelan Mantuano 80 %	86,10
Dandelion Chocolate	Ocumare,Venezuela 70 %	86,00
Tcho	Dark Chocolate „Fruity 2.0" 68 % Peru	86,00
Bonnat	Chuao Village 75 %	85,90
Michel Cluizel	Concepcion 66 %	85,80
Potomac Chocolate	Upala 70 %	85,80
Amedei	Chuao 70 %	85,70
Bonnat	Marfil de Blanco „Variété Porcelana" 75 %	85,60
Pierre Marcolini	Équateur Hacienda Puerto Romero 72 %	85,50
Idilio	3ero selección cata ocumare 72 %	84,90
Idilio	3ero selección cata ocumare pure & green 72 % pure	84,90
Bonnat	Cacao Cusco „Perou" 75 %	84,80
Idilio	Selección cata ocumare pure & green 72 % Schachtel	84,80
Idilio	11imo selección cata ocumare pure & green 72 % green	84,70
Christophe Morel Chocolatier	Pure Nacional Pérou Millesime 2010 68 %	84,60
E. Guittard	Quevedo Bittersweet 65 % Dark Chocolate	84,50
El Rey	Rio Caribe Macuro 70 %	84,50
Lillie Belle Farms	The Other One 74 %	84,50
Red Star „Duffy's"	Corazon del Ecuador 72 % Dark Chocolate	84,50
Silvio Bessone	Calceta „Quinche" Ecuador 70 % Dark Chocolate	84,40
Bonnat	Porcelana 75 %	84,10
Pacari	Los Rios 72 %	84,00
Potomac Chocolate	Upala 82 %	83,90
Santander Chocolate	Dark Chocolate 70 %	83,90
Chocolate San José	Ocumare 61 70 %	83,50
Bonnat	Chuao 75 %	83,40
A Xoco by Anthon Berg	Ocumare 67 % – Venezuela	83,00
Melt	Wild 68 % Bolivia	83,00
Red Star „Duffy's"	Nicaragua Nicaliso 71 %	83,00
República del Cacao	Los Rios 75 % Dark Chocolate	83,00
Hussel	Jara 82 %	82,50
Pacari	Raw 100 %	82,50
Rogue Chocolatier	Rio Caribe 70 % Dark Chocolate	82,50
Silvio Bessone	Vittoria Brasile 60 % Dark Chocolate	82,50
100%ChocolateCafe	13-Ocumare 62 %	82,40
Red Star „Duffy's"	Panama Tierra Oscura 72 %	82,20
El Rey	Apamate 73.5 %	82,00
Pacari	Raw 70 %	82,00
Askinosie	Davao, Philippines 77 % Dark Chocolate	81,90
Idilio	5nto cooperativa amazonas 72 %	81,80
Bojesen	Oialla 70 %	81,75
Bonnat	Hacienda El Rosario (Venezuela) 75 %	81,70
Morin	Mexique Xoconuzco 70 %	81,50
Cacao Sampaka	La Joya Tabasco, México 70 %	81,50

Santander Chocolate	Dark Chocolate 53 %	81,50
Vestri	Venezuela 70 %	81,50
Idilio	4rto carenero urrutia superior 70 %	81,40
Red Star „Duffy's"	Star of Peru 70 % Dark Chocolate	81,40
Valrhona	Palmira 64 % Récolte 2010	81,30
Bonnat	Apotequil 75 %	81,30
El Rey	Rio Caribe Cariaco 60.5 %	81,00
Valrhona	Alpaco 66 %	80,80
Bonnat	Puerto Cabello 75 %	80,70
Pierre Hermé	Porcelana 70 %	80,60
Vintage Plantations	90 % Dark	80,60
Åkesson's	Brasil Fazenda Monte Alegre 75 % Forastero	80,50
Amma	75 % Dark Chocolate	80,50
Chocovic	Ocumare 71 %	80,50
Red Star „Duffy's"	Star of Panama 70 %	80,50
Bojesen Chocolate	Bolivia 70 %	80,30
Vintage Plantations	75 % Dark	80,10
Kallari	75 % Dark Chocolate	80,00
Cacao Sampaka	Xoconusco Chiapas, México 70 %	80,00
Chocolate San José	Carenero 70 %	79,60
Zokoko	Tranquilidad 72 % Cacao	79,50
El Ceibo	Fine Dark Chocolate 75 % Cocoa Beans	79,20
Red Star „Duffy's"	Star of Ecuador 70 % Dark Chocolate	79,20
Theo Chocolate	Costa Rica 91 %	79,00
Willie's Delectable Cacao	Peruvian San Martin 70 %	78,70
Chocovic	Guaranda 71 %	78,50
E. Guittard	Sur Del Lago Bittersweet 65 % Dark Chocolate	78,50
Tcho	Dark Chocolate „Nutty 2.0" 65 % Cacao Ecuador	78,50
República del Cacao	Manabi 75 % Dark Chocolate	78,00
Vintage Plantations	100 % Dark	77,60
François Pralus	Colombie 75 %	77,50
L00auenstein	Criollo Rio Caribe	77,50
Bouga Cacao	Hacienda Bosque de Oro 77 %	77,10
Amma	60 % Dark Chocolate	76,50
François Pralus	Venezuela 75 %	76,50
Kallari	70 % Dark Chocolate	76,50
Chocolate San José	Canoabo 70 %	76,40
El Rey	Gran Saman 70 %	76,00
República del Cacao	El Oro 67 % Dark Chocolate	76,00
Bonnat	Equateur 75 %	75,80
Amma	85 % Dark Chocolate	75,50
Mast Brothers	Ocumare de la Costa 75 % Dark Chocolate	75,50
Bouga Cacao	La Rústica Finca 70 %	75,40
Cacaoyere	Esmeraldas – Cumba 71 %	75,10
Confiserie Coppeneur	République del Equador 65 %	75,00
Bouga Cacao	Hacienda Bosque de Oro 100 %	75,00
Meybona	Ecuador 72 %	74,90
Willie's Delectablc Cacao	Venezuelan 72 %, Hacienda Las Trincheras	74,80
Cacaoyere	Pichincha – Puerto Quito 91 %	74,10
Amatller	70 % Cacao Ecuador	74,00
Dandelion Chocolate	Colombia 70 %	74,00
Rio Napo	73 % Cacao Dark Chocolate	73,50
Kallari	85 % Dark Chocolate	73,00
Cacaoyere	Amazonia – El Eno 63 %	72,60
Rausch	El Cuador 70 %	72,00
Rausch	Amacado 60 %	71,30
Antidote	Gaia 84 % Dark Chocolate	71,00

Hachez	Wild Cocoa de Amazonas 70 % Bitter-Chocolade	71,00
Pacari	Manabi 65 %	71,00
Cacaoyere	Bolivar – Las Naves 82 %	70,80
El Rey	Mijao 61 %	70,00
Amano	Montanya 70 % Dark Chocolate	69,60
Maglio Arte Dolciaria	Equador 70 %	69,50
El Rey	Bucare 58.5 %	69,00
Pacari	Esmeraldas 60 %	69,00
Maglio Arte Dolciaria	Tingo Maria 65 % (Peru)	68,00
François Pralus	Equateur 75 %	67,00
Malie Kai	Dark Chocolate 55 %	65,00
Schönenberger	Grand Cru Maracaibo 65 %	64,50
Jeff de Bruges	Origine Pérou 65 % Noir	62,00
Hoja Verde	80 % Dark Chocolate	61,80
Hacienda El Castillo	Dark Chocolate 70 %	61,00
T'a Sentimento Italiano	66 % Grand Cru Provenienza Messico	61,00
Hacienda El Castillo	Dark Chocolate 55 %	59,60
Baratti e Milano	Grandi Cru Del Cacao Ecuador 75 %	57,00
Silvio Bessone	Maya Belize Bar 67 % Dark Chocolate	57,00
Choklat	Brazilian 70 %	56,50
Fine & Raw	78 % Dark Chocolate Ecuador	56,50
Hoja Verde	100 % Dark Chocolate	50,00
Gran Inka	75 % Dark Chocolate	49,00
Fine & Raw	83 % Dark Chocolate Ecuador	45,50
Hoja Verde	58 % Dark Chocolate	43,00
Choklat	Chuao 70 %	42,00
Alteza	Alteza Dark Chocolate 60 %	37,00
Hoja Verde	72 % Dark Chocolate	37,00
Marc Antoine	Cacao 52 % (Ecuador)	33,00
Mecsa Osha	Peruvian Jungle Chocolate 55 %	26,00
Rancho San Jacinto	55 % Dark Chocolate	18,00
Rancho San Jacinto	75 % Dark Chocolate	18,00
Rancho San Jacinto	65 % Dark Chocolate	18,00

Dunkle Schokoladen aus Afrika:

Mast Brothers	Sambirano Valley 72 % Dark Chocolate	95,95
Valrhona	Ampamakia 64 % Récolte 2010	94,70
Dandelion Chocolate	Sambirano, Madagascar 70 %	93,40
François Pralus	Brut de Sao Tomé éclats de fèves de cacao 75 %	93,20
Michel Cluizel	Vila Gracinda 67 %	93,00
Rogue Chocolatier	Sambirano 70 % Dark Chocolate	92,60
100%ChocolateCafe	03-Madagaskar 62 %	92,25
Michel Cluizel	Mangaro 65 %	92,00
Claudio Corallo	Chocolate sablé 80 %	91,00
Enric Rovira	Chocolate negro 80 % cacao Claudio Corallo	90,75
A Xoco by Anthon Berg	Superior Fermentation 64 % – Ghana	90,50
E. Guittard	Ambanja Bittersweet 65 % Dark Chocolate	90,50
Patric Chocolate	Madagascar 75 % Dark Chocolate	90,10
Åkesson's	Madagascar Ambolikapiky Plantation 75 % Criollo	90,00
Patric Chocolate	Madagascar 67 % Dark Chocolate	89,05
Olive & Sinclair	67 % Dark Chocolate	88,00
Confiserie Coppeneur	République de Madagascar 70 %	86,00
Amedei	Cru Madagascar 70 %	85,60
100%ChocolateCafe	02-Ghana 62 %	85,50
Tcho	Dark Chocolate „Chocolatey" 70 % Cacao Ghana	85,50

Valrhona	Manjari 64 %	84,60
Silvio Bessone	Trintade Sao Tomè 65 % Dark Chocolate	83,70
Askinosie	Tenende, Tanzania, 72 % Dark Chocolate	83,50
Bonnat	Madagascar 75 %	81,10
Vanini	70 % Cacao Madagascar	81,10
Theo Chocolate	Ghana 84 %	81,00
Claudio Corallo	100 % Puro Cacau	80,80
Vestri	Madagascar 70 %	79,00
Silvio Bessone	Sambirano Madagascar 64 % Dark Chocolate	78,80
Original Beans	Cru Virunga 70 %	78,40
Bonnat	Cote d'Ivoire 75 %	77,80
Madécasse	smooth 67 % Dark Chocolate	77,50
Tcho	Dark Chocolate „Citrus" 67 % Cacao Madagascar	77,50
Willie's Delectable Cacao	Madagascan 71 %	76,50
Silvio Bessone	Ghana 56 % Dark Chocolate	75,90
Amatller	70 % Cacao Ghana	75,50
François Pralus	Madagascar 75 %	74,00
Menakao	Madagascar 72 %	73,50
François Pralus	Tanzanie 75 %	72,50
Madécasse	63 % Dark Chocolate	72,00
Omanhene	Dark Chocolate 80 %	72,00
Amano	Madagascar 70 % Dark Chocolate	71,80
François Pralus	Ghana 75 %	71,50
Confiserie Coppeneur	Republic of Ghana	72,00
Madécasse	70 % Dark Chocolate	71,50
Menakao	Madagascar 80 %	71,10
Madécasse	75 % Dark Chocolate	70,00
Madécasse	80 % Dark Chocolate	69,50
Blanxart	Congo 82 %	69,00
Cacao Sampaka	Madagascar 71 %	68,00
Vao Vao	70 % Dark Chocolate	68,00
Morin	Cote d'Ivoire 70 %	66,90
Mazet Chocolatier	Noir Madagascar 70 %	66,00
Leysieffer	Jahrgangsschokolade Sao Thomé 2009 70 %	65,50
Morin	Ouganda 70 %	64,50
T'a Sentimento Italiano	80 % Grand Cru Provenienza Tanzania	64,50
Vao Vao	72 % Dark Chocolate	64,50
Vao Vao	76 % Dark Chocolate	64,00
Vao Vao	64 % Dark Chocolate	63,50
François Pralus	Sao Tome 75 %	62,00
Menakao	Madagascar 100 %	62,00
Bachhalm	Madagaskar 86 %	57,50
Marc Antoine	Cacao 85 % (Ghana)	36,50
Marc Antoine	Cacao 67 % (Elfenbeinküste, Ghana, Nigeria)	35,50

Dunkle Schokoladen aus Asien und Ozeanien:

Michel Cluizel	Maralumi 64 %	88,70
François Pralus	Indonésie 75 %	86,00
100%ChocolateCafe	21-Java 62 %	83,40
Zokoko	New Queensland 68 % Cacao	81,70
Morin	Papouasie Nouvelle Guinee 70 %	80,50
Åkesson's	Bali Sukrama Farms 75 % Dark Chocolate	79,00
Artisan du Chocolat	Vietnam Dark 72 %	77,50
Adi Chocolate Fiji	Toto-A 80 % Bitter Sweet	74,40
Zokoko	Tokiala 66 % Cacao	73,50

Adi Chocolate Fiji	Ami-Ami-Ca 72 % Semi-Sweet	73,30
François Pralus	Papouasie 75 %	71,50
Adi Chocolate Fiji	60 % Cocoa	69,60
Bonnat	Ceylan 75 %	69,00
Chocolat Stella (Bernrain)	India 72 %	69,00
Willie's Delectable Cacao	Indonesian 69 %	60,00
Marc Antoine	Cacao 72 % (Papua Neuguinea)	30,50

Dunkle Schokoladen aus der Karibik:

Meybona	Jamaika 60 %	93,90
Michel Cluizel	Los Anconès 67 %	93,25
Pierre Marcolini	Oriente – Terruño de Baracoa – Cuba 78 % (Trinitario)	90,50
Hotel Chocolat	65 % Dark 120 h Conch Island Growers Saint Lucia	85,90
Vestri	Vista Alegre Cioccolato fondente cacao 71 %	85,00
A Xoco by Anthon Berg	Original Trinitario 68 % – Trinidad	84,50
Tobago Cocoa Estate	70 % Dark Chocolate Single Estate	84,40
Grenada Chocolate Company	Organic Dark Chocolate 71 %	84,10
Valrhona	Gran Couva 64 % Récolte 2010	84,10
Valrhona	Taïnori 64 %	82,20
Vanini	75 % Cacao Dominicana	82,10
Hotel Chocolat	65 % Dark 96 h Conch Island Growers Saint Lucia	82,00
Mast Brothers	Dominican Republic 70 % Dark Chocolate	81,60
100%ChocolateCafe	20-Dominican Republic 62 %	80,90
Bonnat	Haiti 75 %	80,70
Bonnat	Cuba 75 %	80,30
Red Star „Duffy's"	Star of Dominican Republic 65 %	80,00
Rogue Chocolatier	Hispaniola 70 % Dark Chocolate	80,00
François Pralus	Trinidad 75 %	79,00
Bonnat	Trinité 75 %	78,80
Vestri	Aliseo Blend Cioccolato fondente cacao 63 %	78,50
Hotel Chocolat	65 % Dark 120 h Conch Rabot Estate Saint Lucia	77,50
Taza Chocolate	70 % Dark Chocolate	77,20
Taza Chocolate	80 % Dark Chocolate	76,50
Vestri	Caraibi 70 %	75,50
François Pralus	République Dominicaine 75 %	74,50
Taza Chocolate	60 % Dark Chocolate	73,00
Rausch	Tobago 75 %	71,10
Maglio Arte Dolciaria	Cuba 70 %	70,50
Vosges	Dominican Dark 74 % Dark Chocolate	69,10
Grenada Chocolate Company	Organic Dark Chocolate 82 %	67,00
Dagoba Organic Chocolate	73 % conacado Dark Chocolate	65,50
François Pralus	Cuba 75 %	65,00
Rausch	Tembadoro 80 %	63,00
Artisan du Chocolat	Jamaica Dark Bean to Bar 72 %	62,50
Green & Black's	70 % Dark Chocolate	55,00

Übersicht über die Milchschokoladen

Pure Milchschokoladen bis 50 % Kakaoanteil:

Artisan du Chocolat	Buffalo Milk Chocolate 40 %	95,50
Leone Pastiglie	Pastiglie di Cioccolato 44 %	94,50
100%ChocolateCafe	32-Dominican Republic & Milk	93,00
François Pralus	Melissa 45 %	91,90
100%ChocolateCafe	33-Chuao & Milk	91,80

Amedei	Toscano Brown Latte	91,60
100%ChocolateCafe	29-Sur Del Lago & Milk	90,60
Michel Cluizel	Maralumi Lait 47 %	89,40
Scharffen Berger	Extra Rich Milk 41 % Milk Chocolate	87,10
100%ChocolateCafe	30-Madagascar & Milk	86,90
Original Beans	Esmeraldas Milk mit Fleur de Sel (Ecuador) 42 %	86,50
100%ChocolateCafe	31-Ecuador & Milk	85,00
Vintage Plantations	Whole Milk	84,70
Hussel	La Margarita 42 %	84,60
Bernachon	Nature 20 % Lait	83,50
Santander Chocolate	Milk Chocolate 36 %	83,10
Domori	javagrey 45 %	83,00
El Rey	Caoba 41 %	82,00
Hachez	Wild Cocoa de Amazonas 45 % Vollmilch-Chocolade	82,00
Meybona	Ghana 45 %	81,70
Vanini	49 % Cacao	81,50
El Rey	Rio Caribe Irapa 40.5 %	81,00
Lauenstein Confiserie	Milch Vanille	80,00
Tiroler Edle	Purissima Vollmilch 48 %	80,00
Vivani	Edel Vollmilch 37 %	79,30
Vanini	39 % Cacao	79,00
Rio Napo	40 % Cacao Milk Chocolate	78,50
Hachez	Wild Cocoa de Amazonas 38 % Vollmilch-Chocolade	77,10
Stainer	Cioccolato al Latte di Cocco	76,50
E. Guittard	Orinoco 38 % Milk Chocolate	76,00
Björnsted	Vollmilch 33 %	75,70
Choco-Lina	Classic	75,50
Madécasse	Milk Chocolate	75,00
Organic Meltdown	33 % Milk Chocolate	75,00
Amano	Ocumare 30 % Milk Chocolate	74,70
Theo Chocolate	Creamy Milk Chocolate 45 %	74,10
Valrhona	Tanariva 33 %	74,00
Menakao	Milch Chocolate 44 % Madagascan Vanilla	73,88
Al Nassma	Whole Milk 31 % Milk Chocolate	73,00
Rausch	Puerto Cabello 43 %	72,90
Vosges	Dominican Lait 45 % Milk Chocolate	72,00
Rausch	Guacimo 47 %	71,90
Amano	Jembrana (Bali) 30 % Milk Chocolate	71,60
Slitti	Latte 35 %	71,50
Haigh's	Premium Milk Chocolate	71,00
Amma	45 % Milk Chocolate	70,90
Red Star „Duffy's"	Corazon del Ecuador 43 % Milk Chocolate	70,50
Zokoko	40 % Cacao	70,50
Rausch	Madanga 39 %	70,00
Sir Hans Sloane	Milk Chocolate 40 %	69,30
Stainer	Cioccolato al Latte d'Alpeggio	68,70
Chocolat Stella (Bernrain)	Lait Surfin Milk Chocolate	68,50
Maglio Arte Dolciaria	Papuasia 36 %	68,00
Stainer	Cioccolato al Latte di Capra	68,00
Chocolaterie Weiss	Lait Entier 37 %	67,00
Endangered Species	43 % Milk Chocolate	66,50
Maglio Arte Dolciaria	Messico 40 %	66,50
Red Star „Duffy's"	Star of Peru 43 % Milk Chocolate	66,50
Blanxart	Congo 42 %	66,00
GEPA	Mascobado Vollmilch 38 %	65,60
Guido Gobino	Latte Finissimo	65,50
Bachhalm	Java Vollmilch 40 % Ernte 2009	65,20

Confiserie Storath	Vollmilchschokolade 41 %	65,00
Rausch	Nouméa 35 %	65,00
Dagoba Organic Chocolate	milk 37 %	64,00
Michel Cluizel	Grand Lait 45 %	63,70
Malie Kai	Milk Chocolate 38 %	63,50
Kaoka	Vollmilch 36 % Kakao	63,00
Omanhene	Dark Milk Chocolate 48 %	62,00
Maglio Arte Dolciaria	Milk 32 %	61,50
Blanxart	Chocolate con Leche 33 %	61,00
Butlers	Milk Chocolate 32 %	60,00
Ghirardelli	Milk Chocolate	59,00
Charlemagne	Milk Sugar Less	58,00
Divine Chocolate	Milk Chocolate 27 %	57,50
Monbana	Lait	57,00
Chocovic	Jade 40 %	56,00
Green & Black's	Milk Chocolate 34 %	56,00
Montezuma's	34 % smooth Milk Chocolate	56,00
Chocovic	Nayarit 37 %	55,00
Prestat	Milk 32 %	54,00
Chocolove	33 % Milk Chocolate	53,00
Dolfin	Lait	51,50
Donovans Chocolates	Milk 35 %	50,40
Blanxart	Chocolate Ecologico Leche 32 %	50,00
Marc Antoine	Cacao 35 % Milch (Papua Neuguinea)	47,50
Shaman Organic Chocolates	Organic Milk Chocolate 37 %	46,00
Marc Antoine	Cacao 35 % Milch	45,00
Lindt & Sprüngli	Vollmilch 30 % Kakao	44,00
Jacques Torres	Milk Chocolate	43,00
Noi Sirius	33 % Milk Chocolate	42,00
Alteza	Alteza Milk Chocolate	40,00
Stainer	Cioccolato al Latte di Pecora	38,00
Simón Coll	Chocolate Con Leche 32 %	28,50

Pure Milchschokoladen mit einem Kakaoanteil von mehr als 50 %:

Zotter	Labooko Nicaragua 50 %	96,40
Askinosie	Malted Moo Moo 55 % Milk Chocolate	96,20
Patric Chocolate	Signature Dark Milk	94,30
Zotter	Labooko Ecuador 60 %	94,00
Michel Cluizel	Mangaro Lait 50 %	93,70
Hussel	Jara 62 %	92,40
Bonnat	Asfarth 65 % Milch	89,10
Tiroler Edle	Purissima Vollmilch 75 %	88,50
Hussel	La Margarita 52 %	87,00
Bonnat	Surabaya 65 % Milch	86,30
Laurent Gerbaud	Chocolat au lait 50 %	84,90
Slitti	LatteNero 62 %	84,00
Bonnat	Java 65 % Milch	82,00
Hachez	Cocoa de Maracaibo Classic 55,5 % Vollmilch-Chocolade	78,10
Slitti	LatteNero 70 %	76,50
Hotel Chocolat	50 % Dash Of Milk Island Growers Saint Lucia	75,50
Slitti	LatteNero 51 %	75,00
Confiserie Coppeneur	Republic of Ghana Vollmilch 57 %	71,00
New Tree	Lait 51 %	69,00
Confiserie Coppeneur	Republica Domenicana Vollmilch 52 %	68,00
CioMod	latte 50 %	48,00

Pure Milchschokoladen mit Ursprungskakao aus Südamerika:

Zotter	Labooko Nicaragua 50 %	96,40
Askinosie	Malted Moo Moo 55 % Milk Chocolate	96,20
Zotter	Labooko Ecuador 60 %	94,00
Hussel	Jara 62 %	92,40
100%ChocolateCafe	33-Chuao & Milk	91,80
100%ChocolateCafe	29-Sur Del Lago & Milk	90,60
Original Beans	Esmeraldas Milk mit Fleur de Sel (Ecuador) 42 %	86,50
100%ChocolateCafe	31-Ecuador & Milk	85,00
Santander Chocolate	Milk Chocolate 36 %	83,10
El Rey	Caoba 41 %	82,00
El Rey	Rio Caribe Irapa 40.5 %	81,00
Rio Napo	40 % Cacao Milk Chocolate	78,50
Amano	Ocumare 30 % Milk Chocolate	74,70
Rausch	Puerto Cabello 43 %	72,90
Rausch	Guacimo 47 %	71,90
Amma	45 % Milk Chocolate	70,90
Red Star „Duffy's"	Corazon del Ecuador 43 % Milk Chocolate	70,50
Maglio Arte Dolciaria	Messico 40 %	66,50
Red Star „Duffy's"	Star of Peru 43 % Milk Chocolate	66,50
Alteza	Alteza Milk Chocolate	40,00

Pure Milchschokoladen mit Ursprungskakao aus Afrika:

Michel Cluizel	Mangaro Lait 50 %	93,70
100%ChocolateCafe	30-Madagascar & Milk	86,90
Meybona	Ghana 45 %	81,70
Meybona	Tansania 45 %	77,50
Valrhona	Tanariva 33 %	74,00
Menakao	Milch Chocolate 44 % Madagascan Vanilla	73,88
Confiserie Coppeneur	Republic of Ghana Vollmilch 57 %	71,00
Rausch	Madanga 39 %	70,00
Blanxart	Congo 42 %	66,00
Omanhene	Dark Milk Chocolate 48 %	62,00

Pure Milchschokoladen mit Ursprungskakao aus Asien und Ozeanien:

Michel Cluizel	Maralumi Lait 47 %	89,40
Bonnat	Asfarth 65 % Milch	89,10
Bonnat	Surabaya 65 % Milch	86,30
Domori	javagrey 45 %	83,00
Bonnat	Java 65 % Milch	82,00
Meybona	Papua Neuguinea 45 %	78,50
Amano	Jembrana (Bali) 30 % Milk Chocolate	71,60
Bachhalm	Java Vollmilch 40 % Ernte 2009	65,20
Rausch	Nouméa 35 %	65,00
Marc Antoine	Cacao 35 % Milch (Papua Neuguinea)	47,50

Pure Milchschokolade mit Ursprungskakao aus der Karibik:

100%ChocolateCafe	32-Dominican Republic & Milk	93,00
Hussel	La Margarita 52 %	87,00
Hussel	La Margarita 42 %	84,60
Hotel Chocolat	50 % Dash Of Milk Island Growers Saint Lucia	75,50

Vosges	Dominican Lait 45 % Milk Chocolate	72,00
Confiserie Coppeneur	Republica Domenicana Vollmilch 52 %	68,00

Kuriose pure Milchschokoladen:

Askinosie	Malted Moo Moo 55 % Milk Chocolate	96,20
Artisan du Chocolat	Buffalo Milk Chocolate 40 %	95,50
Leone Pastiglie	Pastiglie di Cioccolato 44 %	94,50
Stainer	Cioccolato al Latte di Cocco	76,50
Al Nassma	Whole Milk 31 % Milk Chocolate	73,00
Stainer	Cioccolato al Latte d'Alpeggio	68,70
Stainer	Cioccolato al Latte di Capra	68,00
Stainer	Cioccolato al Latte di Pecora	38,00

Übersicht über die weißen Schokoladen

Weiße Schokoladen, pur:

Vivani	Weiße Vanille	92,80
Björnsted	Weiße Vanille	92,80
Zotter	Labooko Joghurt 38 %	92,50
Bernachon	Ivoire	89,75
Amedei	Bianco	89,55
Michel Cluizel	Ivoire	89,00
El Rey	Icoa	88,00
Tiroler Edle	Purissima Weiß	87,00
Caffarel	Cioccolato Vaniglia	86,00
Bonnat	Ivoire	82,00
Venchi	Puro Cioccolato Bianco Extrafine	78,90
Butlers	White Chocolate Vanilla 26 %	77,13
Green & Black's	White Chocolate 30 %	71,50
Prestat	White 28 %	70,50
GEPA	Mascobado Blanc 32 %	70,20
Mazet Chocolatier	Blanc Ivoire	66,50
Bachhalm	Elfenbeinküste Weiße 30 % Ernte 2009	65,00
Askinosie	White Chocolate, Davao, Philippines	51,50
Simón Coll	Chocolate Blanco 25 %	25,00
Amatller	Chocolate Blanco 25 %	25,00

Weiße Schokoladen, Frucht & Gemüse:

Zotter	Labooko Erdbeere	95,80
La Molina	Fringes cioccolato bianco con fragola	92,40
Zotter	Labooko Marille mit Krokant	91,50
Bel Amer	Palet Chocolat Mandiant Orange	90,00
Frucht & Sinne	Helle Spargel	84,10
100%ChocolateCafé	Strawberry	84,00
Stainer	Limone	83,00
Frucht & Sinne	Helle Marille	82,40
Vivani	Weiße Mango Cocos	81,75
Marc Antoine	Weiße mit Passionsfrucht	81,00
Schoc	Lemon White	80,50
Frucht & Sinne	Helle Pfirsich-Kornelkirsche (Dirndln)	77,00
Frucht & Sinne	Helle Himbeere	76,60
Frucht & Sinne	Helle Karotte-Johannisbeer-Apfel	76,20

Bel Amer	Palet Chocolat Mandiant Fraise	75,90
Läderach	Frisch-Schokolade Himbeer-Brombeere	75,50
William Curley	Raspberry White Chocolate	74,25
Schoc	Christmas	74,20
Bovetti	Chocolat Blanc Fruits Secs	72,00
Chococo	Berry White Bar	71,75
Santander Chocolate	White Chocolate 35 % with Orange	70,25
Läderach	Framboise	69,00

Weiße Schokoladen, Nuss:

Vestri	Girone dei Golosi Bianco Pistacchi	96,25
Vestri	Girone die Golosi Bianco Mandorle	93,00
Amedei	Pistacchi	91,80
Vestri	Girone dei Golosi Nocciolato Bianco	91,60
Xocolat Manufaktur	Feinste Aschanti mit weißer Opal-Couverture	89,45
Caffarel	Bianco con Mandorle Pugliesi	84,50
Zaabär	Klassic Blanc Pistaches	77,75
Beschle (Monrosa Ltd.) (Monrosa Ltd.)	Ivoire aux Amandes & Myrtilles	63,90
Alter Eco	Blanc Éclats de Coco	63,00
Askinosie	White Chocolate + Pistachio Soconusco	62,75

Weiße Schokoladen, Gewürze:

Domori	Biancomenta	95,50
Domori	Biancoliquirizia	94,10
Björnsted	Weiße Vanille	92,80
Vivani	Weiße Vanille	92,80
Lauenstein Confiserie	Wasabi Kürbiskerne	86,50
Caffarel	Cioccolato Vaniglia	86,00
Mälarchocolaterie	White Chocolate Salt & Pepper	84,20
Vosges	Amalfi Bar	79,80
Schokovida	No. 03 Hot Vanilla	79,50
Confiserie Coppeneur	Dominikanische Republik	79,00
Venchi	Puro Cioccolato Bianco Extrafine	78,90
Butlers	White Chocolate Vanilla 26 %	77,13
Schell Schokoladenmanufaktur	Blanche Safran Curry	77,00
Confiserie Storath	Weiße Schokolade mit Basilikum	75,75
Zaabär	Curry de Madras	75,75
Leysieffer	Jalapeño Chilli	75,00
Schoc	Christmas	74,20
ChocoLina	Borbon Vanille	72,50
Schokovida	Elbstrand (mit Blaumohn)	70,50
Rococo	Cardamom	70,00

Weiße Schokoladen, Kaffee & Tee:

100%ChocolateCafé	Maccha	87,50
Rózsavölgyi Csokoládé	Matcha	85,94
Bel Amer	Palet Chocolat Mandiant Maccha	84,50
Mälarchocolaterie	White Chocolate Longjing Green Tea	73,50
Quai Sud	Thé vert matcha éclats de fèves de cacao	69,25
Leysieffer	Mocca Rum	64,00
Jelina Chocolatier	Thé vert white chocolate 29 %	59,00

Weiße Schokoladen, Kakao-Nibs:

La Molina	Bianco con cacao caramellato	86,00
Chocolat Stella (Bernrain)	Blanc Eclats Feves de Cacao	75,50
Askinosie	White Chocolate Nibble Bar Soconusco 34 % Mexiko	63,75

Übersicht über die veredelten Schokoladen

Veredelte dunkle Schokoladen mit Frucht:

William Dean Chocolates	Fruit & Filberts	95,10
Slitti	Tortina di Cioccolato Fondente con Uva Sultanina	91,50
Vestri	Girone dei Golosi Fondente con Uvetta 63 %	87,90
Lauenstein Confiserie	Ingwer Limette	85,50
Santander Chocolate	Dark Chocolate passion fruit bits 70 %	85,15
Santander Chocolate	Dark Chocolate pineapple bits 70 %	84,55
Antica Dolceria Bonajuto	limone 65 %	84,50
La Molina	Caramello di Arancio 70 %	83,60
Claudio Corallo	Ubric 4 chocolate com passas de uva e destilado de ginja de montanha	83,00
Antica Dolceria Bonajuto	arancia 65 %	81,50
Amedei	Toscano Blond con Pesche e Albiccche	80,80
Schoc	Lemon & Cracked Pepper	79,50
CoCouture	70 % Dark Chocolate with Biscuit and Cranberry	79,40
Malmö Chokladfabrik	Lime 65 %	78,50
Schoc	Lime Chilli	78,30
Vivani	Feine Bitter Grüntee Mango	76,13
Lovechock	Almond/Fig	76,00
Michael Mischer	Orange-Shichimi Togarashi	75,50
Soma	Green Tangerine	75,50
Gnosis Chocolate	Pomegranate Açai	75,45
Blanxart	Chocolate Negro 82 % con Goji Ecologico	75,00
de Bondt	Limone e Limetta Madagascar 64 %	74,50
Tiroler Edle	oben ohne mit Tiroler Preiselbeeren	74,00
Bovetti	Chocolat Noir Goji	72,00
Schoc	Kiwifruit	72,00
T'a Sentimento Italiano	Limone di Sorrento Grand Cru Venezuela 66 %	71,75
Björnsted	Feine Bitter Orange	71,00
Divine Organics	Original Gojiberry Brittle	71,00
Organic Seed & Bean Company	Lime 72 % Dark Chocolate	71,00
Schoc	Apricot & Rosemary	71,00
Chocolaterie Weiss	Ibaria 67 %	70,75
Divine Organics	Golden Princess Brittle	70,00
Marc Antoine	Edelbitter Zitrone 56 % Cacao	70,00
Antidote	Kakia 84 % Dark Chocolate with Red Hibiscus & Berry	69,75
Amedei	Toscano Red con Fragole, Ciliegie e Lamponi	69,00
Bel Amer	Palet Chocolat Mandiant	69,00
Theobroma Chocolat	raspberry chunks 60 % Dark Chocolate	68,75
Michael Mischer	Blueberry & Dragon Fruit	68,50
Chocolat Stella (Bernrain)	Noir Baobab Fruits 60 % Dark Chocolate	68,00
Laurent Gerbaud	Yuzu du Japon 75 %	68,00
Frucht & Sinne	Dunkle Most-Zwetschke	67,40
Frucht & Sinne	Dunkle Schwarzbeere-Himbeere (Heidelbeere)	67,20
Marc Antoine	Edelbitter Himbeere 56 % Cacao	67,00
Marc Antoine	Edelbitter Brombeere 56 % Cacao	67,00

Divine Chocolate	Fruit and Nut Dark Chocolate	66,50
Theo Chocolate	Cherry & Almond 70 % Dark Chocolate	66,50
Dagoba Organic Chocolate	lavender blueberry 59 % Dark Chocolate	65,88
Endangered Species	70 % Dark Chocolate with Goji Berry, Pecans & Maca	65,63
Endangered Species	72 % Dark Chocolate with Cranberries & Almonds	65,28
Lovechock	Goji/Orange	65,00
Malmö Chokladfabrik	Lingonberry 65 %	64,70
Marc Antoine	Edelbitter Orange 56 % Cacao	64,00
Quai Sud	Chocolat noir fraise - poivre blanc 71 %	64,00
Dagoba Organic Chocolate	Beaucoup berries 74 % Dark Chocolate	63,75
Bachhalm	Zartbitter-Schokolade Apfel-Moosbeere 53,8 % D	63,25
Schokovida	No. 02 Ingwer und Pflaume	63,00
Antidote	Aletheia 84 % Dark Chocolate with Ginger & Goldenberry	62,75
Theobroma Chocolat	Banana chunks 60 % Dark Chocolate	62,75
Tohi	Citron & Gingembre 74 %	62,70
Frucht & Sinne	Dunkle Pfirsich-Himbeere	62,60
Organic Meltdown	Sweet Candied Orange 58 % Dark Chocolate	61,75
Chocolove	Chillie & Cherries in Dark Chocolate 55 %	61,50
Conscious Chocolate	Fruity Fantasy (Dates & sun-dried Figs)	61,50
Green & Black's	Hazelnut & Currant 60 % Dark Chocolate	61,00
Conscious Chocolate	Essential Orange	61,00
Pacari	Andean Blueberry	60,40
Dolci Pensieri di Calabria	Limone 60 %	60,25

Veredelte dunkle Schokoladen mit Nüssen:

William Dean Chocolates	Fruit & Filberts	95,10
Xocolat Manufaktur	Feinste Haselnüsse mit Criollo Ocumare	92,30
Pierre Marcolini	Noisette Piémont Fondant	91,40
Valrhona	Caraïbe Noisette 66 %	86,95
Laurent Gerbaud	Pistache d'Evoïa	83,00
Laurent Gerbaud	Noisettes du Piémont	81,80
CoCouture	69 % Dark Chocolate with Rum and Raisin	81,00
La Molina	Caffè e Mandorle 60 %	80,00
Chocolats et cacao Favarger	Avelines Noir	77,00
Lillie Belle Farms	Hippie Crunch	77,00
Vestri	Cartoccio Fiorentino	77,00
Lovechock	Almond/Fig	76,00
Theo Chocolate	Fig Fennel & Almond 70 % Dark Chocolate	75,50
Laurent Gerbaud	Mendiant	74,60
Michael Mischer	Spiced Almonds	74,50
Laurent Gerbaud	Noix de Pecan	74,00
Slitti	Tortina di Cioccolato Fondente con Nocciole	73,00
Xocolatl de David	Almond & Pimentòn 68 % Dark Chocolate Bolivia	72,80
Marc Antoine	Edelbitter mit gesalzenen Pistazien	72,25
Richard Donnelly	Almond Dark Chocolate	69,50
Tohi	Amandes Salées 74 %	69,50
Chocolaterie Weiss	Noir Mendiant 64 %	69,25
Bel Amer	Palet Chocolat Mandiant	69,00
Divine Organics	Crunchy Cashew Brittle	68,00
Chocolat Stella (Bernrain)	Coconut Nectar	67,25
Taza Chocolate	Salted Almond 40 %	66,60
Divine Chocolate	Fruit and Nut Dark Chocolate	66,50
Theobroma Chocolat	coconut chunks 60 % Dark Chocolate	65,75
Endangered Species	70 % Dark Chocolate with Goji Berry, Pecans & Maca	65,63
Tohi	Noisettes & Café 74 %	65,60

Endangered Species ....72 % Dark Chocolate with Cranberries & Almonds 65,28
Mast Brothers ....75 % Dark Chocolate + Hazelnuts Ocumare de la Costa 65,00
Stainer...Cioccolato al Latte con Cannabis 65,00
Richart...Theonacar..63,75
Beschle (Monrosa Ltd.) (Monrosa Ltd.).........................Grand Cru Trinitario au Fleur de Sel et Pistache (65 %) 63,30
Lapp & Fao ....Kindal Munch 62,00
Green & Black's ....Hazelnut & Currant 60 % Dark Chocolate 61,00
Kaoka ....Haselnuss schwarz 66 % Kakao...60,88
Zaabär ....Klassic Noir Amandes 55,00
Chocolove ....55 % Cherries & Almonds in Dark Chocolate..................................54,50

Veredelte dunkle Schokoladen mit Gewürzen:

Rózsavölgyi Csokoládе ....Fekete szezámmag (gerösteter schwarzer Sesam) 70 % 93,20
Åkesson's ....Madagascar Ambolikapiky Plantation 75 % Trinitario Cocoa & „Wild" Voatsiperifery Pepper 92,95
Domori..Barrique 65 %...92,05
Domori..Peperoncino 60 % 90,45
Antica Dolceria Bonajuto..................cardamomo 65 % 90,35
Soma ....The Dark Fire 88,50
Olive & Sinclair ....Cinnamon Chili „Mexican Style" 87,60
Soma ....Ruby Red bar..87,30
Lillie Belle Farms ....Do Not Eat This Chocolate...86,50
Lauenstein Confiserie......................Ingwer Limette 85,50
Antica Dolceria Bonajuto..................noce moscata 65 % 85,10
Artisan du Chocolat ....Tobacco Dark Chocolate 72 % 84,75
Antica Dolceria Bonajuto..................Salinae, Cioccolato al sale 80 % 84,60
La Molina..Zenzero 70 %...84,40
Schell Schokoladenmanufaktur........Edelherb Barrique 83,80
Richard Donnelly..............................Cardamom Dark Chocolate 83,50
Antica Dolceria Bonajuto..................maggiorana 65 % 83,30
Åkesson's ....Madagascar Ambolikapiky Plantation 75 % Trinitario Cocoa & Pink Pepper...83,15
Theo Chocolate ....Spicy Chile 70 % Dark Chocolate 83,00
Antica Dolceria Bonajuto..................Pepe bianco 65 % 82,70
100%ChocolateCafe.........................42-Black Pepper (Image of Maya) 82,50
Antica Dolceria Bonajuto..................Xocoatl 65 % 82,50
Richard Donnelly..............................Smokey Spicy Chipotle Dark Chocolate 82,40
Malmö Chokladfabrik ....Chili 65 %...81,50
Mazet Chocolatier.............................Noir Sésame 72 %...81,00
Claudio Corallo ....chocolate gengibre...80,90
Xocolatl de David..............................Piment d'Espelette 74 % Dark Chocolate DomRep..............................80,60
Malmö Chokladfabrik ....Cardamom 65 %..80,50
Menakao...Dark Chocolate 63 % Cacao Nibs & Madagascan Sea Salt 80,30
Åkesson's ....Madagascar Ambolikapiky Plantation 75 % Trinitario Cocoa & Black Pepper..80,15
Olive & Sinclair ....Salt & Pepper Dark Chocolate 80,10
Leone Pastiglie ....Cioccolato Extra Fondente 74 % all'Assenzio 80,00
Theo Chocolate ....Mint 70 % Dark Chocolate 79,70
Schoc..Lemon & Cracked Pepper 79,50
Gnosis Chocolate.............................Madagascar with Peppercorn & Nibs 78,50
Schoc..Lime Chilli 78,30
Vivani ....Edel Bitter Chili..78,20
Gnosis Chocolate.............................Grenada mith Nutmeg & Nibs..78,15
Dolci Pensieri di Calabria.................Zartbitterschokolade mit Lakritze 60 %...78,00

Venchi	Assenzio (Absinth) 75 %	78,00
Vosges	Oaxaca Bar	78,00
Laurent Gerbaud	Baies Rouges de Perse	77,30
Gnosis Chocolate	Aphrodisia	77,25
Blanxart	Chocolate Negro 60 % con Jenjibre	77,00
Olive & Sinclair	Sea Salt Dark Chocolate	77,00
Gnosis Chocolate	Bali with Nibs, Palm Nectar, Tumeric and Salt	76,95
Michael Mischer	Toffee and Murray River Salt Dark	76,90
Bouga Cacao	Ishpink 70 %	76,50
Laurent Gerbaud	Poivre Noir de Madagascar 75 %	76,40
Gnosis Chocolate	Fleur de Sel	76,05
Taza Chocolate	Cinnamon 50 %	76,00
Laurent Gerbaud	Esprit de Noël 75 %	75,80
Dagoba Organic Chocolate	Xocolatl 74 % Dark Chocolate	75,75
Michael Mischer	Orange-Shichimi Togarashi	75,50
Paul A. Young	Gold, Frankincense and Myrrh bar	75,50
Summerdown	mint crips	75,50
Theo Chocolate	Fig Fennel & Almond 70 % Dark Chocolate	75,50
Gnosis Chocolate	Pomegranate Açai	75,45
Malmö Chokladfabrik	Christmas Chocolate 65 % with Glögg flavors	75,40
Rococo	Rococo Violet	75,38
New Tree	Alpha-Omega 3 Thym 65 % D	75,25
Menakao	Dark Chocolate 63 % Comsava & Pink Pepper	75,20
Venchi	Menta Piemonte 60 %	75,00
Malmö Chokladfabrik	Sea Salt 65 %	74,50
Rococo	Rococo Rose	74,50
[cocoa]	Brûlée	74,10
Laurent Gerbaud	Piments doux 75 %	74,00
Schoc	Frankincense Myrrh Gold	74,00
Stainer	Maya Dark Chocolate 70 %	74,00
Clement chococult	Ingwer	73,00
Schoc	Smoked Paprika	73,00
Xocolatl de David	Almond & Pimentòn 68 % Dark Chocolate Bolivia	72,80
Madécasse	Sea salt & nibs 63 % Dark Chocolate	72,75
Organic Seed & Bean Company	Mint 72 % dark Chocolate	72,50
Schoc	Peppermint Bitter	72,50
Vosges	Red Fire Bar	72,20
Stainer	Marrakech Dark Chocolate 70 %	72,10
El Ceibo	Fine Dark Chocolate 77 % Cocoa Nibs & Uyuni Salt	72,00
Mälarchocolaterie	Dark 70 % with Ancho Chili	72,00
Schoc	Bitter Chilli	71,80
Antidote	Panakeia 84 % Dark Chocolate with Lavender & Sea Salt	71,75
Menakao	Dark Chocolate 70 % Trio of Madagascan Peppers	71,63
Organic Seed & Bean Company	Chilli 72 % Dark Chocolate	71,60
Askinosie	Zingerman's El Rústico Mexican 70 % with crunchy sugar crystals and bites of vanilla bean	71,00
Divine Chocolate	Mint Dark Chocolate	71,00
Schoc	Apricot & Rosemary	71,00
de Bondt	Cioccolato Fondente Miscela 60 % Cacao al Finocchio Selvatico	70,50
Schoc	Sweet Basil	70,50
Schokovida	Heimathafen (Edelbitterschokolade 75 % mit buntem Pfeffer)	70,50
Rococo	Chilli Pepper	70,48
T'a Sentimento Italiano	Pepe Giapponese 66 % Grand Cru Venezuela D	70,25
Vosges	Black Pearl Bar	70,20
Rococo	Rococo Jasmine	69,88
Antidote	Kakia 84 % Dark Chocolate with Red Hibiscus & Berry	69,75
Mast Brothers	70 % Dark Chocolate + Serrano Peppers Dominican Republic	69,40

Bouga Cacao	Citron Pérou 77 %	69,25
Vosges	Creole Bar	69,00
Saldac	Noir Gingembre 63 %	68,50
Sir Hans Sloane	Peppermint Dark Chocolate 64 %	68,18
Lake Champlaine Chocolates	Peppermint Crunch 54 % Dark Chocolate	68,00
Malmö Chokladfabrik	Salt Liquorice 65 %	67,90
de Bondt	Cioccolato Fondente Miscela 70 % alla Menta	67,50
Bachhalm	Zartbitter mit luftgetrocknetem Hirschschinken 53,8 %	67,45
Melt	Mint Dark Chocolate 66 %	67,25
Haigh's	Dark Chocolate with Cardamom	66,95
Theo Chocolate	Cherry & Almond 70 % Dark Chocolate	66,50
Bachhalm	Zartbitter-Schokolade mit Weihrauch 73,5 %	66,00
Monbana	La Provencale – Chocolat noir	66,00
Dagoba Organic Chocolate	Lavender blueberry 59 % Dark Chocolate	65,88
Endangered Species	70 % Dark Chocolate with Goji Berry, Pecans & Maca	65,63
BioArt	Zartbitter Minze 72 %	65,50
Endangered Species	70 % Dark Chocolate with Cacao Nibs, Yacon & Acai	65,33
Dolci Pensieri di Calabria	Chilli 60 %	65,25
Dolfin	Noir au Poivre Rose	65,10
Laurent Gerbaud	Bergamote de Calabre 75 %	65,00
New Tree	Menthe „Eternity" 73 %, D	65,00
Beschle (Monrosa Ltd.)	Grand Cru Criollo au Romarin & Thym citron	64,50
Quai Sud	Chocolat noir - piment d'Espelette - sucre d'érable	64,50
Green & Black's	Mint 60 % Dark Chocolate	64,00
Leysieffer	Lavendel	64,00
Quai Sud	Chocolat noir fraise - poivre blanc 71 %	64,00
Zaabär	Gingembre de Goa	64,00
Dolfin	Noir Lavande Fine de Haute-Provence	64,00
Venchi	Extra Fondente al Peperoncino	63,75
Beschle (Monrosa Ltd.)	Grand Cru Trinitario au Fleur de Sel et Pistache (65 %)	63,30
Dagoba Organic Chocolate	mint 59 % Dark Chocolate	63,25
Bachhalm	Zartbitter-Schokolade mit Rosa Pfeffer 53,8 % D	63,25
Schokovida	No. 02 Ingwer und Pflaume	63,00
Antidote	Aletheia 84 % Dark Chocolate with Ginger & Goldenberry	62,75
Dagoba Organic Chocolate	roseberry 59 % Dark Chocolate	62,75
Richart	Sesamy	62,75
Charlemagne	Dark Pepper Chocolate 74 %	62,70
Tohi	Citron & Gingembre 74 %	62,70
Zaabär	Citronelle du Sri Lanka	62,00
Chocolove	Chillie & Cherries in Dark Chocolate 55 %	61,50
Dolfin	Nordic Inspiration	61,30
Bachhalm	Zartbitter-Schokolade mit kandiertem Ingwer 53,8 % D	61,25
Charlemagne	Lavender	61,25
Green & Black's	Ginger 60 % Dark Chocolate	61,00
Pacari	Lemongrass	61,00
Dolfin	Noir Gingembre	60,30
Dolfin	Plaisirs d'Hiver – Edition Limitée	60,30
Chocolat Orgániko	Chocolate Negro Bio 56 % Cacao con Anis Verde	60,00
CioMod	Anice 50 %	60,00
Dammenberg	Mint Chocolate	60,00
Sabine Kober	Dankbarkeit (dunkle Schokolade 55 %)	60,00
Pure Dark	Bark Fusion 62 % Dark Chocolate	59,63
Bachhalm	Zartbitter-Schokolade mit kandierten Minzblättern 53,8 %	59,25
Bachhalm	Zartbitter mit kandierten Veilchenblütenblättern 53,8 %	59,25
Lapp & Fao	Hilly Vespa Ride	59,00
Dolfin	Weißer Pfeffer & Kardamom aus Guatemala	58,90
The Hemp Line	Zartbitterschokolade mit Hanfnüssen 54 %	58,00

Dolfin	Noir à l'Anis Vert	56,50
Chocolat Orgániko	Chocolate Negro Bio 70 % Cacao con Flor de Sal de Ibiza	56,25
Bovetti	Zartbitterschokolade mit Jasmin-Blüten	56,00
Bachhalm	Zartbitter mit kandierten Rosenblütenblättern 53,8 %	55,75
Fine & Raw	Crystals & himalayan salt 70 % Dark Chocolate Ecuador	55,38
Berger Feinste Confiserie	Edelbitter Pfeffer-Krokant 70 %	55,00
Antica Dolceria Bonajuto	Cannella 35 %	55,00
Antica Dolceria Bonajuto	Vaniglia 35 %	55,00
Raw Health	Heavenly Hemp Chocolate Dark 60 %	55,00
New Tree	Poivre Rose „Sexy" 73 %,	54,50
L'Artigiano di Gardini	ZB 54 %	54,25
Prestat	Choxi 70 % Dark Chocolate with Oriental Mint	53,50
New Tree	Gingembre „Sexy" 73 %,	53,00
Bovetti	Chocolat Noir Piment d'Espelette	52,00
Green & Black's	Maya Gold Dark Chocolate with Orange & Spices	51,88
Chocolate Organico	Chocolate con Aceite de Olivia Virgen Extra Bio 70%	50,75
Fine & Raw	lucuma & vanilla 75 % Dark Chocolate Ecuador	50,00
Fine & Raw	bonbon bar	50,00

Veredelte dunkle Schokoladen mit Tee:

Vivani	Feine Bitter Grüntee Mango	76,13
Taza Chocolate	Yerba Maté 50 %	73,00
Rococo	Earl Grey Tea	72,68
The Tea Room	Green Earl Grey Tea	71,75
tohi	Thé Earl Grey 74 %	66,50
The Tea Room	Maté Tea & Cacao Nibs	65,75
Café-Tasse	Noir Thé Earl Grey	61,50
Leysieffer	Darjeeling Tee	53,00
Bovetti	Chocolat Noir au Thé Noir d'Inde Bio	53,00
Dolfin	Noir Thé Earl Grey	50,50

Veredelte dunkle Schokoladen mit Kaffee:

Santander Chocolate	Dark Chocolate 100 % colombian coffee bits 70 %	93,80
Mast Brothers	72 % Dark Chocolate + Stumptown Coffee Madagascar	93,75
Scharffen Berger	Mocha 62 % Dark Chocolate	82,15
Olive & Sinclair	Coffee Bean Dark Chocolate	81,60
Santander Chocolate	Dark Chocolate with colombian coffee 70 %	80,95
La Molina	Caffè e Mandorle 60 %	80,00
Schell Schokoladenmanufaktur	Edelherb Cuba Espresso 70 %	80,00
Endangered Species	72 % Dark Chocolate with Espresso Beans	74,88
Theobroma Chocolat	Espresso coffee chunks 60 % Dark Chocolate	70,25
Michel Cluizel	Noir Café 60 %	69,90
Fassbender	Espresso	69,00
Rio Napo	73 % Cacao Dark Chocolat mit Kaffeesplittern	67,75
Richard Donnelly	Dark French Roast Coffee Dark Chocolate	67,10
Confiserie Coppeneur	República Dominicana - 66 % Kaffee	66,00
Tohi	Noisettes & Café 74 %	65,60
Chocolat Orgániko	Chocolate Negro Bio 70 % Cacao con Café de Etiopía	56,25
CioMod	Caffè 50 %	54,00

Veredelte dunkle Schokoladen mit Kakao-Nibs:

Idilio	6xto selección amiari merideña 72 % Cacaonibs	93,70
Claudio Corallo	Chocolate soft 73,5 % com nibs de cacau	91,10

Askinosie	San Jose Del Tambo + Crunchy Cocoa Nibs 70 % Dark Chocolate Ecuador	88,50
Potomac Chocolate	Upala 70 % Nib	87,95
Patric Chocolate	In-NIB-itable Bar 70 % Dark Chocolate	87,75
Idilio	7imo selección cata ocumare 72 % Cacaonibs	87,70
Olive & Sinclair	Cacao Nibs Dark Chocolate	87,00
Idilio	9eno cooperativa amazonas 72 % Cacaonibs	86,30
Scharffen Berger	Nibby 62 % Dark Chocolate	86,15
Idilio	8avo carenero urrutia superior 70 % Cacaonibs	85,50
Laurent Gerbaud	Éclats de fèves de Madagascar 75 %	85,48
Santander Chocolate	Dark Chocolate cacao nibs 70 %	85,45
Bernachon	Pepitos 55 %	84,00
Michel Cluizel	Noir Grué de Cacao 60 %	80,90
Menakao	Dark Chocolate 63 % Cacao Nibs / Madagascan Sea Salt	80,30
Vintage Plantations	65 % Dark with Cocoa Nibs	79,35
Gnosis Chocolate	Madagascar with Peppercorn & Nibs	78,50
Gnosis Chocolate	Grenada mith Nutmeg & Nibs	78,15
Gnosis Chocolate	Bali with Nibs, Palm Nectar, Tumeric and Salt	76,95
Endangered Species	72 % Dark Chocolate with Cacao Nibs	76,38
Lovechock	Pure/Nibs	73,00
Madécasse	Sea salt & nibs 63 % Dark Chocolate	72,75
El Ceibo	Fine Dark Chocolate 77 % Cocoa Nibs & Uyuni Salt	72,00
Kaoka	61 % Kakao mit karamellisierten Stückchen	69,63
Pure Dark	Slab 70 % Dark Chocolate with roasted and caramelized cacao nibs	68,63
Mulu	Dark Chocolate with Raw Cacao Nibs	66,50
Malie Kai	Dark Chocolate with Hawaiian Cocoa Nibs Limited Edition	65,75
Quai Sud	Chocolat noir – éclats de fèves de cacao – pailletes d'or	65,75
Endangered Species	70 % Dark Chocolate with Cacao Nibs, Yacon & Acai	65,33
Monbana	Noir Féves de Cacao	60,00

Veredelte Milchschokoladen mit Frucht:

Vestri	Girone die Golosi Latte con Uvetta 34 %	92,30
Vosges	Habana 45 % Milk Chocolate	90,70
Nobile – Artisti del Cioccolato	Erdbeere & Mango mit Pistazien	86,50
Vanini	Fichi in pezzi 49 % Cacao	86,35
Heilemann	Traube-Nuss in Edelvollmilch	81,75
Damian Allsop	Cinnamon & Lemon (Cola)	79,50
Clement chococult	Maracaibo Creole Grand Cru Blaubeere	79,50
La Molina	Limone 40 %	78,00
Prestat	Choxi+ 38 % Milk Chocolate with Aztec Orange	75,50
Al Nassma	Dates 31 % Milk Chocolate	75,25
Blanxart	Chocolate con Leche con Frambuesa	74,00
Tiroler Edle	Oben ohne mit Tiroler Heidelbeeren	71,20
Choco-Lina	Himbeer-Pignoli	70,38
Carl Lambert	Orange County Edelvollmilch 36 % mit Orange	69,10
Monbana	Recette Occitane - Chocolat au lait	69,00
Leysieffer	Trauben	67,00
Al nassma	Macadamia-Orange 31 % Milk Chocolate	66,50
Berger Feinste Confiserie	Vollmilch Orange 35 %	65,50
Thorntons	Milk chocolate with mango haiti 37 % cocoa	65,00
Cocoa Farm	Pinot Noir 36 % Milk Chocolate	64,65
Läderach	Frisch-Schokolade Cranberry	64,50
Organic Meltdown	Hazelnut & Currants 33 % Milk Chocolate	64,38
Cocoa Farm	Shiraz 36 % Milk Chocolate	64,05
Confiserie Dengel	Edel Vollmilch mit Trauben & Nuss	64,00

Cocoa Farm	Merlot 36 % Milk Chocolate	63,45
Sir Hans Sloane	Cranberry & Mandarin Milk Chocolate 42 %	63,10
Hachez	Chez Hachez, Cranberry-Melone	63,00
New Tree	Orange Amère „Tranquility" 33 %, M	62,00
Cocoa Farm	Riesling	59,85
Cocoa Farm	Chardonnay	56,25
New Tree	Abricot „Cocoon" 33 %, M	51,00

Veredelte Milchschokoladen mit Nüssen:

Vestri	Girone dei Golosi Latte Pistacchi	93,40
Xocolat Manufaktur	Feinste Pecannüsse mit Kendari & Jade	92,75
Amedei	Nocciole	91,90
Bonnat	Chocolat au lait et aux noisettes	90,85
Valrhona	Jivara Pécan 40 %	90,60
Vanini	Mandorle intere 49 % Cacao	90,25
Xocolat Manufaktur	Feinste Macadamianüsse mit Jade-Milchschokolade	88,55
Scharffen Berger	Milk Almond 41 % Milk Chocolate	88,25
Chocolats et cacao Favarger	Lait & Noisettes	87,70
Läderach	Frisch-Schokolade Haselnuss	85,50
Zotter	Labooko Zimtnüsse (M 30 %)	84,50
Leone Pastiglie	Cioccolato con Pistacchi di Bronte Interi	83,90
Tiroler Edle	Oben ohne mit Walnüssen	83,00
Leone Pastiglie	Cioccolato con Nocciole Piemonte Intere	82,70
Theo Chocolate	Hazelnut Crunch 40 % Milk Chocolate	82,10
Slitti	Tortina di Cioccolato al Latte con mandorle	81,80
Heilemann	Traube-Nuss in Edelvollmilch	81,75
Michel Cluizel	Lait Noisettes 45 %	78,90
Richard Donnelly	Hazelnut Almond Toffee Milk Chocolate	78,50
Marc Antoine	Edelvollmilch mit Florentiner	76,50
Fassbender	Vollmilch Nuss	75,60
Berger Feinste Confiserie	Vollmilch-Schokolade mit Kürbiskernen und Kürbisspänen 35 %	74,50
Butlers	Hazelnut Milk Chocolate 32 %	74,50
La Molina	Arachidi 36 %	73,80
Green & Black's	Peanut 37 % Milk Chocolate	73,50
Hachez	Chez Hachez, Haselnuss-Pistazie	72,00
Leysieffer	Mandel	68,00
Leysieffer	Macadamia	68,00
Al Nassma	Macadamia-Orange 31 % Milk Chocolate	66,50
Thorntons	milk chocolate with pistachio madagascar 32 % cocoa	66,00
BioArt	Vollmilch Kürbiskern 39 %	65,50
Organic Meltdown	Hazelnut & Currants 33 % Milk Chocolate	64,38
Confiserie Dengel	Edel Vollmilch mit Trauben & Nuss	64,00
Beschle (Monrosa Ltd.)	Grand Cru au Lait Noisettes	63,90
The Hemp Line	Vollmilchschokolade mit Hanfnüssen 35 %	63,00
Zaabär	Klassic Lait Noisettes	61,50
Cocoa Farm	Honey & Almond 31 % Milk Chocolate	60,75
Lake Champlaine Chocolates	Triple Nut 38 % Milk Chocolate	60,10
Läderach	Amande	60,00
Chocolove	Toffee & Almonds in 33 % Milk Chocolate	57,50
Shaman Organic Chocolates	Macadamia Nuts & Hawaiian Pink Sea Salt 37 %	57,50
Della Rocca	Latte e Nocciole	53,75
Schönenberger	Selection Milchschokolade mit Mandelkrokant	53,75
Neuhaus	Hazelnuts	53,00
Australian Homemade	Hazelnut Milk	52,50
Chocolat Orgániko	Chocolate con Leche 46 % Cacao Bio con Almendras y Miel	52,50
Café-Tasse	Lait Noisettes	50,50

Veredelte Milchschokoladen mit Gewürzen:

Domori	Lattesal 45 %	91,15
Chocolaterie Weiss	Plaisir Sésame 35 %	84,50
Zotter	Labooko Zimtnüsse (M 30 %)	84,50
Theo Chocolate	Coconut Curry 40 % Milk Chocolate	83,30
La Molina	Fringes cioccolato al latte con sale e miglio	83,00
Theo Chocolate	Chai Tea 40 % Milk Chocolate	82,70
Schell Schokoladenmanufaktur	Vollmilch Umami Papua 38 %	82,00
Åkesson's	Bali Sukrama Farms 45 % Milk Chocolate & Fleur de Sel	81,50
Confiserie Coppeneur	Republica Dominicana 50 % Cacao Karamell & Fleur de Sel	81,00
Vosges	Wooloomooloo Bar	81,00
de Bondt	Ecuador 90 % & Venezuela 38 % al Fior di sale	80,75
Vintage Plantations	Sea Salt & Caramel	80,75
Hussel	Bejofo Vanille 52 %	80,00
Damian Allsop	Cinnamon & Lemon (Cola)	79,50
Cacao Cacao Sampaka	Gin & Tonic	79,00
Mälarchocolaterie	Milk Chocolate Curry 38 %	78,50
Vosges	Naga Bar	76,80
Michael Mischer	Toffee and Murray River Salt Milk	76,00
Stainer	Cioccolato con Cannabis	76,00
Bouga Cacao	La Rústica Leche y Sal 43 %	75,55
Vosges	Barcelona Bar	75,00
Dagoba Organic Chocolate	Chai Milk Chocolate	74,00
Menakao	Milch Chocolate 44 % Madagascan Vanilla	73,88
Al Nassma	Arabia 31 % Milk Chocolate	73,75
Bovetti	Chocolat Lait Petales de Rose	73,75
Hachez	Chez Hachez, Ingwer-Pfeffer	73,00
Melt	Strip Bar Milk Chocolate 35 %	72,50
Schokovida	Fischkopp (Vollmilchschokolade mit Kakaobohnensplittern und einer Prise Meersalz)	72,50
La Molina	Caramello di Menta 40 %	72,00
Confiserie Coppeneur	République de Madagascar 56 % Cacao Orangenöl & Urwaldpfeffer	71,00
Schoc	Sea Salt	70,50
Rococo	Sea Salt	69,50
Cacao Sampaka	Flor de Azahar (Orange Blossom)	69,00
Choco-Lina	Ingwer-Zitronengras	65,88
Choco-Lina	Himalaya-Salz	64,38
Zaabär	Chili Pepper du Texas	64,00
Sabine Kober	Verbundenheit (Vollmilchschokolade 36 %)	63,00
New Tree	Lavande „Tranquility" 33 %, M	62,00
Dolfin	Au Lait au Hot Masala	60,10
Dolfin	Lait Cannelle	59,10
New Tree	Cannelle „Cocoon" 33 %, M	58,30
Bachhalm	Vollmilch-Schokolade Honig-Mohn-Propolis 32,8 % M	58,00
Shaman Organic Chocolates	Macadamia Nuts & Hawaiian Pink Sea Salt 37 %	57,50
Leysieffer	Mohn	53,25
L'Artigiano di Gardini	VM 32 %	53,00
Chocolate Organiko	Chocolate con Leche Bio 46 % Cacao con Vanilla India	50,15

Veredelte Milchschokoladen mit Tee:

de Bondt	Cioccolato al latte Miscela 31 % Cacao al Te' Milima	74,70
The Tea Room	Honeybush Caramel Tea	68,75
The Tea Room	Bedouin's Mint Tea	65,75
Dolfin	Konacha Grüner Tee aus Japan	59,50

Veredelte Milchschokoladen mit Kaffee:

El Ceibo	Bolivian Speciality Coffee in dark Milk Chocolate 60 %	92,40
Rio Napo	40 % Cacao Milk Chocolate mit Kakaosplittern	85,50
Slitti	Gran Bouquet Caffé Latte	80,20
Chocolats et cacao Favarger	Lait & Moka	78,55
Vivani	Cappuccino	76,40
Schell Schokoladenmanufaktur	Vollmilch Espresso 38 %	75,00
Vintage Plantations	Latte Mocha	74,75
GEPA	Espresso Caramel 38 %	73,75
Saldac	Lait au Café 38 %	67,00
Confiserie Coppeneur	Republica Dominicana 66 % Kaffee	66,00
Hachez	Chez Hachez, Kaffee-Chocochips	65,00
Läderach	Café au lait	62,00
Dolfin	Lait Café	60,50
jelina chocolatier	cappuccino milk chocolate 36 %	56,00
Bovetti	Chocolat Lait Café	55,75
La Molina	Cappuccino/le miscele al latte	54,00
Café-Tasse	Lait Café	50,50

Veredelte Milchschokoladen mit Kakao-Nibs:

Scharffen Berger	Milk Nibby 41 % Milk Chocolate	91,30
Schokovida	Fischkopp (Vollmilchschokolade mit Kakaobohnensplittern und einer Prise Meersalz)	72,50
Malie Kai	Milk Chocolate with Hawaiian Cocoa Nibs Limited edition	64,50

Veredelte Milchschokoladen mit Karamell:

La Molina	Fringes cioccolato al latte con sesame e caramello	89,50
Mazet Chocolatier	Lait Caramel Salé	83,00
Confiserie Coppeneur	Republica Dominicana 50 % Cacao Karamell & Fleur de Sel	81,00
Vintage Plantations	Sea Salt & Caramel	80,75
Vosges	Bapchi's Caramel Toffee Bar	78,60
Hotel Chocolat	50 % Dash Of Milk with Caramel Island Growers Saint Lucia	77,88
Marc Antoine	Edelvollmilch mit Florentiner	76,50
Confiserie Coppeneur	Uba Budo 52 % Himalaya-Salz & Caramel	76,00
GEPA	Espresso Caramel 38 %	73,75
La Molina	Caramello di Menta 40 %	72,00
Zaabär	Klassic Lait Nougatine	63,50
Mademoiselle de Margaux	Sarments du Médoc Chocolat au Lait 33 % Caramel	58,00
Bovetti	Vollmilchschokolade mit Karamell und Fleur de Sel	56,00
Bovetti	Chocolat Lait Caramel Fleur de Sel Bio	54,00
Australian Homemade	Caramel Milk	53,50
Dolfin	Au Lait au Caramel & Beurre Salé	52,50

Übersicht über die Nougatprodukte

Alle puren Nougatprodukte:

Zotter	Nougsus Sesam	94,60
Vestri	Gianduiotto	94,00
Silvio Bessone	Gianduiotti	93,60
Domori	La Crema Gianduja	93,50
Zotter	Nougsus Erdnuss	92,80
Zotter	Nougsus Cashew	92,60

Domori	Il Gianduja Giandujotto	91,60
Vestri	Lovebits Cremino	91,30
François Pralus	Creme de Noisette	91,00
Vivani	Dunkle Nougat	88,50
Amedei	Crema Toscana alla Nocciola	88,00
Amedei	Gianduja	85,00
Venchi	Il Giandujotto	84,00
La Molina	Gianduia	81,50
Tiroler Edle	35 % Gianduja	80,00
D. Barbero	Giandujotto	78,80
Maglio Arte Dolciaria	Cremino Classico	75,00
Venchi	Cubigusto Piemonte	73,00
Schokovida	Fiete – Hamburger Schoko-Nuss-Creme	73,00
Summerbird	Xocoatl Rembrandt's Chocolate Spread	71,00
Venchi	Dubledone	69,00
Leone Pastiglie	Giandujotto	69,00
La Molina	Tócco gianduja bianco e fondente	69,00
Majani	Fiat Noir	67,20
Niederegger	Nougat Sahne Feinherb	66,60
Majani	Fiat Il Cremino	66,00
Venchi	Gianduja senza zuccheri aggiunti	66,00
Niederegger	Nougat Feinherb	64,40
Caffarel	Gianduja	64,00
Niederegger	Nougat Nuss	64,00
Summerbird	Praliné Noisette Nougat	64,00
Niederegger	Nougat Praliné	63,60
Caffarel	Gianduia Fondente	60,00
Venchi	Giandujotto Ripieno	60,00
Caffarel	Cioccolato Gianduja	53,50
Kraš	Bajadera	28,50

Alle Nougat-Produkte mit ganzen Nüssen oder Nuss-Stücken:

François Pralus	Barre Infernale Lait 45 %	96,40
Vestri	Tortino di Firenze	96,00
D. Barbero	Nocciolone	95,80
La Molina	Tócco gianduja al latte con nocciole intere	94,20
Domori	La Crema Gianduja et Torrone	93,50
Chocolats et cacao Favarger	Avelines Praline	79,90
Chocolats et cacao Favarger	Avelines Lait	79,60
François Pralus	Barre Infernale Noire 75 %	79,00
Leone Pastiglie	Ripieno Pistacchio al latte	75,00
Caffarel	Cremoso Gianduja fondente con Mandorle di Bari	73,50
Caffarel	Cremoso Gianduja latte con Nocciole delle Langhe	72,90
Caffarel	Piemonte	57,50
Caffarel	Caffarelino Crema Fondente	56,50

Mit Nougat gefüllte Schokoladen:

François Pralus	Barre Infernale Lait 45 %	96,40
Domori	Il Gianduja Fondente 38 %	87,50
Guido Gobino	Gianduja	81,25
François Pralus	Barre Infernale Noire 75 %	79,00
100%ChocolateCafe	38-Almond Praline	77,00
Venchi	Blend (Gianduja)	76,50
Rózsavölgyi Csokoládé	Gianduja	67,50

Mit Kaffee veredelter Nougat:

La Molina	Tócco gianduja latte e fondente al caffè	72,00
Majani	Fiat Cremino al Caffé	68,50
Venchi	Cubigusto Caffe	66,00
Leone Pastiglie	Ripieno Caffè Fondente 64 %	66,00

Übersicht über die Riegel

Riegel, gefüllt mit Kräuter und Gewürzen:

Confiserie Coppeneur	Chili & Highland Whiskey	89,00
Zotter	Weißer Mohn mit Zimt und Marillenbrand	87,40
Confiserie Coppeneur	Pistazie Wattle Seed & Vanille	84,00
Oriol Balaguer	Anís Minitubes	82,00
Lillie Belle Farms	Crunchy Fire Bar	78,60
Shokomonk	Pfefferminze 77 %	75,00
Shokomonk	Lakritze 31 %	74,50
Marc Antoine	Weisse Chocolade Rhabarber Vanille Crisp	73,75
Berger Feinste Confiserie	Pflaume-Piment 70 %	73,00
Berger Feinste Confiserie	Champagner-Rose 29 %	72,70
Berger Feinste Confiserie	„Berglegenden" Heublumen gefüllt 36 %	72,40
Marc Antoine	Edelvollmilch Grapefruit Zitronengras	71,75
Café-Tasse	Noir & Speculoos	68,50
Ludomar Bombones	Turrón trufado con melocotón y rosas	65,00
Wagner Pralinen	Lemon Ingwer	64,80
Ludomar Bombones	Canela Moment	62,00
Café Pernsteiner	Ingwer-Trüffel Bio	60,50

Riegel, gefüllt mit Früchten:

Oriol Balaguer	Yuzu Minitubes	91,55
Jean Paul Hévin	Bouchée framboise	90,80
Oriol Balaguer	Pasíon Minitubes	90,00
Schell Schokoladenmanufaktur	Gefüllte Schokolade Sauerkirsch	88,00
Oriol Balaguer	Naranja Minitubes	86,00
Oriol Balaguer	Frambuesa Minitubes	83,50
Schell Schokoladenmanufaktur	Gefüllte Schokolade Roter Weinbergspfirsich	78,50
Confiserie Dengel	Echter Rum & Traube in Vollmilch	74,10
Marc Antoine	Weisse Chocolade Rhabarber Vanille Crisp	73,75
Café Pernsteiner	Himbeer Trüffel	73,00
Marc Antoine	Joghurt Trüffel Mango Passionsfrucht	73,00
Berger Feinste Confiserie	Pflaume-Piment 70 %	73,00
Venchi	Venchi Unico Crema al Mirtillo	73,00
Marc Antoine	Edelvollmilch Grapefruit Zitronengras	71,75
Carl Lambert	Bauerngarten Edelvollmilch 36 % gefüllt mit Apfel-Holunder	70,50
Patrice Chapon	Fourree Citron vert au Chocolat Noir 75 % Cacao	69,75
Frucht & Sinne	Marillen + Marillenbrand	69,20
Tiroler Edle	Mit Ötztaler Preiselbeeren 60 %	69,00
Berger Feinste Confiserie	Ananas-Kokos 29 %	68,50
Confiserie Coppeneur	Mango & Himbeer	68,00
Tiroler Edle	Mit schwarzen Johannisbeeren 60 %	67,80
Melt	Melt Milk Chocolate & Passion Fruit 40 %	67,00
Tiroler Edle	Mit Marille 38 %	66,60
Venchi	Venchi Unico Crema al Cocco	66,00

Wagner Pralinen	Lemon Ingwer	64,80
Vivani	Feine Bitter Cassis	64,50
Choco-Lina	Johannisbeere	64,25
Frucht & Sinne	Himbeer-Joghurt	62,00
Cafe-Tasse	Blanc Citron	61,00
Confiserie Coppeneur	Mango Lassi	61,00
Christopher Norman	White Chocolate 30 % with Lemon Crisp	60,90

Riegel, gefüllt mit Nüssen und Nougat:

Richard Donnelly	Dark Chocolate Peanut Butter Chocolate Bar	87,50
Venchi	Prendivoglia Nocciolato Gianduja	87,00
Confiserie Coppeneur	Walnuss & Cognac	86,00
Richard Donnelly	Chewy Almond Caramel Bar Milk	84,00
Richard Donnelly	Dark Chocolate Marshmallow Almond Caramel Bar	83,00
Oriol Balaguer	Mascletá Minitubes	83,00
Richard Donnelly	Milk Chocolate Peanut Caramel Bar	83,00
Richard Donnelly	Dark Choc Coconut Marshmallow Bar	82,40
Richard Donnelly	Dark Chocolate Coconut Logs Bar	79,40
Maglio Arte Dolciaria	Nocciola e Biscotto	78,00
Venchi	Prendivoglia Cremino	78,00
Zotter	Rosa Kokos und FischGummi	76,50
Ludomar Bombones	Party Moment	75,00
Ludomar Bombones	Turrón de coco	74,60
Galler	Noix de coco	73,50
Galler	Piémontais	72,00
Jer's	Pretzo Change-O Milk Chocolate	71,20
Galler	Croustillant	70,50
Jer's	Original IncrediBar Milk Chocolate	70,00
Galler	Pistache Frâiches	69,00
BioArt	Pistazie Nougat Riegel	68,50
Ghirardelli	Milk & Peanut Butter	68,25
Lillie Belle Farms	Caramelized Almond Bar	67,50
Patrice Chapon	Fourree Praline au sel fume et pistache 75 % Cacao	66,75
Ocafe	Mandel Nougat 42 % „Baby an Bord"	65,50
Blanxart	Chocolate Negro con Almendras 65 %	64,25
Galler	Praliné Lait	63,50
Amedei	Quadrotti Cioccolato al latte bianco Pistacchi e Granella di Cacao	63,00
Amedei	Quadrotti Cioccolato Fondente 66 % Praliné e Mandorle	63,00
Tiroler Edle	Mit feinem Nougat	63,00
Lillie Belle Farms	Pistachio Toffee Bar	63,00
Manon, Le Chocolatier	Lait Praliné	62,75
Caffarel	Caffarelino Crema Gianduia	62,50
Chocolaterie Weiss	Grand Praliné 72 %	62,50
Galler	Praliné Blanc	62,00
Christopher Norman	Milk Chocolate 40 % with Toasted Almond	61,50
Jer's	Toffee Break Dark Chocolate	61,00
Berger Feinste Confiserie	Nuss-Nougat 35 %	60,00

Riegel, gefüllt mit Alkohol:

Confiserie Coppeneur	Chili & Highland Whiskey	89,00
Zotter	Weißer Mohn mit Zimt und Marillenbrand	87,40
Confiserie Coppeneur	Walnuss & Cognac	86,00
Venchi	Venchi Cuba Rhum	77,60
Tiroler Edle	Whiskey Edition Bruichladdich	75,00

Confiserie Dengel	Echter Rum & Traube in Vollmilch	74,10
Berger Feinste Confiserie	Champagner-Rose 29 %	72,70
Tiroler Edle	Whiskey Edition Glenfarches	72,00
Frucht & Sinne	Marillen + Marillenbrand	69,20
Confiserie Storath	Champagner Schokolade gefüllt	68,50
Butlers	Irish Whiskey Truffle Dark Chocolate 58 %	66,00
Marc Antoine	Edelbitter Absinth Trüffel	62,25
Berger Feinste Confiserie	„Berglegenden" Vogelbeerbrand gefüllt 58 %	60,00

Riegel, gefüllt mit Karamell:

Pierre Marcolini	Plaisir Five O'Clock	92,20
Paul A. Young	Sea Salted Caramel Bar	89,00
William Curley	Assam Tea Caramel Mou	85,25
Richard Donnelly	Chewy Almond Caramel Bar Milk	84,00
Richard Donnelly	Dark Chocolate Marshmallow Almond Caramel Bar	83,00
Richard Donnelly	Milk Chocolate Peanut Caramel Bar	83,00
Vivani	Caramel Crème	79,70
Tiroler Edle	Mit Alpenkaramel 38 %	69,00
Xocolatl de David	Salted Caramel 72 % Dark Chocolate Ecuador	67,00
Maglio Arte Dolciaria	Caramello e Riso Soffiato	66,00
BioArt	Vollmilch Caramel Riegel	65,50
Neuhaus	Caramel	60,00

Riegel, gefüllt mit Marzipan:

Zotter	Pistazien	91,70
Ocafe	Einschmeichler (Pistazien Marzipan)	80,50
Confiserie Dengel	Edles Marzipan in Zartbitterschokolade	73,80
Confiserie Dengel	Edles Marzipan in Edel-Vollmilchschokolade	70,80
Niederegger	Marzipan Schwarzbrot	69,70
Confiserie Dengel	Edles Marzipan in Edel Weisser Schokolade	69,60
Niederegger	Marzipan Ingwer	69,30
Clement chococult	Maracaibo Criolait Grand Cru Marzipan	67,50
Clement chococult	Maracaibo Clasificado Grand Cru Marzipan	66,63
Niederegger	Marzipan Walnuss-Ahornsirup	65,40
Confiserie Coppeneur	Safran-Orange	65,00
Niederegger	Marzipan Classic	62,50

Riegel, gefüllt mit Kaffee:

Vivani	Espresso Biscotti	75,50
Cafe-Tasse	Lait Praliné Café	64,00
GEPA	Cappuccino	63,00
Lake Champlaine Chocolates	Coffee Truffle 54 % Dark Chocolate	60,20

Übersicht über das Konfekt mit mehr als 70 Punkten

Alkohol-Konfekt:

La Maison du Chocolat	Bacchus	96,20
Patrick Roger	Trinidad & Tobago	95,95
Idilio	Single Malt Whisky Stängli mit Edradour 10 Years	94,30
Schell Schokoladenmanufaktur	Champagnertrüffel	94,05

Lillie Belle Farms	Maker's Mark Cup	93,00
Lanwehr	Ingwer-Stäbchen flüssig	90,90
Lanwehr	Cointreau	88,30
Confiserie Coppeneur	Amaretto	87,00
Paul A. Young	Champagne	87,00
Confiserie Coppeneur	Rum	86,00
Confiserie Coppeneur	Highland Whisky	85,00
Paul A. Young	Black Forest	85,00
William Dean Chocolates	Bananas Foster	85,00
Bel Amer	Rhum Raisin	84,50
Lanwehr	Himbeergeist-Stäbchen	83,60
Paul A. Young	Coffee Liqueur	83,00
Peters	Rum Trüffel	83,00
Schoc	Boysenberry Whisky	82,50
Theobroma „Musée du Chocolat"	Shochu	82,50
Rózsavölgyi Csokoláde	Meggypálinka és Málna (Himbeere & Kirschgeist)	82,20
Confiserie Coppeneur	Williams Christ Birne	82,00
Lillie Belle Farms	Cherry Cordial	82,00
Richard Donnelly	Brandy	82,00
Lillie Belle Farms	Amareno Cherry in Balsamic	81,40
Heinemann	Champagner Trüffel	81,10
Lauenstein Confiserie	Himbeergeist-Stäbchen flüssig gefüllt	81,10
Michael Mischer	Champagne	81,10
CoCouture	Irish Whiskey Truffle	81,00
Amedei	Vin Santo	80,80
Schoc	Tequila Lime and Salt	80,50
Lanwehr	Kirschwasser	80,00
Lanwehr	Williams Birnchen Zartbitter	80,00
Heinemann	My Favourite	79,80
Peters	Calvados Trüffel	79,50
Lanwehr	Eierlikörtraum	79,40
Leysieffer	Eierlikör	79,20
Confiserie Coppeneur	Himbeergeist	79,00
Heinemann	Medaillon	79,00
Peters	Weisser Rum Trüffel	79,00
Hussel	Highland Whisky Trüffel	78,80
Paul A. Young	10 year Glenmorangie	78,80
Amedei	Passione	78,50
Schoc	Kiwifruit Vodka	78,50
Hussel	Rosé Champagner Trüffel	78,20
Pralinen-Manufactur Große-Bölting	Kingston	78,00
Schell Schokoladenmanufaktur	Lemberger-Schleckerle	78,00
Schell Schokoladenmanufaktur	Lemberger Eiswein-Trüffel	78,00
Imping	Waldhimbeergeist	77,60
Heinemann	Sultan	77,50
Lanwehr	Crevisio Cocktail Erdbeer-Limes	77,40
Lauenstein Confiserie	Williams-Birnchen flüssig gefüllt	77,30
Imping	Kaffee-Eierlikör	77,00
Lanwehr	Williams Birnchen Vollmilch	77,00
Peters	Eierlikör Trüffel	76,50
Clement Chococult	Holunderblüten Prosecco Truffes	76,00
Paul A. Young	Baileys Snowball	76,00
Peters	Pecaré Jamaika Rum	76,00
Jean-Philippe Darcis	Passion	74,90
Imping	Cointreau-Trüffel	74,80
Lanwehr	Crevisio Cocktail Sprizz Aperol	74,70

Heinemann	Caracas	74,50
Confiserie Coppeneur	Café Cognac	74,00
Schell Schokoladenmanufaktur	Silvaner-TBA-Trüffel	74,00
Confiserie Storath	Amarettotrüffel	73,90
Lanwehr	Crevisio Cocktail Caipirinha	73,20
Lanwehr	Crevisio Cocktail Margarita	73,20
Berger Feinste Confiserie	Die Goldenen, Königliches Kirschtöpfchen	73,00
Confiserie Dengel	Feine ChiemgauerKirsch Praliné Zartbitter	73,00
Confiserie Storath	Pflaumentöpfchen	73,00
Paul A. Young	Mulled Pear Cider	73,00
Lanwehr	Calvados	72,50
Enric Rovira	Urano	72,00
Enric Rovira	Sol	72,00
Hussel	Dessert Trüffel Marc de Champagne	71,90
Lanwehr	Crevisio Cocktail Coconut Dream	71,70
Confiserie Storath	Bambergerin	71,30
Coco Bruni	Biagi	71,00
D. Barbero	Limoncello	71,00
Lanwehr	Marillenbrand	71,00
Richard Donnelly	Brandy Cherries	71,00
Richard Donnelly	Scotch	71,00
Hussel	Dessert Trüffel Portwein	70,90
Mademoiselle de Margaux	Perles du Médoc Chocolat & Raisins 61%	70,50
Tokyo Chocolate	Mi-Na-Mo Raisin et Vin	70,25
Mademoiselle de Margaux	La Guinette	70,20
Pralinen-Manufactur Große-Bölting	Yabago con Grappa	70,20
Amedei	Capriccio	70,00
Confiserie Dengel	Feine ChiemgauerKirsch Praliné Vollmilch	70,00

Frucht-Konfekt:

La Maison du Chocolat	Bacchus	96,20
Pierre Marcolini	Coeur Framboise	96,15
Patrick Roger	Dehli	96,10
Patrick Roger	Maracana	96,08
Patrick Roger	Valparaiso	95,75
Patrice Chapon	Coulis de cassis	95,73
Oriol Balaguer	Yuzu	95,35
Jean Paul Hévin	Néo	95,25
Demarquette	Passion Fruit	94,75
Pierre Hermé	Mogador	94,60
Laurent Gerbaud	Gingembre de Guigin	94,40
William Curley	Juniperberry & Blackcurrent	94,15
Rózsavölgyi Csokoláde	Barack-Passiógyümölcs (Pfirsich-Passionsfrucht)	94,00
La Maison du Chocolat	Salvador	93,90
Patrick Roger	Corsica	93,85
Pierre Hermé	Azur	93,50
William Curley	Passion Fruit & Mango	93,05
Pierre Marcolini	Orangette	93,00
Theobroma „Musée du Chocolat"	Yuzu	92,50
Demarquette	Yorkshire Rhubarb	92,00
Jean Paul Hévin	Annam	92,00
Oriol Balaguer	Fruta de la Pasíon	92,00
Paul A. Young	Seville Orange	91,50
Valrhona	Tarte Tatin	91,50

Demarquette	Sicilian Lemon	91,40
Jean Paul Hévin	Trinidad	91,20
William Dean Chocolates	Raspberry	91,00
Xocolat Manufaktur	Marshmallow Maracuja	91,00
William Curley	Apricot & Wasabi	90,85
Zotter	Sauerkirsch Kugel	90,60
Michael Mischer	Cherry	90,50
Paul A. Young	Kalamansi Ganache	90,50
Valrhona	Himbeer Crumbler mit Biskuit	90,50
La Maison du Chocolat	Maracuja	90,40
William Curley	Yuzu	90,05
Origines Cacao	Jamaique (Passionsfrucht & Rosa Pfeffer)	90,00
William Dean Chocolates	Mexican Mango	90,00
Zotter	Erdbeer	90,00
Soma	Australian Ginger & Lemon	89,80
Jean Paul Hévin	Smyrne	89,70
Zotter	Banane	89,60
Damian Allsop	Pear Aniseed	89,50
Jacques Genin	La belle épineuse	89,50
Zotter	Marille Kugel	89,50
Valrhona	Cassis dunkel	89,10
Demarquette	Seville Orange	89,00
Demarquette	Kentish Pear	89,00
Origines Cacao	Vénus (Yuzu & Aprikose)	89,00
Zotter	Heidelbeer	89,00
Damian Allsop	Raspberry	88,90
Schoc	Passionfruit	88,50
Schoc	Orange	88,10
Laurent Gerbaud	Orangettes de Sicile	87,00
Laurent Gerbaud	Petite Prune de Corse	87,00
Antoine Amrani	Coffee Sour Cherry	86,80
Xocolat Manufaktur	Marshmallow Ananas	86,80
Blühendes Konfekt	Minze & Zitrone in Himbeerpulver / weiße Fliederblüten	86,00
Oriol Balaguer	Naranja	86,00
Soma	Cherry Bomb	86,00
William Dean Chocolates	Bananas Foster	85,00
Confiserie Coppeneur	Sauerkirsche	85,00
Oriol Balaguer	Frambuesa Gengibre	85,00
Patrice Chapon	Ganache lactée Citron vert	85,00
Lanwehr	Ingwer-Pflaume	84,50
Morin	Griottes au Kirsch	84,25
Lanwehr	Himbeere	84,20
Blühendes Konfekt	Holler & Limette in Weißmohn / rote Nuß und Kürbiskerne	84,00
Michael Mischer	Baked Apple	83,50
Patrice Chapon	Ganache lactée	83,50
Bernachon	Orangette	83,00
Mälarchocolaterie	Passion Fruit	83,00
Shin	Daniel (Litchi und Guave)	83,00
Demarquette	Scottish Raspberry	82,40
Antoine Amrani	Raspberry	82,00
Lillie Belle Farms	Cherry Cordial	82,00
Enric Rovira	Saturno	82,00
Shin	litchi	82,00
Paul A. Young	Rhubarb & Ginger	81,50
Demarquette	Sussex Blackcurrent	80,60
Laurent Gerbaud	Abricot de Barrydale	80,60
A Xoco by Anthon Berg	Passionsfrucht	80,50

Lauenstein Confiserie	Heidelbeer-Trüffel	80,50
Antoine Amrani	Organic Coconut Kaffir Lime	80,00
Demarquette	Devon Strawberry	80,00
Valrhona	Cassis	80,00
Ocafe	Cassis	79,50
Boissier	Framboise	79,00
Coco Bruni	Piazolla	79,00
Demarquette	Coconut & Banana	78,80
Origines Cacao	Drôme (Himbeere)	78,80
Schokovida	Himbeere	78,50
Blühendes Konfekt	Schokolade und Zitrone in dunkler Schokolade / bunte Blütenblätter	78,00
Jacques Torres	Fresh Sqeezed Lemon	78,00
Laurent Gerbaud	Figues d'Izmir	78,00
Pierre Hermé	Chuao	78,00
Pralinen-Manufactur Große-Bölting	Amarena-Kirsche	77,60
Heinemann	Sultan	77,50
Lauenstein Confiserie	Zitronen-Joghurt-Trüffel	77,50
Peters	Pecaré Orange	77,50
Schoc	Strawberry Heart	77,50
Aoki	Myrtille	77,20
Blühendes Konfekt	Rosenmelisse & Himbeere / Fliederblüten	77,20
Hussel	Mini-Carree Waldfrucht	77,00
Nobile – Artisti del Cioccolato	Erdbeeren Szechuan Pfeffer	76,50
Blühendes Konfekt	Ananas & Basilikumblüten / Verbenepulver und Ringelblume	76,00
Enric Rovira	Júpiter	76,00
Melt	Passion Fruit & Mango	76,00
Hussel	Mini-Carree Sauerkirsch	75,80
Schoc	Lemon Truffle	75,50
Cafe-Konditorei Hecker	Cassis	75,40
Xocolat Manufaktur	Himbeere	75,20
Hussel	Dessert Trüffel Winterorange	75,00
Richard Donnelly	Berry	75,00
Michael Mischer	Lilikoi	74,50
Michael Mischer	Orange Zest	74,50
Confiserie Storath	Himbeertöpfchen	74,40
Jean-Philippe Darcis	Vegas	74,30
Mälarchocolaterie	Raspberry	74,00
Xocolat Manufaktur	Yuzu	74,00
Jean-Philippe Darcis	Aphrodite	73,10
Confiserie Dengel	Feine Chiemgauer Kirsch Praliné Zartbitter	73,00
Confiserie Storath	Pflaumentöpfchen	73,00
Xocolat Manufaktur	Marshmallow Himbeere	73,00
Cafe-Konditorei Hecker	Passionsfrucht	72,40
Blühendes Konfekt	Kumquat-Marzipan mit Ajuwan / Dostblüten	72,00
Comptoir du Cacao	Croustines noires aux orange confits	72,00
Pralinen-Manufactur Große-Bölting	Erdbeer-Panna-Cotta-Herz	72,00
Lillie Belle Farms	Lemon Coconut	71,00
Michel Cluizel	Cassis	71,00
Mademoiselle de Margaux	Perles du Médoc Chocolat & Raisins 61%	70,50
Mademoiselle de Margaux	La Guinette	70,20
Bachhalm	Passionsfrucht	70,00
Boissier	Citron Lait	70,00
Jacques Genin	Hespérides	70,00
Confiserie Dengel	Feine ChiemgauerKirsch Praliné Vollmilch	70,00
Richard Donnelly	Framboise	70,00

Gewürz-Konfekt:

Damian Allsop	Olive Oil	96,05
Zotter	Kürbiskern Kugel	96,00
Damian Allsop	Salty Liquorice	95,80
Damian Allsop	Fresh Basil	95,50
Oriol Balaguer	Vainilla Tahití	95,05
Demarquette	Cornish Sea Salt	93,75
William Dean Chocolates	Lavender	93,40
Enric Rovira	Plutón	93,00
Pierre Marcolini	Pierre Marcolini Grand Cru	92,70
Richard Donnelly	Tahitian Vanilla Dark	92,40
Demarquette	Moroccan Mint Tea	92,30
Jacques Genin	Tiarei	92,00
Pierre Marcolini	Fleur d'Oranger	91,70
Valrhona	Tarte Tatin	91,50
Soma	8yr old Balsamic Vinegar	91,00
Zotter	Krokus Safran	91,00
Demarquette	Thai Lemongrass	90,80
William Curley	Japanese Black Vinegar	90,25
Origines Cacao	Jamaique (Passionsfrucht & Rosa Pfeffer)	90,00
Soma	Australian Ginger & Lemon	89,80
Aoki	Wasabi	89,50
Damian Allsop	Pear Aniseed	89,50
Pierre Marcolini	Thym & Orange	89,50
Christophe Roussel	Tahitensis (Vanille)	89,40
Demarquette	Arabian Coffee	89,00
Pierre Marcolini	Baies Roses	88,90
Pierre Hermé	Lou	88,50
Shin	Sesame	88,50
Demarquette	Chinese Green Tea & Jasmine	88,40
Patrick Roger	Ceylan	88,10
Lillie Belle Farms	Lavender Fleur de Sel Caramels	88,00
Schell Schokoladenmanufaktur	Müller-Thurgau-Schleckerle	88,00
Jean Paul Hévin	Zenzero	87,60
Schoc	Lemon Thyme	87,00
Soma	Arbequina Spanish Olive Oil	87,00
Antoine Amrani	Coffee Sour Cherry	86,80
William Curley	Szechuan Pepper	86,65
Theobroma „Musée du Chocolat"	Sésame Noir	86,50
Richard Donnelly	Cardamom	86,20
Boissier	Cannelle	86,10
William Curley	Toasted Sesame	86,05
Blühendes Konfekt	Minze & Zitrone in Himbeerpulver / weiße Fliederblüten	86,00
Paul A. Young	Chilli & Nutmeg	86,00
Schell Schokoladenmanufaktur	Balsam-Schleckerle	86,00
Lauenstein Confiserie	Waldmeister-Trüffel	85,80
Enric Rovira	Mercurio	85,50
A Xoco by Anthon Berg	Karamel mit Læsø-Salz	85,00
Oriol Balaguer	Frambuesa Gengibre	85,00
Demarquette	House Honey	84,50
Lanwehr	Ingwer-Pflaume	84,50
Rózsavölgyi Csokoláde	Csillagánizs-Rózsabors (Sternanis & Rosa Pfeffer)	84,50
Shin	Guilty rose	84,38
Lanwehr	Ingwer-Marzipan	84,10
Double Sept	Strong Ginger	84,00

Blühendes Konfekt	Holler & Limette in Weißmohn / rote Nuß und Kürbiskerne	84,00
Nobile – Artisti del Cioccolato	Muskatblüten	83,80
Bernachon	Kaffeenougat	83,00
Lauenstein Confiserie	Hot Orange Coffee-Trüffel	83,00
Origines Cacao	Ceylan (Zimt)	83,00
Laurent Gerbaud	Truffes au Speculoos	82,50
Rózsavölgyi Csokoláde	Kardamom	82,50
Boissier	Basilic	82,00
Oriol Balaguer	Anís Estrellado	82,00
Paul A. Young	Rhubarb & Ginger	81,50
Lauenstein Confiserie	Ingwer-Curry-Praline	81,50
Shin	Yabai kuroshichimi (Black Chili Pepper & 7 Gewürze)	81,50
Lillie Belle Farms	Amareno Cherry in Balsamic	81,40
Bernachon	Le Ronde Café	81,00
Richard Donnelly	Chipotle	81,00
Rózsavölgyi Csokoláde	Karamellás kávészemek paprikás csokoládéban (dragierte Kaffeebohnen)	80,70
A Xoco by Anthon Berg	Apfelsine-Chili	80,50
Confiserie Coppeneur	Tiramisu	80,00
Demarquette	Tunisian Bharat	80,00
Antoine Amrani	Organic Coconut Kaffir Lime	80,00
A Xoco by Anthon Berg	Erdbeere-Basilikum	79,50
Nobile – Artisti del Cioccolato	Chili & Kaffee	79,50
Rózsavölgyi Csokoláde	Levendula (Lavendel)	79,50
Lillie Belle Farms	Jamaican Spiced Caramel	79,40
Boissier	Epices Lait	79,00
Oriol Balaguer	7 Especias	79,00
Nobile – Artisti del Cioccolato	Olivenöl Basilikum	78,90
Demarquette	Canadian Maple	78,60
Michael Mischer	Chipotle	78,50
Xocolat Manufaktur	Ingwer	78,50
Michael Mischer	Lavender & Honey	78,10
Blühendes Konfekt	Schokolade und Zitrone in dunkler Schokolade / bunte Blütenblätter	78,00
Confiserie Coppeneur	Delice de Bourbon Vanille	78,00
Demarquette	Brazilian Pink Pepper	78,00
Jubilee Chocolatier	Rose	78,00
Kee's Chocolate	Black Sesame	78,00
Ocafe	Chili Caramel	78,00
Paul A. Young	Pink Peppercorn	78,00
Aoki	Sanchô	77,60
Lauenstein Confiserie	Hot Vanilla Trüffel	77,60
A Xoco by Anthon Berg	Kaffee-Kardamom	77,50
A Xoco by Anthon Berg	Apfel-Rosmarine	77,50
Rózsavölgyi Csokoláde	Tárkony-Fahéj-Gyömbér (Estragon-Zimt-Ingwer)	77,40
Blühendes Konfekt	Rosenmelisse & Himbeere / Fliederblüten	77,20
Richard Donnelly	Chai	77,20
Rózsavölgyi Csokoláde	Ancho chili	77,20
Lauenstein Confiserie	Hot Cherry-Trüffel	77,00
Nobile – Artisti del Cioccolato	Erdbeer Szechun Pfeffer	76,50
Schokovida	Kaffee-Kardamom	76,50
Blühendes Konfekt	Ananas & Basilikumblüten / Verbenepulver und Ringelblume	76,00
Demarquette	Fleur de Sel	76,00
Clement Chococult	Holunderblüten Prosecco Truffes	76,00
Lauenstein Confiserie	Ananas-Chili-Trüffel	75,90
Clement Chococult	Rosmarin Truffes	75,80
Lanwehr	Ingwer-Sanddorn	75,50
Lillie Belle Farms	Cayenne Caramels	75,50

De Neuville	Palet Hibiscus	75,00
Double Sept	Ginger	75,00
Jacques Genin	Rousse	74,60
A Xoco by Anthon Berg	Lakritze-Karamell	74,50
Hussel	Dessert Trüffel Rosen Ganache	74,40
Jacques Genin	Zinzibar	74,00
Confiserie Coppeneur	Café Cognac	74,00
Jean-Philippe Darcis	Fleur de Sel	74,00
Vosges	Black pearl	74,00
De Neuville	Palet Curcuma	73,50
Summerbird	Lakritze	73,50
De Neuville	Palet Ylang-Ylang et Citron Vert	73,00
Michel Cluizel	Tonkaline	72,80
Vosges	budapest	72,80
Blühendes Konfekt	Kumquat-Marzipan mit Ajuwan / Dostblüten	72,00
Jean-Philippe Darcis	Diamant	72,50
Vosges	Oaxaca	72,50
Jubilee Chocolatier	Vanille-Manon	71,50
Theobroma „Musée du Chocolat"	Sansho	71,50
Berger Feinste Confiserie	Die Goldenen, Latte-Macchiato-Trüffel	71,00
Schokovida	Meersalz	71,00
Vosges	absinthe	71,00
Confiserie Storath	Rosenpraline	70,90
Aoki	Sésam noir	70,60
Hussel	Dessert Trüffel Schwarzwälder Kirsche	70,60
Richart	Les Hespéridés - Bouquet d'Hespéridés en coulis	70,60
Nobile – Artisti del Cioccolato	Kräuterkrokant	70,50
Nobile – Artisti del Cioccolato	Kaffee Kardamon	70,50
Clement Chococult	Rosenwasser Truffes	70,30
A Xoco by Anthon Berg	Nougat-Bergamotte	70,00
Confiserie Coppeneur	Balsamico Caramel	70,00
Jacques Genin	Péché capiteux	70,00
Peters	Pecaré Vanille	70,00
Richard Donnelly	Rose	70,00
Cacao Sampaka	Rose	70,00
Cacao Sampaka	Rosmarin	70,00

Nougat-Konfekt:

Jean Paul Hévin	Carbonado	95,63
Pierre Marcolini	Câlin Noir	95,30
Patrick Roger	Tendresse	95,00
Pierre Marcolini	Pavé de Tours Fondant	94,50
Pierre Marcolini	Pavé de Tours Lait	93,90
Laurent Gerbaud	Gare au Noisettes	93,80
Bernachon	L'amande Princesse	93,40
Jean Paul Hévin	Rocher	93,20
Patrice Chapon	Confidence fondant	93,00
Jean Paul Hévin	Amareno	92,50
Patrice Chapon	Dôme fondant au sel	92,00
Heinemann	Nougat-Paris	91,70
Patrice Chapon	Nougat-Dreieck	91,00
Nobile – Artisti del Cioccolato	Mandel Feuilltine	90,90
Pierre Marcolini	Balle de Golf	90,70
La Maison du Chocolat	Figaro Lait	90,50
Patrick Roger	Le Cube	90,20

Patrice Chapon	Mon Enfance fondant	90,00
Bernachon	Knuspernougat	89,50
Valrhona	Pralifeuillete lait	88,70
Oriol Balaguer	Feuerwerk (Mascletá)	88,00
La Maison du Chocolat	Traviata	87,60
Boissier	Praliné Croquent	87,50
Melt	Sea Salted Praline Cup	87,50
Boissier	Praliné Café	86,00
Bernachon	Le Creole	87,80
Patrice Chapon	Baies roses	86,00
Pierre Hermé	Corso	86,00
Bernachon	Le Metis	83,00
Michel Cluizel	Macarolats Praliné & Toffee	83,00
Morin	Praliné lait	83,00
Patrice Chapon	Cajou fondant	83,00
Christophe Roussel	Tahiti	82,25
Pralinen-Manufactur Große-Bölting	Prinzess-Trüffel	81,00
Richard Donnelly	Hazelnut Gianduja	81,00
Bernachon	L'Aveline	80,00
Bernachon	Gianduja	80,00
Bernachon	Noisette Lait	80,00
Leysieffer	Cappucchino-Nougat	80,00
Christophe Roussel	Tyr	79,75
Morin	Truffe du Tricastin	79,75
Comptoir du Cacao	Palet Pralinés feuilletés noisette caramel beurre salé	79,50
Rózsavölgyi Csokoláde	Diópraliné (Walnuss-Nougat)	78,90
Lanwehr	Mandel-Krokantschale mit Nussbitter-Nougat	78,50
Morin	Petit Rocher	78,25
Hussel	Macadamia Trüffel	78,20
Imping	Salty Peanut	78,20
Heinemann	Millennium	78,10
Comptoir du Cacao	Pralinés Feuilletés noisette	78,00
Comptoir du Cacao	Pralinés Feuilletés noisette caramel beurre salé	78,00
Comptoir du Cacao	Pralinés Feuilletés noisette	78,00
Comptoir du Cacao	Pralinés Feuilletés noisette caramel beurre salé	78,00
Lenôtre	Alchimie	77,80
Lanwehr	Lanwehr's Special	77,40
Amedei	Delizioso	77,00
Pierre Ledent	Symphonie	77,00
Comptoir du Cacao	Palet Pralinés feuilletés noisette couverture lait	76,50
Venchi	Cremino Giandujotto	76,00
Confiserie Storath	Nougatbissen	75,60
A Xoco by Anthon Berg	Piemont Nougat	75,50
Comptoir du Cacao	Pralinés Feuilletés Framboise	75,00
Venchi	Cremino Pralinato Fondente	75,00
Bernachon	Nougat Montélimar	74,00
CoCouture	Dark Chocolate Hazelnut Praline	74,00
Hussel	Dessert Trüffel Bitternougat	73,80
Cafe-Konditorei Hecker	Nougat Crunch	73,00
Enric Rovira	Venus	73,00
Imping	„Der Knaller"	72,80
CoCouture	Milk Chocolate Hazelnut Praline	72,80
Cafe-Konditorei Hecker	Solt Cashew	72,70
Morin	Bonbon Nougat au Chocolat au Lait	72,50
Tokyo Chocolate	Jouet Fourré au bonbon	72,25
Ludomar Bombones	Ópalos Party	71,50
Bernachon	La Couronne	71,00

Peters	Pecaré Nougat	70,00
Wittamer	Mandarin	70,00

Marzipan-Mandel-Konfekt:

Patrick Roger	Douceur	97,50
Jean Paul Hévin	Keops	94,84
William Curley	Pistachio & Toscano	93,55
Heinemann	Pistache	93,50
Jean Paul Hévin	Annam	92,00
Lillie Belle Farms	Marzipan Fig	91,80
Jean Paul Hévin	Woman	91,00
Pierre Marcolini	Pâte d'Amandes	91,00
Idilio	Handgemachte Basler Brunsli	90,00
Bernachon	Le Creole	87,80
Blühendes Konfekt	Minze & Zitrone in Himbeerpulver / weiße Fliederblüten	86,00
Lanwehr	Ingwer-Marzipan	84,10
Blühendes Konfekt	Holler & Limette in Weißmohn / rote Nuß und Kürbiskerne	84,00
Leysieffer	Himbeer-Marzipan	81,40
Pralinen-Manufactur Große-Bölting	Prinzess-Trüffel	81,00
Leysieffer	Rum-Marzipan-Nougat-Rolle	80,50
Blühendes Konfekt	Schokolade und Zitrone in dunkler Schokolade / bunte Blütenblätter	78,00
Lauenstein Confiserie	Cranberry-Marzipan	78,00
A Xoco by Anthon Berg	Marcona Marzipan	77,50
Lanwehr	Lanwehr's Special	77,40
Blühendes Konfekt	Rosenmelisse & Himbeere / Fliederblüten	77,20
Blühendes Konfekt	Ananas & Basilikumblüten / Verbenepulver und Ringelblume	76,00
Bernachon	Le Ronde Pistache	74,00
Clement Chococult	Persia Mandelmarzipan mit Berberitze und Mandeln	74,00
Michael Mischer	Marzipan	73,50
Heinemann	Trocadero	73,00
Imping	Wiener Mandel	72,20
Blühendes Konfekt	Kumquat-Marzipan mit Ajuwan / Dostblüten	72,00

Nuss-Konfekt:

Patrick Roger	Douceur	97,50
A Xoco by Anthon Berg	Piemonteser Haselnüsse mit Lakritze und Himbeeren	95,10
William Dean Chocolates	Peanut Butter Krunch	94,00
A Xoco by Anthon Berg	Marconamandeln in dunkler Schokolade 64%	92,00
William Dean Chocolates	Hazelnut	91,20
Patrice Chapon	Rénato	89,00
Lillie Belle Farms	Peanut Butter and Jelly	88,50
Origines Cacao	Amande salé	88,00
Patrick Roger	Arrogance	87,90
Mazet Chocolatier	Grelons Givrettes Dragees	87,50
Jean Paul Hévin	Saphir	87,00
Damian Allsop	Peanut Crunch	86,50
Richard Donnelly	Peanut Butter Dark	86,00
Michael Mischer	Peanut Butter	85,20
Amedei	Tartufo	82,00
Bernachon	Noisette Noir	82,00
Rózsavölgyi Csokoláde	Ropogós mandula praliné (Knusprige Mandel)	81,00
Bernachon	Le Cocktail	80,00
Bernachon	Noisette Lait	80,00
Oriol Balaguer	Crujiente	80,00

Lillie Belle Farms	Hazelnut Butter Cream	79,00
Ludomar Bombones	Picolos de Crema Catalana	78,75
Valrhona	Chapka Milch	78,20
Michael Mischer	Peanut Butter Croquant	77,50
Kee's Chocolate	Pignoli	77,00
Jubilee Chocolatier	Mandelspiltter in Milch-Schokolade	76,50
Kee's Chocolate	Almond	76,40
Kee's Chocolate	Pistachio	76,00
Soma	Pecan Butter Crunch	76,00
Boissier	Pistache	75,00
Origines Cacao	Sicilia (Pistazienganache)	74,00
Comptoir du Cacao	Croustines Gianduja caramel au beurre salé	73,80
Coco Bruni	Canaro	73,00
Jubilee Chocolatier	Walnuss	72,30
Comptoir du Cacao	Croustines noires aux orange confits	72,00
Hussel	Dessert Trüffel Pistazie	71,80
Jean-Philippe Darcis	Cacahuète	71,60
Hussel	Dessert Trüffel Maple Walnut	71,20
Imping	Haselnuss-Trüffel	71,00
Jubilee Chocolatier	Mandel-Trüffel	70,50
TartufLanghe	Tartufo Dolce di Alba Amaretto	70,50
TartufLanghe	Tartufo Dolce di Alba Nero	70,50

Karamell-Konfekt:

Pierre Marcolini	Palet Or Lait	95,40
La Maison du Chocolat	Rigoletto Noir	95,00
William Dean Chocolates	Tropical Caramel	95,00
Pierre Marcolini	Caramel Fondant	94,80
William Curley	Orange & Balsamic Vinegar	94,65
Paul A. Young	Pine Kernel Caramel	92,65
Demarquette	Yorkshire Rhubarb	92,00
Nobile – Artisti del Cioccolato	Caramel 1001 Nacht	91,20
Rózsavölgyi Csokoláde	Citromolajos karamell (Zitrone-Karamell)	90,50
William Dean Chocolates	Rosemary Caramel	90,00
Demarquette	Kentish Pear	89,00
Aoki	Caramel	88,90
Michael Mischer	Salted Caramel	88,50
Lillie Belle Farms	Lavender Fleur de Sel Caramels	88,00
Schoc	Lavender Salted Caramel	87,90
Bernachon	Caramel beurre salé	87,50
Paul A. Young	Sea salted caramel bar	87,50
Lillie Belle Farms	Aprokoplypse (bacon caramel)	87,00
Schoc	Salted Caramel	86,60
Enric Rovira	Mercurio	85,50
Nobile – Artisti del Cioccolato	Caramel Toscana	85,50
A Xoco by Anthon Berg	Karamel mit Læsø-Salz	85,00
Hotel Chocolat	Egglets (Liquid Caramel)	84,75
Michael Recchiuti	Fleur de Sel Caramel	84,00
Oriol Balaguer	Caramelo Sal	84,00
Valrhona	Créme Caramel	83,00
Michael Recchiuti	Michaels signature burnt caramel	82,80
Demarquette	Scottish Raspberry	82,40
Demarquette	Sussex Blackcurrent	80,60
Michael Mischer	Salted Caramel (milk chocolate)	80,50
Demarquette	Devon Strawberry	80,00
Heinemann	Kaffee-Caramel	79,60

Lillie Belle Farms	Jamaican Spiced Caramel	79,40
Schoc	Raspberry Caramel	78,50
CoCouture	Chocolate Caramels Dark Chocolate	78,00
Ocafe	Chili Caramel	78,00
Michael Mischer	Caramel	77,50
Morin	Caramel au Chocolat Noir	77,05
Pierre Hermé	Makassar	76,50
Enric Rovira	Júpiter	76,00
Lillie Belle Farms	Cayenne Caramels	75,50
CoCouture	Chocolate Caramels Milk Chocolate	75,00
Mazet Chocolatier	Caramel salé Viereck dunkle Schokolade mit Strich	75,00
Mazet Chocolatier	Caramel salé Rechteck dunkle Schokolade mit Gold	74,10
Jean-Philippe Darcis	Fleur de Sel	74,00
Comptoir du Cacao	Croustines Gianduja caramel au beurre salé	73,80
Christophe Roussel	Guérande (Caramel mit Fleur de sel und Vanille)	73,75
Mazet Chocolatier	Caramel salé Rechteck Milchschokolade mit Gold	73,50
Jean-Philippe Darcis	Aphrodite	73,10
Christophe Roussel	Caramel beurre salé	72,75
Jean-Philippe Darcis	Diamant	72,50
Xocolat Manufaktur	Salz Karamell	72,40
Mazet Chocolatier	Caramel salé Viereck dunkle Schokolade mit Kreuz	72,00
Wittamer	Pavé de Bruxelles Lait	72,00
Soma	Caramel Feuilletine	70,50
Confiserie Coppeneur	Balsamico Caramel	70,00

Tee-Konfekt:

Shin	Maccha	93,00
Rózsavölgyi Csokoládé	Earl Grey	92,00
Pierre Marcolini	Thé Earl Grey	89,20
Demarquette	Chinese Green Tea & Jasmine	88,40
Heinemann	Maharadja	85,90
Lenôtre	Fusion	85,00
Demarquette	Earl Grey	84,50
Shin	kyobancha (Grüner geräucherter Tee)	84,20
Aoki	Earl Crey	82,00
Schoc	Smoked Tea	81,50
Double Sept	Earl Grey	81,00
Oriol Balaguer	Té Earl Grey	78,80
Nobile – Artisti del Cioccolato	Oriental Blend Tea	76,00
Xocolat Manufaktur	Jasmin in Macha Tee gerollt	75,50
Jean-Philippe Darcis	Jasmintee	74,60
Jubilee Chocolatier	Green tea truffle	74,50
Coco Bruni	Ortiz	74,00
Mälarchocolaterie	Green Tea	73,40
Boissier	Thé Earl Grey	73,00
Double Sept	Maccha Green Tea	72,00
A Xoco by Anthon Berg	Earl Grey und Jasmin Tee	71,50
Enric Rovira	Marte	71,00

Konfekt pure Schokolade:

Pierre Marcolini	Palet Or	96,30
Pierre Marcolini	Câlin Lait	96,03
Damian Allsop	Single Origin Madagascan 70%	94,90
Patrick Roger	Maracaïbo	94,00
Bernachon	Le Palet d'Or	93,00

Damian Allsop	Single Origin Dominican Republic 68%	93,00
La Maison du Chocolat	Quito	92,80
Damian Allsop	Single Plantation Palmira 68%	92,00
Henri Le Roux	Madagascar	92,00
Patrice Chapon	Inghaneq	91,50
Jean Paul Hévin	1502	91,10
Damian Allsop	Single Origin Venezuelan 76%	91,00
William Dean Chocolates	Valrhona Ganache	91,00
Pierre Marcolini	Brésil Grand Cru	90,40
Henri Le Roux	Bolivie	90,20
Jean Paul Hévin	Cao	90,10
La Maison du Chocolat	Akosombo	90,00
Pierre Hermé	Intense	90,00
Damian Allsop	Single Origin Brazilian 68%	89,80
Damian Allsop	Single Origin Ghanaian 70%	89,20
Henri Le Roux	Venezuela	89,00
Soma	Madagascar	89,00
Valrhona	Guanaja dunkel 70%	88,70
Pierre Marcolini	Madagascar Grand Cru	88,60
Bernachon	La Truffe	88,00
Demarquette	Demarquette Pure Blend	87,80
Rózsavölgyi Csokoláde	Venezuelai (Venezuela)	87,50
Christophe Roussel	Trinidad	87,00
Boissier	Chocolat Noir 80% „Victor Hugo"	86,50
Jacques Genin	Le beau ténébreux	86,20
Demarquette	Parisian	86,00
Henri Le Roux	Brésil	86,00
Laurent Gerbaud	Truffes Noire	86,00
Origines Cacao	Maracaïbo (Pur Kakao Venezuela)	86,00
Michael Recchiuti	Sur de Lago	85,50
Hotel Chocolat	65% Dark Island Growers Saint Lucia Intense Pralines	85,35
Boissier	Chocolat Noir 72%	84,70
Nobile – Artisti del Cioccolato	Bolivia 68 % Wildkakao	84,70
Nobile – Artisti del Cioccolato	Dominicana 74 %	83,80
Nobile – Artisti del Cioccolato	Java 64 %	83,50
Michael Recchiuti	Force Noire	83,40
La Maison du Chocolat	Bohème	83,20
Richard Donnelly	Malted Milk	83,00
Xocolat Manufaktur	Ocumare Muscovado	83,00
Paul A. Young	72% Venezuelan Truffle	82,00
Shin	Shin (special bitter)	81,50
CoCouture	House Dark	80,00
Confiserie Coppeneur	Herren	80,00
Double Sept	Bitter Carupano	79,80
Morin	Palet d'Or	79,25
Rózsavölgyi Csokoláde	Dominikai (Dominikanische Republik)	78,30
Cacao Sampaka	Bombones Xoconusco	78,00
Origines Cacao	Origines Cacao (Pur Kakao)	77,00
Valrhona	Guanaja Lactée	77,00
Aoki	Or	76,60
Lauenstein Confiserie	Schlotfeger	76,50
Christophe Roussel	Fondant Praliné lait	76,35
Nobile – Artisti del Cioccolato	Venezuela 49 %	76,00
Pralinen-Manufactur Große-Bölting	Herrenherb	76,00
Michael Mischer	All Dark	75,50
Lenôtre	Authentique	75,20
Bel Amer	Bel Amer	75,00

Aoki	Pur	74,50
Jacques Genin	L	73,70
Confiserie Storath	Sahnetrüffel Vollmilch	73,50
Jubilee Chocolatier	Lait truffle	73,30
Richart	Les Balsamiques – Chocolat de Madagascar en Ganache	73,00
Jubilee Chocolatier	Noir truffle	72,70
CoCouture	House Milk	71,00
Thorntons	Dark	70,50
Boissier	Manon	70,00
Coco Bruni	Donato	70,00
Nobile – Artisti del Cioccolato	Equador	70,00

Minz-Konfekt:

A Xoco by Anthon Berg	Minzpastillen in dunkler Schokolade 72%	89,00
Summerdown	Peppermint creams	80,00
Cacao Sampaka	Pfefferminze	62,00

Fusion-Konfekt:

Damian Allsop	Olive Oil	96,05
Damian Allsop	Salty Liquorice	95,80
Lillie Belle Farms	Aprokoplypse (bacon caramel)	87,00
Soma	Arbequina Spanish Olive Oil	87,00
Lillie Belle Farms	Smokey Blue Truffles	87,00
A Xoco by Anthon Berg	Ananas-Roquefort	83,70
Mälarchocolaterie	Blue Cheese	82,70
Michael Mischer	Barbeque	82,50
A Xoco by Anthon Berg	Foie Gras-Himbeere	79,50
A Xoco by Anthon Berg	Ziegenkäse-Thymian	78,50
Rózsavölgyi Csokoláde	Gomba-Vargánya (Steinpilze)	76,50
TartufLanghe	Dulcis Tuber Pralina con Tartufo	76,20
Rózsavölgyi Csokoláde	Gomba-Kucsma (Pfifferlinge)	75,30
Rózsavölgyi Csokoláde	Gomba-Róka (Morcheln)	74,70
A Xoco by Anthon Berg	Bacon-Tomate	71,50

dragierte Konfekt:

A Xoco by Anthon Berg	Piemonteser Haselnüsse mit Lakritze und Himbeeren	95,10
Damian Allsop	Dragees Caramalised Pistachios with Yoghurt Powder	94,00
A Xoco by Anthon Berg	Marconamandeln in dunkler Schokolade 64%	92,00
Damian Allsop	Dragees Peanut Bits	90,00
A Xoco by Anthon Berg	Minzpastillen in dunkler Schokolade 72%	89,00
Damian Allsop	Dragees Almonds with Spices	89,00
Mazet Chocolatier	Grelons Givrettes Dragees	87,50
Leone Pastiglie	La nougatine croccosetta	84,50
Leone Pastiglie	Chicco napoletao	84,00
Christophe Morel Chocolatier	Cocoa Beans coated with Chocolate Pure Nacional Peru	82,00
Ludomar Bombones	Picolos de Crema Catalana	78,75
De Neuville	Mini Billes	76,00
Mademoiselle de Margaux	Perles du Médoc Chocolat & Raisins 61%	70,50

Krokant-Konfekt:

Patrick Roger	Bornéo	92,70
Pierre Marcolini	Croustillant Fondant	92,00
Venchi	Nougatine	84,80
Leone Pastiglie	La nougatine croccosetta	84,50
Bernachon	La Nougatine	78,50
Heinemann	Sans-Souci	78,50
Lanwehr	Butter-Mandelkrokant	74,40
Christophe Roussel	Croustillant, lait	72,75

Kaffee-Konfekt:

Jean Paul Hévin	Brasilia	96,40
Patrick Roger	Ethiopie	91,00
Demarquette	Arabian Coffee	89,00
Oriol Balaguer	Café Etopía	89,00
Lenôtre	Exception	88,00
Boissier	Praliné Café	86,00
Leone Pastiglie	chicco napoletao	84,00
Bernachon	Kaffeenougat	83,00
Paul A. Young	Coffee Liqueur	83,00
Peters	Kaffee Trüffel	82,00
Bernachon	Le Monde Café	81,00
Leysieffer	Cappucchino-Nougat	80,00
Confiserie Coppeneur	Tiramisu	80,00
Heinemann	Ali Baba	80,00
Soma	Espresso Crisp	80,00
Heinemann	Kaffee-Caramel	79,60
Nobile – Artisti del Cioccolato	Chili & Kaffee	79,50
Peters	Pecaré Espresso	78,50
Boissier	Café	77,50
Imping	Kaffee-Eierlikör	77,00
Schokovida	Kaffee-Kardamom	76,50
Confiserie Coppeneur	Café Cognac	74,00
Christophe Roussel	Dorsoduo	73,95
Jacques Genin	Arabicadabra	73,00
Jacques Torres	Coffee	72,00
Hussel	Dessert Trüffel Café Nocciola	71,40
Lenôtre	Evasion	70,50
Nobile – Artisti del Cioccolato	Kaffee-Kardamom	70,50
Imping	Latte Macchiato	70,40
Peters	Latte Macchiato	70,00

Cranberry

DANKSAGUNG

Mein Wissen über Schokoladenprodukte konnte ich während der letzten 20 Jahre bei vielfältigen Gelegenheiten vertiefen. Dadurch, dass ich selbst Schokoladenprodukte in allen Varianten hergestellt habe, konnte ich mir ein solides Wissen aneignen und damit ein breites Fundament bilden.
Die Kenntnisse und Meinungen befreundeter Schokoladenliebhaber, aber vor allem vieler von mir geschätzter Kollegen, brachten mir viele neue Erkenntnisse und das eine oder andere Mal konnte ich dadurch Irrtümer vermeiden und fehlendes Wissen komplettieren.

Alle Produkte wurden speziell für dieses Buch verkostet. An den Verkostungen haben vereinzelt immer wieder Gast-Tester teilgenommen, der harte Kern der Verkostungspersonen bestand jedoch aus fünf Personen. Für die vielfältige und geduldige Teilnahme an den Verkostungen und die konstruktiven Kritik möchte ich mich bei folgenden Freunden bedanken:
Kathi Moesch, Andreas Moritz, Mikl Essenberg und insbesondere bei meiner Lebensgefährtin Ramona Gustmann, die zehn Monate lang alle erdenklichen Produkte mit mir verkosten musste – die besten, aber auch die schlechtesten. Für ihre Geduld und ihr Verständnis danke ich ihr sehr.

Auch meine Kinder, Melina und Clarisse, mussten das eine oder andere Produkt testen. Ich danke ihnen für ihre unbedarften Kritiken und ihr Verständnis für den chronischen Zeitmangel während dieser Zeit.

Besondere Unterstützung erhielt ich von Mark Christian (www.c-spot.com), der mit mir sein Wissen über Schokolade und Hersteller uneingeschränkt geteilt und mir Zugang zu seiner Datenbank erlaubt hat, sowie von Martin Christy (www.seventypercent.com), der mit mir ebenso uneingeschränkt seine jahrelange Erfahrung in Schokoladen-Tastings und -Bewertungen sowie sein enormes Hintergrundwissen geteilt hat. Bei beiden möchte ich mich auch ganz herzlich für die unabhängige und objektive Bewertung der Produkte meines ehemaligen Unternehmens Confiserie Coppeneur bedanken.

Nicht immer konnte ich Produkte aus fernen Ländern kaufen oder Muster erhalten. Große Unterstützung bei der Beschaffung erhielt ich von folgenden Freunden:
Mayumi Ogata, die ein grandioses Fachwissen besitzt und mir sehr beim Kauf der japanischen Produkte geholfen hat. Sie hat mir die japanischen Zutatenlisten übersetzt und viele Informationen über die japanischen Hersteller vermittelt.
John C. Kim (DAS Trade Co., Ltd., www.schokolade.co.kr), der mir Konfekt aus Südkorea und Informationen über die Hersteller besorgt hat.
Bruce Toy, der kanadische Importeur der Confiserie Coppeneur, der mir Produkte aus Kanada beschafft und einige Informationen zum Marktgeschehen gegeben hat.

Bei Thomas Eidam möchte ich mich für die kostenlose Bereitstellung von Fotos , die alle von unserer gemeinsamen Madagaskar-Reise stammen, bedanken.

Auch allen Herstellern und Importeuren, die mir kostenlos Muster haben zukommen lassen, möchte ich an dieser Stelle ganz herzlich danken. Alle namentlich zu erwähnen, würde den Rahmen sprengen.
Weiter möchte ich folgenden Personen für Ihre Unterstützung bei der Entstehung dieses Buches herzlich danken. Sollte ich jemanden übersehen und nicht erwähnt haben, obwohl er es verdient hätte, bitte ich dies zu entschuldigen. Ich werde dies beim nächsten Mal nachholen:
Frank Wilk, Mario Meier, Stéphane Bonnat, Pierrick Chouard, Pierre Marcolini, Josef Zotter, Sylvia Bernardini, Michael Trimborn, Julia Weber, Christine Hackmann, Erik van der Flier, William Bolk.

Ich danke allen Lesern für das Interesse an meinem Buch und die mir entgegen gebrachte Aufmerksamkeit.

GLOSSAR

In der Schokoladenbranche kursieren diverse unterschiedliche Begriffe für dunkle Schokoladen, Füllungen oder andere Fachausdrücke. Ebenso werden unterschiedliche Schreibweisen verwendet. Anbei eine Liste der von mir verwendeten Begriffe und ihrer Bedeutung.

Adstringens
Lateinische Bezeichnung für „zusammenziehen". Oft wird Adstringens mit Bitterkeit verwechselt. Beim Wein sind Polyphenole wie Tannine für die Adstringens verantwortlich. In Schokolade wird sie meist als störend empfunden, eine dezente Note kann der Schokolade aber Charakter verleihen und von Vorteil sein.

Alkaloide
In Kakao sind die Alkaloide Theobromin, Koffein und Theophyllin enthalten und können beim Menschen anregend wirken, die Leistungsfähigkeit steigern und die Blutgefäße erweitern.

Antioxidantien
Inhaltsstoff von Kakao und vielen anderen Lebensmitteln wie zum Beispiel Knoblauch, Ingwer, Tee, Kaffee, Zwiebeln u.v.a. Sie sind auch wichtiger Bestandteil der Muttermilch, wirken als Radikalenfänger und helfen bei der Infektionsabwehr.

Bean-to-bar
Ein besonders im Ausland verwendeter Ausdruck für die Herstellung von Schokolade von der Bohne weg. D. h., der Chocolatier verarbeitet die rohen Kakaobohnen, röstet, vermahlt und conchiert diese in seinen eigenen Produktionsräumen.

Bitterschokolade
Schokolade muss einen Kakaoanteil von mindestens 60 % vorweisen, um diese Bezeichnung tragen zu dürfen.

Bittersweet und Semisweet
Eine in den USA verwendete Klassifizierung von dunkler Schokolade. Die U.S. FDA (Food and Drug Administration) erlaubt die Verwendung dieser Begriffe, wenn eine Schokolade mindestens 35 % Kakaoanteil enthält.
Bittersweet Chocolate muss weniger als ein Drittel Zucker enthalten, Semisweet kann auch zur Hälfte aus Zucker bestehen und wird meist als Kochschokolade verwendet.

Butterreinfett
Wird häufig von industriellen Herstellern in Milchschokolade verarbeitet, aber auch für Ganache-Füllungen in Trüffeln verwendet. Es besteht zu 99 % aus Milchfett. Bei der Herstellung von Butterreinfett wird geschmolzene Butter dekantiert und zentrifugiert. Dadurch wird der Butter nahezu die gesamte Flüssigkeit entzogen. Butterreinfett hat einen intensiven Buttergeschmack und eine wesentlich weichere Konsistenz als Butter. Oftmals wird Butterreinfett mit Carotin oder naturidentischem Vanillin versetzt. Butterreinfett wird Milchschokolade zur Abrundung des Schokoladengeschmacks beigegeben. Eine Verwendung von Butterreinfett in dunkler Schokolade ist mir nicht bekannt.

Cacao und Cocoa
In der Branche wird im Englischen oftmals zwischen Cacao und Cocoa unterschieden. Cacao ist das Stadium der Kakaobohne vor der Fermentation. Cocoa bezeichnet die Kakaobohnen nach der Fermentation und dem Rösten sowie alle folgenden Veredelungen.

Chocoholic
Liebhaber dunkler Schokolade.

Chocolatier
Schokoladenhersteller, die von der Bohne weg produzieren (Bean to bar). Auch ein Hersteller, der erst ab der Kakaomasse conchiert, wird von mir als Chocolatier bezeichnet.

Cocoa liquor
Die englische Bezeichnung der Kakaomasse, der reinen Schokolade in ihrer flüssigen Form (auch chocolate liquor). Aufgrund des Wortes „liquor" kann der Begriff missverstanden werden, cocoa liquor hat nichts mit Alkohol zu tun.

Conche/conchieren
Die Conchiermaschine oder kurz Conche ist eine Maschine mit Rührwerk, in der die Schokolade durch Bewegung und Wärme ihre Aromen und den Schmelz entwickelt. Unerwünschte Aromen und Eigenschaften werden entfernt (z. B. Säure).

Die Conchierzeit kann zwischen 8 und 120 Stunden liegen. Die reine Conchierzeit ist allerdings kein Qualitätsmerkmal, da diese stark von der verwendeten Technik abhängt. Siehe „Herstellung von Schokolade".

Confiseur
Hersteller von Konfekt, veredelten oder gefüllten Schokoladen sowie anderen Schokoladenspezialitäten zumeist unter Verwendung von Kuvertüre fremder Hersteller.

Criollo
Edelste Kakaosorte mit den feinsten ausgeprägten Aromen, sehr anfällig für Krankheiten. Puren Criollo findet man heutzutage nur noch ganz selten.

Cru und Grand Cru
Bezeichnung von Schokoladen, hergestellt mit Kakaobohnen eines bestimmten Landes, einer Region oder einer Plantage. Die Bezeichnung ist angelehnt an die Verkehrsbezeichnung von Wein, es gibt aber keine gesetzliche Regelung.

Kakaobutter (desodoriert)
Die Kakaobohne besteht aus Kakaomasse und ca. 45–60 % Kakaobutter. Durch ein thermisches Verfahren wird die Kakaobutter von der Kakaomasse getrennt. Kakaobutter wird nicht nur in der Süßwarenbranche, sondern aufgrund ihrer Eigenschaft, schwer zu oxidieren, auch gerne in der pharmazeutischen und der kosmetischen Industrie eingesetzt.
Beim Pressen der Kakaomasse separiert sich die Kakaobutter vom Kakaopulver. Die Kakaobutter behält ein intensives Kakaoaroma, was von vielen Confiseuren, aber vor allem von der Kosmetikindustrie, als störend empfunden wird. Daher wird Kakaobutter raffiniert (desodoriert), um sie geruchs- und geschmacksneutral zu machen.

Dunkle Schokolade
In diesem Buch wird nicht zwischen Zartbitter- und Bitterschokolade unterschieden. Alles, was kein Pulver aus einem Molkereiprodukt enthält, ist eine dunkle Schokolade.
Eine dunkle Schokolade besteht im Idealfall nur aus Kakaomasse und Zucker. Gesetzlich erlaubte Zusätze sind: Kakaobutter, Kakaopulver, Vanille und Emulgatoren wie zum Beispiel Soja-Lecithin. In Europa muss eine dunkle Schokolade einen Kakaoanteil von mindestens 43 %, in den USA von mindestens 35 % haben.

Edelkakao
Siehe Fine or Flavour Cocoa.

Edelschokolade
Die deutsche Kakaoverordnung sieht vor, dass lediglich 40 % der verarbeiteten Kakaomasse aus Edelkakao bestehen muss, um dieses Gütesiegel tragen zu dürfen.

Edelmarzipan
Marzipan ist eine Süßware aus Marzipanrohmasse und maximal dem gleichen Gewichtsanteil Zucker. Marzipanrohmasse wird aus blanchierten und geschälten süßen Mandeln hergestellt. Zur Nutzung des Gütesiegels „Edel" muss mindestens 70 % Marzipanrohmasse enthalten sein.

Fair Trade
Eine im Jahre 1988 in den Niederlanden gegründete Organisation, die den fairen Handel mit Dritte-Welt-Ländern durch die Vergabe eines Siegels garantiert.

Fermentation
Wichtiger Schritt vor der Trocknung der Bohnen, um das Aromaprofil des Kakaos zu entwickeln. Eine Form von Gärung, bei der die Bohnen durch Entstehung von Hitze absterben und Enzyme Reaktionen zur Bildung von Aroma und Farbe verursachen.

Fettreif/Graue Schokolade
Von grauer Schokolade wird gesprochen, wenn ein Schokoladenprodukt eine matte, graue bis weißliche Oberfläche zeigt. Das geschieht, wenn die Schokolade zu warm wurde und die Kakaobutter an der Oberfläche kleine Fettkristalle ausbildet. Eine andere Ursache kann auch ein verfahrenstechnischer oder rezepturbedingter Fehler sein. Entgegen der häufigen Aussage von Herstellern kann Fettreif sehr wohl eine geschmackliche Auswirkung haben, muss es aber nicht zwangsläufig.

Fine or Flavour Cocoa
Eine vom ICCO (International Cococa Organiza-

tion, www.icco.org) vergebene Qualitätskategorie. Im Deutschen in etwa zu übersetzten mit „Edelkakao". In der Regel zählen ausschließlich die Kakaosorten Criollo, Trinitario und Nacional dazu. Der Massenkakao Forastero wird als „bulk-cocoa" gehandelt. Alle paar Jahre wird neu entschieden, welche Länder Fine-Flavour-Cocoa anbauen und mit welchem Prozentsatz ausgehend von der Gesamtanbaumenge.

Fondant
Zucker, Glukose und Wasser wird gekocht und tabliert (auf einem Marmortisch hin und her bewegt) und erhält dadurch einen feinen Schmelz. Wird für Füllungen verwendet oder als Schutz vor Austrocknung bei Backartikeln.

Forastero
Der am häufigsten angebaute Kakao weltweit, besonders in Afrika weit verbreitet. Sehr resistent gegenüber Krankheiten, wächst schnell und ist sehr ergiebig. Der Nachteil ist, dass er nur wenig Aroma hat und nicht über die feinen Nebenaromen eines Criollo oder Trinitario verfügt.

Fremdfette
Die Kakaoverordnung erlaubt den Zusatz definierter Pflanzenfette als Ersatz von Kakaobutter von bis zu 5 %. Erlaubte Kakaobutteräquivalente sind zum Beispiel Sheabutter, Palmöl oder Illipébutter.

Ganache/Canache
Eine Schokoladenfüllung auf Basis von Sahne, Butter oder Crème fraîche. Die klassische Ganache beinhaltet Sahne oder Crème fraîche, Schokolade oder Kuvertüre und etwas Butter. Verfeinert werden kann eine Ganache mit dem Zusatz von Spirituosen, Fruchtpulpen, Gewürzen und anderen Zutaten.

Gefüllte Schokoladen
Sind im Grunde Trüffel oder Pralinen in Großformat, haben also eine Füllung.

Gianduja
Italienischer Nougat. Die Herstellung des Gianduja unterscheidet sich von der des deutschen Nougats, denn der Zucker wird nicht vorab gekocht oder geschmolzen, sondern mit den Nüssen ölig verrieben.

Glucose/Glucosesirup
Glucose ist Traubenzucker, auch Dextrose genannt, wird industriell aus Kartoffel- oder Maisstärke gewonnen und ist nur halb so süß wie Haushaltszucker.
Glucosesirup ist eine durch enzymatische Aufspaltung aus Stärke gewonnene Lösung. Glucose besteht aus Traubenzucker und Fruchtzucker.
Glucosesirup wird bei Konfektfüllungen eingesetzt, da er das Kristallisieren von Zucker verhindert. Bonbons wären ohne Zugabe von Glucosesirup kaum lagerfähig oder haltbar, da die Kristallisation des eingesetzten Zuckers schnell beginnen würde.

Kakaobohne
Fermentierte und getrocknete Samen der Frucht des Kakaobaumes (Theobroma cacao).

Kakaoanteil
Unter dem Kakaoanteil (im Englischen „cocoa solids") eines Schokoladenproduktes werden alle Zutaten zusammengefasst, deren Ursprung die Kakaobohne ist, also Kakaomasse, Kakaobutter und auch Kakaopulver. In den meisten Fällen setzt sich der Kakaoanteil einer Schokolade aus Kakaomasse und Kakaobutter zusammen.

Kakaonibs
Zumeist geröstete Kakaobohnenstückchen ohne Schale. Manche Hersteller brechen die Bohnen und separieren die Nibs auch vor dem Rösten von der Schale, mit dem Ziel, aufgrund der gleichmäßigeren Größe auch eine gleichmäßige Röstung zu gewährleisten.

Koch- oder Blockschokolade
Enthält kaum oder keine zugesetzte Kakaobutter und ist demnach reine Kakaomasse und Zucker. Eignet sich gut zum Backen oder für Desserts.

Kuvertüre
Begriff, unter dem Schokolade an das weiterverarbeitende Gewerbe (Confiserien), Konditoreien oder die Gastronomie etc.) verkauft wird. In der Regel hat Kuvertüre einen höheren Anteil an Kakaobutter (mindestens 31 %), dies sieht zumindest die deutsche Kakaoverordnung so vor.

Konfekt
Oberbegriff für Trüffel und Pralinen, aber auch Dragees, Gelee oder andere kleine Confiserieartikel.

Lagerung
Schokolade und besonders Konfekt benötigen eine behutsame Lagerung. Generell muss man sagen, dass diese Produkte nicht zum Lagern, sondern zum Essen hergestellt werden. Daher sollten immer nur kleine Mengen bevorratet werden. Schokoladenprodukte mögen es überhaupt nicht, wenn sie schwankenden Temperaturen ausgesetzt werden. Ideal ist ein dunkler, kühler (13–18 °C) und trockener Raum, weit entfernt von stark riechenden Lebensmitteln.
Der Kühlschrank ist aufgrund der Feuchtigkeit sehr ungünstig und sollte nur in Ausnahmefällen in Betracht gezogen werden.

Lecithin
Ein Emulgator, zumeist hergestellt aus Sojabohnen, manchmal aber auch aus Sonnenblumenkernen, der zur Schokolade beigegeben wird. Siehe auch Soja-Lecithin.

Marshmallow
Auf Deutsch auch Mäusespeck oder Schaumzucker genannt. Besteht aus Eischnee, Zucker, Geliermittel, Farb- uns Aromastoffen. Die Süßspeise ist besonders bei Kindern beliebt. Immer wieder aber stellen renommierte Confiseure edle Versionen her und machen das Produkt somit salonfähig.

Mascobado-Zucker
Vollrohrzucker von den Philippinen, der von Chocolatiers gerne verarbeitet wird. Oft unter diesem philippinischen Namen im Handel.

Micro-Batch-Hersteller
Bean-to-bar-Schokoladenhersteller, der sehr kleine Chargen von in der Regel bis maximal 500 kg produziert.

Milchbestandteile
Darunter versteht man die Summe aller in einer Schokolade enthaltenen Milchbestandteile wie zum Beispiel Milchpulver, Joghurtpulver, Sahnepulver oder Butterreinfett.

Milchschokolade
In diesem Buch wird nicht zwischen Milch- oder Vollmilchschokolade unterschieden. Milchschokolade besteht in der Regel aus Kakaomasse, Zucker, Kakaobutter, Vollmilch- oder Magermilchpulver, Vanille und Soja-Lecithin. Manchmal wird einer Milchschokolade auch Butterreinfett zugegeben.
Sie muss mindestens 25 % Kakaobestandteile und mindestens 14 % Milchbestandteile enthalten. Der Gesamtfettanteil (inklusive des Fettes der Kakaobutter) muss mindestens 25 % betragen, der des Milchfettes 3,5 %.

Muskovade/Muscovado
Hierunter versteht man ungereinigten und unraffinierten braunen Rohrzucker.

Nacional
Edelkakaosorte, die fast ausschließlich in Ecuador zu finden ist. Ein Anbau von Nacional-Kakao in anderen Ländern ist bisher stets gescheitert. Sie wird meist als eine Unterart des Forastero betrachtet. Es gibt auch Vermutungen, dass der Forastero-Kakao vom Criollo abstammt.

Napolitain
Französische Bezeichnung für ein kleines, individuell eingepacktes Stück Schokolade. In der Regel sind die Napolitains quadratisch und haben ein Gewicht von 3,5 bis maximal 5 Gramm.

Nougat
Hergestellt aus Haselnüssen, Mandelkernen oder anderen Nüssen und Kernen wie zum Beispiel Cashew-Kernen sowie Zucker und Schokolade (maximal die halbe Gewichtsmenge). Nougat kann weich bis schnittfest, glatt oder körnig, hell oder dunkel sein.

One-Shot-Technik
Beliebte Herstellungstechnik besonders für Konfekt in Kugelform (Trüffel). Traditionell erfolgt die Herstellung von Trüffeln in drei Arbeitsschritten: Zuerst wird eine Schokoladen-Hohlkugel gegossen, dann wird die Trüffelmasse eingefüllt und schließlich wird die Kugel verschlossen. Bei der One-Shot-Technik werden in einem „Schuss" (shot) gleichzeitig die Schokoladenhülle und die Füllung in eine Form gegossen und auch schon verschlossen.

Organic
Englische Bezeichnung für Bio. Ökologische, biologische Landwirtschaft oder Ökolandbau, bezeichnet die Herstellung von Nahrungsmitteln oder landwirtschaftlicher Erzeugnisse auf der Grundlage naturschonender Produktionsmethoden und des Verzichts auf bestimmte Pflanzenschutzmittel, Wachstumsförderer, Mineraldünger und Gentechnik.

Praline
Konfekt in mundgerechten Stücken, zumeist mit einer Ganache-, Marzipan-, Nougat- oder Karamellfüllung. Zu Pralinen zählen auch Trüffel. Sie müssen einen Schokoladenanteil von mindestens 25 % haben.

Raw Chocolate/Rohkost-Schokolade
Schokoladen, bei deren Herstellung die Zutaten zu keinem Zeitpunkt eine Temperatur von 42–49 °C übersteigen. Dadurch bleiben besonders viele Antioxidantien aus der Kakaobohne erhalten. Auch andere Zutaten, die schonend zubereitet werden, enthalten mehr Vitamine, Mineralstoffe und Enzyme.

Rösten
Wichtiger Schritt bei der Veredelung von Kakao durch den Chocolatier. Jede Kakaobohne benötigt „ihre" Rösttemperatur und Röstzeit. In der Regel sind niedrige Rösttemperaturen mit einer längeren Röstzeit schonender für Kakaobohnen. Beim Rösten entwickeln sich das Aroma und der Geschmack, sie können bei diesem Prozess aber auch nahezu komplett zerstört werden.

Schmelz
Wichtiges Qualitätsmerkmal beim Genuss von Schokolade, das im Wesentlichen durch das Conchieren erlangt und verfeinert wird. Er beschreibt das Schmelzverhalten von Schokolade im Mund und den Übergang von fest zu flüssig. Schokolade sollte nicht klebrig oder schmierig sein, sondern zartschmelzend.
Das Mahlen sowie das Walzen der Kakaobohnen machen aus den groben Nibs feine Stückchen, die in µ (tausendstel mm) gemessen werden. Die Feinheit von Schokolade bewegt sich meist zwischen 12 µ (sehr fein) und 25 µ (recht grob). Manche Chocolatiers stellen jedoch bewusst Schokoladen her, die eine wesentlich gröbere Struktur aufweisen. Eine solche Schokolade muss nicht zwangsläufig schlechter sein.

Schokolade
Die Kakaoverordnung sieht vor, dass Schokolade einen Kakaogehalt von mindestens 35 % und einen Kakaobuttergehalt von mindestens 14 % aufweist.

Semisweet
Siehe Bittersweet.

Single Origin/Single Plantation
Englische Bezeichnung für den Ursprung der verarbeiteten Kakaobohnen. Origin: Ursprung, Herkunft (oftmals auch Estate genannt), Plantation: In der Regel Schokoladen hergestellt von Kakaobohnen einer Plantage.

Slow Food
Dieser Begriff wurde von der gleichnamigen Organisation als Ausdruck für genussvolles und bewusstes sowie regionales Essen geprägt. Es ist als eine Gegenbewegung zum Trend des genussfreien und globalisierten Fast Food zu sehen.

Soja-Lecithin oder Kakaobutter?
Soja-Lecithin wird im Allgemeinen zu Schokolade hinzugefügt, um diese besser verarbeiten zu können. Das funktioniert auch recht gut mit der Zugabe von Kakaobutter, jedoch ist diese im Vergleich zu Soja-Lecithin sehr teuer.
Die Verwendung von Soja-Lecithin in Schokolade ist sehr umstritten. Zum einen, weil für viele Fachleute und Konsumenten das Reinheitsgebot für Schokolade nur erfüllt wird, wenn diese ausschließlich Kakaomasse, Kakaobutter und Zucker enthält. Zum anderen, weil Soja-Lecithin als gesundheitlich nicht unbedenklich gilt und Sojabohnen fast nur noch genmanipuliert angebaut werden.
Hinzu kommt der Geschmack: Probieren Sie einmal pures Soja-Lecithin, es wird Ihnen nicht besonders gut schmecken, es sei denn, Sie empfinden auch Kleister als genussvoll. Einzig die sehr geringe Menge, die zugegeben wird (ca. 0,5–0,7 %), verhindert, dass der Schokoladenge-

schmack wesentlich beeinflusst wird. Einige Schokoladenliebhaber verteufeln daher die Zugabe von Soja-Lecithin. Die Zugabe von Kakaobutter bei reinen Schokoladen hat jedoch auch zur Folge, dass sich der Geschmack verändert. Je höher die zugegebene Menge, desto stärker.

Tablieren
Von franz. Table, „Tisch". Mit einem Spachtel und evtl. einer Palette wird eine heiße Masse – zum Beispiel Blätterkrokant oder Fondant – auf einer kühlen Marmor- oder Edelstahlplatte immer von außen nach innen überschlagen. Die abkühlende Masse bildet dabei zarte Schichten.

Temperieren
Durch die Einhaltung einer bestimmten Temperaturkurve bilden die Kakaobutterkristalle eine stabile Struktur. Die übliche Temperierung erfolgt von warm (ca. 45 °C), zu kalt (28 °C), zu warm (32 °C), sie kann jedoch von Schokolade zu Schokolade variieren. Die korrekte Temperaturführung garantiert der Schokolade den optimalen Glanz und Biss.

Trinitario
Edelkakaosorte, eine Kreuzung von Criollo und Forastero. Relativ resistent gegenüber Krankheiten, aber dennoch sehr aromatisch.

Trüffel/Truffes/Truffle
Ein Konfekt, bzw. eine Praline in Form einer Kugel.

Vanillin
Vanillin ist der Hauptaromastoff der natürlichen Vanilleschote und der Hauptbestanteil des natürlichen Vanilleextrakts. Gleichzeitig ist Vanillin aber auch die Bezeichnung für das naturidentische Pendant zur natürlichen Vanille. Das naturidentische Vanillin wird zumeist aus Guajacol synthetisiert, einem in Guajak-Bäumen vorkommenden sekundären Pflanzenstoff oder aus Lignin gewonnen, einem Bestandteil von Holz und Nebenprodukt der Papierindustrie.
Mir ist nicht bekannt, dass ein Hersteller in seiner Zutatenliste natürliches Vanillin als „Vanillin" deklariert, sondern immer als „Vanille". Daher muss man davon ausgehen, dass es sich bei ausgelobtem „Vanillin" stets um den naturidentischen Aromastoff handelt.

Veredelte Schokolade
Veredelt bedeutet das Hinzufügen (eingearbeitet in der Schokolade oder aufgestreut) von trockenen Zutaten wie z. B. Gewürzen oder Trockenfrüchten.

Vollmilchschokolade
Da viele Länder keine Unterschiede zur Milchschokolade machen, nenne ich im Buch jede Milch- oder Vollmilchschokolade Milchschokolade. Nach der deutschen Kakaoverordnung muss eine Vollmilchschokolade mindestens 30 % Kakao und 18 % Milchbestandteile sowie 4,5 % Milchfett enthalten.

Weiße Schokolade
Weiße Schokolade beinhaltet keinerlei Kakaomasse. Daher gibt es in der Branchensprache auch keine weiße Kuvertüre, auch da spricht man von Weißer Schokolade. Sie beinhaltet in der Regel Kakaobutter, Zucker, Milchpulver, Vanille und einen Emulgator wie z. B. Soja-Lecithin.
Weiße Schokolade muss mindestens 20 % Kakaobutter und 14 % Milchbestandteile enthalten. Der Gesamtfettgehalt muss mindestens 25 % betragen.

Zartbitterschokolade/Halbbitterschokolade
Muss mindestens 50 % Kakaoanteil enthalten.

Zutatenliste
Darin müssen alle eingesetzten Rohstoffe in absteigender Reihenfolge ihres Gewichtsanteils aufgeführt werden.

QUELLENANGABEN

Die Internetseiten aller Hersteller.

Außerdem:

- www.theobroma-cacao.de
- www.c-spot.com
- www.seventypercent.com
- www.wikipedia.de
- www.provendis.info
- www.seminarkurs-schokolade.de
- www.worldcocoafoundation.org
- ILO (International Labour Organization)
- Chocolate Unwrapped – Sarah Jane Evans
- The Chocolate Companion – Chantal Coady
- Kakao & Schokolade – IZS Verlag
- International Cocoa Organization (ICCO)
- International Cocoa Initaitive
- Bundesverband der deutschen Süßwarenindustrie (BdSI)

BILDNACHWEIS

(o = oben, u = unten, r = rechts, l = links, M = Mitte)
Alle Fotos entstammen dem privaten Bildarchiv des Autors, mit Ausnahme von:

AKG-images
akg-images: 12, 13(m), 16, 17
akg-images/VISIOARS: 18
akg-images/Cameraphoto: 14
akg-images/Erich Lessing: 15 (ol)

Fotolia
95 (© gosphotodesign)
100 (© ganzoben)
103 (© Rob Stark)
660 (© Ambrose)
661 (© Sergii Figurnyi)

Mauritius-images
mauritius-images / ib / bilwiss-edition: Foto Seite 15 (ur)

Shutterstock
Vor- und Nachdruck (©tets)
9 (©Christine Langer-Pueschel)
11 (m) (©shebeko)
13 (ul) (©Julio Aldana)
13 (ur) (©Georgios Kollidas)
23 (©Morphart Creations inc.)
60 (©fiftyfour media)
46 (©Subbotina Anna)
47 (©Howard Sandler)
48 (© Poznyakov)
49 (©macgyverhh)
50 (©ElenaGaak)
51 (ur) (©joanna wnuk)
51(ul) (© Su bbotina Anna)
52 (©kaband)
60 (© HLPhoto)
61 (ul) (© Elena Schweitzer)
68 (© mdlart)
74 (©MaxPhotographer)
76 (©joanna wnuk)
77 (© Dream79)
78 (©Svetlana Lukienko)
79 (o) (© Irafael)
79 (u) (© Igor Kovalchuk)
80 (©chikapylka)
83 (© crolique)
84 (©Luigi Masella)
87 (©prochasson frederic)
96 (©Evgheni Manciu)
99 (©Ronald Sumners)
106 (©Svetlana Lukienko)
618 (©stockcreations)

TV-Production & Photographer Thomas Eidam: 20, 41, 43 (or), 43 (ul), 43 (ur), 44 (or), 44 (ul), 44 (um), 636, 638, 640, 641, 658 (u)
Oriol Balaguer Mestre: 113, 465
Damian Allsop: 102, 252, 630
Maison Boissier: 401
tout chocolat: 652, 654, 709
Demarquette: 261
CCC GmbH – Oliver Coppeneur: 265, 266
Duane Dove – Tobago Cocoa Estate W. I. Ltd: 572
P. C. Kauffmann: 21, 22 (ol), 22 (m), 33 (ul), 36 (um), 37 (ul), 39 (ul), 43 (ol), 44 (ur), 112, 462
Lanwehr GmbH Confiserie – Manufaktur: 62, 64, 65, 66, 88, 369,
Dahl-Rühr: 653
Bonnat Stéphane, 22 (ul), 33, (ol) 34 (or), 36 (ul), 36 (ur), 45, 54 (or), 54 (m), 54 (ur), 58, 59, 619, 647
Adi Chocolate Fiji: 27, 37 (or), 42, 43 (m), 75
Zaabär Chocolatier: 609
Berger Feinste Confiserie: 159
CioMod: 222
Maglio Arte Dolceria: 600
TartufLanghe: 554
Claudio Corallo: 224
Vestri Cioccolato: 586, 623
Domori: 270, 620

REGISTER

Das Register ist systematisch angelegt und beansprucht keine Vollständigkeit. Aus Umfangsgründen musste auf die Aufnahme der Produktnamen verzichtet werden.
Fettgedruckte Seitenangaben verweisen auf den Haupteintrag von jedem Unternehmen.